金融教材译丛

固定收益证券

[美] 彼得罗·韦罗内西
(Pietro Veronesi)
芝加哥大学
著

潘席龙 但家豪 何玲 等译

Fixed Income Securities
Valuation, Risk, and Risk Management

机械工业出版社
China Machine Press

图书在版编目（CIP）数据

固定收益证券 /（美）彼得罗·韦罗内西（Pietro Veronesi）著；潘席龙等译 . —北京：机械工业出版社，2019.5

（金融教材译丛）

书名原文：Fixed Income Securities: Valuation, Risk, and Risk Management

ISBN 978-7-111-62508-7

I. 固… II. ①彼… ②潘… III. 证券投资 – 教材 IV. F830.91

中国版本图书馆 CIP 数据核字（2019）第 067714 号

本书版权登记号：图字 01-2017-2739

Pietro Veronesi. Fixed Income Securities: Valuation, Risk, and Risk Management.
ISBN 978-0-470-10910-6
Copyright © 2010 by John Wiley & Sons, Inc.

This translation published under license. Authorized translation from the English language edition, Published by John Wiley & Sons. Simplified Chinese translation copyright © 2019 by China Machine Press.

No part of this book may be reproduced or transmitted in any form or by any means, electronic or mechanical, including photocopying, recording or any information storage and retrieval system, without permission, in writing, from the publisher. Copies of this book sold without a Wiley sticker on the cover are unauthorized and illegal.

All rights reserved.

本书中文简体字版由 John Wiley & Sons 公司授权机械工业出版社在全球独家出版发行。未经出版者书面许可，不得以任何方式抄袭、复制或节录本书中的任何部分。
本书封底贴有 John Wiley & Sons 公司防伪标签，无标签者不得销售。

当今世界对于了解现代复杂的固定收益证券市场及其衍生品市场从未如此重要。本书正是对这些复杂的债券市场进行了全景的描述和介绍，包括估值、定价和风险管理。当然这里不仅仅是这些原理的列表，还有更多的案例和方法介绍，让学生在学习原理等内容后更加清晰地了解现实。

出版发行：机械工业出版社（北京市西城区百万庄大街 22 号　邮政编码：100037）
责任编辑：宋　燕　　　　　　　　　　　　　　责任校对：李秋荣
印　　刷：北京市荣盛彩色印刷有限公司　　　　版　　次：2019 年 6 月第 1 版第 1 次印刷
开　　本：185mm×260mm　1/16　　　　　　　印　　张：38.25
书　　号：ISBN 978-7-111-62508-7　　　　　　定　　价：159.00 元

凡购本书，如有缺页、倒页、脱页，由本社发行部调换
客服热线：（010）88379210　88379833　　　　投稿热线：（010）88379007
购书热线：（010）68326294　　　　　　　　　读者信箱：hzjg@hzbook.com

版权所有·侵权必究
封底无防伪标均为盗版
本书法律顾问：北京大成律师事务所　韩光/邹晓东

赞誉

面对日益复杂的现代固定收益证券和衍生品市场，本书无疑是十分必要且具有指导意义的！作者从几个简单原则出发的简化和归并，不仅清晰地阐释了固定收益证券风险管理的建模问题，还在充分考虑每个市场关键细节的同时，避免了同类阐述中不必要的纷乱和复杂。

——约翰·坎贝尔，哈佛大学经济系主任

作者给固定收益证券市场的研究带来了令人眼前一亮且又经典的惊喜！本书采用了一种全新的视角和方法来研究固定收益市场问题，以其出色的直觉和对细节的把握，对大量的固定收益建模问题进行了有机的整合。

——达雷尔·达菲，斯坦福大学商学院特聘教授

本书为学习固定收益市场的学生提供了一本新的标准参考书。他使用了易于理解的语言以便那些刚入门的学生易于理解。此外，本书还提供了一整套基于真实数据和场景的经典案例，这些实例，为读者深入了解和掌握固定收益证券的定价和市场运作，奠定了坚实的基础。即使是固定收益领域的专家们也会发现，本书的内容是非常有见地的。强烈推荐阅读！

——约翰·C. 希顿，约瑟夫·L. 吉德维茨，芝加哥大学布斯商学院金融学教授

这是一本全面介绍固定收益证券定价和风险对冲的专业书籍。韦罗内西教授将理论与实践巧妙地结合在一起，既凸显了固定收益证券市场在全球经济中日益重要的地位，更成功地使许多复杂的产品和风险管理问题变得容易理解了。无论对理论还是实务工作者而言，本书无疑都是一本"必备"的案头书籍。

——肯尼斯·J. 辛格尔顿，斯坦福大学商学院管理学杰出教授

我刚刚用这本书作为教材上了课，我相信目前市场上没有比本书更好的固定收益类教材。它有着无与伦比的覆盖面、人性化的实务实例和细节，可以让固定收益证券的教学成为一种乐趣。

——理查德·斯坦顿，加州大学伯克利分校哈斯商学院金融学教授

译者序
THE TRANSLATOR'S WORDS

从事固定收益证券课程教学多年,深感这一领域发展迅猛,相关工具、模型日益繁杂,已经越来越让许多初学者望而生畏。也正因为如此,本书才更有翻译的价值,这是基于本书的四个主要特点。第一,内容上由浅入深,使用上可浅可深,能给读者更多的选择。本书三个部分中,前一、二部分适合金融专业本科和非金融专业研究生,第三部分则对金融专业研究生更为适用,因此,这是一本既适合本科生又适合硕士研究生的书。第二,书中使用了大量基于真实世界的示例和综合案例,有助于将理论和实践相结合,特别是让读者了解教材上的方法,用于实践时应注意的问题和可能面临的困难。如果能认真掌握相关案例,对提升读者的实际工作经验和能力,都很有帮助。第三,面对错综复杂的固定收益证券相关模型,作者在叙述的顺序和层次上做了区分,并根据模型间的关系做了简化和归并,梳理出了自己的叙事顺序和线索,有效地避免了其他同类书籍的混乱和冗杂,使全书有清晰的脉络可循,易读、易懂、易用。第四,每章后配有精心设计的练习题,认真做好相关练习对掌握书中的概念、方法、原理和工具非常重要,建议读者加以重视,强化练习对提升自己的动手能力和毕业后迅速进入"工作状态"十分重要。

本书初稿的翻译工作主要由西南财经大学中国金融研究中心2015级的同学完成,具体分工如下:序言及第1、2章,王爽;第3~5章,陈芳琦;第6、7章,方奕;第8~10章,但家豪;第11、12章,刘水长;第13、14章,吴宇;第15、16章,何玲;第17、18章,袁西;第19、20章,谭智心;第21、22章,陈佳。由于封面上能放的名字有限,只有将参与了大量后期工作的同学名字放上去,还请其他同学理解,对各位同学在翻译过程中的努力和反复修改过程中的耐心,也在此表示感谢!本书最后统一由潘席龙校稿和订正,翻译和校对过程中发现的个别原版错误,译者已经在书中加了译注。书中出现的翻译错误和缺陷,统一由潘席龙负责,就本书翻译的任何意见和建议,请发邮件至:panxl@swufe.edu.cn,不胜感激!

本书责任编辑宋燕老师在译稿的后期编辑过程中,付出了艰辛的劳动,提出了大量修订和完善意见,在此表示诚挚的感谢!此外,后期校对过程中,西南财经大学中国金融研究中心2017级研究生吴昊、杨黎明,以及2018级研究生王伟、李源、汪俐彤和黄文琛也做了许多校对和订正工作,在此也一并致谢!

译者

2019年3月22日 成都·温江

作者简介

彼得罗·韦罗内西（Pietro Veronesi）是芝加哥大学布斯商学院金融学教授，也是美国国家经济研究局和经济政策研究中心的研究员。此外，他是美国金融协会（American Finance Association）前理事和《金融研究评论》（*Review of Financial Studies*）联合主编。

彼得罗·韦罗内西的研究主要集中在资产定价上，特别是在不确定性、泡沫、崩溃、回报预测性和随机波动情况下股票和债券的估值。最近，他对政府干预与资产价格的关系很感兴趣，既有理论也有实证方面的研究。他的著作在许多刊物上发表，包括《政治经济学杂志》《美国经济评论》《经济学季刊》《金融杂志》《金融经济学杂志》和《金融研究评论》。曾获多个奖项，包括：2015 年 AQR 洞察奖；2012 年和 2003 年《金融杂志》史密斯·布里登奖；2008 年 WFA 大奖；全民教育论坛 2006 年巴克莱全球投资者奖；2006 年《金融经济学杂志》颁发的 Fama/DFA 奖；以及 1999 年《金融研究评论》授予巴克莱全球投资者（Barclays Global Investors）/迈克尔·布伦南（Michael Brennan）的一等奖。

韦罗尼西教授同时教授硕士和博士课程，2009 年还获得过麦肯锡卓越教学奖（McKinsey Award for Excellence in Teaching）。

前 言

在被认为是自大萧条以来最大的金融危机过后,编写一本关于固定收益证券及其衍生品的风险与回报的教材,是一件令人非常激动的事情。在写书的三年间,金融界发生了一系列的巨变,许多固定收益证券市场的重要投资机构不是破产了(比如贝尔斯登和雷曼兄弟投资银行),就是被政府接手了(如美国两大住房抵押贷款巨头——房地美和房利美),或者被其他银行接手了(如美林证券投资银行)。在这次危机中,美国政府成为焦点:一方面,美联储把它的短期参考利率,即联邦基金目标利率下调到几乎为零,并且迅速建立了贷款机构给金融系统补充流动性的机制;另一方面,美国财政部利用国会批准的基金帮助大量金融机构脱离困境,同时联邦存款保险公司(FDIC)为银行的短期债务提供了展期担保。

这次金融危机会给全球固定收益证券市场带来怎样的变化呢?

尽管目前仍然难以估计此次衰退会持续多长时间,但现在可以肯定的是,固定收益证券市场会变得更大。这是由以下几个原因造成的:首先,政府债券会在未来扩张,因为全球的政府都在增加支出以刺激需求和重振经济。㊀要采取这种政策就必须借比以前更多的债,这样就会增加政府债券,从而影响固定收益证券市场的规模。比如,有价证券中的美国政府债券在2008年年末达到6万亿美元,占到了美国国内生产总值的40%左右。国会预算部门(CBO)预计2009年美国财政支出赤字会增加1.8万亿美元。在2009年关于总统预算计划的分析中,国会预算部门甚至预测公众持有的美国政府债券会从2009年占GDP的56.8%增加到2019年占GDP的80%。㊁

第二,美国政府于2008年承担起了两大住房抵押贷款巨头房地美和房利美的债务责任,因此抵押贷款巨头们价值万亿美元的债务现在可以被认为和美国政府债券一样安全(或风险一致),这进一步扩大了美国政府债务的实际规模。然而由抵押贷款巨头们发行的债务资产并不像美国国债那么简单,因为这些债务资产有一系列额外的特征,比如各种各样的嵌入式期权,因此对它们的估价和风险评估也会更困难。这两大巨头需要发行这些类型的资产来对冲它们持有的抵押贷款担保证券(MBS)的价值变动,这个变动主要是由利率波动引起的。事实上,房

㊀ 关于财政政策是否真的起作用还存在很大的争议。然而,它会增加政府债务几乎是公认的。
㊁ 详情见2009年3月,国会预算办公室发布的《总统预算的初步分析和CBO预算与经济观点的变化》。

地美、房利美和吉利美三大机构持有和担保了约市值9万亿美元的美国抵押贷款市场的一半。这意味着价值4万亿~5万亿美元的抵押贷款担保证券现在是由美国政府担保的。事实上，正是由于这个担保，这三大机构才能够在2008年的第四季度发行抵押贷款担保证券，然而私人市场却完全萎缩了。鉴于抵押贷款担保证券市场绝对而巨大的额度，明白这些复杂的固定收益资产的价格和风险对冲方法是非常重要的。

总的来讲，对于固定收益证券及其衍生品的估值、风险和收益影响因素的理解从未变得如此重要。正如上面提到的，固定收益证券市场不仅会在未来两年内进一步扩张，而且在过去两年内全球投资者都在抛售风险资产、购买安全的美国政府债券，这就推高了美国政府债券的价格，从而使投资者的收益降低。理解改变利率期限结构的影响因素是重要的，这可以帮助投资者判断这些证券的价格在危机结束后会如何变动，比如投资美国长期国债能有多安全。尽管美国政府目前还不会拖欠债务，但拖欠风险仅仅是影响国债价值的风险之一。所以理解投资于"安全"的国债可能出现的风险就至关重要，尤其是在目前的低利率环境中。事实上，为了使银行部门免于缺乏流动性而破产的风险，美联储出台了大规模的扩张性货币政策，这些政策可能会在未来引起通货膨胀。通货膨胀会影响长期债券的名义回报率，因此固定收益债券的价格会做出相应的调整。投资美国长期国债真的安全吗？那么，同样由美国政府担保的机构发行的抵押贷款担保证券安全吗？投资后者的风险比投资美国国债更大吗？应该怎样利用衍生品来对冲这些风险呢？

关于本书

本书涵盖了"固定"收益证券及其估值、风险和风险管理的分析。我给"固定"这个词加上引号是因为现在大多数所谓的固定收益证券的现金流都不再是固定的了。正是由于这个原因，现代金融市场的大多数"固定"收益证券事实上并没有固定收益，这使得对这些债券工具的分析变得困难。让我们更仔细地看看这些证券，再次考察美国市场：在2008年年底，美国债务总额达到了6万亿美元左右，其中大约90%是有着固定收益的国债，这些国债一直有着持续的息票收入。然而，大约有10%的美国政府债券是免受通胀影响的国债，这种债券不支付固定的息票，而是随着美国实际通胀率的波动而变动，也使得我们对它们的估值变得困难。除了这6万亿美元的国债之外，还有9万亿美元的抵押贷款担保证券市场，这些债券（比如过手债券和担保债务凭证等）的现金流不是固定的，而是取决于包括利率波动在内的多种因素。另外，我们应该注意大额互换市场，目前这是固定收益交易商的主要参考市场，2008年这个市场在全球的市值达到8万亿美元。再次说明，互换没有固定的收益。总体来看，包括远期、期货和期权的固定收益衍生市场后，市值增加了数万亿美元。

是什么使这些市场联系在一起呢？

整本书都在使用的概念是无套利原则和一价定律，即如果两项资产拥有相同的现金流，那么它们应该有相同的价格。在运行良好的市场中，不应该存在（大量的）套利利润停留在市场上，因为套利者会进行套利并消除这些套利机会。从无套利原则出发，把所有的市场联系在一起是非常重要的。然后，在理解了无套利原则的概念之后，我们可以回顾和尝试理解为什么有时候市场上会出现明显的套利机会，这些套利机会以看似相同的资产之间的价差形式出现。一般来讲，答案是风险，也就是说，设定套利策略并实施是有风险的。2007~2009年的危机提供了市场崩溃的重要实例，本书包含了几个案例，讨论了套利策略的制定、实施及其风险和回报。

为什么选择这本书

固定收益证券市场变得日益复杂，债务资产有多种多样的支付结构，固定收益衍生品在规模和复杂程度上不断增长。事实上，很多例子都对什么是真正的衍生债券解释得很清楚了。一般来讲，我们认为衍生债券指的是其价值取决于其他原始或基础证券价值的债券，而基础证券的价值由无套利原则确定。然后，当衍生债券市场的规模变得比基础证券市场更大时，到底谁的价格决定另一个就不是那么清晰了。比如，我们现在仍然称它为衍生市场的互换市场，它的规模在20世纪90年代可以忽略不计，现在在全球市场的价值则超过8万亿美元，有人猜测其合约涉及的价值超过350万亿美元。当我们把互换称为衍生品的时候，它们的价值并不由其他任何资产决定，而仅仅由投资者的供给和需求决定，投资者用这些衍生品来满足他们对利率的对冲和投机的需求。

随着固定收益证券的世界变得越来越复杂，我相信每个学习固定收益证券的人必须直面这些复杂性。本书对这些复杂证券做了深入的讨论，这个讨论包括证券价格、风险的影响因素以及合适的风险管理方法。然而，我的想法是提供一种方法或工具，而不是一个购物清单。我不会去仔细讨论所有可能出现的固定收益证券、结构产品和衍生证券。相反，一旦读者理解了基本概念，就会举例和提供可以通用的方法。所以，正如下面讨论的，本书是由真实世界的例子和案例构成的。章末的习题使用真实世界的数据和证券来巩固重要的概念。

另外，在当前的金融市场中，诸如美联储的各国中央银行都在积极地干预固定收益证券市场来影响利率，并以此来刺激真实增长和使通胀率保持在较低的水平。任何关于固定收益的书都不可能绕过中央银行对固定收益证券的影响。本书用了一章的篇幅来讨论美国联邦储备体系，以及利率、实际经济和通货膨胀的关系。最近学术文献的一个大的进展就是使用无套利模型来研究中央银行的行为，这是很重要的。类似地，学术文献揭露了大量非同寻常的关于收益的世界变化情况，我暂时把这些发现总结为一章。比如，传统的观念认为增长的收益率曲线预示着未来利率会上升，然而现在这已经被实际数据证明是错误的。我们应该教会学生理解这些实践中的证据所带来的变化。具体而言，增长的收益率曲线不能预示未来会有更高的利率，但是可以预示未来更高的债券回报率（如果有什么区别的话，那就是更低的未来利率）。也就是说，文献发现了风险溢价随着时间变化的事实，这是我们在固定收益的书中应该讨论的。如果不能理解收益率变动的原因，学生们就不能真正地理解固定收益证券市场。

本书还强调了一个事实，那就是大部分对固定收益证券的分析都必须依赖于期限结构模型，即一些关于收益率随时间变动的假设。我们使用这些模型通过无套利原则来联系不同种类的金融工具，只有这样，才能使用一只基础证券的价格来确定一只更为复杂的衍生证券的价格。这些模型被市场参与者用于设计自营交易专柜的套利策略，对出于交易或会计动机的资产组合进行估值，以及决定用于风险管理的对冲比例。然而，本书致力于澄清两个重要的问题：第一，模型存在参数，而参数需要数据来估计。因此，使用数据和电脑来估计模型的参数，然后用这些参数对固定收益证券进行定价仅仅是这个固定收益游戏的一部分。如果没有对数据长期仔细地考查，或者不知道怎样使用数据来构建和完善模型，我们甚至不能保证教会学生们固定收益证券市场上最基本的东西。

第二，本书澄清了模型仅仅是模型而已，它们对于更加复杂的真实世界的描述总是不完整的。我们会看到不同的模型对于同一只衍生证券会有不同的定价，即使我们估计这些模型的参数时使用的是相同的数据。不存在一个完全正确的模型。任何模型都有优点和缺点，所以对于使用这个还是那个模型非常需要权衡取舍。比如，有的模型对相对复杂的证券有简单的定价公式，当一个交易者需要快速地计算出大规模衍生工具资产组合的价格时，这个模型就非常有用了。然而，在需要设计一个套利策略时，这些模型又显得过于简单了。更复杂的模型会考虑数据的更多特征，但它们也更难以计算。最后，在某种利率环境下有的模型可能表现得很好，其他模型却由于其必须做出的假设不符合实际情况而表现得不好。本书中涉及了几个模型，我们仔细探讨了它们的内容、对现实所做的近似以及可能的缺点。案例研究的应用以及章末习题可以帮助读者能够明白这些差异，并且理解为什么在不同的情况下要使用不同的模型。

第三，我编写本书也是为了让每一个对固定收益证券市场感兴趣的人都能够理解真实世界固定收益证券市场的复杂性、风险和风险管理措施，即使有些读者没有很强的专业背景。怀揣着这样的愿望，写这本书的每一个部分时我都会涵盖所有的重要概念，而每个部分都对读者的数学背景有不同的要求。第一和第二部分只需要基本的计算，第三部分则要求更专业的知识背景。不过，正如后面会讨论到的，第一和第二部分已经足够涵盖固定收益证券分析的完整过程以及所有的重要概念，这些概念我认为是所有学习固定收益和在这个市场上处于任何角色的玩家都应该明白的。固定收益证券的世界已经变得更复杂了，致力于在这个环境下工作的学生现在必须对其复杂性有充分的认识以便将来能够在工作中处理复杂的问题。

下面我将更详细地介绍一下本书三个部分的主要内容。

第一部分：基础

本书的第一部分为第1~8章，涵盖了固定收益证券的价格、风险和风险管理的基本知识。第1章介绍了各主要的固定收益证券市场，第2章包括固定收益证券的一些基础内容，即折现、利率以及利率期限结构的定义。这一章还讨论了债券定价的基础公式，以及从观察到的债券价格推算出折现率的重要方法。这些概念是在章末的一只关于逆向浮动利率债券定价的案例研究中被引出的，这种很热门的固定收益证券会在利率下降时产生高于市场的回报。

第3章涵盖了风险管理的基础知识：这一章介绍了久期的概念，以及在资产负债管理中如何使用久期来设计有效的对冲策略。章末还介绍了在险价值和预期损失这两种流行的风险评估方法。本章是在奥兰治县资产组合暴露的风险讨论中引入这些概念的，奥兰治县曾在1994年损失了16亿美元并且宣布破产。第4章涉及对第3章所引入的风险管理技术的改进，特别是第4章引入了凸性的概念及其在风险评估和风险管理上的应用，以及收益率曲线的斜率和凸性动态的概念。第4章显示了仅仅使用久期来测度风险是不准确的，只要对其做出相对简单的调整就能在风险对冲中有好得多的表现，特别是基于风险中性的调整。

第5章介绍了基本的利率衍生品，如远期和互换。除了描述这些衍生品的资产和定价方法外，本章的几个例子还指出了这些衍生品合约可以用于构建风险管理策略。本章以一个例子作为结束，这个例子讨论了现在流行的互换交易所隐含的风险，同时如何对互换市场做更长远的理解。第6章是对衍生证券的进一步介绍，本章的内容为期货和期权。第6章着重强调了期权是一种金融保险合约的定义，它只在某些特定的情况下才有支付。在介绍了期货和期权之后，用几个例子讨论了这些合约在风险管理中的用途。另外，第6章还分别讨论了使用远期、期货和期权来对冲的优势和劣势。

关于固定收益证券的书必须涉及货币政策对利率的影响。第7章讨论了在特定联邦基金利率下，美联储货币政策的规则和覆盖面。章末的案例研究以2007~2008年的金融危机为例，阐明了美联储的行为模式。第7章还介绍了如何利用联邦基金利率期货和这些衍生品合约所包含的信息来预测联邦基金利率未来的变动。第7章还把利率随时间的变动同经济增长和通胀率联系起来做了讨论，因为美联储会为了经济增长和控制通胀而行动。由于重点是通货膨胀，所以第7章还涉及通胀保值证券，这种债券支付的本金和利息与通胀率挂钩。最后，第7章列举了利率随时间变动的学术证据，以及持有债券的风险溢价随时间变化的事实。值得注意的是，第7章回答了为什么利率的期限结构平均来说是缓慢上升的这个问题。

第8章是第一部分的最后一章，它讨论了抵押贷款担保证券市场及其主要参与者和资产证券化的过程。鉴于2007～2008年金融市场的混乱就是由抵押贷款担保证券市场引起的，第8章还描述了这段时间的一些事件。本章还包括关于衡量提前还款速度方法的讨论，及其对几种抵押贷款担保证券在定价和风险敞口上的影响，这几种抵押贷款担保证券有简单的过手证券、抵押担保债券、仅本债券和仅息债券等。负凸性的概念在这里做了详细讨论并用数据做了示例，这些数据来源为过手证券经销商最大的交易市场，即预售市场。章末的案例研究表明了我们如何用数据而不是定价公式来衡量抵押贷款担保证券和其他债券的久期和凸性。

第二部分：二叉树

本书的第二部分给读者介绍了期限结构模型和无套利策略的概念。第9章在一阶段二叉树的简单框架下阐明了这些重要概念。我在这章讨论不同固定收益工具的相对定价和固定收益证券风险的概念，以及现在流行的定价方法——风险中性定价。第9章不会使用第一部分那么多的数学公式，但这是迈入更广阔的世界的一步，这个世界由无套利结构模型构成。第10章扩展了对多阶段二叉树的分析，会涉及动态复制和对冲的概念。这些策略使得交易者能够用其他固定收益证券的资产组合来对冲未来持续的现金流，理解这些策略是无套利定价的核心。本章还讨论了一种简单的方法，运用该方法可以从未来短期利率预测中构造多阶段二叉树，以及风险调整可能性和风险溢价的概念。真实世界的例子包括长期限衍生品的定价如何对相对复杂的证券快速定价。最后，第10章介绍了即期利率久期的概念，这个久期的概念与第3章的很相似，只不过这个久期是用于二叉树定价的。

第11章运用前面两章所描述的概念完成了对很多衍生证券的无套利定价，使用了Ho-Lee模型和BDT模型这两个流行的模型，展示了不同的模型在定价上的差异，即使已知条件一样。这些差异可以让我们更好地理解不同模型的不同性质。我们同样可以使用这些模型对标准衍生品定价，如利率封顶债券、利率保底债券、互换债券和互换期权。另外，本章还介绍了隐含波动率的概念，即由期权价值计算的利率波动率。在这些多阶段二叉树模型的基础上，第12章探究了美式期权（可以在到期日之前任何时间行权的期权）的定价和几种嵌入美式期权的债券，如可赎回债券和抵押贷款担保证券。第11章通过可赎回国债、美式互换期权和抵押贷款担保证券等几个例子，阐明了美式期权的概念和定价方法，还展示了有嵌入美式期权债券的负凸性。

最后，第13章尝试了用蒙特卡罗模拟对二叉树模型中非常复杂的证券进行定价。这些证券无法轻易地用二叉树定价，因为它们的到期日支付依赖于一个特定的利率路径。然而，我们可以用计算机在二叉树上来模拟利率路径，由此来获得这些证券的价格和对冲比例。本章就相对复杂的真实世界中的证券运用了这种方法，比如减少型互换和抵押贷款担保证券。

第三部分：连续时间模型

第三部分涵盖了更多前沿的期限结构模型，这些模型是建立在连续时间数学运算之上的。这部分是独立的，它包含了所有重要的数学概念，相比于本书前两部分在分析要求上要难得多，正如之前提到的，前两部分在数学上只要求基本计算。

第 14 章讨论了布朗运动、微分方程和伊藤引理的定义，介绍了建立在直觉之上依靠二叉树发展起来的布朗运动的概念，即二叉树收敛到零的时间步长的情况。由于这里的目的是教会学生微分方程的定义，所以微分方程都是通过例子的方式而不是求解的方式引出来的。同样，我会用之前第 4 章讨论过的凸性来阐明伊藤引理的概念。在第 15 章会引用布朗运动和伊藤引理的概念来阐明无套利原则并推导出基本定价公式，我们可以用一个公式来计算出任何股东收益衍生品的价格。我强调了 Vasicek 模型，这个模型相对简单且实用，并提供了几个真实证券定价的例子。第 15 章重点关注了如何对模型的参数进行估计并讨论了模型潜在的缺点，以及模型在期权定价上的用途。

第 16 章对这些模型做了更进一步的探讨，包括动态调整和相对价值交易的问题。关键点是，所有固定收益证券都可以通过利率的变化相互联系，所以它们的变动都高度相关。一个利率模型让我们能用其他证券的资产组合来计算某只证券的价格，只要这个资产组合随着时间推移，当利率变化时经过了恰当的调整。这个方法是通过真实世界不同的例子和章末的案例研究介绍的，章末的案例不仅运用了真实的数据，还用实际行动对这个方法进行了论证。第 16 章还阐明了使用简单模型的一些缺点。

第 17 章介绍了连续时间金融的第二个重要结果——Feynman Kac 方程，这个方程给出了第 16 章中基本定价公式的解。这个方程是风险中性定价的基础，市场参与者广泛使用风险中性定价来给固定收益证券定价。另外，这个方程还可以调整用于某类蒙特卡罗模拟给固定收益证券定价。第 17 章给出了大量真实世界的例子，讨论了美国信孚银行和宝洁公司之间的杠杆互换合理估价的案例，这是 1994 年一个著名诉讼案件中最重要的环节之一。事实上，第 18 章涵盖了用连续时间模型进行风险评估和风险管理的话题，阐明了风险的市场价格定义，即固定收益投资者在购买一项固定收益资产并持有到期时应获得的公平补偿，以及运用蒙特卡罗模拟进行风险评估的方法。例子和章末的案例研究都阐明了蒙特卡罗模拟在风险评估中的运用。本章还包括期限结构与连续时间模型相联系的一个模型，这个连续时间模型是由预期通货膨胀的变化和要求在通货膨胀的背景下持有名义证券的风险溢价推导出来的。

第 19 章讨论了无套利模型，这个模型和第 11 章介绍的在连续时间下的二叉树模型相似。这些模型可以通过基础债券价格推导衍生债券的价格。第 19 章给出了几种应用，还进一步探讨了不同模型的优缺点。在第 20 章阐明了用 Black 方程来对标准衍生品定价的方法，如利率封顶证券、利率保底证券和互换期权。第 20 章还回溯了第 11 章中的隐含波动率定义，讨论了平稳和远期波动性的重要概念，以及波动率的期限结构随时间变化的动态过程。这些概念在现代金融市场中是如此重要，以至于我决定把这部分内容从第三部分的前一章中剥离出来单独呈现。所以第 20 章的内容是独立存在的，也可以把它当作第 11 章后的总结章节。

第 21 章介绍了几种最近的定价方法，那就是远期风险中性定价法、HJM 模型和 BGM 模型。相关案例展示了这几个新模型在对复杂证券定价时的用处，尽管它们都建立在蒙特卡罗模拟的基础之上。

第 22 章总结了第三部分和本书，扩展了前面章节里由多种因素决定的收益率曲线概念。我展示了由多因素模型提供的额外的便利性，并用来对附加利率的结构性票据和衍生证券定价，比如那些依赖于期限结构的多个点的证券。

教学策略

本书采用了动手策略来强调固定收益证券的估值、风险和风险管理。教材里有着大量真实世界的实例和案例研究，我用它们来一步一步地展示了大多数证券的公允价值，投资者在某项投资中应该取得的收益和风险。我总是用数据来设置案例和阐明概念，这不仅是因为数据使得课程更具有实际意义，还因为数据显示了我们可以通过学习每章中介绍的概念来追踪真实世界的估值问题。

例

每章包含了很多用来阐明本章所介绍的概念的量化示例。有时，还用来引入新的重要概念。正如前面提到的，这些例子总是建立在真实数据和真实情况基础上的。尽管这样，例子仍然只是更复杂问题的精简版本，我每次只能用这样的例子阐明某一个问题。

案例研究

本书包含了几个章末案例研究。这些案例研究把相关章节所介绍的概念运用到了更复杂的真实世界，可能会涉及对结构性衍生品的定价，或者运用一些风险测度方法对其进行风险评估，或者描述一个套利交易的情形和实施中的风险。和每章中讨论的仅仅关注某个特定问题的例子不同，案例研究在描述完情况后会给出整体分析，当然这个分析还是会围绕着该章节所讨论的主题。使用案例研究也是为了展示，在对真实世界的数据应用相对简单的公式和模型时，常常需要做出某些近似处理。也就是说，真实世界的情况比简单的模型和公式能够适用的条件要复杂得多。

数据

本书非常重视使用真实世界的证券数据，来构建书中的例子和章节结尾所讨论的案例。此外，大多数练习题都需要数据进行分析，这些数据可以在教材提供的电子表格中找到。运用数据作为主要教学手段的决定源于我的信念，只有通过对现实数据的分析，学生才能真正理解特定章节中所示的概念，也才能理解把模型应用到真实世界的复杂性。从一开始我们就可以看到，实际上很难将固定收益模型的简单公式应用于真实世界的复杂数据，即使是最基本的公式，如现值的计算公式。学生尽早意识到这一点是很重要的，正是这一挑战使得固定收益证券市场的研究变得如此迷人。

练习

每章都包含几个练习，涵盖本章所讨论的主题，并突出展示真实世界固定收益证券或交易方法的特点。教师可以使用答案手册。练习是学习的一个组成部分：大多数练习是需要处理数据的，需要使用计算机、电子表格（第一和第二部分）或编程软件（第三部分）。在现代金融市场中，计算机早已是分析的必要工具。例如，在第一部分练习中，需要使用电子表格计算出复杂证券的价格，以及它们的久期和凸性。在第二部分中，这些练习需要用电子表格程序来构建适合真实世界固定收益证券（如债券、互换和期权）的二叉树。此外，一些章节的练习要求学生在二叉树上进行蒙特卡罗模拟，以评估具有嵌入期权的真实世界固定收益证券，如房地美的百慕大可赎回债券。在第三部分中，练习将再次依据真实世界的数据来拟合更复杂的期限结构模型，并要求学生对相对复杂的证券进行定价。此外，练习还常常要求学生通过计算套期保值比率和风险指标来进行风险分析。这些练习将说明为什么从业人员在不同的情况下使用不同的模型；即使在使用相对简单的模型时，学生也会亲身体验到处理数据的困难。选做题的答案可以在这个网站找到：www.wiley.com/college/veronesi。

软件

在书中有许多例子，使用了真实世界的数据来说明每章所讨论的概念。与这些例子中的数据包一起，我还提供了数值例子中用到的所有扩展（对于第一部分和第二部分）程序或计算机代码（对于第三部分）。提供这些电子表格和计算机代码，不仅是为了使学生更好地理解示例本身，更是为了让学生在章末练习中进行类似的分析。

致教师

本书中的内容可以在两个不同的层次上教授：入门级和高级（但不是非常前沿）。

课程一：固定收益证券简介

第一部分和第二部分介绍了基本的分析工具，熟悉基础微积分的学生应该能够比较容易理解。该材料可以作为 MBA 和本科生的全学期固定收益课程。尽管本书这两部分的内容相对简单，然而实际操作策略、真实世界的例子、案例研究以及对真实世界证券的关注完全可以为固定收益资产定价提供坚实的基础，无论是从无套利到风险溢价，从久期到正负凸性，还是从风险度量到风险中性定价。在课程结束时，学生将拥有正确分析真实世界证券、评估其风险以及（在二叉树上）使用蒙特卡罗模拟来对复杂证券定价的能力。这对于发现一些结构利率证券所隐含的风险来说是非常重要的。

在教学上，章节的顺序对于怎样使用这些材料提供了指导。每章的内容经常包含某些在后面章节里才会被讨论的概念或线索。比如，我在第 1 章描述了回购协议市场，因为第 2 章涵盖了现值公式和一价定律的使用，在回购协议市场使用杠杆来描述金融机构在实际中是如何使用长短期策略的。类似地，在第 2 章描述浮动利率合约，不仅是因为我当时可以使用这个概念来阐述逆向浮动证券（同一章的一个章末案例研究）的定价，还因为在第 5 章使用了同样的概念来描述互换的定价，这是名义总额最大的固定收益证券市场（在 2008 年年底达到了 35 万亿美元）。章节之间是高度联系和相互引用的，因此我相信按照教材的顺序一章一章地往后学是非常重要的。

关于固定收益的前期课程，这是最后一点我想说的。本书的第二部分，尤其是第 11 章讨论了普通衍生工具的定价与对冲，如利率封顶证券、利率保底证券、互换证券和互换期权。这章还在介绍 Ho-Lee 模型和 BDT 模型的文章中讨论了隐含波动率、平滑波动率和远期波动率的概念。因此，这部分与从 Black 方程引申的隐含波动率是一致的，Black 方程是用来报价标准衍生工具的基础模型。考虑到这些关联，从某种程度上而言，我在撰写第三部分第 20 章时，不再需要第三部分前面章节的那些高阶内容。我仅仅介绍了 Black 方程，讨论了隐含波动率随着时间的变动，还有平滑波动率和远期波动率的概念。这个方程和股票期权定价中的 Black-Scholes 方程一样难，所以学生们能不能应对重要的挑战取决于他们有多优秀。

课程二：固定收益证券前沿

前沿课程会充分利用本书的第二和第三部分。这就是我定期给芝加哥商学院的 MBA 二年级学生讲授的，这个课程同样适用于刚入学的金融学硕士。这个课程要求的预备知识包括投资学和基础的期权课程，尽管我经常允许只有数学背景而没有预备知识的学生参加课程。我在第 1~6 章里简洁地介绍了课程所需要的相关概念。然后，我通过在书里或多或少地连续描述，在第二部分讲授了二叉树模型，在第三部分讲授了连续时间模型。事实上，第 14 章引用了第 11 章介绍布朗运动的定义，并以此说明了二叉树模型的局限，因为步长会变得极其小。第二部分所探索的核心概念同样会在第三部分出现，只不过是使用了连续时间模型的方法。学生们会在他们直觉固化时，发现在二叉树模型中所介绍的概念在连续时间模型的框架下仍然很有用，尤其是在大量的例子中。然而，由连续时间模型提供的更大的灵活性使得我可以讨论更多二叉树所无法涉及的模型，如第 22 章涵盖的多种随机因素。学生们会看到模型间的比较，以及为何一些模型只能在某种特定的利率环境中使用。为了这个目的，我给学生们设置了挑战——依据真实数据的作业，来让他们不仅仅只学到固定收益期限结构模型提供的各种可能性，并对定价、对冲或者对给定证券进行风险分析，还要让他们意识到这些固定收益模型的局限性以及模型对数据的依赖性。我的作业总是建立在真实世界需要被定价、对冲或者分析的证券基础之上，而且我按照这个思路编写了绝大多数的章末练习，即让学生们使用本章所讨论的模型来分析真实世界的证券。有时，这些分析需要学生们收集互联网上的数据，比如伦敦银行间同业拆借利率（LIBOR）可以在英国银行家协会的网站上找到，互换利率可以在美联储的网站上找到。数据分析是本书的有机组成部分并能使学生们积累经验。最终，在材料方面，学生们会发现把第 18 章所讨论的经济模型与在第 7 章所讨论的 Vasicek 模型联系起来是非常有用的，因为他们看到了风险、风险厌恶、回报、风险的市场价格以及最后的定价方法之间的联系。

结论

在对本书的前言做总结时，我真诚地希望本书可以鼓励读者和学生们能用非常系统性的方法分析固定收益证券市场，以及探求为何一些事情会发生，为何一些交易看起来是可能的或者一些模型是否适用等问题。我希望我对这本书的前两部分仅仅要求最小的分析背景的决定，能使读者正确评估复杂固定收益证券的风险，更明白他们究竟买的是什么以及一只证券为什么可能拥有比市场更高的回报率。类似地，监管者可能会使用同样的工具来评估复杂证券的公允价值，他并不一定需要拥有数学或者物理学博士学位。比如，现在要明白一辆车的引擎是如何工作的比以前要困难多了，但工程师必须对这些新引擎有更好的了解，固定收益证券市场的参与者，无论是交易者、风险管理经理还是监管者等，也不能寄希望于用旧工具来理解现代市场，因为它们的复杂性已经增加了，所以学习和掌握新的工具非常必要。我希望本书提供的工具有助于读者理解现代固定收益证券市场的复杂性，即使是数学基础最少的读者也能用得上。

彼得罗·韦罗内西
芝加哥
2009 年 6 月

简明目录
BRIEF CONTENTS

赞誉
译者序
作者简介
前言

第一部分　固定收益市场

第1章	固定收益市场介绍	2
第2章	固定收益证券基础	23
第3章	利率风险管理基础	58
第4章	利率风险管理进阶	88
第5章	利率衍生品：远期和互换	117
第6章	利率衍生品：期货与期权	151
第7章	通胀、货币政策与联邦基金利率	180
第8章	住房抵押贷款支持证券概述	211

第二部分　期限结构模型：树

第9章	单步二叉树	248
第10章	多步二叉树	263
第11章	风险中性树与衍生品定价	278
第12章	美式期权	311
第13章	基于二叉树的蒙特卡罗模拟法	338

第三部分　时间结构模型：连续时间

第14章	连续时间下的利率模型	369
第15章	无套利与利率证券定价	391
第16章	动态对冲和相对价值交易	415
第17章	风险中性定价与蒙特卡罗模拟	435
第18章	利率证券的风险与回报	461
第19章	无套利模型和标准衍生品	479
第20章	标准衍生品和期权波动率变化的市场模型	505
第21章	远期风险中性定价和LIBOR市场模型	521
第22章	多因素模型	551

参考文献　584

目录

赞誉
译者序
作者简介
前言

第一部分 固定收益市场

第1章 固定收益市场介绍 ……… 2
- 1.1 介绍 ……………………………… 2
- 1.2 政府债务市场 ………………… 6
- 1.3 货币市场 ……………………… 11
- 1.4 回购市场 ……………………… 12
- 1.5 抵押贷款支持证券市场和资产支持证券市场 ……… 17
- 1.6 衍生品市场 …………………… 18
- 1.7 后面章节的线路图 …………… 20
- 本章小结 ………………………… 22

第2章 固定收益证券基础 ……… 23
- 2.1 贴现因子 ……………………… 23
- 2.2 利率 …………………………… 26
- 2.3 利率期限结构 ………………… 30
- 2.4 附息债券 ……………………… 33
- 2.5 浮动利率债券 ………………… 41
- 本章小结 ………………………… 45
- 练习 ……………………………… 46
- 案例研究：奥兰治县的逆向浮动利率债券 ……………… 48
- 附录2A 从附息债券中得到贴现因子 $Z(0, T)$ ……… 53

第3章 利率风险管理基础 ……… 58
- 3.1 利率的波动 …………………… 58
- 3.2 久期 …………………………… 59
- 3.3 利率风险管理 ………………… 71
- 3.4 资产负债管理 ………………… 77
- 本章小结 ………………………… 78
- 练习 ……………………………… 79
- 案例研究：1994年奥兰治县破产事件 ………………… 81
- 事件分析：奥兰治县资产组合的事前风险分析 ……… 84
- 附录3A 正态分布下的预期损失 …… 86

第4章 利率风险管理进阶 ……… 88
- 4.1 凸性 …………………………… 88
- 4.2 斜率和曲率 …………………… 98
- 本章小结 ………………………… 106
- 练习 ……………………………… 107
- 案例研究：奥兰治县资产组合的因子结构 …………… 109
- 附录4A 主成分综合分析法 ……… 112

第5章 利率衍生品：远期和互换 …… 117
- 5.1 远期利率和远期贴现因子 …… 117
- 5.2 远期利率协议 ………………… 124
- 5.3 远期合约 ……………………… 128
- 5.4 利率互换 ……………………… 131
- 5.5 用衍生证券做利率风险管理 … 140
- 本章小结 ………………………… 141
- 练习 ……………………………… 141
- 案例研究：匹威资产管理公司互换利差交易 ………… 144

第 6 章　利率衍生品：期货与期权 …… 151
　6.1　利率期货 …………………… 151
　6.2　期权 ………………………… 159
　本章小结 ………………………… 170
　练习 ……………………………… 171
　附录 6A　流动性和 LIBOR 曲线 …… 177

第 7 章　通胀、货币政策与联邦基金
　　　　利率 …………………………… 180
　7.1　联邦储备系统 ……………… 181
　7.2　联邦基金利率的预测 ……… 183
　7.3　理解利率期限结构 ………… 191
　7.4　应对通货膨胀风险：通货膨胀
　　　 保值国债 ……………………… 196
　本章小结 ………………………… 203
　练习 ……………………………… 204
　案例研究：2007～2008 年次贷危机
　　　　　　中的货币政策 ………… 206
　附录 7A　预期收益关系的推导 …… 210

第 8 章　住房抵押贷款支持证券
　　　　概述 …………………………… 211
　8.1　资产证券化 ………………… 211
　8.2　住房抵押贷款和提前偿付权 … 215
　8.3　抵押贷款支持证券 ………… 218
　8.4　抵押担保证券 ……………… 228
　本章小结 ………………………… 235
　练习 ……………………………… 236
　案例研究：派维投资集团以及过手
　　　　　　债券避险策略 ………… 239
　附录 8A　有效凸性 ……………… 243

第二部分
期限结构模型：树

第 9 章　单步二叉树 ………………… 248
　9.1　单步利率二叉树 …………… 248

　9.2　二叉树模型的无套利性 …… 250
　9.3　运用未来现金流现值对衍生品
　　　 进行定价 ……………………… 254
　9.4　风险中性定价 ……………… 257
　本章小结 ………………………… 261
　练习 ……………………………… 261

第 10 章　多步二叉树 ………………… 263
　10.1　两步二叉树 ………………… 263
　10.2　风险中性定价 ……………… 264
　10.3　期限结构的匹配 …………… 268
　10.4　多步二叉树 ………………… 269
　10.5　定价和风险评估：即期
　　　　利率久期 …………………… 273
　本章小结 ………………………… 275
　练习 ……………………………… 276

第 11 章　风险中性树与衍生品定价 …… 278
　11.1　风险中性树 ………………… 278
　11.2　风险中性树的使用 ………… 282
　11.3　隐含波动率和 BDT 模型 … 289
　11.4　用于期货定价的风险
　　　　中性树 ……………………… 296
　11.5　隐含树：最后的评论 ……… 306
　本章小结 ………………………… 306
　练习 ……………………………… 307

第 12 章　美式期权 …………………… 311
　12.1　可赎回债券 ………………… 311
　12.2　美式互换期权 ……………… 321
　12.3　抵押贷款和住房抵押贷款
　　　　支持证券 …………………… 323
　本章小结 ………………………… 331
　练习 ……………………………… 332

第 13 章　基于二叉树的蒙特卡罗
　　　　　模拟法 ……………………… 338
　13.1　单步二叉树的蒙特卡罗
　　　　模拟法 ……………………… 338

13.2	两阶段二叉树下的蒙特卡罗模拟法	339
13.3	多阶段二叉树下的蒙特卡罗模拟法	343
13.4	对路径非独立期权定价	348
13.5	蒙特卡罗模拟法下的即期利率久期	355
13.6	对住房抵押贷款支持证券定价	356
本章小结		363
练习		364

第三部分
时间结构模型：连续时间

第14章　连续时间下的利率模型 369
14.1	布朗运动	371
14.2	微分方程	374
14.3	连续时间随机过程	377
14.4	伊藤引理	381
14.5	案例	386
本章小结		388
练习		389
附录14A		390

第15章　无套利与利率证券定价 391
15.1	用决定性的利率为债券定价	391
15.2	用Vasicek模型进行利率债券定价	394
15.3	衍生证券定价	402
15.4	一般利率模型中的无套利定价	405
本章小结		409
练习		409
附录15A	衍生品	413

第16章　动态对冲和相对价值交易 415
16.1	复制投资组合	415
16.2	再平衡	417
16.3	应用1：基于收益率曲线的相对价值交易	419
16.4	应用2：对冲衍生品敞口	421
16.5	θ-Gamma关系	423
本章小结		425
练习		425
案例研究：相对价值的交易对产量曲线的影响		426
附录16A	看涨期权的delta值的衍生	434

第17章　风险中性定价与蒙特卡罗模拟 435
17.1	风险中性定价	435
17.2	费曼—卡茨定理	436
17.3	风险中性定价的应用：蒙特卡罗模拟	439
17.4	实例：对区间浮动利率债券进行定价	443
17.5	蒙特卡罗模拟的套期保值	446
17.6	蒙特卡罗模拟的凸性	448
本章小结		450
练习		450
案例研究：宝洁/信孚银行杠杆利率互换		455

第18章　利率证券的风险与回报 461
18.1	预期收益和市场价格风险	461
18.2	风险分析："自然"蒙特卡罗模拟的风险	464
18.3	期限结构的宏观经济模型	467
18.4	案例分析：宝洁公司互换杠杆的风险	474
本章小结		477
练习		477
附录18A	宏观经济学模型中定价公式的证明	477

第19章 无套利模型和标准衍生品 …… 479

- 19.1 无套利模型 …… 479
- 19.2 Ho-Lee 模型回顾 …… 480
- 19.3 Hull-White 模型 …… 485
- 19.4 "正态"模型中的标准衍生品 …… 488
- 19.5 "对数正态"模型 …… 498
- 19.6 广义仿射期限结构模型 …… 499
- 本章小结 …… 500
- 练习 …… 501
- 附录19A 证明 …… 502

第20章 标准衍生品和期权波动率变化的市场模型 …… 505

- 20.1 利率上限和利率下限定价的 Black 公式 …… 505
- 20.2 互换期权报价计算的 Black 公式 …… 516
- 本章小结 …… 519
- 练习 …… 519

第21章 远期风险中性定价和 LIBOR 市场模型 …… 521

- 21.1 风险中性定价遇到的一个难题 …… 521
- 21.2 计价单位变换与远期风险中性动态 …… 522
- 21.3 "正态"模型中的期权定价公式 …… 525
- 21.4 LIBOR 市场模型 …… 526
- 21.5 远期风险中性定价和互换期权的 Black 公式 …… 537
- 21.6 HJM 模型 …… 539
- 21.7 非自然滞后与凸性调整 …… 541
- 本章小结 …… 545
- 练习 …… 546
- 附录21A 推导 …… 547

第22章 多因素模型 …… 551

- 22.1 带独立变量的多因素伊藤引理 …… 551
- 22.2 带独立变量的无套利模型 …… 552
- 22.3 因素相关时的情形 …… 560
- 22.4 费曼—卡茨原理 …… 567
- 22.5 远期风险中性定价 …… 570
- 22.6 多因素 LIBOR 市场模型 …… 574
- 22.7 仿射和二次期限结构模型 …… 577
- 本章小结 …… 581
- 练习 …… 581
- 附录22A …… 582

参考文献 …… 584

第一部分

固定收益市场

第1章　固定收益市场介绍

第2章　固定收益证券基础

第3章　利率风险管理基础

第4章　利率风险管理进阶

第5章　利率衍生品：远期和互换

第6章　利率衍生品：期货与期权

第7章　通胀、货币政策与联邦基金利率

第8章　住房抵押贷款支持证券概述

第 1 章 固定收益市场介绍

1.1 介绍

在过去 20 年间，固定收益市场在市值和复杂性上都经历了迅速的发展。在 20 世纪 80 年代以前，固定收益市场主要由政府债券构成，如美国短期、中期和长期国债。这些证券也相对简单，因为美国政府主要发行的债券每半年支付固定的利息。尽管诸如英国和意大利等其他政府也发行过其他种类的债券，但这些债券每半年支付的利息不是固定的，而是与通胀率等浮动指标相联系，只不过这些市场的份额相对较小。因此，美国政府债券市场是全球固定收益市场的主要参考市场。

然而，今天的美国政府债券已经不再是固定收益市场的主导了，与其说是因为美国政府债务在这 20 年间收缩了，不如说是因为与国债相关联的其他固定收益市场增长迅猛，且其已经成为固定收益证券定价的主要参考。表 1-1 展示了 2008 年 12 月固定收益市场的规模。第一部分市场由传统固定收益市场组成，包括美国国债、市政债券、联邦机构债券和货币市场。这些债务市场的总规模大约为 15 万亿美元。第二部分显示了抵押贷款支持证券的规模和资产支持证券市场的规模。具体来看，抵押贷款支持证券市场的规模达到了 8.9 万亿美元，比美国国债市场大 3 万亿美元。

类似地，表 1-1 的第三部分展示了利率衍生品市场。特别是利率互换市场达到 16 万亿美元的市值和 328 万亿美元的名义价值。出于

表 1-1 固定收益市场的规模（2008 年 12 月）

市场	市值 （10 亿美元）	预测值 （10 亿美元）
美国国债	5 912.2	
美国市政债券	2 690.1	
美国联邦政府机构债券	3 247.4	
美国货币市场	3 791.1	
抵押贷款支持证券	8 897.3	
资产支持证券	2 671.8	
场外利率互换	16 572.85	328 114.49
场外利率远期	153.19	39 262.24
场外利率期权	1 694.22	51 301.37
场内期货		19 271.05
场内期权		35 161.34
美国公司债券	6 280.6	
信贷衍生品	5 651	41 868

资料来源：证券业及金融市场协会和国际清算银行。

我们将要在第 5 章讨论的一些问题的原因，尽管这些指标都不能直接与美国国债市场进行比较，但这些市场的规模又一次证明了美国国债市场的光芒已经被其他类型证券所掩盖。特别地，尽管在 20 世纪八九十年代我们会把互换当成衍生证券，其定价由诸如国债等基础证券的价值"衍生"出，考虑到它巨大的规模，我们很难相信现在还是如此。在任何程度上，我们应该把利率互换市场考虑为一个基本市场，它的价值由投资者、投机者和最终使用者波动的需求决定。最后，公司债务在过去几年里急剧增加，达到了 6.2 万亿美元的市值。还需要注意的

是，不断增长的信贷衍生品市场已经达到了5.6万亿美元的市值和42万亿美元的预测值。

这些市场发生变化的证据同样存在于图1-1和图1-2中。首先考虑国债市场，我们可以看到其在1986~1996年增长稳定。经济扩张从1991年开始，于2001年结束，在1996~1999年间产生了政府盈余，这又使得美国政府启动了债券回购政策。这段时间国债的票面价值出现了明显地减少。美国国债于2001年又开始增长，并在2008年12月达到了5.9万亿美元。尽管关于图1-1的一个有趣的事实就是另一个市场的增长，即抵押贷款支持证券市场已经成为美国的主导市场，它的市值从1985年仅有的3 720亿美元开始迅速增长，并在1999年成为美国最大的债务市场，而且在2008年12月成为比美国国债市场市值大3万亿美元的市场。这个市场出现的这种增长主要是由于美国房地产市场从21世纪初开始直到2006年达到峰值的增长，伴随着美国家庭信贷消费的稳定增加，他们有着越来越多的住房贷款和房屋净值贷款融资消费。在这个样本结束的2008年可以看出，这个市场的规模出现了小幅下降，这事实上是从2007年1月开始的住房市场衰退和美国经济不景气的反应。最后，在美国国债旁边的公司债券也出现了类似的增长，其在1985年规模相对较小，但近年来增长稳定，在2008年12月达到6.2万亿美元。

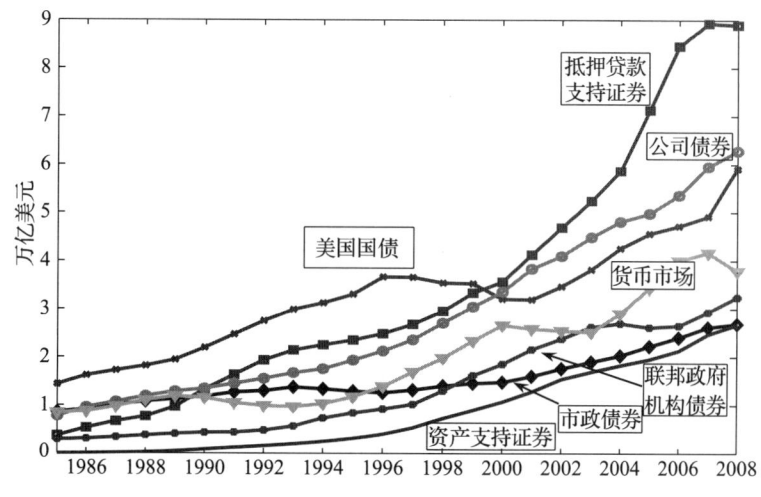

图1-1 市场规模的增长

资料来源：证券业及金融市场协会。

图1-2呈现出了利率衍生品市场的惊人增长。金融互换市场在20世纪80年代开始时的规模可以忽略不计，在经历了指数般的增长后，于2008年12月达到了328万亿美元(预测值)。图1-2还呈现了场外交易和交易所交易利率期权的组合产品也在这个时期增长迅速，并在2007年12月达到了100万亿美元(预测值)，尽管它在2007~2009年的金融危机的中期2008年12月下降到86万亿美元。类似地，尽管是以一个缓慢得多的速度在增长，但远期利率协议和期权合约也随着时间的推移而增长。

这个讨论的结果就是固定收益市场规模非常庞大且仍在增长。此外，没有一个占主导地位的市场：我们过去称之为衍生品市场现在的净规模已经比初级市场还要大了。到底是什么使得各种利率工具的价格与彼此联系就是一个大问题。也就是说，所有这些工具都是高度关联的。比如，如果美联储调低联邦基金利率，我们就可以预期到所有短期利率会出现下降。这些比率是怎样调整到平衡的呢？答案是无套利原则，即当不同市场证券价格没有联系起来时，套利者可以对不同的证券持有大量头寸而获利的机会是不存在的。"联系起来"的概念会在未来的章节中变得清晰。暂时，我们来对个人市场进行更详细的描述。

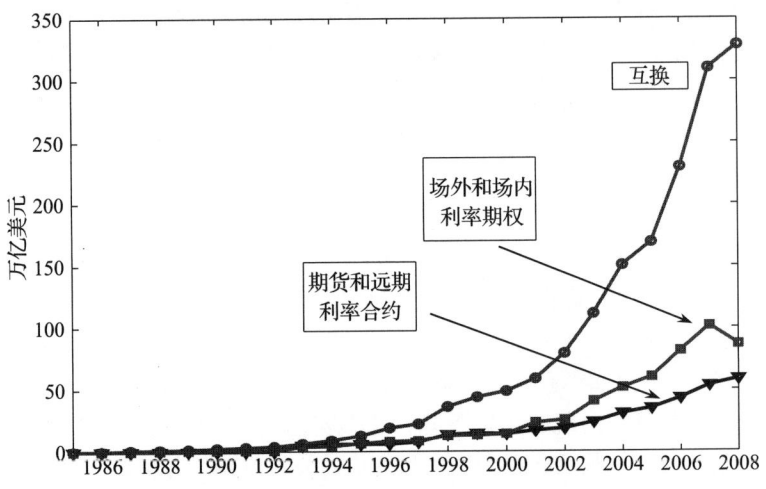

图 1-2　衍生品市场的增长（预测值）

资料来源：证券业及金融市场协会和国际清算银行。

1.1.1 固定收益市场的复杂性

前一部分阐述了固定收益市场规模的增长。固定收益市场的复杂性同样令人叹为观止。表 1-2 简要描述了 2007 年 9 月 18 日美国固定收益市场的价格。这个表与彭博终端的数据一致，它被交易者广泛运用于快速掌握债券价格的相对位置以及跨市场的利率。表 1-2 所描述的证券数量是十分惊人的。从左上角开始，我们可以看到：

1. 联邦基金利率报价
2. 美国短期国债在不同期限的价格和收益率
3. 欧洲美元在不同期限的存款利率
4. 回购与逆回购利率
5. 各种期限的美国债券收益率和价格
6. 做市商报价
7. 不同期限的 90 天欧洲美元期货
8. 不同期限的联邦基金期货
9. 修正的伦敦银行间同业拆借利率
10. 外汇汇率
11. 30 年期抵押贷款支持证券
12. 10 年期国债期货
13. 不同期限的互换利率
14. 其他重要报价，如黄金

这些市场报价是如何一同变动的呢？

一个想法是它们都和同样的事件高度相关。比如出现了对未来通胀率增长的担忧，我们期望美联储会增加联邦基金利率（见第 7 章）。反过来，按照下面会讨论到的一价定律，这个预期会影响到其他短期借款利率，如短期伦敦银行间同业拆借利率、短期欧洲美元利率等。在本章我们仅仅定义出现在表 1-2 里的术语。在接下来的章节中，我们会描述这些市场之间的关系以及不在表 1-2 出现的其他市场。最核心的概念就是无套利原则，现在就介绍它是非常有用的。

表 1-2 国债和货币市场利率概况

联邦基金利率					短期国债收益率/价格				欧洲美元利率			回购		逆回购	
出价/要价	5 1/8	5 1/36	4 周期	3.88	0.12	3.82	3 个月期	5.5000	5.6000	O/N	5.15	5.05
昨日开盘/今日开盘	5 1/8	5 1/8	3 个月期	4.16	0.02	4.07	6 个月期	5.3300	5.4300	1 周期	4.95	4.85
最高价/最低价	5 1/8	5 1/8	6 个月期	4.31	0.02	4.17	1 年期	5.0300	5.1300	2 周期	4.85	4.75
道琼斯工业平均指数	13 479.91	+76.49	S&P 500 FUT	1947		4.15	CCMP	2592.02	+10.36	1 个月期	4.70	4.60

美国国债券到期收益率/买入价/卖出价/涨跌				做市商报价		90 天欧洲美元/期货		LIBOR 定价	
4 08/31/09	4.117	99−24+	99−25	−03	15 天	5.060	12 月	95.07	1 周	5.258 75
4 1/2 05/15/10	4.128	100−29	100−29+	−04	30 天	5.350	3 月	95.38	1 个月	5.496 25
4 1/8 08/31/12	4.241	99−15	99−15+	−05+	60 天	5.400	6 月	95.51	2 个月	5.553 75
4 3/4 08/15/17	4.493	102−00	102−01	−07	90 天	5.410	9 月	95.56	3 个月	5.587 50
5 05/15/37	4.735	104−05	104−06	−19+	120 天	5.380	12 月	95.56	4 个月	5.536 25
		CRB	324.31	−.56	180 天	5.240	3 月	95.51	5 个月	5.483 13
									6 个月	5.420 00
									1 年	5.112 50

30 年期抵押贷款支持证券				10 年期国债期货		联邦基金期货利率		核心利率	
GNMN 6.0	100−24	100−25	−02	CBT	109−20	−04+	9 月	95.01	基础利率	8.25
GOLD 6.0	100−09	100−10	00				10 月	95.11	基本贷款利率	7.00
FNMA 6.0	100−07	100−08	−01	原油			11 月	95.30	联邦基金目标利率	5.25
				NYM WTI	80.80	+.23	12 月	95.39	贴现率	5.75
							1 月	95.44		
							2 月	95.56		

现货外汇		互换利率	
日元	115.8000	3 年期	4.809
欧元	1.3875	5 年期	4.918
英镑	1.9983	10 年期	5.174
瑞士法郎	1.1876		
墨西哥比索	11.1030		
加拿大元	1.0233		

资料来源：彭博终端 2007 年 9 月 18 日。

1.1.2 无套利原则和一价定律

从一个市场到另一个市场的波及效应的源头就是无套利原则。在纯粹的形态下，套利机会被如下定义。

定义 1-1

套利机会(arbitrage opportunity)是一种可行的交易策略，涉及两种或两种以上证券，具有以下任一特征：

1. 没有初始投入，在未来的某一天产生确定的正收益。
2. 产生初始的正收益，在未来的某一天有一个非负的收益。

无套利原则(no arbitrage)要求没有套利机会存在。

一个纯粹的套利交易要求持有的头寸总是产生非负现金流，而且肯定会产生一些正现金流。定义 1-1 有 3 个核心因素：①交易花费为零；②产生确定的正收益；③收益在一个特定的时间到账。比如，假设一个套利者发现两只证券在 6 个月后支付都是 100 美元，但证券 1 卖 97 美元，证券 2 卖 98 美元，那么套利者可以实践交易者的格言"高卖低买"，以 97 美元的价格购买 100 万单位证券 1，同时以 98 美元的价格卖出 100 万单位的证券 2，实现 100 万美元的现金流。6 个月后，这两只证券正好产生相同的现金流，因此这个交易被对冲掉了：他从证券 1 的获利都会支付给证券 2 的拥有者。

当然，这种纯粹的套利机会在金融市场是很难找到的。这是因为交易费用和缺乏不同变量间的完美联动，一些风险确实存在，套利者必须在交易时把它们考虑在内。然而，无套利原则的规则还是定义了一些必定存在于跨资产价格之间关系的核心，这反过来决定了固定收益工具的相对价格。在本书中，我们可以看到这些无套利规则是如何允许我们既计算固定收益工具的公允价值又投资它们的相对价格的。同样重要的是，我们要关注无套利原则对固定收益工具风险及其风险管理的影响。大部分分析的基础都是接下来要讨论的一价定律。

事实 1-1

一价定律(law of one price)明确了有着相同回报的证券应该拥有同样的价格。

如果一价定律对于某些证券不适用，那么套利机会就会存在。事实上，这与之前一个例子的逻辑是一致的：如果两只证券在未来有着同样的现金流，但今天的交易价格不一致，那么套利者可以通过购买被低估的证券，然后出售被高估的证券在今天实现套利。因为未来现金流是一样的，套利者的风险全部被对冲掉了。

无套利原则和一价定律允许我们学习固定收益工具的价值、风险和风险管理，在我们调查是怎么样允许之前，让我们用表 1-2 的数据做指导条目来更仔细地看看固定收益市场。我们从政府债务入手，它出现在表 1-2 的美国短期国债和美国债券的相关标题之下。

1.2 政府债务市场

基本上所有国家都发行债务为其行动融资。美国政府债务总是在固定收益证券市场中占据重要的位置，主要是因为其被认为有着极低的违约风险。也就是说，投资美国国债是"安全"

的，因为政府一定会为投资者偿还债务。报价把"安全"这个词语标记为重要警告，尽管这正是使得固定收益证券市场如此有趣的原因。就美国国债的违约风险而言，其可以被认为是"安全"的资产。如上所述，发行者会尽一切可能来向投资者偿还债务。这些债券公认的安全性是由美国政府在未来向民众征税来偿还债务的权利保障的。

然而，一项对美国国债的投资在一小段时间的投资收益可能是不安全的。为了举出示例，图1-3列出了一只20年期限的债券从它发行的1986年2月到到期日2006年2月的生命周期。㊀债券价格随着时间的变化是非常惊人的，有时在两年内（比如1991~1993年）上涨30%，然后以更快的速度下跌（比如1994年）。在1993年买下这只债券的投资者可能在接下来几年中遭受几轮资产损失。

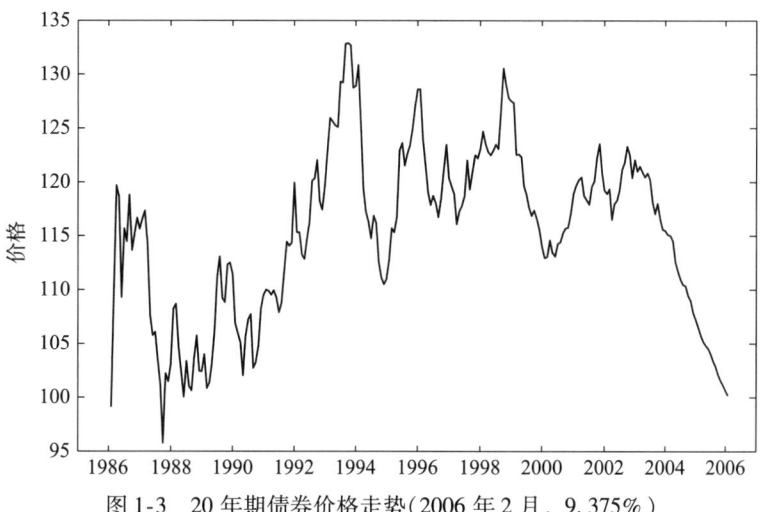

图1-3　20年期债券价格走势（2006年2月，9.375%）

资料来源：证券价格研究中心。

美国国债的投资者除了在持有期比债券剩余期限短的时候承受潜在损失之外，还会有额外的风险来源。首先，大多数国债都是名义证券，即他们使用美元来还本付息。因此，如果从购买债券到债券到期日之间，美国有着持续性的通货膨胀，那么债券利息和本金的价值就会下降，投资者就不能购买同样多的商品了。在分析国债的时候必须考虑到这个通货膨胀风险。还有一个要考虑到的相关风险就是利息和本金是用美元来支付的，这可能使海外投资者遭受汇率风险。比如，在2005年购买了美国国债的欧洲投资者会由于美元在2006~2008年兑欧元的贬值而遭受损失。

美国政府发行了不同类型的证券。表1-3列出了这些证券的种类。国库券是短期债务工具，期限短于1年。㊁它不用中途支付任何现金，仅仅在到期日一次性偿还。国库券发行得非常频繁，通常每周发行一次6个月期的债券，每四周发行一次1年期的债券。

表1-3　美国国债

名称	期限	票息	本金
短期国债（国库券）	4周、13周、26周和52周	无	固定
中期国债	2年、5年和10年	固定利率，每半年付息	固定
长期国债	30年	固定利率，每半年付息	固定
通胀保值债券	5年、10年和20年	固定利率，每半年付息	随通货膨胀调整

㊀ 数据来源是2009年芝加哥大学商学院的债券价格研究中心（CRSP）的每日国债板块。
㊁ 美国财政部在2001年8月到2008年6月暂停了1年期短期国债的发行。

中期国债是中等期限的债务工具，期限在 10 年以内。这些债券在到期日之前每半年支付一次固定的利息。中期国债通常每月发行一次，除了 10 年期的发行间隔要更长一些。长期国债是在发行时有着更长期限，如长达 30 年期的长期债务工具。与中期国债一样，长期国债也是每半年支付一次利息，每半年发行一次。

美国政府从 1997 年开始发行通货膨胀保值证券（TIPS），即与通货膨胀挂钩的证券。中长期国债的持有者可能遭受通胀风险：因为利息和本金的支付是名义上的（仅仅是美元），如果通货膨胀率在债务工具的期限内持续增长，这些收益的总和只能买到更少的商品。通胀保值债券为投资者提供了对这种情况的保障：因为本金是随着通胀率而调整的，更高的通胀率意味着在债券到期日会收到更多的偿付，还有更高的利息，因为利息是由当前本金（已经随着通货膨胀增加了）的固定百分比决定的。通货膨胀保值证券以 5 年、10 年和 20 年为发行期限。

美国国债发行的日程表是非常密集的。表 1-4 列出了 2009 年 7 月 15 日美国国债的发行活动。市场参与者更偏好最近发行的**新券**（on-the-run），而其他的则叫作**旧券**（off-the-run）。新券与相似的旧券相比，通常会存在一定的溢价，因为旧券的流动性不如新券。

表 1-4　2009 年 1 月 15 日~7 月 15 日中长期国债的发行活动

证券	期限	类型	发行日	到期日	利率（%）	收益率	价格（每100美元）	代码
3 年期		中期国债	2009/07/15	2012/07/15	1.5	1.519	99.944 485	912828LB4
9 年期	10 个月	中期国债	2009/07/15	2019/05/15	3.125	3.365	97.998 772	912828KQ2
10 年期		通胀保值债券	2009/07/15	2019/07/15	1.875	1.92	99.592 335	912828LA6
29 年期	10 个月	长期国债	2009/07/15	2039/05/15	4.25	4.303	99.104 142	912810QB7
2 年期		中期国债	2009/06/30	2011/06/30	1.125	1.151	99.948 74	912828LF5
5 年期		中期国债	2009/06/30	2014/06/30	2.625	2.7	99.651 404	912828KY5
7 年期		中期国债	2009/06/30	2016/06/30	3.25	3.329	99.510 316	912828KZ2
3 年期		中期国债	2009/06/15	2012/06/15	1.875	1.96	99.753 523	912828KX7
9 年期	11 个月	中期国债	2009/06/15	2019/05/15	3.125	3.99	92.968 581	912828KQ2
29 年期	11 个月	长期国债	2009/06/15	2039/05/15	4.25	4.72	92.501 69	912810QB7
2 年期		中期国债	2009/06/01	2011/05/31	0.875	0.94	99.871 675	912828KU3
5 年期		中期国债	2009/06/01	2014/05/31	2.25	2.31	99.718 283	912828KV1
7 年期		中期国债	2009/06/01	2016/05/31	3.25	3.3	99.689 717	912828KW9
3 年期		中期国债	2009/05/15	2012/05/15	1.375	1.473	99.713 432	912828KP4
10 年期		中期国债	2009/05/15	2019/05/15	3.125	3.19	99.447 21	912828KQ2
30 年期		长期国债	2009/05/15	2039/05/15	4.25	4.288	99.361 98	912810QB7
2 年期		中期国债	2009/04/30	2011/04/30	0.875	0.949	99.853 739	912828KL3
5 年期		通胀保值债券	2009/04/30	2014/04/15	1.25	1.278	100.113 235	912828KM1
5 年期		中期国债	2009/04/30	2014/04/30	1.875	1.94	99.691 687	912828KN9
7 年期		中期国债	2009/04/30	2016/04/30	2.625	2.63	99.968 223	912828KR0
3 年期		中期国债	2009/04/15	2012/04/15	1.375	1.385	99.970 714	912828KK5
9 年期	9 个月	通胀保值债券	2009/04/15	2019/01/15	2.125	1.589	103.325 496	912828JX9
9 年期	10 个月	中期国债	2009/04/15	2019/02/15	2.75	2.95	98.298 568	912828KD1

（续）

证券	期限	类型	发行日	到期日	利率（%）	收益率	价格（每100美元）	代码
2年期		中期国债	2009/03/31	2011/03/31	0.875	0.949	99.853 739	912828KH2
5年期		中期国债	2009/03/31	2014/03/31	1.75	1.849	99.529 266	912828KJ8
7年期		中期国债	2009/03/31	2016/03/31	2.375	2.384	99.942 292	912828KT6
3年期		中期国债	2009/03/16	2012/03/15	1.375	1.489	99.667 005	912828KG4
9年期	11个月	中期国债	2009/03/16	2019/02/15	2.75	3.043	97.504 473	912828KD1
29年期	11个月	长期国债	2009/03/16	2039/02/15	3.5	3.64	97.456 658	912810QA9
2年期		中期国债	2009/03/02	2011/02/28	0.875	0.961	99.830 481	912828KE9
5年期		中期国债	2009/03/02	2014/02/28	1.875	1.985	99.479 306	912828KF6
7年期		中期国债	2009/03/02	2016/02/29	2.625	2.748	99.221 94	912828KS8
3年期		中期国债	2009/02/17	2012/02/15	1.375	1.419	99.871 395	912828KC3
10年期		中期国债	2009/02/17	2019/02/15	2.75	2.818	99.411 068	912828KD1
30年期		长期国债	2009/02/17	2039/02/15	3.5	3.54	99.264 139	912810QA9
2年期		中期国债	2009/02/02	2011/01/31	0.875	0.925	99.901 394	912828JY7
5年期		中期国债	2009/02/02	2014/01/31	1.75	1.82	99.667 162	912828JZ4
20年期		通胀保值债券	2009/01/30	2029/01/15	2.5	2.5	99.063 837	912810PZ5
3年期		中期国债	2009/01/15	2012/01/15	1.125	1.2	99.779 65	912828KB5
9年期	10个月	中期国债	2009/1/15	2018/11/15	3.75	2.419	111.579 767	912828JR2

资料来源：美国国债网（http://www.treasurydirect.gov/RI/OFNtebnd），2009年7月16日。

1.2.1 零息债券

零息债券是指在到期前无利息，到期时按面值交付的债券。一个简单的例子就是在表1-3中描述的短期国债。其他零息债券在美国市场可在本息剥离交易证券（STRIPS中找到）。剥离债券（separate trading of registered interest and principal securities，STRIPS）就是将美国中长期国债的本金和每期息票利息分开独立交易而衍生出的零息债券。美国财政部不会直接向投资者发行这种债券，但投资者可以通过金融机构以及政府证券代理商和经销商买到。作为STRIPS在一个特定日期的实例，表1-5列出了2008年9月25日这一天可以交易的剥离息票。这些剥离息票是由中长期国债支付的息票创造出来的。此外，还有一个类似地列出了可以交易的剥离本金的表。这些零息债券的到期日长达30年，使投资者在投资策略和风险管理实践方面更加有效，我们将在后面的章节中讨论。

表1-5 2008年9月25日的剥离息票

| 到期 | | | 买入价 | 卖出价 | 涨跌 | 卖价收益率 | 到期 | | | 买入价 | 卖出价 | 涨跌 | 卖价收益率 |
年	月	日					年	月	日				
2008	11	15	99.898	99.918	0.001	0.6	2010	5	15	96.879	96.899	-0.277	1.93
2009	2	15	99.478	99.498	-0.068	1.31	2010	8	15	96.294	96.314	-0.318	2
2009	5	15	98.979	98.999	-0.056	1.59	2010	11	15	95.722	95.742	-0.359	2.05
2009	8	15	98.473	98.493	-0.146	1.72	2011	2	15	94.83	94.85	-0.413	2.23
2009	11	15	97.982	98.002	-0.194	1.78	2011	5	15	94.304	94.324	-0.442	2.23
2010	2	15	97.487	97.507	-0.236	1.83	2011	8	15	93.274	93.294	-0.539	2.42

(续)

到期			买入价	卖出价	涨跌	卖价收益率	到期			买入价	卖出价	涨跌	卖价收益率
年	月	日					年	月	日				
2011	11	15	92.957	92.977	-0.481	2.34	2021	8	15	55.368	55.388	-0.396	4.64
2012	2	15	91.072	91.092	-0.48	2.78	2021	11	15	54.649	54.669	-0.416	4.65
2012	5	15	90.705	90.725	-0.515	2.69	2022	2	15	53.989	54.009	-0.454	4.66
2012	8	15	89.274	89.294	-0.566	2.94	2022	5	15	53.282	53.302	-0.475	4.67
2012	11	15	88.498	88.518	-0.589	2.97	2022	8	15	52.599	52.619	-0.477	4.68
2013	2	15	87.478	87.498	-0.607	3.07	2022	11	15	51.869	51.889	-0.479	4.7
2013	5	15	86.684	86.704	-0.647	3.1	2023	2	15	51.144	51.164	-0.481	4.71
2013	8	15	85.988	86.008	-0.666	3.11	2023	5	15	50.606	50.626	-0.484	4.7
2013	11	15	85.014	85.034	-0.725	3.18	2023	8	15	50.039	50.059	-0.487	4.7
2014	2	15	83.999	84.019	-0.763	3.26	2023	11	15	49.424	49.444	-0.489	4.71
2014	5	15	83.172	83.192	-0.814	3.29	2024	2	15	48.815	48.835	-0.529	4.71
2014	8	15	82.185	82.205	-0.828	3.36	2024	5	15	48.286	48.306	-0.532	4.71
2014	11	15	81.257	81.277	-0.903	3.41	2024	8	15	47.746	47.766	-0.553	4.7
2015	2	15	79.706	79.726	-0.462	3.58	2024	11	15	47.194	47.214	-0.555	4.7
2015	5	15	78.898	78.918	-0.489	3.6	2025	2	15	46.797	46.817	-0.408	4.69
2015	8	15	77.972	77.992	-0.502	3.64	2025	5	15	46.221	46.241	-0.371	4.69
2015	11	15	76.772	76.792	-0.525	3.73	2025	8	15	45.537	45.557	-0.372	4.71
2016	2	15	75.885	75.905	-0.538	3.77	2025	11	15	44.972	44.992	-0.297	4.72
2016	5	15	74.437	74.457	-0.573	3.9	2026	2	15	44.357	44.377	-0.297	4.73
2016	8	15	73.593	73.613	-0.599	3.92	2026	5	15	43.879	43.899	-0.298	4.72
2016	11	15	72.086	72.106	-0.707	4.06	2026	8	15	43.332	43.352	-0.298	4.73
2017	2	15	71.16	71.18	-0.483	4.09	2026	11	15	42.828	42.848	-0.299	4.73
2017	5	15	70.144	70.164	-0.491	4.14	2027	2	15	42.445	42.465	-0.262	4.71
2017	8	15	69.036	69.056	-0.482	4.21	2027	5	15	41.934	41.954	-0.263	4.72
2017	11	15	68.213	68.233	-0.505	4.23	2027	8	15	41.467	41.487	-0.263	4.71
2018	2	15	67.643	67.663	-0.468	4.21	2027	11	15	41.025	41.045	-0.206	4.71
2018	5	15	66.816	66.836	-0.474	4.23	2028	2	15	40.685	40.705	-0.11	4.69
2018	8	15	65.674	65.694	-0.559	4.3	2028	5	15	40.216	40.236	-0.11	4.69
2018	11	15	64.851	64.871	-0.565	4.32	2028	8	15	39.694	39.714	-0.111	4.7
2019	2	15	63.626	63.646	-0.601	4.4	2028	11	15	39.178	39.198	-0.111	4.71
2019	5	15	62.904	62.924	-0.609	4.4	2029	2	15	38.686	38.706	-0.092	4.71
2019	8	15	61.826	61.846	-0.596	4.46	2029	5	15	38.277	38.297	-0.033	4.71
2019	11	15	61.081	61.101	-0.602	4.47	2029	8	15	37.815	37.835	-0.033	4.71
2020	2	15	60.194	60.214	-0.312	4.51	2029	11	15	37.493	37.513	-0.015	4.69
2020	5	15	59.29	59.31	-0.314	4.54	2030	2	15	37.138	37.158	-0.015	4.68
2020	8	15	58.475	58.495	-0.316	4.56	2030	5	15	36.749	36.769	-0.015	4.68
2020	11	15	57.716	57.736	-0.319	4.58	2030	8	15	36.463	36.483	0.063	4.66
2021	2	15	56.876	56.896	-0.373	4.61	2030	11	15	36.084	36.104	0.063	4.66
2021	5	15	56.128	56.148	-0.393	4.62	2031	2	15	35.691	35.711	0.063	4.65

(续)

到期			买入价	卖出价	涨跌	卖价收益率	到期			买入价	卖出价	涨跌	卖价收益率
年	月	日					年	月	日				
2031	5	15	35.282	35.302	-0.074	4.65	2034	11	15	31.008	31.028	-0.075	4.53
2031	8	15	34.957	34.977	-0.074	4.64	2035	2	15	30.662	30.682	-0.076	4.53
2031	11	15	34.656	34.676	-0.074	4.63	2035	5	15	30.321	30.341	-0.075	4.53
2032	2	15	34.438	34.458	-0.074	4.61	2035	8	15	29.983	30.003	-0.075	4.53
2032	5	15	34.264	34.284	-0.075	4.58	2035	11	15	29.649	29.669	-0.075	4.53
2032	8	15	33.918	33.938	-0.075	4.58	2036	2	15	29.339	29.359	-0.075	4.53
2032	11	15	33.556	33.576	-0.075	4.57	2036	5	15	29.268	29.288	0.161	4.49
2033	2	15	33.337	33.357	-0.076	4.55	2036	8	15	28.865	28.885	0.389	4.5
2033	5	15	32.984	33.004	-0.075	4.55	2036	11	15	28.664	28.684	0.161	4.49
2033	8	15	32.674	32.694	-0.076	4.54	2037	2	15	28.249	28.269	0.384	4.5
2033	11	15	32.329	32.349	-0.075	4.54	2037	5	15	28.212	28.232	0.161	4.47
2034	2	15	32.008	32.028	-0.075	4.54	2037	8	15	27.901	27.921	0.386	4.47
2034	5	15	31.651	31.671	-0.075	4.54	2038	2	15	27.331	27.351	0.23	4.46
2034	8	15	31.357	31.377	-0.076	4.53							

资料来源：《华尔街日报》。

1.2.2 浮动利率附息债券

由美国政府发行的债券有着固定的票息。浮动利率附息债券有点像一个标准的附息债券，但是它的息票与某些随时间变化的短期利率挂钩。虽然美国政府不发行浮动利率债券，但其他政府会。比如，意大利发行 CCT 债券，这种意大利国债，它的票息与意大利 6 个月期的国债（BOT）利率相联系。此外，浮动利率债券是由金融机构、公司和政府机构发行的，如政府抵押贷款公司吉利美、房地美和房利美，在其抵押贷款债券计划内。

1.2.3 市政债务市场

美国联邦政府发行债务用来为联邦政府的支出融资，如医疗保险和军费支出。地方政府同样独立地发行债券来为本地项目融资。比如，芝加哥城在 2003 年发行了价值 983.31 百万美元的债券来为其奥黑尔国际机场买单。

市政债券最有趣的地方就在于它的利息收益是免税的。因此，它的到期收益率比其他常规中长期国债低，因为后者会依据由投资者的收入水平决定的税率收取一定的税费。

1.3 货币市场

当我们谈到货币市场，我们指的是短期借贷市场。银行和金融机构有多种在任何时刻及时借贷的方法。表 1-2 对相关渠道做了总结。

1.3.1 联邦基金利率

银行和其他金融机构必须在美联储储备一定量的资金。在美联储的余额有着非常低的回报率,事实上这一比例在 2008 年 9 月之前都是零。银行会使自己的余额尽可能地保持在最低限度。有着超额储备金的银行会借一些储备金给准备金余额不足的银行。实际上,联邦基金利率就是银行在美联储相互借贷的利率的加权平均。第 7 章会更仔细地描述这个市场。

1.3.2 欧洲美元利率

欧洲美元利率是在美国管辖范围以外的银行的美元存款利率。这些存款是 3 个月至 1 年的短期存款。比如,90 天欧洲美元利率成为同业拆借市场情况的参考标准。比如,欧洲美元期货和期权市场是世界上规模最大、流动性最强的衍生品市场,欧洲美元期货和期权是在芝加哥期货交易所进行的金融衍生品,它们使得金融机构可以押注或者对冲欧洲美元利率在未来的变动(见第 6 章)。

1.3.3 伦敦银行间同业拆借利率

伦敦银行间同业拆借利率(london interbank offered rate,LIBOR)是由伦敦银行家协会每天公布的,各报价银行间对短期无担保借款收取的利率的平均值。⊖这些利率与欧洲美元利率(见表 1-2)非常相似。然而,LIBOR 是最重要的基准利率之一,经常被最大的场外衍生品市场用作参考指标。正如第 5 章将要解释的,最大的单一衍生品市场——利率互换市场就使用了 LIBOR 作为决定合约隐含现金流规模的参考利率。

1.4 回购市场

表 1-2 第一部分的最后一条报告了回购和逆回购的利率。回购市场在固定收益产业中扮演了重要的角色,因为它被交易者用来在质押的基础上借贷现金。因为借款是以质押为基础的,它被认为是一种更安全的借款方式,这促进了回购市场近几年的增长,让回购市场成为交易者融资最重要的来源之一。

> **定义 1-2**
>
> 回购协议(repurchase agreement,repo)是一份向另一个机构出售证券并在某个固定的时间以一个固定的价格把这些证券买回来的协议。这个证券被买回来的价格比卖出时要高,这个差异所隐含的利率,我们称之为回购利率。
>
> 逆回购(reverse repo)是与回购方向相反的交易,即它是以协议的方式用现金购买证券,并以确定的价格回售给证券所有者,这个价格也是由回购利率决定的。

理解回购交易最好的方式就是把它当作质押贷款。与回购交易商进行回购交易的交易者以证券为质押借用现金(以销售价格),相关证券被交易商当作质押物持有。如果在回购期结束时,交易者没能偿还债务,回购交易商就可以销售证券来收回资金。下面的例子显示了一笔这样的交易。

> **例 1-1**
>
> 假设交易者在 2007 年 9 月 18 日(时间 t)想买入并持有一个给定的美国国债直到时间 T,这个国

⊖ 现已改由艾斯基准管理委员会(ICE Benchmark Administration)计算和发布。——译者注

债可以是 30 年期长期国债。P_t 表示债券在时间 t 的票面价格。图 1-4 给出了回购交易的简要示意图：交易者在时间 t 在市场上以价格 P_t 购买债券，并与回购交易商签订了一份回购协议。因此，交易者把债券当作质押物移交给交易商作为质押，并获得相当于购买这份债券所需的现金。事实上，回购交易商给的价格一般会比市价更低一些，这个差异叫作估值折扣。交易者与交易商在时间 t 达成协议：交易者要偿还的总金额为借款总额(P_t – 估值折扣)加上回购利息。

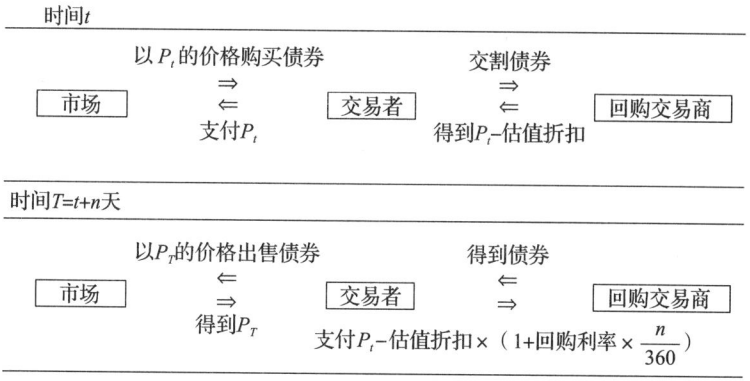

图 1-4 回购交易示意图

在时间 T 会发生什么呢？在时间 T，交易者从回购交易商那里拿回债券，在市场上销售债券得到 P_T 并向回购交易商支付借款总额加上回购利息。回购利息是按照在时间 t 所约定的回购利率乘以 t 到 T 之间的时间。比如，如果在两个时点之间过去了 n 天，我们可以得到

$$回购利息 = \frac{n}{360} \times 回购利率 \times (P_t - 估值折扣) \tag{1-1}$$

这里"360"这个数字取自回购市场计算天数的惯例。

那么交易者的利润就是 $P_T - P_t$ – 回购利息。以百分比的形式表示，交易者投入的资本只有估值折扣。因此资本回报率是

$$交易者的资本回报率 = \frac{P_T - P_t - 回购利息}{估值折扣}$$

这个头寸有着非常高的杠杆，所以风险很大。第 3 章 3.7 节的案例研究讨论了这个风险和杠杆交易的回报。

T 时期的回购交易是在最初决定的，比如时间 t。特别地，大部分回购协议都是短期的，主要是隔夜的。然而，正如表 1-2 所示的，长期的合约能达到 30 天甚至更久。回购利率同样是在时间 t 决定的。

在时间 t 到时间 T，交易者（债券的多头）获得该债券产生的利息。因为交易者必须在这段时间偿还回购利率，设定回购交易会产生正或负的现金流，这取决于该证券产生的利息比回购利息高还是低。我们可以说，如果债券利息比回购利息高，这个交易就会产生正的现金流；如果债券利息比回购利息低，这个交易就会产生负的现金流。

1.4.1 一般质押利率和特殊回购利率

回购市场其他重要的定义及其特征如下。

1. **一般质押利率**（general collateral rate，GTR）：这是大多数国债的回购利率，如多期前发行的国债。因为大多数国债都有着相似的流动性特征，市场参与者要求质押借款有着相同的

利率。

2. 特殊回购利率(special repo rate)：有时候，某个特殊的国债有着很强的需求，因此其回购利率会下跌到低于一般抵押利率。比如，新发行的国债就是典型的特殊债券，在这个意义上，质押借款要求的回购利率就会低于一般质押利率。

为什么有着高需求的债券(特殊)回购利率更低呢？为了理解这个逻辑，考虑下面逆回购的例子，它的回购利率同样列在表1-2里。

例1-2

一个交易者认为某个债券被高估，并押注它的价格会在未来下降，比如新发行的30年期国债。如果交易者没有债券可以售出，那么他可以与回购交易商签订一份逆回购合约以获得债券出售。更具体一点，在一项逆回购交易中，交易者大体上可以通过以下3个步骤获得债券：①从交易商手中借来债券；②在市场上卖出；③把现金抵押给交易商。图1-5展示了这个交易的简要示意图。

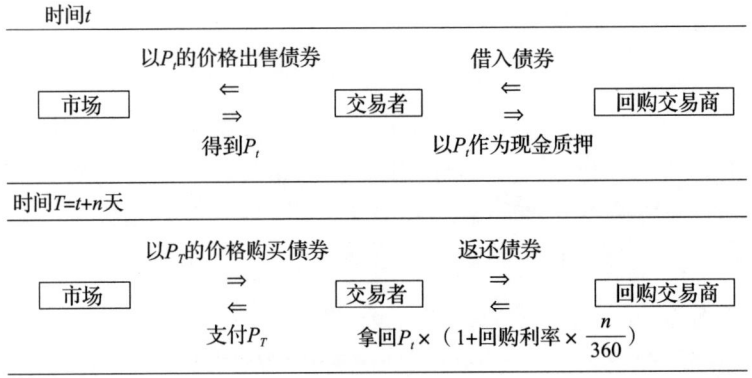

图1-5 逆回购交易示意图

交易者现在给回购交易商提供借款来换取债券。因此，交易者按理说会收到回购利息。然而，这个猜测债券价格会下降的交易者为了得到这个债券是非常乐意放弃部分或全部回购利息的。如果众多交易者想采取同样的策略来做空这只债券，这只债券就有很高的需求，债券的回购利率就会下降到一般回购利率之下，这时就可以说这只债券是特殊的，逆回购交易的利润就是

$$\text{利润} = (P_t - P_T) + \text{回购利息}$$

这里的回购利息与式(1-1)的计算方法是一样的，即存在回购交易商那里的现金总额(P_t)乘以回购利率再乘以$\frac{n}{360}$，这里n代表交易的起始时点之间的间隔天数。

如上所述，近年来回购市场增长稳定。表1-6展示了这些合约平均每天未平仓的总量。⊖因为贷款是由资产价值担保的，回购利率比银行其他的贷款利率低，如伦敦银行间同业拆借利率。图1-6列出了1991年5月到2008年4月的1个月期和3个月期短期国债利率、回购利率以及伦敦银行间同业拆借利率的时间序列。如图1-6所示，对两种期限的国债利率而言，安全的短期国债利率在3个利率中是最低的，而伦敦银行间同业拆借利率是最高的，因为以伦敦银

⊖ 回购合约的未平仓总金额无须等于逆回购合约的未平仓总金额，每列只反映债券交易商抵押贷款和放款规模，而不包括整个回购交易的双方。

行间同业拆借利率进行的借贷是无质押的,风险更高。

表1-6 美国政府债券做市商的金融活动

逆回购和回购合约①日均未付金额1981～2006年(10亿美元)			
	逆回购	回购	合计
1981	46.7	65.4	112.1
1982	75.1	95.2	170.3
1983	81.7	102.4	184.1
1984	112.4	132.6	245
1985	147.9	172.9	320.8
1986	207.7	244.5	452.2
1987	275	292	567
1988	313.6	309.7	623.3
1989	383.2	398.2	781.4
1990	377.1	413.5	790.2②
1991	417	496.6	913.6
1992	511.1	628.2	1 139.3
1993	594.1	765.6	1 359.7
1994	651.2	825.9	1 477.1
1995	618.8	821.5	1 440.3
1996	718.1	973.7	1 691.8
1997	883	1 159.0	2 042.0
1998	1 111.4	1 414.0	2 525.3③
1999	1 070.1	1 361.0	2 431.1
2000	1 093.3	1 439.6	2 532.9
2001	1 311.3	1 786.5	3 097.4④
2002	1 615.7	2 172.4	3 788.1
2003	1 685.4	2 355.7	4 041.1
2004	2 078.5	2 868.2	4 946.7
2005	2 355.2	3 288.4	5 643.6
2006	2 225.2	3 388.3	5 613.5

①数据涵盖了涉及美国政府、联邦政府机构、联邦政府机构抵押贷款支持证券。
②③④疑原书有误。
资料来源:纽约联邦储备银行、证券业和金融市场协会。网址:http://www.sifma.net/story.asp?id=1176

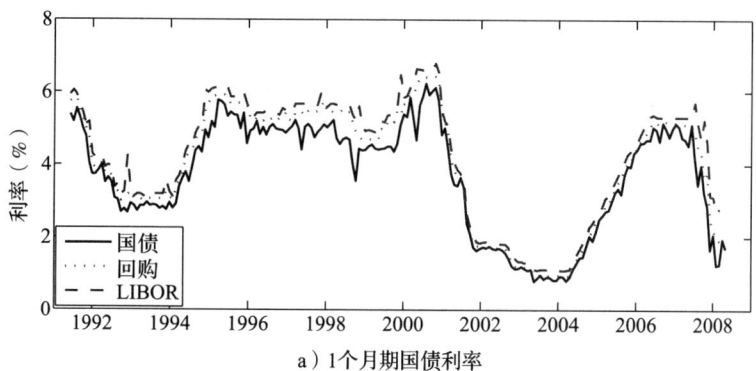

a)1个月期国债利率

图1-6 短期国债利率(1991～2008年)

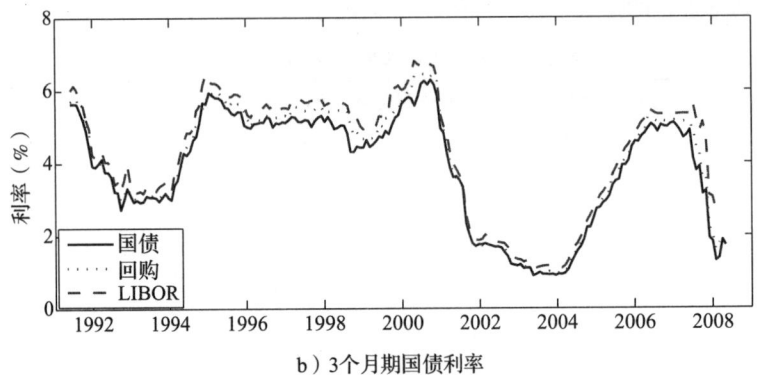

b）3个月期国债利率

图1-6 （续）

资料来源：联邦储备委员会，英国银行家协会，彭博社。

我们将在一些案例研究中介绍回购市场和参与者对其使用的更多详情。比如，在第3章和第4章中，我们会讨论使用回购协议来增加资产组合的杠杆；在第5章我们会讨论使用回购市场来进行互换套利交易；在第16章我们会使用回购交易通过动态多空头策略，来进行到期收益率期限的相对价值套利交易。

1.4.2 如果长期国债没有移交怎么办

考虑在图1-5列出的逆回购合约。在回购合约到期时（时间T），交易者必须把债券还给交易商来换取总量为$P_t \times \left(1 + \frac{n}{360} \times 回购利率\right)$的现金。如果交易者没有返还债券怎么办？这种情况就称为**违约**（fail），直到2009年5月，这个没能返还的违约仅仅意味着这个例子中的回购交易商要得到收到的现金加上P_t再加上回购利息。交易者未能返还债券的损失只是回购利息。2007～2009年的金融危机导致美联储降低联邦基金利率参考值至零，回购利率也低到接近于零。然而，当回购利率为零时，交易者没能返还债券的费用就非常低了，因为交易者可能会自己持有债券，如果这个债券很有价值的话。2007～2009年的金融危机产生了一个"飞向高质量"的现象，意思是投资者抛弃所有的风险证券，并对安全的美国国债需求强烈，因为对安全抵押的需求增加了。美国国债需求的增加使得对空头交易者来说，在逆回购交易中找到债券还给交易对手是非常艰难和昂贵的。由于没能返还债券只用付出微小的代价，2008年最后一个季度违约的数量达到了峰值。图1-7显示了每周积累的没能返还的国债，这些数以百万计的国债被初级交易商持有，在2008年出现的峰值是非常明显的。这幅图也展示了这段时间持续出现的违约，如2001～2003年。我们这里提到违约的集中出现也可能是因为滚雪球效应，一个证券交易商的违约可能引起另一个指望这个逆回购交易来平仓的交易商同样的失败，这样传递下去就会产生多米诺效应。⊖

从2009年5月1日开始，美联储开始在每天的公开市场操作（详情见第7章的联邦政府实施的货币政策）中对没能返还债券的回购交易施加高于联邦基金利率3%的处罚。此外，美联储鼓励市场参与者在回购市场交易中收取类似的费用作为最优策略。在2009年，这个对违约

⊖ 参见"Guide to FR2004 Settlement Fails Data," Federal Reserve of New York. 参见 the article by Michael J. Fleming and Kenneth D. Garbade, "When the Back Office Moved to the Front Burner: Settlement Fails in the Treasury Market after 9/11," *Federal Reserve Bank of New York Economic Policy Review*, November 2002.

的惩罚出现了奇怪的结果,有的国债的回购利率变成了负的。⊖利率怎么可能是负的呢?原因就是要给交易对手交割特定国债的交易者愿意持有证券来免受惩罚。特别地,交易者可以在负回购利率时与另一个回购交易商签订逆回购合约,来获得国债去偿还原先的交易对手。

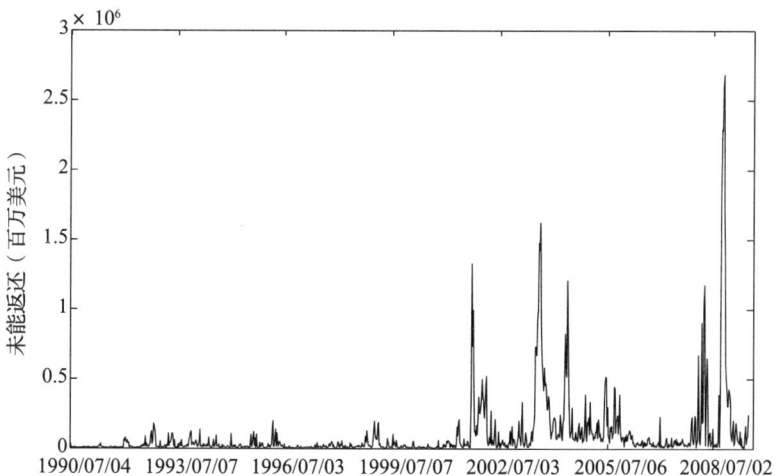

图 1-7 初级交易商未能返还的国债(1990~2009 年)

资料来源:纽约联邦储备银行。

1.5 抵押贷款支持证券市场和资产支持证券市场

图 1-1 的一个有趣的例证就是抵押贷款支持证券市场戏剧性的增长经历,这个市场在 2008 年年底达到了 8.9 万亿美元的规模。第 8 章详细地描述了这个市场,因为这个市场里证券的种类已经改变了。然而,简单来讲,抵押贷款支持证券市场的来源是相对简单的:全美国的住房拥有者都是通过抵押贷款来融资买房的,这些贷款是由当地储贷协会、存款机构和其他银行发放的。当银行对房主发放了一笔贷款后,这笔贷款就出现在了银行资产负债表的资产方。这笔贷款是一个固定收益工具:这是一份房主在未来会进行稳定现金偿还的承诺。这些现金偿还会被很多事情影响,正如我们会在第 8 章讨论到,这会使得这些资产对银行具有高度风险。特别地,如果一家本地银行只给一个本地社区提供贷款,它所承受的风险就是这些房主因为本地的一些地理因素同时违约。比如,如果本地社区的房主高度集中于某个特定的工业邻域,而后者陷入经济危机,银行就可能在这个社区遭受大量的违约,这又会反过来增加房主拖欠住房贷款的可能性。相似地,如果这个社区的房价出现下降,贷款合约的抵押物价值就会下降,当地银行就会陷入比之前更大的风险。

抵押贷款支持证券允许银行使风险风散化。方法是再出售现在位于银行资产方的贷款来换取现金。为了提升品质和降低信用风险,市场逐步发展出了把很多相似的抵押贷款打包形成一份大的抵押资产。这些有着更好风险多样化特征的资产组成了发行给个人投资者的债务资产的抵押物,这个资产就叫作抵押贷款支持证券。总之,抵押贷款支持证券的投资者取得了对一系列现金流的合法要求权,而这些现金流是由最初的房主支付的。

抵押贷款支持证券可以在市场上进行交易。比如,在表 1-2 中,标题"30 年期抵押贷款支

⊖ 详情见彭博社网站,网址为 http://www.bloomberg.com/apps/news?pid=20601009&sid=a85sg4IKcjCM

持证券"列出了流行的抵押贷款支持证券的价格，它们是由抵押贷款支持证券市场最大的三个市场参与者吉利美（GNMN6.0）、房地美（GOLD6.0）和房利美（FNMA6）发行的。从投资者的视角来看，抵押贷款支持证券市场的一大部分是风险免疫的，因为吉利美、房地美和房利美这三个最大的市场参与者暗地里或明确地有着美国政府的全力支持。事实上，吉利美一直是政府控股的，房地美和房利美在2008年9月被政府接管，这意味着它们自己的债券、证券尤其是它们的抵押贷款支持证券是风险免疫的。但相比于国债，考虑到承诺现金流的及时性可能因为利率的变化、房价的变化或者严重的衰退而出现意料之外的变化，抵押贷款支持证券有着很多奇怪的地方。这些现金流意料之外的变化使得抵押贷款支持证券充满风险，所以这些证券通常会支付比国债更高的超额收益。第8章更详细地讨论了这个市场。

与抵押贷款支持证券市场相似，资产支持证券市场需要投资者债务工具的发布，这些债务工具是由汽车贷款、信用卡欠款之类的贷款担保的。正如表1-1所示的，这个市场的规模要稍小一点。

1.6 衍生品市场

表1-2还给出了几种衍生证券的报价。正如表1-1所示的，利率衍生品市场规模非常大，并在过去的30年间发展稳定，如图1-2所示。第5章和第6章将更详细地探究这些市场，并会给出公司和交易者使用衍生合约的早期例子。当我们探究被金融机构用来定价和对冲的衍生证券时，还会用贯穿全书的补充例子对衍生证券的公允价值和风险进行讨论。

互换合约市场是所有市场中最大的。当后面的章节在讨论互换合约的定价、对冲和风险时，在这个时点看20世纪80年代初导致这个市场产生的经济需求是很有用的。

1.6.1 互换

利率互换合约是在20世纪80年代初产生的，目的是充分利用公司债市场明显的套利机会。下面是一个当时普遍发生的典型例子。

例 1-3

考虑下面的情况：有A、B两家公司，A公司想用固定利率附息债券来融资 $M=1\,000$ 万美元，而B公司想用浮动利率附息债券来融资 $M=1\,000$ 万美元。这两家公司可用的市场利率为表1-7所示的利率。即A公司既可以以15%的固定利率借款，也可以以6个月的伦敦银行间同业拆借利率加上3%的浮动利率借款。相反，公司B可以以12%的固定利率和伦敦银行间同业拆借利率加上2%的浮动利率借款。注意B公司可用的利率总是比A公司可用的低，以此来反映不同的信用风险。

表1-7 A公司和B公司的借款利率

	A公司	B公司
固定利率	15%	12%
浮动利率	LIBOR+3%	LIBOR+2%

一个观察了表1-7的利率的投资银行可能为两家公司提供交易。

首先，A公司发行了以伦敦银行间同业拆借利率加3%为浮动利率的债券，而B公司发行了利率为12%的固定利率债券。然后，这两家公司互换息票支付。具体来说，它们可以考虑以下互换交易：

- A公司每年给B公司支付11%的固定利率。
- B公司以伦敦银行间同业拆借利率给A公司支付浮动利率。

当我们把债券发行和互换交易放在一起时，考虑这两家公司的净现金流。对未来每一个计息日，都有：

A 公司支付：$\underbrace{(\text{LIBOR} + 3\%)}_{\text{债券发行}} + \underbrace{11\% - \text{LIBOR}}_{\text{互换交易}} = 14\%$

B 公司支付：$\quad\cdots 12\%\cdots \quad - 11\% + \text{LIBOER} = \text{LIBOR} + 1\%$

图 1-8 显示了每个时间段的现金流。总体上，我们观察到 A 公司支付了 14% 而不是 15% 的利息，而后者是固定息票市场利率。相似地，B 公司支付了 LIBOR + 1% 而不是 LIBOR + 2% 的利息，而后者是它的市场利率。两家公司都可以从这次交易中获益。

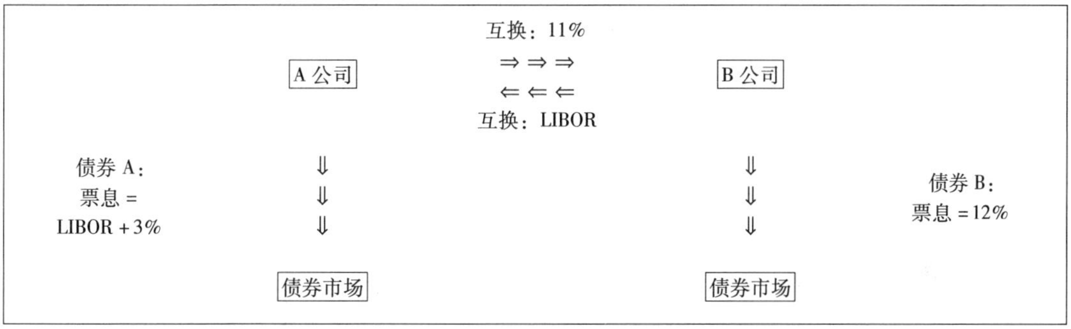

图 1-8　一个互换交易

早期互换交易就是为了从浮动利率和固定利率的相对价格差中套利。想法就是：如果存在期限，由于违约风险存在，浮动和固定附息债券的利差应该一致。但如果两个公司之间不同资产类别浮动和固定附息债券的利差不一致就产生了交易的可能性。我们怎样才能计算出一个互换交易的收益呢？两家公司通过互换交易可用分到的蛋糕大小由表 1-7 里包含的比较优势的不同决定。也就是说，当固定息票的利差为 3%（= 15% − 12%）时，浮动息票的利差却只有 1%（=（LIBOR + 3%）−（LIBOR + 1%））。利差的不同给两家公司提供了总共可用分配的收益：

$$\text{互换交易收益} = \text{固定利差} - \text{浮动利差} = 3\% - 1\% = 2\% \tag{1-2}$$

在这个例子中，我们把这个交易的收益平均分给了两家公司。事实上，实际的分成比例是按照每个公司的相对议价能力确定的：有着更高信用水平的公司能够得到更高的分成比例。

此外，这个交易的一些收益会支付给代理这个交易的投资银行。

进行互换交易最初的动力就是实现套利机会。当时，投资银行也能够从相对较大的利差中获得持续的收益。然而，正如我们将要在第 5 章和其他地方仔细讨论到的，互换市场的增长是由于互换可以用作方便的现金管理和风险管理工具。金融机构、公司甚至政府使用互换的目的有：①改变其现金流的利率敏感性；②改变其支付和收益的时点；③或仅仅是出于有着负责交易策略的投资动机。

1.6.2　期货和远期

表 1-2 列出了期货合约的报价，如 90 天欧洲美元期货、欧洲美元、联邦基金期货以及 10 年期国债期货。在第 6 章里详细讨论的期货合约是两个交易方决定在未来的某个时点，以今天商议的价格来交易证券、现金或者商品。报价就是未来交割时的价格。对诸如欧洲美元和联邦基金利率的利率期货来说，报价的价格是以"100 − 期货利率"的形式表示的。比如，表 1-2

中 12 月到期的报价为 95.07 的 90 天欧洲美元期货合约在今天确定利率为 4.93% = 100 − 95.07%，期货的多头可以在 12 月以这个利率把美元存入欧洲美元市场。[⊖]由此，期货市场给市场参与者提供了锁定未来利率的便捷方式。比如，一家在 12 月有大量收入的公司可以在那时以锁定的利率(4.93%)把钱在期货市场中存放 90 天。此外，投资者还可以用期货市场来预测未来利率的走向。期货合约很重要的一点是交易的双方都可能在未来被要求履约。

表 1-2 没有列出远期合约的报价，尽管我们可以从表 1-1 中看出远期合约占了固定收益市场很大的份额。远期合约与期货合约相似，两个交易方在今天同意以一个现在确定的价格在未来交换证券或现金。与期货合约一样，远期合约允许机构锁定未来的利率。而与期货不同的是，远期合约并不是标准化的交易，而且只有场外交易。第 5 章和第 6 章描述了这些合约并对期货和远期的区别进行了探究。

1.6.3 期权

表 1-2 没有给出任何利率期权的报价，当我们从彭博终端看到这个表时，它只列出了美国国债和货币市场利率。但是期权合约是固定收益证券市场不可或缺的一部分。表 1-1 显示了期权市场事实上比期货和远期市场还要大。此外，期权还常常嵌套在其他证券里，如可赎回债券、抵押贷款支持证券和其他结构性的中期国债。但我们首先要回答：什么是期权？

直观来讲，期权相当于金融领域的保险合约：在这个合约里，期权的买家相当于购买了保险，期权的卖家相当于出售了保险，只有将来某些特定的利率情况出现时，卖家才需要给买家支付一定的费用。比如，一家发行浮动利率债券(这种债券的票息与短期浮动利率水平挂钩)的公司对未来可能出现的利率上升感到担忧，因为这种情况会使公司的流动性枯竭。这家公司可能通过购买叫作利率封顶期权的金融保险来防止这种情况出现，利率封顶期权只在参考的浮动利率增加到某个临界点时才会支付。这个合约对于这家公司来说是对冲利率上涨非常好的工具，因为如果利率增加到了临界点以上，期权的出售者就必须向公司支付合同所约定的现金流，然后公司就可以用现金流向债券持有人支付息票利息。

很多期权都是隐含在其他债券里的。比如，一个通过使用可调整利率贷款(ARM)购买房屋的房主很可能也会购买(也许都不知情)一个抵抗利率上涨的期权。因为标准的可调整利率贷款包含一个必备的条款，那就是房主在整个贷款过程中需要支付的最大利率是有上限的。因此，这个贷款合约就等于标准的浮动利率贷款合约加上一个在利率变得过高时有偿付的期权，这就和上面那个公司的例子一样。相似地，使用固定利率贷款来为买房融资的房主也买了一份期权，就是在任何他或她想还款的时候就还款。特别地，房主可以在利率下降的时候还款。银行隐蔽地把贷款期权卖给房主，而期权的溢价则包含在贷款利率里。考虑到抵押贷款支持证券市场已经成为美国最大的固定收益证券市场(其市值在 2008 年 12 月为 90 万亿美元，同时美国国债的市值仅为 60 万亿美元)，对嵌套在固定收益工具的期权影响的理解从未变得如此重要。

1.7 后面章节的线路图

在本章中，我们描述了一些主要的固定收益证券市场。从第 2 章开始，我们会开始对它

⊖ 事实上，未来的现金是确定的，所以不需要真正进行存款。详情见第 6 章。

们每一个进行更仔细的分析。在第 2 章里，我们会讲解固定收益工具的基本点，即折现和利率的定义，以及我们怎样计算短、中、长期国债的公允价值。在章末，我们也会使用这些信息来计算一些简单的结构证券的价格，比如很流行的逆向利率浮动债券，投资者常用它来押注利率下降。固定收益证券给投资者带来了很多风险，即使它们是由美国政府发行和担保的，所以是风险免疫的。比如，在利率普遍上升时，更长期限的债券事实上可能会遭受很大的资本损失。第 3 章和第 4 章会讨论固定收益债券隐含风险的种类、风险衡量的问题及其与风险管理的联系，如资产负债管理和风险免疫策略。第 5 章和第 6 章包含了流行的固定收益衍生工具，如远期利率、互换、期货和期权，以及市场参与者对它们的运用。第 7 章把固定收益市场和实体经济联系起来，包括货币政策、经济增长和通货膨胀。在这个背景下，我们还会讨论通货膨胀保值证券市场。最后，第 8 章会讨论抵押贷款支持证券市场，讨论这种债券的种类以及从投资者角度来看它们的风险。第 8 章还会对本书的第一部分进行总结，目的是提供固定收益证券的某些定义。

第 9 章开启了本书的第二部分，这部分通过无套利原则关注于衍生证券的公允价值。特别地，我们从简单的一阶段二叉树开始来解释必须存在于任何两种固定收益证券之间的关系。我们还在这章里介绍了一个叫作风险中性定价的流行的定价方法。第 10 章把一阶段二叉树扩展到多阶段，还讨论了动态对冲，这是在利率变化时用再平衡资产组合来对冲风险的标准方法。第 11 章把前面两章介绍的方法用在真实世界中。特别地，这章还包括了给固定收益工具定价的流行的模型，以及用实际数据来估值。这些概念在第 12 章得到了进一步的延伸，这章详细地讲述了美式期权这个重要的衍生品的定价和对冲。这个期权隐含在很多证券里，从可赎回债券到抵押贷款支持证券。第 13 章介绍了一种非常有用的对复杂证券进行估值和对冲的方法，即蒙特卡罗模拟方法。这个方法包括了用计算机来模拟利率路径，再对这个路径定价，然后用大量的模拟来计算当前价格和对冲比例。我们把这个方法用于真实世界，如走廊票据、缓冲指数互换、抵押贷款支持证券以及担保债务合约。第 13 章总结了本书的第二部分。

本书的第三部分使用了更高深的数学方法，所以对高级计算方法有一定的熟悉是必要的。特别地，第 14 章介绍了连续时间方法、布朗运动的定义和伊藤引理。在第 15 章中，我们用这些连续时间方法和无套利规则来计算中长期国债和诸如期权的衍生证券的公允价值。与同样达成了相似目标的本书的第二部分相比，这部分讨论的概念更加现实，还为对大量债券定价和对冲提供了分析方法，这对于时间宝贵的交易者来说是非常方便的。第 16 章讨论了动态对冲的定义，即市场参与者频繁调整资产组合来对冲风险敞口的操作。第 17 章介绍了在连续时间模型中风险中性定价的定义。此外，我们提供了蒙特卡罗模拟来对债券定价和风险对冲，这是被市场参与者广泛应用的方法。在运转良好的市场里，固定收益证券所蕴含的任何风险都应通过高息票或低买入价格，以其收益率的风险溢价予以补偿。第 18 章的内容就是风险与回报的联系。特别地，我们讨论了以下事实：如果一只证券提供了高于市场的票息或回报率，那么很可能这个证券正暴露于某些不完全明确的风险。为了让这一点更明确，我们讨论了涉及宝洁公司和美国信孚银行之间特殊互换交易的著名例子。最终，第 19~22 章涉及了固定市场证券定价的前言模型。这几章讨论了几个应用于真实世界证券的例子，还列出了它们之间的区别。

本章小结

本章涉及以下话题:

1. 套利策略:这些策略在进入发起交易时支付为零,却在未来某个时点有确定的正收益。在健全的金融市场中,我们不能期望这种套利策略可以长期存在。事实上,市场中很少有纯套利策略。无套利规则决定所有固定收益证券的相对定价关系,并解释它们的高度相关性。

2. 美国国债市场。美国政府发行4种债券:短期债券、中期债券、长期债券以及通货膨胀保值证券。美国债务市场的规模不再是固定收益证券市场的主导了,因为其他市场甚至变得比国债市场还要大,尤其是抵押贷款支持证券和衍生品市场。

3. 货币市场和货币市场利率:这个市场是金融机构和非金融机构短期借款的来源。货币市场主要的参考利率是商业票据利率、伦敦银行间同业拆借利率和联邦基金利率。伦敦银行间同业拆借利率是伦敦银行之间无担保借款的利率,这是大量衍生证券的主要参考利率。

4. 回购协议和回购利率:在交易双方有担保的借款中,回购利率是指回购合约中借贷的利率。因为借款是被担保的,这个利率比其他利率要低,如伦敦银行间同业拆借利率。

5. 抵押贷款支持证券市场:这是美国最大的债务市场。抵押贷款支持证券是由大量住房和非住房抵押贷款担保的,出售给投资者后,投资者就拥有了这些贷款利息的要求权。与国债相比,这些证券给投资者带来了更大的风险。

6. 互换市场:互换合约是交易双方同意在未来进行现金互换的合约。这个市场有非常大的规模,尽管它是一个衍生市场,但它庞大的规模使得它相当于一个原生市场,从这方面来说,互换的价格并不是真的由其他证券衍生出来的,而是由这些合约的市场参与者需求和供给的相对大小决定的。

第 2 章 固定收益证券基础

2.1 贴现因子

同样是 1 美元,在今天收到与在 1 个月后或 1 年后收到是不一样的。很多原因可以解释人们更愿意在现在收到现金,而不是在未来。其中一个原因就是,今天拿到钱,可以把它放到安全的地方(比如银行或床垫底下),而钱在别人手上总是有风险的。重点是,钱在手上的时候你可以选择怎么使用它,包括为了以后存起来或者投资出去。这种选择权本身是有价值的。如果我们同意今天的 1 美元要比以后的 1 美元更值钱,那么问题的关键就是这种价值差是多少。未来的 1 美元在当下的价值,叫作贴现因子。贴现因子是固定收益证券领域的核心概念。

理解一个概念最简单的方法是了解一个例子。像大多数政府一样,美国政府需要从投资者手中吸纳资金来扩充财政支出。如第 1 章所说,美国政府发行了许多种证券,如短期国债、中期国债、长期国债等,其目的都是以未来的钱换今天的钱。美国国债是极不可能违约的,从而其购买价格和收益之间的关系揭示了货币的时间价值,也就是货币今天价值与货币未来价值的兑换比率。例 2-1 说明了这一点。

例 2-1

2006 年 8 月 10 日财政部发行 182 天短期国债。市场发行价格是 97.477 美元,每张面值 100 美元。⊖ 也就是说,2006 年 8 月 10 日投资者愿意用 97.477 美元购买一张将在 2007 年 2 月以 100 美元赎回的政府证券。本次发行的短期国债在到期之前不会支付其他任何现金。购买价和支付价格之间的比率为 $0.97477 = \frac{97.477 \text{ 美元}}{100 \text{ 美元}}$,这个比率可看作发行日和到期日之间的市场贴现因子,也就是说,市场参与者愿意用当下的 0.9477 美元换取 6 个月后的 1 美元。

定义 2-1

贴现因子(discount factor)设时间 t 和 T,在时间 t 愿意用一定数量的资金换取未来时间 T 确定数量的资金,前者与后者的比,即为贴现因子。我们把 t 与 T 之间的贴现因子记为 $Z(t, T)$。

在上面的日期中,t 为 2006 年 8 月 10 日,T 为 2007 年 2 月 8 日,贴现因子为 $Z(t, T) = 0.97447$。简单地说,贴现因子体现的是时间 t 与 T 之间的时间价值。尽管它是一个值,但本质上

⊖ 这些数据是网址 http://www.treasurydirect.gov/RI/OFBills 在 2006 年 8 月 22 日的数据。

讲，它是一个价格，描述了人们愿意在今天用多少钱去购买未来的 1 美元。从这个意义上讲，贴现因子的意义是明确的。相反，正如我们将看到的，与利率相关的概率不是那么简单明确，例如，它取决于复利频率。确切地说，贴现因子代表了一个价格，即今天货币与明天货币之间的交换价格，它是固定收益证券的核心。在下面的章节中，我们将更详细地描述它们的特点。

2.1.1 到期日的贴现因子

定义 2-1 和例题 2-1 强调了在 t 时刻的贴现因子取决于到期日 T。如果到期日 T 更长或者更短，贴现因子也会随之变化。事实上，处于同样的原因，投资者不仅认为当下的 1 美元比 6 个月之后的更值钱，也会认为 3 个月之后的 1 美元比 6 个月之后的 1 美元更值钱。这一点，我们也可以通过美国的短期国债来印证。

例 2-2

2006 年 8 月 10 日，美国政府发行了 91 天的短期国债，到期日为 2006 年 11 月 9 日。面值 100 美元的短期国债发行价格为 98.739 美元，即 t = 2006 年 8 月 10 日，T_1 = 2006 年 11 月 9 日，T_2 = 2007 年 2 月 8 日，我们可以得到贴现因子 $Z(t, T_1)$ = 0.987 39，这个值要比 $Z(t, T_2)$ = 0.974 77 高。

这个例子说明了贴现因子的一个特性，这个特性反映了投资者更愿意在距当日更近的日期得到 1 美元，而不是更远的未来。

事实 2-1

在任何给定的时间 t，到期日 T 越长，贴现因子越小。也就是说，有 T_1 和 T_2，且 $T_1 < T_2$，则有下式成立。

$$Z(t, T_1) \geqslant Z(t, T_2) \tag{2-1}$$

相反的关系式 $Z(t, T_1) < Z(t, T_2)$ 会反映出部分投资者有趣的行为。比如，在例 2-2 中，T_1 = 2006 年 11 月 9 日，T_2 = 2007 年 2 月 8 日，如果 $Z(t, T_1)$ 比 $Z(t, T_2)$ 小，这就表示投资者愿意放弃今天的 97.477 美元来换取 6 个月后的 100 美元，而不愿意在 3 个月后接受这 100 美元。换句话说，投资者更愿意在 6 个月后而不是 3 个月后再得到这 100 美元。这显然违背了原则——人们愿意更早拥有这笔钱而不是更晚。而且，若关系式(2-1)不成立，就会形成一个套利的机会，我们不会期望这种套利机会在金融市场运转良好的情况下持续很长时间（见练习 1）。在第 5 章我们会详细讨论这个问题，也会说明，违反关系式(2-1)等于假设未来的名义利率为负。

2.1.2 随时间变化的贴现因子

贴现因子的第二个重要特征是它们随着时间的推移并不是固定的，即使保持到期日与今日时间间隔为固定不变的 $T - t$。随着时间的推移，货币的时间价值也随之变化。举个例子，美国财政部在 2004 年 8 月 26 日发行了期限为 182 天的短期国债，到期日为 2005 年 2 月 24 日，发行价格为 99.115 美元，由此，贴现因子为 $Z(t_1, T_1)$ = 0.991 15。这个值比两年后同样期限的贴现因子 0.974 77 高出不少。

图 2-1 描绘了 3 个贴现因子从 1953 年 1 月至 2008 年 6 月随着时间的推移而产生的变化。㊀ 顶部实线是 3 个月期的贴现因子，中间的虚线是 1 年期的贴现因子，底部的虚线是 3 年期的贴现

㊀ 数据来源是 2009 年芝加哥大学商学院的债券价格研究中心（CRSP）的 Fama Bliss 折现债券板块。我们的讨论方法来自 2.4.2 节和附录 2A 里的用债券数据估计贴现因子。

因子。首先，我们注意到，在样本的每一个日期上，到期时间较短的贴现因子总是高于到期时间较长的。其次，贴现因子随时间的变化是相当显著的。例如，3 年期的贴现因子在 1981 年 8 月低达 0.626 7，而在 1954 年 6 月和 2003 年 6 月却高达 0.95。

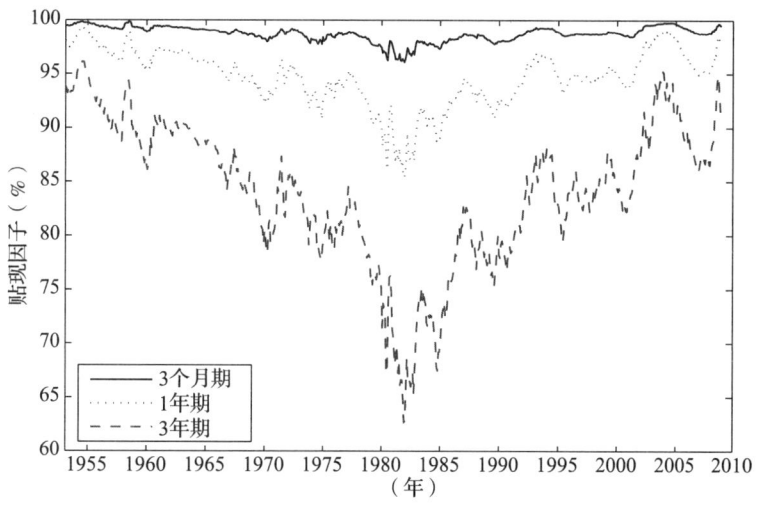

图 2-1　贴现因子

资料来源：证券价格研究中心。

为什么贴现因子会随时间变化？尽管这是我们在之后章节会讨论的问题，但现在提供一些明显直观的解释会对读者有所帮助。图 2-2 描绘出 1953～2008 年预期通货膨胀率的时间序列。⊖比较图 2-1 中贴现因子的波动与图 2-2 中的预期通货膨胀的波动序列，可以发现预期通货膨胀率是贴现因子的一个重要影响因素。直观理解也很简单：通货膨胀率正是决定货币时间价值的因素，因为它决定了货币能买到多少商品。预期通货膨胀率越高，这笔钱在未来能购买到的商品就越少，所以相比于今天，在未来收到这笔钱的吸引力就越小。

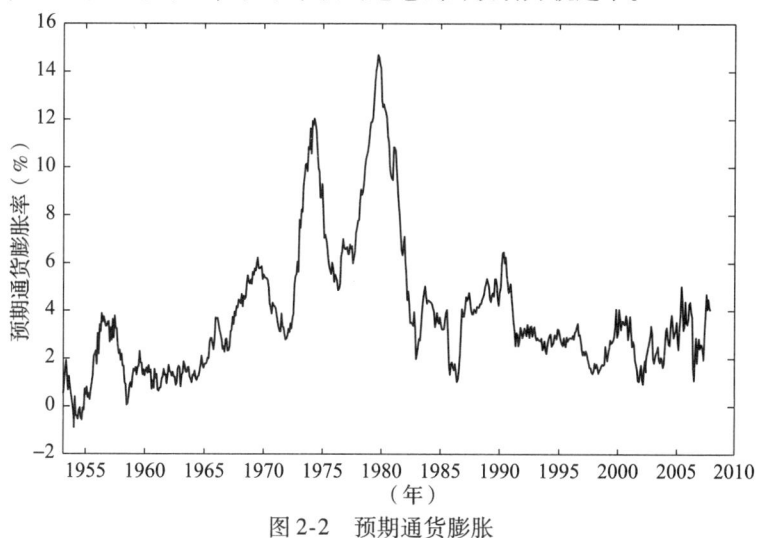

图 2-2　预期通货膨胀

资料来源：劳动统计局。

⊖ 预期通货膨胀系数计算为通货膨胀对其滞后 12 项的滚动回归所产生的预期年化通货膨胀率。我们会在第 7 章中呈现更多的细节。

虽然预期通货膨胀是解释贴现因子随着时间的推移而变化的最明显的原因，但它不是唯一的原因。在第 7 章中，会看到经济学家对贴现率、利率变化的其他分析和解释。这些解释与美国经济的表现、预算赤字、美联储的行动以及投资者的风险偏好（或缺乏）有关。这些宏观经济状况会影响国债的相对供给和需求，从而影响国债价格。

2.2 利率

利率的概念和贴现因子的概念比起来，既复杂又简单。它简单的原因是，这个概念类似于生活中投资回报或者贷款费用的概念。举个例子，我以 5% 的年利率投资了 100 美元，1 年后我将收到 105 美元。这 105 美元是原始资本加上投资利息。同样的投资行为也能用来描述贴现因子：这里的贴现因子是 1 年后的 105 美元与今天的 100 美元的比率，即 $0.9524 = \frac{100\,美元}{105\,美元}$。

这个数字其实与 5% 的利率是等价的，但是并没有利率那么直观。

然而，利率的概念也是复杂的，因为它取决于初始投资支付利息的频率。复利频率的定义如下。

定义 2-2

应计利息的复利频率是指每年支付利息并将其计入再投资额的次数。

在一定程度上，只提及利率水平不能完整地描述投资回报率、贷款或抵押贷款的成本。复利频率是一个必须附在利率数字上的关键因素。

例如，在上面的例子中，其实有一个隐含假设，那就是只按 5% 的利率在到期日付息一次。如果说每 6 个月计息一次的话，到期日收益的正确金额将会是：

$$到期日收益 = 100 \times \left(1 + \frac{5\%}{2}\right) \times \left(1 + \frac{5\%}{2}\right) = 105.0625(美元)$$

这个数字要高于 105 美元。如果每月计息，那到期日收益的正确金额将为

$$到期日收益 = 100 \times \left(1 + \frac{5\%}{12}\right)^{12} = 105.11(美元)$$

这个值要比 105 美元更高一些。这个例子说明：

事实 2-2

对于给定的利率（如 5%），付息频率越高，最终收益越高。

尝试从不同的角度看利率，就如我们之前的例子，考虑投资一个证券，今天的成本是 100 美元，1 年后支付 105 美元，此证券的利率是多少？直观的答案是 5%，因为我们投资 100 美元并获得 105 美元，因此回报率等于 $5\% = \frac{(105 - 100)}{100}$。然而，正确的答案取决于该证券的付息频率。如果利息每年支付一次，则 5% 是正确答案。如果利息每半年支付一次，则正确答案是 $r = 4.939\%$。事实上，$100 \times \left(1 + \frac{4.939\%}{2}\right)^2 = 105(美元)$，这是投资 100 美元获得的回报。类似地，如果每月付息，则正确答案为 $r = 4.89\%$，因为 $100 \times \left(1 + \frac{4.89\%}{12}\right)^{12} = 105(美元)$。

○ **事实2-3**

对于给定的最终收益，更频繁的付息频率意味着更低的利率。

这种讨论也强调了投资回报率和利率之间的关键性差异，这些差异是相关却不同的概念。回报率的确是收益和初始投资之间的差额除以后者。在示例中，投资的回报率是 5% = $\frac{(105-100)}{100}$。利率是对应于复利期内投资的（年化）回报率，但与其他情况是不同的。例如，如果利率为 5%，每半年收益一次，那么在 6 个月内，投资回报率为 2.5%，即这 6 个月中的 100 美元变为 102.5 美元。如果我们对这个半年回报进行年化，我们得到 5%，这对应于利率。但是，请注意，利率和回报率在 1 年期内是有所不同的。在 1 年中，原投资将支付 105.062 5 美元，就像我们先前获得的，因此回报率为 5.062 5% > 5%。当期限更长时，年化利率与年投资回报率之间的差异也就越大。

2.2.1 贴现因子、利率和复利频率

上面的例子说明了，一旦我们明确了复利频率、贴现因子与利率密切相关，给定利率及其复利频率，我们便可以定义贴现因子。反之，给定贴现因子，我们可以定义利率及其复利频率。在本节中，我们明确其中的关系。

两个混合频率特别重要：半年复利和连续复利。半年复利频率是基准，因为它与美国中期国债和长期国债的息票支付频率相匹配。为了方便分析，下面定义的连续复利也很重要。正如我们将看到的，在投资的利息无限付息的假设下，公式和推导要简单得多。这当然是一个抽象但是有用的方法。

2.2.1.1 半年复利

让我们从一个例子开始。

☞ **例2-3**

令 t = 2006 年 8 月 10 日，并且令 T = 2007 年 8 月 10 日（1 年后）。考虑 1 年投资 100 美元，半年复利利率 r = 5%，为期 1 年。如前所述，这意味着 6 个月后，投资增长到 102.5 美元 = $100 \times \left(1 + \frac{5\%}{2}\right)$，然后以相同的速率再投资 6 个月，$T$ 时刻的回报：

$$T \text{ 时刻的回报} = 100 \times \left(1 + \frac{r}{2}\right) \times \left(1 + \frac{r}{2}\right) = 100 \times \left(1 + \frac{r}{2}\right)^2 = 105.062\ 5 (\text{美元})$$

考虑到初始投资是 100 美元，期间没有现金流流向投资者，并且在 T 时的回报是无风险的，以 t(100 美元)和 T(= 105.062 5 美元 = T 时得到的回报)之间的关系建立两个日期之间的贴现因子，由下式给出：

$$Z(t,T) = \frac{100 \text{ 美元}}{T \text{ 时刻的回报}} = \frac{1}{\left(1 + \frac{r}{2}\right)^2}$$

本示例基于以下更普遍的声明。

○ **事实2-4**

令 $r_2(t, T)$ 表示 t 和 T 之间的（年化）每半年复利利率。然后以 $r_2(t, T)$ 来定义贴现因子：

$$Z(t,T) = \frac{1}{\left(1 + \dfrac{r_2(t,T)}{2}\right)^{2\times(T-t)}} \tag{2-2}$$

这个事实的逻辑可以从上面的例子中得出。以每半年复利的利率 $r_2(t,T)$ 定义一个 T 时刻的回报率：

$$T\text{ 时刻的回报} = t\text{ 时刻的投资} \times \left(1 + \frac{r_2(r,T)}{2}\right)^{2\times(T-t)}$$

由于 T 时刻的收益在 t 时刻是已知的，所以 t 时刻的投资与 T 时刻的收益之间的关系就定义了货币的时间价值，并且式(2-2)中给出的 $Z(t,T)$ 定义了 T 和 t 之间的折算率。

类似地，给定贴现因子 $Z(t,T)$，我们可以获得每半年复利的利率。接下来的例子说明了这一点。

例 2-4

2001 年 3 月 1 日（时间 t），财政部发行了一个 52 周的短期国债，到期日为 $T=2002$ 年 2 月 28 日。短期国债的价格为 95.713 美元。如我们所知，这个价格定义了两个日期之间的贴现因子 $Z(t,T) = 0.95713$。同时，它还定义了一个每半年复利的利率，$r_2(t,T) = 4.43\%$。事实上，$95.713 \times \left(1 + \dfrac{4.43\%}{2}\right)^2 = 100$（美元）。通过求解式(2-2)中的 $r_2(t,T)$，可以从 $r_2(t,T) = 4.43\%$ 计算出每半年复利的利率：

$$r_2(t,T) = 2 \times \left(\frac{1}{Z(t,T)^{\frac{1}{2}}} - 1\right) = 2 \times \left(\frac{1}{0.95713^{\frac{1}{2}}} - 1\right) = 4.43\% \tag{2-3}$$

○ 事实 2-5

令 $Z(t,T)$ 为 t 时刻与 T 时刻之间的贴现因子，那么每半年复利的利率 $r_2(t,T)$ 可以由下面的公式算出

$$r_2(t,T) = 2 \times \left(\frac{1}{Z(t,T)^{\frac{1}{2\times(T-t)}}} - 1\right) \tag{2-4}$$

2.2.1.2 更高的复利频率

市场参与者的时间价值就是贴现因子 $Z(0,T)$，其可以被用来计算任何复利频率的利率，以及两只复利频率不同的债券之间实际利率或贴现系数的换算关系。准确地说，如果我们令 n 表示每年复利的次数（比如 $n=2$ 对应每半年复利一次），我们就可以得到：

○ 事实 2-6

给定贴现因子 $Z(0,T)$，令 $r_n(t,T)$ 表示（每年）n 次复利的利率，那么 $r_n(t,T)$ 的定义公式为

$$Z(t,T) = \frac{1}{\left(1 + \dfrac{r_n(t,T)}{n}\right)^{n\times(T-t)}} \tag{2-5}$$

解出 $r_n(t,T)$，我们可以得到

$$r_n(t,T) = n \times \left(\frac{1}{Z(t,T)^{\frac{1}{n\times(T-t)}}} - 1 \right) \tag{2-6}$$

比如，一项 100 美元的投资每月复利的利率为 $r_{12}(0,1) = 5\%$，它的收益率由下式决定

$$T \text{ 时刻的回报} = 100 \times \left(1 + \frac{r_{12}(0,1)}{12}\right)^{12} = 105.1162(\text{美元})$$

因此，每月复利的利率 $r_{12}(0,1) = 5\%$ 对应的贴现因子 $Z(0,1) = 100/105.1162 = 0.95133$，反之亦然。

2.2.1.3 连续复利

连续复利的利率是通过增加复利的频率 n 到无穷大而得到的。然而，对所有以实用为目的而使用连续复利的情况来说，每天复利就已经很接近连续复利了，正如我们在例 2-5 中可以看到的，而这也正是银行账户计"连续复利"时使用的标准。

例 2-5

考查前面我们在 t 时刻投资 100 美元并在 1 年后收到 105 美元的例子。按年复利的利率为 $r_1(t, t+1) = 5\%$，每半年复利的利率为 $r_2(t, t+1) = 4.939\%$，每个月复利利率为 $r_{12}(t, t+1) = 4.889\%$。表 2-1 列出了每年 n 次和更频繁的复利频率的利率。可以看出，如果我们不断增加 n，那么每年 n 次复利的利率 $r_n(t, t+1)$ 也会不断增加，只不过增加的速度会越来越慢。最终会非常接近一个数——4.879%。这就是连续复利的利率。注意在这个例子中，每天复利的利率（$n = 252$）与更高频率（$n > 252$）复利得到的利率没有区别，即我们可以在心里把连续复利当作每天复利。

表 2-1 利率与复利频率

复利频率	n	$r_n(t, t+1)$
每年	1	5.000%
每半年	2	4.939%
每月	12	4.889%
每半月	24	4.883%
每周	52	4.881%
每半周	104	4.880%
每日	365	4.879%
每半天	730	4.879%
每小时	8 760	4.879%
连续复利	∞	4.879%

从数学上讲，我们可以把式（2-6）中 $r_n(t, T)$ 的极限表示为 n 增加到无穷时的计算公式。

事实 2-7

连续复利（continuously compounded）的利率 $r(t, T)$，由 n 趋于无穷大的 $r_n(t, T)$ 得到，它可以由下面的公式定义

$$Z(t,T) = e^{-r(t,T)(T-t)} \tag{2-7}$$

解出 $r(t, T)$ 得

$$r(t,T) = -\frac{\ln(Z(t,T))}{T-t} \tag{2-8}$$

这里"$\ln(.)$"表示自然对数。

回到例 2-5，我们可以通过对 $Z(t, T)$ 取自然对数来验证式（2-8），于是 $Z(t, T) = 100/105 = 0.952381$，因此

$$r(t,T) = -\frac{\ln(Z(t,t+1))}{1} = 4.879\%$$

2.2.2 贴现因子和利率之间的关系

前面的公式显示给定 t 时刻和 T 时刻之间的贴现因子 $Z(t,T)$，我们可以使用式(2-2)、式(2-5)或式(2-7)定义任何复利频率的利率。这个事实意味着我们可以通过用这些等式里暗含的相等关系从一个复利频率换算成另一个复利频率。例如，对于给定的每年复利 n 次的利率 $r_n(t,T)$，我们可以通过解方程确定连续复利的利率 $r(t,T)$

$$e^{-r(t,T)(T-t)} = Z(t,T) = \frac{1}{\left(1+\dfrac{r_n(t,T)}{n}\right)^{n\times(T-t)}} \tag{2-9}$$

由于使用这个公式进行分析相对更为方便，在本书中，我们主要采用连续复利利率来描述贴现因子以及其他相关变量。由式(2-9)可以立即把这个数转化为另一个复利频率，下列公式明确了这一点

$$r(t,T) = n \times \ln\left(1+\dfrac{r_n(t,T)}{n}\right) \tag{2-10}$$

$$r_n(t,T) = n \times \left(e^{\frac{r(t,T)}{n}} - 1\right) \tag{2-11}$$

这部分表明资金的时间价值可以通过贴现因子等价表示，或者由有着适当的复利频率的利率形式表示。有时关注贴现因子会很方便，其他时候关注利率会很方便，具体采用哪种形式取决于实际情况。我们应该时刻牢记，这两种形式是等价的。

2.3 利率期限结构

在前面的章节中，我们注意到，我们分析的基础是贴现因子，从中我们定义了各种复利频率的利率。当我们分析资金的时间价值时，利率相比于贴现因子有很大的优势：可以通过年化使横跨不同期限的利率的单位保持一致。下面的例子说明了这一点。

👉 例 2-6

2008 年 6 月 5 日，美国财政部分别发行了为期 13 周、26 周和 52 周价格分别为 99.539 9 美元、99.014 2 美元、97.871 6 美元的短期国债。定义 $t=2008$ 年 6 月 5 日，并且 T_1，T_2，T_3 为 3 个不同的到期日，隐含的贴现因子为 $Z(t,T_1)=0.995\,399$、$Z(t,T_2)=0.990\,142$ 和 $Z(t,T_3)=0.978\,716$。有着更长期限的贴现因子比期限较短的贴现因子的值要小，正如事实 2-1 所呈现的。那么问题是：与 $Z(t,T_2)$ 或 $Z(t,T_1)$ 相比，$Z(t,T_3)$ 会小多少呢？把贴现因子转化为年化利率使我们能更好地理解不同期限资金的相对价值。在这种情况下，连续复利的利率为

$$r(t,T_1) = -\frac{\ln(0.995\,399)}{0.25} = 1.844\,4\%$$

$$r(t,T_2) = -\frac{\ln(0.990\,142)}{0.5} = 1.981\,4\%$$

$$r(t,T_3) = -\frac{\ln(0.978\,716)}{1} = 2.151\,4\%$$

货币的时间价值随着期限而上升：为了让投资者愿意在今天与他们的现金分离并在未来收回，即持有国债，美国财政部就需要支付给投资者一定的补偿，这个补偿越多，投资期限就越长。

利率期限结构的定义如下：

定义 2-3

在某个时刻 t 的**利率期限结构**(term structure of interest rate)，或**即期收益率曲线**(spot rate curve)，或**到期收益率曲线**(yield curve)定义了利率和它们的到期期限 $T-t$ 之间的关系。在某个时刻 t 的**贴现因子曲线**(discount curve)定义了贴现因子 $Z(t,T)$ 和它们的到期日 $T-t$ 之间的关系。

图 2-3 提供了 4 个不同日期即期收益率曲线 $r(t,T)$ 的例子。⊖选择这些日期也是因为它们的即期收益率曲线有着不同的"形状"。交易者在提及这些不同的形状时，会使用它们特定的名字，现在我们就来描述这些形状。⊜

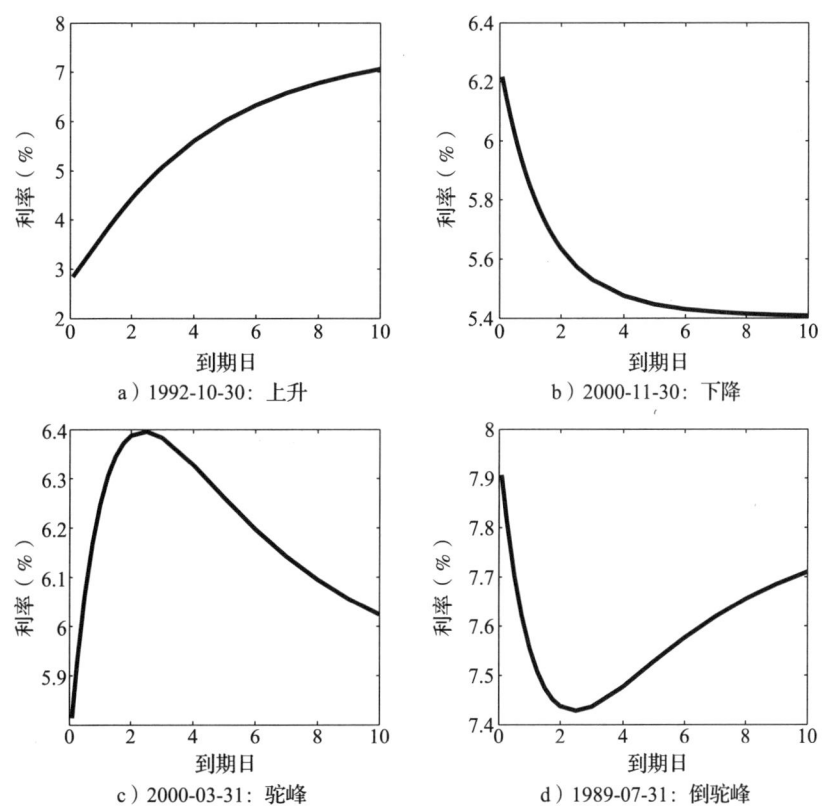

图 2-3　利率期限结构的形状

资料来源：证券价格研究中心。

图 2-3a 绘出了 1992 年 10 月 30 日的利率期限结构。横轴为剩余期限 $m=T-t$，m 从 3 个月 ($m=0.25$) 变化到 10 年 ($m=10$)（字母 m 代表剩余期限）。纵轴代表对应不同期限的利率水平 $r(t,T+m)$。从图 2-3 可以看出，1992 年 10 月 30 日的利率期限结构是在增长的，这是美国很常见的类型。10 年期利率与短期利率的差值大约为 4%，这个差值就叫作利率期限结构的期限利差。

⊖ 我们用扩展的 Nelson Siegel 模型（见章末附录 2A.3）计算即期收益率曲线，数据来源是 2009 年芝加哥大学商学院的证券价格研究中心(CRSP)的每月国债板块。

⊜ 我们使用连续复利的利率 $r(t,T)$ 来描述曲线。这个选择是主观的。我们也可以用任何其他的复利频率，正如前面提到的，连续复利频率有一些分析优势，我们会看到这一点。

定义2-4

期限利差（term spread）或**斜率**（slope）是指长期利率（比如10年期利率）和短期利率（比如3个月期利率）之间的差值。

一般来说，美国的期限利差是正的。期限利差是怎样被确定的呢？与贴现因子相似，利率的期限利差取决于很多变量，如预期通胀率、未来经济的预期增长、经销商对风险的偏好等。值得提醒的是，尽管未来更高利率的预期可能会影响今天的利率期限结构，但这不是唯一的渠道。在后面的章节中，我们会更仔细地讨论利率期限结构。

利率期限结构的形状并不总是处于上升的。图2-3b～图2-3d绘出了其他情况下的利率期限结构的形状。特别是图2-3b显示了利率期限结构的下降，这出现在2000年11月30日。图2-3c绘出的利率期限结构的上升再下降。这个形状叫作"驼峰"，这个例子出现在2000年3月31日。图2-3d绘出的利率期限结构先下降再上升。这个形状叫作"倒驼峰"。图2-3d的例子出现在1989年7月31日。

利率期限结构随时间的变化

对于贴现因子来说，利率期限结构取决于进行计算的日期t。从图2-3可以明显看出，3个不同日期的期限结构有着3种不同的形状。特别是图2-3b和图2-3c之间对应的日期相隔只有1个月，它们的期限结构在形状上却完全不同。除了形状的变化外，期限结构还作为整体上移或下移。

不同的日期对应不同的利率期限结构。比如，图2-4绘出了3个不同日期的利率期限结构，它们从1995年1月31日到1994年1月31日两两相隔6个月。在这3个例子中，尽管利率期限结构都在上升，但还是可以清晰地看出，第一个日期的期限结构更低也更陡峭，而第三个日期的期限结构更高也更平滑。期限结构的上升还是很明显的：短期利率从2.9%上升到5.5%，长期利率从5.7%上升到7.5%。利率期限结构出现如此剧烈的变动可能会对重仓固定收益工具的资产组合的价值产生毁灭性的影响。正如我们在本章和第3章将讨论的，奥兰治县在1994年时还是加利福尼亚州一个富裕的县，却因损失了16亿美元而破产。意料之外的利率急剧上升以及高杠杆的资产组合是造成奥兰治县破产的主要原因。

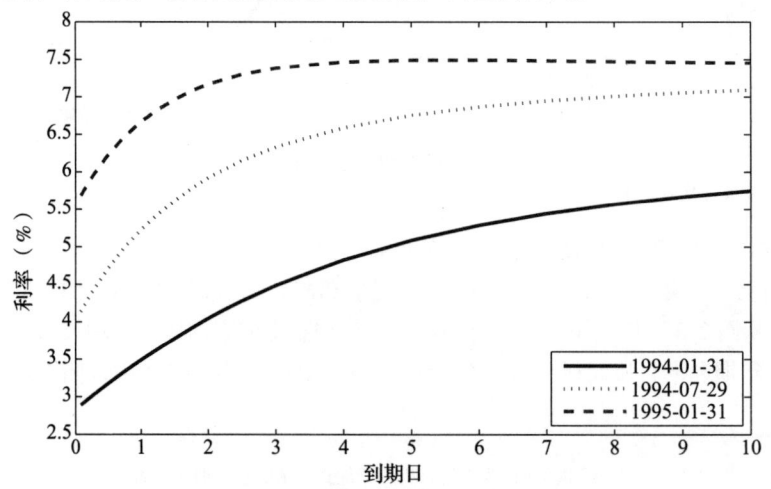

图2-4　3个不同时点的利率期限结构

资料来源：证券价格研究中心。

我们可以绘出利率期限结构随着时间变化而得到不同的点，正如我们对贴现因子所做的。图 2-5 绘出了 1965～2008 年之间 3 个月期、1 年期和 5 年期的期限结构。⊖我们从图 2-5 看到的第一个图形就是利率突然地上升和下降。第二个图形是所有的利率都朝相同的方向运动：它们几乎同时上升和下降。然而，从图中可以清晰地看出，它们上升和下降的量却是不一样的。为了认识到这一点，让我们来考察图底密集的线和图顶稀疏的线。它们分别对应着 3 个月期和 5 年期利率。可以看出，它们几乎是在同时上升和下降的。我们也可以看到，期限利差和两个利率之间的差值是随着时间在变化的。比如，关注于最后一个时间段 2000～2006 年，可以看出当 3 个月期利率从 6% 下降到 1% 再回升到 5% 的时候，5 年期利率从 6% 下降到 3% 再回升到 5%。也就是说，这个例子的开头和结尾的利差都为零，但中间的利差却非常大。

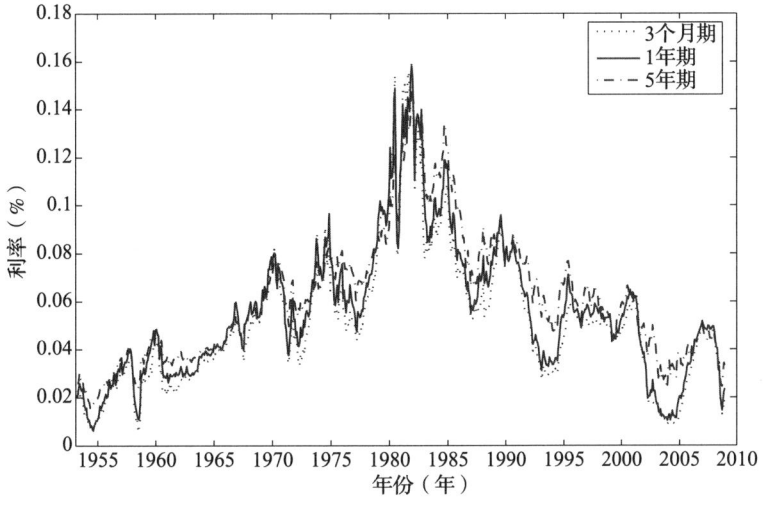

图 2-5 随时间变化的期限结构

为什么期限利差会随着时间而变化？重申一下，导致利率和期限利差变化的原因有很多，比如预期通胀率、预期经济增长和投资者风险偏好的变化。我们会在第 7 章讨论回顾近期的相关理论。

2.4 附息债券

美国政府短期国债只在到期日向投资者一次性还本付息，也就是说它的票息为零。这就是零息债券的一个例子，零息债券就是发行日和到期日之间没有现金的支付债券。正如上一部分所描述的，零息债券价格的知识使我们可以得出贴现因子 $Z(t, T)$。更具体地讲，t 时刻发行的期限为 T 的政府零息债券有一个等价公式

$$P_z(t, T) = 100 \times Z(t, T) \tag{2-12}$$

下标"z"是零息债券里"零"的简记形式。

零息国债期限最多只有 52 周。更长期限的国债就会支付息票了，也就是说，它们在发行日和到期日之间支付一系列的现金流（息票），并以此作为最后本金的补充。特别地，美国政府会发行 10 年以内的中期国债、30 年以内的长期国债以及通胀保值债券，其中债券的息票不

⊖ 数据来源是 2009 年芝加哥大学商学院的证券价格研究中心（CRSP）的 Fama Bliss 折现债券和 Fama 无风险理论板块。

是固定的，而是与最近通胀率指标相联系的。我们会在第 7 章更详细地谈到通货膨胀保值证券。现在，我们只考虑中长期国债。方便起见，我们把这两者都叫作附息债券。

2.4.1 从零息债券到附息债券

在这部分，我们建立了零息债券和附息债券价格的联系。这个联系是后面章节大量分析的基础，所以显得尤为重要。

首先，记住附息债券可以被一系列的现金流替代。比如，2006 年 6 月 30 日发行 2007 年 12 月 31 日到期的利率为 4.375% 的中期国债在 2006 年 6 月 30 日和 2007 年 6 月 30 日支付 2.187 5 美元的现金流，在 2007 年 12 月 31 日支付 102.187 5 美元的现金流。由于美国政府几乎不可能违约，所以这些给定的现金流是确定的，如果我们知道这 4 个日期各自的贴现因子 $Z(t, T)$，我们就可以计算这个债券本身的价值。事实上，我们可以用每个未来现金流的贴现因子来进行折现，然后加总。

○ **事实 2-8**

考查一个在时间 t 发行的期限为 T，票息为 c，在 $T_1, T_2, \cdots, T_n = T$ 支付现金的附息债券。使每个时点 T_i 的贴现因子为 $Z(t, T_i)$，那么附息债券的价值就可以计算为

$$P_c(t, T_n) = \frac{c \times 100}{2} \times Z(t, T_1) + \frac{c \times 100}{2} \times Z(t, T_2) + \cdots + \left(\frac{c \times 100}{2} + 100\right) \times Z(t, T_n)$$

$$= \frac{c \times 100}{2} \times \sum_{i=1}^{n} Z(t, T_i) + 100 \times Z(t, T_n) \tag{2-13}$$

$$= \frac{c}{2} \times \sum_{i=1}^{n} P_z(t, T_i) + P_z(t, T_n) \tag{2-14}$$

字母"c"是附息债券利息的简记形式。式(2-14)展示了附息债券可以被看成零息债券的资产组合。

例 2-7

考查早先讨论的 2006 年 1 月 3 日发行的 2 年期国债。在第 6 个月、1 年、1.5 年和 2 年的贴现因子分别是 $Z(t, t+0.5) = 0.978\,62$，$Z(t, t+1) = 0.957\,18$，$Z(t, t+1.5) = 0.936\,826$ 和 $Z(t, t+2) = 0.917\,07$。

因此，当天债券的价格就是

$$P_c(t, T_n) = 2.187\,5 \times \sum_{i=1}^{4} Z(t, t+0.5 \times i) + 100 \times 0.917\,07 = 99.997(\text{美元})$$

这就是债券在时刻 t 的实际价格。

我们也可以用息票支付日 T_i，$i = 1, \cdots, n$ 的半年期利率来替代附息债券的价值。从基本债券中衍生出来的替代是很有用的，其价格如下：

$$P_c(t, T_n) = \sum_{i=1}^{n} \frac{\frac{c}{2} \times 100}{\left(1 + \frac{r_2(t, T_i)}{2}\right)^{2 \times (T_i - t)}} + \frac{100}{\left(1 + \frac{r_2(t, T_n)}{2}\right)^{2 \times (T_n - t)}} \tag{2-15}$$

下面是一个重要的事实：

○ **事实 2-9**

如果期限内的半年期贴现率保持不变，每个时间 T_i 的利率都相同，且 $r_2(t, T_i) = r_2$。在发行日 $t = 0$ 时，半年期票息为 $c = r_2$ 的附息债券，其价格必然等于其面值。

$$P_c(0, T_n) = \sum_{i=1}^{n-1} \frac{\frac{c}{2} \times 100}{(1 + \frac{r_2}{2})^{2 \times T_i}} + \frac{100 \times (1 + \frac{c}{2})}{(1 + \frac{r_2}{2})^{2 \times T_n}} = 100 \quad (2\text{-}16)$$

考查 1 年期国债来理解上述事实。我们可以做出如下计算：

$$P_c(0, T_2) = \frac{\frac{c}{2} \times 100}{1 + \frac{r_2}{2}} + \frac{100 \times (1 + \frac{c}{2})}{(1 + \frac{r_2}{2})^2} \quad (2\text{-}17)$$

$$= \frac{\frac{c}{2} \times 100}{1 + \frac{r_2}{2}} + \left(\frac{100}{1 + \frac{r_2}{2}}\right) \times \left(\frac{1 + \frac{c}{2}}{1 + \frac{r_2}{2}}\right) \quad (2\text{-}18)$$

$$= \frac{\frac{c}{2} \times 100}{1 + \frac{r_2}{2}} + \left(\frac{100}{1 + \frac{r_2}{2}}\right) \times 1 \quad (2\text{-}19)$$

$$= \frac{100 \times (1 + \frac{c}{2})}{1 + \frac{r_2}{2}} \quad (2\text{-}20)$$

$$= 100 \quad (2\text{-}21)$$

这一点可以被扩展到任何时期。直觉告诉我们，任何一个额外的时段都会增加 $\frac{c}{2}$ 的现金流，同时也会增加 $\frac{r_2}{2}$ 的贴现率。这两股力量往不同的方向运动（更多的现金流意味着更高的价格，额外的贴现率则意味着更低的价格）。

无套利原则

我们通过无套利原则也可以得到式 (2-13)。在功能正常的市场中，附息债券 $P_c(t, T_n)$ 和零息债券 $P_z(t, T_i)$ 都可以被交易。如果式 (2-13) 不成立，那么套利者就可以获取大量无风险收益。比如，如果

$$P_c(t, T_n) < \frac{c}{2} \times P_z(t, T_i) + \frac{c}{2} \times P_z(t, T_2) + \cdots + \left(1 + \frac{c}{2}\right) \times P_z(t, T_n) \quad (2\text{-}22)$$

那么套利者可以以 $P_c(t, T_n)$ 的价格购买附息债券，再立即以 $\frac{c}{2}$ 为单位出售 $T_1, T_2, \cdots,$ T_{n-1} 到期的零息债券和 T_n 到期的面值为 $\left(1 + \frac{c}{2}\right)$ 的零息债券。套利者的这个策略产生的现金流等于式 (2-22) 左右两边的差值。在所有其他期限 T_i 的现金流净值为零，因为它把从持有国债获得的利息收益转手支付给了投资者，这个投资者之前从套利者手中购买了独立的附息债

券。我们注意到原因就是我们在第 1 章的事实 1-1 中所介绍的一价定律，即有着相同现金流的证券应该有相同的价格。下面的例子会进一步揭示这个概念。

例 2-8

在例 2-7 中，假定 2 年期国债的交易价为 98 美元。套利者购买 9 800 万美元的 2 年期国债，并出售 218.75 万美元的 6 个月期、1 年期和 1.5 年期的零息债券，以及 1.021 875 亿美元的 2 年期零息债券。这个策略是风险免疫的，因为在未来的每一个付息日，套利者都会从持有的国债中获得 218.75 万美元的收益，他只需要转手把这些收益支付给购买他的零息债券的投资者。类似地，在到期日，套利者可以从国债中得到 1.021 875 亿美元的收益，然后再把这个收益转手给最后一个零息债券投资者。

在功能正常的市场中，这个套利不会持续太长时间。因此，式(2-13)应该能在大多数时间成立。由于缺乏流动性和交易，人们有可能觉察到零息债券相对定价中存在的套利机会，如资产剥离债券和附息债券。然而，这些套利机会是很难被利用的：当套利者实体设立一个类似上面描述的套利交易时，价格会立即变动，收益也就消失了。因为套利高手知道这个事实，一些明显的错误定价可以在市场上持续存在。我们把这个情况视作"噪声"，噪声就是由于流动性或外在因素阻碍资本市场的定价功能而造成的市场价格的微小误差。

2.4.2 从附息债券到零息债券

我们也可以用另外的方式：如果我们有足够的附息债券，我们就可以从附息债券的价格来计算零息债券的内在价值。可以用式(2-13)来估计每一期的贴现因子 $Z(t, T)$。下面的例子解释了原因。

例 2-9

在 $t = 2005$ 年 6 月 30 日，6 个月期的在 $T_1 = 2005$ 年 12 月 29 日到期的短期国债的交易价为 98.360 7 美元。在同一天，还有 1 年期到期的票息为 2.75% 的中期国债的交易价为 99.234 3 美元。中期国债的到期日是 $T_2 = 2006$ 年 6 月 30 日。按照式(2-13)，我们可以写出这两个国债的价值为⊖

$$P_{\text{短期国债}}(t, T_1) = 98.360\,7 = 100 \times Z(t, T_1) \tag{2-23}$$

$$P_{\text{中期国债}}(t, T_2) = 99.234\,3 = 1.375 \times Z(t, T_1) + 101.375 \times Z(t, T_2) \tag{2-24}$$

这两个公式中有两个未知数(贴现因子分别 $Z(t, T_1)$ 和 $Z(t, T_2)$)。因为在 2.1 节中，我们从一个公式观察到贴现因子 $Z(t, T_1) = \dfrac{98.360\,7}{100} = 0.983\,607$。我们可以把这个值代入第二个公式，得到 $Z(t, T_2)$ 为

$$Z(t, T_2) = \frac{99.234\,3 - 1.375 \times Z(t, T_1)}{101.375} = \frac{99.234\,3 - 1.375 \times 0.983\,607}{101.375} = 0.965\,542$$

那么附息债券的价格就隐含了市场时间价值的信息。可以向前重复这一过程来获得展期。

例 2-10

在 $t = 2005$ 年 6 月 30 日的同一天，票息为 3% 的 2006 年 12 月 31 日到期的国债以 99.109 3 美元

⊖ 注意这个计算是取了一点近似的：中期国债会在 2005 年 12 月 31 日付息而不是 12 月 29 日。我们假设两个日期都对应 T_1。

被交易。这意味着，在 $T_3 = 2006$ 年 12 月 31 日之前，这个债券的价格可以被写作

$$P_{\text{中期国债}}(t, T_3) = 99.1093 = 1.5 \times Z(t, T_1) + 1.5 \times Z(t, T_2) + Z(t, T_3) \tag{2-25}$$

我们已经在例 2-9 中决定了 $Z(t, T_1) = 0.983607$ 和 $Z(t, T_2) = 0.965542$。式(2-25)中唯一的未知数就是 $Z(t, T_3)$。这是一个方程和一个未知数，所以我们可以算出 $Z(t, T_3)$ 为

$$Z(t, T_3) = \frac{99.1093 - 1.5 \times (Z(t, T_1) + Z(t, T_2))}{101.5}$$

$$= \frac{99.1093 - 1.5 \times (0.983607 + 0.965542)}{101.5}$$

$$= 0.947641$$

如果我们有大量的数据，我们就可以对每个期限都进行这个计算，最终得到所有时期的贴现因子 $Z(t, T)$。这个方法被称为分步迭代法。

定义 2-5

给定一个时间 t，有 n 个附息债券，假设票息为 c_i、到期日为 T_i，价格为 $P(t, T_i)$。假设到期日之间的常规间隔为 6 个月，即 $T_1 = t + 0.5$ 和 $T_i = T_{i-1} + 0.5$，那么就可以用**分步迭代法**(bootstrap methodology)来估计每一期的贴现因子 $Z(t, T_i)$，$i = 1, 2, 3, \cdots, n$，方法如下：

1. 第一个贴现因子 $Z(t, T_1)$ 计算方法如下：

$$Z(t, T_1) = \frac{P_c(t, T_1)}{100 \times \left(1 + \frac{c_1}{2}\right)} \tag{2-26}$$

2. 其他贴现因子 $Z(t, T_i)$，$i = 2, \cdots, n$ 的计算方法如下：

$$Z(t, T_i) = \frac{P_c(t, T_i) - \frac{c_i}{2} \times 100 \times \left(\sum_{j=1}^{i-1} Z(t, T_j)\right)}{100 \times \left(1 + \frac{c_i}{2}\right)} \tag{2-27}$$

正如上面的例子所展示的，这个方法的步骤相对简单。尽管问题之一就是 6 个月的债券期限间隔并不总是适用的。遗憾的是，这个方法需要所有的债券，因为如果不这样的话，迭代就会停止，然后就没有办法继续了。附录 2A 给出了一些其他被广泛用来估计附息债券贴现率 $Z(0, T)$ 的方法。

2.4.3 预期收益率和到期收益率

我们怎样才能衡量一项国债投资的预期收益率？假设投资者会在到期日之前一直持有债券，那么计算一项对零息债券的投资的预期收益率就相对简单，因为最终支付是已知的，而且中间没有现金流。因此，我们可以立即得出

$$\text{零息债券的收益率} = \frac{1}{Z(t, T)} - 1 \tag{2-28}$$

这就是时间 t 到时间 T 的收益。习惯做法是把它年化，即

$$\text{零息债券的年化收益率} = \left(\frac{1}{Z(t, T)} - 1\right)^{\frac{1}{T-t}} - 1 \tag{2-29}$$

当然，这符合式(2-26)中 $n = 1$ 时的零息债券每年复利年化收益率。

因为附息债券更加复杂，所以附息债券的投资收益率更流行的测度方法称为到期收益率，

其定义如下：

定义 2-6

令 $P_c(t, T)$ 为有着票息为 c，期限为 T 的国债在 t 时刻的价格。令 $T_i(i=1,\cdots,n)$ 为票息支付的时间。每半年复利的**到期收益率**(yield to maturity)或者**内在收益率**(internal rate of return)被定义为使债券未来现金流的现值等于其价格的固定比率 y。即，y 由下面的公式定义

$$P_c(t,T) = \sum_{i=1}^{n} \frac{\frac{c}{2} \times 100}{\left(1+\frac{y}{2}\right)^{2 \times (T_i-t)}} + \frac{100}{\left(1+\frac{y}{2}\right)^{2 \times (T_n-t)}} \tag{2-30}$$

在解释这个投资回报的衡量方法之前，认识到式(2-30)和之前的贴现率的式(2-15)之间主要的区别是很重要的。尽管它们看起来是一样的，认识到到期收益率 y 的定义是使式(2-30)的右边等于债券价格的特定比例是很重要的。相反，式(2-15)是由贴现因子 $Z(t,T)$ 定义债券价格的方程。除非利率的期限结构是平滑的，否则不同期限的收益率是不一样的，而且不会恰好与到期收益率 y 一样。事实上，从某种意义上讲，到期收益率 y 可以被认为是定义贴现因子 $Z(0,T)$ 的每半年复利的即期收益率 $r_2(0,T)$ 的均值。然而，认识到这个"平均"依赖于票息水平 c 是非常重要的。事实上：

事实 2-10

两个有着同样期限和不同票息 c 的不同债券有不同的到期收益率 y。

这个事实可以轻松地从一个例子中看出：

例 2-11

表 2-2 的第 1～6 列展示了 2008 年 2 月 15 日最新发行的国债的票息、期限和报价。[○]第 7 列展示了由 2.4.2 节讨论的自助过程得到的贴现因子曲线 $Z(0,T)$，第 8 列给出了连续复利的即期收益率曲线 $r(0,T)$。

2008 年 2 月 15 日，交易者可以购买或出售有着相同期限 $T=9.5$ 年和不同票息的两个国债。特别地，票息为 $c=4.750\%$ 的中期国债和 $c=8.875\%$ 的长期国债是可用的。使用表 2-2 的贴现因子 $Z(0,T)$ 和式(2-15)中的公式，我们可以得出两个证券的公平价格。特别地，我们有[○]

$$\text{中期国债价格}_{c=4.750} = \frac{4.750}{2} \times \left(\sum_{T=0.5}^{9.5} Z(0,T)\right) + 100 \times Z(0,9.5) = 107.8906 \tag{2-31}$$

$$\text{长期国债价格}_{c=8.875} = \frac{8.875}{2} \times \left(\sum_{T=0.5}^{9.5} Z(0,T)\right) + 100 \times Z(0,9.5) = 141.5267 \tag{2-32}$$

这两个证券的到期收益率是多少呢？解出这两个债券的式(2-30)，$c=4.750\%$ 的中期国债和 $c=8.875\%$ 的长期国债的到期收益率分别为

$$y_{c=4.750} = 3.7548\% \tag{2-33}$$

○ 数据来源是 2009 年芝加哥大学商学院的证券价格研究中心(CRSP)的每日国债板块。
○ 公平价格指从相同贴现因子曲线 $Z(0,T)$ 得到的价格，我们用公平价格可以更好地揭示到期收益率的概念及其与债券票面理论。然而，在 2008 年 2 月 15 日，9.5 年期票息为 $c=8.875$ 的中期国债的实际交易价为 140.0781，比用式(2-32)计算得出的公平价格少了大概 1%。这个偏低的价格是由于债券缺乏流动性造成的，因为用来计算的债券已经发行了一段时间了，而用于计算贴现因子曲线 $Z(0,T)$ 的是流动性更好的最新发行的中期债券。

$$y_{c=8.875} = 3.6603\% \tag{2-34}$$

正如从式(2-33)和式(2-34)可以看出的,有着更高票息的债券到期收益率 y 反而更低。

表2-2 2008年2月15日的期限结构

票息	到期日	剩余期限	买入价	卖出价	均价	贴现因子	即期收益率	$y=3.7548\%$时的贴现因子	$y=3.6603\%$时的贴现因子
4.125	2008/08/15	0.5	100.9844	101.0156	101.0000	98.9590	2.0930	98.1572	98.2027
4.500	2009/02/15	1.0	102.6094	102.6406	102.6250	98.1892	1.8274	96.3484	96.4378
4.875	2009/08/15	1.5	104.4766	104.5078	104.4922	97.3147	1.8147	94.5729	94.7045
4.750	2010/02/15	2.0	105.5078	105.5391	105.5234	96.2441	1.9141	92.8301	93.0024
4.125	2010/08/15	2.5	105.0859	105.1172	105.1016	95.0822	2.0172	91.1194	91.3309
5.000	2011/02/15	3.0	108.2344	108.2656	108.2500	93.7612	2.1473	89.4403	89.6895
5.000	2011/08/15	3.5	109.0000	109.0313	109.0156	92.2213	2.3137	87.7920	88.0775
4.875	2012/02/15	4.0	109.1719	109.2031	109.1875	90.6046	2.4666	86.1742	86.4945
4.375	2012/08/15	4.5	107.3281	107.3594	107.3438	88.7259	2.6582	84.5862	84.9400
3.875	2013/02/15	5.0	105.1406	105.1719	105.1563	86.9809	2.7896	83.0274	83.4134
4.250	2013/08.15	5.5	106.8125	106.8438	106.8281	85.0858	2.9365	81.4974	81.9142
4.000	2014/02/15	6.0	105.2344	105.2656	105.2500	83.1241	3.0806	79.9956	80.4420
4.250	2014/08/15	6.5	106.3281	106.3594	106.3438	81.1114	3.2207	78.5214	78.9962
4.000	2015/02/15	7.0	104.3750	104.4063	104.3906	79.0613	3.3564	77.0744	77.5765
4.250	2015/08/15	7.5	105.4063	105.4375	105.4219	76.8759	3.5064	75.6541	76.1822
4.500	2016/02/15	8.0	106.7188	106.7500	106.7344	74.8256	3.6251	74.2600	74.8130
4.875	2016/08/15	8.5	109.0000	109.0313	109.0156	72.6763	3.7548	72.8915	73.4684
4.625	2017/02/15	9.0	106.9375	106.9688	106.9531	70.8392	3.8306	71.5483	72.1480
4.750	2017/08/15	9.5	107.8750	107.9063	107.8906	69.1582	3.8818	70.2298	70.8513
3.500	2018/02/15	10.0	97.8750	97.9063	97.8906	68.1581	3.8334	68.9356	69.5779

资料来源:证券价格研究中心(每日国债)、芝加哥商学院证券价格研究中心。

为了证明到期收益率的计算是正确的,表2-2还展示了由式(2-33)和式(2-34)得出的贴现因子 $Z^y(0, T) = \left(1 + \frac{y}{2}\right)^{-2 \times T}$。使用这两个贴现率 $Z^y(0, T)$ 而不是式(2-33)和式(2-34)中的 $Z(0, T)$,我们可以这两个债券各自的中期价格:

$$\text{中期债券价格}_{c=4.750} = \sum_{T=0.5}^{9.5} \frac{\frac{4.750}{2}}{\left(1 + \frac{3.7548\%}{2}\right)^{2 \times T}} + \frac{100}{\left(1 + \frac{3.7548\%}{2}\right)^{2 \times 9.5}} = 107.8906$$

$$\text{长期债券价格}_{c=8.875} = \sum_{T=0.5}^{9.5} \frac{\frac{8.875}{2}}{\left(1 + \frac{3.6603\%}{2}\right)^{2 \times T}} + \frac{100}{\left(1 + \frac{3.6603\%}{2}\right)^{2 \times 9.5}} = 141.5267$$

这个例子展示了到期收益率定义的奇怪之处。为什么票息会影响到期收益率?为了理解这个直觉,我们需要认识到:只有在投资者在债券存续的整个周期里都可以以利率 y 再投资所有息票收入的严格条件下,y 才能正确地衡量一项投资的预期收益率。

为了认识到这一点,假设投资者在时点 $T_1, T_2, \cdots, T_{n-1}$ 收到的所有息票利息都可以以固定利率 y 在剩余时期 $T-T_1, T-T_2, \cdots, T-T_{n-1}$ 进行再投资,让我们来计算到期日 T 的总支付。这可以由下面的公式得出:

$$T \text{ 时刻的总支付} = \frac{c \times 100}{2} \times \left(1 + \frac{y}{2}\right)^{2 \times (T-T_1)} + \frac{c \times 100}{2} \times \left(1 + \frac{y}{2}\right)^{2 \times (T-T_2)}$$

$$\cdots +$$

$$\frac{c \times 100}{2} \times \left(1 + \frac{y}{2}\right)^{2 \times (T-T_{n-1})} + \frac{c \times 100}{2} + 100$$

$$= \frac{c \times 100}{2} \times \left(\sum_{i=1}^{n} \left(1 + \frac{y}{2}\right)^{2 \times (T-T_i)} \right) + 100$$

我们现在可以计算 T 时刻总支付的现值了,用 y 作为固定的半年收益率,因此贴现因子为 $Z^y(t, T) = \left(1 + \frac{y}{2}\right)^{-2(T-t)}$。这可以得到

$$T \text{ 时刻总支付的现值} = Z^y(t,T) \times \left[\frac{c \times 100}{2} \times \left(\sum_{i=1}^{n} \left(1 + \frac{y}{2}\right)^{2 \times (T-T_i)} \right) + 100 \right]$$

$$= \frac{c \times 100}{2} \times \left(\sum_{i=1}^{n} \frac{\left(1 + \frac{y}{2}\right)^{2 \times (T-T_i)}}{\left(1 + \frac{y}{2}\right)^{2 \times (T-t)}} \right) + \frac{100}{\left(1 + \frac{y}{2}\right)^{2 \times (T-t)}}$$

$$= \frac{c \times 100}{2} \times \left(\sum_{i=1}^{n} \frac{1}{\left(1 + \frac{y}{2}\right)^{2 \times (T_i-t)}} \right) + \frac{100}{\left(1 + \frac{y}{2}\right)^{2 \times (T-t)}}$$

$$= P(t,T)$$

那么我们发现,在所有的息票利息都可以在债券的存续期内以同样的利率 y 进行再投资的假设下,债券的价格(根据定义)就等于 T 时刻总支付以到期收益率 y 进行折现的现值。

考虑到投资者几乎不可能对所有的息票利息以相同的到期收益率 y 进行再投资,后面的这种测度方式对预期回报率的衡量是很差的。事实上,如果没有债券持有时间间隔清晰的定义,就无法给出投资回报率的定义。比如,如果在到期日之前一直持有债券,那么 10 年期剥离债券就可以提供由式(2-29)确定的稳定年化回报。然而,如果投资者在 1 年以后出售债券,那么回报率可能会比(式(2-29)所确定的)承诺收益率更高或更低,这取决于利率的变动情况。比如,利率的持续增加会使长期债券的价格降低,这会给投资者带来资本损失。在后面的章节中,我们会使用现代金融概念来准确定义给定时间内一项投资的预期收益率,以及债券间必须存在的无套利限制。

那么为什么交易者在每天的交易中使用到期收益率 y 的定义呢?给定一个票息 c,式(2-30)展示了债券的价格 P_c 和到期收益率 y 之间一对一的关系。因此,交易者可以用 P_c 和 y 来对同样的债券报价。那么,到期收益率在某种程度上仅仅是对其他交易者报价的便捷方式。

2.4.4 报价惯例

我们以对短期国债和长期国债的市场报价惯例的一些关注来结束关于国债的这部分内容。

2.4.4.1 短期国债

短期国债以贴现为报价基础。也就是说,相比于给短期国债报价为 $P_{bill}(t, T)$,国债经销商更愿意以下面的数量来报价

$$d = \frac{100 - P_{bill(t,T)}}{100} \times \frac{360}{n} \tag{2-35}$$

这里 n 代表发行日 t 和到期日 T 之间的日历日。比如,2006 年 8 月 10 日发行的面值为 100

美元的 182 天短期国债售价为 97.477 美元。国债经销商给这个价格的报价为

$$d = \frac{100 - 97.477}{100} \times \frac{360}{182} = 4.99\%$$

这里 d 表示短期国债面值的年化贴现率。

给定国债经销商的报价 d，我们可以通过解式(2-35)计算出短期国债的价格

$$P_{bill}(t,T) = 100 \times \left(1 - \frac{n}{360} \times d\right) \tag{2-36}$$

2.4.4.2 中长期附息国债

中长期国债有着额外的应用。在计息日之间债券的利息在积累。如果债券在两次计息日之间被购买，那么买方仅仅享有购买日到下一个付息日之间积累的那一份息票利息。卖方享有上一个付息日到卖出日之间积累的那一份利息。中长期国债报价的市场惯例就是不包括任何应计利息。然而，买方同意支付给卖方上一个付息日到购买日之间应计利息。即我们有如下公式

$$最终价格 = 报价 + 应计利息 \tag{2-37}$$

报价有时候被称为**净价**(clean price)交易，而最终价格被称为**全价**(dirty price)交易。

应计利息是由下面简单的公式计算的：

$$应计利息 = 整个时段的利息 \times \frac{从上一个计息日开始的天数}{两个付息日之间的天数}$$

市场惯例同样决定了计算天数的方法。这里由 3 个主要方式：

(1) $\frac{实际天数}{实际天数}$：仅仅计算两个计息日之间的日历日。

(2) $\frac{30}{360}$：假设每个月 30 天，每年 360 天。

(3) $\frac{实际天数}{360}$：每个月按照日历日计算正确天数，但一年只按 360 天计算。

具体使用哪种习惯是由所考虑的证券决定的。比如，$\frac{短期国债使用实际天数}{360}$，而中长期国债使用 $\frac{实际天数}{实际天数}$ 的计算习惯。

2.5 浮动利率债券

浮动利率债券是息票利息与一些参考利率相联系的附息债券。美国财政部是不发行浮动利率债券的，但其他国家的政府和独立公司会发行浮动利率债券。我们在例 2-12 中呈现了浮动利率债券的例子。在浮动利率债券的定价上花费一些时间是很重要的，同样的原则也应用于其他利率证券，比如传统浮动利率债券和逆向浮动利率债券(见 2.8 的案例研究)，该原则也适用于衍生工具，如利率互换(见第 5 章)。⊖

👉 **例 2-12**

意大利财政部定期发行 CCT(Certificati di Credito del Tesoro)，这是一种期限为 7 年的浮动利率债

⊖ 本章我们只回顾了浮动利率债券的定价，在那个例子中票息与用来折现的利率是一样的，这大大地简化了分析，还提供了未来应用所需的方程。

券。CCT 每年的票息等于 6 个月意大利国债的最新利率加上一个上浮(固定在 0.15%)。在票息的决定及其实际支付之间有 6 个月的滞后时间。

除非另有规定，我们定义浮动利率债券如下：

🌐 定义 2-7

期限为 T 的每半年计息**浮动利率债券**(floating rate bond)，是在时刻 $t = 0.5, 1\cdots, T$ 有着息票支付的债券，支付额可由下式计算：

$$t \text{ 时刻的息票支付} = c(t) = 100 \times (r_2(t-0.5) + s) \tag{2-38}$$

这里 $r_2(t)$ 是 t 时刻 6 个月期国债的利率，s 是上浮利率。⊖ 每个计息日也称为**重置日期**(rest date)，因为这是新的票息被重置的时刻(根据上述公式)。

2.5.1　浮动利率债券的定价

浮动利率债券的定价很简单，尽管最开始逻辑看上去可能有点复杂。考查浮动 $s = 0$ 的情况，这时会有如下事实成立。

○ 事实 2-11

如果上浮 $s = 0$，则浮动利率债券在任何付息日的除息价格就等于债券参考价值。

为了理解这个逻辑，首先考虑下面的简单例子。⊖

👉 例 2-13

考查一个 1 年期、每半年计息的浮动利率债券。$t = 0.5$ 的票息取决于今天的利率 $r_2(0)$，这个利率是确定的。如果今天的利率 $r_2(0) = 2\%$，那么 $c(0.5) = \dfrac{100 \times 2\%}{2} = 1$。那么 $T = 1$ 的票息 $c(1)$ 会怎样呢？这个票息依赖于 $t = 0.5$ 的 6 个月利率，这是我们今天还不知道的。这意味着我们不知道 $T = 1$ 的最终现金流，这个值就等于 $100 + c(1)$。计算这个不确定现金流的现值最初看起来是困难的。但仔细一想，其实很简单。考虑一个正在评估这个债券的投资者。这个投资者可以把自己放在离到期日 6 个月之前的 $t = 0.5$。投资者可以在 $t = 0.5$ 猜出时刻 $T = 1$ 时的现金流吗？答案是肯定的，因为在 $t = 0.5$ 时，投资者就会知道利率。所以，他就可以计算债券在时刻 $t = 0.5$ 的价值。假设在 $t = 0.5$ 利率为 $r_2(0.5) = 3\%$，那么 $T = 1$ 的票息就是 $c(1) = 100 \times \dfrac{r_2(0.5)}{2} = 1.5$。这意味着债券在 $t = 0.5$ 的价值就等于

$$\text{债券价值}_{t=0.5} = (100 + c(1)) \text{ 的现值} = \frac{100 + 1.5}{1 + \dfrac{0.03}{2}} = 100$$

这是个等于票面价值的整数。那如果 $t = 0.5$ 的利率为 $r_2(0.5) = 6\%$ 呢？在这个例子中，$T = 1$ 的票息为 $c(1) = 100 \times \dfrac{r_2(0.5)}{2} = 103$，$t = 0.5$ 债券的价值为

⊖ 为了简化运算，这部分的 6 个月利率是由 $r_2(t)$ 定义的，而不是由 $r_2(t, t+0.5)$ 定义的。
⊖ 除息价格是指不包含当天所支付利息的价格。票面价格是指债券的本金总额。

$$债券价值_{t=0.5} = (100 + c(1)) \text{ 的现值} = \frac{100+3}{1+\frac{0.06}{2}} = 100$$

还是那个等于票面价值的整数。事实上，我们发现债券在 $t=0.5$ 的价值与利率 $r_2(T_1)$ 的高低无关，总是等于 100：

$$债券价值_{t=0.5} = (100 + c(1)) \text{ 的现值} = \frac{100 + 100 \times \frac{r_2(0.5)}{2}}{1+\frac{r_2(0.5)}{2}} = \frac{100 + \left(1 \times \frac{r_2(0.5)}{2}\right)}{1+\frac{r_2(0.5)}{2}} = 100$$

即使投资者不知道 $T=1$ 的现金流，因为这取决于未来浮动利率 $r_2(0.5)$，投资者一定知道在 $t=0.5$ 浮动利率债券的除息价值为 100，无论那时的利率是多少。但那时，他可以在 $t=0$ 计算债券价值，因为 $T_1=0.5$ 的票息在 $t=0$ 就是已知的，因为这是由 $c(0.5) = 100 \times \frac{r_2(0)}{2} = 101$ 给定的。因此，债券在 $t=0$ 的价值为

$$债券价值_{t=0} = (100 + c(0.5)) \text{ 的现值} = \frac{100+1}{1+\frac{0.02}{2}} = 100$$

在 $t=0$，这个浮动利率债券的除息价格总是等于 100 美元的结果看上去可能让人疑惑，但实际上是符合直觉的。当利率从 $r_2(0)=2\%$ 变动到 $r_2(0.5)$，有两个影响：
(1) 改变未来现金流 $c(1) = 100 \times r_2(0.5)$。
- 如果利率 $r_2(0.5)$ 上升，则未来现金流就会增加。
- 如果利率 $r_2(0.5)$ 下降，则未来现金流就会减少。
(2) 改变应用于未来现金流的贴现率。
- 如果利率 $r_2(0.5)$ 上升，则贴现率就会增加。
- 如果利率 $r_2(0.5)$ 下降，则贴现率就会减少。

这两个效应，分别叫作"现金流效应"和"贴现效应"，往两个相反方向作用。如果利率增加，未来现金流就会增加，但会以更高的利率来折现。

息票支付滞后 6 个月的制度特征让这个现金流效应和贴现效应正好抵消，使债券在任何重置日的价值都为 100。

如果有更多的额外日期呢？原因是一样的，我们往回推导。表 2-3 包含对 2 年期浮动利率债券价值计算的描述。简单地说，从表头开始，$T=2$ 的除息价值只是本金 100 美元。含息债券的价值就是本金乘以每半年计息的利率 $\frac{r_2(1.5)}{2}$，这个利率是 6 个月前在 $t=1.5$ 决定的。我们可以计算 $T=2$ 的总现金流在 $t=1.5$ 的现值，得到除息价格还是等于 100 美元。这个逻辑和例 2-13 是一致的。那么债券在 $t=1.5$ 的含息价格就是 100 美元加上息票，就等于 100 美元乘以在时刻 $t=1$ 决定的每半年计息的利率。因此，$t=1.5$（息票加上债券在时刻 $t=1.5$ 的价值）的总现金流在时刻 $t=1$ 的现值再一次等于 100 美元。依此类推，直到时刻 $t=0$。

2.5.2 难点

我们必须讨论前面提到的两条简化假设：第一，浮动利率的上浮 s 为零。第二，时刻 0 刚好是重置日。幸运的是，对更实际案例的概括非常简单。

首先，如果上浮 s 不为零，我们可以把每个阶段的总现金流分解为两个部分——浮动部分和固定部分。这个分解不改变结果。

上浮 s 的浮动利率债券 = 上浮为零的浮动利率债券 + 固定息票利息 s

这样我们就可以独立计算等式右边的每个部分，因为我们已经知道了怎样计算浮动为零的浮动利率债券的价格（见前一部分）和一系列等于 s 的固定息票支付。事实上，连续的固定等于 s 的支付的现值为 $\sum_{t=0.5}^{T} s \times Z(0,t)$。因此，我们有如下等式：

$$\text{上浮 } s \text{ 的浮动利率债券的价格} = \text{上浮为零的浮动利率债券的价格} + s \times \sum_{t=0.5}^{n} Z(0,t)$$

表 2-3　2 年期浮动利率债券的估值

时刻	利率	票息	除息价格	含息价格
2	$r_2(2)$	$c(2) = 100 \times \dfrac{r_2(1.5)}{2}$	$P_{FR}(2) = 100$	$P^C_{FR}(2) = 100 + c(2)$ $= 100 \times \left(1 + \dfrac{r_2(1.5)}{2}\right)$
1.5	$r_2(1.5)$	$c(1.5) = 100 \times \dfrac{r_2(1)}{2}$	$P_{FR}(1.5) = \dfrac{P^C_{FR}(2)}{1 + \dfrac{r_2(1.5)}{2}}$ $= \dfrac{100 \times \left(1 + \dfrac{r_2(1.5)}{2}\right)}{1 + \dfrac{r_2(1.5)}{2}}$ $= 100$	$P^C_{FR}(1.5) = P_{FR}(1.5) + c(1.5)$ $= 100 \times \left(1 + \dfrac{r_2(1)}{2}\right)$
1	$r_2(1)$	$c(1) = 100 \times \dfrac{r_2(0.5)}{2}$	$P_{FR}(1) = \dfrac{P^C_{FR}(1.5)}{1 + \dfrac{r_2(1)}{2}}$ $= \dfrac{100 \times \left(1 + \dfrac{r_2(1)}{2}\right)}{1 + \dfrac{r_2(1)}{2}} = 100$	$P^C_{FR}(1) = P_{FR}(1) + c(1)$ $= 100 \times \left(1 + \dfrac{r_2(0.5)}{2}\right)$
0.5	$r_2(0.5)$	$c(0.5) = 100 \times \dfrac{r_2(0)}{2}$	$P_{FR}(0.5) = \dfrac{P^C_{FR}(1)}{1 + \dfrac{r_2(0.5)}{2}}$ $= \dfrac{100 \times \left(1 + \dfrac{r_2(0.5)}{2}\right)}{1 + \dfrac{r_2(0.5)}{2}}$ $= 100$	$P^C_{FR}(0.5) = P_{FR}(0.5) + c(0.5)$ $= 100 \times \left(1 + \dfrac{r_2(0)}{2}\right)$
0	$r_2(0)$	—	$P_{FR}(0) = \dfrac{P^C_{FR}(0.5)}{1 + \dfrac{r_2(0)}{2}}$ $= \dfrac{100 \times \left(1 + \dfrac{r_2(0)}{2}\right)}{1 + \dfrac{r_2(0)}{2}} = 100$	

在重置日，上浮为 0 的浮动利率债券的价格刚好等于票面价格（=100），所以⊖

⊖ 上浮 s 常常反映了比用来参考的利率更低的信用水平。恰当的贴现因子应该被用来给未来现金流折现。比如，参考利率为 LIBOR，那么就应该使用 LIBOR 曲线，正如我们会在第 5 章所讨论的。

$$\text{上浮为 } s \text{ 的浮动利率债券的价格} = 100 + s \times \sum_{t=0.5}^{T} Z(0,t) \qquad (2\text{-}39)$$

第二个难点就是估值可能不在重置日。首先思考例 2-13。如果今天不是 $t=0$，而是 $t=0.25$，我们该怎样对浮动利率债券估值呢？向后推导到 $t=0.5$ 的方法依然成立：在 $t=0.5$ 时，除息债券的价格就是 100 美元，附息债券价格为 $101 = \dfrac{100 + 100 \times 2\%}{2}$。这跟以前唯一的区别就是现在我们不能对 101 美元的总额按照 $r_2(0)=2\%$ 的利率折现到 $t=0$，而是要以目前 3 个月期利率折现到 $t=0.25$。比如，如果以季度复利的 3 个月利率也是 2%，即 $r_4(0.25, 0.5) = 2\%$，那么

$$\text{债券价值}_{t=0.25} = 101 \text{ 美元的现值} = \frac{101}{\left(1 + \dfrac{0.02}{4}\right)} = 100.4975(\text{美元})$$

在这个例子中，债券的价值取决于当前利率水平。比如，如果 $r_4(0.25, 0.5) = 1\%$，那么债券在 $t=0.25$ 时刻的价值就是 100.7481 美元。

同样的原因应用更广泛。让我们定义 0 为最后重置日，t 为当前交易日。那么，我们知道在下一个重置日时刻 0.5，浮动利率债券的除息价格为 100 美元。因此，浮动利率债券在下一个重置日的含息价格为

$$P_{FR}^{C}(0.5, T) = 100 + c(0.5) = 100 \times \frac{r_2(0)}{2}$$

因此，这个现金流在时刻 $0 < t < 0.5$ 的现值就是

$$P_{FR}(t, T) = P_{FR}^{C}(0.5, T) \text{ 的现值} = Z(t, 0.5) \times 100 \times \left[1 + \frac{r_2(0)}{2}\right]$$

我们总结这个结果如下：

○ **事实 2-12**

令 $T_1, T_2, \cdots, T_n$ 为浮动利率重置日，令当前日期 t 在 T_i 与 T_{i+1} 之间：$T_i < t < T_{i+1}$。上浮为 0 的每半年计息的浮动利率债券的一半公式为

$$P_{FR(t,T)} = Z(t, T_{i+1}) \times 100 \times \left[1 + r_2\left(\frac{T_i}{2}\right)\right] \qquad (2\text{-}40)$$

这里 $Z(t, T_{i+1})$ 为从 t 到 T_{i+1} 的贴现因子。在重置日 $Z(T_i, T_{i+1}) = \dfrac{1}{\left(\dfrac{1 + r_2(T_i)}{2}\right)}$，这意味着

$$P_{FR}(T_i, T) = 100 \qquad (2\text{-}41)$$

尽管计息日之间浮动利率债券的价值取决于利率，但它对于利率的敏感度是很低的，认识到这一点是很有用的，我们会在接下来的章节中看得更清楚。

本章小结

在本章中，我们涉及了以下话题：

1. 贴现因子：贴现因子是未来 1 美元在今天的价值。贴现因子随着时间范围而递减，也随着时间的流逝而变化。

2. 利率：投资回报的承诺比例，利率需要用复利频率来完整定义。它们的报价都要先经过年化。

3. 复利频率：一项投资的利率随时间积累的频率。连续复利是指每次支付积累的时间间隔无穷小。每天复利已经非常接近连续复利了。
4. 利率期限结构：利率和期限之间的关系。投资范围影响投资活动收到的或偿还贷款应付的利率。
5. 零息债券：仅仅在到期日支付给定金额（票面价格）的债券。
6. 中长期附息债券。这些债券支付一系列的息票及到期日偿还本金。比如，美国中长期国债每半年支付一次息票利息。中期国债最高期限为 10 年，而长期国债最高期限可达 30 年。
7. 分步迭代法：这个方法是用中长期息票的数据来计算不同期限的贴现因子。这需要用到中长期国债每间隔半年的数据。

练习

1. 图 2-3 显示了利率期限结构可以出现下降，即短期即期利率高于长期即期利率。即期利率的下降可以有多陡峭呢？考查如下两只剥离债券：一只还有 3 年到期，以连续复利计算的利率为 $r(0, 3) = 10\%$；另一只还有 5 年到期，以连续复利计算的利率为 $r(0, 5) = 5\%$。讨论这种情况是否可能发生，如果不能，可以用什么套利策略来从错误定价中获利。
2. 计算下列短期国债的价格、收益率和以连续复利计算的收益率。对于 1 年期短期国债还要计算其每半年复利的收益率。
   (1) 4 周期，贴现率为 3.48%（2005 年 12 月 12 日）。
   (2) 4 周期，贴现率为 0.13%（2008 年 11 月 6 日）。
   (3) 3 个月期，贴现率为 4.93%（2006 年 6 月 10 日）。
   (4) 3 个月期，贴现率为 4.76%（2007 年 5 月 8 日）。
   (5) 3 个月期，贴现率为 0.48%（2008 年 11 月 4 日）。
   (6) 6 个月期，贴现率为 4.72%（2006 年 4 月 21 日）。
   (7) 6 个月期，贴现率为 4.75%（2007 年 6 月 6 日）。
   (8) 6 个月期，贴现率为 0.89%（2008 年 11 月 11 日）。
   (9) 1 年，贴现率为 1.73%（2008 年 9 月 30 日）。
   (10) 1 年，贴现率为 1.19%（2008 年 11 月 5 日）。
3. 给出下面这些在不同日期有着相同期限（1.5 年期）的数据，但是以不同的方式报价和不同的复利频率。
   (1) 连续复利率：年化利率 2%。
   (2) 以连续复利计息的到期回报率：3%。
   (3) 每年复利：年化利率 2.10%。
   (4) 每半年复利：年化利率 2.01%。
   你希望从这些利率中找出套利机会。那么这里面有看起来被错误定价的吗？
4. 使用表 2-4 中每半年复利的债券收益率曲线，给下列债券定价：
   (1) 5 年期零息债券。
   (2) 7 年期票息为 15% 的每半年计息的附息债券。
   (3) 4 年期票息为 7% 的每季度计息的附息债券。
   (4) 3.25 年期票息为 9% 的每半年计息的附息债券。
   (5) 4 年期上浮为零，每半年计息的浮动利率债券。
   (6) 2.5 年期上浮为零，每年付息的浮动利率债券。
   (7) 5.5 年期上浮 35 个基点，每季度付息的浮动利率债券。
   (8) 7.25 年期上浮 40 个基点，每半年付息的浮动利率债券。
5. 考查一个票息为 6% 的 10 年期附息债券。
   (1) 如果该债券的到期收益率为 6%，那它的价格为多少？如果是 5% 或者 7% 呢？
   (2) 计算收益率从 1% 变动到 15% 的过程中，

债券价格分别为多少。画出债券价格与到期收益率相对应的图。这个图看起来像什么？

6. 考查表2-4中的数据。两只都有着7年期限却有不同票息的债券，使这两个票息分别为15%和3%。
   （1）计算这两只附息债券的价格和到期收益率。
   （2）两只债券的到期收益率相同吗？如果不同，为什么？到期收益率的不同是否意味着一只债券一定比另外一只好？

表2-4 2000年3月15日的收益率曲线

期限	到期收益率	期限	到期收益率	期限	到期收益率
0.25	6.33%	2.75	6.86%	5.25	6.39%
0.5	6.49%	3	6.83%	5.5	6.31%
0.75	6.62%	3.25	6.80%	5.75	6.24%
1	6.71%	3.5	6.76%	6	6.15%
1.25	6.79%	3.75	6.72%	6.25	6.05%
1.5	6.84%	4	6.67%	6.5	5.94%
1.75	6.87%	4.25	6.62%	6.75	5.81%
2	6.88%	4.5	6.57%	7	5.67%
2.25	6.89%	4.75	6.51%	7.25	5.50%
2.5	6.88%	5	6.45%	7.5	5.31%

注：收益率根据CRSP（国债日数据）计算。

7. 今天是2000年5月15日
   （1）由下面的数据计算出贴现因子曲线 $Z(0, T)$，其中 $T=6$ 个月、1年、1.5年和2年。
   - 6个月期零息债券的价格为96.80美元（2000年5月15日发行）。
   - 1年期票息为5.75%的附息债券价格为99.56美元（1998年5月15日发行）。
   - 1.5年期票息为7.5%的附息债券价格为100.86美元（1991年11月15日发行）。
   - 2年期票息为7.5%的附息债券价格为101.22美元（1992年5月15日发行）。

   （2）得到了贴现因子曲线 $Z(0, T)$ 之后，再看看数据，你会发行下面两只1年期债券：
   - 票息为8%的1年期债券售价为101.13美元（1991年5月15日发行）。
   - 票息为13.13%的1年期债券售价为106.00美元（1981年4月2日发行）。

   用你得到的贴现率曲线计算这两只债券。其价格与市场定价一致吗？是否存在套利计划呢？为什么？

8. 在2000年5月15日，你得到了表2-5中期国债的数据。用其中的数据和分步迭代法计算9年间的每半年计息的债券的收益率曲线。

9. 章末奥兰治县的案例研究讨论了逆向浮动利率债券的定价，还把逆向浮动利率债券分解为一个附息债券、一个浮动利率债券和一个零息债券的组合（见式(2-43)）。找到相同债券的另一种分解方法。你得到了相同的价格吗？根据第1章中讨论的一价定律讨论你的结果。

表2-5 2年期浮动债券的价值（2000年3月15日）

代码	发行日	到期日	种类	票息	买入价	卖出价
912827ZE	1990/08/15	2000/08/15	NOTE	8.750%	100.574 2	100.605 5
912827ZN	1990/11/15	2000/11/15	NOTE	8.500%	100.890 6	100.921 9
912810CT	1981/01/12	2001/02/15	BOND	11.750%	103.804 7	103.835 9
912810CU	1981/04/02	2001/05/15	BOND	13.125%	105.980 5	106.011 7
912810CW	1981/07/02	2001/08/15	BOND	13.375%	107.640 6	107.671 9
912810CX	1981/10/07	2001/11/15	BOND	15.750%	112.394 5	112.425 8
912810CZ	1982/01/06	2002/02/15	BOND	14.250%	111.929 7	111.960 9
912827F4	1992/05/15	2002/05/15	NOTE	7.500%	101.203 1	101.234 4
912827G5	1992/08/15	2002/08/15	NOTE	6.375%	99.046 9	99.078 1
912810DA	1982/09/29	2002/11/15	BOND	11.625%	110.668 0	110.699 2
912810DC	1983/01/04	2003/02/15	BOND	10.750%	109.511 7	109.543 0

(续)

代码	发行日	到期日	种类	票息	买入价	卖出价
912810DD	1983/04/04	2003/05/15	BOND	10.750%	110.328 1	110.359 4
912810DE	1983/07/05	2003/08/15	BOND	11.125%	112.152 3	112.183 6
912810DG	1983/10/05	2003/11/15	BOND	11.875%	115.308 6	115.339 8
912827N8	1994/02/15	2004/02/15	NOTE	5.875%	97.117 2	97.148 4
912810DH	1984/04/05	2004/05/15	BOND	12.375%	118.898 4	118.929 7
912810DK	1984/07/10	2004/08/15	BOND	13.750%	124.937 5	124.968 8
912810DM	1984/10/30	2004/11/15	BOND	11.625%	118.296 9	118.328 1
912827S8	1995/02/15	2005/02/15	NOTE	7.500%	102.863 3	102.894 5
912810DQ	1985/04/02	2005/05/15	BOND	12.000%	121.613 3	121.644 5
912810DR	1985/07/02	2005/08/15	BOND	10.750%	117.066 4	117.097 7
912827V8	1995/11/15	2005/11/15	NOTE	5.875%	95.984 4	96.015 6
912810DU	1986/01/15	2006/02/15	BOND	9.375%	112.035 2	112.066 4
912827X8	1996/05/15	2006/05/15	NOTE	6.875%	100.605 5	100.636 7
912827Y5	1996/07/15	2006/08/15	NOTE	7.000%	101.203 1	101.234 4
912827Z6	1996/10/15	2006/11/15	NOTE	6.500%	98.750 0	98.781 3
9128272J	1997/02/15	2007/02/15	NOTE	6.250%	97.488 3	97.519 5
9128272U	1997/05/15	2007/05/15	NOTE	6.625%	99.562 5	99.593 8
9128273E	1997/08/15	2007/08/15	NOTE	6.125%	96.757 8	96.789 1
9128273X	1998/02/15	2007/11/15	NOTE	5.500%	93.132 8	93.164 1
9128274F	1998/05/15	2008/05/15	NOTE	5.625%	93.785 2	93.816 4
9128274V	1998/11/16	2008/11/15	NOTE	4.750%	87.976 6	88.007 8
9128275G	1999/05/17	2009/05/15	NOTE	5.500%	92.824 2	92.855 5

资料来源：证券价格研究中心(每日国债)、芝加哥商学院证券价格研究中心。

案例研究：奥兰治县的逆向浮动利率债券

用我们在本章中学习的方法，我们可以给各种证券定价。⊖ 这些证券在1994年年底奥兰治县破产期变得非常普及，据估计奥兰治县的资产组合中只有很小的一部分是这种债券。奥兰治县破产是利率证券固有风险的经典案例，我们会在第3章和第4章介绍一些衡量利率风险的工具，然后更仔细地讨论这个案例。我们在这部分考查对逆向浮动利率债券估值的方法，并以此来为下一章对风险的讨论铺平道路。因为，我们对于理解奥兰治县金融问题背后的动态的理解很感兴趣，假定我们从1993年12月31日(奥兰治县宣布破产1年前)开始分析。

把逆向浮动利率债券分解为基础债券的资产组合

逆向浮动利率债券是在利率上升时支付更少票息的证券(因此叫作逆向浮动利率债券)。为了让这个分解成功，我们需要建立一个固定的参考利率，并从中扣除浮动利率。我们假定3年期逆向浮动利率债券承诺支付15%减去每年基准的短期利率，即债券的票息为

$$c(t) = 15\% - r_1(t-1) \qquad (2\text{-}42)$$

⊖ 多亏 Francisco Javier Madrid 的帮助能把这个例子放在一起。描述材料来源于案例研究 ERISK：奥兰治县，下载于网址 http://www.erisk.com/Learning/CaseStudies/OrangeCounty.asp。

这里 $r_1(t-1)$ 表示在 $t-1$ 时刻每年复利的利率,我们采取通常的根据 t 时刻的现金流 $c(t)$ 的惯例,而 $c(t)$ 是由一期前的利率决定的,在我们的例子中一期前就是 $t-1$,因为支付每年一次的。为了简便起见,我们假定逆向浮动利率债券的支付频率是每年一次,这样计算就会变得简单。我们还应该注意到式(2-42)包含了更强的假设,即票息总是正的,而这个假设可能在短期利率大于15%时被打破。事实上,如果这个情况发生了,债券不支付任何票息[例如,若 $r(t-1)>15\%$,则 $c(t)=0$]。为了把这个例子考虑进去,我们需要进一步发展相关工具,我们会在本书的第二和第三部分这样做。暂时假设我们确定知道的短期利率总是低于15%的。

从对式(2-42)的观察可以发现一个有趣的事实:息票支付是固定利率债券和浮动利率债券的结合。所以,对于息票支付来说,在固定利率债券中处于多头与在浮动利率债券中处于空头是一样的,因为这两个策略会收到固定息票利息并支付浮动息票利息。⊖然而,如果我们遵循这个策略,就会发现到期日 $T=3$ 时,我们从固定利率债券中得到的本金必须用来支付浮动利率债券的本金,即只靠固定利率债券的多头和浮动利率债券的空头是不足以复制逆向浮动利率债券的。我们可以通过增加3年期零息债券的资产组合来解决这个问题。那么由一价定律(见第1章的事实1-1)可以得到逆向浮动利率债券的价格为

$$\text{逆向浮动利率债券的价格} = P_z(0,3) + P_c(0,3) - P_{FR}(0,3) \tag{2-43}$$

这里我们回忆一下,$P_z(0,3)$,$P_c(0,3)$ 和 $P_{FR}(0,3)$ 分别代表3年期零息债券、附息债券和浮动利率债券的价格。

由附息债券计算利率期限结构

下一个调整是确定利率期限结构来得出债券的贴现率。首先想到的可能是找到所有时期的零息债券。问题是我们未必能找到所需的所有数据。替代的想法是查看今天(1993年12月31日)所有在市场上进行报价的债券,并用这个数据描绘出收益率曲线。因为每天都有不同到期日的债券的报价。正如我们在这章所看到的,在没有套利计划的情况下,任何有着票息 c 的3年后到期(即使是在7年前发行的)的债券都必须和今天发行的有着票息 c 的3年期债券的价格一致。此外,通过式(2-26)和式(2-27)我们可以把附息债券转化为零息债券。表2-6列出了所有在1993年12月31日可用的债券报价。总共有224只债券的报价。我们只需要更少的债券来实施分步迭代法。那应该怎样从利率期限结构中挑选债券来实施分步迭代法呢?

在对表2-6的数据进行仔细分析后,我们决定使用表2-7数据中的子样本,这个子样本完美地以6个月为时间间隔分布。这个表的最后两栏分别提供了由最高买入价和最低卖出价计算的贴现因子 $Z(0,T)$。⊜

计算逆向浮动利率债券的价格

回忆逆向浮动利率债券的价值可以由一个零息债券、一个票息为15%的附息债券和一个浮动利率债券计算出,这些债券都还有3年到期。给定表2-7中的贴现因子,我们可以得到折现标准债券的价值。简单起见,我们使用平均贴现因子 $Z(0,T)=0.5\times Z_A(0,T)+0.5\times Z_B(0,T)$ 来进行下面的计算。

(1) **3年期零息债券**。1993年12月31日对应的3年后的到期日为1996年12月31日。贴现因子 $Z(0,3)=0.8745$。因此 $P_z(0,3)=100\times 0.8745=87.45$(美元)。

(2) **3年期票息为15%的固定利率附息债券**。给定贴现因子 $Z(0,T)$,$T=1,2,3$,运用式(2-13)的债券定价公式,我们可用计算出附息债券的价格,唯一要注意的是这个练习的息票利息是每年支付的,所以我们不用像式(2-13)那样把它们分为两个。表2-8进行了精确的计算,得到了

⊖ 如果投资者在资产组合中持有债券,那么他就是债券的多头。相反,空头是指投资者在资产组合中没有债券的时候就卖出了。要成为空头,首先要在经纪人那里借得债券,这一般发生在回购市场,然后再在市场中出售所借的债券。出售债券来做空的投资者有义务定期支付息票利息给对手方。

⊜ 买入价和卖出价是指证券经销商准备买入和卖出证券的报价。因为他们可以通过两者之间的价差来获利,所有卖出价要稍稍高于买入价。

浮动利率债券的价格 $P_c(0, T) = 128.83$(美元)。

(3) **3年期浮动利率债券**。回忆2.5节，我们可以得到浮动利率债券在重置日的价格总是等于票面价格的。因此，我们有 $P_{FR}(3) = 100$(美元)。

最终，逆向浮动利率债券的价格为

$$\text{逆向浮动利率债券的价格} = P_Z(0,3) + P_c(0,3) - P_{FR}(0,3) \tag{2-44}$$

$$= 87.45 + 128.83 - 100 \tag{2-45}$$

$$= 116.28(\text{美元}) \tag{2-46}$$

表2-6 1993年12月31日的债券报价

到期日	票息	买入价	卖出价	到期日	票息	买入价	卖出价	到期日	票息	买入价	卖出价
1994/01/06	0.000	99.960	99.961	1994/06/02	0.000	98.653	98.661	1995/02/15	5.500	101.844	101.906
1994/01/13	0.000	99.904	99.908	1994/06/09	0.000	98.582	98.591	1995/02/15	7.750	104.281	104.344
1994/01/15	7.000	100.094	100.156	1994/06/16	0.000	98.516	98.525	1995/02/15	11.250	108.125	108.188
1994/01/20	0.000	99.841	99.846	1994/06/23	0.000	98.439	98.449	1995/02/28	3.875	100.063	100.125
1994/01/27	0.000	99.788	99.795	1994/06/30	5.000	100.813	100.875	1995/03/31	3.875	100.031	100.094
1994/01/31	4.875	100.125	100.188	1994/06/30	8.500	102.500	102.563	1995/04/15	8.375	105.500	105.563
1994/02/03	0.000	99.724	99.728	1994/06/30	0.000	98.391	98.401	1995/04/30	3.875	99.938	100.000
1994/02/10	0.000	99.666	99.671	1994/07/15	8.000	102.406	102.469	1995/05/15	10.375	108.500	108.563
1994/02/15	9.000	100.688	100.750	1994/07/28	0.000	98.113	98.125	1995/05/15	12.625	111.563	111.688
1994/02/15	6.875	100.406	100.469	1994/07/31	4.250	100.469	100.531	1995/05/15	5.875	102.531	102.594
1994/02/15	8.875	100.656	100.719	1994/08/15	8.750	103.188	103.250	1995/05/15	8.500	106.000	106.063
1994/02/17	0.000	99.612	99.617	1994/08/15	6.875	102.063	102.125	1995/05/15	11.250	109.656	109.719
1994/02/24	0.000	99.551	99.557	1994/08/15	8.625	103.125	103.188	1995/05/31	4.125	100.250	100.313
1994/02/28	5.375	100.344	100.406	1994/08/15	12.625	105.531	105.594	1995/06/30	4.125	100.188	100.250
1994/03/03	0.000	99.489	99.492	1994/08/25	0.000	97.841	97.854	1995/07/15	8.875	107.125	107.188
1994/03/10	0.000	99.423	99.427	1994/08/31	4.250	100.469	100.531	1995/07/31	4.250	100.281	100.344
1994/03/17	0.000	99.367	99.371	1994/09/22	0.000	97.563	97.578	1995/08/15	4.625	100.875	100.938
1994/03/24	0.000	99.306	99.311	1994/09/30	4.000	100.313	100.375	1995/08/15	8.500	106.875	106.938
1994/03/31	5.750	100.625	100.688	1994/09/30	8.500	103.594	103.656	1995/08/15	10.500	110.031	110.094
1994/03/31	8.500	101.250	101.313	1994/10/15	9.500	104.438	104.500	1995/08/31	3.875	99.688	99.750
1994/03/31	0.000	99.248	99.253	1994/10/20	0.000	97.249	97.265	1995/09/30	3.875	99.594	99.656
1994/04/07	0.000	99.173	99.178	1994/10/31	4.250	100.531	100.594	1995/10/15	8.625	107.625	107.688
1994/04/14	0.000	99.113	99.119	1994/11/15	10.125	105.438	105.500	1995/10/31	3.875	99.531	99.594
1994/04/15	7.000	101.031	101.094	1994/11/15	6.000	101.969	102.031	1995/11/15	11.500	113.063	113.188
1994/04/21	0.000	99.047	99.053	1994/11/15	8.250	103.875	103.938	1995/11/15	5.125	101.688	101.750
1994/04/28	0.000	98.990	98.997	1994/11/15	11.625	106.750	106.813	1995/11/15	8.500	107.688	107.750
1994/04/30	5.375	100.656	100.719	1994/11/17	0.000	96.924	96.942	1995/11/15	9.500	109.531	109.594
1994/05/05	0.000	98.920	98.927	1994/11/30	4.625	100.875	100.938	1995/11/30	4.250	100.063	100.125
1994/05/12	0.000	98.849	98.856	1994/12/15	0.000	96.646	96.665	1995/12/31	4.250	100.000	100.063
1994/05/15	7.000	101.313	101.375	1994/12/31	4.625	100.906	100.969	1996/01/15	9.250	109.625	109.688
1994/05/15	9.500	102.219	102.281	1994/12/31	7.625	103.813	103.875	1996/01/31	7.500	106.344	106.406
1994/05/15	13.125	103.563	103.625	1995/01/15	8.625	104.875	104.938	1996/02/15	4.625	100.688	100.750
1994/05/19	0.000	98.780	98.788	1995/01/31	4.250	100.531	100.594	1996/02/15	7.875	107.125	107.188
1994/05/26	0.000	98.714	98.723	1995/02/15	3.000	100.250	101.250	1996/02/15	8.875	109.156	109.219
1994/05/31	5.125	100.719	100.781	1995/02/15	10.500	107.344	107.406	1996/02/29	7.500	106.500	106.563

(续)

到期日	票息	买入价	卖出价	到期日	票息	买入价	卖出价	到期日	票息	买入价	卖出价
1996/03/31	7.750	107.188	107.250	1998/02/28	5.125	100.438	100.500	2002/02/15	14.250	155.656	155.781
1996/04/15	9.375	110.750	110.813	1998/03/31	5.125	100.344	100.406	2002/05/15	7.500	111.844	111.906
1996/04/30	7.625	107.094	107.156	1998/04/15	7.875	110.719	110.781	2002/08/15	6.375	104.250	104.313
1996/05/15	4.250	99.719	99.781	1998/04/30	5.125	100.250	100.313	2002/11/15	11.625	140.344	140.469
1996/05/15	7.375	106.625	106.688	1998/05/15	9.000	115.250	115.313	2003/02/15	10.750	134.813	134.938
1996/05/31	7.625	107.375	107.438	1998/05/31	5.375	101.125	101.188	2003/02/15	6.250	103.250	103.313
1996/06/30	7.875	108.688	108.750	1998/06/30	5.125	100.063	100.125	2003/05/15	10.750	135.313	135.438
1996/07/15	7.875	108.125	108.188	1998/07/15	8.250	112.500	112.563	2003/08/15	11.125	138.656	138.781
1996/07/31	7.875	108.219	108.281	1998/07/31	5.250	100.469	100.531	2003/08/15	5.750	99.625	99.688
1996/08/15	4.375	99.844	99.906	1998/08/15	9.250	116.750	116.813	2003/11/15	11.875	144.750	144.875
1996/08/31	7.250	106.813	106.875	1998/08/31	4.750	98.375	98.438	2004/05/15	12.375	149.969	150.094
1996/09/30	7.000	106.594	106.656	1998/09/30	4.750	98.375	98.438	2004/08/15	13.750	161.406	161.531
1996/10/15	8.000	108.938	109.000	1998/10/15	7.125	108.188	108.250	2004/11/15	11.625	145.219	145.344
1996/10/31	6.875	106.125	106.188	1998/10/31	4.750	98.188	98.250	2005/05/15	12.000	149.375	149.500
1996/11/15	4.375	99.563	99.625	1998/11/15	3.500	98.969	99.969	2005/08/15	10.750	139.531	139.656
1996/11/15	7.250	107.156	107.219	1998/11/15	8.875	115.750	115.813	2006/02/15	9.375	128.906	129.031
1996/11/30	6.500	105.250	105.313	1998/11/30	5.125	99.625	99.688	2015/02/15	11.250	154.250	154.313
1996/12/31	6.125	104.531	104.594	1998/12/31	5.125	99.625	99.688	2015/08/15	10.625	147.375	147.438
1997/01/15	8.000	109.469	109.531	1999/01/15	6.375	105.031	105.094	2015/11/15	9.875	138.750	138.813
1997/01/31	6.250	104.594	104.656	1999/02/15	8.875	116.156	116.219	2016/02/15	9.250	131.531	131.594
1997/02/28	6.750	106.063	106.125	1999/04/15	7.000	107.844	107.906	2016/05/15	7.250	108.188	108.250
1997/03/31	6.875	106.531	106.594	1999/05/15	9.125	117.875	117.938	2016/11/15	7.500	111.031	111.094
1997/04/15	8.500	111.375	111.438	1999/07/15	6.375	105.000	105.063	2017/05/15	8.750	125.938	126.000
1997/04/30	6.875	106.563	106.625	1999/08/15	8.000	112.938	113.000	2017/08/15	8.875	127.594	127.656
1997/05/15	8.500	111.531	111.594	1999/10/15	6.000	103.219	103.281	2018/05/15	9.125	130.969	131.031
1997/05/31	6.750	106.219	106.281	1999/11/15	7.875	112.625	112.688	2018/11/15	9.000	129.625	129.688
1997/06/30	6.375	105.156	105.219	2000/01/15	6.375	105.063	105.125	2019/02/15	8.875	128.219	128.281
1997/07/15	8.500	111.875	111.938	2000/02/15	8.500	116.125	116.188	2019/08/15	8.125	119.094	119.156
1997/07/31	5.500	102.344	102.406	2000/04/15	5.500	100.844	100.906	2020/02/15	8.500	123.906	123.969
1997/08/15	8.625	112.469	112.531	2000/05/15	8.875	118.375	118.438	2020/05/15	8.750	127.219	127.281
1997/08/31	5.625	102.563	102.625	2000/08/15	8.750	118.000	118.063	2020/08/15	8.750	127.281	127.344
1997/09/30	5.500	102.188	102.250	2000/11/15	8.500	116.844	116.906	2021/02/15	7.875	116.438	116.500
1997/10/15	8.750	113.125	113.188	2001/02/15	11.750	136.219	136.344	2021/05/15	8.125	119.719	119.781
1997/10/31	5.750	102.969	103.031	2001/02/15	7.750	113.719	113.781	2021/08/15	8.125	119.719	119.781
1997/11/15	8.875	113.781	113.844	2001/05/15	13.125	145.313	145.438	2021/11/15	8.000	118.406	118.469
1997/11/30	6.000	103.781	103.844	2001/05/15	8.000	114.344	114.406	2022/08/15	7.250	109.094	109.156
1997/12/31	6.000	103.781	103.844	2001/08/15	13.375	147.875	148.000	2022/11/15	7.625	114.156	114.219
1998/01/15	7.875	110.438	110.500	2001/08/15	7.875	113.813	113.875	2023/02/15	7.125	108.156	108.219
1998/01/31	5.625	102.281	102.344	2001/11/15	15.750	164.031	164.156	2023/08/15	6.250	98.656	98.719
1998/02/15	8.125	111.500	111.563	2001/11/15	7.500	111.563	111.625				

资料来源：证券价格研究中心（每日国债）、芝加哥商学院证券价格研究中心。

表2-7 1993年12月31日的贴现因子 $Z(0, T)$

到期日	票息	买入价	卖出价	$Z_B(0, T)$	$Z_A(0, T)$
1994/06/30	0.000	98.3911	98.4012	0.9839	0.9840
1994/12/31	7.625	103.8125	103.8750	0.9639	0.9645
1995/06/30	4.125	100.1875	100.2500	0.9423	0.9429
1995/12/31	4.250	100.0000	100.0625	0.9191	0.9196
1996/06/30	7.875	108.6875	108.7500	0.9014	0.9019
1996/12/31	6.125	104.5313	104.5938	0.8743	0.8748
1997/06/30	6.375	105.1563	105.2188	0.8466	0.8471
1997/12/31	6.000	103.7813	103.8438	0.8203	0.8208
1998/06/30	5.125	100.0625	100.1250	0.7944	0.7950
1998/12/31	5.125	99.6250	99.6875	0.7703	0.7708

资料来源：CRSP。

表2-8 固定票息为15%的债券价格

时间	现金流	贴现因子 $Z(O, T)$	贴现现金流
1993/12/31			
1994/12/31	0.15	0.9642	0.1446
1995/12/31	0.15	0.9193	0.1379
1996/12/31	1.15	0.8745	1.0057
		合计	1.2883
		价格（面值100）	128.83

加杠杆的逆向浮动利率债券

在奥兰治县的资产组合里有很多不同类型的逆向浮动利率债券（比如不同的期限和最大利率）。此外，资产组合中还包含了一些加杠杆的逆向浮动利率债券。⊖它们和之前讨论的普通逆向浮动利率债券的最大不同就是浮动利率的等价固定利率更大了。比如，考虑一只3年期的加杠杆的逆向浮动利率债券支付25%减去2倍短期利率的票息。为了对这个证券定价，我们要修改对逆向浮动利率债券定价的步骤。⊖票息为

$$c(t) = 25\% - 2 \times r_1(t-1) \tag{2-47}$$

支付这个现金流的债券的资产组合是什么？有一份票息为25%的固定利率债券的多头和两份浮动利率债券的空头的资产组合能够达成式(2-47)所描述的票息。然而，这样的资产组合会导致在到期日我们会在多头收到100美元，而在空头却需要支付200美元。为了收到100美元总额，我们必须同样持有两份附息债券的多头。因此，我们总共有

$$\text{加杠杆的逆向浮动利率债券的价格} = 2 \times P_z(0,3) + P_c(0,3) - 2 \times P_{FR}(0,3) \tag{2-48}$$

我们已经从前一部分知道了价格 $P_z(0, 3) = 87.45$ 美元和 $P_{FR}(0, 3) = 100$ 美元。有着25%票息的固定利率债券价格的计算产生了一个价格 $P_c(0, 3) = 156.41$ 美元。因此，我们可以立即发行

$$\text{加杠杆的逆向浮动利率债券的价格} = 2 \times 87.45 + 156.41 - 2 \times 100 \tag{2-49}$$

$$= 131.32 (美元) \tag{2-50}$$

这个案例研究揭示了我们可以方便地用本章涉及的工具来对更复杂的证券估值，如逆向浮动

⊖ See Mark Grinblatt and Sheridan Titman, Financial Markets and Corporate Strategy (2nd Edition), McGraw-Hill Primis, 2006, Chapter 23.

⊖ 我们维持息票利息总是为正的假设，即利率总是低于 $\frac{25\%}{2}$。

利率债券和加杠杆的逆向浮动利率债券。在第3章我们会继续这个分析,并学习嵌套在这些证券中的风险。最终,我们注意到处理真实数据和真实市场经常出现额外的问题,这些问题都是发生在对固定收益工具进行估值和风险分析时。比如,对贴现因子曲线 $Z(0, T)$ 的计算需要对表2-6中数据的分析,而这并不是那么简单的。下一部分揭示了在实践中用来处理大量数据的另外的方法。

附录2A 从附息债券中得到贴现因子 $Z(0, T)$

从前一部分奥兰治县的案例研究可以明显地看出,2.4.2节讨论的分步迭代法的应用很有限,这是由两个原因造成的。第一,对于短期利率来说,有很多同一天到期的债券可供选择。为了实施分步迭代法,我们就必须挑选出我们认为有最高流动性的债券(如中长期债券)。第二,对于更长的期限来说,并不是所有的日期都有对应的债券。在这个例子中,一些相似物是必要的。有时使用比分步迭代法所需要的 6 个月期债券到期日更早或更晚一些的债券是可能的。但是两个债券到期日的间隔经常会很长,在这种情况下,分步迭代法不能很好地起作用。

2A.1 再次使用分步迭代法

文中描述的迭代过程很容易理解,但也很笨拙。得到相同结果的一种更简单的方法就是使用矩阵符号。每个附息债券 i 都是由一系列的现金流和一个期限 T^i 描绘出的。我们可以把在时间 T_j 支付的总现金流表示为 $c^i(T_j)$。特别地,c^i 表示债券 i 的票息,在 $T_j < T^i$ 时,我们有 $c^i(T_j) = 100 \times \frac{c^i}{2}$;在 $T_j > T^i$ 时,有 $c^i(T^i) = 100 \times \left(1 + \frac{c^i}{2}\right)$,及最终的 $c^i(T_j) = 0$。我们可以把这些现金流放到如下行向量中:

$$\boldsymbol{C}^i = (c^i(T_1), c^i(T_2), \cdots, c^i(T_n))$$

我们可以用 $\boldsymbol{Z}(0)$ 来表示不同期限 T_i 的贴现因子的向量,即

$$\boldsymbol{Z}(0) = \begin{bmatrix} Z(0, T_1) \\ Z(0, T_2) \\ \vdots \\ Z(0, T_n) \end{bmatrix}$$

可以用向量相乘把附息债券的价格写作:

$$P_c^i(0, T) = \boldsymbol{C}^i \times \boldsymbol{Z}(0)$$

我们可以把在时刻零的可用债券用列向量表示为

$$\boldsymbol{P}(0) = \begin{bmatrix} P_c(0, T_1) \\ P_c(0, T_2) \\ \vdots \\ P_c(0, T_n) \end{bmatrix}$$

那么我们就得到了一组有 n 个未知数的 n 个方程[未知数就是 $Z(0, T_1)$, $\cdots$, $Z(0, T_n)$ 的值]

$$\boldsymbol{P}(0) = \boldsymbol{C} \times \boldsymbol{Z}(0)$$

这里 $\boldsymbol{C}$ 为现金流矩阵:

$$\boldsymbol{C} = \begin{bmatrix} c^1(T_1) & c^1(T_2) & \cdots & c^1(T_n) \\ c^2(T_1) & c^2(T_2) & \cdots & c^2(T_n) \\ \vdots & \vdots & \ddots & \vdots \\ c^n(T_1) & c^n(T_2) & \cdots & c^n(T_n) \end{bmatrix}$$

关键的是，C 中每一行 i 都对应债券 i 在期限 $T_1, \cdots, T_n$ 的现金流。相反，每一列 j 描述 n 只债券在某个特定日期 T_j 的现金流。贴现因子可以通过对现金流矩阵求逆得出

$$Z(0) = C^{-1} \times P(0)$$

2A.2 回归

正如上面提到的，我们很少能找到完美对应的数据。事实上，我们有时有过多不同期限的债券，有时又没有足够的不同期限的债券来实施分步迭代法。回归法可以处理相比于期限有过多债券的情况。当我们考虑 5 年的期限时，就是这种情况。比如，在表 2-6 里有 164 只期限低于 5 年的债券，但 5 年间只有 60 个月，这意味着很多月份有着多只债券到期。

当我们计算现金流矩阵：

$$C = \begin{bmatrix} c^1(T_1) & c^1(T_2) & \cdots & c^1(T_n) \\ c^2(T_1) & c^2(T_2) & \cdots & c^2(T_n) \\ \vdots & \vdots & \ddots & \vdots \\ c^n(T_1) & c^n(T_2) & \cdots & c^n(T_n) \end{bmatrix}$$

我们以 N 行（N = 债券数量）和 $n < N$ 列（n = 期数）为结束。因为分步迭代法的解涉及对矩阵 C 求逆，所以问题就来了，即要求逆的矩阵 C 必须有相同的行和相同的列。

我们可以对分步迭代法稍作调整来解决这个问题。对每只债券 $i = 1, \cdots, N$ 使

$$P_c^i(0, T^i) = C^i \times Z(0) + \varepsilon^i \tag{2-51}$$

这里 ε^i 为随机扰动项，它包含所有产生错误定价的因素。这个因素包括数据过时和交易或流动缺乏。如果我们回顾式(2-51)，我们可以看到这种回归方程

$$y^i = \alpha + \sum_{j=1}^n \beta^j x^{ij} + \varepsilon^j$$

这里数据为 $y^i = P_c^i(0, T^i)$ 和 $x^{ij} = C_{ij}$，回归参数为 $\beta^j = Z(0, T_j)$。由简单最小二乘法，我们有

$$Z(0) = (C' \times C)^{-1} C' \times P(0)$$

然而，为了让这个方法生效，我们必须有超过期限数的债券种类，这对于更长的期限来说是不可能的。曲线拟合适用于后面的问题。

2A.3 曲线拟合

让我们从一个完全不同的角度来解决这个问题。特别地，我们可以假定一个参数方程的形式来构造贴现因子 $Z(0, T)$ 作为期限 T 的方程，并用当前债券价格来估计这个方程的参数。一个常用的方程如下：

2A.3.1 Nelson-Siegel 模型

Nelson-Siegel 模型可能是最著名的模型。假定贴现因子为

$$Z(0, T) = e^{-r(0,T)T} \tag{2-52}$$

这里期限 T 的以连续复利计算的到期收益率为

$$r(0, T) = \theta_0 + (\theta_1 + \theta_2) \frac{1 - e^{-\frac{T}{\lambda}}}{\frac{T}{\lambda}} - \theta_2 e^{-\frac{T}{\lambda}} \tag{2-53}$$

这里 θ_0、θ_1、θ_2 和 λ 由当前债券的数据估计出来的参数。

下面继续进行估计。给定了参数值（θ_0, θ_1, θ_2, λ）之后，就可以用 Nelson-Siegel 模型来计算债券的价格了。每只债券 $i = 1, \cdots, N$ 有着票息 c^i 和现金流支付日期 T_j^i，$j = i, \cdots, n^i$，那么由 Nelson-Siegel 模型可以计算出债券价格应该为

$$P_c^{i,NS模型} = 100 \times \left(\frac{c^i}{2} \sum_{j=1}^{n_i} Z(0, T_j^i) + Z(0, T^i) \right) \quad (2\text{-}54)$$

对于同一只债券，我们有市场的报价 $P_c^{i,数据}$（注意这个报价是全价而不是净价）。对于每一组给定的参数 $(\theta_0, \theta_1, \theta_2, \lambda)$，我们都可以计算出模型价格和真实数据的不同。即我们可以计算

$$J(\theta_0, \theta_1, \theta_2, \lambda) = \sum_{i=1}^{N} (P_c^{i,NS模型} - P_c^{i,数据})^2 \quad (2\text{-}55)$$

如果模型价格等于真实数据，那么 Nelson-Siegel 模型可以得到完美地应用，比如对每个 $i = 1, \cdots, N$ 都有 $P_c^{i,NS模型} = P_c^{i,数据}$。此时，$J(\theta_0, \theta_1, \theta_2, \lambda) = 0$。能够达到这个条件的那组参数 $(\theta_0, \theta_1, \theta_2, \lambda)$ 就可以用来对贴现因子 $Z(0, T)$ 进行估计了。

然而，一般来说，找到能给所有债券价格刚好正确定价的参数值是不可能的，这是数据的滞后性、流动性缺乏或者 Nelson-Siegel 模型缺乏自由度（毕竟我们只有 4 个参数）而造成的。因此，替代方法就是找到使 $J(\theta_0, \theta_1, \theta_2, \lambda)$ 最小的参数 $\theta_0, \theta_1, \theta_2, \lambda$。

图 2-6 比较了计算利率期限结构的 3 种方法：分步迭代法、Nelson-Siegel 模型和扩展的 Nelson-Siegel 模型，下面进行进一步的讨论。数据包含在表 2-6 中。分步迭代法的结果已经在表 2-7 中以贴现因子 $Z(0, T)$ 的形式给出了。我们可以看出，分步迭代法产生的收益率曲线在 $T = 2.5$ 时出现了下降。从数据里看不出来为什么在那个时点收益率会出现下降：可能是流动性问题、滞后性或者仅仅是数据库的错误。分步迭代法的问题就是修正这些误差的来源是很困难的。

图 2-6 的直线绘出了根据 Nelson-Siegel 模型拟合的收益率曲线。其参数估计为 $\theta_0 = 0.0754$，$\theta_1 = -0.0453$，$\theta_2 = -7.3182 \times 10^{-009}$，$\lambda = 3.2286$。Nelson-Siegel 曲线平滑地穿过分步迭代法曲线。如果期限为 2.5 年时，收益率的骤降是数据错误，那么它会在误差最小化的过程中得到修正。事实上，要说明的是，我们并没有使用表 2-7 里的 10 只长期债券来拟合 Nelson-Siegel 模型，而是仅仅使用了表 2-6 里的比 5 年的期限更短的 161 只债券。

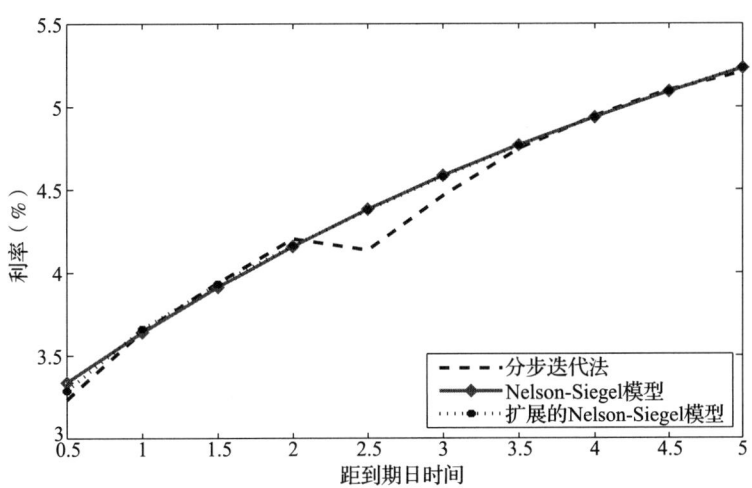

图 2-6 利率期限结构（1993 年 12 月 31 日）

资料来源：证券价格研究中心。

Nelson-Siegel 模型可以把所有这些数据拟合得还算不错吗？图 2-7 绘出了不同期限的债券真实价格（星形）和模型估计价格（钻石形）：如果星形很接近钻石形，就说明模型拟合得很好。这个图显示了事实上对于大多数债券来说，两个价格都很接近，这意味着模型拟合得很好。事实上，这个图还显示了在 $T = 2.5$ 时，有一个星形与钻石形相差很远。其实，这就是使分步迭代法在这个期限失效的那只债券：这个价格与 Nelson-Siegel 模型拟合出的和其他所有附近的债券相比都太高了。这个事实

意味着要么存在套利机会，要么那个数据点就是有偏差的并且应该被更正。不幸的是，如果我们使用分步迭代法，这个更正并不容易。

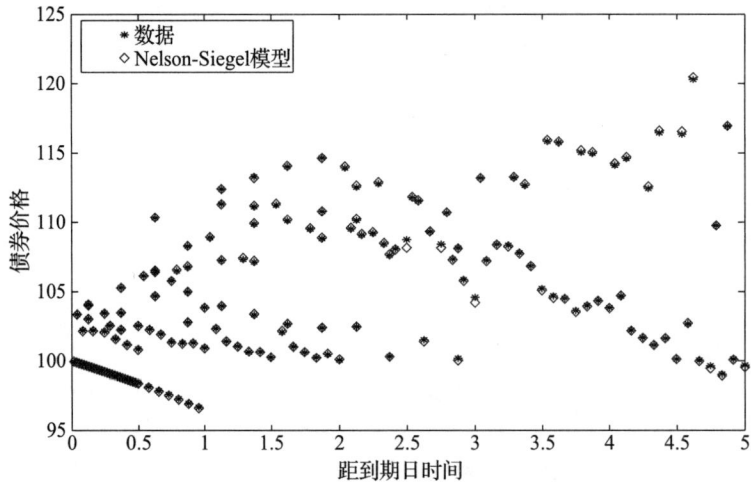

图 2-7 拟合 Nelson-Siegel 模型

2A.3.2 扩展的 Nelson-Siegel 模型

Nelson-Siegel 模型的效果很好，但它缺乏灵活性来匹配高度非线性的期限结构。经济学家拉尔斯·斯文森（Lars Svensson）提出了应用最广泛的扩展模型。特别地，我们假设：

$$r(0,T) = \theta_0 + (\theta_1 + \theta_2)\frac{1-e^{-\frac{T}{\lambda_1}}}{\frac{T}{\lambda_1}} - \theta_2 e^{-\frac{T}{\lambda_1}} + \theta_3\left(\frac{1-e^{-\frac{T}{\lambda_2}}}{\frac{T}{\lambda_2}} - e^{-\frac{T}{\lambda_2}}\right) \quad (2\text{-}56)$$

这里需要估计的参数有 6 个：θ_i，$i=0,\cdots,3$ 以及 λ_1 和 λ_2。而其他过程与 Nelson-Siegel 模型的例子是一样的。图 2-6 展示了把表 2-6 的数据应用于扩展的 Nelson-Siegel 模型的结果。参数的估计值为 $\theta_0 = 0.0687$，$\theta_1 = -0.0422$，$\theta_2 = -0.2399$，$\theta_3 = 0.2116$，$\lambda_1 = 0.9652$ 和 $\lambda_2 = 0.8825$。这两个过程的结果几乎是一样的。事实上，扩展的 Nelson-Siegel 模型以及被用于捕捉利率期限结构形状上的严重非线性，这是在 1993 年没有发生过的情况。

2A.4 收益率曲线的曲线拟合

这是 2A.3 部分所描述的曲线拟合方法的扩展，不同点是贴现因子 $Z(t,T)$ 作为期限 T 的方程，其形式不同。从本质上讲，想法是假定折现方程 $Z(t,T)$ 是由基本方程 $f_\ell(T)$ 加权得来的，这里的权重选取的是与债券价格最佳匹配的权重。

具体地讲，由下式决定

$$Z(t,T) = 1 + \sum_{\ell=1}^{L} a_\ell f_\ell(T) \quad (2\text{-}57)$$

那方程 $f_\ell(T)$ 又如何确定呢？有很多可选方案被提了出来。

1. 简单多项式

$$f_\ell(T) = T^\ell$$

这是最简单的情况，这里的折现方程是 L 次多项式

$$Z(t,T) = 1 + \sum_{\ell=1}^{L} a_\ell T^\ell$$

系数 a_ℓ 需要通过最小化从数据中观察到的价格 $P_e^i(0,T_i)$ 和理论价格 $\hat{P}^i(0,T_i) = \sum_{j=1}^{n_i} c(T_j^i) \times Z(0,T_j^i)$

之间的差距，这里 T_j^i 是债券 i 第 j 期的现金流。多项式函数的问题就是只要不引入高次多项式，就无法考虑大量的形状。然而，在本例中，折现方程缺乏必要的抗性来避免被数据的小错误污染。

2. 分段多项式函数或样条多项式

直观来说，样条多项式可以被认为是由一些独立的多项式方程在一些节点上平滑地组合而成的。用这种方法，每个多项式都可以得到降次并获得一些抗性，这可以使曲线更平滑。三次样条函数是使用最广泛的函数，因为它们产生平滑的远期曲线。当然，在样条函数的家族中有着很多的规格，比如(列出几个名字)：

- 指数三次样条函数。
- B 样条函数。

然而，这些方程也会产生一些问题，最重要的就是包括多少节点的决定，以及把它们放在哪里。我们不再对这个问题进行挖掘了，因为这超出了本章的范围，但相关的阅读可以在本书结尾的本章参考文献里找到。

第 3 章 利率风险管理基础

利率经常性地随时间变动,这种变动会给金融机构、投资组合经理、公司、政府甚至是普通民众带来很大的风险。无论是谁,只要直接或间接地投资于固定收益证券或者借钱,就会和利率风险息息相关。本章我们将讨论利率风险管理的基础。我们将首先引入久期、在险价值和期望损失的概念,这些是衡量利率风险的工具;然后再介绍处理金融风险的基础技术,如利率风险中性和资产负债管理等。

3.1 利率的波动

利率经常性地随时间显著波动。图 3-1a 是根据 1965~2005 年零息债券收益率的时间序列数据绘制的。⊖ 这些不同的曲线表示的是从 1 个月期到 10 年期零息债券的连续复利收益率,可以看出这些曲线十分接近。图 3-1a 最直观地展示了一个事实:所有债券的收益率波动大体都是一致的。比如,20 世纪 60 年代债券的收益率相对较低,而 20 世纪 70 年代末和 80 年代初的收益率则相对较高,然后到了 20 世纪 90 年代末又相对较低。

图 3-1b 绘制的是图 3-1a 中收益率的简单平均值。我们可以把这个简单平均值看作大体的利率水平。

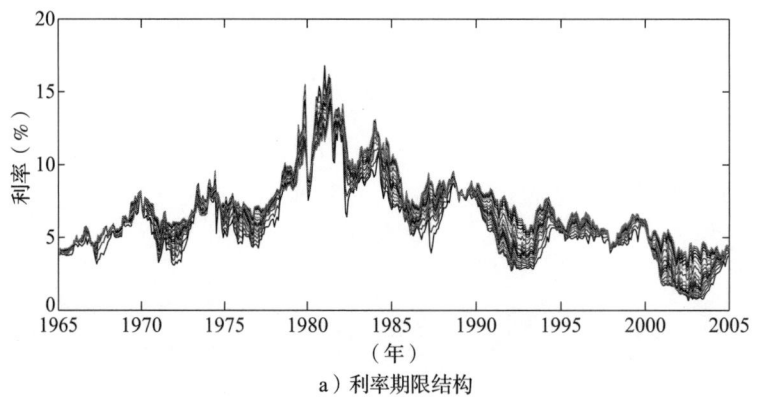

图 3-1 零息债券收益率和利率水平:(1965~2005 年)

⊖ 图中利率收益曲线是通过 Nelson-Siegel 模型计算得到的,数据来自美国证券价格研究中心 2009 年月度国债数据和美国芝加哥大学布斯商学院数据。

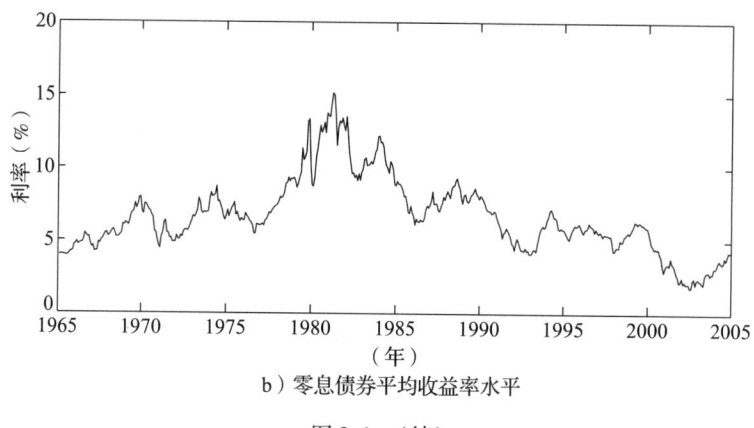

b）零息债券平均收益率水平

图 3-1 （续）

资料来源：美国证券价格研究中心。

定义 3-1

利率水平（level of interest rates）是不同期限零息债券的平均收益率。

由于利率水平随时在波动，银行、投资组合经理和企业都担心利率波动对于他们的资产权益价值产生影响。这方面有两个著名的案例：20 世纪 80 年代的储蓄和贷款机构危机以及 1994 年加利福尼亚州奥兰治县破产事件。

3.1.1 储蓄和贷款机构危机

20 世纪 80 年代的储蓄和贷款机构危机，是利率变动会带来什么样的问题的典型案例。储蓄和贷款机构的主要收益，源于给长期抵押贷款人的贷款利息和给短期存款人的存款利息之间的利息差。当 20 世纪 70 年代利率水平上涨后，储蓄和贷款机构的长期贷款是根据在低利率时期和借款人约定的固定抵押贷款利率计息，但银行给存款人的存款利率却突然高涨。因为存款人可以选择不同的储蓄方式，银行只能给存款人高利率，否则存款人很可能提出自己的存款转而投资于其他证券，如国债。存款人挤兑是银行的噩梦，因为银行已经把钱贷给借款人了，银行自身并没有那么多现金支付给存款人。由于贷款获得的收益还没有存款给出的利息高，储蓄和贷款机构也就被迫退出了市场。

3.1.2 奥兰治县破产事件

1994 年，由于利率出乎意料的在 1 年内从 4% 涨到了 5.7%，加利福尼亚州奥兰治县损失了 16 亿美元。⊖75 亿美元资产池的巨大损失迫使奥兰治县宣布破产。奥兰治县预期利率近期不会上涨，并努力通过使用一系列的金融工具和杠杆以及资产组合策略以期获得超过市场的收益，但是随着利率上涨，这个策略失败了。这个著名的案例展示了利率的波动会给那些对利率"太敏感"的投资组合造成巨大损失。

3.2 久期

上面的例子表明我们需要：①一种能就利率波动给债券投资组合所带来的风险进行系统性

⊖ 奥兰治县危机详情请点击：http://www.erisk.com/Learning/CaseStudies/OrangeCounty.asp。

测量的方法；②有效管理这种风险的方法。我们先讨论第一个问题，第二个问题将在后文讨论。

定义 3-2

价格为 P 的证券的**久期**（duration），是指证券价格 P 由于利率微小的平行移动而导致的正的（或者负的）百分比敏感程度或百分比变化率。令 $r(t,T)$ 为时间 t 市场的连续复利利率，经过 1 个时间单位的变动之后变为了 $\bar{r}(t,T)$，即

$$r(t,T) \to \bar{r}(t,T) = r(t,T) + \mathrm{d}r$$

资产价格随之变化了 $\mathrm{d}P$，即

$$P \to \bar{P} = P + \mathrm{d}P$$

此时资产的久期定义为 D_P [⊖]

$$\text{久期} = D_P = -\frac{1}{P} \times \frac{\mathrm{d}P}{\mathrm{d}r} \tag{3-1}$$

利率变动 $\mathrm{d}r$ 为到期之后利率微小单位的平行波动。比如，1 个基本点 $\mathrm{d}r = 0.01\%$ 的平行波动。久期这一概念，就是用于衡量价格为 P 的证券，当收益率曲线发生微小变动时对其产生的影响大小，对式(3-1)做个变换，可以看得更加清楚。

事实 3-1

给定价格为 P 的债券，如果其久期为 D_P，利率平行波动 $\mathrm{d}r$ 导致的价格变化为

$$\text{投资组合的价格变化} = \mathrm{d}P = -D_P \times P \times \mathrm{d}r \tag{3-2}$$

例 3-1

一个 1 亿美元的债券资产组合久期为 10，即 $D_P = 10$，这表明利率水平增加 1 个基本点，即 $\mathrm{d}r = 0.01\%$，会使得资产组合的价格变动

$$\text{投资组合的价格变化} = \mathrm{d}P = -10 \times 100\,000\,000 \times 0.01\% = -100\,000(\text{美元})$$

这就是说，利率水平每增加 1 个基本点，这个证券组合就会损失 100 000 美元。

那我们应该怎么计算一只债券的久期呢？在回答这个重要的问题之前，让我们先回顾一下微积分中的两个概念。就像前面的定义所说，为了简化分析，我们只考虑连续复利的情形。下面我们先回顾一个更传统的久期概念，在这个定义里我们使用的是半年期复合利率。

定义 3-3

令 A 和 a 为两个常量，x 为变量。设 x 的函数为 $F(x) = A \times \mathrm{e}^{ax}$，则 F 对 x 的一阶导数（derivative）$\dfrac{\mathrm{d}F}{\mathrm{d}x}$ 为

$$F(x) \text{ 对 } x \text{ 的导数} = \frac{\mathrm{d}F}{\mathrm{d}x} = A \times a \times \mathrm{e}^{ax} = a \times F(x) \tag{3-3}$$

函数 $F(x)$ 的一个例子是第 2 章所讲的零息债券

$$P_z(t,T) = 100 \times Z(t,T) = 100 \times \mathrm{e}^{-r(T-t)}$$

⊖ 式(3-1)中久期的定义经常被称作"**修正久期**"（modified duration）以区别于下面讨论的麦考利久期。本书很少使用麦考利久期，所以下文所述久期除非特别说明，均指修正久期。

在这个例子中,常量 A 是债券的面值100,常量 a 等于距到期的时间 $T-t$,变量 x 等于连续复利利率 r,$P_z(t,T)$ 对 r 的一阶导数,就是零息债券对利率变动的敏感程度。

○ 事实 3-2

令 $P_z(r,t,T)$ 为 t 期复合利率为 r 的零息债券,T 期到期,$P_z(r,t,T)$ 对 r 的一阶导数为

$$\begin{aligned}
\frac{dP_z}{dr} &= 100 \times \left[\frac{d(e^{-r(T-t)})}{dr}\right] \\
&= 100 \times \left[-(T-t) \times e^{-r(T-t)}\right] \\
&= -(T-t) \times P_z(r,t,T)
\end{aligned} \tag{3-4}$$

为了强调零息债券的价格取决于当期利率,在这部分我们将价格定义为 $P_z(r,t,T)$,也就是说,我们将 r 作为一个参数加入 $P_z(t,T)$ 中。用图形来说明,价格的一阶导数表示价格对利率 r 的函数曲线 $P_z(r,t,T)$ 在当期利率水平点上的斜率。具体来看,图 3-2 绘制了一只20年期零息债券在不同利率水平(从 0 到 15%)下的价格曲线,在图中 $T-t=20$,即零息债券还有 20 年到期。假设今天的利率水平为 $r=6\%$。图中的虚直线,即为价格曲线 $P_z(r,t,T)$ 在利率水平 $r=6\%$ 这一点上的切线,切线的斜率就是曲线 $P_z(r,t,T)$ 对于 r 的一阶导数 $\frac{dP_z}{dr}$。

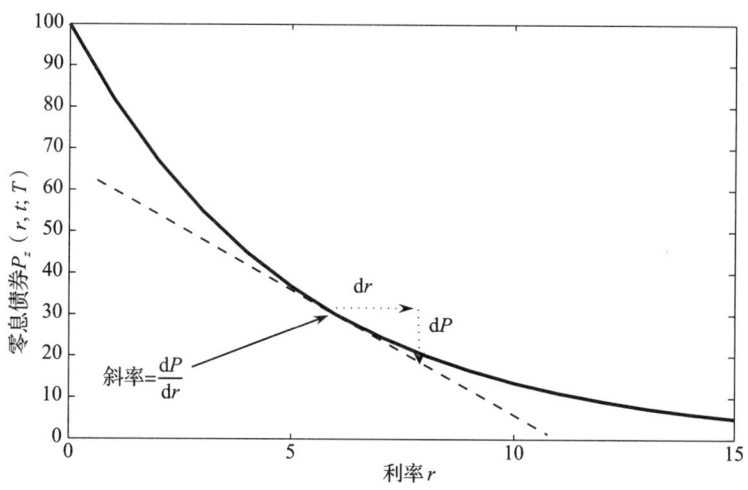

图 3-2 零息债券价格在利率水平为 r 时的一阶导数

3.2.1 零息债券的久期

现在我们讨论零息债券的久期,我们需要记住的一点就是定义 3-2 和定义 3-3 中对于零息债券曲线一阶导数的定义(如式(3-4)所示)。为了使大家理解,我们再看看零息债券久期 $D_{z,T}$ 的推导步骤,其中 z 代表着这是对零息债券的久期的计算

$$\begin{aligned}
D_{z,T} &= -\frac{1}{P_z(r,t,T)} \times \left[\frac{dP_z(r,t,T)}{dr}\right] \tag{3-5} \\
&= -\frac{1}{P_z(r,t,T)} \times \left[-(T-t) \times P_z(r,t,T)\right] \\
&= T-t \tag{3-6}
\end{aligned}$$

由此可见，零息债券的久期取决于其到期期限 $T-t$，这使得久期的计算变得十分简单。

👉 例3-2

一个资产管理人持有 100 000 000 美元的 5 年期的剥离债券，这笔资产组合的久期则为 5，即表明利率水平每增长 1 个基本点，证券组合的价值将大约减少 dP

$$dP \approx -D_P \times P \times dr = -5 \times 100\,000\,000 \times 0.01\% = 50\,000(美元)$$

3.2.2 证券投资组合的久期

证券投资组合的久期又如何计算呢？假设一个证券投资组合由 N_1 单位的证券 1 和 N_2 单位的证券 2 组成，令 P_1 和 P_2 分别为两种证券的价格，则证券组合的价值为

$$W = N_1 \times P_1 + N_2 \times P_2$$

令 D_1 和 D_2 分别为证券 1 和证券 2 的久期，根据定义有

$$D_i = -\frac{1}{P_i} \times \frac{dP_i}{dr}$$

我们怎样算出证券组合的久期呢？我们可以引用定义 3-2 中久期的定义将其表述为证券组合的久期 D_W

$$证券组合的久期 = D_W = -\frac{1}{W} \times \frac{dW}{dr} \tag{3-7}$$

$$= -\frac{1}{W} \times \frac{d(N_1 \times P_1 + N_2 \times P_2)}{dr}$$

$$= -\frac{1}{W} \times \left[N_1 \frac{dP_1}{dr} + N_2 \frac{dP_2}{dr} \right]$$

$$= \frac{1}{W} \times \left[N_1 \times P_1 \times \left(-\frac{1}{P_1} \frac{dP_1}{dr} \right) + N_2 \times P_2 \times \left(-\frac{1}{P_2} \times \frac{dP_2}{dr} \right) \right]$$

$$= \frac{N_1 \times P_1}{W} D_1 + \frac{N_2 \times P_2}{W} D_2$$

$$= w_1 D_1 + w_2 D_2 \tag{3-8}$$

其中
$$w_1 = \frac{N_1 \times P_1}{W} \qquad w_2 = \frac{N_2 \times P_2}{W} \tag{3-9}$$

式(3-8)表明，证券组合的久期是各证券久期的加权平均值，其中各证券的权重分别为其在整个组合投资中的占比。

👉 例3-3

一个证券组合投资管理人将 100 000 000 美元投入 5 年期的剥离债券，200 000 000 美元投入 10 年期的剥离债券。利率平行波动 1 个基本点对于证券组合价值会产生多大的影响？

我们可以通过算出证券组合的久期来回答这个问题：5 年期和 10 年期的剥离债券的久期分别为 5 和 10，资产组合总价值为 300 000 000 美元，所以

$$证券组合的久期 = \frac{100\,000\,000}{300\,000\,000} \times 5 + \frac{200\,000\,000}{300\,000\,000} \times 10 = 8.3$$

因此，利率水平增长 1 个基本点资产组合损失约为

$$\text{损失额} = 300\,000\,000 \times 8.3 \times 0.01\% = 249\,000(美元)$$

对式(3-8)，我们还可以进一步推广到有 n 只证券的投资组合。

○ **事实 3-3**

对于包含 n 只证券的组合，其久期为

$$D_W = \sum_{i=1}^{n} w_i D_i \tag{3-10}$$

其中 w_i 是证券 i 的价值在整个组合中所占的比例，D_i 是证券 i 的久期。

3.2.3 附息债券的久期

我们可以引用事实 3-3 的结果来计算附息债券的久期。如 2.4 节所述，票息为 c，到期前还需要支付 n 次票息的债券，可以看作一个零息债券的组合，即前 $n-1$ 只以票息为 $\frac{c}{2}$ 的零息债券，和最后一期，第 n 期票息为 $1+\frac{c}{2}$ 的零息债券：

$$P_c(0, T_n) = \sum_{i=1}^{n-1} \frac{c}{2} \times P_z(0, T_i) + \left(1 + \frac{c}{2}\right) P_z(0, T_n) \tag{3-11}$$

附息债券的久期可以用式(3-10)来计算，定义权重分别为

$$w_i = \frac{\frac{c}{2} \times P_z(0, T_i)}{P_c(0, T_n)} \quad \text{其中} \ i = 1, \cdots, n-1$$

$$w_n = \frac{\left(1 + \frac{c}{2}\right) \times P_z(0, T_n)}{P_c(0, T_n)}$$

则附息债券的久期为

$$D_c = \sum_{i=1}^{n} w_i D_{z, T_i} \tag{3-12}$$

$$= \sum_{i=1}^{n} w_i T_i \tag{3-13}$$

也就是说，附息债券的久期为付息时间的加权平均值。

👉 **例 3-4**

假设有一个 10 年期票息为 6% 的债券，其贴现率为 $Z(0, T)$，则可以按照表 3-1 计算出其久期。在表 3-1 中，第 2 列和第 3 列分别表示支付时间和支付金额。第 4 列为贴现率。第 5 列为支付现金流的现值，债券的总价值 $P_c(0, T) = 107.795$(美元)，列在表格的底部。第 6 列表示贴现现金流和第 5 列的总价值的比值。最后一列表示加权支付时间，即 $w_i \times T_i$。久期就是这些加权支付时间的总和，其值列在表的下面：$D_c = 7.762$。与零息债券不同，附息债券的久期比其到期时间要短。

表 3-1 附息债券久期（票息 = 6%）

期限 (i)	支付时间 (T_i)	现金流 (CF)	贴现率 ($Z(0, T_i)$)	贴现后现金流 ($CF \times Z(0, T_0)$)	权重 (w_i)	权重 $\times T_i$ ($w_i \times T_i$)
1	0.5	3	0.976	2.927	0.027	0.014
2	1.0	3	0.952	2.855	0.026	0.026

(续)

期限 (i)	支付时间 (T_i)	现金流 (CF)	贴现率 ($Z(0,T_i)$)	贴现后现金流 ($CF \times Z(0,T_0)$)	权重 (w_i)	权重 $\times T_i$ ($w_i \times T_i$)
3	1.5	3	0.929	2.786	0.026	0.039
4	2.0	3	0.906	2.718	0.025	0.050
5	2.5	3	0.884	2.652	0.025	0.061
6	3.0	3	0.862	2.587	0.024	0.072
7	3.5	3	0.841	2.524	0.023	0.082
8	4.0	3	0.821	2.462	0.023	0.091
9	4.5	3	0.801	2.402	0.022	0.100
10	5.0	3	0.781	2.344	0.022	0.109
11	5.5	3	0.762	2.286	0.021	0.117
12	6.0	3	0.744	2.231	0.021	0.124
13	6.5	3	0.725	2.176	0.020	0.131
14	7.0	3	0.708	2.123	0.020	0.138
15	7.5	3	0.690	2.071	0.019	0.144
16	8.0	3	0.674	2.021	0.019	0.150
17	8.5	3	0.657	1.972	0.018	0.155
18	9.0	3	0.641	1.923	0.018	0.161
19	9.5	3	0.626	1.877	0.017	0.165
20	10.0	103	0.610	62.858	0.583	5.831
			价格	107.795	久期	7.762

3.2.4 久期和平均支付时间

在把久期定义为证券对于利率变动的敏感程度(见定义3-2)之后,有时会产生一些困惑,因为有些人把久期定义为支付的平均时间,其根据是式(3-13)(见3.2.6部分)。其实,对于固定利率债券来说,这两种理解是一致的,比如一只5年期的零息债券,其久期就是5,这不仅是支付的平均时间(只有这一个时间),也是利率上涨导致的债券价值损失比率。这一点,对于附息债券也是一样的。但是,对那些非固定利率债券来说,就不一样了。下面举个简单的例子。

例3-5

试回忆第2章2.5节中我们考虑的浮动利率债券的价格,根据事实2-12,假设 T_i 表示上一次利率重置时间, T_{i+1} 表示下一次利率重置时间, t 代表当前期时间,且 $T_i < t < T_{i+1}$。对于一只到期时间为 T 且半年付息的浮动利率债券,其价格(见式(2-40))为

$$P_{FR}(t,T) = Z(t,T_{i+1}) \times 100 \times \left[1 + \frac{r_2(T_i)}{2}\right] \tag{3-14}$$

其中 $r_2(T_i)$ 代表根据上一重置时期设定的参照利率,则这只浮动利率债券的久期为 D_{FR}

$$D_{FR} = -\frac{1}{P_{FR}(t,T)} \frac{\mathrm{d}P_{FR}}{\mathrm{d}r} \tag{3-15}$$

$$= -\frac{1}{P_{FR}(t,T)} \times \left[\frac{\mathrm{d}Z(t,T_{i+1})}{\mathrm{d}r}\right] \times 100 \times \left[1 + \frac{r_2(T_i)}{2}\right]$$

$$= -\frac{1}{P_{FR}(t,T)} \times [-(T_{i+1}-t)] \times Z(t,T_{i+1}) \times 100 \times \left[1 + \frac{r_2(T_i)}{2}\right] \quad (3\text{-}16)$$
$$= T_i - t$$

其中最后的化简,是基于对式(3-14)的应用。式(3-16)表明,浮动利率债券的久期等于当前时间到下一付息时间之间的时间差 $T_{i+1}-t$。在特殊情况下,如果今天就是付息日(但利息还没有被支付),债券的久期就是零。

这个例子表明,即使未来平均的现金流支付时间比较长,比如说一只10年期的浮动利率债券,其平均支付时间还有好几年,其久期却可能很小。此外,我们还能见到久期比其到期日更长甚至有些债券的久期为负数的情况。考虑到现代久期的概念主要用于风险管理,且主要用于衡量债券价值对利率波动的敏感程度,在将久期视为未来支付的平均时间时,必须十分谨慎,因为这种解释只适用于有固定现金流(固定票息)的债券。

3.2.5 久期的特性

认识到附息债券的久期大小,严重依赖于票息的高低是很重要的。随着票息的升高,久期会变小。表3-2的前3栏展示了例3-4中的这种效应。直观感受是什么呢?直觉上有以下两种看法。

(1)平均的现金流支付时间更短:相比于最后一只债券(10年期),票息越高,债券存续期间付息的量就越大,其平均的现金流支付时间也就更短。

(2)利率敏感度更低:票息越高,近期的现金流就比更远期的现金流大。短期的现金流比长期的现金流对利率的变动敏感度要低(比如,明天的现金流对利率就不敏感)。因此,总体上讲,票息越高,债券对利率变动的敏感性就会更低。

表3-2 久期与票息和利率

票息(c)	价格(P_c)	久期(D)	利率(r_2)	价格(P_c)	久期(D)
0	61.03	10.00	1%	147.47	8.13
2%	76.62	8.95	3%	125.75	7.95
4%	92.21	8.26	5%	107.79	7.76
6%	107.79	7.76	7%	92.89	7.56
8%	123.38	7.39	9%	80.49	7.35
10%	138.97	7.11	11%	70.12	7.12
12%	154.56	6.88	13%	61.44	6.90

同理,就像我们在表3-2的后3栏看到的,附息债券的久期会随着总体利率水平的提高而降低。在这个例子中,票息保持在6%,但半年期利率 r_2 在同样的到期时间下从1%增长到13%。可以注意到,债券的久期从8.13降低到6.90。再一次表明,更高利率(整个期限内)表明较短期的现金流在债券价值中占有的比例会更大,所以对利率变动的敏感性也就会更低。

3.2.6 传统的久期定义

我们定义久期为

$$D = -\frac{1}{P} \times \frac{dP}{dr} \quad (3\text{-}17)$$

其中 r 是连续复利利率,这种久期的定义用来计算不论是零息债券还是证券组合的久期都很简单。比如说,式(3-17)表明的固定利率附息债券的久期等于平均的现金流支付时间,这是一个相对简单的公式,可以用来衡量附息债券价值对于收益率曲线平移的敏感程度。

然而,传统而言,久期并不是针对连续复利的证券来讲的,而是针对半年付息债券的。在这里,修正久期的定义是价格对于利率波动的敏感程度(式(3-17)),这一定义与我们之前所说的简单定义并不一致,而需要一点小的调整。具体来讲,对于一只到期收益率为 y 的债券(见第 2 章 2.4.3 部分),根据到期收益率的定义,附息债券在付息日的价格可以表示为

$$P_c(0,T) = \sum_{j=1}^{n} \frac{\frac{c}{2} \times 100}{\left(1+\frac{y}{2}\right)^{2 \times T_j}} + \frac{100}{\left(1+\frac{y}{2}\right)^{2 \times T_n}} \quad (3\text{-}18)$$

根据到期收益率为 y 的附息债券的修正久期定义,我们做一点小的代数变换可以得到

$$MD = -\frac{1}{P}\frac{dP}{dy} = \frac{1}{\left(1+\frac{y}{2}\right)}\sum_{j=1}^{n} w_j \times T_j \quad (3\text{-}19)$$

其中 $w_j = \dfrac{1}{P_c(0,T)} \times \dfrac{\frac{c}{2} \times 100}{\left(1+\frac{y}{2}\right)^{2 \times T_j}}$ $\quad w_n = \dfrac{1}{P_c(0,T)} \times \dfrac{100 \times \left(\frac{c}{2}+1\right)}{\left(1+\frac{y}{2}\right)^{2 \times T_n}}$

换言之,当我们用半年期付息的到期收益率为 y 的证券来考察久期时,固定收益债券的修正久期可以计算为现金流到期时间的加权平均值乘以 $\dfrac{1}{\left(1+\frac{y}{2}\right)}$。式(3-19)中的现金流的加权平均值被称作**麦考利久期**(Macaulay duration)。

$$D^{Mc} = \sum_{j=1}^{n} w_j \times T_j \quad (3\text{-}20)$$

从风险管理角度来讲,我们更多的是使用连续复利的收益率曲线,而不是半年复利的收益率曲线为基础工具,这不仅是因为这样的选择可以让我们像前面部分讲的那样拥有一个简单的公式,更是因为这种选择能更清楚地表明,不同资产的久期是基于同样的利率水平,即期利率(spot rate)来计算的。反之,不同时期的到期收益率,在很大程度上取决于到期收益率这个概念本身,这就如同第 2 章(2.4.3 部分)所讨论的一样会存在很多问题,比如:因债券不同而不同、与债券的票息相关等。另外,对于有些债券来讲,其到期收益率不好定义,因为它们可能是浮动利率债券或嵌入式期权。而利率期限结构的平行移动有着十分准确和通用的定义,可用于任何债券的久期分析,即使无法进行解析计算的时候,也可以用计算机进行数值计算从而近似估计,计算出债券的实际久期(effective duration),在第 8 章中对抵押贷款支持证券进行分析时,就会用到这一方法。

3.2.7 零投资组合的久期:美元久期

式(3-1)中定义的久期存在一个隐含的前提假设,即证券或资产组合的价值不为零。然而,在很多有趣的情况下,无套利证券或资产组合的价值可能正好就为零。在这种情况下,我们便

需要引入美元久期的概念来解决问题。

定义 3-4

价格为 P 的债券，其**美元久期**(dollar duration)定义为 $D^\$$

$$\text{美元久期} = D_P^\$ = -\frac{dP}{dr} \tag{3-21}$$

即美元久期对应的是价格 P 对利率 r 变动的敏感程度。因为 dP 是以美元计价的证券的价格变动，所以就有了美元久期这个命名。结合式(3-1)和式(3-21)我们可以得出：

事实 3-4

对于一个价值非零、价格为 P 的证券或资产组合而言，它的久期和美元久期之间的关系是

$$D_P^\$ = P \times D_P \tag{3-22}$$

这时，资产组合的美元久期是组合当中所有单个资产的美元久期之和。

事实 3-5

资产组合的美元久期 $D_W^\$$ 可表示为

$$D_W^\$ = \sum_{i=1}^n N_i D_i^\$ \tag{3-23}$$

其中 N_i 是资产组合里证券 i 的单位数量，$D_i^\$$ 是证券 i 的美元久期。

例 3-6

多—空投资策略中的美元久期

令利率期限结构平稳地保持在4%(每半年付息一次)，假设有一个套利者考虑在当期利率水平下做空一只票息为4%的债券。为了分析方便，假设这个套利者买入半年期的短期回购协议且没有折扣。套利者需要做多的是票息为4%的债券，由于利率期限结构平稳，债券的价格此时等于面值100美元，这也正是套利者需要借入的金额。在资产组合达成之初 $t=0$ 时，组合的价值为零，然而，这种交易是有风险的，因为当利率上涨时，套利者在多头上的损失会比空头上的收益更大。

更具体地说，做多一个半年期的短期回购和做空一个半年期浮动利率债券实质上是一样的。因此，多—空投资组合的价值为

$$W = P_c(0,T) - P_{FR}(0,T) = 0$$

令固定利率债券的久期为8.34，如式(3-5)中所述半年期浮动利率债券的久期是0.5。根据式(3-22)我们可以知道二者的美元久期分别为

$P_c(0,T)$ 的美元久期 $= 100 \times$ 固定利率债券的久期 $= 100 \times 8.34 = 834$(美元)

$P_{FR}(0,T)$ 的美元久期 $= 100 \times$ 浮动利率债券的久期 $= 100 \times 0.5 = 50$(美元)

所以我们可以知道这个多—空投资组合的美元久期是

$$\text{多—空组合的美元久期} = 834 - 50 = 784(\text{美元}) \tag{3-24}$$

再次运用式(3-21)我们可以计算出利率变动1个基本点多—空投资组合的价值变化为

$$\text{投资组合的价值变化} = dW = -D_W^\$ \times dr = -784 \times \frac{0.01}{100} = -0.0784(\text{美元}) \tag{3-25}$$

也就是说，价值100万美元的多—空投资组合因为利率增长1个基本点，将会损失78 400美元。

用于计算由于利率水平升高 1 个基本点而遭受的美元损失金额的式(3-25)是一个通用的风险衡量方法，投资者们常称其为"一个基本点的价值"，或者写作 PVBP，或 PV01。

定义 3-5

价格为 P 的债券，**一个基本点的价值**(price value of a basis point) PV01 为

$$\text{Price value of a basis point} = PV01(\text{或 } PVBP) = -D_P^\$ \times dr \tag{3-26}$$

3.2.8 在险价值与久期

在险价值(VaR)是一种量化资产组合风险的方法。简单来说，在险价值主要针对这个问题：在给定的期限，如一天、一周或一月内，在95%的置信水平下，资产组合最大的损失是多少？在险价值计算方法有很多，从相当简单到非常复杂的都有，在这里我们将讨论两种基于久期概念的计算方法：历史分布法和正态分布法。

定义 3-6

令 α 为一个百分位的值(如 5%)，T 为期限。一个资产组合的**在险价值**(Value-at-Risk) (100 − α)% T，为在 α% 的可能下，T 期限内，整个资产组合可能遭受的最大损失。令 $L_T = -(P_T - P_0)$ 表示一个资产组合在期限 T 下所能遭受的损失(如果为负，则为收益)，对 VaR 就是能满足下式的损失值

$$Prob(L_T > VaR) = \alpha\% \tag{3-27}$$

比如，一个价值为 1 亿美元的债券组合在期限为 1 个月、置信水平为 95% 的情况下，其在险价值为 300 万美元。其含义为这个资产组合会在下个月内损失超过 300 万美元的概率不会大于 5%。

VaR 是基于资产组合中资产价值的不确定性计算的。对于债券组合而言，这种不确定性主要来自利率的波动，而久期正好是衡量资产组合对于利率波动的敏感程度，因此一定程度上可以基于久期来估计资产组合的 VaR。回顾式(3-2)可得：

$$dP = -D_P \times P \times dr \tag{3-28}$$

假设一个资产组合的价值为 P，久期是 D_P，我们可以用利率变动 dr 的历史分布来推导出资产组合价值 dP 变动的概率分布，由后者我们就可以估算出资产组合价值遭受损失的概率。95% 的 VaR 对应的是资产组合遭受 5% 最大损失 dP 的分布。下面这个案例中我们介绍 dr 是正态分布时的情况。

事实 3-6

假设 dr 满足正态分布，中值为 μ 标准差为 σ，按照式(3-28)可知，dP 也是符合正态分布的，他的中值和标准差的计算如下

$$\mu_P = -D_P \times P \times \mu \quad \sigma_P = D_P \times P \times \sigma \tag{3-29}$$

即

$$dr \sim N(\mu, \sigma^2) \Rightarrow dP \sim N(\mu_P, \sigma_P^2) \tag{3-30}$$

95% VaR 就是

$$95\% \text{VaR} = -(\mu_P - 1.645 \times \sigma_P) \tag{3-31}$$

其中 −1.645 是标准正态分布的第五分位数，即假设 $x \sim N(0,1)$ 则 $Prob(x < -1.645) = 5\%$。对于式(3-31)中，如果要计算 99% VaR，其中的 1.645 就需要用 2.326 来替代。

式(3-28)得出的结果只是一个粗略的估计,如果 dr 不属于正态分布,式(3-31)就不再成立。下面的例子讨论了一种解决这一问题的常用方法。

例 3-7

一个资产组合管理人将 1 亿美元投入久期为 5 的债券组合,置信水平为 95% 期限为 1 个月的债券组合的在险价值为多少?

1. 历史分布法 我们使用利率变动 dr 的历史数据为基础来测算资产组合价值变动 dP 的分布。图 3-1b 展示了截至 2005 年利率水平的历史观测值。图 3-3a 展示了利率水平的月变动,而图 3-3b 画出了这些变量的柱状图。我们可以看到,利率大的增长或下降是不大可能的,但波动经常发生。我们可以用 $-D_P \times P = -5 \times 100\,000\,000$ 乘以利率的变化量 dr 得出 dP。图 3-3c 画出了资产组合价值变化的柱状图,即资产组合收益和损失(P&L)⊖。得出这个分布之后我们可以算出 95% 的置信水平之下可能的最大损失。我们可以从分布的左边开始到达到 5% 的概率之后截止,在这个例子中我们发现,损失为 300 万美元,也就是说,只有 5% 的可能性资产组合的损失会超过 300 万美元。

2. 正态分布方法 事实 3-6 中我们用正态分布的 dr 推导出正态分布的 dP。运用图 3-3c 的数据,我们发现每月利率变动平均为 $\mu = 6.5197 \times 10^{-6}$,标准差 $\sigma = 0.4153\%$。因此 $\mu_P = -5 \times 100 \times \mu = -0.0033$,$\sigma_P = 5 \times 100 \times \sigma = 2.0767$,图 3-3c 的标准正态分布曲线是根据(修正后的)柱状图得出的,它的置信水平为 95% 时在险价值 95% VaR $= -(\mu_P - 1.645 \times \sigma_P) = 3\,419\,000$(美元)……。

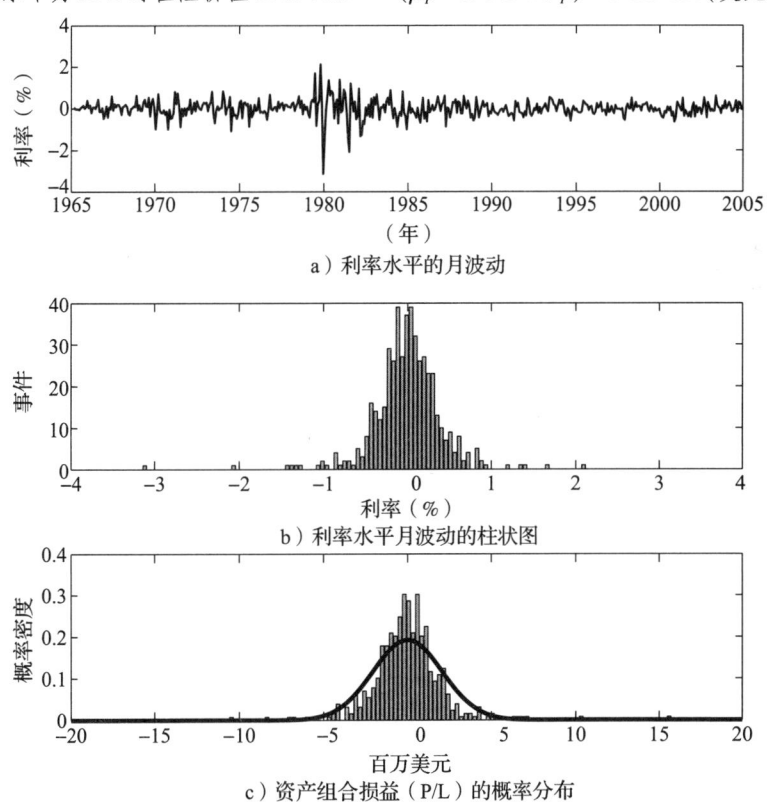

图 3-3 利率水平的波动(1965~2005 年)

资料来源:美国证券价格研究中心。

⊖ 我们重整了柱状图以使它符合正态分布,这一点将在之后讨论。

警示

值得强调的是，用在险价值衡量风险也存在一些问题，甚至可能潜藏一些陷阱。

（1）就像其他统计测算方法一样，用在险价值衡量风险也是建立在分布假设和所选样本基础之上的，其中可能存在较大的差异。比如说在例3-7中，使用正态分布法还是历史分布法，其结果就有所不同。

（2）式（3-28）中的久期估计，在利率微小的平移条件下是可行的。然而，在险价值却是针对利率大幅变动的情况来计算的。因此，久期估计方法与在险价值存在内在的不一致。对含有衍生工具的资产组合时，无论是显性的或隐性的衍生工具，上述问题会更加显著，在接下来的章节中，我们进一步讨论这个问题。

（3）在险价值衡量了置信水平95%之下的最大可能损失，却并没有说明如果5%的那部分损失真的发生的话会有多大。可能性分布曲线的尾部特征会影响风险的测算。比如，在例3-7中，历史分布法得出的在险价值是552万美元，而正态分布法得出的在险价值为483万美元。正态分布法中分布曲线的尾部较薄，其得出的一些大事件发生概率就会偏小，实际上这些大事件却偶有发生。

（4）式（3-31）中使用的在险价值计算方法中，包含了资产组合价值的期望变化 $\mu_P = -D_P \times P \times E[dr]$。对于期望 $E[dr]$ 的计算通常是很不准确的，其标准差也很大。这些差异会导致在险价值的计算出现大的错误。因此，不含期望的在险价值可能更准确，即只是相对于组合损益 μ_P 在95%的置信水平的损失。在操作中，比如在式（3-31）中，我们只要假设 $\mu_P = 0$ 就可以了。

3.2.9 久期和期望损失

一些不能用在险价值衡量的风险，可以用另一种叫作期望损失的方法来衡量。这一方法可以回答以下问题：当风险损失超过在险价值时，究竟会有多大？正如上文"警示"中（3）提到的，在险价值法并没有对统计分布的尾端情况做出讨论。但这是一个不可忽视的问题，特别是当潜在风险因素存在如图3-3那种肥尾分布的时候，或者像我们下面要讲的，当资产组合里含有很大比重的非线性衍生证券的时候。

定义 3-7

期望损失（expected shortfall）是证券组合 P 在期限 T 中遭受的损失，比在险价值 $(100-\alpha)\%$ 更大时的期望（平均）损失

$$期望损失 = E[L_T | L_T > \text{VaR}] \tag{3-32}$$

例如，一个价值为1亿美元的资产组合，其置信水平为95%、期限为1个月的期望损失是428万美元，这意味着当不好的事情发生时（损失超过在险价值时），资产组合的平均损失为428万美元。

期望损失只是简单的比在险价值多涉及一点。比如对于正态分布的变量而言，我们有如下的结果。

事实 3-7

根据事实3-6的描述，置信水平为95%的期望损失计算如下

$$期望损失 = -\left(\mu_P - \sigma_P \times \frac{f(-1.645)}{\mathcal{N}(-1.645)}\right) \tag{3-33}$$

$$= -(\mu_P - \sigma_P \times 2.0628) \quad (3\text{-}34)$$

其中$f(x)$表示标准正态分布，$N(x)$表示正态分布的积分[○]，置信水平为99%的期望损失的计算就是将"2.0628"替换为"2.6649"代入式(3-34)中。

对式(3-34)和式(3-31)做一个简单的对比就能发现，在正态分布的情况之下，期望损失应用的信息和在险价值是一样的，唯一的区别在于σ_P乘了一个参数，而这正是需要期望损失这一风险测度方法的原因：当资产组合的损失不符合正态分布时，期望损失的准确性会相对更高。

例3-8

重新考虑例3-7中置信水平为95%，1个月期的期望损失，按前面的方法就很容易计算出来。因为我们只要简单地把σ_P的系数从1.645改为2.0628(对于置信水平99%的期望损失的计算也一样)。令$\mu_P = -0.0033$，$\sigma_P = 2.0767$，我们(用正态分布法)可以得到：

$$\begin{aligned}&95\%\ 置信水平的期望损失 = 4\,287\,100\ 美元\\&99\%\ 置信水平的期望损失 = 5\,537\,400\ 美元\end{aligned} \quad (3\text{-}35)$$

在同样的情况下，使用历史分布法得到的数字则大相径庭。用历史分布法怎么计算预期损失呢？那只是对在险价值的计算做了很小的调整。在计算在险价值时，是首先将资产组合的损失根据利率水平的不同由最坏到最好进行排列，并把处于5%概率位置的最坏情况挑选出来。计算期望损失值的时候，则是对所有5%以下的损失取平均值。对于置信水平为99%的也用同样的方法(历史分布法)计算，我们可以得到：

$$\begin{aligned}&95\%\ 置信水平的期望损失 = 5\,070\,900\ 美元\\&99\%\ 置信水平的期望损失 = 9\,334\,400\ 美元\end{aligned} \quad (3\text{-}36)$$

具体来看，对于置信水平为99%的预期损失而言，历史分布法计算的要比正态分布法计算的预期损失大很多，这个发现表明了这是一种肥尾分布。也就表明，如图3-3中底部的表格所示，资产组合价值的极端波动会比正态分布所示的概率多很多。值得指出的是，在险价值法并不能说明尾端分布的潜在风险，比如例3-7中置信水平为99%的在险价值是552万美元，这比图中所示正态分布法得出的483万美元更高，但不是高很多。预期损失法能更好地衡量尾端事件的风险。

3.3 利率风险管理

不论是对银行、债券组合管理人、公司、政府还是家庭而言，利率风险管理都是十分重要的。为了理解利率波动的风险，首先来看一个例子。

例3-9

凯瑟琳女士60岁退休，拥有100万美元的退休金。她现在要决定在接下来的时间，比如30年里怎样投资这笔退休金。由于她的年纪比较大，她唯一能考虑的资产就是国债。她应该投资长期国债

○ 也就是说$f(x) = \dfrac{1}{\sqrt{2\pi}} \times e^{-\frac{x^2}{2}} N(x) = \int_{-\infty}^{x} f(y)\,dy$。

还是短期国债呢？考虑下面两种极端的假设：

（1）将 100 万美元全部投入 6 个月期国债。

（2）将 100 万美元全部投入 30 年期国债。

这两种策略有什么不同呢？如果凯瑟琳女士只使用投资带来的利息，那么第一种策略比第二种风险更大。确实，在第一种策略中，利率水平的波动代表着可使用的利息的多少。比如说，利率从 4% 降低到 1% 的情况下，凯瑟琳女士每年的利息收入就从 4 万美元降低到 1 万美元，这样的变化起伏太大了。相反，如果假设是 100 万美元票息为 4% 的 30 年期国债，意味着在未来 30 年里每年能提供 4 万美元的利息。

更可能的是，凯瑟琳女士会将一部分资产用于消费。确实，只靠利息可能无法满足生活需要。如果可以从本金中提出一部分作为消费的现金流，那么本金对利率波动的敏感性就变得十分重要。比如说，考虑策略二，假设零息债券收益曲线是平直的，维持在 4% 的水平（半年付息一次）不变，那么 30 年期国债的市场价格就等于其面值，因为票息也正好为 4%，这时该债券的久期为 17.72。假如利率从 4% 增加 3% 到了 7%（如 1994 年发生的那样），该项资产的本金损失就约等于 17.72 × 1 000 000 × 0.03 = 531 000（美元）。

也就是说，3 个百分点的利率增长，可能导致凯瑟琳女士退休金的近一半付诸东流。如果凯瑟琳女士不打算从本金中提现进行消费，也就不会造成本金的损失：她仍然可以和以前一样持有该债券，而这只债券依旧会每年给她带来 4 万美元的收入。但是如果她打算使用本金的一部分来消费，其风险就完全不一样了。

上述例子表明对于机构或者个人来说，所采用的利率风险管理策略是由其经营目标决定的。

3.3.1 现金流匹配和免疫

在例 3-9 中，假设凯瑟琳女士可以从一家金融机构购买一份年金。例如，某金融机构愿意在未来 30 年中，每半年支付给凯瑟琳女士 28 767 美元，以换取她当前的 100 万美元存款。28 767 这个数字是怎么得来的呢？假设一个平坦的利率期限结构，按 4% 的利率每半年付息一次，而这些年金现金流的现值就应当为 100 万美元：

$$1\,000\,000 = 28\,767 \times \sum_{i=1}^{60} \frac{1}{\left(1+\frac{4\%}{2}\right)^i} \tag{3-37}$$

其中 60 是支付现金流的次数。

对于金融机构来说，问题就是怎么才能确保兑现其承诺，未来 30 年中每半年支付凯瑟琳女士 28 767 美元呢？这会有什么风险吗？

（1）**现金流匹配**。金融机构可以购买一些能确保他们每半年得到 28 767 美元的债券。比如，机构可以购买 60 份面值均为 28 767 美元，但到期期限分别为半年、1 年、1.5 年直到 30 年的零息债券。用式 (3-37) 可以算出，这些证券的价值正好等于 100 万美元。这个策略存在的一个问题是，金融机构需要能找到刚好合适的债券，而且期限顺序也要一样，如每半年金额为 28 500 美元的零息债券。由于许多债券的流动性不足，这一思路就存在相当的困难，而且实施的成本也很高。

（2）**免疫策略**。金融机构也可以使用动态免疫的策略。其特点是需要找到一个现值和久期，与需要支付的现金流完全一致的证券组合。免疫策略比现金流匹配策略更好的原因是，金融机构可以挑选那些在流动性和交易成本方面更好的债券来构成其投资组合。如果执行得当，就可以带来所需的现金流。

由于现金流匹配得很直白，没什么好讲的，所以这里只举例来阐述免疫策略。接着例3-9继续讨论。

例 3-10

对于同意每半年支付 28 767 美元的金融机构来说，他们可用以下的动态策略来保证支付。令 $x_t\%$ 表示初始总资产 100 万美元中投入如例 3-9 所示票息为 4%，30 年期债券中的比例。假设剩余的 $(1-x_t)\%$ 以现金的方式存在存款账户，这部分资产获得的将是隔夜存款利息。支付给凯瑟琳女士的年金的久期为 12.35，而 30 年期的附息债券的久期是 17.72，隔夜存款的久期为零。由于免疫策略要求将资产组合的久期与年金保险投资相一致，所以在 0 期有

$$x_0\% \times 17.72 + (1-x_0\%) \times 0 = 12.34 \Rightarrow x_0 = 71\%$$

假设金融机构每半年调整一次投资组合，那么在任意一个 $t = 0.5, 1, 1.5, \cdots, 30$，机构有：

- 从 30 年期债券中获取 2% 的利息。
- 从现金存款中收取利息现金流。
- 付给凯瑟琳女士 28 767 美元年金的现金流。
- 根据这种规则重新将剩余的资产投入长期债券和隔夜存款：

$$\text{投入长期债券的投资比例 } x_t = \frac{\text{年金久期}}{\text{长期债券的久期}} \tag{3-38}$$

表 3-3 阐述了这个策略，列(1)是付息和再平衡的时间。为了方便起见，假定年付息时间和长期附息债券付息时间一致。列(2)报告了一个可能的利率变动途径，30 年内从 4% 到 11% 再降到 8%，这种利率变动之前就有假设过。列(3)计算了金融机构的平衡账目，一开始是 100 万美元，但因为要给凯瑟琳女士支付年金，所以余额会不断下降。从下一列中可以更清楚地看出这种下降。列(4)报告了年金的现值，假设了期限结构平稳且利率就是列(2)的利率。列(5)表明了年金现金流的久期。注意到无论年金的现值还是久期都会随到期时间的临近而趋于下降。列(6)和列(7)分别报告了免疫策略中票息为 4%，30 年期国债的现值和久期。列(8)报告了运用式(3-38)得出的，不同时期投资于 30 年期国债的比例 x_t。列(9)表示投资于隔夜存款的资金，所获得的总现金金额。即

$$\text{利息支付【列(9)】} = W_t \times (1-x_t) \times \frac{r_t}{2} \tag{3-39}$$

类似的，列(10)代表了 30 年期国债投资总的利息收益

$$\text{利息支付【列(10)】} = \frac{W_t \times x_t}{\text{列 6 中的值}} \times \frac{4\%}{2} \tag{3-40}$$

最后，回到列(3)，机构总资产随着现金流的进出而更新的情况，即

$$W_{t+1} = W_t \times (1-x_t) + W_t \times x_t \times \text{国债资产收益} \tag{3-41}$$
$$+ t \text{ 时期的利息} + \text{列(10)中的息票收入} \tag{3-42}$$
$$- \text{每年的息票收入} \tag{3-43}$$

从表 3-3 最后一行可以看出，该策略到期后还会剩下 69 375 美元。如果利率水平一直维持在 4%，那么总资产 W_t 本应等于零。但是为什么总资产的余额最后会是正值呢？这是源于不同利率债券在凸性上的差异，这一点我们将在第 4 章讨论。

表 3-3 免疫策略的例子

(1) t	(2) r_2	(3) W_t	(4) 年金的现值 (PV)	(5) 年金现金流的久期 (D)	(6) 债券的现值 (PV)	(7) 债券的久期 (D)	(8) x_t	(9) 利息支付	(10) 债券久期
0.5	4.00%	1 000 000.00	1 000 000.00	12.35	1.00	17.73	0.70	6 069.48	13 930.52
1.0	4.53%	931 694.92	931 527.35	11.84	0.91	17.00	0.70	6 394.58	14 198.57
1.5	5.46%	834 369.76	833 021.75	11.12	0.79	15.88	0.70	6 818.28	14 817.53
2.0	5.80%	798 630.50	797 418.94	10.79	0.75	15.42	0.70	6 949.54	14 901.35
2.5	5.07%	858 995.30	855 333.53	11.08	0.84	16.03	0.69	6 727.23	14 125.61
3.0	5.70%	798 169.63	794 486.32	10.59	0.77	15.31	0.69	6 997.57	14 430.69
3.5	5.97%	770 555.63	767 029.58	10.32	0.74	14.94	0.69	7 111.90	14 430.83
4.0	5.51%	802 061.06	797 212.37	10.43	0.79	15.24	0.68	6 975.91	13 867.73
4.5	5.75%	775 789.15	771 099.47	10.17	0.76	14.90	0.68	7 094.48	13 838.82
5.0	5.62%	780 072.25	774 970.46	10.10	0.78	14.89	0.68	7 054.71	13 518.96
5.5	5.41%	789 534.15	783 823.66	10.05	0.81	14.92	0.67	6 967.50	13 154.64
6.0	4.44%	863 655.83	853 748.21	10.34	0.93	15.51	0.67	6 387.38	12 332.29
6.5	3.84%	909 537.36	896 984.46	10.45	1.03	15.76	0.66	5 880.42	11 770.13
7.0	4.37%	851 902.96	839 884.97	10.04	0.95	15.19	0.66	6 309.03	11 906.61
7.5	4.85%	803 888.62	792 339.74	9.68	0.88	14.69	0.66	6 648.02	11 997.12
8.0	5.22%	767 558.29	756 355.88	9.37	0.84	14.28	0.66	6 882.78	12 008.02
8.5	5.80%	720 606.80	709 848.70	9.00	0.78	13.75	0.65	7 219.58	12 133.76
9.0	6.21%	688 142.41	677 682.96	8.71	0.74	13.35	0.65	7 429.60	12 138.47
9.5	7.10%	633 131.27	623 058.85	8.27	0.66	12.70	0.65	7 834.29	12 422.01
10.0	7.90%	589 160.97	579 458.13	7.90	0.61	12.14	0.65	8 132.71	12 628.90
10.5	8.77%	547 447.66	538 080.12	7.52	0.55	11.57	0.65	8 401.06	12 856.82
11.0	8.00%	574 852.24	563 207.45	7.61	0.61	11.84	0.64	8 227.02	12 148.50
11.5	8.34%	555 509.40	543 902.64	7.39	0.59	11.56	0.64	8 354.68	12 038.36
12.0	7.91%	567 397.43	554 342.75	7.36	0.62	11.62	0.63	8 215.15	11 532.52
12.5	7.96%	559 108.10	545 629.81	7.21	0.62	11.45	0.63	8 233.98	11 269.64
13.0	8.59%	529 197.45	516 057.51	6.93	0.59	11.05	0.63	8 481.00	11 279.49
13.5	9.55%	491 704.85	479 048.80	6.59	0.54	10.55	0.62	8 813.42	11 424.64
14.0	9.27%	495 447.31	481 641.25	6.52	0.56	10.52	0.62	8 733.50	10 977.17
14.5	10.09%	465 514.05	452 081.69	6.23	0.52	10.11	0.62	9 009.18	11 013.67
15.0	10.49%	449 693.51	436 142.65	6.04	0.51	9.86	0.61	9 135.49	10 837.50
15.5	10.19%	452 268.71	437 477.20	5.95	0.53	9.80	0.61	9 046.62	10 380.01
16.0	10.10%	448 755.10	433 060.02	5.83	0.54	9.67	0.60	9 002.83	10 010.52
16.5	10.84%	425 079.56	409 594.85	5.59	0.51	9.33	0.60	9 243.38	9 931.53
17.0	11.34%	408 561.98	392 937.71	5.39	0.50	9.06	0.59	9 387.23	9 743.14
17.5	12.08%	388 211.13	372 656.40	5.16	0.48	8.74	0.59	9 600.17	9 615.89
18.0	11.95%	385 320.32	368 625.65	5.04	0.49	8.60	0.59	9 532.93	9 203.05
18.5	11.58%	386 506.22	368 186.27	4.94	0.52	8.49	0.58	9 356.17	8 733.27
19.0	11.45%	382 431.96	362 838.04	4.81	0.53	8.32	0.58	9 237.02	8 340.71
19.5	11.63%	372 563.61	352 126.89	4.64	0.53	8.08	0.57	9 218.34	8 024.12
20.0	11.94%	360 381.56	339 248.28	4.46	0.53	7.82	0.57	9 242.82	7 733.61
20.5	11.82%	354 983.36	332 387.26	4.32	0.55	7.60	0.57	9 072.49	7 350.17
21.0	11.69%	349 068.99	324 921.21	4.16	0.57	7.37	0.57	8 874.41	6 973.10
21.5	11.35%	345 393.43	319 247.45	4.02	0.59	7.13	0.56	8 556.37	6 571.90

(续)

(1) t	(2) r_2	(3) W_t	(4) 年金的现值 (PV)	(5) 年金现金流的久期 (D)	(6) 债券的现值 (PV)	(7) 债券的久期 (D)	(8) x_t	(9) 利息支付	(10) 债券久期
22.0	11.48%	334 579.86	307 161.34	3.84	0.60	6.84	0.56	8 426.27	6 249.34
22.5	11.35%	326 472.31	297 276.29	3.67	0.62	6.56	0.56	8 158.47	5 895.98
23.0	10.98%	320 443.04	288 950.85	3.51	0.65	6.26	0.56	7 745.83	5 523.33
23.5	10.15%	318 131.85	283 432.61	3.35	0.70	5.97	0.56	7 078.31	5 123.72
24.0	10.30%	303 990.10	267 790.08	3.15	0.71	5.62	0.56	6 876.17	4 825.62
24.5	10.72%	287 314.17	249 904.43	2.94	0.71	5.25	0.56	6 770.09	4 545.18
25.0	10.32%	276 993.67	236 955.12	2.75	0.74	4.89	0.56	6 252.49	4 213.72
25.5	9.51%	268 191.16	224 811.75	2.56	0.78	4.51	0.57	5 521.92	3 875.08
26.0	9.97%	249 375.96	204 603.79	2.34	0.79	4.11	0.57	5 359.27	3 603.08
26.5	10.15%	232 116.30	185 357.01	2.12	0.80	3.70	0.57	5 027.23	3 320.09
27.0	9.54%	217 795.73	167 873.19	1.91	0.84	3.28	0.58	4 343.35	3 021.95
27.5	10.38%	196 476.08	145 132.50	1.68	0.84	2.84	0.59	4 180.27	2 763.55
28.0	10.79%	176 812.76	123 208.88	1.45	0.85	2.39	0.60	3 771.06	2 501.20
28.5	10.12%	158 948.97	101 873.37	1.22	0.89	1.94	0.63	2 981.69	2 242.73
29.0	9.64%	138 908.31	78 608.20	0.98	0.92	1.47	0.67	2 210.22	2 016.28
29.5	8.99%	117 422.88	53 876.71	0.74	0.95	0.99	0.75	1 308.69	1 852.74
30.0	8.30%	94 234.40	27 622.23	0.50	0.98	0.50	1.00	0.00	1 924.37
		69 375.15			1.00				

这只是运气吗？如果我们改变一个利率变动途径，还会得到一个正值吗？或者说有没有可能最后结果为负值呢？为了使得我们的免疫策略更具有说服力，我们可以多次重复上面的工作，在不同的利率水平之下我们绘制组合最后的价值 W_t 的柱状图，如图 3-4 所示，从中可以看出这一策略的效果很好，最后结果总是正的。

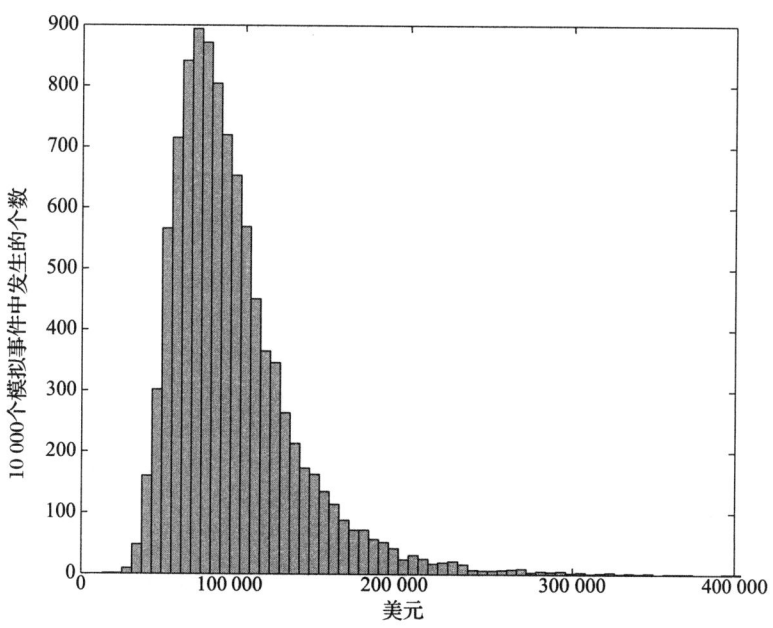

图 3-4　模拟的免疫策略的表现

3.3.2 免疫策略与简单投资策略

免疫策略和其他简单的投资策略,比如按固定比例投资于长期国债和现金方式相比,有哪些不同呢?根据表3-4中免疫策略模拟的结果,可绘制成图3-5,只是其中投资于长期国债的比重分别为100%(图3-5a)、70%(图3-5b)、30%(图3-5c)和0(图3-5d)。从图3-5中,我们可以清晰地看到,在这些情况下,都会给银行造成一定程度上的损失。比如,金融机构将100%的资金投入长期国债时,其损失可能高达50%,相反,如果投入70%或者30%的资金在长期国债上的话,所造成的损失则分别为10%和40%。另一方面,将100%的资金均投资于现金也不合适,因为这种策略同样会损失50%的当期资金。

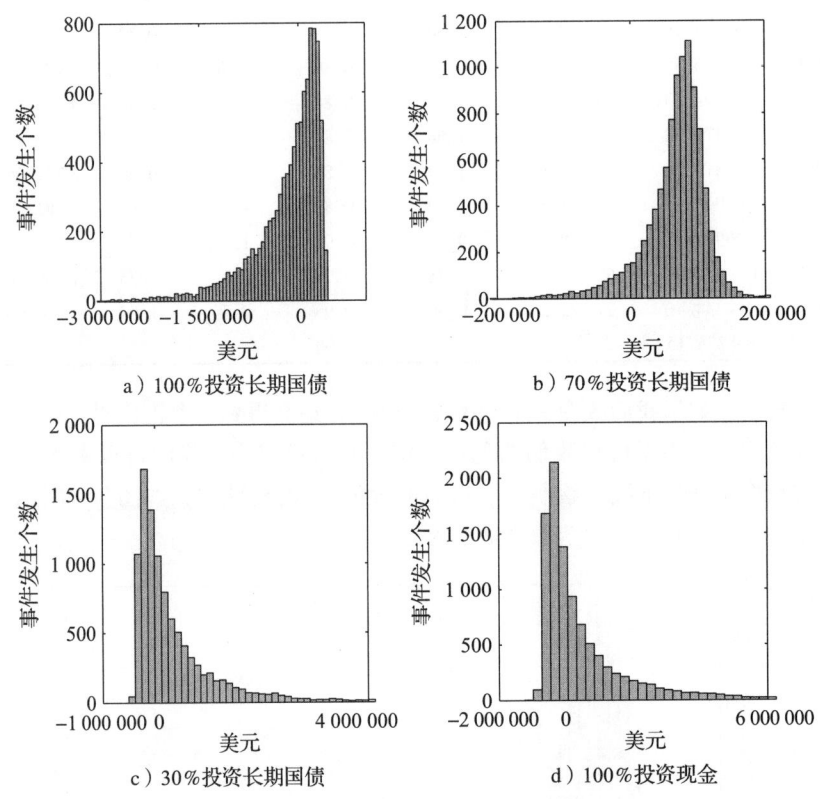

图3-5 不同固定投资策略的模拟结果

3.3.3 免疫策略为什么有效

免疫策略背后的直觉是什么?为什么会有效?我们再次考虑以下两个极端:100%投资于国债的策略会因为利率上升而产生损失,原因是利率上升会导致债券价格的下降。同样,100%投资于现金的策略会因为利率的下降而产生损失,比如,当利率降为零后,就没有足够的资金来进行年金支付了。显然,安全的策略是居中的策略。确实,免疫策略能有效地保证因利率下降而导致的投资于现金部分的损失,能被投资于长期国债部分的收入增加所弥补。久期的概念就发挥作用了,因为久期就是衡量利率变动对于投资组合价值影响程度的。

3.4 资产负债管理

资产负债管理是利率风险管理最经典的应用。很多金融机构的资产和负债在久期上都存在不匹配的情况，如表 3-4 所示。比如，一家商业银行吸收存款，利率每天变动的短期负债，用于做一笔中长期的贷款给其他企业或家庭。如果中长期贷款的利率是固定的，如固定利率抵押贷款，那么它的久期就会比较长，如 5 年或者更长。另一方面，对于存款而言，因短期利率水平会根据市场变化而经常调整，所以其久期接近于零。

表 3-4 久期错配

	资产	负债
商业银行	长期借款(高久期)	保证金(低久期)
保险公司	短期国债(低久期)	长期保证(高久期)
养老金计划	中期国债(低久期)	长期保证(高久期)
企业	长期收益(高久期)	浮动利率债券(低久期)

如果利率水平上升会怎样呢？

前面的分析表明，资产的价值会下降，而负债的水平保持不变。从流量的角度来说，银行需要为存款支付更多的利息，而从资产端获得的利息却更少，所以银行的麻烦来了。

以上的久期分析，可以广泛用于资产负债潜在的久期错配分析。其中一个重要的困难在于，金融机构的资产结构常常非常复杂。好在，这些复杂的资产结构中各个部分是相对独立的，这就满足计算总体资产久期的基本条件了。事实上，我们可以将金融机构的总资产看作一个证券组合(如个人贷款、应收账款等)，然后运用之前学过的式(3-8)，用不同资产的价值占比作为权重乘以各种资产的久期来计算总体的久期。举例来讲，假设一家公司有 n 笔个人贷款，其价值分别是 $A_1, A_2, \cdots, A_n$，久期分别是 $D_{A,1}, D_{A,2}, \cdots, D_{A,n}$，那么总资产的久期就是

$$D_A = \sum_{i=1}^{n} w_{A,i} D_{A,i}$$

其中 $w_{A,i} = \dfrac{A_i}{\sum_{i=1}^{n} A_i}$

同样，金融机构的债务也可能很复杂，因为它们不只是通过存款融资，还会通过长期金融工具(如存款凭证)、长期债券，当然还有权益工具。与资产相同，金融机构可以将这些负债看成资产组合并计算总负债的久期。定义 $L_1, L_2, \cdots, L_m$ 为 m 种负债各自的价值，$D_{L,1}, D_{L,2}, \cdots, D_{L,m}$ 为它们各自的久期。这样我们可以得到

$$D_L = \sum_{i=1}^{n} w_{L,i} D_{L,i}$$

其中 $w_{L,i} = \dfrac{L_i}{\sum_{i=1}^{n} L_i}$

为了降低利率水平波动对于股东权益价值变动的影响，就经常需要用到资产负债管理的方法和手段。因为股东权益 E 是总资产 A 减去总负债 L，

$$E = A - L$$

在 $D_E \neq 0$ 时，意味着存在久期错配的问题，将权益看作一个资产组合，那么我们就可以

得到

$$D_E = \frac{A}{A-L} \times D_A - \frac{L}{A-L} D_L \tag{3-44}$$

也就是说，当 $D_A^\$ = AD_A \neq LD_L = D_L^\$$ 时，就存在久期错配的问题，利率水平的波动就必然影响股东权益的价值。

例 3-11

假设一家金融机构主要经营长期贷款业务，其资产负债表看起来如表 3-5 所示。总资产约 24 亿美元、美元久期是 197.4 亿美元。总负债为 18 亿美元、美元久期为 50 亿美元。这意味着，其权益的市值为 6 亿美元，而权益的美元久期为 147.4 亿美元。这种错配导致的结果是，如果利率水平上升 1%，其资产端的损失会比负债端的损失严重得多，最终导致的权益损失高达 1.474 亿美元。从比例上来讲，将导致企业股东权益的市值蒸发 24%。

为了减少这种到期时间上的错配，公司将需要调整它们的资产组合。其中一种可能是发行长期债券以提高负债端的久期。直观上来看，如果利率水平上升时，金融机构在负债端付出的利率水平将比当前的利率水平更低。另一种更为常见的做法是运用衍生工具，如互换，以调整资产的久期。我们将在讲完衍生工具之后的第 5 章中做进一步的探讨。

表 3-5 金融机构的资产负债情况

资产				负债			
项目	数量	久期	美元久期	项目	数量	久期	美元久期
现金	100	0	0	存款	600	0	0
短期借款	300	0.8	240	短期负债	400	0.5	200
中期借款	500	3	1 500	中期负债	400	4	1 600
长期借款	1 500	12	18 000	长期负债	400	8	3 200
合计	2 400		19 740	合计	1 800		5 000
				净值	600		14 740

本章小结

在这一章中我们讨论了以下几个话题。

1. 久期：债券对利率期限结构平行移动的百分比(负的)敏感程度。例如，零息债券的久期是就是其到期时间。
2. 资产组合的久期：就是资产组合中不同证券久期的加权平均值，其中的权重为相应证券在资产组合中的价值占比。
3. 美元久期：与久期不同，美元久期是计算债券价值随利率期限结构平移而导致的美元值变化额，这可用于衡量零投资证券或者投资策略的风险。
4. 在险价值：衡量的是特定资产组合、在一定期限内和一定置信范围内可能遭受的最大损失。例如，置信水平为 95%、期限为 1 个月的在险价值，就是指资产组合在 1 个月内、95% 的可能性下遭受的最大损失。
5. 期望损失：计算的是资产组合超出在险价值置信水平之后的预期损失，相比在险价值，这一方法能更好地衡量尾端事件的风险。
6. 免疫策略：一种能使资产组合对利率波动不再敏感的策略。
7. 资产负债管理：一种使机构负债的(美元)久期来与其资产的(美元)久期相匹配的策略。这能有效降低权益对于利率波动的敏感度，并且确保从资产端取得的现金流足以支付负债端所需要的现金流。

练习

1. 今天是 2000 年 5 月 15 日，目前的半年复合收益率曲线如表 3-6 所示。试计算以下证券的久期：
   (1) 3 年期零息债券。
   (2) $3\frac{1}{4}$ 年期，半年付息一次，票息为 6% 的附息债券。
   (3) 1 年期、按季付息，票息为 4% 的债券。
   (4) 6 年期、零利差、半年付息的浮动利率债券。
   (5) 3 年期、利差为 35 个基点、年付息 1 次的浮动利率债券。
   (6) $4\frac{1}{4}$ 年期、利差为 50 个基点、年付息 1 次的浮动利率债券。

   表 3-6　2000 年 5 月 15 日的收益率曲线

期限	利率	期限	利率	期限	利率
0.25	6.33%	2.75	6.86%	5.25	6.39%
0.50	6.49%	3.00	6.83%	5.50	6.31%
0.75	6.62%	3.25	6.80%	5.75	6.24%
1.00	6.71%	3.50	6.76%	6.00	6.15%
1.25	6.79%	3.75	6.72%	6.25	6.05%
1.50	6.84%	4.00	6.67%	6.50	5.94%
1.75	6.87%	4.25	6.62%	6.75	5.81%
2.00	6.88%	4.50	6.57%	7.00	5.67%
2.25	6.89%	4.75	6.51%	7.25	5.50%
2.50	6.88%	5.00	6.45%	7.50	5.31%

   注：收益率曲线根据证券价格研究中心数据（每日国债）计算得出。

2. 一个投资者准备将 1 亿美元用于短期投资，现有两个不同的资产组合可供选择。投资者很担心市场利率波动的风险，试计算两个资产组合的久期后，找出哪个更符合投资者的目标？假设今天是 2000 年 5 月 15 日，也就是说可以参照表 3-6 计算。
   组合 A
   - 40% 投资于 $4\frac{1}{4}$ 年期、半年付息、票息为 5% 的债券。
   - 25% 投资于 7 年期、半年付息、票息为 2.5% 的债券。
   - 20% 投资于 $\frac{3}{4}$ 年期、30 个基点的利差、半年期付息 1 次的浮动利率债券。
   - 10% 投资于 1 年期零息债券。
   - 5% 投资于 2 年期、每季度付息、票息为 3% 的债券。

   组合 B
   - 40% 投资于 7 年期、每半年付息、票息为 10% 的债券。
   - 25% 投资于 $4\frac{1}{4}$ 年期、每季度付息、票息为 3% 的债券。
   - 20% 投资于 90 天零息债券。
   - 10% 投资于 2 年期、半年付息、利差为零的浮动利率债券。
   - 5% 投资于 $1\frac{1}{2}$ 年期、半年付息、票息为 6% 的债券。

3. 计算练习 1 中的债券的麦考利久期和修正久期。

4. 运用表 3-6 的收益率曲线，计算以下债券的美元久期：
   (1) 5 年期、半年付息、票息为 4% 的附息债券多头。
   (2) 7 年期零息债券空头。
   (3) $3\frac{1}{2}$ 年期、季度付息、票息为 7% 的附息债券多头。
   (4) 2 年期、0 利差、半年付息的浮动利率债券多头。
   (5) $2\frac{1}{4}$ 年期、0 利差、半年付息的浮动利率债券空头。
   (6) $5\frac{1}{4}$ 年期、25 个基点利差、半年付息的浮动利率债券空头。

5. 练习 2 中的投资者仍然担心利率的波动，除了久期以外，投资者还想知道以下信息：
   (1) 每个投资组合的美元久期是多少？

(2) 每个投资组合的基点价值是多少？
(3) 练习 2 中的结论还成立吗？

6. 由于发生了一个很不幸的意外事件，练习 2 中的投资者需要筹集 5 000 万美元的资金，他决定卖出长期债券筹资。这时，投资者面临两个选择：对于投资组合 A，除了卖出全部 7 年期附息债券（半年付息、2.5%）外，其他债券都等额卖出，以获得 5 000 万美元；对于投资组合 B，除了卖出全部 7 年期附息债券（半年付息、10%）外，其他债券都等额卖出，以获得 5 000 万美元。
(1) 每种策略分别需要卖出多少债券？
(2) 每个投资组合新的美元久期分别是多少？
(3) 练习 2 中的结论还成立吗？

练习 7~12，请使用表 3-7 中两个不同时期的收益率曲线，并且使用以下的投资组合：
- 2 000 万美元 6 年期、逆向浮动债券多头，其每季度付息的票息如下：

$$t \text{ 期的票息} = 20\% - r_4(t - 0.25)$$

其中 r_4 表示按季度复利的 3 个月期利率。
- 2 000 万 4 年期、45 个基点利差、半年付息的浮动利率债券多头。
- 3 000 万 5 年期零息债券空头。

表 3-7 两个不同时间点的利率期限结构

期限	1994/02/15 利率(c.c.)	1994/02/15 $Z(t, T)$	1994/05/13 利率(c.c.)	1994/05/13 $Z(t, T)$
0.25	3.53%	0.991 2	4.13%	0.989 7
0.50	3.56%	0.982 4	4.74%	0.976 6
0.75	3.77%	0.972 1	5.07%	0.962 7
1.00	3.82%	0.962 5	5.19%	0.949 5
1.25	3.97%	0.951 6	5.49%	0.933 7
1.50	4.14%	0.939 8	5.64%	0.918 9
1.75	4.23%	0.928 7	5.89%	0.902 0
2.00	4.43%	0.915 1	6.04%	0.886 2
2.25	4.53%	0.903 1	6.13%	0.871 2
2.50	4.57%	0.892 1	6.23%	0.855 8
2.75	4.71%	0.878 6	6.31%	0.840 6
3.00	4.76%	0.867 0	6.39%	0.825 5
3.25	4.89%	0.853 1	6.42%	0.811 7
3.50	4.98%	0.840 0	6.52%	0.795 9
3.75	5.07%	0.826 8	6.61%	0.780 5
4.00	5.13%	0.814 5	6.66%	0.766 3
4.25	5.18%	0.802 3	6.71%	0.751 9
4.50	5.26%	0.789 3	6.73%	0.738 7
4.75	5.31%	0.777 0	6.77%	0.725 1
5.00	5.38%	0.764 1	6.83%	0.710 6
5.25	5.42%	0.752 5	6.86%	0.697 7
5.50	5.43%	0.741 8	6.89%	0.684 6
5.75	5.49%	0.729 3	6.93%	0.671 3
6.00	5.53%	0.717 6	6.88%	0.661 9

注：收益率曲线根据 GRSP（每日国债）的数据计算而得。

7. 在 1994 年 2 月 15 日时：
(1) 资产组合的总价值是多少？
(2) 资产组合的美元久期是多少？

8. 假设你担心利率波动，准备用 3 年期、半年付息、票息为 4% 的债券进行风险对冲。
(1) 要使原来的资产组合对利率波动免疫，需要做多还是做空多少这种债券？
(2) 对冲完成后资产组合的价值是多少？

9. 假设现在是 1994 年 5 月 13 日，收益率曲线按表 3-7 产生了变化。
(1) 没有对冲时，原资产组合在此时的价值是多少？
(2) 对冲后的资产组合价值是多少？
(3) 对冲后的组合与未对冲的组合，在这个时间点上的价值还是一样吗？免疫策略是否有效？你怎么知道价值的改变不是因为到期时间变化引起的付息情况变化而导致的？

10. 假设收益率曲线在 1994 年 2 月 15 日立刻就变动了而不是 6 个月之后才变动的。
(1) 没有对冲时，资产组合的价值是多少？
(2) 对冲后资产组合价值呢？

11. 现在请站在 1994 年 5 月 13 日这个时间点上，使用 1994 年 2 月 15 日的收益率曲线对现金流定价：
(1) 没有对冲时，资产组合的价值是多少？
(2) 对冲后资产组合价值是多少？

12. 根据练习 7~11 的答案，回答以下问题：
(1) 单纯因为时间变化而利率（收益率曲线）

不变时，资产组合的价值变动是怎样的？
(2) 以上差异是种损失吗？
(3) 一旦调整了息票利息，利率变化给资产组合价值带来的变动是怎么样的？

案例研究：1994 年奥兰治县破产事件

正如在 3.1.2 节中讨论的一样，1994 年加州奥兰治县由于利率从 4%[一]增长到 5.7%，致使其 75 亿美元的资产池遭受了 16 亿美元的损失，[二]图 3-6 呈现的就是 1994 年利率水平陡然上升的情况。

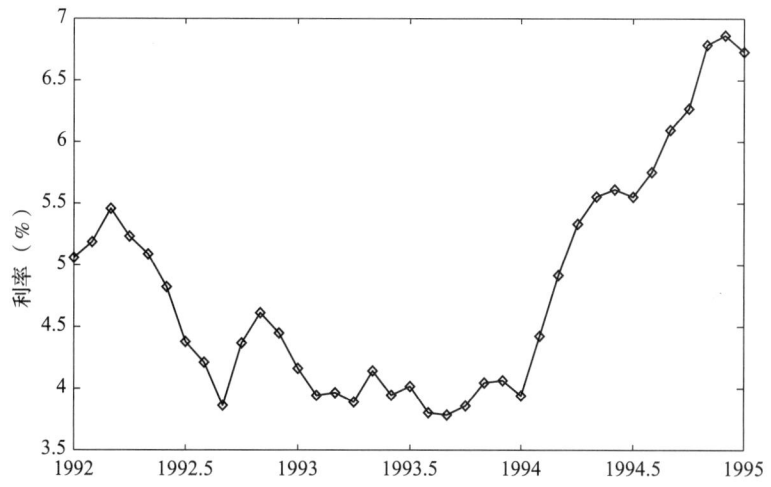

图 3-6　1992～1994 年的利率水平

资料来源：CRSP（美国证券价格研究中心）。

本章学到的知识，能帮助我们理解奥兰治县的资产组合中，究竟存在怎样的风险敞口，才导致了如此严重的损失。

参考点：如果奥兰治县只投资于零息债券会怎么样

研究这一案例时，一个有用的出发点是假设奥兰治县只投资了零息债券，然后再来分析，应是怎样的期限结构，才会导致 16 亿美元的巨额损失，这可以用 3.2 节中久期的概念来展开。回想一下，久期是指证券或者资产组合对于利率期限结构平移的敏感程度（负的）。具体来讲，就是式(3-1)所定义的

$$\text{久期} = D_P = -\frac{1}{P} \times \frac{dP}{dr} \qquad (3\text{-}45)$$

我们知道资产组合的价值在利率上涨之前接近 75 亿美元，因此 $P = 7.5$。另外，利率水平的变动 $dr = 6.7\% - 4\% = 0.027$。最后，$dP = -1.6$，将这些值代入式(3-45)中，我们可以发现

$$\text{久期} = -\frac{1}{7.5} \times \frac{-1.6}{0.027} = 7.90 \qquad (3\text{-}46)$$

也就是说，如果奥兰治县的资产只是投资于国债，根据事后的损失情况，我们可以推导出其资

[一] 原文为 3%，根据上下文和图，修订为了 4%。——译者注
[二] 这个部分以及以下部分的讨论都是基于公开可得信息，并且这些都是用来介绍我们在这章所讲的概念，并没有针对任何相关方的指责。描述材料都是从 ERISK 的案例研究中所得。下载地址：http//www.erisk.com/Learning/CaseStudies/Orange County.asp。

产组合的久期为 7.90。根据式(3-5)和式(3-6)可知，零息债券的久期是其到期时间。也就是说，奥兰治县如果将资金全部投到 7.9 年后到期的零息债券，其遭受的损失将和事件中的一样。

杠杆风险

然而奥兰治县的资金投资并不是全部投资于国债。通过回购市场，奥兰治县的资产组合总额被提升到了 205 亿美元(可参看第 1 章中，关于回购合约的说明)。实际上，奥兰治县正是以流动性比较高的国债作为担保，在回购市场上获得资金，再投资于其他国债或证券来放大其投资总额的。

现在我们只考虑杠杆的影响。首先，杠杆化后的久期，要使用资产负债久期计算式(3-44)来计算，即杠杆资产的久期 $= w_A \times D_A + w_L \times D_L$ \hfill (3-47)

其中 $w_A = \dfrac{A}{(A-L)} = \dfrac{20.5}{7.5}$，$w_L = \dfrac{-L}{(A-L)}$。负债是通过回购市场得来的，用隔夜利率融资，因此负债的久期接近为零。即 $D_L \approx 0$。资产的久期为

$$D_A = -\frac{1}{20.5} \times \frac{-1.6}{0.027} = 2.89 \tag{3-48}$$

另一方面，前面已经计算过，$w_A \times D_A = 7.90$。根据两边计算的结果，可以得到奥兰治县的资产组合损失情况，等同于只投资于到期时间为 2.89 的短期零息债券。表现上看，这样的投资似乎很安全，但是过高的杠杆会使资产的久期成倍地放大，这正是奥兰治县在利率上涨 1.7% 之后会损失 16 亿美元的原因。

逆向浮动利率债券风险

奥兰治县资产组合破纪录的损失，虽然主要原因是杠杆作用，但是引发这种损失的直接诱因是利率的波动和逆向浮动利率债券的逆向浮动特征。回顾第 2 章所讲的内容我们可以知道，逆向浮动利率债券的利息收益与短期利率波动呈负相关。这意味着当利率水平上升时，逆向浮动利率债券的价格将从两个方向受到负的冲击。

(1) 折现方面：利率水平上升后，零息债券的价格会因为未来现金流的现值下降而下降。

(2) 现金流方面：利率水平上升后，逆向浮动利率债券的利息支付会随利率水平呈相反方向变动，也就是其得到的实际现金流会下降。

逆向浮动利率债券对利率变动的敏感程度，也可以通过久期的定义来计算。具体如何计算呢？正如我们知道的，逆向浮动利率债券是由更基础的证券组成的，而这些基础证券的久期很容易计算。

具体来看，根据第 2 章式(2-43)，对到期时间为 T 和年付利率为 $c(t)$ 的逆向浮动利率债券(普通香草债券)的价格 P_{IF}。其中 $c(t) = \bar{c} - r_1(t-1)$

$$P_{IF}(0,T) = P_z(0,T) + P_c(0,T) - P_{FR}(0,T) \tag{3-49}$$

其中 $P_z(0,T)$ 是零息债券的价格，$P_c(0,T)$ 是附息债券 $\bar{c}$ 的价格，$P_{FR}(0,T)$ 是浮动利率债券的价格，它们的到期期限都是 T。再根据式(3-10)，就可以计算出逆向浮动利率债券的久期了。

考虑第 2 章中我们讨论过的简单例子，其中 $\bar{c} = 15\%$，$T=3$，按年付息。可以得到 $P_{IF}(0,3) = 116.28$ 美元，$P_z(0,3) = 87.45$，$P_c(0,3) = 128.83$，$P_{FR}(0,3) = 100$。逆向浮动利率债券的久期就可以计算为

$$D_{逆向浮动利率债券} = \omega_{零息债券} \times D_{零息债券} + \omega_{固定利率债券} \times D_{浮动利率债券} + \omega_{浮动利率债券} \times D_{浮动利率债券} \tag{3-50}$$

其中 $\omega_{零息债券} = \dfrac{P_z(0,3)}{P_{IF}(0,3)} = 0.7521$，$\omega_{固定利率债券} = \dfrac{P_c(0,3)}{P_{IF}(0,3)} = 1.1079$，$\omega_{浮动利率债券} = \dfrac{-P_{FR}(0,3)}{P_{IF}(0,3)} = -0.8600$，这些都是它们的权重。零息债券的久期就是它的到期日，也就是说 $D_{零息债券} = 3$。每年付息的浮动利率债券的久期为其第一次付息后的剩余时间，因此 $D_{浮动利率债券} = 1$，剩下的唯一的项目就是固定利率债券的久期了，表 3-8 列出了计算的过程，得到 $D_{固定利率债券} = 2.6684$。把上述数值代入

式(3-50)可得

$$D_{\text{逆向浮动利率债券}} = \omega_{\text{零息债券}} \times D_{\text{零息债券}} + \omega_{\text{固定利率债券}} \times D_{\text{固定利率债券}} + \omega_{\text{浮动利率债券}} \times D_{\text{浮动利率债券}}$$
$$= 0.7521 \times 3 + 1.1079 \times 2.6685 - 0.8600 \times 1$$
$$= 4.35$$

3年期逆向浮动利率债券的久期是4.35。一个需要特别注意的关键点是：逆向浮动利率债券的久期比它的到期日(3年)要大。从这个角度来说，将久期理解为现金流时间的平均值是没有意义的，因为久期更准确的含义是证券价格对利率波动敏感性的衡量。根据现金流随利率波动的变化情况，这种敏感度既可能比证券本身到期日更大，也可能更小。

表3-8　15%固定利率债券的久期

日期	现金流	贴现现金流	权重(w)	T	$w \times T$
1994/12/31	0.15	0.1446	0.1123	1	0.1123
1995/12/31	0.15	0.1379	0.1070	2	0.2141
1996/12/31	1.15	1.0057	0.7807	3	2.3421
总价值		1.2884		久期	2.6685

有杠杆的逆向浮动利率债券的风险

别忘记，杠杆化的逆向浮动利率债券，其利率会随市场利率的变化而逆向浮动，而且变化幅度会更大。正如在第2章中2.8.4节讨论的一样，有杠杆的逆向浮动利率债券的票息为

$$c(t) = 25\% - 2 \times r_1(t-1) \tag{3-51}$$

根据第2章有杠杆的逆向浮动利率债券的价格计算方法为[①]：

$$P_{LIF}(0,T) = 2 \times P_z(0,T) + P_c(0,T) - 2 \times P_{FR}(0,T) \tag{3-52}$$

为了计算有杠杆的逆向浮动利率债券的久期，我们需要计算固定利率债券的久期。用表3-8一样的步骤，将其中的票息改为$c = 25\%$，可以计算出此时附息债券的久期$D_c = 2.5448$。得到这个之后我们就可以计算出有杠杆的逆向浮动利率债券的久期了。表3-9是其详细的计算。3年期有杠杆的逆向浮动债券的久期为5.5040，几乎是其到期时间的两倍。由此可见，这种证券对利率波动的敏感度是很高的。

表3-9　逆向浮动利率债券的久期

证券	价值	权重(w)	久期(D)	$D \times w$
$2 \times P_z(3)$	174.91	1.3320	3.00	3.9959
$P_c(3)$	156.41	1.1911	2.5448	3.0311
$-2 \times P_{FR}(3)$	-200.00	-1.5231	1.00	-1.5231
总价值	103.78		久期	5.5040

从奥兰治县资产组合中我们可以推断出什么

通过这些数据，我们可以对奥兰治县的资产组合有一个直观的认识，奥兰治县的资产组合中有28亿美元是由"逆向浮动债券[…]，指数摊还债券，抵押担保债券"[②]组成的。简单来讲，我们假设28亿美元只是投资于有杠杆的逆向浮动债券，而其他部分都是投资于国债，那么其他投资的久期是多少呢？

---

　①　我们依旧简单假设$c(t) > 0$，即$r_1(t) < \dfrac{25\%}{2}$。

　②　参见 ERISK 案例，奥兰治县(2001)第2页。

令 $x = \frac{2.8}{20.5} = 0.1366$，$x$ 是投资有杠杆的逆向浮动利率债券在总资产中的占比。那么我们就可以知道

$$\text{总资产的久期} = x \times \text{有杠杆的逆向浮动利率债券的久期} + (1-x) \times \text{国债的久期} \quad (3\text{-}53)$$

因为 $x = 0.1366$，有杠杆的逆向浮动利率债券的久期为 5.504 0，全部资产整体的久期为 2.89，则

$$\text{国债的久期} = \frac{2.89 - 0.1366 \times 5.5040}{1 - 0.1366} = 2.4764 \quad (3\text{-}54)$$

上述计算结果表明，奥兰治县的 205 亿美元资产中的大部分都投在了国债上（其久期仅为 2.476 4）。然而，过高的杠杆比例和高度杠杆化的逆向浮动利率债券，其久期会远高于普通国债本身，在利率上升时完全可能造成巨大的损失。

结论

总结起来，这个案例说明了固定收益证券可能潜藏的风险，特别是杠杆化头寸的巨大风险。结构化的证券，如杠杆化的逆向浮动利率债券，会有额外的其他风险，这是风险管理者必须意识到的。就这个案例来说，哪怕是在债券的平均到期时间都很短的情况下，这些证券或投资组合的风险也可能会很高。从这个意义上来说，将久期看作现金流支付时间的加权平均值完全是一种误导。像在这个案例中所看到的，奥兰治县只是主要投资了短期国债和有杠杆的逆向浮动利率债券，但是即使是这样，其资产组合对于利率变动的敏感程度仍然很高，也就是说风险还是很大。

事件分析：奥兰治县资产组合的事前风险分析

事后分析可能会觉得，是奥兰治县的投资策略错误导致了自己的灾难，但是任何合理的分析，都应同时将事前信息考虑进去。具体来讲，对奥兰治县的财政部门来讲，事前是否存在某种预警？债权人有没有意识到他们资产组合潜在的风险？我们可以分别用在 3.2.8 节和 3.2.9 节中讲的在险价值和预期损失概念来解释。根据截至 1994 年 1 月⊖所能获得的信息，运用历史分布法和正态分布法分别进行风险估算。

1. 历史分布法

我们可以用过去利率水平变动 dr 为基础来计算资产组合价值的潜在变化 dP。图 3-7a 展示了利率水平变化的月平均值。图 3-7b 是根据图 3-7a 中的值做成的直方图，即描述了每个波动幅度出现的频率。我们可以看到，大幅度的升降概率很低，但还是偶尔会发生。根据利率变动 dr 的情况，乘以 $-D_P \times P$ 就可以得到 dP 的变动情况。图 3-8 绘出了资产组合价值变化（资产组合损益）的柱状图。根据其分布就可以计算出 99% 置信水平下可能发生的最大损失。从分布的左边开始向右数，直到我们找到 1% 那个观测点的值，这个点的值就是每月、在 99% 置信水平下、用历史分布法得出的在险价值，在这个例子中为 7.15 亿美元。也就是说，奥兰治县的资产只有 1% 的可能在 1 个月内损失超过 7.15 亿美元。而将所有资产损失中大于 7.15 亿美元的值进行平均，可以计算出其相应的预期损失为 9.9 亿美元。也就是说，奥兰治县资产组合每月的预期损失，在极端事件下为 9.9 亿美元。

2. 正态分布法

我们还可以假设利率变动呈正态分布。举例说，如果 dr 是正态分布的，dP 也是正态分布的。从图 3-7 前面表格中的数据可以计算 dr 的历史平均值和方差，同样也可以算出 dP 的均值和方差，可以发现

⊖ 值得一提的是，在这个日期之前，在险价值和期望损失还没有用来测算风险，也就是说，下面的计算并没有被提起过。

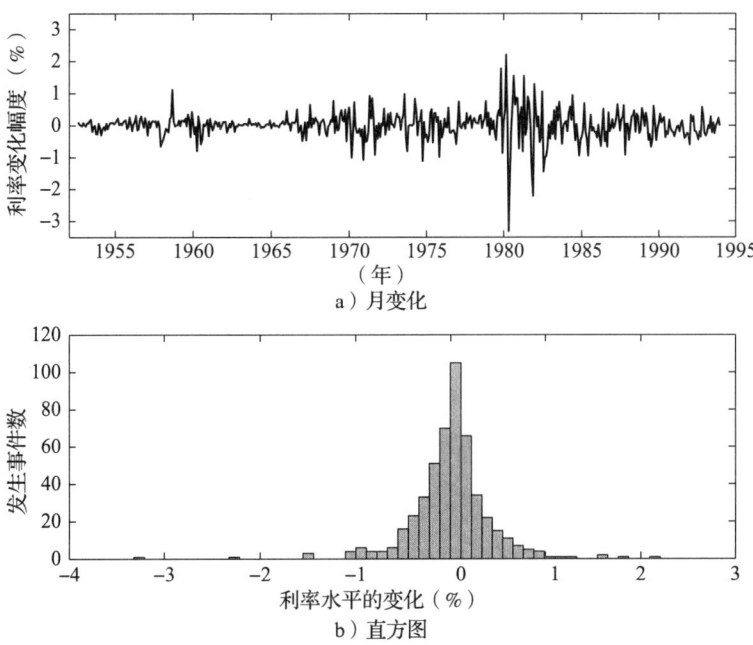

图 3-7 平均利率水平每月的波动

资料来源：证券价格研究中心。

$$\mathrm{d}r \text{ 的均值} = \hat{\mu}_{\mathrm{d}r} = 4.71E^{-0.5}, \quad \mathrm{d}r \text{ 的方差} = \hat{\sigma}_{\mathrm{d}r} = 0.004\,32$$

也就可以算出 $\mathrm{d}P$ 的均值 $= -D_P \times P \times \hat{\mu}_{\mathrm{d}r} = -0.002\,8$；

$$\mathrm{d}P \text{ 的标准差} = D_P \times P \times \hat{\sigma}_{\mathrm{d}r} = 0.256\,3$$

图 3-8 绘出了均值 $\mu_P = -0.002\,8$ 和标准差 $\sigma_{\mathrm{d}P} = 0.256\,3$ 的正态密度。在本例中，99%置信水平之下的最大损失可以通过正态分布的特性来计算，结果其在险价值 $\mathrm{VaR} = -(\mu_P - 2.326 \times \sigma_{\mathrm{d}P}) =$

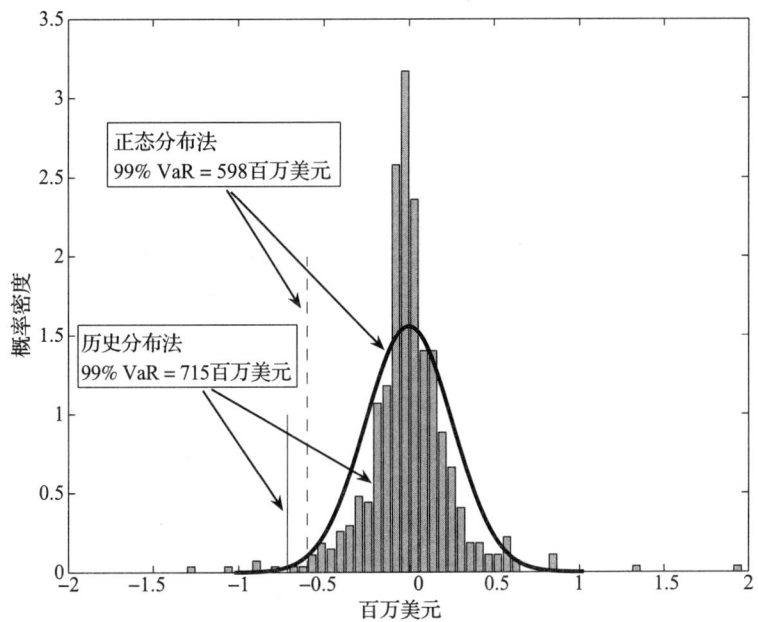

图 3-8 奥兰治县资产组合每月资产价值变动的分布

5.98亿美元。这个结果比历史分布法得到的结果要小,这是因为如图3-8所示的资产组合收益损失分布存在肥尾情况:极端事件在历史分布中比在正态分布中出现的概率更大。确实,通过事实3-7可知,在正态分布中99%置信水平之下的预期损失只有6.8亿美元,这比历史分布中预期损失9.9亿美元要小得多。

上面计算出来的在险价值还是比实际发生的16亿美元损失小了很多。不过,需要注意的很重要的一点是,在险价值是每月的数值,而奥兰治县的损失是经过了6个月之后的。那么,我们如何计算6个月期的在险价值呢?用正态分布法并且假设利率每月的变动是独立同分布的,这是一个很重要的假设,因为在这个假设下,收益才是可以预期的。这时,半年期的均值就是μ_P乘以6,标准差则是$\sigma_P \times \sqrt{6}$。在这个例子中,我们可以得到在99%置信水平之下,6个月期的在险价值将等于14.8亿美元,这就和奥兰治县遭受的实际损失接近了。

取样周期的重要性

在险价值的计算对于样本的选择很敏感。事实上,图3-7上方表中的利率水平波动在1994年之前的10年内是相对较低的。之所以月度利率水平波动的标准差$\sigma_{dr}=0.00432$会较高,主要是因为20世纪70年代和80年代初曾经出现过利率的大幅波动。如果我们把样本更严格地控制在5年期来计算利率波动dr,可以得到dr的标准差就只有$\sigma_{dr}=0.0028$了。这时,99%置信水平下、6个月期的在险价值也就只有6.68亿美元了,虽然数值也不小,但显然没有实际的事后损失高。

选择哪个样本时期更合适呢?利率水平的大幅波动是很难预期的。但是经常性的错误,是将某个利率的低波动时期错误地当作安全期。历史表明,低的波动经常发生在剧烈波动之后,因此选择近期小的波动时期会遭遇之后剧烈波动的情况,而波动变大,风险也就大了。显然,将剧烈波动情况纳入考查的、更长时间的样本周期选择,对风险管理者而言,会稳健得多。

结论

风险的事前分析不仅很难,而且存在诸多陷阱。在之前的部分,我们通过很多数据试图计算出奥兰治县资产组合的潜在风险。所得出来的风险值很大程度上取决于:①模型的选择是历史分布还是正态分布;②期限(1个月和6个月);③样本的选择(最近5年和更长期的样本);④风险的算法(在险价值法和预期损失法)。

自然而然,我们就会遇到以下问题:这些算法里面哪种是最好的?不幸的是,这很难区分。虽然看起来我们应该使用最保守的方法来计算,即用最大可能损失值的方法,可是,同样用不那么保守的算法也有一定的道理,因为一个资产管理者如果太过保守就会错过一些重要的盈利机会。这个例子最主要的目的在于告诉大家风险的计算是很难的,资产管理者需要经常性地对任何方法持怀疑态度,要经常问这样的风险测算是怎么得出来的。实际上,资产管理主要的风险之一,就是对某些风险测算方法过分依赖,而忽视了这些方法本身并不那么可靠,因为这些方法本身,很大程度上也是取决于其背后的算法和条件的。

附录3A 正态分布下的预期损失

在这个附录中,我们来推导一下正态分布下预期损失的计算方法,即式(3-34)。令dP表示资产组合的损益,因此损失值$L_T = -dP$。显然在$dP < -\text{VaR}$的时候$L_T >$在险价值VaR。令z作为和VaR相关的分位数。比如,在95%置信水平下VaR的分位数$z = 1.645$。根据式(3-30)有$dP \sim N(\mu_P, \sigma_P)$,则可得到:

$$E[L_T \mid L_T > \text{VaR}] = E[\text{d}P \mid \text{d}P < -\text{VaR}] = -E[\text{d}P \mid \text{d}P < (\mu_P - \sigma_P \times z)]$$
$$= \left\{ \mu_P + \sigma_P \times E\left[\left(\frac{\text{d}P - \mu_P}{\sigma_P}\right) \middle| \left(\frac{\text{d}P - \mu_P}{\sigma_P}\right) < -z \right] \right\} \tag{3-55}$$

其中 $X = \left(\dfrac{\text{d}P - \mu_P}{\sigma_P}\right)$ 是正态分布的标准差，因为

$$E[X \mid X < -z] = \frac{\int_{\infty}^{-z} x f(x)\,\text{d}x}{\int_{\infty}^{-z} f(x)\,\text{d}x} = \frac{-f(-z)}{\mathcal{N}(-z)}$$

将其代入式(3-55)，就可以得到式(3-34)的结果了。

第4章 利率风险管理进阶

本章我们将对一些利率风险管理的基础方法做进一步的改进和提高。第3章中所讨论的久期概念，是一种不错的能有效近似衡量固定收益工具风险的方法。但是，在此基础上，我们还可对其做进一步的完善，基本思路包括两个方面：首先我们应该认识到，债券价格与利率之间的关系是非线性的，而这却是久期估计中一个重要的隐含假设；其次，利率期限结构不是平行移动的，而这正好是久期概念中第二个重要的假设前提。如果在这两点上对模型进行扩展，将可以提高风险衡量的准确性并促进固定收益证券的利率风险管理实践的发展。

4.1 凸性

债券价格与利率之间的关系是非线性的。假设水平的利率期限结构为：$r=0.01$，$r=0.02$，$\cdots$，$r=0.15$。图4-1表示了5年期、10年期、20年期和30年期零息债券在上述假设的利率水平时的价值。从图4-1中可以看出，随着利率水平r上升，零息债券的价值会不断下降；并且随着利率水平的不断上升，零息债券价值变化会越来越小，这一点在长期零息债券中更加显著。

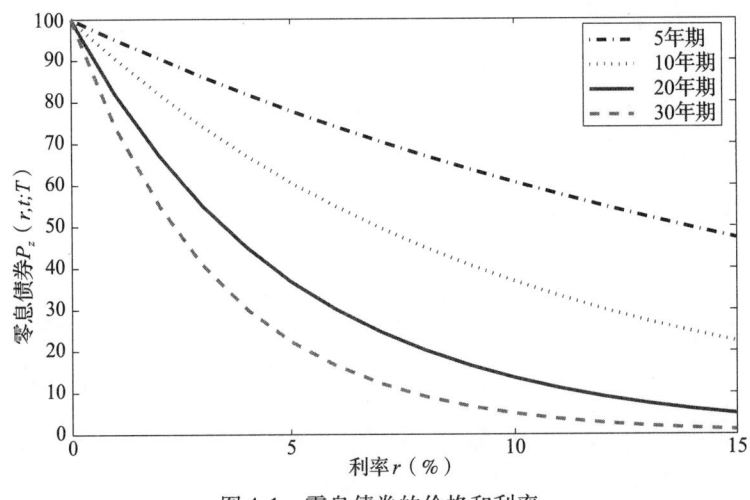

图4-1 零息债券的价格和利率

这一观察将影响利率风险的管理实践。第3章已经探讨了久期的概念，即利率期限结构的微小平移会带来的证券价格(负)变化率。

如图4-2所示，如果利率变化很大，用久期衡量出的近似值就不再合适了。在图4-2中，通过久期概念得到的债券价格变化趋势是一条直线。然而真实的债券价格变化则是一条曲线。

显然，对于微小的利率变化来说，这条直线与曲线是非常近似的。但是对于较大的利率变化来说，这种方法得到的估计值就可能很不准确。例如，一张 20 年期的零息债券，其利率从 5% 降到 2.5%，意味着其价格会从 36.79 美元上升到 60.65 美元。与之相对应，由于零息债券的久期等于其到期期限 $D = 20$，使用久期的估计值可以得到债券价值上升到 $36.79 - D \times P \times dr = 36.79 + 20 \times 36.79 \times 2.5\% = 55.18$（美元），价值比前者小。

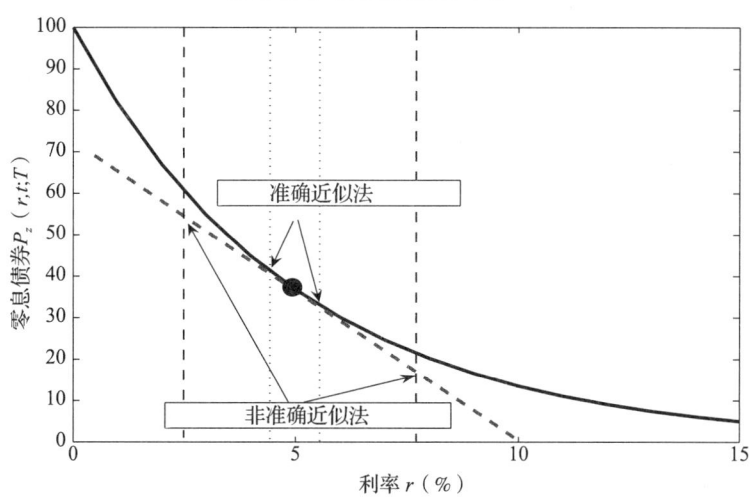

图 4-2 基于久期的债券价格估计值

为了更加精确地衡量利率期限结构变化对债券价格的影响，我们还必须考虑债券价格变化相对利率变化的凸性。凸性可以用二阶导数的概念来衡量。简言之，一阶导数衡量函数的斜率（见第 3 章定义 3-3），二阶导数衡量债券价格函数的弯曲程度。

定义 4-1

函数 $F(x)$ 的**二阶导数**（second derivative），表示为 $\dfrac{d^2 F(x)}{dr^2}$，是一阶导数的一阶导数

$$\frac{d^2 F(x)}{dr^2} = \frac{d\left(\dfrac{d^F(x)}{dr}\right)}{dr}$$

令 $F(x) = A \times e^{ax}$ 是关于 x 的函数，从定义 3-3 可知 $F(x)$ 的一阶导数是 $\dfrac{d^F}{dx} = aF(x)$，同样也是关于 x 的函数。那样 $F(x)$ 对 x 的二阶导数是

$$\frac{d^2 F}{dx^2} = A \times a^2 \times e^{ax} = a^2 \times F(x)$$

函数 $F(x)$ 的二阶导数衡量的是什么呢？如果说函数 $F(x)$ 的一阶导数表示其在点 x 处的斜率，那么二阶导数就表示其在同一个点 x 处的弯曲程度（曲度）。如图 4-3 所示，曲度有效度量了斜率的变化率。如果斜率的变化率为零，也就是说函数 $F(x)$ 是一条直线，即没有曲度。在这种情况下，二阶导数为零。

将图 4-3 所示的二阶导数的概念与图 4-2 中所示的久期结合起来，我们可以看出，利率变化会引起债券价格的变化，而引入债券价格函数的二阶导数有助于提高估计的准确性。

定义 4-2

价格为 P 的债券，其**凸性**（convexity）描述的是债券价格 P，其价格曲线随利率变化而导致曲线变

化，从而带来的价格 P 的变化比例，可用公式表示为

$$凸性 = C = \frac{1}{P} \times \frac{d^2 P}{dr^2} \tag{4-1}$$

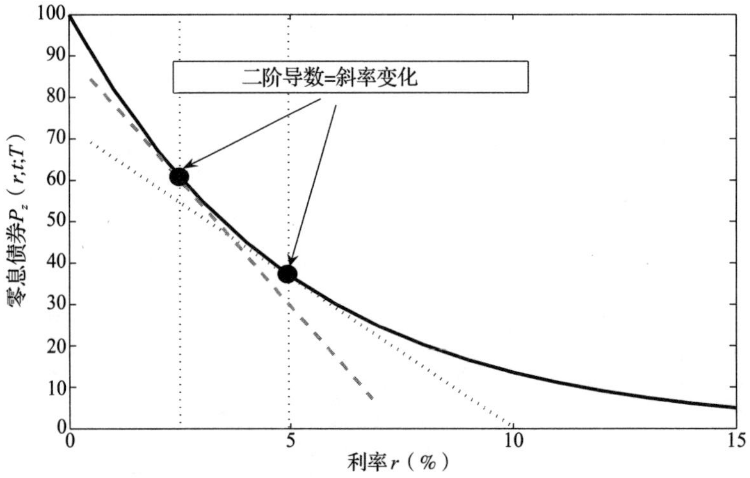

图 4-3 二阶导数

如果按照式(4-1)计算有价证券的凸性，我们就可以更准确地估计利率变动造成的债券价格变化。结合久期和凸性，可以发现如下事实。

○ **事实 4-1**

利率对债券价格变化影响的估计值可由如下公式得出：

$$\frac{dP}{P} = -D \times dr + \frac{1}{2} \times C \times dr^2 \tag{4-2}$$

换言之，根据凸性 C 得出的估计值，可对仅由久期得出的估计值进行修正，但凸性并不能替代久期，下面举例说明这一点。[⊖]图 4-4 描述了同时用久期和凸性估计利率对债券价格影响的

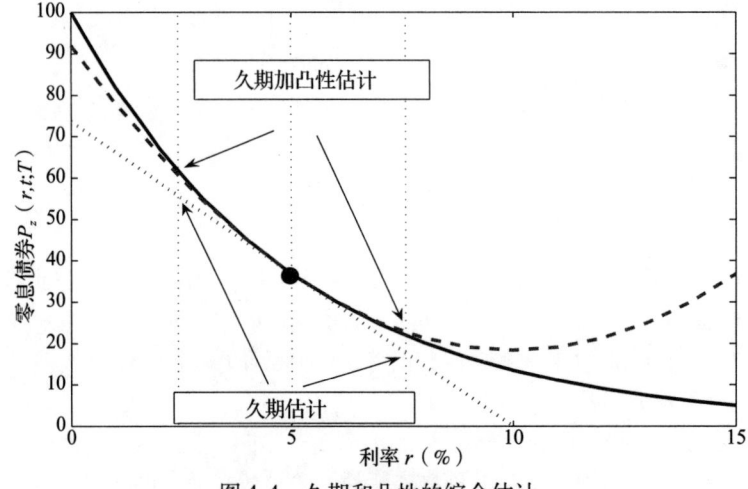

图 4-4 久期和凸性的综合估计

⊖ 式(4-2)是对证券价格直接使用泰勒二项式展开项得到的，这一结果需要对凸性 C 乘以 $\frac{1}{2}$。

优势。在图 4-2 中，虚线表示只使用久期的估计值，实线表示同时使用了久期和凸性的估计值。

4.1.1 零息债券的凸性

如久期一样，凸性也可以根据附息债券久期计算的原理来计算。这里，我们先从零息债券开始。零息债券价格可表示为

$$P_z(r,t;T) = 100 \times e^{-r \times (T-t)}$$

其价格对于利率 r 的一阶导数是 $\dfrac{dP_z}{dr} = -(T-t) \times P_z(r, t; T)$，则零息债券的凸性是

$$C_z = \frac{1}{P_z} \times \frac{d^2 P_z}{dr^2} \tag{4-3}$$

$$= \frac{1}{P_z} \times \{(T-t)^2 \times P_z(r,t;T)\} \tag{4-4}$$

$$= (T-t)^2 \tag{4-5}$$

例 4-1

图 4-2 中我们考虑了利率下降 2.5% 对 20 年期零息债券的影响。价格从 36.79 美元上升到了 60.65 美元，其中久期导致价格上升到 55.18 美元，比前者价格低。凸性弥补了其中的差异。事实上，$C_z = 20^2 = 400$。因此，由于利率下降 2.5% 引起的价格变化率为

$$\frac{dP}{P} = 20 \times 0.025 + \frac{1}{2} \times 400 \times (0.025)^2 = 0.625\,0$$

下降之后债券的近似价格为 $P_z(r, t; T) + dP = 36.76 + 0.625 \times 36.76 = 59.78$(美元)，比实际价值 60.65 美元更加接近。事实上，图 4-4 描绘出了这一结果。

4.1.2 证券组合的凸性

与久期相似，证券组合的凸性等于其中单个有价证券凸性的加权平均值，其中权重为各资产价值占证券组合总值的占比。该公式的推导与 3.2.2 中证券组合久期的推导相同，不再赘述，最终的结果如下。

○ 事实 4-2

令 N_i，$i = 1, \cdots, n$ 为证券组合中证券 $1, \cdots, n$ 的单位，令 P_i 表示各自的价格。那么证券组合的价值 $W = \sum_{i=1}^{n} N_i P_i$。令 C_i 为证券 i 的凸性，那么

$$\text{证券组合的凸性 } C_W = \sum_{i=1}^{n} \omega_i C_i \tag{4-6}$$

$$\text{其中 } \omega_i = \frac{N_i \times P_i}{W} \tag{4-7}$$

4.1.3 附息债券的凸性

使用式(4-6)的凸性公式，我们可以得到附息债券的久期。由于附息债券可以看作零息债券的组合，因此可以得到：

事实 4-3

到期日为 T，息票利率为 c，价格为 $P_c(t, T)$（其中 n 个付息时间分别为 $T_1, \cdots, T_n = T$）的附息债券的凸性为

$$C = \sum_{i=1}^{n} \omega_i \times C_{z,i} \tag{4-8}$$

其中 $C_{z,i} = (T_i - t)^2$ 并且

$$\omega_i = \frac{\frac{c}{2} \times P_z(t, T_i)}{P_c(t, T)} \quad \text{其中 } i = 1, \cdots, n-1 \tag{4-9}$$

$$\omega_n = \frac{\left(1 + \frac{c}{2}\right) \times P_z(t, T_n)}{P_c(t, T)} \tag{4-10}$$

代入之后我们发现凸性方程为

$$C = \frac{1}{P_c(t, T)} \times \left[\sum_{i=1}^{n-1} \frac{c}{2} \times P_z(t, T_i) \times (T_i - t)^2 + \left(1 + \frac{c}{2}\right) \times P_z(t, T_n) \times (T_n - t)^2 \right]$$

例 4-2

一个公司购买了 1 亿美元面值的 10 年期半年付息 5% 的附息债券。假设利率结构水平平稳维持在 4.5%。表 4-1 表明债券价格是 103.58 美元，也就意味着债券的价值为 1.035 8 亿美元，且久期为 8.03。久期价值意味着，如果债券的收益率上升 1%，从 4.5% 上升到 5.5%，可能会带来约 8% 的损失，因为

$$\frac{\mathrm{d}P}{P} \approx -D \times 0.01 = -0.080\ 3 = -8\%$$

表 4-1 10 年期，半年付息 5% 的附息债券的久期和凸性计算

时期 (i)	时间 (T_i)	现金流 (CF)	贴现率 $Z(0, T_i)$	贴现现金流 (CF × $Z(0, T_i)$)	权重 (w_i)	权重 × T_i ($w_i \times T_i$)	权重 × T_i^2 ($w_i \times T_i^2$)
1	0.5	2.5	0.977 8	2.44	0.024	0.011 8	0.005 9
2	1.0	2.5	0.956 0	2.39	0.023	0.023 1	0.023 1
3	1.5	2.5	0.934 7	2.34	0.023	0.033 8	0.050 8
4	2.0	2.5	0.913 9	2.28	0.022	0.044 1	0.088 2
5	2.5	2.5	0.893 6	2.23	0.022	0.053 9	0.134 8
6	3.0	2.5	0.873 7	2.18	0.021	0.063 3	0.189 8
7	3.5	2.5	0.854 3	2.14	0.021	0.072 2	0.252 6
8	4.0	2.5	0.835 3	2.09	0.020	0.080 6	0.322 6
9	4.5	2.5	0.816 7	2.04	0.020	0.088 7	0.399 2
10	5.0	2.5	0.798 5	2.00	0.019	0.096 4	0.481 8
11	5.5	2.5	0.780 8	1.95	0.019	0.103 6	0.570 1
12	6.0	2.5	0.763 4	1.91	0.018	0.110 6	0.663 3
13	6.5	2.5	0.746 4	1.87	0.018	0.117 1	0.761 2
14	7.0	2.5	0.729 8	1.82	0.018	0.123 3	0.863 1
15	7.5	2.5	0.713 6	1.78	0.017	0.129 2	0.968 8
16	8.0	2.5	0.697 7	1.74	0.017	0.134 7	1.077 8

(续)

时期 (i)	时间 (T_i)	现金流 (CF)	贴现率 $Z(0, T_i)$	贴现现金流 (CF × $Z(0, T_0)$)	权重 (w_i)	权重 × T_i ($w_i \times T_i$)	权重 × T_i^2 ($w_i \times T_i^2$)
17	8.5	2.5	0.6822	1.71	0.016	0.1400	1.1896
18	9.0	2.5	0.6670	1.67	0.016	0.1449	1.3040
19	9.5	2.5	0.6521	1.63	0.016	0.1495	1.4206
20	10.0	102.5	0.6376	65.36	0.631	6.3101	63.1010
				P = 103.58		D = 8.0309	C = 73.8682

表4-1表明在这个点上凸性为73.87，加上凸性后，可得其损失约为7.66%，计算过程如下：

$$\frac{dP}{P} \approx -D \times 0.01 + \frac{1}{2} \times C \times (0.01)^2 = -0.07662 = -7.66\%$$

我们可以简单假设利率结构水平稳定在5.5%来计算债券价格的变动，以证明后一种方法的估计值和实际情况间的近似情况。在表4-1中，价格从103.58美元降到了95.63美元，变动程度为：$\frac{dP}{P} = \frac{95.63 - 103.58}{103.58} = -7.67\%$，这加入了凸性后计算出来的值，确实与实际情况非常接近了。

4.1.4 正的凸性：对于平均收益而言的好消息

准确预测短期利率水平的变动是非常困难的。从长期而言，如果当前利率水平很低，我们会预期其会上升；如果当前利率水平很高，我们会预期其将会下降。但是对于隔天的利率变动却是很难预测的。假设我们投资了1亿美元在20年期的零息债券中，利率变动为dr，久期计算让我们能计算出预期的回报：

$$\frac{dP}{P} = -D \times dr = -20 \times dr \tag{4-11}$$

因此，假设利率水平变动一个基点(dr = 0.01%)那我们将承受投资总额0.2% = 20 × 0.01%，也就是200 000美元的损失。同样地，如果利率水平降低1个基点(dr = -0.01%)，那我们将获利200 000美元。我们可以预测今天和明天之间我们将挣多少钱吗？回答是：如果我们不能预测利率水平的变动dr，也就无法预测回报。我们可以用$E[dr]$来表示预期利率水平的变动，$E\left[\frac{dP}{P}\right]$表示预期收益。因为我们刚刚说到$E[dr]=0$，式(4-11)告诉我们$E\left[\frac{dP}{P}\right] = -20 \times E[dr] = 0$。如果我们考虑凸性会怎么样呢？运用式(4-2)并且回想20年期零息债券的凸性$C=400$，我们可以得到：

$$E\left[\frac{dP}{p}\right] = -20 \times E[dr] + \frac{1}{2} \times 400 \times E[dr^2] \tag{4-12}$$

$E[dr^2]$是什么？统计上来说$E[dr]=0$是利率水平变动的数量。也就是说，这是测量利率每日波动的指数。核心观点是虽然我们不知道今明两天之间利率波动的方向，但我们能确定利率水平是很有可能波动的，即利率的变化是必然的，$E[dr^2]>0$。图4-5描绘了过去3年利率水平的每日波动：能清楚地看到利率几乎每天都在变。⊖

⊖ 每日利率变动曲线，是基于GRSP(每日国债)数据，并用扩展的Nelson-Siegel模型计算所得，2009年证券价格研究中心(GRSP)，芝加哥布斯商学院。

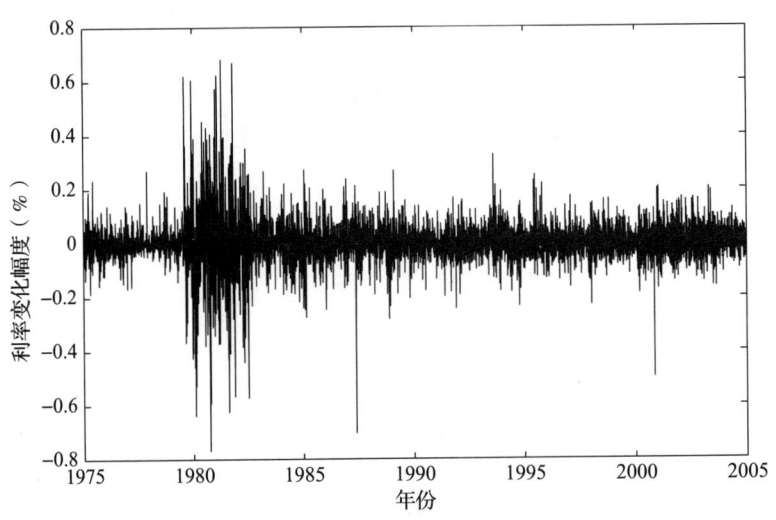

图 4-5 利率水平的每日波动

资料来源：证券价格研究中心。

为什么说这对于计算 20 年期债券的回报有意义呢？原因在于假设利率变动的方差为 $E[\,dr^2\,] = 5.535\,1 \times 10^{-7}$，那么

$$E\left[\frac{dP}{p}\right] = -20 \times 0 + \frac{1}{2} \times 400 \times E[\,dr^2\,] = 1.11 \times 10^{-4} > 0 \quad (4\text{-}13)$$

虽然这个数值看起来很小，但这是每日的回报。为了更好地评估回报的大小，我们可以通过把这个数值乘以通常而言每年交易的天数 252。在上例中，可以发现年化后加凸性的预期回报为 $1.11 \times 10^{-4} \times 252 = 2.79\%$。如果投资额为 1 亿美元，加上凸性的每日回报可达 11 070 美元 $= 1.11 \times 10^{-4} \times 100\,000\,000$ 美元。

这种由于利率变化而得到的正的平均收入是"免费的午餐"吗？不是的，在接下来的章节中我们会发现，这种正的回报会被债券更低的到期收益率对冲掉。实际上，在无套利条件下，债券的凸性和到期收益率之间必然会有某种平衡关系。

4.1.5 一个常见的误区

一个常见的误区在于把"凸性"看作"久期的变化"。像之前定义所说的，这种想法是错误的。举个简单的例子：零息债券的久期等于其到期时间是持续独立于利率变化的，而正如之前计算的，零息债券的凸性并不为零。⊖

相反，正确的说法是：凸性是函数的曲率，是用二阶导数表示的函数斜率的变动，而函数的斜率则用一阶导数表示。套用第 3 章的专业术语，我们可以得到美元凸性的表达式为

$$\text{美元凸性 } C^\$ = \frac{d^2 P}{dr^2} \quad (4\text{-}14)$$

⊖ 我忍不住要分享一些让我写这一小部分的原因：我在芝加哥布斯商学院期间，我的学生在很多次工作面试的时候被问道："20 年期零息债券的久期是多少？"我的学生会回答"20"。面试官会问"那么 20 年期零息债券的凸性是多少？"我的学生（经常是准备充分的学生）会回答"400"（20^2）。面试官这个时候就会说"啊哈！我抓住你犯的错了！你知道，零息债券的久期和利率水平是相互独立的，因此零息债券的凸性是零"。不幸的是，就像我们前面证明的那样，面试官是错的。

在这个例子中,美元凸性确实和 3.27 部分定义的美元久期的变动有关。通过二阶导数的定义我们可以发现,美元凸性等于美元久期的负向变动。需要注意的是,附息债券的美元凸性不是固定的,因为其美元凸性等于 $(T-t)^{\times} P_z(r, t; T)$,而零息债券的凸性与利率水平无关。

4.1.6 凸性和风险管理

加入了凸性会对风险管理的效果有所改进,特别是当收益率曲线存在实质性变化的时候。为了更好地说明凸性对对冲策略的影响,我们再来看看例 4-2。

👉 例 4-3

假设例子 4-2 中的公司担心他们的资产组合会因为利率水平的上升而遭受损失。首先让我们考虑一下久期对冲策略的效果。为了简便起见,我们假设公司决定买入 k 单位价格为 $P_z(0, T)$ 的 10 年期零息债券来对冲利率风险。从表 4-1 可知,这个零息债券的价值是 $P_z(0, T) = 100 \times Z(0, T) = 63.76$ 美元,久期为 $D_z = 10$。设 P 为债券的价格(从表 4-1 看出 $P = 103.58$ 美元),k 为多少的时候资产组合 $V = P + k \times P_z(0, T)$ 对于收益率曲线的平行移动不再敏感呢?从第 3 章我们知道,$dV = 0$ 时,即

$$k = -\frac{D \times P}{D_z \times P_z(0,T)} = \frac{8.03 \times 103.58}{10 \times 63.76} = -1.3045 \tag{4-15}$$

也就是说,为了对冲利率结构平行移动的风险,公司必须卖出 1.304 5 单位 10 年期零息债券。我们假设公司从回购市场卖出债券(见第 1 章),即从回购卖家那里借入零息债券,再以 $1.3045 \times P_z(0, T) = 83.18$ 美元的价格将债券卖向市场,然后将现金给回购的卖家。这些假设意味着,这种零息债券的交易成本为零。○

现在考虑收益率曲线变动的情况。我们探索一下以下几个场景:小的变动 dr 为 10 个基本点,中等的变动为 $dr = 1\%$,大的变动为 $dr = 2\%$。在这 3 种情形下,久期对冲分别是怎么表现的呢?为了回答这个问题,我们需要重新计算债券的价值 P 和新利率水平下的 $P_z(0, T)$。首先,重新计算资产组合的价值 $V = P + k \times P_z(0, T)$,然后与资产组合的初始价值相比,看看其中的差异。表 4-2 中 A 中显示了计算的结果,第 1 列表示利率变动的幅度,第 2 列和第 3 列分别表示在不同利率水平下债券价值 P 和零息债券 $P_z(0, T)$ 的价值;第 4 列表明了零息债券的头寸,该头寸不因利率的变化而变动;第 5 列表示资产组合价值的变化值 dV,正如我们看到的,当利率水平波动 dr 很小为 10 个基本点的时候,资产组合价的值变动也很小。然而,当收益率曲线有较大的波动时,仍然会造成损失,且会随利率波动幅度的加大而增大。另外,需要注意的是,对冲后的资产组合,不论是利率上升还是下降都会出现损失。

表 4-2 久期对冲与久期和凸性对冲

A:久期对冲				
当期变化	P	$P_z(0, T)$	仓位	资产组合价值变动
初始价值	103.58	63.76	-1.304 5	
$dr = 0.1\%$	102.75	63.13	-1.304 5	-0.000 3
$dr = 1.0\%$	95.63	57.69	-1.304 5	-0.031 8
$dr = 2.0\%$	88.38	52.20	-1.304 5	-0.121 0
$dr = -0.1\%$	104.41	64.40	-1.304 5	-0.000 3
$dr = -1.0\%$	112.29	70.47	-1.304 5	-0.035 0
$dr = -2.0\%$	121.84	77.88	-1.304 5	0.147 4

○ 公司同样可以如第 5 章第 6 章中介绍的选择期货合约或远期合约,同样也可以达到零成本。

(续)

		B：久期和凸性对冲				
当期变化	P	$P_z(0, T)$	$P_z(0, T_2)$	仓位 k_1	仓位 k_2	资产组合价值变动
初始价值	103.58	91.39	63.76	−0.4562	−1.1737	
$dr = 0.1\%$	102.75	91.21	63.13	−0.4562	−1.1737	0.0000
$dr = 1.0\%$	95.63	89.58	57.69	−0.4562	−1.1737	0.0003
$dr = 2.0\%$	88.38	87.81	52.20	−0.4562	−1.1737	0.0023
$dr = -0.1\%$	104.41	91.58	64.40	−0.4562	−1.1737	0.0000
$dr = -1.0\%$	112.29	93.24	70.47	−0.4562	−1.1737	−0.0003
$dr = -2.0\%$	121.84	95.12	77.88	−0.4562	−1.1737	−0.0027

例4-3表明，即使是对冲了的资产组合，在利率变动较大的情况之下，不管利率上升还是下降都可能会造成损失。其原因是上述对冲策略未考虑凸性的影响。事实上，可以将对冲后的资产组合的价格变化表示为[⊖]

$$dV = dP + k \times dP_z$$

用式(4-2)中的近似值取代 dP 和 dP_z，我们可以得到

$$dV = -D \times P \times dr + \frac{1}{2} \times P \times C \times dr^2 \quad (变换 dP)$$

$$+ k \times (D_z \times P_z \times dr + \frac{1}{2} \times P_z \times C \times dr^2) \quad (变换 k \times dP_z)$$

将 dr 项和 dr^2 项合并可得

$$dV = -(D \times P + k \times D_z \times P_z) \times dr + \frac{1}{2} \times (P \times C + k \times P_z \times C) \times dr^2 \quad (4-16)$$

将久期对冲(式(4-15))的参数代入式(4-16)可以消除其中的第一个系数，不过，第二个系数通常不为零。如果这个系数是负数，那么因为 $dr^2 > 0$，不论利率怎么变动，久期对冲策略都会倾向于产生损失；反之，如果第二项系数为正数，则久期对冲策略会获得收益。

一种既能对冲利率大幅波动也能对冲利率小幅波动的策略，是同时选择零息债券的数量 k 和到期时间 T，使得式(4-16)中的两个系数都为零。

另外，我们也可以同时用两种证券来同时对冲久期和凸性。后面的策略运用起来更简单，因为我们可以从可选证券中自由选取，包括我们在第5章和第6章中讲的衍生工具远期和期货等。

具体来讲，令 P_1 和 P_2 表示两种债券的价格，比如，一种是短期零息债券，另一种是长期零息债券，它们的久期和凸性分别为 D_1，D_2，C_1，C_2。令 k_1，k_2 为这两种债券的数量，那么对冲后资产组合的价值可以表示为

$$V = P + k_1 \times P_1 + k_2 \times P_2$$

如果资产组合在利率变动 dr 的情况之下其价值不受影响，即 $dV = 0$，表明整个资产组合大项保值成功了。考虑式(4-2)中的凸性因素后，我们可以得到：

$$dV = dP + k_1 \times dP_1 + k_2 \times dP_2$$

$$= -D \times P \times dr + \frac{1}{2} \times P \times C \times dr^2 \quad (初始债券价值变动 dP)$$

$$- k_1 \times D_1 \times P_1 \times dr + \frac{1}{2} \times k_1 \times P_1 \times C_1 \times dr^2 \quad (债券1变动 dP_1)$$

⊖ 为了简便起见，我们将零息债券 $P_z(0, T)$ 用 P_z 代替。

$$- k_2 \times D_2 \times P_2 \times \mathrm{d}r + \frac{1}{2} \times k_2 \times P_2 \times C_2 \times \mathrm{d}r^2 \quad （债券 2 变动 \mathrm{d}P_2）$$

将 $\mathrm{d}r$ 项和 $\mathrm{d}r^2$ 项合并可得

$$\mathrm{d}V = -(D \times P + k_1 \times D_1 \times P_1 + k_2 \times D_2 \times P_2) \times \mathrm{d}r$$
$$+ \frac{1}{2} \times (C \times P + k_1 \times C_1 \times P_1 + k_2 \times C_2 \times P_2) \times \mathrm{d}r^2$$

因此，为了使得资产组合对于利率变动免疫，我们必须使不论是对于小的利率变动（小的 $\mathrm{d}r$）还是大的利率变动（大的 $\mathrm{d}r$ 意味着大的 $\mathrm{d}r^2$），都需要满足 $\mathrm{d}V = 0$。这需要选择不同的 k_1，k_2 使得：

$$k_1 \times D_1 \times P_1 + k_2 \times D_2 \times P_2 = -D \times P \quad （\Delta \text{ 对冲}）$$
$$k_1 \times C_1 \times P_1 + k_2 \times C_2 \times P_2 = -C \times P \quad （\text{凸性对冲}）$$

两个方程求出的两个未知数为

$$k_1 = -\frac{P}{P_1} \times \left(\frac{D \times C_2 - C \times D_2}{D_1 \times C_2 - C_1 \times D_2} \right) \tag{4-17}$$

$$k_2 = -\frac{P}{P_2} \times \left(\frac{D \times C_1 - C \times D_1}{D_2 \times C_1 - C_2 \times D_1} \right) \tag{4-18}$$

我们再回到例 4-3 看一下，使用新的风险对冲方案后，对冲效果的提升情况。

例 4-4

再次考虑例 4-3，但是假设零息债券的到期日 $T_2 = 10$，同时公司还投资于到期日 $T_1 = 2$ 的零息债券。从表 4-1 可知 2 年期零息债券的价格为 $P_z(0, T_1) = 91.39$ 美元。同样，从这个表中我们可以知道要对冲的债券的凸性 $C = 73.87$。定义 $D_1 = 2$，$D_2 = 10$，$C_1 = 4$，$C_2 = 100$ 分别为两种零息债券的久期和凸性。代入式 (4-17) 和式 (4-18) 中我们可以得到：

$$k_1 = -0.456\,2, \quad k_2 = -1.173\,7$$

也就是说，为了对冲资产组合对于利率小幅和较大幅度波动的风险，公司必须卖出 0.456 2 单位的 2 年期零息债券和 1.173 7 单位的 10 年期零息债券。

这种对冲策略的效果会比单纯的久期对冲策略好吗？表 4-2 中 B 部分描述了在收益率曲线小、中等和大幅变动情形下的表现。具体来看，其中第 1 列展示了不同的利率情况；第 2～4 列分别表示了最初的债券、2 年期零息债券、10 年期零息债券的价值；第 5 列和第 6 列分别表示了短期和长期债券的数量；最后，第 7 列表示了对冲后的资产组合价值的变化情况。就像我们预期的那样，对冲后的资产组合的价值变动比 A 部分中久期对冲下的价值变动要小得多，即使是在利率结构出现大幅变动的情况下，对冲后资产组合的价值变化也很小。

4.1.7 凸性交易和时间推移

例 4-3 和随后的讨论，似乎让人找到了一个看起来可以获利的交易策略：如果买入高凸性的债券（如长期债券），然后运用久期策略对冲掉利率风险（如卖出低凸性的短期债券），就可以从凸性中获得正的收益。即在式 (4-16) 中，通过久期对冲策略保持第一项系数一直为零，同时又确保第二个系数一直为正，就会产生一个正的现金流。例如，一个标准的凸性策略是杠铃—子弹型资产策略组合：杠铃策略的做法是同时做多高久期和低久期的资产，而子弹型资产策略是只做多中等久期的资产。合起来的杠铃—子弹资产策略组合，就是做多一个杠铃组合，同时用与久期相同的子弹组合对冲其久期，最后得到一个正凸性的组合。

这时问题就变成了凸性交易策略是否意味着一个套利机会？答案是否定的。原因是久期对冲假设忽略了一个关于债券回报的重要影响因素：时间。也就是说，对于一只零息债券而言，其价值上升的唯一原因，就是时间；即使市场利率没有改变，零息债券也会不断升值。在之前讨论久期/凸性对冲策略时，这个可以预期的债券价格变动被忽略了；但是，在要考虑动态投资策略时，这一因素就必须纳入考虑了。但是不幸的是，如果要把源于时间推移导致的价格变动也考虑进去的时候，就需要新的更复杂的模型才能胜任了，在本书的第二和第三部分中将进一步加以讨论。从这些讨论中我们会发现凸性策略存在一个很重要的缺陷，就是由于高凸性而导致的价值升值会被时间推移带来的价值降低而抵消。这种关系被称作 $\theta\gamma$ 关系（见第 16 章 16.5 部分）。换句话说，式(4-16)中还存在另一个条件，债券价格 P 和零息债券价格 P_z，会随着时间的推移而变动，这种变动会抵消凸性带来的收益。

4.2 斜率和曲率

在第 3 章，我们讨论了利率水平随时间变化的情况，发现不同的利率会倾向于一起上升或下降。也就是说，无论在投资固定收益证券还是在风险管理的操作实践中，总体的利率水平情况都是需要首先考虑的变量。图 4-6a 显示的是 1965~2005 年美国利率期限结构时间序列的情况。

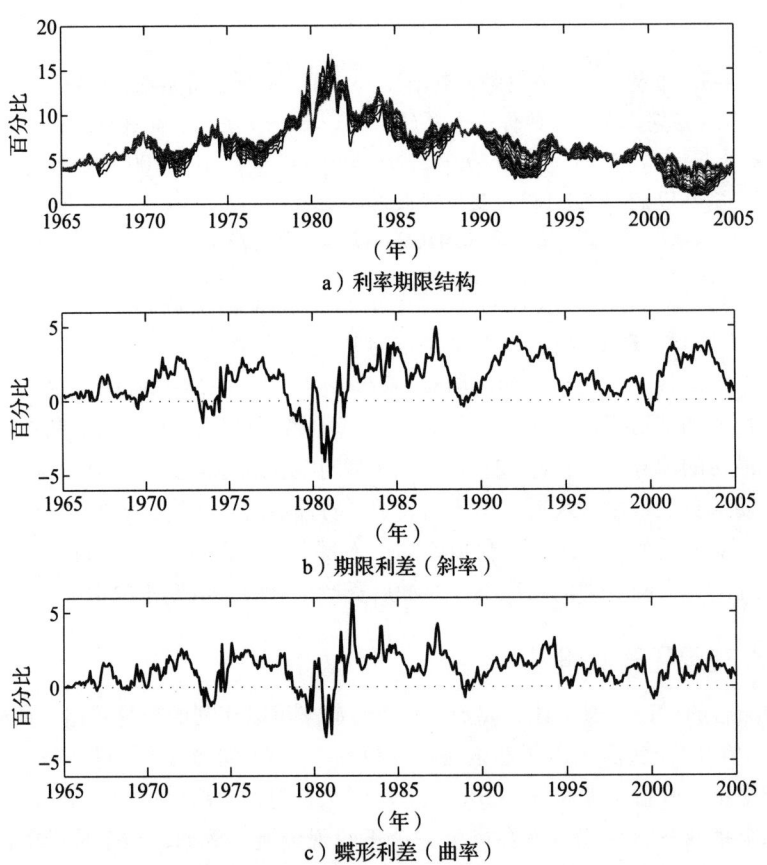

a）利率期限结构

b）期限利差（斜率）

c）蝶形利差（曲率）

图 4-6 利率期限结构的斜率和曲率(1965~2005 年)

资料来源：证券价格研究中心。

从图 4-6a,我们可以看出利率期限结构并不是平行上下波动的,不然的话,每条线之间的间隔或距离就应该是相等的。然而,从图 4-6a 可以看到,利率水平有时会像 1993 年和 2003 年那样,相互之间存在大的差异;而其他时间,如 1989 年、1995 年和 2005 年,利率水平则是相互接近的。事实上,如图 4-6b 所呈现的,正是利率期限结构随时间变动表现出的期限利差。回顾一下第 2 章中定义 2-4 所定义的期限利差,指的是长期利率(图中指 10 年期利率)和短期利率(图中指 1 个月期的利率)的利率差。可以看到,期限利差随时间剧烈波动,从 -5% 变动到了 5%。期限利差的变化与利率水平的变动,有时是一致的,有时也不尽一致。比如,对比图 4-6b 和图 3-1b 就可以看到,在 1993 年和 1998 年,平均利率水平都大约为 5%;然而 1993 年的期限利差(斜率)为 4% 左右,1998 年的期限利差(斜率)几乎等于零。

第二个变量同样也是随时间变动的但不是严格依照利率水平和其斜率来计算的,这就是利率期限结构的曲率,处理的主要是短期、中期和长期债券的相对定价问题。图 4-7 提供了两个不同利率期限结构的例子,这两个利率期限结构的利率水平和斜率(期限利差)非常近似,但是曲率不同。

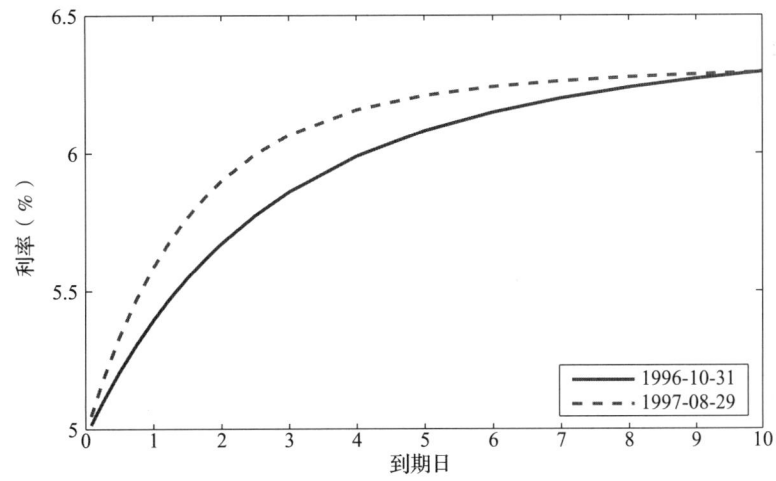

图 4-7 两个不同日期利率期限结构的斜率和曲率
资料来源:证券价格研究中心。

很明显,我们可以看出 1997 年 8 月底的期限结构比 1996 年 10 月底的期限结构更为弯曲。一种测量利率期限结构曲率的方法,是考虑短期、中期和长期债券的相对定价,较为常用的衡量期限结构曲率的方法叫作蝶形利差法,定义如下。

定义 4-3

蝶形利差(butterfly spread)是用以下变量计算的

$$曲率 = -\,短期收益率 + 2 \times 中期收益率 - 长期收益率$$

为了理解这种曲率的计算方法,再次考虑图 4-7:表 4-3 报告了两个日期的实际收益率、斜率和曲率的计算结果。我们发现虽然斜率几乎是相同的,但蝶形利差法计算得来的曲率,1997 年 8 月 29 日的显著比 1996 年 10 月 31 日的高得多。

表 4-3 两个不同日期利率期限结构的斜率和曲率

日期	1 个月期利率	5 年期利率	10 年期利率	斜率	曲度
1996/10/31	5.01%	6.08%	6.30%	1.29%	0.85%
1997/08/29	5.05%	6.21%	6.29%	1.24%	1.08%

注：收益基于 GRSP 所得数据计算而来。

4.2.1 在风险管理上的应用

为什么所有这些对风险管理都很重要呢？在第 3 章我们考虑了基于久期对冲利率期限结构的平行移动风险的做法，但只能基于平均利率水平的波动进行对冲。可惜的是，利率水平常常不是平行移动的。这是很重要的：一个债券资产组合，即便使用了久期对冲策略，也仍然可能因为期限结构的斜率或者曲率变动而遭受损失。下面的例子可以说明这个问题。

例 4-5

假设在 2004 年 4 月 1 日，某固定收益基金将 1 亿美元（面值）投资于一只到期日为 2013 年 2 月 15 日的票息为 3.875% 的附息债券。债券在当天的价格是 101.5 美元（每 100 美元面值债券）。当天的利率期限结构如表 4-4 所示。根据这些数据，我们知道债券的久期为

$$D = 7.491 \tag{4-19}$$

一个有效的久期对冲策略是可以运用一只到期日为 2005 年 2 月 15 的零息债券来构成。零息债券的久期为 $D_S = 0.87$，这样久期对冲策略就可以通过持有仓位为 K_S 的短期零息债券来组成，其中 K_S 为

$$K_S = -\frac{D \times P}{D_S \times P_S} = \frac{7.491 \times 101.5}{0.87 \times 99.0019} = -8.83$$

这就是说，基金公司对于每 1 单位的长期债券都需要做空 8.83 单位的短期零息债券来对冲。假设做空的 K_S 份短期债券可以通过回购市场得到，那么任何的现金流都是和回购卖家发生的，基金的净仓位 $V = 101.5$ 美元。

在 2004 年 4 月 1 日和 2004 年 4 月 15 日之间发生了什么呢？所有不同到期日债券的利率期限结构确实平均上升了大约 0.5%。这两个时点的利率期限结构绘制在图 4-8 中，并且在表 4-4 的第 3 列和第 6 列分别做了展示。一个有效的久期对冲策略，需要能够对冲掉由于利率水平变动带来的大部分损失。这一点可以从直接的计算当中看出来：事实上，在表 4-4 中第 2 列的利率水平分别加上 0.50%，然后重新计算对冲后资产组合的价值。我们就会发现，利率期限结构的平行移动可以将对冲后资产组合的价值从 101.50 美元调整为 101.57 美元，即价值有小幅的上升（0.007%）。

与之形成鲜明对比的是，新的利率期限结构意味着资产组合价格大幅的下降。实际上，使用表 4-4 中第 5 列新的利率期限结构计算出来对冲后资产组合的价值为 $V_{2004/04/14} = 98.20$ 美元，下降了 3.30%。换句话说，对冲策略虽然也产生了部分作用，因为没有对冲的资产组合价值会降低为 $V_{2004/04/14}^{无对冲} = 97.42$ 美元，下降了 4.01%。但对冲后仍然下降了 3.30%，效果并没预期的好，毕竟对冲后资产组合价值还是降低了的事实，对于久期对冲策略来说确实很难让人满意。

这些例子表明，利率风险的对冲不能仅仅依靠久期来解决。比如，从图 4-8 中我们就能看出来，例 4-5 中久期对冲后的资产组合的价值依旧降低了的原因在于 4 月 1 日和 4 月 15 日之间期限结构的斜率也发生了变化。由于多方增长比空方多，用来对冲的证券的价格（短期债券价格）的增长，相比于长期债券价格的下降而言并不充分。因此，我们必须进一步扩展风险管理方法，更好地考虑到利率期限结构中斜率和曲率的变动。

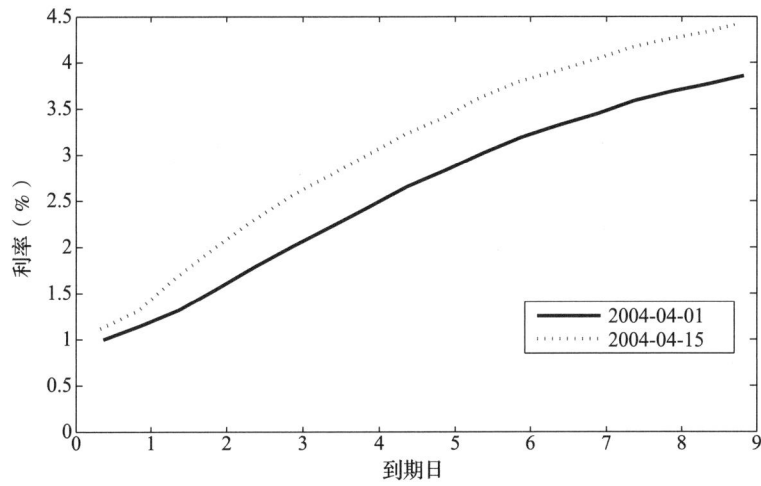

图 4-8　2004 年 4 月利率期限结构的向上漂移

资料来源：证券价格研究中心。

表 4-4　2004 年 4 月 1 日利率

	2004 年 4 月 1 日			2004 年 4 月 15 日		
到期日 T	到期 T	收益率 $r(0, T)$	贴现率 $Z(0, T)(\times 100)$	到期期限 $(T-t)$	收益率 $r(t, T)$	贴现率 $Z(0, T)(\times 100)$
2004/08/15	0.37	1.00%	99.629 3	0.33	1.12%	99.628 3
2005/02/15	0.87	1.15%	99.001 9	0.83	1.31%	98.914 0
2005/08/15	1.37	1.32%	98.206 8	1.33	1.67%	97.796 1
2006/02/15	1.87	1.55%	97.145 8	1.83	1.98%	96.430 0
2006/08/15	2.37	1.79%	95.846 1	2.33	2.28%	94.816 7
2007/02/15	2.87	2.01%	94.385 6	2.83	2.55%	93.037 8
2007/08/15	3.37	2.22%	92.781 3	3.33	2.77%	91.179 6
2008/02/15	3.87	2.44%	90.988 6	3.83	2.99%	89.155 9
2008/08/15	4.37	2.66%	89.027 9	4.33	3.22%	86.973 7
2009/02/15	4.87	2.83%	87.109 4	4.83	3.40%	84.844 9
2009/08/15	5.37	3.02%	85.017 5	5.33	3.62%	82.434 3
2010/02/15	5.87	3.19%	82.922 9	5.83	3.79%	80.170 9
2010/08/15	6.37	3.32%	80.920 8	6.33	3.90%	78.095 8
2011/02/15	6.87	3.44%	78.919 4	6.83	4.03%	75.941 6
2011/08/15	7.37	3.59%	76.765 9	7.33	4.16%	73.693 0
2012/02/15	7.87	3.69%	74.800 8	7.83	4.25%	71.658 7
2012/08/15	8.37	3.77%	72.919 3	8.33	4.33%	69.694 0
2013/02/15	8.83	3.86%	71.124 6	8.79	4.43%	67.735 5

注：到期收益率和贴现率是基于 CRSP 数据计算得出的。

4.2.2　因子模型和因子中性

要怎样扩展久期策略，才能将斜率和曲率随时间的变动也考虑进来呢？让我们首先将期限结构的水平、斜率和曲率作为推动利率期限结构变动的因素来考虑吧。

定义 4-4

假设 T_1，T_2，…，T_n 为 n 个当前利率期限结构上不同的利率水平，令 $r_i = r(t, T_i)$ 为零息债券对应的利率。利率期限结构变动的**因子模型**(factor model)，其基本的假设是利率期限结构上不同利率的变动 dr_i，都是源于一组相同的变量 ϕ_1，ϕ_2，…，ϕ_m 导致的，即

$$dr_1 = \beta_{11}d\phi_1 + \beta_{12}d\phi_2 + \cdots \beta_{1m}d\phi_m \qquad (4\text{-}20)$$

$$dr_2 = \beta_{21}d\phi_1 + \beta_{22}d\phi_2 + \cdots \beta_{2m}d\phi_m \qquad (4\text{-}21)$$

$$\vdots \qquad \vdots \qquad \vdots$$

$$dr_n = \beta_{n1}d\phi_1 + \beta_{n2}d\phi_2 + \cdots \beta_{nm}d\phi_m \qquad (4\text{-}22)$$

其中 β_{ij} 决定了每个因素 $d\phi_j$，$j = 1$，…，m 的变动，对相应的利率 r_i，$i = 1$，…，n 的影响程度。

为了更好地对定义 4-4 做出说明，在基于久期的风险管理中我们只考虑了利率期限结构的平行移动。也就是说，我们只考虑一个因子(上述 $m = 1$)，即平行移动，其中所有的 $\beta_{i1} = 1$。在这个例子中，因子 ϕ_1 的增长会导致利率期限结构在所有时点 T_1，T_2，…，T_n 上的总体上升。定义 4-4 则可以将多种因子概括进来，其中 ϕ_2 可以是斜率，ϕ_3 可以是曲率，就像图 4-6 中那样。[⊖]

怎么去运用式(4-20)至式(4-22)所述的模型呢？假设现在知道了系数 β_{ij}，然后我们可以像对久期的操作一样来中和相应因子变动带来的影响，包括利率水平、斜率和曲率带来的影响。具体来讲，假设在这个例子中，ϕ_1 为利率水平、ϕ_2 为斜率、ϕ_3 为曲率。表 4-5 表示的是对敏感度 β_{ij} 的估计，其对应变动的 T 值，$T_1 = 3$ 月，$T_2 = 6$ 月，…，$T_n = 10$ 年。我们将在之后讨论怎么把这些变量加进来，现在只是假设我们得到了这些变量。问题在于怎么运用所得到的信息对风险质量进行甄别，并得出一个有效的风险管理策略。

表 4-5 利率对于利率水平、坡度和曲率的敏感度

项目	到期期限							
	3 个月期	6 个月期	1 年期	2 年期	4 年期	6 年期	8 年期	10 年期
β_{i1}（水平）	1.096 7	1.168 6	1.115 4	0.994 0	0.933 3	0.926 4	0.926 7	0.927 9
β_{i2}（斜率）	-0.179 4	-0.150 6	-0.254 0	-0.301 0	0.008 0	0.315 8	0.529 7	0.673 7
β_{i3}（曲率）	-0.318 4	-0.113 1	0.176 1	0.372 3	0.179 0	-0.107 6	-0.322 4	-0.470 8
R^2	97.56%	92.45%	96.16%	99.99%	97.98%	96.90%	96.57%	96.56%

4.2.3 因子久期

就像第 3 章讲的计算债券价格对于收益率曲线平移的敏感度(久期分析)一样，我们也可以计算债券价格对每个不同因子的敏感程度(利率水平、斜率和曲率)，方法很相似。首先考虑因子久期的定义，这与平行移动相似，但具体计算是由因子本身来定义的。

定义 4-5

价格为 P 的资产，其对应因子 j(如斜率)的**因子久期**(factor duration)定义为

⊖ 一个重要的附加说明如下：在久期的定义当中我们能发现，式(4-20) ~ 式(4-22)中的因子模型没有时间方面的考虑。模型的解释重点在于测量影响因素 $d\phi_j$，$j = 1$，…，m 突然上升或者下降所带来的影响。这个定义对于理解本书第三部分无套利模型之间的联系很重要。

$$D_j = -\frac{1}{P} \times \frac{\mathrm{d}P}{\mathrm{d}\phi_j} \tag{4-23}$$

其中$\frac{\mathrm{d}P}{\mathrm{d}\phi_j}$代表资产价格对于因子$j$变动的敏感程度。

因子久期测算了因子j的变动对于价格P变动影响(负的)的百分比。举例来讲，假设因子是利率水平，因子久期本质上与我们第3章讲的常规久期是一致的。但是因子久期的因子，不仅可以是利率水平，同样也适用于斜率和曲率。[一]

因为讨论的是久期，所以是从分析一只价格为$P_z(t,T_i)$、到期日为(T_i-t)的零息债券开始的。具体来讲，如果一个因子(如斜率)从ϕ_j变动到$\phi_j'=\phi_j+\mathrm{d}\phi_j$，那么对于债券价格$P_z(t,T_i)$的影响是多少呢？影响方式如下：因子$j$的变动$\mathrm{d}\phi_j$对于我们分析的不同到期时间零息债券的收益率$r_i$有影响。$\phi_j$对$r_i$的影响程度由式(4-20)～式(4-22)中的系数β_{ij}决定，这些系数在表4-5中。也就是说，假设只有因子j变化了，$\mathrm{d}r_i=\beta_{ij}\mathrm{d}\phi_j$。由于$\mathrm{d}r_i$对于零息债券的价格有影响，这种影响由到期收益率的一阶导数决定。我们可以计算出债券价格对于因子变动的总的敏感程度，需要注意的是，这是一种链式影响，或者说有多米诺骨牌效应(对利率的影响也会影响到价格)，可以用下式来表示：

$$\frac{\mathrm{d}P_z(t,T_i)}{\mathrm{d}\phi_j} = \frac{\mathrm{d}P_z(t,T_i)}{\mathrm{d}r_i} \times \frac{\mathrm{d}r_i}{\mathrm{d}\phi_j} = \frac{\mathrm{d}P_z(t,T_i)}{\mathrm{d}r_i} \times \beta_{ij} \tag{4-24}$$

回想起$\frac{\mathrm{d}P_z(t,T_i)}{\mathrm{d}r_i}=-(T_i-t)\times P_z(t,T_i)$我们可以得到零息债券$i$对于因子$j$的因子久期为

$$\begin{aligned}
D_{j,z} &= -\frac{1}{P_z(t,T_i)} \times \frac{\mathrm{d}P_z(t,T_i)}{\mathrm{d}\phi_j} \\
&= -\frac{1}{P_z(t,T_i)} \times [-(T_i-t)\times P_z(t,T_i)\times \beta_{ij}] \\
&= (T_i-t)\times \beta_{ij}
\end{aligned} \tag{4-25}$$

这个方程和久期方程是一样的，只是加入了β_{ij}。注意，按照表4-5给定的变量，如果利率水平这个变量因子$\beta_{i1}\approx 1$，代入上式就能得到久期的标准定义了。

因为关于零息债券的因子久期和标准的久期计算是一致的(只是另加了参数β_{ij})，直观上我们就能知道，我们第3章得到的结论在这里也是适用的。

○ 事实4-4

资产组合的因子久期(factor duration of a portfolio)是各成分资产分别因子久期的加权平均，资产的不同权重为各成分资产的值和总资产价值的比值。

比如说，运用上述事实可以得到：

○ 事实4-5

考虑一只附息债券$P_c(t,T)$，其到期日为T，票息为c，付息时间为$T_1,T_2,\cdots,T_n$，这只附息债券对于因子j的因子久期为

一　式(4-23)中的负号是为了与第3章久期的定义相对应。

$$D_j = \sum_{i=1}^{n} \omega_i \times (T_i - t) \times \beta_{ij} \tag{4-26}$$

其中 $\omega_i = \frac{c}{2} \times \frac{P_z(t, T_i)}{P_c(t, T)}$，$i = 1, \cdots, n-1$，$\omega_n = \left(1 + \frac{c}{2}\right) \times \frac{P_z(t, T_n)}{P_c(t, T)}$

引入因子久期概念后，在考虑债券价格变化时，就不会再只是利率水平（如标准久期计算），而是能将斜率和曲率的变化也考虑进去。这样，我们可以得到以下事实：

○ **事实4-6**

考虑一种资产价格为 P，对于3种不同的因子 ϕ_1，ϕ_2，ϕ_3 有不同的因子久期 D_1，D_2，D_3。那么其价格变动的百分比近似等于

$$\frac{dP}{P} = -D_1 \times d\phi_1 - D_2 \times d\phi_2 - D_3 \times d\phi_3 \tag{4-27}$$

👉 **例4-6**

就像例4-5中所述，在2004年4月1日，考虑一只2013年2月15日到期、票息为3.875%的附息债券。其利率期限结构数据如表4-4和表4-5所示，根据式(4-26)可以计算出以下因子久期：

$$D_1 = 6.9624；\quad D_2 = 4.0797；\quad D_3 = -2.5741 \tag{4-28}$$

这些数值可以这样理解：首先 D_1 与前面我们学习过的久期含义是一样的（事实上，其价值与式(4-19)得出的久期值是一致的），代表着平均利率水平上升1个基点 $d\phi_1 = 0.01\%$ 时，债券价格将下降0.069 624%。同样地，D_2 意味着斜率上升1个基点 $d\phi_2 = 0.01\%$ 时，债券价格将下降0.040 797%。最后，D_3 意味着曲率上升1个基点 $d\phi_2 = 0.01\%$ 时，债券价格将下降0.025 741%。⊖

4.2.4 因子中性

现在我们考虑一个资产组合 P，对应于不同的因子，利率水平和斜率 ϕ_1，ϕ_2 分别有不同的久期 D_1，D_2。⊖ 为了实现因子中性，我们需要另外选择两只证券，按一定的比例进行组合，以达到其中一只证券中和其中某个因子的目的。比如，我们可以选择短期和长期零息债券，分别用 P_z^S 和 P_z^L 表示。对于这两种证券我们可以分别求出它们的因子久期。我们定义 $D_{z,1}^S$ 和 $D_{z,2}^S$ 为短期零息债券的久期，$D_{z,1}^L$ 和 $D_{z,2}^L$ 为长期零息债券的久期。为了使资产组合不受利率水平和斜率带来的影响，可通过设定短期和长期零息债券的数量分别为 k_S 和 k_L，以达到资产组合加上这两种债券后，整体的价值变动接近于零。也就是说，$V = P + k_S \times P_z^S + k_L \times P_z^L$ 的变动要满足

$$dV = dP + k_S \times dP_z^S + k_L \times dP_z^L = 0$$

我们可以代入含有两个因子的式(4-27)得到的 dP，dP_z^S 和 dP_z^L，这样我们可以得到以下的方程：

$$0 = -D_1 \times P \times d\phi_1 - D_2 \times P \times d\phi_2$$
$$+ k_S \times (-D_{z,1}^S \times P_z^S \times d\phi_1 - D_{z,2}^S \times P_z^S \times d\phi_2)$$

⊖ 将利率水平、斜率和曲率分别定义为平均利率、期限利差、蝶形利差的一个缺点在于，利率水平、斜率和曲率的变动不是相互独立的。比如，如果期限结构的斜率上升很强势，那么斜率的下降会带来曲率的下降，因为期限结构扁平了。附录4A部分提供了一个更为先进的方法，其包含了独立的因子来达到相似的解释。

⊖ 为了简便起见，我们只考虑两个变量，这对于三个变量也是一样的。

$$+ k_L \times (- D_{z,1}^L \times P_z^L \times \mathrm{d}\phi_1 - D_{z,2}^L \times P_z^L \times \mathrm{d}\phi_2)$$

合并其中的 $\mathrm{d}\phi_1$ 和 $\mathrm{d}\phi_2$ 项可得

$$0 = -(D_1 \times P + k_S \times D_{z,1}^S \times P_z^S + k_L \times D_{z,1}^L \times P_z^L) \times \mathrm{d}\phi_1$$
$$- (D_2 \times P + k_S \times D_{z,2}^S \times P_z^S + k_L \times D_{z,2}^L \times P_z^L) \times \mathrm{d}\phi_2$$

为了使得对于所有可能的 $\mathrm{d}\phi_1$ 和 $\mathrm{d}\phi_2$ 方程左右的值均为零，方程右边的每一个式子都应该为零，这样我们就得到了以下两个方程组：

$$k_S \times D_{z,1}^S \times P_z^S + k_L \times D_{z,1}^L \times P_z^L = - D_1 \times P$$
$$k_S \times D_{z,2}^S \times P_z^S + k_L \times D_{z,2}^L \times P_z^L = - D_2 \times P$$

方程组的解为

$$k_S = -\frac{P}{P_z^S} \times \left(\frac{D_1 \times D_{z,2}^L - D_2 \times D_{z,1}^L}{D_{z,1}^S \times D_{z,2}^L - D_{z,2}^S \times D_{z,1}^L} \right) \tag{4-29}$$

$$k_L = -\frac{P}{P_z^L} \times \left(\frac{D_1 \times D_{z,2}^S - D_2 \times D_{z,1}^S}{D_{z,1}^L \times D_{z,2}^S - D_{z,2}^L \times D_{z,1}^S} \right) \tag{4-30}$$

例 4-5 展示了只有久期对冲的不足，接下来我们用实例来说明因子中性的对冲效果。

例 4-7

就像我们在例 4-5 中讨论的，久期对冲后资产组合表现不好的原因在于，2005 年 4 月 1 日到 4 月 15 日之间利率期限结构的形态发生了改变。具体来讲，就是其利率期限结构变化不是平行移动的，长期收益率的变动比短期收益率变动幅度更大，而对冲效果取决于短期债券的表现，所以期限结构形态的改变会招致损失。

对于斜率的对冲会减轻这方面的损失。选择 2005 年 2 月 15 日到期和 2013 年 2 月 15 日到期的零息债券，用式(4-29)和式(4-30)中的对冲策略来实现对于斜率的对冲。因为我们用的是零息债券，所以我们可以直接使用式(4-25)来计算其因子久期。使用表 4-4 和表 4-5 的数据，我们可以得到：

$$D_1^S = 0.9729; \quad D_2^S = -0.2215 \tag{4-31}$$
$$D_1^L = 8.1912; \quad D_2^L = 5.3150 \tag{4-32}$$

运用式(4-29)和式(4-30)，可以得到短期零息债券和长期零息债券的头寸分别为

$$k_S = -0.5266; \quad k_L = -1.1259$$

如例 4-5 所述，假设这些短期零息债券和长期零息债券都是通过回购市场实现空仓的。现在的问题就变成了，这种对冲后的资产组合是否能更好地应对 2004 年 4 月前两个星期的利率增长了。答案是肯定的。运用表 4-4 右边的数据我们可以得到对冲后资产组合的价值为

$$V_{2004/04/15}^{\text{对冲后的}} = 100.9076$$

这说明整个组合的价值下降仅为 0.58%，而仅用久期对冲的资产组合价值下降幅度却高达 3.30%，两者相比，优势还是很显著的。

4.2.5 因子模型的估计

表 4-5 中的 β_{ij} 是从哪来的呢？可以通过收益和因子之间的历史数据估计出来。具体做法是：令 $\tau_1, \tau_2, \cdots, \tau_n$ 为 n 种不同债券的到期时间，假设其设为固定的，比如，$\tau_1 = 1$ 个月，$\tau_2 = 2$ 个月，$\cdots$，$\tau_n = 10$ 年。我们感兴趣的是，找出每个因子 ϕ_j 的变动对于这些不同到期日的利率的影响有多大。令 h 为我们的历史数据对应的时间间隔，比如每日数据，$h = \frac{1}{252}$，如果我

们选择每月数据，则 $h = \frac{1}{12}$。对于每一个到期时间 τ_i，考虑时间 t 和 $t+h$ 之间零息债券收益率的变动为 $r(t, t+\tau_i)$，

$$\Delta r_i(t) = r(t+h, t+h+\tau_i) - r(t, t+\tau_i)$$

因此，如果 $\tau_i = 1$ 年，那么 $\Delta r_i(t)$ 就是 1 年期的时间间隔为 h 的收益率变动。相似地，定义 $\phi_j(t)$ 为因子 j。就像我们在前面所说的，设 $\phi_1(t)$ 为利率水平、$\phi_2(t)$ 为斜率、$\phi_3(t)$ 为曲率，它们的时间序列情况绘制在第 3 章图 3-1b、图 4-6b 和图 4-6c。运用这些数据，我们可以大致将因子模型（式(4-20)到式(4-22)）表示为

$$\Delta r_1(t) = \alpha_1 + \beta_{11}\Delta\phi_1(t) + \beta_{12}\Delta\phi_2(t) + \beta_{13}\Delta\phi_3(t) + \varepsilon_1(t)$$
$$\Delta r_2(t) = \alpha_2 + \beta_{21}\Delta\phi_1(t) + \beta_{22}\Delta\phi_2(t) + \beta_{23}\Delta\phi_3(t) + \varepsilon_2(t)$$
$$\vdots = \vdots$$
$$\Delta r_n(t) = \alpha_n + \beta_{n1}\Delta\phi_1(t) + \beta_{n2}\Delta\phi_2(t) + \beta_{n3}\Delta\phi_3(t) + \varepsilon_n(t) \quad (4-33)$$

其中 $\varepsilon_1(t)$，…，$\varepsilon_n(t)$ 是随机误差，这代表着我们的因子模型并不一定是利率变动的完美模型。α_1，…，α_n 代表的是，假设的因子以外其他因素造成的平均变动（这些数值是通常是很小的）。

给出收益率 $r_i(t)$ 和因子 $\phi_j(t)$ 的值，就可以用回归分析估计出系数 β_{ij}，表 4-5 给出了回归分析的结果。值得一提的是，关于相关系数 β_{ij} 有一些有趣的特性：第 1 行包含了 β_{i1}，收益率对于第一个因子，即利率水平的敏感度。由于所有的利率上下波动差不多都是"步调一致"的，所以我们可以预期，不同到期日之间利率的相关系数是相对固定的，趋近于 1，在这里的例子，也正是这样的。

第 2 行包含了对 β_{i2} 的估计，收益率对于第二个因子，即斜率的敏感程度。我们可以看到，相关系数在到期日时间短的情况下为负值，而在到期日时间长的情况下为正值。相关的解释是，如果因子变动，即如果斜率上升了会使得短期收益率降低而长期收益率增加。最后，第 3 行包含了对于 β_{i3} 的估计，收益率对于第三个因子曲率的敏感程度。可以看到，长期债券和短期债券的曲率的相关系数均为负值，而中期债券的相关系数为正值。也就是说，曲率因子的增长会使得短期债券和长期债券的收益率降低，而使得中期债券的收益率增加。换句话说就是，这个因子的增长，结果是使利率期限结构变得更弯曲了。

这个练习中蕴含的风险管理关键，实际上在表 4-5 的第 4 行，即其中回归的 R^2 值。R^2 代表了这 3 个因子对于利率期限结构随时间变动影响的估计质量。比如，4 年期的利率 R^2 = 99.99%，说明 4 年期收益率基本上是完全能由之前讨论的 3 个因子，即利率水平、斜率和曲率来解释。大致观察表中 R^2 的情况可以发现，这 3 个因子可以解释绝大部分的收益率变动。这个事实为风险管理提供了一个重要的启示：一个有效的风险管理策略，可以由简单的 3 只证券来实现，这 3 只证券按不同的比例可以对冲 3 个不同的因子。比如，一家拥有不同到期日债券的金融机构，可以通过只运用 3 只证券就可以实现有效的风险管理，这 3 只证券，既可以是零息债券，也可以是利率衍生品。

本章小结

这章我们讲了以下几个主题。
1. 凸性：当利率上升、利率期限结构变化导致的债券价格下降比例比预期的更少的部分。也就是说，当凸性为正时，如果利率上升，债

券价格会比久期预测得到的降低比例更少一些；如果利率下降，债券价格将比久期预测的上涨幅度更高一些。凸性衡量的正是这种差异，零息债券的凸性是其到期时间值的平方。

2. 资产组合的凸性：像久期一样，资产组合的凸性可以通过资产组合中不同证券凸性的加权平均来计算，资产组合中不同证券的权重，则由其仓位的比重决定。

3. 期限结构的斜率：利率期限结构并不只是随着时间改变其水平，同样也会改变其形状。具体来讲，长期和短期利率之间的利差、期限利差、斜率也都会随时间而改变。

4. 期限结构曲率：期限结构的短期、中期和长期利率不在一条直线上时，就存在曲率。一个驼峰状的期限结构，其曲率为正。相对于短期和长期附息债券而言，如果利率期限结构的曲率不为零，则中期附息债券的收益将随时间的变动而变动。

5. 因子久期：证券价格对于某个因子（利率水平，斜率和曲率）变动的敏感程度，用百分比表示。

6. 因子中性：久期对冲只是针对利率水平而言的，因子中性则是在利率水平之外，更积极地包含了针对斜率和曲率变化的对冲策略。这对于那些倾向于短期或非常长的长期资产的组合，具有特别重要的意义。

7. 主成分综合评价法：这是一个先进的方法，将在附录4A中讨论，其思路是从利率期限结构中抽取独立因子（利率水平、斜率和曲率），从而能更好地获得有效的对冲比率。

练习

1. 2000年5月15日半年复利的收益率曲线如表4-6所示，试计算下面不同证券的凸性：

表4-6　2000年5月15日的收益率曲线

付息频率	收益率	期限	收益率	期限	收益率
0.25	6.33%	2.75	6.86%	5.25	6.39%
0.50	6.49%	3.00	6.83%	5.50	6.31%
0.75	6.62%	3.25	6.80%	5.75	6.24%
1.00	6.71%	3.50	6.76%	6.00	6.15%
1.25	6.79%	3.75	6.72%	6.25	6.05%
1.50	6.84%	4.00	6.67%	6.50	5.94%
1.75	6.87%	4.25	6.62%	6.75	5.81%
2.00	6.88%	4.50	6.57%	7.00	5.67%
2.25	6.89%	4.75	6.51%	7.25	5.50%
2.50	6.88%	5.00	6.45%	7.50	5.31%

注：收益基于CRSP所得的数据计算而得。

(1) 4年期零息债券。

(2) $2\frac{1}{4}$年期半年付息、票息为5%的附息债券。

(3) 2年期每季度付息、票息为3%的附息债券。

(4) $3\frac{1}{2}$年期含20个基点利差、半年付息浮动利率债券。

(5) $4\frac{1}{4}$年期含35个基点利差、半年付息浮动利率债券。

2. 2000年5月15日，一投资者打算投资1亿美元于下面两个资产组合。投资者主要考虑的是利率变动会影响资产组合的短期价值。计算由于久期和凸性变化带来的证券价格变化。哪个资产组合对利率的敏感度更低？资产组合如下：

组合 A

- 30%投资于5年期每季度付息、票息为4%的附息债券

- 25%投资于$4\frac{1}{4}$年期半年付息、票息为6%的附息债券

- 20%投资于90天期的零息债券

- 15%投资于$2\frac{1}{2}$年期包含零利差的每季度付息的浮动利率债券

- 10%投资于6年期零息债券

组合 B
- 40% 投资于 7 年期每半年付息、票息为 2% 的附息债券
- 30% 投资于 $3\frac{1}{4}$ 年期含 50 个基点利差、半年付息的浮动利率债券
- 20% 投资于 4 年期每半年付息、票息为 3.5% 的附息债券
- 10% 投资于 90 天期的零息债券

3. 考虑练习 2，你被告知利率水平每日的平均波动为零，利率水平每日波动的方差为 3.451×10^{-7}。考虑凸性之后预期的年化收益是多少呢？

4. 重新做一遍例 4-3 的工作，但是使用 2 年期零息债券而不是 10 年期的零息债券来对冲，表 4-2 中的结果会发生怎样的变化？

5. 考虑购买一只 10 年期的附息债券，并且用 2 年期的零息债券对冲其利率风险。假设利率期限结构稳定在 4.5% 的连续复利。计算这个策略在不同利率波动情况下的收益/损失，比如说 10 个基点或 1%、2% 的上移或下移（见例子 4-3）。在练习的时候做以下假设：①交易在一天之内完成；②在一星期内完成；③在一个月内完成。在这些不同的情形下，其结果有何不同？请做出解释。

6. 计算表 4-7 中不同利率期限结构的利率水平因子和蝶形利差（曲率）。
   (1) 哪个利率期限结构的斜率最大？
   (2) 哪个利率期限结构的曲率最高？
   (3) 你能分辨图形上有更高斜率和曲率的那段期限吗？
   (4) 哪个区间里的斜率变化最大？
   (5) 哪个区间里的曲率变化最大？

7. 运用表 4-8 和表 4-9，计算 1994 年 2 月 15 日下面所述每只证券的利率水平、斜率和曲率的因子久期：
   (1) 4 年期零息债券
   (2) $2\frac{1}{2}$ 年期半年付息、票息为 3% 的附息债券
   (3) $3\frac{1}{4}$ 年期零利差的半年付息的浮动利率债券
   (4) $4\frac{1}{4}$ 年期包含 35 个基点利差的半年付息的浮动利率债券

表 4-7 利率期限结构

日期	1 个月期	3 个月期	6 个月期	1 年期	2 年期	3 年期	5 年期	7 年期	10 年期
2008/09/26	0.21%	0.87%	1.54%	1.81%	2.11%	2.38%	3.05%	3.41%	3.85%
2008/09/10	1.58%	1.65%	1.87%	2.06%	2.22%	2.42%	2.91%	3.23%	3.65%
2008/08/25	1.66%	1.74%	1.96%	2.12%	2.33%	2.62%	3.04%	3.36%	3.79%
2008/08/11	1.77%	1.87%	2.05%	2.27%	2.56%	2.84%	3.27%	3.57%	3.99%
2008/07/25	1.72%	1.75%	1.95%	2.35%	2.70%	3.01%	3.45%	3.73%	4.13%
2008/07/10	1.48%	1.67%	2.01%	2.20%	2.44%	2.72%	3.10%	3.40%	3.83%
2008/06/25	1.49%	1.81%	2.22%	2.48%	2.82%	3.11%	3.54%	3.78%	4.12%
2008/06/10	2.00%	2.02%	2.24%	2.53%	2.91%	3.20%	3.54%	3.77%	4.11%

注：收益基于 CRSP 所得的数据计算而得。

表 4-8 利率水平、斜率和曲率

	3 个月期	6 个月期	1 年期	2 年期	3 年期	5 年期	7 年期	10 年期
β(水平)	1.018 0	0.950 9	0.919 6	1.034 4	1.029 9	1.018 0	1.011 1	1.018 0
β(斜率)	-0.256 8	-0.325 2	-0.431 7	-0.350 7	-0.142 4	0.243 2	0.520 5	0.743 2
β(曲率)	-0.328 4	-0.140 4	0.084 7	0.322 8	0.324 0	0.171 6	-0.105 8	-0.328 4
R^2	99.65%	99.69%	98.88%	99.61%	99.77%	99.90%	99.73%	99.90%

8. 在这个题目中你需要按照表 4-8 中的因子描述一个针对资产组合的免疫策略。两个时期的利率期限结构在表 4-9 中。

表 4-9 两个利率期限结构

付息频率	1994/02/15 利率(c.c.)	1994/02/15 $Z(t,T)$	1994/05/13 利率(c.c.)	1994/05/13 $Z(t,T)$
0.25	3.53%	0.9912	4.13%	0.9897
0.50	3.56%	0.9824	4.74%	0.9766
0.75	3.77%	0.9721	5.07%	0.9627
1.00	3.82%	0.9625	5.19%	0.9495
1.25	3.97%	0.9516	5.49%	0.9337
1.50	4.14%	0.9398	5.64%	0.9189
1.75	4.23%	0.9287	5.89%	0.9020
2.00	4.43%	0.9151	6.04%	0.8862
2.25	4.53%	0.9031	6.13%	0.8712
2.50	4.57%	0.8921	6.23%	0.8558
2.75	4.71%	0.8786	6.31%	0.8406
3.00	4.76%	0.8670	6.39%	0.8255
3.25	4.89%	0.8531	6.42%	0.8117
3.50	4.98%	0.8400	6.52%	0.7959
3.75	5.07%	0.8268	6.61%	0.7805
4.00	5.13%	0.8145	6.66%	0.7663
4.25	5.18%	0.8023	6.71%	0.7519
4.50	5.26%	0.7893	6.73%	0.7387
4.75	5.31%	0.7770	6.77%	0.7251
5.00	5.38%	0.7641	6.83%	0.7106
5.25	5.42%	0.7525	6.86%	0.6977
5.50	5.43%	0.7418	6.89%	0.6846
5.75	5.49%	0.7293	6.93%	0.6713
6.00	5.53%	0.7176	6.88%	0.6619

注：收益基于 CRSP 所得的数据计算而得。

(1) 在 1994 年 2 月 15 日(见表格)，如果你拥有以下的资产组合：
- 做多 3 000 万美元 6 年期按季度付息的反向浮动利率债券
- 做多 3 000 万美元 4 年期包含 45 个基点利差、每半年付息的浮动利率债券
- 做空 2 000 万美元 3 年期半年付息、票息为 4% 的附息债券

① 资产组合的总价值为多少？
② 计算资产组合的久期。

(2) 你担心利率波动，所以你打算用以下的债券为你的资产组合做对冲：
- 一只 3 个月期零息债券
- 一只 6 年期零息债券

① 你要怎么做空/做多这些债券，才能使资产组合对利率波动免疫？
② 资产组合现在总的价值为多少？

(3) 假设现在是 1994 年 5 月 13 日，收益率曲线也相应地发生了变化：
① 现在没对冲的资产组合价值为多少？
② 对冲后的资产组合价值为多少？
③ 价值是一样的吗？免疫策略起效果了吗？你怎么知道债券价值的变化不是由于那段时间里的利息支付造成的呢？

(4) 不再假设这种变化发生于 3 个月之后，假设这种变化在 1994 年 2 月 15 日当天随即发生。
① 现在没对冲的资产组合价值为多少？
② 对冲后的资产组合价值为多少？

案例研究：奥兰治县资产组合的因子结构

在第 3 章中我们做了一个对于奥兰治县资产组合和反向浮动利率债券的久期分析。在这一部分，我们重复这个练习，但是这次将衡量资产组合相对利率水平、斜率和曲率这 3 个因子的敏感程度。我们最后将用因子模型来计算资产组合的在险价值。

因子估计

我们将运用主成分综合评价法(在本章附录 4A 部分加以解释)对 1952～1994 年的数据加以计算，得出利率对于 3 个因子的敏感程度。结果表示在表 4-10 中。

表 4-10 因子敏感度（1952~1993 年）

	期限					
	3个月期	1年期	2年期	3年期	4年期	5年期
水平：$\beta_{i,1}$	0.461 7	0.489 3	0.421 5	0.378 0	0.350 7	0.322 2
R^2	0.76	0.94	0.95	0.92	0.86	0.84
斜率：$\beta_{i,2}$	−0.786 8	−0.108 0	0.158 1	0.265 5	0.378 7	0.361 0
R^2	0.99	0.95	0.96	0.97	0.96	0.95
曲率：$\beta_{i,3}$	0.404 7	−0.797 6	−0.104 0	0.148 1	0.348 3	0.214 4
R^2	0.99	0.99	0.96	0.97	0.97	0.96

奥兰治县资产组合的因子久期

为了简便起见，我们假设奥兰治县资产组合中有 28 亿美元投资于反向浮动利率债券（参见第 3 章 3.8 节），剩余部分投资于 3 年期零息债券。⊖我们要计算资产组合的因子久期，即计算资产组合对于每个因子的敏感程度。令 $D_{P,1}$，$D_{P,2}$，$D_{P,3}$ 作为资产组合中 3 个因子利率水平（ϕ_1）、斜率（ϕ_2）和曲率（ϕ_3）的久期。我们将根据式（4-27）来计划这些因子给资产组合价值造成的影响，即

$$dP = P \times (- D_{P,1} \times d\phi_1 - D_{P,2} \times d\phi_2 - D_{P,3} \times d\phi_3) \tag{4-34}$$

我们首先需要计算零息债券和反向浮动利率债券的因子久期。表 4-11 展示了 3 年期零息债券久期的计算方法。从表 4-10 中我们选择了跟 3 年期限相关的一列（第 4 列）并且乘以零息债券相关敏感性系数 β_{ij}，即 $T_i = 3$。

表 4-11 3 年期零息债券的因子久期

因子 j	期限 $T_i = 3$	$\beta_{i,j}$	$D_{z,j}(3)$
1	3	0.378 0	1.134 0
2	3	0.265 5	0.796 5
3	3	0.148 1	0.444 3

我们再来考虑反向浮动利率债券的因子久期。此时，我们可以用和计算资产组合久期相同的方法。回想一下前面讨论过的，反向浮动利率债券可以用做多 3 年期固定利率债券、3 年期零息债券和做空浮动利率债券来复制。因子久期的计算也适用标准久期的计算方程（见第 3 章式（3-50））：

$$D_{IF,j} = \omega_{零息债券} \times D_{z,j}(3) + \omega_{固定利率债券} \times D_{c,j} + \omega_{浮动利率债券} \times D_{FL,j}$$

其中 $\omega_{零息债券} = 0.752\,1$，$\omega_{固定利率债券} = 1.107\,9$，$\omega_{浮动利率债券} = -0.860\,0$，它们都是第 3 章中计算的，在这里我们就直接引用了。$D_{c,j}$ 和 $D_{FL,j}$ 分别表示固定利率债券和浮动利率债券的因子久期。在表 4-11 中已经有了 3 年期零息债券因子久期 $D_{z,j}(3)$；现在需要计算固定利率债券和浮动利率债券的因子久期。再考虑到固定利率债券只是零息债券的资产组合，则固定利率债券的因子久期，可按表 4-12 来计算了。

最后，我们需要计算浮动利率债券的久期。和标准久期一样，这和到期日为重设日的零息债券的因子久期是一回事。在这个例子中，付息是按年付息，因此浮动利率债券的因子久期和 1 年期债券的因子久期是一致的，如表 4-12 的第 2 列所示。表 4-13 表示的则是 3 年期反向浮动利率债券的因子久期。对比反向浮动利率债券的久期和 3 年期附息债券的久期是有趣的，从中可以发现虽然 3 年期零息债券会在很大程度上受利率水平平行移动（第一个因子）的影响，只是在中等程度上受曲率

⊖ 对比第 3 章 3.8 部分来看，这样的简化会使得奥兰治县资产组合的久期小幅上升，但是这简化了我们的计算。因为我们只拥有到期 $T = 2$ 和 $T = 3$ 的因子敏感度。为了计算在其他到期日下的敏感度，我们需要插入其他的值才行。

（第三个因子）的影响，但是反向浮动利率债券受所有因子的影响程度都很大。这也就意味着，相对于相同到期日的固定利率债券，无论哪个因子发生了怎样的变化，对于反向浮动利率债券都会产生很大影响。

表4-12　3年期零息债券的久期

因子 j	$D_{z,j}(1)$	$D_{z,j}(2)$	$D_{z,j}(3)$	⇒	$D_{c,j}$
1	0.489 3	0.843 0	1.134 0	⇒	1.030 5
2	-0.108 1	0.316 2	0.796 5	⇒	0.643 5
3	-0.797 6	-0.208 1	0.444 4	⇒	0.235 2
权重	0.112 3	0.107 0	0.780 7		

表4-13　反向浮动利率债券的因子久期

因子 j	$D_{z,j}(3)$	$D_{c,j}$	$D_{Fl,j}(3)$	⇒	$D_{IF,j}$
1	1.134 0	1.030 5	0.489 3	⇒	1.573 8
2	0.796 5	0.643 5	-0.108 1	⇒	1.404 9
3	0.444 4	0.235 2	-0.797 6	⇒	1.280 7
权重	0.752 1	0.107 9	0.860 0		

最终，我们可以计出算资产组合本身的因子久期

$$D_{P,j} = \frac{2.8}{20.5} \times D_{IF,j} + \frac{20.5-2.8}{20.5} \times D_{z,j}(3) = \begin{cases} 1.194\ 1 \\ 0.879\ 6 \\ 0.558\ 7 \end{cases} \quad (4\text{-}35)$$

考虑多个因子时，奥兰治县资产组合的在险价值

现在可以用第3章3.8部分相同的方法，来计算将利率变化分解为多种因子的影响之后资产组合的在险价值。为了简化起见，我们只用正态分布法。也就是说，我们假设3个因子 $d\phi_1$, $d\phi_2$, $d\phi_3$ 的波动都是符合正态分布的，不过，利用主成分综合评价法得到的因子结构分析表明，这些因子也是相互独立的（见本章附录4A）。从式（4-34）我们知道 dP 也是正态分布的，其均值和标准差给出如下：

dP 的均值 = μ_P = P × [- $D_{P,1}$ × $d\phi_1$ 的均值 - $D_{P,2}$ × $d\phi_2$ 的均值 - $D_{P,3}$ × $d\phi_3$ 的均值]

dP 的标准差 = σ_P = P × [$D_{P,1}$ × $d\phi_1$ 的标准差 + $D_{P,2}$ × $d\phi_2$ 的标准差 + $D_{P,3}$ × $d\phi_3$ 的标准差]

从因子的时间序列可以计算出因子 $d\phi_j$ 的均值和标准差，如表4-14所示。运用这些信息，我们可以得到 μ_P = - 0.002 69, σ_P = 0.340 31。因此99%置信水平下每月的在险价值为 - μ_P + 1.634 × σ_P = 7.94（亿美元）。

表4-14　利率水平与3个因子的统计特性

	dr	$d\phi_1$	$d\phi_2$	$d\phi_3$
均值	4.71E-05	1.098 6e-004	0	0
标准差	0.004 32	0.010 7	0.003 4	0.001 5

仅仅运用第3章3.8部分的标准久期时，我们得到的在险价值=6.6亿美元，相对偏低。[⊖]只用

⊖　就像我们之前讨论的那样，这里讲的资产组合与第3章3.8部分所讲的资产组合有小的差异。

传统久期得到的在险价值偏低的原因是，计算中使用的方法得到的是利率水平波动的平均值，而这是相对偏小的。分解成为 3 个因子后的计算方法，使我们不仅可以考虑利率水平的变动，还可以考虑其他因子的影响，而这自然会使在险价值上升。

附录4A 主成分综合分析法

之前章节中我们用的因子，在一定程度上是特例。我们选定义利率水平因子为不同到期日的平均收益率、斜率因子为 1 个月期到 10 年期的债券收益率的差、曲率因子为蝶形利差。当然，只是根据这些，我们定义这些因子显得有些武断，永远可能有其他更好的因子选择。具体来讲，这些因子需要满足一些条件，才可能构造出有效的风险管理策略：

(1) 因子选择能在很大程度上对债券收益率随时间的变化做出解释。
(2) 因子之间是相互独立的。

第一个条件是直观的：如果因子不能解释利率的变动，那么对于风险管理也就没有什么作用。第二个条件也一样。比如，如果利率水平和斜率呈反方向变化，那么我们的对冲策略就需要考虑到这个关联。反之，在之前我们讨论的因子中性就不需要考虑这个问题。

主成分综合分析法（principal component analysis，PCA），是用历史收益数据分析出最好因子的数理统计方法，其评价标准就是上面所述的两个条件。我们现在介绍主成分综合分析法的基础，要说明的是，这部分的材料比前面章节的内容相对更难一些，数学基础不好的读者，完全可以跳过这部分内容。

首先，注意到之前定义的因子都是潜在收益率 $r_i(t)$ 的线性组合。比如，利率水平定义为不同到期时间的平均收益率，这意味着它是由 $\phi_1 = \sum_{i=1}^{n} \frac{1}{n} r_1(t)$ 得到的，其中 n 是到期日。我们还是依旧设置这些限制，即对于 $i = 1, 2, 3$，我们定义因子如下：

$$\phi_i^{PCA}(t) = a_{i1} \times r_1(t) + \cdots + a_{in} \times r_n(t)$$

$\Delta r_k(t)$ 和 $\Delta r_l(t)$ 的协方差定义为

$$\sigma_{kl} = \mathrm{Cov}(\Delta r_k(t), \Delta r_l(t))$$

主成分综合分析法按以下方法一次决定一个因子。考虑第一个因子 $\phi_1^{PCA}(t)$，其关键是找到相关系数 $a_{11}, \cdots, a_{1n}$，如何才能使得协方差 $\Delta \phi_1^{PCA}(t)$ 最大：

$$\max_{a_{11}, \cdots, a_{1n}} \mathrm{Var}(\Delta \phi_i^{PCA}) = \sum_{k=1}^{n} \sum_{l=1}^{n} a_{1k} a_{1l} a_{kl} \tag{4-36}$$

存在限制条件

$$\sum_{j=1}^{n} a_{1j}^2 = 1 \tag{4-37}$$

因为 $\Delta \phi_1^{PCA}(t)$ 是所有收益率的线性组合，并且是由它的波动最大化之后得到的。因此我们可以直观感觉它和其他的收益率 $\Delta r_1(t), \cdots, \Delta r_n(t)$ 存在实质上的共变性。从一定程度上来说，就像是我们在最大化多元回归模型各因子加权的 R^2 一样

$$\Delta r_1(t) = \alpha_1 + \beta_{11} \Delta \phi_1^{PCA}(t) + \varepsilon_1(t)$$
$$\Delta r_2(t) = \alpha_2 + \beta_{21} \Delta \phi_1^{PCA}(t) + \varepsilon_2(t)$$
$$\vdots = \vdots$$
$$\Delta r_n(t) = \alpha_n + \beta_{n1} \Delta \phi_1^{PCA}(t) + \varepsilon_n(t) \tag{4-38}$$

只要我们算出式(4-36)的最大值并且估算出第一个因子，我们就可以算出式(4-38)中的回归残差：对于所有的 $i = 1, \cdots, n$，我们计算

$$\hat{\varepsilon}_i(t) = \Delta r_i(t) - \alpha_i + \beta_{i1}\Delta\phi^{PCA}(t)$$

其中残差 $\hat{\varepsilon}_i(t)$ 提供了第一个因子 $\phi_1^{PCA}(t)$ 无法解释的利率的变化量，这样就可以计算第二个因子的变化 $\Delta\phi_2^{PCA}(t)$ 为

$$\Delta\phi_2^{PCA}(t) = a_{21}\times\hat{\varepsilon}_1(t) + \cdots + a_{2n}\times\hat{\varepsilon}_n(t)$$

我们再次通过能使 $\Delta\phi_2^{PCA}$ 最大化时的 $a_{21}, \cdots, a_{2n}$

$$\max_{a_{21},\cdots,a_{2n}} \mathrm{Var}(\Delta\phi_2^{PCA}(t)) \tag{4-39}$$

限制性条件依旧是 $\sum_{j=1}^{n} a_{2j}^2 = 1$，其他因子可依此类推。

这个方法的结果是，可以得到能在很大程度上解释收益率变动的因子。另外，因为我们在主要的步骤上用的是收益率的残差，所以因子之间是相互独立的。也就是说，主成分综合分析法得到的因子是满足上述条件 1 和 2 的。对于主成分综合分析法的使用并不像上面所讲的那样看起来困难，具体用法我们在接下来的部分将会讲到，现在我们只关注于结果。

图 4-9 展示了使用主成分综合分析法，在整个期限里得到的相关系数 β_{ij}^{PCA}，实线表示式 (4-36) 得到的、用于乘第一个因子的相关系数 β_{i1}^{PCA}。如图 4-9 所示，所有的相关系数在债券的整个期限里都是比较接近的。因为所有的 β_{i1}^{PCA} 都很接近，主成分综合分析法得到的第一个因子就被称为利率水平：当第一个因子 $\phi_1(t)$ 增加时，所有的收益率都几乎同样增加。这里的 β_{ij}^{PCA} 比表 4-5 里的小，是因为主成分综合分析法限制了平方系数之和为 1。这仅仅是重正化的结果，因为考虑了这个平方系数之和为 1 的因素后，因子 $\phi_1(t)$ 的量级都会做出调整。这个方法和之前方法的不同之处在于，用主成分综合分析法从式 (4-36) 中得到的利率水平因子是统计方法的结果，而不是我们在 4.2 节中假设的结果。图 4-10a 绘制了主成分综合分析法得到的利率水平。

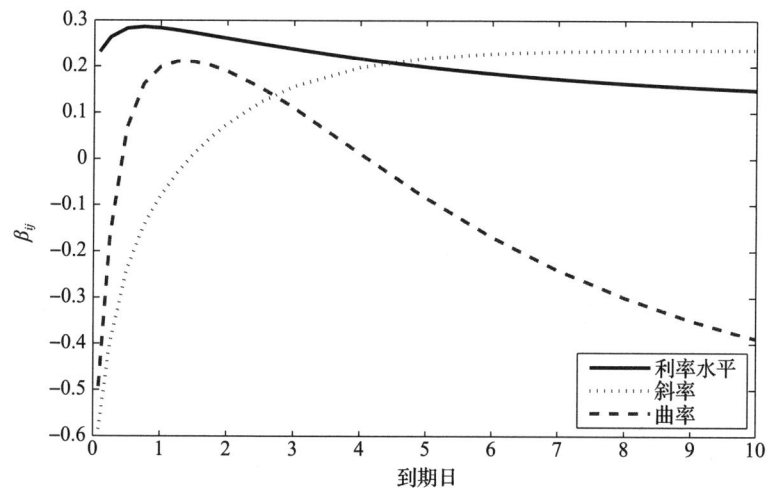

图 4-9　由主成分综合分析法得出的利率水平、斜率和曲度之间的相关系数

图 4-9 中的点画线，表示的是用于乘第二个因子 $\phi_2(t)$ 的相关系数 β_{i2}。从上述方法得到的第二个因子是斜率，因为相关系数 β_{i2} 在对短期债券是负数，而对长期债券则是正数。也就是说，当第二个因子 $\phi_2(t)$ 增长时，短期收益率下降而长期收益率将上升：收益率曲线会变得更加陡峭。从主成分综合分析法得到的第二个因子的历史时间序列绘制在图 4-10b 中。最后，图 4-9 中的虚线表示的是用来乘第三个因子 $\phi_3(t)$ 的相关系数 β_{i3}^{PCA}：在短期和长期都是负数，而在中期为正数。也就是说，当第三个因子增加时，收益率曲线会更加弯曲。因为这个原因，第三个因子被称作曲率。曲率因子的历史时间序列绘制在了图 4-10c 中。

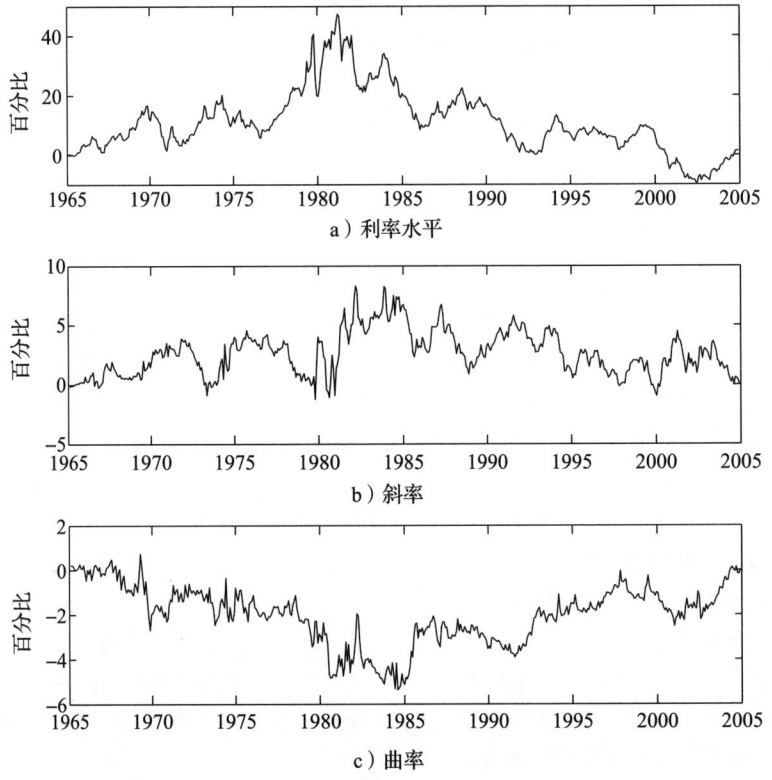

图4-10 主成分综合分析法得出的利率水平、斜率和曲率

4A.1 主成分综合分析法的好处

值得一提的是,就像我们之前讲到的那样,主成分综合分析法对比之前描述的方法(定义利率水平、斜率和曲率分别为直接的收益平均、期限利差和蝶形利差),有比直观看来更多的优势。

主成分综合分析法对收益变动的解释力更强了。这表现在表4-15中,这个表对比图4-9含有更多的信息。具体来讲,用R^2展示了每个因子对利率变动的解释能力。比如,第一个主成分综合分析法得出的因子(利率水平)解释了3个月收益率变动的75%,2年期利率变动的95.89%和10年期利率变动的61.12%。第一个和第二个因子一起解释了期限结构大部分的变动:6年期以上的R^2都超过96%。三个因子一起解释了几乎所有的变动,其R^2值超过99%。重要的是这些R^2比用表4-5中临时性的因子得到的都要高,也就意味着主成分综合分析法得到的因子能更好地解释收益的变动,这正是风险管理所需要的。

表4-15 利率对于主成分综合分析法得出的利率水平、斜率和曲率的敏感度

因子	期限							
	3个月期	6个月期	1年期	2年期	4年期	6年期	8年期	10年期
A:利率水平								
β_{i1}^{PCA}	0.263 7	0.282 7	0.283 5	0.261 2	0.217 2	0.184 8	0.163 3	0.149 0
R^2	75.50%	88.23%	96.32%	95.89%	89.12%	81.13%	70.73%	61.12%
B:斜率								
β_{i2}^{PCA}	0.401 7	0.241 0	0.080 7	0.075 7	0.198 3	0.228 6	0.235 5	0.236 9
R^2	98.26%	96.56%	97.33%	96.94%	98.77%	97.26%	89.84%	81.20%

（续）

因子	期限							
	3个月期	6个月期	1年期	2年期	4年期	6年期	8年期	10年期
	C：曲率							
β_{i3}^{PCA}	0.167 9	0.067 2	0.199 4	0.189 9	0.011 7	0.169 0	0.299 6	0.389 0
R^2	99.49%	96.76%	99.25%	98.98%	98.78%	99.98%	99.40%	97.94%

注：A，B和C部分的R^2是指分别包含因子1，因子1和2，全部因子的R^2。

主成分综合分析法得到的因子相互之间是独立的。也就是说，在风险管理实践中，运用这些因子能比用之前临时得到的因子更方便。我们会在下面的例子中证明这一点。

例4-8

在这个例子中我们做与例4-7一样的工作，但用的是主成分综合分析法得到的因子去对冲利率水平和斜率。这和之前唯一的区别在于我们现在用的是表4-15中的参数来计算票息为3.875%的债券（到期为2013年2月15日）的因子久期，以及短期、长期债券的仓位k_S和k_L。注意到式(4-29)和式(4-30)的对冲算法在新的方法下依旧可以用来计算因子，即再次运用到期时间为2005年2月15日和2013年2月15日的零息债券，可以得到如下的结果：

长期附息债券：$D_1 = 1.216\ 2$；$D_2 = 1.724\ 0$

短期零息债券：$D_1^S = 0.247\ 3$；$D_2^S = -0.070\ 4$

长期零息债券：$D_1^L = 1.379\ 3$；$D_2^L = 2.086\ 4$

运用式(4-29)和式(4-30)，我们可以得到短期和长期零息债券的仓位k_S和k_L分别为

$$k_S = -0.266\ 9; \quad k_L = -1.191\ 7$$

采用新方法后，2007年4月15日时对冲后资产组合的价值$V_{4/15/2004}^{对冲后的}=101.29$美元，即只降低了0.20%，运用临时因子的这个值为0.50%，而仅仅运用久期对冲时为3.30%。

4A.2 主成分综合分析法的使用

在实际操作过程当中，主成分综合分析法的使用并不像看上去那么复杂，但是需要先进的电脑工具包。从$\Delta r_i(t)$的方差-协方差矩阵（定义为$M = \text{Cov}(\Delta r_i(t))$）开始，这是一个$n \times n$的矩阵。矩阵的特点是，存在有数值$\lambda_i$和相关的向量

$$v_i = \begin{bmatrix} v_{i1} \\ \vdots \\ v_{in} \end{bmatrix}$$

能满足：

$$Mv_i = \lambda_i v_i \tag{4-40}$$

λ_i的数值被称为本征值，相关的向量v_i被称为特征向量。本征值和特征向量，都可以借助计算机很容易地计算出来，这方面都有商用的软件包可供使用。

考虑到式(4-36)和式(4-39)的最大化问题，运用向量符号表示$a_1 = (a_{11}, \cdots, a_{1n})$，我们可以构造其拉格朗日方程为$L(a_1) = a_1'Ma_1 - \lambda(a_1'a_1 - 1)$，其一阶条件为

$$\frac{\partial L(a_1)}{\partial a_1} = Ma_1 - \lambda a_1 = 0 \tag{4-41}$$

我们发现本征值λ_i和特征向量v_i满足式(4-40)。结果表明，假设我们能用电脑工具包计算M的本征值和特征向量，其计算变成了下面的过程：

1. 计算M的本征值，定义$\lambda_1 > \lambda_2 > \cdots > \lambda_n$，并且令$v_1, v_2, \cdots, v_n$为他们相应的特征向量。

2. 从式(4-41)我们知道 v_1 是式(4-36)的第一个最大值,也就是说 $v_1 = (a_{11}, \cdots, a_{1n})$
3. 我们得到 $\Delta\phi_1^{PCA}(t) = \sum_{k=1}^{n} v_{1k}\Delta r_k(t)$
4. 我们回到式(4-38)的回归残差 $\hat{\varepsilon}_1(t), \cdots, \hat{\varepsilon}_n(t)$
5. 一个跟上面一样的结论是 v_2 为式(4-39)的最大值解。相应地,我们令第二个因子为

$$\Delta\phi_2^{PCA}(t) = \sum_{k=1}^{n} v_{2k}\hat{\varepsilon}_k(t)$$

6. 再对式(4-33)中的两个因子进行回归,依此类推。

整个计算的结果如表4-15、图4-9和图4-10所示。

第 5 章 利率衍生品：远期和互换

利率"衍生品"在现代金融市场中扮演了一个核心角色。衍生品上的引号在现在几乎是强制性地要加上。传统上，我们觉得衍生证券是价值依靠其他更基础的证券价值来体现的证券，即衍生证券的价值是从一个初级证券的价值中"衍生"出来的。传统的这种观点在20世纪70年代和80年代基础衍生证券，如远期、期货、互换，刚引进来的时候是行得通的。但是，现在利率衍生品市场的规模远远大于初级证券的市场规模。比如，在本章我们将学到怎么计算贴现因子的互换合约的价值，就像第二章中讨论的，可能是从国债价格得到的。然而，在我们这么做的时候我们需要知道，在2008年12月，美国国债证券的市值是5.9万亿美元左右，而全球互换的市场价值是16万亿美元左右。很明显的问题在于，互换的价值是否基于国债的价值，或者说是相反的。现在我们就处在一个"鸡生蛋还是蛋生鸡"的问题中了，因为我们不能确定谁是初级市场或谁是"衍生市场"了。在本章我们将学习到在这些证券的价值之间必然存在一些关系（非套利关系）。如果国债和衍生品之间的相关价值超出了一定的范围，那么监管层就会介入并且纠正市场的不平衡。我们需要把这些市场看作是同步移动的，并且当一个市场因为自己内在的动力发生变动时，另外一个市场——衍生市场或者初级市场都会随之改变。

5.1 远期利率和远期贴现因子

用例子来解释远期利率的概念会更加方便。

例 5-1

假设今天为 2001 年 3 月 1 日。⊖ 假设一个公司将一套装备以 1 亿美元的价格卖给客户。客户将在 6 个月内付款，即 T_1 = 2001 年 9 月 4 日（2001 年 9 月的第一个工作日）。假设公司不是立即需要现金，而是在 6 个月之后需要，用以在 T_2 = 2002 年 3 月 1 日时做资产投资。现在，公司想确定可得的 1 亿美元从 T_1 到 T_2 这 6 个月期内的利率。图 5-1 展示了公司的投资需要。公司对他的银行说出他的要求并寻求报价，然后银行报价年化利率（半年期复利）f_2 = 4.21%。⊜ 也就是说，银行准备好在今天承诺

⊖ 时间 2001 年可能看起来会比较特别，选择这个时间的原因在于 2001 年 3 月美国国债仍旧发行 1 年期短期国债，这一行为在最近刚刚被终止。1 年期短期国债的存在使得这个例子介绍起来更简便，虽然这个问题还可以用零息国债或一些其他的零息债券来重复。

⊜ f_2 的下角的数字 2 代表我们定义的利率是半年复利，这些详细的细节在下面的式 (5-3) 中可知。

在 6 个月之后(T_1 时期)从公司收到 1 亿美元,然后在收到 6 个月之后(T_2 时期)返回给银行 1.021 05 亿美元,$1.021\ 05 = 1 \times \left(1 + \dfrac{f_2}{2}\right)$。银行今天承诺的利率 f_2 叫作远期利率。

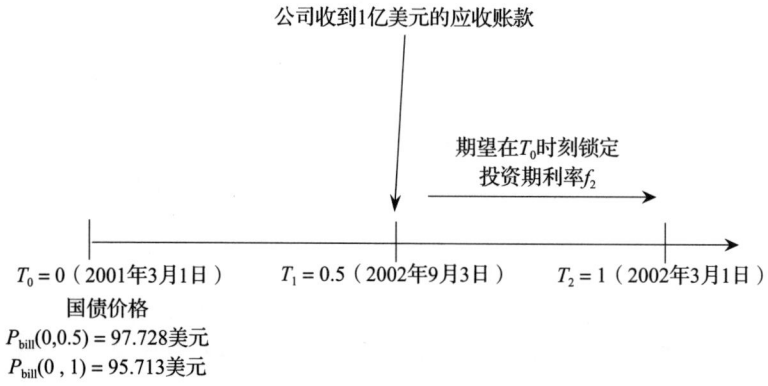

图 5-1 一个远期投资需求

问题是:银行怎么确定远期利率 f_2 呢?

在无套利的前提之下讨论。事实上,在 2001 年 3 月 1 日(今天),6 个月期短期国债的价格是 97.728 美元,1 年期短期国债的价格是 95.713 美元。为了保证能给客户 f_2 的利率水平,银行可以采取以下的策略(见表 5-1):首先,今天银行借入到期为 $T_1=6$ 个月的短期国债,并以 0.977 28 亿美元卖出。这些资金之后被投资到 T_2 到期的 1 年期短期国债中。假设后者的价格是 95.713 美元,那么银行可以购买的 1 年期国债数量(面值为 100 美元)为 $M = \dfrac{0.977\ 28}{95.713} = 0.010\ 210\ 5$ 亿。今天,银行净现金流为零,因为卖出到期为 T_1 的短期国债得到的现金都用来购买到期为 T_2 的短期国债了。

表 5-1 计算远期利率的交易策略(1)

当期($T=0$)	T_1	T_2
做空 0.977 28 亿美元 T_1 时期的短期国债	(a) 从公司收到 1 亿美元 (b) 平掉做空仓位	
买入 $M = \dfrac{0.977\ 281}{0.957\ 13} = 0.010\ 210\ 5$ 亿美元 T_2 时点到期的短期国债		(a) 从公司收到 $1.021\ 05 \times 1$ 亿美元 (b) 把钱全部给公司
总的净现金流 =0	总的净现金流 =0	总的净现金流 =0

其次,在时点 T_1 时,银行必须支付 1 亿美元给它从 T_1 到期的短期国债借款的对手方。然而,这也是公司给银行 1 亿美元的时候。因此,在 T_1 时期现金流也是零,因为银行从公司那里拿到 1 亿美元用来平仓。最后,在 T_2 时点,$M = 0.010\ 210\ 5$ 亿的短期国债到期,银行可以收到 $M \times 100 = 1.021\ 05$ 亿美元。这正是银行答应公司在 T_1 投资 1 亿美元的回报。

确实,公司从 T_1 到 T_2 的回报是 $2.105\% = \dfrac{(1.021\ 05 - 1)}{1}$,这也就说明了年化利率为 $f_2 = 2.105\% \times 2 = 4.21\%$。

这个例子展示了利率期限结构,或者说贴现因子 $Z(0, T)$,包含了所有用来计算资金未来价值的信息。在这个例子中,1 年期的贴现因子 $Z(0, 1) = 0.957\ 13$,6 个月期的贴现因子 $Z(0, 0.5) = 0.977\ 28$。也就是说,1 年后的 1 美元等价于今天的 95.71 美分,6 个月之后的 1 美元等于今天的 97.73 美分。这两种不同的交换利率(未来资金和今天资金之比)就可以让我们推导出 6 个月之后的资金和 1 年后的资金之间的交换比例，这可以用两者的贴现因子的比来表示

$$F(0,0.5,1) = \frac{Z(0,1)}{Z(0,0.5)} = 0.97938 \tag{5-1}$$

也就是说，给定现在(0 期)的信息，1 年后的 1 美元等于 6 个月后的 97.93 美分。给定两个贴现因子 $Z(0,0.5)$ 和 $Z(0,1)$，它们在不产生套利机会的前提下不会有其他的值了。确实，用利率期限结构计算资金未来价值的方法也适用于计算外汇交换比率：如果 1 美元兑 1.25 欧元并且 1 美元兑 1.6 英镑，那么欧元和英镑之间的交换比率为 $\frac{1.25}{1.6} = 0.78$。

一种解释式(5-1)中的 $F(0,0.5,1)$ 的方法是把它看作未来贴现因子 $Z(0.5,1)$ 在当前市场上的投影。这在现在是不知道的。因此，我们把 F 称作远期贴现因子。

定义 5-1

在 t 时期的**远期贴现因子**(forward discount factor)定义了现金在两个未来时间内的时间价值，设为 T_1 和 T_2，其中 $T_2 > T_1$。给定贴现因子 $Z(t,T_1)$ 和 $Z(t,T_2)$，那么远期贴现因子可以表示为

$$F(t,T_1,T_2) = \frac{Z(t,T_2)}{Z(t,T_1)} \tag{5-2}$$

从式(5-2)中的定义中我们知道 $F(t,T_1,T_2)$ 拥有一些贴现因子的标准特性，我们接下来会讨论。

事实 5-1

远期贴现因子具有下列特性：
1. $F(t,T_1,T_2) = 1$ (当 $T_2 = T_1$ 时)。
2. $F(t,T_1,T_2)$ 随着 T_2 的增大而减小。

第二个特性可以从式(5-2)中看出：随着我们增加 T_2，式(5-2)中只有分子变化了，分子随着 T_2 的增大而减小，因此 $F(t,T_1,T_2)$ 随着 T_2 的增大而减小。

回到之前的例子，因为 $F(0,0.5,1)$ 是期限 $T_1 = 0.5$ 和 $T_2 = 1$ 之间的贴现因子，因此我们也可以用第 2 章中的式(2-4)计算它的半年复利，其中 $Z(t,T)$ 可以用来替代 $F(0,0.5,1)$：

$$f_2(0,0.5,1) = 2 \times \left(\frac{1}{F(0,0.5,1)^{\frac{1}{2 \times 0.5}}} - 1\right) = 4.21\%$$

以上内容我们可以在式(5-1)中看到。确实，我们有以下定义。

定义 5-2

要使得从 T_1 到 T_2 时期的投资免于风险并且复利 n 次，那么 t 时期的**远期利率**(forward rate)由式(5-2)中的远期贴现因子来决定

$$f_n(t,T_1,T_2) = n \times \left(\frac{1}{F(t,T_1,T_2)^{\frac{1}{n \times (T_2-T_1)}}} - 1\right) \tag{5-3}$$

连续复利的利率在 n 趋近于无穷时得到：

$$f(t,T_1,T_2) = -\frac{\ln(F(t,T_1,T_2))}{T_2-T_1} \tag{5-4}$$

就像即期汇率和贴现因子之间的关系一样，远期利率和远期贴现因子之间也是存在等价关系的：给定一个远期贴现因子，我们可以得出式(5-3)或式(5-4)中的远期利率。反之，知道远期利率并且知道复利频次，我们也可以如下所述计算出远期贴现因子。

○ **事实 5-2**

给定一个 n 次复利的远期利率 $f_n(t,T_1,T_2)$，对应的远期贴现因子是

$$F(t,T_1,T_2) = \frac{1}{\left(1+\dfrac{f_n(t,T_1,T_2)}{n}\right)^{n\times(T_2-T_1)}} \tag{5-5}$$

给定一个连续复利的远期利率 $f(t,T_1,T_2)$，我们可以得到对应的远期贴现因子是

$$F(t,T_1,T_2) = e^{-f(t,T_1,T_2)(T_2-T_1)} \tag{5-6}$$

作为结束这个部分，注意到如果任意时期 T_1 和 T_2，其中 $T_2>T_1$，那么贴现因子都是增大的，即 $Z(t,T_1)<Z(t,T_2)$。然后，从式(5-2)可知远期贴现因子 $F(t,T_1,T_2)>1$，这也就意味着 $f_n(t,T_1,T_2)<0$，$f(t,T_1,T_2)<0$。

○ **事实 5-3**

如果贴现因子 $Z(t,T)$ 在时期 T_1 和 T_2（其中 $T_2>T_1$）之间是增长的，即 $Z(t,T_1)<Z(t,T_2)$，那么在 t 时期一个投资的远期利率在时期 T_1 和 T_2 之间是负的。

在例 5-1 中，$Z(0,T_1)<Z(0,T_2)$ 的情形说明银行愿意给公司报价负利率 f_2 使得在时期 T_1 和 T_2 的投资可以实现，这是不合理的。就像我们在第 2 章 2.1.1 部分提到的，这里的贴现因子 $Z(t,T)$ 必须是随着到期日的增大而减小的。

5.1.1 无套利条件下的远期利率

得到式(5-1)的银行在今天答应将在 T_1 给公司提供的远期利率 f_2 的论据是一个无套利论据。我们再次整体回顾一下这个论据，这是有帮助的。假设在时间 t 我们需要投资 W 美元直到一个未来的时间 T_2。选择任意的一个中间时间 T_1，并且假设可以找到无风险的零息债券分别用来作为 t 到 T_1 时期的投资和 t 到 T_2 时期的投资。就像我们知道的，这些零息债券的价格为 $P_z(t,T_1) = 100 \times Z(t,T_1)$、$P_z(t,T_2) = 100 \times Z(t,T_2)$。⊖下面两个可能的策略对我们是可行的。

策略 1 投资 W 美元在 T_2 到期的零息债券。因为我们可以购买到 $\dfrac{W}{P_z(t,T_2)}$ 单位的零息债券并且这些零息债券会在 T_2 时期支付 100 美元/单位，那么在 T_2 时期的支付为

$$\text{策略 1 的 } T_2 \text{ 时期支付} = \frac{W}{P_z(t,T_2)} \times 100 \, (\text{美元}) \tag{5-7}$$

策略 2 投资 W 美元在 T_1 到期的零息债券，然后和银行签订半年连续复利 f_2 的投资于 T_1 到 T_2 时期的合约。因为我们可以购买到 $\dfrac{W}{P_z(t,T_1)}$ 单位的零息债券并且这些零息债券会在 T_1 时

⊖ 就像我们在第 1 章讨论的，到期时间长的零息债券在美国是可以通过 STRIPS 项目买到的。

期支付 100 美元/单位，那么在 T_2 时期的支付为

$$\text{策略 2 的 } T_2 \text{ 时期支付} = \left[\left(\frac{W}{P_z(t,T_1)}\right)\times 100\right]\times\left(1+\frac{f_2}{2}\right)^{2\times(T_2-T_1)} \quad (\text{美元}) \quad (5\text{-}8)$$

因为不管投资者做哪种策略选择都是可以不承担风险，并且在 T_2 时期获得一笔钱，所以两种策略的收益必须是一致的，不然就会存在套利机会。举例来讲，如果策略 2 得到的支付比策略 1 高，那么任何人都可以持有 T_2 时期的债券并卖掉他们用来购买 T_1 时期的债券，同时和银行签订半年连续复利 f_2 的投资于 T_1 到 T_2 时期的合约。这样会使得 T_2 时期的债券价格下降，而 T_1 时期的债券价格会上升，金融市场会再次达到平衡。

为了使得市场平衡，那么就必然有

$$\text{策略 1 的 } T_2 \text{ 时期支付} = \text{策略 2 的 } T_2 \text{ 时期支付} \quad (5\text{-}9)$$

或者说引用式(5-7)和式(5-8)得到的公式有

$$\left[\left(\frac{W}{P_z(t,T_1)}\right)\times 100\right]\times\left(\frac{1+f_2}{2}\right)^{2\times(T_2-T_1)} = \frac{W}{P_z(t,T_2)}\times 100 \quad (5\text{-}10)$$

在这个公式中，我们可以代入零息债券的价格 $P_z(t,T_1)=100\times Z(t,T_1)$，$P_z(t,T_2)=100\times Z(t,T_2)$，然后消掉两边的 W 和 100，我们可以写出

$$\left(1+\frac{f_2}{2}\right)^{2\times(T_2-T_1)} = \frac{Z(t,T_1)}{Z(t,T_2)} \quad (5\text{-}11)$$

对比式(5-2)，上面方程的右边部分等于远期贴现因子的导数 $\frac{Z(t,T_1)}{Z(t,T_2)}=\frac{1}{F(t,T_1,T_2)}$。我们令式(5-3)中 $n=2$，解出 f_2 为

$$f_2 = f_2(t,T_1,T_2) = 2\times\left(\frac{1}{F(t,T_1,T_2)^{\frac{1}{2\times(T_2-T_1)}}}-1\right) \quad (5\text{-}12)$$

5.1.2 远期曲线

在远期利率和远期贴现因子的例子中，我们有 3 个时间指数：t，这是我们想要确定远期利率的时间，然后是两个未来的时期 T_1 和 T_2，在时期 T_1 和 T_2 之间会发生投资。在这个部分，我们可以设置 $t=0$，然后定义两个时期的第一个时期为 T。最后，假设未来的投资（在 T 时期发生）会经历一个时长为 Δ。另外，为了方便，我们在这部分只关注于复合远期利率，这可以定义为

$$f(0,T,T+\Delta) = -\frac{\ln(F(0,T,T+\Delta))}{\Delta} \quad (5\text{-}13)$$

固定 Δ，我们可以绘制出 T 时期的远期利率 $f(0,T,T+\Delta)$，得出来的曲线就是远期利率曲线。

定义 5-3

远期利率曲线(forward rate carve)给出了远期利率 $f(0,T,T+\Delta)$ 和投资时间 T 之间的关系。

举个例子，图 5-2 绘制了不同的 T 的远期利率曲线 $f(0,T,T+0.25)$，T 从 3 个月到 10 年。[一]图中同样绘制了相同时期的即期利率曲线 $r(0,T)$。远期利率曲线和即期利率曲线看起来

[一] 收益率曲线和远期曲线的计算都是基于 CRSP 的数据（内嵌数据名称），2009 证券研究中心（CRSP），芝加哥布斯商学院。

像是同步变动的：粗略地看，它们同时上升或下降。事实上，远期利率曲线和即期利率曲线之间有一个精确的关系，因为我们知道，远期利率曲线和即期利率曲线的贴现因子是一致的。

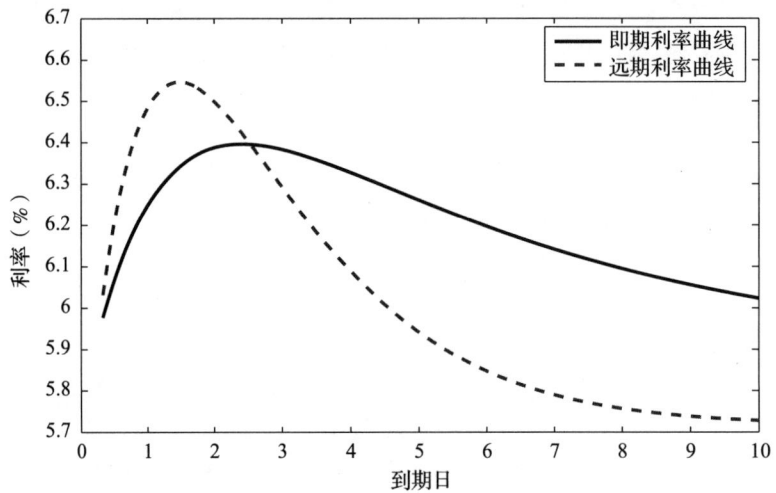

图 5-2 即期利率曲线和远期利率曲线

资料来源：证券价格研究中心（CRSP）。

确实，从远期贴现因子的定义中我们发现：

$$F(0, T, T + \Delta) = \frac{Z(0, T + \Delta)}{Z(0, T)}$$
$$= \frac{e^{-r(0, T+\Delta)(T+\Delta)}}{e^{-r(0, T)T}}$$
$$= e^{-r(0, T+\Delta)(T+\Delta) + r(0, T)T}$$
$$= e^{-r(0, T)\Delta - (r(0, T+\Delta) - r(0, T))(T+\Delta)}$$

代入式(5-13)中可得

$$f(0, T, T + \Delta) = r(0, T) + (T + \Delta) \times \frac{r(0, T + \Delta) - r(0, T)}{\Delta} \tag{5-14}$$

这个方程展示了远期利率和即期利率之间的关键联系。对于任意到期 T，在 T 和 $T + \Delta$ 之间的远期利率等于到期为 T 的即期利率加上一个如果即期利率曲线上升则为正、下降则为负的项目。为了理解这一点，我们需要注意，式(5-14)的最后一项的分子是两个时期 T 和 $T + \Delta$ 之间的即期利率曲线之差，如果两者之差是正的而 Δ 充分小，那么期限结构在 T 时期就是上升的，而如果相反，两者之差是负的，那么即期利率曲线就是下降的。这个公式告诉我们：

○ **事实 5-4**

即期利率曲线上升时，远期利率曲线在即期利率曲线之上，即期利率曲线下降时，远期利率曲线在即期利率曲线之下。即期利率曲线平稳不变时，远期利率曲线等于即期利率曲线。

事实 5-4 描述的特性在图 5-2 中可以明显地看出来。

为了更好地理解远期利率 $f(0, T, T + \Delta)$ 和即期利率曲线 $r(0, T)$ 之间的关系，可以假设现在有一系列的时间 $T_1, T_2, \cdots, T_n$，其中 $T_{i+1} = T_i + \Delta$。令 $T_1 = \Delta$，对于任何一对时间，我们

都可以重新将远期贴现(式(5-2))写成：

$$Z(0, T_{i+1}) = Z(0, T_i) \times F(t, T_i, T_{i+1}) \tag{5-15}$$

同样使用式(5-4)可得到以下关系

$$Z(0, T_1) = e^{-r(0,T_1) \times \Delta} \tag{5-16}$$

$$Z(0, T_2) = Z(0, T_1) \times e^{-f(0,T_1,T_2) \times \Delta}$$

$$\vdots = \vdots$$

$$Z(0, T_i) = Z(0, T_{i-1}) \times e^{-f(0,T_{i-1},T_i) \times \Delta} \tag{5-17}$$

$$\vdots = \vdots$$

$$Z(0, T_n) = Z(0, T_{n-1}) \times e^{-f(0,T_{n-1},T_n) \times \Delta} \tag{5-18}$$

通过将第一个方程中 $Z(0, T_1)$ 的表达式代入到第二个中，而第二个 $Z(0, T_2)$ 代入到第三个中，依此类推，我们可以发现 $Z(0, T_n)$ 的另一个表达式

$$Z(0, T_n) = e^{-(r(0,T_1) \times \Delta + f(0,T_1,T_2) \times \Delta + \cdots + f(0,T_{n-1},T_n) \times \Delta)} \tag{5-19}$$

通过连续复利的定义 $r(0, T_n)$，$Z(0, T_n) = e^{-r(0,T_n) \times T_n}$，我们可以得到

$$r(0, T_n) \times T_n = r(0, T_1) \times \Delta + f(0, T_1, T_2) \times \Delta + \cdots + f(0, T_{n-1}, T_n) \times \Delta \tag{5-20}$$

最后可以得出的关系是：

○ **事实 5-5**

连续复利的当期利率 $r(0, T_n)$ 等于远期利率的平均值

$$r(0, T_n) = \frac{1}{T_n} \sum_{i=1}^{n} f(0, T_{i-1}, T_i) \times \Delta \tag{5-21}$$

其中，为了简便起见，我们定义 $T_0 = 0$，$f(0, 0, T_1) = r(0, T_1)$。

由于到期为 T 的即期利率为远期利率的均值，我们就可以很直观地发现，如果远期利率高于即期利率，那么接下来即期利率必然会上升。因为上升的利率大于均值，所以平均值一定会上升。同样地，如果远期利率小于即期利率，那么即期利率曲线一定会下降，因为增加的利率值小于均值。

5.1.3 从远期利率中提取出即期利率曲线

有的时候，我们并没有零息债券的价格来计算贴现因子 $Z(0, T)$，然而我们可能会拥有远期利率 $f(0, T_i, T_{i+1})$，对应一系列的到期日 T_i，$i = 1, \cdots, n$，且 $T_{i+1} = T_i + \Delta$，其中 Δ 为时间间隔。因为有这些远期利率，我们便可以计算出远期贴现因子 $F(0, T_i, T_{i+1})$（见式(5-6)），这样我们就可以运用式(5-6)计算零息债券的收益率曲线。本质上来说，这是式(5-16)~式(5-18)的反向应用。接下来的例子介绍了这个反向应用的过程。

👉 **例 5-2**

令今天为 2008 年 5 月 5 日。表 5-2 中第 3 列包含了连续复利的远期利率，复利频率为每季度一次（$\Delta = 0.25$）[○]。注意到第一个远期利率和即期利率相同 $f(0, 0, 0.25) = r(0, 0.25)$。第 3 列的第一个数值决定了第一次贴息

○ 第 6 章 6.5 节阐述了这些数据的来源。

$$Z(0,0.25) = e^{-f(0,0,0.25)\times 0.25} = e^{-2.7605\%\times 0.25} = 0.993123$$

这展示在第 4 列中。接下来我们计算来计算久期为 $T_2 = 0.5$ 的贴现因子。运用式(5-6)和式(5-15)可以得到：

$$\begin{aligned} Z(0,0.5) &= Z(0,0.25) \times e^{-f(0,0.25,0.5)\times 0.25} \\ &= 0.993123 \times e^{-2.9460\%\times 0.25} \\ &= 0.986521 \end{aligned}$$

这同样展示在第 4 列中。我们可以代入每一个 $i = 2, \cdots, 19$ 并且运用方程

$$Z(0,T_i) = Z(0,T_{i-1}) \times e^{-f(0,T_{i-1},T_i)\times 0.25}$$

第 4 列展示了所有的贴现因子 $Z(0,T_i)$ 对应每个到期日的结果。第 5 列运用这些贴现因子得到连续复利的即期利率

$$r(0,T_i) = -\frac{\ln(Z(0,T_i))}{T_i}$$

表 5-2　2008 年 5 月 5 日远期利率和即期利率

序号 i	期限 T_i	远期利率 $f(0, T_{i-1}, T_i)$ (%)	贴现率 $Z(0, T_i)$ (×100)	即期利率 $r(0, T_i)$ (%)
1	0.2500	2.7605	99.3123	2.7605
2	0.5000	2.6677	98.6521	2.7141
3	0.7500	2.8132	97.9607	2.7471
4	1.0000	3.0088	97.2267	2.8125
5	1.2500	3.1917	96.4539	2.8884
6	1.5000	3.3664	95.6456	2.9680
7	1.7500	3.5501	94.8005	3.0512
8	2.0000	3.7118	93.9248	3.1338
9	2.2500	3.8440	93.0265	3.2127
10	2.5000	3.9700	92.1078	3.2884
11	2.7500	4.0899	91.1708	3.3613
12	3.0000	4.1800	90.2230	3.4295
13	3.2500	4.2474	89.2701	3.4924
14	3.5000	4.3150	88.3123	3.5512
15	3.7500	4.3884	87.3487	3.6070
16	4.0000	4.4466	86.3830	3.6595
17	4.2500	4.4913	85.4186	3.7084
18	4.5000	4.5395	84.4546	3.7546
19	4.7500	4.5953	83.4900	3.7988

资料来源：彭博数据库。

5.2 远期利率协议

定义 5-4

远期利率协议(forward rate agreement, FRA)是两方签订的一个合约，其中一方答应以一定的规模 N 在远期 T_1 到 $T_2 = T_1 + \Delta$ 支付远期利率 $f_n(0, T_1, T_2)$，而另一方同意按照远期的市场利率浮动

利率 $r_n(0, T_1, T_2)$ 支付。两方之间在合同的到期日 T_2 时期的净支付可以表示如下

$$T_2 \text{ 时期的净支付} = N \times \Delta \times [r_n(0,T_1,T_2) - f_n(0,T_1,T_2)] \tag{5-22}$$

在上面 $\Delta = T_2 - T_1$,一般来说是一季度或者是半年,而下标 $n = \dfrac{1}{\Delta}$,表示相应的复利频次。比如,每季度和每半年复利的频次分别为 $n = 4$ 和 $n = 2$。

为了更好地理解远期利率协议的逻辑,我们需要回顾一下例 5-1。

例 5-3

回顾例 5-1 今天($t=0$)是 2001 年 3 月 1 日,公司将在 6 个月之后收到 1 亿美元($T_1 = 0.5$),公司想要将这笔钱投资 6 个月(知道 $T_2 = 1$)。对于公司来说,图 5-1 描述的选择以外还有一个选择就是,和银行签订一个时期从远期 T_1 到远期 T_2 的 6 个月的远期合约,合同规模为 $N = 1$ 亿美元。也就是说,银行今天答应在 1 年之后($T_2 = 1$)支付 $N \times f_2(0, 0.5, 1)$ 数量的资金,其中 $f_2(0, 0.5, 1)$ 是当前半年复利的从远期 T_1 到远期 T_2 的远期利率。而公司答应在相同的时间支付 $N \times r_2(0.5, 1)$,其中 $r_2(0.5, 1)$ 是在 $T_1 = 0.5$ 时期的半年复利的即期利率。也就是说,两方在 $T_2 = 1$ 时期相互之间发生的净支付是

$$T_2 \text{ 时期公司净支付} = \frac{N}{2} \times [f_2(0,0.5,1) - r_2(0.5,1)] \tag{5-23}$$

其中我们必须除以 2 的原因是时间只有 6 个月。回想起 $f_2(0, 0.5, 1) = 4.21\%$。我们现在发现公司可以达到例 5-1 一样的产出。

确实,在 $T_1 = 0.5$ 时,公司可以收入 1 亿美元,公司可以将这 1 亿美元直接投资于市场利率为 $r_2(0.5, 1)$ 的项目中。那么公司在 $T_2 = 1$ 时期能得到多少钱呢?现在,公司不仅收入投资得到的收益,还要加上式(5-23)中的净支付。加总可得

$$T_2 \text{ 时期的总收入} = 100 \times \left[1 + \frac{r_2(0.5,1)}{2}\right] \quad \text{(投资回报)}$$

$$+ \left\{\frac{N}{2} \times [f_2(0,0.5,1) - r_2(0.5,1)]\right\} \quad \text{(远期合约支付)}$$

$$= 100 \times \left[1 + \frac{f_2(0,0.5,1)}{2}\right]$$

$$= 1.02105(\text{亿美元})$$

公司所得和在例子 5-1 中的所得是一样的。

对于银行来说又是怎么样的呢?特别地,银行现在面临利率风险,因为如果 $f_2(0, 0.5, 1) > r_2(0.5, 1)$ 远期合约将会使得银行面临负的支付。然而,对于表 5-1 的策略的一些小的变动使得银行可以确保风险被对冲。新的修改过的策略展示在表 5-3 中。在 $t = 0$,银行策略是一样的:银行做空 T_1 短期国债并且购买 $M = 1.02105$ T_2 短期国债。在 T_1 时期,银行必须拿出 1 亿美元来支付空仓。银行可以以当前利率 $r_2(0.5, 1)$ 借到这部分的资金。在 T_2 时期,银行总的现金流如下

$$T_2 \text{ 时期银行总的现金流} = \left\{-100 \times \left[1 + \frac{r_2(0.5,1)}{2}\right]\right\} \quad \text{(支付借款)}$$

$$+ \{1.02105 \times 100\} \quad (T_2 \text{ 短期国库债券})$$

$$+ \left\{\frac{100}{2} \times [r_2(0.5,1) - f_2(0,0.5,1)]\right\} \quad \text{(远期合约支付)}$$

$$= 0$$

这是一个完美的对冲。

表 5-3 计算远期利率的交易策略(2)

当期($t=0$)	T_1	T_2
做空 0.977 28 亿美元 T_1 时点到期的短期国债	(a)以利率 $r_2(0.5, 1)$ 买入 1 亿美元 (b)平掉空仓	支付 1 亿美元 $\times \left(1 + \dfrac{r_2(0.5, 1)}{2}\right)$
买入 $M = \dfrac{0.972\,8}{0.957\,13} = 0.010\,210\,5$ 亿美元 T_2 时点到期的短期国债		收到 $1.021\,05 \times 1$ 亿美元
与公司进入 FRA		支付 $\dfrac{1\text{亿美元}}{2} \times [f_2(0, 0.5, 1) - r_2(0.5, 1)]$
总的净现金流 = 0	总的净现金流 = 0	总的净现金流 = 0

远期合约的价值

当两方进入远期利率协议中时,在合约一开始(0 时期)是没有资金交换的。换句话说,远期合约在一开始的价值为零。然而,随着时间的流逝,利率发生变动,那时远期利率协议的价值也随之发生改变。下面的例子证明了这一点。

例 5-4

再次回到例 5-3,假设在合同开始 3 个月后,即 2001 年 6 月 1 日,公司决定和银行终止远期利率协议。目前为止,两方之间并没有发生现金交换,所以看起来像是公司可以简单地给银行打电话说结束合约。但是因为在 5 月 1 日和 6 月 1 日之间利率变化了,远期利率协议的价值也就随之变化了。为了理解这一点,从表 5-3 中我们发现银行在最开始(0 时期)卖出一个 T_1 到期的短期国债,并且买入 $M = 1.02105$ 单位 T_2 到期的短期国债。就像我们在例 5-3 中讨论的那样,这个资产组合(做多 T_2 到期的短期国债做空 T_1 到期的短期国债)恰好对冲了银行签订远期利率协议的风险。因为这可以刚好提供公司将收到的现金流,所以这个资产组合的价值必然可以反映远期利率协议对于公司的价值。因此对于每一个 $t < T_1$,我们都有

对公司而言,t 时期远期利率协议的价值 $= V^{FRA}(t) = M \times P_{bill}(t, T_2) - P_{bill}(t, T_1)$ (5-24)

其中,$M = \dfrac{P_{bill}(t, T_1)}{P_{bill}(t, T_2)}$。比如说,在一开始我们有

$$V^{FRA}(0) = M \times P_{bill}(0, T_2) - P_{bill}(0, T_1)$$
$$= \dfrac{P_{bill}(0, T_1)}{P_{bill}(0, T_2)} \times P_{bill}(0, T_2) - P_{bill}(0, T_1) = 0$$

这表明在一开始是没有资金交易的。

在 2001 年 6 月 1 日 ($=t$),T_1 到期的短期国债价格为 $P(t, T_1) = 99.10$ 美元,T_2 到期的短期国债的价格为 $P(t, T_2) = 97.37$ 美元。因此

$$V^{FRA}(t) = 1.021\,05 \times P_{bill}(t, T_2) - P_{bill}(t, T_1) = 1.021\,05 \times 99.37 - 99.1$$
$$= 0.319\,638$$

在 2001 年 6 月 1 日,3 个月前开始的远期利率协议对于公司而言价值 319 638 美元,简单的只是打电话给银行结束短期利率协议是错误的做法,因为这么做公司会遭受损失。当然,知道这一点,如果公司想结束合约,银行会在扣除交易费用之后给公司提供这笔钱。

更为一般的情况是,我们可以通过分别计算两方的支付来计算远期利率协议的价值。我们首先将远期利率协议的支付分解如下

T_2 时期的净支付 $= N \times \Delta \times [f_n(0, T_1, T_2) - r_n(T_1, T_2)]$

$$= N \times [1 + f_n(0, T_1, T_2)\Delta] - N \times [1 + r_n(T_1, T_2)\Delta]$$
$$= 固定支付 - 浮动支付$$

我们可以分别计算这两种支付。固定支付最简单，因为它和 T_2 时期的固定支付相关，因此我们可以对它折现，这就和零息债券一样。

t 时期固定支付的价值 $V^{固定支付}(t) = N \times [1 + f_n(0, T_1, T_2)\Delta]$ 的现值
$$= Z(t, T_2) \times N \times [1 + f_n(0, T_1, T_2)\Delta]$$

浮动支付方的价值计算需要一点技巧，因为我们今天(t)并不知道 T_2 时期的支付是多少。首先，我们计算在 T_1 时期浮动支付的价值：

T_1 时期浮动支付的价值 $V^{浮动支付}(T_1) = N \times [1 + r_n(T_1, T_2)\Delta]$ 的现值
$$= Z(T_1, T_2) \times N \times [1 + r_n(T_1, T_2)\Delta]$$
$$= \frac{1}{[1 + r_n(T_1, T_2)\Delta]} \times N \times [1 + r_n(T_1, T_2)\Delta] = N$$

因为浮动支付的价值在 T_1 时期总是等于 N 的，和浮动利率 $r_n(T_1, T_2)$ 无关，因此我们发现

t 时期浮动支付的价值 $V^{浮动支付}(t) = V^{浮动支付}(T_1)$ 的现值 $= Z(t, T_1) \times N$

结合浮动支付价值和固定支付价值，我们可以得出：

○ **事实 5-6**

远期利率协议双方在 T_2 时期的相互之间的现金流在 t 时期的价值计算如下

T_2 时期的净支付 $= N \times \Delta \times [f_n(0, T_1, T_2) - r_n(T_1, T_2)]$

T 时期远期利率协议的价值 $= V^{FRA}(t) = V^{固定支付}(t) - V^{浮动支付}(t)$
$$= N \times [M \times Z(t, T_2) - Z(t, T_1)] \tag{5-25}$$

其中 $M = 1 + f_n(0, T_1, T_2) \times \Delta = \dfrac{Z(0, T_1)}{Z(0, T_2)}$

M 的定义证明了远期利率协议在一开始的价值确实为零
$$V^{FRA}(0) = N \times [M \times Z(0, T_2) - Z(0, T_1)] = 0$$

我们可以将式(5-25)中远期利率协议的价值写成一个更直观的方式，将 $Z(t, T_2)$ 提出来可以得到以下结果：

○ **事实 5-7**

远期利率协议可以用公式表示为

$$V^{FRA}(t) = N \times Z(t, T_2) \times \left[M - \frac{Z(t, T_1)}{Z(t, T_2)}\right]$$
$$= N \times Z(t, T_2) \times \Delta \times [f_n(0, T_1, T_2) - f_n(t, T_1, T_2)] \tag{5-26}$$

我们回顾远期利率的定义发现 $1 + f_n(t, T_1, T_2)\Delta = \dfrac{Z(t, T_1)}{Z(t, T_2)}$。

式(5-26)比较直观，它的逻辑可以回到例 5-4 中得到更好的解释。

👉 **例 5-5**

在例 5-4 中，公司想在开始 3 个月之后结束远期利率协议，把这个时间叫作 t。与给对方打电话

结束合约相反，公司可以通过在时间 t 用对方支付的钱签订一个新的远期利率协议来达到一样的效果，即

$$T_2 \text{ 时期远期利率协议的反向支付} = \frac{N}{2} \times [r_2(T_1, T_2) - f_2(t, T_1, T_2)] \tag{5-27}$$

显然，远期利率协议在 t 时期的支付取决于当前远期利率 $f_2(t, T_1, T_2)$，而不是之前的 $f(0, T_1, T_2)$。公司在 T_2 时期远期的总支付是

T_2 时期旧的远期利率协议和新的远期利率协议一起的总支付

$$= \left\{ \frac{N}{2} \times [f_2(0, T_1, T_2) - r_2(T_1, T_2)] \right\} + \left\{ \frac{N}{2} \times [r_2(T_1, T_2) - f_2(t, T_1, T_2)] \right\}$$

$$= \frac{N}{2} \times [f_2(0, T_1, T_2) - f_2(t, T_1, T_2)]$$

也就是说，如果从一开始到现在即期利率下降了，公司在决定结束最初的远期利率协议的时候会得到一笔正的支付，反之亦然。因为 $P(t, T_1) = 99.10$ 美元，$P(t, T_2) = 97.37$ 美元，当前的远期利率是 $f_2(t, T_1, T_2) = 2 \times \left(\frac{99.10}{97.37} - 1 \right) = 3.55\% < f(0, T_1, T_2) = 4.21\%$。因此 T_2 时期的支付为 $\frac{N}{2} \times [f_2(0, T_1, T_2) - f_2(t, T_1, T_2)] = 328\,272$ 美元，这是在更早的 t 时期的数量，因此其现值为

$$V^{FRA}(t) = Z(t, T_2) \times \frac{N}{2} \times [f_2(0, T_1, T_2) - f_2(t, T_1, T_2)] = 0.9737 \times 328\,272 = 319\,638(\text{美元})$$

跟我们之前得到的值是一样的。

5.3 远期合约

在远期利率协议中，参与双方同意根据远期利率（在合约一开始就知道）和未来即期利率的差异交换现金流。对于投资者而言，一个等价的策略是在一个现在决定的价格上购买指定的国债来锁定未来收益率。再次回到例 5-1。

例 5-6

在 2001 年 3 月 1 日（今天 = 0 时期），公司可能和银行签订一个远期合约，约定在 6 个月之后（$T_1 = 0.5$）购买价值 1 亿美元的 6 个月期短期国债，价格为 P^{Fwd}，面值为 100 美元。

公司会为购买 6 个月期短期国债报价多少呢？

答案就是式 (5-1) 计算出的远期贴现因子 $F(0, 0.5, 1)$ 乘以 100，即

$$\text{远期价格} = P^{Fwd} = 100 \times F(0, 0.5, 1) = 97.938 \text{ 美元} \tag{5-28}$$

为了理解为什么是这样的，我们回到表 5-1，仔细考虑银行在 0 时期的交易策略。回顾银行卖出 T_1 期短期国债可以购买 $M = 102.105$ 万 T_2 期短期国债。在 0 时期银行的净现金流为零。在 T_1 时期银行需要平仓，所以会像表 5-1 中所用从公司收到的 1 亿美元平仓。注意到在这个时期银行拥有 $M = 102.105$ 万 T_2 期短期国债，这在当时的到期日为 $T_2 - T_1 = 6$ 个月，因此银行可以用这 M 数量的 6 个月期短期国债来满足远期合约的条款。也就是说，在 T_1 时期，银行只需要将自己拥有的 M 数量的 6 个月期短期国债给公司就行了。M 数量的 6 个月期短期国债正是公司所需要的确保能收益的价值 1 亿美元的 6 个月期短期国债的数量。事实上，根据式 (5-28) 中得到的远期价格 P^{Fwd} 我们有

$$1 \text{ 亿美元} / P^{Fwd} = 1.021\,05 \text{ 万} = M$$

这个例子引出了下面的定义：

定义 5-5

远期合约(forward contract)是两方签订的合同,其中一方答应在指定的未来时期按指定的价格购买指定证券,而另一方承诺在指定的未来时期按指定的价格出售。其中指定的价格叫作**远期价格**(forward price)。定义为 $P^{Fwd}(0, T, T^*)$,0 时期的远期价格是指 T 时期到期为 T^* 的证券的交割价格,其价格定义为 $P(T, T^*)$,远期合约在 T 时期的支付为

$$\text{做多远期合约的支付} = P(T, T^*) - P^{Fwd}(0, T, T^*) \tag{5-29}$$

而做空远期合约的支付为式(5-29)的负数。

在例(5-6)中指定的证券是 6 个月期短期国债:远期合同在 T 时期有收益是因为公司以 $P^{Fwd}(0, T, T^*)$ 的价格买到了价值为 $P(T, T^*)$ 的证券。

接下来的例子阐述了用远期合约对冲的收益和用远期利率协议对冲策略的收益是一样的。

例 5-7

再次回到例5-6,令 $P^{Fwd}(0, 0.5, 1) = 100 \times F(0, 0.5, 1) = 97.938$ 美元,这是 0 时期例子中对于 $T_1 = 0.5$ 到 $T_2 = 1$ 之间的投资的远期报价。令公司在 $T_1 = 0.5$ 时期购买 $M = 102.105$ 万 6 个月期短期国债。在 $T_1 = 0.5$ 时期远期合约的支付为

$$T_1 \text{时期远期合约的支付} = T_1 = M \times (P_{bill}(T_1, T_2) - 97.938)$$

按照之前的情况分析,公司对于利率会下降的担心成了现实,T_1 时期 6 个月期短期国债的价格变为 $P(T_1, T_2) = 98.89$ 美元 > 97.938 美元。因此远期合约的支付为

$$T_1 \text{时期远期合同的支付} = 1\,021\,050 \times (98.89 - 97.938) = 972\,043.54(\text{美元})$$

T_1 时期公司可以将这比附加的钱 972 043.54 美元和可以收到的 100 000 000 美元投资于新的短期国债中。特别地,公司将买到短期国债的数量为

$$T_1 \text{时期投资的短期国债数量} = \frac{100\,000\,000 + 972\,043.54}{98.89} = 1\,021\,054.136$$

其中短期国债有 100 面值。在 T_2 到期日这就会变成 102 105 413.6 美元,这意味着真正实现的年化收益回报等于

$$\text{年化收益回报率} = \frac{1}{T_2 - T_1} \times \left(\frac{T_2 \text{期支付}}{T_1 \text{期投资}} - 1\right) = 2 \times \left(\frac{1\,021\,054.136}{100\,000\,000} - 1\right) = 4.21\% \tag{5-30}$$

这恰好等于例 5-1 中的远期利率,并且这实际上与 $T_1 = 0.5$ 时期的短期国债价格 $P(T_1, T_2)$ 是独立的。到期的短期国债价值越高,远期合约的支付就越高。但这也使得 T_1 到 T_2 时期购买短期国债变得更贵。这两个影响相互抵消,公司最后只能确保远期利率。

得到下面的结果对于之后的讨论是有帮助的。

事实 5-8

考虑一个远期合约,一方同意在未来的 T 时期购买零息债券 $P_z(T, T^*)$。远期价格由远期贴现因子给出(乘以数量)。

$$P_z^{Fwd}(0, T, T^*) = F(0, T, T^*) \times 100 \tag{5-31}$$

5.3.1 一个无套利论据

需要看一下让式(5-31)成立的无套利论据。假设 $P_z^{Fwd}(0, T, T^*) > F(0, T, T^*) \times 100$。

回想起

$$F(0,T,T^*) = \frac{Z(0,T^*)}{Z(0,T)} = \frac{P_z(0,T^*)}{P_z(0,T)}$$

一个套利策略可以为：

1. 远期以远期价格 $P_z^{Fwd}(0, T, T^*)$ 卖出价格为 $P_z(T, T^*)$ 的零息债券。
2. 做空 T 到期的零息债券 $F(0, T, T^*)$，其数量为 $F(0, T, T^*) \times P_z(0, T) = P_z(0, T^*)$，$P_z(0, T^*)$ 为 T^* 到期的零息债券的价格。
3. 运用第二步得到的收益购买 T^* 到期的零息债券。

在 0 时期套利策略是没有净现金流的，在 T 时期套利策略：

1. 交割他或她的零息债券 $P_z(T, T^*)$，收到 $P_z^{Fwd}(0, T, T^*)$ 结束远期合约。
2. 支付 $F(0, T, T^*) \times 100$ 平仓。

在 T 时期的净现金流为 $P_z^{Fwd}(0, T, T^*) - F(0, T, T^*) \times 100 > 0$。并且因为在这个策略中不存在不确定性风险，那么这就是一个套利。如果 $P_z^{Fwd}(0, T, T^*) < F(0, T, T^*) \times 100$，同样这也是个套利策略。因此式(5-31)一定成立。

5.3.2 以国债为基础的远期合约

远期合约可以基于任何种类的证券签订。我们对基于中长期国债签订的远期合约具有特别的兴趣。

○ **事实 5-9**

设想一个远期合约，其中的一方同意在未来 T 时期购买票息为 c 的 T^* 到期的长期国债，$T^* > T$。令 $T_1, T_2, \cdots, T_n$ 为 T 时期之后的付息时间，是远期合约的到期日。这样，**远期价格**可以写为

$$P_c^{Fwd}(0,T,T^*) = \frac{c \times 100}{2} \times F(0,T,T_1) + \frac{c \times 100}{2} \times F(0,T,T_2) \tag{5-32}$$

$$+ \cdots + \left(\frac{c \times 100}{2} + 100\right) \times F(0,T,T_n)$$

$$= \frac{c \times 100}{2} \times \sum_{i=1}^{n} F(0,T,T_i) + 100 \times F(0,T,T_n) \tag{5-33}$$

$$= \frac{c}{2} \times \sum_{i=1}^{n} P_z^{Fwd}(0,T,T_i) + P_z^{Fwd}(0,T,T_n) \tag{5-34}$$

对比式(5-33)中的远期价格 $P_c^{Fwd}(0, T, T^*)$ 和第 2 章中的式(2-13)，我们发现它们是相似的。本质上，就像定义 5-1 讨论的，也在式(5-2)中展示出来的那样，远期贴现因子 $F(0, T, T_i)$ 是用来替代即期贴现因子 $Z(0, T_i)$ 的，因为现在的目的是将 T_i 时期的资金转换为 T 时期而不是 0 时期的资金。基于我们目前对于远期贴现因子的讨论，式(5-33)应该理解起来是没问题的。然而，我们还是有必要一起回顾式(5-33)成立的无套利论据。式(5-33)中存在假设

$$P_c^{Fwd}(0,T,T^*) > \frac{c}{2} \times \sum_{i=1}^{n} P_z^{Fwd}(0,T,T_i) + P_z^{Fwd}(0,T,T_n) \tag{5-35}$$

一个套利策略可以是：

1. 远期以远期价格 $P_c^{Fwd}(0, T, T^*)$ 卖出基础债券。

2. 做空 $N = \left(\frac{c}{2} \times \sum_{i=1}^{n} F(0, T, T_i) + F(0, T, T_n)\right)$ T 到期的零息债券。

3. 购买 $\frac{c}{2}$ 的为 T_1 到 T_{n-1} 的零息债券和 $1 + \frac{c}{2}$ 的 $T_n = T^*$ 的零息债券。

在 0 时期，套利策略是没有净现金流的。在 T 时期，套利策略必然有：

1. 卖出所有他拥有的零息债券并购买附息债券 $P_c(T, T^*)$。一价定律确保了 T 时期这个债券的价格和零息债券的总价值是相等的。这样套利者交割附息债券可以得到 $P_c^{Fwd}(0, T, T^*)$

2. 支付 $100 \times N$ 美元来平第二步数量为 N 的空仓。

净现金流为 $P_c^{Fwd}(0, T, T^*) > 100 \times N$，这样式(5-35)中的关系就是一个正收益的套利。

5.3.3 远期合约的价值

在一开始签订之后远期合约的价值为多少呢？再一次，答案取决于平仓之后的成本(或收益)。为了阐述这一点，一起来看一下事实5-9中讨论的远期合约，这样我们能得到以下结果。

○ **事实 5-10**

考虑一个远期合约，其中一方答应在远期 T 购买票息为 c 的长期国债，$T^* > T$。令 T_1，T_2，…，$T_n = T^*$ 是 T 时期之后债券的付息日。对于任何 $t < T$，远期合约的价值为

$$V^{Fwd}(t) = Z(t, T) \times [P_c^{Fwd}(t, T, T^*) - K] \quad (5\text{-}36)$$

其中 $K = P_c^{Fwd}(0, T, T^*)$ 是一开始签订的交割价格。

为了理解为什么式(5-36)成立，考虑一个做多远期合约的投资者，他同意以价格 $K = P_c^{Fwd}(0, T, T^*)$ 购买这个附息债券。为了在 T 时期之前平仓，假设在 $t < T$ 时期，投资者可以做空合同然后在当前远期价格 $P_c^{Fwd}(t, T, T^*)$ 购买相同的债券。将这两个交易策略放在一起考虑，我们可以发现，T 时期投资者将根据之前的合同支付 $P_c^{Fwd}(0, T, T^*)$ 以取得债券，他将把这些债券根据新的合同(t 时期签订)以价格 $P_c^{Fwd}(t, T, T^*)$ 交割给合同另一方。总之，在 T 时期投资者将得到 $[P_c^{Fwd}(t, T, T^*) - P_c^{Fwd}(0, T, T^*)]$。这笔钱是在今天($t$ 时期)得到的，因此它的现值就是就是远期合约的价值，如式(5-36)所示。

远期价格和远期合约的价值

远期价格和远期合约的价值是很容易搞混的概念。远期价格不是交易者可以购买到远期合约的价格。实际上，在一开始签订远期合约是不需要花费的，因为在 0 时期签订双方之间没有净现金流。原因是远期合约是今天签订的合同以使得未来可以交换资金(不是今天)。合同一旦签订，远期价格就确定了，虽然远期合约的价值会随着未来利率或基础证券的变动而变动。因此，如果交易者想参与到以原先的远期价格(如 $P_c^{Fwd}(0, T, T^*)$)为远期价格的远期合约中，那么他就可能需要支付或收到一笔资金，这笔资金是基于市场上当前的远期价格是上涨还是下降而定的。

5.4 利率互换

利率互换已经成为现代金融市场中主要的场外利率衍生证券。根据国际清算银行的数据，2008年12月利率互换市场的总市值为8万亿美元(名义本金357万亿美元)，远期利率协议

870亿美元(名义本金39万亿美元),场外期权1.1万亿美元(名义本金62万亿美元)。这些数字可以比得上即期美国国债的规模,大约为5.9万亿美元。在这个部分我们看一下普通利率互换的定价及其在金融市场中的应用。

定义 5-6

一个普通的**固定对浮动利率互换**(fixed-for-floating rate swap)合同是两方签订的协议,其中一方同意支出 n 次本金为 N,T 到期每年的固定利率为 c(年化利率)的利息,而有时另一方承诺根据浮动利率指数 $r_n(t)$ 来支付。定义 T_1, T_2, $\cdots$, $T_n = T$ 为付息日,其中 $T_i = T_{i-1} + \Delta$,$\Delta = \dfrac{1}{n}$。两方之间在每个时期的净现金流为

$$T_i = N \times \Delta \times [r_n(T_{i-1}) - c] \tag{5-37}$$

其中不变的 c 称作**互换利率**(swap rate)。

接下来的例子阐述了半年期支付的利率互换中的现金流。

例 5-8

一个公司和银行决定签订一个固定对浮动利率5年期利率互换,复利频率为半年,利率 c = 5.46%,本金数量为 N = 2 亿美元。对应的浮动利率是 6 个 LIBOR。在这个互换合约里,公司同意每 6 个月(T_i = 0.5, 1, 1.5, $\cdots$, 5)支付银行的数量为

公司在 T_i 时期支付给银行数量 = $2 \times 0.5 \times 5.46\%$ = 0.054 6 亿

作为交换,银行在每个 T_i 时期支付给公司的数量根据 6 个月期 LIBOR $r_2(T_{i-1})$。一个很严酷的事实是,在 T_i 时期指定支付的利率不是 T_i 时期的 LIBOR,而是 6 个月之前决定的利率,即 $T_{i-1} = T_i - 0.5$。这种计算时间的惯例是很重要的,因为我们知道,用公式计算互换合约价值时有

银行在 T_i 时期给公司的净现金流 = 2 亿美元 $\times 0.5 \times r_2(T_{i-1})\%$

表5-4阐述了银行给公司的现金流和公司给银行的现金流。需要注意的是展示在第3列中的银行到公司的现金流随着时间的变化而变化。并且,它们对于 LIBOR 有 6 个月的延时,这在第 2 列可以看出。在这个特例中,公司会收到负的现金流,因为合同所指的浮动利率从一开始的 4.951% 下降到一个很低的数值。

表5-4 例子中固定对浮动利率互换的现金流

时期	LIBOR	银行到企业的现金流 (百万美元)	企业到银行的现金流 (百万美元)	企业净流入 (百万美元)
0.0	4.951%			
0.5	3.460%	4.951	5.460	-0.509
1.0	2.040%	3.460	5.460	-2.000
1.5	1.800%	2.040	5.460	-3.420
2.0	1.339%	1.800	5.460	-3.660
2.5	1.201%	1.339	5.460	-4.121

⊖ 回顾利率 $r_n(t)$ 的下标 n 为复利频次。为了方便计算名义本金,我同样在所指的利率中下调到期指数,也就是说 $r_n(t) = r_n(t, t + \Delta)$,其中 $\Delta = \dfrac{1}{n}$。

(续)

时期	LIBOR	银行到企业的现金流 （百万美元）	企业到银行的现金流 （百万美元）	企业净流入 （百万美元）
3.0	1.170%	1.201	5.460	-4.259
3.5	1.980%	1.170	5.460	-4.290
4.0	3.190%	1.980	5.460	-3.480
4.5	3.996%	3.190	5.460	-2.270
5.0	4.976%	3.996	5.460	-1.464

需要重申的是，在一个互换合约中，双方是协议在未来发生现金流的交换，而不是今天。因此，在合同开始时是没有净现金流的。就像远期合约和远期利率协议一样，没人买卖互换，互换在一开始是没有资金交易的。

在学习互换的公平定价之前，我们需要学习另一个公司运用互换来对冲利率风险的例子。

例5-9

今天是2001年3月1日，$t=0$。一个公司将一套设备卖给一个信誉很高的大企业，它将在10个相等的分期每期收到550万美元的付款，5年付清。公司想要运用这每半年550万美元的现金流来对冲公司之前发行的债券的利息。债券为浮动利率债券，本金为2亿美元，5年后到期。假设债券的浮动利率是和LIBOR绑定的，为LIBOR+4个基点。2001年3月1日6个月期的LIBOR在当期是4.95%，因此公司下一期必须支付的利息为 $\frac{(4.95+0.04)\%}{2} \times 2 = 0.049$（亿美元）。这样的话，公司就可以支付这部分利息，但是如果LIBOR在接下来的5年中增长超过了0.51%，公司的现金流就不够支付利息了。

一个解决的办法就是和投资银行签订固定对浮动利率互换，其中公司支付给银行本金为2亿美元半年期互换利率为c的固定利息。而银行支付给公司6个月期的LIBOR。在2001年3月1日，5年期固定对浮动利率互换的互换利率报价为$c=5.46\%$。因此在这个例子中，互换合约给公司的净现金流为

$$T_i \text{ 时期给公司的净现金流} = 2 \times \frac{1}{2} \times [r_2(T_{i-1}) - 5.46\%]$$

其中$r_2(t)$是在t时期的6个月期的LIBOR。

为什么说互换解决了这个问题？

看看公司的净头寸：在每个T_i时期公司

1. 收入550万美元。

2. 为它的浮动利率债券支付 $\frac{(r_2(T_i - 0.5) + 4\text{个基点})}{2} \times 2$ 亿美元。

3. 因为和银行的互换收入 $\frac{r_2(T_i - 0.5)}{2} \times 2$ 亿美元。

4. 因为和银行的互换支出 $5.46\% \times 0.5 \times 2$ 亿美元给银行。

加总起来，公司的净现金流为

T_i 时期总的现金流 $= 0.055$ 亿美元 （将收到的）

$- \frac{(r_2(T_i - 0.5) + 4\text{个基点})}{2} \times 2$ 亿美元 （债务）

$$+ 0.5 \times [r_2(T_i - 0.5) - 5.46\%] \times 2 \text{亿美元} \quad (\text{互换})$$
$$= 0.055 - 0.04\% \times 100 - 5.46\% \times 100 = 0$$

也就是说，公司做了完美的对冲：权益方面，LIBOR 的浮动风险被互换消除了（公司从银行收到 LIBOR 的利息，并且支付给债券所有人 LIBOR + 4 个基点的利息）。剩余的固定利率部分总和为零。图 5-3 阐述了在每个 T_i 时期的现金流。

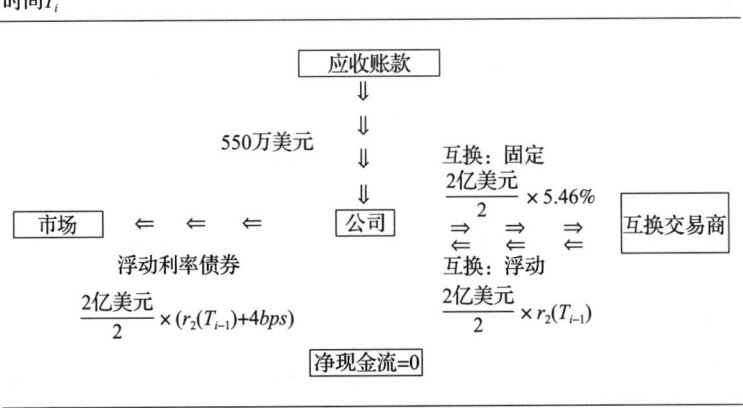

图 5-3 用互换对冲

互换合约使得公司可以使用一系列的固定现金流（可得的）来对冲一系列的浮动现金流（基于 LIBOR 的付息）。运用第 3 章的专业术语，公司面临一个久期错配，因为它的资产（可得的）拥有一个长的久期，而它的负债（浮动利率债券）有一个短的久期。互换合约降低了这个久期错配。确实，一开始不用支付资金而可以灵活处理未来的现金流的特性，使得互换成为一个公司和政府可以用来进行有效的现金流管理的优秀的金融工具。5.5 部分更深入地介绍了它的应用。

5.4.1 互换的价值

我们怎么计算一个互换的价值呢？考虑一个互换参与方，他以年利率 c 每半年在 T_1, T_2, …, T_M 时期支付利息，并且在相同的时间收入以浮动利率 $r_2(T_i - 0.5)$ 计算的浮动利息。对于这个参与方，他的一系列的现金流和做多浮动利率债券做空票息为 c 的固定利率债券的资产组合的现金流一样。这样，互换的价值就可以计算了。事实上，回顾第 2 章，我们已经得出了附息债券的价值（2.4 节）和浮动利率债券的价值（2.5 节）。直接使用这些结果计算互换的价值。尤其是，从式

$$\text{互换的价值} = \text{浮动利率债券的价值} - \text{固定利率债券的价值} \quad (5\text{-}38)$$

我们可以得到

$$V^{swap}(t;c,T) = P_{FR}(t,T) - P_c(t,T) \quad (5\text{-}39)$$

其中 $V^{swap}(t,c,T)$ 是互换在时间 t 的价值。对于互换利率为 c 到期为 T，$P_{FR}(t,T)$ 是第 2 章式（2-40）中所述的浮动利率债券的价值，$P_c(t,T)$ 是票息为 c 的固定利率债券的价值，这同样在第 2 章的式（2-13）有阐述。

在支付时期 T_i，浮动利率债券的价值 $P_{FR}(T_i, T) = 100$。同样地，运用式（2-13）中国债的价格 $P_c(T_i, T)$ 可得

$$V^{swap}(T_i, c, T) = 100 - \left(\frac{c}{2} \times 100 \times \sum_{j=i+1}^{M} Z(T_i, T_j) + Z(T_i, T_M) \times 100\right) \quad (5\text{-}40)$$

> **例 5-10**
>
> 让我们重新看一下例 5-9,在 2001 年 3 月 1 日的贴现因子 $Z(0,T)$ 在表 5-5 第 2 列中。我们可以将它代入式(5-40)中得到
>
> $$V^{swap}(0, c, T) = 100 - \left(\frac{0.0546}{2} \times 100 \times 8.96 \right.$$
> $$\left. + 0.7628 \times 100\right) \approx 0 \quad (5\text{-}41)$$
>
> 例 5-9 中互换的价值接近为零,这也反映了一开始签订一个互换协议不需要什么花费。

表 5-5　2001 年 3 月 1 日的 LIBOR 贴现率和互换曲线

到期期限 T	$Z(0, T)$	互换曲线
0.5	0.9758	4.951
1.0	0.9527	4.910
1.5	0.9289	4.980
2.0	0.9050	5.050
2.5	0.8808	5.135
3.0	0.8565	5.220
3.5	0.8327	5.285
4.0	0.8090	5.350
4.5	0.7858	5.405
5.0	0.7628	5.460

资料来源:美联储。

5.4.2　互换利率

互换利率 c 是怎么决定的呢?互换合约的特性告诉我们互换合约在一开始是没有什么资金交换的。也就是说,在一开始互换合约的价值为零。如果说互换合约在一开始的时候价值一定为零,那么式(5-39)直接提供了一个决定互换利率 c 的规则。

○ **事实 5-11**

互换利率 c 是令式(5-39)中 $V^{swap}(0, c, T)$ 为零的值。对于任意的支付频次 n 和支付时期 $T_1, T_2, \cdots, T_M$ 重新写出这个方程为

$$V^{swap}(0; c, T) = 100 - \left(\frac{c}{n} \times 100 \times \sum_{j=1}^{M} Z(0, T_j) + Z(0, T_M) \times 100\right) \quad (5\text{-}42)$$

解出这个方程得

$$c = n \times \left(\frac{1 - Z(0, T_M)}{\sum_{j=1}^{M} Z(0, T_j)}\right) \quad (5\text{-}43)$$

这就可以看出,式(5-43)提供了一个相对简单的规则来计算互换利率,只要给定对应支付时期 T_j 的贴现率曲线 $Z(0, T_j)$ 就可以。

> **例 5-11**
>
> 在例 5-10 中,给定表 5-5 中第 2 列的贴现因子,互换利率 5.46% 使得互换价值等于零。因此,$c = 5.46\%$ 正是合适的互换利率,就像例 5-9 中银行的报价一样。

5.4.3　互换曲线

定价互换合约时,贴现因子 $Z(t, T)$ 为多少是合适的呢?近年来,互换市场发展非常之快以至于每一个未来的到期日的互换利率都可以由市场力量决定。举例来说,如果一个公司担心短期利率上升而决定转到固定利率融资,它们就可能增加对于固定对浮动利率互换的需求,因为这样就可以支付固定的利率。这等同于它们在固定利率债券的价格下降时卖出固定利率债券。也就是说,为了保持互换的价值,互换利率以及潜在的付息必须增长。互换利率的增长反

过来会影响资金的时间价值,同样也会影响互换中蕴含的贴现因子 $Z(t, T_j)$。

定义 5-7

t 时期的**互换曲线**(swap curve)是不同到期 T_1, T_2, …, T_M 的一系列的互换利率。我们定义 t 时期的互换曲线为 $c(t, T_i)$,其中 $i = 1$, …, M。

30 年期的互换合约的互换利率每天都会被互换交易商报价。[一]根据互换市场的规模,互换曲线 $c(t, T_i)$ 已经成为决定金融机构资金的时间价值的参照点。确实,给定一系列的互换利率 $c(t, T_i)$,我们可以计算出潜在的贴现因子 $Z(t, T_j)$。用的方法是和第 2 章 2.4.2 节讨论的计算国债和 5.1.3 节计算远期利率那样的程序法。我们代入式(5-43)就会发现对于 $i = 1$ 有

$$Z(t, T_1) = \frac{1}{1 + \dfrac{c(t, T_1)}{n}} \tag{5-44}$$

对于 $i = 2$, …, M 有

$$Z(t, T_i) = \frac{1 - \dfrac{c(t, T_i)}{n} \times \sum_{j=1}^{i-1} Z(t, T_j)}{1 + \dfrac{c(t, T_i)}{n}} \tag{5-45}$$

例 5-12

表 5-5 最后一列包含了 2001 年 3 月 1 日的互换曲线数据。互换曲线中暗含的零曲线是什么呢?从式(5-44)开始,我们发现

$$Z(0, 0.5) = \frac{1}{1 + \dfrac{0.0495\,1}{2}} = 0.975\,8$$

转到式(5-45),对于 $i = 2$ 有

$$Z(0, 1) = \frac{1 - \dfrac{0.049\,1}{2} \times Z(0, 0.5)}{1 + \dfrac{0.049\,1}{2}}$$

$$= \frac{1 - 0.024\,55 \times 0.975\,8}{1 + 0.024\,55} = 0.952\,7$$

同样地,对于 $i = 3$ 有

$$Z(0, 1.5) = \frac{1 - \dfrac{0.049\,8}{2} \times (Z(0, 0.5) + Z(0, 1))}{1 + \dfrac{0.049\,8}{2}}$$

$$= \frac{1 - 0.024\,9 \times (0.975\,8 + 0.952\,7)}{1 + 0.024\,9} = 0.928\,9$$

依此类推。贴现因子 $Z(0, T)$ 的一系列的结果表示在表 5-5 第 2 列中。

5.4.4 LIBOR 曲线和互换利差

这一部分展示了隐含在互换利率 $c(t, T)$ 中的贴现因子 $Z(t, T)$ 的计算。在第 2 章 2.4.2

[一] 每日数据是可得的,比如美联储国际网站 http://www.federalreserve.gov/Releases/h15/data.htm。

节，我们从国债中得出了贴现因子 $Z(t, T)$。这两者之间有什么区别呢？为了区分这两种贴现因子之间的区别，我们定义从互换利率中得到的贴现因子为 $Z^L(t, T)$，其中的标注 L 代表 LIBOR：习惯性地将互换利率中的贴现因子看作 LIBOR 贴现率，并且它的期限结构就是 LIBOR 曲线。原因在于它的潜在的浮动利率是 LIBOR。

图 5-4a 展示了 2005 年 1 月 4 日的国债和 LIBOR 贴现因子。图 5-4b 绘制了图 5-4a 中贴现曲线表示的连续复利的零息债券收益率。显然，LIBOR 贴现因子比国债收益率曲线要高。这其中的一个原因在于 LIBOR 曲线包含了由于互换交易商违约而产生的利差。这种利差是比较小的，但是在动荡的时期这种影响会变得很大，比如在 2007~2008 年次贷危机时期。本章最后的案例研究用 2007~2008 年的事件阐述了互换利差随着时间的变动而变动的情形。

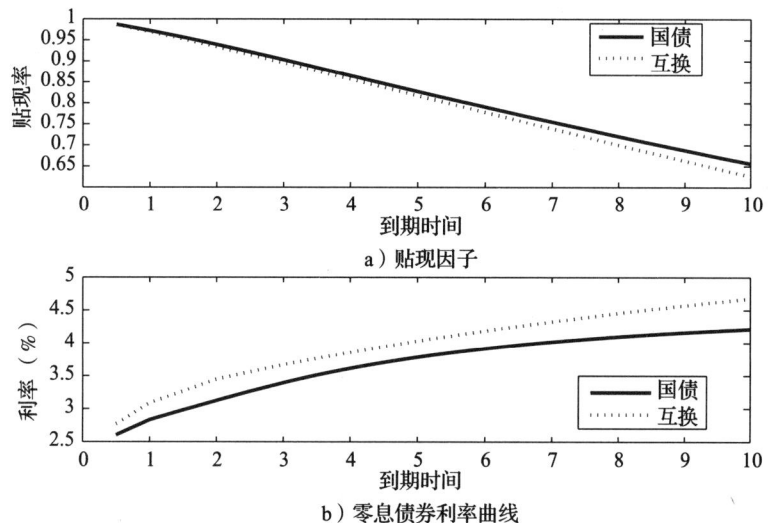

图 5-4　2005 年 1 月 4 日国债和互换的贴现率和利率

资料来源：美联储和 CRSP。

图 5-5a 绘制了 1986~2005 年的国债和互换曲线得出的 5 年期零息债券的收益率。5-5b 绘制了 5 年期互换利差的时间序列，互换利差基本是随时间的变动而变动的。这种利差的变动推

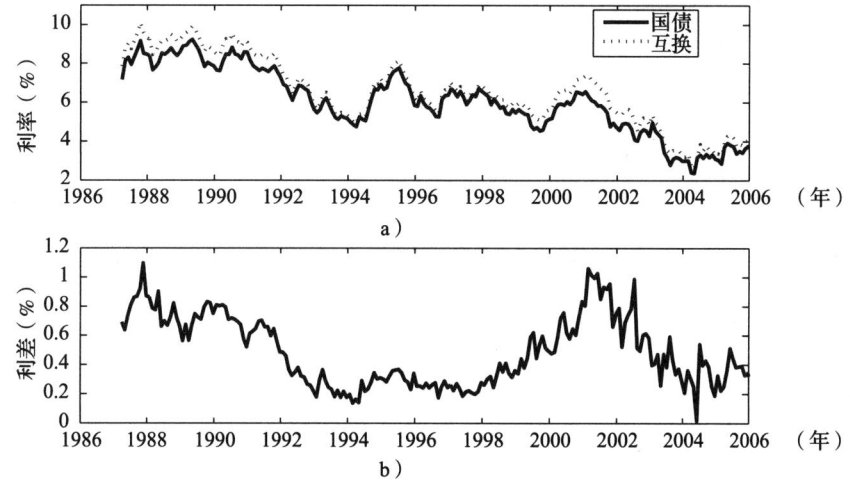

图 5-5　5 年期零息国债和互换利率

资料来源：彭博数据库和 CRSP。

动了对冲基金的交易平台，因为互换利差可能会是负的，也可能变动很大。当互换利差很大的时候，比如，投机者可能会赌未来利差下降从而做空国债购买固定对浮动利率互换，从而得到固定利息收入。我们在本章的最后部分的案例中会分析互换利差的交易（见案例研究）。

5.4.5 远期互换合约和远期互换利率

和在今天依靠签订远期利率协议来锁定未来的利率的方式相同，我们也可以通过签订远期互换合约来锁定未来互换利率。

定义 5-8

远期互换合约（forward swap contract）是两方签订的合约，合约规定两方在预先决定的未来时间以预先决定的互换利率 f^s 签订一个互换合约，其中 f^s 为**远期互换利率**（forward swap rate）。

下面这个例子会解释远期互换利率。

例 5-13

回顾例 5-9，假设时间变为 2001 年 3 月 1 日，公司签订一个合同，合同规定 1 年后（2002 年 3 月 1 日）交付大型的设备。款项将于 2003 年 9 月 1 日之后的 4 年内分 8 次支付，每次支付 550 万美元。假设公司计划运用这笔现金流来支付过去某个时候发行的浮动利率债券的利息。就像例 5-9 所解释的，公司可以通过签订一个固定对浮动利率互换合约来使得它只需要支付固定利息而收到浮动利息。问题是公司将在很远的未来才开始收到付款，因此它需要在现在之后的 1 年，即 2002 年 3 月 1 日，签订这样的一个固定对浮动利率互换合约。然而，公司担心现在和 2002 年 3 月 1 日之间 4 年期的互换利率会上涨，这样的话，它的对冲计划就可能会过度地增加负的现金流。因此，公司决定和银行签订一个远期合约，合同中银行和公司在今天同意未来 4 年期互换利率为 f_2^s，每半年支付以交换 LIBOR。⊖

那么问题来了：银行怎么能够在今天答应未来以互换利率 f_2^s 签订互换合约呢？为了解答这个问题，我们首先需要回顾一下固定对浮动利率互换的价值，其中收到固定利率 c 的一方可以被看作做多一个票息为 c 的附息债券并且做空一个在重置日拥有面值 100 的浮动利率债券。那样签订一个远期互换合约的支付就和签订一个远期合约来以利率 c 购买面值为 100 的固定利率债券一样。也就是说，远期互换的支付是

$$\text{远期互换支付} = P_c(T, T^*) - 100 \tag{5-46}$$

其中

$$P_c(T, T^*) = \frac{c \times 100}{2} \times \sum_{j=1}^{m} Z(T, T_j) + 100 \times Z(T, T^*)$$

$T_1, T_2, \cdots, T_m$ 为互换的重置日，其中 $T_m = T^*$。

式（5-46）中支付的现值是多少呢？

注意到这个支付和在 T 时期收到一个交换价格为 $K = 100$ 的附息债券的远期合约的支付一样。我们在 5.3.3 部分讨论了这样一个远期合约的价值计算。这样一个远期合约的价值计算可以参见式（5-36），他的交付价格恰好为面值 $K = 100$。今天的远期互换合约的价值为

⊖ 跟以前一样，下标 2 表示复利频次。

$$V(0,T) = Z(0,T)[P_c^{Fwd}(0,T,T^*) - 100] \qquad (5\text{-}47)$$

其中从式(5-33)可知

$$P_c^{Fwd}(0,T,T^*) = \frac{c \times 100}{2} \times \sum_{j=1}^{m} F(0,T,T^*) + 100 \times F(0,T,T_m) \qquad (5\text{-}48)$$

标准的远期合约的交付价格的选择是为了使得远期合约的价值一开始就等于零，远期互换中互换利率 c 的选择也是为了使得远期合约的价值为零。因此，我们必须寻找到合适的 c 使得 $V(0,T)=0$。在式(5-47)中这意味着

$$\frac{c \times 100}{2} \times \sum_{j=1}^{m} F(0,T,T_j) + 100 \times F(0,T,T^*) = 100 \qquad (5\text{-}49)$$

解出 c，并且将结果表示为远期互换利率 $f_2^s(0,T,T^*)$，我们可以得到

$$f_2^s(0,T,T^*) = 2 \times \frac{1 - F(0,T,T^*)}{\sum_{j=1}^{m} F(0,T,T_j)} \qquad (5\text{-}50)$$

对比式(5-50)和式(5-43)(其中 $n=2$)，我们可以知道远期互换利率是远期曲线中隐含的互换利率。也就是说，用我们从贴现曲线 $Z(0,T_j)$ 中得到当期互换利率的方法我们可以同样从远期贴现曲线 $F(0,T,T_j)$ 中得到远期互换利率。我们总结这些结果以得到下面的推论：

○ 事实 5-12

T 时期签订的到期为 T^* 的远期互换合约，支付频次为 n，支付时期为 $T_1, T_2, \cdots, T_m$(其中 $T_m = T^*$)，其远期互换利率可以写为

$$f_n^s(0,T,T^*) = n \times \frac{1 - F(0,T,T)}{\sum_{j=1}^{m} F(0,T,T_j)} \qquad (5\text{-}51)$$

👉 例 5-14

回到例 5-13，我们可以用表 5-5 中第 2 列表示的 LIBOR 贴现数据来计算 2002 年 3 月 1 日(现在之后 1 年)签订的 4 年期互换的远期互换利率。对于每一个 $T_j = 1.5, 2, \cdots, 5$，我们都可以计算它的远期贴现因子为

$$F(0,1,T_j) = \frac{Z(0,T_j)}{Z(0,1)}$$

这部分的计算在表 5-6 的第 3 列。引用式(5-50)我们可以得到

$$f_2^s(0,1,5) = 5.616\%$$

5.4.6 支付频率和天数计算惯例

在之前的部分我们考虑的都是两方同期支付，如每 6 个月支付。然而，很多互换合约是以不同的频率支付的。比如，一个通常使用的固定对浮动利率互换合约规定浮动利率是根据 3 个月期 LIBOR 计算的，并且按季度支付。然而，固定利率方以半年为频率支付。不同的支付频率并不会给互换的价值计算带来特别的问题，因为互换的价值是由浮动利率方和固定利率方的价值差异决定的，而我们可以独立计算它们各自的价值。本章最后的案例研究讨论了这个问题。

另一个需要探究的问题是计算现金流时天数的计算惯例。在之前的部分我们只是简单地

假设实际天数/实际天数的惯例以简化计算。为了精确，浮动方使用实际天数/360 的计算惯例，而固定方使用 30/360 的天数计算惯例。因此，支付的计算就需要有一点小的调整。虽然天数的计算对于计算固定收益证券的确切价值和日复一日的交易都很重要，但是我们经常都可以在我们的计算中忽略这部分制度细节。原因在于，他们都会将注意点更多地放在固定收益的其他重要的基础概念上，比如无套利理念和固定收益工具的相对价值方面。固定收益工具的风险和收益的理解和对于是什么力量使固定收益工具价格趋于一致的理解比深入研究天数计算的惯例或者其他制度细节重要得多，因为这些细节都是可以用电脑自动计算出来的。把它单独拿出来说，金融机构是不大可能因为天数计算惯例用错了而面临损失上亿美元资产的风险的，但是如果是对于无套利规则或者是固定收益工具的区别理解不清楚，却很可能面临这样的风险。

5.5 用衍生证券做利率风险管理

衍生品，如利率远期和互换，对于构造一个有效的利率风险管理策略是特别有用的。我们已经在例 5-1 和例 5-9 中阐述了这些证券在风险管理中的运用。在这个部分我们对于第三章讨论的概念有个拓展以阐述衍生品在资产—负债管理或久期错配中的运用。事实上，我们现在展示通过细心挑选衍生证券的特征，包含衍生证券的资产组合的久期可以非常准确地根据公司的需要进行调整。

第 3 章的 3.4 节介绍了资产负债的久期错配问题。我们可以运用远期和互换等衍生品来有效地执行久期错配策略。事实上，例 5-9 阐述的正是一个久期错配：公司为其债券支付浮动利率，但从应收账款中获得固定息票。也就是说，它有一个事实上的久期错配，表现为资产的久期长而负债的久期短。就像例子阐述的，一个精心设计的固定对浮动利率互换可以彻底消除久期错配，因为公司总的净现金流恰好为零。

就像第 3 章 3.4 节讨论的那样，公司和金融机构的资产和负债很复杂。在这种情况下，免疫策略更适用于处理潜在的久期错配。尤其是一个金融机构可能会使用衍生证券来结束久期缺口。比如，一个固定对浮动利率互换合约不需要任何成本就可以签订，但是它会最大限度地度改变资产组合的久期。

更特别的是，因为一个互换可以被看作一个多空资产组合(做多一个浮动利率债券做空一个固定利率债券)，就像第 3 章中例 3-6 中讨论的那样，互换的美元久期可以计算为

$$D^\$_{互换} = D^\$_{浮动} - D^\$_{固定}$$

其中 $D^\$_{固定}$ 和 $D^\$_{浮动}$ 是互换中固定利率债券和浮动利率的美元久期。定义 N 为互换的名义本金，我们可以选择本金的数量来使得净资产的久期为零，也就是说，期限结构的平行移动对于权益的价值没有影响。这个目标在下面的方程成立的时候就可以达成：

$$D^\$_E = D^\$_A + ND^\$_{互换} - D^\$_L = 0 \tag{5-52}$$

我们用接下来的例子阐述资产负债管理中互换的应用。

例 5-15

考虑第 3 章例 3-11 中包含了一个假想的金融机构，它的总资产规模是 24 亿美元，资产的美元久期为 197.4 亿美元。公司还拥有 18 亿美元的负债，负债的美元久期只有 50 亿美元。权益的市值是 6 亿美元，而美元久期为 147.40 亿美元。这种资产和负债的美元久期的错配意味着利率水平平行移动

1%造成的资产损失远远大于负债端的减少,也意味着权益损失1.474亿美元。在比例上来说,这导致权益市值降低了24%。

衍生品,特别是互换如何稳固权益的价值呢?

假设利率期限结构平稳保持在4%(半年复利)。在这里,即期互换利率也为4%。运用第3章例3-6相同的步骤,固定对浮动利率互换(收入固定)可以算出每100美元本金的美元久期为784美元。[⊖]明显地,金融机构拥有的资产久期高于其负债久期,因此它会愿意签订一个支付固定而收入浮动的互换,这就拥有相反的美元久期−784美元(每100美元本金)。从式(5-52)中我们可以选择本金N来使得权益的美元久期$D_E^\$=0$,式(5-52)解出来得到本金$N$为18.89亿美元。

本章小结

在这章中我们讲述了以下主题。

1. 远期贴现因子:这是即期收益率曲线内含的贴现因子来贴现远的未来的美元到近的未来,但不是今天。这提供了在T_2时期对T_1时期的交换率,$T_1 < T_2$。

2. 远期利率:即期利率期限结构内含的在T_1时期的投资(或者负债)在之后的T_2支付的利率。这由远期贴现因子决定。

3. 远期利率协议(FRA):远期利率协议是两方签订的合约,合约规定两方在未来交换一笔现金流,即远期利率交换未来即期利率。远期利率协议普遍适用于对冲利率的变动。

4. 远期合约:这是两方签订的合约,合约两方同意在提前决定的未来某个时期交换一个证券,比如说短期国债,其价格也是在合约开始时决定的价格。远期合同和远期利率协议等价。

5. 互换:互换是指两方签订的未来交换现金流的合同。在固定对浮动利率互换中一方答应支付固定票息而另一方支付的利率取决于指定的浮动利率,典型的是LIBOR利率。固定利率是互换利率,这在合同的开始决定以使得互换的价值为零。

6. 互换曲线:互换和互换到期日之间的关系叫作互换曲线。

7. LIBOR曲线:以LIBOR为基础的金融工具,如互换,内含的贴现曲线。与国债曲线之间的不同在于,它存在互换的一方违约的风险。

8. 远期互换合约:这是两方签订的合约,两方同意在未来以预先确定的互换利率和到期日签订指定的互换合约。其中预先决定的互换利率称作远期互换利率。

练习

1. 在2000年5月15日利率期限结构如表5-6所示。计算贴现因子$Z(0, T)$,远期贴现因子$F(0, T-\Delta, T)$和远期利率$f(0, T-\Delta, T)$,其中$\Delta = 0.25$。

表5-6 2000年5月15日利率期限结构

到期期限	收益率(c.c.)	到期期限	收益率(c.c.)	到期期限	收益率(c.c.)	到期期限	收益率(c.c.)	到期期限	收益率(c.c.)
0.25	6.17%	1.00	6.71%	1.75	6.77%				
0.50	6.52%	1.25	6.76%	2.00	6.72%				
0.75	6.32%	1.50	6.79%	2.25	6.72%				
2.50	6.79%	4.25	6.77%	6.00	6.62%				
2.75	6.78%	4.50	6.71%	6.25	6.63%				
3.00	6.76%	4.75	6.66%	6.50	6.61%				
3.25	6.77%	5.00	6.70%	6.75	6.58%				
3.50	6.76%	5.25	6.71%	7.00	6.57%				
3.75	6.63%	5.50	6.63%						
4.00	6.77%	5.75	6.69%						

注:收益率计算基于CRSP的数据。

⊖ 第3章例3-6的多空资产组合策略恰好代表了一个固定对浮动利率的互换。

2. 表 5-7 包含了连续复利的远期利率 $f(0, T-\Delta, T)$,其中 $\Delta = 0.25$。一开始的利率为即期利率,在 $T = 0.25$ 时我们有 $f(0, 0, 0.25) = r(0, 0.25)$。计算远期贴现因子 $F(0, T-\Delta, T)$,即期贴现因子 $Z(0, T)$ 和即期利率期限结构。

表 5-7 远期利率的期限结构

到期期限	远期利率	到期期限	远期利率	到期期限	远期利率
0.25	3.53%	2.75	6.09%	5.25	6.12%
0.50	3.58%	3.00	5.29%	5.50	5.70%
0.75	4.19%	3.25	6.48%	5.75	6.81%
1.00	3.99%	3.50	6.20%	6.00	6.50%
1.25	4.54%	3.75	6.34%	6.25	6.59%
1.50	5.00%	4.00	6.00%	6.50	7.06%
1.75	4.76%	4.25	5.99%	6.75	6.87%
2.00	5.88%	4.50	6.58%	7.00	6.37%
2.25	5.30%	4.75	6.26%		
2.50	4.92%	5.00	6.69%		

3. 今天是 2000 年 5 月 15 日,连续复利的利率期限结构如表 5-6 所示。你会面临如下的两个投资策略。其中存在套利机会吗?
   - 投资 1 亿美元于 2.5 年期零息债券。
   - 投资 1 亿美元于 1 年期零息债券并且和银行达成协议,在接下来的 1.5 年以规定的远期利率投资,远期利率为:$f_2(0, 1, 2.5) = 7.56\%$。

4. 在 2000 年 5 月 15 日你和银行签订一个 1 年期的远期利率协议,期限从 2000 年 11 月 15 日到 2001 年 5 月 15 日。你知道即期 6 个月期零息债券的价格是 96.79 美元,并且 1 年期零息债券的价格是 93.51 美元。
   (1) 在交易中双方共同议定的远期利率为多少?
   (2) 在一开始远期的价值为多少?

5. 再次考虑练习 4。在 3 个月之后(2000 年 8 月 15 日)你有新的想法觉得应该退出交易。数据来自表 5-8 中前两列。
   (1) 在 2000 年 8 月 15 日远期利率协议的价值为多少?
   (2) 考虑现在如果是 2000 年 11 月 15 日:
      - 远期利率协议现在的价值为多少?
      - 半年利率是多少?
      - 最后远期利率协议的平衡支付是什么?

表 5-8 两个贴现曲线

2000 年 8 月 15 日		2000 年 11 月 15 日	
到期期限	$Z(0, T)$	到期期限	$Z(0, T)$
0.25	0.984 4	0.25	0.984 8
0.50	0.969 0	0.50	0.969 2
0.75	0.953 1	0.75	0.954 5
1.00	0.938 6	1.00	0.940 2

资料来源:彭博数据库。

6. 在 2000 年 5 月 15 日,一个公司对于用 6 个月之后卖出一套设备的收益来购买价值为 0.5 亿美元的 $1\frac{1}{2}$ 年期零息国债感兴趣。公司想通过一个远期协议锁定国债的价格。运用表 5-9 的数据回答以下问题:
   - 国债的远期价格为多少?
   - 公司会购买多少债券?

表 5-9 两个贴现曲线

2000 年 5 月 15 日		2000 年 11 月 15 日	
到期期限	$Z(t, T)$	到期期限	$Z(t, T)$
0.25	0.984 7	0.25	0.984 8
0.50	0.967 9	0.50	0.969 2
0.75	0.953 7	0.75	0.954 5
1.00	0.935 1	1.00	0.940 2
1.25	0.918 9	1.25	0.926 9
1.50	0.903 1	1.50	0.914 7
1.75	0.888 2	1.75	0.902 3
2.00	0.874 2	2.00	0.889 7

资料来源:证券价格研究中心。

7. 考虑练习 6。6 个月已经过去,所以今天是 2000 年 11 月 15 日。你想计算一下因为做多远期合约的支付。运用表 5-9 的数据回答下面的问题:
   (1) 做多远期合约支付的数量为多少?
   (2) 你挣钱了还是损失了?

8. 考虑下面的交易:
   (1) 在 2008 年 6 月 30 日,一个金融机构购买了价值为 1 亿美元的 2 年期附息

2.88%价格为100.5美元的短期国债。同时，这个金融机构还和短期国债的卖家签订了远期合约，卖家将在3个月之后卖出相同的短期国债（没有其他额外的利息支付）。运用表5-10中2008年6月30日的（连续复利）收益率曲线来回答以下问题：

- 金融机构购买了多少债券？
- 3个月后国债的报价为多少？

(2) 回顾第1章回购协议的定义。在这个交易中，买家同意获取一个证券并且在指定的时间将它卖给卖家。这和直接购买国债加远期合约是相同的。

- 计算这个证券内含的回购利率。
- 2008年6月30日的实际的回购利率为2.05%。这和你计算出来的这个证券内含的回购利率是一致的吗？请解释。
- 假设这是一个纯正的套利机会，金融机构将通过怎么样的步骤来利用它呢？
- 这是否意味着回购利率和投资于3个月期的债券的回报是一样的？

(3) 考虑接下来的情形：回购协议只是用这个证券作为担保并且和债券的到期无关，然而我们描述的交易依赖于到期，因为这不仅决定债券价格也决定远期价格。另外，这个债券里面也有票息的支付，这也影响了即期价格和远期价格的价值。这看起来像是矛盾的，因为回购利率只取决于贷款的时间长度，而等价的交易却要考虑担保物（国债）的到期日和它的票息支付。

- 用2年期零息债券计算内含的3个月期回购利率（获得你从收益中得到的贴现的即期价格和远期价格）。
- 用所有到期为3个月到$1\frac{3}{4}$年的零息债券计算内含的3个月期回购利率。
- 内含的回购利率变了吗？为什么变了？为什么没变？

9. 今天是2008年5月5日，在表5-11中给出了（连续复利）收益率曲线。计算所有到期为6个月到2年（每6个月付息）的半年期互换利率。

10. 今天是2008年1月2日。表5-12第1列展示了LIBOR的收益曲线。你决定签订一个1年期固定对浮动利率互换合约，每季度支付，本金为1亿美元。

(1) 每季度支付的1年期固定对浮动利率互换合约的互换利率为多少？

(2) 最初合约的价值是多少？

(3) 计算表5-12中每个时期的互换的价值。

11. 在2008年12月2日，30年期互换利差已经是整个月都是负的了。尤其是，在那天，3个月期的回购利率为0.5%，LIBOR利率为2.21%，30年期互换利率为2.85%，半年到期复利利率为4.5%的到期日为2038年5月15日的国债票息为3.18%。

(1) 存在套利机会吗？讨论一下如果你想利用这些利率会把互换利率设为多少？

(2) 假设美国政府比互换交易者更不可能违约，你会怎么将利率变得更合理？交易过程中会涉及什么风险？请讨论一下。（记得现在有一个即将发生的信用危机）。

表5-10 2008年6月30日的收益率曲线

到期期限	0.25	0.5	0.75	1	1.25	1.5	1.75	2
收益率（c.c.）	1.71%	2.09%	2.29%	2.37%	2.32%	2.38%	2.48%	2.61%

资料来源：彭博数据库。

表5-11 2008年5月5日的收益率曲线

到期期限	0.25	0.5	0.75	1	1.25	1.5	1.75	2
收益率（c.c.）	2.70%	2.76%	2.86%	2.95%	3.09%	2.98%	3.07%	3.20%

资料来源：彭博数据库。

表5-12 2008年1~10月的LIBOR曲线

月份	1月1日	2月1日	3月3日	4月1日	5月1日	6月2日	7月1日	8月1日	9月1日	10月1日
1	4.57%	3.14%	3.09%	2.70%	2.72%	2.46%	2.46%	2.46%	2.49%	4.00%
2	4.64%	3.11%	3.04%	2.69%	2.76%	2.57%	2.65%	2.66%	2.68%	4.05%
3	4.68%	3.10%	3.01%	2.68%	2.78%	2.68%	2.79%	2.79%	2.81%	4.15%
4	4.65%	3.07%	2.97%	2.66%	2.82%	2.75%	2.89%	2.89%	2.94%	4.09%
5	4.61%	3.05%	2.91%	2.64%	2.85%	2.83%	3.01%	3.00%	3.02%	4.07%
6	4.57%	3.02%	2.86%	2.62%	2.88%	2.90%	3.12%	3.08%	3.11%	4.04%
7	4.50%	2.97%	2.81%	2.58%	2.90%	2.94%	3.15%	3.10%	3.12%	4.04%
8	4.42%	2.92%	2.76%	2.54%	2.92%	2.98%	3.19%	3.12%	3.14%	4.04%
9	4.35%	2.88%	2.71%	2.51%	2.93%	3.02%	3.22%	3.14%	3.15%	4.04%
10	4.29%	2.85%	2.68%	2.50%	2.95%	3.06%	3.25%	3.17%	3.16%	4.04%
11	4.24%	2.83%	2.65%	2.48%	2.97%	3.10%	3.29%	3.20%	3.18%	4.04%
12	4.19%	2.82%	2.63%	2.47%	2.98%	3.14%	3.32%	3.22%	3.20%	4.04%

资料来源：彭博数据库。

案例研究：匹威资产管理公司互换利差交易

在2006年6月30日匹威资产(PIVE)⊖(一个小的对冲基金)希望靠互换利差挣钱。互换利差是指互换和国债的息票差异，它会存在因为互换的参与方的违约可能性大于政府的违约。虽然它随时间变动很大，如图5-5所示，但是不论什么时候，从互换一方收入固定的利率然后做空国库券都会随时间改变产生一个正的现金流。显然，这只是一个方面(固定方)。第二个方面和浮动利率相关。我们需要考虑在交易中收到互换固定的票息而支付随时间变动的LIBOR。然而，为了部分对冲这个现金流，匹威资产可以在回购市场做逆回购交易来做空短期国债⊜，从而从回购交易商那里收到回购利率作为进项现金流。

在2006年6月30日市场有以下的数据：⊜

- 3个月期LIBOR：5.508 1%。
- 3个月期回购利率：5.27%。
- 5年期互换利率：5.69%。
- 5年期票息为5.125%的短期国债价格为100.117 2美元。

典型的互换利差计算是通过对比国债的收益到期和相同到期下的互换利率。5年期短期国债的到期收益可以用第2章式(2-30)计算，也就是要解出方程中的 y

$$100.117\,2 = 100 \times \left[\frac{c}{2} \times \sum_{j=1}^{10} \frac{1}{\left(1+\frac{y}{2}\right)^j} + \frac{1}{\left(1+\frac{y}{2}\right)^{10}} \right]$$

我们可以得到 $y = 5.10\%$，也就意味着利差为

$$SS = 5.69\% - 5.10\% = 0.59\%$$

或者说59个基点。也就是说，从互换中收到固定利率支付做空短期国债的成本可以收到每年59

⊖ 这是一个虚构的名字，如有雷同纯属巧合。
⊜ 见第1章和第3章奥兰治县案例。
⊜ LIBOR，互换利率和回购利率数据来自彭博数据库。国债数据是从CRSP中提取出来的(每日国债)，证券价格研究中心(CRSP)，芝加哥布斯商学院。

个基点的收益。

为了确保这59个基点的收益,匹威资产必须支付LIBOR利率作为互换的一部分,然后作为逆回购的一方收到回购利率。LIBOR和回购(LRS)之间的利差为

$$LRS = 5.5081\% - 5.27\% = 0.2381\%$$

净利差为 $SS - LRS = 35.19$ 个基点。这种利差并没有之前的大,但是LIBOR – 回购利差从历史角度来说是相对稳定的,大约在21个基点左右,并且净利差($SS - LRS$)依旧看起来是相对安全的。确实,运用2000年1月到2006年6月的每日数据得出的LIBOR – 回购利差展示在表5-14中。根据历史数据,LRS平均值为21个基点,中位数(50%比例)为20个基点。另外,95%比例的LRS和99%比例的LRS分别为31个基点和37个基点。也就是说,只有1%的可能LRS会超过37个基点。即使在这样极端的条件下,净利差最少可能会是 $0.59\% - 0.37\% = 22$ 个基点,还是一个相对好的利差。进一步来讲,LRS很有可能下降,因为它有10%的可能只有14个基点。

匹威资产最后决定,考虑到历史趋势这个净利差足够高。概括来说,为了获得这部分收益,匹威资产必须做如下的交易:

(1) 通过逆回购交易做空5年期债券。在现金流方面,基金将收到回购利率支付票息。

(2) 签订固定对浮动利率互换,这样匹威就可以收到固定利率而支付LIBOR。

建立交易

逆回购

匹威资产打算建立一个1亿美元的交易,由于短期国债交易价格为100.1172美元,因此它将卖出

$$N = \frac{100\,000\,000}{100.1172} = 998\,829 \tag{5-53}$$

为了简便,假设没有折扣,匹威资产就从回购交易商那里借入 $N = 998\,829$ 短期国债,并在现货市场以1亿美元卖出,然后将现金给回购交易商。假设匹威签订3个月期的长期逆回购,3个月之后回购交易商需要给匹威资产支付1亿美元×回购利率,其中回购利率如上所述为5.27%。这时候,如果匹威资产想继续保有对短期国债的空仓,就必须和回购交易商申请延期支付。因为短期国债的价格会改变,所以回购交易商的现金总量也会改变。为了方便起见,假设两方只是把这1亿美元的贷款额外延后了3个月,而不考虑短期国债价格的变化。这个简化的假设使得我们能够更好地比较回购交易和固定对浮动利率互换,如下所示。

因为回购交易者每个重置日(每3个月)都拥有1亿美元,所以每季度流向匹威资产的现金流为

$$逆回购\ CF(t) = \begin{cases} \dfrac{100\,000\,000}{4} \times r(t-0.25) - N \times 100 \times \dfrac{5.125\%}{2} & (如果t是付息时间) \\ \dfrac{100\,000\,000}{4} \times r(t-0.25) & (其他) \end{cases}$$

其中 N 为5年期短期国债的数量,5.125%是短期国债的票息,$r(t)$ 代表3个期回购利率。注意到为了使得事情简化,我们计算回购现金流时将季度近似为"1/4",计算短期国债现金流时近似半年为"1/2"。实际上,回购利率的天数计算惯例为实际天数/360,而短期国债的天数计算惯例为实际天数/实际天数,因此对于现金流就必须有一定的调整。

固定对浮动利率互换

匹威资产需要签订一个5年期固定对浮动利率互换合约,其中它支付3个月期LIBOR收到5年期固定互换利率。在普通固定对浮动利率互换中,浮动方的支付每季度发生,而固定方的支付每半年发生,所以以之前讨论的逆回购交易匹配支付频率。互换的现金流表示如下

$$CF(t) = \begin{cases} 100\,000\,000 \times \dfrac{5.69\%}{2} - \dfrac{100\,000\,000}{4} \times \ell(t-0.25) & (如果\ t\ 是固定支付时间) \\ -\dfrac{100\,000\,000}{4} \times \ell(t-0.25) & (其他) \end{cases}$$

其中 $\ell(t)$ 是 t 时期的 3 个月期 LIBOR 利率。再一次我们计算 LIBOR 时将季度近似为 "1/4" 而不是惯例的实际天数/360，互换的固定支付是基于 30/360 的惯例的，因此在这里 "1/2" 是正确的价值。

季度现金流

在这个交易中，每季度的现金流为多少呢？我们需要把每季度的现金流分解为两个部分，互换利差(SS)部分和 LIBOR - 回购利差(LRS)部分。我们知道每 6 个月互换部分的现金流为

$$SS\ 每\ 6\ 个月现金流 = 100\,000\,000 \times \dfrac{5.69\%}{2} - N \times 100 \times \dfrac{5.125\%}{2}$$

$$= 285\,499.73(美元)$$

其中 N 为匹威资产做空的短期国债的数量。这部分现金流固定且每 6 个月发生一次。这不依赖于现存的利率，并且会一直有现金流流向匹威资产直到到期。

第二个部分是 LIBOR - 回购利差，它的每季度现金流为

$$LRS\ 每\ 3\ 个月现金流 = \dfrac{100\,000\,000}{4} \times [r(t-0.25) - \ell(t-0.25)]$$

其中 $r(t)$ 代表 t 时期的回购利率，$\ell(t)$ 为 t 时期的 LIBOR 利率。就像之前提到的，6 月 30 日 $r(0) = 5.27\%$，$\ell(0) = 5.5081\%$，这就意味着 2006 年 9 月 30 日最初的现金流为

$$2006\ 年\ 9\ 月\ 30\ 日\ LRS\ 现金流 = -59\,525.00\ 美元 \tag{5-54}$$

由于 LIBOR - 回购利差相对稳定，匹威资产期望的收益约为

$$每年总的期望净现金流 = 2 \times 230\,499.43 - 4 \times 59\,525.00 = 699\,098.85(美元)$$

确实，在第一年事情的结果好像很好。图 5-6 展示了每季度的净现金流(柱状图)和从交易一开始的累计的现金流(实线)。

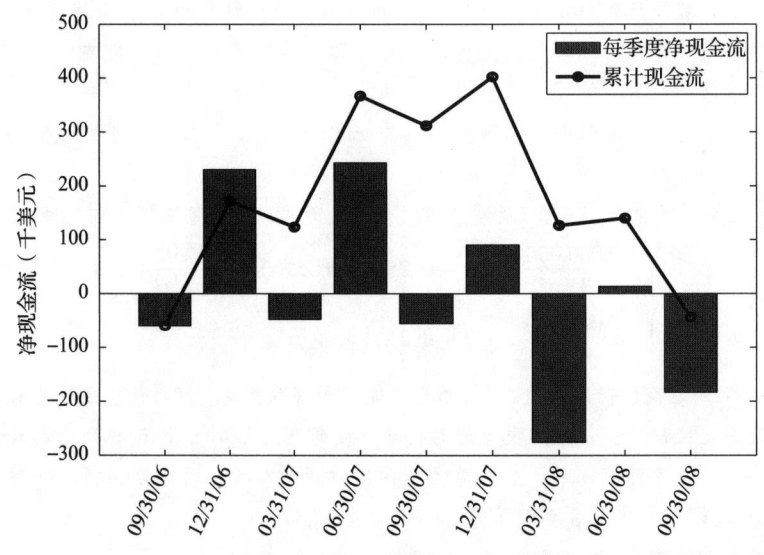

图 5-6 互换利差的净现金流

最初的转折发生在 2007 年 12 月，那时候总的净现金流虽然还是正的，但是比之前的要小很多。在 2008 年 3 月，净现金流只由 LIBOR - 回购利差部分提供，这时候是很大的负值抵消了匹威公司目

前为止大部分的现金流积累。在 2008 年 6 月 30 日问题并没有改善，因为总的互换利差票息提供的现金流进项大部分支出到 LIBOR－互换利差中。在 2008 年 9 月 30 日最后的现金流是很大的负值，拖累总的累计值变为负值。

发生了什么呢？图 5-7 绘制了从 2000 年 7 月到 2008 年 6 月每日的互换利差⊖和 LIBOR－回购利差。第一个垂直的虚线对应的是 2006 年 6 月 30 日，交易的开始日期。就像之前提到的，LIBOR－互换利差在 2006 年 6 月之前相对稳定，并且在整个样本中（几乎）总是低于 50 个基点。2006 年 6 月 30 日的互换利差是近几年的高峰。互换利差的变动本身不影响交易之后的现金流，因为互换利率和票息那时候都是固定的。图中水平的线明显可以看出匹威资产可以每年从固定互换利率和固定票息的差异中获得 59 个基点的利差。

问题在于 2007 年 8 月发生的信用危机出乎意料地将 LIBOR－回购利差空前地推高了 1.2%。因为在 LIBOR 市场中借贷都是在一个无抵押的基础上进行的，对于参与方违约和接踵而至的信用危机的担忧使得 LIBOR 利率和回购利率之间偏差很大。后者事实上是被看作"更安全"的利率，因为它是有担保的。不幸的是，匹威资产需要支付的是 LIBOR 利率而收到的是回购利率，随时间变动这个大的利差会产生大的资金流出。注意到 LIBOR 利率在 8 月和 9 月实际上因为美联储下调了基准利率而都有下降，但是对匹威资产来说，利差才是重要的，而不是 LIBOR 的水平本身。

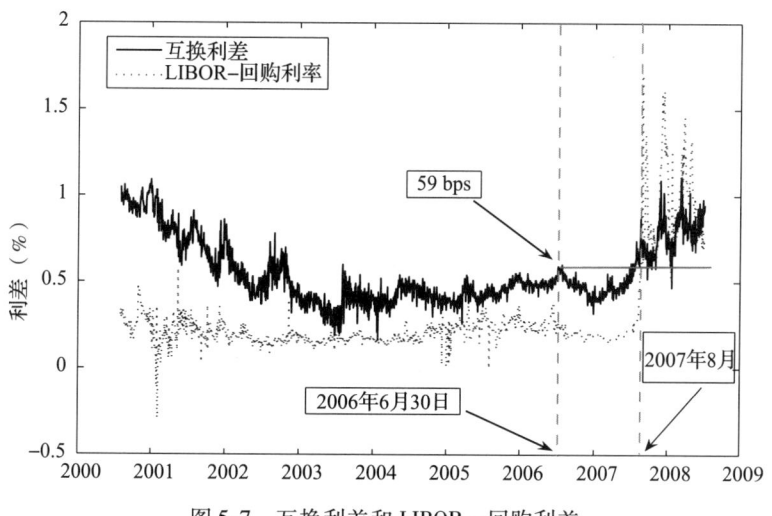

图 5-7　互换利差和 LIBOR－回购利差

资料来源：美联储和彭博数据库。

减仓

考虑到因为 LIBOR－回购利差的增加而产生的大的季度支付，匹威资产的母公司开始考虑是否需要减仓。第一个问题当然是对于逆回购和互换的减仓会导致净的进项现金流还是出项现金流。我们现在用逆回购和互换的价值来计算交易的总价值。后面的计算决定了减仓会导致净的进项现金流（资产增值）还是出项现金流（资产减值）。

逆回购价值

在我们的假设前提之下，计算逆回购每季度 t 的价值是相对直接的：因为我们假设匹威资产和回购交易者只是每季度延期了 1 亿美元的贷款。在支付利率和票息之后延期季度 t 的回购的价值（如果有的话）是

⊖ 图中的互换利差计算的是美联储平台上的 5 年期持有到期利率和互换利率之间的差异。数据来自美联储。

$$t \text{ 时期逆回购价值} = 1 \text{ 亿美元} - N \times P_{note}(t, T)$$

其中 $P_{note}(t, T)$ 是短期国债在 t 时期的价值。这取决于报价和应付未付利息之和。在每个季度的展期之间,对于 1 亿美元贷款的价值需要有小的调整,因为匹威资产平仓会在回购端收到一些应付未付的利息。这取决于最后的展期决定的回购利率。

图 5-8a 中的虚线展示了逆回购的价值。2006 年 6 月之后短期国债的价值大幅上升,将逆回购的价值推向了一个负的水平。就像之前提到的,在这样的情况下,回购交易商可能会要求匹威资产增加额外的抵押。这时,虚线就可以简单地理解为匹威资产随时间变动而需要增加的额外的抵押。

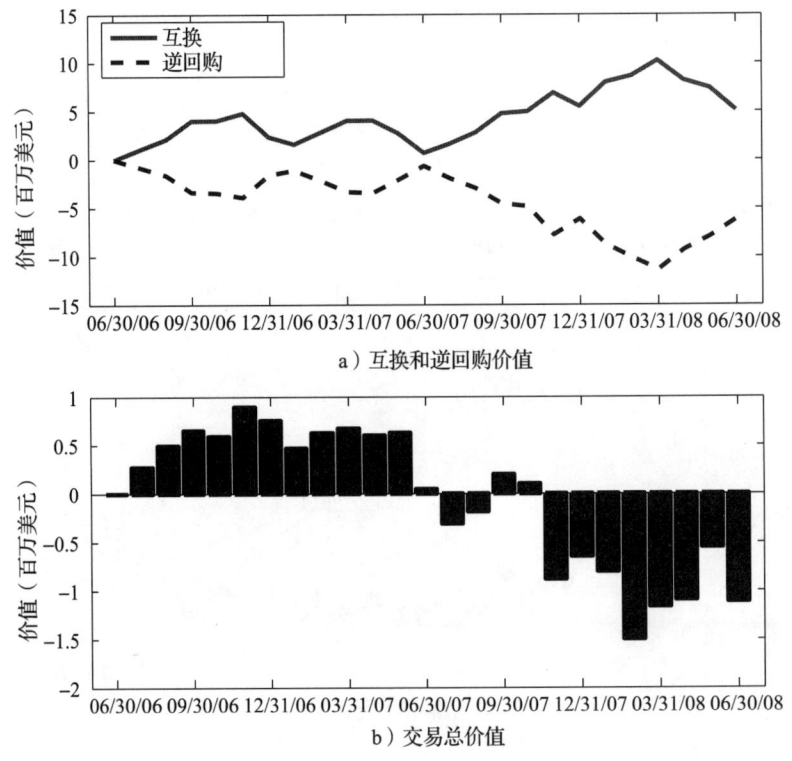

图 5-8 互换利差交易价值

固定对浮动利率互换的价值

互换在一开始的价值为零,因为互换利率 $c = 5.69\%$ 是使得互换价值为零的利率。然而随着时间改变、利率浮动,互换的价值也发生改变,就像 5.4.1 节讨论的那样。尤其是,从式(5-39)中我们知道互换在任何时期 t 的价值都可以表述为

$$T \text{ 时期互换的价值} = P_{FR}(t, T) - P_c(t, T)$$

其中 $P_{FR}(t, T)$ 是 t 时期 T 到期的按季度付息浮动利率债券的价值,每季度的付息等于 3 个月 LIBOR。$P_c(t, T)$ 是 T 到期的固定利率债券的价值,半年票息等于互换利率,即 $c = 5.69\%$。

在第 2 章 2.5 节我们讨论了怎么对浮动利率债券定价。重点回顾在重置日 $P_{FR}(t, T) = 100$ 美元,而在重置日之间我们必须同样考虑接下来的利息的现值,现在固定在过去重置日决定的 LIBOR 利率。固定利率债券可以用通常的公式计算

$$P_c(t, T) = \frac{100 \times 5.69\%}{2} \times \sum_{i=1}^{n_t} Z(t, T_i) + 100 \times Z(t, T_{n_t})$$

其中 n_t 是 t 时期保持的支付数量,T_i 是支付日期,$Z(t, T_j)$ 是贴现率曲线。接下来的问题是我

们用什么样的贴现率曲线 $Z(t, T_j)$？因为我们是对一个互换做定价，所以用互换曲线是最合理的选择。为了这样做，我们在每个时期 t 都可以重新计算由互换利率报价得出的贴现率曲线 $Z(t, T_j)$。我们用式(5-44)和式(5-45)的步骤，即用 6 个月到期的 LIBOR 利率数据得出 $Z(t, t+0.5)$，然后用式(5-45)得出互换利率报价的曲线。图 5-9 绘制了从 2006 年 6 月 30 日到 2008 年 6 月 30 日的利率期限结构。就像我们可以看到的，在 2006 年 6 月 30 日 LIBOR 曲线是很平稳的，但是在 2007 年 8 月开始大幅下降，特别是在 2008 年 1 月。

图 5-8a 的实线绘制了互换随时间变动的价值。因为匹威资产在互换中做多附息债券，互换的价值随时间的变动而增加，因为(平均的)收益率曲线下降。如果在某个时点匹威资产决定平仓，那么实线就代表在那个时候它能收到的进项资金。

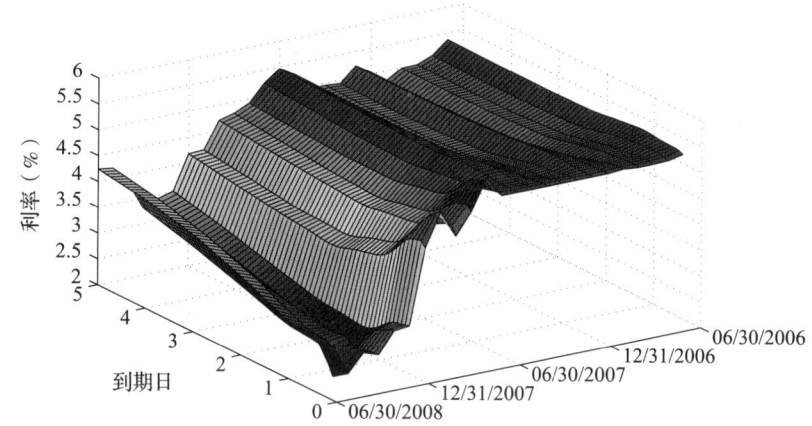

图 5-9　2006 年 6 月 ~ 2008 年 6 月的 LIBOR 曲线

总价值

就像在之前的部分提到的，在 2007 年 12 月匹威资产会遭遇第一次大的现金流缺失。它的现金流依旧是正的，因为半年息票利差依旧比季度 LIBOR—回购利差更高，但它会比过去小很多。注意到 2007 年 12 月的现金流取决于 2007 年 9 月决定的量。因此，可以在 3 个月之前提前预测到这个损失。如果想离开这个困境，它就必须结束互换和回购的交易。图 5-8b 展示了总的互换价值和逆回购价值，这决定了匹威资产为了结束互换和回购愿意收到或支付的数量。在 2007 年 9 月，这个数量接近于零。如果那时候匹威资产平仓，交易依旧可以收到总的正向的累计现金流约为 311 000 美元(见图 5-6 的实线)。

不幸的是，匹威资产的负责人认为信用危机存在的时间短，并且美联储的积极回应会推动LIBOR -回购利差很快回归正常以保证未来正的现金流。并且如果他们需要，他们总是可以在之后减仓。

就像我们在之前的部分了解到的，LIBOR—回购利差没能回到正常的数值，并且匹威资产开始每季度支付大量的资金。在 2008 年 3 月，负责人决定最好减少互换利差交易的仓位。累计的现金流依旧是正的值，所以不全是损失。

意外

随着匹威资产开始减仓，负责人发现好消息是互换的价值现在为 1 021 万美元。确实，LIBOR 收益率曲线现在在 1 个月期 2.7% 和 5 年期 3.3% 之间变化；这推动互换固定方的价值上升到 1.102 1 亿美元。因为浮动方在重置日总是等于 1 亿美元，所以匹威资产平仓会收到 1 021 万美元的进项。

然而，因为匹威资产结束了互换合约，所以它必须结束逆回购。坏消息是现在匹威正在做空的短期国债交易价格为 110.23 美元。加上应付未付的利息 1.28 美元，空仓总的损失为 $100\,000\,000 - N \times 111.51 = -1\,138$ 万(美元)。

总的来说，为了结束 2008 年 3 月的仓位匹威资产从互换端收到 1 021 万美元，但是需要在回购端支付 1 138 万美元，总的损失为 116 万美元。这个数值超过了匹威资产收到的累计现金流。

图 5-8b 展示了交易随时间变动的总的价值，并且确实，从 2007 年 11 月开始，价值一直为负的。为什么互换利差交易的价值为负呢？为了理解发生了什么，我们需要再次回到图 5-7，我们可以从实线看出，互换利差在 2007 年 11 月左右大量增加。这意味着相对于互换利率，国债收益率下降了。这种变动并不意外，因为在危机时期，投资者购买安全的美国国债，这使得国债收益率下降。这种收益率的相对下降增加了短期国债的价值比互换中内含的固定利率债券的价值增加要多。因为在互换利差交易中，匹威资产是做多互换内含的债券而做空短期国债，互换利差的上升意味着仓位价值的下降，也就是资产损失。确实，一开始就注意到，从 2006 年 6 月到 2007 年 6 月，互换利差确实随时间下降。相应地，图 5-8b 显示互换利差的价值在交易的第 1 年增加。如果在 2006 年 12 月左右匹威资产减少了仓位，它会从现金流端总共收到 170 974 美元，平仓得到的资产增值约为 756 341.33 美元，从交易一开始之后的 6 个月内总收入为 927 315.76 美元。不幸的是，匹威资产没有平仓，反而遭受了资产损失。

结论

案例研究阐述了固定收入、相对价值交易中潜在的风险。在这样的交易中有两种风险：第一种风险是持仓成本的变动，这是每期交易期望产生的现金流。在互换利差交易的案例中，这是互换利差和 LIBOR – 回购利率之间的差异。如果这是正的差异，就意味着这个交易会产生正的现金流。然而，浮动利率会变化，因此我们需要考虑到现金流有的时候可能会变成负的，就像 2007~2008 年一样。风险的第二个来源是因为利差变化会导致潜在的价值损失。确实，在相对价值交易中，投机者会赌潜在利差会变成平均水平。在案例研究中，互换利差在 2006 年高，虽然不是很高，但是匹威资产赌它会下降。如果互换利差下降，那么对冲基金会收到相当大的资产增资收益。然而，虽然这些对冲基金的交易者可以合理地期望迟早有一天利差会下降，但是对冲基金的管理人还是要记得，有可能利差会在下降前进一步增大。如果利差增大，对冲基金就会遭受很大的资产损失。也就是说，对冲基金存货的关键在于它有足够的现金资产或者是有大量的借贷资本使得它能够经受住资产损失。在危机期间，所有风险利差、风险资产和国债之间的利差都倾向于增加，因为投资者抛售风险证券而购买美国国债。在 2007~2008 年信贷危机期间，这种安全投资转移确实发生了，这导致了大范围的套利策略的利差大幅增加。

第 6 章 利率衍生品：期货与期权

6.1 利率期货

期货合约和远期合约类似（见第 5 章），都是交易双方按照约定在指定时间以指定的价格交易指定数量的证券。指定的交易价格即是**期货价格**（futures price）。但是期货合约和远期合约还是有以下几个方面的区别：

1. 期货合约的交易在芝加哥期货交易所（CBOT）或是芝加哥商品交易所（CME）这样的经过监管机构批准的交易所中进行。交易所规定合约形式，并作为期货合约交易的对手方与期货合约的买方或者卖方进行交易。交易所中的期货清算机构确保合约到期时支付的履行。

2. 期货合约标的物是标准化的，即期货合约中规定了可以交割的证券种类、交割时间和方式。换句话说，不会根据不同交易者的要求改变合约内容。

3. 在到期日之前合约产生的盈余或亏损采用"逐日盯市"制度（marked-to-market）结算，并由合约的买方或卖方来承担。

很多交易所都有有着多种多样的利率期货合约，表 6-1 提供了一些例子。

表 6-1 期货合约举例

期货合约	交易所
美国 30 年国债期货	CBOT
美国 2 年期、5 年期和 10 年期国债期货	CBOT
5 年、10 年和 30 年期利率互换期货	CBOT
30 天联邦基金	CBOT
欧洲美元期货	CME
伦敦银行间同业拆借利率（LIBOR）	CME
2 年期、5 年期、10 年期货利率互换期货	CME
13 周国债	CME
欧元银行间同业拆借利率（EURIBOR）	泛欧交易所（Euronext）
欧元债券	欧洲期货交易所（Eurex）

6.1.1 标准化

表 6-2 显示了 10 年期美国中期国债期货合约所规定的内容。10 年期美国中期国债期货合约在芝加哥期货交易所交易，并且具有交易量大、流动性高的特点，是全球交易量最大的期货合约之一。表中的"交割等级"（deliverable grade）和"合同到期月"很好地体现了"标准化"

特征。"交割等级"规定了可以用于交割的中期国债种类。为了确保期货合同的流动性和交易量，交易所规定了大量可以用于交割的中期国债种类。一般来说，到期时间不低于6.5年的中期国债都可以用于交割。国债期货合约空头方(承诺要出售标的物的一方)可以选择任意一种"交割等级"中的国债以合约规定的价格出售给合约中的多头方(承诺要买进标的物的一方)。为了让不同票息的国债有可比性，到期时会用一个"转换因子"(conversion factor)乘上期货合约的价格，以消除(或者说几乎完全消除)因票息不同而带来的期货合约价差。⊖

表6-2 10年期美国中期国债期货合约

合同规模	
一份美国长期国债到期面值为100 000美元或其倍数	
交割等级	
从发行月首日算起，美国中期国债期限应至少为6.5年，但不超过10年。其发行价格等于到期结算价格乘以换算因子后，再加上应计利息的值。换算因子等于面值为1美元，收益率为6%的债券价格	
最小报价单位	
价格最小波动应为每100点的1/32的一半(如15.625美元四舍五入到最近的美分)	
报价格式	
点数(1 000美元)加上1/32点的一半；如，84-16表示84 16/32点，84-165表示84 16.5/32点	
合同到期月	
3月、6月、7月、12月	
最后交易日	
交割月份最后营业日前的第17个营业日。在最后交易日的中午(芝加哥时间)，到期合约停止交易	
交割方法	
联邦储备账簿电汇系统	
交易时间	
公开拍卖：周一至周五，上午7:20至下午2:00(中央时间)	
电子交易：周日下午6:00至周五下午4:00(中央时间)	
行情显示代号	
公开拍卖：TY	
电子交易：ZN	
每日价格限制	
无	
保证金信息	
初始保证金：每份合约1 890美元	
保证金下限：每份合约1 400美元	

资料来源：CBOT网站，2008年6月11日获取于http://www.cbot.com/cbot/pub/cont_detail/1, 3206, 1520 + 14433, 00.html

"合同到期月"(contract month)栏规定的是期货合约的到期月份。通过规定一年中期货合约到期的月份，交易所(比如芝加哥期货交易所)可以确保期货合约的流动性。如果一年中有很多期货合约的到期日，那么平均在每一到期日交易的期货合约就会减少，这样一来，就不能保障市场的流动性。然而，一年中的到期日如果太少了，会造成期限错配，即过少的到期日将无法满足期货合约交易者对冲的需要。如果出现严重的期限错配，有对冲需求的公司可能退出期货市场，转而采取流动性不是那么高但针对性强的场外交易方式——远期市场。这样一来，

⊖ 如果期货合约被视为特定中期国债，如那种在交割时到期时间最接近8年的期货合约，那么一些投资者可能通过购买大量可得的8年国债来"压榨"空头方。因为空头方必须在到期时交割，所以它会乐意支付高溢价来获取国债以便交割。这种假设可能会破坏期货市场自身，因为考虑这种行为后，投资者将不会加入期货合约的空头方。

交易所就需要在保障公司的对冲需求与期货市场流动性之间做出权衡。

10 年期的美国国债期货合约和 30 年期的美国国债期货合约有多种特殊性，我们将在第 11 章进行深入探讨。

6.1.2 保证金与"逐日盯市"

期货合约主要的特点是采取"逐日盯市"制度，即是期货合约的交易者每天都要承担由于期货合约的交易活动产生的盈余和损失。为了更方便理解，可以回想一下在第 5 章学习过的远期合约。考虑一份远期合约，合约规定在 T 时期买入一只在 T^* 时期到期的附息债券（见第 5 章中的事实 5-9）。我们知道在初始时期（$t=0$）进入远期合约不需要任何花费，现在我们假设一天过去了，远期合约的价格会随着利率的变化而变化，从式（5-36）中我们知道在任意第 t 日（$t>0, t=\mathrm{d}t=1/252=1$ 天）远期合约的价格为

$$V^{fwt}(\mathrm{d}t) = Z(\mathrm{d}t, T) \times [P_c^{Fwd}(\mathrm{d}t, T, T^*) - P_c^{Fwd}(0, T, T^*)] \tag{6-1}$$

因为进入远期合约不需要任何花费，所以 $V^{fwt}(\mathrm{d}t)$ 即是每日的盈余或者损失。比如说，如果远期合约的价格在 t 日增加了，那么增加的部分将计为 t 日的盈余，反之亦然。远期合约的交易双方都采用"逐日盯市"的结算方式，即是每天有损失 $V^{fwt}(\mathrm{d}t)$ 的一方付给另一方数量为绝对值 $V^{fwt}(\mathrm{d}t)$ 的金额，这样一来，将远期合约的价值重置为零。"逐日盯市"制度使期货合约的交易者每天都要承担相应的盈余或损失，这一制度控制了在衍生品中交易者的信用风险敞口，所以在交易商和投资银行中比较适用。其实，我们也可以将"逐日盯市"制度理解为每天对旧的远期合约平仓（平仓时旧远期合约的价格为 $P_c^{Fwd}(t-\mathrm{d}t, T, T^*)$），并建仓新的远期合约（新的远期合约价格为 $P_c^{Fwd}(t, T, T^*)$），交易者在 t 日的盈余或者损失为

$$\frac{T \text{ 时期的盈余}}{\text{损失}} = V^{Fwd}(t) = Z(t, T) \times [P_c^{Fwd}(t, T, T^*) - P_c^{Fwd}(t-\mathrm{d}t, T, T^*)] \tag{6-2}$$

现在我们来说明，在每个 $t=\mathrm{d}t, 2\times\mathrm{d}t, 3\times\mathrm{d}t, \cdots T$ 日的支付额 $V^{fwt}(\mathrm{d}t)$ 加总起来，应等同样条件的远期合约到期时的支付，即式（5-29）中的支付。值得注意的一点是 $V^{fwt}(\mathrm{d}t)$ 是发生在 t 时期的支付，而通过式（5-29）计算出的远期合约到期时的支付为 T 时期的支付。所以我们需要考虑每个 t 时期发生的支付在 T 时期的价值，即各个 $V^{fwt}(\mathrm{d}t)$ 的终值。为此，我们将每个 t 时期发生的支付 $V^{fwt}(\mathrm{d}t)$ 乘以 $\dfrac{1}{Z(t, T)}$ 得到 $V^{fwt}(\mathrm{d}t)$ 在 T 时期的远期值。因此我们有：

$$\frac{T \text{ 时期的总盈余}}{\text{总损失}} = \frac{V^{Fwd}(\mathrm{d}t)}{Z(\mathrm{d}t, T)} \times \frac{V^{Fwd}(2\times\mathrm{d}t)}{Z(2\times\mathrm{d}t, T)} + \cdots V^{Fwd}(T) \tag{6-3}$$

从式（6-2）中对于每个 t 我们都可以得到：

$$\frac{V^{Fwd}(t)}{Z(t, T)} \times [P_c^{Fwd}(t, T, T^*) - P_c^{Fwd}(t-\mathrm{d}t, T, T^*)]$$

从而，有

$$\begin{aligned}\frac{T \text{ 时期的总盈余}}{\text{总损失}} &= [P_c^{Fwd}(\mathrm{d}t, T, T^*) - P_c^{Fwd}(0, T, T^*)] \\ &\quad + [P_c^{Fwd}(2\times\mathrm{d}t, T, T^*) - P_c^{Fwd}(\mathrm{d}t, T, T^*)] \\ &\quad \vdots \\ &\quad + [P_c^{Fwd}(T, T, T^*) - P_c^{Fwd}(T-\mathrm{d}t, T, T^*)] \\ &= [P_c(T, T^*) - P_c^{Fwd}(0, T, T^*)]\end{aligned}$$

上式中，通过合并同类项，我们可以得出，债券远期的价格会与标的债券的价格相等，即 $P_c^{Fwd}(dt, T, T^*) = P_c(T, T^*)$，因此我们得出结论：

○ **事实 6-1**
在远期合约中，"逐日盯市"制度并没有改变交易双方的最终收益。

期货合约市场和远期合约市场类似，因为期货合约每天的价格 $P^{fut}(t, T)$ 都要变化，所以每天交易者期货账户上都会记上盈余或者损失。如果某交易者在时间 t 做多 k 份期货合约，那么其盈余或者损失在 t 日末为

$$t \text{ 时期远期合约的盈余/损失} = k \times \text{合约规模} \times [P^{fut}(t, T) - P^{fut}(t - dt, T)] \quad (6\text{-}4)$$

为了进入期货合约市场，交易者最初必须在期货交易所开一个特殊的保证金账户，并往其中存入一笔初始保证金(initial margin)。比如，表 6-2 中，一份美国 10 年期国债期货合约的初始保证金为 1 890 美元。随着期货价格的变化，保证金账户里的金额将会增加或减少。如果保证金数额减少到维持保证金(maintenance margin)规定的数额之下，期货交易所将会对此交易者下达追加保证金的通知(margin call)，接到通知的交易者需要往自己保证金账户中存钱使得保证金额回到初始保证金额的水平。如果交易者拒绝追加保证金，那么会被强制平仓。

"逐日盯市"以及相当于担保的维持保证金(maintenance margin)这两项规定，控制了期货交易所作为期货合约交易对手方所承担的信用风险。

6.1.3 期货合约价格的收敛性

分析利率期货合约的价格比分析远期合约的价格难，所以我们在第 11 章介绍完一些分析模型之后再对利率期货合约的价格做更深入的解析。但是，期货合约价格与远期合约价格都具有收敛性，即是在合同到期时，期货合约的价格与远期合约的价格都应该收敛于标的物的价格。这是因为在任意 t 时期，由标的证券价格 $P(t)$ 衍生出的期货或者远期合约价格的公式 $P^{fut}(t, T)$，在合约到期时具有性质 $P^{fut}(T, T) = P(T)$。在理论层面上，期货合约与远期合约的收敛性使得它们可以被用作对冲工具。例 6-1 说明了期货合约与远期合约在作为对冲工具时的相同点与不同点。

☞ **例 6-1**

沿用第 5 章的例 5-3。在 2001 年 3 月 1 日($t=0$)，一家公司担心在之后的 6 个月中，利率会下降，而公司将在 6 个月之后得到一笔因为出售器材的货款。具体来说，这家公司会在 2001 年 9 月 4 日收入 1 亿美元，然后将这 1 亿美元进行期限为 6 个月的投资。在例 5-3 中这家公司签订了一份远期利率协议，但是在此例中，我们假设这家公司利用期货合约来对冲利率下降的风险。比如，买进 k 份欧洲美元期货合约。表 6-3 列出了欧洲美元期货合约的具体要求。虽然这类期货合约的标的物是利率(准确说是 3 个月期 LIBOR)，但是期货合约的价格表示为 $P^{fut}(t, T) = 100 - f_4^{fut}(t, T)$，其中 $f_4^{fut}(t, T)$ 为在 T 时期表示为百分比的 3 个月期 LIBOR。比如，对于 $P^{fut}(t, T) = 95.365$ 的期货合约报价，相对应的利率为 $f_4^{fut}(t, T) = \frac{(100 - 95.365)}{100} = 4.635\%$。具体来讲，在合约到期日，合约的价格应该为 $P^{fut}(T, T) = 100 - r_4^{LIBOR}(T)$。这种报价方式暗示了，为了对冲利率下降的风险，需要做多欧洲美元期货合约。考虑到欧洲美元期货合约的交易单位为 100 万美元，每天由于利率变动而导致期

货合约价格的变化，从而产生的盈余或者损失为

$$\frac{日盈余}{日损失} = 1\,000\,000\ 美元 \times 0.25 \times \frac{(P^{fut}(t+\mathrm{d}t,T) - P^{fut}(t,T))}{100} \tag{6-5}$$

$$= 1\,000\,000\ 美元 \times 0.25 \times (f_4^{fut}(t,T) - f_4^{fut}(t+\mathrm{d}t,T)) \tag{6-6}$$

其中 0.25 表示欧洲美元期货的标的物为 90 天利率（90/360 = 0.25），$\mathrm{d}t = 1/252 = 1$ 天

表 6-3 欧洲美元期货合约（芝加哥商业交易所）

基础工具
3 个月期 LIBOR：美元 3 个月期存款伦敦银行同业拆借利率

合同规模
1 000 000 美元

最小报价单位
月前到期的合约价格最小增量为 0.002 5 点（每份合同 6.25 美元）；接下来连续 4 个到期的合约及 40 个季度内到期的所有合约价格增量最小为 0.005 点（及 12.50 美元）

报价格式
$P^{fut}(t) = 100 - f_4^{fut}(t)$，其中 $f_4^{fut}(t)$ 是 3 月期 LIBOR 利率期望值

合同到期月份
3 月、6 月、9 月、12 月，延展至 10 年（总共 40 份合约）加上最近连续 4 个到期日（不包括在三月份开始的季节循环中）

最后交易日
交割月份最后营业日前的第 17 个营业日。在最后交易日的中午（芝加哥时间），到期合约停止交易

最终清算
依照英国银行业协会的 3 个月期 LIBOR 进行现金交割

交易时间
公开喊价：上午 7:20 至下午 2:00
CME 全球电子交易体系（Globex）电子化市场：周日下午 5:00 至周五下午 4:00（中央时间）

资料来源：CME 利率产品指南及日程，2007 年。

在 2001 年 3 月 1 日，9 月到期的期货合约利率报价为 $f_4^{fut}(0,T_1) 4.635\%$；其中 T_1 表示期货合约的到期日，具体时间为 2001 年 9 月 17 日。这家公司需要买入 100 份欧洲美元期货合约来对冲 1 亿美元的头寸，在 2001 年 9 月 4 日，期货合约利率报价为 $f_4^{fut}(t,T_1) = 3.520\%$，⊖ 由此从 2001 年 3 月 1 日买入 100 份欧洲美元期货合约到 2001 年 9 月 7 日，该公司总的收益为⊖

$$\begin{aligned}远期合约的总收益/总损失 &= 100 \times 1\,000\,000 \times 0.25 \times (4.635\% - f_4^{fut}(\mathrm{d}t,T_1)) \\ &\quad + 100 \times 1\,000\,000 \times 0.25 \times (f_4^{fut}(\mathrm{d}t,T_1) - f_4^{fut}(2\mathrm{d}t,T_1)) \\ &\quad \vdots \qquad\qquad \vdots \\ &\quad + 100 \times 1\,000\,000 \times 0.25 \times (f_4^{fut}(t-\mathrm{d}t,T_1) - 3.520\%) \\ &= 100 \times 1\,000\,000 \times 0.25 \times (4.635\% - 3.520\%) = 278.750(美元)\end{aligned}$$

表 6-4 列出了特定时间段内该公司每日的损益。

在 2001 年 9 月 4 日（9 月的第一个工作日）该公司收到了 1 亿美元的货款，从而可以以 2001 年 9 月 4 日的利率将该笔货款进行投资。因为该公司利用标的物为 LIBOR 的期货合约进行对冲，我们假定该公司可以用 6 个月期的 LIBOR 进行为期 6 个月的投资。在 2001 年 9 月 4 日的 6 个月期 LIBOR 为 $r_2(t, t+0.5) = 3.55\%$。所以，在 2002 年 3 月 1 日该公司的总收益为

⊖ 注意公司将会在 $t = 2001$ 年 9 月 4 日空仓，这一时间比期货合约的到期日 $T = 2001$ 年 9 月 17 日早一点。

⊖ 我们目前为止忽略了现金流的时间价值在最终收益中的影响。详细的讨论请查看之后 6.1.4 部分。

$$T_2 \text{ 时期的总收益} = (1\,000\,000 + 278.750) \times \left(1 + \frac{3.55\%}{2}\right) = 102.059(\text{百万美元})$$

表 6-4 期货仓位损益

日期	报价	利率	每日收益	累积损益
2001/03/01	95.365 0	4.635%		
2001/03/02	95.320 0	4.680%	−112.50	−112.50
2001/03/05	95.320 0	4.680%	0.00	−112.50
2001/03/06	95.350 0	4.650%	75.00	−37.50
2001/03/07	95.390 0	4.610%	100.00	62.50
2001/03/08	95.405 0	4.595%	37.50	100.00
2001/03/09	95.340 0	4.660%	−162.50	−62.50
2001/03/12	95.365 0	4.635%	62.50	0.00
2001/03/13	95.365 0	4.635%	0.00	0.00
2001/03/14	95.525 0	4.475%	400.00	400.00
2001/03/15	95.625 0	4.375%	250.00	650.00
2001/03/16	95.600 0	4.400%	−62.50	587.50
2001/03/19	95.555 0	4.445%	−112.50	475.00
2001/03/20	95.635 0	4.365%	200.00	675.00
2001/03/21	95.700 0	4.300%	162.50	837.50
2001/03/22	95.765 0	4.235%	162.50	1000.00
2001/03/23	95.670 0	4.330%	−237.50	762.50
2001/03/26	95.670 0	4.330%	0.00	762.50
2001/03/27	95.520 0	4.480%	−375.00	387.50
2001/03/28	95.570 0	4.430%	125.00	512.50
2001/03/29	95.620 0	4.380%	125.00	637.50
2001/03/30	95.690 0	4.310%	175.00	812.50
⋮	⋮	⋮	⋮	⋮
2001/08/01	96.465 0	3.535%	0.00	2 750.00
2001/08/02	96.430 0	3.570%	−87.50	2 662.50
2001/08/03	96.430 0	3.570%	0.00	2 662.50
2001/08/06	96.430 0	3.570%	0.00	2 662.50
2001/08/07	96.430 0	3.570%	0.00	2 662.50
2001/08/08	96.485 0	3.515%	137.50	2 800.00
2001/08/09	96.505 0	3.495%	50.00	2 850.00
2001/08/10	96.535 0	3.465%	75.00	2 925.00
2001/08/13	96.547 5	3.453%	31.25	2 956.25
2001/08/14	96.532 5	3.468%	−37.50	2 918.75
2001/08/15	96.500 0	3.500%	−81.25	2 837.50
2001/08/16	96.537 5	3.463%	93.75	2 931.25
2001/08/17	96.565 0	3.435%	68.75	3 000.00
2001/08/20	96.545 0	3.455%	−50.00	2 950.00
2001/08/21	96.565 0	3.435%	50.00	3 000.00

(续)

日期	报价	利率	每日收益	累积损益
2001/08/22	96.547 5	3.453%	-43.75	2 956.25
2001/08/23	96.547 5	3.453%	0.00	2 956.25
2001/08/24	96.525 0	3.475%	-56.25	2 900.00
2001/08/27	96.520 0	3.480%	-12.50	2 887.50
2001/08/28	96.552 5	3.448%	81.25	2 968.75
2001/08/29	96.557 5	3.443%	12.50	2 981.25
2001/08/30	96.590 0	3.410%	81.25	3 062.50
2001/08/31	96.570 0	3.430%	-50.00	3 012.50
2001/09/04	96.480 0	3.520%	-225.00	2 787.50

可以看出，最后得到的总收益与该公司进入远期合约，或者远期利率协议得到的总收益（102.105 百万美元）相差不大。

图 6-1 画出了欧洲美元期货价格的变化与 3 个月期 LIBOR 的变化，从中可以看出欧洲美元期货合约价格的收敛性。

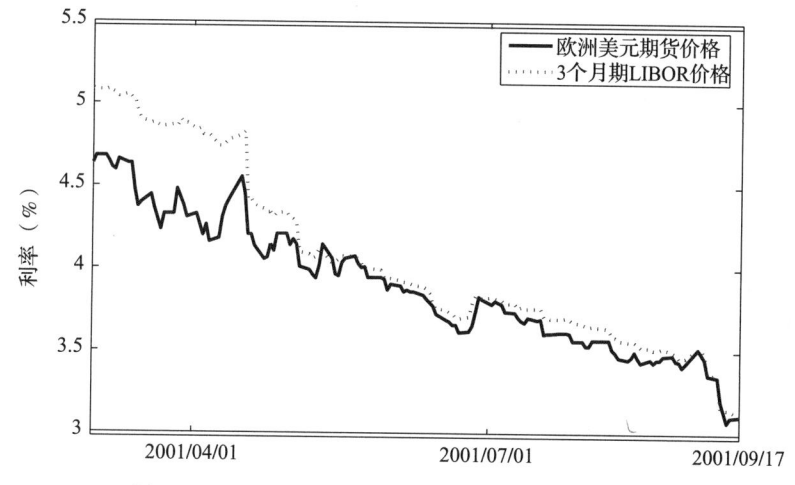

图 6-1 欧洲美元期货与 3 个月期 LIBOR 的价格走势

6.1.4 期货合约与远期合约

在这一节中我们将讨论期货合约与远期合约的关系，以及它们分别作为对冲工具的利弊。

首先，期货合约和远期合约有很密切的联系。考虑在 T_1 时期以价格 $P_z^{Fwd}(0, T_1, T_2)$ 买入一份零息债券的远期合约，T_1 时期零息债券的实际价格为 $P_z(T_1, T_2)$。在 T_1 时期，做多远期合约的收益为

$$T_1 \text{ 时期做多远期合约的收益} = \text{零息债券价值} - \text{交割价格}$$
$$= P_z(T_1, T_2) - P_z^{Fwd}(0, T_1, T_2)$$

现在考虑一份有同样标的物的期货合约。根据"逐日盯市"制度，做空期货合约，空头方每日的损益为

$$\text{空头方每日的损益} = \left(\frac{P}{L}\right)_t [P_z^{fut}(t, T_1, T_2) - P_z^{fut}(t, -dt, T_1, T_2)] \quad (6-7)$$

现在不考虑时间价值，在 T_1 时期，做空期货合约的总收益为

$$
\begin{aligned}
T_1 \text{ 时期做空期货合约的总收益} &= \left(\frac{P}{L}\right)_{dt} + \left(\frac{P}{L}\right)_{2dt} + \cdots + \left(\frac{P}{L}\right)_{T} \\
&= [P_z^{fut}(0, T_1, T_2) - P_z^{fut}(dt, T_1, T_2)] \\
&\quad + [P_z^{fut}(dt, T_1, T_2) - P_z^{fut}(2 \times dt, T_1, T_2)] \\
&\quad \vdots \\
&\quad + [P_z^{fut}(T_1 - dt \times dt, T_1, T) - P_z^{fut}(T_1, T_1, T_2)] \\
&= [P_z^{fut}(0, T_1, T_2) - P_z(T_1, T_2)]
\end{aligned}
$$

$$(6\text{-}8)$$

如果我们在 0 时期买入一份远期合约，并卖出一份期货合约，我们最后的收益将会是做多远期合约的收益加上做空期货合约的收益：

$$
\begin{aligned}
\text{Long forward + Short futures payoff} &= [P_z(T_1, T_2) - P_z^{Fwd}(0, T_1, T_2)] \\
&\quad + [P_z^{fut}(0, T_1, T_2) - P_z(T_1, T_2)] \\
&= P_z^{fut}(0, T_1, T_2) - P_z^{Fwd}(0, T_1, T_2)
\end{aligned}
$$

我们知道在 0 时期进入期货或者远期合约的成本均为零，且二者在 0 时期的价格都是确定的，则二者之间应满足如下的无套利条件：

$$\text{无套利} \Rightarrow P_z^{fut}(0, T_1, T_2) - P_z^{Fwd}(0, T_1, T_2) = 0$$

由此得到以下结论：

○ **事实 6-2**

在两个假设条件下：

1. 不考虑时间价值。
2. 期货合约与远期合约都在 T_1 时期得到支付，则期货合约的价格与远期合约的价格相等：

$$P_z^{fut}(0, T_1, T_2) = P_z^{Fwd}(0, T_1, T_2) \tag{6-9}$$

以上结论的得出是以前述的两个假设为基础的，然而在现实中，这两个假设很难被满足：首先，期货合约每天都有现金流（"逐日盯市"制度），在这样的事实情况下，式(6-8)就不能成立。正确的表达应该是每天现金流在 T_1 时期的终值的加总。此外，在现实中，远期合约与期货合约的支付往往不在同一天，比如，标的物为 3 个月期 LIBOR 的普通远期利率协议在 $T_2 = T_1 + \Delta$ 时期实现支付 $N \times \Delta[f_4(0, T_1, T_2) - r_4(T_1, T_2)]$，而相同标的物的欧洲美元期货合约则是在 T_1 时期实现相同数目的支付。

因为有这两方面的因素，期货合约的价格与远期合约的价格就会出现差异，但总体来说，期货合约价格与远期合约价格的差异不大，式(6-9)可以算是一个非常近似的式子，特别是当到期日 T 不是很大，利率波动不大的情况下。我们将在第 21 章对远期与期货的关系做更深入的探讨，6.5 节也会更进一步讨论远期与期货的关系。

6.1.5 用期货还是远期对冲

在例 6-1 中，以期货作为对冲手段相对于以远期作为对冲手段，出现了两点不足：

- **基差风险**(basis risk)。期货合约中标的债券或工具的期限(maturity)选择有限，不能完全对冲掉要对冲的风险。但是如果用远期合约，公司就可以完全对冲掉风险。在例 6-1

中，用欧洲美元期货（标的物为3个月期LIBOR）公司并没有完全对冲掉其面临的利率风险，因为公司想要将对1亿美元的货款进行为期6个月的投资。除此之外，在例6-1中，公司还面临一定程度的期限错配，因为欧洲美元期货合约的到期日为9月17日，而该公司在9月4日就已经收到1亿美元的货款了。

- **尾随对冲**（tailing of the hedge）。当用期货合约作为对冲手段时，因为"逐日盯市"制度，公司每天都会发生一笔现金收入（或支出），这就要求公司必须考虑资金的时间价值，即每天的现金流在合约到期时（在例6-1中T表示合约到期日）的终值是多少。和例子中讲的相比，公司就需要减少期货合约的头寸。在练习9中将对这一点做进一步的阐释。

另一方面，以期货作为对冲手段也有很多优点，完全可以弥补之前的两个缺点：

- **流动性**（liquidity）。因为期货合约是标准化的，其流动性比远期合约更强，换句话说，期货合约更容易建仓或平仓。⊖对于交易量大的期货合约，比如10年期美国国债期货合约、欧洲美元期货合约，它们的买卖价差（bid-ask spread）非常小，建仓平仓的费用都很低。远期合约因为只能进行场外交易，平掉远期合约的花费可能较大。
- **信用风险**（credit risk）。因为有交易所和清算机构的存在，能保证期货合约到期时没有违约风险。而对于远期合约却没有这样的机制。清算机构通过"逐日盯市"制度控制其面临的信用风险：当交易者保证金账户中的金额低于维持保证金数额时，期货交易所将会对此交易者下达追加保证金通知，如果没能恢复到初始保证金水平，就会被强制平仓。这一机制的引入，能确保任何交易者不会面临大的信用风险。

6.2 期权

到此为止，我们讨论过的所有衍生工具（远期利率协议、远期、互换和期货），有两个共同点：

- 参与或进入这类衍生工具（合约）时没有任何花费。
- 在合约到期时，必须执行合约，总有一方必产生支付。

比如，进入一份远期利率协议的花费为零，但当协议到期时对某一交易方一定会产生支付：

$$T_2 \text{ 时期的协议到期支付} = N \times \Delta \times [r_n(T_1, T_2) - f_n(0, T_1, T_2)]$$

其中$r_n(T_1, T_2)$为T_1时期的参考浮动利率，$f_n(0, T_1, T_2)$为0时期的远期利率，$\Delta = T_2 - T_1 = \dfrac{1}{n}$是相对应的复利区间。远期利率协议的交易双方一方会得到$N \times \Delta \times [r_n(T_1, T_2) - f_n(0, T_1, T_2)]$的收益，另一方则会有$N \times \Delta \times [r_n(T_1, T_2) - f_n(0, T_1, T_2)]$的损失。

期权在这两点上都不同。首先，在最先进入期权交易时会有花费，即期权的购买方（合约的多方）需要支付给期权出售方（合约的空方）一笔钱（期权价格）。其次，在期权到期时，对于期权的买方不会再有净的支出（损失），而对于期权的卖方，根据标的物到期时价格的变化情况，可能产生净支出（损失）。

利率期权的品种有很多，在之后的几节中我们将讨论最常见的利率期权。在更深入的学习

⊖ 流动性的水平实际上取决于期货合约的种类，因为事实上有些期货合约流动性相当差，而且买卖价差也很大。

之前，让我们先来看看不同期权共有的性质。接下来是一些关于期权的术语。

定义 6-1

看涨期权（call option），以变量 $F(t)$ 表示，并以 T 表示到期时间、K 表示执行价格，则看涨期权是一份由交易双方签订的合同，具有如下性质：

- 在到期日前的任意时期 t，期权的买方可以要求卖方支付因为拥有期权而产生的实际收益

$$\text{看涨期权实际收益} = \max(F(t) - K, 0) \tag{6-10}$$

- 在 t 时期，期权的卖方负有向买方支付式(6-10)金额的义务。
- 期权的买方因为享有在 t 时期获得收益的权利，期权买方应该在 0 时期向卖方支付相应的费用，即**期权费**（option premium。）

在式(6-10)中买方要求卖方支付收益的行为叫**执行期权**（exercising the option）。如果期权只能在到期日 T 被执行，这类期权称为欧式期权，如果可以在 T 时期前执行，被称为美式期权。⊖

最后，**看跌期权**（put option）的定义与看涨期权的定义类似，但看跌期权实际收益为

$$\text{看跌期权实际收益} = \max(K - F(t), 0) \tag{6-11}$$

定义 6-1 具有普适性，对于不同的标的物，期权执行时的收益可能通过不同的方式实现。

- **债券期权**（bond options）。债券期权的标的物为像美国国债这样的，有固定票息的附息债券。在这种情况下，定义 6-1 中的变量为固定票息债券的价格 $F(t) = P_c(t, T_B)$，其中 T_B 为标的债券的到期时间，且 $T_B > T$（T 为期权到期时间）。债券看涨期权合约从而规定了期权买方有权利（但并不是义务），在 t 时期($t < T$)，以合约规定的价格 K 买入合约规定数量的标的债券。看涨期权的买方不会在 $P_c(t, T_B) < K$ 的时候执行期权合约，因为此时买方完全可以从货币市场上以 $P_c(t, T_B)$ 的价格更便宜地买入固定利率债券，这样看来，在 t 时期，看涨期权买方的收益为式(6-10)。如果 $K < P_c(t, T)$，在 t 时期，期权的卖方就需要向期权的买方支付式(6-10)数量的金额，因为此时看涨期权卖方必须以 K 的价格出售给买方合约规定数量的债券，而此时标的债券的价格为 $P_c(t, T_B)$，大于 K。

同样地，对于看跌期权，合约的多头方只有当 $K > P_c(t, T_B)$ 时，才会执行期权合约赋予的权利，此时，合约的多头方可以按 K 的价格将债券出售给合约的卖方（债券的买方），收益为 $K - F(t)$。总体来说，看跌期权买方的收益均为式(6-11)。与此同时，看跌期权卖方因为必须以 K 的价格购买合约规定的债券，而 $K > P_c(t, T_B)$，所以就有 $K - F(t)$ 的损失。

- **利率期权**（interest rate options）。在利率期权合约中标的物为利率，比如 13 周期国债贴现率（13-week Treasury discount rate）或者 3 个月期 LIBOR。在这种情况下，$F(t)$ 为 t 时期的利率，执行价格 K 实际是执行"利率"。利率期权的平仓方式采用现金平仓。表 6-5 显示了芝加哥期货交易所中交易的 13 周国债贴现率期权合约的具体形式(IRX)。

利率封顶期权和利率封底期权（caps and floors）是最常见的场外交易的利率期权。在 T 时期到期，执行价格为 K 的季度性利率封顶期权（quarterly cap）可以看作是一只在时期 T_1，T_2，T_3，…，T_n 都有支付的证券，支付频率为 $T_i = T_{i-1} + 0.25$，所以在 T_i 时刻的支付为

$$T_i \text{ 时期利率封顶期权的支付} = N \times 0.25 \times \max(r_4(T_{i-1}) - K, 0)$$

其中 $r_4(t)$ 表示 3 个月期 LIBOR。同理，利率封底期权在 T_i 时期的支付为 $N \times 0.25 \times \max(K - r_4(T_{i-1}), 0)$ 简单来说，利率封顶期权可以看作是 n 期普通利率期权的组合。

⊖ 术语中的"美式"和"欧式"与期权交易的地点无关。

表6-5 芝加哥期权交易所(CBOE)13周国债期权

标的变量
10乘以最近拍卖的13周美国国债的贴现率。新发行的国债在之后每周的交易日(常为周一)会被替换

乘数
100

行权价最小价格区间
2 1/2 点，每一点代表10基本点

合约价的报价方式
以小数报价。一点等于100美元。3点以下的期权价格最小波动为0.05(5美元)，其余波动区间为0.1(10美元)

到期日
到期当月第三个周五接下来的周六

到期月
3个最近的月份，再加上3月开始以季度为周期的两个月(3月、6月、9月及12月)

行权方式
欧式

行权交割方式
纽约联邦储备银行会在最后交易日下午2:30(中部时间)公布的最新发行短期国债年化贴现率。行权后，现金会在到期日后的交易日进行交割。交割数额等于期权内在价值减去行权价，乘以100美元

最后交易日
利率期权的交易常常会在到期日前的交易日终止(常为周五)

交易时间
上午7:20至下午2:00(中央时间)

资料来源：CBOE网站。

- **期货期权**(futures options)。期货期权的标的物为期货合约的价格，比如10年期美国国债期货。在这种情况下，$F(t)$为期货合约的价格，即$F(t) = F^{fut}(t, T_F)$，其中T_F为期货合约到期时间。期货看涨期权合约赋予了看涨期权的买方在时刻$t(t<T)$以合约规定价格K买进期货合约(成为期货合约多头方)的权利(而不是义务)。表6-6显示的在期货交易所挂牌的期货合约，通常情况下也会有其对应的期权合约。表6-7和6-8显示了10年期美国国债期货期权和欧洲美元期货期权合约的具体规定。表6-2和6-3描述了期货期权合约的具体规定。

表6-6 一些期权合约的例子

期权合约	交易所	标的	行权方式
30年期美国长期国债	CBOT	30年期美国国债期货	美式
10年期美国中期国债	CBOT	10年期美国国债期货	美式
5年期美国中期国债	CBOT	5年期美国国债期货	美式
欧洲美元	CME	欧洲美元期货	美式
LIBOR期权	CME	LIBOR期货	美式
30天联邦基金	CME	联邦基金期货	美式
13周短期国债	CME	联邦基金期货	美式
欧洲日元东京银行同业拆借利率(TIBOR)期权	CME	欧洲日元期货	美式
13周短期国债	CBOE	13周短期国债折价率	欧式
5年期中期国债	CBOE	5年期中期国债收益率	欧式
10年期中期国债	CBOE	10年期中期国债收益率	欧式
30年期长期国债	CBOE	30年期长期国债收益率	欧式
欧洲同业欧元拆借利率(Euribor)	Euronext	Euribor期货	美式
欧元外汇	Eurex	欧元外汇期货	美式

表 6-7　10 年期美国中期国债期货（CBOT）

合同规模	一份 10 年期美国中期国债期货合约（有指定的交付月份）到期面值为 100 000 美元或其倍数
到期	未执行的 10 年期国债期货期权会在最后交易日的晚上 7:00 过期（中部时间）
最小价格变动单位	1/64 点（每份合约 15.625 美元）四舍五入至最近的美分单位
合同月份	以 3 月、6 月、9 月和 12 月为季度周期的至少 4 个连续合约月（三次序列到期和一次季度到期）加上之后两个月。序列到期将行权为最近的季度期货合约。季度期权将行权为相同交割期的期货合约
最后交易日	在期权合约最后合同月份的最后一个交易日，提前至少两个交易日的星期五，期权会与标的期货合约同时停止交易。期权在相应的 10 年期国债期货合约常规日间拍卖的最后时间停止
最后交割日	交割月的最后一个交易日
交易时间	公开拍卖：芝加哥时间周一至周五，上午 7:20 至下午 2:00 电子交易：芝加哥时间周日下午 5:30 至下周五下午 4:00
行情显示代号	公开拍卖：看涨期权 TC，看跌期权 TP 电子交易：看涨期权 OZN，看跌期权 OZNP
行权价间隔	行权价报价方式为整数乘以 0.5 点（每份合约 500 美元），以包含 10 年期美国中期国债期货合约交付价格变动
行权	期货期权的买方能在中央时间下午 6:00 前，使用交易所清算系统在到期前任意一个交易日行权。如无相反指示，未行权的价内期权应在到期后自动行权

资料来源：CBOT 网站，2008 年 8 月 27 日获得自 http://www.cbot.com/cbot/pub/cont.detail/0,3206,1520+14438,00.html

表 6-8　CME 欧洲美元（季度）期权

标的工具	与期权同月同日到期的 CME 欧洲美元期货合约
合同月份	在 3 月季度周期（3、6、9、12 月）的前 8 个月
行权价格	20 基本点为增量，如 95.25，95.50，95.75 等。最近的两个合同月份可以用 12.5 基本点作为增量
到期/清算	与标的期货合约同时现金清算
行权	期权为美式期权，可于行权日芝加哥时间下午 7 点前通知清算所行权。所有价内期权会在到期时自动行权
最小价格变动	每份最近到期的期权合约变动为 0.0025 点（6.25 美元）（若标的期货还在交易）
交易时间	公开喊价：上午 7:20 至下午 2:00。 CME 全球电子交易体系（Globex）电子化市场：周日下午 5:00 至下周五 4:00

资料来源：CME 利率产品指南及日程，2007 年。

- **互换期权**（swaptions）。互换期权的标的物为互换，在这种情况下 $F(t)$ 为即期的互换利率 $F(t) = c(t, T)$，其中 T 为互换的到期时间，执行价格 K 为执行的"互换利率"。互换看涨期权，又称付方期权（payer option），这种合约赋予了看涨期权的买方以合约规定

的执行利率 K（期权买方只需要支付固定利率 K，而不是市场利率）与互换的另一方构建互换合约的权利（而不是义务）。显而易见，看涨期权的买方只会在当期的互换利率高于执行利率，即 $c(t, t) > K$ 时，才会执行看涨互换期权。对互换看涨期权买方在 t 时期执行期权的收益可按式（6-10）计算。

类似地，互换看跌期权，又称收方期权（receiver option），该合约赋予了看跌期权的买方以合约规定的执行利率 K（期权合约的多头方可获得执行利率 K），与对方构建互换合约的权利（而不是义务），显而易见，看跌期权的多头方只会在执行利率高于当期市场互换利率，即 $K > c(t, T)$ 时，执行看跌期权。对互换看跌期权多方在 t 时期执行期权的收益为，可按式（6-11）计算。

下一节提供了一些期权的例子，在此之前，让我们再来看看一些术语。

💡 定义 6-2

若执行期权可以为期权多头方带来正的收益时，我们称这个期权为**价内期权**（in-the-money，ITM）。具体来说，对于看涨期权，当 $F(t) > K$ 时，我们称此看涨期权为价内期权；对于看跌期权，则当 $F(t) < K$ 时，我们称其为价内期权。

若执行期权不可以为期权多头方带来正的收益（payoff）时，我们称这个期权为**价外期权**（out-of-the-money，OTM）。具体来说，对于看涨期权，当 $F(t) < K$ 时，我们称其为价外期权；对于看跌期权，则是当 $F(t) > K$ 时，被称为价外期权。

当执行价格与当期价格相等时，我们称这个期权为**平价期权**（at-the-money，ATM）。

图 6-2 显示了债券期权的收益，对于看涨期权和看跌期权的收益分别为

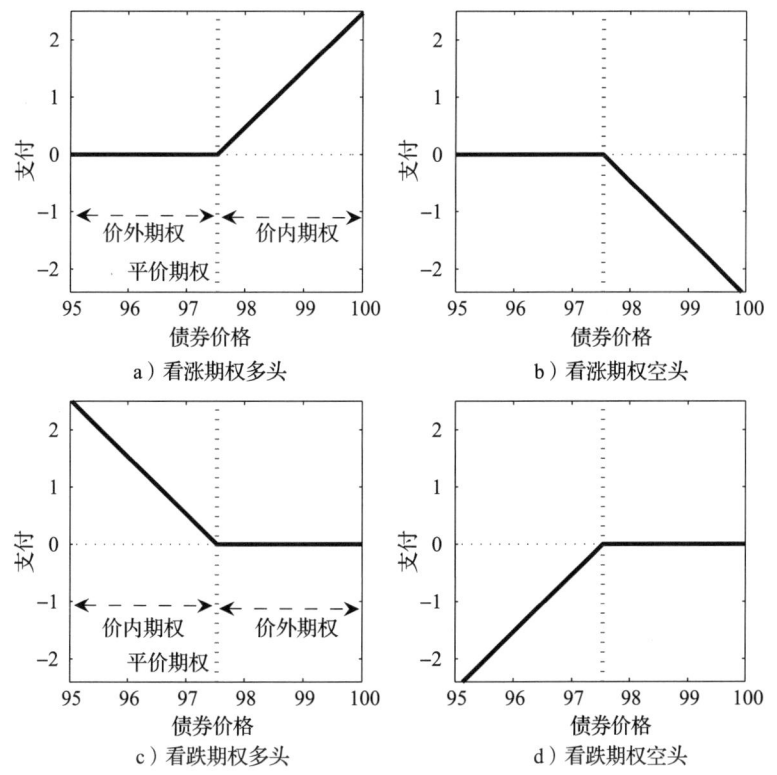

图 6-2 利率期权支付示意图

$$\max(P(T,T_B) - K, 0) \quad \text{和} \quad \max(K - P(T,T_B), 0) \tag{6-12}$$

T 表示行权时间，K 为行权价格，$P(T, T_B)$ 是标的债券的价格，图 6-2a 给出了看涨期权多头方的收益：如果标的债券的价格大于执行价格，看涨期权的多头方有正的收益；否则，看涨期权的买方收益为零。图 6-2a 还标示出了此债券看涨期权为价外期权、平价期权、价内期权的阶段。图 6-2b 显示的是此看涨期权空头方的收益，很显然，二者是关于 x 轴对称的。图 6-2c 和图 6-2d 分别给出了看跌期权买卖双方的收益图。

因为期权的多方在 0 时期会给期权的空头方期权费，所以图 6-2 中的收支（payoffs）并不是最终的利润，为了得出期权买方的利润，我们需要将买方支付的期权费从其收支中扣除。⊖同样地，为了得出期权空方的利润，也就需要在空头方收支的基础上加上期权价格。图 6-3 描绘了期权多空双方的支付情况（payoffs）以及利润（profits）。值得注意一点的是，期权卖方的最大利润就是期权费。

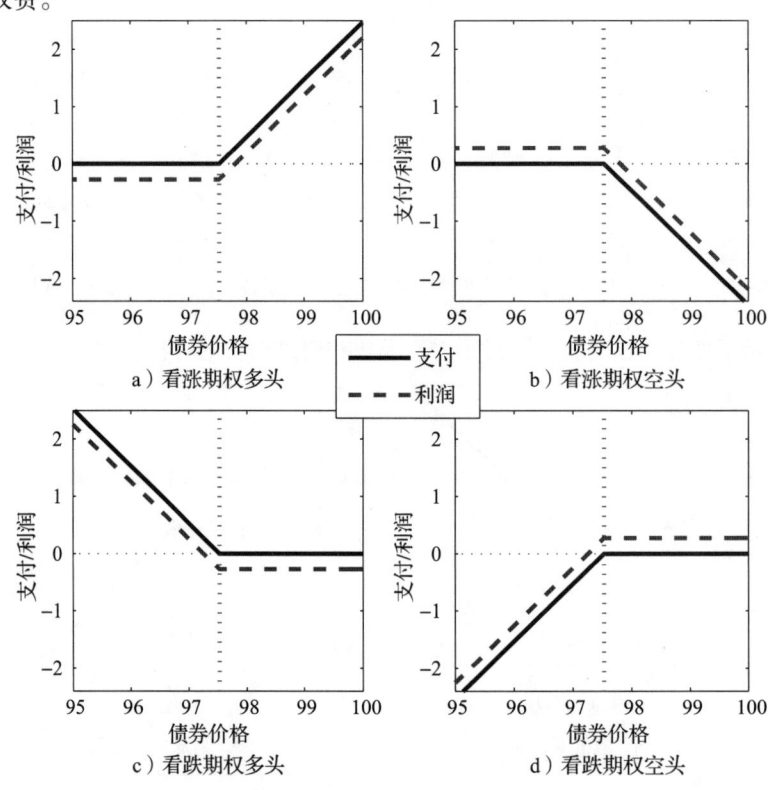

图 6-3　期权支付与期权利润

6.2.1　将期权合约看作保险合同

理解期货合约最好的方法是将其看作保险合同，因为在保险合同中，投保人为了减少（避免）将来可能会发生的损失，在签订保险合同时，需要向保险公司缴纳一定的保费（premium）。比如，如果你购买了一份车险（以防车子被偷窃），向保险公司缴纳了一定数量的保费，如果合同有效期内，你的车确实被偷了，保险公司会基于车的价值向你支付一定的赔付额，但如果车没有被偷，你不会得到任何的赔偿。同样地，如果你购买一份利率期权以防将来利率上涨，

⊖ 事实上，我们必须考虑期权费终值的货币时间价值；这个费用在 0 期支付，然而收支是在 T 期。

在签订期权合约时，你需要向期权的空方支付期权费。如果合约到期时，利率确实上涨了，你就会得到一笔补偿金；如果利率没有上涨，不会得到任何补偿。值得强调的是，当好的情况（good event）发生时，你不会得到任何补偿：在之前的例子中，好的情况指你的车没有被偷窃，即是坏的情况（bad event）没有发生。⊖

在车险的例子中，你需要支付的保费取决于保险合同的免赔额（deductible）和承保范围（coverage）。同样地，在期权中"承保范围"可以由执行价格来决定：沿用之前的例子，如果你购买一份利率期权以防今后利率上涨，执行价格（执行利率）越高，你需要支付给期权空头方的期权价格越低。最后，在车险中，如果你的车被偷窃的概率大（风险高），那么所需支付的保费越高。同样地，在我们接下来的例子中会看到，随着利率风险的提高，期权的价格也会增加。这里，我们用利率的波动程度来衡量利率风险。⊜

例 6-2

沿用例 6-1，在 2001 年 3 月 1 日，有家公司担心在今后 6 个月内利率会下跌，而其在 6 个月之后会接收到一笔 1 亿美元的货款，这家公司打算在得到货款之后，将货款投资到 6 个月到期的国债中。$P_{bill}(T_1, T_2)$ 表示半年后开始的 6 个月期国债（$T_1=0.5$，$T_2=1$）的价格，在例 5-6 中，这家公司通过和银行签订远期利率协议的方式对冲了利率下降的风险，这份场外交易的远期协议，允许公司在 6 个月后，以 $P^{Fwd}=97.938$ 美元的价格，购买 6 个月期国债（面值为 100 美元），在现在看来（2001 年 3 月 1 日），远期合约的收益为

$$\text{远期合约的收益} = P_{bill}(T_1, T_2) - P^{Fwd}$$

上式表达的意思是，如果说半年后 6 个月期国债的价格上涨（该公司所担心的利率下降）那么这份远期合约有正的收益。相反，如果利率上升，6 个月期国债的价格就会下降，如果低于 $P^{Fwd}=97.938$ 美元，该公司会遭受损失。

实际上，该公司可能只希望对冲掉利率下降时的风险，而不希望失去利率上升时可能带来的额外收益。换句话说，该公司希望针对利率下降购买一份保险，利率下降时（bad event）获取补偿，而利率上升时（good event），仍然可以在 T_1 时期以低于 $P^{Fwd}=97.938$ 美元的价格买进 6 个月期国债。

6 个月期国债期权可以帮该公司实现这个愿望，如果公司买进了这种期权，在 6 个月之后，买进一份 6 个月期国债最多只需支付 $K=97.938$ 美元，在 T_1 时期，该公司的收益（payoff）为

$$\text{看涨期权远期合约的收益} = \max(P_{bill}(T_1, T_2) - K, 0)$$

当然，这不可能是天上掉下的馅饼，该公司在买入这个期权时可能需要支付昂贵的期权费。

现在假设，银行规定此期权（半年后到期，执行价格为 $K=97.938$ 美元）的价格为⊜

$$\text{看涨期权的价格（执行价格为 } K) = 0.2701 \text{ 美元（100 美元面值的国债）}$$

由此，我们来计算该公司需要支付的总的期权费：如果该公司在期权到期时行权，就可以按 $K=97.938$ 美元的价格买入面值为 100 美元的 6 个月期国债，公司收到的货款为 1 亿美元，可以买入的国债份额为 $M = \dfrac{100\,\text{百万}}{97.938} = 1.02105$ 百万。假设期权的价格是针对每一份国债的，则该公司需要购

⊖ 当然事后你希望在这个情况中你没有买保险，因为你"浪费"了保险（期权）费。但是这是事情发生之后的推理，然而这个对冲项目必须在事前建立，也就是在知道什么会发生前。

⊜ 在金融期权和常规防盗车险间仍然存在很多不同的因素。例如，免赔额在保险市场中是用于减弱道德风险问题的，这是根据全面的承保范围倾向于引起投保人更加冒险的行为。金融保险和盗窃险之间一个重要的区别是关于保险（期权）费用的计算，这将会在之后的章节中讨论到。

⊜ 保险费的计算使用了 Ho-Lee 模型期权定价公式，这将在 17 章中详细阐述。

买的期权份额也为 M，该公司所需支付的总的期权价格为（total premium）：

$$总的期权价格 = M \times \text{Call}(K) = 275\,762.5(美元) \tag{6-13}$$

式(6-13)显示出了如果该公司想要针对利率下降买"保险"，需要支付的"保费"为 275 762.5 美元。如果 6 个月后，利率不降反升，6 个月期国债的价格 $P_{bill}(T_1, T_2)$ 就会下降，该公司此时不会执行期权而会选择在市场上直接购买较低价格的国债。如果 6 个月后，利率下降，该公司就会执行期权以低于市场价格的期权执行价格 $K = 97.938$ 美元买入 6 个月期国债。

例 6-2 展示了如何计算总的期权费，下面的例子展示了这种对冲策略在国债到期后，即 $T_1 = 1$ 时刻的整体表现。

👉 例 6-3

继续例 6-2，假设 6 个月过后利率果然下降了，接下来会发生什么呢？在 2001 年 9 月 4 日 6 个月期国债的价格变成 $P_{bill}(T_1, T_2) = 98.89 > 97.938 = K$，此时该公司会执行期权，得到的收益为

$$2001\text{ 年 }9\text{ 月 }4\text{ 日的期权收益} = M \times (98.89 - 97.938)$$
$$= 972\,043.54(美元)$$

此时公司就会将实现的收益与 1 亿美元的货款一起，按照 98.89 美元的价格投资于 6 个月期国债中，执行期权所获得的收益弥补了由于利率下降带来的损失。在 T_1 时期，投资于国债的份额为

$$投资于国债的份额 = \frac{100\,000\,000 + 97\,204\,354}{98.89}$$
$$= 1\,021\,054.135$$

在 T_2 时期，一份国债的面值为 100 美元，所以该公司在 T_2 时期的收益为 102 105 413.6 美元，到期该公司的年化收益率为

$$年化收益率 = \frac{1}{T_2 - T_1}\left(\frac{T_2\text{ 的总收益}}{T_1\text{ 的投资额}} - 1\right)$$
$$= 2 \times \left(\frac{102\,105\,413.6}{100\,000\,000} - 1\right) \tag{6-14}$$
$$= 4.21\%$$

这和第 5 章例 5-7 中计算出的远期合约的利率相吻合。

总收益率和净收益率（Gross and Net Return）。式(6-14)计算出的收益率仅为该公司的总收益率，没有考虑到公司在签订期权合约时所支付的期权费，要计算该公司的净收益率，我们需要将 0 时期支付的期权费从期权到期时得到的收益中扣除。考虑到时间价值，我们采用 0 时期 6 个月期的国债价格，为 $P_{bill}(0, T_1) = 97.728$ 美元，所以贴现因子为 $Z(0, T_1) = 0.977\,28$ 美元。这样一来，在 2001 年 9 月 4 日期权到期时，公司净收益为

$$2001\text{ 年 }9\text{ 月 }4\text{ 日期权到期时净收益} = 972\,043.54 - \frac{275\,762.5}{0.977\,28}$$
$$= 689\,870.06(美元)$$

在 T_1 时期，投资于国债的份额变为

$$投资于国债的份额 = \frac{100\,000\,000 + 689\,780.06}{98.89}$$
$$= 1\,018\,200.729$$

所以在 T_2 时期，公司的净收益为 101 820 072.9 美元，年化净收益率为

$$年化净收益率 = 2 \times \left(\frac{101\,820\,872.9}{100\,000\,000} - 1\right) = 3.64\% \tag{6-15}$$

采用期权合约的方式对冲风险所得到的净收益要比采用远期合约的方式对冲风险得到的净收益小，这是因为在 0 期，对于期权合约该公司需要支付期权费。

6.2.2 期权策略

看涨期权和看跌期权是复杂金融对冲策略的基石。我们沿用例 6-2 来说明一些常用的对冲策略。

6.2.2.1 免赔额

例 6-2 中的公司可能只对利率下降到一定程度时敏感，需要购买保险，而当利率只有小幅下降时，公司不在乎，愿意承担利率小幅下降带来的损失。在这种情况下，公司会购买执行价格较高的国债期权。比如，执行价格为 $K=98.28$ 美元，此时，公司在 0 时期需要向期权卖方支付的期权费(total premium)为 137 994.5 美元（小于例 6-2 中的期权费 275 762.5 美元），同时，仅当利率下降到 $r_K = 2 \times \left(\dfrac{1}{K-1}\right) = 3.5\%$，执行期权才有正的收益。我们还知道，在 T_1 时期 6 个月期国债的价格为 $P_{bill}(T_1, T_2) = 98.89 > 98.28$，该公司会执行期权，通过计算，在 T_2 时期，该公司的净收益率为 3.215%，相比之前执行价格较小时的期权，收益率下降。该公司希望少支付"保费"而承担一部分利率下降的风险，最后结果表明，公司承担额外风险所带来的损失大于少支付的"保费"。

6.2.2.2 领子策略

与前面的策略有所不同，一些基金公司可能会放弃一些从利率上升中获取的收益来弥补因利率下降而带来的损失。具体的做法是，卖出一些看跌期权以便能够补偿买入前面所述的看涨期权的成本。这种战略通常称为**领子策略**（利率封顶保底策略，collar strategy）。一类十分特殊的领子策略是用卖出看跌期权的收入来购买看涨期权，即不需要任何公司的自有资金。

比如，例 6-2 中的公司可以购买执行价格为 $K_C = 98.28$ 美元的看涨期权，同时卖出执行价格为 $K_P = 97.596$ 美元的看跌期权。假定 1 亿美元的货款，需要在执行价格为 K_C 时购入 $M_C = \dfrac{100\,000\,000}{K_C} = 1\,017\,501$ 份的看涨期权，同时在执行价格为 K_P 时卖出 1 024 633 份看跌期权。⊖ 运用后面章节将介绍的期权价格形式，购入看涨期权的所有花费等于卖出看跌期权的所有收入。也就是说，下式成立：

$$Mc \times Call(K_C) = Mp \times Call(Kp)$$

如果 T_1 时期利率降低，那么价格 $P_{bill}(T_1, T_2) > K_C = 98.28$，即将会收到额外的资金来弥补国债价格的上升。这与例 6-2 所述情形相似。相反，如果利率上升，$P_{bill}(T_1, T_2) < K_P = 97.596$，那么基金公司将要付一定金额给对手方。这种现金流失将会减少在接下来 6 个月中公司能够持有的期权数量。然而，类似的现金流损失正好能够被购入低价债券所省下的钱抵消，即基金公司接下来 6 个月需要购买的资产。图 6-4a 给出了不同的价格水平下领子策略的收益情况。当债券价格较高时，收益也较高，因此能够对冲低利率带来的风险；反之，当债券价格较高时，需求回报率也较低，因而能够从目前较高的利率中获得补偿。

图 6-4b 给出了不同情形下对冲策略在 T_1 到 T_2 能够获得的回报。为了更好理解，X 轴给出了 6 个月期债券的利率，其与图 6-4a 中的债券价格等价。因此，利率分布由高到低。Y 轴给出

⊖ 这些期权的数量保证公司恰好能在执行价格为 K_C 和 K_P 时投资价值 1 亿美元的短期国债。

了领子策略的隐含利率,是根据式(6-15)计算得出的。从图6-4中我们可以看到,当利率降低时,领子策略隐含的利率同时也会降低,但是最低只会到3.5%。如果利率进一步降低,基金公司能够对冲掉其损失。类似地,如果利率上升,基金公司的回报也将上升,隐含利率的上升也会达到一个上限。如果利率上升到 4.93% $\left(=2\times\left(\frac{100}{K_P}-1\right)\right)$ 以上时,其实现的回报率将不会上升。利率的进一步上升将不会带来更多的收益。

为了对比不同的领子策略,图6-4也给出了基金公司仅仅在远期价格为 P^{Fwd} = 97.938 美元时订立远期合约所产生的远期利率,这已经在例5-7中详细讨论过。零成本领子策略和远期合约有一些共同的特点:最初将不会产生任何额外成本。因此,对比在 T_1 的实际利率可以发现,领子策略保证了营收平衡:购入长期看涨期权,卖出短期看跌期权使该策略实现零成本。基金公司将会在上、下限内实现对冲。选择不同的执行价格后,就能够确定为了更好地对冲下限损失所需的上限合约数量。

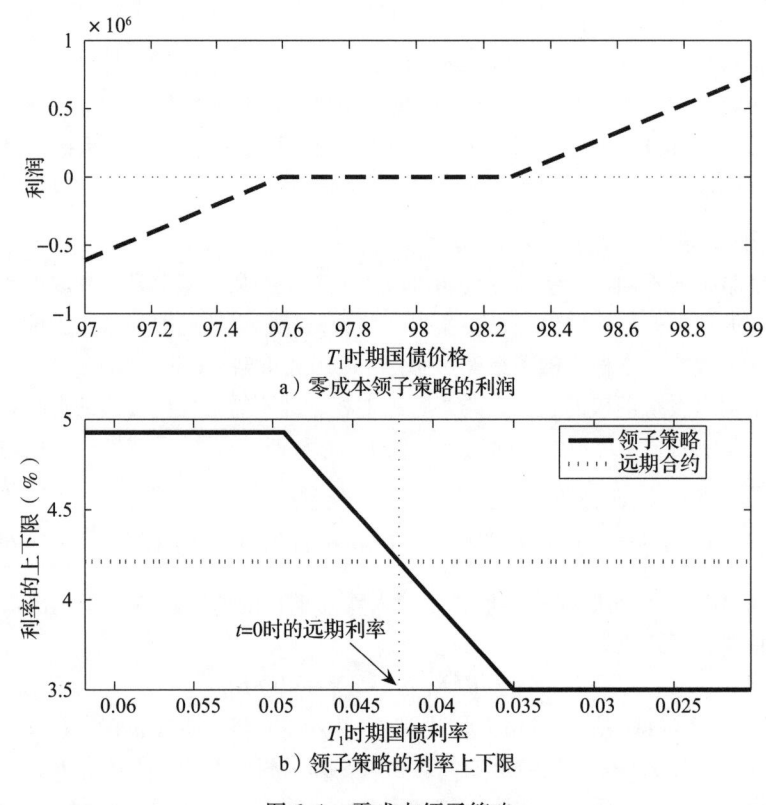

图6-4 零成本领子策略

6.2.2.3 收益率提高策略

投资者和投行之间流行的一类投资策略,常被冠以"收益率提高策略"(yield-enhancing strategy)之名。基本操作如下,对于平价销售的附息债券,从理论上来说,其票息等于到期收益率。然而,为了提高此类债券的收益率,有种策略是将其和期权空头相配合。比如,只要参考利率低于给定的分割点,那么就可以发行一只固定票息的债券,但是随着利率上升到分割点以上此类债券的票息将会下降。例如,可能的策略是找出票息如下的债券:

$$T_i \text{ 时刻的票息} = c - \max(r(T_{i-1}) - r_K, 0)$$

换言之，只要参考利率低于执行利率 r_K，票息固定为 c。然而，一旦参考利率高于执行利率，票息将会降低。正如我们之前看到的反向浮动利率债券一样，只有当 $r(T_i) < r_K$ 时，这类债券才会得到较高的票息。如果利率上升到 r_K 以上，债券价格将急速下跌。为什么其票息将会高于一般债权？原因在于，购买此类债券相当于直接购买了固定利率债券加上相应的期权空头（实际上是利率封顶期权）。做空利率封顶期权的收益内化在票息中了，这才使得债券的价格等于其面值。我们将在接下来的章节中深入探讨此类策略的收益和风险。

6.2.3 看涨—看跌期权平价

现在让我们再来考虑以下的领子策略，做多一份执行价格为 K_C 的欧式看涨期权，做空一份执行价格为 K_P 的欧式看跌期权，两份期权的都在 T_1 时期到期。因为都是欧式期权，所以都只能在 T_1 时期执行。考虑 $K_C = K_P = K$ 的情况，到期时这个策略的收益为

$$\text{看涨多头／看跌空头的损益} = \max(P(T_1, T_2) - K, 0) - \max(K - P(T_1, T_2), 0)$$
$$= P(T_1, T_2) - K$$

上式表明领子策略的到期收益与做多一份远期的收益相同，于是有

$$\text{看涨期权} - \text{看跌期权} = \text{远期多头} \tag{6-16}$$

期权和远期的这种关系被称为**看涨-看跌期权平价**（Put-Call Parity）。具体来讲，就是一份债券远期合约的价格为（债券价格表示为 $P(T_1, T_2)$，执行价格为 K）：

$$V^{Fwd}(0) = Z(0, T_1) \times (P^{Fwd}(0, T_1, T_2) - K)$$

将上式代入式(6-16)中有

$$\text{Call}(K) = \text{Put}(K) + Z(0, T_1) \times (P^{Fwd}(0, T_1, T_2) - K)$$

如果我们知道看涨期权的价格，由此可以计算出看跌期权价格；知道看跌期权价格，可以算出看涨期权的价格。

6.2.4 用期货还是期权来对冲

当我们把期权看作是保险时，我们可以更好地理解期权或者期货作为对冲工具的利弊。最重要的一点是：在成本（期权价格）与好事件的发生带来的收益之间的权衡。远期、期货、互换等合约不需要任何花费就可以签约，但期权，作为一份在坏事件发生时消除损失的"保险"，签约或获得这份选择权，是有成本的。

对冲交易者的选择与其未来对好事件（good event）的期望有很大的关系。虽然期货可以帮助对冲交易者对冲掉坏事件发生时的损失，但当好事件发生时，对冲交易者也失去了盈利的机会，即公司的利润总体上会受损。[○]对冲交易者可以接受在好事件发生时，用期货合约而招致的机会损失吗？公司的 CEO 可以理解对冲策略可能在好事件发生后仍给公司造成损失的情况吗？或者是当公司的对冲交易需要向期货合约中的保证金账户中充值，而向公司 CEO 寻求资金帮助时，公司 CEO 可以理解吗？公司的对冲交易员是不是会被视为"流氓交易员"？这些都将成为影响公司决策的因素。

比如在第 5 章的例 5-9 中，公司采取了复杂的对冲策略，对冲未来可能产生的风险。此公司担心的是，在未来 LIBOR 可能上涨，这样一来，公司因为负债所支付的利息将大于公司资

○ 对冲会计法能够部分缓解这个问题，它允许公司将这些负现金流与被对冲的最主要风险敞口的正向价值相匹配。然而，对冲会计法不是一直可行的。

产带来的利润,从而导致损失,例5-9中描述的固定利率对浮动利率的互换解决了这个问题。与公司的预期相反的是,在2001年3月之后,6个月期LIBOR持续下降(具体情况见表5-4),公司遭受了巨大的损失。如果利率的下降可以被预见,那么以远期的方式对冲风险并不是很好的选择。如果在事前公司可以预见使用远期合约之后,利率下降会给公司造成巨大损失,则可能造成公司对冲交易员与CEO之间的冲突。比如公司是否会因为利率下降而丧失竞争力,因为当利率下降时,该公司的竞争对手可以以更低的利率借入资金。这样看来,只在坏事件(利率下降)发生时,保障该公司利益的保险会是更好的选择。

例6-4

沿用第5章例5-9,我们采用的"保险"如下:在$t=0$时期的6个月期LIBOR为$r_2(0)=4.95\%$,这样一来,该公司每半年接收到的货款足以支付2亿美元产生的利息,半年后贷款产生的利息为$c(0.5)=(r_2(0)+4bps)\times 0.5\times 200=4.99$(万美元),小于每半年接收到的货款550万美元。但是,一旦LIBOR上升至5.46%,550万美元的货款将不足以支付贷款所产生的利息,此时,需要购买一系列的利率期权,当利率大于$r_K=5.46\%$时执行期权,能带给公司正的收益。这种期权就是利率封顶期权。具体来说,5年时长的半年期利率封顶期权,在每半年T_i有支付:

$$T_i \text{时期利率封顶期权的现金流} = N \times \Delta \times \max(r_2(T_{i-1}) - r_K, 0)$$

其中$\Delta = T_i - T_{i-1}$是期权产生支付的时间间隔,N是名义金额(notional amount),$r_2(t)$是即期的6个月期LIBOR。

我们知道$N=2$亿美元,由此,此利率封顶期权的价格为

$$5\text{年期利率封顶期权的价格} = 5\,998\,733(\text{美元})$$

这样一来,公司只要在期初支付利率封顶期权的价格,就可以保证自己在利率上升时没有额外损失,而在利率下降时,仍可以享受额外收益。

我们从第5章表5-4中得知,在之后的5年之中,6个月期LIBOR持续下降,在这种情况下,公司不会执行期权,也不会有任何收益。从直觉上,我们可能会认为该公司因为期权损失了5 998 733美元,但实际上,公司也因为利率下降而少支付了贷款利息,这是一种利润。

就像前面提及的,公司可以以不同的方式减少其需要支付的期权费。比如,公司愿意承担一部分利率上升的风险,将执行"利率"设为$r_K=6.5\%$而不是$r_K=5.46\%$,这样一来,期权费就会下降到34万美元。除此之外,该公司也可以以买进利率封顶保底期权的方式对冲利率上升的风险,也就是在买进利率封顶期权同时卖出利率封底期权,以部分抵消买进利率封顶期权的费用。

本章小结

在本章中,我们学习了以下内容。

1. **期货**:期货合约和远期合约相类似,期货的空头方(卖方)同意在将来指定时期将指定数量的证券以指定的价格出售给期货的多头方(买方)。有些期货采用以现金结算的方式,即期货到期时没有实物交割。期货的特点有:
   - 期货在经监管机构批准的交易所中交易。
   - 标准化(standardization):交易所规定期货到期时间和可进行交割的证券种类。
   - "逐日盯市"制度:期货合约交易者每天都要承担当天的盈余或亏损。

2. **收敛性**:在合同到期时,期货价格会收敛于标的物的价格。

3. **期权**:期权是一种规定了其买方有权利(但没有义务)在指定时期、以合约规定的价格K买入(看涨期权)或卖出(看跌期权)合约规定数量的标的物的一种合约。

4. **欧式期权与美式期权**:欧式期权只能在到期

日执行，而美式期权可以在到期日前的任意时间执行。
5. 看涨－看跌期权平价（put-call-parity）：在欧式期权中，一份看跌期权的收益减去一份（相同执行价格）看涨期权的收益等于相同价格远期合约的收益。
6. 领子期权：看涨期权多头和看跌期权空头的策略组合。

练习

1. 本题的计算将使用表6-9中的数据。1994年2月15日，假设有一家公司计划以签订远期合约的方式，在两年之后购入票息为6%的5年期国债：
   (1) 计算远期价格。
   (2) 该远期合约期初时的价格是多少？
   (3) 计算该远期合约在接下来的5天中每一天的价值。
   (4) 假设该公司和交易对手方按照市价对远期合约的价格进行调整，试描述随着时间变化，交易双方之间的现金流变动情况。
   (5) 表6-9中B部分包含隔夜利率。计算该远期合约在第2、3、4、5天的总利润或总亏损。

2. 2007年3月21日，某公司买进了100份90天欧洲美元期货合约（每份合约规模为100万美元）。当日报出的期货价格是93.695美元。在合约存续期间，价格变化如表6-10所示：
   (1) 在该时间段内，该公司通过期货合约获得的日损益为多少？
   (2) 在该时间段内，该公司通过期货合约获得的总损益为多少？
   (3) 你发现欧洲美元期货合约须遵循以下要求：

   初始保证金：每份合约为1 485美元；维持保证金：每份合约为1 110美元。
   i. 假设该公司从未从保证金账户中提取过资金，则此次期货交易的现金流是多少？
   ii. 如果该公司决定提取通过期货合约获取的利润而不是将其留在保证金账户中，那么期货交易的现金流又将是多少？

3. 考虑表6-11中的数据，其中$p^{fut}(t, T_1)$表示于2008年4月14日到期的90天欧洲美元期货合约的价格；$f(t, T_1, T_2)$表示在2008年4月14日的90天伦敦银行同业拆借利率；$Z(t, T_1)$表示t日至2008年4月14日的伦敦银行同业拆借利率贴现因子；$Z(t, t+d_t)$表示隔夜伦敦银行同业拆借利率贴现因子（其中$d_t=1$天）。

表6-9 半年复利收益率曲线

	A：收益率曲线					
日期	1994/02/15	1994/02/16	1994/02/17	1994/02/18	1994/02/22	1994/02/23
1994/05/15	3.57%	3.69%	3.81%	4.32%	3.15%	3.15%
1994/08/15	3.59%	3.59%	3.71%	3.55%	3.49%	3.54%
1994/11/15	3.80%	3.84%	3.70%	3.72%	3.66%	3.71%
1995/02/15	3.86%	3.89%	3.92%	4.08%	4.07%	4.19%
1995/05/15	4.01%	4.03%	4.05%	4.12%	4.21%	4.36%
1995/08/15	4.18%	4.18%	4.24%	4.32%	4.34%	4.44%
1995/11/15	4.27%	4.29%	4.36%	4.43%	4.46%	4.59%
1996/02/15	4.48%	4.48%	4.56%	4.55%	4.65%	4.75%
1996/05/15	4.58%	4.58%	4.65%	4.71%	4.73%	4.83%
1996/08/15	4.62%	4.62%	4.70%	4.75%	4.73%	4.81%
1996/11/15	4.76%	4.77%	4.86%	4.90%	4.90%	5.00%
1997/02/15	4.81%	4.81%	4.89%	4.94%	4.92%	5.01%
1997/05/15	4.95%	4.96%	5.04%	5.11%	5.09%	5.18%
1997/08/15	5.04%	5.04%	5.13%	5.19%	5.19%	5.27%
1997/11/15	5.14%	5.13%	5.22%	5.29%	5.29%	5.38%
1998/02/15	5.20%	5.19%	5.30%	5.37%	5.36%	5.41%
1998/05/15	5.25%	5.25%	5.36%	5.43%	5.41%	5.50%
1998/08/15	5.33%	5.34%	5.45%	5.53%	5.50%	5.58%

(续)

	A：收益率曲线					
日期	1994/02/15	1994/02/16	1994/02/17	1994/02/18	1994/02/22	1994/02/23
1998/11/15	5.38%	5.38%	5.50%	5.56%	5.54%	5.62%
1999/02/15	5.45%	5.45%	5.57%	5.63%	5.61%	5.70%
1999/05/15	5.49%	5.50%	5.61%	5.68%	5.66%	5.74%
1999/08/15	5.50%	5.50%	5.62%	5.68%	5.66%	5.75%
1999/11/15	5.57%	5.56%	5.68%	5.76%	5.73%	5.82%
2000/02/15	5.61%	5.61%	5.71%	5.80%	5.80%	5.87%
2000/05/15	5.65%	5.66%	5.76%	5.85%	5.84%	5.91%
2000/08/15	5.71%	5.72%	5.82%	5.91%	5.90%	5.93%
2000/11/15	5.76%	5.77%	5.87%	6.01%	5.94%	6.03%
2001/02/15	5.78%	5.81%	5.92%	5.99%	5.96%	6.04%
2001/05/15	5.83%	5.84%	5.95%	6.03%	6.03%	6.11%
2001/08/15	5.85%	5.88%	5.96%	6.07%	6.08%	6.15%
2001/11/15	5.92%	5.94%	6.03%	6.13%	6.13%	6.21%
	B：隔夜利率					
		1994/02/16	1994/02/17	1994/02/18	1994/02/22	1994/02/23
		3.54%	3.78%	3.90%	4.44%	2.88%

注：收益率基于证券价格分析中心（CRSP）国债日数据ⓒ2009 芝加哥大学布兹商学院证券价格分析中心。

表6-10 欧洲美元期货

日期	价格	日期	价格	日期	价格	日期	价格
2007/03/21	93.635	2007/05/07	93.185	2007/06/21	93.095	2007/08/07	93.150
2007/03/22	93.685	2007/05/08	93.175	2007/06/22	93.210	2007/08/08	93.260
2007/03/23	93.570	2007/05/09	93.245	2007/06/25	93.190	2007/08/09	93.205
2007/03/26	93.500	2007/05/10	93.095	2007/06/26	93.080	2007/08/10	93.250
2007/03/27	93.320	2007/05/11	92.825	2007/06/27	93.090	2007/08/13	93.340
2007/03/28	93.330	2007/05/14	92.935	2007/06/28	93.015	2007/08/14	93.335
2007/03/29	93.330	2007/05/15	92.870	2007/06/29	92.945	2007/08/15	93.335
2007/03/30	93.375	2007/05/16	92.895	2007/07/02	92.965	2007/08/16	93.370
2007/04/02	93.340	2007/05/17	93.010	2007/07/03	92.975	2007/08/17	93.445
2007/04/03	93.355	2007/05/18	93.090	2007/07/05	92.930	2007/08/20	93.380
2007/04/04	93.380	2007/05/21	93.120	2007/07/06	92.950	2007/08/21	93.415
2007/04/05	93.340	2007/05/22	93.120	2007/07/09	92.995	2007/08/22	93.405
2007/04/06	93.455	2007/05/23	93.050	2007/07/10	93.035	2007/08/23	93.440
2007/04/09	93.395	2007/05/24	92.925	2007/07/11	93.025	2007/08/24	93.390
2007/04/10	93.245	2007/05/25	92.915	2007/07/12	93.065	2007/08/27	93.385
2007/04/11	93.240	2007/05/29	92.895	2007/07/13	93.120	2007/08/28	93.480
2007/04/12	93.175	2007/05/30	92.865	2007/07/16	93.185	2007/08/29	93.620
2007/04/16	93.060	2007/05/31	93.010	2007/07/17	93.185	2007/08/30	93.565
2007/04/17	93.170	2007/06/01	93.060	2007/07/18	93.265	2007/08/31	93.510
2007/04/18	93.265	2007/06/04	93.120	2007/07/19	93.265	2007/09/04	93.345
2007/04/19	93.080	2007/06/05	93.195	2007/07/20	93.260	2007/09/05	93.370
2007/04/20	93.060	2007/06/06	93.225	2007/07/23	93.295	2007/09/06	93.510
2007/04/23	93.115	2007/06/07	93.140	2007/07/24	93.290	2007/09/07	93.515
2007/04/24	93.100	2007/06/08	93.065	2007/07/25	93.190	2007/09/10	93.450
2007/04/25	93.020	2007/06/11	93.140	2007/07/26	93.170	2007/09/11	93.505
2007/04/26	93.135	2007/06/12	93.185	2007/07/27	93.235	2007/09/13	93.490
2007/04/27	93.015	2007/06/13	93.150	2007/07/30	93.230	2007/09/14	93.620
2007/04/30	93.025	2007/06/14	93.145	2007/07/31	93.310	2007/09/17	93.540
2007/05/01	93.085	2007/06/15	93.020	2007/08/01	93.265	2007/09/18	93.420
2007/05/02	93.135	2007/06/18	92.995	2007/08/02	93.190	2007/09/19	93.485
2007/05/03	93.250	2007/06/19	93.010	2007/08/03	93.140	2007/09/20	93.495
2007/05/04	93.250	2007/06/20	93.060	2007/08/06	93.160	2007/09/21	93.590

资料来源：彭博。

表 6-11 期货与远期合约利率

日期	$P^{fut}(t, T_1)$	$f(t, T_1, T_2)$	$Z(t, T_1)$	$Z(t, t+dt)$	日期	$P^{fut}(t, T_1)$	$f(t, T_1, T_2)$	$Z(t, T_1)$	$Z(t, t+dt)$
2007/10/16	95.3900	4.94%	0.9751	0.9998	2007/12/20	95.8700	4.47%	0.9849	0.9998
2007/10/17	95.5150	4.87%	0.9753	0.9998	2007/12/21	95.8250	4.46%	0.9851	0.9998
2007/10/18	95.5700	4.77%	0.9756	0.9998	2007/12/24	95.8050	4.47%	0.9855	0.9998
2007/10/19	95.6850	4.65%	0.9761	0.9998	2007/12/27	95.8050	4.51%	0.9859	0.9998
2007/10/22	95.6700	4.54%	0.9768	0.9998	2007/12/28	95.8850	4.49%	0.9863	0.9998
2007/10/23	95.6700	4.62%	0.9769	0.9998	2007/12/31	95.9350	4.42%	0.9866	0.9998
2007/10/24	95.7750	4.52%	0.9772	0.9998	2008/01/02	96.0600	4.39%	0.9869	0.9998
2007/10/25	95.7750	4.45%	0.9776	0.9998	2008/01/03	96.0850	4.24%	0.9872	0.9998
2007/10/26	95.7350	4.47%	0.9777	0.9998	2008/01/04	96.1950	4.26%	0.9874	0.9998
2007/10/29	95.7000	4.48%	0.9781	0.9998	2008/01/07	96.2200	4.14%	0.9879	0.9998
2007/10/30	95.6800	4.55%	0.9784	0.9998	2008/01/08	96.2300	4.12%	0.9882	0.9998
2007/10/31	95.5500	4.55%	0.9784	0.9998	2008/01/09	96.3300	4.05%	0.9884	0.9998
2007/11/01	95.6700	4.70%	0.9784	0.9998	2008/01/10	96.4000	3.99%	0.9887	0.9998
2007/11/02	95.7950	4.53%	0.9787	0.9998	2008/01/11	96.5800	3.89%	0.9891	0.9998
2007/11/05	95.7250	4.52%	0.9790	0.9998	2008/01/14	96.6300	3.65%	0.9900	0.9998
2007/11/06	95.7050	4.58%	0.9790	0.9998	2008/01/15	96.5900	3.66%	0.9902	0.9998
2007/11/07	95.7550	4.55%	0.9792	0.9998	2008/01/16	96.5700	3.65%	0.9904	0.9998
2007/11/08	95.8950	4.50%	0.9794	0.9998	2008/01/17	96.6250	3.71%	0.9906	0.9998
2007/11/09	95.9300	4.41%	0.9797	0.9998	2008/01/18	96.7150	3.63%	0.9908	0.9998
2007/11/12	95.9300	4.36%	0.9801	0.9998	2008/01/22	97.1500	3.31%	0.9916	0.9998
2007/11/13	95.8000	4.36%	0.9803	0.9998	2008/01/23	97.2450	3.04%	0.9926	0.9999
2007/11/14	95.7900	4.47%	0.9803	0.9998	2008/01/24	97.0350	3.08%	0.9928	0.9999
2007/11/15	95.9450	4.44%	0.9803	0.9998	2008/01/25	97.0650	3.30%	0.9928	0.9999
2007/11/16	95.9450	4.37%	0.9804	0.9998	2008/01/28	97.1250	3.14%	0.9932	0.9999
2007/11/19	95.8350	4.43%	0.9806	0.9998	2008/01/29	97.1050	3.14%	0.9933	0.9999
2007/11/20	95.8300	4.44%	0.9807	0.9998	2008/01/30	97.1850	3.15%	0.9934	0.9999
2007/11/21	95.9500	4.42%	0.9808	0.9998	2008/01/31	97.2400	3.00%	0.9936	0.9999
2007/11/23	95.9500	4.39%	0.9810	0.9998	2008/02/01	97.1700	2.97%	0.9938	0.9999
2007/11/26	96.0950	4.47%	0.9813	0.9998	2008/02/04	97.1450	3.07%	0.9939	0.9999
2007/11/27	95.9700	4.38%	0.9815	0.9998	2008/02/05	97.2400	3.08%	0.9940	0.9999
2007/11/28	95.8900	4.49%	0.9815	0.9998	2008/02/06	97.2700	2.95%	0.9941	0.9999
2007/11/29	95.9850	4.48%	0.9816	0.9998	2008/02/07	97.2650	2.93%	0.9942	0.9999
2007/11/30	96.0000	4.48%	0.9817	0.9998	2008/02/08	97.2900	2.95%	0.9943	0.9999
2007/12/03	95.9700	4.44%	0.9821	0.9998	2008/02/11	97.2950	2.92%	0.9946	0.9999
2007/12/04	95.9650	4.46%	0.9822	0.9998	2008/02/12	97.2900	2.92%	0.9947	0.9999
2007/12/05	95.9650	4.48%	0.9823	0.9998	2008/02/13	97.2800	2.91%	0.9948	0.9999
2007/12/06	95.8750	4.48%	0.9825	0.9998	2008/02/14	97.2650	2.93%	0.9949	0.9999
2007/12/07	95.7400	4.55%	0.9826	0.9998	2008/02/15	97.2600	2.94%	0.9950	0.9999
2007/12/10	95.7250	4.66%	0.9829	0.9998	2008/02/19	97.1900	2.97%	0.9953	0.9999
2007/12/11	95.7050	4.64%	0.9831	0.9998	2008/02/20	97.1550	3.01%	0.9954	0.9999
2007/12/12	95.8100	4.63%	0.9833	0.9998	2008/02/21	97.2000	3.06%	0.9955	0.9999
2007/12/13	95.7350	4.50%	0.9836	0.9998	2008/02/22	97.1500	3.00%	0.9956	0.9999
2007/12/14	95.6400	4.59%	0.9838	0.9998	2008/02/25	97.1200	3.05%	0.9958	0.9999
2007/12/17	95.7000	4.62%	0.9842	0.9998	2008/02/26	97.1450	3.05%	0.9959	0.9999
2007/12/18	95.7850	4.59%	0.9844	0.9998	2008/02/27	97.1900	3.02%	0.9960	0.9999
2007/12/19	95.8450	4.52%	0.9846	0.9998	2008/02/28	97.2500	2.98%	0.9961	0.9999

（续）

日期	$P^{fut}(t, T_1)$	$f(t, T_1, T_2)$	$Z(t, T_1)$	$Z(t, t+dt)$	日期	$P^{fut}(t, T_1)$	$f(t, T_1, T_2)$	$Z(t, T_1)$	$Z(t, t+dt)$
2008/02/29	97.380 0	2.95%	0.996 3	0.999 9	2008/03/25	97.435 0	2.66%	0.998 6	0.999 9
2008/03/03	97.355 0	2.89%	0.996 5	0.999 9	2008/03/26	97.425 0	2.67%	0.998 7	0.999 9
2008/03/04	97.340 0	2.90%	0.996 6	0.999 9	2008/03/27	97.427 5	2.67%	0.998 7	0.999 9
2008/03/05	97.300 0	2.90%	0.996 7	0.999 9	2008/03/28	97.425 0	2.68%	0.998 8	0.999 9
2008/03/06	97.335 0	2.91%	0.996 8	0.999 9	2008/03/31	97.440 0	2.67%	0.999 0	0.999 9
2008/03/07	97.480 0	2.82%	0.996 9	0.999 9	2008/04/01	97.380 0	2.66%	0.999 0	0.999 9
2008/03/10	97.485 0	2.83%	0.997 2	0.999 9	2008/04/02	97.320 0	2.69%	0.999 1	0.999 9
2008/03/11	97.400 0	2.80%	0.997 4	0.999 9	2008/04/03	97.307 5	2.73%	0.999 2	0.999 9
2008/03/12	97.445 0	2.81%	0.997 5	0.999 9	2008/04/04	97.360 0	2.74%	0.999 3	0.999 9
2008/03/13	97.490 0	2.74%	0.997 6	0.999 9	2008/04/07	97.315 0	2.71%	0.999 5	0.999 9
2008/03/14	97.635 0	2.72%	0.997 7	0.999 9	2008/04/08	97.255 0	2.71%	0.999 5	0.999 9
2008/03/17	97.770 0	2.48%	0.998 1	0.999 8	2008/04/09	97.280 0	2.71%	0.999 6	0.999 9
2008/03/18	97.550 0	2.48%	0.998 2	0.999 9	2008/04/10	97.280 0	2.70%	0.999 7	0.999 9
2008/03/19	97.560 0	2.57%	0.998 2	0.999 9	2008/04/11	97.285 0	2.70%	0.999 7	0.999 9
2008/03/20	97.527 5	2.58%	0.998 3	0.999 9	2008/04/14	97.291 2	2.71%	1.000 0	0.999 9

资料来源：彭博。

(1) 2008年4月14日，90天伦敦银行同业拆借利率为2.7088%，请问在该利率水平下该期货合约的价格是否收敛？

(2) 于2007年10月16日签订的一份期货合约，在2008年4月14日到期时的总利润（或总损失）是多少？

(3) 于2007年10月16日签订的远期合约，在2008年4月14日的总利润（或总损失）是多少？

(4) 计算期货合约每日的总利润（或损失）。

(5) 计算远期合约每日的总利润（或损失）。

(6) 随着时间的推移，期货合约与远期合约的利润（或损失）将会有多接近？请绘制期货合约与远期合约的损益曲线图。

4. 假设在2007年10月16日，某公司由于败诉，必须在9个月内支付1亿美元。由于该公司目前资金流动性紧张，所以决定通过出售公司某个设备来筹集资金。由于该公司目前形势并不乐观，尽管该设备估值可以达到1.5亿美元，但为了尽快付清诉讼费用，即使是较低的价格也愿意接受。此时恰好有一买家愿以较大幅度的折扣来低价购买该设备，并承诺将在6个月内付清款项。该公司的首席财务官认为，如果他们购买期货或远期合约，此次交易可能会奏效。

(1) 利用表6-11中提供的2007年10月16日的相关信息，如果该公司决定买入期货合约，其应接受的最低价格是多少？

(2) 利用表6-11提供的2007年10月16日的相关信息，如果该公司决定签订远期合约，其应接受的最低价格又是多少？

5. 继续练习4。假定现在是2008年4月16日，90天伦敦银行同业拆借利率为2.708 8%。使用练习4中的相关信息进行计算：

(1) 从期货合约中可获得的用于投资90天LIBOR的总金额是多少？

(2) 从远期合约中可获得的用于投资90天LIBOR的总金额是多少？

(3) 90天后，公司能否从期货合约中获得足够的资金？这笔资金是否恰好等于其所需的金额？

(4) 90天后，公司能否从远期合约中获得足够的资金？这笔资金是否等于其所需的金额？

6. 再次考虑练习4。试想回到2007年10月16日，该公司决定以9 878万美元的价格出售该设备，并将在6个月内得到所有款项。首席财务官发现，当时的 3 个月期 LIBOR 为 5.208 8%，如果此利率水平维持 6 个月不变，他可以利用出售该设备所得资金进行投资，并在到期时获得 10 067 000 美元的收入，进而获利 67 000 美元。鉴于此，他决定不再使用任何类型的对冲。

(1) 根据 3 个月期 LIBOR 的历史数据，计算 9 个月内可能出现的现金流量的统计分布情况。具体过程，请按照下列步骤进行计算：

i. 利用历史数据，计算在 6 个月内，3 个月期 LIBOR 的变化。将这些变化作为未来 6 个月内 3 个月期 LIBOR 波动的可能情况，并计算在 9 个月内可用资金总量的分布情况。该公司将会有多长时间来获得足够的现金以用于支付诉讼费用？

ii. 另一种方法，可以使用过去的数据运行回归。

$$r_{t+1} = \alpha + \beta r_t + \varepsilon_{t+1}$$

其中 r_t 表示在 t 时刻的伦敦银行同业拆借利率，且 $\varepsilon_{t+1} \sim N(0, \sigma^2)$。使用估计参数 α、β 和 σ 以及当前的 LIBOR 比率 $r_{\text{当时}} = 5.208\ 8\%$ 来计算 $t = $ 当时 + 6 个月时的 LIBOR。根据计算，公司将会有多长时间来获得足够的现金用于支付诉讼费用？

(2) 基于以上计算，公司能够有充足的现金用于支付诉讼费用吗？相关的盈余或是赤字又是多少？

7. 2007 年 10 月 16 日，练习 4 中的公司决定购买于 2008 年 4 月 14 日到期的欧洲美元期货合约，并购进了 100 份合约（每份合约价值为 100 万美元）。该公司决定将创建一个单独的账户，仅用于存放通过期货合约获得的每日盈利或是反映该合约的每日亏损，直到合约到期。

(1) 使用表 6-11 提供的信息，公司将在未来的 6 个月内收到多少资金？

(2) 假设期货价格按照表 6-12 发生变动，那么公司在未来 6 个月内收到多少资金？

8. 在前面的练习中，我们假设该公司仅仅建立在期货合约的利润或是损失面。但这是非常不现实的，因为公司要么通过投资获得利润，要么通过借款来弥补合约损失。假设该公司决定基于合约的利润或是损失来进行投资或是借款，直到合约到期。在这种情况下，我们从表 6-11 可以知道 T_1 时刻的 1 美元的现值（参见 $Z(t, T_1)$ 的列数据），如果我们想知道现在的 1 美元在未来的价值，我们只需要将其除以 $Z(t, T_1)$。

(1) 计算公司在练习 3 中列示的期货价格的损益。

(2) 公司通过投资可以获得的总收入是多少？

(3) 假设表 6-11 中的贴现因子 $Z(t, T_1)$ 也适用于表 6-12 中可替代的与期货相关的场景，计算后一种情况下，公司从期货合约可以获得的利润或是损失。

(4) 在后一种情况下，该公司投资一笔资金后可获得的总回报是多少？

9. 比较练习 7 和练习 8 的计算结果，我们可以看出，企业是否进行投资或是借入资金对套期保值在 T_1 时刻到期时所获得的最终收益额产生了显著的影响。需要特别注意的是，该公司似乎买进了太多的期货合约。这种根据市场行情变动而进行"过度"调整的策略被称为尾随对冲。为此，我们必须找到一个"尾随因素"，通过它来调整期货合约的数量以便能够恢复到期望的水平（通过练习 7 计算得到的）：

尾随对冲 = 无尾随对冲 × 尾随因子

回顾之前已经完成的计算投资或借款的未来价值以及期货合约的利润或亏损的工作，我们可以发现关键的区别就在于我们是否除以了 $Z(t, T_1)$。若要撤销，我们需要再次乘以 $Z(t, T_1)$。在具体的情形下，我们在无尾随对冲的情况下买进了 100 份期货合约，这意味着：

考虑尾随对冲时需要的合约数 = $100 \times Z(t, T_1)$

注意，匹配并不是精确的。原因在于我们计算尾随因子时是在某个周期，需要乘以 $Z(t, T_1)$；而进行投资是在下一个周期，此时需要除以 $Z(t, T_1)$。

表6-12 另类期货合约价格变动

日期	价格	日期	价格	日期	价格	日期	价格
2007/10/16	95.390	2007/11/29	94.795	2008/01/16	94.210	2008/02/29	93.400
2007/10/17	95.265	2007/11/30	94.780	2008/01/17	94.155	2008/03/03	93.425
2007/10/18	95.210	2007/12/03	94.810	2008/01/18	94.065	2008/03/04	93.440
2007/10/19	95.095	2007/12/04	94.815	2008/01/22	93.630	2008/03/05	93.480
2007/10/22	95.110	2007/12/05	94.815	2008/01/23	93.535	2008/03/06	93.445
2007/10/23	95.110	2007/12/06	94.905	2008/01/24	93.745	2008/03/07	93.300
2007/10/24	95.005	2007/12/07	95.040	2008/01/25	93.715	2008/03/10	93.295
2007/10/25	95.005	2007/12/10	95.055	2008/01/28	93.655	2008/03/11	93.380
2007/10/26	95.045	2007/12/11	95.075	2008/01/29	93.675	2008/03/12	93.335
2007/10/29	95.080	2007/12/12	94.970	2008/01/30	93.595	2008/03/13	93.290
2007/10/30	95.100	2007/12/13	95.045	2008/01/31	93.540	2008/03/14	93.145
2007/10/31	95.230	2007/12/14	95.140	2008/02/01	93.610	2008/03/17	93.010
2007/11/01	95.110	2007/12/17	95.080	2008/02/04	93.635	2008/03/18	93.230
2007/11/02	94.985	2007/12/18	94.995	2008/02/05	93.540	2008/03/19	93.220
2007/11/05	95.055	2007/12/19	94.935	2008/02/06	93.510	2008/03/20	93.253
2007/11/06	95.075	2007/12/20	94.910	2008/02/07	93.515	2008/03/25	93.345
2007/11/07	95.025	2007/12/21	94.955	2008/02/08	93.490	2008/03/26	93.355
2007/11/08	94.885	2007/12/24	94.975	2008/02/11	93.485	2008/03/27	93.353
2007/11/09	94.850	2007/12/27	94.975	2008/02/12	93.490	2008/03/28	93.355
2007/11/12	94.850	2007/12/28	94.895	2008/02/13	93.500	2008/03/31	93.340
2007/11/13	94.980	2007/12/31	94.845	2008/02/14	93.515	2008/04/01	93.4000
2007/11/14	94.990	2008/01/02	94.720	2008/02/15	93.520	2008/04/02	93.4600
2007/11/15	94.835	2008/01/03	94.695	2008/02/19	93.590	2008/04/03	93.4725
2007/11/16	94.835	2008/01/04	94.585	2008/02/20	93.625	2008/04/04	93.4200
2007/11/19	94.945	2008/01/07	94.560	2008/02/21	93.580	2008/04/07	93.4650
2007/11/20	94.950	2008/01/08	94.550	2008/02/22	93.630	2008/04/08	93.5250
2007/11/21	94.830	2008/01/09	94.450	2008/02/25	93.660	2008/04/09	93.5000
2007/11/23	94.830	2008/01/10	94.380	2008/02/26	93.635	2008/04/10	93.5000
2007/11/26	94.685	2008/01/11	94.200	2008/02/27	93.590	2008/04/11	93.4950
2007/11/27	94.810	2008/01/14	94.150	2008/02/28	93.530	2008/04/14	93.4888
2007/11/28	94.890	2008/01/15	94.190				

(1) 在使用"尾随对冲"的情况下，如果期货价格按照表6-11发生变动，公司在未来的6个月内能够收到多少资金？此时的计算结果与原结果相同吗？

(2) 在使用"尾随对冲"的情况下，如果期货价格按照表6-12发生变动，公司在未来6个月内能够收到多少资金？结果与原计算相同吗？

10. 今天($t=0$)您获得以下信息：
- 6个月零息债券的价格为98.24美元
- 9个月零息债券的价格为97.21美元
- 以13周国债为标的资产的欧式看涨期权，有效期6个月，执行价格99.12美元，定价0.2934美元
- 以13周国债为标的资产的欧式看跌期权，有效期6个月，执行价格99.12美元，定价0.1044美元

(1) 证券的价格是否正确？

(2) 假设有人告诉你，她完全确定看涨期权的定价是正确的。你能否利用此次套利机会设计一个策略来进行套利？

附录6A 流动性和LIBOR曲线

在第5章的5.4.3中我们曾了解过有关LIBOR曲线的知识。而在本节，我们将更详细地讨论与LIBOR曲线构建相关的问题。LIBOR曲线是一种参考贴现率曲线，交易者往往用其对基于LIBOR产生的现金流进行贴现。在LIBOR曲线的计算过程中，相对复杂与困难的地方在于若使用互换，其作为一种场外交易证券，流动性往往不高。因此基于互换而计算的LIBOR曲线往往不能准确地反映货币的真实时间价值，包含了流动性溢价。因此只要有可能，应该更倾向于优先使用流动性较高的交易所交易证券。特别需要指出的是，对于LIBOR曲线来说，使用欧洲美元期货要优于互换。原因在于表6-3所描述的欧洲美元期货是世界上交易量最大、流动性最好的期货之一。事实上，交易者计算LIBOR曲线的信息来源通常有以下3种：①隔夜或超短期LIBOR；②到期期限长达3年的欧洲美元期货——较长期限匹配较低的流动性；③期限较长的互换。

表6-13提供了2008年5月5日获得的此次练习的数据。首先，第3列的LIBOR适合于短期利率贴现。为了简单起见，我们以一季度为单位来提取数据形成LIBOR曲线。用$r_4(t)$表示t时刻的3个月期LIBOR，则第一期的贴现因子表示为

$$Z(0, 0.25) = \frac{1}{r + r_4(0) \times 0.25} = \frac{1}{1 + 0.0277 \times 0.25} = 99.3123\%$$

第4~7列显示的是欧洲美元期货的价格，即$P^{fut}(0, t_i, t_{i+1})$，其中$T_{i+1} = T_i + 0.25$。从欧洲美元期货合约的定义中，我们可以将这些期货价格转换为期货利率，例如$f_4^{fut}(0, T_i, T_{i+1}) = 100 - P(0, T_i, T_{i+1})$，其中下标"4"表示季度复利。表6-13中的"期货利率"一列展示了这一计算的结果。

表6-13 2008年5月5日的利率数据

LIBOR			欧洲美元期货					
期限								
月	年	利率(%)	合约	到期日	剩余时间	中间报价	期货利率(%)	隐含远期利率(%)
1	0.0833	2.6975	EDM8	06/08	0.112	97.350	2.650	2.641
2	0.1667	2.7375	EDU8	09/08	0.364	97.300	2.700	2.690
3	0.2500	2.7700	EDZ8	12/08	0.614	97.070	2.930	2.917
4	0.3333	2.8044	EDH9	03/09	0.860	96.900	3.100	3.083
5	0.4167	2.8400	EDM9	06/09	1.112	96.700	3.300	3.279
6	0.5000	2.8737	EDU9	09/09	1.364	96.535	3.465	3.439
12	1.0000	2.9938	EDZ9	12/09	1.614	96.325	3.675	3.643
			EDH0	03/10	1.860	96.195	3.805	3.767
互换利率			EDM0	06/10	2.112	96.050	3.950	3.906
期限(年)	买入价	卖出价	EDU0	09/10	2.364	95.925	4.075	4.023
			EDZ0	12/10	2.614	95.795	4.205	4.146
1	2.857	2.865	EDH1	03/11	2.860	95.725	4.275	4.208
2	3.191	3.194	EDM1	06/11	3.112	95.645	4.355	4.279
3	3.484	3.49	EDU1	09/11	3.364	95.570	4.430	4.345
4	3.718	3.721	EDZ1	12/11	3.614	95.480	4.520	4.425
5	3.891	3.896	EDH2	03/12	3.863	95.430	4.570	4.465
7	4.174	4.177	EDM2	06/12	4.115	95.370	4.630	4.514
10	4.448	4.453	EDH2	09/12	4.367	95.310	4.690	4.562
			EDZ2	12/12	4.616	95.235	4.765	4.625

资料来源：彭博。

下一个问题是如何利用期货价格来获得贴现率曲线。如果这些是远期利率而不是期货利率，我们可以使用第5章中5.1.3介绍的方法来获得贴现因子$Z(0, T)$。幸运的是，我们在6.1.4节中已经看到，期货合约和远期合约的价格(利率)是相互关联的。具体来讲，事实6-2显示，在两个特定的假设条件下它们实际上是相同的。正如我们后面所讨论的，这两个假设都被否定了，特别是对于欧洲美元期货来说。然而正如我们将在第21章看到的，会有一个简单的修正将期货利率转换为远期利率。

○ **事实6-3**

连续复利远期利率$f(0, T_i, T_{i+1})$和期货利率$f^{fut}(0, T_i, T_{i+1})$二者之间的关系可以表示为

$$f(0, T_i, T_{i+1}) = f^{fut}(0, T_i, T_{i+1}) - \frac{1}{2}\sigma^2 T_i T_{i+1} \tag{6-17}$$

式中 σ——基础LIBOR的年度波动率⊖。

我们可以基于历史利率变动计算出波动率σ。⊖具体来说，根据历史数据，我们可以计算出1个月期LIBOR变化的年度标准差，得到$\sigma = 0.01$。表6-13的最后一列展示了基于式(6-17)而得到的连续复利远期利率。需要注意的是，我们必须首先利用公式$f^{fut}(0, T, T + 0.25) = 4 \times \ln\left[1 + \frac{f_4^{fut}(0, T, T+0.25)}{4}\right]$，将季度复利利率转换成连续复利利率。考虑到远期利率，我们可以使用与第5章5.1.3节相同的过程来计算贴现因子。然而，一个中间步骤是必不可少的，即要以季度频率进行计算。特别地，为了能够获得季度远期利率，我们在表6-14中插入了表6-13所展示的半年期远期利率，相关数据展示在表6-14中的第2列。为了避免产生误解，我们需要明白表6-13中的"期限"是指期货合约的到期期限。这意味着表6-13中的期限T对应于最后一列的从T到$T+0.25$的远期利率中的T。与之相反，在表6-14中，"期限"一列指的是远期交割实际发生的时间。例如，在表6-14中，第一个数字表示的是连续复合LIBOR利率，对应于$T = 0.25$；$T = 0.5$时所对应的数字则代替了表6-13最后一列的两个远期利率，即2.641%和2.690%之间的内插值。给定远期利率，我们便可以利用式(5-15)进行计算直到$T = 3$为止，计算过程如第5章中例5-2所示。

如果期限大于3年，我们使用互换利率来提取LIBOR贴现率曲线。原始报价如表6-13所示。表6-14的第3列展示了半年期限的中期到期的线性内插互换利率，即固定利率付款人在普通互换交易中的付款频率。根据第5章中的式(5-45)，对于$\Delta = 0.5$，从期限$T = 3.5$开始互换利率都被转换成贴现因子$Z(0, T)$。其中，最初的那个贴现因子是从过程的第一部分获得的，即$Z(0, 3) = 90.233\%$。由于此过程仅提供半年期频率的贴现率，其他期限长度的贴现率则需要通过线性插值法下得到的相邻贴现率来获得。例如，$Z(0, 4.25) = 0.5 \times Z(0, 4) + 0.5 \times Z(0, 4.5)$，其中后半部分的两个贴现率便是通过半年期互换利率计算得到的。表6-14中的第4列展示了用于计算第5列中每个贴现率的方法或数据，第6列则展示了隐含即期利率。

表6-14中的最后三列展示了在使用互换利率的情况下，从$T = 1$而不是$T = 3.5$开始的，贴现因子$Z(0, T)$和即期利率$r(0, T)$的计算，即最短期限的互换数据是可以使用的。可以看出，通过互换获得的即期利率总是高于通过欧洲美元期货获得的即期利率。这种差异归因于流动性溢价，也是场外互换交易的特征。

⊖ 在Ho-Lee模型这个特定模型下，式(6-17)的调整是成立的，模型的构建请见第17章。
⊖ 我们也能基于期权计算出波动率σ，详情请见第17章。

表6-14 2008年5月5日LIBOR曲线

到期日	插值远期利率	插值互换利率	方法	贴现率	即期利率	方法	互换贴现率	互换即期利率
0.250	2.760		LIBOR	99.312	2.760	LIBOR	99.312	2.760
0.500	2.668		期货	98.652	2.714	期货	98.652	2.714
0.750	2.813		期货	97.961	2.747	期货	97.961	2.747
1.000	3.009	2.861	期货	97.227	2.813	互换	97.198	2.842
1.250	3.192		期货	96.454	2.888	插值互换	96.394	2.938
1.500	3.366	3.027	期货	95.646	2.968	互换	95.589	3.007
1.750	3.550		期货	94.800	3.051	插值互换	94.720	3.100
2.000	3.712	3.193	期货	93.925	3.134	互换	93.850	3.174
2.250	3.844		期货	93.027	3.213	插值互换	92.940	3.254
2.500	3.970	3.340	期货	92.108	3.288	互换	92.029	3.322
2.750	4.090		期货	91.171	3.361	插值互换	91.068	3.402
3.000	4.180	3.487	期货	90.223	3.430	互换	90.107	3.472
3.250	4.247		期货	89.270	3.492	插值互换	89.148	3.535
3.500	4.315	3.603	互换	88.182	3.593	互换	88.188	3.591
3.750	4.388		插值互换	87.190	3.656	插值互换	87.196	3.654
4.000	4.447	3.720	互换	86.198	3.713	互换	86.204	3.711
4.250	4.491		插值互换	85.234	3.759	插值互换	85.241	3.757
4.500	4.539	3.807	互换	84.271	3.803	互换	84.277	3.801
4.750	4.595		插值互换	83.290	3.849	插值互换	83.296	3.848
5.000		3.894	互换	82.309	3.894	互换	82.316	3.892

使用具有不同流动性的证券来计算收益率曲线的方法往往存在一个问题,即远期利率曲线结构可能显示出不寻常的现象。例如,图6-5绘制了从表6-14的计算过程中获得的即期利率曲线(实线)和远期利率曲线(虚线)。由于从使用期货到使用互换的转变,$T=3.5$时的即期利率突然增大,远期利率曲线则急剧上升,这显然是由于所使用的金融工具的流动性发生了变化,而人为造成的一种现象。解决该问题的方法是平滑远期利率曲线中的"凸起",并使用从平滑的即期利率曲线获得的数据。

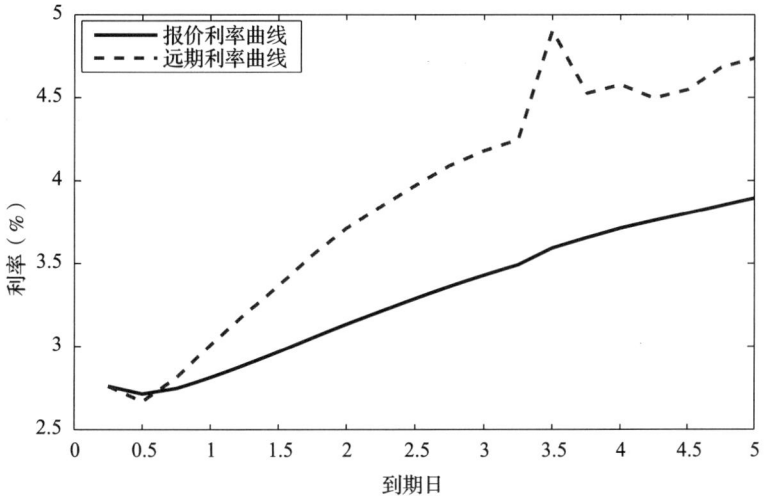

图6-5 使用期货和互换时LIBOR远期利率曲线

第7章 通胀、货币政策与联邦基金利率

在讨论利率的决定因素和债券定价时,必须考虑货币政策的影响。本章中,我们将简要回顾美国联邦储备系统和其货币政策工具。具体来讲,将探讨美国联邦储备委员会的主要货币政策工具——联邦基金利率。作为一种隔夜资金利率,联邦基金利率的重要性在于,它会影响其他短期利率。图7-1中画出了联邦基金利率和其他短期利率之间的关系,其中短期利率包括3个月国债利率和3个月期欧洲美元利率。^㊀

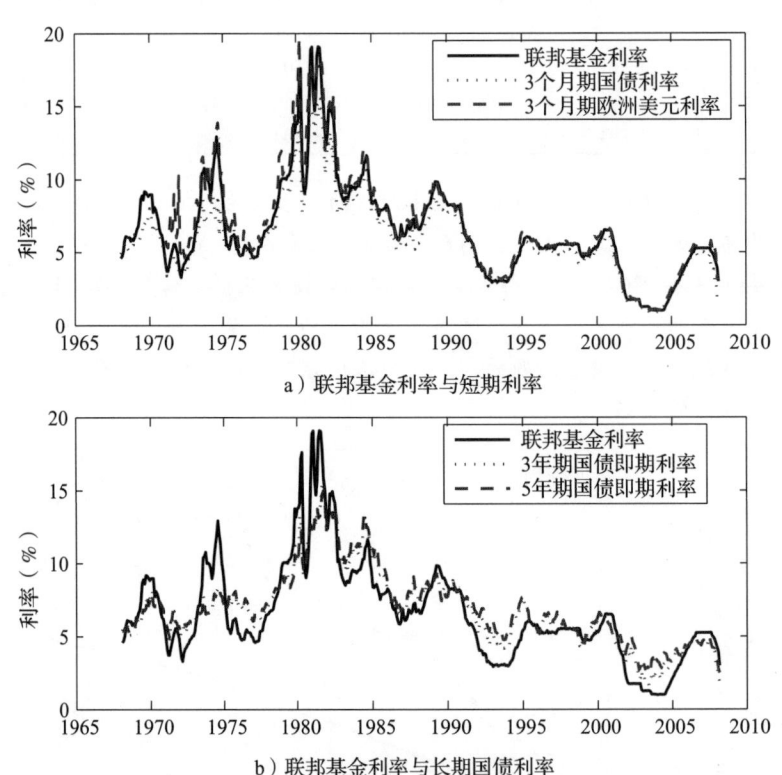

图 7-1 联邦基金利率与其他利率

资料来源:美联储。

㊀ 显然,该图本身并不意味着联邦基金利率和其他短期利率之间存在因果关系,但可以在很大程度上认为短期利率会对货币政策做出反应。具体举例可参见 Cochrane and Piazzesi(2002)。

7.1 联邦储备系统

美国联邦储备委员会控制和执行美国的货币政策，而货币政策的目标是由《联邦储备法》(Federal Reserve Act)规定的，根据该法，美国联邦储备委员会的目标是"促进充分就业、稳定物价、稳定长期利率水平"。美国联邦储备委员会在价格水平、就业水平、利率上的影响是有限的，且这种影响机制也还很不完善。实际上，虽然当今许多经济体都认为美国联邦储备委员会能够影响价格和实体经济的活动，但在对经济的实际影响机制和影响程度方面，仍存在许多分歧。一种简单的方式来理解这一难题，就是把美国联邦储备委员会比作试图在大风暴中行驶的帆船：通过娴熟的技巧使帆船变换左右航向，有可能给帆船找到前进的方向并避免触到水下巨大的礁石。然而，波浪、狂风、洋流以及其他多种因素将最终决定船的航行轨迹。实际上，正如一些水手所知，过于频繁的转舵和错误的操作反而可能会造成帆船倾覆和沉没；倒是不过分激进的策略可能拯救帆船于危难。驾驶经济这条船安全地穿过经济周期波动和衰退无疑是非常困难甚至在某些时候是不可能的，然而这却是美国联邦储备委员会的任务，特别需要说明的是，能供它们使用的工具还非常有限。有了上述直观认识后，现在我们来讨论货币政策工具及其对利率的影响。

7.1.1 货币政策、经济增长和通货膨胀

美国联邦储备委员会控制货币的供给，即其控制着整个经济流通中的货币总量。总货币供给不仅包括物理形态上的总数量，如纸币及硬币的总数量，还包含了由银行系统的乘数作用造成的放大效应。为了简化理解，假设你买彩票中了100万美元，美国联邦储备委员会印制纸币来支付你的奖金。在大多数情况下，你不会把所有的现金都放在家里，假设你把100万美元存入银行；银行需要把其中的10%作为准备金存入联邦储备银行，然后把剩下的90万美元借给一个购房者去购买房屋。房屋出售者将得到90万美元，并将其存入另一家银行，该家银行同样会保留10%作为准备金，然后把剩余部分再次贷出去，如此重复。那么最初由美国联邦储备委员会印制的100万美元货币实际上会在交易中产生远大于100万美元的数量。总的货币供给量会是原始供给量的数倍，乘数是由银行系统不断地借贷产生的。那么这一乘数有多大呢？如果每家银行都保留相同的准备金率，也就是前例中说的10%，再假定所有的贷款都重新流入银行，结果将会出人意料的简单，也就是准备金率的倒数，即前例中10%的倒数——10倍。⊖换言之，如果银行保持10%的准备金率，总的货币供应量将会是美国联邦储备委员会原始供应量的10倍。这一倍数又被称为**货币乘数**(money multiplier)。

通过上述探讨，可见美国联邦储备委员会影响货币供应量主要通过原始的货币数量和其要求的准备金率，准备金率转化为货币乘数影响总的货币供应量。注意，如果你最初不将100万美元全部存入银行，而是将部分的现金存在家里安全的地方，这一传播路径就不成立了。相似地，如果银行决定超额存储准备金，货币乘数也会减小。因此，美国联邦储备委员会的原始货币供应量和实际货币供应量取决于人们持有现金和存储在银行中的比例，以及银行决定为了应

⊖ 要得出这一结果，可以将 f 设为存款准备金率，那么每增加1美元所创造出的总金额可以表示为 $1 + 1 \times (1-f) + [1 \times (1-f)] \times (1-f) + \cdots = 1 \times \sum_{j=0}^{\infty}(1-f)^j = \frac{1}{f}$。

对其他日常需求的超额准备金率。也就是说，美国联邦储备委员会并不能完全控制货币供应量，而只能通过货币政策来施加影响，这正是本节下面要讨论的内容。

货币供应量如何影响真实产出？就短期而言，未预料到的供应量上升会降低利率，因为资金供给暂时超过需求。低利率会刺激总需求，由于个人能借到更多的钱用于消费（比如买新车和买新房），与此同时，企业发现借钱投资的成本降低，因而会增加对中间产品和机械设备的需求。总需求的上升会导致实际产出的上升，与此同时，企业需要雇用更多的工人去生产更多的产品来满足增长的总需求，因而失业率下降。与之相反，货币流动性的收紧会使利率上升，将会导致个人储蓄更多而消费减少，借款成本上升也会使企业减少投资，实际产出也是这样。

为什么美国联邦储备委员会不能通过持续扩大货币供应来刺激经济增长和降低失业率呢？遗憾的是，货币供给的上升虽然在短期内可以刺激经济，但同样也会导致通货膨胀率的上升，而通胀对长期的经济增长是十分有害的。事实上，在短期内高通胀率和低失业率存在平衡关系⊖，但是已经证实，从长期来看，货币供应量的上升只会导致通货膨胀率的上升，不能带来实际的经济增长。也就是说，美国联邦储备委员会只能基于当时的实际情况相机实施货币政策，在经济衰退时增加货币供应量刺激经济，当经济过热时收紧银根来控制通货膨胀率。事实上，长期的货币政策扩张会导致投资者对未来通胀预期的上升，使长期的利率上升从而降低经济活力。7.2节更详细地描述了通货膨胀率、就业率增长和货币政策之间的关系；7.4节探讨了通货膨胀率和名义利率的关系。现在我们先主要看货币政策工具。

7.1.2 货币政策工具

美国联邦储备委员会的货币政策主要有三大工具：
1. 公开市场操作，通过公开市场买进或卖出国债。
2. 准备金率，要求存款机构必须存入美国联邦储备银行的储备头寸。
3. 联邦贴现率，美国联邦储备委员会借款给其他美联储认可存款机构的利率。

目前为止，最主要、最常用的货币政策工具是公开市场操作，这一工具由公开市场委员会（Federal Open Market Committee，FOMC）负责，联邦准备金率由美国联邦储备委员会（Board of Governors of the Federal Reserve）负责；联邦贴现率由联邦储备银行董事会设定，但须经美国联邦储备委员会核准。

7.1.3 联邦基金利率

公开市场委员会每年按既定的时间表举行八次例会来讨论货币政策。美国联邦储备委员会运用的主要工具，能对经济产生影响的手段，就是调整**联邦基金利率**（Federal funds rate）。联邦基金利率是指各存款机构可以通过美联储隔夜拆入或拆出资金的利率。每家存款机构都必须留存部分准备金，数量大约为其存款的10%。存款机构日常经营可能会导致准备金不足，相较于自己直接补充准备金，借入其他准备金有余的机构的资金，可能成本更低，也更方便。联邦基金利率就是这种拆入拆出过程中使用的利率。⊖之所以各存款机构都按规定的极限在美联储持有准备金，是因为这些准备金所能获得的利率很低，相对于将资金用于其他投资，过多的将

⊖ 失业和通货膨胀之间的短期负面关系通常被称为菲利普斯曲线，得名于经济学家A. W. Phillips，他于1958年首次用英国数据得出了这一关系。

⊖ 联邦基金利率不是银行向美联储借贷的利率，后者是指贴现率。并且，由于存款机构在信用评级方面有所不同，因此这些交易的利率在不同机构之间也是不同的。报告利率采用的是信用度最高的存款机构的交易利率。

资金作为准备金存放在美联储显然是一种损失。事实上，2008年10月后储备金的利率几乎为零。

联邦基金利率本身并不由美联储决定，而是通过联邦储备银行进行准备金拆借产生的一个均衡利率。然而，公开市场操作会对这一均衡利率产生很大的影响，因为利率的高低会直接影响存款机构能够使用的准备金总量。比如，如果美联储通过公开市场购买了某家存款机构所持有的国债，并通过贷记这家存款机构在美联储的账户来付款，意味着这家存款机构在美联储的准备金就增加了。这家存款机构可以把这些多出来的准备金以联邦基金利率借给其他机构平衡其准备金，公开市场操作就有效地增加了总的可贷出金额，因此这样一种公开市场操作方式（购入国债、放出货币）会降低市场出清时的联邦基金利率。与之相反，如果美联储向存款机构出售国债，该项政策会有效地减少存款机构间以联邦基金利率进行借贷资金总量。在这种情况下，联邦基金利率就会上升。

在公开市场委员会会议上，美国联邦储备委员会制定一个目标联邦基金利率，继而调整公开市场操作的份额，以确保实际的均衡联邦基金利率接近目标联邦基金利率。如果美国联邦储备委员想对联邦基金利率产生持久的影响，美联储就会实施公开市场操作持续买入或卖出国债，从而持续影响存款机构可用的准备金总量。然而，更多的时候，美联储只想平衡短期或周期性的总准备金变化额。在这种情况下，美联储将会通过回购或逆回购等公开市场操作。所谓回购是一种契约约定，美联储卖出（或买入）国债给主要的交易商并约定未来到期时购回（或回卖）给对方，约定期限主要包括一天（隔夜回购）或者几周（长期回购）。更加详细的关于回购的讨论参见第1章。7.7节详细讨论了2007~2008年次贷危机下美国的货币政策。这次金融危机是继大萧条以来最大的一次金融危机，危机中美联储处于中心地位，美联储使用了其能够使用的全部货币政策工具，包括一些新的工具，主要目的就是防止美国进入长期和进一步的衰退。

值得一提的是联邦基金利率是存款机构之间的借款利率，其比短期国债的利率高，因为含有部分的违约溢价。出于同样的原因，联邦基金利率也比回购利率要高。事实上，联邦基金利率更接近LIBOR，也就是我们在第一章中讨论的伦敦银行同业拆借利率。

7.2 联邦基金利率的预测

预测联邦基金利率走势是一项艰难的任务。的确，短期来看（每天或每周），利率的变化几乎不可预测，且对于明天利率最好的猜测就是今天的利率。相反，从中长期来看，利率水平的上升或下降在某种程度上还是可以预测的。例如，从图7-1我们可以了解，联邦基金利率于2003年创历史新低，不到1%。[⊖]如此之低的利率水平在联邦基金利率的历史上并不多见，这也使得市场参与者相信利率将很快回升（事实也是如此）。然而，也有很多观察员担心联邦储备系统可能会陷入如日本的零利率境况。也就是说，联邦基金利率历史上曾经处于高位，并不能保证利率在将来一定会回升。

我们来考查联邦基金利率与一些重要宏观经济变量（如通胀和就业）之间的关系。

7.2.1 联邦基金利率、通胀和就业增长率

依据职责，美联储必须促进就业，稳定通胀率以及维持长期的低利率水平。那么，我们有必要了解这些变量和美联储的调节手段以及联邦基金利率之间的关系。考虑中长期国债利率，

⊖ 然而2008年12月，联邦基金利率基本低至零，创下了自2003年以来的新低。

图 7-1b 呈现的联邦基金利率和 3 年期及 5 年期零息国债即期利率的关系。事实上，这些中长期国债收益与隔夜联邦基金利率变动相关，尽管这些联系不如短期国债利率那么明显，正如图 7-2a 表现的那样。

图 7-2 表明了联邦基金利率、年通胀率水平（图 7-2a）以及就业增长率（图 7-2b）之间的关系，其中就业增长率以非农就业增长率代替。之所以使用非农就业增长率代替，因为它与联邦基金利率水平的变动联系最为紧密。从图 7-2a 可以看出，伴随着通胀率 20 世纪 60 年代的提高和 20 世纪 70 年代的下降，联邦基金利率紧随其变化。具体来看，在 20 世纪 80 年代，联邦基金利率长时间处于高位而通胀率却没能得到控制；在 20 世纪 90 年代，通胀率与联邦基金利率的联系减弱，尽管低通胀率被认为是可控的。事实上，图 7-2b 表明，在 20 世纪 90 年代及 21 世纪初，联邦基金利率与非农就业年增长率是同步的。

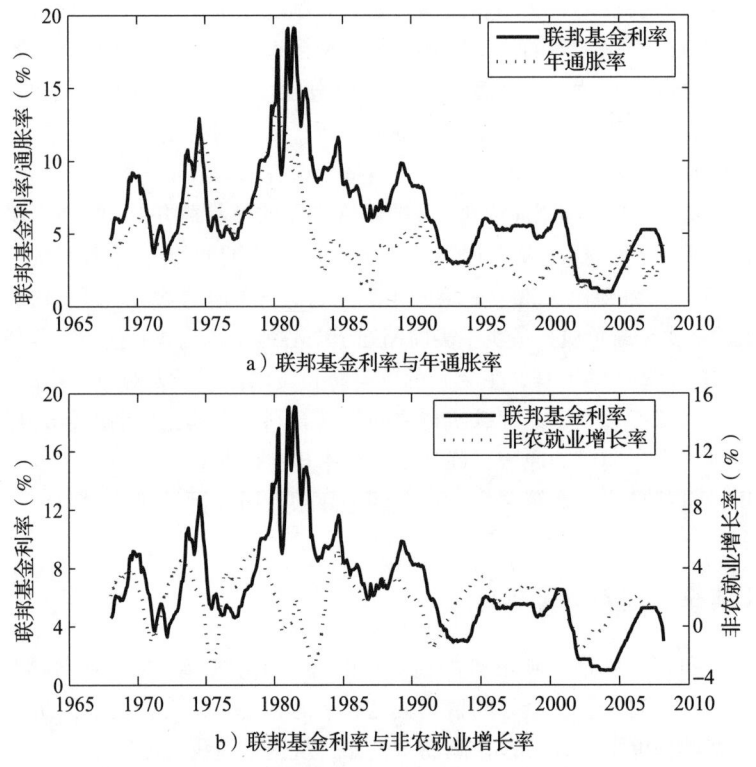

a）联邦基金利率与年通胀率

b）联邦基金利率与非农就业增长率

图 7-2 联邦基金利率、年通胀率水平与就业增长率

资料来源：美联储与美国劳工统计局。

当然，以上分析仅仅表明货币政策实施的复杂性：尤其是美联储，每月要观察成百上千的经济指标，并从中找出有价值的信息，以此来决定最佳的货币政策和利率水平。庞大的数据令人生畏：包括经济增长指标、各种价格指数、就业指数、众多金融变量以及银行系统的健康程度等。此外，美联储常常利用经济学家和统计学家提供的各种复杂的计量手段，以获取那些最重要的信息。

由图 7-2 我们大致了解联邦基金利率、通胀率和就业增长率之间的关系。下面我们以最简单的方式预测联邦基金利率。很明显，联邦基金利率也如其他利率一样，时而上升，时而下降，且在这一时期的均值水平 6.57% 徘徊。因此，如果联邦基金利率水平极低，比如说 2003 年的 1%，那么，我们可以理性地预测，一旦经济状况改善或通胀率再次升高，利率水平将回升。同样地，如果利率很高，我们同样可以预期，当通胀率得到控制，利率水平总会回落。因此，预测联邦基金利率最简单的方式是利用当前的利率水平。比如，建立如下的回归式：

$$r^{FF}(t+1) = \alpha + \beta_1 \times r^{FF}(t) + \varepsilon(t+1) \tag{7-1}$$

系数 β_1 告诉我们联邦基金利率在 $t+1$ 期与 t 期利率间的关系。运用图 7-2a 部分的数据，回归结果如表 7-1 所示，其中期限指的是预测的期限。例如，第 1 行是联邦基金利率 1 个月的预测值；第 2 行是联邦基金利率 3 个月的预测值，依此类推。列标题 "α" 和 "β" 是式 (7-1) 回归的数值结果，而紧随的两列为估计的标准误差。⊖最后一列给出了回归的可决系数 (R^2)，它的取值在 0 和 1 之间，结果显示式 (7-1) 右侧变量对左侧变量预测的效果很好。例如，表 7-1 表明 1 个月的利率预测 ($R^2 = 96.66\%$) 相比于 1 年的利率预测 ($R^2 = 57.59\%$)，要更加容易。

表 7-1 预测联邦基金利率 (1968~2008 年)

A：基于过去联邦基金利率对联邦基金利率的预测					
期限	α	β_1	se(α)	se(β)	R^2(%)
1 个月	0.101 9	**0.984 0**	0.119 1	0.022 0	96.66
3 个月	**0.531 2**	**0.919 0**	0.289 1	0.051 6	84.31
6 个月	**1.143 3**	**0.825 5**	0.394 6	0.067 6	67.93
1 年	**1.528 5**	**0.761 1**	0.778 4	0.142 0	57.59

B：基于过去非农就业增长率与通胀率水平对联邦基金利率的预测						
期限	α	β_2	β_3	se(α)	se(β_2)	se(β_3)	R^2(%)
1 个月	**1.994 6**	0.338 6	**0.867 5**	0.471 1	0.155 8	0.102 0	53.14
3 个月	**1.775 0**	0.432 3	**0.882 9**	0.687 9	0.226 6	0.153 7	54.97
6 个月	**1.713 4**	0.549 9	**0.846 8**	0.821 3	0.277 7	0.206 4	52.72
1 年	1.165 6	**0.863 4**	**0.809 5**	0.972 2	0.285 5	0.278 4	58.75

C：基于过去联邦基金利率、非农就业增长率与通胀率对联邦基金利率的预测									
期限	α	β_1	β_2	β_3	se(α)	se(β_1)	se(β_2)	se(β_3)	R^2(%)	$\bar{R}^2$(%)
1 个月	-0.019 6	**0.959 4**	0.073 1	0.032 6	0.097	0.017	0.020 3	0.027 1	96.82	96.81
3 个月	0.125 9	**0.817 0**	0.212 2	0.150 6	0.176 8	0.057 6	0.052 1	0.091 8	85.91	85.74
6 个月	0.416 2	**0.641 1**	0.352 8	0.283 3	0.331 3	0.089 5	0.133 8	0.187 9	72.70	71.99
1 年	0.217 5	**0.530 0**	0.730 9	0.319	0.713 8	0.098 8	0.202	0.252 4	71.08	69.52

注：加粗的回归系数在 1% 的置信水平下统计显著。

如前所述，联邦基金利率与劳动力市场的状况和通胀率都有关系。显然，利用商业周期的信息来预测联邦利率也是合理的。比如，根据表 7-1B 部分的数据，可做出如下的回归结果：

$$r^{FF}(t+1) = \alpha + \beta_2 \times X^{Pay}(t) + \beta_3 \times X^{Inf}(t) + \varepsilon(t+1) \tag{7-2}$$

其中 $X^{Pay}(t)$ 指非农就业的年增长率，$X^{Inf}(t)$ 指消费者价格指数的年增长率。二者均绘制在图 7-2 中。上述回归使得美联储对劳动市场状况和通胀率的反应更加清晰。β_2 和 β_3 系数为正，这表明非农就业增长率的降低会使得联邦基金利率降低，而联邦基金利率随着通胀率的增加相应提高，正如我们直觉上所认为的那样。

通胀率和非农就业增长率，能对联邦基金利率变动做出大约 50% 的解释了，但非全部。

⊖ 在本表和下表中，使用 Newey-West 调整自相关和异方差的误差后来计算标准误差。为了稳健性，估计中只使用不重叠的数据。例如，对于年度预测回归，我们只使用年度频率的数据。

具体来看，可决系数(R_2)低于表 7-1A 部分中以联邦利率水平自身进行回归的情况。这有两个原因：第一，是正如先前所讨论的那样，美联储不仅要对就业增长率和通胀率做出反应，同时还要考虑众多的宏观经济因素；第二，上述回归分析的核心假设为，参数 β_2 和 β_3 在 1968 ~ 2008 年的 40 年间保持不变，而实际上，这些年来美联储的货币政策已经改变，强行保持参数不变降低了模型的预测效果。考虑参数变化的高级计量方法已经日渐成熟，但已超出了本章范围，在这里不做讨论。

还可以考查过去的联邦利率水平 $\gamma^{FF}(t)$ 对预测未来利率是否有效，或者考虑宏观经济信息是否有助于做出更佳的预测。因此，我们建立了以下包括过去联邦基金利率和先前讨论的宏观经济变量的回归式：

$$r^{FF}(t+1) = \alpha + \beta_1 \times r^{FF}(t) + \beta_2 \times X^{Pay}(t) + \beta_3 \times X^{Inf}(t) + \varepsilon(t+1) \qquad (7-3)$$

回归结果如表 7-1C 部分所示。结果表明，引入宏观经济信息的确增强了回归模型的预测能力。表 7-1C 部分的最后一列给出了"调整的可决系数"，它同可决系数一样，用于度量式(7-3)右侧变量对左侧变量的预测能力，但是调整的可决系数矫正了所用回归元的数量。例如，如果我们在右侧加入一个无助于预测联邦基金利率的回归因子，调整的可决系数就会下降。由此可以看出，调整的可决系数大于 A 部分和 B 部分的可决系数。

对于预测联邦基金利率来说，就业增长率和通胀率哪个更为重要呢？一旦将滞后的联邦基金利率考虑在内，就会发现通胀率的回归系数 β_3 将变得不再显著。这意味着通胀率的标准差 $(se(\beta_3))$ 太大以至于 β_3 在统计意义上等于零。也就是说，β_3 不等于零仅仅是使用某一特定样本所带来的巧合。但这并不意味着美联储对通胀没有反应。事实与此相反，β_3 在式(7-3)中不等于零。不显著只是表明，滞后的联邦基金利率包含了预测联邦基金利率的所有信息，其中包括通货膨胀本身。也就是说，当前的通胀率，对未来联邦基金利率与当前的联邦基金利率之间的关系预测没有实际作用。相反，就业增长率对预测联邦基金利率却有一定的帮助。

7.2.2 长期联邦基金利率预测

如何使用表 7-1 的信息来预测利率呢？假设现在是 2008 年 2 月，当前的联邦利率 $\gamma^{FF}_{2008年2月}$ = 2.98%。根据式(7-1)，1 个月期的利率预测值是：

$$\hat{r}^{FF}_{2008年3月} = \alpha + \beta \times r^{FF}_{2008年2月} = 0.101\,9 + 0.984\,0 \times 2.98\% = 3.034\,2\%$$

这里我们令 $\varepsilon(t+1)=0$，因为它的期望值为零。为计算两个月的预测值，我们需要将 1 个月的预测值再次代入式(7-1)：

$$\hat{r}^{FF}_{2008年4月} = \alpha + \beta \times r^{FF}_{2008年3月} = 0.101\,9 + 0.984\,0 \times 3.034\,2\% = 3.087\,6\%$$

依此类推。重复以上步骤，我们得到图 7-3 顶部的实线。这表明该模型预期未来联邦利率会上升。因为当前联邦基金利率低于历史平均值，因此，从长期来看，该模型预测联邦利率将会回复至长期平均水平。

图 7-3 中另一条曲线给出了同样走势的预测结果，但我们使用的 α 和 β 是基于季度数据（表 7-1A 部分的第 2 行）、半年度数据（第 3 行）和年度数据（第 4 行）。这些预测与使用月度数据获得的结果相似：不要奢望能获得完全一致的预测，因为不同的样本频率反映利率行为变动的不同方面。

引入宏观变量

以上对联邦基金利率的长期预测仅仅使用了过去的联邦基金利率信息。正如表 7-1A 部分所示，引入宏观经济信息有助于预测联邦基金利率。因此，利用长期宏观经济变量建立长期预测也是明智且必要的。可以建立与上面结构完全相同的模型，只是现在引入了宏观经济变量。具体来看，给定联邦利率当期值（$\gamma^{FF}_{2008年2月} = 2.98\%$），就业增长率（$X^{Pay}_{2008年2月} = 0.625\,0\%$）和通胀率（$X^{Inf}_{2008年2月} = 4.038\,0\%$），代入式(7-3)，计算可得 2008 年 3 月联邦基金利率为

$$r^{FF}_{2008年3月} = \alpha + \beta_1 \times r^{FF}_{2008年2月} + \beta_2 \times X^{Pay}_{2008年2月} + \beta_3 \times X^{Inf}_{2008年2月}$$
$$= -0.019\,6 + 0.959\,4 \times 2.98 + 0.073\,1 \times 0.625\,0 + 0.032\,6 \times 4.038\,0$$
$$= 3.016\,7\%$$

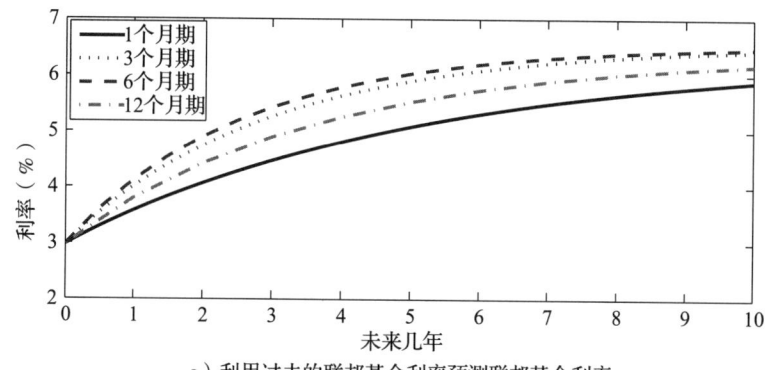

a）利用过去的联邦基金利率预测联邦基金利率

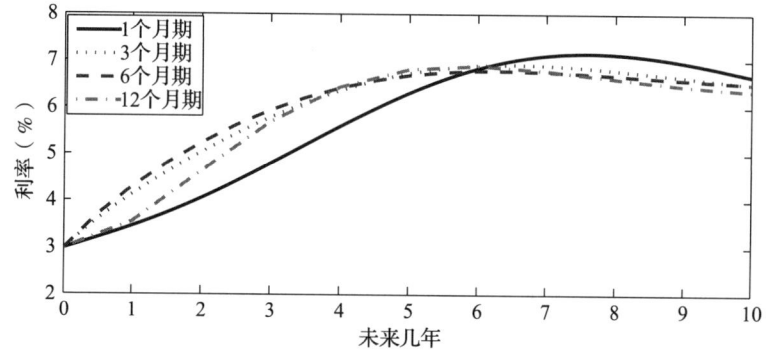

b）利用过去的联邦基金利率、就业增长率和通胀率预测联邦基金利率

图 7-3　长期联邦基金利率预测

不同于使用过去联邦基金利率去预测未来联邦基金利率，目前的模型遭遇了阻碍。这种模式无法继续下去了，因为为了使用相同的模型预测 $r^{FF}_{2008年4月}$，我们不仅需要 $r^{ff}_{2008年3月}$ 的预测值（已经得到），还需要 $X^{Pay}_{2008年3月}$ 和 $X^{Inf}_{2008年3月}$，而这两个没有。

那么我们接下来应该怎么做呢？那就是使用 3 个变量 $r^{FF}(t)$，$X^{Pay}(t)$ 和 $X^{Inf}(t)$ 来预测未来的就业增长率和通胀率。换句话说，建立如下两个回归：

$$X^{Pay}(t+1) = \alpha^{Pay} + \beta_1^{Pay} r^{FF}(t) + \beta_2^{Pay} X^{Pay}(t) + \beta_3^{Pay} X^{Inf}(t) + \varepsilon^{Pay}(t+1)$$
$$X^{Inf}(t+1) = \alpha^{Inf} + \beta_1^{Inf} r^{FF}(t) + \beta_2^{Inf} X^{Pay}(t) + \beta_3^{Inf} X^{Inf}(t) + \varepsilon^{Inf}(t+1)$$

假如有了估计的参数（没有报告），就可以如同先前那样继续研究：如果有了式右侧 3 个变量在任意 t 期的取值，$r^{FF}(t)$，$X^{Pay}(t)$，$X^{Inf}(t)$，用回归来计算它们在 $t+1$ 期的值。有了 $t+1$ 期的取值，就可计算 $t+2$ 期的值，依此类推。

在图 7-3b 给出了联邦基金利率的预测结果。实线绘出了月度数据的估计结果。这个预测与图 7-3a 仅仅使用联邦基金利率相似，但所呈现的动态情况有所不同，尤其是联邦基金利率

在最初时缓慢增加,之后快速增至最大值约为 7%,然后降至其长期平均水平 6.5%。联邦基金利率的历史波动如图 7-2 所示,可能看到联邦基金利率的波动带有时期特点,尤其是在过去的几十年里,有时稳定在某些值,然后在连续几个月突然增加或降低。这种变化方式,在一定程度上是联邦基金利率、就业增长和通货膨胀共同作用的结果。

7.2.3 利用联邦基金期货预测联邦基金利率

从 1988 年起,联邦基金期货开始在 CBOT 交易。[○]合约的主要内容如表 7-2 所示。正如第 6 章所讨论的,如果交易者在远期利率为 $f^{fut}(t;T)$ 的时候做多联邦基金期货,期货合约到期 T 时,其损益大致为[○]

$$T \text{ 时期的损益} = 500 \text{ 万美元} \times (r^{FF}(T) - f^{Fut}(t;T)) \tag{7-4}$$

表 7-2 30 天联邦基金期货(芝加哥商品交易所)

合约规模	
500 万美元	
最小报价单位	
20.835 美元每半个基点(在 30 天的基础上将 500 万美元的 1% 的 1/100 的 1/2 四舍五入到最近的美分)	
报价	
100 减去交割月份的平均隔夜联邦基金利率(如:7.25% 等于 92.75)	
合约到期月	
24 个自然月	
最后交易日	
交割月的最后一个交易日。到期合约的交易结束时间在芝加哥时间最后一个交易日的下午 2 点	
交割	
该合约是以交割月份平均每日联邦基金隔夜利率的现金结算,四舍五入到最接近的十分之一基点。每日联邦基金隔夜利率由纽约联邦储备银行计算和报告	
交易时间	
公开拍卖:中部时间,周一至周五,早上 7 点 20 至下午 2 点 电子交易:中部时间,周日至周五,下午 5 点 30 至下午 4 点	
行情显示代号	
公开拍卖:FF 电子交易:ZQ	
每日价格限幅	
无	

资料来源:CBOT 网页,http://www.cbot.com/cbot/pub/cont_detail/0.3206,1525+14446,00.html,于 2008 年 9 月 10 日获取。

我们容易看到,如果交易方认为美联储在下次会议(或更早)将提高联邦基金目标利率,那么依据式(7-4),可以预期获得正的收益。如果大量交易方都这样认为,那么联邦基金期货的价格 $f^{fut}(t;T)$ 将被抬高。这样,很容易将较高的联邦基金期货价格与未来较高的联邦基金利率水平联系起来。表 7-3A 部分包含了如下的回归结果:

$$r^{FF}(t+h) = \alpha + \beta \times f^{Fut}(t, t+h) + \varepsilon(t+h) \tag{7-5}$$

○ 芝加哥期货交易所(CBOT)现在是芝加哥商业交易所集团(CME)的一部分。
○ 在任一期货合约中,利润和损失都是在期货的持续期内逐渐积累的,因此我们必须考虑到货币的时间价值。而式(7-4)中则忽略了这种计算。

这里 h 是初始联邦基金期货合约的期限。[⊖]

表 7-3A 部分的结果表明，联邦基金期货对预测联邦基金利率很有帮助。跨期的可决系数相对较高，即使对一年以上的期限的预测，效果也不错。由于样本不同，我们无法将表 7-1 和表 7-3 中的结果进行比较。除了短期样本 1989~2008 年的情况外，前面讨论中所看到的相同结果仍然能说明问题。表 7-3B 部分中给出了式(7-1)的回归结果。与长期对比(表 7-1A 部分)，可以发现在过去的 20 年里，联邦基金利率变得更加稳定(如变动更小)，因此也更容易预测。可决系数在更短期的样本要高于长期的样本。现在，将表 7-3A 部分和表 7-3B 部分做比较，可以发现，联邦基金期货的确改善了过去的联邦基金利率对未来利率的预测能力，尤其是对长期利率的预测。市场关于货币政策的预期，反映在当前的价格上，尤其是联邦基金期货，这反过来正好有助于对未来利率变动的预测。

有趣的是，表 7-3B 部分表明，单独利用联邦基金期货(表 7-3A 部分)所获得的预测能力和利用往期联邦基金利率、就业增长率和通胀率相似。事实上，通过考察联邦基金期货与另外 3 个变量相比是否提供了额外信息，我们可以考虑是否将其纳入回归模型。表 7-3D 部分做了这项尝试，结果表明，即使考虑了联邦基金期货相关信息后，非农就业增长率对联邦基金利率的预测仍然具有显著作用。尽管这是下一章节的主题，这里我们稍作涉及，这一结果部分的解释是意识到将联邦基金期货视为未来利率的无偏预测，而不是精准值。事实上，联邦基金期货不仅包含了市场对联邦基金利率的预测，还包括了市场参与者对期货市场投机行为的风险认知。这种风险认知也反映在期货市场上，从而扭曲了预测(见例 7-2 在远期利率情况下的类似论点)。如果这类偏差取决于市场状况，如商业周期，那么我们可以得出结论：加入一个与商业周期相关的变量，如就业增长率，将会增强联邦基金期货自身的预测能力。[⊜]

表 7-3 预测联邦基金利率(1989~2008 年)

A：基于联邦基金期货对联邦基金利率的预测					
期限(月度)	α	β	se(α)	se(β)	R^2
1	−0.003 2	**0.994 3**	0.014 8	0.003 8	99.72
3	−0.051 0	**0.989 5**	0.079 4	0.017 1	98.20
6	−0.010 1	**0.953 0**	0.229 1	0.038 4	91.12
12	0.954 9	**0.721 4**	0.501 3	0.072 3	65.79
B：基于过去联邦基金利率对联邦基金利率的预测					
期限(月度)	α	β	se(α)	se(β)	R^2
1	0.035 2	**0.986 6**	0.044 3	0.008 6	99.09
3	0.187 6	**0.945 0**	0.160 7	0.026 3	94.87
6	0.518 1	**0.859 7**	0.343 5	0.050 4	83.68
12	**1.468 5**	0.624 5	0.506 9	0.08	51.19

⊖ 这些结果是从彭博公司的"通用"联邦基金期货数据中得到的，其期限分别为 $h=1, 2, \cdots, 6$。期限 h 的"通用"期货合约就是最接近预期期限的合约。期货价格由前一月份展期得到。由于回归采用的是月度数据，而联邦基金期货也采用月度期限，因此该估计不会产生任何偏差。唯一需要注意的是 $h=12$ 的年度回归：因为联邦基金期货似乎在这么长的时间段内缺乏流动性，因此我们在回归中采用了 $h=6$ 的 6 个月期货来替代。

⊜ 参见 See Piazzesi and Swanson (2008)的相关论述。

(续)

C：基于过去联邦基金利率、非农就业增长率和通胀率对联邦基金利率的预测								
期限(月度)	α	β_1	β_2	β_3	$se(\alpha)$	$se(\beta_1)$	$se(\beta_2)$	$se(\beta_3)$	$\overline{R}^2$
1	0.002 4	**0.954 6**	**0.095 8**	0.015 9	0.054 1	0.01	0.017 3	0.022 4	99.35
3	0.046 4	**0.843 7**	**0.284 0**	0.070 8	0.125 4	0.027 8	0.045 4	0.055 3	97.10
6	0.220 3	**0.643 1**	**0.551 1**	0.175 2	0.236 7	0.048 3	0.067 2	0.108 4	92.35
12	1.267 7	**0.289 5**	**0.871 9**	0.160 3	0.390 0	0.118 3	0.111 7	0.163 5	73.34

D：基于过去联邦基金利率、非农就业增长率、通胀率和期货对联邦基金利率的预测										
期限(月度)	α	β_1	β_2	β_3	β_4	$se(\alpha)$	$se(\beta_1)$	$se(\beta_2)$	$se(\beta_3)$	$se(\beta_4)$	$\overline{R}^2$
1	-0.011 2	**0.139 5**	**0.024 2**	0.006 2	**0.845 4**	0.028 9	0.058 6	0.008 9	0.011 2	0.060 3	99.73
3	-0.052 5	0.094 8	**0.124 6**	0.021 2	**0.844 5**	0.107 4	0.135 0	0.038 6	0.037 6	0.142 6	98.46
6	-0.029 5	0.041 9	**0.388 5**	0.111 3	**0.729 8**	0.225 9	0.294 1	0.081 4	0.095 1	0.340 5	94.33
12	0.998 1	-0.718 0	**0.571 1**	0.092 5	1.181 3	0.387 1	0.710 6	0.121 1	0.112 2	0.786 4	79.65

注：加粗的回归系数在1%的置信水平下统计显著。

表7-3比较了预测联邦基金利率的4种方式：①仅仅考虑过去联邦基金利率；②引入宏观经济变量；③利用联邦基金期货；④以上全部都用。这些预测与我们在图7-3中看到的有何不同？或者它们看起来类似吗？图7-4绘制了以上4种情况在2008年2月1年期联邦基金利率的预测情况。我们可以看出，仅仅使用过去信息时，模型的预测往往偏高（表7-3A部分和B部分）。作为对比，当把联邦基金期货信息也考虑在内时（表7-3C部分和D部分），市场预期联邦基金利率会额外走低（事实也正是如此）。回顾历史，不同预测出现差异的部分原因是，可能与2008年年初特定的经济环境有关。正如下文7.7节所论述的，美国经济正面临一次严重的信用危机，而且美联储也担心倒闭的银行对经济的长期增长造成负面影响。信用状况没有成为回归分析时所用到的宏观经济变量，而这样的"软"信息却隐含在了联邦基金期货中。

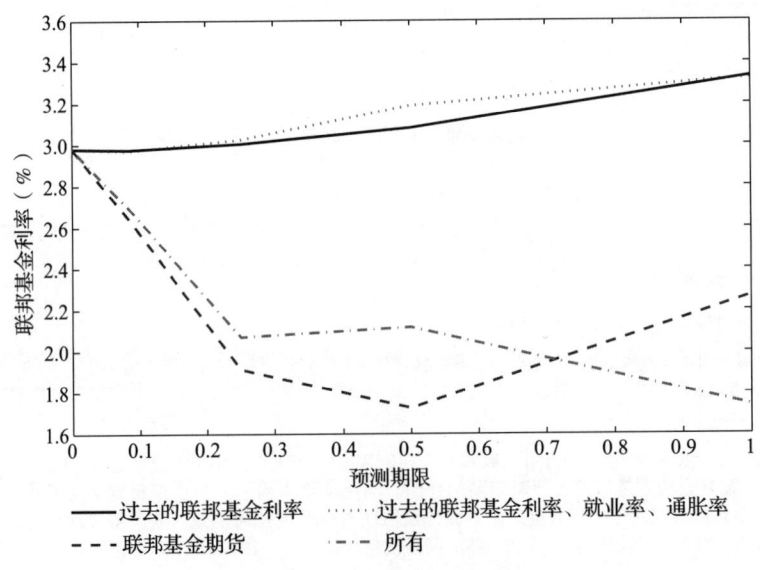

图7-4 联邦基金利率的预测

7.3 理解利率期限结构

为什么利率期限结构趋于向右上方倾斜？投资于国债会面临哪些风险？我们可以预测中长期收益率吗？收益如何？这部分将主要讨论收益率间的一般关系，及其随时间变化而变化的经验证据。我们以一个例子引入。

例 7-1

假设现在的 1 年期连续复利即期利率为 3%，并且我们有完全预见性，知道下一年的 1 年期即期利率将会是 5%。那么现在的 2 年期收益率是多少？为了回答这个问题，我们从未来时点开始，进行反向推导。如果我们确信下一年的 1 年期收益率将为 5%，那么我们也能确信下一年的零息债券价格是

$$P_z(1,2) = e^{-r(1,2) \times 1} \times 100 = e^{-5\%} \times 100 = 95.1229$$

将这个价格进行贴现，我们可以得到 2 年期零息债券的现价为

$$P_z(0,2) = e^{-r(0,1) \times 1} \times P_z(1,2) = 0.970445 \times 95.1229 = 92.3116$$

现在的 2 年期收益率则为 $r(0,2) = -\dfrac{\ln(0.923116)}{2} = 4\%$，也就是现在的 1 年期利率 3% 和下一年的一年期利率 5% 的均值。这样的结果是否很惊讶呢？

注意，我们可以将上述表达式重写为

$$P_z(0,2) = e^{-r(0,1) \times 1} \times P_z(1,2) = e^{-r(0,1) \times 1} \times e^{-r(1,2) \times 1} \times 100$$
$$= e^{-r(0,1) - r(1,2)} \times 100$$

因为从 2 年期收益率的定义可以得到如下表达式：

$$P_z(0,2) = e^{-r(0,2) \times 2} \times 100$$

令上述两个等式右边相等，可以得到如下表达式

$$r(0,2) \times 2 = r(0,1) + r(1,2)$$

或者

$$r(0,2) = \frac{1}{2} r(0,1) + \frac{1}{2} r(1,2) \tag{7-6}$$

即长期收益率为现在的短期收益率和下一期的短期收益率的加权平均。

这个例子表明，如果市场参与者可以完全确认下一年的 1 年期收益率，则 2 年期收益率的即期利率为 1 年期即期利率和下一年 1 年期利率的加权平均。换言之，如果市场参与者确定下一年的收益率比现在的收益率高，现在的收益率曲线则向右上方倾斜。同样，如果市场参与者确定下一年的收益率比现在的收益率低，现在的收益率曲线则向右下方倾斜。

市场参与者对远期利率的预期值与现在的利率曲线形状之间的这种正相关关系，被称为**预期假说**（expectation hypothesis）。值得注意的是，市场参与者对远期利率的预期值不是利率期限结构的唯一决定因素。现在我们建立一个简单模型，来阐述影响利率期限结构的其他因素。

7.3.1 为什么期限结构的斜率多数时间里会上升

这部分重点说明，投资者风险厌恶程度对利率期限结构形状的重要性。我们的直觉是，利率期限结构的形状与投资于长期债券或短期债券时面临的风险有关，关于投资于长期债券还是短期债券的权衡已在第 3 章阐述（详见 3.3 节）。总之，债券市场的投资者通常为风险厌恶者。

正如第 3 章所言，相对于短期债券，长期债券的持续时间更长，所以风险更大。因此，当持有长期债券时，投资者会要求比短期债券更高的收益补偿，从而使得利率期限结构通常表现为上行趋势。现在，我们用一个规范的模型来定义这种直觉。

用 $r(t,T)$ 来表示 t 期与 T 期间的连续复利收益，现在为 t 期，如同例 7-1，思考一下未来收益率的前期预测值。用 $r(t+1,T)$ 表示 T 期到期债券的下一年收益率。显然，对于 t 期的市场参与者而言，未来收益率是未知的。假设 $r(t+1,T)$ 是正态分布，均值和方差分别为 $E_t(r(t+1,T))$ 和 $V_t(r(t+1,T))$，下标 t 表示该期望值取决于在 t 期确定的相关信息，即

$$r(t+1,T) \sim \mathcal{N}(E_t(r(t+1,T)), V_t(r(t+1,T))) \tag{7-7}$$

给定收益率 $r(t+1,T)$，到期日为 T 的零息债券在 $t+1$ 期的价值为

$$P_z(t+1,T) = e^{-r(t+1,T)\times(\tau-1)} \times 100 \tag{7-8}$$

$\tau = T - t$ 表示债券在 t 期的到期时间。那么在 T 期到期的零息债券的现值是多少？因为 $P_z(t+1,T)$ 现在是已知的，那么我们可以得到：

$$P_z(t,T) = e^{-(r(t,t+1)+\lambda)} \times E_t[P_z(t+1,T)] \tag{7-9}$$

λ 表示与无风险的 1 年期零息债券相比，投资于长期债券时的 1 年期风险溢价。下面我们将进一步讨论该溢价。

从对数正态分布[⊖]的性质可知：

$$P_z(t,T) = e^{-(r(t,t+1)+\lambda)} \times e^{-E_t(r(t+1,T))\times(\tau-1)+\frac{(\tau-1)^2}{2}V_t(r(t+1,T))} \times 100 \tag{7-10}$$

代入 $P_z(t,T) = e^{-r(t,T)\times\tau} \times 100$，我们最终可以得到将长期收益率进行分解后的表达式

$$r(t,T) = \left[\frac{1}{\tau} \times r(t,t+1) + \frac{(\tau-1)}{\tau} \times E_t(r(t+1,T))\right] \text{（预期未来收益率）}$$

$$+ \frac{\lambda}{\tau} \qquad\qquad\qquad\qquad \text{（风险溢价）}$$

$$- \frac{(\tau-1)^2}{2\tau} V_t(r(t+1,T)) \qquad \text{（凸性）} \tag{7-11}$$

式 (7-11) 表明了影响长期即期收益率 $r(t,T)$ 的因素。等式右边括号中的第一项是短期即期收益率与下一年长期收益率期望值的加权平均。这与例 7-1 中式 (7-6) 的右侧项的含义相同，简言之，如果市场参与者预测未来的长期收益率较高，则现期收益率也较高。

第二项中，λ 表示市场参与者持有到期日为 T 的长期零息债券时，相对于到期日为 $t+1$ 的无风险短期零息债券，所要求的风险溢价。为了了解这一项的作用，可以将式 (7-9) 重写为它的等价表达式：

$$E_t\left[\frac{P_z(t+1,T)}{P_z(t,T)}\right] = \left[\frac{100}{P_z(t,t+1)}\right] \times e^{\lambda} \tag{7-12}$$

等式左边表示投资于到期日为 T 的零息债券时，t 期与 $t+1$ 期期间的总收益预期值，与此同时，等式右边方括号中的项表示投资于到期日为 $t+1$ 的零息债券时相同期间的收益。后一个收益在 t 期是已知的，因此是无风险的。因为当且仅当 $\lambda > 0$ 时，$e^{\lambda} > 1$，所以式 (7-12) 说明当且仅当等式 $\lambda > 0$ 时，长期债券 t 期与 $t+1$ 期期间的预期收益比无风险的短期国债的 1 年期收益高。λ 越大，长期债券的预期收益高于无风险的 1 年期国债收益的差值越大。

⊖ 给定 $x \sim \mathcal{N}(\mu_x, \sigma_x^2)$ 和一个常数 A，可知 $E[e^{Ax}] = e^{A\mu_x + \frac{A^2}{2}\sigma_x^2}$。

为什么更高的风险溢价 λ 代表更高的到期收益呢？因为长期零息债券不付息，获得更高的 t 期与 $t+1$ 期期间的预期收益的唯一方式是 t 期债券的价格更低。正如我们所知，更低的债券现期价格意味着更高的收益，而式(7-11)的 λ 项遵循这样的表现。

式(7-11)的最后一项与长期收益 $r(t+1, T)$ 的方差相关，被称为凸性项。这一项源于收益 $r(t+1, T)$ 与价格 $P_z(t+1, T) = e^{-r(t+1,T) \times (\tau-1)} \times 100$ 之间的非线性关系。根据Jensen不等式[⊖]，在其他条件不变的情况下，更高的远期收益波动率意味着更高的价格。因此，更高的远期收益波动率会减少现期收益率。然而，与风险相关的更高的远期收益波动率会减少现期收益这样的结果，似乎与我们的直觉不一致，根据第 4 章 4.1.4 部分的介绍，在其他条件不变的情况下，相同的凸性意味着更高的远期收益波动率且会增加平均收益；实际情况是，低收益抵消了正凸性对收益的影响。

式(7-11)中关于长期收益的表达还有一些很有意思的地方，在下面的例中可以看得更清楚。

例 7-2

在例 7-1 的基础上，令 $r(0, 1) = 5\%$，并且市场参与者预测下一年的 1 年期收益率也为 5%：$E[r(1, 2)] = 5\%$。在这样完全可预见的情况下，$r(0, 2) = 5\%$。然而，如果 $r(0, 2)$ 是随机的，在现期是未知的，那么只有当风险溢价与凸性相等，即 $\lambda = \frac{1}{2}V(r(1, 2))$ 时，才会使得 $r(0, 2) = 5\%$，这可以从式(7-11)中看出。

然而，如果风险溢价高于凸性，即 $\lambda > \frac{1}{2}V(r(1, 2))$，那么 $r(0, 2) > 5\% = r(0, 1)$。这说明即使市场参与者不期望今年与下一年期间的 1 年期收益率上升，利率期限结构仍是上升的。反之亦然，上升的利率期限结构并不意味着远期利率的期望值必定更高。事实上，这个事实隐含一个有趣的问题，那就是远期利率也高于 5%，即 $f(0, 1, 2) > 5\% = E[r(1, 2)]$。换言之，远期利率高于市场参与者预测的未来利率。这表明，高的市场远期利率并不意味着市场参与者期望的未来利率一定更高，也完全可能是他们持有长期债券时，所要求的风险补偿更高所致。

7.3.2 预期假说

正如 7.3 节所述，预期假说说明利率期限结构的斜率，仅仅反映了市场参与者对远期利率的期望值。过去 20 年，很多研究都围绕该假说进行，虽然我们对于这个假说有很多直觉的认识，但是该假说并没有得到很多实证的支持。在这部分中，我们将预期假说与上一部分阐述的模型相结合，进行实证研究。

如果 λ 满足如下表达式：

$$\lambda = \frac{(\tau - 1)^2}{2} V_t(r(t+1, T)) \tag{7-13}$$

式(7-11)意味着期限结构仅仅取决于远期利率的期望值。实际上，把式(7-13)代入式(7-11)，令式(7-11)中 $T = T + t$，并将等式两边同时减去 $r(t, t+T) \times \frac{(T-1)}{T}$ 之后，可以得到下面的等价表达式：

⊖ Jensen 不等式表明给定任意随机变量 x，对于任意凸函数 $f(x)$，都有 $E[f(x)] > f[E(x)]$。

$$E_t[r(t+1,t+\tau) - r(t,t+\tau)] = \frac{1}{(\tau-1)}[r(t,t+\tau) - r(t,t+1)] \quad (7\text{-}14)$$

这意味着期限结构的斜率（等式右边）与 t 期和 $t+1$ 期期间的收益变化期望值（等式左边）相关，这和预期假说的假定是一致的。

如果我们想了解影响收益率曲线的因素，就必须确定式(7-14)中体现的关系是否正确。这样的认知对投资者做出明智的投资决策，以及货币当局采取适当的政策行动具有重要意义。Campbell 和 Shiller(1991)通过运行以下的回归，检验了这个关系的正确性，回归表达式如下：

$$[r(t+1,t+\tau) - r(t,t+\tau)] = \alpha + \beta \frac{1}{(\tau-1)}[r(t,t+\tau) - r(t,t+1)] + \varepsilon(t+1) \quad (7\text{-}15)$$

其中，$\varepsilon(t+1)$ 是误差项，它独立于期限结构的斜率。收集关于收益率的时间序列数据，可以计算等式左边和等式右边的时间序列，并检验假设 $\alpha=0$ 且 $\beta=1$。采用 1964～2006 年的零息债券收益率数据[⊖]，表 7-4A 部分展示了到期日 $T=2，3，4，5$ 时的回归结果。我们可以看出，对于每个到期日，β 不仅显著不同于 1，而且显著为负。

理解表 7-4A 部分结果所代表的含义非常重要。β 为负，意味着期限结构的斜率为正时可以预知远期收益的减少，反之亦然。这与预期假说相反，并且违背了关于收益率曲线含义的直觉认知。数据表明，斜率为正的利率期限结构并不能预测远期利率更高。

这个结果是重要的，因为它不仅意味着预期假说被违背——较高的长期收益率差价通常并不能预测更高的远期利率，也意味着式(7-11)中的剩余项，即

$$LRP_t(\tau) = \lambda - \frac{(\tau-1)^2}{2} V_t(r(t+1,T)) \quad (7\text{-}16)$$

必须取决于期限结构的斜率。等式(7-16)中，$LRP_t(T)$ 代表持有到期日为 $T=T\text{-}t$ 债券时所获得的"风险溢价对数值"，下面还会对其做进一步的讨论。如果式(7-13)的表达不恰当，我们可以将式(7-11)重新表述为

$$E_t[r(t+1,t+\tau) - r(t,t+\tau)] = \frac{1}{(\tau-1)}[r(t,t+\tau) - r(t,t+1)] - LRP_t(\tau) \quad (7\text{-}17)$$

从表 7-4 中可以发现，一般而言，长期收益率的变化与期限结构的斜率负相关，这也意味着，$LRP_t(T)$ 与期限结构的斜率应是正相关的。

这些结果有什么意义呢？即便观察到强烈倾斜的期限结构，也不能轻率地得出市场预测了更高的远期利率的结论。相反，一个强烈倾斜的期限结构意味着市场参与者持有长期债券时，会要求较高的风险溢价作为补偿。这个较高的风险溢价继而意味着我们期望下一年长期零息债券有较高的资本利得。零息债券的资本利得只有在较高的价格增长时才能产生，换言之，只有与现在相比债券的收益减少时，才会出现零息债券的资本利得增加。这也意味着强烈倾斜的期限结构通常预示着更低的远期收益率，正如表 7-4 中的实证所描述的那样。

7.3.3 预测超额收益

长期债券的溢价与期限结构斜率之间的关系，也可以通过检验投资于长期债券或短期债券时的收益对比来获得。事实上，式(7-9)中的收益也可以重写为（见附录7A）

⊖ 具体采用了从 CRSP 获得的 Fama Bliss 贴现债券数据。

$$E_t\left[\log\left(\frac{P_z(t+1,T)}{P_z(t,T)}\right) - \log\left(\frac{100}{P_z(t,t+1)}\right)\right] = LRP_t(\tau) \tag{7-18}$$

$LRT_t(\tau)$ 是式(7-16)中定义的风险溢价对数值。从式(7-18)和式(7-13)可以得出,预期假说意味着 $LRP_t(\tau) = 0$。Fama 和 Bliss(1987)的研究表明风险溢价对数不为零,但是它与远期利差有关,即与远期利率和短期即期利率之间的差价有关。通过持有到期日为 τ 的长期零息债券高出短期1年期零息债券的超额收益对数来表示:

$$LER_t(\tau)\left[\log\left(\frac{P_z(t+1,t+\tau)}{P_z(t,t+\tau)}\right) - \log\left(\frac{100}{P_z(t,t+1)}\right)\right] \tag{7-19}$$

值得注意的是,在等式7.19中,定义的超额收益对数 $LER_t(\tau)$ 是式(7-18)中的超额收益对数 $LRP_t(\tau)$,在事后实现实际值,即 $LRP_t(\tau) = E_t[LERt(\tau)]$。

Fama 和 Bliss(1987)还做下列回归:

$$LER_t(\tau) = \alpha + \beta[f(t,t+\tau-1,t+\tau) - r(t,t+1)] + \varepsilon(t) \tag{7-20}$$

期望假说认为 $LRP_t(\tau) = 0$,因此 $\alpha = \beta = 0$。表7-4B部分表明 β 反而显著不等于零,并且为正值。这个结果再次说明超额收益对数是不可预测的:当远期利差显著为正时,期限结构强烈倾斜,此时长期债券的投资通常会产生比短期债券更高的收益。

近期,Cochrane 和 Piazzesi(2005)的研究表明,特定的远期利率组合能够成功地预测对数超额收益。预测过程由下式定义

$$x_t = \gamma_0 + \gamma_1 r(t,t+1) + \gamma_3 f(t,t+2,t+3) + \gamma_5 f(t,t+4,t+5)$$

γ_i,$i = 0,1,3,5$ 是各到期日的平均对数超额收益估值。⊖Cochrane 和 Piazzesi(2005)运行了下列回归:

$$LER_t(\tau) = \beta \times x_t + \varepsilon(t) \tag{7-21}$$

表7-4C部分给出了1964~2006年的回归结果。相关系数显著为正,且可决系数 R^2 比B部分更高,表明将整个利率期限结构上的信息纳入分析能更好地预测超额收益。

表7-4 可预测性

A:来自斜率的收益变化预测					
到期期限 τ	α	se(α)	β	se(β)	R^2
2	-0.01	0.27	-0.83	0.52	0.03
3	0.09	0.24	-1.23	0.62	0.05
4	0.16	0.21	-1.59	0.70	0.07
5	0.17	0.21	-1.56	0.76	0.06
B:来自远期斜率的对数超额回报预测					
到期期限 τ	α	se(α)	β	se(β)	R^2
2	-0.01	0.27	0.92	0.26	0.14
3	-0.19	0.49	1.22	0.34	0.15
4	-0.43	0.69	1.43	0.44	0.16
5	-0.16	0.93	1.11	0.51	0.07

⊖ 系数 γ 是第一阶段回归的估值,$\overline{LER}_t = 0.25 \times \sum_{t=2}^{5}$ 由常数,$r(t,t+1)$,$f(t,t+2,t+3)$ 以及 $f(t,t+4,t+5)$ 回归所得。所得估计值为 $\gamma_0 = -3.26$,$\gamma_1 = -1.87$,$\gamma_3 = 3.94$,$\gamma_5 = -1.64$。

(续)

C：来自 Cochrane Piazzesi 因子的对数超额收益预测			
到期期限 τ	β	$se(\beta)$	R^2
2	0.47	0.07	0.30
3	0.88	0.13	0.33
4	1.22	0.19	0.35
5	1.43	0.24	0.32

注：回归结果基于来自 CRSP 的 Fama Bliss 贴现债券数据。
样本：1964~2006 年。

7.3.4 结论

预期假说假定斜率为正的利率期限结构意味着市场参与者期望更高的远期收益率，这个假说已经被大多数的定量研究所拒绝。事实上，正确的结论与之相反：斜率为正的期限结构预测了更低的远期收益率，因为它与市场参与者持有长期债券时所要求的风险溢价有关。这个结果与事实相一致。实际情况表明，远期利差，即远期利率与短期即期利率间的差价，能够更好地预测长期债券的月度收益和年度收益。总之，零息债券的收益可以通过一些预测因子来预测，这是由风险溢价的方差而不是远期预期收益的方差造成的。

这些实证结果对债券投资者具有重要的现实意义。例如，如果债券投资者把斜率为正的期限结构理解为远期收益率增长时，可能会导致他将通过出售持有的债券来避免未来利率提高时的资本损失。因为实证研究已经表明，斜率为正的期限结构与更低的远期收益相关，因此投资者实际上应该增加债券的头寸，而不是减少头寸。

然而，必须注意的是：斜率为正的期限结构与更高的风险溢价相联系（这是它预示更高远期收益的原因）。然而，如果存在风险溢价，也必定存在产生风险溢价的风险。换言之，在长期债券能够产生更高收益的前提下，持有长期债券并不意味着没有风险。实际上，如果一只长期债券存在风险溢价，市场将预测长期债券存在大量资本损失的可能性更大，这也是债券价格被低估的原因（或者收益高的原因）。

当债券持有者购买长期债券时，他所面临的风险是什么？可以说有很多风险。例如，在给定未来通胀期望的情况下，未来实际的通胀水平不确定性会增加风险，因为如果通胀率突然增加，将导致联邦储备银行提升联邦基金利率，打压长期债券价格。正如第 3 章 3.7 节讨论的奥兰治县案例一样，可能造成重大损失。

7.4 应对通货膨胀风险：通货膨胀保值国债

国债是用名义价值计算的，它们会支付一系列的息票，最后以美元结算本金。显然，一个人能用这些息票利息和本金购买的商品数量，不仅取决于息票和最后的本金数量，还同时取决于购买债券的时候与获得息票、本金时之间的通货膨胀率。在长期来看，购买力上的差别可能会非常显著。由美国劳工统计局（Bureau of Labor Statistics，BLS）计算的 CPI 指数，提供了美国消费者会购买的一篮子代表性商品的加权平均价格。⊖CPI 指数的变化能够计量出这段时间中实

⊖ 事实上，根据地区和商品类型的不同，CPI 的衡量标准有很多种。此处采用的 CPI 是未经季节调整的 CPI-U，即城市消费品的均值，TIPS 指数。

际的通货膨胀率。

考虑一个月收入 10 000 美元的家庭，并且用 CPI 来代表商品篮子本身的价格，在确定的时间 t_1，一个家庭能够购买的商品篮子数量是 $Q(t_1) = \dfrac{10\,000}{CPI(t_1)}$。举个例子，如果 $CPI(t_1) = 10$，那么这个家庭能够购买 1 000 单位的篮子。如果这个篮子仅仅由 10 个汉堡包构成，那么在 t_1 月这个家庭能够购买 $Q(t_1) = 10\,000$ 个汉堡包。接着考虑之后的时间 t_2，假设家庭的月收入没有变化。然而由于通货膨胀，CPI 变成了 20，那么，这个家庭只能够买 $Q(t_2) = \dfrac{10\,000}{CPI(t_2)} = 500$ 个篮子的汉堡包了，即使名义收入在两期之间没有任何变化，但依然发生了消费上的巨大损失。

家庭在两个时期里能够购买的数量之间的比值 $\dfrac{Q(t_2)}{Q(t_1)}$，衡量了这期间美元购买力的损失。这个比例是由 $\dfrac{Q(t_2)}{Q(t_1)} = \dfrac{CPI(t_1)}{CPI(t_2)}$ 给出的。举个例子来说，在之前的例子中，$\dfrac{CPI(t_1)}{CPI(t_2)} = 0.5$，这就意味着在 t_2 时，这个家庭用相同数量的美元仅仅能够购买它在 t_1 能购买的商品数量的一半。

购买力是如何随着时间变化的呢？图 7-5a 的实线画出了在 1968~2005 年间，购买力每 5 年中的损失，也就是 $\dfrac{CPI(t)}{CPI(t+5)}$。具体来说，在 1968 年的 1 月（第一个观测值），比值为 0.8。这代表了 1968 年 1 月与 1973 年 1 月（5 年之后）之间美元价值的损失，意味着在 1973 年 1 月，消费者只能买到他们原本在 1968 年 1 月买到的商品的 80%。同样地，在 1976 年，这个指数为 0.61，代表着 1981 年（5 年之后）的 1 美元仅仅能够购买在 1976 年 1 美元买的东西的 60%。

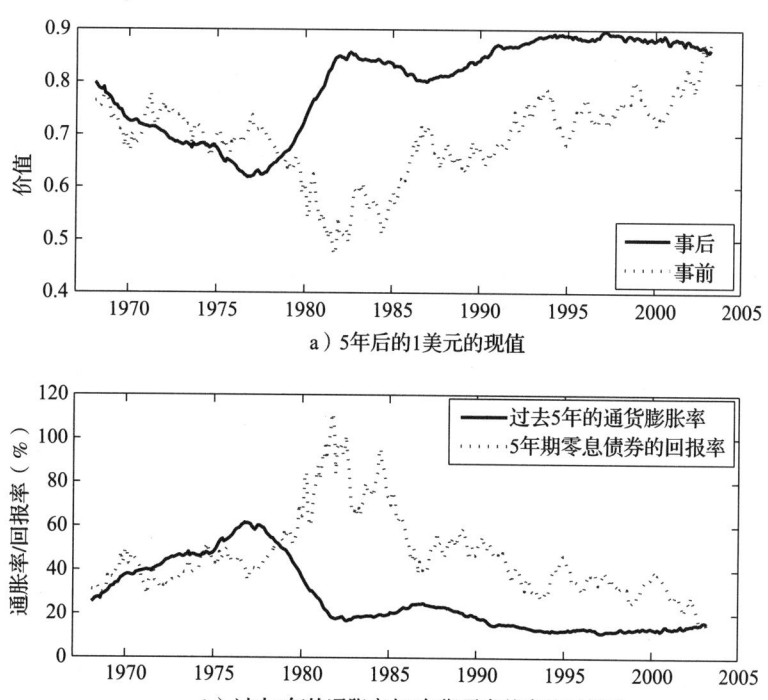

图 7-5　基于 5 年期限的事前、事后的时间价值

资料来源：美国劳工统计局与 CRSP。

图 7-5a 的点线展现了 1 美元在未来 5 年的事前时间价值，也就是贴现因子 $Z(t, t+5)$。通常来说，事前的 1 美元市场价值往往是低于实现的价值损失的，$Z(t, t+5) < \frac{CPI(t)}{CPI(t+5)}$。这暗示了一个在 t 期的零息债券足够便宜，能够去弥补购买力的事后损失。然而，有时也会发生这样的情形 $Z(t, t+5) > \frac{CPI(t)}{CPI(t+5)}$，就会导致相反的影响：事后的购买力损失高于事前的未来价值，也就是说，相对于未来 1 美元投资收益的价值损失而言，零息债券的价格太高了，这被称为通货膨胀风险。

图 7-5b，从相反的角度展示了通货膨胀风险。这个图标出了 t 期和 $t+5$ 期之间的实际通货膨胀率（实线），以及一张 5 年期零息债券在 t 时刻的收益（点线）。如果零息债券的收益率高于通货膨胀率，那么对零息债券的投资将足以弥补消费品价格的提升。然而，正如我们所看见的，在 20 世纪 70 年代的很多情况下，零息债券的收益是不足以弥补通货膨胀率的。

事后的通货膨胀比起预期值来说太高了，预期了高通货膨胀率的投资者们将会要求零息债券有更高的收益，用以弥补美元价值的损失。

定义 7-1

通货膨胀风险（inflation risk）是指美元购买力的损失。所有在未来以固定数量美元支付的资产都具有通货膨胀风险。

为了规避通货膨胀风险，投资者们会对以美元支付的证券要求一个风险溢价。这可以从图 7-5 中看出：在图 7-5 中，零息债券的价格在 20 世纪 80 年代暴跌，这是因为投资者担忧未来会有很高的通货膨胀，虽然事后并没有成真。实际上，即使通货膨胀率从客观上来说降低了，零息债券的价格依然在 20 世纪 90 年代持续低迷。图 7-5b 从收益的角度说明了同样的道理：在 20 世纪 80 年代，对零息债券要求的收益率在超过 5 年的时间里都在 100% 以上，以补偿对高通货膨胀的担忧。

在 1997 年，美国财政部发行了通货膨胀保值国债（Treasury Inflation Protection Securities，TIPS），为投资者们提供了一种可以对抗通货膨胀风险的投资工具。这反过来也可以使财政部本身受益，因为 TIPS 的投资者们不会对持有名义债券要求额外的风险溢价。[⊖]10 年后，政府总债务的 10% 都是以 TIPS 形式发行的了。

7.4.1 通货膨胀保值国债的运作方式

通货膨胀保值国债（TIPS）是 5 年期、10 年期或者 20 年期的附息债券。TIPS 的票息是按本金的固定比例计算的，但是本金本身并不是固定的，它是随时间改变而跟着通货膨胀进行调整的。如果 CPI 增加了，那么本金将同比例增加。这说明利息也将随着各期 CPI 的增加而增加，最后还的本金也会同样增加。财政部会公开相应的指数比例，而这个指数比例将由 TIPS 发行时的 CPI 和参考的 CPI 指数之间的变化来决定。参考的 CPI 指数并不是现时的 CPI，而是每月月初 CPI 与下月月初 CPI 值的平均数。表 7-5 包含了 2007 年 11 月 27 日国债的名义票息和 TIPS 利率。具体而言，C 部分最后 3 列报告的是 TIPS 的参考 CPI 数据，以及"当时"的 CPI，也就是通过这些数据来计算指数比例的。给定了指数比例，就可以了计算下一笔利息，由下式进行计算：

⊖ 另一方面，TIPS 也防止了政府通过通货膨胀的货币政策来愚弄投资者和掩盖其名义政府债务。

$$\text{票息支付} = \frac{\text{票息}}{2} \times 100 \times \text{指数比率}$$

表7-5的数据是2007年11月26日的。用以计算指数比例的CPI并不是上面提到的,11月CPI(由BLS在每月第3个星期发布)。而是8月和9月的参考CPI,也就是分别为207.917和208.490 [一],这种做法遵循了这样一个基本要求:在衡量两个月通货膨胀的CPI指数和实际支付中,TIPS的投资者所受通货膨胀风险的影响最小。

表7-5 2007年11月26日的财政部证券

A:短期国债			
票息	到期日	买入价	卖出价
	2007/12/20	3.54	3.5
	2008/02/21	3.05	3
	2008/05/22	3.24	3.23

B:名义中长期国债			
票息	到期日	买入价	卖出价
3 5-8	2009/10/31	101.25	101.25
4 1-2	2010/05/15	103.75	103.781 3
3 7-8	2012/10/31	102.718 8	102.718 8
4 1-4	2017/11/15	103.156 3	103.156 3
5	2037/05/15	111.781 3	111.843 8

C:通货膨胀保值国债									
票息	到期日	买入价	卖出价	发行日期	发行价	初次付息时间	参照	CPI	指数比率
2	2012/04/15	104.218 8	104.281 3	2007/04/30	102.667	2007/10/15	202.921 4	208.394 5	1.026 97
2 5-8	2017/07/15	110.125	110.218 8	2007/07/16	102.722	2007/01/15	207.256 4	208.394 5	1.005 49
2 3-8	2027/01/15	109.531 3	109.718 8	2007/01/31	99.57	2007/07/15	201.664 5	208.394 5	1.033 37
3 3-8	2032/04/15	133.406 3	133.625	2001/10/15	98.314	2007/04/15	177.5	208.394 5	1.174 05

资料来源:彭博。

7.4.2 实物债券和实际利率的期限结构

为了理解通货膨胀联系证券的价值,阐述"实物债券"的含义是很有用的。在第2章中,我们讨论了财政部以美元进行借贷的问题。财政部在 t 期借入一定数量的美元,在未来的 T 期还相应更多的美元。尽管用美元作为借贷的单位是直观的,就像是利率的含义一样,但这并不是唯一的选择。就像我们从日常生活中知道的那样,借贷可以以任何单位来计量。你可以从朋友那里借一台车,还的时候加满油。在这种情形下,并没有美元的交换,隐含的利率是取决于油价的。同样地,以更接近金融的例子说明,金矿公司往往用金条贷款(golden bullion loans)以支持勘探和开采:在金条贷款中,金矿公司在 t 期借入一定数量的黄金,同意在之后的 T 期偿还更多数量的黄金,有可能中间还有黄金利息。再说一遍,这里完全不需要"美元"的参与或参考美元,按"美元"计的利息最终取决于黄金的实际价格。

实物债券是那些以实物为单位计量的债券,比如黄金,而不是美元。而通货膨胀相联系证

[一] 当月第一天的CPI总是与3个月前的CPI相等,在这个例子中,2007年11月1日的CPI=207.917=8月的CPI。由于11月26日是11月1日以后的第25天,所以该计算为 25/30 × 208.490 + 5/30 × 207.917 = 208.394 5。

券，则是以用商品篮子为基础测算的 CPI 指数作为计量单位的债券。

正如在第 2 章所做的那样，在讨论贴现因子 $Z(t;T)$ 时，可以想一想实际贴现因子 $Z^{real}(t;T)$。

🔍 定义 7-2

实际贴现因子 $Z^{real}(t;T)$ 是指期消费品在 t 期和 T 期之间价格的交换比率。

$Z^{real}(t;T)$ 衡量了一个消费者为了换取 1 单位 T 期的消费品，而愿意在 t 期放弃的消费品单位，合理的行为假设是为了让某人放弃一些今天(t)的消费品，他或她一定要在今后的时间 T 获得更多的消费品。也就是 $Z^{real}(t;T)<1$。⊖

实际贴现因子的定义，允许我们去接着讨论其他的内容，就像我们在第 2 章所做的那样。实际上，所有在这里讨论的名义贴现因子，都可以从实际贴现因子的角度重新进行定义。

举例来说，给出一个实际贴现因子，我们可以算出实际利率。在接下来的定义中我们只考虑实际的连续复利。以其他复利频率计算的真实复利算法，可参阅第 2 章相关章节。

🔍 定义 7-3

实际连续复利能够从实际贴现因子中获得，如下式：

$$Z^{real}(t;T) = e^{-r_{real}(t;T)(T-t)} \times 1 \tag{7-22}$$

也就是，

$$r_{real}(t;T) = -\frac{\ln(Z^{real}(t;T))}{T-t} \tag{7-23}$$

t 期时的实际利率期限结构，可由 t 到 T 之间各时点的 $r_{real}(t;T)$ 给出。

同样的，到期日为 T，票息为 c 的实物债券的价值（以消费品计量）可由下式得出

$$P_c^{real}(t;T) = \frac{c \times 100}{2}\sum_{i=1}^{n} Z^{real}(t;T_i) + 100 \times Z^{real}(t;T)$$

7.4.3 实物债券和 TIPS

我们终于可以来分析实物债券和 TIPS 之间的联系，并讨论其定价公式了。一个好的办法，仍然是从零息债券开始。假设某投资银行购买了一份 TIPS 并且将利息从本金中剥离出来生成了一系列零息债券。这些零息债券的支付额与 CPI 相关，以 $Idx(T)$ 表示 CPI 相对于到期日 T 的调整（取决于之前两个月的 CPI），一份零息 TIPS 的收益如下：

$$T \text{ 时期一份零息 TIPS 的收益} = 100 \times \frac{Idx(T)}{Idx(0)} \tag{7-24}$$

注意比值 $\frac{Idx(T)}{Idx(0)}$ 代表的是消费品在 0 期和 T 期之间的价格增长（减去两个月）。再以简单形式 $Idx(T)$ 代表购买恰好 1 单位 CPI 所代表的一篮子消费品的实际成本。$100 \times Idx(T)$ 就是 T 时刻，100 个单位 CPI 篮子消费品的价格。给定上一小节介绍的实际贴现因子 $Z^{real}(t;T)$，那么在今天(t)的收益是

$$100 \times Idx(T) \text{ 的现值} = Z^{real}(t;T) \times 100$$

⊖ 例如，如果某人借了你的汽车并在 5 年后归还给你，你或许会不太高兴，即使汽车的性能与你出借它时是相当的。可能的话，除了原有的汽车之外，你还希望获得一些别的东西来作为你不能一直使用汽车的补偿。

这个当前价值是由一篮子消费品所表示的,我们可以将这个价值乘以目前的消费品篮子价格指数 $Idx(t)$,而将其转化为美元,就得到了:

$$100 \times Idx(T) \text{的美元现值} = Z^{real}(t;T) \times Idx(t) \times 100$$

最后,左边并不正好等于零息 TIPS 的收益,还必须除以 0 期的指数 $Idx(0)$,才能得到定价公式

$$\text{零息 TIPS 的美元价值} = P_z^{TIPS}(t;T) = Z^{real}(t;T) \times \frac{Idx(t)}{Idx(0)} \times 100 \qquad (7\text{-}25)$$

在以上的计算中,我们隐含了一个假设:那就是假设了最终的支付时间 T 和指数的决定时间之间的时滞性没有影响。这个假设大大地简单化了相应的计算工作。

有了零息 TIPS 的价值,我们就可以计算出其他任何附息 TIPS 的价值了。举例来说,一份 T 时期到期,票息为 c 的 TIPS 在 t 期的价值为

$$P_c^{TIPS}(t;T) = \frac{Idx(t)}{Idx(0)} \times \left[\frac{c \times 100}{2} \sum_{i=1}^{n} Z^{real}(t;T_i) + Z^{real}(t;T) \right] \qquad (7\text{-}26)$$

7.4.4 实际收益率曲线的拟合

如果有了实际贴现因子 $Z^{real}(t;T)$ 的值,就可以通过式(7-26)直接为所有 TIPS 定价。不幸的是,$Z^{real}(t;T_i)$ 是不可观测的,但他们确实存在于 TIPS 的价格中,名义国债的贴现率曲线 $Z(t;T)$ 也是这样。然而,就像在第 2 章中解释的那样,我们可以利用 TIPS 的价格去反推出 $Z^{real}(t;T_i)$。与国债不同的一个困难是,没有那么多的债券价格,因此在 2.4.2 中讨论的策略是不可行的。然而,在附录2A 中我们利用贴现率弹性方程讨论了曲线拟合的方法,例如 Nelson-Siegel 模型。在这里我们利用表 7-5 中的数据,来阐释实际收益率曲线的计算方法。

👉 **例 7-3**

回忆第 2 章,第 2.9.3.2 节中使用的曲线拟合方法,实际上,从定价公式(7-26)的就可以计算每只 TIPS 的调整价格,也就是

$$\hat{P}_c^{TIPS}(t;T) = \frac{P_c^{TIPS}(t;T)}{\frac{Idx(t)}{Idx(0)}} = \frac{c \times 100}{2} \sum_{i=1}^{n} Z^{real}(t;T_i) + Z^{real}(t;T) \qquad (7\text{-}27)$$

等式右边与第 2 章中名义债券的公式一模一样,因此可以利用其他拟合练习中相同的步骤了。具体做法是,通过计算付给 TIPS 的卖方应计利息总额,计算出债券的调整发票价格。接下来,再利用贴现率曲线 $Z^{real}(0;T)$ 的模型。在这里,我们利用扩展的 Nelson-Siegel 模型,连续复利(真实)可按下式计算:

$$r_{real}(0,T) = \theta_0 + (\theta_1 + \theta_2)\frac{1-e^{-\frac{T}{\kappa_1}}}{\frac{T}{\kappa_1}} - \theta_2 e^{-\frac{T}{\kappa_1}} + \theta_3 \left(\frac{1-e^{-\frac{T}{\kappa_1}}}{\frac{T}{\kappa_2}} - e^{-\frac{T}{\kappa_2}} \right) \qquad (7\text{-}28)$$

这里有 6 个参数需要根据债券报价来估计。⊖ 图 7-6a 里的实线是实际利率的期限结构。实际利率最低为 1.5%,最高超过了 2%。

⊖ 表7-5 中仅有 4 个报价,但是却需要估计 6 个参数。假设这些是线性方程,那么将存在无数解。然而问题的高度非线性使该问题能够被明确定义,因此可以找到一组唯一的解(估计)。得到的估计参数为 θ_0 = 6 277.748,θ_1 = $-6\ 277.734$,θ_2 = $-6\ 288.682$,θ_3 = 0.029,κ_1 = 3 641.997 以及 κ_2 = 4.688。

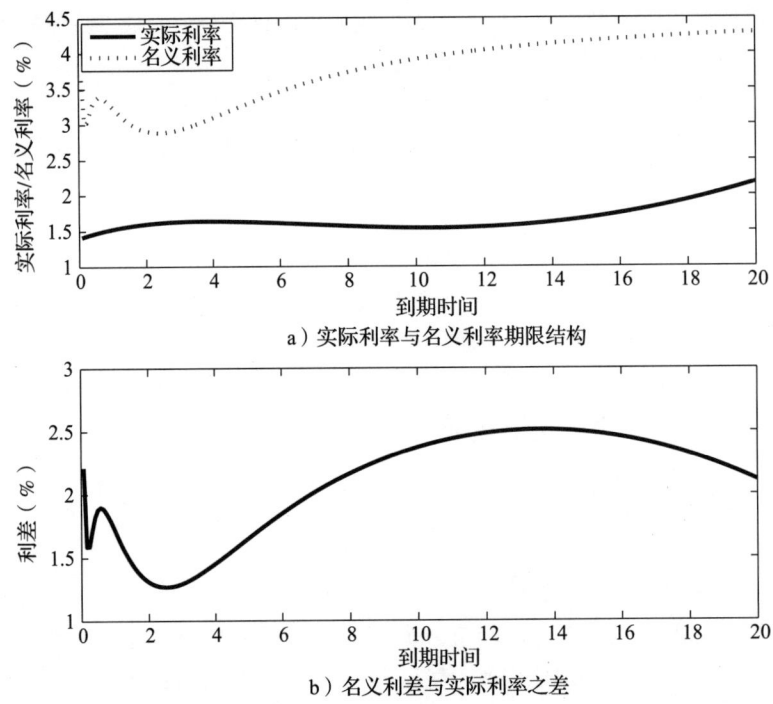

a) 实际利率与名义利率期限结构

b) 名义利差与实际利率之差

图 7-6　2007 年 11 月 26 日的实际利差与名义利率

资料来源：彭博。

7.4.5　名义利率和实际利率的关系

为了给这一章节结尾，我们很自然地会问名义债券和通货膨胀保值债券的关系是什么？显然，债券的价格是不能完全独立于其他债券的。举个例子，如果实际贴现因子 $Z^{real}(t;T)$ 降低了，这就因为家庭在未来能用于消费的物质将更少了，投资人就会要求对持有真实收益(或通胀保值国债)债券更高的补偿。名义债券提供了固定金额的美元去购买消费品，但是如果消费品并没有今天的消费品那么有价值，很显然，这时名义债券的价格就会更低。这个讨论可以由以下公式表示。

考虑一只在 0 期发行，T 期到期的名义零息债券，它的名义价格是(美元)：

$$P_z(0,T) = e^{-r(0,T)\times T} \times 100 \text{ 美元} \tag{7-29}$$

在 T 期有 100 美元，我们可以买 100 美元/$Idx(T)$ 这么多单位 CPI 篮子的消费品，我们首先考虑投资者对于未来的通货膨胀有完美预期的情况。

7.4.5.1　完美预期下的名义利率和实际利率

假设我们有完美预期，所以我们知道 T 时期 CPI 指数会是多少，这么多单位的消费品的现时价值就可以由实际利率贴现得出

$$\frac{100}{Idx(T)} \text{ 的现值} = e^{-r_{real}(0,T)\times T} \times \frac{100}{Idx(T)}$$

这个当前的价值是由消费品来表示的，因为我们想要的是美元价格，就只需要将这个价值乘以当前的 CPI 指数 $Idx(0)$ 就可以进行转换了

$$\frac{100}{Idx(T)} \text{ 的美元现值} = \left(e^{-r_{real}(0,T)\times T} \times \frac{Idx(0)}{Idx(T)} \right) \times 100 \tag{7-30}$$

我们比较式(7-29)与式(7-30)可以发现，不论在哪种情况下，我们都将把 100 美元贴现到

今天。因为我们假设了完美预期通货膨胀，所以这两个贴现是不同的，且有以下的关系

$$e^{-r(0,T) \times T} = e^{-r_{real}(0,T) \times T} \times \frac{Idx(0)}{Idx(T)} \tag{7-31}$$

以 π 作为连续复利的常数，年化 0 期和 T 期之间的通货膨胀率，那么 π 由以下定义：

$$Idx(T) = Idx(0) \times e^{\pi \times T} \tag{7-32}$$

接着我们能够从式(7-31)发现：

$$r(0, t) = r_{real}(0, T) + \pi$$

在完美预期下，名义利率等于实际利率加上年化的通货膨胀率。

7.4.5.2 不确定通货膨胀下的名义利率和实际利率

因为我们并不知道 0 期和 T 期之间的通货膨胀率（如果我们知道的话，就不需要 TIPS 了），我们需要从两个方面去修正这个分析：首先，我们需要对未来通货膨胀率引入随机的概念；接着，我们不得不考虑这个现实——名义债券的投资者希望获得风险溢价的补偿。

假设式(7-32)中的 π 服从正态分布，以 $\bar{\pi}$ 为均值，σ_π^2 为方差，即

$$\pi \sim \mathcal{N}(\bar{\pi}, \sigma_\pi^2)$$

这意味着购买力的期望损失为

$$E\left[\frac{Idx(T)}{Idx(0)}\right] = e^{-\bar{\pi} \times T + \frac{T^2}{2}\sigma_\pi^2}$$

接着，假设投资者要求一定的通货膨胀风险溢价 κ（年化）才愿意持有以美元结算的证券，而不是随着通货膨胀调整。那么现在价值的表达式与式(7-30)是类似的，但是需要考虑随机通货膨胀率和通货膨胀风险溢价，即

$$\frac{100}{Idx(T)} \text{ 的预期美元现值} = E\left[e^{-(r_{real}(0,T)+\kappa) \times T} \frac{Idx(0)}{Idx(T)}\right] \times 100$$

$$= e^{-(r_{real}(0,T)+\kappa) \times T} \times e^{-\bar{\pi} \times T + \frac{T^2}{2}\sigma_\pi^2} \times 100$$

因为这个等式必须与式(7-29)相等，所以

$$r(t,T) = r_{real}(t,T) + \bar{\pi} + \kappa - \frac{T}{2}\sigma_\pi^2 \tag{7-33}$$

这就是说，名义利率等于实际利率加上预期通货膨胀率以及通货膨胀风险溢价。在此之外，等式中还存在一个（负的）凸性结构，这是由 CPI 指数和它的增长率 π 之间的关系造成的。即使预期通货膨胀率和通货膨胀风险溢价是一定的，实际利率的变化也将影响名义利率，反之亦然，由于通货膨胀率和通货膨胀风险溢价的变动，即使实际利率是一定的，名义利率也将会增高或降低。

例 7-4

为了阐释名义利率和实际利率之间的关系，再考虑例 7-3，利用扩展的 Nelson-Siegel 模型去拟合表 7-5 中的债券价格，我们获得名义利率曲线 $r(0; T)$，如图 7-6a 的点画线所示。两条曲线之间的差异，提供了预期通货膨胀、风险溢价和凸性的估计。这些值已经显示在图 7-6b 中。

本章小结

在这一小节我们讨论了以下话题：
1. 货币政策的基础和美联储在经济中的角色：

美联储有双重使命，那就是保持低通胀（稳定的价格）和低失业率。美联储影响利率，通

过对目标联邦基金利率和贴现率的调整,也必然影响固定收益工具的收益。
2. 联邦基金利率和宏观变量:联邦基金利率在不同时期随着通货膨胀和工资增长的变化而调整。这些宏观变量可以帮助人们预测未来的联邦基金利率。
3. 对联邦基金期货的研究,有助于预测未来的联邦基金利率,也有助于预测宏观变量。
4. 预期假说:预期假说说明长期的收益只取决于市场参与者对未来收益的预期,却几乎无法从数据方面得到支持,意味着风险溢价特别是时变风险溢价是债券收益波动的重要原因。
5. 风险溢价:风险溢价是一项投资的收益高出平均收益的部分。相对于收益确定的短期、安全债券,市场参与者要求风险溢价才愿意持有更长期限的债券。有证据表明风险溢价与利率期限结构的斜率相关。
6. 通货膨胀保值国债:TIPS 是一种本金随着通货膨胀进行调整的国债,具体来说,是随着 CPI 调整的。这些债券提供了一种应对通货膨胀的保护措施。
7. 实际利率:实际利率是扣除通货膨胀外影响后的投资收益率。
8. 实际利率期限结构:零息债券的实际收益与其到期日之间的关系,被称为实际利率期限结构,可以通过 TIPS 估计得出。

练习

1. 在这一章中我们用两个模型估计了联邦基金利率

$$r^{FF}(t) = \alpha + \beta_1 r^{FF}(t-1) + \beta_2 X^{Pay}(t-1) + \beta_3 X^{Inf}(t-1)$$

$$r^{FF}(t) = \alpha + \beta_1 r^{FF}(t-1) + \beta_2 X^{Pay}(t-1) + \beta_3 X^{Inf}(t-1) + \beta_4 f^{Fut}(t,t+)$$

表 7-6 总结了表 7-1 和表 7-3 中的估计。

表 7-6 模型 1 和模型 2 的参数估计

	α	β_1	β_2	β_3	β_4
模型 1	-0.000 196	0.959 4	0.073 1	0.032 6	
模型 2	-0.000 112	0.139 5	0.024 2	0.006 2	0.845 4

(1) 利用表 7-6 中的估计和表 7-7 中的数据进行一个提前 1 个月的对联邦基金目标利率的预测。也就是说,利用 12 月 6 日的输入值,计算出 1 月 7 日的联邦基金利率预测组。类似地,利用 1 月 7 日的数据来预测 2 月 7 日的联邦基金利率。依此类推,用以上的两个模型进行这个训练。

(2) 表 7-7 中的第 1 列提供了过去真实的联邦基金目标利率。画出两个模型对联邦基金目标利率的预测值以及真实值。估计值与真实值之间差多少?

(3) 算出两个模型的误差平方和,基于这个计算,哪一个模型是更准确的?

表 7-7 联邦基金目标利率预测

日期	联邦基金目标利率	工资增长率	年化通胀率	联邦基金期货
12/06	5.25%	0.08%	2.08%	5.24%
01/07	5.25%	0.07%	2.44%	5.25%
02/07	5.25%	0.13%	2.75%	5.25%
03/07	5.25%	0.06%	2.57%	5.25%
04/07	5.25%	0.11%	2.68%	5.25%
05/07	5.25%	0.10%	2.65%	5.25%
06/07	5.25%	0.07%	2.37%	5.25%
07/07	5.25%	0.00%	1.94%	5.25%
08/07	5.25%	0.08%	2.76%	5.25%
09/07	4.75%	0.12%	3.54%	4.66%
10/07	4.75%	0.07%	4.37%	4.63%
11/07	4.50%	0.01%	4.12%	4.22%
12/07	4.25%	-0.01%	4.40%	4.16%
01/08	3.50%	-0.05%	4.12%	2.96%
02/08	3.00%	-0.06%	4.00%	2.67%
03/08	2.25%	-0.01%	3.88%	2.17%
04/08	2.25%	-0.04%	4.08%	2.00%
05/08	2.00%	-0.05%	4.90%	2.01%
06/08	2.00%	-0.04%	5.52%	2.01%
07/08	2.00%	-0.06%	5.36%	2.02%
08/08	2.00%	-0.12%	4.94%	2.02%
09/08	2.00%			

资料来源:美联储和美国劳工统计局。

2. 今天是 2008 年 12 月 12 日，TIPS 的价格在表 7-8 中。

表 7-8　2008 年 12 月 12 日的通货膨胀保值国债数据

证券	到期日	价格	票息	指数比例
1	2014/01/15	91 7-32	2	1.184 06
2	2016/01/15	91	2	1.102 31
3	2014/07/15	90 1-2	2	1.160 67
4	2026/01/15	85 25-32	2	1.102 31

资料来源：彭博。

(1) 利用式(7-28)中扩展的 Nelson-Siegel 模型来计算实际贴现率曲线和实际收益率曲线。

(2) 你利用扩展的 Nelson-Siegel 模型估计出的参数应该接近于：$\theta_0 = 6\,278.301\,3$，$\theta_1 = -6\,278.227$，$\theta_2 = -6\,289.289$，$\theta_3 = -0.187\,63$，$k_1 = 27\,056.491$，$k_2 = 32.190\,532$。给定公式(7-28)，哪一个描述了扩展 Nelson-Siegel 模型应用于实际利率，你能够通过仅观察参数看出短期利率 $r(0)$〔即 $r(0, T)$ 当 $T \to 0$〕是多少吗？

(3) 利用实际期限结构，为 2% 票息的 TIPS 定价，到期日为 2012 年 4 月 14 日，指数比为 1.078 17。

(4) 在 2008 年 12 月 12 日，C 部分中 TIPS 实际上以 95 15/16 交易，你的价格接近于此交易价格吗？

3. 考虑表 7-8 中 TIPS 的数据，假设你决定利用表中的证券 1 和 3 来进行资产组合。特别地，你决定剔除 TIPS 中的息票。你决定做空证券 1 接下来的 5 个息票支付，做多证券 3 接下来的 5 个息票支付。

(1) 因为你本质上是按实际价值做多和做空了 2%，那么整个头寸的价格是否是 0 呢？做出解释。

(2) 头寸的名义价格是多少？假设今天是 2008 年 12 月 12 日，利用之前练习中给出的扩展的 Nelson-Siegel 模型中的估计值（式(7-28)），也就是：$\theta_0 = 6\,278.301\,3$，$\theta_1 = -6\,278.227$，$\theta_2 = -6\,289.289$，$\theta_3 = -0.187\,63$，$k_1 = 27\,056.491$，$k_2 = 32.190\,532$。你是应该进行支付还是获得现金呢？

(3) 下一次息票支付发生在 2009 年 1 月 15 日，并且你已经获知了这两只证券在当日的指数比：证券 1 为 1.161 96，证券 3 为 1.081 73. 当日的实际现金流是怎样的？你是获得现金还是支出现金？

(4) 这个资产组合更类似于承担通胀风险还是持有应对通胀风险的保险？

4. 考虑表 7-8 中 TIPS 的数据。假设你决定利用证券 1 和 3 来构造一个无成本的资产组合。特别地，你决定剔除 TIPS 中的息票。你决定做空证券 1 接下来的 5 个息票支付，做多证券 3 接下来的 5 个息票支付。

(1) 为保证无成本，你所需要购买的证券 3 和证券 1 的比值是多少？

(2) 下一个息票支付的名义价值是多少？

(3) 此头寸的息票支付按实际价值计算是多少？

(4) 此头寸按实际价值计算的价格是多少？你能够从实际价格中求出名义价格吗？

5. TIPS 的一个重要特征是本金不能少于 100。也就是说，如果指数比低于 1，那么这个参数将自动被设为 1。当存在通货紧缩（负的通货膨胀）时，这个特征非常重要，因为在这种情形下，本金将减少。因此给定之前确定的规则，参考 CPI 的下跌不能低于它的初始值。通常来说通货紧缩是不存在的或者非常微小，所以 TIPS 的指数比例常常会积累到高值：即使在有通货紧缩时，这个值也非常高以致无法使它低于 1。因此，这不适用于最近发行的 TIPS。假设今天是 2002 年 1 月 16 日，你拥有表 7-9A 部分中的 TIPS 数据。

(1) 利用表 7-9A 部分中的数据去估计扩展 Nelson-Siegel 模型（详见式(7-28)）并算出实际利率期限结构。你从此模型中获得的参数应该接近于：$\theta_0 = 6\,278.301\,3$，$\theta_1 = -6\,278.227$，$\theta_2 = -6\,289.289$，$\theta_3 = -0.187\,63$，$k_1 = 27\,056.491$，$k_2 = 32.190\,532$。

(2) 现在考虑表 7-9B 部分的 TIPS。你会发现指数比例非常接近于 1，这意味着这只证券从发行以来(2001 年 10 月 15 日)没有积累很多通胀。这使得它在下一时期存在极小通缩的情况下也非常容易低于 1。如果存在通货紧缩，这只债券会怎样? 息票的现金流将更高、更低还是与没有任何通胀(通缩)时相同?

(3) 这只债券比表7-9A部分中的其他债券更有价值还是更没有价值?

(4) 考虑以上计算的实际利率期限结构,给定这些参数,证券的价格是多少?

(5) 这只证券的定价误差平方和是多少? 它与表7-9A部分中其他证券的误差平方和相差很多吗?

(6) 按净价交易价格计算,差为多少?

(7) 这些分析是否向你显示了以上(3)的答案?

表7-9 2002年1月16日的通货膨胀保值国债数据

证券	到期日	价格	票息	指数比例
A: 通货膨胀保值国债				
1	2011/01/15	100.66	3.50	1.020 17
2	2010/01/15	105.81	4.25	1.055 33
3	2029/04/15	107.13	3.88	1.080 06
4	2028/04/15	102.56	3.63	1.097 78
B: 新发行的通货膨胀保值国债				
5	2032-04-15	99.88	3.38	1.000 31

资料来源:彭博。

案例研究:2007~2008年次贷危机中的货币政策

2007~2008年的次贷危机为我们提供了观察美联储行动的机会,为了避免美国步入长期的衰退,美联储不仅动用了所有现存的货币政策工具,还发明了新的货币政策工具。表7-10列出了关键事件发生的时间。⊖

表7-10 次贷危机期间的一系列事件(2007~2008年)

日期	事件
2007/06/15 星期五	贝尔斯登试图清算持有的一只对冲基金(抵押贷款支持证券)
2007/06/28 星期四	联邦公开市场委员会会议。没有利率变化
2007/07/06 星期五	净要素支付增加132,000;失业率为4.5%,通胀率为2.65%(6月)
2007/07/17 星期二	联邦声称将调查次级抵押贷款,因为违约情况年复一年增加87%
2007/07/24 星期二	美国国家金融服务公司报告了由于高违约率造成的损失
2007/08/03 星期五	净要素支付增加92,000;失业率为4.6%,通胀率为2.37%(7月)
2007/08/07 星期二	联邦公开市场委员会会议。没有利率变化
2007/08/09 星期四	联邦通过公开市场操作释放了240亿美元的流动性
2007/08/10 星期五	联邦公开市场委员会临时会议。联邦通过公开市场操作注入350亿美元流动性。联邦宣称它将通过3天期逆回购按联邦基金利率购买190亿美元抵押贷款支持证券。抵押贷款支持证券二级市场大幅蒸发,将美国国家金融服务公司和华盛顿共同基金推入了深渊
2007/08/16 星期四	联邦公开市场委员会临时会议。美国国家金融服务公司获取了115亿美元信用授权
2007/08/17 星期五	联邦将贴现率调低至5.75%(下降50个基点)。此外,现在主要的信贷贷款期限可以定在30天之内,而不是隔夜
2007/08/22 星期三	美国国家金融服务公司通过将16%的股份出售给美国银行以筹集20亿美元
2007/09/07 星期五	净要素支付增加4 000;失业率为4.6%,通胀率为1.94%(8月)
2007/09/18 星期二	联邦公开市场委员会会议。联邦下调联邦基金目标利率和贴现率50个基点,分别调整至4.75%与5.25%
2007/10/05 星期五	净要素支付增加110 000;失业率为4.7%,通胀率为2.76%(9月),将8月的净要素支付修正为+89 000
2007/10/31 星期三	联邦公开市场委员会会议。联邦下调联邦基金目标利率和贴现率25个基点,分别调整至4.50%与5.00%

⊖ 感谢Javier Madrid把这些事件研究归纳到一起。

(续)

日期	事件
2007/11/02 星期五	净要素支付增加 166 000；失业率为 4.7%，通胀率为 3.54%（10 月）
2007/12/06 星期四	美联储公开市场委员会临时会议，声称将与欧洲央行建立定期拍卖设施和外汇互换协议
2007/12/07 星期五	净要素支付增加 94 000；失业率为 4.7%，通胀率为 4.37%（11 月）
2007/12/10 星期一	美联储公开市场委员会会议。美联储下调联邦基金目标利率和贴现率 25 个基点，分别调整至 4.25% 与 4.75%
2007/12/12 星期三	美联储开始定期拍卖设施的设计以对银行提供流动性。美联储将钱借给银行并接受很大范围内的抵押品
2007/12/20 星期四	法定准备金发生改变
2008/01/04 星期五	净要素支付增加 18 000；失业率为 5.0%，通胀率为 4.12%（12 月）
2008/01/09 星期三	美联储公开市场委员会临时会议，讨论潜在的通胀风险和进一步降息的必要性及其时间表
2008/01/11 星期五	美国国家金融服务公司被美国银行以 41 亿美元收购
2008/01/22 星期二	美联储下调联邦基金目标利率和贴现率 75 个基点，分别调整至 3.50% 与 4.00%
2008/01/29 星期二	联邦公开市场委员会会议。美联储下调联邦基金目标利率和贴现率 50 个基点，分别调整至 3.00% 与 3.50%
2008/02/01 星期五	净要素支付增加 17 000；失业率为 4.9%，通胀率为 4.40%（1 月）

期限方面的问题

在 2007 年年中，经济似乎发展良好，但贷款违约率高过了预期，尤其是次级抵押市场上的抵押支持证券（MBS）的高违约率开始浮出水面。2007 年 6 月 12 日，贝尔斯登（一家投资银行）报告了旗下一只对冲基金损失了 23%（先前价值为 6.42 亿美元）。高级结构化信贷策略增强型杠杆基金（high-grade structured credit strategies enhanced leverage funds）是贝尔斯登公司过去几年，基于债务抵押合约而开发的资产管理策略中的一部分。贝尔斯登是仅次于雷曼兄弟的第二大抵押债券承销商，在它们想出售这些基金时却发现没有人买。对于一个稳健经济体而言，贝尔斯登的新闻是微不足道的。与此同时，在 2007 年 6 月 28 日召开的联邦公开市场委员会（FOMC）会议上，考虑到通货膨胀已经上涨且工资增长势头也很强劲，美联储决定维持联邦基金利率不变。

到 2007 年 7 月，更多的坏消息充满了市场。首先，有消息称在 5 月，违约率相较上一年增长了 87%，在次级贷款市场上尤其引人注目。2007 年 7 月 19 日，美联储主席本·伯南克向参议院坦诚，与次级抵押相关的证券损失可能会达到 1 000 亿美元。2007 年 7 月 24 日，美国国家金融服务公司（Countrywide）——美国最大的独立贷款商之一，宣布由于不良率增加和抵押违约率走高，它不得不加征减损收费。自 2006 年起，Countrywide 就是美国位居前列的抵押贷款机构，占有 20% 的市场份额。但是，就像 FOMC 在 8 月 7 日的会议上决定的那样，因为担心通货膨胀率走高，美联储决定保持利率不变。

就在美联储决定保持利率不变的两天之后，一系列事件的发生，让很多人认识到，自最坏的大萧条时代以来，最严重的金融危机来临了。首先，Countrywide 在给证监会的文件中提到市场问题是前所未有的严重，在那时 Countrywide 已经失去了它市值的 1/3（大约 88 亿美元）。其他金融机构，如华盛顿互助银行（Washington Mutual），美国最大的储蓄信贷机构和 MGIC 投资，（美国第一抵押证券发行商）也面临着相同的困境。但是美联储主要关心的是信贷市场上未预料到的事件：2007 年 8 月 9 日，不寻常的事发生了。隔夜伦敦银行间同业拆借利率（Overnight LIBOR）和联邦基金利率都同时急剧攀升，远远超过了联邦基金的目标利率（见图 7-7）。由于 LIBOR 的攀升如此具有戏剧性，以至于美联储不得不进行干预，以期利率能回到目标利率。

公开市场操作

美联储面临的问题是市场利率超过了目标利率，这意味着对基金的需求超过了供给。美联储决定通过公开市场操作在 8 月 9 日星期四增加 240 亿美元、在 8 月 10 日增加 350 亿美元的资金。用于注入流动性的具体交易方式，就是回购协议（见第 1 章），并且和平常一样，是通过指定的一级经纪商来完成的。比如，在 8 月 9 日，美国联邦储蓄银行纽约分行收到了 347 亿美元 14 天国债回购协议的买单。其中 40 亿美元的协议以 5.18% 的利率（加权平均利率）成交，这也意味着，对每 100 美元的国债，卖方在 14 天后将支付 0.39 美元的利息。

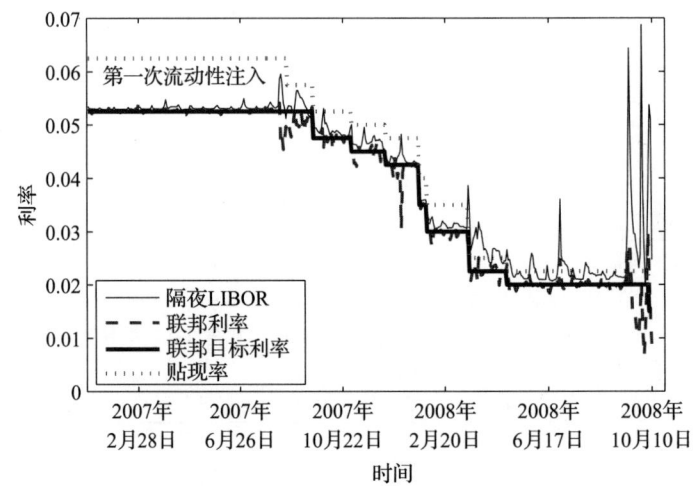

图 7-7　次货危机期间的借款利率

公开市场操作——抵押支持证券

同样，除了 8 月 10 日由美联储注入的 350 亿美元基金，还有 190 亿美元是通过为期 3 天的 MBS 回购协议放出的，这意味着美联储乐意接受 MBS 作为回购协议的抵押品，但 MBS 需要是高投资级的（最低的违约风险）。这使得持有 MBS 重仓的 36 家大交易商（如雷曼兄弟和贝尔斯登）能够获得额外的融资。在 8 月 9 日，美国联邦储蓄银行纽约分行收到了 365 亿美元 3 天期 MBS 回购协议的买单，其中 59.3 亿美元以 5.33% 的利率成交，对于卖方，每 100 美元 MBS 将获得 0.4 美元的利息。

2007 年 8 月 17 日：美联储调低贴现率

2007 年 8 月 16 日是另一个糟糕的日子，市场受到 Countrywide 利用 115 亿美元信用额度保持流动性消息的震荡，进一步加剧了次贷市场的严重性，并使危机规模迅速增大。道琼斯工业指数和纳斯达克指数急剧下跌。作为对这些事件的反应，加之市场对于普遍信贷危机的担忧，美联储降低了贴现率，也就是利率。贴现率是存款机构可以向美联储借贷资金的利率，最初是用来防止银行在当日不能履行存款准备金要求的最后措施。美联储决定降低贴现率，以增加市场的流动性。贴现率从 6.25% 降低到了 5.75%。历史上，贴现率往往是和联邦基金目标利率同步调整的，一般总是保持相同的利差。截至当时，这个利差为 1 个百分点，通过降低贴现率，这个利差缩减了一半。

除此之外，美联储增加了贷款所能接受的抵押品类型，并延长了信用贷款的期限，从隔夜增加到了 30 天。值得关注的一点，是只有 FDIC 核准的存款机构才能利用贴现窗口，并不是所有的一级交易商都是存款机构。我们会在之后才讲到这一点。

系统公开市场账户证券借贷计划

另外一项政策工具，是系统市场公开账户（SOMA）证券借贷计划，通过这一计划，银行能够从 SOMA 中买入国债并隔夜持有。每天中午，美联储纽约分行将在一级交易商之间举办一场投标拍卖，交易商们付出手续费来竞争证券。贷款是基于"债券-对-债券"贷出的，也就是说一级交易商必须提供国债和通货膨胀保值债券作为抵押品，才能获得贷款。因为国债可用于回购协议，所以交易商有激励参与这个计划进行一些特别交易。为了有所限制，美联储纽约分行通常会在贷款手续费上有个最低要求，在 8 月 21 日时，贷款手续费的最低要求为 50 基点。

2007 年 9～11 月：美联储降低利率并开始 TAF

由于信用危机日益严峻，美联储分别在 9 月 18 日、10 月 31 日和 11 月 12 日降低了联邦基金利率和贴现率（见图 7-7），分别降到了 4.25% 和 4.75%，到 11 月的 FOMC 会议时，美联储开始了一项新政策：定期标售工具（term auction facility，TAF），在接下来讨论。

定期标售工具

在这项政策下，符合条件的存款机构可以出价竞拍由美联储提供的一定数量的基金。这些贷款是有抵押的。进入此项拍卖的要求和参与贴现窗口的优先级（primary）银行的要求相同。这项拍卖工作是按如下程序进行的：假如某家有优先级信用资质的银行要参与这一工作，在 12 月 17 日，拍卖的第一天，就需要报出相应的数量和出价（以利率计价），数量不能高于所提供基金总额的 10%，出价的利率被限制在一个预先设定最低利率以上。在这种情况下，最低利率为 4.17%，提供的资金额度为 200 亿美元的 28 天贷款，因为资金有 28 天的时间，所以它们与窗口贴现有相同的抵押要求。假如，这家银行抵押了 1000 万美元的国债，以 4.7% 的利率希望获得 980 万美元的贷款。当出价结束时，美联储将会将资金的第一部分交给出价最高的人，然后按出价顺序给接下来的竞买人。最后一个获得资金的出价最低的利率被称为截止利率。在这天，截止利率为 4.65%，这就意味着我们例子中的银行得到了贷款。

2008 年 1 月：美联储调低联邦基金目标利率和贴现率

2008 年 1 月，美联储调低了两个参考利率。由于担心更坏的经济走势，美联储既降低了联邦基金目标利率又降低了贴现率，在 1 月 22 日的一次临时会议中调低了 75 个基点，之后又在计划会议上额外调低了 50 个基点。到 1 月 29 日，联邦基金目标利率和贴现率降低至了 3.00% 和 3.50%。

2008 年 3 月：贝尔斯登崩溃，美联储增加流动性支持

2008 年 3 月 11 日，美联储声明 SOMA 证券借贷计划将延长至 28 天，并且一系列抵押品成了可接受的，包括投资级的公司债券、市政债券、抵押贷款债券和资产证券。至关重要的是，在扩张计划之下，主要交易商可以甩掉那些风险高的证券（如 MBS），换成更为安全的证券（如国债）。

在 3 月 16 日星期天这天，贝尔斯登倒下了，摩根大通银行（JP Morgan Chase）同意以每股 2 美元的价格接收贝尔斯登。在同一天，美联储进一步缩小了贴现率和目标利率之间的利差，将贴现率调低到了 3.25%，使二者的利差缩小到了只有 25 个基点。接着，在 3 月 17 日和 4 月 30 日，美联储的目标基金利率和贴现率进一步分别下跌了 75 个和 25 个基点，达到了 2% 和 2.25%。由于担心通货膨胀抬头，这将是短期内最后一次调低利率了。美联储宣布了采用其他替代性措施的计划。

一级交易商信贷工具（Primary Dealer Credit Facility，PDCF）

3 月 16 日贝尔斯登倒闭之后，美联储开始了一级交易商信贷工具的计划 PDCF。这个计划允许一级交易商从美联储纽约分行获得隔夜贷款，能借到的上限是它们抵押品能够允许的最大金额。这项隔夜贷款收取的利息与在贴现窗口收取的相同，这个项目与贴现窗口并不一样。主要的不同点是那些没有资格利用贴现窗口的一级交易商，被允许参与这个项目。不过，美联储会对参与这一项目的一级交易商，在 120 个工作日中有 30 个工作日参与到这一项目的，将被加收一定的额外费用。

2008 年 9～10 月：房利美、房地美、雷曼兄弟和美国国际集团的坍塌

2008 年的 9 月，一系列重要的事件发生了：首先，9 月 7 日房利美和房地美，这两家巨型的政府资助机构、抵押贷款证券市场的巨头，因为无法到期履约而被接管。之后，在 9 月 15 日，雷曼兄弟宣布破产。紧接着，政府向 AIG 提供了 850 亿美元的资金支持。由于银行间市场对这些新闻反应糟糕，美联储开始提出另外的计划来增强流动性，具体包括以下内容。

资产担保商业票据（Asset-Backed Commercial Paper，ABCP）、货币市场共同基金(Money Market Mutual Funds，MMMF)和流动性工具(Liquidity Facility，AMLF)

这一计划允许美国的存款机构和银行持股公司，利用所持有的高质量的资产担保商业票据为担保物，从货币市场共同基金融入资金。AMLF由美联储波士顿分行负责管理，如果是应急所需，还可以按优惠的贴现率获得资金。

法定准备金及超额准备金利率

2006年，国会通过了《金融服务监管救济法案》（Financial Services Regulatory Relief Act），此法案授权美联储向存款机构存放在美联储的准备金支付利息，本计划从2011年10月1日开始实施。因为《紧急经济稳定法案》（Emergency Economic Stabilization Act）的通过，这个生效日期被提前到了2008年10月1日开始实施。正如在之前指出的一样，在美联储保有准备金，无论是法定的或是超额的，都存在机会成本（相当于是一种税），因为这些资金本是可以用于生息的。

对法定准备金的利息支付，由准备金的存放期间里的联邦基金目标利率的平均利率（通常是每周计算一次）减去一个利差来决定。超额准备金的利息支付，则是以保有准备金期间内最低的联邦基金目标利率减去一个利差来决定。表7-11中给出了一个例子。

表7-11 关于美联储银行准备金利息支付的例子

A：对法定准备金余额的利息支付			
保有准备金期间结束于	利率	保有准备金期间平均目标联邦基金利率	利差
2018/10/29	1.33%	1.43%	0.10%
2018/10/22	1.40%	1.50%	0.10%
2018/10/15	1.40%	1.50%	0.10%
B：对超额准备金余额的利息支付			
保有准备金期间结束于	利率	保有准备金期间最小目标联邦基金利率	利差
2018/10/29	0.65%	1.00%	0.35%
2018/10/22	0.75%	1.50%	0.75%
2018/10/15	0.75%	1.50%	0.75%

附录7A 预期收益关系的推导

对式(7-12)两边取对数，得到

$$\log[E_t[P_z(t+1,T)]] - \log[P_z(t,T)] = \log(100) - \log[P_z(t,t+1)] + \kappa \quad (7-34)$$

根据收益率的正态分布假设：

$$\log[E_t[P_z(t+1,T)]] = -E_t[r(t+1,T) \times (\tau-1)] + \frac{(\tau-1)^2}{2} V[r(t+1,T)]$$

且有：

$$E_t[\log(P_z(t+1,T))] = E_t[\log(e^{-r(t+1,T)(\tau-1)})] = -E_t[r(t+1,T) \times (\tau-1)]$$

$$= \log[E_t[P_z(t+1,T)]] - \frac{(\tau-1)^2}{2} V_t[r(t+1,T)]$$

通过替换，式(7-34)可以被重新整理成：

$$E_t[\log(P_z(t+1,T))] - \log[P_z(t,T)] + \frac{(\tau-1)^2}{2} V_t[r(t+1,T)] = \log(100) - \log[P_z(t,t+1)] + \kappa$$

或者

$$E_t\left[\log\left(\frac{P_z(t+1,T)}{P_z(t,T)}\right) - \log\left(\frac{100}{P_z(t,t+1)}\right)\right] = \kappa - \frac{(\tau-1)^2}{2} V_t[r(t+1,T)]$$

第 8 章 住房抵押贷款支持证券概述

在 2008 年年末，美国住房抵押贷款支持证券市场规模已达到 89 亿美元，这比当时美国国债市场规模都要大出 30 亿美元。很明显，这种证券与实体房地产息息相关，所以其规模在近年来稳步上升也不足为奇。住房抵押贷款支持证券市场在风险转移的过程中起着关键作用，将风险从发行人（如小型银行、存储借贷机构等）转移给那些能更好地承受风险的投资者。而这些投资者相对来说更加分散，所以他们对于借贷风险有着更好的承受能力。将个人抵押贷款转化为证券出售给他人的这一过程叫作"资产证券化"。从住房抵押贷款支持证券入手，我们还可进一步扩充我们的讨论范围，诸如信用卡、汽车贷款、商业贷款等一系列资产的证券化问题。

8.1 资产证券化

在我们进入住房抵押贷款支持证券市场的讨论前，我们不妨先来学习资产证券化的概念。其实，它的基本思想很简单：持有投资性资产的一些机构无法承受过高的风险，他们希望将其出售给那些能够承受更高风险的投资者。对于金融机构来说，由于资产过于集中，很难将它们以一个合理的价格单独出售。为此，寻求到一个解决办法：一些金融机构可以联合起来，将类似的资产打包形成一个资产池，然后将资产池中的资产组合卖给投资者，这样就可以将单一资产的风险分散开来。为了能将资产打包，各金融机构联合成立一家"独立公司"，称之为特殊目的机构（special purpose vehicle，SPV）。SPV 以发行证券的方式，从投资者那里筹集资金购买这些有抵押的债权，而这种以住房抵押贷款债权为担保的证券就叫作住房抵押贷款支持证券（residential mortgage backed securities，RMBS）。

图 8-1 表示的就是资产证券化的过程。在图 8-1 中，发起人是一些金融机构，它们试图把一些资产打包组合后分散出售，而证券发行人是向发起人购买这些资产的一方。如上所述，为了与资产池的风险相隔离，发起人通常会建立一个 SPV，其目标是将支持证券发行的相关资产从发行者的资产负债表中分离出来。通常来讲，还有第三方——受托管理方，常被任命来确保 SPV 履行合约义务。除此之外，还

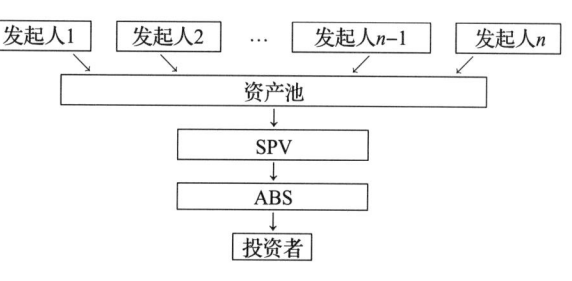

图 8-1　资产证券化过程

有一些在图 8-1 中未展现的第三方，比如：抵押服务商——从住房借款者那里收取资金后转交给投资者，向投资者提供额外信用担保的其他第三方等。

发生在住房抵押市场的这一资产证券化行为中,各储蓄信贷机构常常将这些住房抵押贷款打包,并出售给 SPV 以获取资金。或者,它们也可将这些住房抵押贷款出售给其他发行商,诸如房地美或者房利美,以获取住房抵押贷款支持证券(而不是现金),这些证券既可以在二级市场上自由买卖,也可以作为资产持有。如表 8-1 所述,除了住房抵押贷款可以进行证券化,还有大量其他资产也同样可以证券化。

表 8-1 证券化产品举例

证券名称	抵押资产
商业贷款支持证券(CMBS)	具有类似特征的商业贷款
资产支持证券(ABS)	应收账款、汽车贷款、公司债券等
债务抵押支持证券(CDO)	结构化债务产品、信用互换
抵押贷款支持证券(CLO)	公司贷款

8.1.1 RMBS 市场上的主要参与方

有两种类型的 RMBS:一种是机构住房抵押贷款支持证券(agency MBS),另一种是非机构住房抵押贷款支持证券(non-agency MBS)。其中 Agency MBS 中有政府部门涉入。住房抵押贷款支持证券的主要参与方如下。

1. 吉利美(Ginnie Mae):政府国民抵押协会(GNMA)。吉利美于 1968 年在美国国会之下设立,是美国住房及城市发展部旗下的一家政府独资公司。1970 年,吉利美渐渐兴起,并且开始为住房抵押贷款支持证券作担保。吉利美的主要作用是为住房抵押贷款支持证券的及时支付提供担保,而这些贷款的还款支付是通过联邦住房管理局(FHA)计划、公众与印第安人住房办公室(PIH)计划以及美国退伍军人事务部(VA)住房贷款计划进行支付的。其中,吉利美既不发起贷款或者购买贷款,也不从事证券的发行和买卖,它只为那些已经审核通过的、将贷款打包用于发行 RMBS 的私人借贷机构提供担保。⊖

2. 房利美(Fannie Mae):联邦全国抵押协会(FNMA)。它最初于 1938 年作为美国政府机构而成立,1968 年转型为美国政府特许经营的股份公司。2007~2009 年美国信贷危机爆发时,美国政府被迫接管了房利美(实质上就是国有化)。和吉利美一样,房利美为其资产证券化的抵押贷款提供信用担保。与吉利美的不同之处在于,房利美自身还运营一个大型抵押组合资金池,并通过发债的方式为其资金池进行融资。由于房利美是在二级市场上运营,它为抵押市场提供了流动性,这使得银行可以为住房贷款者以更合适的利率提供抵押贷款。1981 年,房利美首次发行了抵押贷款支持证券,从此以后,它便成为美国最大的抵押贷款支持证券发行人。⊜

3. 房地美(Freddie Mac):联邦住宅贷款抵押公司(FHLMC)。在 2007~2008 年信贷危机爆发前,房地美也是一家股份有限公司。在 1970 年,房地美被政府授予特许经营权,以稳定美国的住房抵押市场,同时为更多的居民提供购买住房和可接受的租房机会。房地美的商业模式和房利美一致。⊜

由吉利美担保的抵押贷款支持证券被认为是不会违约的无风险证券,因为它得到了美国政府明确的担保。而由房利美和房地美发行的抵押贷款支持证券同样被当作是相当安全的、风险很低的投资工具,因为一旦发生财务困难,联邦政府将会介入助其脱困。回过头来看,这些看法的确是真的,2007~2008 年的次贷危机期间,美国政府确实帮助了这两家机构脱离金融困境。房利美和房地美的规模非常庞大:在 2007 年 12 月,房利美资产规模达约 8 820 亿美元,

---

⊖ 资料来源:2006 年吉利美年度报告。
⊜ 资料来源:2007 年房利美年度报告。
⊜ 资料来源:2006 年房地美年度报告。

房地美资产规模也高达约7 940亿美元。两者提供的抵押担保合计约5万亿美元，这已超过住房抵押贷款支持证券规模的一半！

8.1.2 有专门标记的抵押贷款支持证券和2007~2009年发生的信用危机

除了上述三大政府机构，其他机构也同样可以发行住房抵押贷款支持证券。表8-2列出了1996~2008年抵押贷款支持证券的发行情况。在2007年以前，尽管RMBS大部分由政府支持的机构发行，但非政府支持机构发行RMBS的比例却一直处于上升的趋势。从图8-2可以看到，2000~2006年，私人抵押贷款市场(private label markets)的大幅增长和美国房价的迅速增长基本是一致的。私人抵押贷款市场快速增长的部分原因在于政府支持机构对它们能够接管运营的抵押品种类进行了限制，比如他们只能对所谓的传统的抵押品进行资产证券化，也就是说，本金必须低于一个给定的下限(cut point)(在2008年是417 000美元)，贷款和本金的比例(贷款价值比)不超过80%。但由于住房价格的上升刺激了对持有大额(jumbo)抵押贷款的需求，比如那些本金超过了上述下限的贷款，在私人抵押贷款市场上也可被证券化。此外，对贷款价值比超过80%的贷款需求也在逐步增加，而这些贷款在政府支持机构中是无法资产证券化的。而私人抵押贷款市场正好填补了这一缺口，当然也同时增加了潜在的违约风险，只不过抵押品价值(房价)的上升，暂时缓冲了违约的可能。

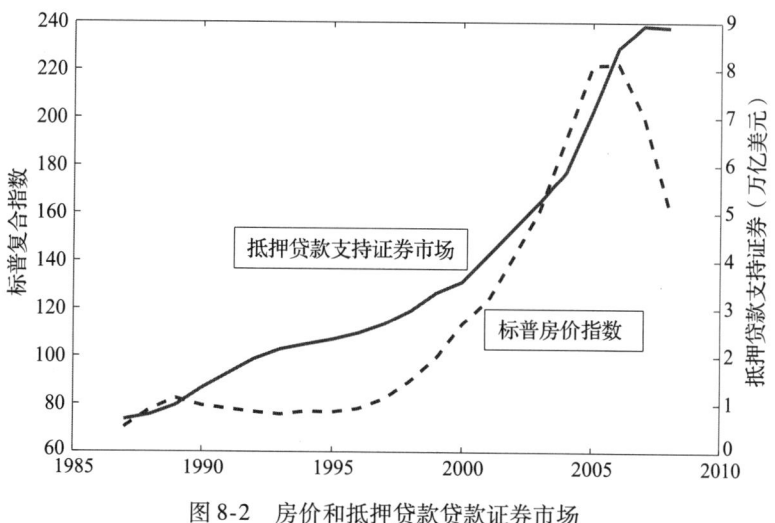

图8-2 房价和抵押贷款贷款证券市场

在2007~2008年，房价出现下跌，随后出现了金融危机(参照第7章7.7节的讨论)，此时投资者们产生担忧，不再愿意购买非政府机构支持的MBS。如表8-2所示，在2008年间，非政府机构支持的MBS的发行量急剧下降，事实上，随后接连数月的下降使得在2008年9月初，非政府机构支持的MBS已经根本发行不出去了。随着公众对非政府机构支持的MBS的需求殆尽，这直接严重影响了非传统模式抵押贷款市场，如大额本金贷款和贷款价值比很高的抵押贷款的市场。

表8-2 抵押贷款相关保险

年份	机构	非机构	总额	机构占比	非机构占比
1996	440.7	51.9	492.6	89.46%	10.54%
1997	535.0	69.4	604.4	88.52%	11.48%
1998	952.0	191.9	1 143.9	83.22%	16.78%
1999	884.9	140.5	1 025.4	86.30%	13.70%

(续)

年份	机构	非机构	总额	机构占比	非机构占比
2000	582.3	101.7	684.0	85.13%	14.87%
2001	1 454.8	218.8	1 673.6	86.92%	13.08%
2002	1 985.3	288.5	2 273.8	87.31%	12.69%
2003	2 725.8	440.6	3 166.4	86.09%	13.91%
2004	1 375.2	532.7	1 907.9	72.08%	27.92%
2005	1 321.0	901.2	2 222.2	59.45%	40.55%
2006	1 214.7	917.4	2 132.1	56.97%	43.03%
2007	1 372.2	773.9	2 146.1	63.94%	36.06%
2008	1 299.2	40.5	1 339.7	96.98%	3.02%

注：由政府机构发行的，包括由吉利美(GNMA，美国政府全国抵押贷款协会)、房地美(FNMA，联邦住宅贷款抵押公司)和联邦家庭贷款抵押有限公司(FHLMC)发行的抵押支持证券和抵押担保债权。非政府机构发行的则包括两类：有专门标记的(private-labled)抵押支付证券和抵押担保债券。

资料来源：证券业和金融市场协会(SIFMA)、政府支持企业、汤姆逊金融、彭博。

资产证券化市场是美国信用体系中极为关键的组成部分，随着抵押贷款支持证券市场规模扩张到9万亿美元，银行也逐渐开启新的商业模式——发起抵押贷款并在资产证券化市场上进行出售。如果资产证券化市场面临崩溃，即不再有个人投资者愿意购买资产池里的抵押贷款，那么抵押借贷市场和银行也都不愿意把风险保留在它们所持有的资产组合里。美国财政部和美联储意识到了这一问题的严重性，于是在2008年出台了一些政策促进资产证券化市场的发展。比如，在2008年11月，美联储公开发起一项计划，即购买与住房相关的政府支持机构(房利美、房地美、联邦住房贷款银行)的债务以及由房利美、房地美和吉利美所担保的MBS(见美国联储备委员会公报，2008年11月25日)。为什么仅仅针对机构债务及其担保的MBS呢？因为在监管下，美联储不可能购买风险较高的债务。为了完成这项计划，财政部也参与了此次救援。事实上，在2008年秋季，美国财政部就宣布发起一项"困境资产救助计划"(TARP)，这个规模高达7 000亿美元的计划旨在直接或间接地购买MBS和其他银行发行的资产证券化产品。此后，美国财政部又相继推出了其他一些旨在帮助境况不佳的资产证券化市场脱离困境的项目。

8.1.3 违约风险和机构住房抵押贷款支持证券的提前偿付

2007~2009年间发生的信用危机伴随着不计其数的住房贷款发生违约，意味着买房的借款人不能再定期支付每月的抵押还款。由于违约的普遍发生，大量的住房已经沦为法院拍卖的闲置住房，这使得银行不得不以一个"跳楼价"将其拍卖。图8-2中的房价指数考虑了拍卖住房的价格，这也是2008年房价大幅下降的原因之一。

为了更好地理解住房抵押贷款支持证券的定价，我们需要首先了解持有RMBS的投资者所面临的风险及类型。在此，我们需要区分政府支持的RMBS和非政府支持的RMBS。购买政府支持的RMBS的投资者并不需要直接面对RMBS资产池中的抵押物违约的信用风险，原因是政府机构能够采取一些措施保障投资者的利益：一旦发生违约，政府机构将介入并按抵押贷款的面值偿付给投资人。对于RMBS投资人来说，他们面临的风险是他们可能提前收到资金。比如，投资者在2006年购买一份期限为30年的RMBS，意味着他将在未来多年内每年定期收到一笔资金。一大波违约的发生意味着政府机构将介入偿付抵押贷款，并将大量资金返还给投资者。相对到期支付的金额，提前偿付将使得投资者过早收回资金，而这正是RMBS最有趣的特征之一。本章余下的部分将做进一步的探讨，并对 RMBS 的定价及相关风险进行讨论。

8.2 住房抵押贷款和提前偿付权

在进一步探讨抵押贷款支持证券市场之前，很有必要先来回顾一下标准固定利率住房抵押贷款的基本特征。考虑一笔期限长达 30 年的固定利率住房抵押贷款，抵押贷款利率为 $\bar{r}_{12}^m$，下标表示复利频率：因为抵押贷款利息是按月进行支付的，复利频率便是 $N=12$，上标 m 表示是抵押贷款利率，而不是下面要讲述到的国债利率。假定 L 表示银行贷款给借款人的抵押贷款金额。根据标准的折现关系，每期的息票金额需要满足：

$$L = \sum_{i=1}^{30\times 12} \frac{C}{\left(1+\dfrac{\bar{r}_{12}^m}{12}\right)^i} \tag{8-1}$$

为方便起见，我们做如下定义

$$A = \frac{1}{1+\dfrac{\bar{r}_{12}^m}{12}} \tag{8-2}$$

因此，由以上两式我们得知 $L = \sum_{i=1}^{30\times 12} C \times A^i$，由此我们可求得式(8-1)中的息票金额

$$C = \frac{L}{\sum_{i=1}^{30\times 12} A^i} \tag{8-3}$$

在此需要强调的是，抵押贷款和普通的债券相比，存在一个重要的区别：普通债券的息票金额即为基于债券本金所确定的利息，本金则为到期支付。而抵押贷款的本金和利息都在整个贷款期内分期偿付。事实上，息票 C 包含着两个部分：一部分是利息支付；另一部分是本金的偿付。息票 C 的金额与利息支付和本金偿付息息相关，并随时间发生变化。这是因为利息偿付是由贷款本金余额(outstanding principle)所确定的，随着本金的偿付而减少。也就是说，贷款本金余额越大，利息支付的金额也就越大，在 C 中利息的部分也就越大。更确切地讲，利息和本金的偿付由以下式子给出：

$$t \text{ 时的利息支付} = I_t = \frac{\bar{r}_{12}^m}{12} \times L_t \tag{8-4}$$

$$t \text{ 时的本金偿付} = L_t^{paid} = C - I_t \tag{8-5}$$

需要偿付的贷款本金金额随着时间的推移相应减少，如下个月需要偿付的贷款本金余额等于这个月需要偿付的本金余额减去本月已经偿还的本金部分：

$$L_{t+1} = L_t - L_t^{paid} \tag{8-6}$$

图 8-3a 描绘了一笔期限为 30 年，抵押利率为 6%，贷款本金为 300 000 美元抵押贷款的情况，从图中我们发现，贷款本金余额随着时间而减少。图 8-3b 描绘了每个月需要偿付的固定金额 $C=1\,797.7$ 美元中，利息支付和本金偿付分别的金额大小。

息票金额 C 的支付是通过整个期限的抵押贷款所确定的，而抵押贷款本身就可以看作一种债券。进一步来讲，$\bar{r}_{12}^m$ 表示债券的内部回报率或称内含收益率(internal rate of return)（参照第 2 章 2.4.3 节）。由式(8-6)可以推导出以下内容：

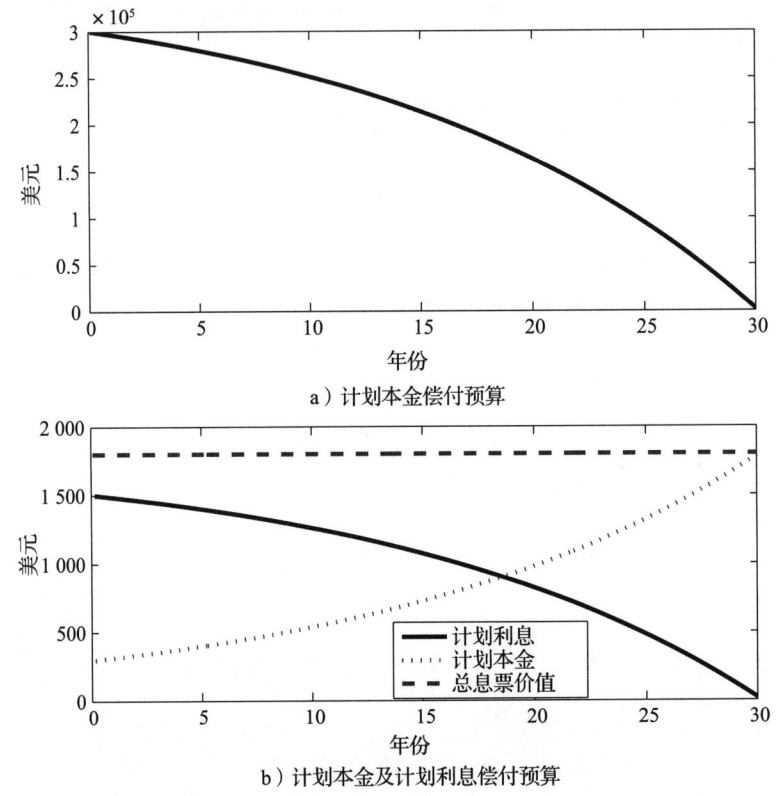

a）计划本金偿付预算

b）计划本金及计划利息偿付预算

图 8-3　计划本金偿付、计划利息偿付和各期计划偿付总额

○ 事实 8-1

贷款本金余额由式(8-6)给定，同时，定义 n 表示抵押贷款在 t 时刻剩下的偿付期数。因此，贷款本金余额为

$$L_t = \sum_{i=1}^{n} \frac{C}{\left(1 + \frac{\bar{r}_{12}^m}{12}\right)^i} \tag{8-7}$$

$$= C \times A \times \frac{1 - A^n}{1 - A} \tag{8-8}$$

其中 A 由式(8-2)给出。[⊖]

把抵押贷款看成是一种仅仅支付息票且不用在最后一期支付全部本金的特殊债券是非常方便的，和其他债券一样，利率变动也会改变贷款价值。具体而言，借款人可以通过运用以下标准的定价公式来计算出他需要偿付的贷款价值：

$$抵押贷款的价值 = p(t) = \sum_{i=1}^{n} \frac{C}{\left(1 + \frac{r_{12}^m(t, T_i)}{12}\right)^i}$$

其中，n 表示在 t 时刻剩余的还款期数，$r_{12}^m(t, T_i)$ 表示即期利率，和抵押贷款当前的利率

⊖ 从式(8-7)到式(8-8)这一步骤是基于以下事实：$A < 1, \sum_{i=1}^{n} A^i = A \times \frac{(1 - A^n)}{(1 - A)}$。

期限结构相关。在此需要特别强调,固定抵押贷款利率 r_{12}^m 和利率期限结构上用来对未来现金流进行贴现的即期利率 $r_{12}^m(t, T_i)$ 的区别。利率期限结构上的即期利率是用来对未来现金流进行贴现的,这些即期利率是变化的,和国债收益率曲线相关。本书第 12 章和第 13 章讨论了在利率期限结构上,对抵押贷款和抵押贷款支持证券进行定价的问题。而在本章,我们仅仅考察对抵押贷款支持证券定价的简单模型和风险分析。

思考这样一个住房借款人:在每一时期 t,他能够将剩余本金和所欠银行债务的市场价值 $p(t)$ 进行比较。和其他债券一样,债券价格随着利率的下跌而上升。因此,当市场利率下跌时,负债的市场价值 C 将会超过剩余本金达到一个新的高度,这体现在借款人利息的再融资上。也就是说,借款人能够将过去的负债和新的负债轻易区分开来,由于后者的抵押贷款利率要比前者低,后者的月供 C 也必然更低。

例 8-1

2001~2003 年再融资水平达到新的高度:美联储为了防止经济衰退,将联邦基金利率从 6% 下调至低于 1%,而这一政策产生了一系列连锁反应:各银行也同时降低抵押贷款利率,它们所拥有的资金池成本也大幅降低。在这一时期内,30 年期固定抵押贷款利率从 8.6% 下降至 5.83%,1 年期的可调整利率下降幅度更大,从 2000 年的 7% 降到了 2003 年的 3.76%。住房借款人此时拥有一项选择:要么继续按照之前的抵押贷款利率还款,要么以一个更低的利率进行再融资。如图 8-4 所示,更低水平的抵押贷款利率势必掀起了一波再融资浪潮,图中显示了美国抵押贷款银行协会(Mortgage Bankers' Association,MBA)1990~2007 年的再融资指数。⊖MBA 再融资指数是基于再融资申请的数量,数据由每周的调查计算得出。发生在 2002~2003 年的这一现象清楚地表明低利率水平和住房借款人再融资决策之间的关系。

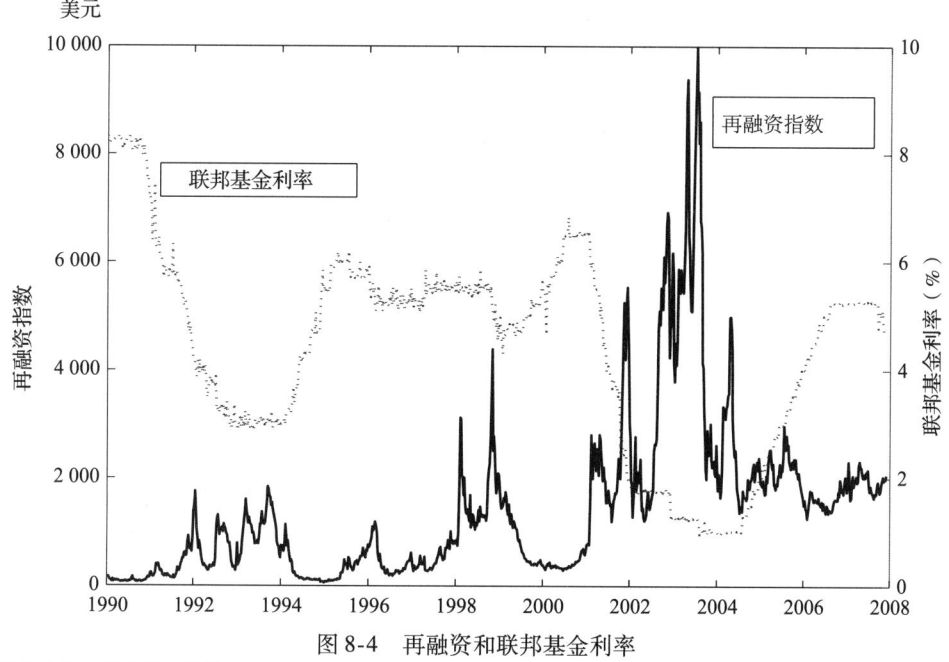

图 8-4 再融资和联邦基金利率

资料来源:美联储、彭博。

⊖ 再融资指数的历史时间序列数据来自于彭博数据库。

8.2.1 提前偿付权的风险

为什么提前偿付会成为这样一个大问题呢？银行从住房借款人那里获得的回报，是基于银行按照其投资、根据抵押贷款利率而计算得出的。在抵押贷款利率确认后，银行更希望长期获得这一稳定的回报。然而，一旦借款人拥有提前偿付选择的时候，银行就可能失去丰厚的利息回报。因为，提前偿付主要发生在利率下跌的情况，而且一旦提前偿付发生时，银行所收回的资金并不能按照之前相同的回报率进行再投资。换句话说，银行将失去之前较高贷款利率的投资机会。当然，银行将会增加初始抵押贷款利率，它包含着对提前偿付风险的部分补偿。⊖

注意：提前偿付的风险和违约风险的本质是不同的。在违约的情况下，银行无法收回资金，而在提前偿付的情况下，银行是可以收回资金的，尽管这个时候投资机会不如之前。有趣的是，住房借款人的违约行为也会导致 RMBS 机构的提前偿付，因为一旦住房借款人违约，不能支付月供，那么担保机构将会介入并向 RMBS 投资者偿还，这也会导致提前偿付。

8.2.2 抵押贷款的提前偿付

利率的总体水平是影响提前偿付的重要因素之一，但并不是唯一因素。还有许多其他原因也会影响借款人的提前偿付，具体因素如下。

1. 季节因素：夏天是提前偿付大量发生的时期，因为人们常常在夏天因为一些原因而搬迁。由于一些迟延因素，这些提前偿付通常发生在夏末秋初时节。

2. 抵押贷款资金池的年数：正如图 8-3 所示，在抵押贷款初期，其利息偿付较高而本金偿付较低。通过提前偿付，住房借款人就可以节省利息的支出，因为再融资也是昂贵的，所以，住房借款人通常不会选择在初期立即进行再融资，在初期提前偿付发生率也就较低。

3. 家庭因素：违约、灾难、住房的出售。

4. 住房价格因素：如果住房价值下跌，再融资发生的可能性就会减小，提前偿付的发生也会减少。反之，当住房升值，借款人将通过再融资的方式提前偿付，从而套出股本。也就是说，住房融资越容易时，借款人越没有动机去进行再融资和提前偿付。

5. 倦怠效应：在过去已经发生了大量的再融资行为后的抵押贷款资金池对利率的变化敏感性相对更低。这背后的原因却是十分微妙的，逻辑如下：如果一个抵押贷款资金池在过去已经发生了大量的再融资行为，那么可以断定几乎所有的住房借款人已经充分利用了再融资机会，因此他们现在已经不在资金池中。现在资金池中剩下的借款人是那些之前没有用过再融资机会的人，由于倦怠效应，他们在利率进一步下降的情况下，选择利用再融资机会的可能性也比较小。⊖因此，在过去已经发生了大量再融资的情况下，抵押贷款资金池对于利率的变化并不敏感。

8.3 抵押贷款支持证券

抵押贷款支持证券从抵押贷款资金池中继承了一些特征。抵押贷款支持证券的价值，受以

⊖ 本书第 12 章探讨了以下内容：因考虑到银行承担了提前偿付风险，抵押贷款利率应当有所增加。
⊖ 住房借款人无法利用再融资的原因有许多种，包括信用评分受损、财产价值低下、缺乏对当前市场按揭利率的关注。

下 3 点因素的重要影响：
1. 抵押贷款资金池的加权平均贷款期限(weighted average maturity，WAM)。
2. 抵押贷款资金池的加权平均利息额(weighted average coupon，WAC)。
3. 提前偿付速度。

MBS 资金池的平均年限和平均息票是相对简单的概念：对于资金池中的每一只抵押贷款，我们都能计算出其到期期限和利息，WAM 和 WAC 仅仅表示为对期限和利息进行加权平均的结果，其中权重是指每一笔抵押贷款的相对规模。

提前偿付速度这一概念相对比较复杂。在学术界中，我们试图运用平均偿付速度去描述提前偿付的速度。事实上，我们知道 MBS 的价格依赖于提前偿付的速度，所以我们习惯用提前偿付速度来描述 MBS 的价值。现在我们介绍衡量提前偿付速度的标准方法，这些方法对于度量提前偿付速度相当有用。

8.3.1 提前偿付速度的计量方法

当前有许多衡量提前偿付速度的方法。业界通常运会用一些相对简单的(比如仅仅用一个数字指标)，主要用来描述对未来现金流分布情况的预测。比如，当预期未来不会发生提前偿付时，就很容易清楚地预测出未来的现金流分布。相反，当前市场有着很高的提前偿付速度时，就可预测 MBS 在未来的现金流将会减少，因为当抵押贷款被提前偿付后，就不会再有利息支付了。在本章，我们仅仅考查最常用的提前偿付速度计量方法。

8.3.1.1 固定期限提前偿付率

这种方法是基于这样的假设：在每次分期还款之后，抵押贷款的提前偿付概率不变，如果用 P_t 表示概率，这意味着：

$$\Pr(t=1 \text{ 时的提前偿付概率}) = p$$
$$\Pr(t=2 \text{ 时的提前偿付概率}) = (1-p)p$$
$$\Pr(t=3 \text{ 时的提前偿付概率}) = (1-p)^2 p$$

p 是按月计算的，因为贷款是按月还付息的。一般来讲，业界使用的是年化利率，称为**条件提前偿付率**(conditional prepayment，CPR)，结合概率 p 可以得到：

$$\Pr(\text{从 } t = 12) = (1-p)^{12} = (1-CPR)$$

因此，CPR 可以由 p 求得：

$$CPR = 1 - (1-p)^{12}$$

或者可以通过 CPR 反解出 p：

$$p = 1 - (1-CPR)^{\frac{1}{12}}$$

这也可作为提前还款速度的计量方式。

8.3.1.2 PSA 经验计量法

这是业界使用的行业标准，计量单位为 100% PSA，由美国公众证券协会(Public Securities Association，PSA)设立，其假设条件如下：

1. 对于第一个月，取 CPR 为本金的 0.2%。
2. 对于前 30 个月，CPR 按照每月 0.2% 的速度递增。
3. 从第 31 个月至到期，取 $CPR = 6\%$。

这种测度方法也很简单，仅仅根据抵押贷款资金池的寿命，就可以计算出提前偿付额。这只是一种用于描述提前偿付速度的行业标准或惯例。通过调增或者调减 PSA 描述中的 CPR，我们可以计量更快或者更慢的提前偿付速度。比如，在图 8-5 中展现了 100%、150% 和 200% 的 PSA 提前偿付曲线。在本章下一节我们将讨论一些使用 PSA 为 MBS 定价的例子。

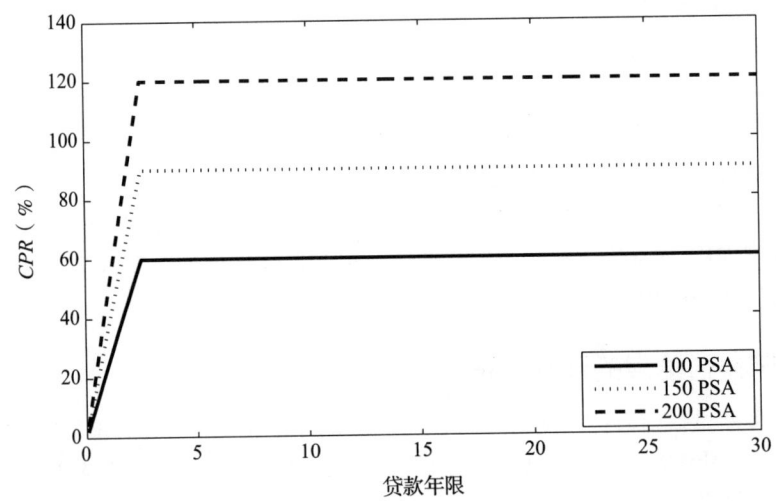

图 8-5 PSA 提前偿付速度的计量方法

8.3.2 过手债券

过手债券是最简单的抵押贷款支持证券，它代表了对借款人流向抵押贷款资金池的总现金流的部分索取权。这种简单的结构表明过手债券的所有投资者都面临着提前偿付风险。

例 8-2

考虑一只本金为 6 亿美元的 MBS 过手债券。对应原始抵押贷款资金池的 WAM = 360 个月（30 年），WAC = 6.5%，过手债券支付的票息为 r_{12}^{PT} = 6%，低于抵押贷款池的平均票息，原因有以下两个：一是确保有足够的现金能够支付过手债券的息票，二是作为对 MBS 发行者（如房利美和房地美）提供的风险补偿。

我们如何计算过手债券的价值呢？我们可以运用 PSA 去计算提前偿付速度，由此得知未来现金流的时间和规模分布。具体而言，给定 PSA 水平，比如 200% PSA，我们可以求得每个月对应的 CPR_t，并且求得每个月对应的提前偿付利率 p_t。

$$p_t = 1 - (1 - CPR_t)^{\frac{1}{12}} \tag{8-9}$$

给定 PSA 水平就决定了提前偿付的本金金额，就能据此计算出过手债券的价值：首先计算出现金流分布，然后把它们看作是高评级公司的稳定现金流，运用合适的贴现率把它们贴现到今天即可。注意有政府支持的 MBS 基本上没有违约风险，意味着过手债券的息票必然会得到支付。

为了计算出现金流，我们考虑在整个抵押贷款资金池中某个时期 t，L_t 表示在期初时刻的剩余本金。由此，我们可以计算出在时期 t 的相关变量：

$$抵押贷款利息支付：I_t = \frac{r_{12}^m}{12} \times L_t \tag{8-10}$$

$$计划本金支付：Pay_t^{scheduled} = C_t - I_t \tag{8-11}$$

$$提前偿付的本金：Pay_t^{prepaid} = p_t \times L_t \tag{8-12}$$

一旦算出计划本金偿付额和提前偿付额,就可以更新剩余本金以及下个月($t+1$)初的利息额:

$$剩余本金:L_{t+1} = L_t - Pay_t^{scheduled} - Pay_t^{prepaid} \qquad (8-13)$$

$$更新后的计划利息:C_{t+1} = (1 - p_t) \times C_t \qquad (8-14)$$

式(8-13)表示新的总本金额等于前一个月的本金金额减去计划本金的偿付以及非计划本金的偿付(提前偿付)。由式(8-14)可知,抵押贷款的提前偿付同样也减少了利息现金流。具体来看,来自资金池利息的总现金流等于经过提前偿付调整后的现金流。比如,如果所有的住房借款人在 t 时期都提前偿付所有的抵押贷款,即 $p_t=1$,我们也可预期在 $t+1$ 时的利息额为零,相反,如果没有任何人偿还本金时,即 $p_t=0$,那么有 $C_{t+1}=C_t$,也就是说,这里所有的利息都是不变的常数。

表8-3展现了最初36个月的情况:第1列是月份;第2列是根据200% PSA 提前偿付速度计算的 CPR;第3列是根据式(8-9)计算得到的提前偿付率;第4列是根据第3列的数值结合式(8-14)计算得出的息票金额,其中,第1行除外(第1行是根据 WAC、WAM 以及公式(8-3)计算出来的初始本金)⊖;第5列描述的是根据式(8-10)计算得出的抵押利息;分别运用式(8-11)和式(8-12)可以相继计算出计划本金以及提前偿付的本金;然而过手债券总的现金流并不取决于抵押利率,而是取决于过手债券的票息 r^{PT}。因此,第8列列出了过手债券的利息支付,可由下式计算得出:

$$过手债券利息支付:I_t^{PT} = \frac{r_{12}^{PT}}{12} \times L_t \qquad (8-15)$$

过手债券在某个月份的总现金流由3部分组成:过手债券利息、计划本金和提前支付的抵押贷款本金:

$$总现金流:CF_t = I_t^{PT} + Pay_t^{scheduled} + Pay_t^{prepaid} \qquad (8-16)$$

表8-3的第9行给出了总的现金流。第10行根据式(8-13)更新了剩余本金。

表8-3 过手债券现金流计算

月份 i (1)	CPR (2)	p (3)	息票金额 (4)	抵押利息 (5)	计划本金 (6)	提前偿付本金(7)	过手债券利息(8)	总额现金流 (9)	剩余本金 L_t(10)	贴现率 $Z(0, T)$(11)
1	0.20%	0.03%	3.79	3.25	0.54	0.20	3.00	3.74	599.26	0.995 8
2	0.40%	0.07%	3.79	3.25	0.55	0.40	3.00	3.94	598.31	0.991 7
3	0.60%	0.10%	3.79	3.24	0.55	0.60	2.99	4.14	597.16	0.987 6
4	0.80%	0.13%	3.78	3.23	0.55	0.80	2.99	4.34	595.81	0.983 5
5	1.00%	0.17%	3.78	3.23	0.55	1.00	2.98	4.53	594.25	0.979 4
6	1.20%	0.20%	3.77	3.22	0.55	1.20	2.97	4.73	592.50	0.975 3
7	1.40%	0.24%	3.77	3.21	0.56	1.40	2.96	4.92	590.54	0.971 3
8	1.60%	0.27%	3.76	3.20	0.56	1.60	2.95	5.11	588.39	0.967 2
9	1.80%	0.31%	3.75	3.19	0.56	1.79	2.94	5.30	586.03	0.963 2
10	2.00%	0.34%	3.74	3.17	0.56	1.99	2.93	5.48	583.48	0.959 2
11	2.20%	0.37%	3.72	3.16	0.56	2.18	2.92	5.66	580.73	0.955 2
12	2.40%	0.41%	3.71	3.15	0.56	2.38	2.90	5.84	577.80	0.951 2
13	2.60%	0.44%	3.69	3.13	0.56	2.57	2.89	6.02	574.67	0.947 3

⊖ 具体而言,$C = \dfrac{L}{\left(\sum\limits_{i=1}^{WAM} A^i\right)}$,其中 $A = \dfrac{1}{(1 + WAC/12)}$。

(续)

月份 i (1)	CPR (2)	p (3)	息票金额 (4)	抵押利息 (5)	计划本金 (6)	提前偿付本金 (7)	过手债券利息 (8)	总额现金流 (9)	剩余本金 L_i (10)	贴现率 $Z(0, T)$ (11)
14	2.80%	0.48%	3.68	3.11	0.56	2.75	2.87	6.19	571.35	0.943 3
15	3.00%	0.51%	3.66	3.09	0.56	2.94	2.86	6.36	567.85	0.939 4
16	3.20%	0.55%	3.64	3.08	0.56	3.12	2.84	6.53	564.16	0.935 5
17	3.40%	0.59%	3.62	3.06	0.56	3.30	2.82	6.69	560.29	0.931 6
18	3.60%	0.62%	3.60	3.03	0.56	3.48	2.80	6.84	556.25	0.927 7
19	3.80%	0.66%	3.58	3.01	0.56	3.65	2.78	7.00	552.04	0.923 9
20	4.00%	0.69%	3.55	2.99	0.56	3.82	2.76	7.15	547.65	0.920 0
21	4.20%	0.73%	3.53	2.97	0.56	3.99	2.74	7.29	543.10	0.916 2
22	4.40%	0.76%	3.50	2.94	0.56	4.15	2.72	7.43	538.38	0.912 4
23	4.60%	0.80%	3.48	2.92	0.56	4.31	2.69	7.56	533.51	0.908 6
24	4.80%	0.84%	3.45	2.89	0.56	4.47	2.67	7.69	528.48	0.904 8
25	5.00%	0.87%	3.42	2.86	0.56	4.62	2.64	7.82	523.31	0.901 1
26	5.20%	0.91%	3.39	2.83	0.56	4.77	2.62	7.94	517.98	0.897 3
27	5.40%	0.95%	3.36	2.81	0.55	4.91	2.59	8.05	512.52	0.893 6
28	5.60%	0.98%	3.33	2.78	0.55	5.05	2.56	8.16	506.92	0.889 9
29	5.80%	1.02%	3.29	2.75	0.55	5.18	2.53	8.27	501.19	0.886 2
30	6.00%	1.06%	3.26	2.71	0.55	5.31	2.51	8.36	495.33	0.882 5
31	6.00%	1.06%	3.23	2.68	0.54	5.25	2.48	8.27	489.54	0.878 8
32	6.00%	1.06%	3.19	2.65	0.54	5.19	2.45	8.18	483.81	0.875 2
33	6.00%	1.06%	3.16	2.62	0.54	5.13	2.42	8.08	478.15	0.871 5
34	6.00%	1.06%	3.12	2.59	0.53	5.07	2.39	7.99	472.55	0.867 9
35	6.00%	1.06%	3.09	2.56	0.53	5.01	2.36	7.90	467.01	0.864 3
36	6.00%	1.06%	3.06	2.53	0.53	4.95	2.34	7.81	461.53	0.860 7

过手债券的价值是通过把第 9 列的现金流看作已知的,并用合适的利率贴现计算出的。其中,一些过手债券是无违约风险的。比如,吉利美发起的过手债券是由美国政府完全授信担保的,购买该证券的投资者不会遭受违约损失。与此类似,这些年间公众市场参与者认为由房利美和房地美发行的证券也鲜有违约风险,他们坚信,一旦出现金融困境,美国政府将会为这些机构兜底。[一]我们不妨把这些证券看成是无风险或者是低风险的证券,那么我们就可以用国债贴现率曲线去贴现这些现金流。例如,一个连续复合利率始终为常数 5% 的水平利率期限结构(flat term structure),其对应的贴现系数在表 8-3 的最后一行。本例的过手债券价值是 6.35 亿美元,高于其面值 6 亿美元。

8.3.3 过手债券的有效久期

在对利率波动的敏感性方面,过手 MBS 有着自身的一些特点。一旦利率下降,住房借款人将可能对借款进行再融资。这种再融资行为将使得条件提前偿付率上升。也就是说,它会使 PSA 上升,如从 200% 上升至 300%。这种改变对过手债券的利率波动敏感性有重大影响,下面举例说明。

[一] 这一信念事后验证了如下事实:由于 2007 年和 2008 年的抵押贷款支持证券市场动荡,2008 年 9 月房利美和房地美都进入保守主义者的行列。

例 8-3

考虑在例 8-2 中所述的过手 MBS，假定当前 PSA = 200%。并且 PSA 水平不受利率变化的影响，基于此我们来计算其久期。在此例中，由于过手 MBS 票息固定不变，我们可运用第 3 章第 3.2.3 节介绍的方法计算出久期 $D = 5.83$。

现在，我们把利率变动对 PSA 水平的影响考虑进来，如果在利率从 5% 下降至 4.5% 后，PSA 由 200% 上升至 250%。那么，我们该如何计算出过手债券的久期呢？我们可以运用第 3 章定义 3-2 对久期的定义，即 $D = -\frac{1}{P} \times \frac{dP}{dr}$，由此我们可以通过如下计算方法估计出考虑了利率变动对 PSA 水平影响的过手债券久期值：

$$D \approx -\frac{1}{P} \times \frac{P(+50\text{bps}) - P(-50\text{bps})}{2 \times 50\text{bps}} \tag{8-17}$$

其中，$P = 634.72$ 美元，表示过手债券的当前价值（由例 8-2 得出）；$P(+50\text{bps})$ 和 $P(-50\text{bps})$ 分别表示当利率上升和下降 50 个基点时，过手债券所对应的价格。在利率分别为 5.5% 和 4.5% 情况下，PSA 分别为 150% 和 250%，我们仍按例 8-2 的方法，计算出：

$$P(+50\text{bps}) = 619.13(\text{美元})$$
$$P(-50\text{bps}) = 647.45(\text{美元})$$

然后把这两个值代入式 (8-17) 中，可以得到：

$$D \approx -\frac{1}{634.76} \times \frac{619.13 - 647.45}{2 \times 50\text{bps}} = 4.46$$

此处的久期值要远远低于当我们不考虑利率变化对 PSA 影响时的久期值 5.83，因为不考虑利率变动对提前偿付速度的影响将会大幅度高估过手债券对于利率变动的敏感度，由此也使得任何基于久期的避险策略不尽如人意。

这个例子告诉我们，在对 MBS 进行风险评估的时候存在这一潜在陷阱，也就是说，将利率变动对提前偿付速度的影响考虑进来是很有必要的。由于提前偿付速度的波动，运用公式计算得出的久期不再适用，因此，我们只好运用例 8-3 所展示的估计方法去近似估计。这个估计值我们把它称作有效久期。

定义 8-1

MBS 的**有效久期**（effective duration）由一下公式给定：

$$D \approx -\frac{1}{P} \times \frac{P(+x\text{bps}) - P(-x\text{bps})}{2 \times x\text{bps}} \tag{8-18}$$

其中，P 表示当前 MBS 的价格，$P(+x\text{bps})$ 和 $P(-x\text{bps})$ 分别对应收益率曲线上移和下移 x 个基点后的价格。在这一计算过程中，MBS 的价格计算已经考虑了利率波动对提前偿付速度的影响。

为了计算出 MBS 的有效久期，我们需要预测出由利率期限结构平移变动后，资产池提前偿付速度的变化。许多市场参与者运用经验模型来估计提前偿付速度的波动，在本章的案例研究，将进一步展现基于市场参与者对提前偿付速度变动的预测，如何计算得出过手债券的有效久期。此外，案例研究同样说明了如何运用 MBS 历史价格数据和利率，去估计过手债券的有效久期。

8.3.4 过手债券的负有效凸性

提前偿付的第二个特征是 MBS 对于利率表现出的负凸性。一般情况下,固定收益证券的价格会随着利率的下降而上升(参照第 4 章内容),然而,如果利率的下跌引起提前偿付率增加,由于提前偿付引起了负的凸性,过手债券的价格就不会上升那么多。

👉 例 8-4

参考表 8-4,表中前两列是当提前偿付速度保持在 200% PSA 水平时,利率变动对例 8-2 中过手债券价格的影响。过手债券的价格随着利率的下降而大幅上升,这便是典型的利率证券。假设利率下降的同时,提前偿付速度上升,比如,表 8-4 中右边的 3 列展现当利率从 6% 下降至 2% 时对应着 PSA 从 100% 上升至 500%。类似地,利率上升伴随着 PSA 下降。更高的提前偿付率将使得过手债券的价格更贴近于本金面值 6 亿美元。更确切来讲,如果每个人都同时进行了提前偿付,过手债券的价格将完全等同于本金 6 亿美元。然而事实上,即使利率出现了巨幅下跌,许多住房借款人也并不会提前偿付住房抵押贷款。相比于不变 PSA 水平所对应的 7.65 亿美元,即使 PSA 仅仅上升至 500%,过手债券的价格仅仅升至 6.88 亿美元。

表 8-4 不同利率和 PSA 值下的过手债券价值

恒定 PSA = 200%		PSA 随着利率而上升		
利率	价值	利率	PSA	价值
2.00%	764.57	2.00%	500	687.80
2.50%	740.00	2.50%	450	681.64
3.00%	716.72	3.00%	400	674.76
3.50%	694.63	3.50%	350	666.97
4.00%	673.66	4.00%	300	658.00
4.50%	653.73	4.50%	250	647.45
5.00%	634.76	5.00%	200	634.76
5.50%	616.71	5.50%	150	619.13
6.00%	599.50	6.00%	100	599.33
6.50%	583.08	6.50%	90	576.96
7.00%	567.41	7.00%	80	554.53
7.50%	552.44	7.50%	70	532.06
8.00%	538.12	8.00%	60	509.54
8.50%	524.42	8.50%	50	487.01
9.00%	511.30	9.00%	40	464.45

图 8-6 描绘了表 8-4 中过手债券价格与利率关系的两种情况(PSA = 200% 不变和 PSA 随着利率的下降而上升,前者用虚线表示,后者用实线表示)。图 8-6 直观地展现了当利率较低的时候,实线的斜率要比利率更高的时候对应的斜率更低,这表明当利率较低时,PSA 变动情况下过手债券价格对利率变动相对不敏感,当利率较高时,则较为敏感。也就是说,图 8-6 展现了过手债券"负凸性"这一特征。

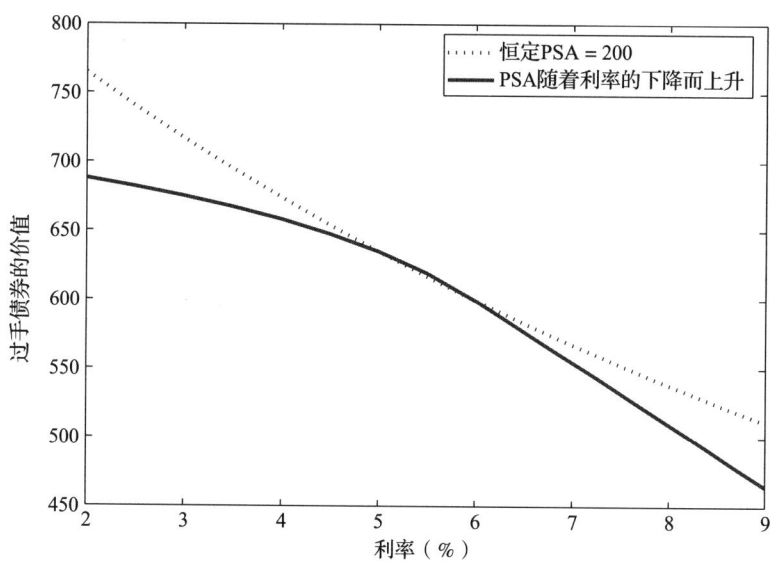

图 8-6　MBS 过手债券价值与利率的关系

之前例子中出现的过手债券"负凸性"特征,我们将在本章 8.3.5 节进一步讨论,这一特征对投资者来说本质上是一种风险。"负凸性"风险体现在低利率引起更高的提前偿付,使得过手债券的价格逼近其剩余本金金额。从经济理论上来看,这相当于过手债券的投资者和住房借款人签订了一份美式看涨期权合约(参加第 6 章内容):当利率下降引起贷款的价值超过了剩余本金,住房借款人将执行期权并且通过再融资的方式向投资者偿还抵押贷款。正如我们在第 6 章图 6-2 所学,持有看涨期权的空头,其支付结构表现出一种负的凸性。因此,把这些空头看涨期权倾入到多头抵押贷款资产池中,便使得过手债券表现出"负凸性"的特征。

事实上,由吉利美发行的过手债券无违约风险,但过手债券比同类型国债具有更高的收益率。我们可以从表 8-5 观察到这一现象,表中展现了吉利美发行的过手债券在某日的交易价格接近面值 100。正是因为过手债券的交易价格在面值附近,我们能够直接将过手债券的票息(第 4 列)和接近面值交易的国债的固定到期收益率(constant maturity yield)(第 7 列至第 9 列)做比较。⊖第 6 列是资产池的加权平均期限,表示过手债券的最大期限。通过比较第 4 列过手债

表 8-5　吉利美过手债券和国债

日期	吉利美过手债券					固定到期收益率国债		
	卖出价	买入价	票息	WAC	WAM	10 年期	20 年期	30 年期
1997/09/26	100.031 3	100.000 0	7.0	7.5	315	6.08	6.43	6.37
1998/06/12	100.031 3	100.000 0	6.5	7.0	324	5.43	5.75	5.66
1998/07/08	100.000 0	99.968 75	6.5	7.0	327	5.40	5.72	5.63
2006/05/05	100.125 0	100.093 8	6.0	6.5	315	5.12	5.35	5.20
2006/07/28	99.968 75	99.937 5	6.0	6.5	318	5.00	5.17	5.07
2007/08/17	100.093 8	100.062 5	6.0	6.5	320	4.68	5.06	5.00

资料来源:彭博和美联储。

⊖ 根据美国财政部网站的资料,美国财政部通过内插最近发行的即期国债证券的收益率来计算到期收益率,因为它们倾向于交易单位面值。具体请参阅:http://www.ustreas.gov/offices/domestic-Finance/debt-management/interest-rate/yieldmethod.html(于 2009 年 4 月 29 日访问)。

券票息和第7~9列的固定到期收益率，可以发现即使按相同的价格(面值)进行平价交易，过手债券也具有更高的票息，这种溢价可以理解为MBS过手债券投资者向发行人出售了提前还款期权所得。⊖

为何"负凸性"如此重要呢？回答这个问题前，我们需要复习在第4章4.1.4节中讨论的内容：债券的正凸性对债券投资者有利。因为，利率每天都在随机变动，平均来看，正的凸性可以产生正的资本回报。相反，负凸性将产生负的资本回报。正是由于平均来看资本回报为负，过手债券投资者需要相对同类型国债更高的票息，来补偿由于"负凸性"所引起的平均资本损失，这也同样解释了为什么过手债券比同期国债具有更高的收益率。

那么如何度量过手债券的"负凸性"呢？由于提前偿付速度在不断变化，其凸性的计算也就没有封闭的解析公式。因此，我们需要像对有效久期的定义(定义8-1)那样，依靠近似估计的方法去度量"负凸性"。现在，根据第4章给出的凸性定义，即

$$C = \frac{1}{P} \times \frac{d^2 P}{d r^2}$$

我们可以通过如下定义的公式进行近似计算：

💡 定义 8-2

住房抵押支持债券的有效凸性由以下公式给出：

$$C \approx \frac{1}{P} \times \frac{P(+x\text{bps}) + P(-x\text{bps}) - 2 \times P}{(x\text{bps})^2} \tag{8-19}$$

其中，P表示当前MBS的价格，$P(+x\text{bps})$、$P(-x\text{bps})$分别对应收益率曲线上移和下移x个基点后的价格。在这一计算过程中，MBS的价格计算已经考虑了利率波动对提前偿付速度变化的影响。

为了进一步阐明式(8-19)的含义，下面，我们再来讨论一下例8-4。

👉 例 8-5

再次思考例8-4，现在我们计算利率为$r = 5\%$时的过手债券的凸性，根据表8-4，我们取$x = 50$代入式(8-19)中，得到：

$$\begin{aligned} C &\approx \frac{1}{P} \times \frac{P(+50\text{bps}) + P(-50\text{bps}) - 2 \times P}{(50\text{bps})^2} \\ &= \frac{1}{634.76} \times \frac{619.13 + 647.45 - 2 \times 634.76}{(50\text{bps})^2} = -184.89 \end{aligned}$$

与图8-6和前一节中所预期的一致，MBS的有效凸性符号为负。

我们将在下一节进一步阐述过手债券的特征，并用相关数据来说明。

8.3.5　TBA市场

过手债券的二级市场交易相当活跃，比如，吉利美、房利美和房地美就常规性地发行过手债券，这些债券的价格已经成了市场重要的参照价格。大多数的MBS基于TBA(To-Be-Announced)进行交易，这意味着交易者在交易时，并不清楚其背后资产池的确切组成。资产池中的这些资产同质性相当高，差异非常小。本质上讲，TBA市场可以看成一个远期市场，交易双方在当前达成协议，约定在将来确定日交换资金池资金。交易时发行人并没有成立抵押贷款资金池。由

⊖ 我们应该提及，这部分利差可能是由于其他原因造成的，例如GNMA与美国国债之间的流动性差异。

于资金池在当前已经以一个确定价格出售，银行就能够向住房借款人锁定贷款利率，因为它们能够把这些贷款出售给特定的二级市场资金池。[1] 因此，TBA 市场的流动性对于借款者来说具有重大意义，因为一旦银行不需要承担新借款人的违约风险，借款者就可以以更优惠的抵押贷款利率获得贷款。不过，只有吉利美、房利美和房地美发行的过手债券允许进行 TBA 交易。

图 8-7a 描绘的是 GNMA 7 从 1995 年 1 月至 2008 年 12 月的报价，GNMA 7 是由吉利美发行的票息为 7% 的普通过手债券。注意这些报价都是最新发行的 GNMA 7 报价，因此图中的价格会随着时间而变化。如果抵押贷款资产池不变，其期限本应不随时间流逝而缩短，但实际上却会。由于 TBA 市场和潜在资产池的一体化，即使资产池发生某些轻微的变化，交易者仍然可以达成交易。图 8-7a 绘出了 30 年期的抵押贷款利率的变化，显然和 GNMA 的价格变动方向相反。这里有个有趣的现象需要大家注意，当平均抵押贷款利率水平在 7.5% 左右的样本区间中，抵押贷款利率的大幅度波动将引起 GNMA 价格更大幅度的变化，然而这一现象在另一个样本区间（平均抵押贷款利率水平低于 6%）的情况下却并不显著。也就是说，虽然两条线是沿着相反的方向变动，但在抵押贷款利率较低的时候，由抵押贷款利率的下降引起的 GNMA 价格的上升幅度相对更低。这是由于在之前 8.3.4 节所讨论的那样：由于提前偿付选择权的存在，GNMA 过手债券具有"负凸性"。也就是说，抵押贷款利率下降，住房借款人可以选择通过再融资提前偿还过去的抵押贷款，这种提前偿付行为由于引起"负凸性"，使得抵押贷款资产池的价值更加贴近于本金价值。

图 8-7b 显示 GNMA 价格对于抵押贷款利率表现出的"负凸性"，这一特征是通过 GNMA 价格对抵押贷款利率的散点图表现出来。更确切来讲，图中每个十字星号（"+"）分别表示了图 8-7a 中的 GNMA 价格和抵押贷款利率的实际组合。例如，图中最右方的点表示价格/利率的组合为（89.562 5，0.092 2），这对应图 8-7a 中时间序列中的第一个（1995 年 1 月）观测值。正如图 8-7b 所展现的那样，当抵押贷款利率下降时，GNMA 价格上升，但是上升的速度却趋于平缓。实际上，图中的实线是基于大量数据描绘出来的关于价格和抵押贷款利率之间更加贴切的"计量关系"，它清楚地展现了 GNMA 价格和抵押贷款利率之间的"负凸性"关系。[2] 图 8-8 展现了 GNMA 7 资产池的 PSA 测度以及抵押贷款利率。我们可以看出，平均来看，更低的抵押贷款利率对应更高的提前偿付速度，这便解释了 MBS 价格的"负凸性"特征。

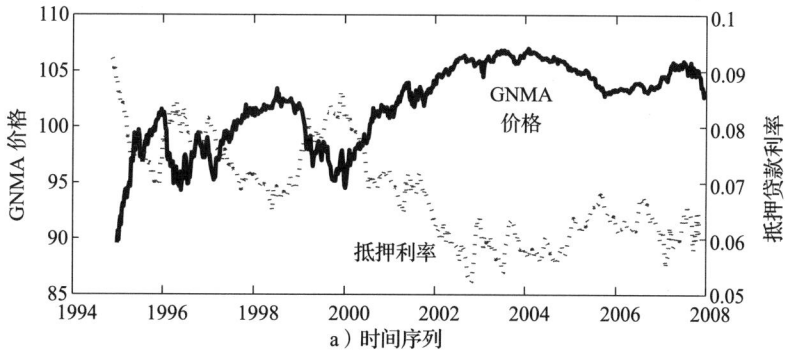

图 8-7　GNMA 7 价格和抵押贷款利率

---

[1] 例如，2003 年 1 月 SEC 员工报告中展示了证券和金融市场协会（SIFMA）对 TBA 市场的一般性描述，可在网站 http://www.sifma.org/capital_markets/TBA-MBS.shtml 查询，或查询抵押贷款支持证券市场的披露信息。

[2] 具体而言，我们根据多项式回归来计算出图 8-7b 中的实现部分。我们首先设定如下回归方程 $P_t = \alpha_0 + \sum_{i=1}^{4} \beta_i (r_t^m)^i + \varepsilon_t$；然后绘出回归方程的散点图。

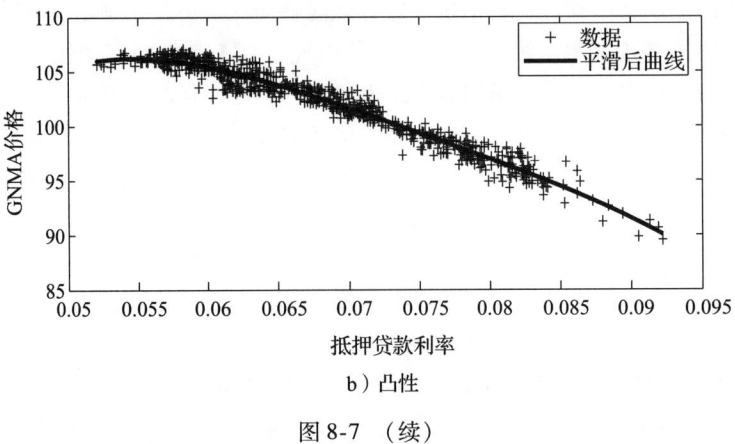

b）凸性

图 8-7 （续）

资料来源：彭博和美联储。

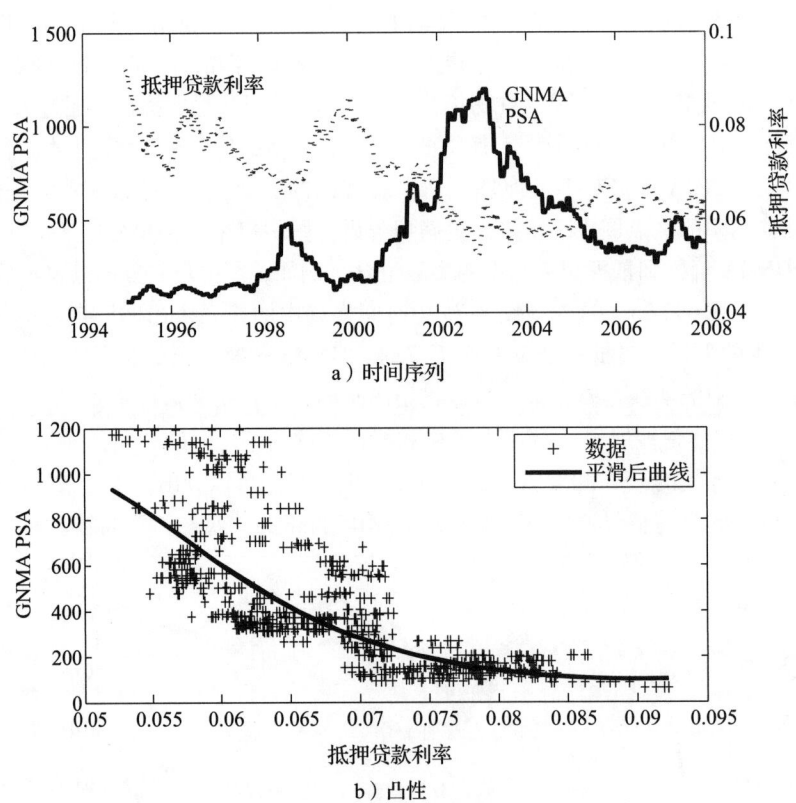

a）时间序列

b）凸性

图 8-8　GNMA 7 PSA 和抵押贷款利率

资料来源：彭博和美联储。

8.4 抵押担保证券

抵押担保证券（collateralized mortgage obligations，CMO）的结构要比过手债券复杂得多。⊖其

⊖　CMOs 也被称为房地产抵押投资（real estate mortgage investment conduit，REMICs）。

主要思想是它可以提供不同程度的提前偿付风险特征，这影响着它的风险回报，包括久期和对利率波动的敏感性。结构化 CMO 的优势在于不同组合有着各自的风险回报，这可以满足不同投资者的需求，从而增加了 CMO 的流动性。事实上，为获得较高的评级，CMO 必须满足一系列的要求，才能成为大量潜在投资者的投资目标，从而增加流动性。尽管政府担保的 CMO 被当作无风险证券，但非政府担保的 CMO 必须提供足够的担保品才能获得较高的评级，这就意味着已发行证券的总价值要远低于资产池的价值，此外，许多 CMO 按季度而非按月支付息票，这一点和其他的投资工具能更好地保持一致。下面我们将对那些最常见的债券结构形式进行讨论。

8.4.1 CMO 顺序结构

CMO 顺序结构的第一步是把总的本金划分成若干组合，分别是"组合 A""组合 B""组合 C"等，这些组合收到的现金流结构如下：①按组合本金一定比例的固定票息支付；②直到本金的偿付（无论是计划本金或是提前偿付的本金）到达一个临界点，在此临界点处该组合所有本金已经完成偿付，所有购买这一组合证券的投资者已经收到资金，表明这一组合的偿付已经完全实现。接下来，本金的偿付（无论是计划本金还是非计划本金）将开始进入 CMO 顺序结构证券下一组合的偿付。

有时候，CMO 顺序结构里有"组合 Z"，这一组合不会收到现金流（字母"Z"代表 zero，相当于零息债券），但息票是按照本金随着时间累积。一旦其他组合已经全部实现清偿，就会进入组合 Z 本金的偿付。对于发行者来说，组合 Z 降低了在不同组合间进行资金转移的提前偿付的影响，Z 将得到清偿完之前投资组合后的所有剩余。接下来的例子将阐明这一数理逻辑。

👉 例 8-6

重新思考例 8-2，我们把由过手债券产生的现金流（参照表 8-3 第 9 列）分成 4 个小组：A、B、C、D。假定组合 A、组合 B、组合 C、组合 D 的本金分别为 2.5 亿美元、1.5 亿美元、1.25 亿美元和 0.75 亿美元。和初始过手债券一样，票息为 6%。表 8-6 展现了这一流程：第 1 列为月份，第 2 列为过手债券总的现金流（和表 8-3 第 9 列一致）。这些现金流分为 4 个组合，最初，组合 A 的偿付包含着本金和利息，其中的利息部分是根据剩余本金（第 3 列）按照票息 6% 计算得出。本金的偿付包含着原始资产池的计划本金和提前偿付本金部分。比如，在第 1 个月本金偿付为 0.74(0.54 + 0.20) 美元，其中，0.54 美元是计划的本金偿付，0.20 美元是提前偿付的部分（和表 8-3 中第 6、7 列一致）。同样，在第 2 个月，组合 A 的投资者收到的全部本金为 0.95(0.55 + 0.40) 美元，其中 0.55 美元和 0.40 美元分别为计划本金和提前偿付的本金。组合 A 后面月份的偿付情况也依此类推。

组合 B 到组合 D 第一个月并不偿付本金，仅仅支付利息。例如，组合 B 收到的利息为 $0.75 = \frac{6\%}{12} \times 150$，由此决定了它的现金流结构。在表 8-6 中，前 59 个月偿还组合 A 的本金，组合 A 的本金还清后，组合 B 的投资者要在第 60 个月才开始收到本金的偿付。组合 B 本金的偿付，和之前探讨的组合 A 本金的偿付类似，比如，组合 B 在第 61 个月收到本金 4.14 美元，其中计划本金为 0.46 美元，提前偿付的本金为 3.68 美元。组合 B 的偿付将在第 105 个月得到完全实现，随后便进入组合 C 的偿付，在第 180 个月组合 C 得到完全偿付后，进入组合 D 的偿付。

表 8-6 CMO 顺序结构化证券

月份	总的现金流	组合 A				组合 B				组合 C				组合 D			
		余额	本金	利息	现金流	余额	本金	利息	现金流	余额	本金	利息	现金流	余额	本金	利息	现金流
1	3.74	250.00	0.74	1.25	1.99	150.00		0.75	0.75	125.00		0.63	0.63	75.00		0.38	0.38
2	3.94	249.26	0.95	1.25	2.19	150.00		0.75	0.75	125.00		0.63	0.63	75.00		0.38	0.38
3	4.14	248.31	1.15	1.24	2.39	150.00		0.75	0.75	125.00		0.63	0.63	75.00		0.38	0.38
4	4.34	247.16	1.35	1.24	2.59	150.00		0.75	0.75	125.00		0.63	0.63	75.00		0.38	0.38
5	4.53	245.81	1.55	1.23	2.78	150.00		0.75	0.75	125.00		0.63	0.63	75.00		0.38	0.38
6	4.73	244.25	1.76	1.22	2.98	150.00		0.75	0.75	125.00		0.63	0.63	75.00		0.38	0.38
7	4.92	242.50	1.96	1.21	3.17	150.00		0.75	0.75	125.00		0.63	0.63	75.00		0.38	0.38
8	5.11	240.54	2.16	1.20	3.36	150.00		0.75	0.75	125.00		0.63	0.63	75.00		0.38	0.38
9	5.30	238.39	2.35	1.19	3.55	150.00		0.75	0.75	125.00		0.63	0.63	75.00		0.38	0.38
10	5.48	236.03	2.55	1.18	3.73	150.00		0.75	0.75	125.00		0.63	0.63	75.00		0.38	0.38
11	5.66	233.48	2.75	1.17	3.91	150.00		0.75	0.75	125.00		0.63	0.63	75.00		0.38	0.38
12	5.84	230.73	2.94	1.15	4.09	150.00		0.75	0.75	125.00		0.63	0.63	75.00		0.38	0.38
55	6.29	22.72	4.43	0.11	4.54	150.00		0.75	0.75	125.00		0.63	0.63	75.00		0.38	0.38
56	6.22	18.29	4.38	0.09	4.47	150.00		0.75	0.75	125.00		0.63	0.63	75.00		0.38	0.38
57	6.15	13.91	4.33	0.07	4.40	150.00		0.75	0.75	125.00		0.63	0.63	75.00		0.38	0.38
58	6.08	9.58	4.28	0.05	4.33	150.00		0.75	0.75	125.00		0.63	0.63	75.00		0.38	0.38
59	6.01	5.30	4.23	0.03	4.26	150.00		0.75	0.75	125.00		0.63	0.63	75.00		0.38	0.38
60	5.94	1.06	1.06	0.01	1.07	150.00	3.13	0.75	3.88	125.00		0.63	0.63	75.00		0.38	0.38
61	5.87					146.87	4.14	0.73	4.87	125.00		0.63	0.63	75.00		0.38	0.38
62	5.81					142.73	4.09	0.71	4.81	125.00		0.63	0.63	75.00		0.38	0.38
63	5.74					138.64	4.05	0.69	4.74	125.00		0.63	0.63	75.00		0.38	0.38
64	5.68					134.59	4.00	0.67	4.68	125.00		0.63	0.63	75.00		0.38	0.38
65	5.61					130.59	3.96	0.65	4.61	125.00		0.63	0.63	75.00		0.38	0.38
66	5.55					126.63	3.91	0.63	4.55	125.00		0.63	0.63	75.00		0.38	0.38
67	5.48					122.72	3.87	0.61	4.48	125.00		0.63	0.63	75.00		0.38	0.38
100	3.74					15.51	2.66	0.08	2.74	125.00		0.63	0.63	75.00		0.38	0.38
101	3.70					12.85	2.63	0.06	2.70	125.00		0.63	0.63	75.00		0.38	0.38
102	3.65					10.22	2.60	0.05	2.65	125.00		0.63	0.63	75.00		0.38	0.38
103	3.61					7.61	2.57	0.04	2.61	125.00		0.63	0.63	75.00		0.38	0.38
104	3.57					5.04	2.54	0.03	2.57	125.00		0.63	0.63	75.00		0.38	0.38
105	3.53					2.50	2.50	0.01	2.51	125.00	0.02	0.63	0.65	75.00		0.38	0.38
106	3.49									124.98	2.49	0.62	3.11	75.00		0.38	0.38
107	3.45									122.49	2.46	0.61	3.07	75.00		0.38	0.38
108	3.41									120.03	2.43	0.60	3.03	75.00		0.38	0.38
109	3.37									117.60	2.40	0.59	2.99	75.00		0.38	0.38
110	3.33									115.20	2.38	0.58	2.95	75.00		0.38	0.38
111	3.29									112.82	2.35	0.56	2.91	75.00		0.38	0.38
112	3.25									110.48	2.32	0.55	2.87	75.00		0.38	0.38

(续)

月份	总的现金流	组合A				组合B				组合C				组合D			
		余额	本金	利息	现金流	余额	本金	利息	现金流	余额	本金	利息	现金流	余额	本金	利息	现金流
175	1.52									5.99	1.12	0.03	1.15	75.00		0.38	0.38
176	1.50									4.87	1.10	0.02	1.13	75.00		0.38	0.38
177	1.48									3.77	1.09	0.02	1.11	75.00		0.38	0.38
178	1.46									2.68	1.08	0.01	1.09	75.00		0.38	0.38
179	1.45									1.61	1.06	0.01	1.07	75.00		0.38	0.38
180	1.43									0.54	0.54	0.00	0.55	75.00	0.51	0.38	0.88
181	1.41													74.49	1.04	0.37	1.41
182	1.39													73.45	1.03	0.37	1.39
183	1.38													72.43	1.01	0.36	1.38
184	1.36													71.41	1.00	0.36	1.36
185	1.34													70.41	0.99	0.35	1.34
186	1.33													69.42	0.98	0.35	1.33
187	1.31													68.44	0.97	0.34	1.31

一旦确定了所有现金流的分布情况,我们就可以运用标准现值公式计算出每一组合的价值。在这一例子中,组合A、组合B、组合C、组合D的价值分别为2.5642亿美元、1.5842亿美元、1.3571亿美元和0.8421亿美元。当然,由于每一组合现金流加总等于初始过手债券现金流,那么这些组合的价值就应当与过手债券价值相等,即为6.3476亿美元。

需要特别注意的是,本金偿付的规则将极大地影响MBS对利率波动的敏感程度。举例来讲,组合A、组合B、组合C、组合D的有效久期分别是1.96、3.99、6.27、10.04。由于过手债券是一系列组合的资产组合,其有效久期便等同于各组合有效久期的加权平均值(参照第3章),即4.46(和之前探讨的结果一致)。

提前偿付的速度将影响不同组合的偿还时点。在表8-6中我们假定PSA值为200%,假如我们把此处PSA值设定为100%,那么组合A、组合B、组合C、组合D分别在第96个月(而非第60个月)、第171个月(而非第105个月)、第267个月(而非第180个月)清偿完毕。随着PSA值的改变,各组合的有效久期也会相应变化,组合A、组合B、组合C、组合D的有效久期分别上升至3.70、8.15、11.39和13.96。

8.4.2 计划摊还证券

计划摊还证券(planned amortization class,PAC)同样分为多个组合:A、B、C和辅助组合。其中,A、B、C等组合根据MBS发行者事前确定的PSA值接收提前偿付,因此在合约持续的过程中,与PSA值相关的本金偿付标准是确定不变的,这种安排将使得提前偿付的本金与真实发生的实际偿还额有所差异,而这些差异将完全由辅助组合来吸纳。也就是说,A、B、C组合有着确定的未来现金流,它们可以和其他附息债券一样定价,而辅助组合因吸纳了所有提前偿付的风险,它的价格必然受到提前偿付情况的影响。

为了阐明这一逻辑,我们首先设定两个不同的PSA值(一个较高,一个较低),给定每一组合的本金额度,两个PSA值便决定着总的本金额度(包括计划偿付部分和提前偿付部分),这和式(8-10)~式(8-16)运用的是同样的数理方法。我们对总的本金做如下规定:

$$Pay_t^{hi,total} = Pay_t^{hi,scheduled} + Pay_t^{hi,prepaid}$$

$$Pay_t^{lo,total} = Pay_t^{lo,scheduled} + Pay_t^{lo,prepaid}$$

它们分别对应着较高和较低水平的PSA值。与我们最初设想不同,并非一直存在$Pay_t^{hi,total} >$

$Pay_t^{lo,total}$。事实上,在最初由于较高的提前偿付率意味着有较高的现金流,故 $Pay_t^{hi,total}$ 要高于 $Pay_t^{lo,total}$,然而,较高的初始现金流意味着本金将更快地得到偿付,那么迟早会出现 $Pay_t^{hi,total}$ < $Pay_t^{lo,total}$ 的情况。对于给定 PSA 值对应的计划现金流,我们必须谨慎地去确定组合 A、B、C 等的未来预期现金流分布。通常,来自住房借款人的提前偿付金额是足够偿付 PAS 相关的还款计划。PAC 现金流分布由以下公式确定:

$$\text{承诺的现金流 } C_t^{pac} = I_t + \min(Pay_t^{hi,total}, Pay_t^{lo,total}) \tag{8-20}$$

这种选择确保了,只要住房借款人的提前偿付速度是介于事先设定的两个不同 PSA 值之间,那么来自住房借款人处的现金流将足以偿还组合中的预期现金流。辅助组合吸收了过手债券总现金流和应支付给 PAC 结构证券投资者金额之间的差异,即

$$\text{辅助组合现金流 } C_t^{Com} = C_t^{PT} - C_t^{pac} \tag{8-21}$$

其中,C_t^{PT} 表示初始过手债券的总现金流,PAC 总的本金偿付(包括计划偿付部分和提前偿付部分)由下式给出:

$$Pay_t^{pac} = \min(Pay_t^{hi,total}, Pay_t^{lo,total})$$

因为这些偿付本金构成一个确定的还款计划,那么,PAC 本金大小必须等同于从 0 时期开始的本金偿付总额,也就是说,我们设定:

$$L_0^{pac} = \sum_{t=1}^{360} Pay_t^{pac} \tag{8-22}$$

我们设定辅助组合的本金部分为一个剩余项,即 $L_0^{com} = L^0 - L_0^{pac}$,让我们通过接下来的例子进一步理解这一逻辑在实践中的运用情况。

例 8-7

再次思考例 8-2,同样地,我们把由过手债券(表 8-3 的第 9 列)产生的现金流分为两个组合:组合 A 和辅助组合。我们设定 PSA 的范围是在 $PSA^{lo} = 80\%$ 和 $PSA^{hi} = 300\%$ 之间,以上的计算表明 PAC 组合的本金为 3.566 9 亿美元,辅助组合的本金为 2.433 1 亿美元。

图 8-9 显示了这两种现金流的分布,期初高 PSA 对应的现金流迅速上升,随后下降至低 PSA 值之下。PAC 的计划现金流则是取两种 PSA 值对应的现金流的较低值,这是为了确保资产池中提前偿付速度的变化,不至于导致辅助组合无法吸纳相应差异的情况。

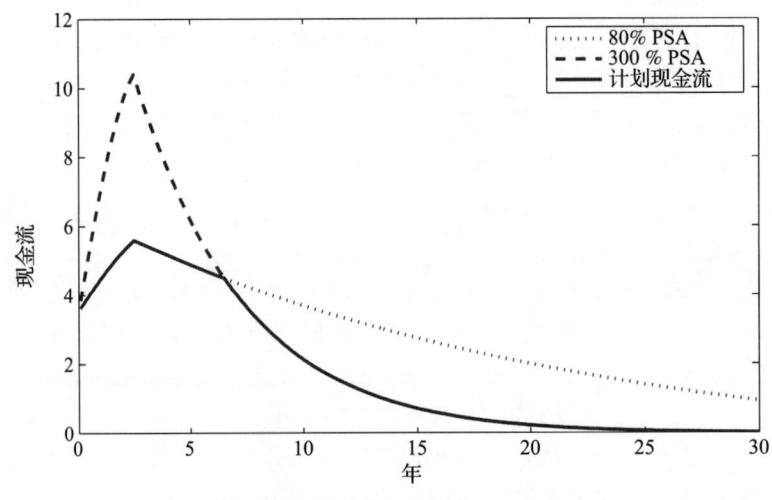

图 8-9 PAC 计划现金流

那么 PAC 计划现金流究竟是如何依赖于真实的 PSA 值呢？其实，计划现金流是取决于发行者对未来实际提前偿付的最佳估计。然而，在实际中，提前偿付还取决于市场条件、利率、房价等诸多因素。这些因素都影响着提前偿付速度，图 8-10 展现了 4 组基于不同 PSA 值假定下的 PAC 组合的现金流分布。比如，假定真实 PSA 值为 100%，图 8-10a 是 PAC 组合的现金流，这和图 8-9 中的情况一样。辅助组合需要吸收过手债券实际现金流（实线部分）和应支付给 PAC 组合投资者（虚线部分）金额之间的差异。辅助组合的最终现金流则如图 8-9 中的圆点虚线所示。

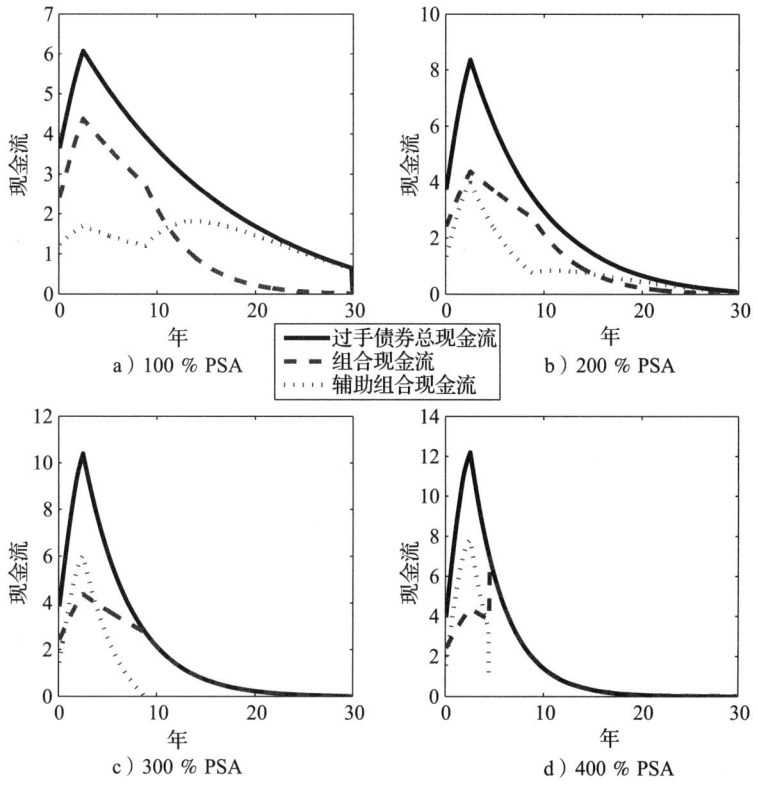

图 8-10 PAC 计划现金流和真实 PSA

现在我们思考当提前偿付加速的情况，或许这是由于美联储降低了联邦基金利率和抵押贷款利率引起的。图 8-10b 表示了当 PSA 值升至 200% 时的现金流分布，这种变化引起过手债券（实线部分）的现金流陡然上升。然而，提前偿付的激增并不影响 PAC 结构证券的现金流，也就是说虚线对应的走势并不发生变化。但它影响着辅助组合，使得辅助组合的现金流出现激增。图 8-10c 表示了当 PSA 值升至 300% 的情况。在这种情况下，辅助组合依然能够吸纳预期提前偿付和真实提前偿付现金流之间的差异。然而，随着辅助组合不断接受本金的提前偿付，本金走势不断下降并在某一时点偿付完毕。这和之前在结构化序列中谈及的组合 A、B 等实现完全偿付是一个道理。只要辅助组合的本金得到完全偿付，PAC 组合现金流则等同于它所对应的过手债券的现金流。进一步讲，一旦辅助组合偿付完毕，PAC 组合相当于转换回了最初的过手债券，同样地，提前偿付风险也就再次回到了和从前一样。

如果真实 PSA 值超过了预测 PSA 值的上限，这将会怎样呢？图 8-10d 显示的就是这一情形。在这种情况下，辅助组合的本金迅速得到清偿，从而使得 PAC 组合的现金流走势迅速回归于它所对应的过手债券现金流走势。PAC 组合的现金流不再由初始计划所确定，而是转回和有着提前偿付风险的初始过手债券一样。

那么 PSA 的变化对 PAC 组合以及辅助组合的定价有着怎样的影响呢？其实，只要 PSA 值在预期范围之内，辅助组合就不会得到完全清偿，PAC 组合现金流就完全由计划现金流给定，所以价格也不会发生变化。比如，在图 8-10a、图 8-10b 和图 8-10c 对应的就是这种情况，价格均为 3.771 6 亿美元。也就是说，PSA 值只要在 100% 和 300% 间变动，则不会引起价格的变动，并且 PAC 组合也不会承受提前偿付风险。由于 PSA 的值改变会影响着过手债券的价格，这便体现在辅助组合的价格随 PSA 的变动而明显变动。在图 8-10 中，这 3 个部分所对应的辅助组合价格分别是 2.697 7 亿美元、2.576 2 亿美元和 2.505 4 亿美元。这种变动引起了较强的负凸性效应。图 8-11 中反映了辅助组合和利率之间明显的负向关系，该图和表 8-4 及图 8-6 的结果相同，即随着利率的下降，由低利率引发出提前偿付的增加，PSA 值也相应增加。PAC 组合展现了和利率的一个基本线性关系(低利率水平的情况除外)。在表 8-4 中，我们假定 PSA 值升至 500%，已经超过了我们确定的 PSA 值范围 300%，在这种情况下，PAC 转换回过手债券，从而具备负凸性。辅助组合相比最初的过手债券表现出有更强的负凸性，因为在利率显著下跌的时候，其价值基本保持不变。

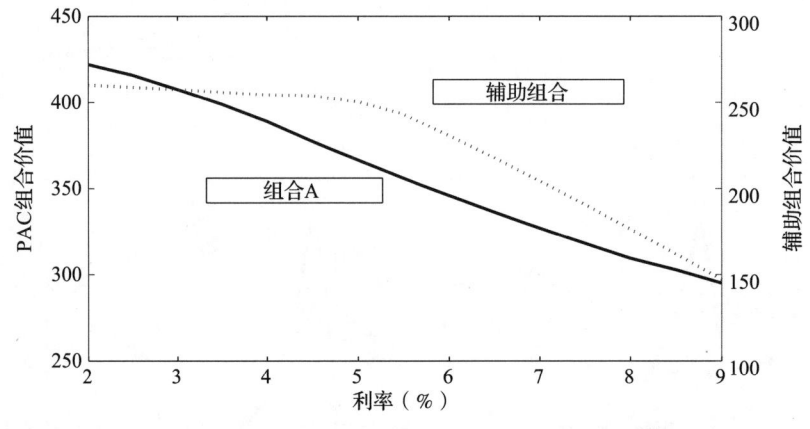

图 8-11　PAC 组合和辅助组合价值

8.4.3　仅息债券和仅本债券

仅息(interest-only)债券和仅本(principal-only)债券，是对过手债券现金流进行简单拆分的一种简单形式。

- 仅息债券只从抵押资产池中收到利息的偿付，不会收到任何本金的偿付。如果利率下跌引起许多住房借款人提前偿付债务，那么在未来偿付的利息支付额就会下降，因为提前偿付会导致计息的本金减少。最终，持有仅息债券的投资者在未来将会收到更少的现金流支付(或者说仅息债券贬值)。
- 仅本债券则只收取本金的偿付，包括从计划偿付部分和非计划偿付部分，而不会收到任何利息的支付。如果住房借款人由于利率下跌提前偿付债务，所有的提前偿付都将付给仅本债券的投资者，最终，持有仅本债券的投资者将在短期内收到一笔较大额的现金流。利率的下跌将对仅本债券的价格产生重大影响。

在以下的例子中，我们将讨论仅息债券和仅本债券的其他特征。

☞ **例 8-8**

让我们再次探讨例 8-2 中的过手债券以及表 8-3 中的计算结果。仅息债券的支付仅仅依赖于过手债券的利息支付(参照表8-3的第3列)。仅本债券则依赖于表8-3的第6、7列之和。当提前偿付速度发生变化时,仅本债券和仅息债券的反映值得关注。表8-7展现了利率、PSA值和两种证券的相关性关系。最为有趣的是,仅息债券的价格随利率的下降和PSA值的上升而大幅下降。相反,同样条件下,仅本债券的价格则大幅上升从而保持较高的价值(和表8-3中展现的结果一致),这一特征会显著影响仅本债券和仅息债券的有效久期。比如,当我们再次考虑当前利率$r=5\%$及$\text{PSA}=200\%$的情形,通过运用式(8-18)我们能计算出仅本债券和仅息债券的有效久期:

表8-7 仅本债券和仅息债券的价格和久期

利率	PSA	IO 价格	PO 价格
2.00%	500	131.75	556.05
2.50%	450	140.05	541.58
3.00%	400	149.71	525.05
3.50%	350	161.06	505.91
4.00%	300	174.57	483.42
4.50%	250	190.86	456.59
5.00%	200	210.78	423.98
5.50%	150	235.52	383.61
6.00%	100	266.75	332.58
6.50%	90	267.07	309.89
7.00%	80	267.35	287.18
7.50%	70	267.59	264.47
8.00%	60	267.79	241.76
8.50%	50	267.95	219.06
9.00%	40	268.07	196.38

$$D^{IO} \approx -\frac{1}{P^{IO}} \times \frac{P^{IO}(+50\text{bps}) - P^{IO}(-50\text{bps})}{2 \times (50\text{bps})}$$

$$= -\frac{1}{210.78} \times \frac{235.52 - 190.86}{2 \times (50\text{bps})} = -21.19$$

$$D^{PO} \approx -\frac{1}{P^{PO}} \times \frac{P^{PO}(+50\text{bps}) - P^{PO}(-50\text{bps})}{2 \times (50\text{bps})}$$

$$= -\frac{1}{423.98} \times \frac{383.61 - 456.59}{2 \times (50\text{bps})} = 17.21$$

可以看到,和之前讨论的情况一样,仅息债券的有效久期符号显著为负。而与此对应的仅本债券的有效久期则显著为正。其实,这并不足为奇,因为两种证券有效久期的加权平均值要和初始过手债券的有效久期相等(根据例8-3,过手债券的有效久期值为4.46)。因此,一旦确定了仅息债券的有效久期显著为负,那么仅本债券的有效久期必然显著为正。

本章小结

本章我们涉及了以下知识点。

1. 资产证券化:资产证券化是这样一个过程:金融机构将同类资产打包后出售给投资者的过程。投资者购买这些资产组合并享有对这些资产组合产生的现金流的索取权。这些资产组通常有抵押支持,比如住房抵押贷款。这些具有对住房抵押贷款产生的现金流有索取权的债券,就是住房抵押贷款支持证券(RMBS)。此外,还有诸多资产同样可以证券化,比如商业抵押物、信用卡应收账、汽车贷款等。

2. 固定利率抵押贷款⊖:在一项固定利率抵押贷款中,借款人的月供包含两个部分:本金偿付和利息偿付。其中,利息偿付由剩余本金所决定,因此其特点是还款初期较高而后随时间逐渐减少。

3. 提前偿付权:当利率下降时,住房借款人往往选择提前偿付住房抵押贷款。提前偿付意味着银行将过早收回贷款,并只能以较低利率进行再投资。

4. CPR和PSA:两者皆为计量提前偿付速度的指标。CPR假定在整个MBS期间内,提前偿付速度保持不变,而PSA假定在还款初期提前偿付率会相对更低。

5. 抵押支持过手债券:这一类证券由抵押贷款资产作担保,对原始抵押贷款的现金流具有索取权,且不为提前偿付提供任何保护。

6. 负凸性:尽管和任何其他证券类似,抵押贷

⊖ 疑原文有误,这里的意思应是"等额还款"式的按揭贷款。——译者注

款的价值随利率的下跌而上升，但由于住房借款人提前偿付的原因，这种上升的速度却相对更低一些。

7. 抵押担保证券：这是一种向投资者提供不同现金流组合的结构化证券，以过手债券为基础，根据特定算法提供不同组合的本金偿付方式。比如，顺序组合的结构债券是按顺序接收本金偿付；计划摊还证券则是根据指定算法接受本金偿付，而实际与算法现金流之间的差异的部分则体现在辅助组合中。

练习

1. MBS按月支付息票，这意味着收益率曲线以"月"为复利频率。可惜的是，虽然国债的期限可以长达30年，但对指定某一天交易的国债使用标准剥离法（standard bootstrap techniques）获得月度收益率曲线是难以实现的。为了得到收益率曲线，我们可以运用在第2章学习的扩展的Nelson-Siegel模型。表8-8给出了2000年12月1日的国债交易数据，请依此计算并画出月度收益率曲线以及未来30年内每年的贴现因子。

表8-8 2000年12月1日国债交易数据

息票	到期日	均价	息票	到期日	均价	息票	到期日	均价
0.000	2000/12/07	99.898	0.000	2001/05/24	97.142	6.250	2003/02/15	101.207
0.000	2000/12/14	99.784	0.000	2001/05/31	97.032	5.500	2003/02/28	99.742
0.000	2000/12/15	99.748	0.000	2001/06/07	96.922	5.500	2003/03/31	99.723
0.000	2000/12/18	99.699	5.750	2001/06/30	99.723	5.750	2003/04/30	100.273
0.000	2000/12/21	99.646	5.500	2001/07/31	99.555	10.750	2003/05/15	111.461
0.000	2000/12/28	99.567	7.875	2001/08/15	101.133	5.500	2003/05/31	99.742
4.625	2000/12/31	99.832	0.000	2001/08/30	95.663	5.375	2003/06/30	99.461
0.000	2001/01/04	99.438	5.500	2001/08/31	99.504	5.250	2003/08/15	99.148
0.000	2001/01/11	99.316	5.625	2001/09/30	99.563	4.250	2003/11/15	96.355
0.000	2001/01/18	99.200	5.875	2001/10/31	99.789	4.750	2004/02/15	97.527
0.000	2001/01/25	99.081	7.500	2001/11/15	101.262	5.250	2004/05/15	98.969
4.500	2001/01/31	99.707	0.000	2001/11/29	94.368	6.000	2004/08/15	101.434
0.000	2001/02/08	98.843	5.875	2001/11/30	99.801	5.875	2004/11/15	101.086
0.000	2001/02/15	98.726	6.125	2001/12/31	100.066	7.500	2005/02/15	107.125
0.000	2001/02/22	98.608	6.250	2002/01/31	100.250	6.500	2005/05/15	103.867
5.000	2001/02/28	99.703	14.250	2002/02/15	109.434	6.500	2005/08/15	103.930
0.000	2001/03/01	98.490	6.250	2002/02/28	100.316	5.750	2005/11/15	101.344
0.000	2001/03/08	98.381	6.500	2002/03/31	100.707	5.625	2006/02/15	100.324
0.000	2001/03/15	98.265	6.375	2002/04/30	100.684	6.875	2006/05/15	106.098
0.000	2001/03/22	98.151	7.500	2002/05/15	102.277	7.000	2006/07/15	106.750
0.000	2001/03/29	98.035	6.500	2002/05/31	100.941	6.500	2006/10/15	104.563
4.875	2001/03/31	99.535	6.250	2002/06/30	100.664	6.250	2007/02/15	103.555
0.000	2001/04/05	97.911	6.000	2002/07/31	100.402	6.625	2007/05/15	105.723
0.000	2001/04/12	97.804	6.375	2002/08/15	101.008	6.125	2007/08/15	103.180
0.000	2001/04/19	97.686	6.125	2002/08/31	100.625	5.500	2008/02/15	99.676
0.000	2001/04/26	97.569	5.875	2002/09/30	100.301	5.625	2008/05/15	100.457
5.000	2001/04/30	99.520	5.750	2002/10/31	100.148	4.750	2008/11/15	94.941
0.000	2001/05/03	97.471	11.625	2002/11/15	110.707	5.500	2009/02/15	99.586
0.000	2001/05/10	97.359	5.625	2002/11/30	100.031	6.000	2009/08/15	102.883
5.625	2001/05/15	99.750	5.625	2002/12/31	99.992	6.500	2010/02/15	106.598
0.000	2001/05/17	97.245	5.500	2003/01/31	99.727	5.750	2010/08/15	101.734

(续)

息票	到期日	均价	息票	到期日	均价	息票	到期日	均价
11.250	2015/02/15	152.938	8.500	2020/02/15	130.973	7.625	2025/02/15	123.594
10.625	2015/08/15	147.813	8.750	2020/05/15	134.039	6.875	2025/08/15	114.063
9.875	2015/11/15	140.813	8.750	2020/08/15	134.281	6.000	2026/02/15	102.719
9.250	2016/02/15	134.875	7.875	2021/02/15	124.375	6.750	2026/08/15	112.750
7.250	2016/05/15	114.938	8.125	2021/05/15	127.500	6.500	2026/11/15	109.531
7.500	2016/11/15	117.719	8.125	2021/08/15	127.656	6.625	2027/02/15	111.281
8.750	2017/05/15	131.156	8.000	2021/11/15	126.391	6.375	2027/08/15	108.094
8.875	2017/08/15	132.688	7.250	2022/08/15	117.688	6.125	2027/11/15	104.785
9.125	2018/05/15	136.250	7.625	2022/11/15	122.406	5.500	2028/08/15	96.574
9.000	2018/11/15	135.438	7.125	2023/02/15	116.313	5.250	2028/11/15	93.250
8.875	2019/02/15	134.281	6.250	2023/08/15	105.531	5.250	2029/02/15	93.402
8.125	2019/08/15	126.281	7.500	2024/11/15	121.844	6.125	2029/08/15	105.969

资料来源：证券价格研究中心（每日国债）、芝加哥商学院证券价格研究中心。

2. 思考如下 MBS 过手债券：本金为 3 亿美元，初始抵押贷款资产池 $WAM = 360$ 个月（30 年）、$WAC = 7.00\%$，过手债券支付的息票利率为 6.5%。下面给出了从扩展的 Nelson-Siegel 模型（参考第 2 章）中得到的相关数据：$\theta_0 = 6\,278.30$，$\theta_1 = -6\,278.25$，$\theta_2 = -6\,292.47$，$\theta_3 = 0.043\,87$，$\lambda_1 = 27\,056.49$，$\lambda_2 = 30.48$，运用如下公式计算出期限为 T 的零息债券连续复利收益率：

$$r(0,T) = \theta_0 + (\theta_1 + \theta_2) \frac{1 - e^{-\frac{T}{\lambda_1}}}{\frac{T}{\lambda_1}} - \theta_2 e^{-\frac{T}{\lambda_1}}$$

$$+ \theta_3 \left(\frac{1 - e^{-\frac{T}{\lambda_2}}}{\frac{T}{\lambda_2}} - e^{-\frac{T}{\lambda_2}} \right) \quad (8-23)$$

T 时期对应的贴现因子为 $Z(0,T) = e^{-r(0,T) \times T}$，请作答：

(1) 假定 $PSA = 150\%$ 且保持不变，过手债券的价格是多少？

(2) 假定 $PSA = 150\%$ 且保持不变，计算过手债券的久期是多少？

(3) 假定当利率期限曲线结构曲线向下平移 50 个基点时，PSA 值增加至 200%；当利率期限结构曲线向上平移 50 个基点时，PSA 值下降至 120%，计算该过手债券的有效久期，并和(2)中的计算结果做比较。

(4) 和(3)假定相同，计算该情形下的有效凸性，并就得到的结论进行讨论。

3. 思考如下 MBS 过手债券：本金为 3 亿美元，初始抵押贷款资产池 $WAM = 360$ 个月（30 年）、$WAC = 7.00\%$，过手债券支付的票息为 6.5%。可运用第 2 题中计算出来的即期利率 $r(0,T)$。此证券分为 4 个组合（A，B，C 和 D），每一组合的本金金额参照表 8-9，试求：

(1) 假定 $PAS = 150\%$ 保持不变，每一组合的价格是多少？

(2) 假定当利率期限结构曲线向下平移 50 个基点时，PSA 值增加至 200%；当利率期限结构曲线向上平移 50 个基点时，PSA 值下降至 120%，计算该情形下每一组合的有效久期？哪一组合对利率波动更为敏感？哪一组合相对不敏感？

(3) 和(2)假定相同，求每一组合的有效凸性分别是多少？并阐述你的结论。

(4) 如果你决定购买所有组合，这是否等同于持有第 2 题中的 MBS 过手债券？（比如计算分析它们是否有相同的价格？是否有相同的久期？）

表 8-9 过手债券（票息为 6.5%）组合分布情况

组合	本金	利息
组合 A	175	6.50%
组合 B	75	6.50%
组合 C	30	6.50%
组合 D	20	6.50%

4. 思考如下 MBS 过手债券：本金为 3 亿美元，初始抵押贷款资产池 WAM = 360 个月（30 年）、WAC = 7.00%，过手债券支付的票息为 6.5%。可运用第 2 题中计算出来的即期利率 $r(0, T)$。此证券分为 4 个组合（A、B、C 和 Z），每一组合的本金金额参照表 8-10。组合 Z 是一个累积的辅助组合，只有在其他所有组合本金得到全部偿付后才开始偿付，这意味着在其他组合本金偿付完成之前，该组合的利息是不断累积的。试求：

(1) 假定 PAS = 150% 保持不变，每一组合的价格是多少？

(2) 假定当利率期限结构曲线向下平移 50 个基点时，PSA 值增加至 200%；当利率期限结构曲线向上平移 50 个基点时，PSA 值下降至 120%，计算该情形下每一组合的有效久期？哪一组合对利率波动更为敏感？哪一组合相对不敏感？

(3) 相比第 3 题中的组合 D，组合 Z 是否对利率变化更加敏感？组合 A、B、C 呢？他们在组合 D 或者组合 Z 的"保护"下是否对利率变化更加敏感？

(4) 和(2)假定相同，求每一组合的有效凸性分别是多少？并阐述你的结论。

(5) 如果你决定购买所有组合，这是否等同于持有第 2 题中的 MBS 过手债券？（比如计算分析它们是否有相同的价格？是否有相同的久期？）

表 8-10　过手债券（票息为 6.5%）组合分布情况

组合	本金	利息
组合 A	175	6.50%
组合 B	75	6.50%
组合 C	30	6.50%
组合 Z	20	6.50%

5. 思考如下 MBS 过手债券：本金为 3 亿美元，初始抵押贷款资产池 WAM = 360 个月（30 年）、WAC = 7.00%，过手债券支付的票息为 6.5%。可运用第 2 题中计算出来的即期利率 $r(0, T)$。此证券分为 PAC 组合和辅助组合，相关情况参照表 8-11。试求：

(1) 假定 PAS = 150% 保持不变，每一组合的价格是多少？

(2) 假定当利率期限结构曲线向下平移 50 个基点时，PSA 值增加至 200%；当利率期限结构曲线向上平移 50 个基点时，PSA 值下降至 120%，计算该情形下这两个组合的有效久期？哪一组合对利率波动更为敏感？哪一组合相对不敏感？

(3) 和(2)假定相同，求每一组合的有效凸性分别是多少？并阐述你的结论。

(4) 如果你决定购买所有组合，这是否等同于持有第 3 题中的 MBS 过手债券？（比如计算分析它们是否有相同的价格？是否有相同的久期？）

表 8-11　过手债券（票息为 6.5%）组合分布情况

组合	本金	利息
PAC	181.34	6.50%
辅助组合	118.66	6.50%

6. 思考如下 MBS 过手债券：本金为 3 亿美元，初始抵押贷款资产池 WAM = 360 个月（30 年）、WAC = 7.00%，过手债券支付的票息为 6.5%。可运用第 2 题中计算出来的即期利率 $r(0, T)$。此证券分为 PO 组合和 IO 组合。试求：

(1) 假定 PAS = 150% 保持不变，每一组合的价格是多少？

(2) 假定当利率期限结构曲线向下平移 50 个基点时，PSA 值增加至 200%；当利率期限结构曲线向上平移 50 个基点时，PSA 值下降至 120%，计算该情形下这两个组合的有效久期？哪一组合对利率波动更为敏感？哪一组合相对不敏感？

(3) 和(2)假定相同，求这两个组合的有效凸性分别是多少？并阐述你的结论。

(4) 如果你决定购买所有组合，这是否等同于持有第 2 题中的 MBS 过手债券？（比如计算分析它们是否有相同的价格？是否有相同的久期？）

7. 接下来的练习是基于芝加哥城市商学院（City Colleges of Chicago，CCC）的一系列投资行为。其财务主管决定投资 70% 的房利美 MBS 中的低组合：FNMA1993-237。[一]合约中所有支付都是仅本型，这种类型的证券被称作剥离抵押支持证券(stripped mortgage backed security, SMBS)。FNMA1993-237 本金为 4.25 亿美元，$WAM=348$，$WAC=8.27\%$。由于所有组合均是仅本型，并不需要知道过手债券的票息。该证券的组合分类情况参照表 8-12。其中，PAC 代表计划摊还证券(planned amortization class, PAC)，TAC 代表目标摊还组合(targeted amortization class, TAC)，SUP 代表支持组合(support class, SUP)；UC 和 LC 分别代表 PACs 中的高组合和低组合；TAC 基本类似于 PAC，但在使用 PSA 从而确定偿付计划上略有不同：PAC 采用的是 PSA 某个范围，而 TAC 使采用 PSA 中的某个确定值。该证券计划说明书中关于本金分配计划的部分如下写道：

本金依合约按月进行分配，分配金额等于同时期 SMBS 分配金额的总和。在每一分配日，本金分配金额将会根据优先顺序进行如下分配：

(1) 依次按组合 A、B、C(计划摊还组合，PAC)的顺序进行分配，直到本金金额减少至计划确定的某个值为止。

(2) 依次按组合 E、G(目标摊还组合，TAC)的顺序进行分配，直到本金金额减少至计划确定的某个值为止。

(3) 然后进入 H 组合(支持级份)的分配，直到本金余额用完为止。

(4) 然后依次进入组合 E、G，不考虑其目标余额，直到本金金额用完为止。

(5) 然后进入 A 组合的分配，不考虑其计划余额，直到本金余额用完为止。

(6) 然后同时进入 B、C 组合，并按剩余本金占比进行分配，直到本金余额用完为止。

市场面临的收益率曲线可通过扩展的 Nelson-Siegel 模型(参照第 2 章式(8-23))计算得到。

在 1993 年 10 月 1 日，模型相关参数为：$\theta_0 = 6278.30$，$\theta_1 = -6278.30$，$\theta_2 = -6291.28$，$\theta_3 = 0.70906$，$\lambda_1 = 27056.50$，$\lambda_2 = 20.2312$。

试求：

(1) 根据业界专家的预测，当前的 PSA = 450%：
① 假定 PSA 值保持不变，求 FNMA1993-237 证券的价格。
② 每一组合的久期是多少？是组合 G 和组合 H 久期最大吗？

(2) CCC 决定将 1 亿美元资金平均投资于组合 G 和组合 H，6 个月后，市场上关于求取收益率曲线的扩展的 Nelson-Siegel 模型相关参数变为：$\theta_0 = 6278.30$，$\theta_1 = -6278.30$，$\theta_2 = -6291.28$，$\theta_3 = 0.97584$，$\lambda_1 = 27056.50$，$\lambda_2 = 20.2249$
① 利率是上升、保持不变还是有所下降？
② 假定 PSA 值保持不变，1994 年 4 月 4 日的这一资产组合的价格是多少？

(3) 在 1994 年 4 月 4 日，如果 PSA = 200%
① PSA 值的变化是否反映在了收益率的变化上？为什么？
② 这种变化是否会抵消由于利率变动引起的资产价值变化？
③ 计算在该日每一组合的价格；这种变化能否反映在久期计算中得到的结论？
④ 此时资产组合的利得/损失是多少？

表 8-12 FNMA, 1993-237 组合分布

组合	本金	类型	UC	LC
A	127.50	PAC	550%	135%
B	51.00	PAC	550%	135%
C	25.50	PAC	550%	135%
E	68.00	TAC	300%	
G	59.50	TAC	450%	
H	93.50	SUP		
合计	425.00			

案例研究：派维投资集团以及过手债券避险策略

2007 年 6 月 8 日，派维投资集团(PiVe Investment Group)的合伙人正商议如何提升其避险策略，拟对近年来投资在过手债券的 3 亿美元资金进行避险操作。这只过手债券是在 TBA 市场上折价交易的

[一] 这个案件的信息来源于美国上诉法院第五巡回法院提供的文件：Westcap Corp. 与芝加哥市立大学(CCC)Lexis (25502)。CCC 还投资了另一个类似证券：FNMA 1993-205，我们省略了这个证券以简化练习。

吉利美Ⅰ过手债券：GNSF 6。它所对应的潜在资产池 $WAC = 6.5\%$，非常接近于 $WAM = 320$（个月）的 30 年期固定抵押贷款利率 6.59%。它的票息为 6%，在 TBA 市场上的报价为 99.437 5/99.406 25。

它们购买这只过手债券的初衷是，认为相比其 PSA 值，它的收益率要远高于国债收益率水平。派维投资集团注意到证券行业以及金融市场协会对长期 PSA 值的中位预期值为 225% PSA，预测值分布在 172% ~ 304%（参照表 8-13）。⊖当前的利率期限结构基本围绕在 5% 附近，短期利率处于 5% 附近，长期利率处于 5.4% 附近。根据平均预测 225% PSA，合伙人计算出 GNSF 6 的价值 $P = 104.5$，要远高于市场交易价格。运用其他 PSA 场景分析得出的价格也同样高于市场交易价格：PSA = 172% 对应 $P = 104.63$；PSA = 304% 对应 $P = 103.38$。对于派维投资集团来说，判断一项投资是否具备足够的吸引力，主要看通过市场交易价格计算出来的隐含收益率与国债收益率相比，是否足够高。在此情况下，根据市场交易价格为 $P = 99.43$（包含所有期限）计算出来的连续复利收益率高出国债 1.015%。

派维合伙人非常清楚这种折价交易的原因：提前偿付引起的"负凸性"。由于 WAC 比较接近当前抵押贷款利率，利率的进一步下跌将掀起再融资浪潮，就像之前 2001 ~ 2002 年发生的那样。这意味着尽管利率下跌，但其价格仍在 100 附近波动，而不是像国债那样价格上升。甚至，总的来讲，这种负凸性往往引发交易损失而非带来更大的收益。⊖但是 1% 的利差看上去仍然是对提前偿付的巨额补偿，正是如此才使得合伙人买下了这只债券。当下，合伙人正在思考采取怎样的避险策略去规避可能的利率风险。

久期和凸性的 3 种测度方法

派维投资集团的合伙人拟用 3 种不同的方法来测度久期，他们需要选出一种最佳方法来建立避险策略，从而规避利率波动引发的风险。

简易久期法

已知当前市场对 PSA 的折中预期值为 240% PSA，派维合伙人由此计算出标准久期值。假定 PSA 保持不变，他们运用计算国债久期的方法计算该证券的久期。根据久期的定义，我们显然易得：

$$D = -\frac{1}{P}\frac{dP}{dr} = \sum_{i=1}^{320} w_i \times T_i$$

$$C = \frac{1}{P}\frac{d^2P}{dr^2} = \sum_{i=1}^{320} w_i \times T_i^2$$

其中 T_i 表示偿付的第 i 个月，w_i 表示权重，即

$$w_i = \frac{CF_i \times \hat{Z}(0, T_i)}{P}$$

在上式中，CF_i 由 PSA 值计算得到，$\hat{Z}(0, T_i)$ 代表在已经考虑了超过国债收益率 1.03% 的利差的情况下，通过不变 PSA 值匹配的交易价格所对应的贴现因子。计算结果为：$D = 4.39$，$C = 36.1590$。

然而，派维合伙人对此计算结果表示质疑，虽然久期的计算结果看似合理，但凸性的计算结果表明凸性为正而不是负，这显然是错的。派维合伙人打算寻求其他方法来测度久期。

调整后的有效久期和凸性

派维合伙人意识到在早期计算中存在这一个重大缺陷：假定了 PSA 值不随利率发生变动。他们所采取的第二种方法则修正了这一不足，将 PSA 随利率变动这一特征考虑进来。因此，在计算调整后的有效久期和凸性时，应当首先估计出利率的微小变动将引起 PSA 怎样的变动。幸运的是，

⊖ 有关 SIFMA 预付款表的信息，请参见 SIFMA 网站 www.sifma.org/researchl statistics！mbs_prepayment.html。

⊖ 详见本书第 4 章。

SIFMA 估计表中包含了考虑 PSA 值随利率变动的情况下，对未来 PSA 的中位预期值，具体估计情况参照表 8-13。比如，根据估计显示收益率曲线下移 50 个基点将引起 PSA 从 225% 上升至 312%，收益率曲线上升 50 个基点将引起 PSA 从 225% 下降至 179%。派维合伙人认为，应当将利率上升和利率下降的微小变动这两种情况同时考虑进来，这才是测度久期和凸性的更好方法。结合式 (8-18) 和式 (8-19) 对有效久期和凸性的定义，我们有：

$$D \approx -\frac{1}{P} \times \frac{P(+50\text{bps}) - P(-50\text{bps})}{2 \times 50\text{bps}}$$

$$C \approx \frac{1}{P} \times \frac{P(+50\text{bps}) + P(-50\text{bps}) - 2 \times P}{(50\text{bps})^2}$$

其中，P 表示当前的交易价格，$P(+50\text{bps})$ 和 $P(-50\text{bps})$ 分别对应收益率曲线上移和下移 50 个基点后的过手债券的价格。派维得到 $P(-50\text{bps}) = 101.43$，对应 PSA = 312%；$P(+50\text{bps}) = 96.79$，对应 PSA = 179。把这些数值代入上式便可得到：$D \approx 4.68$，$C \approx -251.08$。虽然这种方法计算出来的久期值比标准久期计算方法的结果略高（这可能是由于利率上升会引起 PSA 值的剧烈下降），然而对于凸性的计算结果二者却大相径庭，第二种方法考虑了提前偿风险，和预期的直觉一致。

表 8-13 抵押贷款提前偿付估计

GNMA I 30 Y									
Participating dealers：BS CITI CTW GC GS JPM LB ML MS UBS									
不同情景下的收益率曲线									
Avg-300	Avg-200	Avg-100	Avg-50	Avg Base	Avg+50	Avg+100	Avg+200	Avg+300	Low-High
983	854	508	312	225	179	156	130	116	172-304

资料来源：SIFMA.

为了检验这一计算结果的可靠性，派维合伙人对利率微弱变动幅度调整为 100 个基点，对久期和凸性进行重新近似估计：

$$D \approx -\frac{1}{P} \times \frac{P(+100\text{bps}) - P(-100\text{bps})}{2 \times 100\text{bps}} = -\frac{1}{99.43} \times \frac{94.00 - 102.24}{2 \times 100\text{bps}} = 4.14$$

$$C \approx \frac{1}{P} \times \frac{P(+100\text{bps}) + P(-100\text{bps}) - 2 \times P}{(100\text{bps})^2} = \frac{1}{99.43} \times \frac{94.00 + 102.24 - 2 \times 99.43}{(100\text{bps})^2} = -262.63$$

在这种方法下，久期的估计值要比标准计算方法的计算结果略高，但凸性的计算结果符合预想，符号为负。

久期和凸性的经验估计

当派维合伙人正在研讨和查阅关于利率风险规避的著作时，被最近发表在《金融研究评论》(*Review of Financial Study*) 上的一篇学术论文中的一张图表所震惊。这篇文章由杰弗逊·杜阿特教授、弗朗西斯·朗斯塔夫教授和范宇教授共同著作[注]，图中描绘了 30 年期的吉利美 I 的价格和 5 年期互换利率之间的关系，这张图表明这两个变量之间存在密切关系。受此启发，派维合伙人立即搜集相关数据，发现二者之间的确存在十分显著的关系，最终的分析结果展现在图 8-12 中。图 8-12a 是 GNSF 6 在 TBA 市场上的报价以及从 1995 年 6 月至 2007 年 5 月间 5 年内互换利率的时间序列。这两个时间序列互为因果关系，尽管当互换率下降时，GNSF 6 价格上升的幅度并不如当互换率上升时其价格下降的幅度那么多，这种非对称性是由于 GNSF 6 负凸性所致。图 8-12b 则凸显了负凸性这一特征，图 8-12 中既包含了二者时间序列的散点图，还描绘了根据四阶多项式回归进行拟合的价值：

$$P_t = \alpha + \sum_{i=1}^{4} \beta_i \times c_t(5)^i + \varepsilon_t$$

[注] 参见相关文献 Duarte，Longstaff 和 Yu (2007)，本节介绍更为严格方法的简化版本。

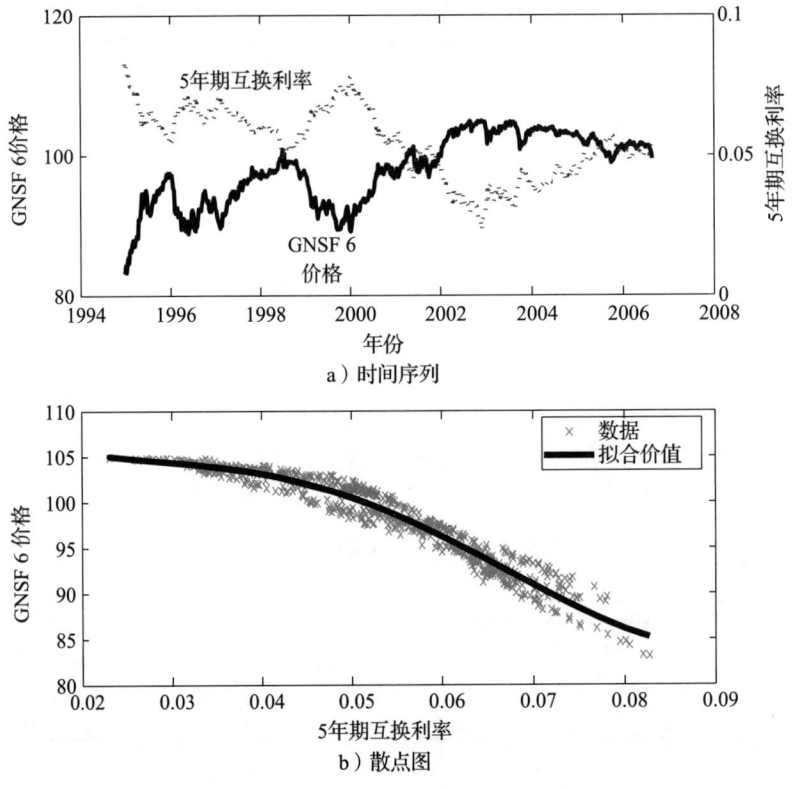

图 8-12 GNSF 6 价格与 5 年期互换利率的关系

资料来源：彭博。

其中，P_t 表示 GNSF 6 的价格，$c_t(5)^i$ 表示时点 t 对应的 5 年期互换利率，图中的粗线描述的是拟合的值，其中，回归系数 $R^2 = 94.3\%$。○

这一根据 GNSF 6 价格和互换利率进行的经验估计，同样需要派维合伙人计算出久期和凸性。具体做法是，根据拟合值，计算出 GNSF 6 价格关于 5 年期互换利率的一阶导数和二阶导数：○

$$\frac{\mathrm{d}P}{\mathrm{d}c(5)} = \beta_1 + 2 \times \beta_2 \times c(5) + 3 \times \beta_3 \times c(5)^2 + 4 \times \beta_4 \times c(5)^3 \qquad (8-24)$$

$$\frac{\mathrm{d}^2 P}{\mathrm{d}c(5)^2} = 2 \times \beta_2 + 6 \times \beta_3 \times c(5) + 12 \times \beta_4 \times c(5)^2 \qquad (8-25)$$

当前互换利率为 $c(5) = 5.61\%$，$\frac{\mathrm{d}P}{\mathrm{d}c(5)} = -444.66$，$\frac{\mathrm{d}^2 P}{\mathrm{d}c(5)^2} = -14731.4$，由于利率期限结构上的小段平移将引起互换利率的等量上升，⊜我们可以通过下式估计出经验久期和经验凸性：

$$\text{经验久期} = -\frac{1}{P} \times \frac{\mathrm{d}P}{\mathrm{d}c(5)} = \frac{444.66}{99.4219} = 4.4725 \qquad (8-26)$$

○ 估计的系数为 $\alpha = 116.8853$，$\beta_1 = -1.2070e+003$，$\beta_2 = 4.5123e+004$，$\beta_3 = -7.4270e+005$，$\beta_4 = 3.8397e+006$。然而，考虑到两个时间序列的持续性，Newey West 估计结果表明参数并不显著。高 R^2、回归系数及符号的不稳定及其缺乏统计显著性表明回归方程存在严重的多重共线性。Duarte、Longstaff 和 Yu (2007) 提供了一种更先进的估算方法，可以有效避开这些问题。

○ 结果遵循函数 $F(x) = x_i$ 关于 x 的一阶和二阶导数的规则：$F'(x) = i \times x^{i-1}$；$F''(x) = i \times (i-1) \times x^{i-2}$。

⊜ 正确的计算方法要求利率期限结构是平缓的，或者久期是按照到期收益率而不是即期利率曲线计算出来的。

$$\text{经验凸性} = \frac{1}{P} \times \frac{\mathrm{d}^2 P}{\mathrm{d}c(5)^2} = \frac{-14\,731.4}{99.421\,9} = -148.17 \tag{8-27}$$

以上久期的计算结果和之前计算结果相近，这让派维合伙人对避险策略的制定信心倍增。关于负凸性的结果，则比运用 PSA 估计计算结果略小，派维合伙人认为这可能是由于经验分析更加侧重于反映价格和互换利率关系的历史平均水平，而 PSA 估计分析更加侧重于反映市场最新趋势，这种趋势可能引起 GNSF 6 对互换利率的凸性增加。另外一种可能是由于在给 GNSF 6 关于互换利率的定价时，采用多项式回归的方法更加严谨。

避险比率

已知 GNSF 6 的久期估计值 D，那么如何求解持有 5 年期互换合约的头寸呢？首先，利率的上升会引起 GNSF 6 价格的下跌，为了抵消这一影响，我们设在这一情况下需要持有 N 份互换合约。也就是说，我们作为一份互换合约中固定利率的支付方，我们不妨将持有吉利美 I 和固定利率互换合约的组合称为资产组合 Π，这一组合对利率变化的敏感程度为

$$\frac{\mathrm{d}\Pi}{\mathrm{d}r} = \frac{\mathrm{d}P}{\mathrm{d}r} + N \times \frac{\mathrm{d}V^{swap}(5)}{\mathrm{d}r} = -D \times P + N \times (-D_{Swap}^{\$})$$

其中，$V^{swap}(5)$ 表示 5 年期互换合约的价值，N 代表持有互换合约的头寸，$D_{Swap}^{\$}$ 表示互换合约的美元久期。根据第 5 章内容，一项互换合约实质上相当于持有一个组合——由持有浮动利率债券的多头 (久期近乎为零) 和持有固定利率债券的空头构成。根据当前互换利率曲线，派维合伙人求得互换合约中固定利率债券部分的久期为 $D_{fixed}^{Swap}=4.393\,4$，每面值 100 美元的久期为 $D_{fixed\$}^{Swap}=439.34$，浮动利率债券部分的美元久期为 $D_{float\$}^{Swap}=25$，那么组合的美元久期为 $D^{Swap\$}=D_{float\$}^{Swap}-D_{fixed\$}^{Swap}=-414.34$。

这种避险策略需要组合 Π 对利率变化不敏感，也就是说，持有头寸 N 需要满足：

$$\frac{\mathrm{d}\Pi}{\mathrm{d}r} = 0$$

由此可求解出头寸 N：

$$N = -\frac{D \times P}{D_{Swap}^{\$}} = \frac{4.472\,5 \times 3\,\text{亿美元}}{414.336\,9} = 323\,\text{万美元}$$

其中，3 亿万美元表示持有 GNSF 6 的头寸。由于美元久期是基于 100 美元来度量，故应持有 5 年期互换合约的头寸为 323 万美元。

附录 8A 有效凸性

式 (8-19) 源于对二阶导数的定义 (参照第 4 章内容)。具体来讲，二阶导数等于一阶导数的变化速度，比如，在收益率曲线上，价格对当前利率的二阶导数为

$$\frac{\mathrm{d}^2 P}{\mathrm{d}r^2} = \frac{\mathrm{d}\left(\frac{\mathrm{d}P}{\mathrm{d}r}\right)}{\mathrm{d}r}$$

其中，当前利率下的收益率曲线斜率近似为 $\frac{\mathrm{d}P}{\mathrm{d}r} \approx \frac{(P - P(-x\mathrm{bps}))}{(x\mathrm{bps})}$，当利率增加 50 个基点时的收益率曲线斜率近似为 $\frac{\mathrm{d}P}{\mathrm{d}r} \approx \frac{(P(+x\mathrm{bps}) - P)}{(x\mathrm{bps})}$。将二者相减后除以 x，参照式 (8-19)，即

$$C \approx \frac{1}{P} \times \frac{\left(\frac{P(+x\mathrm{bps}) - P}{x\mathrm{bps}}\right) - \left(\frac{P - P(-x\mathrm{bps})}{x\mathrm{bps}}\right)}{x\mathrm{bps}}$$

$$= \frac{1}{P} \times \frac{P(+x\mathrm{bps}) + P(-x\mathrm{bps}) - 2P}{(x\mathrm{bps})^2}$$

第二部分

期限结构模型：树

第9章　单步二叉树

第10章　多步二叉树

第11章　风险中性树与衍生品定价

第12章　美式期权

第13章　基于二叉树的蒙特卡罗模拟法

在本书的第二部分，我们将更进一步加深对固定收益工具的理解。具体来讲，我们将讨论无套利的含义和利率期限结构模型的相关基础。为了展开相关内容，我们先看个例子。

例

假设某著名投资银行里有一位交易员，使用递进法或第 2 章中讨论的其他某种方法，已经估计出当前的贴现系数 $Z(0,T)$，即在时间 T 时的 1 美元在当前时间点的价值。

如果有客户请交易员对一只利率为 10%、5 年期的国债报价，交易员有了所需的全部信息，则债券的价格可以通过下式计算出来

$$P(0,T) = 5 \times \sum_{i=1}^{10} Z(0,T_i) + 100 \times Z(0,T)$$

假如客户请交易员对一只利率为 10%、5 年期的可赎回国债报价，也就是说财政部有权在将来某一天按面值收回债券。

- 交易员怎样才能计算出这只债券的价格呢？
- 交易员要怎样才能对其风险进行有效的对冲？

方法 1（天真的想法）

简单凭直觉，我们可以按下面的思路来做：

1. 如果有利率的相关数据，我们可以用过去的数据对未来利率进行预测。

2. 如果未来利率下降时，财政部就有可能赎回债券，因为利率下降意味着债券价格上涨。

3. 通过预测未来利率，就可以预测债券未来的现金流：如果利率上涨，每期的现金流将保持为面值的 5%，加上 5 年到期时的本金 100 美元。如果利率下降，现金流可能更早一些就断了，一旦财政部赎回债券，我们就会收回 100 美元的本金。

这样，利用过去的我是说利率数据，就可以预测每期的现金流：

$$E[CF_{T_1}], E[CF_{T_2}], \cdots, E[CF_{T_N}]$$

在任何一个时间点上，债券的价格无非是按下式计算相应现金流的现值之和就可以了

$$P^c(0,T) = \sum_{i=1}^{n} E[PV(CF_{T_i})]$$

然后，这时我们会陷入一个陷阱：如何计算现金流的现值呢？能再次使用贴现因子

$Z(0, T)$ 吗？

不行。贴现因子 $Z(0, T)$ 只能用于当前已经知道的现金流。而可赎回债券的现金流，在当前是不能确定的，事实上，我们最多也只能估计其预期的现金流。

另一个思路是运用某种复杂的定价模型，如资本资产定价模型，根据要计算的现金流的不确定性，即风险大小，以加上一定的风险溢价后的利率进行贴现。例如，资本资产定价模型意味着，计算有风险的现金流的现值 $y(t; T) = r(0; T) + \beta \times$ 市场溢价，即使这样，仍然还有个问题：这些现金流的 β 值是多少呢？

这一方法很难使用，要求我们：①要能预测未来的利率，从而可以计算预期的现金流；②对这些预期的现金流进行贴现，其使用的贴现率必须是经过恰当的风险调整的。这两个方面都很困难，而且很难精确计算。而利率期限结构模型，是关于利率的模型，充分运用无套利原则后，可同时有效地克服上述两个方面的困难。

方法2（无套利方法）

更好的方法是开发一个期限结构模型，然后利用无套利原理获得可赎回债券和不可赎回债券的价格。具体而言，其操作方法如下：

1. 设定一个利率模型。
2. 使用债券的历史和市场数据，以确保估计出的模型与当前证券的交易是一致的。
3. 使用相应模型估计出的参数，计算其他债券的价格，比如，可赎回债券。

方法3，实质上是利用无套利原理，计算出其他一些债券的价格。

这样，剩下的问题就是：如何才能确定相应的利率期限结构模型。这一问题在研究机构、交易商、投资和对冲基金的业务人员中，都一度十分风靡，所以开发出了多种多样的利率期限结构模型，每个人的模型都有其所长，也都有其所短。不存在某种完美的（或"正确"）的期限结构模型，只不过在给利率证券定价时，哪些更好或更坏罢了。有些模型更贴近实际，却很难应用，或需要更长的时间进行估计，或难以用于固定收益证券的定价。其他一些可能不那么贴近实际，但可能为许多利率衍生工具推导出解析解，这在大型投资证券组合的定价中特别有用。具体选择什么模型，在很大程度上是由要解决的问题决定的。

在接下来的几章，我们将讨论几个模型，并分析其利弊。这些不同模型都有个共同的理念，那就是无套利，这意味着任何一种模型都必须保持内在的一致性，以消除任何的套利机会。交易商可以利用这些模型，一方面寻找那些不符合模型预测的证券，以发现可能的套利机会；或者，根据一些基础工具的定价，推导和计算那些复杂的、奇异工具的价格。

第 9 章　单步二叉树

在本章，我们将学习二叉树模型，这是一个关于利率的模型，它具有以下 3 个优点：①简单易懂，不需要高深的数理知识；②可拓展到多步二叉树，为大多数衍生品定价；③实用性强，被广泛用于实践中的证券定价。

在进入后续章节前，我们需要从基础开始学起。下面，我们以一个具体的例子——2002年1月8日的利率期限结构开始，进入本章的学习。⊖

9.1　单步利率二叉树

图 9-1 表示的是 2002 年 1 月 8 日的利率期限结构；表 9-1 是期限为 0.5～1.5 年的零息债券的价格以及相关的连续复利利率。

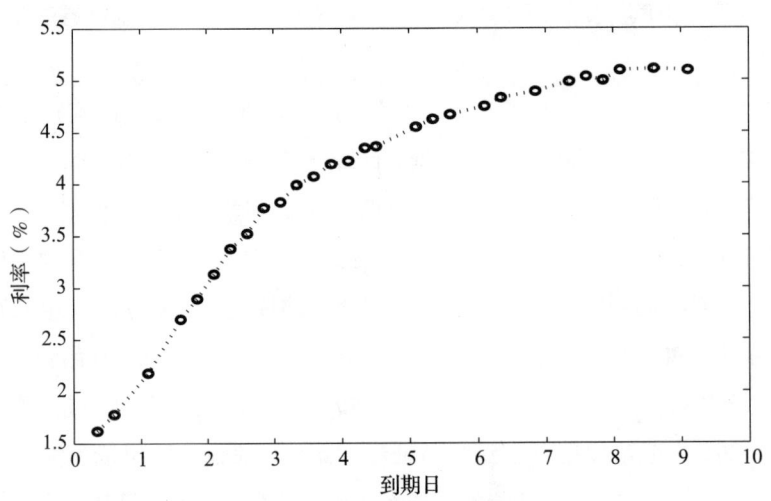

图 9-1　2002 年 1 月 8 日的利率期限结构

资料来源：《华尔街日报》。

这里介绍的利率模型是以动态的短期利率为基础的。回忆第 7 章所学，动态的短期利率反映的是对未来利率的预期。在这里，我们先把短期利率看作是外生的——它仅仅受货币政策的

⊖ 在本书第二部分和第三部分经常会使用到 2002 年 1 月 8 日的利率期限结构，原因是该日的利率期限结构非常陡峭，我们可以基于此对利率期限机构展开研究并得出有趣的推论。

影响，任何参与者都不能影响或改变它。原则上讲，隔夜拆借利率（联邦基金利率）非常符合这一特征，但为了简单起见，这里选取半年期利率，并把它当成是外生利率。

假设当前半年期利率远远低于过去，我们预测它在未来将会上涨，比如我们预测未来利率将会上涨至2.21%，需要注意的是，这里仅仅体现预期，我们并不能肯定它一定会涨到2.21%。比如，我们认为半年后利率有50%的可能性上升至3.39%，也有50%的可能下降至0.95%。[一]单期利率二叉树如表9-2所示。

表9-1　2002年1月8日本息分离债券

到期期限	价格	收益率
0.5	99.133 8	1.74%
1	97.892 5	2.13%
1.5	96.153 1	2.62%

资料来源：《华尔街日报》。

表9-2　单期利率二叉树

时期⇒	$i=0$	$i=1$	
时间（年）⇒	$t=0$	$t=0.5$	
		$r_{1,u}=3.39\%$	概率 $p=\dfrac{1}{2}$
	$r_0=1.74\%$		
		$r_{1,d}=0.95\%$	概率 $1-p=\dfrac{1}{2}$

在表9-2中，r_0表示当前的半年连续复合利率，由表9-1第一行给定。利率$r_{1,u}$为半年后（$i=1$时期）上涨了的半年连续复合利率，利率$r_{1,d}$为半年后（$i=1$时期）下跌了的半年连续复合利率，假定这两种状态下发生的概率都是50%，我们预测6个月后的期望利率是

$$E[r_1]=\frac{1}{2}r_{1,u}+\frac{1}{2}r_{1,d}=2.17\% \tag{9-1}$$

这个利率二叉树模型具有一些有意思的地方——不仅能给其基于利率的证券定价，也能近似地为国债定价。这种方法的逻辑是这样的：当我们给出一个诸如表9-2所示的利率模型时，暗含着对这些债券都加了一些很强的限制。比如，不可能出现诸如1年期债券和1.5年期债券走势完全独立的情形，因为，这两种债券都受到外生的短期利率r_1的影响，从而朝着某一特定方向变动。如果r_1下降，这两种债券价格都会上升，这是因为，正如表9-2所暗含的假定：短期利率影响着所有的债券。正如第7章所述，这也正是美联储所希望看到的目的：仅仅通过改变隔夜拆借利率就能影响长期债券利率。在式(9-2)中也是如此，在更复杂的模型中我们将会发现长期债券也同样受到其他因素的影响。然而，现在我们要使问题简单化，以便更好地探究债券价格之间的无套利关系。

9.1.1　连续复利

注意表9-2所示的二叉树模型运用的是连续复利利率。由于我们以半年时间为间隔，另一种选择是考虑二叉树上的半年复利利率。然而，我们选择连续复利利率的动机是基于如下的考虑：第一，连续复利利率和一般利率间存在一一对应关系。

$$e^{r\times\Delta}=1+r_n\times\Delta \tag{9-2}$$

其中$\Delta=\dfrac{1}{n}$表示复合的频率[二]，r是连续复利利率，r_n是按n次复利计息的复利利率；第

[一]　这些数据和利率波动率为0.017 3对应估计得出，因此，我们得到：$r_{1,u}=0.021\,7+0.0173\times\sqrt{5}$以及$r_{1,d}=0.021\,7-0.017\,3\times\sqrt{0.5}$，我们将在第10章为大家介绍这一估计方法。

[二]　原文如此。本意是表示复利的间隔时间，n才表示复利的频率。——译者注

二，当我们运用该模型为真实证券定价时，我们将考虑多步骤二叉树，至少 200 步或 300 步。连续复合利率使得我们可能仅仅改变时间间隔即可完成二叉树的构建，而不需要随着我们在调整复利频率时去改变利率本身。第三，许多利率证券及其衍生品的现金流都与其计息频率直接相关。例如，简单的普通香草互换合约，其浮动利率通常是按季度复利，而对应的固定利率则常常是按半年计复利。运用连续复利，式(9-2)为将这些证券的现金流简化找到了一种更为简便的方法。第四，这个假定还能使我们更好地将本章讨论的二叉树利率期限结构与更前沿的第三部分将要讨论的连续复利模型有机地联系起来。

9.1.2 零息债券的两期二叉树模型

通过观察表 9-2 和表 9-1，我们可以得到 1 年期的 2 时期债券。首先，我们在二叉树中，引入一种方便的标记方法来表示证券的价格

$$P_{i,j}(k) = 在时期 i，状态 j 时 k 期债券的价格 \tag{9-3}$$

因此 $P_0(2)$ 表示期限为 2 时期（$K=2$，$t=1$）到期的零息债券在 0 时期的价格，与此相似，$P_{1,u}(2)$ 表示当利率上升时（状态为 U），2 期到期（$k=2$）的零息债券在 1 时期时的价格。

回到例子中，考虑在表 9-1 中 2 时期到期的债券，价格 $P_0(2) = 97.8925$，如果利率上升至 $r_{1,u} = 3.39\%$，那么这只 2 时期到期的债券在 1 时期时的价格为

$$P_{1,u}(2) = e^{-r_{1,u} \times 5} \times 100 = 98.3193$$

如果相反，利率下降至 $r_{1,d} = 0.95\%$，那么零息债券在 1 时期价格为

$$P_{1,d}(2) = e^{-r_{1,u} \times 0.5} \times 100 = 99.5261$$

我们从表 9-3 可以发现：零息债券在 2 时期到期时将支付 100，与整个债券存续期间的利率变化过程是无关的。

9.2 二叉树模型的无套利性

对表 9-3 中的 1 年期零息债券，现在我们来讨论如何利用二叉树，为其找到一个相对于其他证券而言均衡的、无套利的价格。

考虑一只 1 时期到期的利率期权，在 1 时期到期时其支付金额如下：

$$(i = 1 时支付) = 100 \times \max(r_K - r_1, 0) \tag{9-4}$$

表 9-3 1 年期零息债券二叉树

时期⇒ 时间(年)⇒	$i=0$ $t=0$	$i=1$ $t=0.5$	$i=2$ $t=1$
			$P_{2,uu}(2) = 100$
		$P_{1,u}(2) = 98.3193$	
	$P_0(2) = 97.8925$		$\begin{matrix}P_{2,ud}(2)\\P_{2,du}(2)\end{matrix} = 100$
		$P_{1,d}(2) = 99.5261$	
			$P_{2,dd}(2) = 100$

其中，r_k 表示执行价格，比如，$r_k = 2\%$，r_1 表示 1 时期的利率，即如果利率在 1 时期上涨，这只债券支付 $100 \times \max(2\% - 3.39\%, 0) = 0$ 美元；相反，如果利率在 1 时期下降，这只债券在 1 时期将获得 $100 \times \max(2\% - 0.95\%, 0) = 1.05$ 美元，即

$$(i=1\text{ 时支付 当 } r_{1,u}) = 0(\text{美元})$$
$$(i=1\text{ 时支付 当 } r_{1,d}) = 1.05(\text{美元}) \tag{9-5}$$

这只证券在 0 时期的价格是多少呢？这只债券与表 9-3 中展示的零息债券之间又是什么关系呢？考虑表 9-4 中所描述的债券组合。在这个组合中，交易者持有 0.87 份在 2 时期到期的零息债券的多头以及 0.855 4 份在 1 时期到期的零息债券的空头。这些债券的价格如表 9-1 所示。该交易表明需要支付 85.170 3 美元购买长期债券，并通过卖出 6 个月期限的债券获得 84.800 7 美元，净支付为 0.369 7 美元。

在表 9-4 中，这个组合在 1 时期两种不同的情形（u 和 d）下的价值究竟是多少呢？运用表 9-3 中的二叉树，我们发现：

$$\text{利率上升时的价值} = 0.870\ 0 \times P_{1,u}(2) - 0.855\ 4 \times 100 = 0$$
$$\text{利率下降时的价值} = 0.870\ 0 \times P_{1,d}(2) - 0.855\ 4 \times 100 = 1.05(\text{美元})$$

这个组合在两种不同状态下的价值与式(9-5)中的期权完全相同，也就是说，这个持有 0.87 份 $P_0(2)$ 多头以及 0.855 4 份 $P_0(2)$ 空头的组合复制了期权的支付。这一发现表明，如式(9-5)所展示的期权在 0 时期的价值必定也为 0.369 7 美元，也就是说，组合的成本应当如表 9-4 所示。

表 9-4 债券组合

购买 0.87 份 2 年期	⇒	支付 0.870 0 × 97.892 5 美元	= 85.710 3 美元
卖出 0.855 4 份 1 年期 零息债券	⇒	收到 0.855 4 × 99.133 8 美元	= 84.800 7 美元
		总支付	= 0.369 7 美元

为什么期权的价值必然和表 9-4 表所述的组合的价值相等呢？如果不相等的话，就产生了套利机会。比如，一个交易者以 1 美元卖出期权，然后购买 0.369 7 份表 9-4 所述的债券组合就可以获得 0.630 3 美元的差额。因为在 1 时期期权的支付被组合的支付完美复制，并且没有任何风险，从而该交易者能够获得无风险的利润。在有效的金融市场上，这种套利机会是不可能持续的。因此我们能够得到如表 9-5 所述的期权价值二叉树。

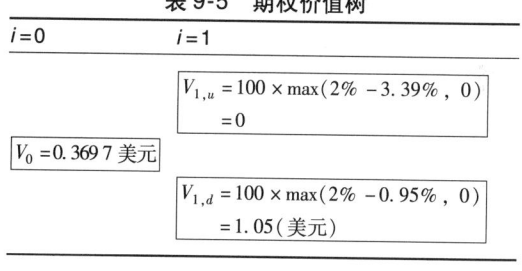

表 9-5 期权价值树

由此我们提出以下对复制组合的定义：

定义 9-1

一个证券的复制组合（a replicating portfolio）在 1 时期 u 和 d 两种状态下的支付为 $V_{1,u}$ 和 $V_{1,d}$，完全复制了期权在 1 时期的价值。也就是说，如果 $\Pi_{i,j}$ 表示组合在 i 时期 j 状态下的组合价值，我们由此得到 $\Pi_{1,u} = V_{1,u}$，$\Pi_{1,d} = V_{1,d}$，期权在 0 时期的价值与组合在 0 时期的价值相等，即 $\Pi_0 = V_0$。

9.2.1 通过无套利原理得到复制组合

在表 9-4 中，我们发现了一个有趣的现象：它几乎完全准确地复制了式(9-5)给出的期权。这是一个共性吗？我们总能找到一个组合来复制 1 时期的支付吗？事实上，这是二叉树的一个性质，这也是为什么二叉树如此流行的原因。下面我们考虑一只在 1 时期价值取决于利率的证券的二叉树，如表9-6所示。

考虑现在有 N_1 份在 1 时期到期的债券以及 N_2 份在 2 时期到期的债券。我们称这个组合为 $\Pi_{i,j}$（在 i 时期状态 j 下），在 0 时期，这个组合的价值是

$$\Pi_0 = N_1 \times P_0(1) + N_2 \times P_0(2) \tag{9-6}$$

表9-6 利率债券二叉树

$i=0$	$i=1$
	$V_{1,u}$
V_0	
	$V_{1,d}$

其中，$P_0(1)$ 和 $P_0(2)$ 如表9-1所示。在 1 时期，组合价值将会是

$$\Pi_{1,u} = N_1 \times 100 + N_2 \times P_{1,u}(2)$$
$$\Pi_{1,d} = N_1 \times 100 + N_2 \times P_{1,d}(2)$$

其中，$P_1(1)$ 的价值是 100。表9-3给出了 $P_{1,u}(2)$、$P_{1,d}(2)$。我们想用组合 Π 去复制证券在 1 时期的价值 V，因此，我们列出以下两个约束式：

$$\Pi_{1,u} = N_1 \times 100 + N_2 \times P_{1,u}(2) = V_{1,u} \tag{9-7}$$
$$\Pi_{1,d} = N_1 \times 100 + N_2 \times P_{1,d}(2) = V_{1,d} \tag{9-8}$$

这是一个我们能求解的二元方程组（具有两个未知数 N_1 和 N_2），将式（9-7）与式（9-8）相减，再提出公因子 N_2，

$$N_2 \times (P_{1,u}(2) - P_{1,d}(2)) = (V_{1,u} - V_{1,d})$$

就能解出 N_2

$$N_2 = \frac{V_{1,u} - V_{1,d}}{P_{1,u}(2) - P_{1,d}(2)} \tag{9-9}$$

根据式（9-7）和上述的 N_2，我们能求解 N_1

$$N_1 = \frac{1}{100} \times [V_{1,u} - N_2 \times P_{1,u}(2)] \tag{9-10}$$

求出 N_1 和 N_2 后，再根据式（9-6）可求出证券在 0 时期的组合价值。

接下来的例子表明，表9-4中的组合实际上也能满足式（9-9）和式（9-10），这就解释了为什么组合能完美地复制如式（9-5）中的期权了。

例9-1

考虑式（9-5）中期权的支付，$V_{1,u} = 0$，$V_{1,d} = 1.05$ 美元，我们运用表9-3中的两期二叉树计算出复制组合的构成。通过式（9-9）和式（9-10），我们得出

$$N_2 = \frac{V_{1,u} - V_{1,d}}{P_{1,u}(2) - P_{1,d}(2)} = \frac{0 - 1.05}{98.3193 - 99.5261} = 0.8700$$

$$N_1 = \frac{1}{100} \times [V_{1,u} - N_2 \times P_{1,u}(2)] = \frac{1}{100} \times [0 - 0.8700 \times 98.3193] = -0.8554$$

这就是如表9-4所描述的债券组合，其中负号表示持有在 1 时期到期证券的头寸为空头。

以上的方法可以用来给任何基于利率 r_1 的证券定价。在下面的例子可以看得更清楚。

例9-2

考虑一份互换合约，在 1 时期支付金额为 $\frac{100}{2} \times (r_1 - c)$，其中 c 为互换利率。给定 $c = 2\%$，我们便可以求出，在支付固定利率的一方来看互换合约的价值是多少？

$$V_{1,u} = \frac{100}{2} \times (3.39\% - 2\%) = 0.695(\text{美元})$$

$$V_{1,d} = \frac{100}{2} \times (0.95\% - 2\%) = -0.525(\text{美元})$$

我们可以根据式(9-10)和式(9-9)来选择 N_1 和 N_2,从而复制互换组合:

$$N_2 = \frac{V_{1,u} - V_{1,d}}{P_{1,u}(2) - P_{1,d}(2)} = \frac{0.695 - (-0.525)}{98.3193 - 99.5261} = -1.011$$

$$N_1 = \frac{1}{100} \times [V_{1,u} - N_2 \times P_{1,u}(2)] = \frac{1}{100} \times [0.695 - (-1.011) \times 98.3193] = 1.001$$

在这个例子中,复制组合的构成为 1.001 份较短期债券的多头和 1.011 份较长期债券的空头。我们可以对这个复制组合进行如下检验:

$$\Pi_{1,u} = N_1 \times 100 + N_2 \times P_{1,u}(2) = 1.001 \times 100 - 1.011 \times 98.3193 = 0.695(\text{美元})$$

$$\Pi_{1,d} = N_1 \times 100 + N_2 \times P_{1,d}(2) = 1.001 \times 100 - 1.011 \times 99.5261 = 0.525(\text{美元})$$

由于债券组合复制了互换合约的支付情况,在 0 时期互换合约的价值是:

$$\Pi_0 = N_1 \times P_0(1) + N_2 \times P_0(2) = 1.001 \times 99.1338 - 1.011 \times 97.8925 = 0.259$$

债券的收益率,完全可以从其价格中推导出来。也就是说,依赖于债券价格的其他证券的价值,就属于利率证券,即其收益取决于利率的证券。无论是基于利率还是基于债券价格,上述无套利关系依然存在。考虑如下基于债券的期权。

👉 例 9-3

考虑一只期权,它在 1 时期的支付取决于一只在 2 时期到期的零息债券。这只期权的支付情况如下:

$$(\text{Payoff at } i = 1) = \max(P_1(2) - K, 0)$$

其中,执行价格 $K = 99.00$ 美元。在这种情况下,期权在 1 时期的支付为

$$V_{1,u} = \max(98.3193 - 99.000) = 0$$

$$V_{1,d} = \max(99.5261 - 99.000) = 0.5261(\text{美元})$$

和之前的做法一样,我们根据式(9-10)和式(9-9)选择 N_1 和 N_2 来得到复制组合:

$$N_2 = \frac{V_{1,u} - V_{1,d}}{P_{1,u}(2) - P_{1,d}(2)} = \frac{0 - (0.5261)}{98.3193 - 99.5261} = 0.436$$

$$N_1 = \frac{1}{100} \times [V_{1,u} - N_2 \times P_{1,u}(2)] = \frac{1}{100} \times [0 - 0.436 \times 98.3193] = -0.429$$

复制组合构成为:持有 0.429 份较短期债券的空头,以及 0.436 份长期债券的多头。现在我们来检验一下我们的复制组合:

$$\Pi_{1,u} = N_1 \times 100 + N_2 \times P_{1,u}(2) = -0.429 \times 100 + 0.436 \times 98.3193 = 0$$

$$\Pi_{1,d} = N_1 \times 100 + N_2 \times P_{1,d}(2) = -0.429 \times 100 + 0.436 \times 99.5261 = 0.5261(\text{美元})$$

因为这个组合完美地复制了期权的支付,所以期权在 $i = 0$ 时期的价值可以用债券组合的价值来表示:

$$\Pi_0 = N_1 \times P_0(1) + N_2 \times P_0(2) = -0.429 \times 99.1338 + 0.436 \times 97.8925 = 0.185(\text{美元})$$

通过以上 3 个例子,我们可以做出相应的总结。

○ 事实 9-1

在二叉树模型中,一只在 $i = 1$ 时期价值为 $V_{1,u}$ 和 $V_{1,d}$ 的证券可以由式(9-10)和式(9-9)确定

的 N_1、N_2 债券组合进行复制,其中,N_1 对应在 $i=1$ 时期到期的债券,N_2 对应在 $i=2$ 时期到期的债券。因此,在 0 时期证券的价格可以由下式给定:

$$V_0 = N_1 \times P_0(1) + N_2 \times P_0(2) \tag{9-11}$$

我们总结衍生品的定价方式的步骤如下。

方法一:
1. 根据式(9-10)和式(9-9)计算出 N_1 和 N_2。
2. 根据式(9-11)计算出衍生证券的价值 V_0。

9.2.2 概率 p 来自何处

之前章节探讨衍生品的价格时,没有涉及利率朝着某个方向变动的概率这一问题(参照表9-2),这引起了我们的疑惑:既然利率下降才能获得支付的期权,其价格为何可以独立于利率的实际下降呢?解释的逻辑是这样的:根据事实9-1,衍生品的价格是从其他证券组合中计算出来的,而这些债券的价格确实依赖于市场参与者对与之相关的未来利率的预期。在其他条件完全相同的情况下,如果市场参与者对未来的半年利率有更低的预期,那么长期债券将会有一个更高的价格,反过来也会增加期权的价格。然而,对于给定的债券价格,期权的价格仅仅通过债券组合的支付复制就可以计算出来,所以并不需要确切地知道发生的概率 p;换个角度讲,这个概率已经在复制组合中的债券价格里得到体现了,通过债券组合的价格计算期权价格时,就不再需要这个实际的概率 p 了。

9.3 运用未来现金流现值对衍生品进行定价

之前章节所提及的衍生品定价方法相对来说比较烦琐:首先,我们应当找到复制组合,从而得到其复制组合的价值,也就是衍生品的价格。在本章9.4节中我们将引出一种能够大幅度简化计算的方法,在需要进一步考虑更多步骤的二叉树时,对运算的简化尤其重要。然而,在引入此方法之前,需要引入一些相关的概念,即基于风险调整后的未来现金流的现值对衍生品的定价,这能帮助我们理清一些在利率证券定价过程中将使用到的专业术语。

9.3.1 利率证券中的风险溢价

在 $i=2$ 时期到期的零息债券的价格 $P_0(2)$ 是 97.892 5(参见表9-1)。给定表9-3所示的二叉树,可以运用无风险利率进行折现,计算出该债券在 1 时期期望价格的现值。我们定义时间间隔 Δ 为 0.5 年,给定概率 p 为 0.5,我们得出:

$$\begin{aligned}E[P_1(2)] \text{ 的现值} &= e^{-r_0 \times \Delta} \times E[P_1(2)] \\ &= 0.991\,3 \times [p \times 98.319\,3 + (1-p) \times 99.526\,1] \\ &= 98.065\,8\end{aligned} \tag{9-12}$$

由此可见,这只 2 时期到期的债券的价格要低于这只债券在 1 时期期望价值的折现值。也就是说,从式(9-12)中,我们有:

$$P_0(2) = 97.892\,5 < e^{-r_0 \times \Delta} \times E[P_1(2)] = 98.065\,8 \tag{9-13}$$

较长期的债券价格的更低是因为较长期的债券嵌入了风险溢价。

具体是什么风险呢?很明显,美国国债不存在违约风险,因为美国政府不可能对它承担的义务违约。也就是说,将美国国债持有到期是安全的。然而,正如我们在第3、4、7章所谈及的，投资国债依然存在风险，因为在持有过程中如果利率上升，投资者将面临资本损失。

为了进一步的学习，我们对美元风险溢价做如下定义：

定义 9-2

投资于在 2 时期到期的较长期债券的**美元风险溢价**(dollar risk premium)为

$$\text{美元风险溢价} = e^{-r_0 \times \Delta} \times E[P_1(2)] - P_0(2) \tag{9-14}$$

这个术语"dollar"表明这是一个以美元为单位计算的风险溢价，而不是用的百分比。由式(9-14)所定义的美元风险溢价在二叉树模型中相当有用，在以上这个例子中，我们求得：

$$\text{美元风险溢价} = e^{-r_0 \times \Delta} \times E[P_1(2)] - P_0(2) = 0.1733(\text{美元}) \tag{9-15}$$

9.3.2 利率风险的市场价格

现在我们来讨论利率衍生品之间的关系。首先，重新考虑有关 N_1 和 N_2 所描述的衍生品：回想我们由式(9-9)可以求得的部分，我们将 N_2 代入式(9-7)可以计算出 N_1，由此得到式(9-10)。同样，我们可以由式(9-8)替换 N_2 的价值，可以得到

$$N_1 \times 100 = V_{1,d} - N_2 \times P_{1,d}(2)$$

很显然，求解 N_1 的过程和上式右端是等价的。也就是说，我们有

$$N_1 \times 100 = V_{1,u} - N_2 \times P_{1,u}(2) = V_{1,d} - N_2 \times P_{1,d}(2)$$

我们也可以将上式改写为

$$N_1 = \frac{1}{100} \times \{E[V_1] - N_2 \times E[P_1(2)]\} \tag{9-16}$$

其中，$E[V_1] = pV_{1,u} + (1-p)V_{1,d}$；$E[P_{1,d}(2)] = pP_{1,u}(2) + (1-p)P_{1,d}(2)$

这种表达方式可以推导出一个有趣的结论。回忆之前所学，证券在 $i = 0$ 时刻的价格由式(9-11) $V_0 = N_1 \times P_0(1) + N_2 \times P_0(2)$ 给出，我们可以将式(9-16)中的 N_1 代入上式

$$V_0 = E[V_1] \times \frac{P_0(1)}{100} - N_2 \times E[P_1(2)] \times \frac{P_0(1)}{100} + N_2 \times P_0(2)$$

将上式提出公因子 N_2，并重新整理，得到：

$$N_2 \times \left[E[P_1(2)] \times \frac{P_0(1)}{100} - P_0(2) \right] = E[V_1] \times \frac{P_0(1)}{100} - V_0$$

再将式(9-9) $N_2 = \frac{V_{1,u} - V_{1,d}}{P_{1,u}(2) - P_{1,d}(2)}$ 代入上式，同时将等式两端同时除以 $(V_{1,u} - V_{1,d})$，注意这里 $P_0(1) = 100 \times e^{-r_0 \times \Delta}$，经上述处理后，我们得到如下的等式：

$$\frac{e^{-r_0 \times \Delta} E[P_1(2)] - P_0(2)}{P_{1,u}(2) - P_{1,d}(2)} = \frac{e^{-r_0 \times \Delta} E[V_1] - V_0}{V_{1,u} - V_{1,d}} \tag{9-17}$$

上述关系正是证券间无套利定价的关键所在，我们在运用过程中，需要注意以下几点：
1. 等式左边只涉及零息债券定价，而右边只涉及衍生品定价。
2. 等式左边对于期限为 2 的表达和等式右边衍生品的表达是一致的。
3. 等式两边的分子都是美元风险溢价(参见式(9-14)美元风险溢价的定义)，分别对应投资者持有零息债券(等式左端)和金融衍生品(等式右方)带来的美元风险溢价。
4. 等式两边的分母部分则展现了投资债券(等式左端)和金融衍生品(等式右端)的风险，由债券在两种不同状态下对应的价格波动表示。比如，投资一个 2 时期零息债券对应的风险为

$$\text{美元风险} = P_{1,u} - P_{1,d} = -1.2068 \tag{9-18}$$

注意：此处的负号仅仅表明当利率上升时债券价格随之下降，并不反映一个具体的数值大小。为了规避风险，我们需要知道证券价格变动方向和利率变动方向是相同的还是相反的。负号则表明朝着相反的方向变动。

根据式(9-14)给出的风险溢价，我们对式(9-17)进行如下表述：

○ **事实 9-2**

二叉树上，所有利率证券的风险溢价与其风险之比是相等的，即

$$\frac{\text{风险溢价}}{\text{风险}} = \frac{e^{-r_0 \times \Delta} E[V_1] - V_0}{V_{1,u} - V_{1,d}} = \lambda_0 \tag{9-19}$$

其中 λ_0 适用于所有利率证券。

也就是说，无论是具有 K 期期限的零息债券还是衍生品，它们的风险溢价和面临的风险之比都是一样的，对这个比率我们做如下定义：

● **定义 9-3**

所有利率证券的风险溢价与风险之比都相同，这个相同的比例，即式(9-19)中的 λ_0，叫作**市场利率的风险溢价**(market price of (interest rate) risk)。

9.3.3 利率证券定价公式

上面的事实 9-2 对于衍生品的定价暗含着一个重要的推论。如果我们知道在 0 时期的 λ_0，我们就能计算出任一证券的价格：

$$V_0 = e^{-r_0 \times \Delta} \times E[V_1] - \lambda_0 \times (V_{1,u} - V_{1,d}) \tag{9-20}$$

那我们怎么计算出 λ_0 呢？我们可以通过在 $i=2$ 时期到期的债券计算得到：

$$\lambda_0 = \frac{e^{-r_0 \times \Delta} E[P_1(2)] - P_0(2)}{P_{1,u}(2) - P_{1,d}(2)} \tag{9-21}$$

这种方法即为利率债券定价的第二种方法。

方法二：

1. 从式(9-21)中计算出市场风险 λ_0。
2. 从式(9-20)定价公式中计算出利率证券的价格。

比如，我们由表 9-3 得到：

$$\lambda_0 = \frac{e^{-r_0 \times \Delta} E[P_1(2)] - P_0(2)}{P_{1,u}(2) - P_{1,d}(2)} = \frac{98.0658 - 97.8925}{98.3193 - 99.5261} = -0.1436 \tag{9-22}$$

我们可以将这个数值运用于式(9-20)中利率证券定价的计算。比如，我们可以通过以下方法计算出例 9-1 到例 9-3 中利率证券的价格：

1. 期权

(1) 计算预期支付的现值 = $= 0.9913 \times (p \times 0 + (1-p) \times 1.05) = 0.5205$

(2) 风险调整 = $\lambda_0 \times (0 - 1.05) = 0.1508$

(3) 期权价值为 = (1) - (2) = 0.3697

2. 互换合约

(1) 计算预期支付的现值 = $0.9913 \times [p \times 0.695 + (1-p) \times (-0.525)] = 0.084$

(2) 风险调整 = $\lambda_0 \times [0.695 - (-0.525)] = -0.175$

(3) 互换合约价值 = (1) - (2) = 0.259

3. 债券期权

(1) 计算预期支付的现值 = $0.9913 \times [p \times 0 + (1-p) \times 0.5261] = 0.261$

(2) 风险调整 = $\lambda_0 \times (0 - 0.5261) = 0.076$

(3) 期权价值为 = (1) - (2) = 0.185

一旦我们知道了λ_0和概率p，由于定价公式是一致的，我们就可将其用于对任何利率衍生品定价，这便是问题的关键所在。

9.3.4 如果我们不知道概率 p 呢

要是在过程中出错，把概率p算错了，这会不会导致定价计算结果也由此走偏？由于需要知道概率p，所以这种方法会不会甚至还不如之前基于动态复制的方法呢？

事实是，即使在原始二叉树上计算出概率p有误，利率证券的价格也不会受到任何影响。其原因在于λ_0同样取决于p（如式(9-19)所述），因此，如果我们计算出的p有偏差，计算出的风险调整也会随之偏差，这两个偏差会相互抵消。例如，表9-7表明，风险的市场价格λ_0与例9-1所讨论的期权价值在p从10%到90%变化下的变化情况。最后一列体现了关键的结果：证券的价值始终保持0.3697不变，即证券价值独立于概率p（第1列）。

表9-7 基于不同概率测度下的期权价值

概率 p	期望支付现值 $e^{r_0 \times \Delta} E[V_1]$	风险市场价格 λ_0	风险调整 $\lambda_0 \times (V_{1,u} - V_{1,d})$	当前价格 $i=0$ V_0
0.1	0.9368	-0.5401	0.5671	0.3697
0.2	0.8327	-0.4410	0.4630	0.3697
0.3	0.7286	-0.3419	0.3589	0.3697
0.4	0.6245	-0.2427	0.2549	0.3697
0.5	0.5205	-0.1436	0.1508	0.3697
0.6	0.4164	-0.0445	0.0467	0.3697
0.6448	0.3697	0.0000	0.0000	0.3697
0.7	0.3123	0.0547	-0.0574	0.3697
0.8	0.2082	0.1538	-0.1615	0.3697
0.9	0.1041	0.2529	-0.2656	0.3697

表9-7第2列表明，随着概率p的增加，预期未来支付的现值将会减少（回想之前所学，当利率下降时，期权行权）。然而，这种效应被另一个同样强大的效应所抵消，即第4列所展现的风险调整。原因就体现在第3列，p的增加同样改变了风险的市场价格λ_0，而我们是从在2时期到期的债券价格中计算出λ_0的。具体来讲，p的增加减少了较长期债券的现值$e^{-r_0 \times \Delta} E[P_1(2)]$，即式(9-14)所展示的风险溢价。因此，风险的市场价格λ_0随着p的增加而变大。

9.4 风险中性定价

表9-7还表明，在概率为0.6448时，风险调整以及对应的λ_0都为零，我们将此时的概率定义为风险中性概率。在这个例子中，式(9-20)可简化为

$$V_0 = e^{-r_0 \times \Delta} \times E^*[V_1] \tag{9-23}$$

其中

$$E^*[V_1] = p^* V_{1,u} + (1-p^*) V_{1,d} \tag{9-24}$$

由此可见，式(9-23)比之前的式(9-20)更方便记忆，期权价值就等于未来支付的现值，只是需要注意，我们运用的是无风险收益率进行贴现。这个式子并不包含 λ_0，然而式(9-23)是在 $p^* = 0.6488$ 下得到的，这样大于原先我们设定的 $p = 0.5$。所以，如果我们运用某种方法计算出 p^* 使得式(9-23)成立，将会极大地简化利率证券的定价。

9.4.1 风险中性概率

我们如何计算概率 p^* 使得式(9-23)成立呢？根据前面的定义，风险中性概率是那个能确保市场风险价格 $\lambda_0 = 0$ 的概率，由于任何债券都能计算出 λ_0，这也就意味着，所有债券都有一个风险中性概率。具体来讲，对任何零息债券，式(9-23)都是成立的：

$$P_0(2) = e^{-r_0 \times \Delta} \times E^*[P_1]$$
$$= e^{-r_0 \times \Delta} \times (p^* \times P_{1,u}(2) + (1-p^*) P_{1,d}(2))$$

由表9-3中零息证券的二叉树可知，已知 $P_{1,u}$ 和 $P_{1,d}(2)$，从当前债券的价格可以得到 $P_0(2)$，因此，我们可以求解出 p^*

$$p^* = \frac{e^{r_0 \times \Delta} P_0(2) - P_{1,d}(2)}{P_{1,u}(2) - P_{1,d}(2)} \tag{9-25}$$

定义 9-4

风险中性概率(risk neutral probability) p^* 是这样一种概率，它使得所有利率证券的价格都可由其未来的预期收益通过无风险收益率折现得到(未来预期收益的现值)，如式(9-23)和式(9-24)所示。风险中性概率能够通过当前2时期二叉树(如表9-3)运用式(9-25)计算出来。

9.4.2 利率证券的定价

风险中性概率 p^* 和风险中性估值式子让我们得到计算利率证券价格的第三种方法。

方法三：

1. 通过式(9-25)计算出风险中性概率 p^*。
2. 通过式(9-23)计算出利率证券的价格。

例如，表9-7所述的风险中性概率是这样得到的：

$$p^* = \frac{e^{r_0 \times \Delta} P_0(2) - P_{1,d}(2)}{P_{1,u}(2) - P_{1,d}(2)}$$
$$= \frac{e^{0.0174/2} \times 97.8925 - 99.5261}{98.3193 - 99.5261} = 0.6448 \tag{9-26}$$

我们可以运用风险中性概率通过式(9-23)去给任何一只利率证券定价。运用此方法，我们为例9-1的利率证券进行定价，结果如下：

1. 期权 $V_0 = 0.9913 \times [p^* \times 0 + (1-p^*) \times 1.05] = 0.3697$
2. 互换合约 $V_0 = 0.9913 \times [p^* \times 0.695 + (1-p^*) \times (-0.525)] = 0.259$
3. 债券期权 $V_0 = 0.9913 \times [p^* \times 0 + (1-p^*) \times 0.5261] = 0.185$

以上结果表明此方法可靠有效。

9.4.3 风险中性定价和动态复制

风险中性定价方法的主要优点在于它的简洁性,然而,"市场参与者都是风险中性的"这一潜在假定并不符合实际。事实上,它们并不是风险中性的,而是在某个真实风险概率下$\left(\text{如表9-2所展示的}p=\frac{1}{2}\right)$,它们对持有长期证券会要求一定的风险溢价(正如9.3.1节中式(9-14))。风险中性定价方法事实上是运用无套利定价思想的一种简便方法,而这种方法有一个潜在假定,即要求定义9-1所述的复制组合存在。

这种方法的关键在于认识到动态复制策略可以运用于任何两种利率证券。例如,我们在第1~5章所学到的,近20年来,互换市场不断发展、壮大,如今已超过了美国国债市场。在例9-2中,我们把互换当成是一种衍生品,它的价格取决于国债。然而,在当前这个模型中,如果我们已知互换的价值,那么我们就能复制出期权甚至是国债的支付情况。例如,接下来的例子将展现如何运用互换去复制例9-1中的期权。首先,运用风险中性定价得到互换的价格,再由此计算得到期权的价格。

例9-4

我们将运用一个由N_2份互换合约和N_1份1时期债券构成的组合。这种方法和9.2.1节中式(9-9)和式(9-10)的方法基本一样,唯一的差别是我们并没有运用债券的价格而是运用了互换的价格。例如,我们用$V_{i,j}^{swap}$表示在状态ij下互换的价值,在例9-2中我们可以得出$V_0=0.259$(美元),从而可得到如表9-8所示的互换二叉树。

表9-8 互换合约二叉树

$i=0$	$i=1$
	$V_{1,u}^{swap}=0.695$ 美元
$V_0^{swap}=0.259$ 美元	
	$V_{1,d}^{swap}=0.525$ 美元

运用式(9-10)和式(9-9)可以计算出N_1和N_2:

$$N_2 = \frac{V_{1,u}-V_{1,d}}{V_{1,u}^{swap}-V_{1,d}^{swap}} = \frac{0-1.05}{0.695-(-0.525)} = -0.861$$

$$N_1 = \frac{1}{100} \times [V_{1,u} - N_2 \times V_{1,u}^{swap}] = \frac{1}{100} \times [0-(-0.861) \times 0.695] = 0.006$$

组合的价值为

$$\Pi_0 = N_1 \times P_0(1) + N_2 \times V_0^{swap} = 0.006 \times 99.1338 - 0.861 \times 0.259 = 0.3697(\text{美元})$$

组合的价值和表9-4中通过债券复制得到的期权的价值完全相等,这种复制组合复制成功了吗?我们不妨来做如下检验:

$$\Pi_{1,u} = N_1 \times P_{1,u}(1) + N_2 \times V_{1,u}^{swap} = 0.006 \times 100 - 0.861 \times 0.695 = 0$$

$$\Pi_{1,d} = N_1 \times P_{1,d}(1) + N_2 \times V_{1,d}^{swap} = 0.006 \times 100 - 0.861 \times (-0.525) = 1.05(\text{美元})$$

答案是肯定的。

9.4.4 未来利率的风险中性预期

在风险中性概率下,远期利率的预期值由以下式子给定:

$$\begin{aligned} E^*[r_1] &= p^* \times r_{1,u} + (1-p^*) \times r_{1,d} \\ &= 0.6448 \times 3.39\% + 0.3552 \times 0.95\% = 2.5234\% \end{aligned} \tag{9-27}$$

这个数值远比由式(9-1)计算得到的真实预期利率($E[r_1]=2.17\%$)高,风险中性定价等同于包含了在概率从p上升到p^*的风险溢价,因此增加了未来利率的期望值。然而,这并不意味着市场参与者预期未来6个月的利率不是2.17%，而是2.5234%。其中，更高的风险中性利率仅仅是由于市场参与者因持有风险证券而要求更高的贴现率。

我们进一步来看这个问题，可以发现未来利率的风险中性预期与远期利率其实是很接近的。事实上，从表9-1我们可以得知，在1时期到2时期的连续复合远期利率由以下式子给定：

$$f(0,1,2) = -\frac{1}{2} \times \ln\left(\frac{P_0(1)}{P_0(2)}\right) = 2.52\%$$

它非常接近于由式(9-27)给出的未来利率的风险中性预期值。请注意，正如第7章例7-2所讲述的那样，远期利率和未来利率的真实预期($E[r_1]=2.17\%$)完全不同。这个结论有两层含义：

1. 远期利率并不等同于未来利率的市场预期值。在以上模型中，前者为2.52%，后者仅仅为2.17%。

2. 远期利率(2.52%)甚至也不等同于未来利率的风险中性预期值(2.5234%)，尽管它们非常的接近。

含义1提醒我们不要把远期利率和未来利率的预期值混为一谈，尽管它们有一定的相关性，但他们并不完全一样。也就是说，如果今天我们观测到一个较高的远期利率，我们应当考虑以下两个可能性：要么是市场参与者预期未来利率将会提高，要么他们更加厌恶风险而使得当前的长期债券的价格偏低。从之前的讨论可知，更高的风险厌恶意味着更高的风险市场价格λ_0，或者说一个更高的风险中性概率p^*。从第7章所学我们可知道第二种解释与数据更加一致。

含义2表明远期利率和风险中性下的未来利率是比较接近的。尽管在真实利率下两者非常接近，但是两者并不完全一致。原因简要分析如下：如9.2.1节所述，风险中性定价是基于动态复制的，包含了证券之间的交易，因此，其关键在于交易发生时的价格。而我们之前多次提到的利率，仅仅表现了与价格之间呈现的一种凸性关系。事实上，正是由于价格和利率之间的非线性关系，才使得未来利率的期望$E^*[r_1]$和远期利率$f(0,1,2)$出现差异。这能够从风险中性定价公式(9-23)直接得到，该式表明零息债券：

$$P_0(2) = e^{-r_0 \times \Delta} E^*[P_1(2)]$$

而从远期利率的定义中，得到

$$P_0(2) = e^{-r_0 \times \Delta} e^{-f(0,1,2) \times \Delta} \times 100$$

通过比较这两个式子，由于两者计算过程都是正确的，所以我们将两式子联立$E^*[P_1(2)] = E^*[e^{-r_1 \times \Delta}] \times 100$，便可得到

$$e^{-f(0,1,2) \times \Delta} = E^*[e^{-r_1 \times \Delta}] \qquad (9\text{-}28)$$

最后，注意到指数代数式$e^{-r_1 \times \Delta}$是利率r_1的凸性递减函数，因此，根据詹森不等式得到[○]

$$E^*[e^{-r_1 \times \Delta}] > e^{-E^*[r_1] \times \Delta} \qquad (9\text{-}29)$$

式(9-28)和式(9-29)表明

$$e^{-f(0,1,2) \times \Delta} > e^{-E^*[r_1] \times \Delta}$$

意味着

$$f(0,1,2) < E^*[r_1] \qquad (9\text{-}30)$$

注意，以上例子所描述的事实是正确的，在这个例子中，$f(0,1,2) = 2.52\%$以及

○ 詹森不等式描述的是如果变量x对应的函数$f(x)$是凸函数，那么$E[f(x)] > f[E(x)]$。

$E^*[r_1] = 2.5234\%$。这里的讨论同样表明：为了使得风险中性下的未来利率更加接近于远期利率，需要做出一个调整，这个调整的具体讨论将在第 21 章中展开。

本章小结

回顾本章，我们主要学习了以下内容：

1. 单步二叉树：这是一种典型的二叉树，它描述短期利率在接下来波动的两种可能性。
2. 债券价格二叉树：根据 1 时期的利率在下一期变化的两种可能，可以计算出债券在 1 时期后的两种可能价格，运用当前债券的报价，就可以得到拥有 2 时期的债券二叉树。
3. 复制组合：这是由一个较长期限和较短期限债券组合而成的、能完全复制出另一只 2 时期利率证券收益情况的债券组合。例如，一只较长期限的债券和一只较短期限的债券的合适组合，就能够复制出 2 时期期权的收益情况。根据无套利原理，衍生品的价值就等于复制组合的价值，否则将产生套利。
4. 风险的市场价格：无套利原理要求所有的长期证券必须具有相同比例的预期风险回报，否则将产生套利机会。
5. 风险中性概率：这是根据无套利原理，运用简便公式为衍生品定价所对应的一个"虚假"概率。给定"虚假"概率为 p^*，二叉树上的任意利率证券的价值等于未来支付的期望值按无风险利率贴现得到的现值。相对于期望利率或真实利率，p^* 略有上升，因为风险中性利率中包含了投资者对持有长期债券所要求的风险溢价。

练习

1. 参考表 9-9 中的利率二叉树，试求：
   (1) 计算半年期国债的预期收益 $E[r_1]$。
   (2) 给定一年期国债交易价格为 $P_0(2) = 97.4845$，在 $i=1$ 和 $i=2$ 时的远期利率（连续复利）分别是多少？和 (1) 的求解结果有何异同？
   (3) 计算风险的市场价格 λ，并解释其含义。
   (4) 计算风险中性概率 p^*，并解释其含义。

   表 9-9 单步利率二叉树

时期⇒	$i=0$	$i=1$
时间（年）⇒	$t=0$	$t=0.5$
		$r_{1,u}=4\%$ 概率 $p=\frac{1}{2}$
	$r_0=2\%$	
		$r_{1,d}=1\%$ 概率 $1-p=\frac{1}{2}$

2. 继续参考表 9-9 中的利率二叉树，思考：
   (1) 思考这样一份期权，它在 1 时期的支付为：$100 \times \max(r_1 - 2\%, 0)$，分别运用章节 9.2.1、9.3.3、9.4.2 中所学的三种数理方法，计算出期权 0 时刻的价值。
   (2) 思考这样一份债券期权，它在 11 时期的支付为：$\max(P_1(2) - 98.5, 0)$，运用风险中性定价方法为此期权进行定价。

3. 参考表 9-10 中的利率二叉树，假定利率上升的风险中性概率为 $p^* = \frac{1}{2}$，试求：
   (1) 计算在 $i=1$ 和 $i=2$ 到期的零息债券的价值。
   (2) 计算两种债券的连续复合收益率。
   (3) 思考这样一份期权，它在 1 时期的支付为：$100 \times \max(r_1 - 4\%, 0)$，求它的价值。
   (4) 根据 (1) 中所求出的两种债券的价格，建立一个复制组合以复制 (2) 中期权的支付，并检验这个组合每种状态下的复制情况。

   表 9-10 风险中性概率下的利率二叉树

时期⇒	$i=0$	$i=1$
时间（年）⇒	$t=0$	$t=0.5$
		$r_{1,u}=6\%$ 风险概率 $p^*=\frac{1}{2}$
	$r_0=4\%$	
		$r_{1,d}=3\%$ 风险概率 $1-p^*=\frac{1}{2}$

(5) 建立一个由短期债券和(2)中期权所组成的复制组合，用以复制长期债券在 1 时期的支付($P_{1,u}(2)$、$P_{1,d}(2)$)。

4. 在以上练习中，你是否获取到足够的信息，从而求得市场的风险价格 λ 并计算出在 $i = 2$ 到期的债券的预期回报？

5. 给定当前半年期和 1 年期的国债交易价格分别为 $P_{bill}(0, 1) = 97.531$ 和 $P_{bill}(0, 1) = 95.1241$。考查这样一个利率二叉树，它在 0 时刻的利率为 r_0，$r_{1,u}$ 和 $r_{1,d}$ 分别表示利率上升和下降后的情况，试求：

(1) r_0 是多少？

(2) 假定风险中性概率为 $p^* = \dfrac{1}{2}$，你是否可获取足够的信息以确定债券在 $r_{1,u}$、$r_{1,d}$ 两种状态下的价值？请至少列举 3 组例子，说明组合($r_{1,u}$、$r_{1,d}$)的价值和以上两种债券价值的直接相关，并比较这 3 组价值的差异在何处？

(3) 考虑这样一份期权，它在 1 时期的支付为 $100 \times \max(r_1 - 5\%, 0)$，当前的交易价格为 $C_0(1) = 0.97531$ 美元，你是否可获取足够信息以确定期权在 $r_{1,u}$、$r_{1,d}$ 两种状态下的价值？并给出你的理由。

(4) 如果你并不知道风险中性概率 $p^* = 0.5$，为了计算出 p^*，你需要获取哪些其他信息？请试着列举一二。

第 10 章 多步二叉树

本章将学习多步二叉树。多步二叉树不过是一系列单步二叉树的组合,认识到这一点非常关键。之前在第 9 章所学到的单步二叉树的相关结论在这里依然适用。

10.1 两步二叉树

现在我们不妨将第 9 章表 9-2 中的二叉树延展一个时期。根据之前所学,二叉树上的利率是连续复利利率(参见第 9 章 9.1.1 节的讨论)。表 10-1 中的二叉树是一个"重合"(recombining)二叉树,此处的"重合"意味着利率无论是"先上升后下降"还是"先下降后上升",最终都到达相同的利率水平。虽然在现实中并不常出现此类情况,但当我们需要对更多步骤的重合二叉树进行计算时,运用重合二叉树的设定对简化计算非常有用。因为,如果不用重合的假设,计算起来就会相当复杂,而且需要高超的数学计算能力才能解决。

表 10-1 两步利率二叉树

时期⇒	$i=0$	$i=1$	$i=2$
时间⇒	$t=0$	$t=0.5$	$t=1$
	$r_0 = 1.74\%$	$r_{1,u} = 3.39\%$	$r_{2,uu} = 5.00\%$
			$r_{2,ud} = 2.56\%$
			$r_{2,du}$
		$r_{1,d} = 0.95\%$	$r_{2,dd} = 0.11\%$

利率上升概率:$p = \dfrac{1}{2}$

最后,我们假定贯穿整个二叉树,利率上升的概率恒定为 $p = \dfrac{1}{2}$。需要在此说明:这个假定并非一定是必要的,在此这样处理只是为了计算方便。以下给出了在 2002 年 1 月 8 日计算得出的利率二叉树。在计算过程中,我们假定通过当前给定的信息对未来利率的估计是合理的。需要注意的是,利率有 $p \times p = \dfrac{1}{4}$ 的可能性上升到最顶处的节点 uu,同样也有 $(1-p) \times (1-p) = \dfrac{1}{4}$ 的可能性下降到最底部的节点 dd,利率有 $2 \times p \times (1-p) = \dfrac{1}{2}$ 的可能性变动到中间节点。由此我们可以估计出将来6个月和将来12个月的利率期望值：

$$E[r_1] = \frac{1}{2}r_{1,u} + \frac{1}{2}r_{1,d} = 2.17\%$$

$$E[r_2] = \frac{1}{4}r_{2,uu} + \frac{1}{2}r_{2,ud} + \frac{1}{4}r_{2,dd} = 2.6\%$$

假设当前未来6个月的即期利率为1.74%，远比战后的平均利率水平5%还要低，因此，我们可以合理预估将来6个月的即期利率将会有大幅度的上升，历史表明，最终上升到2.56%。

在2002年1月8日，零息债券的利率期限结构如第9章图9-1所示，而1.5年期的剥离国债的情况在表10-2中。

表10-2　2002年1月8日的剥离国债到期收益率

期限	价格	收益率
0.5	99.133 8	1.74%
1	97.892 5	2.13%
1.5	96.146 2	2.62%

资料来源：《华尔街日报》。

10.2　风险中性定价

回顾第9章，有两个重要发现：
1. 运用风险中性定价的方法，我们可以得到任何利率债券在0时期的价格，即

$$V_0 = e^{-r_0 \times \Delta} \times [p^* \times V_{1,u} + (1-p^*) \times V_{1,d}] \tag{10-1}$$

2. 通过其他利率证券，我们能复制出任意收益情况的债券。

现在我们将这些概念用到更多步骤的二叉树当中（暂时以两阶为例）：由表10-1的利率二叉树和表10-2的零息债券，我们得到风险中性概率为 $p^* = 0.664\,8$，假定像表10-1里列举的真实风险概率 p 一样，p^* 为贯穿利率二叉树的一个不变常量。那么，在这些条件下，在 $i=3$ 时期到期的零息债券的价格应该是多少呢？下一节将会讨论这个问题。

10.2.1　通过倒推法进行风险中性定价

我们可以通过从二叉树的末梢出发计算出3时期债券的价格，然后重复运用单步风险中性定价公式。首先我们回忆之前的标记法则：设定 $\Delta = 0.5$ 表示每一步骤的时间间隔，并且有

$$P_{i,j}(k) = \text{在时期} i, \text{状态} j \text{下的} k \text{时期到期的债券价格}$$

根据表10-1的利率树，在 $i=2$ 时点的3个节点的债券价格分别是：

$$P_{2,uu}(3) = e^{-r_{2,uu} \times \Delta} \times 100 = 97.531\,0$$

$$\begin{cases} P_{2,ud}(3) \\ P_{2,du}(3) \end{cases} = e^{-r_{2,du} \times \Delta} \times 100 = 98.728\,2$$

$$P_{2,dd}(3) = e^{-r_{2,dd} \times \Delta} \times 100 = 99.945\,0$$

那么，在 $i=1$ 时点的债权价格又是多少呢？我们回到利率树，运用式（10-1），但是此时我们计算的是时点 $i=1$ 的情况 $(1, u)$ 和 $(1, d)$ 而非时点 $i=0$，经计算，两个节点上债券的价值分别为

$$\text{节点}(1, u): P_{1,u}(3) = e^{-r_{1,u} \times \Delta} \times [p^* \times P_{2,uu}(3) + (1-p^*) \times P_{2,ud}(3)]$$

$$= 0.983\,1 \times (0.664\,8 \times 97.531\,0 + 0.355\,2 \times 98.728\,2)$$

$$= 96.309\,8 \qquad (10\text{-}2)$$

$$\text{节点}(1,d): P_{1,d}(3) = e^{-r_{1,d} \times \Delta} \times [p^* \times P_{2,du}(3) + (1-p^*) \times P_{2,dd}(3)]$$

$$= 0.995\,1 \times (0.644\,8 \times 98.728\,2 + 0.355\,2 \times 99.945\,0)$$

$$= 98.690\,4 \qquad (10\text{-}3)$$

现在，我们可以运用这两个 $i=1$ 时期的价格计算出当前的价格

$$P_0(3) = e^{-r_0 \times \Delta} \times [p^* \times P_{1,u}(3) + (1-p^*) \times P_{1,d}(3)]$$

$$= 0.991\,3 \times (0.644\,8 \times 96.309\,8 + 0.355\,2 \times 98.690\,4)$$

$$= 96.313\,7 \qquad (10\text{-}4)$$

在 $i=3$ 时期到期的债券价格为 $P_0(3)=96.313\,7$ 美元，表 10-3 描绘出了整个零息债券二叉树的结构。

表 10-3　基于 $p^*=0.644\,8$ 下的 3 时期零息债券二叉树

$i=0$	$i=1$	$i=2$	$i=3$
$t=0$	$t=0.5$	$t=1$	$t=1.5$

			$P_{3,uuu}(3)=100$
		$P_{2,uu}(3)=97.531\,0$	$\left.\begin{array}{l}P_{3,uud}(3)\\P_{3,udu}(3)\\P_{3,duu}\end{array}\right\}=100$
	$P_{1,u}(3)=90.309\,8$		
$P_0(3)=96.313\,7$		$\left.\begin{array}{l}P_{2,ud}(3)\\P_{2,du}(3)\end{array}\right\}=98.728\,2$	$\left.\begin{array}{l}P_{3,udd}(3)\\P_{3,dud}(3)\\P_{3,ddu}(3)\end{array}\right\}=100$
	$P_{1,d}(3)=98.690\,4$		
		$P_{2,dd}(3)=99.945\,0$	
			$P_{3,ddd}(3)=100$

风险中性定价方法是非常方便的，它提供了一种计算利率债券价格的简单方法。然而，根据之前所学，风险中性定价的运用需要满足两个关键条件：

1. 利率树（见表 10-1）。
2. 风险中性概率（如 $p^*=0.644\,8$）。

给定这两个条件，我们就能计算出任何利率债券的价格。接下来，让我们一起来看看下面这个例子。

👉 例 10-1

现在有一个在时点 $i=2$（时期 $t=1$）到期的债券，它到期时的收益情况如下：

$$i \text{ 时的收益} = 2: V_2 = \max(P_2(3)-K,0) + \max(K-P_2(3),0)$$

其中，$K=98.728\,2$。这种收益组合，是具有相同执行价格的一份看涨期权多头和一份看跌期权多头所组成，这种投资策略又叫作**跨式期权**，或称**同价买卖选择权**（straddle），当债券到期日的价格接近执行价格 K 的时候，收益很低；相反，无论是高于还是低于执行价格，只要价格大幅度偏离执行价格时，其收益就相当可观。因为只有当价格偏离 K 很大时才能获益，所以这种策略往往在债券价格波动较大的情形下才适用。通过运用倒推法，风险中性定价可以立即提供这种期权组合的价格。我们在不同节点处运用公式 10-1 在利率树上倒推，风险中性概率的运用也和前面一样。比如 $p^*=0.644\,8$，它表示所有的利率证券都面临这个相同的概率。表 10-4 绘出了上述例子的二叉树，计

算得的价格为 $V_0 = 0.6366$。

表 10-4　同价买卖选择权二叉树

时期⇒	$i=0$	$i=1$	$i=2$
时间⇒	$t=0$	$t=0.5$	$t=1$
			$V_{2,uu} = 1.1972$
		$V_{1,u} = 0.7590$	$V_{2,ud} = 0$
	$V_0 = 0.6366$		$V_{2,du}$
		$V_{1,d} = 0.4301$	$V_{2,dd} = 1.2169$

10.2.2　动态复制

在此强调，要记得在风险中性定价方法的背后有一个潜在的复制策略：投资者可以通过持有长期债券和短期债券的组合来复制其他证券的收益情况。在多步二叉树中，组合需要随利率的变化而重新调整。从这个意义上说，这种策略可以称为动态复制或动态对冲策略，因为从整个二叉树来看，该策略包含了整个时期里对债券随时进行买卖的可能。

更确切来说，动态复制策略涉及在整个二叉树上长期债券和短期债券头寸的变化。在每一个节点(i, j)我们设定$N_{i,j}^L$表示期限为 3 时期，在$i=3$时点到期的较长期债券，$N_{i,j}^S$表示期限为 1 时期，在$i+1$时点到期的短期债券。

我们怎么选择上述两种债券的头寸$N_{i,j}^L$、$N_{i,j}^S$呢？关键在于认识到多步二叉树不过是一系列单步二叉树的组合。因此，和第 9 章的公式(9-9)以及公式(9-10)一样，不同的是，该公式可以运用于整个二叉树。举例来讲，如果在时点$i=1$之后出现利率上升$(i, j) = (1, u)$，那么复制组合的头寸分别为

$$N_{i,j}^L = \frac{V_{2,uu} - V_{2,ud}}{P_{2,uu}(3) - P_{2,ud}(3)} \tag{10-5}$$

$$N_{i,j}^S = \frac{1}{100}[V_{2,uu} - N_{1,u}^L \times P_{2,uu}(3)] \tag{10-6}$$

节点$(1, d)$的算法也类似，不再赘述。

接下来，我们探讨[例 10-1]，下面的策略复制出的同价买卖选择权如表 10-4 所示。

👉 例 10-2

在时点 $t=0$ 处：进行动态复制所需要的两种债券头寸分别为

$$N_0^L = \frac{V_{1,u} - V_{1,d}}{P_{1,u}(3) - P_{1,d}(3)} = \frac{0.7590 - 0.4301}{96.3098 - 98.6904} = -0.1381$$

$$N_0^S = \frac{1}{100} \times [V_{1,u} - N_0^L \times P_{1,u}(3)] = \frac{1}{100} \times [0.7590 - (-0.1381) \times 96.3098] = 0.1406$$

复制组合的价值为

$$\Pi_0 = N_0^S \times P_0(1) + N_0^L \times P_0(3) = 0.1406 \times 99.1338 - 0.1381 \times 96.3137 = 0.6366$$

当然，这种方法计算出来的组合价值与根据风险中性定价方法所计算出来的价值相等。下面，我们对在时点 $t=1$ 处的两个节点（u 和 d）进行检验，观察这两种状态下该关系是否依然成立呢？

$$\Pi_{1,u} = N_0^S \times 100 + N_0^L \times P_{1,u}(3) = 0.1406 \times 100 - 0.1381 \times 96.3098 = 0.7590 = V_{i,u}$$

$$\Pi_{1,d} = N_0^S \times 100 + N_0^L \times P_{1,d}(3) = 0.1406 \times 100 - 0.1381 \times 98.6904 = 0.4301 = V_{i,d}$$

这个组合复制出了表 10-4 所示的同价买卖选择权，那么，接下来会怎么样呢？

在时点 $t=1$ 处：较长期债券的头寸大小取决于利率是上升还是下降，因此，分别考虑以下两种情形：

节点 $(1, u)$：再次运用式(10-5)和式(10-6)，得到：

$$N_{1,u}^L = -1; \quad N_{1,u}^S = 0.9873$$

其中，$N_{1,u}^S$ 表示在 $i=2$ 时期到期的债券，它的价值为 $P_{1,u}(2) = 98.3193$（参考第 9 章表 9-3），那么组合的价值是多少呢？我们定义组合价值为

$$\Pi_{1,u}^{new} = N_{1,u}^S \times P_{1,u}(2) + N_{1,u}^L \times P_{1,u}(3)$$
$$= 0.9873 \times 98.3193 - 1 \times 96.3098$$
$$= 0.7590$$

由此可见，组合的价值等于我们所复制的债券的价值，即这个组合的价值在节点 $(1, u)$ 处的支付仍然等同于在 0 时刻复制的组合价值。也就是说

$$\Pi_{1,u} = \Pi_{1,u}^{new}$$

这表明之前的组合能产生刚好足够的资金去购买新的组合，换句话说，这种交易策略叫作自融资。那么，新的组合能复制出在时刻 $i=2$ 时的最终支付吗？

$$\Pi_{2,uu}^{new} = N_{1,u}^S \times 100 + N_{1,u}^L \times P_{2,uu}(3) = 0.9873 \times 100 - 1 \times 97.5310 = 1.1972$$

$$\Pi_{2,ud}^{new} = N_{1,u}^S \times 100 + N_{1,u}^L \times P_{2,ud}(3) = 0.9873 \times 100 - 1 \times 98.7282 = 0$$

以上结果表明是可以复制的。

节点 $(1, d)$：运用公式 10-5 和公式 10-6 计算出在节点 $(1, d)$ 下的头寸，得到

$$N_{1,d}^L = 1; \quad N_{1,d}^S = -0.9873$$

新的组合的价值为（回想之前在第 9 章表 9-3 中，$P_{1,d}(2) = 99.5261$）：

$$\Pi_{1,d}^{new} = N_{1,d}^S \times P_{1,d}(2) + N_{1,d}^L \times P_{1,d}(3)$$
$$= -0.9873 \times 99.5261 + 1 \times 98.6904$$
$$= 0.4301$$

这和之前所得结论一致，即 $\Pi_{1,d} = \Pi_{1,d}^{new}$，因此旧的组合将给予足够的资金去购买新的组合。在 $i=2$ 时刻，有

$$\Pi_{2,du}^{new} = N_{1,d}^S \times 100 + N_{1,d}^L \times P_{2,du}(3) = -0.9873 \times 100 + 1 \times 98.7282 = 0$$

$$\Pi_{2,dd}^{new} = N_{1,d}^S \times 100 + N_{1,d}^L \times P_{2,dd}(3) = -0.9873 \times 100 + 1 \times 99.9450 = 1.2169$$

以上结果表明是可以复制的。

表 10-5 绘出了跨时期动态复制策略的整个过程，尽管这个过程看起来比较复杂，但计算机能够程序化、自动计算出这些复制策略。事实上，程序化交易已经成为自营交易（proprietary trading）和避险基金的标准工具。由于交易策略变得越来越复杂，我们对精确实现交易策略的计算机的要求也会越来越高，比如要开展例 10-1 里的跨式期权交易时就会有这样的要求。

表 10-5 动态复制过程

$i=0$	$i=1$	$i=2$
$t=0$	$t=0.5$	$t=1$

------调整------

$i=2, t=1$ (uu):
$N^L_{1,u} = -1$
$N^S_{1,u} = 0.9873$
$\Pi^{new}_{2,uu} = 1.1972$

$i=1, t=0.5$ (u) 调整前→后:
$N^L_0 = -0.1381$ → $N^L_{1,u} = -1$
$N^S_0 = 0.1406$ → $N^S_{1,u} = 0.9873$
$\Pi_{1,u} = 0.7590$ → $\Pi^{new}_{1,u} = 0.7590$

$i=2, t=1$ (ud):
$N^L_{1,u} = -1$
$N^S_{1,u} = 0.9873$
$\Pi^{new}_{2,ud} = 0$

$i=0, t=0$:
$N^L_0 = -0.1381$
$N^S_0 = 0.1406$
$\Pi_0 = 0.6366$

$i=1, t=0.5$ (d) 调整前→后:
$N^L_0 = -0.1381$ → $N^L_{1,u} = 1$
$N^S_0 = 0.1406$ → $N^S_{1,u} = -0.9873$
$\Pi_{1,u} = 0.4301$ → $\Pi^{new}_{1,u} = 0.4301$

$i=2, t=1$ (du):
$N^L_{1,d} = 1$
$N^S_{1,d} = -0.9873$
$\Pi^{new}_{2,du} = 0$

$i=2, t=1$ (dd):
$N^L_{1,d} = 1$
$N^S_{1,d} = 0.9873$
$\Pi^{new}_{2,dd} = 1.2169$

10.3 期限结构的匹配

表 10-3 中的二叉树,是为了说明如何在多步二叉树中使用风险中性的方法,为此,我们假设了风险中性概率 p^* 在整个二叉树的所有路径中都保持不变。然而,有一个问题,由该二叉树计算得到的零息债券的价格 $P_0(3) = 96.3137$,不同于当天(2002 年 1 月 8 日)在市场上的交易价格。事实上,从表 10-2 中我们可以发现,当时债券的价格是 $P_0(3) = 96.1462$,比二叉树所得到的价格略低。由于风险中性概率 $p^* = 0.6448$ 是由 2 时期债券 $P_0(2)$ 所计算得到的,而我们没有任何理由可以说明凭什么可以保持常数不变。

假定 p^* 可以随时间改变,定义 p_i^* 表示在 i 时点处的风险中性概率。之前计算出来的风险中性概率为 $p_0^* = 0.6448$,而在 $i=1$ 时刻得到的风险中性概率为 p_1^*,在以上这个例子中,我们假定了 $p_1^* = p_0^*$,但是这个假设是没有道理的。

那我们如何计算出 p_1^* 呢?

不幸的是,我们无法找到类似第 9 章中的计算公式(第 9 章式(9-25)),相反,我们必须找到从 3 时期债券中计算得到的风险中性概率 p_1^*,表 10-6 列出了风险中性概率从 0.1 到 0.9 间变化所对应的零息债券的价值。更确切地讲,对于第一列的每一个 p_1^*,3 时期债券的计算方法和之前在 10.2.1 节中的方法是基本一致的,微小的差别仅仅体现在计算 $P_{1,u}(3)$ 和 $P_{1,d}(3)$ 时,式(10-2)和式(10-3)中我们运用了 p_1^* 而不是 p^*。表 10-6 中的第 2 列给出了 3 时期的零息债券的价格随着 p_1^* 的增加而减少,在从 $p_1^* = 0.1$ 变化到 0.9 对应的债券价格从 96.9590 变化到了 96.0129。

表 10-6 基于不同风险中性概率测度下的 3 时期零息债券的价格分布

风险中性概率 p_1^*	模型价格 $P_0(3)$
0.1	96.9560
0.2	96.8381
0.3	96.7202
0.4	96.6024
0.5	96.4845
0.6	96.3666
0.7	96.2487
0.7869	96.1462
0.8	96.1308
0.9	96.0129

表 10-6 同样展现当概率为 $p_1^* = 0.7869$ 时,零息债券的理论价格为 96.146 2,和表 10-2 中的实际交易价格相等。另外,表 10-7 列出了 3 期债券对应的二叉树。

表 10-7 经调整后的 3 时期零息债券二叉树

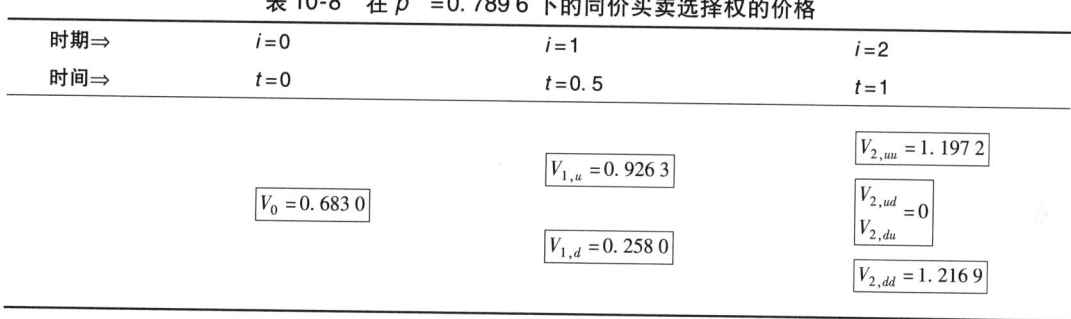

由于风险中性概率随时间发生变化,衍生品(以及对应的动态复制组合)的价值也随之变化。例如,之前我们在[例 10-1]中所描述的证券,它的价格将由表 10-8 给出。

表 10-8 在 $p^* = 0.7896$ 下的同价买卖选择权的价格

时期⇒	$i=0$	$i=1$	$i=2$
时间⇒	$t=0$	$t=0.5$	$t=1$
	$V_0 = 0.6830$	$V_{1,u} = 0.9263$	$V_{2,uu} = 1.1972$
			$\begin{matrix} V_{2,ud} \\ V_{2,du} \end{matrix} = 0$
		$V_{1,d} = 0.2580$	$V_{2,dd} = 1.2169$

10.4 多步二叉树

现在我们将二叉树模型拓展到更长的期限,或者说增加更多的步骤。为了建立这一多步二叉树模型,我们需要一种数理方法。下面给出的这种方法就相对简单:

1. 预测未来各个时期的利率水平 $E[r_i]$,其中 $i = 1, 2, \cdots, n$。
2. 界定预测的偏差(比如,$r_{1,u} = 3.39\%$ 和 $r_{1,d} = 0.95\%$ 相对期望值 $E[r_1] = 2.17\%$ 有误差)。
3. 求出为债券定价的风险中性概率。

第一步是基于未来货币政策行为的最佳预测,是关于未来通胀水平、实际 GDP 增长率等的预测。这些预测可能是基于统计模型,也可能仅仅只是对未来利率的简单预期。如第 7 章我们运用从 1961 年 12 月至 2001 年 12 月的半年期利率数据,做 r_{i+1} 对 r_i 的回归。给定估计的参数,当前利率水平是 $r_{2002年1月} = 1.74\%$,我们能据此预测出未来的利率(参见表 10-9)。具体来看,这个表格的第 3 列展示的是从 2002 年 7 月至 2007 年 1 月的半年期利率数据。基于回归模型,我们预测利率将在接下来的 5 年内稳步上升。当然,预测也可能出错,就像在 2002 年发生的:由于美国经济下行,美联储在 2002 年和 2003 年进一步降低了联邦基金利率。结果,半年期利率同样下降,从 2002 年 7 月的 1.71% 下降至 2003 年 7 月的 0.95%。然而,利率在此之后迅速攀升,在 2006 年 1 月已经高达 4.35%,和模型预测的数据(对应表 10-9 第 3 列数据 4.22%)比较相近。2006 年 7 月至 2007 年 1 月,模型的预测值比真实值相比则更低。

表 10-9 对 2002 年 1 月 8 日的利率预测

时期	时间	模型预测值	真实值
1	2002 年 6 月	2.17%	1.71%
2	2003 年 7 月	2.56%	1.20%
3	2003 年 6 月	2.91%	0.95%
4	2004 年 7 月	3.22%	0.97%
5	2004 年 6 月	3.51%	1.67%
6	2005 年 7 月	3.77%	2.62%
7	2005 年 6 月	4.00%	3.45%
8	2006 年 7 月	4.22%	4.35%
9	2006 年 6 月	4.41%	5.12%
10	2007 年 7 月	4.58%	5.01%

资料来源:美联储。

10.4.1 根据未来利率期望值构建二叉树

现在,我们运用这些期望值来构建二叉树,首先我们对未来利率的预期变动做如下定义:

$$m_i = E[r_{i+1} - r_1] \tag{10-7}$$

然后我们在预测中引入误差项:

$$r_{1,u} = r_0 + m_0 \times \Delta + \sigma \sqrt{\Delta} \tag{10-8}$$

$$r_{1,d} = r_0 + m_0 \times \Delta - \sigma \sqrt{\Delta} \tag{10-9}$$

对于第一个时期,利率上升和下降发生的概率均为 $\frac{1}{2}$,对于第二个时期,类似地,有:

$$r_{2,uu} = r_{1,u} + m_1 \times \Delta + \sigma \sqrt{\Delta}$$

$$r_{2,ud} = r_{1,u} + m_1 \times \Delta - \sigma \sqrt{\Delta}$$

$$r_{2,du} = r_{1,d} + m_1 \times \Delta + \sigma \sqrt{\Delta}$$

$$r_{2,dd} = r_{1,d} + m_1 \times \Delta - \sigma \sqrt{\Delta}$$

对于之后的各期也可依次类推。这个模型自然而然产生了一个重复的二叉树。事实上,将之前式子的 $r_{1,u}$ 和 $r_{1,d}$ 代入上式,我们可以得到

$$r_{2,ud} = r_0 + (m_0 + m_1) \times \Delta = r_{2,du} \tag{10-10}$$

也就是说,利率无论是"先上升后下降"还是"先下降后上升",最终都将达到相同的利率水平,在这个约束下,我们还可以得到 $r_{2,ud} = r_{2,du} = E[r_2]$,例如由表 10-9 中得知为 2.56%。

表 10-10 显示了在假定波动率 $\sigma = 0.0173$(从 1961 年至 2001 年的数据中估计出)下,对利率二叉树的预测结果。为了更好地解释这个表格,我们将适当修改对二叉树上每个节点所做的绘制方式。也就是说,之前的记号 u,uu 等对于步骤较少的二叉树来说是可行的,但是当我们

拓展到多步二叉树时，我们必须做出稍许的变动。表 10-10 中所展示的二叉树，每个节点都用时间参数 i 和状态参数 j 来表示。具体来看，"i 增加 j 不变"表示"上升"，"i 增加 j 增加"表示"下降"，即

$$r_{i,j} \rightarrow \begin{cases} r_{i+1,j} & \text{利率上升} \\ r_{i+1,j+1} & \text{利率下降} \end{cases} \tag{10-11}$$

表 10-10 利率二叉树

j	$i \Rightarrow$ 0	1	2	3	4	5	6	7	8
0	1.74	3.39	5.00	6.58	8.12	9.63	11.11	12.57	14.00
1		0.95	2.56	4.13	5.67	7.18	8.66	10.12	11.56
2			0.11	1.68	3.22	4.73	6.22	7.67	9.11
3				-0.76	0.78	2.29	3.77	5.23	6.66
4					-1.67	-0.16	1.32	2.78	4.22
5						-2.60	-1.12	0.34	1.77
6							-3.57	-2.11	-0.68
7								-4.56	-3.12
8				利率上升的概率 $p = \frac{1}{2}$				-5.57

需要注意的是，在这个二叉树的任意节点上，下一步的走向仅仅沿着两种方向，要么平跨，要么下降。比如，在 $(i, j) = (2, 1)$ 位置，利率可以上升至 4.13% 或者下降至 1.68%，但是无法通过单步运动到达 6.58%。只有在 $(i, j) = (2, 0)$ 位置，即利率为 5.00% 位置通过单步运动才可能达到 6.58%。表 10-10 给出了一种新的用箭头连接的描述方法，但是考虑到箭头描述起来不够简洁，以后我们会将其略去。

式 (10-8) 和式 (10-9) 显示了该模型的简洁性，但是，这一简洁性也会带来一定的缺陷：运用该模型，将可能导致负利率的产生 (正如表 10-10 中所展现的情况)，"负利率"意味着投资者愿意向政府投资 100 美元，最终一年到期后收回 90 元，这显然在经济学上是解释不通的。但是，由于在现实中，通货膨胀率可能会高于名义利率，那么实际利率为负的情况是可能存在的。但表 10-10 中的利率是站在 20 世纪 70 年代末所计算出的名义利率，所以这明显是该模型的一个缺陷，我们将在后面运用新的模型改进这一缺陷。不仅如此，现实中我们经常运用的其他利率模型也有可能产生负利率。关于这一点，我们将在本书的第 11 章做进一步的探讨。

10.4.2 风险中性定价

正如我们在本章前面的部分以及本书第 9 章所学，从长期二叉树计算得出衍生品的价格不比从短期二叉树计算出的价格更难。也就是说，如果我们已知 i 时刻利率上升的风险中性概率，我们就可以根据在 i 时刻 j 状态下的情况，并用下面的公式定价：

$$V_{i,j} = e^{-r_{i,j} \times \Delta} \times E^*[V_{i+1}]i \tag{10-12}$$

$$= e^{-r_{i,j} \times \Delta} \times [p_i^* \times V_{i+1,j} + (1 - p_i^*) \times V_{i+1,j+1}] \tag{10-13}$$

因此，如果我们已知债券到期日的价值 (比如，零息债券到期日必须偿付 100 美元)，我们就可以根据式 (10-13) 通过倒推的方式进行计算。在 Excel 中，运用该方法相当简单。首先输入式 (10-13) 计算出某个值，然后通过"拖动复制"的方法就可以填充表格的剩余部分，即计算

机会自动给出结果。

但是，我们从哪里获得风险中性概率 p_i^* 呢？我们之前所探讨过一种数理方法，用当前的零息债券的价格去计算风险中性概率，即用递归方法，从在 $i=2$ 时刻到期的债券入手计算 p_0^*（由于在 $i=1$ 时刻到期的债券价格并不取决于风险中性概率，因为其价值始终等于 $P_0(1) = e^{-r_0 \times \Delta} \times 100$），再运用 $i=3$ 时刻到期的债券去计算 p_1^*，依此类推。表 10-11 提供了在 2002 年 1 月 8 日时，期限为半年到 5.5 年的零息债券价格。

由前面的内容我们知道 $p_0^* = 0.6448$，$p_1^* = 0.7869$。现在，我们再来讨论计算 p_2^* 的过程，其他时期的风险中性概率也可类似计算。下面给出具体步骤：

1. 赋予 p_2^* 一个任意值，比如，$p_2^* = 0.5$，用计算机建立一个关于在 $i=4$ 时刻到期的零息债券四步的二叉树。各步的具体数据可用式(10-13)来计算。

表 10-11 2002 年 1 月 8 日各时期零息债券价格

到期期限(年)	价格	收益率(%)
0.5	99.1338	1.74
1.0	97.8925	2.13
1.5	96.1462	2.62
2.0	94.1011	3.04
2.5	91.7136	3.46
3.0	89.2258	3.80
3.5	86.8142	4.04
4.0	84.5016	4.21
4.5	82.1848	4.36
5.0	79.7718	4.52
5.5	77.4339	4.65

资料来源：《华尔街日报》。

- 这样计算出来的价格通常会和表 10-11 中的价格 $P_0(4) = 94.1011$ 不同，因为此时运用的是随机的 p_1^* 而不是真实的 p_1^*，在表 10-12 的 A 部分我们列出了这一情况。
- 现在我们运用在前两部分计算出来的正确的风险中性概率 $p_0^* = 0.6448$ 和 $p_1^* = 0.7869$。

表 10-12 两种 p_2^* 情形下的两年期债券二叉树

A: 一个外生变量 $p_2^* = 0.5$ 的二叉树					
价格匹配结果	94.1011				
时间 i	0	1	2	3	4
风险中性概率 p_i^*	0.6448	0.7869	0.5		
	94.2732	93.8524	94.9560	96.7635	100
		97.3565	97.3062	97.9562	100
			99.7173	99.1635	100
				100.3807	100
					100

B: 一个真实 p_2^* 对应的二叉树					
价格匹配结果	94.1011				
时间 i	0	1	2	3	4
风险中性概率 p_i^*	0.6448	0.7869	0.6490		
	94.1011	93.6811	94.7827	96.7635	100
		97.1789	97.1287	97.9562	100
			99.5360	99.1635	100
				100.3807	100
					100

2. 一旦我们画出了二叉树，我们就可以试图寻找合适的 p_2^* 来匹配表 10-11 中的价格 (94.1011)。具体来讲，打开微软 Excel 表格，可以采用单变量求解的方法找到合适的 p_2^* 和 94.1011 匹配。结果列在表 10-12B 部分中，最终计算出来的风险中性概率为 $p_2^* = 0.6490$。

表 10-13 列出了运用表 10-11 中所有债券计算出的各个时期的风险中性概率，并列出了 5 年期的零息债券的二叉树。接下来，我们将在一系列例子中用到这个构建起来的二叉树。

给定表 10-13 二叉树以及风险中性概率，现在我们可以得到其他任意利率债券的价格。下一节我们将讨论如何应用的问题。

表 10-13 5 年期零息债券二叉树

时间⇒ 时期 i⇒	0 0	0.5 1	1 2	1.5 3	2 4	2.5 5	3 6	3.5 7	4 8	4.5 9	5 10
风险中性概率 p_i^*（%）	64.48	78.69	64.90	72.30	54.18	40.02	38.93	49.93	60.96	45.15	
j											
0	79.77	77.28	76.91	76.46	77.38	78.33	79.79	82.46	86.74	92.58	100
1		86.27	84.82	83.30	83.28	83.27	83.79	85.55	88.88	93.72	100
2			93.54	90.75	89.62	88.52	87.99	88.75	91.09	94.88	100
3				98.85	96.44	94.10	92.40	92.06	93.34	96.04	100
4					103.79	100.03	97.04	95.50	95.65	97.22	100
5						106.34	101.90	99.07	98.02	98.42	100
6							107.01	102.77	100.45	99.63	100
7								106.62	102.94	100.86	100
8									105.49	102.10	100
9										103.36	100
10											100

10.5 定价和风险评估：即期利率久期

许多结构性产品隐含期权，对利率变化更为敏感。这要求风险经理必须能够：
1. 正确评估嵌入期权的价值。
2. 正确评估投资风险。

尽管以上两个任务是明显相关的，但它们有着不同的侧重点。如我们之前所述，定价（任务 1）是基于风险中性概率对证券进行定价。风险评估（任务 2）是利用真实风险，即自然（natural）风险概率或真实的（true）风险概率。下面的例 10-3 对之间的差异做出说明。在探讨这个例子之前，很有必要引入一种测量利率风险的方法，这种方法类似于我们之前在第 3 章 3.2 节（参见式（3-1））中描述的久期方法。因为二叉树的利率风险源于即期利率的变化，我们称之为即期利率久期，定义如下：

定义 10-1

即期利率久期（spot rate duration）是一种价格变动百分比，衡量的是利率证券的价格对利率 r 的敏感程度，计算方法是

$$D = -\frac{1}{V} \times \frac{dV}{dr} \tag{10-14}$$

如何基于二叉树计算出 $\frac{dV}{dr}$ 呢？我们可以运用二叉树上债券的价格和利率近似估计价格对利

率变动的反应（在这里我们用符号"u"和"d"，这样表示更加直观）：

$$\frac{dV}{dr} \approx \frac{V_{1,u} - V_{1,d}}{r_{1,u} - r_{1,d}} \tag{10-15}$$

例 10-3

某基金经理面临一只 5 年期结构型零息债券的报价，这种债券在到期日的收益取决于到期日的利率水平。当利率低于 8.55% 时，能得到本金的 94%。当利率在 8.55% 以上时，总的收益将随着利率成比例增长。在 $T=5(i=10)$ 时，这只债券的收益由下式给定：

$$i \text{ 时的收益情况} = 10: V_{10} = \max(11 \times 100 \times r_{10}, 94) \tag{10-16}$$

图 10-1 给出了该债券到期日的收益情况。

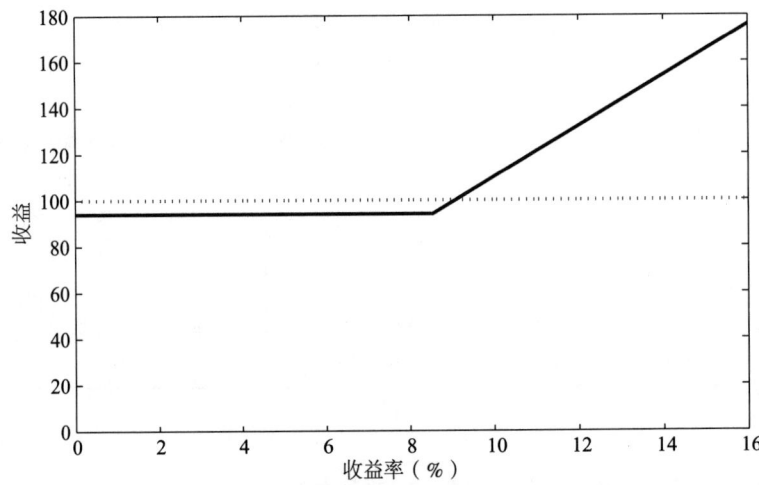

图 10-1 某零息债券的收益情况

思考：

1. 这只债券的公允价值应当是多少呢？

运用我们之前所学的数理方法可以解答这个问题。我们可以运用利率二叉树和风险中性概率来给这只结构化的衍生品进行定价。表 10-14 给出了用该方法的具体定价情况：公允价值应为 79.88 美元，这一价格与表 10-13 给出的相同日期标准零息债券的价格 79.77 美元非常接近。也就是说，到期时的收益是一种结构化的收益，当利率处于低水平的时候，所支付的本金就会减少，这将从利率较高时得到的较高收益中得到补偿。

2. 这种债券隐含的风险是多少呢？

(1) 首先，我们运用式(10-14)定义的即期利率久期计算该结构债券价格对于利率变化的敏感度。根据表 10-10 和表 10-14 的数据，运用式(10-15)的近似计算方法，我们可以求出结构化债券对利率的敏感性：

$$D = -\frac{1}{V_0} \times \frac{V_{1,u} - V_{1,d}}{r_{1,u} - r_{1,d}} = -\frac{1}{79.88} \times \frac{79.14 - 83.19}{3.39\% - 0.95\%} = 2.08 \tag{10-17}$$

对应之前所介绍的标准 5 年期零息债券（参见表 10-13）的久期 $D_5 = 4.62$，显然比结构化债券的久期要高很多。从风险的角度来说，结构化债券的风险要比标准 5 年期债券的风险更低，其实这从直觉上来看也容易解释：当利率上升时，债券价格下降，而结构化债券对此提供一种保护，也就是说，当利率上升时，它的支付也在上升。投资于某种类型的利率衍生产品也能够提供类似的保护作用，然而，这样的策略当然是需要在期初付出代价的。这种结构化债券对于利率上升的保护也是有一定的代价的，代价就是当利率下降时支付的本金会下降。

（2）计算出该债券长期的收益分布。虽然在定价的时候运用的是风险中性概率，但对于风险的分析，却必须运用真实、客观的风险概率，因此在进行与债券定价无关的其他运算时，原始利率二叉树所对应的原始风险概率显得至关重要。根据使用的概率不同，得到的结果也大不相同。比如，表10-15列出的债券到期支付情况，以及真实风险概率和风险中性概率。虽然风险中性概率认为，有69.87%的可能最终收益将低于面值的94%，但真实风险概率表明这一概率高达82.81%。相反，虽然风险中性概率认为有30%的概率，最后收益会超过面值，而真实风险概率认为这一概率仅为17%左右，这些现象其实不足为奇，因为我们已经知道，风险中性概率倾向于看高未来利率的期望值。由于这种结构化证券只在利率更高时才能取得收益，风险中性概率容易导致还分乐观。但是这里的关键是进行风险分析，包括第3章中讨论过的在险价值（VaR）分析和预期损失分析，都必须基于真实风险概率。而风险中性概率，是根据市场风险调整过的概率，即相对于真实风险概率而言被"歪曲"过的概率，是不能用于风险分析的。

表10-14　5年期结构化债券二叉树

j \ i	0	1	2	3	4	5	6	7	8	9	10
0	79.88	79.14	80.01	82.14	85.64	92.27	104.06	120.36	138.44	157.56	184.91
1		83.19	82.27	81.85	82.90	85.55	92.00	103.39	117.94	134.29	158.07
2			88.45	86.06	85.26	84.96	86.47	91.40	99.61	110.38	131.12
3				93.00	90.76	88.65	87.34	87.80	90.34	94.69	104.17
4					97.56	94.03	91.22	89.77	89.91	91.39	94.00
5						99.96	95.79	93.13	92.14	92.52	94.00
6							100.59	96.61	94.42	93.65	94.00
7								100.22	96.76	94.81	94.00
8									99.16	95.97	94.00
9										97.15	94.00
10											94.00

表10-15　结构化衍生品在 $T=5$ 时的收益情况

T时的收益	真实风险概率	风险中性概率
184.91	0.10%	0.28%
158.07	0.98%	2.35%
131.12	4.39%	8.76%
104.17	11.72%	18.74%
94.00	82.81%	69.87%

本章小结

1. 两步二叉树：两步二叉树是对单步二叉树的拓展，即在第一步利率上升后，要么会继续上升，要么会下降。同样的道理，利率在第一步下降后，要么会上升，要么会继续下降。

所以，在 $i=2$ 时刻，总共有 4 种可能情形（上升，上升），（上升，下降），（下降，上升），（下降，下降）。其中有这样的特点：利率先上升后下降和先下降后上升最后的结果是一致的，这叫作重合二叉树。
2. 风险中性定价：给定风险中性概率 p^*，债券的价值等同于未来支付以无风险利率贴现的现值。在二叉树上，我们可以通过倒推法从后向前计算出任意节点的预期收益的现值。
3. 动态复制策略：基于二叉树，用长期债券和短期债券的组合能够复制出其他衍生品的价值。这种交易策略在二叉树的每个节点都需要重新计算。组合在 0 时刻的价值等于衍生品的价值。
4. 自融资策略：动态的复制策略能够"自给自足"，从这个层面来说，这种复制策略并不需要其他额外的资本。
5. 多步二叉树（多期二叉树）：我们运用一种特别的方式去构建这样的二叉树，首先对未来利率进行预测，预测过程中考虑利率是围绕其期望值对称地上下波动的，通过这样的方式可构建出简单的重合二叉树。
6. 风险中性概率计算：运用当前利率期限结构来计算风险中性概率，再利用短期债券和长期债券，以递归的方法就能求得未来每一时期的风险中性概率。而这一概率可以运用于计算任何利率衍生品的价格。
7. 即期利率久期：描述的是利率证券对于即期利率变化的敏感程度。计算的关键在于估计价格对利率的一阶导数（两个节点的价格之差除以两个节点对应的即期利率之差），这也是度量债券风险的方法之一。

练习

1. 基于短期利率的历史数据进行如下回归预测分析：

$$r_{t+dt} = \alpha + \beta r_t + u_{t+dt}$$

假定由回归结果得到的参数建立如表 10-16 的利率二叉树，其中利率上升和下降的概率相等。为简单起见，假定时间间隔为 1 年，即 $\Delta = 1$，给出在 $i = 2$ 到期的零息债券的当前价格为 $Z_0(2) = 0.9$，试求：

(1) 计算 $Z_{1,d}(2)$、$Z_{1,u}(2)$，并画出这只 2 年期零息债券（在 $i = 2$ 到期）价格的二叉树路径。

(2) 运用(1)的计算结果计算体现在当前 2 年期零息债券价格 $Z_0(2)$ 中的风险市场价格 λ。

(3) 一份期限为 1 年的看涨期权，标的为 1 单位 1 年期零息债券，执行价格 $K = 95$。
①期权面临的市场风险价格 λ 是多少？为什么？
②根据(1)的结果计算出期权的价格。
③运用风险中性方法检验你的计算结果。

(4) 假定你所计算得到的风险中性概率在长期保持不变，计算行权时间为 2 年后、标的为 1 年期零息债券、执行价格为 $K = 96$ 的欧式期权的价格。

(5) 建立一个组合用以复制(4)中的期权支付，并检验在各状态下的复制情况，你是否发现什么？

表 10-16 利率二叉树

$i = 0$	$i = 1$	$i = 2$
		$r_{2,uu} = 0.1$
	$r_{1,u} = 0.07$	
$r_0 = 0.04$		$r_{2,ud} = 0.05$
		$r_{2,du}$
	$r_{1,d} = 0.03$	
		$r_{2,dd} = 0.02$

2. 如表 10-17 所示的利率二叉树，假定时间间隔为 1 年，表中所有利率皆为连续复利。现在你得到了关于利率二叉树风险中性概率及真实风险中性概率分布的两组信息，但只有其中一组是准确的（参见表 10-18），第一组是：风险中性概率为 70%，真实风险中性概率为 30%；第二组是风险中性概率为 30%，真实风险中性概率为 70%。你不清楚哪一组是正确的。你清楚 2 年期零息债券的价格为 $Z(0, 2) = 91.31$，试求：

表 10-17 利率二叉树

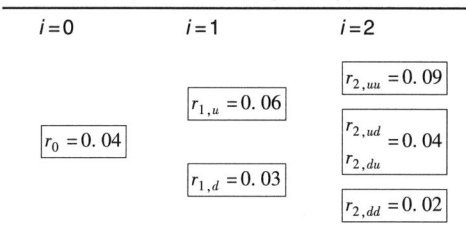

表 10-18 风险中性概率及风险中性真实概率

	风险中性概率	风险中性真实概率 p
Case 1	0.7	0.3
Case 2	0.3	0.7

(1) 基于以上信息计算利率上升的风险中性概率,并画出 3 年期零息债券的利率二叉树。

(2) 当前一位投资者打算购买 2 年期零息债券($i=0$),他所预期的投资该证券一年后的回报是多少?如果一位投资者打算在当前购买 3 年期零息债券($i=0$),他所预期的投资该证券一年后的回报是多少?

(3) 宽幅证券(range bond)是一种结构化证券,相关描述如下:它类似于标准息票证券,但仅仅在满足规定条件的时间 t 支付息票利息。这些支付息票利息的时间 t 需要满足在 $t-1$ 时相关参考利率在给定范围内,否则将不支付利息(但在将来如果满足条件,在将来也会支付息票利息)。无论息票的支付情况如何,本金的支付都发生在到期时点 T。下面考虑一个 3 年期的宽幅证券,息票利息为每年 10 美元,在 t 时刻支付息票利息的条件是:在 $t-1$ 时利率(连续复利)介于 0.025~0.05 之间。试求:

① 计算宽幅证券在 0 时刻的价值。

② 现在你正在对这只证券进行长期风险分析,画出在 $i=2$ 时该证券价值的柱状图,并计算出 9% 风险价值水平(value at risk, VaR)。为简单起见,在计算过程中仅需用到该证券 $i=2$ 时的价值以及 $i=0$ 的价值,而不用考虑息票的支付情况。

③ 你可以通过使用表中的 p 或者 q 计算出 9% 风险价值水平,请说明你应当使用哪一个,并谈谈如果使用错误将会造成怎样的结果。

④ 相比常规的证券,这种宽幅证券的优势在何处?请分析为什么这种债券在 1993 年时广受欢迎?

3. **建立多步利率二叉树**。运用季度 LIBOR 历史数据(数据资料可在英国银行协会网址:www.bba.org.uk 上查询),建立回归方程:

$$r_{t+1} = \alpha + \beta r_t + \varepsilon_{t+1}$$

其中 $\varepsilon_t \sim \mathcal{N}(0, \sigma^2)$,试求:

(1) 运用回归所得到的参数 α、β,计算远期利率的估计值 $m_{t+i} = E[r_{today+i}]$(参见第 7 章)。

(2) 仿照 10.4 节相关内容,使用回归得出的 σ 建立利率二叉树。

(3) 使用相同时间段的互换利率数据,画出零息债券的收益率曲线。为简单起见,假定互换合约中,固定利息和浮动利息均以季度为单位进行支付。(互换利率数据可在美联储网址 www.federalreserve.gov/Releases/h15/data.htm 上查询)。

(4) 计算出风险中性概率。你能确保风险中性概率介于 0 和 1 之间吗?如果不是,试着增加波动率 σ 进而调整这一二叉树模型。

(5) 计算出预期风险中性利率,并与(1)中的预测利率进行比较,谈一谈其中的区别所在。

第 11 章 风险中性树与衍生品定价

第 10 章中构造二叉树的方法有一些缺陷。比如，从利率期限结构中得到的概率 p_i^* 并不能保证它在 0~1 之间。为了确保概率 p_i^* 落在它的自然边界上，有时不得不适当减少步长，这是一个非常难处理的过程。

为了克服这些问题，行业的研究已经转向另一个不同的策略，即不参考任何真实利率来构建风险中性树。在本章，我们会讨论两种常用的风险中性树构造方法，在这些方法中，风险中性概率都设置为 $p^* = \dfrac{1}{2}$，并且树的节点是根据利率证券价格变化来选择的。此外，在本章中，我们还将对二叉树方法进行扩展，使其能为更多的利率证券进行定价，从附息债券到标准的衍生品，如利率上限、利率下限和互换期权等。

11.1 风险中性树

在这一部分，我们将讨论两种广泛用于对利率衍生证券进行定价和对冲的利率模型。

11.1.1 Ho-lee 模型

Ho-lee 模型是能完全拟合利率期限结构的模型中最简单的模型之一，我们在第 10 章 10.4 节中学习了相关的利率模型，模型的设定如下，首先，确定一个时间步长，比如 $\Delta = 0.5$，$r_{i,j}$ 为节点 j 在步长 i 和 $i+1$ 之间的连续复利利率。于是对于每一个 (i,j)，Ho-lee 模型假设：

$$r_{i+1,j} = r_{i,j} + \theta_i \times \Delta + \sigma \times \sqrt{\Delta} \quad \text{其中风险中性概率 } p^* = \frac{1}{2} \tag{11-1}$$

$$r_{i+1,j+1} = r_{i,j} + \theta_i \times \Delta - \sigma \times \sqrt{\Delta} \quad \text{其中风险中性概率 } p^* = \frac{1}{2} \tag{11-2}$$

在第 10 章里，二叉树中一个向上运动是通过节点 i 保持不变，同时在节点 j 中增加一个向下的运动来刻画的，就像我们在第 10 章中看到的一样，二叉树是重合性的。

在式 (11-1) 和式 (11-2) 中出现的 θ_i，$i = 0, 1, \cdots$，是什么？这些 θ_i 是为了更好地拟合当前的利率期限结构而自由选择的参数。θ_i 中 i 的不同值代表二叉树不同的节点，但是风险中性概率 p^* 始终是相同的，就像在第 10 章 10.4 节对风险中性概率的处理一样，我们选择 θ_0 来给到期期限 $i = 2$ 的债券进行定价 (到期期限 $i = 1$ 的债券，它的价格只依赖于 r_0。因此，$r_{1,0}$ 和 $r_{1,1}$ 的位置是独立的) 我们选择 θ_1 来给到期期限 $i = 3$ 的债券进行定价，依次类推。我们会用一个例子来说明这个假设，重新表述一下多步二叉树。

$P_{i,j}(k)$ = 到期期限为 k 步的债券在节点 j 上 i 时刻的价格。

例 11-1

考虑 2002 年 1 月 8 日的利率期限结构,利率期限结构和零息债券已经在第 10 章的表 10-11 中给出。数据显示,在日期为 $k=1$ 时的零息债券的价格 $P_0(1) = 99.1338$,$r_0 = 1.74\%$,这是二叉树的根部,即起点。

θ_0:数据显示,在日期为 $k=2$ 的零息债券的价格 $P_0(2) = 97.8925$,现在我们选择 θ_0,因此二叉树应将 $P_0(2) = 97.8925$ 作为价格,根据式(11-1)和式(11-2),我们有:

$$r_{1,0} = 1.75\% + \theta_0 \times \Delta + \sigma \times \sqrt{\Delta} \quad \text{其中风险中性概率 } p^* = \frac{1}{2}$$

$$r_{1,1} = 1.75\% + \theta_i \times \Delta - \sigma \times \sqrt{\Delta} \quad \text{其中风险中性概率 } p^* = \frac{1}{2}$$

首先将 σ 定义为利率的波动率,$\sigma = 0.0173$,由数据给出(第 10 章);其次,我们选择 θ_0 使之满足下列等式

$$\underbrace{97.8925 = e^{-r_0 \times \Delta} \times \left(\frac{1}{2} \times e^{-r_{1,0} \times \Delta} + \frac{1}{2} \times e^{-r_{1,1} \times \Delta}\right) \times 100}$$

数据中的零息债券的价格 = 二叉树中的风险中性价格

给定 $r_0 = 1.73\%$ 和 $\sigma = 0.0173$,$r_{1,0}$ 和 $r_{1,1}$ 都只取决于 θ_0 的值,因此我们有一个一元一次方程,使用搜索算法(比如 Excel 中的单变量求解工具)可以得到 $\theta_0 = 1.5674\%$,有了 θ_0 的值,就可以计算出两个利率的值分别为 $r_{1,0} = 3.75\%$ 和 $r_{1,1} = 1.30\%$。

数据显示,在日期为 $k=3$ 时的零息债券的价格 $P_0(3) = 96.1462$,在前面的步中保持 θ_0 不变,我们再以试错法求解 θ_1,使得二叉树刚好能形成价格 $P_0(3) = 96.1462$。我们用不一样的方法,即二叉树本身来求解 θ_1,而不是用方程。具体做法是,假如有一个给定了 θ_1 的三步二叉树,如 $\theta_1 = 0$,这个模型产生的债券价值和我们需要的会不一样,但是,我们可以不断地调整 θ_1,直到我们找到了债券的真正价值。表 11-1 给出了结果:左边是当 $\theta_1 = 0$ 时的利率树和债券价值,而表的右边,则是当 θ_1 与到期日期 $k=3$ 的债券价格相匹配时的利率树和债券价值,比较两棵树我们可以发现,右边的节点 $r_{2,0}$、$r_{2,1}$ 和 $r_{2,2}$ 高于左边相对应的节点。那是因为,θ_1 应该取大于零的数,才能与利率的期限结构相匹配。

表 11-1 步数 $k=3$ 的同一债券的二叉网

	相匹配的价格 96.1462				最优的 $\theta_1 = 0.021824$		
	$\theta_1 = 0$						
利率树				利率树			
1.74%	3.75%	4.97%		1.74%	3.75%	6.06%	
	1.30%	2.52%			1.30%	3.61%	
		0.08%				1.17%	
零息债券的价格				零息债券的价格			
96.6722	96.3241	97.5455	100	96.1462	95.8000	97.0147	100
	98.7098	98.7461	100		98.1727	98.2088	100
		99.9614	100			99.4175	100
			100				100

继续以这种方式，我们在表 11-2 获得风险中性树。这样的风险中性树完全匹配利率期限结构。

表 11-2　Ho-Lee 风险中性树

时间 T	0	0.5	1	1.5	2	2.5	3	3.5	4	4.5	5
时期 i	0	1	2	3	4	5	6	7	8	9	10
$\theta_i(\times 100)$		1.5675	2.1824	1.4374	1.7324	0.7873	0.0423	-0.0628	0.4322	0.9271	0.1202
j											
0	1.74	3.75	6.06	8.00	10.09	11.71	12.95	14.15	15.59	17.27	18.56
1		1.30	3.61	5.56	7.65	9.26	10.51	11.70	13.14	14.83	16.11
2			1.17	3.11	5.20	6.82	8.06	9.25	10.69	12.38	13.66
3				0.66	2.75	4.37	5.61	6.81	8.25	9.93	11.22
4					0.31	1.92	3.17	4.36	5.80	7.49	8.77
5						-0.52	0.72	1.91	3.35	5.04	6.32
6							-1.73	-0.53	0.91	2.59	3.88
7								-2.98	-1.54	0.15	1.43
8									-3.99	-2.30	-1.02
9										-4.75	-3.46
10											-5.91

11.1.2　简化的 BDT 模型

第 10 章以及 11.1.1 节所介绍的二叉树模型都有一个主要的缺陷，即模型允许有负利率。这一节，我们将对模型做出改进以解决这个问题。模型假设如下：对于每个时刻/节点(i, j)，定义变量

$$z_{i,j} = \ln(r_{i,j})$$

模型假设的因子 $z_{i,j}$ 遵循如下过程

$$z_{i+1,j} = z_{i,j} + \theta_i \times \Delta + \sigma \times \sqrt{\Delta} \quad \text{其中风险中性概率} \ p^* = \frac{1}{2} \tag{11-3}$$

$$z_{i+1,j+1} = z_{i,j} + \theta_i \times \Delta - \sigma \times \sqrt{\Delta} \quad \text{其中风险中性概率} \ p^* = \frac{1}{2} \tag{11-4}$$

这和 Ho-lee 模型中的式(11-1)和式(11-2)是一样的，只是取了对数。模型假设了一个对利率取对数的随机变量 $z_{i,j}$，$z_{i,j}$ 可以是负数，而利率由下式给出

$$r_{i,j} = e^{z_{i,j}} \tag{11-5}$$

故 $z_{i,j}$ 总是正的。

和 Ho-Lee 模型一样，常量 $\theta_i(i = 0, 1, \cdots,)$ 由拟合利率期限结构的需要而决定，这是一个通用模型的一个特例，在 11.3 节会更深入地介绍 BDT 模型，σ 同样依赖时间步长 i。为了避免混淆，更简单的 BDT 模型版本是指简化的 BDT 模型(Simple Black, Derman and Toy, BDT)。

下面的例子，说明了简化的 BDT 模型在同一个债券集合中(例 11-1)的运用方法。

☞ **例 11-2**

拟合利率期限结构的策略和 Ho-lee 模型一样，即我们先用试错法寻找 θ_0 使它满足到期期限 $k = 2$

的债券的价格，然后去寻找 θ_1 使它满足到期期限 $k=3$ 的债券的价格，依次类推。为了不重复过程的细节，它们与例 11-1 所述一致，表 11-3 是为风险中性树。需要注意的重要细节是，我们为模型选取的 σ 与 Ho-Lee 模型不同，这里的 σ 是利率取对数之后的波动率 $z_i = \log(r_i)$。所以，必须用利率取对数之后的序列进行估计。分别对 1961 年 12 月到 2001 年 12 月的月度利率取对数，就能计算出波动率的值(年化)等于 $\sigma = 21.42\%$。

表 11-3 简化的 BDT 模型的风险中性树

时间 T	0	0.5	1	1.5	2	2.5	3	3.5	4	4.5	5
时期 i	0	1	2	3	4	5	6	7	8	9	10
θ_i (×100)		71.82	69.16	33.48	33.79	11.82	-2.30	-4.38	4.55	12.81	-1.26
j											
0	1.74	2.90	4.77	6.56	9.03	11.15	12.83	14.60	17.38	21.56	24.93
1		2.14	3.52	4.84	6.67	8.24	9.47	10.78	12.84	15.92	18.41
2			2.60	3.58	4.93	6.08	7.00	7.97	9.48	11.76	13.60
3				2.64	3.64	4.49	5.17	5.88	7.00	8.69	10.05
4					2.69	3.32	3.82	4.35	5.17	6.42	7.42
5						2.45	2.82	3.21	3.82	4.74	5.48
6							2.08	2.37	2.82	3.50	4.05
7								1.75	2.09	2.59	2.99
8									1.54	1.91	2.21
9										1.41	1.63
10											1.21

11.1.3 两个模型的比较

通过二叉树的构建(θ_i 的选择)，前几节讨论的两个模型都能拟合 2002 年 1 月 8 日的利率期限结构。但是，两个模型在远期利率的隐含风险中性概率的分布上，却有显著的差异。为了解释这种差异，图 11-1 列出了基于这两种模型得到的，5 年期($i=10$) 利率的(平滑)风险中性概率分布，可以看到其间的差异是明显的：

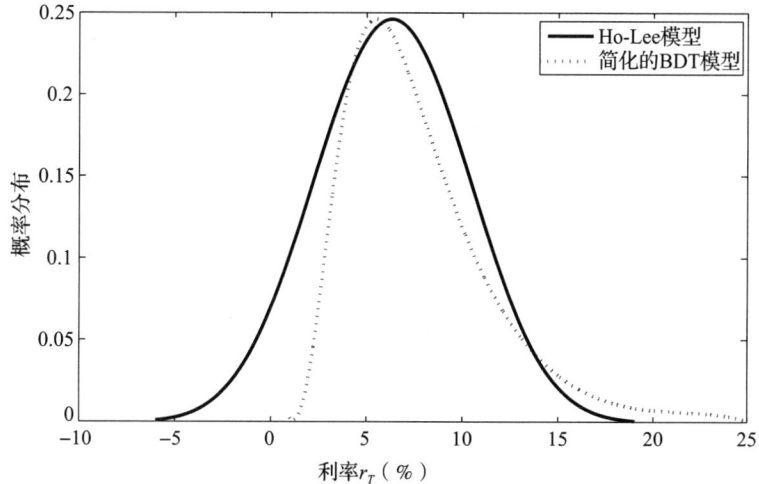

图 11-1 5 年期利率的风险中性分布

1. Ho-lee 模型中允许负利率的概率非零，且高利率的概率也比较小。
2. 简化的 BDT 模型中，利率低于 1% 的概率实际上为零，且给高利率分配了更高的概率。

实际上，两个模型隐含的概率分布类型是不同的：Ho-Lee 模型生成的是一个钟形，对称分布的远期利率，看起来是一个正态分布；相比之下，简化的 BDT 模型生成的是一个非对称，往右偏的利率分布，看起来是个对数正态分布。事实上，随着时间步长 Δ 趋于零，Ho-Lee 模型会趋近于正态分布，而简化的 BDT 模型则会趋近于对数分布（见第 14 章）。

幸运的是，这些差异对债券的定价并不重要，因为两个模型都较好地拟合了利率期限结构。但是，这些差异对那些有非对称支付结构的债券会产生重大影响，如期权。举个简单的例子，第 10 章 10.5 节讨论的结构化零息债券，用 Ho-lee 模型或者简化的 BDT 模型时，会计算出明显不同的价格。回顾 10.5 节所讨论的结构化零息债券的收支情况：

$$\text{结构化零息债券在 } T \text{ 时的收支} = \max(11 \times 100 \times r_T, 94)$$

用表 10-14 所使用的方法，我们得到：

$$\text{结构化债券的价格：Ho-Lee} = 80.064\,5 \text{ 美元}$$
$$\text{结构化债券的价格：简化的 BDT} = 78.913\,5 \text{ 美元}$$

简化的 BDT 模型中更低的价格强调了二者的差异：尽管风险中性的正偏态分布 BDT 模型意味着更高的风险中性预期收益，但模型隐含的利率越高，同时意味着需要使用更高的贴现率对现金流进行折现，而更高的折现效应超过预期收益高出的部分，因此，其价格更低。

11.1.4 风险中性树和远期利率

从多个方面理解隐含风险中性树，常常是很有诱惑力的。比如，表中简化的 BDT 模型意味着，当前利率为 $r_0 = 1.74\%$，远期利率只会上升。事实上，$r_{1,u}$ 和 $r_{1,d}$ 都比当前的利率高。虽然，这只是一个特例，但我们务必随时记住风险中性树究竟意味着什么。这棵树的唯一目的，是基于无套利原理计算利率证券的价格。通过模型拟合得到的表 11-3 表明利率只能上升，这个结果与真实世界里远期利率预期之间毫无关系。我们必须随时提醒自己，正如在第 10 章讨论过的，风险中性树中嵌入了风险规避型投资者的风险预期，而不仅只是利率本身。在这个模型中，风险规避是嵌入在 θ_i 值上的。比如，低风险规避意味着更低的 θ_i，这时的风险中性树看上去就会"更好"或者与实际利率更接近一些。

但是，话又说回来，表 11-3 所示的简化的 BDT 模型拟合情况也暴露了该模型的缺点，那就是这个模型没有给低利率足够的风险中性概率密度。相反，表 11-2 的 Ho-Lee 模型，则允许将更多的风险中性概率分配给低利率甚至是负利率。衍生品的价格对利率分布的差异非常敏感。简化的 BDT 模型和接下来讨论的复杂的 BDT 模型一样，在低利率环境下的表现不是很好，如 2013 年和 2008 年。原因是，为了拟合利率期限结构中利率的下降，这些模型对进一步的利率下降给出的概率为零，如表 11-3 所示，不允许出现负利率这个性质，也使得计算期权的价格面临严重的困难，这是接下来所要讨论的。

11.2 风险中性树的使用

在这一节，我们将介绍用风险中性树给其他利率证券定价，比如利率上限、利率下限、互换、互换期权。首先，我们必须学会如何将期间现金流纳入利率树进行计算。

11.2.1 期间现金流

给定一个利率树,我们可以插入任何类型的已知现金流。具体做法是,在任意节点(i, j)上,我们只需要加入$i+1$期的价值和现金流,并将其贴现即可。

$$P_{i,j} = e^{-r_{i,j} \times \Delta} \times \left(\frac{1}{2} P_{i+1,j} + \frac{1}{2} P_{i+1,j+1} + CF(i+1) \right) \quad (11\text{-}6)$$

其中$CF(i+1)$是$i+1$期时支付的现金流。

例 11-3

考虑一只在 2002 年 1 月 8 日发行,1.5 年期,票息为 3% 的债券的价格。我们使用 11.1.2 节简化的 BDT 模型拟合出来的利率值,即表 11-4 中的利率树来计算附息债券的价格。每一步,将下一期的现金流$CF(i+1) = 1.5 \left(= 3\% \times \frac{100}{2} \right)$加到价格中,通过式(11-6)得到现值。所以,如果利率上升两次($r_{2,uu} = 4.77\%$),债券的价值等于下一期的债券价值(也就是等于 100)加上下一期收到的利息(等于 1.5)的现值。现值是$P_{2,uu} = 99.109\,4$美元。利率树上的价格是扣除息票利息后的价格,也就是恰好在利息支付之后的价格。

表 11-4　期限 $k=3$ 的附息债券树

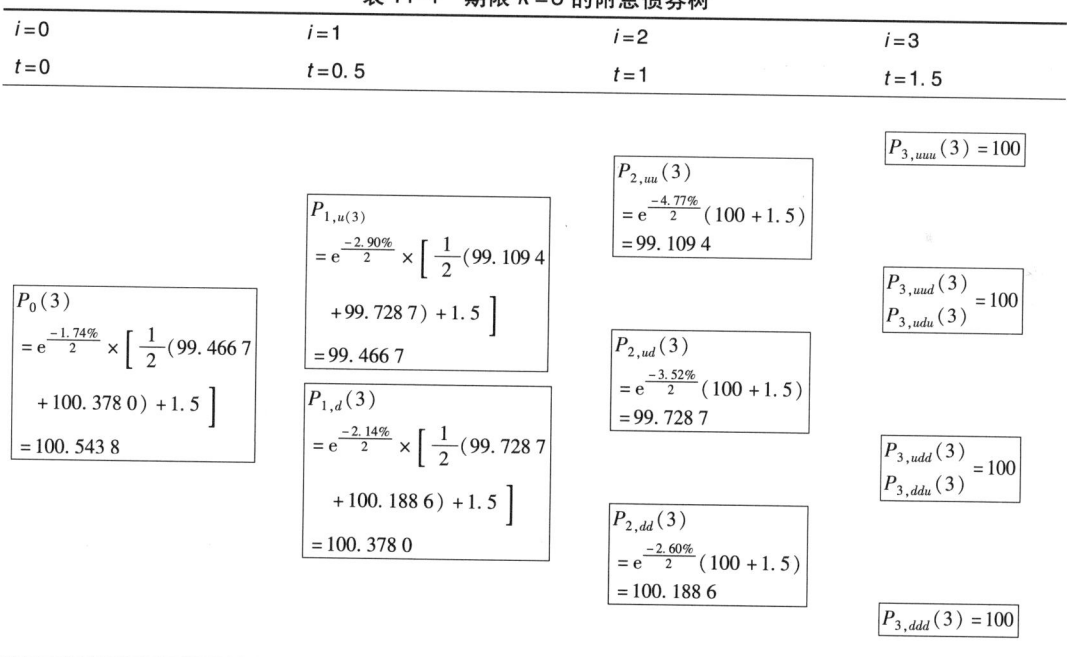

11.2.2 利率上限和利率下限

期限为T,执行价格为r_K,名义本金为N的利率上限协议是这样一种合约,按如下公式在商定的日期$T_1, T_2, \cdots, T_m = T$支付一系列的现金流。

$$CF(T_i) = \Delta \times N \times \max(r_n(T_i - \Delta) - r_K, 0) \quad (11\text{-}7)$$

其中n是每年支付的次数($n=2$),$\Delta = \frac{1}{n} = T_i - T_{i-1}$是两次相邻支付的时间间隔。$r_n(T)$是

付息频率为 n 的参考浮动利率，如 6 个月期国债利率或者 LIBOR。[⊖]每个独立的支付称之为上限支付额或帽额（caplet），注意现金流的支付时间（时刻 T_i）和决定这次现金流多少所使用的利率的选定时间（时刻 $T_i - \Delta$）之间，是不同的。换句话说，时刻 T_{i-1} 的利率决定了时刻 T_i 的现金流。

利率上限是非常受欢迎的利率证券，它为利率上升到 r_K 以上的情况提供了保险，并且经常与浮动利率挂钩，因此锁定了债券发行人支付的最高利息或上限利息。正如在下面的例子中看到的，某购房者以可调整利率贷款融资时，他们极有可能同时也购买（显性或隐含地）了一份利率上限期权，因为这些浮动利率抵押贷款通常会有一个这样的条款：规定了抵押贷款利率不会超过一个给定的最大值。

相反，简单的利率下限是支付如下一系列现金流的证券：

$$CF(T_i) = \Delta \times N \times \max(r_K - r_n(T_i - \Delta), 0) \quad (11\text{-}8)$$

这种情况下，是为利率下跌提供了保险。借款者喜欢为应对利率上涨而购买保险，而贷款者则喜欢为应对利率下跌而买保险。例如，一些可调整利率的抵押贷款也可约定一个最低利率，这个利率叫作利率下限。

用利率树为利率上限和利率下限证券定价很简单，因为现金流由利率树本身决定。唯一的麻烦是现金流的决定（$T_i - \Delta$）和支付 T_i 的时间差异。为了方便，假设节点 (i,j) 的现金流 $CF_{i,j}(k)$ 由浮动利率 $r_{i,j}$ 决定，但是在时刻 k 支付（$k > i$）。根据合约的条款，如果利率树的步长等于 $\Delta = \frac{1}{n}$，则 $k = i + 1$。也就是说，当我们为利率上限定价时，必须记住虽然现金流由 $r_{i,j}$ 决定，但是不在节点 (i,j) 支付，而是在 $i+1$ 时刻支付，并且与 $i+1$ 时刻的利率升降无关。

具体地，假设利率树的步长等于 $\Delta = \frac{1}{n}$，则由 $r_{i,j}$ 决定的现金流为

$$CF_{i,j}(i+1) = \Delta \times N \times \max(r_n(i,j) - r_K, 0) \quad (11\text{-}9)$$

其中：

$$r_n(i,j) = n \times e^{r_{i,j} \times \Delta} - 1 \quad (11\text{-}10)$$

即付息频率为 n 的相对应的利率。有了这些现金流，我们沿着利率树向后递推，就可以得到利率上限的价值。这样的话，我们有

$$V_{i,j} = k \text{ 时刻}(k > i) \text{ 所有的现金流在节点}(i,j) \text{ 的价值} \quad (11\text{-}11)$$

$$= e^{-r_{i,j} \times \Delta} \times \left(\frac{1}{2} V_{i+1,j} + \frac{1}{2} V_{i+1,j+1} + CF_{i,j}(i+1) \right) \quad (11\text{-}12)$$

下面的例子说明了具体的用法。

例 11-4

考虑在 2002 年 1 月 8 日发行的，1.5 年期，每半年付息一次（$n = 2$，$\Delta = 0.5$），执行价格为 $r_K = 2.5\%$ 的利率上限的价值。名义本金为 $N = 100$，我们使用表 11-3 中所示的简化的 BDT 风险中性树进行计算。过程分为两步：

1. **现金流树**。得到利率上限价格的第一步是构建现金流树。现金流树表示的是各个节点 (i,j) 的现金流（不支付）。由式（11-9），我们得到表 11-5 所示的现金流树。这张表的现金流树不仅显示了

[⊖] 为了简化符号，本章，我们缩减了参考利率的到期期限，例如定义 $r_n(T) = r_n(T, T+\Delta)$。

现金流的时间信息，也反映了支付的时间(一个周期后)。例如，如果利率上升两次到 $r_{2,uu} = 4.77\%$。由式(11-10)可知，相对应的半年期利率为 $r_2(2, uu) = 2 \times (e^{\frac{4.77\%}{2}} - 1) = 4.82\%$。因此，节点(2，$uu$)决定的现金流为 $C_{2,uu}(3) = \frac{100}{2} \times \max(4.82\% - 2.5\%, 0) = 1.162$。注意，现金流树表明，这个现金流不在(2，$uu$)时支付，而是在 $i = 3$ 时支付的。

表 11-5　1.5 年期利率上限的现金流树

$i=0$	$i=1$	$i=2$	$i=3$
$t=0$	$t=0.5$	$t=1$	$t=1.5$
$r_0 = 1.74\%$ $r_2(0) = 1.75\%$ $CF_0(1) = 0$	$r_{1,u} = 2.90\%$ $r_2(1, u) = 2.92\%$ $CF_{1,u}(2) = 0.210$	$r_{2,uu} = 4.77\%$ $r_2(2, uu) = 4.82\%$ $CF_{2,uu}(3) = 1.162$	→此时支付
		$r_{2,ud} = 3.52\%$ $r_2(2, ud) = 3.55\%$ $CF_{2,ud}(3) = 0.526$	→此时支付
	$r_{1,d} = 2.14\%$ $r_2(1, d) = 2.15\%$ $CF_{1,d}(2) = 0$	$r_{2,dd} = 2.60\%$ $r_2(2, dd) = 2.62\%$ $CF_{2,dd}(3) = 0.059$	→此时支付

2. 利率上限价值树。有了现金流树，我们可以用式(11-12)的向后递推法来计算利率上限的价值，结果如表 11-6 所示。我们得到利率上限在 $i = 0$ 时刻的价值为 $V_0 = 0.647$ 美元。

表 11-6　1.5 年期利率上限的价值树

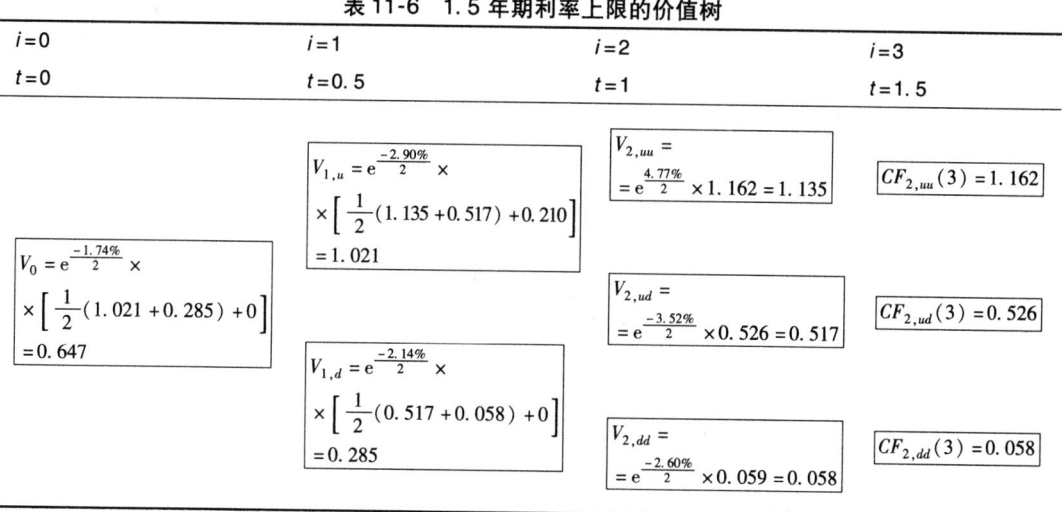

这种方法可以推广到任意期限或者更频繁的付息频率。表 11-7 提供了一份 5 年期、每半年支付一次、执行价格为 2.5% 的利率上限。表 11-7A 部分报告了现金流树(节点的现金流信息)，B 部分报告了价值树。注意，表中显示的时间只到第 9 期($i = 9$)，因为第 9 期的现金流，也就是最后一次的现金流，事实上是在第 10 期，即 5 年后支付。

表 11-7　5 年期的利率上限

A：现金流树

时期 i \ 节点 j	0	1	2	3	4	5	6	7	8	9
0	0.00	0.21	1.16	2.08	3.37	4.48	5.37	6.32	7.83	10.13
1		0.00	0.53	1.20	2.14	2.95	3.60	4.29	5.38	7.04
2			0.06	0.55	1.25	1.84	2.31	2.81	3.61	4.81
3				0.08	0.59	1.02	1.37	1.74	2.31	3.19
4					0.10	0.42	0.68	0.95	1.37	2.01
5						0.00	0.17	0.37	0.68	1.15
6							0.00	0.00	0.17	0.52
7								0.00	0.00	0.05
8									0.00	0.00
9										0.00

B：价值树

时期 i \ 节点 j	0	1	2	3	4	5	6	7	8	9
0	9.44	12.19	15.10	17.35	18.93	19.44	18.89	17.29	14.33	9.10
1		6.86	9.21	11.25	12.76	13.42	13.25	12.25	10.22	6.50
2			4.64	6.45	7.89	8.68	8.82	8.33	7.06	4.53
3				2.84	4.13	5.00	5.40	5.32	4.65	3.05
4					1.46	2.24	2.79	3.03	2.83	1.95
5						0.52	0.92	1.30	1.47	1.12
6							0.12	0.23	0.44	0.51
7								0.01	0.03	0.05
8									0.00	0.00
9										0.00

11.2.3 互换

记得我们在第 5 章 5.4 节讨论了利率互换。这种利率证券的价值可以简单地从贴现因子 $Z(0, T)$ 求得。然而，过去 20 年，基于利率互换的利率证券迅猛发展，而理解利率互换的价值在利率树上的动态变化是计算这类利率衍生品价值的有力工具。现在，我们用风险中性树的方法来计算利率互换的价值。在这些利率互换中，我们将介绍一个很流行的利率衍生品——互换期权。

一个简单互换的现金流为

$$CF(T_i) = \Delta \times N \times (r_n(T_i - \Delta) - c) \tag{11-13}$$

其中 n 表示每年支付的次数（如 $n=2$），$\Delta = \dfrac{1}{n}$ 是两次支付的时间差，c 是互换利率，$r_n(T)$ 是参考浮动利率的利率，比如付息频率为 n 的 LIBOR，利率互换的定价方法和前面讨论的利率上限的定价方法是一样的。简而言之，遵循下面两个步骤：

1. 计算现金流树。

$$CF_{i,j}(i+1) = \Delta \times N \times (r_n(i,j) - c) \tag{11-14}$$

其中 $r_n(i, j) = n \times (e^{r_{i,j} \times \Delta} - 1)$。

2. 沿着树逐步向后递推，计算互换的价值，即未来现金流的风险中性期望值的现值：

$$V_{i,j}(k, c) = e^{-r_{i,j} \times \Delta} \times \left(\frac{1}{2} V_{i+1,j}(k, c) + \frac{1}{2} V_{i+1,j+1}(k, c) + CF_{i,j}(i+1) \right)$$

即
$$V_{i,j}(k,c) = \text{期限为} k, \text{互换利率为} c \text{的互换在节点}(i,j)\text{的价值} \quad (11\text{-}15)$$
下面的例子介绍了这种方法。

例 11-5

考虑一只 2002 年 1 月 8 日发行的 5 年期、固定利率换浮动利率的互换证券。这个互换基于 6 个月国债利率并且每半年支付一次利息。㊀ 由第 5 章的式(5-43)可知，互换利率为

$$c = \frac{1}{2} \times \frac{1 - Z(0,10)}{\sum_{i=1}^{10} Z(0,i)} = 4.49\% \quad (11\text{-}16)$$

回想一下，这个互换利率能确保利率互换合约在起始时刻的价值为零。给定由表 11-3 所示的简化的 BDT 树，我们可以得到现金流树和互换价值树，这两棵树分别表示在了表 11-8 中。在表 11-8 的 B 部分，令人欣慰的事实是，在互换价值树的起点 $V_0 = 0$，正如互换利率 c 所定义的，这并不惊讶，因为给利率互换定价的这棵树已经被零息债券校准了。我们已经确认了这种方法是有效的，因为，它能正确地给利率互换定价。

表 11-8　5 年期的利率互换树

A：现金流树										
时期 i / 节点 j	0	1	2	3	4	5	6	7	8	9
0	-1.37	-0.78	0.17	1.09	2.38	3.49	4.38	5.33	6.83	9.14
1		-1.17	-0.47	0.21	1.15	1.96	2.61	3.30	4.39	6.04
2			-0.93	-0.44	0.25	0.84	1.32	1.82	2.61	3.81
3				-0.91	-0.41	0.03	0.37	0.74	1.32	2.20
4					-0.89	-0.57	-0.32	-0.05	0.38	1.02
5						-1.01	-0.82	-0.63	-0.31	0.15
6							-1.20	-1.05	-0.82	-0.48
7								-1.36	-1.20	-0.94
8									-1.47	-1.28
9										-1.54

B：互换价值树										
时期 i / 节点 j	0	1	2	3	4	5	6	7	8	9
0	0.00	4.27	8.18	11.38	13.86	15.22	15.50	14.72	12.58	8.20
1		-1.53	2.04	5.04	7.48	9.03	9.71	9.58	8.42	5.58
2			-2.79	0.05	2.44	4.14	5.18	5.58	5.21	3.60
3				-3.83	-1.47	0.36	1.67	2.51	2.77	2.10
4					-4.47	-2.54	-1.00	0.18	0.92	0.99
5						-4.74	-3.02	-1.58	-0.46	0.15
6							-4.55	-2.90	-1.50	-0.47
7								-3.89	-2.27	-0.93
8									-2.85	-1.27
9										-1.52

㊀ 正如第 5 章所讨论的，最受欢迎的利率互换的浮动利率和 LIBOR 有关。但是，作为场外合约，利率互换可以是大部分的浮动利率，包括短期国债利率、商业票据利率等。

11.2.4 互换期权

回想第6章6.2节，**互换期权**（swaption，也就是互换中的期权）是双方签订的利率合约，一方（期权合约的多头方）有权在约定的时刻 T 要求空头方签订一份事先约定好到期日为 $T^{swap} > T$、执行利率为 r_K 的利率互换合约，但多头方没有义务必须这样做。而当期权多头方行权时，另一方（期权的空头方）则有义务作为互换合约的缔约方。

下面是简单互换期权的两种最主要的形式。

1. 收方互换期权（receiver swaption）有权选择进行互换并且收到固定利率 r_K 。
2. 付方互换期权（payer swaption）：有权选择进行互换并且支付固定利率 r_K 。

和其他期权一样，互换期权也提供一种保险功能。对于期权买方来说，互换期权的保险作用是防止利率的变动。例如，有一家公司发行了浮动利率债券，一旦浮动利率上升，未来潜在的债务可能会很高，公司就必须支付大量的利息。一份执行利率为 r_K 的付方互换期权，为公司应对浮动利率上升也可起到保险的作用。如果浮动利率在到期日很高，公司就可以行权，买入一份固定利率换浮动利率的互换，这样的话，公司支付固定利率 r_K ，而收到浮动利率。在公司行权之后，将公司的负债就有效地转换成了固定利率债券，因为从互换中收到的浮动利率利息，正好可以用来对冲公司处理债务所需的浮动利率利息支付。

第二个例子，互换期权也是一种流行的对冲工具，特别是投资于可赎回证券的投资者，如可赎回债券、住房抵押贷款证券。⊖例如，投资于可赎回债券的投资者担心提前还款风险，即利率下跌的风险，债券的发行人会收回债券，投资者会过早地收回他们的资本。这样一来，投资者不仅不能收到任何利息，还会因为即期利率太低，投资机会恶化。因此，投资者无法将资本投资到和可赎回债券（被赎回）那样有吸引力的收益中去。为了对冲这种可能性，发行方将会买入一份执行利率（r_K）和可赎回债券起始利息很接近的收方期权。如果利率下降且债券被赎回，投资者可以行权，这样将收到固定利率 r_K 而不是浮动利率。投资者也很乐意浮动利率支付的互换，因为他们可以把从可赎回债券发行方收回来的资金投资到任何一种支付浮动利率的投资工具上，如货币市场。投资者依然可以收到固定利率 r_K 的资本回报率，就好像可赎回债券没有被赎回一样。

我们该怎样对互换期权的溢价进行估值？前面讨论的利率树的方法给出了答案。通过下面一个例子的讨论可以很方便地介绍这个方法。

👉 **例11-6**

考虑一份欧元的付方互换期权，到期时间为2年（$i=4$），在 $i=4$ 时签订一份3年期的互换合约，支付的固定利率 $r_K = 4.49\%$ 。这样的话互换的到期时间就是5年，即 $k=10$ 。

令 $c_{i,j}(k)$ 为互换在时刻 k ，节点 (i, j) 的互换利率。⊖那么，凭直觉，付方互换期权的买方当且仅当时刻 $i=4$ 的即期互换利率大于执行的互换利率 r_K 时才会行权，也就是当且仅当 $c_{4,j}(10) > r_K$ 时才行权。理由是，如果即期互换利率高，期权的持有者就有机会行权并且支付一个更低的利率 r_K 而不是即期互换利率 $c_{4,j}(10)$ 。反之，如果即期互换利率低，即 $c_{4,j}(10) < r_K$ ，则期权的持有者将会放弃行权并且买入一份支付即期互换利率（更低）的互换合约。

⊖ 事实上，美式互换是更加有效的对冲工具，这点我们会在12章介绍。
⊖ 注意，在二叉树当中，互换利率会随着时间而变化，就像短期利率一样。

所有这些听起来很复杂，正如所见，在我们解决互换期权价值的估值之前，必须先计算互换利率 $c_{i,j}(10)$ 的动态变化，同时也必须记住 $c_{i,j}(10)$ 的定义。回想一下，互换利率 $c_{i,j}(10)$ 是使互换合约的价值在 (i,j) 时刻为零的利率。也就是说，使用式(11-15)的符号，$c_{i,j}(10)$ 应该如下表述：

$$V_{i,j}(10, c_{i,j}(10)) = 0 \tag{11-17}$$

因此，如果在时刻 $i=4$，节点 j，即期市场的互换利率高于执行利率($c_{4,j}(10) > r_K$)，则执行利率为 r_K 的互换的价值应该大于零(式 11-17)表示的是执行利率为市场上的即期互换利率的互换价值)。即

$$c_{4,j}(10) > r_K \text{ 当且仅当 } V_{4,j}(10, r_K) > 0 \tag{11-18}$$

这个结论让我们很容易得到互换期权的价值。事实上，式(11-18)意味着在行权期 $i=4$ 时互换期权的价值为

$$\text{在时刻 } i = 4 \text{ 时,互换期权的收支为}: \max(V_{4,j}(10, r_K), 0) \tag{11-19}$$

在我们的例子中，$r_K = 4.49\%$，这和表 11-8 中互换树中所使用的互换利率是一样的。于是，$V_{4,j}(10, r_K)$（其中 $j=0, 1, \cdots, 4$）由表中的第 5 列给出。例如 $V_{4,0}(10, r_K) = 13.86$，$V_{4,1}(10, r_K) = 7.48$，依此类推。互换的收支为在节点 $j=0$，$j=1$，$j=2$ 相对应的互换的价值，否则为零。给定互换期权最终的支付，我们沿着树向后递推就可以得到 $i=0$ 时刻的价值。比如表 11-9 中的树，互换期权的价格为 3.41 美元。

表 11-9　2 年期的付方互换期权定价

j \ i	0	1	2	3	4
0	3.41	5.11	7.41	10.33	13.86
1		1.76	2.97	4.84	7.48
2			0.59	1.20	2.44
3				0.00	0.00
4					0.00

总结起来，例 11-6 介绍的二叉树中，给欧元互换期权定价的 3 个必要步骤为：
1. 计算标的互换的价值树，其中互换利率等于互换期权的执行利率 r_K。
2. 用式(11-19)计算互换期权的支付。
3. 用风险中性二叉树从支付中计算互换期权的价格。

11.3　隐含波动率和 BDT 模型

在前面给利率上限、利率下限和互换期权定价的例子中，我们在计算表 11-3 的利率树使用了经验波动率 σ。也就是，σ 是通过计算过去短期利率变化的标准差而得来的。给定 σ 的值，我们计算用来拟合利率期限结构的利率树。但是，这只是一个经验规律，这样的 σ 的值可能会显著低估利率上限、利率下限和互换期权的价格。也就是说，用历史波动率构建的二叉树会使得标准期权的估值偏低。

从利率上限、利率下限和互换期权的交易价格中直接计算波动率，而不是从过去的利率变化中计算，已经成为业内的标准做法。换句话说，σ 值是根据利率上限和下限的价格来确定的。而一旦 σ 值确定了，利率期限结构也就随之能拟合出来，这种方式测算的波动率叫作隐含波动率。

定义 11-1

利率的经验波动率(历史波动率)是利率变化的标准差,是从过去的利率变化中计算而来的。例如,在 11.1 节讨论的两个模型,经验波动率是:

$$\text{Ho-Lee 模型}: \sigma = (r_{t+\Delta} - r_t) \text{ 的标准差} \tag{11-20}$$

$$\text{简单 BDT 模型}: \sigma = (\ln(r_{t+\Delta}) - \ln(r_t)) \text{ 的标准差} \tag{11-21}$$

现在定义期权的隐含波动率。当利率上限的隐含波动率的定义清楚后,所有期权合约的隐含波动率的定义也都能类似给定。

定义 11-2

考虑一只衍生品,如期限为 T,执行利率为 r_K 的利率上限期权,令 $cap^{Data}(T, r_K)$ 为其即期价格。选择一个利率模型使得利率上限的价格等于 $cap^{Data}(T, r_K)$,那么其**隐含波动率**(implied volatility)就等于该利率模型中的标准差 σ。

我们用例子解释一下这个概念。一个重要的警告是:利率上限、利率下限和互换期权的市场数据是现成的,而隐含浮动利率为 LIBOR,而不是前几节所用的国债利率。因此,为了在利率期限结构和衍生品的价值之间保持一致,我们必须使利率树符合 LIBOR 所隐含的利率期限结构。例如,基于 LIBOR 的简单互换,我们使用互换利率所隐含的贴现率曲线(discount curve) $Z(0, T)$。(从互换利率推导出 $Z(0, T)$ 的方法在第 5 章 5.4 节介绍过了,第 6 章 6.5 节也讨论了用欧洲美元期货来推导 LIBOR 曲线。)

表 11-10 列出了互换利率 $c(0, T)$,隐含贴现因子 $Z(0, T)$ 和利率上限在 2004 年 11 月 1 日的情况。这张表所示的互换和利率上限为每季度支付 1 次。对每个利率上限期权来说,相对应的执行利率由相同到期期限的互换利率决定,此时的利率上限期权叫作平价利率上限期权。表 11-10 的最后两列分别列出了用简化的 BDT 模型和 Ho-Lee 利率树模型计算同一个利率上限期权的价格,两个模型拟合的都是第 3 列的贴现因子 $Z(0, T)$。

例如,有一只 1 年期的利率上限期权,数据显示它的价格为 $V^{data}(0, 1) = 0.1859$,执行利率 $r_K = c(0, 1) = 2.555\%$,使用的是简化的 BDT 模型,波动率采用的是经验波动率 $\sigma = 15.06\%$,得到的利率树,如表 11-11 的 A 部分所示。B 部分所示的是则 1 年期零息债券树,则模型求出的价格 $P^{model}(0, T) = 97.4834$,等于表 11-10 中零息债券的价格。表 11-11 中的 C 部分是包含了利率上限的现金流树,D 部分是利率上限的价值树。正如我们所见,上限期权的模型价格为 $V^{model}(0, 1) = 0.1520$ 美元,这显然低于数据计算出的相应的价格,即 $V^{data}(0, 1) = 0.1859$ 美元。

表 11-10 的最后两列给出了常数波动率条件下(简化的 BDT 模型的波动率 $\sigma = 15.06\%$,Ho-Lee 模型的波动率 $\sigma = 0.8326177\%$),简化的 BDT 模型和 Ho-Lee 模型对任意期限的实证研究结果。[⊖]可以看到,常数经验波动率的 BDT 模型和 Ho-Lee 模型,在各期限下的表现都不尽如人意。

表 11-10 有一个有趣的发现,Ho-Lee 模型似乎会高估短期利率上限的价格、低估长期利率上限的价格;而简单 BDT 模型则总是低估利率上限的价格。我们确实使用的是同一个数据来检验这两个模型,即用的都是从 1987~2004 年的 3 个月期 LIBOR,互换利率由表 11-10 的第 2

⊖ 正如 20 章所讨论的,利率上限、利率下限、互换期权的报价是用隐含波动率的报价法,隐含波动率从利率的 BDT 模型中求得,我们在第 20 章和 21 章会讨论这个问题。表 11-10 报告了美元价格,这些价格是根据原始的隐含波动率求得的。

列所示。两个模型的不同表现，是因为利率有不同的隐含概率(风险中性)分布，这在11.13节中已经讨论过。

表 11-10 互换利率和利率上限在 2004 年 11 月 1 日的价格

期限 T	互换利率 $c(0, T)(\%)$	贴现率 $Z(0, T)$	利率上限的价格		
			原始数据	简化的 BDT 模型	Ho-Lee 模型
0.25	2.180 0	99.458 0	—	—	—
0.50	2.317 7	98.851 0	0.045 6	0.040 0	0.068 9
0.75	2.442 0	98.189 9	0.105 9	0.094 8	0.151 2
1.00	2.555 0	97.483 4	0.185 9	0.152 0	0.234 9
1.25	2.658 6	96.738 5	0.288 7	0.210 6	0.336 6
1.50	2.754 6	95.959 8	0.415 7	0.303 8	0.445 7
1.75	2.845 1	95.150 3	0.566 2	0.398 4	0.567 0
2.00	2.932 0	94.310 9	0.736 4	0.498 2	0.705 0
2.25	3.016 7	93.441 7	0.920 1	0.606 2	0.848 5
2.50	3.099 1	92.545 6	1.112 9	0.722 9	1.000 8
2.75	3.178 4	91.626 8	1.312 6	0.858 6	1.157 9
3.00	3.254 0	90.689 9	1.519 4	0.996 1	1.325 2
3.25	3.325 4	89.739 7	1.735 2	1.138 6	1.491 1
3.50	3.393 0	88.777 8	1.959 8	1.283 8	1.664 3
3.75	3.457 7	87.805 0	2.191 6	1.434 4	1.841 5
4.00	3.520 0	86.821 2	2.428 8	1.588 9	2.024 7
4.25	3.580 5	85.826 3	2.669 1	1.754 2	2.212 9
4.50	3.639 3	84.821 8	2.911 7	1.920 8	2.400 7
4.75	3.696 2	83.810 2	3.156 2	2.095 4	2.594 6
5.00	3.751 0	82.793 8	3.402 9	2.270 6	2.788 9

资料来源：彭博。

表 11-11 基于 LIBOR 的利率树和 1 年期利率上限的价值

时间 t	0	0.25	0.5	0.75	1
时期 i	0	1	2	3	4
			A：利率树		
j					
0	2.17%	2.63%	3.10%	3.59%	
1		2.26%	2.67%	3.09%	
2			2.30%	2.66%	
3				2.29%	
			B：零息债券		
j					
0	97.483 4	97.866 9	98.402 3	99.106 4	100
1		98.162 3	98.624 1	99.230 8	100
2			98.815 3	99.338 0	100
3				99.430 3	100
4					100

	时间 t	0	0.25	0.5	0.75	1
	时期 i	0	1	2	3	4
			C：利率上限的现金流树			
	j					
	0	0.000 0	0.021 6	0.140 0	0.262 9	
	1		0.000 0	0.030 8	0.136 4	
	2			0.000 0	0.027 7	
	3				0.000 0	
			D：利率上限的价值树			
	j					
	0	0.152 0	0.243 4	0.335 3	0.260 6	
	1		0.062 2	0.111 4	0.135 3	
	2			0.013 7	0.027 5	
	3				0.000 0	

11.3.1 不变和远期的隐含波动率

前述模型都有一个问题，那就是波动率有可能是错的。毕竟利率的波动是随时间变化的，因此在计算中完全可能使用了错误的波动率。但是，更大的问题在于使用了一个 σ 值，根据其计算出的模型价格，在实践中压根就不存在或找不到。表 11-12 报告了随着时间使用不同的波动率水平估计的利率上限的价格。具体来看，第 2 列报告了样本中的利率上限的价格。接下来的 4 列是 4 种不同隐含波动率的简化的 BDT 模型计算出来的利率上限的价格，$\sigma = 0.188$，$0.299\,1$，$0.302\,77$，$0.285\,04$。每个波动率是通过如下方式来选择的：简化的 BDT 模型能准确地给某个到期期限的利率上限定价时的隐含波动率。例如，第一个波动率 $\sigma_{6\text{个月期}} = 0.299\,1$ 能准确地给 6 个月后到期的利率上限定价，这里的准确是指利率上限价格保持在某个区间的意思。第二个波动率 $\sigma_{1\text{-}yr}$ 是能准确给离到期日还有 1 年的利率上限定价时的波动率，依此类推。针对每个选择的 σ，利率树都必须重新进行调整（对 θ_i 的调整）以确保其符合零息债券的即期收益率曲线。

表中结果清晰地表明，即使常数波动率的简化的 BDT 模型能够准确给某一只利率上限定价，也不可能给不同期限的利率上限定价，对 Ho-Lee 模型来说也是如此。

表 11-12 的练习也解释了隐含波动率的含义。比如，$\sigma_{6\text{个月期}} = 0.188$ 是期限为 6 个月，执行利率 $r_K = 2.317\,7$（等于表 11-10 的互换利率）的利率上限的隐含波动率。类似地，$\sigma_{5\text{年期}} = 0.285\,04$ 是期限为 5 年，执行利率 $r_K = 3.751\,0$ 的利率上限的隐含波动率，依此类推。业内把这种类型的隐含波动率称之为不变波动率（flat volatility），因为它是用单一的数值来刻画给定利率上限价格的。这个词的意思是：对于某只特定的利率上限期权，未来任一时刻都可以用这个波动率来计算其价格。要注意的是，这种隐含波动率仅仅是用一个数字描述某只特定的利率上限价格时的一种习惯做法，实际上，从字面就能看出其间是矛盾的，这将在下一节展开进一步讨论。

定义 11-3

期限为 T，执行利率为 r_K 的利率上限的**不变隐含波动率**（implied flat volatility），是指能为利率上限准确定价时所使用的利率模型中所隐含的波动率水平 $\sigma(r_K, T)$。

从表 11-12 的数据可以发现一个有趣的事实，简化的 BDT 模型的隐含波动率随着时间的变化先增后减。例如，$\sigma_{6个月期} = 0.188$，但是期限为 1 年和 3 年时，波动率增加了。（$\sigma_{1年期} = 0.2291$，$\sigma_{3年期} = 0.30277$），接着又降至 $\sigma_{5年期} = 0.28504$。图 11-2 实线所示的是 2004 年 11 月 1 日，期限长达 10 年的利率上限的不变隐含波动率曲线。

表 11-12 利率上限的隐含波动率：简化的 BDT 模型和 Ho-Lee 模型

		简化的 BDT 模型				HO-LEE 模型			
		期限为 T(括号里的数字)的利率上限的隐含波动率 σ							
期限	数据	0.188 (T=0.5)	0.2291 (T=1)	0.30277 (T=3)	0.28504 (T=5)	0.00458 (T=0.5)	0.00584 (T=1)	0.01006 (T=3)	0.010997 (T=5)
0.50	0.0456	0.0456	0.0518	0.0628	0.0602	0.0456	0.0534	0.0796	0.0854
0.75	0.1059	0.1061	0.1184	0.1398	0.1347	0.1047	0.1204	0.1727	0.1843
1.00	0.1859	0.1674	0.1859	0.2262	0.2166	0.1644	0.1859	0.2723	0.2926
1.25	0.2887	0.2385	0.2715	0.3324	0.3178	0.2224	0.2601	0.3899	0.4187
1.50	0.4157	0.3374	0.3735	0.4542	0.4336	0.3105	0.3510	0.5128	0.5522
1.75	0.5662	0.4428	0.4958	0.5944	0.5710	0.4053	0.4544	0.6594	0.7094
2.00	0.7364	0.5583	0.6258	0.7492	0.7182	0.4988	0.5651	0.8076	0.8668
2.25	0.9201	0.6790	0.7648	0.9274	0.8884	0.5996	0.6811	0.9697	1.0353
2.50	1.1129	0.8154	0.9202	1.1118	1.0640	0.7077	0.8005	1.1441	1.2233
2.75	1.3126	0.9577	1.0819	1.3115	1.2559	0.8256	0.9297	1.3287	1.4213
3.00	1.5194	1.1156	1.2543	1.5194	1.4528	0.9508	1.0625	1.5194	1.6245
3.25	1.7352	1.2751	1.4373	1.7454	1.6709	1.0740	1.2044	1.7071	1.8265
3.50	1.9598	1.4442	1.6291	1.9749	1.8895	1.2010	1.3457	1.9021	2.0375
3.75	2.1916	1.6160	1.8252	2.2170	2.1200	1.3288	1.4905	2.1047	2.2501
4.00	2.4288	1.7959	2.0283	2.4643	2.3560	1.4606	1.6387	2.3170	2.4777
4.25	2.6691	1.9791	2.2418	2.7226	2.6078	1.5976	1.7885	2.5288	2.7025
4.50	2.9117	2.1717	2.4639	2.9931	2.8646	1.7361	1.9432	2.7433	2.9337
4.75	3.1562	2.3696	2.6889	3.2734	3.1329	1.8781	2.0986	2.9592	3.1670
5.00	3.4029	2.5712	2.9181	3.5562	3.4029	2.0193	2.2597	3.1818	3.4029

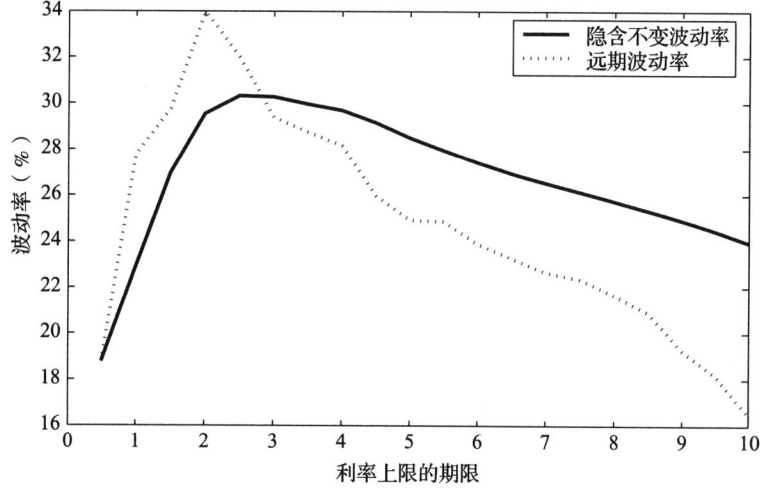

图 11-2 隐含不变波动率和远期波动率(2004 年 11 月 1 日)

11.3.2 远期波动率和 BDT 模型

期限为 T(比如 1 年),执行利率为 r_K(比如 2.442%)的利率上限的隐含波动率所使用的利率树,必须与当前的利率期限结构(互换利率)和这个特定的利率上限相匹配。但事实是,不同期限和执行利率需要不同的隐含波动率,而这与风险中性定价原理的逻辑是不一致的。回想第 9 章,风险中性定价源于用其他的利率证券来复制给定的利率证券(比如,用 2 年期的零息债券来复制 1 年期的零息债券)。不同的隐含波动率会生成不同的利率树,这意味着我们无法进行复制。例如,用 2 年期的利率上限来复制 1 年期的利率上限。按照理论,如果无法进行复制,就一定存在套利机会。这一切显然无法令人满意,因为我们希望有一个利率模型能够精确地拟合所有的零息债券和利率上限。让人高兴的是,完整的 BDT 模型正是这样的模型,其关键在于扩展来看的波动率 σ,让它能在不同时刻取不同的值,即 σ_i,其中 $i = 1, 2, 3, \cdots$ 可以取不同的值。

在式(11-3)和式(11-4)简化的 BDT 模型中,给 σ 简单地增加一个时间变量 i 出现一个问题:那就是利率树不再重合。事实上,利率的对数 $z_{i,j} = \log(r_{i,j})$ 先升后降与先降后升是不一样的。实际上,这很容易验证:

$$z_{2,ud} = z_0 + (\theta_0 + \theta_1) \times \Delta + (\sigma_1 - \sigma_2) \times \sqrt{\Delta}$$
$$z_{2,du} = z_0 + (\theta_0 + \theta_1) \times \Delta - (\sigma_1 - \sigma_2) \times \sqrt{\Delta}$$

这两个值显然是不等的,除非 $\sigma_1 = \sigma_2$。

BDT 模型继承了简化的 BDT 模型的精髓(我们把简化的 BDT 模型看作一个特例),但用了不同的方法构建利率树来解决简化的 BDT 模型存在的问题。下面介绍具体的步骤,首先,很容易从式(11-22)看到式(11-3)和式(11-4)所表示的简单模型。在这个模型中,假设对于每一个 i,我们都有:

$$z_{i,j+1} = z_{i,j} - 2 \times \sigma \times \sqrt{\Delta} \quad \text{其中} j = 0,1,\cdots,i-1 \tag{11-22}$$

简单地用式(11-3)减去式(11-4)并重新排列我们就可以得到式(11-22)。例如,由模型可知,第一步,$z_{1,u} = z_0 + \theta_0 \times \Delta + \sigma \sqrt{\Delta}$,$z_{1,d} = z_0 + \theta_0 \times \Delta - \sigma \times \sqrt{\Delta}$。取两者的差值,就可以得到 $z_{1,d} - z_{1,u} = -2 \times \sigma \times \sqrt{\Delta}$,即 $z_{1,d} = z_{1,u} - 2 \times \sigma \times \sqrt{\Delta}$。

式(11-22)表明,我们可以不用在每步 i 时都去寻找一个 θ_i,而是换成寻找 $z_{i+1,0}$,也就是利率树上最顶端那个值。事实上,给定 $z_{i+1,0}$ 的值,其他所有利率的对数 $z_{i+1,j+1}$ 都可以用式(11-22)计算出来。换句话说,用起始利率 $z_{i+1,0}$ 代替了 θ_i。

对式(11-3)和式(11-4)的简化 BDT 模型,采用刚才提到的方法代替前面的做法,一步一步选择不同的波动率 σ_i 时,模型仍然可以形成一个重合的二叉树,而这就是 BDT 模型。在每一步,我们都会选择两个变量值,利率树中的起始利率 $z_{i,0}$ 和波动率水平 σ_i,以这种方式使模型同时能拟合 $i+1$ 期的零息债券和利率上限。在每一步我们都会有两个方程两个未知数,这样就很容易得到给零息债券和利率上限定价的唯一的利率树。具体来讲,对于每一步 i,$i = 1, \cdots$,利率的对数由下面的算法决定。

$$z_{i,j+1} = z_{i,j} - 2 \times \sigma_i \times \sqrt{\Delta} \quad \text{其中} j = 0,1,\cdots i-1 \tag{11-23}$$

该式和式(11-22)的唯一区别是,σ_i 出现在了等式的右边。更进一步,虽然不是必需的,我们仍然可以直接把 $z_{i,j+1}$ 表示为起始利率 $z_{i,0}$ 的函数,而不是 $z_{i,j}$ 的函数。对式(11-23)右边的 $z_{i,j}$,$z_{i,j-1}$ 进行反复迭代,就可得到:

$$z_{i,j+1} = z_{i,0} - 2 \times (j+1) \times \sigma_i \times \sqrt{\Delta} \tag{11-24}$$

直接使用真实的利率 $r_{i,j} = e^{z_{i,j}}$，表 11-13 展示了构造利率树的方法。

表 11-13 BDT 模型

$i=0$	$i=1$	$i=2$	$i=3$
		$\sigma_2 = ?$ $r_{2,uu} = ?$	...
	$\sigma_1 = ?$ $r_{1,u} = ?$		...
$r_0 = 2.17\%$		$r_{2,ud} = r_{2,uu} \times e^{-2 \times \sigma_2 \times \sqrt{\Delta}}$	...
	$r_{1,d} = r_{1,u} \times e^{-2 \times \sigma_1 \times \sqrt{\Delta}}$		...
		$r_{2,dd} = r_{2,uu} \times e^{-4 \times \sigma_2 \times \sqrt{\Delta}}$	...

表 11-14 所示的，是利用 BDT 模型给表 11-10 中所给出的嵌有互换合约的零息债券和利率上限定价的 B 结果。σ_i 那一行报告了每一步 i 的波动率估计值，这对拟合利率上限的价格是非常必要的。每一步的波动率 σ_i 称之为**远期波动率**(forward volatility)，图 11-12 画出了 10 年期的远期波动率。⊖

表 11-14 2004 年 11 月 1 日的 BDT 模型

时间⇒	0	0.25	0.5	0.75	1	1.25	1.5	1.75	2	2.25	2.5
时期 i⇒	0	1	2	3	4	5	6	7	8	9	10
$\sigma_i(\%)$⇒ 节点 j		18.77	18.66	27.77	30.19	29.76	30.75	33.98	31.77	31.99	30.28
0	2.17	2.68	3.21	4.26	5.37	6.45	7.97	10.58	12.02	14.63	16.36
1		2.22	2.66	3.23	3.97	4.79	5.86	7.53	8.74	10.62	12.08
2			2.21	2.44	2.94	3.56	4.31	5.36	6.36	7.72	8.93
3				1.85	2.17	2.64	3.17	3.82	4.63	5.60	6.59
4					1.60	1.96	2.33	2.72	3.37	4.07	4.87
5						1.46	1.71	1.94	2.45	2.95	3.60
6							1.26	1.38	1.79	2.15	2.66
7								0.98	1.30	1.56	1.96
8									0.95	1.13	1.45
9										0.82	1.07
10											0.79

定义 11-4

远期波动率 σ_i，是利用 BDT 模型计算出的 $i+1$ 期到期的利率上限的价格与实际价格一致时的波动率(第 i 期)。

从表 11-2 中可以明显地看出不变波动率和远期波动率的关系。事实上，我们可以认为不

⊖ 为了匹配隐含波动率的时间序列，图中的波动率 σ_i 会一期一期地变化，即 σ_i 是第 i 步的远期波动率，这个波动率是从 $i+1$ 期的利率上限的价格中求出来的。为了得到连续的隐含波动率图像，图中画的是步长为半年的不变波动率。

变波动率是一系列远期波动率的加权平均：如果期限为 $i+1$ 的利率上限的远期波动率比期限为 i 的利率上限的远期波动率要高，则前一个利率上限的隐含不变波动率也会比后一个的要高。只要 BDT 模型能拟合利率期限结构和利率上限的价格，那么它就可以用来给其他利率依赖型的衍生品定价。在第 12 章和第 13 章还会介绍几个例子。

11.4 用于期货定价的风险中性树

在这一节，我们将详细介绍如何利用风险中性树给期货定价。因为期货市场流动性强，如欧洲美元期货和国债期货，交易者能从期货价格的变化中获取尽可能多的信息来构建风险中性树。在考虑具体的合约之前，我们必须先研究期货价格在利率树中大体的行为是怎么样的。令 $F_{i,j}(k)$ 表示期限为 k 的期货合约在节点 (i,j) 的价格。如果交易者在节点 (i,j) 进入期货合约，他的期望损益是多少？回想一下，期货合约最关键的特征是逐日盯市制度，即在每一个交易日结束后，交易者的账户会累计当日的损益。

为了简便，假设逐日盯市刚好和利率树上的时点步数有一样的频率（或者假设一步为一天）。基于期货市场的交易机制，每期的损益由这期到下一期的期货价格的变化决定。也就是说，如果利率从 $r_{i,j}$ 移动到 $r_{i+1,j}$，那么期货的损益为 $N\times(F_{i+1,j}(k)-F_{i,j}(k))$，其中 N 为合约的规模。

因为经过构造的利率是风险中性的，我们得到期货头寸的风险中性预期损益为

$$\text{风险中性预期损益} = E^*[F_{i+1}(k)-F_{i,j}(k)] \tag{11-25}$$

$$= \frac{1}{2}\times(F_{i+1,j}(k)-F_{i,j}(k))+\frac{1}{2}\times(F_{i+1,j+1}(k)-F_{i,j}(k)) \tag{11-26}$$

关键的问题是：如果所有的市场参与者都是风险中性的话，期望风险中性收益应该是怎样的？因为进入期货合约没有成本，所以预期收益应该为零。事实上，如果风险中性预期收益为正，那么那些只关心预期收益不关心风险的风险中性交易者会无限地做多期货合约，从而推高期货价格。相似地，如果风险中性预期收益为负，所有的风险中性交易者会做空期货合约。㊀

适用于期货的风险中性定价原理的关键假设就成了下面这个约束：

$$\text{风险中性期望损益} = 0 \Rightarrow E^*[F_{i+1}(k)-F_{i,j}(k)] = 0 \tag{11-27}$$

通过式(11-27)，就可以得到节点 (i,j) 和两个后续节点的期货价格的关系。

$$F_{i,j}(k) = \frac{1}{2}\times F_{i+1,j}(k)+\frac{1}{2}F_{i+1,j+1}(k) \tag{11-28}$$

式(11-28)就是给期货构建风险中性树的基本公式。该式允许我们在树中向后递推，正如我们为其他证券所做的那样：给定时点 $i+1$ 的期货价格，可以计算时点 i 的期货价格。

为期货价格构建风险中性树的最后一步是找到期货在到期日时的终值。利用期货价格的收敛性：在到期日，期货合约的价格会收敛到合约标的证券的价值。定义 $V_{i,j}$ 为期货合约在到期日 i 的最终支付。例如，在国债期货合约中，$V_{i,j}$ 是在节点 (i,j) 交割的国债的价值。收敛性决定了在到期日 i，期货价格要等于期货合约标的证券的价格。

$$F_{k,j}(k) = N\times V_{k,j} \tag{11-29}$$

其中 K 为到期日。从风险中性树上，我们可以得到期货合约在到期日 k 的价值 $V_{k,j}$，即构

㊀ 再一次回忆一下，风险中性定价原理并不是假设投资者是风险中性的，而是假设沿着二叉树，概率已经改变了市场参与者的风险偏好，见第 9 章。

建风险中性期货树最末端的信息。根据式(11-28)提供的向后递推的方法,就可构建期货树的其余部分了。下面两节介绍两个具体的例子:欧洲美元期货和国债期货。

11.4.1 欧洲美元期货

在第6章6.1节,我们讨论了欧洲美元期货合约的具体内容。回想第6章的表6-3,最终的现金流支付为 $N\times3$ 个月的 LIBOR,其中 N 是合约规模,为100万美元。从这张表我们也知道,期限为 k 的欧洲美元期货合约在节点 (i,j) 的报价是 $F_{i,j}(k)=100-f_{i,j}(k)$,其中 $f_{i,j}(k)$ 为远期利率。

令3个月的 LIBOR 在节点 (i,j) 处的值为 $r_4(i,j)$,则欧洲美元在到期日的 LIBOR 应该收敛于:

$$f_{k,j}(k) = N \times r_4(k,j) \tag{11-30}$$

其中 k 为期限,回想 $r_n(i,j)$ 的定义是在节点 (i,j) 处,计息频率为 n 的利率。

再回想一下表11-14 的 BDT 模型,这个模型拟合了2004年11月1日的互换利率和利率上限的价格。为了简便,假设期货合约也是季度到期,即表11-14 的 $i=1,2,3,4$。⊖因为 BDT 模型生成的利率树是连续复利的利率,而欧洲美元期货的标的 LIBOR 是线性复利(linearly compounded),这意味着,到期日 k 的远期利率应该等于

$$f_{k,j}(k) = r_4(k,j) = 4 \times (e^{r_{k,j}\times 0.25} - 1) \tag{11-31}$$

其中假设合约规模 $N=1$。表11-15 报告了期限为3个月、6个月、9个月、12个月的欧洲美元期货的价格树。先看表11-15 左半部分的树:第一棵树代表了远期利率树 $f_{i,j}$:$i=1$ 下的两个值由式(11-31)计算得出,这再一次说明 $r_4(1,j)$ 是从来自表11-14 中的 $r_{1,j}$。树根部的值(第一个)是据式(11-28)所示的无套利条件下得出的,即 $f_0(1)=\dfrac{f_{1,0}(1)}{2}+\dfrac{f_{1,1}(1)}{2}$。

类似地,6个月的远期利率树,起始值是式(11-31)中的 k 取0,树的末端是 k 取2,而 $r_{k,j}$ 来自表11-14。知道了末端的信息,就可以用式(11-28),通过向后递推的方法得出完整的期货价格树。

表11-15 的右半部分报告了欧洲美元期货的报价,以 $F_{i,j}(k)=100-f_{i,j}(k)$ 这种方式报价,是市场约定俗成的习惯。

表11-15 欧洲美元期货的价格树

	3个月远期利率树						期限为3个月的欧洲美元期货价格				
i j	0	1	2	3	4	i j	0	1	2	3	4
0	2.46	2.69				0	97.54	97.31			
1		2.23				1		97.77			
	6个月远期利率树						期限为6个月的欧洲美元期货价格				
j						j					
0	2.69	2.95	3.22			0	97.31	97.05	96.78		
1		2.44	2.67			1		97.56	97.33		
2			2.21			2			97.79		

⊖ 因为欧洲美元期货的到期周期是3个月,所有这些期限都是1.5个月,所以就简化了在拟合时用到的第一个假设,即认为用于拟合的互换和期货在同一时刻到期。

(续)

	9 个月远期利率树						期限为 9 个月的欧洲美元期货价格			
j						j				
0	2.90	3.30	3.76	4.28		0	97.10	96.70	96.24	95.72
1		2.50	2.85	3.24		1		97.50	97.15	96.76
2			2.15	2.45		2			97.85	97.55
3				1.86		3				98.14
	1 年远期利率树						期限为 1 年的欧洲美元期货价格				
j							j				
0	2.18	2.69	3.22	4.28	5.41	0	97.82	97.31	96.78	95.72	94.59
1		2.23	2.67	3.24	3.99	1		97.77	97.33	96.76	96.01
2			2.21	2.45	2.95	2			97.79	97.55	97.05
3				1.86	2.18	3				98.14	97.82
4					1.61	4					98.39

上面的方法意味着给定利率树，如表 11-14，就可以得到隐含的欧洲美元期货的价格。正如我们从利率上限的价格中求解隐含波动率一样，我们也可以反过来，用远期利率求解与欧洲美元期货报价相一致的价格树。实际上，与构建表 11-14 的利率树时所使用的基础证券，和互换相比，欧洲美元期货的流动性更强。因此，交易者通常用期限达到 3 年的欧洲美元期货（最具流动性）来构建利率树，而不是用互换。

11.4.2 中长期国债期货

在第 6 章，我们介绍了中长期国债期货。这一节，我们来复习 10 年期国债期货和 30 年期国债期货的一些特性，因为它们的特殊性产生了某些值得研究的特点。第 6 章的表 6-2 给出了 10 年期国债期货合约的内容。分析这些内容，我们发现，期货空头方，即在到期时标的证券的供给方，实际上也获得了隐性的有价值的期权。具体包括如下几种期权。

1. 质量期权。市场上存在好几种可交割债券：对于 10 年期的合约来说，期限为 6.5~10 年的所有中期国债都可用于交割。30 年期的国债期货合约，可交割债券的期限至少是 15 年（或者赎回期至少 15 年）以上的所有国债。这样的话，期货合约的空头方就有权选择用哪一只债券进行交割。在所有可用于交割的债券中，空头方会选择最便宜的那只，这种债券也称为"最便宜交割券"（cheapest to deliver，CTD）。在下面的例子中，我们将看到最便宜交割券在期货的存续期内并不总是一样的。

2. 百搭牌期权。债券的交割在整个交割月内都可以进行，从第 7 个营业日开始，一直到最后一个营业日。交割月的每一个交易日，空头方在下午 8 点（芝加哥时间）之前都可以要求进行交割，而期货合约的收市时间是下午 2 点（芝加哥时间）。于是，每天的下午 2 点到 8 点，期货合约的空头方可以根据国债价格下降了多少来决定以何种价格进行交割。很明显，从交割月的交割日到期货结算的最后一天，期货的空头方总共有 15 天、每天连续 6 小时的看跌期权。

3. 月末期权。期货合约的最后交易日比最后交割日要早 7 天。但是，交割可能发生在最后一个交易日。在最后交易日当天，期货的报价已经固定，但是国债还在继续进行交易，这时，期货合约的空头方就有时间选择权，可以选择这 7 天的任何一天进行交割。

这些隐性期权的存在会影响期货价格。比如，考虑到质量期权，空头方会选择最便宜的国债进行交割。很明显，如果不对期货价格进行校正，那么最便宜的国债应该是期限最短、利息最少的国债。为了排除流动性和操作性因素，有必要使所有的可交割债券尽可能的相似，即标准化。为了标准化，我们通过修正多头方愿意为国债支付他能接受的价格来实现。事实上，多头方支付给空头方的报价等于期限为 t^* 的期货价格 F_i^* 乘以转换系数 C。转换系数是指能将票息为 6% 的附息国债转换为可交割国债的系数。

转换系数的大小，取决于可用于交割的债券的价格与标准交割证券（收益率固定为 6% 的国债）之间的比值。即假定票息为 c，期货的截止日期为 t^* 的可交割债券，其转换系数 C 为⊖

$$C = P_c(t^*, T) = \sum_{i=1}^{n} \frac{\frac{c}{2}}{\left(1+\frac{y}{2}\right)^{2\times(T_i-t^*)}} + \frac{1}{\left(1+\frac{y}{2}\right)^{2\times(T_n-t^*)}} \quad (11\text{-}32)$$

例如，表 11-16 列出了一些转换系数，这些转换系数适用于 10 年期国债期货在 2008 年 3 月进行交割的所有可交割债券。其中所有的可交割国债票息都低于 6%，因此，为了确定最后的交割价格（invoice price），期货到期用这些国债交割时，其价格就需要调低（$C<1$）。

表 11-16　10 年期国债期货的转换系数

	息票	发行日	到期日	债券编号	发行金额（美元）	转换系数 6%					
						2008 年 3 月	2008 年 6 月	2008 年 9 月	2008 年 12 月	2009 年 3 月	2009 年 12 月
1.	@3 $\frac{1}{2}$	2008/02/15	2018/02/15	912828HR4	23.0	0.8174	0.8210	0.8244	0.8281	0.8317	0.8354
2.	4	2005/02/15	2015/02/15	912828DM9	23.0	0.8902	0.8937	—	—	—	—
3.	4 $\frac{1}{8}$	2005/05/16	2015/05/15	912828DV9	22.0	0.8941	0.8971	0.9003	—	—	—
4.	4 $\frac{1}{4}$	2004/11/15	2014/11/15	912828DC1	23.0	0.9069	—	—	—	—	—
5.	4 $\frac{1}{4}$	2005/08/15	2015/08/15	912828EE6	21.0	0.8983	0.9012	0.9040	0.9069	—	—
6.	4 $\frac{1}{4}$	2007/11/15	2017/11/15	912828HH6	21.0	0.8747	0.8771	0.8797	0.8821	0.8848	0.8873
7.	4 $\frac{1}{2}$	2005/11/15	2015/11/15	912828EN6	21.0	0.9105	0.9128	0.9153	0.9177	0.9202	—
8.	4 $\frac{1}{2}$	2006/02/15	2016/02/15	912828EW6	21.0	0.9080	0.9105	0.9128	0.9153	0.9177	0.9202
9.	4 $\frac{1}{2}$	2007/05/15	2017/05/15	912828GS3	21.0	0.8968	0.8990	0.9013	0.9034	0.9058	0.9080
10.	4 $\frac{5}{8}$	2006/11/15	2016/11/15	912828FY1	21.0	0.9095	0.9115	0.9136	0.9157	0.9179	0.9200
11.	4 $\frac{5}{8}$	2007/02/15	2017/02/15	912828GH7	21.0	0.9074	0.9095	0.9115	0.9136	0.9157	0.9179

⊖ 更方便的公式如下：令 $a = \frac{1}{\left(1+\frac{y}{2}\right)}$，则 $\sum_{j=1}^{n} = \frac{(a-a^{n+1})}{(1-a)}$，这个公式有如下假设：①在期货到期与债券到期之间有 n 次利息的支付。②期货交割日刚好也是付息日，转换因子公式为 $C = \frac{c}{2} \times \frac{a-a^{n+1}}{1-a} + a^n$。如果条件②不满足，只需要对时间进行微调。

(续)

	息票	发行日	到期日	债券编号	发行金额（美元）	转换系数6%					
						2008年3月	2008年6月	2008年9月	2008年12月	2009年3月	2009年12月
12.	$4\frac{3}{4}$	2007/08/15	2017/08/15	912828HA1	21.0	0.912 2	0.914 0	0.915 8	0.917 7	0.919 5	0.921 5
13.	$4\frac{7}{8}$	2006/08/15	2016/08/15	912828FQ8	21.0	0.927 5	0.929 3	0.931 0	0.932 8	0.934 6	0.936 5
14.	$5\frac{1}{8}$	2006/05/15	2016/05/15	912828FF2	21.0	0.945 0	0.946 3	0.947 8	0.949 1	0.950 6	0.951 9

空头方是如何确定哪只债券是最佳交割债券的呢？令 $F_{i,j}(k)$ 表示期限为 k 的期货合约在节点 (i, j) 的价格。假设有 n 只可交割债券，对于每只债券 $h(h = 1, \cdots, n)$，其转换系数为 C^h，净价为 $P^h_{k,j}$。如果空方选择一只给定的债券 h 进行交割，他将会收到 $F_{k,j}(k) \times C^h$ 以换取净价为 $P^h_{k,j}$ 的证券。对于每只可交割证券 h，我们可以计算出相应的价格差，并将这种价差称为基差(basis)：

$$\text{证券 } h \text{ 的基差} = P^h_{k,j} - F_{k,j}(k) \times C^h \tag{11-33}$$

基差最小的可交割债券 h 称为最便宜可交割券。⊖ 这种债券非常重要，它的基差在交割月都不能为负，否则就会存在套利。做法是，交易者通过做空期货，购买债券并立即将其用于交割，马上就可套利。

这些期权的存在如何影响期货的价格？现在我们沿着前一节的思路构建相应的树，来具体说明这些隐含期权对期货价格的影响。为了方便，我们只考虑简单情况下的质量期权。

👉 例 11-7

考虑例 11-1 中用 Ho-Lee 模型拟合 2002 年 1 月 8 日的利率期限结构所构建的利率树，使用和例 11-1 类似的方法，表 11-2 的利率树可以扩展到更长的时间维度，从而为更长期限的国债定价。更具体地说，表 11-17 的 A 部分包含了期限从 0 到 8 年的零息债券在 2002 年 1 月 8 日的数据。B 部分包含了模拟出来的 Ho-Lee 模型（第一部分和表 11-2 中的一模一样）。

现在，考虑一份 10 年期的国债期货合约，1 年后到期（2003 年 12 月）。由第 6 章表 6-2 所示的合约条款可知，只有期限为 6.5～10 年的国债才可以用于交割。正如前面所讲，期货价格必须用转换系数进行调整，使得每一只可能的交割债券被转换为相当于票息为 6% 的债券。为了说明中期国债期货树的构建方法，考虑一只期货合约的标的证券，它确实是一只票息为 6%，期限为 7 年的中期国债（假设这种债券存在）。给定 B 部分中的风险中性树，可以计算出可交割国债的风险中性价格树，如表 11-17 的 C 部分所示。在这里，被定价的这只国债的票息为 6%，期限是 8 年而不是 7 年，原因是国债应该是从期货合约的到期日开始 7 年后到期，而期货合约还有 1 年才到期。

如果这是唯一可交割的债券，相应的期货在到期日的价格是多少呢？我们知道，在到期日，由于无套利，期货的价格会收敛于标的证券的价值。换句话说，假设 $k = 2$ 这个节点对应期货合约的到期日（1 年后），我们有：

⊖ 注意，应计利息不是基差的一部分，因为期货价格和债券价格都是净价。换句话说，假设空头方要从市场上买入 k 份债券用于交割，那么，空头方应该支付 $P^h_{k,j}$ 加上应计利息，但是他会收到 $F_{k,j} \times C^h$ 加上应计利息。因此，如果不用净价而是用全价计算基差，结果还是和式(11-33)一样。

表 11-17 票息为 6% 的债券树

a: 零息债券数据

时间 T	0	0.5	1	1.5	2	2.5	3	3.5	4	4.5	5	5.5	6	6.5	7	7.5	8
时期 i	0	1	2	3	4	5	6	7	8	9	10	11	12	13	14	15	16
数据值	0	99.1338	97.8925	96.1462	94.1011	91.7136	89.2258	86.8142	84.5016	82.1848	79.7718	77.4339	75.292	72.961	70.865	68.677	66.764

b: 基于 Ho-Lee 模型拟合的利率树

θ_i (×100)	1.5675	2.1824	1.4374	1.7324	0.7873	0.0423	−0.0628	0.4322	0.9271	0.1202	−0.5194	1.5300	−0.7335	1.0813	−1.0233	0.7313	−1.7140
节点 j = 0	1.74	3.75	6.06	8.00	10.09	11.71	12.95	14.15	15.59	17.27	18.56	19.52	21.51	22.36	24.13	24.84	26.43
1		1.30	3.61	5.56	7.65	9.26	10.51	11.70	13.14	14.83	16.11	17.07	19.06	19.92	21.68	22.39	23.98
2			1.17	3.11	5.20	6.82	8.06	9.25	10.69	12.38	13.66	14.63	16.61	17.47	19.24	19.95	21.54
3				0.66	2.75	4.37	5.61	6.81	8.25	9.93	11.22	12.18	14.17	15.02	16.79	17.50	19.09
4					0.31	1.92	3.17	4.36	5.80	7.49	8.77	9.73	11.72	12.58	14.34	15.05	16.64
5						−0.52	0.72	1.91	3.35	5.04	6.32	7.29	9.27	10.13	11.90	12.61	14.20
6							−1.73	−0.53	0.91	2.59	3.88	4.84	6.83	7.68	9.45	10.16	11.75
7								−2.98	−1.54	0.15	1.43	2.39	4.38	5.24	7.00	7.71	9.30
8									−3.99	−2.30	−1.02	−0.05	1.94	2.79	4.56	5.27	6.86
9										−4.75	−3.46	−2.50	−0.51	0.35	2.11	2.82	4.41
10											−5.91	−4.95	−2.96	−2.10	−0.34	0.37	1.96
11												−7.39	−5.40	−4.55	−2.78	−2.07	−0.48
12													−7.85	−6.99	−5.23	−4.52	−2.93
13														−9.44	−7.68	−6.97	−5.38
14															−10.12	−9.41	−7.82
15																−11.86	−10.27
16																	−12.72

c: 票息为6%, 期限为8年的国债的价格树

j	0	1	2	3	4	5	6	7	8	9	10	11	12	13	14	15	16
0	106.77	96.83	88.93	82.83	78.11	74.65	72.17	70.46	69.49	69.35	70.17	71.88	74.48	78.52	83.79	90.97	100
1		112.57	102.40	94.50	88.31	83.65	80.14	77.54	75.77	74.90	75.05	76.10	78.02	81.36	85.83	92.09	100
2			118.21	108.04	100.01	93.85	89.09	85.39	82.65	80.92	80.28	80.58	81.74	84.30	87.92	93.22	100
3				123.76	113.45	105.44	99.13	94.11	90.21	87.46	85.90	85.33	85.64	87.35	90.06	94.37	100
4					128.89	118.61	110.41	103.80	98.52	94.56	91.93	90.37	89.73	90.51	92.26	95.53	100
5						133.57	123.09	114.56	107.65	102.28	98.41	95.73	94.03	93.79	94.51	96.71	100
6							137.35	126.52	117.67	110.66	105.36	101.41	98.53	97.19	96.82	97.90	100
7								139.82	128.69	119.76	112.84	107.44	103.26	100.72	99.18	99.10	100
8									140.80	129.65	120.86	113.85	108.22	104.37	101.60	100.32	100
9										140.40	129.48	120.65	113.42	108.16	104.08	101.56	100
10											138.74	127.86	118.88	112.09	106.62	102.81	100
11												135.53	124.60	116.17	109.22	104.07	100
12													130.61	120.39	111.89	105.35	100
13														124.78	114.62	106.65	100
14															117.42	107.96	100
15																109.29	100
16																	100

(续)

$$F_{k,j}(k) = P_{k,j} \tag{11-34}$$

其中 $P_{k,j}$ 为债券在时刻 k，节点 j 处的价格。期货在到期日之前的价格是多少呢？此时，用式 (11-28) 向后递推。风险中性期货价格树由表 11-18 所示。

表 11-18　只存在一只 7 年期，票息为 6% 的可交割债券的期货价格树

时期 i 节点 j	0	1	2
0	102.98	95.66	88.93
1		110.30	102.40
2			118.21

现在考虑另外一种情况，如果除了前面所描述的票息为 6% 的债券，还有另外 2 只债券也可用于交割，一只票息为 3%，另一只为 9%。假设这些债券有相同的期限。用表 11-17B 部分的利率树，我们也能得到国债价格树，如表 11-19 所示。下一步是计算这些国债的转换系数。对每只国债使用 11-32 的公式，可以得到：

$$\text{转换系数为 3\% 的国债价格} = C^1 = 0.830\,558\,903 \tag{11-35}$$

$$\text{转换系数为 6\% 的国债价格} = C^2 = 1 \tag{11-36}$$

$$\text{转换系数为 9\% 的国债价格} = C^3 = 1.169\,441\,097 \tag{11-37}$$

现在考虑期货的到期日 k。对于每个节点 j，计算每只债券的基差。我们知道，在每个节点，空头方都会选择交割基差最小的债券。一个节点接着一个节点，就可以计算出：

$$\text{节点}(k,j): \min_h (P^h_{k,j} - F_{k,j}(k) \times C^h) \tag{11-38}$$

时刻 k，节点 j 的期货价格 $F_{k,j}(k)$ 应该满足无套利条件，因此，对于每个节点 j，都有：

$$\text{节点}(k,j): \min_h (P^h_{k,j} - F_{k,j}(k) \times C^h) = 0 \tag{11-39}$$

最小化所有的可交割债券 $h = 1, \cdots, n$。换句话说，期货价格（经过转换系数修正）会调整到等于基差最小的债券的价格。即 $F_{k,j}(k)$ 由下式给出：

$$F_{k,j}(k) = \min_h \frac{P^h_{k,j}}{C^h} \tag{11-40}$$

只要计算出了 $F_{k,j}(k)$，风险中性期货树余下的部分就可以通过式 (11-28) 得到。表 11-20 给出了计算结果。表中最后 3 列报告了可转债的价格，即每只债券 h (3%，6%，9%) 在每一个利率节点 $j = 0, 1, 2$ 上的 $\dfrac{P^h_{k,j}}{C^h}$。节点 j 处的期货价格等于每行中最小的那个，即在节点 $(k, j) = (2, 0)$ 处的期货价格是 $F_{2,0}(2) = 87.86$，这个值对应的是票息为 3% 的可转换债的价格。对特定利率，在这 3 只债券中找最小的那个，因此最便宜可交割债券是票息为 3% 的国债。类似地，$F_{2,2}(2) = 117.28$ 对应的是票息为 9% 的国债的可转换价格，在这个例子中，是求 3 只债券的最小值，则最便宜可交割债券是票息为 9% 的国债。结果表明，随着利率的上升或下降，最便宜可交割债券是票息不一样的国债。期货价格树的剩余部分，前面也提到过，用式 (11-28) 可逐步求出。

当只有票息为 6% 的国债可用于交割时，表 11-20 中期货树中的期货价格总是低于相应的期货价格，其间的价差，反映的正是期货合约中隐性期权的影响。其他两种期权（百搭牌期权和月末期权）也会降低期货的价格。

表 11-19 票息为 3% 和 6%① 的中期国债价格树

A：票息为 3%，8 年期的国债价格树

时期 i 节点 j	0	1	2	3	4	5	6	7	8	9	10	11	12	13	14	15	16
0	86.77	79.01	72.97	68.47	65.15	62.93	61.57	60.93	60.98	61.82	63.59	66.27	69.86	74.91	81.28	89.65	100
1		93.04	85.04	78.97	74.38	71.11	68.88	67.46	66.81	67.02	68.20	70.29	73.26	77.66	83.27	90.75	100
2			99.26	91.21	85.01	80.44	77.10	74.72	73.23	72.68	73.16	74.56	76.84	80.52	85.32	91.87	100
3				105.47	97.26	91.06	86.35	82.81	80.29	78.83	78.48	79.10	80.59	83.48	87.41	93.00	100
4					111.39	103.16	96.78	91.82	88.06	85.52	84.20	83.92	84.53	86.54	89.56	94.14	100
5						116.96	108.53	101.84	96.62	92.79	90.35	89.04	88.67	89.73	91.76	95.30	100
6							121.77	113.01	106.03	100.71	96.97	94.47	93.01	93.03	94.02	96.47	100
7								125.45	116.39	109.31	104.07	100.25	97.57	96.45	96.33	97.66	100
8									127.80	118.68	111.71	106.39	102.35	100.00	98.70	98.86	100
9										128.87	119.93	112.91	107.37	103.69	101.12	100.08	100
10											128.76	119.83	112.64	107.51	103.61	101.31	100
11												127.19	118.17	111.47	106.16	102.56	100
12													123.98	115.58	108.77	103.82	100
13														119.84	111.44	105.10	100
14															114.18	106.39	100
15																107.70	100
16																	100

B：票息为9%，8年期的国债价格树

时期 i / 节点 j	0	1	2	3	4	5	6	7	8	9	10	11	12	13	14	15	16
0	126.77	114.66	104.88	97.19	91.07	86.38	82.77	80.00	78.01	76.88	76.75	77.50	79.11	82.12	86.30	92.29	100
1		132.10	119.77	110.03	102.24	96.18	91.41	87.62	84.72	82.78	81.89	81.92	82.79	85.05	88.39	93.43	100
2			137.16	124.88	115.02	107.27	101.07	96.06	92.07	89.16	87.40	86.60	86.64	88.08	90.52	94.58	100
3				142.05	129.64	119.83	111.91	105.41	100.14	96.09	93.31	91.56	90.69	91.22	92.72	95.74	100
4					146.39	134.05	124.04	115.78	108.98	103.61	99.66	96.83	94.94	94.48	94.96	96.92	100
5						150.18	137.65	127.27	118.68	111.76	106.46	102.42	99.39	97.85	97.26	98.12	100
6							152.92	140.03	129.32	120.61	113.76	108.35	104.05	101.35	99.62	99.32	100
7								154.18	141.00	130.20	121.60	114.63	108.95	104.98	102.03	100.55	100
8									153.81	140.62	130.00	121.31	114.08	108.74	104.50	101.78	100
9										151.93	139.03	128.38	119.47	112.64	107.04	103.04	100
10											148.71	135.89	125.11	116.68	109.63	104.30	100
11												143.86	131.04	120.87	112.29	105.59	100
12													137.25	125.21	115.01	106.89	100
13														129.72	117.81	108.20	100
14															120.67	109.54	100
15																110.88	100
16																	100

① 原书此处为6%，但表11-19B中票息为9%，疑原书有误。

表 11-20　票息为 3%，6%，9% 的国债都可用于交割时的国债期货

时期 i 节点 j	0	1	2	可转换债券的价格 $\dfrac{P_{i*,j}^k}{C^k}$		
				3%	6%	9%
0	102.48	95.12	87.86	87.86	88.93	89.68
1		109.83	102.38	102.38	102.40	102.42
2			117.28	119.51	118.21	117.28

11.5　隐含树：最后的评论

本章介绍的方法似乎非常强大，例如，BDT 模型可以拟合整个利率期限结构和期权价格，这是非常吸引人的。这种方法表明，原理上，利用利率树我们可以用零息债券来复制利率上限，用期限长的利率上限来复制期限短的利率上限，等等。然而，所有这些复制都需要成本，这种成本就是做过度拟合（over fitting）。模型的自由度数量等于我们想定价的证券的数量。当自由度过大时，将会导致参数（例如波动率 σ）不稳定，并导致模型不再具备预测能力。事实上，为了得到一个能立即给所有利率衍生品定价的单一（庞杂）的模型，使用模型的交易者不得不每天都会对其重新进行拟合。

然而，问题是，我们能用这个模型做什么？由于模型在构建时，是基于零息债券和利率上限价格的，所以我们不能用这个模型来给零息债券和利率上限定价。但我们可以用模型来做下面两件事情。

1. 计算对冲比率，这个模型很有用。如果交易者卖出一份特定的利率上限，他想通过持有互换的头寸来套期保值。交易者怎样做才能对冲这个风险？第 9 章我们讨论过，二叉树给出了答案，对冲比率的计算公式为

$$\text{对冲比率} = \frac{c_{1,u} - c_{1,d}}{V_{1,u} - V_{1,d}} \tag{11-41}$$

其中 $c_{1,u}$ 和 $c_{1,d}$ 是利率衍生品（如利率上限）在两种利率场景 $r_{1,u}$ 和 $r_{1,d}$ 下出售的价值，$V_{1,u}$ 和 $V_{1,d}$ 是在同一节点处，用于对冲风险的利率衍生品（如互换）的价值。

2. 只要拟合了零息债券和利率上限的价格，就可以用这个模型得到其他利率衍生品的价格，如结构化债券、互换期权、美式互换期权等。这些衍生品的价格和那些用于定价的利率上限的价格是一致的。也就是说，我们可以用基础的、更具流动性的证券，如利率上限来对冲更复杂证券的风险。

本章小结

在这一章，我们涵盖了以下几个主题：

1. 风险中性树：风险中性树是精心设计的，用于利率衍生品定价的二叉树，其上升下降的概率是中性的。具体有以下 3 个例子。

(1) Ho-Lee 模型，主要的变量是短期利率，风险中性树是对利率期限结构的准确拟合。当步数足够多时，利率的概率分布收敛于钟形的正态分布。这个模型的缺点是会出现负利率。

(2) 简化的 BDT 模型。在简化的 BDT 模型中，主要变量是短期利率的自然对数。和 Ho-Lee 模型一样，简化的 BDT 模型也

拟合了利率期限结构，但是它不会出现负利率。当步数足够多时，利率的概率分布收敛于对数正态分布。这个模型的缺点是分配给低利率的概率太低。

（3）BDT 模型。不像 Ho-Lee 模型和简化的 BDT 模型，完整的 BDT 模型是在假设利率的波动率每一步都不一样时，该模型也能拟合利率期限结构。而简化的 BDT 模型是一个特例，特殊之处在于假设了波动率为常数。

2. 利率上限和利率下限：这是一系列期权的组合，这种期权称为看涨期权或看跌期权，即当短期利率高于执行利率时支付（上限）或者低于执行利率（下限）。这些看涨期权和看跌期权可以用二叉树定价，通过构建现金流树，找出利率上限或下限沿着利率树的现金流支付。

3. 利率的历史波动率：这个利率波动率是基于利率历史变化时间序列计算的。Ho-Lee 模型中，波动率是利率变化的年化标准差，而简化的 BDT 模型中波动率则是利率对数值的年化标准差。

4. 利率上下限的隐含波动率。能与给定利率上下限价格相匹配的利率树构建中使用的波动率叫作利率上下限的隐含波动率，也叫作不变波动率。

5. 利率上下限的远期波动率。为利率上下限中某时点上的看涨期权或看跌期权进行定价的波动率。不变波动率可以看成是远期波动率的加权平均数，也可通过 BDT 模型完整拟合债券和利率上限的方法，来计算远期波动率。

6. 互换和互换期权：互换是以特定规则，在未来交换现金流的合约。最常见的互换合约是固定利率换浮动利率，它要求对手方支付固定利率来换取基于参考利率的浮动利率。互换期权是一种期权，有权在未来的某个时刻缔结预先约定好的互换合约。收方互换期权的持有者有权作为接收固定利率的一方缔结互换合约，而付方互换期权的持有者有权要求对方缔结一份以自己为固定利率支付方的互换合约。

7. 期货的风险中性二叉树：期货合约是逐日盯市的，短期的损益由期货价格的变化决定。风险中性定价原理表明，在风险中性的条件下，期货在明天的价格的期望值等于期货的现价。因为期货价格的收敛性，就可以利用期货在到期日的价格（等于标的物的价值）向后递推，从而构建期货树。

8. 最便宜可交割券（CTD）：在中长期国债期货合约中，空头方有权在所有可交割国债中选择任意一只债券来进行交割。虽然根据债券的票息和期限调整了期货价格，但是在到期日时，仍然存在一只最便宜的可交割债券。具体哪只债券是最便宜的，取决于债券本身的票面利率。

练习

1. 你有表 11-21 所示的已经估计好的风险中性模型，其中利率是连续复利利率。上升下降的概率是相等的，每一个间隔时间代表 1 年，即 $\Delta = 1$。

   表 11-21 利率树

$i=0$	$i=1$	$i=2$
		$r_{2,uu} = 0.1299$
	$r_{1,u} = 0.0868$	
$r_0 = 0.04$		$r_{2,ud} = 0.0723$
	$r_{1,d} = 0.0268$	
		$r_{2,dd} = 0.0147$

   （1）计算所有可能期限的零息债券在当前时刻（$i=1$）的即期收益率曲线。

   （2）计算证券的价格，在时点 $i=2$，当利率等于 0.072 3 时，该证券的支付为 100 美元，否则，支付为 0，即
   $$CF(2) = \begin{cases} 100 & r(2) = 0.0723 \\ 0 & \text{其他} \end{cases}$$

   （3）计算本金为 100，执行利率 $r_K = 0.04$ 的 3 年期利率下限的价格。利率下限在时点 $i+1$ 支付的现金流（由时点 i 决定）为
   $$CF(i+1) = N \times \max(r_K - r_1(i), 0)$$
   其中 $r_1(i)$ 是在时点 i 的每年计一次利息的利率。

(4) 分别计算在时点 $i=0$ 和 $i=1$ 处，2 年期零息债券收益率和 1 年期零息债券收益率的价差。这个差值的期望值是多少？

(5) 假设你想对冲 $i=0$ 和 $i=1$ 之间价差增加的风险，那么 1 年到期，执行价差 $\overline{sp} = 0.008$，合约规模 $N=100$ 的欧式价差看涨期权的价格是多少？价差看涨期权的支付为

$$CF(1) = N \times \max(spread(1) - \overline{sp}, 0)$$

其中 $spread(1)$ 是从现在到 $i=1$ 时，2 年期和 1 年期零息债券的连续复利收益率之间的价差。

2. 你有表 11-22 所示的已经估计好的模型，其中利率是连续复利利率。上升下降的概率是风险中性概率，每一个间隔时间代表 1 年，即 $\Delta = 1$。

表 11-22 利率树

$i=0$	$i=1$	$i=2$
		$r_{2,uu}=0.04$
	$r_{1,u}=0.03$	
		$r_{2,ud}=0.025$
$r_0=0.02$		
		$r_{2,du}=0.019$
	$r_{1,d}=0.015$	
		$r_{2,dd}=0.01$

(1) 计算所有可能期限的零息债券在当前时刻 $(i=1)$ 的即期收益率曲线。

(2) 计算 3 年期，票息为 3% 的债券价格。

(3) 计算 3 年期浮动利率债券的价格，浮动利率等于无风险利率（在这，你应该记得现金流的时间性），这是你预期的价格吗？

(4) 从固定利率支付方的角度计算互换的价值，其中互换利率等于 3%，本金为 100。

(5) 计算执行利率为 3%，本金为 100，期限 3 年的利率上限的价格。如果是利率下限，价格又会是多少？

3. 假设你有表 11-23 所示的已经估计好的风险中性树，其中上升下降的概率是风险中性概率。为了简化，同时假设每一个间隔时间代表 1 年，即 $\Delta = 1$。

表 11-23 利率树

$i=0$	$i=1$	$i=2$
		$r_{2,uu}=0.1$
	$r_{1,u}=0.07$	
		$r_{2,ud}=0.05$
$r_0=0.04$		$r_{2,du}$
	$r_{1,d}=0.03$	
		$r_{2,dd}=0.02$

(1) 分别计算 1 年期、2 年期、3 年期的零息债券价格。

(2) 计算简单互换的互换利率 $c(3)$，互换的现金流每年发生一次且期限为 3 年。现金流由下式给出：

$$CF_{i,j}(i+1) = N \times (r_1(i,j) - c(3)) \tag{11-42}$$

其中 $r_1(i,j) = e^{r_{i,j} \times 1} - 1$ 是每年复利一次的利率，$r_{i,j}$ 是连续复利利率。

(3) 考虑有如下支付的 1 年期的期权

$$s_1 = \max\left(0.98 \times \frac{r_1(1,j)}{0.06} - Z_1(3), 0\right) \tag{11-43}$$

其中 $r_1(i,j)$ 是在时点 $i=1$，每年复利一次的利率。$Z_1(3)$ 是零息债券在 $i=1$ 时的支付，而在 $i=3$ 时的支付为 1。

① 这个期权的价值是多少？

② 如果你将卖出该期权，你该如何对冲它？写出对冲策略并且验证一下它在 $i=1$ 时的表现，请详细地描述每一个步骤。

(4) 宝洁公司的杠杆互换：1993 年 11 月，宝洁公司（P&G）和信孚银行（Bankers Trust）做了一笔互换交易，BT 支付 P&G 固定利率 $\bar{r}$，而 P&G 支付 BT 浮动利率加上一个价差。合约刚开始时，价差等于 0；在 $i=1$ 时，价差等于式(11-43)计算出的 s_1，然后价差一直保持这个常数不变。举个例子，假设在 $i=1$ 时，利率上升到 $r_{1,u}$，随后又下降至 $r_{2,ud}$，则价差设定为 $i=1$ 时的 s_1。这意味着宝洁公司在 $i=1$ 时要支付 $r_0 \times N$；在 $i=2$ 时，现金流为 $(r_1(1,u) + s_{1,u}) \times N$；在 $i=3$ 时现金流

为 $(r_1(2, ud) + s_{1,u}) \times N$；其中本金 $N = 100$。（记住，在互换中，i 时的浮动利率决定了 $i+1$ 时的现金流）

① 假设杠杆互换的期限是 3 年，$\bar{r} = c(3)$，其中 $c(3)$ 是（2）部分计算出来的互换利率。那么宝洁公司的这个互换的价值是多少？

② 根据第一问的结果，请问，在 $i = 0$ 时，使互换的价值等于 0 的 $\bar{r}$ 是比 $c(3)$ 高，还是比 $c(3)$ 低？给出一个直观的答案。

③ 使用电子表格计算出满足②条件的 $\bar{r}$（可以使用 Microsoft Excel 中单变量求解，或者用试错法计算）。

4. 假设你有表 11-24 所示的已经估计好的风险中性树，其中利率是连续复利率。上升下降的概率是风险中性概率。为了简化，同时假设每一个间隔时间代表 1 年，即 $\Delta = 1$。

表 11-24 利率树

$i = 0$	$i = 1$	$i = 2$
		$r_{2,uu} = 0.08$
	$r_{1,u} = 0.06$	
$r_0 = 0.04$		$r_{2,ud} = r_{2,du} = 0.05$
	$r_{1,d} = 0.03$	
		$r_{2,dd} = 0.02$

（1）计算时点 $i = 1$ 时的利率期限结构。

（2）根据利率期限结构，计算 3 年期，每年交换一次的互换的互换利率 $c(3)$。用利率树验证一下互换的价值是否真的是零，请站在固定利率支付方的角度进行计算。

（3）指数摊销利率互换，这种互换的本金随着利率的不同而不同。考虑有如下特征的初始本金 $N_0 = 100$ 的指数摊销型利率互换。
- 期限 $i = 3$
- 摊销时间表：

如果 $r_i = 0.02$	那么	本金 100% 摊销
如果 $r_i = 0.03$	那么	本金摊销 50%
如果 $r_i = 0.05$	那么	本金摊销 20%
如果 $r_i > 0.05$	那么	本金不摊销

- 在 $i = 0$ 时没有摊销发生（锁定时期）

例如，在时点 $i = 1$ 时，利率下降到 $r_{1,d} = 0.03$，则下一个支付点（$i = 2$）的本金不是 100，而是 50，相反，如果在时点 $i = 1$ 时，利率上升到 $r_{1,u} = 0.06$，则下一个支付点（$i = 2$）的本金不变。

① 直观上看，如果指数摊销利率互换的互换利率也是 $c(3)$，那么与（2）部分的简单互换相比，固定支付方的状况是更好还是更糟？请解释。（提示：这里不需要计算，只需直观上理解）

② 假设互换利率为 $c(3)$，计算该利率互换的固定利率支付方的价值。（提示：记住，本金变成了路径依赖，这个特征会怎样影响现金流树？）

③ 使用电子表格计算指数摊销利率互换的固定互换利率（也可以用 Microsoft Excel 的单变量求解或者试错法）。这个固定利率比（2）部分计算出来的 $c(3)$ 高还是比 $c(3)$ 低。请讨论。

④ 假设你卖出一份互换，它的价值为③计算的。你怎么样对冲它？计算时点 $i = 0$ 的初始对冲比率，你可以用任何你喜欢的金融工具，如零息债券或简单的互换来对冲。

5. 假设今天是 2008 年 11 月 3 日：
（1）使用表 11-25 中 2008 年 11 月 3 日的 LIBOR 和互换数据，拟合 LIBOR 曲线。
（2）根据 LIBOR 贴现率曲线，用 Ho-Lee 模型拟合利率曲线，每一步表示 0.25 年。你可以用表格中给出的 LIBOR 利率的波动率，也可以自己估计 LIBOR 的波动率。LIBOR 的数据可从英国银行家协会的网站中获取（www.baa.org.uk）。
（3）比较风险中性远期利率和连续复利率。基于利率波动率的假设，它们有什么区别？（提示：对于每种波动率的假设，你需要对利率树进行修正，确保利率树能正确反映远期利率。练习 3 个波动率假设下的区别）
（4）分别计算 1 年期、2 年期、3 年期的利率上限的价值。对比你的结果和表 11-26 中的数据。
（5）计算每季度支付一次，5 年期的互换的价值（互换利率如表 11-26 所示）。（也就是,假设浮动利率和固定利率都是每季度支付一次)。从树中求得的互换价值等于你根据第一原理预期的值吗?

(6) 用(5)部分计算出来的互换树,计算期限为 1 年,有权买卖 4 年期的互换期权的价值。

6. 2008 年 11 月 3 日,AAA 级的公司 HAL 发行了期限为 5 年,每季度付一次利息的利率走廊债券,具体条款如表 11-25 所示。已知第 5 题中拟合出来的 Ho-Lee 模型,计算下面几个问题:

表 11-25 5 年期的走廊式利率债券的内容

发行方	HAL 集团
评级	AAA
计息日	2008 年 11 月 3 日
到期日	2013 年 11 月 3 日
面值	100
计算频率	每季度
票息	如果参考利率在利率走廊边界内,则为 5.4%,否则为 0
利率下界	1%
利率上界	5%
参考利率	在上一个确定日期的 3 个月期的 LIBOR

(1) 计算表 11-25 所示的利率走廊债券的价值。
(2) 计算普通的季度附息债券的价值,债券的(年化)票息和利率走廊债券一样。利率是高于还是低于 5%? 请简要评述。
(3) 计算利率走廊债券和(2)问中的附息债券的即期久期。哪个更高? 为什么?
(4) 考虑未来某个时刻 $t=2(i=8)$,画出在时点 $i=8$ 时,走廊式利率债券的价值与同一情景下的利率的关系图。在图中也报告固定利率债券的价值。简述这两只证券的差异。哪只证券会出现负凸性? 为什么?
(5) 考虑简化的 BDT 模型,用这个模型去拟合数据(同样地,要么用表中的 LIBOR 波动率,要么像第 5 题的(2)问那样,用数据自己估计),重新计算利率走廊债券的价值,和 Ho-Lee 模型得出来的是一样的吗? 请简要评述。

7. 今天是 2008 年 11 月 3 日,3 个月的 LIBOR,互换利率和利率上限的价格如表 11-26 所示。
(1) 拟合 LIBOR 曲线(见第 5 题)。
(2) 用简化的 BDT 模型计算隐含波动率。
(3) 用 BDT 模型计算远期波动率。
(4) 用这棵树,为表 11-25 所示的利率走廊债券定价(见第 6 题)。

第12章 美式期权

大量的利率衍生证券嵌入美式期权，即期权的持有者有权在事先确定的到期日之前的任意时刻要求行使期权权利。某些美式期权会在合约中把这种权力以条款方式列出来，但是有些只是嵌入在其他利率证券、隐含在了证券中，而没有以专门的条款列出。首先，让我们一起来回顾一下美式期权的定义（参见第6章）。

定义12-1

美式看涨期权（American call option）是交易双方签订的一种合约，一方（期权的买方）有权利但是没有义务在事先确定的到期日 T 或之前，以约定好的价格购买指定的证券；另外一方（期权的卖方）则有义务卖出这种证券。类似地，**美式看跌期权**（American put option）的买方有权利在到期日或之前以约定的价格卖出指定的证券，卖方则有义务买入这种证券。

在这一章，我们说明第10章和第11章所讨论的3种方法也适用于更加复杂的证券的定价和套期保值策略。我们用这种方法对美式期权进行分类，分成可赎回债券、美式互换期权和抵押贷款证券。

12.1 可赎回债券

很多债券的发行人，包括20世纪70年代末80年代初的美国政府，都发行过可赎回债券。这种债券是标准的固定利息债券，但是，发行人有权在到期日之前的某个时间段按面值买回该债券。例如，表12-1列出了2002年1月8日的美国财政部发行的可赎回债券。⊖

表12-1　2002年1月8日美国财政部发行的可赎回债券

到期日	息票	第一次可赎回的时间	买入价	卖出价
2007/02/15	7.625	2002/02/15	100.562 5	100.593 8
2007/11/15	7.875	2002/11/15	104.718 8	104.750 0
2008/08/15	8.375	2003/08/15	108.421 9	108.453 1
2008/11/15	8.750	2003/11/15	110.140 6	110.171 9
2009/05/15	9.125	2004/05/15	112.343 8	112.375 0
2009/11/15	10.375	2004/11/15	117.390 6	117.421 9

⊖ 例12-2中我将用到这些数据，例12-2是介绍二叉树方法的一个具体例子。这也是第11章大部分例子所用到的数据。

到期日	息票	第一次可赎回的时间	买入价	卖出价
2010/02/15	11.750	2005/02/15	122.468 8	122.500 0
2010/05/15	10.000	2005/05/15	118.000 0	118.031 3
2010/11/15	12.750	2005/11/15	129.906 3	129.937 5
2011/05/15	13.875	2006/05/15	137.250 0	137.281 3
2011/11/15	14.000	2006/11/15	140.875 0	140.906 3
2012/11/15	10.375	2007/11/15	127.859 4	127.921 9
2013/08/15	12.000	2008/08/15	139.234 4	139.296 9
2014/05/15	13.250	2009/05/15	150.140 6	150.203 1
2014/08/15	12.500	2009/08/15	146.468 8	146.531 3
2014/11/15	11.750	2009/11/15	142.484 4	142.546 9

资料来源：数据来自于 CRSP(每日国债)©2009 证券价格研究中心(CRSP)；芝加哥大学布什商学院。

在这个表中，2012年11月到期的美国国债，在2007年11月开始就可以按面值赎回。这意味着，2007年11月之后，美国政府可以在任何时间以100美元买回这只债券。(如果政府在付息日赎回债券，他必须支付应计利息给债券持有人。)当然，美国政府或者更一般的可赎回债券的发行人，只有当赎回有利时才会行权赎回债券。例如，美国政府在20世纪80年代初的高利率时期，发行了大量的可赎回债券，这个时期有通胀预期，并且认为未来的利率会下降。假设利率在未来真的下降了，这对美国政府是有益的，这时美国政府就可以赎回这些高票息的旧债券，而以市场上更低的利率再融资，从而将高利率的债券换成低利率的债券，以降低政府债务的成本。

我们怎样决定可赎回债券的发行人行权(买回债券)的最优时间呢？这种可选择性会怎样影响这些债券的定价和套期保值呢？第10章和第11章介绍的利率树的方法给我们提供了一个很方便的方法。下面用一个例子来说明。

例 12-1

考虑第11章11.2.1节讨论的1.5年期，票息为5%的债券，如表11-4所示。假设，在时点 $i=1$ 开始，该债券可按面值赎回(在时点 $i=0$ 不能被赎回)。为了计算可赎回债券的价格，我们把这只证券看成是两只证券的组合：一只证券是简单的不可赎回的债券，第11章的表11-4计算出该债券在节点 (i,j) 处的价值是 $P_{i,j}(3)$，表12-2的A部分也报告了这张表。第二只证券是一只美式看涨期权，当政府赎回债券时，得到的支付为

$$\text{节点}(i,j)\text{处，看涨期权的支付} = \max(P_{i,j}(3) - 100, 0) \tag{12-1}$$

也就是说，因为行权，政府要支付债券持有者100美元，但是收回的债券价值为 $P_{i,j}(3)$。问题是，这只美式看涨期权什么时候行权是最优的。

沿着树向后递推可以解决这个问题。事实上，在任意一个节点 (i,j)，发行人可以选择行权或者不行权。如果行权，则支付(期权的价值)为

$$C_{i,j}^{\text{Ex}} = P_{i,j}(3) - 100$$

如果不行权，期权的价值为

$$C_{i,j}^{\text{Wait}} = e^{-r_{i,j} \times \Delta} E^*[C_{i+1}] = e^{-r_{i,j} \times \Delta} \left(\frac{1}{2} C_{i+1,j} + \frac{1}{2} C_{i+1,j+1} \right)$$

期权的持有者应该会最大化地选择行权与不行权的价值。因此，在任意节点 (i,j)，期权的持有

者将会选择行权与不行权以便使利益最大化。期权在节点(i, j)的价值如下：

$$C_{i,j} = \max(C_{i,j}^{\text{Wait}}, C_{i,j}^{\text{Ex}}) = \max(e^{-r_{i,j} \times \Delta} E^*[C_{i+1}], P_{i,j}(3) - 100) \quad (12\text{-}2)$$

因为期权在到期日没有价值，于是，发行人必须按面值赎回债券，所以在到期日 $I = \dfrac{T}{\Delta}$，我们有

$$\text{对有所有的 } j, \quad C_{i,j} = 0$$

已知期权的最终价值，使用式(11-2)，我们可以向后递推。最终的结果如表12-2所示，赎回债券期权的当前价值是 $C_0 = 0.1875$。

那么可赎回债券的价格是多少？因为可赎回债券的买方可以看成是不可赎回债券的多头和美式看涨期权的空头（卖给发行人）的一个组合，所以可赎回债券的价格是

$$V_0^{cb}(3) = P_0(3) - C_0 = 100.5438 - 0.1874 = 100.3564$$

表 12-2　可赎回债券中的看涨期权

$t=0$	$t=0.5$	$t=1$	$t=1.5$
$i=0$	$i=1$	$i=2$	$i=3$
A：票息为 3%，1.5 年期的不可赎回债券			
$P_0(3) = 100.5438$	$P_{1,u}(3) = 99.4667$	$P_{2,uu}(3) = 99.1094$	$P_{3,uuu}(3) = 100$
			$P_{3,uud}(3) = 100$
			$P_{3,udu}(3) = 100$
		$P_{2,ud}(3) = 99.7287$	
	$P_{1,d}(3) = 100.3780$		$P_{3,udd}(3) = 100$
			$P_{3,ddu}(3) = 100$
		$P_{2,dd}(3) = 100.1886$	
			$P_{3,ddd}(3) = 100$
B：可赎回债券中期权的价值			
$C_0 =$ $= e^{-\frac{1.75\%}{2}}$ $\times \frac{1}{2}(0 + 0.3780)$ $= 0.1874$	$C_{1,u} =$ $= \max(99.4667 - 100,$ $e^{-\frac{2.90\%}{2}} \times 0)$ $= 0$	$C_{2,uu} =$ $= \max(99.1094 - 100, 0)$ $= 0$	$C_{3,uuu}(3) = 0$
			$C_{3,uud} = 0$ $C_{3,udu} = 0$
		$C_{2,ud} =$ $= \max(99.7287 - 100, 0)$ $= 0$	
	$C_{1,d} =$ $= \max(100.3780 - 100,$ $e^{-\frac{2.14\%}{2}} \times \frac{(0 + 0.1886)}{2})$ $= 0.3780$		$C_{3,udd} = 0$ $C_{3,ddu} = 0$
		$C_{2,dd} =$ $= \max(100.1886 - 100, 0)$ $= 0.1886$	
			$C_{3,ddd} = 0$

上面那个例子，如果利率变为 $r_{1,d}$ 或 $r_{2,dd}$ 时，发行人在 $i=1$ 时刻赎回债券，否则不赎回债券。这是很容易理解的，因为当利率下降时，债券的价格就会上升，政府用100美元买回高估价的证券显然是有利可图的。也就是说，当利率下降时，政府可以以更低的利率重新融资。⊖

⊖ 在这个例子中，利率没有真正地下降，但是，它比风险中性期望的利率低，从而推高了债券的价格。

12.1.1 美国长期国债的应用

模型的结果是最优的吗？它导出了合理的价格吗？为了验证前一节所述模型是否精确，我们可按以下的步骤验证。首先，用第 11 章 11.1.2 节的 BDT 模型拟合不可赎回债券。其次，如果前面介绍的美式看涨期权定价方法是精确的，模型就应该正确计算出同一天的可赎回债券的价格。下面的例子给出了具体计算步骤。⊖

👉 **例 12-2**

第 11 章表 11-3 给出了拟合了 2002 年 1 月 8 日的零息债券的简化的 BDT 模型。我们可以用这棵树为可赎回债券定价。例如，考虑一只在 2014 年 8 月 15 日到期的可赎回债券，如表 12-1 所示。首次赎回日是 2009 年 8 月 15 日。为了给这只债券定价，表 11-3 的利率树需要扩展到更长的期限。嵌入了美式期权的国债价格树如表 12-3 所示。表中的阴影部分表示美式看涨期权会行权的节点。当 $T = 7.5$ 时，利率低于 $r_{15,6} = 8.11\%$，期权会被行权。

那么，可赎回债券的价格是多少？从表 12-3 的 A 部分可以看到，不可赎回债券的价格等于 169.732 美元；B 部分可以看到，看涨期权的价值等于 22.33 美元。所以，可赎回债券的价值等于
$$V_0^{cb}(T) = 169.732 - 22.33 = 147.40(美元)$$

这一价格与表 12-1 中的实际交易价格 146.5（要价和出价间的均价）很接近。

最后一点，注意表 11-2 中的前 3 期，我们假设了，只要期权处于实值状态，即 $P_{i,j} - 100 > 0$ 时，债券的发行者都会行权赎回债券。但实际情况并不总是这样，因为期权还有时间价值。有这样一种情况，虽然立即行权会有一个正的支付，但再等一等行权可能才是最优的，因为这样做能得到更大的收益。表 12-3 很明显地显示了这点，考虑状态 $(i, j) = (15, 5)$，美式看涨期权的价值为 $C_{i,j} = 8.37$ 美元，不可赎回债券的价格是 $P_{i,j} = 107.404$ 美元，因此立即行权的收益是美元 $P_{i,j}(3) - 100 = 107.404 - 100 = 7.404$（美元）。但是继续持有期权会有一个更高的（风险中性）预期收益。事实上，如果继续持有，有 0.5 的概率（风险中性）得到 4.59 美元（此时利率移动到 $r_{i+1,j}$），有 0.5 的概率得到 13.10 美元（此时利率移动到 $r_{i+1,j+1}$）。将时刻 $i+1$ 的支付用无风险利率进行折现得到 $e^{\frac{-10.99\%}{2}} \times \frac{(4.59 + 13.10)}{2} = 8.372$（美元），这个数值高于立即行权的支付。所以，在这个例子中，继续持有对债券持有者来说是有利可图的。⊜

12.1.2 可赎回债券的负凸性

可赎回债券中隐含的美式期权空头会怎么样影响债券价格和利率之间的关系呢？根据第 4 章的基本原理，我们知道不可赎回债券的价格和利率的关系是正凸性的。但是对于可赎回债券来说，正凸性不再成立。事实上，图 12-1 画出了例 12-2 中的 2014 年 8 月 15 日到期的可赎回债券的价格与利率的关系。我们可以看到，当利率低于 14% 时，债券价格的凸性是负的。也就是说，更低的利率仍然会使债券的价格上升，但是上升的速度会越来越小，这与不可赎回债券价格变化刚好相反。导致这种现象的原因如下：当利率下降到低于 14% 的时候，债券就可能随时被财政部赎回。所以，当利率下降时，债券的价格会收敛于赎回价（100 美元）。

⊖ 下一个例子是一个简单的练习，而且忽略了影响价格的一些详细信息。例如，美国财政部会提前 4 个月通知它将会在下个回购日赎回债券的意图。

⊜ 回想一下第 9 章，高风险中性期望现金流意味着一个比行权能产生更多现金流的复制组合。

表 12-3 美式看涨期权树
A: 不可赎回债券

时间 i	0.0	0.5	1.0	1.5	2.0	2.5	3.0	3.5	4.0	4.5	5.0	5.5	6.0	6.5	7.0	7.5	8.0	8.5	9.0	9.5	10.0	10.5	11.0	11.5	12.0	12.5
	0.0	1.0	2.0	3.0	4.0	5.0	6.0	7.0	8.0	9.0	10.0	11.0	12.0	13.0	14.0	15.0	16.0	17.0	18.0	19.0	20.0	21.0	22.0	23.0	24.0	25.0
0	169.732																									
1		155.631	141.906																							
2		174.299	161.400	129.058																						
3			178.451	149.100	116.933																					
4				166.933	137.286	105.887																				
5				182.141	155.724	126.284	95.589																			
6					171.669	145.103	115.828	85.705																		
7					184.957	161.615	134.859	105.636	76.203																	
8						175.531	151.811	124.758	95.689	67.424																
9						186.892	166.265	142.065	114.788	86.318	59.768															
10							178.172	157.007	132.368	105.246	77.927	52.782														
11							187.723	169.433	147.747	122.976	96.516	70.122	45.994													
12								179.472	160.666	138.696	114.228	88.264	62.474	40.868												
13								187.404	171.184	152.041	130.144	105.853	80.115	56.452	35.854											
14									179.542	162.991	143.794	121.873	97.532	73.466	50.554	32.319										
15									186.063	171.744	155.082	135.755	113.621	90.527	66.930	46.189	28.701									
16										178.604	164.158	147.325	127.713	106.476	83.614	61.883	41.778	26.430								
17										183.899	171.302	156.683	139.553	120.574	99.403	78.068	56.818	38.823	23.363							
18											176.835	164.081	149.188	132.500	113.488	93.523	72.520	53.226	35.092	21.038						
19											181.068	169.829	156.840	142.255	125.487	107.404	87.652	68.371	48.915	32.276	19.598					
20												174.238	162.807	150.032	135.351	119.287	101.333	83.037	63.586	45.614	30.580	19.393				
21												177.588	167.394	156.113	143.245	129.094	113.103	96.341	77.882	59.819	43.568	30.427	21.289			
22													170.886	160.799	149.435	136.962	122.850	107.811	90.904	73.679	57.321	43.215	32.737	27.610		
23													173.522	164.370	154.214	143.144	130.692	117.325	102.164	86.307	70.664	56.506	45.414	39.657	45.419	
24														167.071	157.863	147.925	136.864	124.987	111.520	97.224	82.757	69.196	58.102	51.945	56.714	100.000
25														169.100	160.625	151.579	141.644	131.022	119.066	106.293	93.168	80.552	69.861	63.486	66.826	100.000

B:可赎回债券中期权的价值

时间	0.0	0.5	1.0	1.5	2.0	2.5	3.0	3.5	4.0	4.5	5.0	5.5	6.0	6.5	7.0	7.5	8.0	8.5	9.0	9.5	10.0	10.5	11.0	11.5	12.0	12.5
i	0.0	1.0	2.0	3.0	4.0	5.0	6.0	7.0	8.0	9.0	10.0	11.0	12.0	13.0	14.0	15.0	16.0	17.0	18.0	19.0	20.0	21.0	22.0	23.0	24.0	25.0
0	22.33																									
1		19.00														0.00	0.00	0.00	0.00	0.00	0.00	0.00	0.00	0.00	0.00	0.00
2		26.06	15.77											0.02	0.00	0.01	0.00	0.00	0.00	0.00	0.00	0.00	0.00	0.00	0.00	0.00
3			22.79	12.75									0.06	0.14	0.04	0.08	0.02	0.04	0.00	0.00	0.00	0.00	0.00	0.00	0.00	0.00
4			29.89	19.56	9.95					1.11	0.52	0.20	0.40	0.78	0.28	0.56	0.17	0.35	0.08	0.01	0.00	0.00	0.00	0.00	0.00	0.00
5				26.82	16.40	7.46	5.29	3.48	2.08	3.44	1.96	0.97	1.73	3.04	1.45	2.63	1.07	2.00	0.68	0.16	0.05	0.05	0.00	0.00	0.00	0.00
6				33.73	23.69	13.36	10.48	7.80	5.41	8.10	5.49	3.33	5.43	8.62	5.12	8.37	4.59	7.81	3.59	1.30	0.32	0.65	0.11	0.23	0.00	0.00
7					30.92	20.54	17.37	14.18	11.04	15.06	11.69	8.42	12.37	17.45	13.12	19.29	13.10	17.32	11.52	6.29	2.45	4.54	1.28	2.47	0.50	0.00
8					37.45	28.02	24.99	21.80	18.46	23.18	19.77	16.16	21.30	26.84	23.27	29.09	22.85	24.99	19.07	13.60	8.71	9.51	5.55	5.00	1.97	0.00
9						34.96	32.32	29.48	26.43	31.06	28.10	24.88	29.97	34.85	32.10	36.96	30.69	31.02	25.02	19.37	14.16	13.35	8.85	6.91	3.07	0.00
10						40.95	38.77	36.41	33.83	37.91	35.51	32.89	37.28	41.32	39.22	43.14	36.86	35.70	29.63	23.83	18.38	16.28	11.35	8.34	3.89	0.00
11							44.13	42.23	40.16	43.54	41.65	39.58	43.19	46.42	44.83	47.93	41.64	39.28	33.16	27.25	21.61	18.49	13.24	9.41	4.50	0.00
12							46.96	45.32	49.21	48.04	46.57	51.45	50.38	49.18	47.84	43.14	45.30	41.99	35.84	29.85	23.05	20.16	14.65	10.21	4.96	0.00
13								46.96	49.42	51.56	50.44	52.49	54.22	53.41	52.51	51.58	48.07	45.30	37.86	29.85	23.89	21.40	15.71	10.80	5.29	0.00
14											53.42	55.00	56.31	55.71	55.04	54.35	50.16	44.04	39.37	31.80	25.05	22.33	16.49	11.25	5.54	0.00
15														57.44	56.94	56.43	51.73	45.57	40.50	33.26	27.27	23.02	17.08	11.57	5.73	0.00
16															58.37	57.99	52.89	46.71	41.34	34.36	27.29	23.54	17.51	11.81	5.86	0.00
17																59.15	53.76	47.56	41.97	35.17	29.06	23.92	17.84	11.99	5.96	0.00
18																		48.20	42.43	35.77	29.63	24.20	18.07	12.12	6.04	0.00
19																				36.22	30.05	24.41	18.25	12.22	6.09	0.00
20																				36.56	30.36	24.56	18.38	12.30	6.13	0.00
21																					30.59		18.48	12.35	6.16	0.00
22																									6.19	0.00
23																										0.00
24																										0.00
25																										0.00

（续）

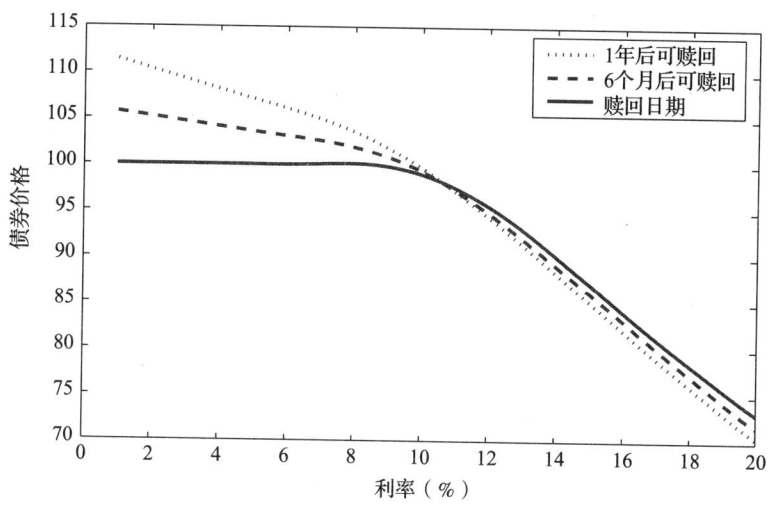

图 12-1 可赎回债券的负凸性

12.1.3 期权调整利差

嵌入了美式期权的证券经常按期权调整利差(OAS)基点进行交易，期权调整利差反映了用模型定出来的证券理论价值与交易价之间的价差。例如，在2002年1月8日，2014年8月，例12-2讨论的票息为7.5%的可赎回债券的交易价为 $V^{Quote}(0, T) = 146.5$ 美元（表12-1中买方报价和卖方报价的平均值）。用期限结构模型给这只债券定出来的价格是 $V^{cb}(T) = 147.40$ 美元。比报价要高。根据模型的结果，市场低估了可赎回债券的价值，所以应该采取买入的策略。OAS假设即期利率曲线是平移的，平移之后的模型价格 $V^{cb}(T)$ 应该等于实际的交易价格。一个正的 OAS 意味着，我们要提高模型的收益率才能与交易报价保持一致，即与嵌入期权后的债券的公允价值相比，有正的 OAS 的债券要求一个更高的收益率。⊖ 例如，例12-1表明，如果为我们把期限结构往上平移11个基点，那么重复表12-3的计算（包括拟合利率树），我们得到 $V^{cb}(T) = 146.55$ 美元，这个值等于卖方报价（见表12-1）。于是，在这个例子中

$$期权调整利差 = 11 个基点$$

有很多个理由能解释为什么债券的OAS不等于零。例如，如果可赎回债券的流动性不足，那么相对于公允价值（期权调整后），可赎回债券会折价交易，从而导致正的OAS。在这里，OAS反映了流动性风险，即不能以其公允价值出售的风险。

更重要的是，OAS的大小依赖于计算模型：不同的期限结构模型完全有可能产生不同的OAS。同样地，用相同的数据，不同的模型也会得出不同的期权价值，这在11章就已经讨论过了。

12.1.4 可赎回债券的动态复制

期权调整利差(OAS)越高，相对于模型来说，市场对债券的价格低估就越显著，市场买入债券的动机也就越强。事实上，由于动态复制，如果确定可赎回债券是被低估的，那么

⊖ 注意，即期利率曲线的平行移动会导致远期曲线的移动，因此也可以用远期利率曲线来计算OAS。

交易者就会采取"低买高卖"的策略,即投资者买入被低估的可赎回债券,卖出可以复制可赎回债券的不可赎回债券的组合。动态复制在第9章和10章已经讨论过了,具体步骤包括:动态复制策略包括期限较长的证券 $N_{i,j}^L$,如本例中的不可赎回债券;和期限较短的证券 $N_{i,j}^S$,它们都在 $i+1$ 时刻到期。和第9章和10章讨论的相比,本节的动态复制有两点差异:

1. 可赎回债券支付利息,因此动态复制必须将这些利息考虑进去。
2. 虽然发行人根据树来选择最优化的行权,他们也可能不会这么做。因此动态复制必须考虑这种可能性,即发行人不参照模型结果的行权可能。

我们用一个简单的例子12-3来做说明。

例 12-3

再次考虑例 12-1 的情况,假设市场上交易的可赎回债券有一个正的 OAS,并令市场价格 $P^{mkt}(0,3) = 100.1$ 美元。而表12-2计算出的价格 $V_0^{cb}(3) = 100.3564$ 美元。为了方便,假设市场还有一只不可赎回债券,票息为3%,期限 $i = 3$,并且假设模型能给出其公允价值,即表12-2 的 A 部分给出了不可赎回债券的交易价格 $P_0(3) = 100.5438$ 美元。

在讨论套利策略之前,我们先考虑复制组合。由第9章的式(9-9)和式9-10可知,在任意的节点 (i,j),我们必须采取如下的头寸:

$$N_{i,j}^L = \frac{V_{i+1,j} - V_{i+1,j+1}}{P_{i+1,j}(3) - P_{i+1,j+1}(3)} \tag{12-3}$$

$$N_{i,j}^S = \frac{1}{100}[V_{i+1,j} - N_{i,j}^L \times P_{i+1,j}(3)] \tag{12-4}$$

其中 $V_{i,j}$ 是我们要复制的证券的价值(可赎回债券),$P_{i,j}(3)$ 是用于复制的证券的价值(不可赎回债券)。式(12-3)和式(12-4)没有把 $V_{i,j}$ 和 $P_{i,j}(3)$ 在每期支付的利息考虑进去,但是第9章讨论的逻辑告诉我们,对于利息,只需对式(12-4)做如下的变化,即

$$N_{i,j}^S = \frac{1}{100}[(V_{i+1,j} + CF_{i+1}^V) - N_{i,j}^L \times (P_{i+1,j}(3) + CF_{i+1}^P)] \tag{12-5}$$

其中 CF_{i+1}^V 和 CF_{i+1}^P 分别代表证券 V 和证券 P 在 $i+1$ 时刻支付的现金流。对于本例,因为可赎回债券和不可赎回债券有相同的票息,所以我们有:$CF_{i+1}^V = CF_{i+1}^P = 1.5$。

本例,在起始时刻,我们有(为了方便,我们用符号 u,uu 代表节点):

$$N_0^L = \frac{V_{1,u} - V_{1,d}}{P_{1,u}(3) - P_{1,d}(3)} = \frac{99.4667 - 100}{99.4667 - 100.3780} = 0.5852$$

$$N_0^S = \frac{1}{100}[(V_{1,u} + CF_1^V) - N_0^L \times (P_{1,u}(3) + CF_1^P)]$$

$$= \frac{1}{100}[(99.4667 + 1.5) - 0.5852 \times (99.4667 + 1.5)] = 0.4188$$

所以,该组合的初始价值为

$$\Pi_0 = N_0^L \times P_0(3) + N_0^S \times (Z_0(1) \times 100) = 0.5852 \times 100.5438 + 0.4188 \times 99.1338 = 100.3564$$

这就是根据模型计算出来的可赎回债券的价值。为了方便,表12-4 中的 A 部分报告了可赎回债券 $V_{i,j}$ 沿着二叉树扣除利息的价格。注意,如果利率下降,则 $V_{1,d} = 100$,即债券被赎回,在这个节点后的树也就没有了。复制组合必须把这点考虑进去。表12-4 的 B 部分报告了动态复制的过程。只需要计算树根部(起始)的组合头寸。

表 12-4 动态复制策略

$i=0$	$i=1$	$i=2$	$i=3$
A：理论上票息为3%，1.5年期可赎回债券的价格（不考虑利息的价格）			

$V_0(3) = 100.3564$

$V_{1,u}(3) = 99.4667$

发行人赎回债券
$V_{1,d}(3) = 100$ → → → → →

$V_{2,uu}(3) = 99.1094$

$V_{2,ud}(3) = 99.7287$

[退出] → →

$V_{3,uuu}(3) = 100$

$V_{3,uud}(3) \atop V_{3,udu}(3)} = 100$

$V_{3,udd}(3) = 100$

[退出]

B：动态复制组合

$N_0^L = 0.5852$
$N_0^S = 0.4188$
$\Pi_0 = 100.3564$

再平衡
旧头寸　　新头寸
$N_{1,u}^L = 0.5852 \to N_{1,u}^L = 1$
$N_{1,u}^S = 0.4188 \to N_{1,u}^S = 0$
$\Pi_{1,u} = 100.9667$
支付息票1.5美元
$\to \Pi_{1,u} = 99.4667 \to \Pi_{1,u} = 99.4667$

再平衡
旧头寸　　新头寸
$N_{1,d}^L = 0.5852 \to N_{1,d}^L = 0$
$N_{1,d}^S = 0.4188 \to N_{1,d}^S = 0$
$\Pi_{1,d} = 101.5$
支付息票1.5美元 $\to \Pi_{1,d} = 100 \to$
$\Pi_{1,d} = 0$

$N_{2,uu}^L = 1$
$N_{2,uu}^S = 0$
$\Pi_{2,uu} = 100.6094$
→支付息票1.5美元
→$\Pi_{1,u} = 99.1094$

$N_{2,ud}^L = 1$
$N_{2,ud}^S = 0$
$\Pi_{1,ud} = 101.2287$
→支付息票1.5美元
→$\Pi_{1,u} = 99.7287$

[零头寸]

$\Pi_{3,uuu} = 100 + 1.5$

$\Pi_{3,uud} = 100 + 1.5$

$\Pi_{3,udd} = 100 + 1.5$

[零头寸]

现在，假设利率树上的一个向上移动，即 $r_0 \to r_{1,u}$。组合的价值为

$$\Pi_{1,u} = N_0^L \times (P_{1,u}(3) + CF_1^P) + N_0^S \times 100$$
$$= 0.5852 \times (99.4667 + 1.5) + 0.4188 \times 100 = 100.9667$$

其中我们必须考虑不可赎回债券的多头在 $i=1$ 处支付的 1.5 美元利息。虽然组合的价值 $\Pi_{1,u} = 100.9667$ 高于表 12-4 中 A 部分的 $V_{1,u} = 99.4667$。但是，我们要记住后者是扣除利息后的价格。为了准确复制可赎回债券，复制的组合必须向持有者支付 1.5 美元的现金流。考虑这部分的支付后，我们得到 $\Pi_{1,u} = 99.4667 = V_{1,u}$。

基于这一点，就像第 10 章的 10.2.2 节一样，我们需要调整组合。运用式（12-3）和式（12-5），我们得到组合新的头寸和价值为

$$N_{1,\cdot u}^L = 1$$
$$N_{1,\cdot u}^S = 0$$
$$\Pi_{1,u} = 100.4667$$

需要特别注意的是，我们只买入了不可赎回债券。原因是，如果利率上升到 $r_{1,u}$，根据我们之前的计算，发行人在未来赎回债券不再是最优的。也就是说，可赎回债券真的变成了不可赎回债券，

此时，复制策略变得很简单，只需持有不可赎回债券的多头。

如果在 $i=1$ 时刻利率下降，此时会怎么样？这种情况下，组合的价值为

$$\Pi_{1,d} = 101.5$$

支付利息之后，组合的价值为 $\Pi_{1,d}=100$。这与可赎回债券的价值相匹配。因为在这种情况下，发行人会赎回债券，所以价格确实是 $V_{1,d}=100$。因为债券被赎回，节点 $(1,d)$ 之后的节点就不存在了，所以在这个节点，组合的复制也将停止。也就是说，组合调整为 $N_{1d}^L=0$ 和 $N_{1d}^S=0$。

12.1.4.1 套利策略

那么套利者怎样去利用市场上的这种定价错误来套利呢？按照套利者的格言："低买高卖"。

1. 低买：买入被市场低估价的可赎回债券。
2. 高卖：卖出（做空）复制的组合，在零时刻组合的价值高于证券的市场价格。

这个策略在当天有一个正的现金流入。如果组合确实复制了可赎回债券的现金流和支付，那么持有这个头寸就能实现完美的套期保值。在这个意义上，可赎回债券的多头产生的正现金流刚好弥补了多头的现金流出。

👉 例 12-4

再看例 12-3，假设可赎回债券的市场价为 $P^{mkt}(0.3) = 100.1$，有如下策略：

1. 低买：以市场价 $P^{mkt}(0.3) = 100.1$ 买入债券。
2. 高卖：卖出复制的组合，即
 (1) 做空 $N_0^L = 0.5852$ 单位的 1.5 年期，票息为 3% 的不可赎回债券。
 (2) 做空 $N_0^S = 0.4188$ 单位的 6 个月期的国债。

于是，这个策略在当天意味着有一笔现金流入：

$$\text{当天的现金流入} = \Pi_0 - P^{mkt}(0,3) = 100.3564 - 100.1 = 0.2564$$

在时刻 $i=1$，可赎回债券支付利息，并且，要么被赎回（赎回价 100 美元），要么它的价格收敛于不可赎回债券的价格。如果价格的差异消失了，则套利策略也会在时刻 $i=1$ 关闭，来自于不可赎回债券的现金流完全对冲了空头的现金流。例如，假设利率下降，则可赎回债券的多头会产生一个 101.5 的现金流（本金加利息）。为了得到这个现金流，套利者可以：①持有不可赎回债券的空头，支付利息 $0.5852 \times 1.5 = 0.8778$；②持有国债的空头，支付本金 $0.4188 \times 100 = 41.88$；③为了平仓（不可赎回债券的空头），以现价 $P_{1,d}(3) = 100.3780$ 回购 0.5852 份的债券，共 $0.5852 \times 100.378 = 58.74061$。①+②+③的总和为 $0.8778 + 41.88 + 58.74061 = 101.5$，这就是可赎回债券产生的全部现金流。⊖

12.1.4.2 如果发行人不按最优条件行权会怎样

动态复制的关键是发行人的行为符合模型规定。但是并没有强制地说美式期权的行权必须是最优的，并且完全有理由相信，发行人会选择次优的行权。次优行权会如何影响之前讨论的套利策略？下面一个例子回答了这个问题。

👉 例 12-5

再看例 12-3 和例 12-4，假设在节点 $(1,d)$，可赎回债券的发行人忘了赎回债券。在这种情况

⊖ 通常，这种算法有一点舍入误差，如果我们保留的小数位多一些，这种误差带来的影响就可以忽略不计。

下,债券并没有结束,我们必须在表12-4的A部分的二叉树中添加一些价格。表12-5报告了从节点$(1,d)$起,可赎回债券的子树:新的看涨期权的价格仍然要考虑时点$i=2$处发生的事情,如果$i=2$时,利率下降则债券会被赎回。在这种场景下,期权的价值为$C_{2,dd}=\max(P_{2,dd}(3)-100,0)=100.1886-100=0.1886$,风险中性定价公式意味着美式期权在节点$(1,d)$上的价值是

$$C_{1,d}(3) = e^{-r_{1,d}\times\Delta}\times\frac{C_{2,du}(3)+C_{2,dd}(3)}{2} = e^{-2.14\%\times 0.5}\times\frac{0+0.1886}{2}$$
$$= 0.0932$$

于是,可赎回债券的价值是

$$V_{1,d} = P_{1,d}(3) - C_{1,d}(3) = 100.2848$$

表 12-5　可赎回债券和次优行权下的组合复制

$P_{1,d}(3)=100.3780$ $C_{1,d}(3)=0.0932$ $V_{1,d}(3)=100.2848$	$P_{2,du}(3)=99.7287$ $C_{2,du}(3)=0$ $V_{2,du}(3)=99.7287$	$P_{3,duu}(3)=100$ $C_{3,duu}(3)=0$ $V_{3,duu}(3)=100$
	$P_{2,dd}(3)=100.1886$ $C_{2,dd}(3)=0.1886$ [发行人回购债券] $V_{2,dd}(3)=100$	$P_{3,dud}(3)=100$ $C_{3,dud}(3)=0$ $V_{3,dud}(3)=100$
		[退出]

如果发行人忘了回购债券,那么可赎回债券的价值很明显地会高于面值100美元。因为最优行权没有发生,可赎回债券的价值就会上升。这对套利者来说是一件好事,因为套利者可以做多可赎回债券。在这个节点上,套利者以$V_{1,d}=100.2848$美元的价格卖出可赎回债券,同时用100美元现金平仓(见例12-4),净赚0.2848美元。这笔现金流入是额外的收入($i=0$时,已经收到了现金0.2564美元)。

如果可赎回债券的发行人没有采取最优行权,那么在本该最优行权却没有行权的那个时间点,套利者会得到一笔现金流入,因为可赎回债券的价格会上涨至高于面值的水平。通过卖出可赎回债券同时对可赎回债券的空头进行平仓的策略会产生更多的利润。很明显,回购可赎回债券被认为是发行人的最佳行权策略,这个策略能最大化嵌入可赎回债券中的美式期权的价值,反过来讲,就是尽可能地降低了可赎回债券的公允价值。如果行权时间不是最优的,那么看涨期权的价值会低于在最优行权的条件下计算出来的价值,反过来讲,这就意味着可赎回债券的价格比面值要高。

12.2　美式互换期权

第11章11.2.4节讨论了欧式互换期权,即有权缔结互换协议,要么作为固定利率的支付方(付方互换期权),要么作为固定利率的接受方(收方互换期权)。现在概括一下美式互换期权,这是一种可以在到期日之前的任意时间要求对方缔结互换协议或买卖互换合约的一种选择权。如第11章讨论的那样,互换期权常常被市场参与者拿来对冲利率的变化,并且很多情况

下，用美式互换期权比欧式互换期权要更明智，因为美式期权提供了一个额外的保护。例如，前一节讨论的可赎回国债的投资者担心财政部在即将到来的回购日赎回债券，而美式期权在解冻期之后至到期日之前的任意时间都可以行权。一只执行利率等于国债票息的美式买权互换期权能够对冲提前偿付风险。事实上，如果财政部回购债券，美式互换期权的持有者就可以行权从而得到固定的执行利率，即通过互换，把浮动利率换成固定利率。互换中，投资者必须支付的浮动利率就被对冲掉了，因为投资者可以把来自政府回购所得到的资本投资于浮动利率证券，如货币市场。

我们如何决定美式互换期权的溢价？我们可以将第11章11.2.4节讨论的二叉树方法推广到美式互换期权。为了简便，我们讨论11章的那个例子。

例 12-6

考虑11章的例11-6。例11-6中我们考虑了一只2年期的欧式付方互换期权，持有者有权以执行利率 $r_k = 4.49\%$ 买卖3年期，每半年交换一次的互换。回忆一下在到期日 $i = 4$ 时，行权决策的逻辑：如果2年后的市场互换利率高于执行利率 $r_k = 4.49\%$，如6%，那么互换期权的持有者会发现行权是有利可图的（支付 $r_k = 4.49\%$，而不是市场利率6%）。反之亦然，如果2年后的市场互换利率低于执行利率 $r_k = 4.49\%$，如3%，那么互换的持有者不会行权，而是以当前的市场利率买卖互换。

表12-6的A部分报告了第11章所使用的利率树，标的证券是期限为 $k = 10$（5年），固定互换利率 $r_k = 4.49\%$ 的固定利率换浮动利率的互换。表12-6的B部分报告了互换的价值树，其中 r_k 是互换利率，计算过程见第11章的12.2.4节。对于2年期的欧式互换期权，我们只需考虑在到期日 $i = 4$ 时是否行权。因为市场互换利率在任何时刻都被定义使互换价值等于零的互换利率。所以之前讨论的"如果市场互换利率大于执行利率 $r_k = 4.49\%$ 就行权"的策略就转化为

$$\text{当且仅当 } V_{4,j}(10; r_k) > 0 \text{ 时, 行权} \tag{12-6}$$

而美式看跌期权互换期权是这样的：标的互换也是表12-6中B部分的 $V_{i,j}(10; r_k)$。和欧式期权不同的是，美式期权的持有者可以在到期日 $i = 4$ 之前的任何时间行权。因此，就像我们讨论可赎回债券一样，美式期权的持有者在任何时刻 (i, j) 都要决定是行权还是继续持有。如果期权持有者行权，那么他/她立即得到表12-6中B部分的支付 $V_{i,j}(10; r_k)$。如果期权持有者选择继续持有，即他保留了在未来行权的权利，那么支付是期权未来现金流的风险中性期望值。

严格来讲，令 $C_{i,j}^A$ 代表美式期权在节点 (i, j) 的价值。在到期日，我们有 $C_{i,j}^A = \max(V_{4,j}(10; r_k), 0)$。为了计算前一期的价值，如果期权持有者选择继续持有，我们则需要计算期权的价值

$$C_{i,j}^{\text{Wait}} = e^{-r_{i,j} \times \Delta} \times \left(\frac{1}{2} \times C_{i+1,j}^A + \frac{1}{2} \times C_{i+1,j+1}^A\right) \tag{12-7}$$

因此，向后递推的方法就是一步一步地选择每个节点的支付与该节点的期权价值的最大值。也就是，我们有：

$$C_{i,j}^A = \max(C_{i,j}^{\text{Wait}}, V_{4,j}(10; r_k)) \tag{12-8}$$

表12-6中的C部分报告了美式期权树。在树上，我们可以看到，通过比较标的互换的价值和互换期权树的大小来确定行权的时间点。如果互换期权树等于互换价值，比如在 $i = 0$ 和 $j = 3$，那么在这点就会行权。和欧式期权相比，由于美式期权的这种额外的灵活性，美式期权的价格总是比对应的欧式期权的价格要高。在这个例子中，美式期权的价值是 $C_0^A = 3.65$，而欧式期权的价值为3.41（见第11章的表11-9）。很明显，美式期权的价值比对应的欧式期权的价值要高。

表 12-6 期限为 5 年的互换树

	A：简化的 BDT 利率树模型										
T 时刻	0	0.5	1	1.5	2	2.5	3	3.5	4	4.5	5
时期 i	0	1	2	3	4	5	6	7	8	9	10
θ_i (×100)	71.82	69.16	33.48	33.79	11.82	-2.30	-4.38	4.55	12.81	-1.26	
j											
0	1.74	2.90	4.77	6.56	9.03	11.15	12.83	14.60	17.38	21.56	24.93
1		2.14	3.52	4.84	6.67	8.24	9.47	10.78	12.84	15.92	18.41
2			2.60	3.58	4.93	6.08	7.00	7.97	9.48	11.76	13.60
3				2.64	3.64	4.49	5.17	5.88	7.00	8.69	10.05
4					2.69	3.32	3.82	4.35	5.17	6.42	7.42
5						2.45	2.82	3.21	3.82	4.74	5.48
6							2.08	2.37	2.82	3.50	4.05
7								1.75	2.09	2.59	2.99
8									1.54	1.91	2.21
9										1.41	1.63
10											1.21

	B：互换的价值树									
节点 j										
0	0.00	4.27	8.18	11.38	13.86	15.22	15.50	14.72	12.58	8.20
1		-1.53	2.04	5.04	7.48	9.03	9.71	9.58	8.42	5.58
2			-2.79	0.05	2.44	4.14	5.18	5.58	5.21	3.60
3				-3.83	-1.47	0.36	1.67	2.51	2.77	2.10
4					-4.47	-2.54	-1.00	0.18	0.92	0.99
5						-4.74	-3.02	-1.58	-0.46	0.15
6							-4.55	-2.90	-1.50	-0.47
7								-3.89	-2.27	-0.93
8									-2.85	-1.27
9										-1.52

	C：美式互换期权树				
j					
0	3.65	5.54	8.18	11.38	13.86
1		1.81	3.07	5.04	7.48
2			0.59	1.20	2.44
3				0.00	0.00
4					0.00

12.3 抵押贷款和住房抵押贷款支持证券

在这一节，我们回到第 8 章讨论过的住房抵押贷款支持证券。我们首先看一下进行固定利率抵押贷款的房主的最优决策，当利率下降时，房主会进行再融资。接着，我们研究这种最优决策如何影响过手债券和其他抵押贷款支持证券的价值？第 8 章我们讨论过（见 8.2.2 节）房主为什么会对他的抵押贷款进行再融资,这里介绍最优再融资时间模型将忽略这些动机。我们会把再融资的其他动机合并到第13章的扩展模型当中(13.6节),13.6节将会介绍一种新的工具——蒙特卡罗模拟,来为利率衍生证券定价。像第8章讨论的那样,利率的方差是影响再融资的主要因素,并且了解最优再融资时间是了解MBS提前偿付的第一步。

12.3.1 抵押贷款和提前还款期权

拥有固定利率抵押贷款的房主可以看成是一只特殊的可赎回债券的发行人。事实上,和可赎回债券的发行人一样,房主从银行以固定利率(利息)借入现金,但是保留了在任何时刻结束抵押贷款的选择权。第8章讨论过,房主关闭抵押贷款的原因有很多(如提前还款)。在本章,我们重点关注"理性"原因,即和可赎回国债一样,房主关闭抵押贷款的原因是为了以更低的抵押贷款利率进行再贷款。假设利率的变化是房主再融资的唯一理由,那么,很明显,只有当新的抵押贷款利率低于旧贷款(具有相同特征)利率时,房主才会再融资。与可赎回债券一样,二叉树方法对于求解最优再融资时间是非常管用的,如果新的贷款利率低于旧贷款的利率,那么等待再融资是最优的,这和前一节的结论是一样的。

尽管用二叉树方法计算再融资选择权的价值和计算可赎回债券的价值是一样的,但是,抵押贷款有一些重要的差异。像往常一样,我们先看一个例子。

例 12-7

考虑本金为100 000美元,期限为5年,每半年付一次利息的抵押贷款。短期限和半年一次付息的假设要求我们明确所有的计算过程。假设今天是2000年1月31日。利率期限结构如表12-7的A部分所示。B部分则报告了用常数波动率的简化的BDT模型拟合的利率期限结构(见第11章)。

表12-7 零息债券和简化的BDT模型(2000年1月31日)

A:利率的期限结构										
期限	0.5	1	1.5	2	2.5	3	3.5	4	4.5	5
零息债券的价格	97.11	94.00	90.86	87.77	84.79	81.94	79.26	76.59	74.14	71.70
收益率	5.86%	6.19%	6.39%	6.52%	6.60%	6.64%	6.64%	6.67%	6.65%	6.65%

B:简化的BDT模型										
θ_i	0.187	0.069	0.011	-0.018	-0.031	-0.080	0.055	-0.118	0.057	-0.103	0.059

j \ i	0	1	2	3	4	5	6	7	8	9	10
0	5.86%	7.49%	9.02%	10.55%	12.17%	13.94%	15.58%	18.64%	20.44%	24.47%	27.04%
1		5.53%	6.66%	7.79%	8.99%	10.30%	11.51%	13.77%	15.10%	18.07%	19.97%
2			4.92%	5.76%	6.64%	7.61%	8.50%	10.17%	11.15%	13.35%	14.75%
3				4.25%	4.90%	5.62%	6.28%	7.51%	8.24%	9.86%	10.90%
4					3.62%	4.15%	4.64%	5.55%	6.08%	7.28%	8.05%
5						3.07%	3.43%	4.10%	4.49%	5.38%	5.95%
6							2.53%	3.03%	3.32%	3.97%	4.39%
7								2.24%	2.45%	2.94%	3.24%
8									1.81%	2.17%	2.40%
9										1.60%	1.77%
10											1.31%

假设半年复利一次的抵押贷款利率是 $r_2^m = 7.564\%$,其中下标"2"表示半年计一次息。再融资期权定价的第一步是计算房主每期支付的利息。这个例子中,一期对应的是半年,回想一下利息和现值的关系

$$100\,000 = \sum_{i=1}^{10} \frac{C}{\left(1 + \frac{r_2^m}{2}\right)^{2 \times i}}$$

解得[⊖]

$$C = \frac{100\,000}{\sum_{i=1}^{10} \frac{1}{\left(1 + \frac{r_2^m}{2}\right)^{2 \times i}}} = 12\,196(美元)$$

已知每期的支付 C,我们就可以计算不含提前还款期权的抵押贷款的价值:这个值是剩余本金比较的一个基准。可赎回债券的定价,我们是首先计算出不可赎回债券的价值和看涨期权的价值,对于抵押贷款,我们用相同的方法,即

抵押贷款的价值 = 不含提前还款的抵押贷款的价值 + 提前还款期权的价值 (12-9)

不含提前还款期权的抵押贷款的价值可以用标准的二叉树定价方法进行计算,即沿着二叉树向后递推。公式如下:

$$V_{i,j}^{np}(10) = e^{-r_{i,j} \times \Delta} \left(\frac{1}{2} \times V_{i+1,j}^{np}(10) + \frac{1}{2} \times V_{i+1,j+1}^{np}(10) + C \right)$$

其中"10"代表抵押贷款的期限,"np"代表不含提前还款。注意,和标准债券不同的是,在到期日并没有本金的支付,因为本金以利息 C 的方式摊销了。表12-8的A部分计算了不含提前还款期权的抵押贷款的价值。结果是 $V_0^{np}(10) = 102\,220$ 美元,这个值大于从抵押贷款中收到的本金。我们将会看到,这个差值来源于提前还款期权的价值。

为了计算提前还款期权的价值,我们需要知道每期的未清本金余额,因为房主会比较负债的价值和未清余额的大小。回想第8章中计算未清余额的步骤,首先,根据式(8-4)和式(8-5)计算每期的利息支付、本金支付和剩余本金。计算结果如表12-8的B部分所示。例如,第一期的利息支付是 $r_2^m \times \frac{100\,000}{2} = 3\,782$(美元),即B部分的第1行第2列。已知每半年的还款额 $C = 12\,196$(美元),所以第一期的本金支付是 $12\,196 - 3\,782 = 8\,414$(美元),即B部分的第2行第2列。接下来计算第一期期末的剩余本金是 $100\,000 - 8\,414 = 91\,586$(美元),在第3行第2列报告。第3列的值也是用同样的方法计算出来的,依次类推。

每一期期末的未清本金余额就是美式期权的执行价格,这个美式期权是房主在抵押贷款中持有的隐性期权。每一个付息期 i,房主会比较抵押贷款的价值(已知当前利率)和剩余本金的价值。如果抵押贷款的当前价值(代表了房主的负债)超过了剩余本金,那么房主就会再融资。令 L_i 为第 i 期的未清本金余额,那么提前还款期权有如下支付:

$$\text{提前还款期权的支付} = C_{i,j}^{Exercise} = \max(V_{i,j}^{mp}(10) - L_i, 0) \quad (12\text{-}10)$$

事实上,因为行权,房主必须支付剩余本金 L_i,但他可以从原来价值为 $V_{i,j}^{np}(10)$ 的贷款中解脱出来了(以后不用再付贷款了)。

那么,我们怎样给提前还款期权定价?因为这是一个美式期权,我们用12.1节讨论过的向后递推的方法。具体地说,在任意一个节点 (i, j),房主可以决定行权,得到式(12-10)所示的支付,或者等待。在这种情况下,我们有

⊖ 我们近似得到最近的整数。

$$C_{i,j}^{\text{Wait}} = e^{-r_{i,j}\times\Delta} \times \left(\frac{1}{2} \times C_{i+1,j} + \frac{1}{2} \times C_{i+1,j+1}\right) \tag{12-11}$$

当 $C_{i,j}^{\text{Exercise}} > C_{i,j}^{\text{Wait}}$ 时，房主就会行权。因此，二叉树就可以通过向后递推的方法构造出来。

$$C_{i,j} = \max(C_{i,j}^{\text{Wait}}, C_{i,j}^{\text{Exercise}}) \tag{12-12}$$

表 12-8 的 B 部分展示了提前还款期权的价值树，价值 $C_0 = 2\,220$，节点 (i,j) 处，抵押贷款的价值为 $V_{i,j}(1) = V_{i,j}^{noprepay}(10) - C_{i,j}$。例如，抵押贷款树根部的价值是

$$V_0(10) = V_0^{np}(10) - C_0 \tag{12-13}$$
$$= 102\,220 - 2\,220 \tag{12-14}$$
$$= 100\,000 \tag{12-15}$$

也就是说，在 0 时刻，抵押贷款的价值等于本金 100 000 美元。事实上，我们选择贷款利率 $r_2^m = 7.564\%$ 就是为了使抵押贷款的初始本金（从房主那得到的金额）等于抵押贷款的公允价值。换句话说，抵押贷款利率 r_2^m 包含了两部分：第一部分是货币时间价值的补偿，因为贷款人把钱给了房主而不是拿去投资其他证券；第二部分是提前还款期权的补偿，这个期权是银行随抵押贷款一起卖给房主的。因此，尽管没有任何违约风险，抵押贷款利率因为额外的补偿而上升，银行想从已经出售给房主的期权中获取利润。

与可赎回债券一样需要注意的是，当提前还款是实值期权时就立马行权不一定总是最优的。例如，如果利率先增加后减少，到达节点 (i,j)，此时 $r_{i,j} = 6.66\%$。在这种情况下，不含提前还款期权的抵押贷款的价值是 $V_{2,1}^{np} = 84\,165$ 美元，而未清本金余额只有 $L_2 = 82\,855$ 美元。立即行权的支付等于 $V_{2,1}^{np} - L_2 = 1\,310$ 美元。但是不行权有更高的价值，从表 12-8 的 C 部分，我们发现 $C_{2,1} = 1\,460 > 1\,310$。也就是说，在这种情况下，行权去再融资是错误的，不行权才是最优的。事实上，对于每一期 i，我们可以计算触发利率 r_i^*，如果短期利率 $r_{i,j}$ 低于触发利率，那么房主就会再融资。表 12-8 的 D 部分报告了这些触发利率。

表 12-8 不含提前还款期权的抵押贷款的价值和未清本金余额

A：不含提前还款期权的抵押贷款的价值树

j \ i	0	1	2	3	4	5	6	7	8	9	10
0	102 220	90 816	80 008	69 644	59 617	49 838	40 216	30 550	20 912	10 791	0
1		95 314	84 165	73 363	62 826	52 484	42 263	32 007	21 764	11 142	0
2			87 420	76 278	65 340	54 552	43 858	33 135	22 419	11 408	0
3				78 528	67 280	56 147	45 084	33 999	22 916	11 609	0
4					68 760	57 362	46 017	34 654	23 292	11 760	0
5						58 280	46 721	35 147	23 574	11 872	0
6							47 249	35 517	23 784	11 956	0
7								35 793	23 941	12 018	0
8									24 058	12 064	0
9										12 098	0
10											0

B：未清本金余额的计算

	0	1	2	3	4	5	6	7	8	9	10
利息支付	0	3 782	3 464	3 134	2 791	2 435	2 066	1 683	1 285	873	0
本金支付	0	8 414	8 732	9 062	9 405	9 761	10 130	10 513	10 910	11 323	0
未偿还本金	100 000	91 586	82 855	73 792	64 388	54 627	44 497	33 985	23 074	11 751	0

(续)

j\i	0	1	2	3	4	5	6	7	8	9	10
				C：提前还款期权的价值树							
0	2 220	845	294	81	12	0	0	0	0	0	0
1		3 728	1 460	534	159	25	1	0	0	0	0
2			4 566	2 485	952	307	52	2	0	0	0
3				4 735	2 892	1 519	587	107	4	0	0
4					4 372	2 735	1 519	669	218	8	0
5						3 653	2 223	1 163	500	121	0
6							2 752	1 532	710	204	0
7								1 808	867	267	0
8									984	313	0
9										347	0
10											0
				D：会触发提前还款的利率							
i	0	1	2	3	4	5	6	7	8	9	10
触发利率		5.53%	4.92%	5.76%	6.64%	5.62%	6.28%	5.55%	6.08%	7.28%	—

12.3.2 住房抵押贷款支持证券的定价

一旦我们知道了最优行权时间，我们就能计算隐含在二叉树中的现金流。假设我们有一个抵押贷款池，这个池是由很多个例12-7所讨论的抵押贷款组成。当然，我们也知道了现金流的时间序列，因此我们可以用二叉树来计算抵押贷款支持证券的价格。例12-7做了简化的设定：房主最优提前还款只依赖利率，并且没有具体考虑抵押担保证券不同组合的差异性问题（见第8章），原因是当所有的房主都提前还款时，那么所有的提前支付会立即发生。⊖第13章中我们会对这里介绍的方法进行推广，考虑影响房主再融资决策的其他因素。在这节，我们只考虑简单的过手债券定价问题。

例 12-8

考虑一个抵押贷款池，抵押贷款和例12-7描述的是一样的，总本金为1亿美元。现在，考虑一只利率为 $r_2^{PT}=7\%$ 的过手债券，我们该怎样计算这只证券的价格呢？这里的关键是，要意识到表12-8中的二叉树很好地预测了提前还款发生的时间，再结合7%的转手债券利率，就可以求出这只债券的现金流了。有了现金流，我们就能计算出债券的价值。

像通常一样，我们沿着二叉树向后递推。表12-9报告了计算结果。首先，第一行报告了过手债券的利息支付，这等于前一期的未偿还本金余额 L_{i-1}（表12-9的第3行）乘以过手债券的利率。

$$i\text{ 期的利息支付} = L_{i-1} \times \frac{r_2^{PT}}{2}$$

表12-9的第2行报告了本金支付的时间表。

⊖ 但是，这个模型可以对标的抵押物的特征做更具体的假设。例如，到期日的异质性，产生不同最优行权时间的票息。这些都会造成MBS分支现金流的一些有趣的差异。

二叉树使用传统的方法(前几章已经讲过了),即计算未来现金流的现值作为节点(i,j)处的价格,即这是一个不含利息的价格。在这个条件下,我们需要考虑每个节点(i,j)的两种情况:

1. 在节点(i,j)处,有提前还款
- ⇒ 过手债券的价值等于未偿还本金余额:

$$P_{i,j}^{PT}(10) = L_i$$

2. 在节点(i,j)处,没有提前还款
- ⇒ 过手债券的价值等于下一期$(i+1)$证券价值的风险中性期望折现值,加上下一期利息的折现值,加上下一期的按时的本金支付。其计算公式是

$$P_{i,j}^{PT}(10) = e^{-r_{i,j}\times\Delta} \times \left(\frac{1}{2}\times P_{i+1,j}^{PT}(10) + \frac{1}{2}\times G_{i+1,j+1}^{PT}(10) + CF(i+1)\right) \quad (12\text{-}16)$$

其中:

$$CF(i+1) = \text{利息支付} + (i+1)\text{期的按时的本金支付} \quad (12\text{-}17)$$

例如,在表12-9中,考虑对应$i=9$期的那一列(最后一期)。第一个状态$(j=0)$等于利息加上$i=10$期的按时的本金支付的现值。即

$$P_{9,0}^{PT}(10) = e^{-24.74\%\times 0.5} \times (411 + 11\,751) = 10\,762$$

其中,24.47%是节点(9,0)的利率,如表12-7所示。类似地,在同一列,节点$j=1,2,3$是时点$i=10$的现金流的现值。相反,节点$j=4$的11 751等于时点$i=9$的未偿还本金余额。基本原理是,如果在时点$i=9$,利率等于$r_{9,3}=9.86\%$,那么房主就会行权,过手债券的投资者将会收回本金。我们可以从表12-9中看出最优行权发生的节点。这些节点处的证券价值会等于未偿还本金余额的价值(表中的第3行)。正如我们的预期,再融资发生在利率比较低的时候。

表12-9 过手债券

利息的支付 (过手债券)		3 500	3 206	2 900	2 583	2 254	1 912	1 557	1 189	808	411
按还款计划的本金 支付(贷款池)		8 414	8 732	9 062	9 405	9 761	10 130	10 513	10 910	11 323	11 751
未偿还本 金余额 (贷款池)	100 000	91 586	82 855	73 792	64 388	54 627	44 497	33 985	23 074	11 751	0

j \ i	0.0	1.0	2.0	3.0	4.0	5.0	6.0	7.0	8.0	9.0	10.0
0	99 323	89 141	78 947	68 867	59 054	49 435	39 942	30 384	20 827	10 762	0
1		91 586	82 265	72 388	62 168	52 053	41 981	31 833	21 675	11 112	0
2			82 855	73 792	64 388	53 969	43 542	32 962	22 328	11 377	0
3				73 792	64 388	54 627	44 497	33 762	22 835	11 577	0
4					64 388	54 627	44 497	33 985	23 074	11 751	0
5						54 627	44 497	33 985	23 074	11 751	0
6							44 497	33 985	23 074	11 751	0
7								33 985	23 074	11 751	0
8									23 074	11 751	0
9										11 751	0
10											0

由于嵌入了美式期权，抵押贷款支持证券表现为负凸性，这意味着，当利率下降时，价值上升得越来越少。事实上，图 12-2 画出了期初后 1 年的过手债券价值随利率的变化图。⊖ 因为利率下降，房主越来越快地提前偿付抵押贷款，并且过手债券的价值收敛于剩余本金。

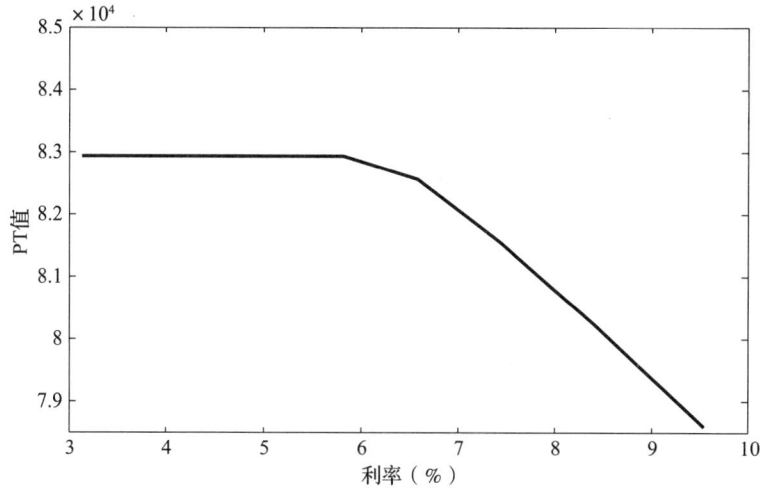

图 12-2　过手债券的负凸性

仅息债券和仅本债券

我们也可以用二叉树的方法计算 RMB 的几种债券，如仅本债券和仅息债券（都是资产剥离债券）。像第 8 章那样，仅本债券是只要求支付本金的资产剥离债券，包括按计划和不按计划的。相反，仅息债券是只要求利息部分支付的资产剥离债券。和国债剥离债券有所不同，抵押贷款剥离债券有一些有趣的特点，如下例所示。

例 12-9

再看例 12-8 的过手债券，现在我们把本金支付从利息支付中剥离出来，从而得到两只债券。具体地说，仅本债券和上例讨论的过手债券是一样的，但是式(12-16)中的现金流 $CF(i+1)$ 只包括 $i+1$ 期的按时本金支付，而不是 $i+1$ 期的按时本金支付和利息（见式(12-17)）。计算结果如表 12-10 的 A 部分所示。

仅息债券只要求支付利息，因此和过手债券相比，必须做两点改变：

1. 首先，假设节点 (i, j) 处有提前还款，那么仅息债券的现金流为零（过手债券的是 L_i）。
2. 第二，式(12-16)的现金流公式是 $CF(i+1) = i+1$ 时支付的利息。

抵押贷款证券剥离后的仅本债券和仅息债券的价格加起来应该等于过手债券的价格。表 12-10 的 B 部分报告了仅息债券的计算结果。

仅息债券的主要特点是：一般情况下，仅息债券的价格与利率呈反向关系，这在二叉树中体现得非常明显。例如，在时点 $i=3$，我们可以看到，第一个节点的价格为 9 508 美元，中间节点的价格则下降至 5 447 美元，最后一个节点的价格降至零。直觉也是很直接的：更低的利率意味着提前还款的可能性越高。但是，如果提前还款，则仅息债券的现金流为零，因为提前支付的本金是仅本债券

⊖ 为了得到这张图，我们假设例 12-8 中的过手债券有相同的特征，但是为了得到更清晰的图像，我们使用的每月付一次息。

的现金流,而不是仅息债券的现金流。图12-3 画出了仅息债券(虚线)和仅本债券(实线)随利率变化的图像。仅息债券表明,随着利率的下降,它的价值也逐渐降为零。

表12-10 仅本债券和仅息债券

A：仅本抵押贷款支持证券

j \ i	0	1	2	3	4	5	6	7	8	9	10
0	90 928	78 851	69 439	60 236	52 217	44 442	36 549	28 314	19 763	10 398	0
1		91 586	76 818	66 925	55 973	47 021	38 491	29 681	20 574	10 736	0
2			82 855	73 792	64 388	50 549	40 259	30 836	21 197	10 992	0
3				73 792	64 388	54 627	44 497	32 153	21 872	11 186	0
4					64 388	54 627	44 497	33 985	23 074	11 751	0
5						54 627	44 497	33 985	23 074	11 751	0
6							44 497	33 985	23 074	11 751	0
7								33 985	23 074	11 751	0
8									23 074	11 751	0
9										11 751	0
10											0

B：仅息抵押贷款支持证券

j \ i	0	1	2	3	4	5	6	7	8	9	10
0	8 396	10 290	9 508	8 631	6 837	4 993	3 393	2 070	1 063	364	0
1		0	5 447	5 463	6 195	5 032	3 490	2 152	1 101	376	0
2			0	0	0	3 421	3 282	2 125	1 131	385	0
3				0	0	0	0	1 609	963	392	0
4					0	0	0	0	0	0	0
5						0	0	0	0	0	0
6							0	0	0	0	0
7								0	0	0	0
8									0	0	0
9										0	0
10											0

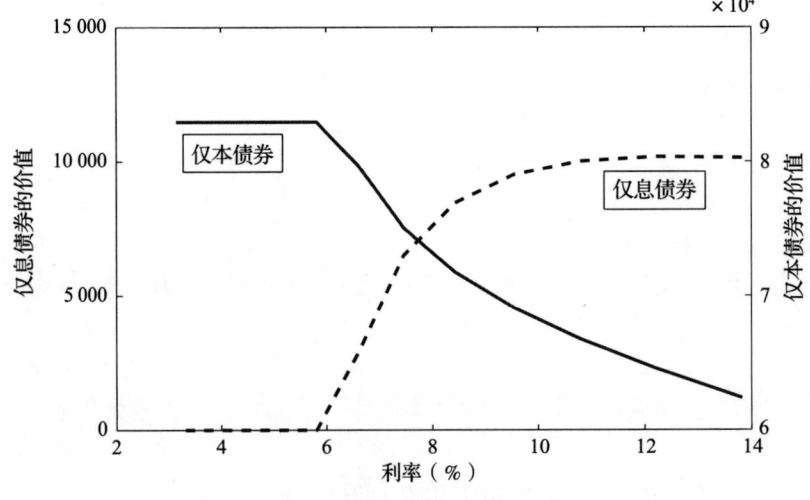

图12-3 仅本债券和仅息债券

12.3.3 抵押贷款支持证券的即期利率久期

前一节讨论的仅息债券的价格变化意味着：仅息债券的久期通常是负数，这和标准的资产剥离债券刚好相反。为了理解这一点，我们给仅息债券定义一个和第 10 章 10.5 节讨论过的相类似的久期——即期利率久期。具体地说，即期利率久期衡量了证券价格对即期利率变化的敏感性，公式为

$$D = -\frac{1}{P} \times \frac{dP}{dr} \tag{12-18}$$

在二叉树中，可以用下面的公式估算久期（为了简化，我们 u 和 d 代表上升和下降）：

$$D \approx -\frac{1}{P_0} \times \frac{P_{1,u} - P_{1,d}}{r_{1,u} - r_{1,d}} \tag{12-19}$$

表 12-9 的过手债券和表 12-10 的仅息债券和仅本债券的即期利率久期是

$$D^{PT} = -\frac{1}{99\,323} \times \frac{89\,141 - 91\,586}{7.49\% - 5.53\%} = 1.257\,4 \tag{12-20}$$

$$D^{PO} = -\frac{1}{90\,928} \times \frac{78\,851 - 91\,586}{7.49\% - 5.53\%} = 7.154\,2 \tag{12-21}$$

$$D^{IO} = -\frac{1}{8\,396} \times \frac{10\,290 - 0}{7.49\% - 5.53\%} = -62.608\,3 \tag{12-22}$$

结果表明：首先，过手债券确实有一个相对较低的久期，原因是，表 12-8 中所示的最初的抵押贷款支持证券价格是用抵押贷款利率（使得本金等于债券价值）计算出来的。这种利率设定的情况下，只要利率下降，房主再融资就是最优的，而这显然不切实际。事实上，再融资需要成本，所以房主会在模型（表 12-8）推荐的时间点的后面进行再融资。这种限制会使久期轻微地提高。

尽管利率变化对仅本债券和仅息债券的影响都很重要，但是仅本债券对利率的敏感性要远高于最初的过手债券。如果利率下降，那么仅本债券的价格会显著上升，原因有二：贴现率会变小（所以价格上升）和现金流会增加（由于提前还款），这种双重效应推高了久期。和仅本债券形成鲜明的对比，仅息债券的久期是负的，这意味着当利率下降，仅息债券的价值也会下降。直观感受很简单：在仅息债券中，利率的下降触发了提前还款，未来的利息支付会变小。因此低利率伴随着低未来现金流和负久期。我们注意到，正如我们在 8.3.3 节所预期的一样，考虑提前还款特征后计算出的久期，与我们用 PSA 方法（见 8.3.3 节）计算出来的久期在符号上是相反的。如果我们仍然只是简单地使用在 8.3.3 节假设的条件和方法，则容易掉入一个陷阱。因为 8.3.3 节中简单地假设了提前还款的速度不会随着利率的变化而变化，而实际上随着利率的变化，提前偿付速度必然是会变化的；所以，考虑到提前还款，对于任何仅息债券，其久期都是负的。现实中，当利率下降一点点时，房主当然不会立即提前还款，并且提前还款还有很多其他原因。下一章就会介绍其他模型——提前还款模型，并结合蒙特卡罗模拟来计算抵押贷款支持证券的价格。

本章小结

这一章，我们涉及了以下几个主题：

1. 美式期权：这种期权在到期日之前的任意时间都可以行权。其价值大于等于对应的欧式期权。

2. 最优行权时间：到期日之前的任意时间，期

权的持有者会在行权还是等待(稍后行权)之间做出选择。这个决策依赖于当前行权的收益和如果不行权时、期权的风险中性期望价值的大小。在二叉树上使用向后递推的方法可以很方便地算出期权的价格。

3. **可赎回债券**：可以被发行人以面值赎回的固定利率债券称为可赎回债券。它可以看成是一个组合：票面利率为常数的不可赎回债券减去执行价格等于面值、标的是不可赎回债券的美式看涨期权。

4. **负凸性**：可赎回债券的凸性显著为负，当利率下降时，发行人就越有可能行权，此时债券的价格收敛于面值。随着利率的下降，债券对利率变化的敏感性也随之减弱。

5. **美式期权互换**：美式互换期权是这样一种期权，可以以固定利率的支付方(付方互换期权)或固定利率的接受方(收方互换期权)买卖互换。正如欧式互换期权的定价一样，美式互换期权的定价分为两步：首先计算互换利率等于期权执行利率的标的互换的价值树；然后计算期权的价值，期权的支付是零和互换价值两者中较大的那个。

6. **抵押贷款中的提前还款期权**：房主有权在到期日之前的任意时间提前偿还债务。所以，对于房主来说，银行发放的抵押贷款相当于买入一只不可赎回的债券和卖出一只看涨期权。可以用二叉树来计算提前还款期权的价值。方法和可赎回债券很相似，唯一不同的是贷款的未偿还本金余额会随着时间不断减少。房主从行权中获得的支付是未来的贷款利息支付与未偿还本金余额的差值。

7. **过手债券**：可以用二叉树的方法给过手债券定价。抵押贷款支持证券的二叉树确定了最优再融资的时间点，在这个时间点上，过手债券会向投资者返还本金。其他时间会收到剩余本金的贷款利息。

8. **抵押贷款支持证券中的仅息债券和仅本债券**。抵押贷款债券以过手债券为担保，其中，所有的基于本金的利息支付给仅息债券的投资者，所有的本金支付给仅本债券的投资者。当利率下降时，仅息债券的价格会显著下降，这意味着其久期是负的。当利率下降时，仅本债券的价格会显著的大幅度上升，这意味着这类债券的即期利率久期值会很高。

练习

1. 假设你已经估计好了如表 12-11 所示的利率风险中性树，其中上升或下降的概率等于风险中性概率。为了简化，假设每个时间间隔代表 1 年，即 $\Delta = 1$。

    (1) 计算可赎回债券和不可赎回债券的价值，本金 = 100 美元，期限 $i = 3$，年票息 = 5.25%。对于投资者来说，哪只债券更贵？为什么？

    (2) 考虑面值为 10 000 美元的 2 年期的抵押贷款，贷款利率为连续复利利率 5.097%。

    ① 如果没有提前还款，每年的支付总额是多少？

    ② 已知每年的支付，计算每期的本金和利息支付($t = 1$ 和 $t = 2$)。同时根据利率树，计算抵押贷款的价值。

    ③ 比较每个节点处，抵押贷款的价值和未偿还本金余额的大小：期权的价值是多少？最优行权时间点是什么时候？

    ④ 根据前面的结果，计算含提前还款的抵押贷款的价值：房主实际要支付多少？

    (3) 本题，你如何计算抵押贷款的久期？

表 12-11 利率树

$i = 0$	$i = 1$	$i = 2$
		$r_{2,uu} = 6\%$
	$r_{1,u} = 5.5\%$	
$r_0 = 5\%$		$r_{2,ud} = 5\%$ $r_{2,du}$
	$r_{1,d} = 4.7\%$	
		$r_{2,dd} = 4.5\%$

2. 再考虑表 12-11 所示的风险中性树，其中上升或下降的概率等于风险中性概率。

(1) 计算执行利率 $c = 5.25\%$，期限 $i = 3$ 的美式互换期权的价格树。

(2) 现在考虑一只期限 $i = 3$，本金 = 100 美元，年票息 = 5.25% 的可赎回债券。

(3) 有一个做多(2)问的可赎回债券的投资者担心提前还款风险。你建议投资者如何用美式互换期权去对冲提前还款风险？假设投资者不担心利率风险。

(4) 假设可赎回债券的投资者担心利率风险。你能推荐一个能对冲利率风险的策略吗？

3. 抵押贷款支持证券。本题，我们研究一下，嵌入抵押贷款池的提前还款期权的最优行权时间的一些特征。为了简便，我们考虑一个期限较短(5 年，而不是 30 年)，半年付息一次(不是每个月)的贷款。具体地说，考虑 5 年到期的抵押贷款池，平均半年复利贷款利率 $r_2^m = 4\%$。假设半年的支付额为 C。假设使用简化的 BDT 模型，利率变化的波动率 $\sigma = 20\%$，θ_t 为根据表 12-12 所示的零息债券数据拟合获得。

表 12-12　2002 年 1 月 8 日，零息债券的价格

期限(年)	价格	收益率
0.5	99.133 8	1.74
1.0	97.892 5	2.13
1.5	96.146 2	2.62
2.0	94.101 1	3.04
2.5	91.713 6	3.46
3.0	89.225 8	3.80
3.5	86.814 2	4.04
4.0	84.501 6	4.21
4.5	82.184 8	4.36
5.0	79.771 8	4.52

资料来源：《华尔街日报》。

(1) 抵押贷款：

① 计算 C 的值，同时计算出 10 个半年内按时支付时的利息、本金支付及剩余本金。

② 根据简化的 BDT 模型中 σ 和 θ_t 的估计值，构建频率为半年的利率树。

③ 根据二叉树，计算不含提前还款期权的未来利息支付的净现值。

④ 计算抵押贷款中隐含的美式期权的价值。

⑤ 计算期权调整后的抵押贷款的价值：

A. 提前还款期权会在什么时候行权？报告行权可能会发生的所有节点(如果那个节点有利率)。

B. 在这种利率路径下，提前还款期权在第 3 年还是以后行权？

C. 不考虑违约，给出你的估计值，这是抵押贷款的公允价值吗？

D. 如果房主不最优行权，即房主忘了行权，或者提前支付并没有发生，那么你如何预期抵押贷款价值的变化？

(2) 抵押贷款支持证券：

① 考虑一只利率为 3.5% 的过手债券，抵押物是上问所讨论的抵押贷款(取平均值)。计算过手债券的价值和其即期利率久期。

② 为仅息债券和仅本债券构建两棵独立的二叉树，并计算它们在 0 时刻的价值。

A. 仅息债券和仅本债券的价值之和是否等于之前计算的过手债券的价值？

4. 今天是 2006 年 11 月 8 日，你想给投资于可赎回债券的投资者推荐一个有效的套期保值策略。具体情况是，这个投资者投资了一只 AAA 级公司债的多头组合(总面值为 500 万美元)，这只公司债的票息为 5%，期限是 10 年，3 年后可以被赎回。投资者担心提前还款风险，你的工作是用美式互换期权建立一个有效的套期保值策略。当前的 LIBOR 和互换利率如表 12-13 所示。

(1) 根据 LIBOR 和互换利率，计算从 0 到 $T = 10$ 的半年贴现率曲线 $Z(0, T)$。

(2) 用贴现率曲线 $Z(0, T)$ 估计简化的 BDT 模型树，每一步表示半年，一共 10 年。波动率可以用 3 个月和 6 个月 LIBOR 的方差去估计。(英国银行家协会网站有相关数据，www.baa.gov.uk)

(3) 根据二叉树，计算债券组合的价值(由无套利原理可知，应该等于 AAA 级可赎回债券的交易价，我们假设就是这样子)。记住，债券在 3 年后才会变成可赎回债券。

(4) 计算组合的即期利率久期和即期利率凸性，回想一下即期利率久期的公式是

$$D_0 = -\frac{1}{V_0} \times \frac{V_{1,u} - V_{1,d}}{r_{1,u} - r_{1,d}}$$

同样地，即期利率凸性也可以用下式计算

$$C_0 = -\frac{1}{V_0} \times \frac{D_{1,u} - D_{1,d}}{r_{1,u} - r_{1,d}}$$

其中 $D_{1,u}$ 和 $D_{1,d}$ 是节点 $(1, u)$ 和 $(1, d)$ 的即期利率久期。

(5) 画出时点 t = 赎回时间（半年），可赎回债券和不可赎回债券与利率的图。即用 BDT 树和基于 BDT 树的债券价值做下面的工作：先选取赎回时间半年之前的那一列，画出组合价值和利率的关系图，并做简要评述。

(6) 假设债券变成可赎回债券的时间发生改变，如提前 1 年（2 年后变成可赎回债券），或提前 1 年半。重做(1)问，对于可赎回债券的凸性，你有什么看法？

(7) 你必须选择合适的美式互换期权来执行你的套期保值策略，这个策略能够对冲投资者的提前还款风险。（注意，投资者本身不在乎利率风险，只在乎提前还款风险）

① 计算这个美式互换期权的价值。

② 画出时点 t = 赎回时间（一个季度），互换期权价值与利率的关系图。为什么这个互换期权能解决投资者的问题？

③ 如果投资者在 $t = 0$ 时刻买入互换期权，他将同时做多互换期权和可赎回债券的组合。画出这个组合的价值与利率的关系图。请简要评述。

表 12-13 2006 年 11 月 8 日的 LIBOR 和互换利率

期限	利率
3 个月的 LIBOR	5.374 42%
6 个月的 LIBOR	5.380 63%
1 年期的互换	5.334 0%
2 年期的互换	5.132 5%
3 年期的互换	5.074 0%
4 年期的互换	5.066 5%
5 年期的互换	5.076 5%
7 年期的互换	5.115 5%
10 年期的互换	5.169 0%

资料来源：彭博。

5. 今天是 2007 年 6 月 7 日。房地美将在 2007 年 6 月 15 日发行一只 10 年期的百慕大债券，具体条款如表 12-14 所示。⊖百慕大债券和可赎回证券很像，但是其回购时间由条款事先确定了。相同日期的短期国债和中期国债如表 12-15 所示。

(1) 根据国债的数据推导贴现率曲线 $Z(0, T)$，从当前时间一直到 2017 年 6 月。画出你的结果。（你可以用步步为营的方法、曲线拟合法或其他方法，见第 2 章）

(2) 根据贴现率曲线 $Z(0, T)$，拟合简化的 BDT 模型，步长为半年（见第 11 章）。假设波动率 σ 为常数，你可以用 6 个月 LIBOR 的方差去估计。（数据见美联储网站 www.federalreserve.gov/Releases/h15/data.htm）

(3) ① 用简化的 BDT 二叉树给房地美发行的中期可赎回债券定价。你得到的价格是多少？（债券在 2009 年 6 月 15 日变成可赎回债券）。

② 如果价格不等于报价（100），计算这只证券的期权调整利差（OAS）。你得到的 OAS 是多少？

③ 使 OAS = 0 的波动率 σ 是多少？

(4) 用 Ho-Lee 模型重新给可赎回债券定价。这和用简化的 BDT 模型算出来的价格是一样的吗？请简要评述。

(5) 计算可赎回债券的即期利率久期。

(6) 计算债券的即期利率凸性，这种凸性的定义与即期利率久期的定义相类似。

$$\text{即期利率凸性} = \frac{1}{P} \times \frac{d^2 P}{dr^2} = \frac{1}{P} \times \frac{d\left(\frac{dP}{dr}\right)}{dr}$$

$$= -\frac{1}{P} \times \frac{dD^\$}{dr} \quad (12\text{-}23)$$

其中 $D^\$$ 代表美元即期利率久期。在二叉树中，我们可以估计时点 (i, j) 处的即期利率凸性，步骤如下：

① 计算节点 $(i+1, j)$ 和 $(i+1, j+1)$ 处的没有即期利率久期，并分别记为 $D^\$_{i+1,j}$ 和 $D^\$_{i+1,j+1}$。

② 计算即期利率凸性。

⊖ 从定价补充日 2007 年 5 月 31 日开始，债券编号：3128X6CD6。

表 12-14 房地美发行的 2017 年 6 月到期，固定利率为 6% 的中期百慕大债券

发行日期	2007 年 6 月 15 日
到期日	2017 年 6 月 15 日
赎回条件	中期债券在一定条件下可赎回，赎回通知时间不少于 5 个交易日，赎回价格为全额本金加上至赎回日的利息
赎回日	半年度，在 6 月 15 日和 12 月 15 日，由 2009 年 6 月 15 日开始
年化利率	6%
付息频率	每半年，复利，2007 年 12 月 15 日第一次付息
付息日	6 月 15 日和 12 月 15 日
本金交付	到期支付或者在赎回日支付
CUSIP 代码	3128X6CD6

即期利率凸性 $\approx -\dfrac{1}{P_{i,j}} \times \dfrac{D_{i+1,j}^{\$} - D_{i+1,j+1}^{\$}}{r_{i+1,j} - r_{i+1,j+1}}$

(7) 你的结果如何依赖于解禁期？如果债券在 2008 年 6 月才开始可以被赎回，重新计算凸性，和前一问相同吗？

6. 今天是 2007 年 6 月 7 日，国债数据如表 12-15 所示。基于该数据，房地美发行了一只中长期的百慕大零息债券。具体条款如表 12-16 所示。⊖ 因为零息债券的价格总是低于其面值，并随着时间的推移，其价值会不断上升，所以为了反映货币的纯时间价值，回购价格必须进行相应的调整。条款内容表明房地美只能在规定的时间回购零息债券，并且条款明确了回购价格。例如，如果房地美在 2010 年 6 月 7 日回购零息债券，那么房地美支付给投资者的金额为面值的 32.316 531%。这只证券在 2007 年 6 月 7 日以面值的 26.770 852% 发行。

表 12-15 2007 年 6 月 7 日的短期国债和中期国债

到期日	类型	票息	买入价	卖出价	剩余期限	精确的利息
2007/07/05	4	0.000	99.635	99.636	0.078	0.000
2007/08/09	4	0.000	99.187	99.189	0.172	0.000
2007/08/15	2	2.750	99.586	99.617	0.189	0.856
2007/09/06	4	0.000	98.821	98.823	0.247	0.000
2007/10/04	4	0.000	98.474	98.477	0.325	0.000
2007/10/11	4	0.000	98.374	98.378	0.344	0.000
2007/11/08	4	0.000	97.992	97.996	0.419	0.000
2007/11/15	4	0.000	97.900	97.905	0.439	0.000
2007/12/06	4	0.000	97.591	97.596	0.497	0.000
2008/02/15	2	3.375	98.852	98.883	0.689	1.050
2008/08/15	2	4.125	98.898	98.930	1.189	1.283
2009/02/15	2	4.500	99.086	99.117	1.689	1.400
2009/08/15	2	4.875	99.617	99.648	2.189	1.517
2010/02/15	2	4.750	99.219	99.250	2.689	1.478
2010/08/15	2	4.125	97.281	97.313	3.189	1.283
2011/02/15	2	5.000	99.875	99.906	3.689	1.556
2011/08/15	2	5.000	99.844	99.875	4.189	1.556
2012/02/15	2	4.875	99.234	99.266	4.689	1.517
2012/08/15	2	4.375	97.031	97.063	5.189	1.361
2013/02/15	2	3.875	94.188	94.219	5.689	1.206
2013/08/15	2	4.250	95.703	95.734	6.189	1.322
2014/02/15	2	4.000	93.813	93.844	6.689	1.244

⊖ 从定价补充日 2007 年 5 月 30 日开始。

(续)

到期日	类型	票息	买入价	卖出价	剩余期限	精确的利息
2014/08/15	2	4.250	94.781	94.813	7.189	1.322
2015/02/15	2	4.000	92.844	92.875	7.689	1.244
2015/08/15	2	4.250	94.141	94.172	8.189	1.322
2016/02/15	2	4.500	95.625	95.656	8.689	1.400
2016/08/15	2	4.875	97.953	97.984	9.189	1.517
2017/02/15	2	4.625	96.016	96.047	9.689	1.439
2017/08/15	1	8.875	128.813	128.875	10.189	2.761
2019/02/15	1	8.875	131.375	131.438	11.689	2.761
2019/08/15	1	8.125	125.500	125.563	12.189	2.528
2020/02/15	1	8.500	129.563	129.625	12.689	2.644
2020/08/15	1	8.750	132.547	132.609	13.189	2.722
2021/02/15	1	7.875	124.781	124.844	13.689	2.450
2022/08/15	1	7.250	119.828	119.891	15.189	2.256
2023/02/15	1	7.125	118.859	118.922	15.689	2.217
2023/08/15	1	6.250	109.844	109.906	16.189	1.944
2025/02/15	1	7.625	126.063	126.125	17.689	2.372
2025/08/15	1	6.875	117.844	117.906	18.189	2.139
2026/02/15	1	6.000	107.875	107.938	18.689	1.867
2026/08/15	1	6.750	116.984	117.047	19.189	2.100
2027/02/15	1	6.625	115.750	115.813	19.689	2.061
2027/08/15	1	6.375	112.922	112.984	20.189	1.983
2028/08/15	1	5.500	102.375	102.438	21.189	1.711
2029/02/15	1	5.250	99.313	99.375	21.689	1.633
2029/08/15	1	6.125	110.688	110.750	22.189	1.906
2031/02/15	1	5.375	101.234	101.297	23.689	1.672
2036/02/15	1	4.500	89.016	89.078	28.689	1.400
2037/02/15	1	4.750	92.766	92.797	29.689	1.478

资料来源：数据整理于 CRSP（数据库的名称）ⓒ2009 证券价格研究中心（CRSP），芝加哥大学布什商学院。
类型标注：1 = 短期国债；2 = 中期国债；3 = 长期国债。

表 12-16 房地美发行的 2028 年 6 月到期的中期百慕大零息债券

发行日	2007 年 6 月 7 日
到期日	2028 年 6 月 7 日
赎回条件	中期债券在一定条件下可赎回，通知时间不少于 5 个交易日，如果行权，我们将会回购所有中期债券。
赎回日	2010 年 6 月 7 日，2013 年 6 月 7 日，2016 年 6 月 7 日，2019 年 6 月 7 日，2022 年 6 月 7 日，2025 年 6 月 7 日，2028 年 6 月 7 日
年化利率	0%
本金支付	到期支付或者在赎回日支付
CUSIP 代码	3128X6BZ8

(续)

赎回	
赎回日	回购价格比
2010/06/07	32.316 531
2013/06/07	39.011 018
2016/06/07	47.092 292
2019/06/07	56.847 631
2022/06/07	68.623 824
2025/06/07	82.839 498
2028/06/07	100.000 00

(1) 用表 12-15 的国债数据求解贴现率曲线 $Z(0, T)$，时间间隔为半年（或者一年）。注意，步步为营法在 10 年以后可能无效，

所以用 Nelson-Siegel 模型（见第 2 章）可能更好。

(2) 用简化的 BDT 模型拟合国债曲线。波动率 σ 用 6 个月国债利率的方差去估计，国债利率的时间序列可以从美联储网站获取。（www.federalreserve.gov/Releases/h15/data.htm）

(3) 计算百慕大零息债券的价格，和发行价一样吗？

(4) 即期利率久期是多少？

(5) 你可以用本题的二叉树，计算表 12-14 中的固定利率为 6% 的中期百慕大债券在 2017 年 6 月的价格。计算波动率，这个波动率使得这两只证券中的一只（6% 的债券或零息债券）的价格完全正确，然后用这个波动率验证另一只证券的价格是不是公允价格。如果不是，请给出套利策略。

7. 在 2007 年 6 月，吉利美（Ginnie Mae）的代号为 GNSF6 的过手债券的报价为：[卖出报价，买入报价] = [99.406 25, 99.375]。⊖ 这只过手债券的抵押物是加权平均贷款利率（WAC）= 6.5% 的抵押贷款池，并且加权平均期限（WAM）= 320 个月。今天的国债数据如表 12-15 所示。

(1) 从国债数据中推导贴现率曲线 $Z(0, T)$。注意，你需要很长期限的贴现率曲线，所以步步为营法也许不适合。你可以用 Nelson-Siegel 模型（见第 2 章）。理想情况下，你应该推导出频率为 1 个月的贴现率曲线，不过季度频率也是可以的。

(2) 根据贴现率曲线 $Z(0, T)$，拟合简化的 BDT 模型或者 Ho-Lee 模型。波动率 σ 用合适的国债利率的标准差去估计，国债利率的时间序列可以从美联储网站获取（www.federalreserve.gov/Releases/h15/data.htm）

(3) 用二叉树求解代号为 GNSF6 的过手债券的价格。为了计算这个价值，你需要：

① 计算证券的利息计划的贷款利息支付本金支付。这些计算有助于你计算计划的未偿还本金余额。

② 根据二叉树，计算不可赎回债券的价值。（为了票息的现值）。

③ 计算提前还款的最优行权时间。

④ 用 GNSF 的票面利率（6%）和最优行权时间计算过手债券的现金流。

(4) 你得到的价格和报价接近吗？如果不是，请解释为什么？期权调整利差是多少？

⊖ 数据来源：彭博资讯。

第 13 章 基于二叉树的蒙特卡罗模拟法

本章主要介绍在为利率证券和利率衍生品定价时非常重要的一种方法：蒙特卡罗模拟法。运用蒙特卡罗模拟法时，会运用计算机模拟未来不同的利率情境，然后利用不同情境下的贴现率，分别计算出债券的情境价格，再以这些情境价格的平均值作为债券的价格。在本章中，我们主要介绍基于二叉树的蒙特卡罗模拟法，我们也将利用该方法对相对复杂的路径依赖型利率衍生品进行估值。第 17 章还将对本章的内容做进一步的扩展。

13.1 单步二叉树的蒙特卡罗模拟法

考虑一个单节点风险中性的二叉树，在该二叉树中，利率上升和下降的概率相等。当利率上升时，我们希望对半年到期 $T=0.5$（换言之，$i=1$）支付的利率期权进行定价。那么，该期权的支付 $c_1 = 100 \times \max(r_0 - r_k, 0)$，其中 r_k 是执行利率，r_0 是时间 $i=1$ 时的利率。利用风险中性定价的方法，该期权的价值：

$$c_0 = E^*\left[e^{-r_0 \times T} \times c_1\right] = e^{-r_0 \times T}\left[\frac{1}{2} \times c_{1,u} + \frac{1}{2} \times c_{1,d}\right] \tag{13-1}$$

表 13-1 计算了给定二叉树下期权的价格。

另一种替代方法计算未来预期回报便是用计算机对二叉树中利率的上下浮动进行模拟。例如，在 Excel 的函数中，RAND( )模拟了在 [0, 1] 上的均匀分布。也就是说，如果我们让计算机计算 RAND( )，计算机将会生成一个数值，该数值有 50% 的可能性落在 0~0.5 之间，50% 的可能性落在 0.5~1 之间。因此，我们可以用 RAND( )模拟 N 次，并对模拟结果做如下处理：

表 13-1 利率期权

$i=0$	$i=1$
$r_0 = 1.74\%$ $c_0 = e^{\frac{-1.74\%}{2}} \times \frac{1}{2} \times 1.747$ $= 0.866\,0$	$r_{1,u} = 3.75\%$ $c_{1,u} = 1.747$
	$r_{1,d} = 1.30\%$ $c_{1,d} = 0$

（1）$RAND < (0.5)$，我们就说利率在二叉树中上升。

（2）$RAND \geq (0.5)$，我们就说利率在二叉树中下降。

对于 RAND( )产生的每一个随机数，我们都可以计算在 $i=1$，$r_{1,u}$ 或 $r_{1,d}$ 下的利率，以及与此相对应的支付。为了简便起见，令 $s=1, 2, \cdots, N$ 代表模拟值，如此便可定义 r_1^s 为在第 1 期和模拟值 s 下的实际利率。对于每一个 s，我们都可以计算出期权在第 1 期的价值，$c_1^s = 100 \times \max(r_1^s - r_k, 0)$。

预期支付的贴现值就可以通过对不同模拟值下支付的贴现值求平均而近似得出。即

$$\hat{c}_0 = \text{average of} \{ e^{-r_0 \times T} \times c_1^1, e^{-r_0 \times T} \times c_1^2, e^{-r_0 \times T} \times c_1^3, \cdots, e^{-r_0 \times T} \times c_1^3 \} = \frac{1}{N} \sum_{s=1}^{N} e^{-r_0 \times T} c_1^s$$

(13-2)

表 13-2 详细解释了模拟过程，该表展示了 10 次模拟数的结果。表中，第 1 列代表模拟次数；第 2 列展示了通过 Excel 中 $RAND(\ )$ 函数得出的模拟值；第 3 列告诉我们运用 $RAND(\ )$ 模拟的数值在二叉树中的含义；第 5 列计算出了在到期日的支付，例如 $c_1^s = 100 \times \max(r_1^s - r_k, 0)$；最后一列计算了支付的贴现值，$e^{-r_0 \times T} \times C_1^s$。例如，在第 1 行中（第一次模拟），$RAND(\ )$ 产生的数值 $RAND(\ ) = 0.67901$，因为其大于 0.5，我们就认定其在二叉树中下降。也就是说，在这一模拟值下，利率 $r_1^1 = r_{1,d} = 1.3\%$。与之相对应的支付和贴现值为零。现在考虑在 $s = 2$ 第二次模拟下，$RAND(\ ) = 0.222179 < 0.5$，因此其在二叉树中上升，在此模拟值下的 $r_1^2 = r_{1,u} = 3.75\%$，对应的支付 $c_1^2 = 1.7470$，支付的贴现值为 1.372。接下来的 10 次模拟均是如此。

表 13-2 二叉树下的 10 次模拟

模型次数	RAND( ) 的值	移动方向	利率	T 期支付	支付贴现值
1	0.679 01	下降	1.30%	0.000	0.000
2	0.222 179	上升	3.75%	1.747	1.732
3	0.684 549	下降	1.30%	0.000	0.000
4	0.761 836	下降	1.30%	0.000	0.000
5	0.140 407	上升	3.75%	1.747	1.732
6	0.092 252	上升	3.75%	1.747	1.732
7	0.999 465	下降	1.30%	0.000	0.000
8	0.472 856	上升	3.75%	1.747	1.732
9	0.521 622	下降	1.30%	0.000	0.000
10	0.575 471	下降	1.30%	0.000	0.000
				均值	0.693

证券的价值大约等于贴现值的平均数，即对表中最后一列求平均。在该例子中，$\hat{c}_0 = 0.693$。由于只进行了 10 次模拟，证券的价值 $\hat{c}_0 = 0.693$ 和二叉树定价中产生的值（表 13-1 中 $c_0 = 0.8660$）有较大的出入就不足为奇。然而，随着模拟次数 N 的增加，模拟产生的估值会越来越准确。例如，在进行 500 次模拟下我们可以得到 $\hat{c}_0 = 0.897$，在 1000 次模拟下 $\hat{c}_0 = 0.888$。

13.2 两阶段二叉树下的蒙特卡罗模拟法

两阶段二叉树下的蒙特卡罗模拟法同单阶段的方法相似。考虑与单阶段下性质相同的期权，但是现在该期权是 1 年到期，即 $T = 1$（换言之，$i = 2$）。图 13-3 展示了一个典型的两阶段二叉树以及期权的价值。

为了便于理解两阶段二叉树下的蒙特卡罗模拟法，十分有必要回顾二叉树背后隐含的计算方法，即二叉树背后隐含的计算方法等同于对风险中性证券在 $i = 1$ 时以无风险利率贴现到期支付的价值进行再次贴现。也就是说，风险证券的价值计算方法如下：

$$c_0 = E^* [\underbrace{(e^{-r_0 \times 0.5})}_{\text{贴现 } 1 \to 0} \times \underbrace{(e^{-r_1 \times 0.5})}_{\text{贴现 } 2 \to 0} \times \underbrace{c_2}_{\text{支付 at 2}}]$$ (13-3)

$$= E^* [e^{-(r_0 + r_1) \times 0.5} \times c_2]$$ (13-4)

表 13-3　1 年到期期权

$i=0$	$i=1$	$i=2$
	$r_{1,u} = 3.75\%$ $c_{1,u} = e^{\frac{-3.75\%}{2}}$ $\times \left[\frac{1}{2}(4.0616 + 1.6150) \right]$ $= 2.7856$	$r_{2,uu} = 6.06\%$ $c_{2,uu} = 4.0616$
$r_0 = 1.74\%$ $c_0 = e^{\frac{-1.74\%}{2}} \times$ $\times \left[\frac{1}{2}(2.7856 + 0.8022) \right]$ $= 1.7784$		$r_{2,ud} = r_{2,du} = 3.61\%$ $c_{2,ud} = c_{2,du} = 1.6150$
	$r_{1,d} = 1.30\%$ $c_{1,d} = e^{\frac{-1.30\%}{2}}$ $\times \frac{1}{2} \times 1.6150$ $= 0.8022$	$r_{2,dd} = 1.17\%$ $c_{2,dd} = 0$

实际上，注意 $r_{2,uu}$，$r_{2,dd}$，$r_{2,ud}$，$r_{2,du}$ 四个利率中每一个发生的实际概率为 25%（注意，在这里将 $r_{2,ud}$，$r_{2,du}$ 区分开是十分有必要的）。也就是说，期权的价值也可以按如下方法计算：

$$c_0 = 0.25 \times e^{-(r_0 + r_{1,u}) \times 0.5} \times c_{2,uu} + 0.25 \times e^{-(r_0 + r_{1,u}) \times 0.5} \times c_{2,ud} \tag{13-5}$$

$$+ 0.25 \times e^{-(r_0 + r_{1,u}) \times 0.5} \times c_{2,du} + 0.25 \times e^{-(r_0 + r_{1,u}) \times 0.5} \times c_{2,dd} \tag{13-6}$$

$$= 0.25 \times e^{-(1.75\% + 3.75\%) \times 0.5} \times 4.0616 + 0.25 \times e^{-(1.75\% + 3.75) \times 0.5} \times 1.6150$$

$$+ 0.25 \times e^{-(1.75\% + 1.30) \times 0.5} \times 1.6510 + 0.25 \times e^{-(1.75\% + 1.30\%) \times 0.5} \times 0$$

$$= 1.7884$$

计算出的价格和表 13-3 的价格相同。

我们现在以和上一节相同的方法来对两阶段二叉树进行模拟，唯一不同的地方是现在用 RAND( ) 的每一次模拟要生成两个随机值，第一个随机值模拟利率在第一阶段的变化；第二个随机值模拟利率在第二阶段的变化。表 13-4 显示了两阶段二叉树下的 10 次蒙特卡罗模拟值。观察第 1 行，即 $s=1$。第一个模拟值 RAND( ) = 0.46891837 < 0.5，这意味着利率向上运动到 $r_1^1 = 3.75\%$，第二个模拟值 RAND( ) = 0.51301168 > 0.5，意味着利率在 $i=1$ 时下降，最终的利率 $r_2^1 = r_{2,ud} = 3.61\%$。在第一个模拟值下 $i=2$ 时的支付为 1.615。同上一节中 1 期到期的例子比较，唯一需要附加说明的是我们应该怎样对两期下的现金流贴现。式 (13-5) 和式 (13-6) 对式 (13-4) 的详细阐释提供了答案：我们必须运用模拟产生出的利率对现金流进行贴现。在该种蒙特卡罗模拟下，0 期的利率为 $r_0 = 1.74\%$（在所有模拟下均是该值），时期 $i=1$ 时模拟利率 $r_1^1 = 3.75\%$。也就是说，我们必须在 $s=1$ 时将时期 $i=2$ 的支付贴现：

$$\text{模拟值 1 下的贴现值} = e^{-(1.74\% + 3.75\%) \times 0.5} \times 1.615 \tag{13-7}$$

$$= 1.571 \tag{13-8}$$

表 13-4 最后一列就是所有模拟值下的贴现值。模拟值 $s=2$ 意味着第一阶段利率上升，第二阶段利率仍在上升，最后利率等于 $r_2^2 = r_{2,uu} = 6.06\%$。最终的支付值 4.062 运用贴现因子 $e^{-(r_0 + r_1^1) \times 0.5} = e^{-(1.74\% + 3.75\%.) \times 0.5}$ 进行贴现，得到贴现值 3.952，出现在表中最后一列。所有的 10 个模拟值均由此得出。证券的价值近似地等于表中最后一列贴现值的平均值，即 $\hat{c}_0 = 1.975$。由于在给定的模拟次数过小的情况下，均值和证券真实值 $c_0 = 1.7784$ 有相当大的误差，但是

随着模拟次数的增加,模拟价格的精确度也会增加。例如,重复上述模拟过程使 $N=1\,000$,我们可以得到 $\hat{c}_0 = 1.839$,该值更接近真实值。

表 13-4 两阶段二叉树下的模拟

模拟次数	RAND( ) 首次出现值	二叉树 第一步 移动方向	时间 $i=1$ 时的利率	RAND( ) 第二次 出现值	二叉树 第二步 移动方向	时间 $i=2$ 时的利率	到期支付	支付贴现值
1	0.468 692	上升	3.75%	0.513 012	下降	3.61%	1.615	1.571
2	0.103 819	上升	3.75%	0.164 345	上升	6.06%	4.062	3.952
3	0.848 307	下降	1.30%	0.340 712	上升	3.61%	1.615	1.591
4	0.702 089	下降	1.30%	0.254 097	上升	3.61%	1.615	1.591
5	0.001 839	上升	3.75%	0.118 779	上升	6.06%	4.062	3.952
6	0.444 781	上升	3.75%	0.241 821	上升	6.06%	4.062	3.952
7	0.066 274	上升	3.75%	0.550 81	下降	3.61%	1.615	1.571
8	0.386 942	上升	3.75%	0.765 509	下降	3.61%	1.615	1.571
9	0.769 553	下降	1.30%	0.627 444	下降	1.17%	0.000	0.000
10	0.888 142	下降	1.30%	0.979 49	下降	1.17%	0.000	0.000
							均值	1.975

13.2.1 案例:非对称二叉树下的亚式利率期权

本小节最主要的问题在于:既然二叉树计算价值的方法简便易行,为什么我们还要使用蒙特卡罗模拟法去计算期权的价值?解决该问题的核心点在于当计算普通债权价值时,二叉树模型可能会更好,但是对于一些"奇异"的证券,运用二叉树模型计算其价值就很难实现。以后我们会接触到更详细的案例,但是现在我们先考虑一个比较简单的案例,也就是亚式利率期权。

定义 13-1

亚式利率期权(Asian interest rate option)即是到期支付有以下方式给出的一种期权:

$$T \text{ 期支付} = \begin{cases} \max(0 \text{ 到 } T \text{ 期的平均利率} - r_k, 0) & \text{(亚式看涨期权)} \\ \max(r_k - 0 \text{ 到 } T \text{ 期的平均利率}, 0) & \text{(亚式看跌期权)} \end{cases} \quad (13\text{-}9)$$

该期权的支付就不仅仅依赖于二叉树节点上的利率,整个历史利率水平都会对期权价值产生影响。产生这种现象的原因在于 0 到 T 期之间的平均利率水平取决于该时间段内采用的利率值。从数学表达上来说,平均利率水平由下列式子给出:

$$0 \text{ 到 } T \text{ 期的平均利率水平} = \bar{r} = \frac{1}{n}\sum_{i=0}^{n} r_i \quad (13\text{-}10)$$

n 是 0 到 T 之间的步数,符号 $\bar{r}$ 表示均值。

假定一个亚式看涨利率期权的执行利率 $r_k = 2\%$。运用二叉树定价模型对该期权定价会产生什么问题?表 13-5 显示出了前一节讨论的二叉树定价法,同时也给出了 $i=0$ 到 $i=1$ 的利率平均值。问题在于在二叉树的中间部分,也就是利率路径不同,即先上升后下降的利率平均值和先下降后上升的平均值不同,即

$$(r_0 = 1.74\% \to r_{1,u} = 3.75\% \to r_{2,ud} = 3.61\%) \Rightarrow \bar{r}_{2,ud} = 3.03\%$$
$$(r_0 = 1.74\% \to r_{1,d} = 1.30\% \to r_{2,du} = 3.61\%) \Rightarrow \bar{r}_{2,du} = 2.22\%$$

表 13-5 亚式利率期权的二叉树

$i=0$	$i=1$	$i=2$
		$r_{2,uu} = 6.06\%$ $\bar{r}_{2,uu} = 3.85\%$ $\Rightarrow c_{2,uu} = 1.8495$
	$r_{1,u} = 3.75\%$ $\bar{r}_{1,u} = 2.7\%$	$r_{2,ud} = 3.61\%$ $\bar{r}_{2,ud} = 3.03\%$ $\Rightarrow c_{2,ud} = 1.0340$
$r_0 = 1.74\%$		
	$r_{1,d} = 1.30\%$ $\bar{r}_{1,d} = 1.52\%$	$r_{2,du} = 3.61\%$ $\bar{r}_{2,du} = 2.22\%$ $\Rightarrow c_{2,du} = 0.2185$
		$r_{2,dd} = 1.17\%$ $\bar{r}_{2,dd} = 1.40\%$ $\Rightarrow c_{2,dd} = 0$

二叉树中平均利率是非对称分布的,所以,在两阶段模型中计算证券的价值比较简单,在路径更长的二叉树中,非对称的特性会导致对计算期权的价值造成一定困难。而且,类似分期指数互换和抵押贷款支持证券,其路径依赖的特性会使情况复杂化,在这种情况下,二叉树方法计算价值就不实用。

亚式利率期权的价值如何计算?即使二叉树具有不对称性,我们仍可以使用倒推法计算出亚式期权的价值,这种计算方法参见表 13-6。

表 13-6 二叉树下亚式利率期权的价值

$i=0$	$i=1$	$i=2$
		$c_{2,uu} = 1.8495$
	$c_{1,u} = e^{\frac{-3.75\%}{2}}$ $\times \left[\frac{1}{2} \times 1.8495 + \frac{1}{2} \times 1.0340\right]$ $= 1.4150$	
$c_0 = e^{\frac{-1.74\%}{2}}$ $\times \left[\frac{1}{2} \times 1.4150 + \frac{1}{2} \times 0.1085\right]$ $= 0.7552$		$c_{2,ud} = 1.0340$
	$c_{1,d} = e^{\frac{-1.30\%}{2}}$ $\times \left[\frac{1}{2} \times 0.2185 + \frac{1}{2} \times 0\right]$ $= 0.1085$	$c_{2,du} = 0.2185$
		$c_{2,dd} = 0$

13.2.2 亚式利率期权的蒙特卡罗模拟法

蒙特卡罗模拟法在计算路径依赖的证券价值时特别实用。所谓的路径依赖证券,其到期的价值不仅仅依赖于到期的利率,而且与时间区间内利率经历过的路径相关。典型的例子就是上述讨论的利率期权。实际上，和计算标准的期权价格（表 13-4 中的期权）相比，计算亚式利率期权的价格只需改变到期支付使其和运用蒙特卡罗法模拟出的利率平均水平一致。本质上我们只是改变了表 13-4 中的第 8 列来反映这一新的支付。其他方法均与前面的方法完全一致，包括对支付贴现以及通过交叉模拟的均值来计算衍生品的价格。表 13-7 和表 13-4 类似，只是其标的为亚式期权。我们可以看到这两张表唯一不同的地方在于表的最后两列。在 $N=10$ 时蒙特卡罗法模拟出的价格 $\hat{c}_0 = 6.6097$，在 1 000 次模拟下，价格为 $\hat{c}_0 = 0.786$，该价格和通过二叉树计算出的值非常接近。

表 13-7　对亚式期权的模拟

模拟次数	RAND( )首次出现值	二叉树第一步移动方向	时间 $i=1$ 时的利率	RAND( )第二次出现值	二叉树第二步移动方向	时间 $i=2$ 时的利率	到期支付	支付贴现值
1	0.468 692	上升	3.75%	0.513 012	下降	3.61%	1.034	1.006
2	0.103 819	上升	3.75%	0.164 345	上升	6.06%	1.849 53	1.799
3	0.848 307	下降	1.30%	0.340 712	上升	3.61%	0.218 47	0.215
4	0.702 089	下降	1.30%	0.254 097	上升	3.61%	0.218 47	0.215
5	0.001 839	上升	3.75%	0.118 779	上升	6.06%	1.849 53	1.799
6	0.444 781	上升	3.75%	0.241 821	上升	6.06%	1.849 53	1.799
7	0.066 274	上升	3.75%	0.550 81	下降	3.61%	1.034	1.006
8	0.386 942	上升	3.75%	0.765 509	下降	3.61%	1.034	1.006
9	0.769 553	下降	1.30%	0.627 444	下降	1.17%	0	0.000
10	0.888 142	下降	1.30%	0.979 49	下降	1.17%	0	0.000
							均值：	0.885

13.3　多阶段二叉树下的蒙特卡罗模拟法

蒙特卡罗模拟法可以轻而易举地推广到多阶段二叉树下，这一重要的推广有助于我们计算相对更为复杂的证券的价值。在多阶段二叉树下，我们很容易联想到我们最初的（风险中性）利率模型。例如，在第 11 章 11.1.1 节中讨论的 Ho-Lee 模型。这一模型假定利率按照如下动态系统变化：

$$r_{i+1,j} = r_{i,j} + \theta_i \times \Delta + \sigma \times \sqrt{\Delta} \quad \text{风险中性概率} \ p^* = \frac{1}{2} \tag{13-11}$$

$$r_{i+1,j+1} = r_{i,j} + \theta_i \times \Delta - \sigma \times \sqrt{\Delta} \quad \text{风险中性概率} \ p^* = \frac{1}{2} \tag{13-12}$$

因为利率上下波动的概率是相同的，模拟在二叉树下的利率变动路径就相对容易。我们可以再一次运用 Excel 函数 RAND( ) 来确定利率到底是向上（也就是 $+\sigma \times \sqrt{\Delta}$）还是向下（也就是 $-\sigma \times \sqrt{\Delta}$）。然后我们就可以标记每条路径，并按照上一节中的方法计算出证券的价值。

表 13-8 中 A 部分作为该方法的例子，展示了在第 11 章学习的 Ho-Lee 模型对零息债券进行定价。也就是说，该二叉树就是通过真实匹配的数据来计算出零息债券的价格。B 部分列出了按照上一节方法对利率路径进行 10 次蒙特卡罗模拟的数据。在该模拟中，每一步我们都用 RAND( ) 函数来确定利率在二叉树中到底是上升还是下降。依据模拟出的数据，利率在上升时由式 (13-11) 给出，下降时由式 (13-12) 给出。

表 13-8　10 次模拟下的 Ho-Lee 利率模型

时间 T	0	0.5	1	1.5	2	2.5	3	3.5	4	4.5	5
时期 i	0	1	2	3	4	5	6	7	8	9	10
θ_i ($\times 100$)	1.567 5	2.182 4	1.437 4	1.732 4	0.787 3	0.042 3	-0.062 8	0.432 2	0.927 1	0.120 2	

A：Ho-Lee 利率树

j											
0	1.74	3.75	6.06	8.00	10.09	11.71	12.95	14.15	15.59	17.27	18.56
1		1.30	3.61	5.56	7.65	9.26	10.51	11.70	13.14	14.83	16.11
2			1.17	3.11	5.20	6.82	8.06	9.25	10.69	12.38	13.66
3				0.66	2.75	4.37	5.61	6.81	8.25	9.93	11.22
4					0.31	1.92	3.17	4.36	5.80	7.49	8.77
5						-0.52	0.72	1.91	3.35	5.04	6.32
6							-1.73	-0.53	0.91	2.59	3.88
7								-2.98	-1.54	0.15	1.43
8									-3.99	-2.30	-1.02
9										-4.75	-3.46
10											-5.91

B：Ho-Lee 下的模拟路径

————时期 i————

模拟次数	0	1	2	3	4	5	6	7	8	9	10
1	1.74	1.30	3.61	5.56	5.20	6.82	8.06	6.81	8.25	7.49	6.32
2	1.74	3.75	3.61	3.11	2.75	4.37	5.61	6.81	5.80	5.04	3.88
3	1.74	3.75	3.61	3.11	5.20	6.82	8.06	9.25	8.25	9.93	8.77
4	1.74	3.75	6.06	5.56	7.65	9.26	8.06	6.81	8.25	7.49	8.77
5	1.74	1.30	3.61	3.11	5.20	6.82	5.61	6.81	5.80	7.49	6.32
6	1.74	1.30	3.61	3.11	5.20	4.37	5.61	6.81	5.80	7.49	6.32
7	1.74	1.30	3.61	5.56	5.20	4.37	3.17	4.36	3.35	2.59	1.43
8	1.74	1.30	1.17	0.66	2.75	1.92	0.72	1.91	3.35	5.04	3.88
9	1.74	3.75	3.61	3.11	5.20	6.82	8.06	6.81	5.80	7.49	8.77
10	1.74	3.75	6.06	8.00	10.09	9.26	8.06	9.25	10.69	12.38	11.22

C：模拟的贴现率 $Z^s(0, T_i)$

————到期时间 T_i————

模拟次数	0.5	1	1.5	2	2.5	3	3.5	4	4.5	5	5.5
1	0.991 3	0.984 9	0.967 3	0.940 8	0.916 6	0.885 9	0.850 9	0.822 4	0.789 2	0.760 2	0.736 6
2	0.991 3	0.972 9	0.955 5	0.940 8	0.927 9	0.907 8	0.882 7	0.853 2	0.828 8	0.808 2	0.792 7
3	0.991 3	0.972 9	0.955 5	0.940 8	0.916 6	0.885 9	0.850 9	0.812 4	0.779 6	0.741 8	0.710 0
4	0.991 3	0.972 9	0.943 9	0.918 0	0.883 6	0.843 6	0.810 3	0.783 2	0.751 5	0.723 9	0.692 9
5	0.991 3	0.984 9	0.967 3	0.952 3	0.927 9	0.896 8	0.872 0	0.842 8	0.818 7	0.788 6	0.764 1
6	0.991 3	0.984 9	0.967 3	0.952 3	0.927 9	0.907 8	0.882 7	0.853 2	0.828 8	0.798 3	0.773 5
7	0.991 3	0.984 9	0.967 3	0.940 8	0.916 6	0.896 8	0.882 7	0.863 7	0.849 3	0.838 4	0.832 4
8	0.991 3	0.984 9	0.979 2	0.975 9	0.962 6	0.953 4	0.949 9	0.940 9	0.925 3	0.902 2	0.884 9
9	0.991 3	0.972 9	0.955 5	0.940 8	0.916 6	0.885 9	0.850 9	0.822 4	0.798 0	0.769 6	0.736 6
10	0.991 3	0.972 9	0.943 9	0.906 9	0.862 2	0.823 0	0.790 7	0.754 9	0.715 6	0.672 7	0.636 0

表 13-8 中 C 部分列出了每一次模拟路径 s 下的模拟贴现因子 $Z^s(0, T_i)$，其中 $T_i = 0.5$，…，5.5。贴现因子 $Z(0, T_i)$ 等于风险中心概率测度下 1 美元在时间 T_i 时的价值。也就是说，在风险中性定价下，我们有

$$Z(0, T_i) = E^*[T_i \text{ 时 1 美元的现值}]$$
$$= E^*[e^{-(r_0 + r_1 + r_2 + \cdots + r_{i-1}) \times \Delta} \times 1 \text{ 美元}]$$

注意，在对 T_i 时的支付进行贴现时用的最近一期的利率和前一期 $i-1$ 时的利率是一样的。也就是说，现金流的发生时间比贴现利率的时间滞后一期。例如，第 0 期的利率 r_0 是用来对第 1 期 $i = 1$ 时的现金流进行贴现。

对于每一个模拟出的利率 $r_0, r_1^s, r_2^s, \cdots, r_{i-1}^s$，其中 $s = 1, \cdots, N$，我们都可以依赖不同的路径来计算出贴现因子。对于给定的到期日 T_i，i 代表支付发生的时间，我们可以算出

$$Z^s(0, T_i) = e^{-(r_0 + r_1^s + r_2^s + \cdots + r_{i-1}^s) \times \Delta} \quad (13-13)$$

表 13-8 的 C 部分列出了一步一步模拟出的前 10 个模拟值的贴现因子。例如，第 1 行第一个值代表 $Z^1(0, 0.5) = e^{-r_0 \times \Delta} = e^{-\frac{1.74\%}{2}} = 0.9913$，第 1 行的第二个值 $Z^1(0, 1) = e^{-(r_0 + r_1^1) \times \Delta} = e^{-\frac{(1.74\% + 1.3\%)}{2}} = 0.9849$，其中，$r_1^1 = 1.3\%$ 来自于 B 部分中相对应的值。第 1 行第三个值 $Z^1(0, 1.5) = e^{-(r_0 + r_1^1 + r_2^1) \times \Delta} = e^{-\frac{(1.74\% + 1.3\% + 3.61\%)}{2}} = 0.9673$。其余值均由此方法给出。计算出所有路径、不同到期日 T_i 下的贴现因子后，我们就可以综合多条模拟路径（across simulations），计算出平均贴现因子了。也就是说，我们可以计算

$$\hat{Z}(0, T_i) = \frac{1}{N} \sum_{s=1}^{N} Z^s(0, T_i) \quad (13-14)$$

我们再次在 Z 的顶部插入一个符号"^"代表该值并非真实的贴现因子（真实值由式(13-13)给出），该值是由蒙特卡罗模拟法近似得到的值。

13.3.1 模拟效果如何

一种检验蒙特卡罗模拟法是否提供了正确的估值方式，就是运用同样的模拟方法去计算零息债券的价值，事实上，我们可以回想第 11 章的 Ho-Lee 利率树，现在展现在表 13-8 中的 A 部分，运用此方法该利率树可以计算出零息债券的价格。因为蒙特卡罗模拟法被设计出来就是为了可以给出在该种利率树下任何债券和 Ho-Lee 树下能得到相同的价格，该模拟价格的精确度取决于模拟次数，因此我们运用式(13-14)得出的零息债券的价格，应该和我们用来评价蒙特卡罗模拟法的估值模型得出的值大致相同。表 13-9 列出了我们用评估模型得出的原始数据和运用蒙特卡罗模拟法得出的数值，共模拟了 1 000 次。这两个价格实际上十分接近，误差主要是由于模拟次数过少导致的。

表 13-9 模拟零息债券（2002 年 1 月 8 日）

期限	数据	模拟值
0.5	99.133 8	99.133 8
1.0	97.892 5	97.914 0
1.5	96.146 2	96.237 6
2.0	94.101 1	94.303 1
2.5	91.713 6	92.021 7
3.0	89.225 8	89.609 0
3.5	86.814 2	87.289 4
4.0	84.501 6	85.091 1
4.5	82.184 8	82.885 5
5.0	79.771 8	80.560 9
5.5	77.433 9	78.330 2

13.3.2 解释性案例：长期利率期权

作为一个对该方法补充性说明的案例，考虑我们最开始提出的利率期权，即该期权在 T_i

到期

$$T_i \text{ 期的支付 } = 100 \times \max(r_i - r_K, 0) \quad (13\text{-}15)$$

r_k 是执行利率，r_i 是时期 i 时的利率。⊖ 由风险中性定价原理，期权的价值由下式给出：

$$c_0(T_i) = E^*[T_i \text{ 时支付的现值}] \quad (13\text{-}16)$$

$$= E^*[\mathrm{e}^{-(r_0+r_1+\cdots+r_{i-1})\times\Delta} \times 100 \times \max(r_i - r_K, 0)] \quad (13\text{-}17)$$

注意，这和式(13-3)相同，唯一的区别在于支付的贴现值也是取决于利率。然而，运用相同的逻辑，对于每一模拟路径 s，r_0, r_1^s, r_2^s, $\cdots$, r_n^s，其中 $s = 1, \cdots, N$，我们能够计算出支付的贴现值：

$$c_0^s(T_i) = \mathrm{e}^{-(r_0+r_1^s+r_2^s+\cdots+r_{i-1}^s)\times\Delta} \times 100 \times \max(r_i^s - r_K, 0)$$
$$= Z^s(0, T_i) \times 100 \times \max(r_i^s - r_K, 0) \quad (13\text{-}18)$$

该式中我们运用了来自式(13-13)中的真实贴现因子 $Z^s(0, T_i) = \mathrm{e}^{-(r_0+r_1^s+\cdots+r_{i-1}^s)\times\Delta}$，这一真实贴现值能够使我们的计算更加简便，真实的贴现值来自原始的路径 $s = 1, \cdots, N$，我们已经计算出每一到期日的贴现因子 $Z^s(0, T_i)$（贴现因子在表 13-8 的 C 部分中给出）。

T_i 到期的期权的现值是由 $c_0^s(T_i)$ 的均值给出

$$\hat{c}_0(T_i) = \frac{1}{N} \sum_{s=1}^{N} c_0^s(T_i) \quad (13\text{-}19)$$

表 13-10 的 A 部分列出了到期日从 $T_i = 0.5$ 到 $T_i = 5$、执行利率 $r_K = 1.74\%$ 的利率期权的价值。B 部分给出了前 10 次模拟下支付贴现值的结果(式 13-18)。例如，第 1 行第一个值由下式给出：

表 13-10 长期利率期权的蒙特卡罗模拟法

A：看涨期权的模拟利率									
期限 T_i									
0.5	1	1.5	2	2.5	3	3.5	4	4.5	5
0.965 0	1.885 7	2.495 9	3.189 2	3.469 1	3.413 4	3.286 6	3.400 7	3.637 8	3.506 0

B：10 次模拟的支付贴现值										
	期限 T_i									
模拟次数	0.5	1	1.5	2	2.5	3	3.5	4	4.5	5
1	0.00	1.85	3.69	3.25	4.65	5.60	4.31	5.35	4.53	3.48
2	1.99	1.82	1.31	0.95	2.44	3.52	4.47	3.46	2.73	1.73
3	1.99	1.82	1.31	3.25	4.65	5.60	6.39	5.29	6.39	5.21
4	1.99	4.20	3.60	5.42	6.65	5.33	4.11	5.10	4.32	5.09
5	0.00	1.85	1.33	3.29	4.71	3.47	4.42	3.42	4.70	3.61
6	0.00	1.85	1.33	3.29	2.44	3.52	4.47	3.46	4.76	3.66
7	0.00	1.85	3.69	3.25	2.41	1.28	2.31	1.39	0.72	0.00
8	0.00	0.00	0.00	0.99	0.18	0.00	0.16	1.52	3.05	1.93
9	1.99	1.82	1.31	3.25	4.65	5.60	4.31	3.34	4.59	5.41
10	1.99	4.20	5.91	7.58	6.49	5.20	5.94	6.76	7.61	6.37

⊖ 注意普通利率上限期权的差别主要在于最大值，其在 T 期的收益取决于 $T-1$ 的利率。

$c_0^1(0.5) = Z^1(0,0.5) \times 100 \times \max(r_1^1 - r_K, 0) = 0.9913 \times 100 \times \max(1.3\% - 1.74\%, 0) = 0$ 模拟利率的结果和贴现因子由表 13-8 中的 B 和 C 部分给出。类似地,第 1 行第二个值由下式给出:

$c_0^1 = Z^1(0,1) \times 100 \times \max(r_2^1 - r_K, 0) = 0.9849 \times 100 \times \max(3.61\% - 1.74\%, 0) = 1.85$

表 13-10 中 A 部分的期权价值,是由 B 部分对应各列的值求平均计算的(虽然平均值是以全部的 1 000 条模拟路径,而不是仅限于 B 部分显示的 10 条路径计算)。

13.3.3 模拟次数的确定

我们可以认为通过蒙特卡罗模拟法计算出的利率证券的价格是真实价格的估计值。实际上,运用模拟法我们实质上产生了一个关于证券价格的观察样本,该证券价格随不同情境(风险中性)下未来利率水平的变化而发生变化。通过一系列的统计估计,我们可以计算出一个测度值来判断我们估计值的置信度。也就是说,如果我们估计 500 条路径,那么精确度肯定没有 1 000 条路径那么高,同样地,1 000 条路径和 10 000 条路径相比,其精确度同样没有后者高。由于我们没有办法使估计路径无穷大,那么究竟多少条路径足够达到我们需要的估计值就非常值得探讨了。

路径数 N 应该足够大,以便能够取得一个合理的标准差,也就是估计值标准差的平均值。计算标准差均值的方法和计算支付的贴现值的方法相同。如,式(13-18)中的 c_0^s 除以 $\sqrt{N}$,

$$\text{标准误差} = \frac{\{c_0^1, c_0^2, c_0^3, \cdots, c_0^N\} \text{ 的标准差}}{\sqrt{N}}$$

比如,表 13-11 中的前两行列出了在表 13-10 中讨论的长期看涨利率期权的价格和标准误差。

究竟多小的标准误差才能使交易者信赖模拟出的期权价格?与此相关的概念——置信区间解决了该问题:

$$\text{置信区间} = [\hat{c}_0 - 2 \times \text{标准误差}, \hat{c}_0 + 2 \times \text{标准误差}]$$

置信区间的解释如下:在给定模拟次数 N 下,有 95% 的可能性证券的真实值会落在置信区间的上限和下限之间。例如,在表 13-11 中置信区间的上限和下限在表中的第 3 行和第 4 行中列出。考虑一个 6 个月到期的期权(第 1 列)作为例子。由置信区间的值可以判断在 95% 的概率下,期权的真实价值会在 0.902 1~1.027 9 之间。相似地,对于 1 年到期的期权(第 2 列),95% 的可能性真实值会落在 1.793 0~1.978 4 之间,依此类推。

实际上,表中的最后一列列出了通过二叉树定价计算得出的真实价值,这些值可以通过第 11 章中二叉树模型倒推计算得出。可以看到,所有值除一个值外,全部落在置信区间内。唯一没有落在置信区间的是在 $T=1.5$ 到期的期权的价格,在这种情况下,通过二叉树计算出的真实价值 $c_0(2.5) = 2.612$,该值在置信区间的上限 2.608 3 之上。这是否很奇怪?答案是否定的,因为同前面提到的一样,只有 95% 的可能性真实值会落在置信区间中,那么这就意味着仍然有 5% 的可能性,真实值会落在置信区间以外。⊖

表 13-11 中的置信区间相对较大,因此没有交易者会使用这种置信区间,由于他们需要引用更加精确的价格。置信区间偏大是由于我们在案例中仅仅使用了 1 000 条路径来模拟真实值。增加模拟次数将会减少置信区间的上下界限之间的距离。

⊖ 我们可能有如下疑问:为什么我们不直接计算一个置信区间似的所有真实值都位于该区间内。原因在于该区间可能范围过大而使其没有任何意义。

表 13-11 标准误差和置信区间

	期限 T_i									
	0.5	1	1.5	2	2.5	3	3.5	4	4.5	5
价格	0.965 0	1.885 7	2.495 9	3.189 2	3.469 1	3.413 4	3.286 6	3.400 7	3.637 8	3.506 0
标准误差	0.031 5	0.046 4	0.056 2	0.063 9	0.070 8	0.071 5	0.075 1	0.073 7	0.075 8	0.074 5
最大值	1.027 9	1.978 4	2.608 3	3.317 0	3.610 7	3.556 3	3.436 8	3.548 2	3.789 3	3.655 0
最小值	0.902 1	1.793 0	2.383 5	3.061 3	3.327 4	3.270 5	3.136 3	3.253 2	3.486 2	3.356 9
真实价格	1.000	1.976	2.612	3.309	3.542	3.507	3.361	3.463	3.687	3.596

13.4 对路径非独立期权定价

到目前为止，我们可以看到用蒙特卡罗模拟法计算债券价格同样可以用原始的二叉树模型来计算得出。本节将会证明运用蒙特卡罗模拟法确实是一个比较好的定价工具。在本节中，我们将运用蒙特卡罗模拟法对二叉树模型定价不方便的证券定价。

13.4.1 案例：长期亚式期权

我们用式(13-22)已经讨论过的长期亚式债券作为本节的开始案例。我们现在可以运用和表 13-10 完全相同的模拟路径来计算亚式期权的价值。蒙特卡罗模拟法一个简单的特性就是我们可以只改变到期的支付就可以计算出新的证券的价格，但是模拟的路径完全一致。表 13-12 列出了模拟结果(A 部分)，以及前 10 条路径下的支付的贴现值。A 部分也给出了期权的标准差，同时也列出了置信区间。亚式期权可以被看作是比标准期权便宜的，同时意味着其波动性(平均利率的波动)要比利率本身的更小。

表 13-12 亚式利率期权的蒙特卡罗模拟法

A：亚式看涨期权的模拟利率										
	期限 T_i									
	0.5	1	1.5	2	2.5	3	3.5	4	4.5	5
价格	0.482 5	0.907 9	1.257 9	1.602 2	1.861 6	2.018 9	2.110 0	2.175 0	2.238 6	2.264 7
标准差	0.015 7	0.024 3	0.030 8	0.035 1	0.038 2	0.040 1	0.041 6	0.042 4	0.042 8	0.042 6
最大值	0.514 0	0.956 6	1.319 4	1.672 3	1.938 0	2.099 1	2.193 2	2.259 8	2.324 2	2.350 0
最小值	0.451 0	0.859 2	1.196 4	1.532 0	1.785 1	1.938 6	2.026 9	2.090 2	2.152 9	2.179 4

B：10 次模拟下支付的贴现值										
	期限 T_i									
模拟次数	0.5	1	1.5	2	2.5	3	3.5	4	4.5	5
1	0.00	0.47	1.27	1.64	2.11	2.55	2.68	2.90	2.95	2.90
2	0.99	1.26	1.25	1.18	1.38	1.66	1.97	2.08	2.09	2.01
3	0.99	1.26	1.25	1.64	2.11	2.55	2.94	3.08	3.30	3.33
4	0.99	2.05	2.39	2.95	3.47	3.60	3.54	3.61	3.55	3.57
5	0.00	0.47	0.68	1.19	1.75	1.95	2.21	2.28	2.46	2.49
6	0.00	0.47	0.68	1.19	1.38	1.66	1.97	2.08	2.29	2.34

(续)

模拟次数	0.5	1	1.5	2	2.5	3	3.5	4	4.5	5
7	0.00	0.47	1.27	1.64	1.73	1.64	1.70	1.63	1.52	1.34
8	0.00	0.00	0.00	0.00	0.00	0.00	0.00	0.00	0.29	0.44
9	0.99	1.26	1.25	1.64	2.11	2.55	2.68	2.67	2.79	2.94
10	0.99	2.05	2.97	3.80	4.09	4.09	4.18	4.30	4.43	4.36

13.4.2 案例：摊销型利率互换

1993年第一银行集团(Bank One Corporate)投资了一种新型证券来提升其投资收益率——摊销型利率互换(amortizing interest rate swap，AIRS)。[一]该证券主要通过以抵押贷款支持证券(详见第8章)来合成复制投资组合。事实上，第一银行集团确实持有大量的抵押贷款支持证券，由于该证券的收益率较其他同类证券投资(比如说国债)更高。正如第8章讨论的，抵押贷款支持证券的高收益来自对提前还款风险的补偿，比如，在利率 r_t 很低或投资机会不太好的情况下，收回贷款本金的风险。

运用摊销型利率互换去复制投资组合来增加投资流动性是极具吸引力的(详见第5章关于互换的讨论)。比如，不同于投资500万美元在抵押贷款支持证券上，第一银行集团可以将这些资金投资在短期浮动利率债券上，再进行一笔固定—浮动互换，在该互换中收入是固定，支付是浮动的。事实上，投资在浮动利率债券加固定—浮动互换上相当于投资在固定利率债券上，其票息等于互换利率。也就是说，该投资组合中浮动的部分自然地就被投资在浮动利率债券上的现金流入所对冲掉了：如果短期利率上升，第一银行集团能够以浮动利率债券的现金收入来抵消互换仓位的大部分现金支出。这也就是说，第一银行集团能够通过互换中灵活的条款来推高互换利率，那么它在投资商的收益相应会更高。

经过许多家投资银行相互磋商以后，**摊销型利率互换**(amortizing interest rate swap，AIRS)就此诞生。摊销型利率协议是约定利率和市场利率降同时降低。如同接下来讨论的一样，约定利率水平的变化有一系列特别的条款规定。

这种投资到底是如何帮助提升银行的收益率的呢？为了弄清楚其中隐含的逻辑，我们先考虑普通的互换合约。回顾市场互换利率，设其为 $c(0, T)$，$c(0, T)$ 在第0期被确定，因此到期日为 T 的互换的初始价值为零。如果我们将单纯利率互换利率 $c(0, T)$ 用于摊销型利率互换，那么，收取固定利率的一方的境况就会变差，原因是浮动利率上升而约定的固定利率不变时，这时的固定利率收方就不支付更多。当市场利率降低时，相反，固定利率收方会得到一个正的净收入($c(0, T) - r_4(t)$)，由于利率下降，$r_4(t)$ 也会随之下降，所以从名义上看，收入会有更大的增长。为了使互换在0期的价值为零，我们必须将互换的利率提高到比市场上单纯利率互换利率更高的点位上。

对摊销型利率互换定价最大的困难在于其支付有很强的路径依赖性。表13-13生成了一类典型的期限表来描述摊销型利率互换。[二]其与单纯利率互换最大的不同在于分期偿付安排表上，当LIBOR小于6.25%时，AIRS要求不断降低本金。

[一] 这一节的详细讨论来自 Esty Tufano 以及 Headley(1994)。
[二] 虽然该表具有代表性，但该表中的实际交易细节却是模糊的。

表 13-13　摊销型利率互换的期限表

交易日	2005 年 5 月 9 日
名义金额	5 亿美元，按摊销计划变动
最后到期时间	3 年
提前到期时间（结清余款）	在名义本金少于初始名义本金金额 10% 时的任何一个"修订日"
ABC 银行支付	按 3 个月期 LIBOR（当前为 3.2%），以美元按季度支付
ABC 银行收到	固定利率 4.55%
摊销计划	摊销计划
	3 个月期 LIBOR（美元）　　　名义本金减少额
	≤3.25%　　　　　　　　　　　　全部摊销
	4.25%　　　　　　　　　　　　减少 30%
	5.25%　　　　　　　　　　　　减少 10%
	≥6.25%　　　　　　　　　　　　无摊销
	（如果期限利率介于两项之间时，摊销额通过插值计算）
锁定期	1 年（含 1 年）

实际上，分期偿付安排表上隐含着每 3 个月（时刻 t）ABC 银行可以收到的净现金流：

$$CF(t) = \frac{1}{4} \times (r_{\text{Fxd}} - r_4^L(t-0.25)) \times 本金_{t-0.25}$$

其中，$\frac{1}{4}$ 代表每季度付息，$r_4^L(t)$ 代表 t 时刻的 3 个月期 LIBOR。摊销型利率互换和单纯利率互换最大的不同在于约定的本金同样是随时间不断变化的，变化水平取决于利率的历史数据。比方说，如果 LIBOR 按照表 13-14 给出的数据，则随后的现金流由下式产生：

1. 在时间 $t = 1.25$，ABC 银行的收入：

$$\frac{1}{4} \times (r_{\text{Fxd}} - 4\%) \times 500 \text{ 万}$$

注意，在 $t = 1$ 时利率没有任何降低，因为本金具有 1 年的锁定期。

2. 在时间 $t = 1.5$，ABC 收入如下：

$$\frac{1}{4} \times (r_{\text{Fxd}} - 4.25\%) \times 0.7 \times 500 \text{ 万}$$

表 13-14　3 个月 LIBOR 的假设路径

时间	LIBOR
0.75	3.5%
1.00	4%
1.25	4.25%
1.50	5.25%

也就是说，约定利率降低了 30%，现金流相当于期初的 70%。

约定利率水平是路径依赖的：不仅仅是 $t-1$ 期的利率水平会影响约定利率，而且所有路径下的历史利率数据均会对其产生影响。因为在 $t = 1.5$，LIBOR 是 5.25%，在 $t = 1.75$ 时，使用的本金：本金$_{1.75} = (0.7 \times 500) \times 0.9 = 315$ 万。

换言之，即使最近一期的 LIBOR 均是 5.25%，过去的利率水平也会对现在的现金流产生不同的影响。简而言之，现金流具有路径依赖性。

应该怎样对这种复杂的证券进行定价呢？我们可以运用二叉树下的蒙特卡罗模拟法来与 LIBOR 的收益率曲线相匹配。详细而言，我们必须使每一期收到的现金流由利率所决定。尤其是，我们可以以每一季度为频率来模拟利率，对于每一利率的路径，s，r_0，r_1^s，r_2^s，…，r_n^s，我们把在时期 i 的现金流定义为

$$CF_i^s = 名义本金_{i-1}^s \times \frac{1}{4} \times (r_{\text{Fxd}} - r_4^s(i-1)) \tag{13-20}$$

在这里，$r_4^s(i-1)=4\times(e^{r_{i-1}^2\times 0.25}-1)$ 是和 r_{i-1}^s 相一致的季度复合年化利率。此外，我们也可以计算出下一期 $i+1$ 的本金。现金流是取决于本金大小的，本金计算公式如下：

$$名义本金_i^s = 名义本金_{i-1}^s \times Adj(r_i^s)$$

其中，调整因子 $Adj(r_i^s)$ 由按照表 13-13 中的分期偿付的时间进度表来计算。

对于每一期模拟的利率路径，我们都可以得到一系列的利率和一系列的现金流，如表 13-15 中所列出的一样。

表 13-15 模拟利率和现金表

模拟次数	0	1	2	...	n
模拟 1	r_0	r_1^1	r_2^1	...	r_n^1
		CF_1^1	CF_2^1	...	CF_n^1
模拟 2	r_0	r_1^2	r_2^2	...	r_n^2
		CF_1^2	CF_2^2	...	CF_n^2
⋮	⋮	⋮	⋮	⋱	⋮
模拟 N	r_0	r_1^N	r_2^N	...	r_n^N
		CF_1^N	CF_2^N	...	CF_n^N

对于每一次模拟 s，我们可以得到未来现金流在 0 时期的价值：

$$P^s = e^{-\frac{1}{4}r_0}\times CF_1^s + e^{-\frac{1}{4}(r_0+r_1^s)}\times CF_2^s + \cdots + e^{-\frac{1}{4}(r_0+r_1^s+\cdots+r_{n-1}^s)}\times CF_n^s$$

和前面一样，未来现金流的模拟价值为

$$P = \frac{1}{N}\sum_{j=1}^N P^j$$

13.4.2.1 摊销型利率互换的蒙特卡罗模拟法

表 13-16 说明了应如何为摊销型利率互换定价。定价的步骤如下：

1. 应该用什么数据？首先，我们必须选择用来计算利率树的数据类型。因此，我们对和 LIBOR 相关的资产定价，我们就应该使用基于 LIBOR 的纯利率互换。表 13-16 中的 A 部分列出了在 2009 年 5 月 9 日的互换数据。值得注意的是，3 年期的纯利率互换的利率为 4.265 5%，低于摊销型利率互换所约定的固定利率 4.55%（期限在表 13-13 中）。直觉上，给定该互换利率，固定利率收方的境况会变糟，当他收取的净现金流为正时，利率降低、本金减少。有了互换的数据，我们就可以计算出摊销型利率互换每一到期日的贴现因子。具体的方法参见第 5 章 5.4 节，结果在 A 部分中列出。⊖

2. 采用什么模型？接下来，我们必须选择需要用的模型，如 Black-Derman-Toy 模型、Ho-Lee 模型。以 Ho-Lee 模型为例，由于利率在 2005 年已经非常低，我们想找出利率降得更低的概率。正如我们第 11 章所讨论的，Black-Derman-Toy 模型的对数正态分布假设，虽然这一假设对于保持利率为正而言是合理的，但是可能导致对低利率的概率估计过低。利率的波动 σ 由其历史值（在 2005 年）设定，$\sigma=0.9504\%$，历史数据来自 1987 年 2 月到 2005 年 4 月的 LIBOR。表 13-16 中 B 部分列出由 A 部分中的数据计算出的 Ho-Lee 利率树。

3. 模拟计算利率。如同前几节一样，我们运用这一利率树来模拟利率路径。表 13-16 的 C

⊖ 为了简化分析，我们假设普通互换期权按季度支付。

部分中列出了依此方法计算的 10 次模拟值。需要特别说明的是现金流的计算和摊销利率是季度复合年化利率。模拟 Ho-Lee 利率树以后，其利率是连续复利，我们必须把它转化为季度复合利率，转化的式子如下：$r_4^s(i) = \left(e^{\frac{r_i^s}{4}} - 1\right) \times 4$。第 1 列模拟的利率在各模拟期都相同，其是依据 3 个月的 LIBOR(2005 年 9 月，LIBOR = 3.25%) 得出。

4. 模拟计算本金。对于摊销型利率互换而言，模拟本金的变化很关键，由于利率随时间变化而变化，本金也随时间变化。表 13-16 中 D 部分列出了本金在 10 次模拟中的变化。第 1 列是最初的本金，第 1 期的支付由其决定。接下来四列的值完全相同，原因在于时间表要求 1 年的锁定期，这意味着本金在第 1 年中不会发生变化。随后，如我们所见的一样，本金逐步下降趋近于零。将表中的 A 部分和 B、C 部分比较，会发现当利率下降时，本金同时也会下降。第 4 次模拟显示出了最剧烈的下降：在时期 $i=5$ 利率是 3.79%（事实上，不经过四舍五入，利率为 3.790 218%），从表 13-13 中的条款可以看到，当利率在 3.25% ~ 4.25% 之间时，意味着完全偿付和 30% 的偿付。为了找出偿付水平，我们必须使用插值法。也就是说，我们有如下的规则：$r_4^s(i)$ 是模拟出的利率，其在 $\underline{r}$ 和 $\overline{r}$ 之间（本例中为 3.25% 和 4.25%），$\underline{A}$ 和 $\overline{A}$ 是与此相对应的偿付水平。然后便可以计算出模拟利率下的偿付水平：偿付 $= (1 - w_i^s) \times \underline{A} + w_i^s \times \overline{A}$，其中，$w_i^s = \dfrac{r_4^s(i) - \underline{r}}{\overline{r} - \underline{r}}$。运用上述方法，我们可以得到近似 $w_5 = 54.021\,8\%$，偿付比例为 62.18%。这意味着新的本金额为

$$N_5^4 = N_4^5 \times (1 - 62.18\%) = 500 \times 37.815\,2\% = 189.08(\text{美元})$$

5. 模拟计算贴现现金流。给定本金和利率路径的条件下，我们可以计算出现金流的贴现值。和上几节讨论的一样，我们可以计算出各路径间的贴现因子（表中未列出），然后就可以使用其对现金流贴现。表 13-16 中的 E 部分列出了对 10 条模拟路径下贴现现金流。

摊销型利率互换的价值如何计算？与前几节计算的长期期权的价值不同，摊销型利率互换会在到期日之前产生现金流，随着时间越长，其本金值越趋近于零。也就是说，在风险中性定价下：

$$P_0 = E^*[T_i \text{期现金流现值的总和}] \tag{13-21}$$

$$= E^*\left[\sum_{i=0}^{n-1} e^{-(r_0 + \cdots + r_i) \times \Delta} \times CF(i+1)\right] \tag{13-22}$$

其中，$CF(i+1)$ 是银行 ABC 收到的净支付。也就是说，为了得到摊销型利率互换的价值，我们必须对表 13-16 中 E 总分的所有各行求和，随后，对上述求和值求均值，以求得未来的贴现现金流。

$$\hat{P}_0 = \frac{1}{N} \sum_{s=1}^{N} \left[\sum_{i=0}^{n-1} e^{-(r_0 + \cdots + r_i^s) \times \Delta} \times CF_s(i+1)\right] \tag{13-23}$$

如前例中，运用 1 000 次蒙特卡罗模拟，我们得出：

摊销型利率互换的价格 = 0.005 9

标准误差 = 0.310 1

置信区间 = [-0.614 3, 0.626 0]

从中可以看出，由于标的是互换，所以其价格趋近于零是情有可原的。此外，置信区间相对而言过大，意味着需要更多的模拟次数来提高精度。

注意，如果我们使用 3 年单纯利率互换的互换利率，也就是表 13-16 中的 A 部分中的

4.265 5%，那么，摊销型利率互换的价值就很可能为负值。事实上：

$r_{\text{fxd}} = 4.265\ 5\%$ 时 AIRS 的价格 $= -2.561\ 4$

标准误差 $= 0.331\ 9$

置信区间 $= [-3.225\ 2, -1.897\ 6]$

实际上，在这种境况下置信区间的端点值全部为负，意味着单纯利率互换条件的互换利率，对使摊销型互换的固定利率收方是不利的。

表 13-16 运用蒙特卡罗模拟法对摊销型利率互换定价

A：2005 年 5 月 9 日的数据											
期限	0.25	0.5	0.75	1	1.25	1.5	1.75	2	2.25	2.5	2.75	3
互换利率	3.250 0	3.439 0	3.628 0	3.817 0	3.892 7	3.968 5	4.044 2	4.120 0	4.156 4	4.192 7	4.229 1	4.265 5
贴现值	99.194 0	98.302 0	97.326 0	96.268 0	95.266 8	94.239 8	93.187 6	92.111 3	91.095 1	90.073 0	89.045 4	88.012 6

B：对应的利率树											
j \ i	0	1	2	3	4	5	6	7	8	9	10	11
0	3.24	4.19	5.14	6.10	6.48	7.21	7.95	8.68	9.05	9.71	10.37	11.03
1		3.04	3.99	4.95	5.34	6.07	6.80	7.54	7.91	8.56	9.22	9.88
2			2.85	3.80	4.19	4.92	5.65	6.39	6.76	7.42	8.07	8.73
3				2.65	3.04	3.77	4.51	5.24	5.61	6.27	6.93	7.59
4					1.89	2.62	3.36	4.09	4.46	5.12	5.78	6.44
5						1.48	2.21	2.95	3.32	3.97	4.63	5.29
6							1.06	1.80	2.17	2.83	3.48	4.14
7								0.65	1.02	1.68	2.34	2.99
8									-0.13	0.53	1.19	1.85
9										-0.62	0.04	0.70
10											-1.11	-0.45
11												-1.60

C：季度利率的模拟路径											
模拟次数 \ 时期	0	1	2	3	4	5	6	7	8	9	10	11
1	3.25	3.05	2.86	3.82	4.21	4.95	4.53	5.28	4.49	3.99	3.50	4.16
2	3.25	3.05	4.01	4.98	5.37	4.95	5.69	5.28	5.65	5.15	4.66	5.33
3	3.25	3.05	4.01	4.98	5.37	4.95	5.69	6.44	6.82	7.48	6.99	6.49
4	3.25	3.05	2.86	3.82	4.21	3.79	3.37	2.96	3.33	2.84	3.50	3.01
5	3.25	4.21	5.17	4.98	5.37	6.11	6.86	7.61	7.99	7.48	6.99	7.66
6	3.25	4.21	5.17	4.98	5.37	6.11	6.86	6.44	5.65	5.15	4.66	4.16
7	3.25	3.05	4.01	3.82	3.05	3.79	4.53	4.11	3.33	2.84	3.50	3.01
8	3.25	3.05	2.86	3.82	4.21	3.79	4.53	5.28	5.65	5.15	5.82	5.33
9	3.25	4.21	5.17	6.14	5.37	4.95	4.53	5.28	4.49	5.15	5.82	5.33
10	3.25	3.05	4.01	4.98	4.21	3.79	3.37	4.11	4.49	5.15	4.66	4.16

（续)

					D：模拟的名义本金						
模拟次数											
1	500.00	500.00	500.00	500.00	500.00	420.03	317.64	286.68	214.37	111.44	19.38	12.40
2	500.00	500.00	500.00	500.00	500.00	420.03	396.65	357.99	336.54	269.38	231.63	210.21
3	500.00	500.00	500.00	500.00	500.00	420.03	396.65	396.65	396.65	396.65	396.65	396.65
4	500.00	500.00	500.00	500.00	500.00	189.08	16.19	0.00	0.00	0.00	0.00	0.00
5	500.00	500.00	500.00	500.00	500.00	493.18	493.18	493.18	493.18	493.18	493.18	493.18
6	500.00	500.00	500.00	500.00	500.00	493.18	493.18	493.18	463.64	408.31	319.10	204.15
7	500.00	500.00	500.00	500.00	500.00	500.00	189.08	142.99	86.52	4.85	0.00	0.00
8	500.00	500.00	500.00	500.00	500.00	189.08	142.99	129.05	121.32	106.84	102.25	92.79
9	500.00	500.00	500.00	500.00	500.00	420.03	317.64	286.68	214.37	188.79	180.67	163.96
10	500.00	500.00	500.00	500.00	500.00	189.08	16.19	9.80	7.33	6.45	5.04	3.23

					E：模拟贴现现金流						
					现金流的时间						
模拟次数	0.25	0.5	0.75	1	1.25	1.5	1.75	2	2.25	2.5	2.75	3
1	1.61	1.84	2.07	0.88	0.41	-0.40	0.01	-0.48	0.03	0.14	0.00	0.00
2	1.61	1.84	0.65	-0.52	-0.98	-0.39	-1.05	-0.59	-0.83	-0.04	-0.05	-0.35
3	1.61	1.84	0.65	-0.52	-0.98	-0.39	-1.05	-1.71	-2.01	-2.56	-2.09	-1.63
4	1.61	1.84	2.07	0.88	0.41	0.34	0.00	0.00	0.00	0.00	0.00	0.00
5	1.61	0.42	-0.76	-0.51	-0.97	-1.79	-2.60	-3.38	-3.73	-3.13	-2.55	-3.19
6	1.61	0.42	-0.76	-0.51	-0.97	-1.79	-2.60	-2.10	-1.13	-0.54	-0.07	0.17
7	1.61	1.84	0.65	0.88	1.79	0.34	0.01	0.09	0.00	0.00	0.00	0.00
8	1.61	1.84	2.07	0.88	0.41	0.34	0.01	-0.22	-0.30	-0.15	-0.29	-0.16
9	1.61	0.42	-0.76	-1.90	-0.97	-0.39	0.01	-0.47	0.03	-0.25	-0.50	-0.27
10	1.61	1.84	0.65	-0.52	0.40	0.34	0.00	0.00	0.00	0.00	0.00	0.00

资料来源：彭博。

13.4.2.2 摊销型利率互换的负凸性

在对摊销型利率互换进行计算后，我们可以进一步分析来理解为什么摊销型利率互换可以用来模拟抵押贷款支持证券的运行过程。图 13-1 画出了摊销型利率互换的价值与不同的锁定

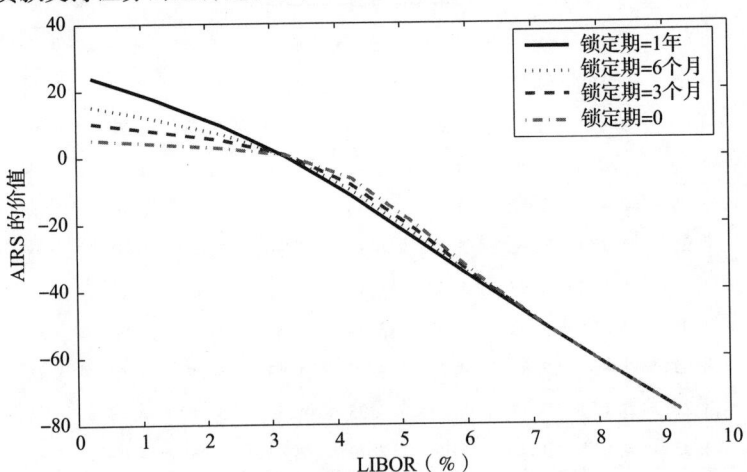

图 13-1　AIRS 的价值、LIBOR 和锁定期

期下 3 个月 LIBOR 的关系。首先，我们注意到投资在摊销型利率互换上相当于投资在一只凸性为负的证券上，某种程度上利率下降，证券价值的上升的幅度小于利率上升时价值的下降。回顾第 12 章，负凸性实际上赋予证券类似于做空某些类型期权的特征。比如，第 12 章中图 12-1 中的可赎回债券，以及同一章中图 12-2 中的抵押贷款支持证券。其次，凸性随着锁定期的缩短变得显著。换言之，随着时间变化，负凸性变得越来越重要。这一特征对可赎回债券同样适用，因为可赎回期的接近和上述时间变化路径相似；上述时间的动态变化在抵押贷款支持证券中却很难看到。

13.5 蒙特卡罗模拟法下的即期利率久期

现在，我们将注意力放在风险的分析上，如果我们使用蒙特卡罗模拟法来计算证券的价值，那么我们应该如何来计算诸如久期等风险的测量值？在第 10 章 10.5 节中，我们介绍了运用蒙特卡罗模拟法如何计算即期利率。回顾一下即期利率由下式给出

$$\text{即期利率} = -\frac{1}{P} \times \frac{\mathrm{d}P}{\mathrm{d}r} \tag{13-24}$$

计算的过程如下，我们需要运用两次蒙特卡罗模拟：第一次在 r_0 时期，也就是二叉树的根部。第二次蒙特卡罗模拟在 r_0 时期以后，即在 $r_0 + \mathrm{d}r$，其中 $\mathrm{d}r$ 是一个微小变量，如变动 1 个基点。然后，我们就可以在两个不同的开始时期的价值 $\hat{P}(r_0)$ 和 $\hat{P}(r_0 + \mathrm{d}r)$ 计算出证券的价值。即期利率久期可以由下式近似给出：

$$\text{即期利率久期} \approx -\frac{1}{\hat{P}(r_0)} \times \frac{\hat{P}(r_0 + \mathrm{d}r) - \hat{P}(r_0)}{\mathrm{d}r} \tag{13-25}$$

为避免这种近似计算中的模拟误差，可使用由 RAND( ) 函数生成的值来计算上式中的两个时期的价值。

这种计算方法可行吗？在表 13-19 中用蒙特卡罗模拟法计算的零息债券价值，当我们使用 Ho-Lee 模型来匹配利率的期限结构时，该值和真实数据十分接近。表 13-17A 部分列出了由式 (13-25) 得出的即期利率久期近似值。其中，第 2 行和第 3 行列出了零息债券在起始两期，当利率值分别为 $r_0 = 1.74\%$ 和 $r_0 + \mathrm{d}r = 1.75$ 时的价格模拟值；即期利率久期的模拟值在第 4 行中列出（我们保留了小数点后四位来显示模拟值的精确度）：即期利率久期值和零息债券的久期值基本上完全相同，即等于债券的到期日（详见第 3 章）。可能很奇怪由 Ho-Lee 模型得出的即期利率久期和我们第 3 章中定义的标准久期一样。这是因为该特殊模型自身的特点，但是一般情况下是不相同的，比如在 BDT 模型中就不相等。对于 Ho-Lee 模型而言，在二叉树中初始节点利率的上升意味着在以后的所有期限结构上的上涨幅度都相同，正是因为这样，运用式 (12-25) 所近似得出的久期和标准定义下的久期才十分接近。

运用相似的方法，我们可以计算出前面讨论过的长期期权和亚式期权的即期利率久期，结果，如表 13-17B 和 C 部分所示。首先，注意利率看涨期权的即期利率久期为负：利率的上升会使期权的价值更高，即此时更有可能会产生正的收益，因此其价格也会上升。其次，即使亚式期权的波动性要比利率本身的波动性小，即比平均利率的波动小，但是亚式期权的即期利率久期却并不比 B 部分中普通期权的久期小。原因在于，虽然亚式期权的价格确实更少受到利率波动的影响，但是亚式期权的价格也更低。也就是说，从比例关系上说，亚式期权对利率的弹性会更敏感。

表 13-17 蒙特卡罗模拟法下的即期久期

期限	0.5	1	1.5	2	2.5	3	3.5	4	4.5	5
A：零息债券即期利率久期										
$\hat{Z}(r_0, T_i)$	99.133 8	97.910 5	96.208 4	94.222 8	91.892 7	89.442 3	87.076 1	84.800 9	82.516 5	80.129 8
$\hat{Z}(r_0+dr, T_i)$	99.128 8	97.900 7	96.194 0	94.203 9	91.869 8	89.415 5	87.045 6	84.767 0	82.479 4	80.089 7
即期利率久期	0.500 0	1.000 0	1.499 9	1.999 8	2.499 7	2.999 6	3.499 4	3.999 2	4.499 0	4.998 8
B：长期看涨期权即期利率久期										
$\hat{c}(r_0)$	0.965 0	1.885 7	2.495 9	3.189 2	3.469 1	3.413 4	3.286 6	3.400 7	3.637 8	3.506 0
$\hat{c}(r_0+dr)$	0.969 7	1.892 7	2.503 8	3.197 3	3.477 0	3.420 2	3.293 5	3.406 4	3.643 4	3.510 7
即期利率久期	49.322 2	37.182 3	31.588 3	25.427 8	22.915 5	19.868 9	21.093 3	16.856 3	15.508 4	13.416 3
C：亚式看涨期权即期利率久期模拟										
$\hat{c}^A(r_0)$	0.482 5	0.907 9	1.257 9	1.602 2	1.861 6	2.018 9	2.110 0	2.175 0	2.238 6	2.264 7
$\hat{c}(r_0+dr)$	0.487 3	0.915 0	1.265 9	1.609 9	1.869 3	2.026 4	2.117 1	2.181 6	2.245 0	2.270 8
即期利率久期	-99.144 5	-78.304 9	-64.155 1	-48.332 5	-41.741 2	-37.404 0	-33.734 4	-30.308 8	-28.569 9	-26.928 1

13.6 对住房抵押贷款支持证券定价

在这一章的最后一节我们运用蒙特卡罗模拟法对住房抵押贷款支持证券定价。第 8 章已经详细地介绍过这一市场，这些证券的背后都是抵押贷款，比如过手抵押债务和抵押担保债券，正如一些企业描述的那样，包括雪铁龙集团测量的提前偿付速度。在第 12 章中，我们已经讨论过美国的抵押证券嵌入式期权怎样通过二叉树来计算其价值：我们从二叉树的尾部开始往前倒推，并一步一步地决定是行权最优还是继续持有更好。然而，正如前两章中讨论的那样，许多因素影响抵押贷款的提前偿付，因此其可能和利率没什么关系。在本章中，我们阐述蒙特卡罗模拟法和二叉树怎样将这些因素考虑进去。简明起见，我们用第 12 章例 12-7 来解释融合的方法。首要的问题在于：我们怎样在二叉树中模拟家庭提前偿付的决定？

13.6.1 提前偿付决定的模拟

在进入提前偿付的真实模型之前，我们先来看一下蒙特卡罗模拟法是怎样被用在二叉树中来复制例 12-7 中的最优决定的，该讨论可作为比较其他结果的一个标杆。通过例 12-7 可以发现，在每一时期都有一个触发利率r_i，即如果在 i 时期利率降低到触发利率以下时，那么房屋所有者就会提前偿付贷款（详见表 12-8 中 D 部分）。上述事实意味着我们可以在二叉树中用蒙特卡罗模拟，并且将房屋所有者的决定包含其中：我们可以在二叉树中模拟出利率水平，当模拟的利率降低到触发利率以下，就提前偿付剩余的所有本金。在触发利率达到以前，抵押贷款者仅仅支付利息加上还款时间表中每期应还的本金部分。

表 13-18 详细解释了这一过程，A 部分列出了在第 12 章中计算出的本金余额和计划还款的本金、利息。B 部分列出了来自表 12-8 中的触发利率，也就是在简单的 BDT 模型下的 10 次模拟利率值。⊖对于每一模拟路径，表中用方框标出的利率表示在这一时期模拟利率到达了触发利率的水平，因此提前偿付的行为就会发生。例如，在第一次模拟下，提前偿付发生在 $T=$

⊖ 除了模拟了利率的对数值，其余部分的模拟和第 13 章中的 Ho-Lee 模型完全一样。

0.5 这一还款期。在第二次模拟路径下，提前偿付发生在第三个时期 $T=1.5$，依此类推。在最后一行中，触发利率从没被达到，因而也就没有提前偿付。

表 13-18 模拟提前偿付

A：抵押支付和未偿本金

					时期 i					
	0	1	2	3	4	5	6	7	8	9	10
利率支付		3 782	3 464	3 134	2 791	2 435	2 066	1 683	1 285	873	444
本金支付		8 414	8 732	9 062	9 405	9 761	10 130	10 513	10 910	11 323	11 751
未偿本金	100 000	91 586	82 855	73 792	64 388	54 627	44 497	33 985	23 074	11 751	0

B：触发利率和 10 次模拟路径

触发利率 $r_i \Rightarrow$		5.53	4.92	5.76	6.64	5.62	6.28	5.55	6.08	7.28	—
模拟次数											
1	5.86	[5.53]	6.66	7.79	6.64	7.61	8.50	7.51	8.24	7.28	5.95
2	5.86	7.49	6.66	[5.76]	4.90	5.62	6.28	7.51	6.08	5.38	4.39
3	5.86	7.49	6.66	[5.76]	6.64	7.61	8.50	10.17	8.24	9.86	8.05
4	5.86	7.49	9.02	7.79	8.99	10.30	8.50	7.51	8.24	[7.28]	8.05
5	5.86	[5.53]	6.66	5.76	6.64	7.61	6.28	7.51	6.08	7.28	5.95
6	5.86	[5.53]	6.66	5.76	6.64	5.62	6.28	7.51	6.08	5.95	5.95
7	5.86	[5.53]	6.66	7.79	6.64	5.62	4.64	5.55	4.49	3.97	3.24
8	5.86	[5.53]	4.92	4.25	4.90	4.15	3.43	4.10	4.49	5.38	4.39
9	5.86	7.49	6.66	[5.76]	6.64	7.61	8.50	7.51	6.08	7.28	8.05
10	5.86	7.49	9.02	10.55	12.17	10.30	8.50	10.17	11.15	13.35	10.90

C：贴现现金流

					期限 T_i					
模拟次数	0.5	1	1.5	2	2.5	3	3.5	4	4.5	5
1	100 784	0	0	0	0	0	0	0	0	0
2	11 843	11 408	77 799	0	0	0	0	0	0	0
3	11 843	11 408	77 799	0	0	0	0	0	0	0
4	11 843	11 408	10 905	10 488	10 027	9 524	9 128	8 791	16 566	0
5	100 784	0	0	0	0	0	0	0	0	0
6	100 784	0	0	0	0	0	0	0	0	0
7	100 784	0	0	0	0	0	0	0	0	0
8	100 784	0	0	0	0	0	0	0	0	0
9	11 843	11 408	77 799	0	0	0	0	0	0	0
10	11 843	11 408	10 905	10 344	9 734	9 245	8 861	8 421	7 965	7 450

在给定 B 部分的偿付日期的前提下，C 部分显示出了来自提前偿付决定的贴现现金流。⊖ 比如，在第一次模拟下，提前偿付发生在第一还款期。也就是说，现金流发生在等于全部的利率下加上本金，这一还款金额为 3 782 美元 + 100 000 美元，贴现率为 $r_0 = 5.85\%$，那么这一值为 100 784。相似地，在第二次模拟下，提前偿付发生在 $T=1.5$。也就是说，在前

⊖ 虽然表 13-8 主要分析了 BDT 模型，但是此处折算与其相似。因此，此处不再给出具体过程。

两期中抵押贷款者只需付计划还款中的利息和本金,也就是连续年金12 195.71美元。第2行的前两个值为这一连续年金的贴现值。在 $T=1.5$ 时,提前偿付的行为就会发生,那么总的偿付额就是排定还款进度的总利息加上剩下的本金额9 062美元 + 73 792美元。总的还款额为85 645美元,在给定利率水平 $r_0=5.86\%$,$r_1=7.49$,$r_2=6.66\%$ 时该值的贴现值为77 799美元。

蒙特卡罗模拟下,抵押贷款的价值是多少?在C部分中给出了贴现现金流,我们就可以用计算摊销型利率互换的方法计算抵押贷款的价值(详见13.4.2中的案例学习部分)。将每一行中的所有值加总,我们就可以得到每一次模拟路径下的贴现现金流。这些所有现金流的均值就是抵押贷款的价值。也就是说,抵押贷款价值计算公式由下式给出:

$$\hat{V}_0(10) = \frac{1}{N}\sum_{s=1}^{N}\left[\sum_{i=0}^{n-1}e^{-(r_0+\cdots+r_i^s)\times\Delta}\times CF^s(i+1)\right] \quad (13\text{-}26)$$

式中,$\hat{V}_0(10)$ 是10期到期的抵押贷款在 $i=0$ 的模拟价值;

$CF^s(i+1)$ 是在 $i+1$ 期模拟路径 s 下的总现金流。

在1 000次模拟下,抵押贷款的价值 $\hat{V}_0(10)=100\ 96$,置信区间为[99 998,100 195]。我们可以回顾第12章中的式(12-13)~(12-15),r_m 被设定为抵押贷款价值等于其面值时的抵押贷款利率。蒙特卡罗模拟出的回报率和这一值基本上相同,这也就保证了我们在做模拟的过程中没有犯任何错误。

同样的方法,我们也可以运用蒙特卡罗模拟来获得12.3.2中讨论的其他抵押贷款支持证券的价值。现在我们探讨怎样才能将影响房屋所有者提前偿付抵押贷款的因子加入进去。这些额外的因子意味着路径依赖性,因此第12章中讨论的模型不能够很好地将其纳入模型。

13.6.2 影响提前偿付决定的其他因素

我们现在讨论其他因子,并将其加入我们的蒙特卡罗模拟法中。

1. 随机事件。房屋所有者会提前偿付其贷款的原因可能和利率完全没有关系。最主要的一类随机事件就是房屋出售。房屋出售又有可能是由多种原因引起的,包括最简单的原因——房屋所有者的工作地点发生了变化。同时,房屋所有者的违约触发了机构MBS的提前偿付,作为机构为了保护投资者免受房屋所有者违约的影响,必须紧跟着将本金退还给投资者。为了捕捉引发提前偿付的这类随机事件,我们在蒙特卡罗模拟中加入一个概率值 p_i 代表提前偿付发生和利率水平变化无关的概率。为了能够连接这一概率的分布,我们假设 p_i 与第8章8.3.1中讨论的提前偿付速度的PSA测量工具有关。为了模拟和利率不相关的随机事件,我们可以使用正态分布假设,那么 $RAND(\ )$ 函数就又可以派上用场了。在给定提前偿付发生的概率 p_i 时,我们通过设定当 $RAND(\ )>p_i$ 时提前偿付的随机事件发生,那么就可以模拟出提前偿付的随机事件。

2. 季节性因素。房屋所有者倾向更频繁地在夏天而不是一年中其他季节搬家,因而提前偿付也就带有很强的季节性,并且在夏天达到峰值。这一搬家的原因也和学校的学期安排相关,因为家长更情愿在夏天更换住所,并且让他们的孩子转学。我们可以在我们的模拟中要求 p_i 在夏季更高来实现季节性因素的影响。

3. 非最优选择。当利率下降时,许多房屋所有者并不会利用这一重新融资的机会,而是通过选择等待来获利。这一行为当然和利率水平相关,例如,在表13-18的案例中,最优的选择是只要当利率达到触发利率时就进行再融资。然而,事实上很多房屋所有者并不会这样做,可能由于他们并没有关注当前的利率，也有可能存在一些再融资的成本使他们犹豫。然而，随着利率越来越低，很合理的假定是房屋所有者关注利率和再融资的概率会越大。通过假设当模拟利率位于触发利率以下 $r_i^s < r_j$，选择再融资就是最优的选择，我们就可以将这一因素纳入模拟的范围。而且，此时房屋所有者再融资的概率为 $q(r_i^s)$，并且取决于利率水平。在模拟中，我们假设一种简单形式：

$$q_i^s = a \times e^{-b \times r_i^s} \text{当} r_i^s < r_j \tag{13-27}$$

其中，a 和 b 是我们用来对房屋所有者行为建模的两个常数。例如，如果 $a=1$ 且 $b=0$，那么 $q_i^s = 1$，这意味着最优选择是再融资的时候，房屋所有者总是再融资，也就是表 13-18 中显示的那样。如果 $a=0.5$ 且 $b=0$，那么当最优选择是再融资时，仅有 50%的概率房屋所有者会这样做。最后，当 $b>0$ 时，利率水平越低，那么房屋所有者更有可能会做出最优选择——再融资。此次模拟中，我们将参数 a 设定为 0.8，b 设定为 20，也就是说房主选择再融资的概率在 18%（利率较高）到 80%（利率较低）之间。对于每一条模拟路径 s，对于给定的概率水平，我们假设提前偿付在 $RAND() < 1 - q_i^s$ 时发生。

现在让我们来考虑上述额外的因素对表 13-18 案例中抵押贷款价值的影响。表 13-19 显示了我们在练习中所做的假设：其中，正如第 8 章讨论的那样，100% PSA 表示按照 PSA 经验的触发概率。在模拟过程中，我们用 50% PSA 作为额外因素推动提前偿付和利率独立的概率。这一概率值比通常的水平低，但是其反映了模拟将额外因素纳入模型的事实。季节这一行列出了关于季节的假设。由于我们是以半年作为一个模拟路径，我们假设每过 6 个月就是夏天，因此 50% PSA 可能在夏季会翻倍。因此，得到一个 1，2，1，2，…序列。最后，因为 PSA 定义了不同时间下的条件提前偿付率（CPR），其中 CPR 是年化后的提前偿付概率，我们必须将年化概率值转化为半年发生的概率值。我们运用第 8 章中运用的相同方法进行转化：

$$p_i = \text{季节指数} \times (1 - (1 - CPR)^{\frac{1}{2}})$$

其中季节指数不是 1 就是 2。

A 部分同样给出了在参数 $a=0.8$ 并且 $b=20$ 时，最优选择是提前偿付的前提下提前偿付的概率。

对比表 13-19 中 B 部分和表 13-18 中 C 部分，我们可以发现两者的差别。在这两部分中，模拟利率都一样，但是提前偿付的时期不相同。比如，在给定再融资是最优选择的前提下，模拟路径 1 下最好在 $i=1$ 时刻立即进行再融资；而在新的模型中，再融资只有在 $i=4$ 的时候才发生，即虽然再融资是最优选择，但进行再融资的概率更小。在模拟路径 4 下，按照最优原则不提前偿付才是最优选择，但是提前偿付却发生在 $i=6$。

表 13-19 用蒙特卡罗模拟法对加入其他因素的 MBS 定价

A：假设和额外因子										
100% PSA	1.20%	2.40%	3.60%	4.80%	6.00%	6.00%	6.00%	6.00%	6.00%	6.00%
模拟中用的 PSA%	50									
季节	1	2	1	2	1	2	1	2	1	2
月度概率	0.30%	1.20%	0.90%	2.41%	1.51%	3.02%	1.51%	3.02%	1.51%	3.02%
最优先支付概率的参数 $q = a \times e^{-b \times r_i^s}$:										
	a	0.8	b	20						

(续)

	B：贴现现金流									
	期限 T_i									
模拟次数	0.5	1	1.5	2	2.5	3	3.5	4	4.5	5
1	11 843	11 520	11 143	67 297	0	0	0	0	0	0
2	11 843	11 408	11 034	10 721	57 320	0	0	0	0	0
3	11 843	11 408	11 034	10 721	10 371	9 984	9 569	9 094	8 727	8 307
4	11 843	11 408	10 905	10 488	10 027	44 274	0	0	0	0
5	11 843	11 520	11 143	10 827	10 473	10 082	9 771	27 215	0	0
6	11 843	11 520	78 564	0	0	0	0	0	0	0
7	100 784	0	0	0	0	0	0	0	0	0
8	11 843	89 786	0	0	0	0	0	0	0	0
9	11 843	11 408	11 034	67 323	0	0	0	0	0	0
10	11 843	11 408	10 905	10 344	9 734	9 245	8 861	8 421	7 965	7 450

本案例中，1 000 次模拟利率下抵押贷款的价值 $\hat{V}_0(10) = 101\,006$，置信区间为 [100 864, 101 149]，该值比前面最优选择下要高。这不值得奇怪：因为在最优再融资时间进行再融资最大化了期权对于房屋所有者的价值，因此对投资者而言，抵押贷款的价值就会下降；相反地，如果房屋所有者不使用最优原则行动，对他们而言，抵押贷款的价值就会下降，但对投资者而言是件好事。也就是说，抵押贷款（或抵押贷款支持证券）的价值在房屋所有者不遵循最优原则时价值更高。

13.6.3 住房抵押贷款支持证券

给定模拟现金流以及提前偿付时间的条件下，如同第 8 章描述的那样，我们可以将这些现金流分散到不同类型的证券中去。正如我们第 12 章讨论的那样，我们现在假设前几节讨论的抵押贷款实际上是一个抵押贷款池，其本金等于 1 亿美元不是 10 万美元。

13.6.3.1 过手、仅息及仅本剥离债券

表 13-20 包含了模拟的 7% 过手、仅本和仅息剥离债券的贴现现金流。使用 1 000 次模拟，我们可以得到以下价格：

表 13-20 过手 MBS、IO 和 PO

	A：过手利率、计划偿付的本金以及未偿本金									
	期限 T_i									
	0.5	1	1.5	2	2.5	3	3.5	4	4.5	5
利率 (PT)	3 500	3 206	2 900	2 583	2 254	1 912	1 557	1 189	808	411
本金	8 414	8 732	9 062	9 405	9 761	10 130	10 513	10 910	11 323	11 751
未偿本金	91 586	82 855	73 792	64 388	54 627	44 497	33 985	23 074	11 751	0
	B：过手抵押贷款：10 次模拟下的贴现现金流									
	期限 T_i									
模拟次数	0.5	1	1.5	2	2.5	3	3.5	4	4.5	5
1	11 569	11 276	10 929	67 114	0	0	0	0	0	0
2	11 569	11 166	10 823	10 538	57 164	0	0	0	0	0
3	11 569	11 166	10 823	10 538	10 217	9 858	9 470	9 023	8 681	8 285

（续）

模拟次数	0.5	1	1.5	2	2.5	3	3.5	4	4.5	5
4	11 569	11 166	10 696	10 309	9 878	44 153	0	0	0	0
5	11 569	11 276	10 929	10 642	10 317	9 955	9 670	27 141	0	0
6	11 569	11 276	78 350	0	0	0	0	0	0	0
7	100 510	0	0	0	0	0	0	0	0	0
8	11 569	89 542	0	0	0	0	0	0	0	0
9	11 569	11 166	10 823	67 140	0	0	0	0	0	0
10	11 569	11 166	10 696	10 168	9 589	9 129	8 769	8 355	7 922	7 430

C：仅支付利率：10 次模拟下的贴现现金流

—— 期限 T_i ——

模拟次数	0.5	1	1.5	2	2.5	3	3.5	4	4.5	5
1	3 399	3 028	2 650	2 270	0	0	0	0	0	0
2	3 399	2 998	2 624	2 270	1 933	0	0	0	0	0
3	3 399	2 998	2 624	2 270	1 916	1 565	1 222	887	578	280
4	3 399	2 998	2 593	2 221	1 853	1 493	0	0	0	0
5	3 399	3 028	2 650	2 293	1 935	1 581	1 248	918	0	0
6	3 399	3 028	2 650	0	0	0	0	0	0	0
7	3 399	0	0	0	0	0	0	0	0	0
8	3 399	3 028	0	0	0	0	0	0	0	0
9	3 399	2 998	2 624	2 270	0	0	0	0	0	0
10	3 399	2 998	2 593	2 191	1 799	1 449	1 132	821	527	251

D：仅支付本金：10 次模拟下的贴现现金流

—— 期限 T_i ——

模拟次数	0.5	1	1.5	2	2.5	3	3.5	4	4.5	5
1	8 171	8 248	8 280	64 844	0	0	0	0	0	0
2	8 171	8 168	8 199	8 268	55 231	0	0	0	0	0
3	8 171	8 168	8 199	8 268	8 300	8 293	8 248	8 136	8 103	8 005
4	8 171	8 168	8 103	8 088	8 025	42 660	0	0	0	0
5	8 171	8 248	8 280	8 349	8 382	8 374	8 422	26 223	0	0
6	8 171	8 248	75 701	0	0	0	0	0	0	0
7	97 111	0	0	0	0	0	0	0	0	0
8	8 171	86 514	0	0	0	0	0	0	0	0
9	8 171	8 168	8 199	64 870	0	0	0	0	0	0
10	8 171	8 168	8 103	7 977	7 790	7 679	7 638	7 534	7 395	7 179

过手价格 = 99 996 美元；置信区间 = [99 848 美元，100 144 美元]

仅息剥离债券价格 = 12 540 美元；置信区间 = [12 211 美元，12 868 美元]

仅本剥离债券价格 = 87 456 美元；置信区间 = [87 057 美元，87 855 美元]

13.6.3.2 抵押担保债券

我们以第 8 章中讨论的抵押担保债券的定价作为最后一个用蒙特卡罗模拟法定价的案例。让我们将注意力放在偿付顺序的安排上，回顾在这个安排中，我们必须将个人偿付的本金，不论是否属于计划偿付的，都应分配给各个组合。假设只有 3 个贷款组合 A、B、C，本金分别为

50 000 美元、30 000 美元、20 000 美元。组合 A 首次收到全部的本金偿付，到该时刻贷款的本金 50 000 美元完全收回；另一时点，组合 B 回收了所有的本金；最后，组合 C 收回全部本金。蒙特卡罗模拟法被证明是有效的：每个模拟路径下利率变化以及本金提前偿付的发生，不论有无规定，我们简单将本金分配到上述 3 个组合中。表 13-21 展示了运用 10 次模拟路径下对 3 个组合的模拟。

表 13-21 抵押担保债券

A：组合 A——10 次模拟下的贴现现金流

				期限 T_i						
	0	0.5	1	1.5	2	2.5	3	3.5	4	4.5	5
利率		1 750	1 456	1 150	833	504	162	0	0	0	0
计划偿付本金		8 414	8 732	9 062	9 405	9 761	4 627	0	0	0	0
未偿本金	50 000	41 586	32 855	23 792	14 388	4 627	0	0	0	0	0
模拟次数											
1		9 870	9 623	9 330	21 639	0	0	0	0	0	0
2		9 870	9 529	9 239	9 000	12 774	0	0	0	0	0
3		9 870	9 529	9 239	9 000	8 728	3 921	0	0	0	0
4		9 870	9 529	9 131	8 804	8 439	3 740	0	0	0	0
5		9 870	9 623	9 330	9 088	8 814	3 959	0	0	0	0
6		9 870	9 623	31 068	0	0	0	0	0	0	0
7		50 255	0	0	0	0	0	0	0	0	0
8		9 870	40 658	0	0	0	0	0	0	0	0
9		9 870	9 529	9 239	21 648	0	0	0	0	0	0
10		9 870	9 529	9 131	8 684	8 192	3 631	0	0	0	0

B：组合 B——10 次模拟下的贴现现金流

	0	0.5	1	1.5	2	2.5	3	3.5	4	4.5	5
利率		1 050	1 050	1 050	1 050	1 050	1 050	857	489	108	0
计划偿付本金		0	0	0	0	0	5 503	10 513	10 910	3 074	0
未偿本金	30 000	30 000	30 000	30 000	30 000	30 000	24 497	13 985	3 074	0	0
模拟次数											
1		1 020	992	959	27 285	0	0	0	0	0	0
2		1 020	982	950	923	26 634	0	0	0	0	0
3		1 020	982	950	923	893	5 364	8 921	8 501	2 277	0
4		1 020	982	939	903	863	24 248	0	0	0	0
5		1 020	992	959	932	902	5 417	9 109	11 169	0	0
6		1 020	992	28 369	0	0	0	0	0	0	0
7		30 153	0	0	0	0	0	0	0	0	0
8		1 020	29 330	0	0	0	0	0	0	0	0
9		1 020	982	950	27 296	0	0	0	0	0	0
10		1 020	982	939	891	838	4 967	8 261	7 872	2 078	0

										(续)
	C：组合 C——10 次模拟下的贴现现金流									
利率	700	700	700	700	700	700	700	700	700	411
计划偿付本金	0	0	0	0	0	0	0	0	8249	11751
未偿本金	20 000	20 000	20 000	20 000	20 000	20 000	20 000	20 000	11 751	0

模拟次数										
1	680	661	640	18 190	0	0	0	0	0	0
2	680	655	633	615	17 756	0	0	0	0	0
3	680	655	633	615	595	573	549	522	6 404	8 285
4	680	655	626	602	576	16 165	0	0	0	0
5	680	661	640	621	601	579	561	15 973	0	0
6	680	661	18 913	0	0	0	0	0	0	0
7	20 102	0	0	0	0	0	0	0	0	0
8	680	19 554	0	0	0	0	0	0	0	0
9	680	655	633	18 197	0	0	0	0	0	0
10	680	655	626	594	559	531	509	483	5 844	7 430

13.6.4 提前偿付模型

上述的方法仍然不够实际，尤其是对抵押贷款资金池，我们仍然假设了发生提前偿付时，所有本金都全部会提前偿还。这种方法虽然对理解怎样运用蒙特卡罗模拟法对抵押贷款支持证券定价来说足够简单，但效果不能令人满意。为什么？因为我们不仅想知道提前偿付什么时候发生，也想知道提前偿付发生时的金额大小是多少。可以设定更为复杂的提前偿付模型将提前偿付额纳入模型之中。事实上，投资银行和对冲基金广泛使用来对抵押贷款支持证券定价的方法，就是估计提前偿付模型，该模型有助于预测提前偿付发生时的金额，而金额大小取决于市场条件。比如，我们提到过在利率背后，一些其他因素，诸如季节、年龄、房价以及一般经济条件都对提前偿付额有影响。提前偿付模型将这些因素的历史数据和提前偿付的历史数据结合进行回归分析后，再对未来每个情境下的提前偿付额做出预测。然后，运用这些因素下的蒙特卡罗模拟法，以前面章节中相同的方法来计算出担保抵押支持贷款的价值。

本章小结

本章中，我们涵盖了以下几方面的内容。

1. 蒙特卡罗模拟：蒙特卡罗模拟是依据一个特定函数（比如二叉树模型）来模拟利率变化路径。该方法要求模拟的随机参数值要符合均匀分布，并依据该随机参数值来确定利率是向上还是向下运动（比如是否大于 0.5）。

2. 运用蒙特卡罗模拟法定价：利率的模拟值会用于确定一系列的现金流，且每一利率路径下的现金流都可以折为现值。证券的价格，就可用模拟价格的平均值来近似求得。

3. 路径依赖利率证券：这些证券的支付取决于整个存续期的利率路径而不只是最终利率水平。亚式期权就是这样一个例子，到期的支付取决于期权存续期的平均利率。摊销型利率互换是另一个例子，其本金会随利率的下降而下降。

4. 蒙特卡罗在住房抵押贷款支持证券(RMBS)上的运用：由于房屋所有者有可能会提前偿付，而且原因不只是和利率相关，蒙特卡罗模拟是一个很好的方法来对RMBS定价。通过蒙特卡罗模拟，能将由二叉树模型得出的决定提前偿付的最优利率水平和房屋所有者可能不提前偿付的概率相结合。同样，还可以将外生因素(如季节)等纳入提前偿付决策中。

练习

1. 参考第11章的练习1。运用蒙特卡罗模拟法解决相同的问题。保证计算出价格、标准差以及置信区间，并比较第11章和得出的结果。

2. **利率障碍期权**(interest rate barrier options)。利率障碍期权是指某一类普通期权，其到期支付取决于存续期内是否达到某一敲定利率水平。比如，敲出期权就是这一类利率期权，其利率在期满前达到敲定利率时便终止。假定目前的利率期限结构以5%的利率连续贴现。考虑一个平值、敲出期权，本金1亿美元，1年到期，敲定利率设置为3%。已知6个月到期的普通看涨期权的月利率为 $C\left(\dfrac{1}{12}\right) = 2.6505$(1亿美元本金)。

    (1) 以Ho-Lee利率模型来模拟月利率期限结构。确保该利率期限结构能够对上述的6个月期权进行(近似的)定价。

    (2) 运用蒙特卡罗模拟法计算敲出期权的价值。如果以倒推法计算敲出期权错在哪里？

    (3) 运用BDT利率模型，重复上述题目。计算的结果相同吗？请简单讨论。

3. 该题同第12章的练习3相关，考虑该题中二叉树和抵押贷款支持证券。

    (1) 计算利率树中触发利率 $\underline{r}_i$，当 $r_i < \underline{r}_i$ 时产生支付。

    (2) 运用蒙特卡罗模拟法模拟和计算抵押贷款的价值。该结果与第12章的结果一致吗？

    (3) 运用蒙特卡罗模拟法模拟3.5%过手债券的价格。

    (4) 在模型中加入支付概率，如下：

    ① 一个与PSA相关的提前支付概率，当 $r_i > \underline{r}_i$ 时。过手债券的价格如何影响概率？简单讨论。

    ② 即使 $r_i < \underline{r}_i$ 也没有任何支付的利率。过手债券的价格如何影响概率？简单讨论。

    (5) 假定抵押贷款的价格是由最优预付款政策(i.e 仅由利率树)计算出的，但是房屋所有者不采用最优利率政策。这对银行发行的抵押贷款是好消息还是坏消息？(提示：非理性的预付款会对抵押贷款产生什么影响？)

    (6) 仅息债券和仅本债券的价格？计算即期利率久期，以及比较其与过手证券的即期久期。

4. 今天是2008年12月3日，3个月LIBOR、互换利率，利率上限期权的价格都在表13-22中。

    (1) 运用这些数据来你和LIBOR曲线(参考第11章的练习5)。

    (2) 拟合二叉树使得恰好拟合利率期限结构(运用Ho-Lee模型和BDT模型)。不用拟合利率上限期权的价格。

    (3) 运用蒙特卡罗模拟法来重新计算零息债券的价格。结果与数据一样吗？为取得足够好的效果，需要模拟多少次？模拟次数和波动率水平有什么关系？

    (4) 选择利率树上的波动率，拟合给定到期时间 T (e.g $T=1$) 的利率上限期权的价格。然后运用蒙特卡罗模拟法对相同的利率上限期权定价。运用蒙特卡罗模拟法的得出的价格与数据一致吗？

    (5) 同样的利率树，运用蒙塔卡罗模拟法来对到期日 $T=2$ 的平值亚式利率上限期权定价。亚式利率上限期权现金流按季度支付 $$CF_t = N \times \Delta \times \text{Max}(\text{average} r(t-\Delta) - r_K, 0)$$

    其中，N 是本金，$\Delta = \dfrac{1}{4}$ 为支付频率，"average $r(t-\Delta)$" 是时刻0到 $t-\Delta$ 的季度平均利率。

    (6) 计算(5)中亚式利率上限期权的即期利率

久期。

表 13-22 2008 年 11 月 3 日的互换利率和上限价格

3 个月 LIBOR(%)	2.858 8	
期限	互换利率（%）	利率上限期权的价格（×100）
0.50	2.648 6	0.052 8
0.75	2.492 9	0.131 3
1.00	2.432 0	0.240 1
1.25	2.449 1	0.382 6
1.50	2.493 8	0.540 5
1.75	2.556 1	0.710 6
2.00	2.626 0	0.893 2
2.25	2.725 2	1.109 5
2.50	2.863 0	1.372 9
2.75	3.010 8	1.663 6
3.00	3.140 0	1.950 2
3.25	3.247 1	2.223 5
3.50	3.347 4	2.497 3
3.75	3.440 8	2.771 1
4.00	3.527 0	3.045 1
4.25	3.607 6	3.320 8
4.50	3.683 5	3.596 8
4.75	3.753 1	3.870 0
5.00	3.815 0	4.137 0

资料来源：彭博。

列出的数据由互换利率和波动率插值得出，然后再用 Black 模型计算。

5. 走廊式债券。2004 年 10 月 26 日，PiVe 国际银行，AAA 级公司，发行了 10 年的走廊式债券。这类债券的特性使得其定价十分复杂：首先，其只有在参考利率位于一些债券中间时才会产生利息。然而，这些利率本身的利率也会依照某一安排随着时间的变化而变化。此外，利息在未来某一节点处将会由固定转变为浮动。时间期限如表 13-23 所示。在 12 月 26 日，3 个月 LIBOR 为 2.11%，6 个月 LIBOR 为 2.24%。10 年期互换利率在表 13-24 中。

(1) 计算 2004 年 10 月 26 日相关到期日的贴现率 $Z(T)$。画出图形并讨论。

表 13-23 走廊式债券的期限列表①

交易日	2004-10-26
起始日	2004-11-09
到期日	2014-11-09
赎回价	100.00%
息票	第 1~5 年：按 9% × b/B × 天的方式计算非整时间，其中，b 是走廊式债券计息期内的某个观察阶段里，参考利率起算的日历日同一天起算的利息计息的日历天数。 B：走廊式债券整个计息期总得日历天数。 计息期：各息票支付期之间的天数。
参考利率	6 个月期 LIBOR
各计息期 关联利率的通道 幅度（范围）	第 1 年：0~4% 第 2 年：0~4.5% 第 3~5 年：0%~5% 第 6~7 年：0%~6% 第 8~10 年：0%~6.5%
天数计算方式	90/360
付息方式	按季度

①这里的期限列表是从一只真实的 10 年期可赎回走廊式债券剥离而来。

表 13-24 2004 年 10 月 26 日的互换利率

年	1	2	3	4	5	7	10
利率（%）	2.46	2.85	3.16	3.42	3.64	4.01	4.39

资料来源：联邦储备银行网站。

(2) 运用(1)中的贴现率拟合二叉树。运用月作为步长以避免过长的二叉树。

(3) 用蒙特卡罗模拟法计算证券价格：

注意：这里有两个 LIBOR，3 个月与 6 个月。为了保证无套利，3 个月 LIBOR 和 6 个月 LIBOR 必须同时使用。其中一种方法就是模拟短期利率，从中计算出 3 个月 LIBOR 和 6 个月 LIBOR。

(4) 这些债券相对于其他工具对投资者有什么好处？为什么走廊式债券会受欢迎？

(5) 比较这些债券的即期利率久期。过高？画出走廊式债券的不同价值。讨论你的结论,以及其与(4)的答案的关系。

6. 该题与第 12 章练习 7 相关。债券相关数据在 12 章的表 12-15 中。2007 年 6 月 7 日,吉利美过手债券 GNSF6 的报价 [ASK,BID] = [99.406 25,99.375]。[⊖]该过手债券由多种抵押贷款债券复合而成,平均票息(WAC)为 6.5%,平均到期日(WAM)为 320(月)。结合第 12 章的练习 7 对利率树的估计,计算下题:

(1) 计算利率树中当支付发生时的触发利率 $\underline{r_i}$。假定当 $r_i < \underline{r_i}$ 时提前偿付发生,运用蒙特卡罗模拟法模拟利率树。运用此方法计算出的 GNSF7 的价格和二叉树倒推计算出的价而相同吗(参见 12 章的练习 7)?

(2) 在模型中加入非理性提前偿付,如下:
① 固定的提前偿付概率,即使模拟值 $r_i > \underline{r_i}$。
② 固定的提前偿付不发生概率,即使模拟值 $r_i < \underline{r_i}$。

这些提前偿付概率如何影响 GNSF6 的价格?高于或低于当概率为零时的值?选择隐含的概率来拟合 GNSF6 的价格。

(3) 运用蒙特卡罗模拟法计算即期利率久期。比较其与运用理性偿付模型计算的值。

(4) 仅息债券和仅本债券的价格是多少?它们的即期利率久期是多少?

⊖ 数据来源:彭博。

第三部分

时间结构模型：连续时间

第14章　连续时间下的利率模型

第15章　无套利与利率证券定价

第16章　动态对冲和相对价值交易

第17章　风险中性定价与蒙特卡罗模拟

第18章　利率证券的风险与回报

第19章　无套利模型和标准衍生品

第20章　标准衍生品和期权波动率变化的市场模型

第21章　远期风险中性定价和LIBOR市场模型

第22章　多因素模型

在本书的第三部分，我们将探讨固定收益业务中运用最多的定价和对冲的工具——连续时间模型。简而言之，我们认为诸如利率或者收益率等变量将以更高的频率变动，如每天甚至日内变化。之所以这样考虑主要基于以下3个理由：

1. 现实性：市场变量确实是以很高的频率波动。也就是说，如果银行卖出衍生品，并想通过一些其他证券来对冲其价格变动的风险，就需要盯市交易并且频繁调整其对冲的仓位，这个频率，通常都需要每天关注并决定是否调整。因此，将这种高频率波动的特性纳入模型中将更好地提供即时交易所必需的信息。

2. 简便性：当交易的时间间隔非常小（实际上，交易间隔时间可能趋于零）时，能提供大量的分析工具对固定收益证券及其衍生品进行分析。

3. 解析公式：对于许多固定收益证券及其衍生品来说，我们将会探讨它们的定价及对冲比例的解析算法，这些解析公式将会极大地提升交易效率。现代市场中，能够对市场变化做出快速反应，是非常重要的市场能力。

第 14 章 连续时间下的利率模型

在本章中,我们将探讨的重点转移到连续时间上。这些方法在时间结构模型中被广泛使用,而且能够很好地解释第 11 章中提到的 Ho-Lee 模型。回顾 Ho-Lee 模型假定:对于在时间 i 和节点 j 下的利率 $r_{i,j}$,利率树中下一期的利率取决于利率是上升还是下降,也就是:

$$r_{i+1,j} = r_{i,j} + \theta_i \Delta + \sigma \sqrt{\Delta} \quad \left(\text{风险中性概率为 } P^* = \frac{1}{2}\right) \tag{14-1}$$

$$r_{i+1,j+1} = r_{i,j} + \theta_i \Delta - \sigma \sqrt{\Delta} \quad \left(\text{风险中性概率为 } P^* = \frac{1}{2}\right) \tag{14-2}$$

其中,Δ 是时间长度,θ_i 是取决于时间 i 的常数序列,σ 是由利率波动所决定的参数。考虑一种较为简单的形式,此时 θ_i 在 $i=1,2,\cdots$ 时均保持不变,为了简便,我们假设其等于零。最后,假设利率的波动率 $\sigma = 0.02$。考虑一个区间 $[0,1]$,将其细分为 n 个小区间,那么每一小区间的长度为 $\Delta = \frac{1}{n}$。图 14-1 画出了当 $n=10, 100, 1\,000$ 时的 3 条不同的利率路径,即每个小区间的长度分别为 $\Delta = \frac{1}{10}$,$\Delta = \frac{1}{100}$,$\Delta = \frac{1}{1\,000}$。所有这些路径的初始利率均为 6%。容易观察到,随着 n 的不断增大,Δ 变得越来越小,利率路径过程将变得参差不齐。

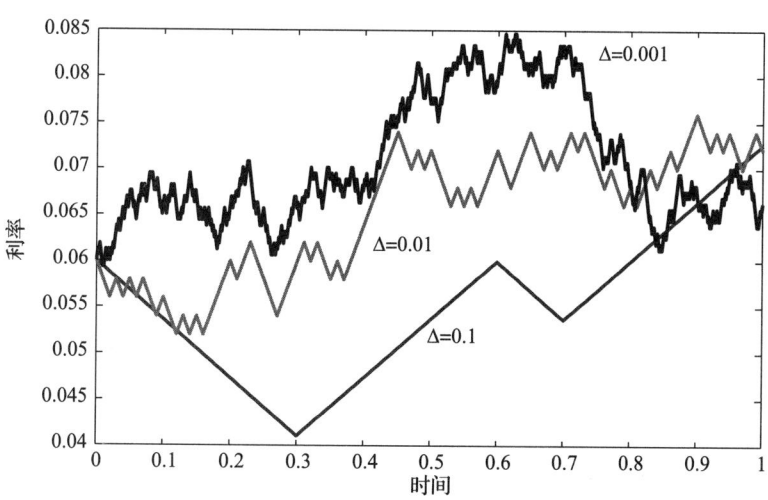

图 14-1 Ho-lee 模型下的 3 条不同模拟利率路径

值得提出的是,随着 Δ 的减小,在 $T=1$ 时可能得到的值会上升,通过简单观察第 11 章的 Ho-Lee 模型便可轻易得出该结论。其中,如果在 0 到 T 期之间有 n 步,那么在 T 期可能的值为

$n+1$。结果的分布是如何取决于 n 和时间跨度 $\Delta = \dfrac{T}{n}$？图 14-2 模拟了 1 000 次，其中时间总跨度分别为 $n=10$，$n=50$，$n=75$ 和 $n=100$，画出了在 $T=1$ 时利率的柱状图。给定模拟的步数的条件下，时间跨度的值分别为 $\Delta = \dfrac{1}{10} = 0.1$，$\Delta = \dfrac{1}{50} = 0.02$，$\Delta = \dfrac{1}{75} = 0.013\ 3$ 和 $\Delta = \dfrac{1}{100} = 0.01$。我们可以看到，随着 n 增大（Δ 减小）在 $T=1$ 时的利率分布显著的越来越近似钟形分布。实际上，随着 Δ 减小为 0，在 Ho-Lee 模型下的利率实际上将变为正态分布。当 $n=75$ 和 $n=100$ 时，柱状图上包络线就是和模拟利率同均值同方差的正态分布曲线。特别地，注意在这 4 个案例中，分布的均值都是利率的初始值，即 6%。

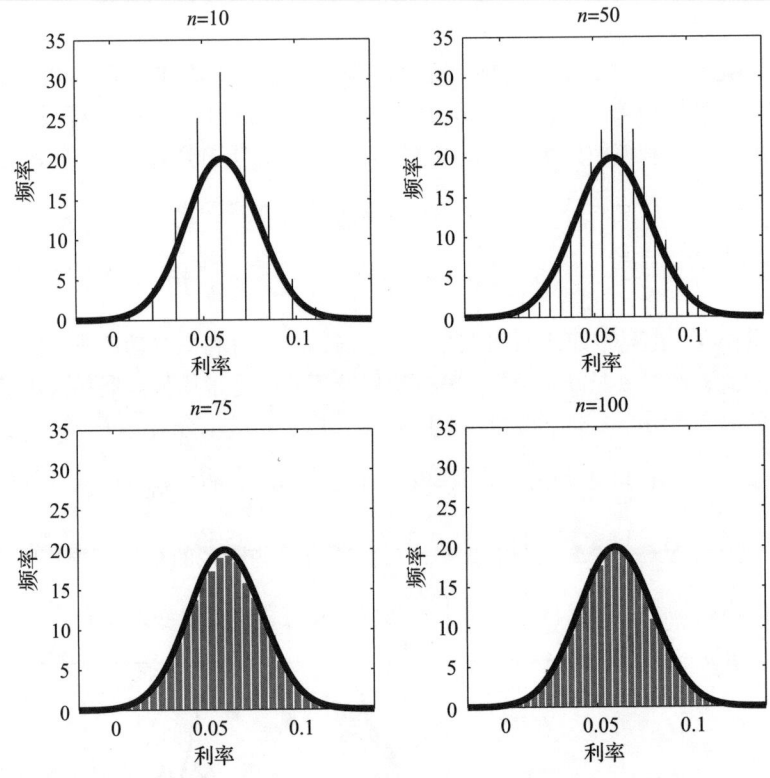

图 14-2　$T=1$ 时随着 n 上升 Ho-Lee 利率的分布

上述的案例是在假设 $T=1$ 和 Ho-Lee 模型中的 $\theta_i = 0$ 的条件下得出的结果。然而，即使我们将 T 固定在任意数值，哪怕可能是一个非常小的值，只要 Δ 足够趋近于零，T 时的利率分布仍然可以是趋近于正态分布的。这一结果可以由中心极限定理推导而来，在该定理下，对一组特殊的随机变量，只要互不相关，它们就会满足近似的正态分布。图 14-3 显示了在 4 个不同的到期日，即 $T=0.1$、0.25、0.5 和 1 时，模拟的利率分布图。对于图 14-3 中的每一个图而言，模拟的步数数量是保持不变的，其步数为 $n=100$。这意味着对于到期日越短的证券来说，其时间跨度 $\Delta = \dfrac{T}{n}$ 就越小。这是最值得关注的一个特点：模拟利率的柱状图看起来都服从正态分布，通过观察柱状图上方的曲线能够更加明显地发现这一点。更长的到期日只会增加分布的离散程度，但是其仍是正态分布。实际上，在所有的 4 种情况下，分布的中心都是初始利率 6%，然而标准差由 $\sigma\sqrt{T}$ 给出，其值分别为 0.006 3、0.01、0.014 1 和 0.02。这样做的原因会在下一节详细介绍。

与此相似的分布结构可以引出布朗运动的定义,布朗运动是我们用来研究利率证券定价和对冲的重要工具。

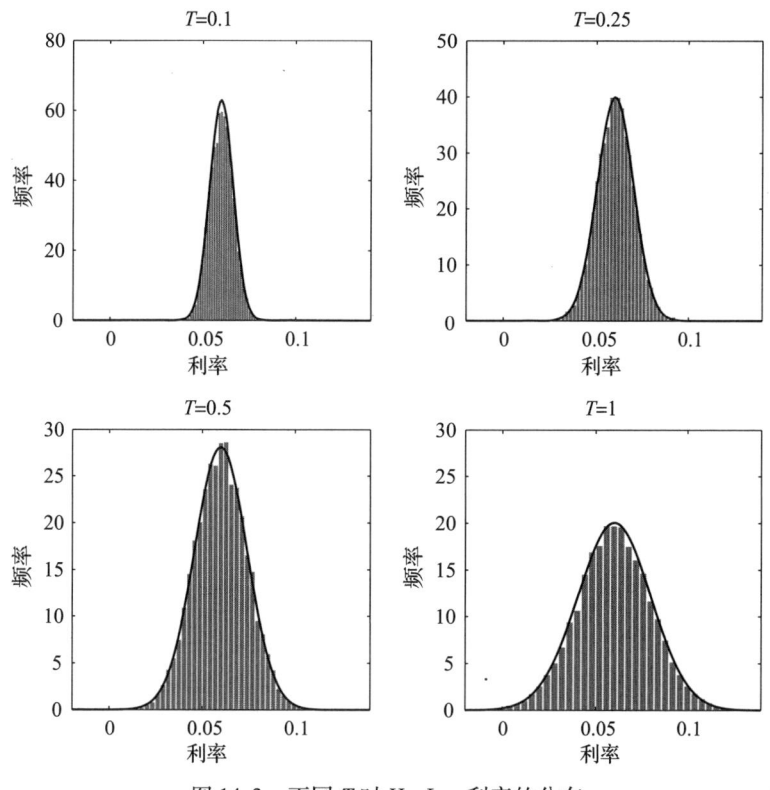

图 14-3　不同 T 时 Ho-Lee 利率的分布

14.1　布朗运动

承接前面章节的做法,我们可以通过如下方式引入布朗运动的概念。给定一个固定的时间区间 $[0, t]$,(比如,1 年就是 $t=1$),接着将时间区间划分为 n 个小区间,每一小区间的长度 $\Delta = \dfrac{t}{n}$。当 $i=1, 2, \cdots, n$ 时,定义 Z_i 为一个随机变量,其 50% 的概率等于 $\sqrt{\Delta}$,50% 的概率等于 $-\sqrt{\Delta}$:

$$Z_i = \begin{cases} \sqrt{\Delta} & \text{概率为} \dfrac{1}{2} \\ -\sqrt{\Delta} & \text{概率为} \dfrac{1}{2} \end{cases} \tag{14-3}$$

Z_i 具有如下重要性质:

1. 零均值:$E[Z_i] = \dfrac{1}{2}(\sqrt{\Delta}) - \dfrac{1}{2}\sqrt{\Delta} = 0$

2. 方差为 Δ:$\text{Var}(Z_i) = E[Z_i^2] = \dfrac{1}{2}(\sqrt{\Delta})^2 + \dfrac{1}{2}(-\sqrt{\Delta})^2 = \Delta$

在第二条性质中,我们用到了来自数学上的简单推导:对于零均值的变量,其方差等于其平方的期望。

现在，考虑如下的变量，即对随机变量 Z_i 求和：

$$X_t = \sum_{i=1}^{n} Z_i \tag{14-4}$$

对于给定的 n，X_t 有什么特性？我们有如下事实：

○ **事实 14-1**

考虑两个时间 t_1、t_2，$t_2 > t_1$，m 为 t_1 到 t_2 的区间长度，考虑这两个时间上的 X_t 值 X_{t_1} 和 X_{t_2}，并观察两者的差异。从式 (14-4) 中 X_t 的定义可知，对于 t_1、t_2 之间给定的区间长度 m，可得：

$$X_{t_2} - X_{t_1} = \sum_{i=1}^{m} Z_i \tag{14-5}$$

其中，Z_i 的定义和式 (14-3) 一致，其中，$\Delta = \dfrac{(t_2 - t_1)}{m}$。其有如下性质：

1. 零均值：$X_{t_2} - X_{t_1}$ 的均值为零：

$$E[(X_{t_2} - X_{t_1})] = 0 \tag{14-6}$$

2. 方差等于时间差：$X_{t_2} - X_{t_1}$ 的方差等于 $t_2 - t_1$：

$$\mathrm{Var}[(X_{t_2} - X_{t_1})] = t_2 - t_1 \tag{14-7}$$

3. 对称分布：$X_{t_2} - X_{t_1}$ 的对称中心为零。

这些性质可由 X_t 的定义和期望的特征推导出。例如，由于求和的期望等于期望的求和，因而，对于式 (14-5)，可得：

$$E[(X_{t_2} - X_{t_1})] = E\left[\sum_{i=1}^{m} Z_i\right] = \sum_{i=1}^{m} E[Z_i] = 0 \tag{14-8}$$

同样地，从数据特征上我们可知，如果随机变量是独立同分布的，那么，随机变量的方差就等于方差的和，可得：

$$\mathrm{Var}[(X_{t_2} - X_{t_1})] = \mathrm{Var}\left[\sum_{i=1}^{m} Z_i\right] = \sum_{i=1}^{m} \mathrm{Var}[Z_i] \tag{14-9}$$

$$= \sum_{i=1}^{m} \Delta = m\left(\frac{t_2 - t_1}{m}\right) = t_2 - t_1 \tag{14-10}$$

最后一个性质来自 Z_i 的对称分布的特点，因为对称分布下，上升和下降的概率是等同的。当我们把小区间长度 Δ 缩得越来越小时，布朗运动的定义就可以由 X_t 给出。因此，我们有如下的定义[○]：

● **定义 14-1**

布朗运动(Brownian motion)，是指式 (14-4) 中的随机变量 X_t，随着 n 趋于无穷大，$\Delta = \dfrac{t}{n}$ 趋近于零的过程。

14.1.1 布朗运动的性质

布朗运动有哪些性质？在 14.1 中讨论的性质与 n 无关，然而当 n 趋近于无穷，Δ 越来越

[○] 这是个非正式的定义，完整的定义依赖于复杂的数学表达，本书并不涉及。

小时其同样是成立的。通过极限的定义我们可知，给定任意两个时间 t_1、t_2，其中 $t_2 > t_1$；那么，$(X_{t_1} - X_{t_2})$ 同样服从正态分布。

○ **事实 14-2**

正态分布(normal distribution)：同事实 14-1 一样，任意两个时间 t_1、t_2，其中 $t_2 > t_1$；定义 t_1 与 t_2 之间的时间差为 m；那么，随着 m 趋近无穷，$(X_{t_1} - X_{t_2})$ 近似服从均值为 0，方差为 $t_2 - t_1$ 的正态分布；均值为零，方差为 $t_2 - t_1$。也就是说

$$(X_{t_2} - X_{t_1}) \sim \mathcal{N}(0, t_2 - t_1) \tag{14-11}$$

这一性质同样可以通过观察图 14-2 得出，因为例子中 Hoo-Lee 模型下的利率变动和布朗运动下的变动仅仅是在分散度 σ 上不同，该值等于布朗运动下的值。图 14-4 画出了布朗运动在不同时间下的分布，其中时间 $t = 0.1$，0.5，1 和 1.5。所有时间下均为正态分布，而且都是零均值。然而，由于方差等于 t，所以随着时间的增加，其分布会越来越分散。图的底部（曲线部分），还绘出了正态分布两倍标准差随时间的边界情况，随着时间的变化，布朗运动分散程度的数值的上限满足两倍标准差原则，另外 3 条曲线是另外 3 次不同模拟路径的结果。

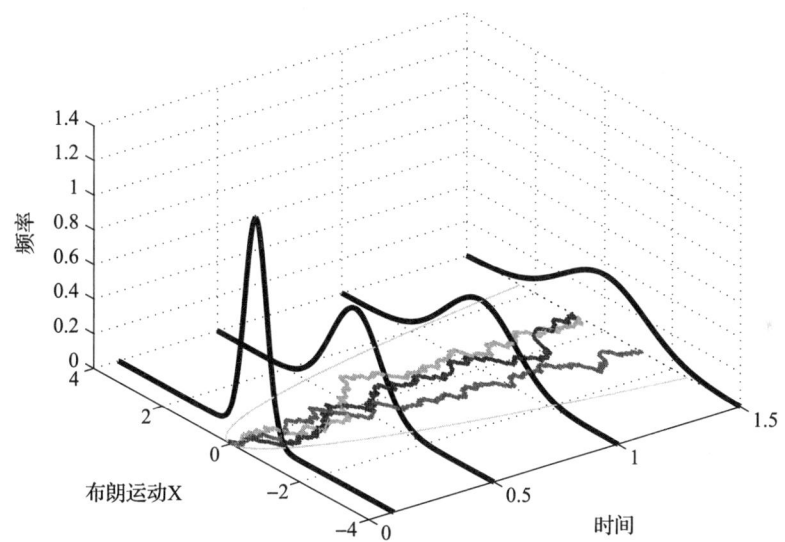

图 14-4 布朗运动 X_t 随时间分布的变化

需要特别说明的一个性质：

○ **事实 14-3**

鞅性：布朗运动中，对未来的最佳预测值就是当前值。也就是说，若我们知道在 $t = 0$ 时布朗运动的值是 X_0，那么对于任意 $t > 0$，都可得：

$$E[X_t | X_0] = X_0 \tag{14-12}$$

14.1.2 说明

事实 14-2 表明，任意两个时间值 t_1 与 t_2 之间，布朗运动的变化值 $X_{t_2} - X_{t_1}$ 服从正态分布。即使在 t_1、t_2 非常接近时，该事实也同样成立。其内在逻辑是即使两个时间点十分接近，我们仍可以将时间间隔划分为 n 部分，并得到 n 趋近于无穷时的每一部分长度的极限值。这是很容

易推广到小时间间隔上去的，定义 $dt = t_2 - t_1$。在这一段小时间变动范围内，布朗运动的变化值 $dX = X_{t_2} - X_{t_1}$。通常，我们定义在 t 到 $t + dt$ 的时间内布朗运动的变化值为 $dX_t = X_{t+dt} - X_t$。

通过分析上述也就是事实 14-2 中的性质，我们可得：

$$dX_t \sim \mathcal{N}(0, dt) \tag{14-13}$$

例 14-1 无漂移项的 Hoo-Lee 模型

为了介绍布朗运动的实际运用，让我们回到前面介绍的 Hoo-Lee 模型。正如此处所显示的那样，对于 $\theta_i = 0$，在任何范围 T 内，利率的分布近似服从正态分布，其均值为初始的利率 r_0，方差为 $\sigma^2 T$。对于这一特殊的 Hoo-Lee 模型，我们可以用布朗运动来重新诠释：

$$r_t = r_0 + \sigma X_t \tag{14-14}$$

因为 σ 是常数，那么我们可以用微分形式代替上式：

$$dr_t = \sigma dX_t \tag{14-15}$$

其中，$dr_t = r_{t+dt} - r_t$ 为在 t 和 $t + dt$ 之间的利率变动值，因为 dX_t 是服从正态分布的，所以，利率变化水平同样服从正态分布，也就是

$$dr_t \sim \mathcal{N}(0, \sigma^2 dt) \tag{14-16}$$

因为需要用布朗运动的概念对证券进行定价，我们必须引进另外一种重要的概念：微分方程。

14.2 微分方程

现在，我们考虑另一个连续时间模型的基础：微分方程的概念。为了使这一概念易于理解，我们以下面两个例子来说明。

例 14-2

银行账户平衡

假设史丹顿（Stanton）先生在 $t = 0$ 时银行账户拥有存款 100 美元。银行账户的不变年化收益率为 r。在随后的时刻 $t > 0$ 时，银行账户余额将增加到 $B(t)$。如同第 2 章所介绍的那样，如果利率是年连续复利，在 $t + 1$ 时储蓄账户余额为

$$B(t + 1) = (1 + r) B(t)$$

如果利率每 $\Delta = \dfrac{1}{n}$ 时结算一次，我们可得：

$$B(t + \Delta) = (1 + r\Delta) B(t)$$

通过改写上式可得：

$$\frac{B(t + \Delta) - B(t)}{\Delta} = rB(t) \tag{14-17}$$

等式表明，$B(t)$ 在极小的时间变动单位 Δ 的变化会导致当前银行账户 $B(t)$ 成比例的变化。让 $\Delta \to 0$，那么等式左边就是 $B(t)$ 关于时间 t 的一次微分；也就是说，我们可得：

$$\frac{dB(t)}{dt} = rB(t) \tag{14-18}$$

上述等式将在时间 t 的价值 $B(t)$ 和 $B(t)$ 的变动百分比联系起来了，这是一个典型的**微分方程**（differential equation），其结果就是式（14-18）那样关于时间的函数，特别需要说明的，账户的初始余额为 $B(0)=100$ 美元。

从连续复利利率（参见第 2 章）的定义可知，下面的指数函数是式（14-18）的唯一解：

$$B(t) = \$100 e^{rt} \tag{14-19}$$

我们怎么知道这是唯一的解呢？首先，其必须满足初始条件，也就是在 $t=0$ 时银行账户余额为 100 美元，$B(0)=100$ 美元。显而易见，当指数为零时，指数函数的值为 1。其次，式（14-19）也同时满足微分式（14-18），这意味着如果对式（14-19）求一阶微分，就能够得到准确的 $rB(t)$，也就是式（14-18）的右边部分。对式（14-19）求一阶微分我们可得：

$$\frac{\mathrm{d}B(t)}{\mathrm{d}t} = \$100 r e^{rt} \tag{14-20}$$

现在，我们再一次运用式（14-19）的结果，用 $100 e^{rt}$ 代替 $B(t)$，可得：

$$\frac{\mathrm{d}B(t)}{\mathrm{d}t} = \$100 r e^{rt} = rB(t) \tag{14-21}$$

式（14-21）的右边和式（14-18）的右边相同，即 $B(t)=100 e^{rt}$ 满足微分方程（等式（14-18））。

例 14-3

利率政策

假设短期利率在时刻 $t=0$ 时 $r(0)=2\%$，由于担心通货膨胀率上升，美联储宣布其将会在未来某一时刻提高利率。正如我们在第 7 章中学习的那样，美联储设定联邦基金利率和贴现率，而且利率变动通常在每年 8 次的联邦公开市场操作委员会会议时候进行调整。然而，通过了解实际的规则，我们认为美联储将会宣布其打算将利率提升到 5.4%（美国过去 50 年的平均水平）。然而，通常美联储不会迈那么大的步子，从 2%一下子提高到 5.4%，其提高利率的步子远比这个小，同时假设此次加息没有任何悬念。

那么，美联储是怎样做出这一货币政策的？

其中一个方法如下：让 $\bar{r}=5.4\%$ 为美联储的目标利率。每一段时间，美联储便会加息一次缩小长期的目标利率和当期利率水平的差距。也就是说，具体过程如下：

$$r(t+\Delta) - r(t) = \gamma(\bar{r} - r(t))\Delta \tag{14-22}$$

其中 γ 代表美联储希望的从目前利率水平到达目标利率水平的速度。例如，因为每年有 8 次会议，有理由将 Δ 设定为 $\Delta=\frac{1}{8}=0.125$。给定当前利率为 2%，在时刻 0，我们有 $\bar{r}-r(t)=3.4\%$。也就是，如果 $\gamma=1$，我们可得第一次利率调整等于 $0.425\%=1\times3.4\%\times0.125$。加息后的利率 $r(\Delta)=2.425\%$，下一次调整的幅度取决于 $\bar{r}-r(\Delta)=2.975\%$，也就是说加息的幅度为 $0.3718\%=1\times2.975\times0.125$，加息后的利率 $r(2\times\Delta)=2.8\%$；接下来的加息幅度依此类推。如果 γ 较小，利率的变化幅度相应也会更小，因此也就需要更长的时间来达到目标利率水平 $\bar{r}$。⊖

我们应该怎样描述利率随时间变动的过程？在式（14-22）两边同时除以 Δ，并且让 Δ 趋近于零，可得

$$\frac{\mathrm{d}r(t)}{\mathrm{d}t} = \gamma(\bar{r} - r(t)) \tag{14-23}$$

⊖ 严格来说，利率永远不会达到其上限，只会慢慢地无限接近。

由此，我们又一次得出一个微分方程(14-23)，其描述了利率变动幅度与利率水平之间的关系。这一微分方程的解是时间的函数，并且满足式(14-23)，同时也必须满足$r(0) = 2\%$。

式(14-23)的解如下：

$$r(t) = \bar{r} + (2\% - \bar{r})e^{-\gamma t} \tag{14-24}$$

我们应该如何检验这一结果？

首先，其必须满足初始条件，也就是在$t = 0$时，利率等于2%。其次，解必须满足式(14-23)所表示的微分方程，也就是我们对式(14-24)求关于t的一阶微分方程，我们应该得到$\gamma(\bar{r} - r(t))$，也就是式(14-23)的右边部分。现在我们来验证这一结果。对式(14-24)求一阶微分，我们可得：

$$\frac{dr}{dt} = -\gamma(2\% - \bar{r})e^{-\gamma t} \tag{14-25}$$

如前面的例子一样，我们现在需要运用到通解，也就是式(14-24)。特别地，我们可以改写式(14-24)为$r(t) - \bar{r} = (2\% - \bar{r})e^{-\gamma t}$。也就是说，我们可以将式(14-25)右边的$(2\% - \bar{r})e^{-\gamma t}$替换为$(\bar{r} - r(t))$，可得

$$\frac{dr}{dt} = -\gamma(2\% - \bar{r})e^{-\gamma t} = \gamma(\bar{r} - r(t))$$

该等式的右边也就是式(14-24)原始表达式的右边。

图14-5a画出了3条利率路径，分别是$r(0) = 2\%$，$r(0) = 5.4\%$和$r(0) = 8\%$，其中的$\gamma = 1$。

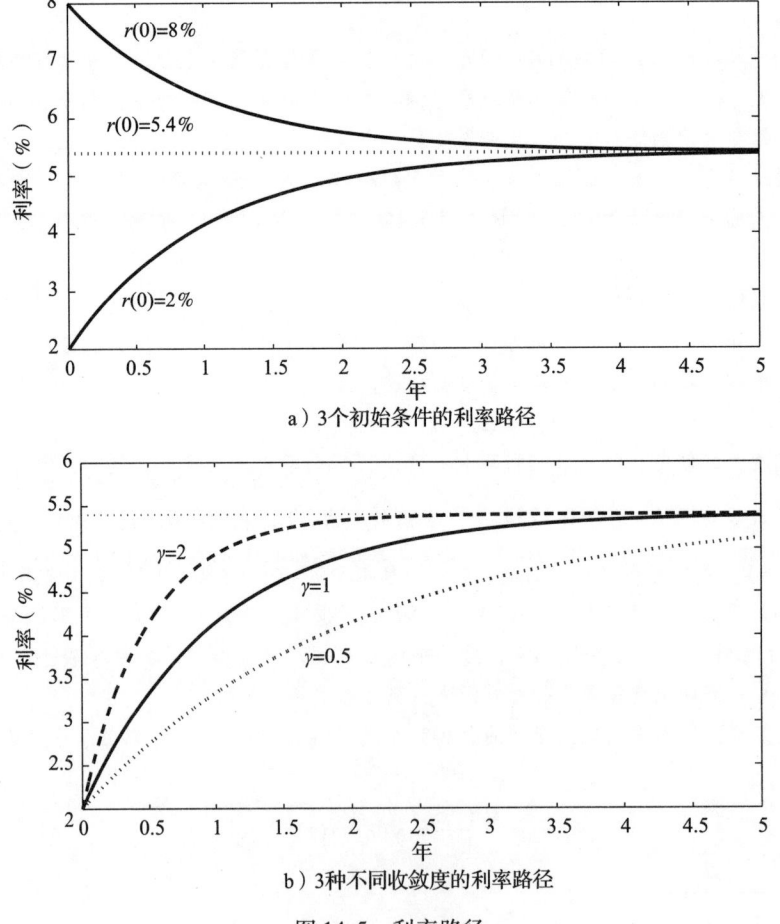

a）3个初始条件的利率路径

b）3种不同收敛度的利率路径

图14-5 利率路径

正如例子中期望的那样,如果利率水平很低($r(0) = 2\%$),那么利率变化路径就会呈上升趋势。相反地,如果初始利率很高,利率的路径会向下倾斜,其同样会趋近目标利率5.4%。图14-5b同样给出了3条利率路径,3条路径都从$r(0) = 2\%$开始,但是参数值γ不同,其中,点线的参数值为0.5,实线的参数值为1,虚线的参数值为1.5;因为γ代表当前利率到目标利率的速度:该值越大,那么速度也就越快;在货币政策的例子中,γ值越大,那么货币政策规则也就越加激进,在该规则下为了应对通货膨胀上升的利率的增加也就更加迅速。

前面两个例子提供了差分方程的例子。在本书中,虽然没有必要详细学习如何解微分方程,但有必要了解什么是微分方程,尤其是微分方程的解的相关问题。微分方程及其解可定义如下:

定义 14-2

定义$f(t)$为时间变量t的函数,并且让$G(\cdot)$是描述$f(t)$和$f(t)$变动率间相互关系的函数:

$$\frac{df}{dt} = G(f(t)) \tag{14-26}$$

给定初始值$f(0) = k$,$f(t)$将是**齐次微分方程**(ordinary differential)的解,但前提是对于所有t,微分$\frac{df}{dt}$等于$G(f(t))$,且初始值$f(0) = k$。

在例14-2中,$f(t) = B(t)$,$G(t) = rf$,而在例14-3中,$f(t) = r(t)$,$G(f) = \gamma(\bar{r} - f)$;在下一节关于债券及衍生品定价的讨论中还会涉及更多这方面的实例。

14.3 连续时间随机过程

我们已经讨论过布朗运动(参见14.1节)和微分方程(参见14.2节)的概念。布朗运动完全是一个飘忽不定的过程,完全不可预测。对于布朗运动来说,未来值的最佳预测值就是今天的值。也就是说,如果我们知道$X_0 = 10$,那么,$E[X_t] = X_0 = 10$。而从微分方程得出的结果则完全与此不同:微分方程具有完全预测性。例如,在例14-3中,给定初始的利率水平$r(0) = 2\%$以及类似式(14-23)的齐次微分方程,就完全可以预测未来的利率值。事实上,通过图14-5,我们可以预测出一年以后的值$r(1) = 4.94\%$,两年后的值为$r(2) = 5.34\%$,依此类推。在某种程度上。例14-3和例14-1完全相反,其利率只是部分服从布朗运动。而在随后的案例中,比如布朗运动中,利率就完全不可预测了,那时利率的最佳预测值就是现在的值。更重要的是,随着时间越来越长,该模型(Ho-Lee模型)意味着利率水平会变成极大的正值或负值。

更为普遍的情况是将例14-3和例14-1结合起来,即在短期中利率不是完全可预测的,但也不是完全不可预测的,下面的例子能很好地说明这一点。

例 14-4 Vasicek 模型

考虑式(14-22)中的离散时间利率过程,取Δ的极限值,并让其越来越小。直观上,可以将式(14-22)改写成如下形式:

$$dr_t = \gamma(\bar{r} - r_t)dt \tag{14-27}$$

为了方便起见,用参数r_t代替$r(t)$来表示时间t的利率。正如式(14-23),式(14-27)的解和式(14-24)一样,也是能够完全预测未来利率的。现在,在这一过程中添加一个类似式(14-15)中的服

从布朗运动的随机部分进去，也就是

$$\mathrm{d}r_t = \gamma(\bar{r} - r_t)\mathrm{d}t + \sigma \mathrm{d}X_t \tag{14-28}$$

换句话说，在 t 到 $t+\mathrm{d}t$ 时间内利率的变动 $\mathrm{d}r_t = r_{t+\mathrm{d}t} - r_t$ 包含两个部分：第一部分 $\gamma(\bar{r}-rt)\mathrm{d}t$ 是可预测的部分；第二部分 $\sigma \mathrm{d}X_t$ 是对利率不可预测的冲击。在连续时间金融的术语中，可预测的部分叫作**漂移项**(drift rate)，第二项叫作**扩散项**(diffusion term)。

常数 σ 代表我们想要在利率模型中加入多大程度的随机因素。如果 $\sigma = 0$ 将使式(14-28)等同于式(14-27)。同样地，γ 表示利率 r_t 趋向长期值 $\bar{r}$ 的平均速度。注意，$\gamma = 0$ 表示利率 r_t 永远不会向长期水平趋近，在这种情况下我们就回到了例14-1中不带漂移项的 Ho-Lee 模型了。

图14-6解释了 σ 对利率路径的影响。图14-6a画出了在 $r_0 = 2\%$，$\sigma = 0.5\%$ 和 $\gamma = 1$ 时模拟出的利率路径。其中实线代表在 $\sigma = 0$ 时的利率路径，其路径的计算来源于式(14-27)的解，即式(14-24)。回顾图14-5，可以看到这条线也在其中。一旦我们加入随机项，将其改成式(14-28)，其利率路径也就会发生改变，比如图中的点线图就是其中一条利率路径。

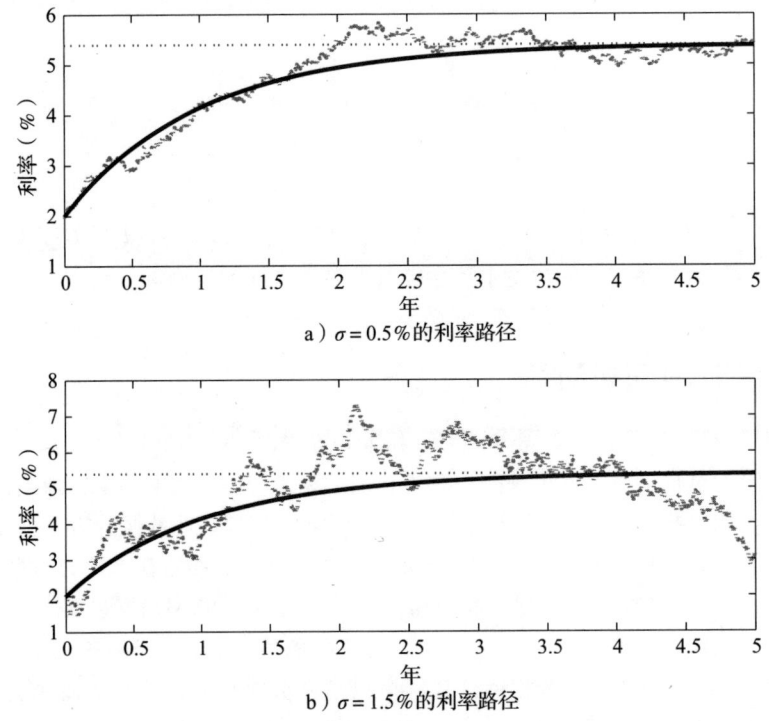

a) $\sigma = 0.5\%$ 的利率路径

b) $\sigma = 1.5\%$ 的利率路径

图14-6 两种不同波动率条件下的利率路径

有两个性质值得关注：首先，最初点线图和实线图相当接近。其次，随着实线越来越接近长期利率的平均水平 $\bar{r} = 5.4\%$，点线图的波动也会越来越不规律，但是其仍然围绕在长期利率均值附近波动。为了理解这一性质产生的原因，我们需要对式(14-28)中的两部分进行分析。当利率水平相对偏离均值水平 $\bar{r}$ 时，漂移项($\mathrm{d}t$ 项)相对较大，其对利率的波动 $\mathrm{d}r_t$ 产生的影响较大。也就是说，如果 r_t 非常小，那么 $\mathrm{d}r_t$ 将为正，除非服从布朗运动的扩散项 $DX_t \sim \mathcal{N}(0, \mathrm{d}t)$ 的标准分布是罕见的负分布。这就解释了为什么最初利率($r_t = 2\%$)趋近于 $\sigma = 0$ 时的情况。然而，随 r_t 越来越趋近于长期均值，式(14-28)中的漂移项也会变得趋近于零，因此也就变得无关紧要了；第二部分随机项，即布朗运动 $\mathrm{d}X_t$，其将会主导利率的变动。随着随机冲击项 $\mathrm{d}X_t$ 使利率远离均值水平足够远时，第一部分漂移项就将变得越来越重要，并使利率重新回到长期均值 $\bar{r}$。

图 14-6 下方的结果显示，如果提高 σ 值，随机波动部分也可能从一开始就变得很重要。即使 r_t 接近 2%，布朗运动的随机冲击项 dX_t 也可能对利率产生足够大的影响。然而，正如前面讨论的一样，利率将会在长期均值 $\bar{r}$ 附近波动。正是因为这个原因，类似式(14-28)所描述的过程也被称为**均值回归过程**(mean reverting processes)。式(14-28)表示的利率模型被称为 **Vasieck 利率模型**。[⊖]

式(14-28)中的 Vasieck 利率模型只是许多连续时间利率模型中的一个，其在实际业务和学术研究中都有着广泛的应用。Vasieck 利率模型的特点十分简单，也较为合理，可以给出许多债券和衍生品价格的解析解。正因如此，本书中也将在许多地方用到该模型。注意，虽然我们在本书中广泛运用，但在实务中它并不是用得最多的利率模型，至于原因随着我们深入探讨后就会加以阐明。实际上，正如第 11 章中讨论的那样，不同的利率模型具有不同特点，因而会对相同的证券给出不同的价格。实务操作中，投资者常常选择他们主观认为能够更好捕捉他们所在利率市场特点的模型。不同的市场有不同的利率模型是很正常的也是很有必要的。例如，广泛使用的 Ho-Lee 模型，我们同样也可以在连续时间下加以表述。

例 14-5 Ho-Lee 模型

在第 11 章我们介绍了对衍生品进行定价的 Ho-Lee 模型，在式(14-1)和式(14-2)中也有过描述；在式(14-15)表示的连续时间下，其假设对于所有 i 都有 $\theta_i = 0$。那么，在跳出简单化模型中利率无漂移项假设的条件且在连续时间下的 Ho-Lee 模型是怎样的呢？通过观察式(14-1)和式(14-2)后，可以推测其形式如下：

$$dr_t = \theta_t dt + \sigma dX_t \tag{14-29}$$

其中，dt 是时间变动。在式(14-29)中，漂移率为 $\theta_t dt$，扩散项 σdX_t。正如第 11 章所讨论过的，漂移率 θ_t 的选择必须符合当期利率的期限结构，我们将会在第 19 章中回过头来讨论其选择过程。

一般来说，如果无法确定利率模型的类型，那么可将其定义为满足如下过程：

$$dr_t = m(r_t, t)dt + s(r_t, t)dX_t \tag{14-30}$$

其中，$m(r_t, t)$ 和 $s(r_t, t)$ 是两个关于利率和时间的可能函数。例如，在 Vasieck 利率模型中，$m(r_t, t) = \gamma(\bar{r} - r_t)$ 以及 $s(r_t, t) = \sigma$，然而在 Ho-Lee 模型中，$m(r_t, t) = \theta_t$，而且同样满足 $s(r_t, t) = \sigma$。

定义 14-3

式(14-30)表示的随机过程的**漂移项**(drift)：

$$漂移项 = m(r_t, t)dt \tag{14-31}$$

漂移项代表随机过程中可预测的部分，直观地理解，给定关于当前利率水平 r_t 的信息，我们定义在 t 到 dt 间利率变动的期望值为

$$E[dr_t] = m(r_t, t)dt \tag{14-32}$$

式(14-30)中随机过程的**扩散项**(diffusion)为

$$扩散项 = s(r_t, t)dX_t \tag{14-33}$$

扩散项是随机过程中不可预测的部分，原因在于布朗运动 dX_t 本身的不可预测性。

⊖ 类似式(14-28)的过程通常被称为 Ornstein-Uhlenbeck 过程。

下面将通过对 Vasicek 模型的应用来学习该模型隐含的利率特征。

例 14-6 Vasicek 模型(连续时间)

给定在时间 $t=0$ 的利率为 r_0 (比如 $r_0=2\%$)，考虑在未来某个时间点 $t>0$ 时，按照 Vasicek 模型，t 时刻利率的统计分布是怎样的呢？可以证明 r_t 服从以下的正态分布：

$$r_t \sim \mathcal{N}(\mu(r_0,t),\sigma^2(t)) \tag{14-34}$$

其中

$$\mu(r_0,t) = \bar{r} + (r_0 - \bar{r})e^{-\gamma t} \tag{14-35}$$

$$\sigma^2(t) = \frac{\sigma^2}{2\gamma}(1 - e^{-2\gamma t}) \tag{14-36}$$

其中两个性质值得关注：首先，可预测的未来利率水平 $E[r_t|r_0]=\mu(r_0,t)$，并与微分方程(14-23)的解(式(14-24))相同。也就是说，$m(rt,t) = \gamma(\bar{r}-rt)$，代表了利率中可预测的部分。其次，式(14-36)中的方差 $\sigma^2(t)$ 在 t 趋近于无穷时不会趋向无穷。这意味着，即使时间趋近无穷大，利率也会在长期平均水平附近波动，利率的分布也不会趋于无穷。

为了弄清模型的特点，可以对比考虑一下利率的平稳分布，也就是利率随着 t 越来越大时的统计分布。比如，在一个利率分布的模拟中时间跨度非常大(可能超过千年)时，平稳分布可通过将式(14-34)中的 t 的极限值趋近于无穷来获得。在上面的例中，其分布仍然是正态的，均值为 $\bar{r}$，方差为 $\frac{\sigma^2}{2\gamma}$。图 14-7 给出了 1954~2008 年估计出的利率平稳分布的数据。

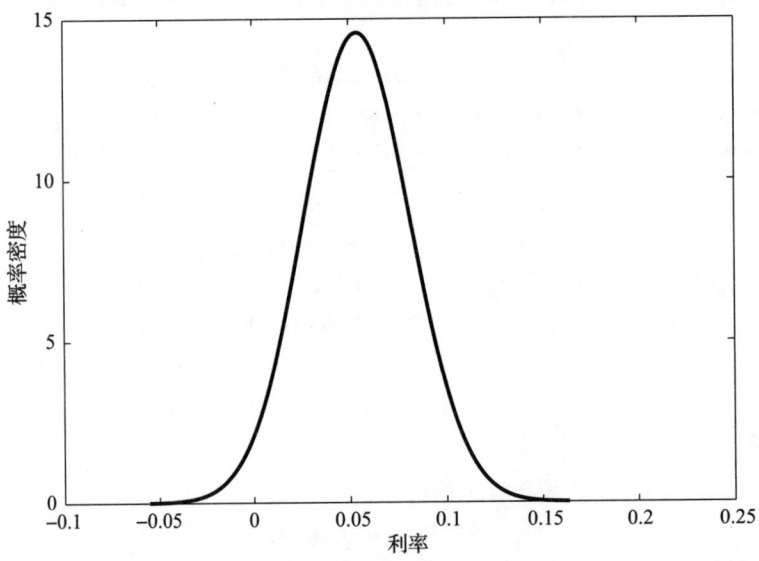

图 14-7 Vasicek 模型估计出的平稳分布图

图中有一点值得注意，出现负的名义利率的概率是正的。这一性质初见可能会觉得很奇怪，因为我们是从 1954~2008 年的数据中估计出来的分布，而数据中并不存在负的名义利率。那么，是什么原因造成了估计的分布赋予了负的名义利率正的概率呢？答案在于正态分布的对称性。事实上，只有两个数值会决定正态分布的特征：均值和方差，上例中均值被固定在了 5.4%。方差呢？虽然美国确实从来没有经历过负的名义利率，但是美国在 19 世纪 70 年代晚期到 80 年代早期经历过高达两位数的利率。这些极端观测值推高了方差，以至于正态分布的尾部赋予负利率正的概率。正态分布的对称性缺点强制赋予了负利率正的权重，即使现实中从来没发生过。

事实上，这也是为什么 Vasicek 模型作为利率模型在过去一段时间并不太受欢迎的原因，即给极端不可能的事件赋予了正的概率。⊖注意例 14-5 中的 Ho-Lee 模型同样会产生负利率水平。接下来我们将看到，大量的模型已经克服了这一缺陷。

14.4 伊藤引理

伊藤引理提供了随机变量，例如利率 r_t 和基于该随机变量的证券价格的方差之间的微积分"规则"。例如，如果利率随时间随机变化，那么基于利率的证券，比如债券和期权的价值也会随之变化。了解利率和债券价格之间的确切关系是最基本和最重要的前提，因为只有这样才能够计算出此类证券的回报过程、波动率以及对潜在利率水平变动的敏感程度。反过来，只有对波动率和期望回报有充分的了解，才能成功地进行风险管理，甚至，正如我们将看到的，能够运用无套利原则获得利率证券的真实价值。

考虑例 14-1 中不带漂移项的 Ho-Lee 模型，正如式（14-14）一样，在 $\sigma = 1$ 时，依此模型可以得到 $r_t = X_t$。考虑一只债券的价格，定义为 P_t。由前面所学的基础知识可知，随着利率的上升，债券价格会下降，反之亦然。因此，我们可以认为在 t 时刻债券的价格是利率的函数，即 $P_t = F(r_t)$。通过利率 r_t 的方差也就能够得出 P_t 的方差，关键的问题在于方差是多少，伊藤引理给出了答案。接下来将学习到 3 种不同的伊藤引理。按照应用的广泛性排序，第一个伊藤引理考虑的是潜在变量服从布朗运动本身的 X_t。通过经济学论证可得 $r_t = X_t$，这和刚刚讨论的无漂移项的 Ho-Lee 模型一样。

○ **事实 14-4**

伊藤引理（Ito's Lemma）：设定 $P_t = F(X_t)$ 是布朗运动 X_t 的函数，那么

$$dP_t = \frac{1}{2}\left(\frac{d^2 F}{dX^2}\right)dt + \left(\frac{dF}{dX}\right)dX_t \tag{14-37}$$

其中，$\dfrac{dF}{dX}$ 以及 $\dfrac{d^2 F}{dX^2}$ 分别是 F 对 X 的一阶和二阶微分。

假如 P_t 是债券的价格，那么 dP_t 就是债券价格在 t 到 $t + dt$ 时间内的变化，也就是说 $dP_t = P_{t+dt} - P_t$，该部分也被称为债券的资产所得。同样，把 X_t 解释为利率，伊藤引理（式（14-37））说明债券的资产所得是由两部分构成的：第一部分是可预测的 dt 部分，其取决于函数 $F(X)$ 的凸性；第二部分是随机项，其由债券价格对潜在变量变化的敏感程度 $\left(\text{一阶微分}\dfrac{dF}{dX}\right)$ 乘上随机部分本身（dX_t）构成。

回顾式（14-37），我们来证明为什么其成立，首先回顾第 4 章的式（4-2），在该式中给出了久期和凸性对价格变化的影响，将式（4-2）中的 r_t 换成 X_t，

$$dP_t = F(X_{t+dt}) - F(X_t) \approx \left(\frac{dF}{dX}\right)dX_t + \frac{1}{2}\left(\frac{d^2 F}{dX^2}\right)dX_t^2 \tag{14-38}$$

由布朗运动的性质我们可以知道

⊖ 负的名义利率意味着投资者愿意用 100 美元购买零息债券，而未来的支付低于购买价格，比如仅为 90 美元。将 100 美元以现金方式储存起来可以获得更高的收益，除非被盗的可能性非常高。

$$E(\mathrm{d}X_t^2) = \mathrm{d}t$$

近似地将 $\mathrm{d}X^2$ 替换为 $\mathrm{d}t$，就可以得到式(14-37)。[一]

关于伊藤引理最有趣、最重要的问题在于：为什么式(14-37)中会出现额外的一项 $\mathrm{d}t$？那是因为函数 F 仅仅取决于布朗运动 X_t，其变化是不规律且难以预测的；那么，为什么 $P_t = F(X_t)$ 又包含一个漂移项，而且这个漂移项是可以预测的？

为了得到这一结论，可以考虑以下的例子：让 $r_t = X_t$，在无漂移项的 Ho-Lee 模型中 $\sigma = 1$，并且 $F(r)$ 是 r 的非线性函数，比如类似图 14-8[二]所描述的情形。假定在 t 时刻我们有 $r_t = 5\%$，那么 $F(r_t) = 4$。考虑一个小幅的时间变化 $\mathrm{d}t$；由布朗运动的性质可知 $E[r_{t+\mathrm{d}t} \| r_t] = r_t = 5\%$。因为 $r_t = X_t$ 是布朗运动，我们就必须考虑如下的问题：对预测 $r_{t+\mathrm{d}t}$ 我们唯一能做的是什么？

我们不知道 $r_{t+\mathrm{d}t}$ 是上升还是下降，但是我们可以肯定在 $t+\mathrm{d}t$ 时刻利率水平将会偏离其现值，因此将不会等于 5%。也就是说，我们可以肯定 $r_{t+\mathrm{d}t} \neq r_t$。而且，在 t 时刻我们有最小的 $F(r)$，即 $F(5) = 4$，那么可预见的是在 $t+\mathrm{d}t$ 时证券的价格 $P_{t+\mathrm{d}t} = F(r_{t+\mathrm{d}t})$ 将会更高，因为已经不存在任何下降空间了。因此可得：

$$E[F(r_{t+\mathrm{d}t})] > F(r_t)$$

也就是说

$$E[\mathrm{d}P_t] = E[F(r_{t+\mathrm{d}t}) - F(r_t)] > 0$$

那么，价格的运动就具有可预测性，而且在价格 $P_t = F(r_t)$ 变化过程中存在一个正的漂移项。基于 Ho-Lee 模型的利率树限定 $r_{t+\mathrm{d}t}$ 仅仅可以取两个可能的值（具体参见式(14-1)和式(14-2)表示的利率过程，其中 $\theta_i = 0$，$\sigma = 1$），图 14-8 具体描述了这一情形。因为利率上升至 $r_{t+\mathrm{d}t}^{up} = 5.75\%$ 以及下降至 $r_{t+\mathrm{d}t}^{do} = 4.25\%$ 的概率均为 $\frac{1}{2}$，就可以得到下一期的期望利率水平 $E[r_{t+\mathrm{d}t}] = 0.5 \times 5.75\% + 0.5 \times 4.25\% = 5\% = r_t$。然而，图 14-8 显示不论利率上升还是下降，下一期的 $F(r)$ 都等于相同的一个值，也就是 $F(r_{t+\mathrm{d}t}^{up}) = F(r_{t+\mathrm{d}t}^{do}) = 5.125 > 4 = F(r_t)$。也就是说，我们期望在当期和下一期之间获得资本收益，即使我们不知道利率的变动方向到底是怎样的。也就是，资本收益的过程 $\mathrm{d}P_t$ 是可预测的，其应该包含 $\mathrm{d}t$ 项。

伊藤引理确定了该项可预测的漂移项等于函数的凸性，由其二阶微分给出：

$$E(\mathrm{d}P_t) = \frac{1}{2}\frac{\mathrm{d}^2 F}{\mathrm{d}X^2}\mathrm{d}t$$

实际上，图 14-9 显示了与图 14-8 同样的结果，但是图 14-9 中的函数的凸性比 $F(r)$ 更大；那么，很自然地函数 $G(r)$ 隐含的预期收益比 $F(r)$ 暗含的预期收益要高，因为 $G(r)$ 的凸性同 $F(r)$ 相比要大一些。

同时需要注意的是，由于函数 $F(r)$ 在接下来的 $\mathrm{d}t$ 时间后一定会上升，这也就意味着不存在随机冲击。从伊藤引理中也可以很清楚地看出这点，因为随机冲击项 $\mathrm{d}X_t$ 乘上了 $\frac{\mathrm{d}F}{\mathrm{d}X}$，该项在图 14-8 的例子中等于零。

[一] 这并不是伊藤引理的证明，只是简单变换。
[二] 一个简单的证券其支付类似图 14-8 描述的一样，也就是关于长期看涨期权和看跌期权在相同初始价格下的利率水平下的支付。

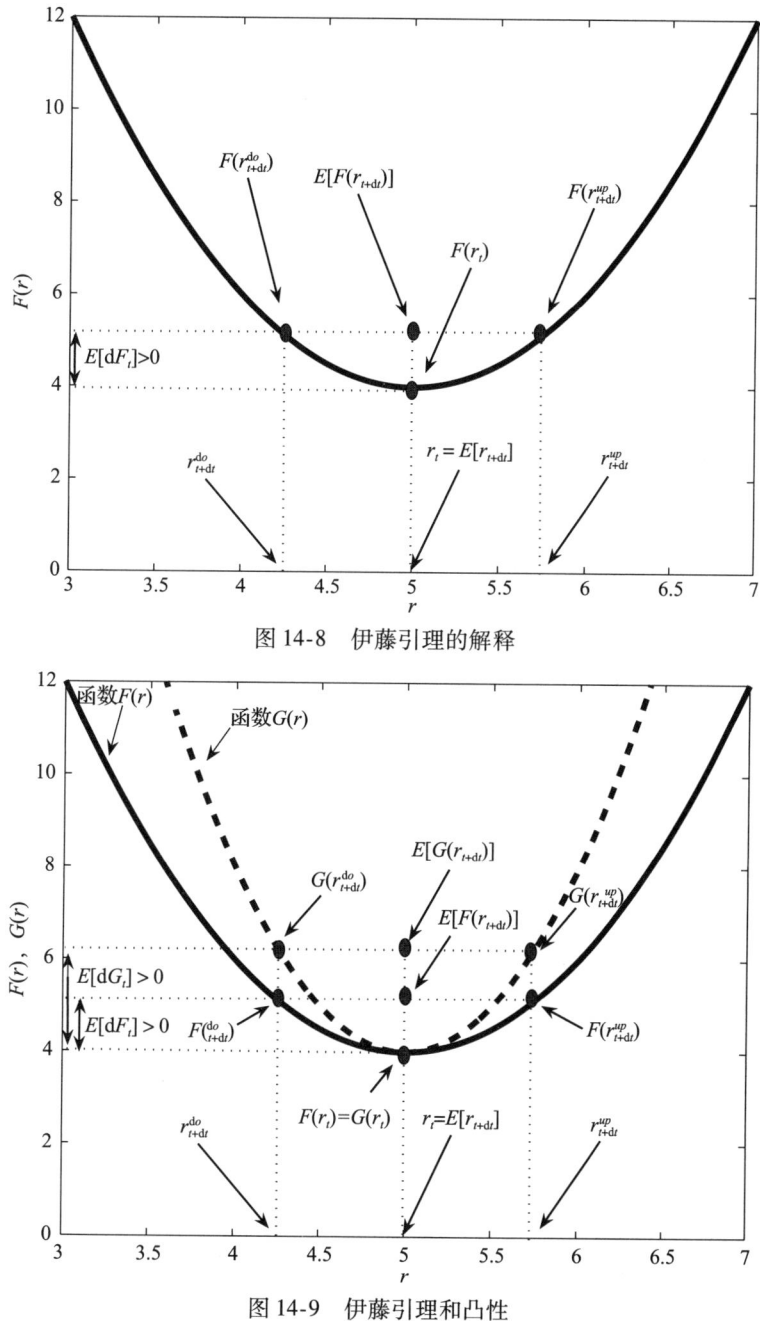

图 14-8 伊藤引理的解释

图 14-9 伊藤引理和凸性

当 $F(r)$ 为凸时,关于 dP_t 可预测性的论证并不取决于图 14-8 中的 $F(r)$ 在当前的利率 r_t 必须为最小值,虽然在这一示例中确实是这样的。即使 $F(r)$ 不处于其最小值的位置,其可预测性也会受到影响。实际上,再一次考虑图 14-8 示例,并假定在 $t+dt$ 时的利率实际上上升到了 5.75%。现在进一步考虑 $t+dt$ 到 $t+2dt$ 之间,同样假定利率上升或下降 1.25% 的概率相同,那么下一期的利率情况只有两种:上升时,$r_{t+dt}^{up}=6.5\%$;下降时,$r_{t+dt}^{do}=5\%$。同样地,期望值 $E[r_{t+2t}]=5.75\%=r_{t+dt}$,也就是说利率变化值的期望为零。那么,期望利润 $E[dP_{t+dt}]=E[P_{t+2t}-P_{t+dt}]$ 是怎样的呢?图 14-10 显示了这一问题。在 50% 的概率下,价格 $F[r_{t+dt}^{up}]=$

$F(6.5)=8.5$；同样在50%的概率下，价格 $F[r_{t+dt}^{do}]=F(5)=4$；那么，期望价格 $E[F(r_{t+2dt})]=0.5\times 8.5+0.5\times 4=6.25$。显然，在该时刻的价格比在 $t+dt$ 时的价格 $F[r_{t+dt}]=5.125$ 要高。也就是，即使在不清楚利率变动方向的时候，我们同样能期望获得资本利得。

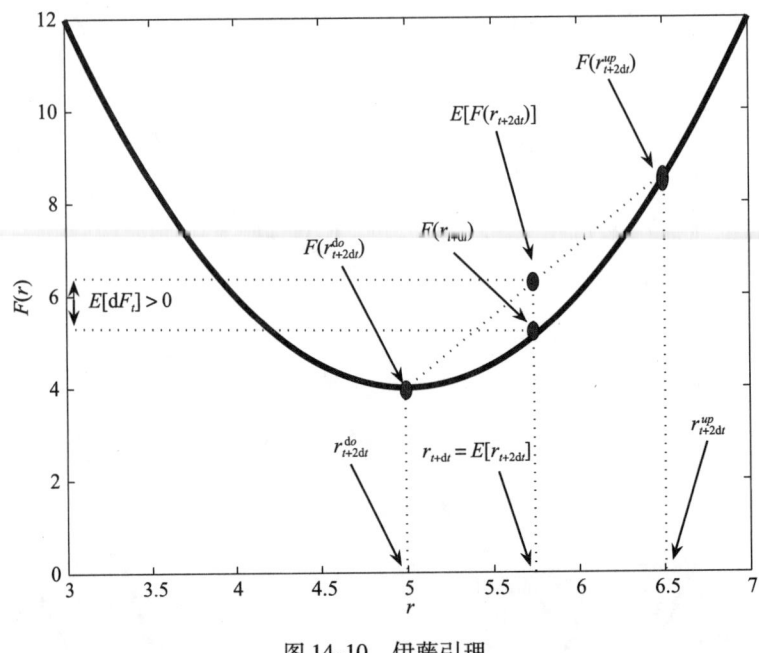

图 14-10　伊藤引理

具体而言，伊藤引理还有另外两种不同的表达式，其中一种是将时间维度加进去，将时间维度加入伊藤引理的重要性在于大多数利率证券的价值会随着时间的变化而变化，即使在利率不变时也同样如此。比如，零息债券的价值会随着到期日的临近而逐渐上升，甚至在短期利率没有发生任何变化的时候也是如此。同样地，在利率不发生任何变化时，利率期权价值也会随着到期日临近而发生变化。

○ 事实 14-5

伊藤引理（包含时间）：令 $P_t=F(t,X_t)$，那么：⊖

$$dP_t=\left\{\left(\frac{\partial F}{\partial t}\right)+\frac{1}{2}\left(\frac{\partial^2 F}{\partial X^2}\right)\right\}dt+\left(\frac{\partial F}{\partial X}\right)dX_t \tag{14-39}$$

时间的变化是可预测的，因此，漂移项（dt）现在包含除式（14-37）中包含的凸性外，增加了一项，该额外项准确地捕捉到了价格随时间的变化，由价格函数 $F(t,X)$ 对时间 $\frac{\partial F}{\partial t}$ 的敏感程度来反映。比如，短期利率固定不变，零息债券的价值也会随着时间接近到期日而增加。也就是说，债券的期望在 t 到 $t+dt$ 的资本利得 $dP_t=P_{t+dt}-P_t$，漂移项有一个额外的大于零的部分 $\frac{\partial F}{\partial t}>0$。

⊖ 符号 $\frac{\partial F}{\partial X}$ 是偏微分，其定义是将 t 固定然后将 $F(X,t)$ 对 X 求导数，同样的 $\frac{\partial F}{\partial t}$ 是将 X 固定然后将 $F(X,t)$ 对 t 求导数。$\frac{\partial^2 F}{\partial X^2}$ 是二阶偏导。

最后一个伊藤引理的表达形式考虑了函数 F 是如同式(14-23)一样的利率过程的函数,其中不只是有布朗运动过程 X_t。这是有实质意义的形式,我们要进一步阐述就必须先假定一个利率模型,类似式(14-28)表示的 Vasicek 模型,然后通过利率过程的性质以及对冲交易策略,就能得出债券及其衍生品的价格。为了得到我们的计算结果,需要知道证券的资本利得过程 $\mathrm{d}P_t$,该过程依赖于短期利率 r_t,具体形式为函数 $P_t = F(t, r_t)$。

○ **事实 14-6**

伊藤引理(广义):令 r_t 服从下述一般利率过程:

$$\mathrm{d}r_t = m(r_t, t)\mathrm{d}t + s(r_t, t)\mathrm{d}X_t \tag{14-40}$$

其中, $m(r, t)$ 和 $s(r, t)$ 是利率 r 和时间 t 的函数,令证券的价格 $P_t = F(t, r_t)$。那么资本利得过程是:

$$\mathrm{d}P_t = \left\{\left(\frac{\partial F}{\partial t}\right) + \left(\frac{\partial F}{\partial X}\right)m(r_t, t) + \frac{1}{2}\left(\frac{\partial^2 F}{\partial X^2}\right)s(r_t, t)^2\right\}\mathrm{d}t + \left(\frac{\partial F}{\partial r}\right)s(r_t, t)\mathrm{d}X_t \tag{14-41}$$

资本利得的漂移项包含 3 个部分。第一部分是由时间导致的资本利得(或者损失)。第二部分是由预期利率的变化导致的:比如,我们预期美联储将会降息,那么我们就会预期债券价格会上升。最后一部分是由凸性效应导致的资本利得,正如先前讨论的:我们知道短期利率会随时间的变化而变化,那么债券和衍生品对利率正的凸性就会产生一部分资本利得。关于凸性,值得特别注意的一点是,二阶微分项乘上了利率过程自身的方差项 $s(r_t, t)^2$。这表明:利率波动越大,从凸性中获得的资本利得也越大,利率水平也会偏离现在的水平越多。比如,如果利率变化不包含随机冲击,也就是 $s(r_t, t)^2 = 0$,那就不存在凸性产生的效应。^㊀ 图 14-11 描述了这

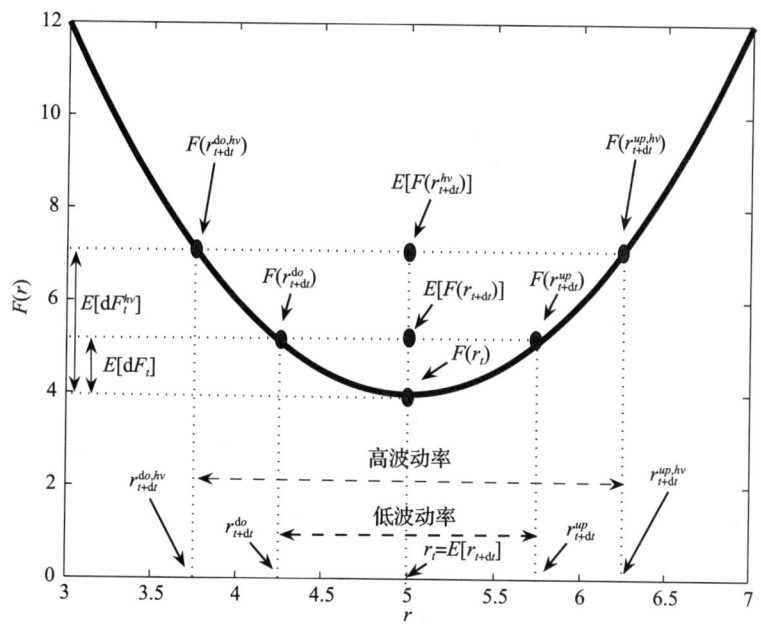

图 14-11 伊藤引理和波动率

㊀ 注意,即使没有随机波动,利率变动也有可能是确定性的,如例 14-3 所示。这些波动不会使凸性产生效应,但是由于利率预期的变动,其会产生预期收益或者损失,也就是通过 $\left(\frac{\partial F}{\partial r}\right)m(r_t, t)$。

一点。利率的变动在图14-8已经讨论过了，我们可以看到真实的利率偏离初始利率 $r_t = 5\%$ 较大，其中，$r_{t+dt}^{up,hv} = 6.25\%$；$r_{t+dt}^{do,hv} = 3.75\%$，符号 hv 代表高波动率。自然而然，从图中可以得出结论：在高波动率的情况下，$F(r)$ 的预期波动比低波动率的情况下要大，这就能够解释为什么式(14-41)中的二阶偏微分要乘上利率的方差 $s(r_t, t)^2$。

14.5 案例

在本节中我们将对伊藤引理的运用以及其在风险管理中的作用做一些讨论。

例14-7 无漂移项的 Ho-Lee 模型下的债券价格

考虑例14-1中的无漂移项的 Ho-Lee 模型，在第19章我们将会看到，如果当前利率是 r_t，T 期到期的零息债券在 t 期的价格由下式给出[⊖]

$$P_t = e^{\frac{\sigma^2}{6}(T-t)^3 - (T-t)r_t} \tag{14-42}$$

我们将在第19章中探讨该等式的来源。目前，针对式(14-42)，我们可能会产生如下疑问：利率的方差是如何影响债券价格的？对于购买长期债券并且想知道它们暴露于什么样的市场风险的投资者而言，这一点尤为重要。伊藤引理给出了该问题的答案，此时，时间 t 和利率 r 的函数由下式给出：

$$F(t,r) = e^{\frac{\sigma^2}{6}(T-t)^3 - (T-t)r_t}$$

对时间 t 求一阶微分：

$$\frac{\partial F}{\partial t} = \left(-\frac{\sigma^2}{2}(T-t)^2 + r_t\right)F(t,r)$$

对利率 r 求一阶微分：

$$\frac{\partial F}{\partial r} = -(T-t)F(t,r)$$

对利率 r 求二阶微分：

$$\frac{\partial^2 F}{\partial r^2} = (T-t)^2 F(t,r)$$

我们将债券资本利得式(14-41)中的各项一一替换进伊藤引理。注意此时，$m(r,t) = 0$，$s(r,t) = \sigma$（对比式(14-15)和式(14-40)）。替换后可得如下的资本利得公式：

$$dP_t = \left\{\left(\frac{\partial F}{\partial t}\right) + \left(\frac{\partial F}{\partial r}\right)m(r_t,t) + \frac{1}{2}\left(\frac{\partial^2 F}{\partial r^2}\right)s(r_t,t)^2\right\}dt + \left(\frac{\partial F}{\partial r}\right)s(r_t,t)dX_t$$

$$= \left\{\left(-\frac{\sigma^2}{2}(T-t)^2 + r_t\right)F(t,r) + \frac{1}{2}(T-t)^2 F(t,r)\sigma^2\right\}dt - (T-t)F(r,t)\sigma dX_t$$

该表达式过于复杂，我们想办法简化它，由于 $P_t = F(t, r_t)$，将其代入上式，我们可以得到资本利得的表达式：

$$dP_t = r_t P_t dt - (T-t)P_t \sigma dX_t \tag{14-43}$$

也就是说，如果利率满足式(14-15)中无漂移项的 Ho-Lee 模型，债券的价格由式(14-42)给出，那么资本利得可由式(14-43)给出。具体来讲，等式两边同时除于 P_t，我们就可以得到以百分比表示的债券收益：

$$\frac{dP_t}{P_t} = r_t dt - (T-t)\sigma dX_t \tag{14-44}$$

⊖ 式(14-42)来源于 Ho-Lee 模型过程中式(14-15)的假设，如第17章讨论的一样，其为风险中性利率过程。

可以得到如下性质：
1. 长期债券的预期收益等于瞬时无风险利率：

$$\text{预期收益} = E\left[\frac{\mathrm{d}P_t}{P_t}\right] = r_t \mathrm{d}t \tag{14-45}$$

2. 债券价格的波动性与其到期时间直接相关：

$$\text{波动率} = \sqrt{E\left[\left(\frac{\mathrm{d}P_t}{P_t}\right)^2\right]} = (T-t)\sigma \tag{14-46}$$

3. 利率变动与债券收益之间的协方差为负：

$$\text{协方差} = E\left[\frac{\mathrm{d}P_t}{P_t} \times \mathrm{d}r_t\right] = -(T-t)\sigma^2 \mathrm{d}t \tag{14-47}$$

第一个性质说明在该模型假设下，长期债券的收益和投资在短期债券上的相同。事实上，式(14-45)右边与到期时间 $T-t$ 无关。第二个性质说明债券收益的波动率取决于到期日，长期债券的就比短期债券的波动率高。波动性同样取决于利率的波动率 σ，如果 σ 很小，也就是说短期债券的波动率非常小，那么同样地，长期债券的波动率也会比高 σ 的小。最后一个性质表明了利率和债券价格之间的协方差为负，这说明短期利率上升将会导致价格的下降。

有大量的理由认为，了解债券价格对利率变化的敏感度很重要，特别是对风险分析和风险管理更是如此。比如，考虑一个债券组合的管理者，债券组合中有大量的10年期零息债券。令利率的波动率 $\sigma = 2\%$，在式(14-15)表达的模型以及式(14-42)表达的价格公式中，债券的波动率是 $(T-t)\sigma = 10 \times 2\% = 20\%$。

例 14-8 无漂移项 Ho-Lee 模型中期限结构的变化

在例 14-1 的 Ho-Lee 模型中，利率期限结构将怎样随时间的变动而变动呢？定义在到期日 $\tau = T-t$ 的长期连续复利为 $r_t(\tau)$。根据式(14-42)和连续复利的定义可知：

$$r_t(\tau) = -\frac{\ln(P_t(T))}{T-t} = -\frac{\sigma^2}{6}\tau^2 + r_t \tag{14-48}$$

长期利率是怎样随时间的变化而变化的呢？比如，如果 $\tau = 10$，该模型中10年收益率又如何随时间变化？因为我们希望将 τ 固定，就可以运用伊藤引理来回答这个问题：

$$F(r) = -\frac{\sigma^2}{6}\tau^2 + r_t$$

那么，

$$\frac{\partial F}{\partial t} = 0; \quad \frac{\partial F}{\partial r} = 1; \quad \frac{\partial^2 F}{\partial r^2} = 0$$

将其代入式(14-41)，可得

$$\mathrm{d}r_t(\tau) = \sigma \mathrm{d}X_t \tag{14-49}$$

我们可以看到，式(14-49)的右边也是 $\mathrm{d}r_t$，所以长期收益率变动和短期收益率变动相同。换言之，该模型产生了在不同期限结构间的平行变化，提供了第3章中考虑的通过久期进行风险管理的基础。然而，该性质也显示出了无漂移项的 Ho-Lee 模型的缺陷，如我们在第4章探讨的那样，利率期限结构不会仅仅平行移动。我们在接下来的章节中将考虑更为准确的模型。

例 14-9 运用期货进行对冲

考虑例 14-7 中的风险管理，假设某期货合约3个月利率为 $r_t(\tau)$，其中 $\tau = 0.25 = 3$ 个月。令 T 为期货合约的到期日，f_t 是远期利率。得到式(14-49)表示的过程，并令其时间为3个月，其表明期

货的利率过程也可由下式给出

$$df_t = \sigma dX_t \tag{14-50}$$

管理者拥有的10年期债券，可以通过期货合约来对冲掉利率风险。考虑期货的仓位为N，令Πt表示债券多头和N份期货合约的资产组合。在t到$t+dt$之间组合价值的变化将会是长期债券价值的变化dP_t加上N倍期货合约价值的变化df_t，也就是说

$$d\Pi_t = dP_t + N \times df_t$$

运用式(14-43)中的dP_t以及式(14-50)的df_t表达式，可得：

$$d\Pi_t = r_t P_t dt - (T-t) P_t \sigma dX_t + N \times \sigma dX_t$$

也就是说为了消除组合中随机变量dX_t的影响，我们必须选择：

$$N = (T-t) P_t$$

这样就能够消除组合中的利率变动风险了。

本章小结

本章主要包含以下内容。

1. **布朗运动**：本质上是一个随时间不规律变化的随机变量，其未来的最佳预测值等于当前值。其在任意两个时间点t_1与$t_2(t_2>t_1)$之间都是服从正态分布的，且均值为零，方差为t_2-t_1。任意两个时间节点之间，不论节点之间的距离多大，两节点之间都有无穷多个二项分布的变量。

2. **微分方程**：微分方程将变量的变动比例和当前值的变动联系起来，微分方程的解必须既满足初始条件又满足方程本身。一个微分方程可以看成是一个特殊的过程，变量的未来值完全可以预测，且是时间的函数。

3. **随机过程**：一方面，布朗运动毫无规律，其随时间的变化完全不可预测，而微分方程与之相反，意味着完全可预测，而现实情况往往是两种极端情况的折中。连续时间的随机过程有一部分是可以预测的(也就是dt，也被称为漂移项)，同时也包含不可预测的随机部分(dX，也被称为扩散项)。

4. **Vasicek利率模型**：该模型是一个广为人知的利率模型，假定了利率是均值回归的，这意味着如果利率偏离均值太多后就会逐步向均值回归。利率向均值回归的速度取决于模型的参数设定。随机冲击会使利率偏离均值，但是漂移项会使利率又逐步趋向均值。该模型意味着利率在未来的分布是正态分布，也就意味着出现负利率的概率为正，这是该模型的缺陷。

5. **Ho-Lee模型**：只是在第11章中讨论的模型在连续时间下的版本，其和Vasicek利率模型十分相似但漂移项不同，该模型的漂移项只与时间有关。同时，Vasicek利率模型中，利率在未来的分布满足正态分布，意味着出现负利率的概率为正。但不同于Vasicek利率模型，在考虑的时间足够长时，该模型的离散性趋于无穷。

6. **伊藤引理**：伊藤引理提供了证券价值函数$F(X)$的变化，与其满足布朗运动的基础变量X_t的变化dX_t之间的关系。主要的结论是布朗运动函数的变化包含两部分：第一部分，不可预测的部分，取决于函数对X_t变化的敏感度，也就是一阶微分$\dfrac{dF}{dX}$。第二部分，可预测的部分取决于函数$F(X)$对X的凸性。伊藤引理在金融中十分有用，主要是其提供了如下计算规则：

(1) 利率证券价值变动的期望(也就是期望的资本利得$E[dPt]$)。

(2) 由利率变动导致的利率证券价格的波动率。

(3) 利率风险管理需要的对冲比例。

(4) 由利率随机波动带来的凸性获利。

在简单伊藤引理的基础上，我们讨论了两种不同的伊藤引理版本：

(1) 时间依赖型：函数$F(t, r)$与时间相关。比如，大多数利率证券都有到期日，这会直接影响证券的价值，即使随机变量

X 没有任何变化。

(2) 利率过程：函数 $F(t, r)$ 是利率的函数而不是布朗运动 X 的函数。此时，凸性的大小取决于利率的波动，也就是伊藤引理中的 $\left(\dfrac{\partial^2 F}{\partial r^2}\right) s(r_t, t)^2$。比如，高波动率可能会从凸性中产生高的收益。期望的资本利得取决于利率变化的期望，也就是伊藤引理中的 $\left(\dfrac{\partial F}{\partial r}\right) s(r_t, t)$。比如，联邦基金利率的期望值上升将会导致债券组合的期望资本损失。

练习

1. 运用表格工具，比如微软 Excel 来复制图 14-1 ~ 图 14-3。
2. 考虑式 (14-1) 和式 (14-2) 中的 Ho-Lee 利率模型，以及式 (14-29) 下连续时间下的 Ho-Lee 利率模型。假设 $\theta_t = 0$。在该练习中，模拟连续时间下的 Ho-Lee 模型，复制出相同的图形。特别地，对于每一步长 dt，必须模拟出布朗运动 $dX_t \sim N(0, dt)$，运用近似算法：
$$r_{t+dt} = r_t + \sigma dX_t$$
怎样模拟正态分布？以下有 4 种方法：
(1) 大多数表格工具中都有随机正态分布生成程序。
(2) 运用式 (14-4) 中 X_t 的定义。也就是说
$$X_t = \sum_{i=1}^{m} Z_i,\ 其中\ Z_i = \sqrt{dt}\ 或者\ Z_i = -\sqrt{dt}$$
的概率相同。参见第 13 章中关于怎样模拟仅取两个值的变量的值。
(3) 插入正态分布。大多数表格工具都能模拟正态分布 (如，Excel 中的 RAND())。对于正态分布的变量 u_i，我们可以得到正态分布变量 ε_i：
$$\varepsilon_i = N^{-1}(u_i)$$
其中，$N^{-1}(u_i)$ 是正态分布概率累计函数的反函数。同样在表格工具中存在 (也就是 Excel 中的 NORMINV() 函数)。
(4) 运用中心极限定理。模拟 n 个正态变量 u_i，其中 $i=1, \cdots, n$。每一正态变量均值为 $\dfrac{1}{2}$ 与方差 $\dfrac{1}{12}$。也就是说，正态变量
$$\hat{u}_i = \left(u_i - \dfrac{1}{2}\right)\sqrt{12}$$
有 0 均值和方差为 1 (为什么？)。对于较大的 n (但 $n=2$ 已经足够大)，近似的
$$\varepsilon = \dfrac{1}{n}\sum_{i=1}^{n} \hat{u}_i \sim \mathcal{N}(0,1)$$

运用上述这些方法来复制图 14-3，并比较该结果与先前的计算。

3. 运用表格工具证明式 (14-24) 是式 (14-23) 的解。为了实现该证明，需要用到 "数值法"，具体如下：
(1) 选择时间的变化量 dt，以及参数 γ、$\bar{r}$ 以及初始值 $r(0)$ (比方说 2%)。
(2) 递归计算 $r(t+dt) \approx r(t) + \gamma(\bar{r} - r(t))dt$
(3) 证明每一时刻 t，递归算法得出的结果和式 (14-24) 得出的结果相似。
(4) 解释为什么上述的问题取决于时间间隔 dt，进行简单阐述。

4. 考虑 Vasicek 利率模型
$$dr_t = \gamma(\bar{r} - r_t)dt + \sigma dX_t$$
假定 $\bar{r} = 5\%$。完成下列问题：
(1) 假定今天的短期利率为 r_0，选择一个时间间隔 dt (比方说，$dt = \dfrac{1}{252} = 1$ 天)，选择 γ 和 σ 来模拟 5 年以上的利率过程。用图形展示结果，以及这一利率过程如何取决于这两个参数？
(参考练习 2 中关于怎样模拟 $dX_t \sim \mathcal{N}(0, dt)$)
(你可以从任何金融类报刊和美联储网站找到数据，如 http://www.federalreserve.gov/releases/h15/data.htm)
(2) 固定参数 γ 和 σ，然后选择不同的初始值 r_0 来模拟 5 年以上的利率过程。那么初始值如何影响该过程？

5. 考虑 Vasicek 利率模型。从美联储网站下载 1 个月短期国债的每日数据 (http://www.federalreserve.gov/releases/h15/data.htm)；并且用这些数据估计参数 γ、$\bar{r}$ 和 σ。这些估计值可以通过线性回归得到。设置 $dt = \dfrac{1}{252} = 1$ 天，

离散化这一过程：
$$(r_{t+dt} - r_t) = \gamma(\bar{r} - r_t)dt + \varepsilon_{t+dt}$$
其中，$\varepsilon_{t+dt} \sim \mathcal{N}(0, \sigma^2 dt)$，因此上式类似以下回归：
$$(r_{t+dt} - r_t) = \alpha + \beta r_t + \varepsilon_{t+dt}$$

(1) 如何以初始参数 γ，$\bar{r}$ 表示 α 和 β？怎样估计参数 σ？需要注意"年化"问题（因为是每日数据，我们需要年化）。同样要注意，r_t 是 Vasicek 模型的连续贴现率。

(2) 给定参数估计值以及当前利率，估计未来利率，并将其扩展至 5 年以后。

(3) 运用模拟法来对未来可能的利率做情境分析。计算 1，3，5 年以后的利率直方图，并且与你预测值进行比较。

6. 用伊藤引理来计算运动定理 $P = F(X)$，其中 X 为布朗运动，$F(X)$ 如下：
   (1) $F(X) = A + BX$，A、B 是常数。
   (2) $F(X) = e^{A+BX}$，A、B 是常数。

7. 假定 r 遵循下述过程
$$dr_t = \gamma(r - r_t)dt + \sigma dX t$$

8. 用伊藤引理来计算运动定理 $P = F(r)$，$F(X)$ 如下：
   (1) $F(X) = A + Br$，A、B 是常数。
   (2) $F(X) = e^{A-Br}$，A、B 是常数，$B > 0$。

9. (1) 计算预期回报率 $E[dP]$，并分解。
   (2) 计算 σ 证券的离散度。该参数为正还是为负？其与证券 P 的波动率（标准差）如何相关？

附录 14A

当计算证券价格时，需要引用伊藤引理，以下一些规则将会十分有用：

$$E[dX] = 0 \tag{14-51}$$

$$E[dX^2] = dt \tag{14-52}$$

$$\text{Var}[dX] = E[dX^2] - \{E[dX]\}^2 = dt \tag{14-53}$$

$$E[dX \times dt] = E[dX]dt = 0 \tag{14-54}$$

$$\text{Var}[(dX)^2] = E[(dX)^4] - E[(dX)^2]^2$$
$$= 3dt^2 - dt^2 = 0 \tag{14-55}$$

$$E[(dXdt)^2] = E[(dX)^2]dt^2 = 0 \tag{14-56}$$

$$\text{Var}[dXdt] = E[(dXdt)^2] - E[dXdt]^2 = 0 \tag{14-57}$$

伊藤引理最重要的算术特征是当 $a > 1$ 时，dt^a 为零。原因在于布朗运动中 $\Delta = \dfrac{t}{n}$ 的极限值趋近于零在我们的表达式中，$\Delta \to dt$，dt 是时间间隔。显然，Δ^2 将会比 Δ 更快趋近于零，因而使在式（14-55）中 $dt^2 = 0$。当 $a > 1$ 时可以通过相同的方法推出。

第 15 章 无套利与利率证券定价

本章我们将继续讨论与利率证券定价相关的关键步骤,包括长期国债与衍生品。要理解本章的内容,至关重要的一点是明白金融市场不会给套利者留下任何可能的套利机会。为什么这个方法是有用的呢?因为如果公开市场上没有任何套利机会的话,就说明了任何投资人都必须遵循相应的约束和限制。有时候,摩擦会阻止市场价格向消除套利机会的方向波动,这时套利者就会入场,并通过套利获取套利收入。套利者察觉市场套利机会存在的方法是通过检查在无套利原理下的价格和市场价格之间的差异,如果差异很大的话,这就意味着套利是可行的。当然,这个过程是建立在套利者对自己用于判断套利机会的模型是否有足够的信心这一基础上的。也就是说,在某个模型中被认为是套利机会的情形,在其他模型下却可能不是。因为现实比模型所描述的情况更加复杂,模型虽然能为发现套利策略提供指引,但有一些误差是难免的。

即使这样,使用模型来寻找套利交易的可行性仍然是关键的方法。模型决定了套利机会的可行性和确定需要利用的交易策略,并计算出预期利润。模型对风险管理也很重要,模型有助于确定利率债券对利率变动的敏感程度,并能讨论其他影响债券价格的因素。

在本章,我们主要使用 Vasicek 模型来阐述相关的方法,当然这些方法也可以使用其他模型来讨论,在本章的末尾我们将会对这些方法加以扩展。本章所讨论的方法和第 11 章中的利率树是一致的。回想一下,在利率决策树中,伴随着利率每一时段的推移,都会导致所有利率债券价格的改变。通过债券对利率敏感程度的研究,就可以利用多头和空头组合来构建无套利关系,本章使用的也是同样的方法。

我们先以一个简单的案例来说明无套利方法。

15.1 用决定性的利率为债券定价

再次思考第 14 章中的例 14-3,在例 14-3 中,我们假设短期利率是 r_t,是按照下面的过程在变动:

$$dr_t = \gamma(\bar{r} - r_t)dt \tag{15-1}$$

r_t 是套利者能够在 t 与 $t+dt$ 时间段借入或借出资金的利率。假设大多数交易都是在回购市场上进行的,因此我们可以用隔夜回购利率来定义 r_t(参考第 1 章)。注意式(15-1)是式(14-28)中的 Vasicek 模型 $\sigma=0$ 时的特例。考虑一只在到期日 T 时能收到 1 美元的零息债券,债券的现价完全取决于现在的短期利率 r_t 和到期期限 T,除此之外没有其他的影响因素,因为到目前为止,我们的模型只考虑利率 r_t 作为债券价格唯一的决定因素。在后面的章节我们还会考虑影响长期债券价格的其他因素。但是现在，我们假定只有 r_t 是影响价格变动的唯一因素。让我们用 $Z(r_t, t, T)$ 来表示债券的价格。假定短期利率变动，根据式(15-1)零息债券的价格是多少呢？

首先，我们要问这样一个问题：零息债券真的有风险吗？因为 $Z(r_t, t; T)$ 只取决于利率 r_t 和时间 t，它们都是可以预期的变量(没有随机变动，所以没有风险)，零息债券是没有风险的。"没有风险"在这里的含义是，只要能准确地预测未来的利率，就可以完美地预测 t 和 $t + \mathrm{d}t$ 时间段内债券价格 $Z(r_t, r; T)$ 的变动。如果债券是无风险的，无套利就意味着在 t 与 $t + \mathrm{d}t$ 时间段内的收益率也应该是无风险利率本身；回想一下，$\mathrm{d}Z_t$ 表示的是在 t 时与 $t + \mathrm{d}t$ 时间段内资本的美元收益，比如，$\mathrm{d}Z_t = Z_{t+\mathrm{d}t} - Z_t$，债券多头在 t 与 $t + \mathrm{d}t$ 时间段内的收益率被定义为 $\dfrac{\mathrm{d}Z_t}{Z_t}$。于是我们可以得出下面的结论：

$$\text{无套利} \to \frac{\mathrm{d}Z_t}{Z_t} = r_t \mathrm{d}t \tag{15-2}$$

实际上，如果上述等式不成立的话，就意味着必然存在套利机会。例如，考虑两种可能的情况：

1. $\dfrac{\mathrm{d}Z_t}{Z_t} > r_t \mathrm{d}t$，套利者在 t 时刻可以：

(1) 以无风险利率 r_t 借 Z_t 的美元(比如在回购市场中)。
(2) 用 Z_t 美元购买 1 单位的证券。

在 t 时刻没有任何的资金流出，在 $t + \mathrm{d}t$ 时刻套利者可以在没有任何风险的情况下获得 $Z_{t+\mathrm{d}t} - Z_t > 0$。

2. $\dfrac{\mathrm{d}Z_t}{Z_t} < r_t \mathrm{d}t$，套利者在 t 时刻可以：

(1) 借入债券(比如在回购市场中)，在市场上卖出，获得 Z_t 美元。
(2) 以无风险利率 r_t 投资卖空债券所获得的 Z_t 美元。

在 t 时刻没有任何的资金流出，在 $t + \mathrm{d}t$ 时刻可以没有任何风险的获得 $r_t \mathrm{d}t - \dfrac{\mathrm{d}Z_t}{Z_t} > 0$。

在式(15-2)中，无套利约束的限制给我们提供了一种确定债券的方法。实际上，条件 $\dfrac{\mathrm{d}Z_t}{Z_t} = r_t \mathrm{d}t$ 也可写成

$$\mathrm{d}Z_t = rZ_t \mathrm{d}t \tag{15-3}$$

这也就是计算债券价格 $Z(t; T)$ 的基础等式，通过求解该式就可以找到债券的价格，这些内容将在后面详细讨论。现在，我们只要知道式(15-3)的解可通过下面的方法来求得：

○ 事实 15-1

让 Vasicek 模型中的 $\sigma = 0$。接着，无套利意味着，当短期利率是 r_t 时，到期日为 T 的 1 美元面值的零息债券。在 t 时刻的价格可以写作：

$$Z(r_t, t; T) = \mathrm{e}^{A(t;T) - B(t;T) r_t} \tag{15-4}$$

其中

$$B(t;T) = \frac{1}{\gamma}(1 - \mathrm{e}^{-\gamma(T-t)})$$

$$A(t;T) = \bar{r}(B(t;T) - (T-t))$$

值得注意的是，$A(t; T)$ 与 $B(t; T)$ 是在 t 时刻的函数，在从 t 时刻趋近到期日 T 时，将趋

近于零，即 $A(T; T) = 0$，$B(T; T) = 0$。这就意味着在到期日时，零息债券的价格不论利率是多少都会等于 1 美元。

$$Z(r_T, T; T) = e^{0 - 0 \times r_T} = 1 \tag{15-5}$$

可以看出，式(15-4)中的等式是非常直观的：首先，因为 $B(t; T) > 0$，即更高的利率 r_t 就意味着更低的债券价格。其次，如果 $r_t = \bar{r}$ 的话，例如利率 r_t 和 $\bar{r}$ 是相等的，那么债券的价格就和标准公式 $Z(r_t, t; T) = e^{-\bar{r}(T-t)}$ 是一致的。最后，正如我们将要讨论的，利率 r_t 趋近于利率均值 $\bar{r}$ 需要花费的时间越长，利率与均值之间的差 $r_t - \bar{r}$ 对债券价格的影响就越大。如果 $r_t > \bar{r}$，γ 越低，债券的价格就越低；如果 $r_t < \bar{r}$，情况则是相反的。

需要解答的关键问题是，我们如何知道式(15-4)就是式(15-3)的答案，正如我们在 14 章中 14.2 节所做的一样，我们必须检查式(15-4)中的答案能否满足微分方程(15-3)，也就是说，我们计算 dZ_t 的左边部分就必然能得到右边部分，我们可运用在事实 14-3 中的伊藤引理 3 来计算 dZ_t，其中 $m(r_t, t) = \gamma(\bar{r} - (r_t))$ 和 $s(r, t) = 0$，在这个案例中，用伊藤引理可以推得：

$$dZ_t = \left(\frac{\partial Z}{\partial t} + \frac{\partial Z}{\partial r} \gamma(\bar{r} - r_t) \right) dt$$

代入等式的左边，式(15-3)变为⊖

$$\frac{\partial Z}{\partial t} + \frac{\partial Z}{\partial t} \gamma(\bar{r} - r) = rZ \tag{15-6}$$

这是一个**偏微分方程**(partial differential equation，PDF)，即对多个变量 (r 和 t) 进行微分的方程。和任何微分方程一样，微分方程(式(15-6))的解也是关于 r 和 t 的函数，且须：①如果我们对左边求微分，将能得到等式的右边 (如 $r \times Z$)；②它会满足一些边界条件，如 $Z(r, T, T) = 1$。

因此，我们就需要检验式(15-4)中的解能否满足式(15-6)，详细的检验过程在附录 15A 中。

这节的主要内容如下：利用无套利条件 (式(15-2)) 获得对债券定价的偏微分方程 (式(15-6))，求解微分方程就可以得到利率债券的价格。即

1. 无套利机会→偏微分方程。
2. 偏微分方程的解→利率债券的价格。

我们还会将相同的原理在更多的模型中加以运用。

对于利率债券的价格来说，这个模型的解还可以得到利率债券价格对利率变动敏感程度的衡量方式，就是我们在第 10 章中讨论过的即期利率久期，即

$$D_Z = -\frac{1}{Z} \times \frac{\partial Z}{\partial r} \tag{15-7}$$

在这个例子中，我令 $\frac{\partial Z}{\partial r} = -B(t, T)Z$；就可以得到即期利率久期为

$$D_Z = B(t; T) = \frac{1}{\gamma}(1 - e^{-\gamma(T-t)}) \tag{15-8}$$

也就是说，零息债券对利率的敏感度是随着到期期限 $T - t$ 的延长而增加，并随着回归到平均值的速度 γ 的提高而减少。γ 是利率调整到长期均值 $\bar{r}$ 的速度，调整速度越快，债券价格对利率的变动速度的敏感度越低。但是在本节中，短期利率会随着时间变动，因此即期利率久期不是一个真正的风险衡量指标(这里没有风险)，要说明的是，即期利率久期在利率是随机波

⊖ 因为这个方程必须对每个利率 r_t 和每个时间 t 保持不变，所以没有必要保持利率 r_t 的时间表示。

动的情形下也同样适用。

15.2 用 Vasicek 模型进行利率债券定价

利率的 Vasicek 模型是

$$dr_t = \gamma(\bar{r} - r_t)dt + \sigma dX_t \tag{15-9}$$

考虑一份利率证券,它的价格可以表示为 $Z(r, t; T)$。因为 r 随着时间不断地变动,所以,$Z(r, t; T)$ 也在不断变动。也就是说,利率证券是有风险的。因此,即便在一个很短的时间间隙 $[t, t+dt]$ 中,不能再认为这段时间的收益率必须与无风险利率 $r_t dt$ 相等。风险规避的投资者现在希望在承担利率风险时能获得风险补偿。要注意术语"风险"在这里指的是"资本收益"风险而不是"违约"风险。例如,如果 $Z(r, t; T)$ 是零息国债,投资者在到期时将无风险地获得 1 美元的收入。然而,当投资者持有至到期 T 时,短期利率的突然变化也可能会造成债券的资本损失。因此,对国债的投资也是有风险的。

我们要怎样确定证券的风险呢?第 14 章的伊藤引理的式(14-41)给出了衡量风险的公式,即

$$dZ_t = \left\{\left(\frac{\partial Z}{\partial t}\right) + \left(\frac{\partial Z}{\partial r}\right)\gamma(\bar{r}-r_t) + \frac{1}{2}\left(\frac{\partial^2 Z}{\partial r^2}\right)\sigma^2\right\}dt + \left(\frac{\partial Z}{\partial r}\right)\sigma dX_t \tag{15-10}$$

不幸的是,即使我们添加其他的条件(比如无套利条件),我们也不能确定利率债券的价格 $Z(r, t; T)$。事实上,因为 Z_t 是有风险的证券,在没有其他的信息时是没办法定价的。然而,如果考虑的不止一只债券,比如在这个案例中实际有两只债券时,就可能通过构建对利率变动免疫的组合来解决这一问题。因为,如果组合是无风险的,就可以利用 15.1 节中的无套利结论了。

15.2.1 多头/空头组合

用两只零息债券来构建组合时,例如,持有 1 单位到期日为 T_1 的短期债券以及卖出 1 单位到期日为 $T_2 > T_1$ 的长期债券。令 $Z_1(r, t)$ 与 $Z_2(r, t)$ 在 t 时,即期利率为 r、到期日分别为 T_1 与 T_2 的债券的价格。我们用 Π 来表示组合的价值。在 t 时,组合的价值 Π 就是:

$$\Pi(r,t) = Z_1(r,t) - \Delta Z_2(r,t) \tag{15-11}$$

我们现在选择 Δ 使组合对利率变动不敏感,也就是,无利率风险。具体来说,我们选择 Δ 想达到组合 Π 对利率 r_t 的变动的敏感度等于零:

$$\frac{\partial \Pi(r,t)}{\partial r} = 0 \tag{15-12}$$

从组合的定义(式(15-11)),式(15-12)也意味着

$$\frac{\partial Z_1(r,t)}{\partial r} - \Delta \frac{\partial Z_2(r,t)}{\partial r} = 0 \tag{15-13}$$

这个等式产生的对冲策略是

$$\Delta = \frac{\dfrac{\partial Z_1}{\partial r}}{\dfrac{\partial Z_2}{\partial r}} \tag{15-14}$$

这个对冲策略是非常直观的:根据每只债券对利率变动的相对敏感度,如果我们持有到期

日为 T_1 的债券的多头,那么我们必须持有到期日为 T_2 的债券的空头。

在 t 与 $t+\mathrm{d}t$ 时间段内对冲组合是如何起作用的呢?第 14 章式(14-41)中的伊藤引理给了我们答案:

$$\mathrm{d}\Pi_t = \left\{\left(\frac{\partial \Pi}{\partial t}\right) + \left(\frac{\partial \Pi}{\partial r}\right)\gamma(\bar{r}-r_t) + \frac{1}{2}\left(\frac{\partial^2 \Pi}{\partial r^2}\right)\sigma^2\right\}\mathrm{d}t + \left(\frac{\partial \Pi}{\partial r}\right)\sigma\mathrm{d}X_t \quad (15\text{-}15)$$

根据式(15-14)中的对冲策略,从式(15-12)中我们可以得到: $\frac{\partial \Pi}{\partial r} = 0$,将这个结论代入式(15-15)的扩散项和漂移项,就变成了

$$\mathrm{d}\Pi_t = \left\{\left(\frac{\partial \Pi}{\partial t}\right) + \frac{1}{2}\left(\frac{\partial^2 \Pi}{\partial r^2}\right)\sigma^2\right\}\mathrm{d}t \quad (15\text{-}16)$$

此时的组合 Π 是无风险的,在 t 与 $t+\mathrm{d}t$ 时间段内没有任何的随机冲击可以影响组合的价值,因为被我们对冲掉了。正如在 15.1 节中所讲,无套利定价意味着组合 Π 在 t 与 $t+\mathrm{d}t$ 时间段内获得的收益必然是无风险收益率 r_t。正如之前所讲的,可以得到

$$\text{无套利} \Rightarrow \frac{\mathrm{d}\Pi_t}{\Pi_t} = r_t\mathrm{d}t \quad (15\text{-}17)$$

这样无套利条件就为我们提供了一个等式,而这个等式的解也就正是债券组合的价值。实际上,在式(15-17)的两边都同时乘以 Π,在式(15-16)的右边用 $\mathrm{d}\Pi$ 来替代,我们可以得到

$$\frac{\partial \Pi}{\partial t} + \frac{1}{2}\frac{\partial^2 \Pi}{\partial r^2}\sigma^2 = r_t\Pi_t \quad (15\text{-}18)$$

从 $\Pi_t = Z_{1,t} - \Delta Z_{2,t}$ 的定义,我们可以得到

$$\frac{\partial \Pi}{\partial t} = \frac{\partial Z_1}{\partial t} - \Delta\frac{\partial Z_2}{\partial t} \quad (15\text{-}19)$$

$$\frac{\partial^2 \Pi}{\partial r^2} = \frac{\partial^2 Z_1}{\partial r^2} - \Delta\frac{\partial^2 Z_2}{\partial r^2} \quad (15\text{-}20)$$

替代式(15-18)的左边和右边,将所有下标含"1"的算式移到左边,所有含"2"的算式移到右边,就发现

$$\left(\frac{\partial Z_1}{\partial t} + \frac{1}{2}\frac{\partial^2 Z_1}{\partial r^2}\sigma^2 - r_t Z_1\right) = \Delta\left(\frac{\partial Z_2}{\partial t} + \frac{1}{2}\frac{\partial^2 Z_2}{\partial r^2}\sigma^2 - r_t Z_2\right) \quad (15\text{-}21)$$

最后使用

$$\Delta = \frac{\frac{\partial Z_1}{\partial r}}{\frac{\partial Z_2}{\partial r}}$$

再调整一下,我们就可以得到

$$\frac{\left(\frac{\partial Z_1}{\partial t} + \frac{1}{2}\frac{\partial^2 Z_1}{\partial r^2}\sigma^2 - r_t Z_1\right)}{\frac{\partial Z_1}{\partial r}} = \frac{\left(\frac{\partial Z_2}{\partial t} + \frac{1}{2}\frac{\partial^2 Z_2}{\partial r^2}\sigma^2 - r_t Z_2\right)}{\frac{\partial Z_2}{\partial r}} \quad (15\text{-}22)$$

这是基于无套利条件(式(15-17))得到的利率证券的关键关系。具体来讲,我们可以知道虽然公式的左边和右边是同义的,却分别代表了两只不同的债券。为了理解等式两边的比率,我们可以回顾一下这些事实:

1. $\dfrac{\partial Z_i}{\partial t}$ = 由于时间的流逝产生的年化收益(损失)。

2. $\dfrac{1}{2}\left(\dfrac{\partial^2 Z_i}{\partial r^2}\right)\sigma^2$ = 由于凸性和利率的随机性而产生的年化收益。

3. $r_i Z_i$ 是为了购买债券借入资金 z_i 而支付的年化的利息。

4. $\dfrac{\partial Z_i}{\partial r}$ 是债券价格对利率变动的年化敏感度。

式(15-22)中分子告诉我们由于时间的流逝产生的年化收益(损失)或者债券杠杆头寸的凸性。分母告诉我们证券头寸的"风险",由证券对利率变动的敏感度来表达。

15.2.1.1 一个重要的缺失项

在式(15-22)中两边都没有出现的一个关键项,就是利率过程的漂移率。就是说,$E[\mathrm{d}r_t] = \gamma(\bar{r} - r_t)\mathrm{d}t$ 并没有进入无套利限制条件中:当我们预测利率上升还是下降时,这个限制是相同的。在哪里漏掉它的呢?对比式(15-15)与式(15-16),利率过程的漂移率消失了,因为套期保值策略 $\dfrac{\partial \Pi}{\partial r}=0$。直观来讲,如果我们用空头 $Z_2(t,r)$ 来对冲多头 $Z_1(t,r)$,对于利率变动的预测对 $Z_1(t,r)$ 有影响,但这个影响恰好被其对 $Z_2(t,r)$ 的影响所抵消。换句话说,对冲策略不仅对冲了利率中不可预知的变动(例如,$\sigma \mathrm{d}X_t$),还抵消了可预知的部分(例如 $E[\mathrm{d}r_t] = \gamma(\bar{r}-r_t)\mathrm{d}t$)。

15.2.1.2 其他利率证券

注意:直到现在,以上的推导过程并非必须要求 $Z(r,t;T)$ 是零息债券。事实上,我们可以在以上所有步骤中把 Z_1 视为零息债券,把 Z_2 作为一个利率期权。所有结论仍然成立。具体而言,这样的利率期权也同样能满足式(15-22)。也就是说,所有的利率证券都能同样满足式(15-22)。

15.2.2 基本定价公式

因为所有的利率证券一定满足式(15-22),我们可以给这个公式一个名称,对于任何价格为 $Z(r,t;T)$ 的利率证券,一定有

$$\dfrac{\left(\dfrac{\partial Z}{\partial t} + \dfrac{1}{2}\dfrac{\partial^2 Z}{\partial r^2}\sigma^2 - r_t Z\right)}{\dfrac{\partial Z}{\partial r}} = -m^*(r,t) \tag{15-23}$$

其中 $m^*(r,t)$ 是利率和时间的函数,这在所有的利率证券中都是通用。$m^*(r,t)$ 前面的负号只是为了方便,可将其重写为

$$\dfrac{\partial Z}{\partial t} + \dfrac{\partial Z}{\partial r}m^*(r,t) + \dfrac{1}{2}\dfrac{\partial^2 Z}{\partial r^2}\sigma^2 = rZ \tag{15-24}$$

在 15.1 节中更简单的情况下,我们得到一个偏微分方程。债券价格 $Z(r,t;T)$ 是这个方程的解。就是说,它是时间 t 和利率 r 的一个函数。①如果式(15-24)的左边替换其中的偏微分部分后可得到右边。②它满足边界条件:

$$Z(r,T;T) = 1 \tag{15-25}$$

我们在接下来的小节来求解 $Z(T,r)$。

正如在 15.2.1.2 节提到的,前面的推导过程,并不依赖于零息债券 $Z(r,t;T)$ 的假设,

也就是说，$Z(r, t; T)$也可以是期权价格、结构债券或者证券组合的价格。任何利率证券都应满足式(15-23)和式(15-24)的偏微分方程。那么，是什么将一种利率证券与其他证券区别开来的呢？答案是最后的条件到期时间T。例如，如果$Z(r, t; T)$是一个零息债券，最后的条件在式(15-25)中。但是，如果$Z(r, t, T)$是一个有着到期时间T，执行利率为r_K的利率期权在时间t的价值，那么它的价格一定也满足式(15-24)，但是最后的条件并不是式(15-25)中的，而是

$$Z(r,T,T) = N \times \max(r - r_0, 0) \tag{15-26}$$

我们把以上发现总结如下

○ **事实 15-2**

假设短期利率r_t符合 Vasicek 模型(式(15-9))。最后条件$Z(r, T; T) = g(r_T, T)$，那么任何到期时间T的利率证券价格$Z(r, t; T)$和回报$g(r_T, T)$都将满足式(15-24)这个偏微分方程。

因为所有的利率证券都满足同样的等式(式(15-24))，所以这个等式被称为**基本定价等式**(fundamental pricing equation)。认识到基本定价等式取决于模型的选择这点很重要，在我们的例子中选择的模型是 Vasicek 模型。不同的模型下所得到的基本定价等式也会有所不同。正如我们将在 15.4 节看到的，那里的基本定价等式与式(15-24)在形式上是相同的，但其一阶偏导数、二阶偏导数的系数，却取决于相应的利率模型。

15.2.3 Vasicek 债券定价公式

我们现以 Vasicek 模型为基础来推导债券的定价公式。在此之前，我们需要确定出现在基本定价式(15-24)中的$m^*(r, t)$。Vasicek 模型假设$m^*(r, t)$与式(15-9)中利率过程的漂移率有着相同的形式，尽管参数可能有所不同。

具体来看，令

$$m^*(r,t) = \gamma^*(\bar{r}^* - r) \tag{15-27}$$

其中，γ^*与$\bar{r}^*$是常数。附录 15A 中推导出了以下结论：

○ **事实 15-3**

当$m^*(r, t)$满足式(15-27)和最终条件$Z(r, T, T) = 1$时，式(15-24)的解由下式给定

$$Z(r,t;T) = e^{A(t;T) - B(t;T) \times r} \tag{15-28}$$

其中$A(t; T)$与$B(t; T)$分别为

$$B(t;T) = \frac{1}{\gamma^*}(1 - e^{-\gamma^*(T-t)}) \tag{15-29}$$

$$A(t;T) = (B(t;T) - (T-t))\left(\bar{r}^* - \frac{\sigma^2}{2(\gamma^*)^2}\right) - \frac{\sigma^2 B(t;T)^2}{4\gamma^*} \tag{15-30}$$

一只到期日为T，票息为c的附息债券的价格是

$$P_c(r,t;T) = \frac{100 \times c}{2}\sum_{t=1}^{n} Z(r,t;T) + 100 \times Z(r,t;T_n) \tag{15-31}$$

给定贴现因子$Z(r, t; T)$，它是T的函数，我们就可以计算出基于零息债券的即期利率，即利率期限结构。在此之前，注意一下到期日与到期期限之间的差别，区别这两个概念是很必要的。

15.2.3.1 注意：到期日与到期时间

我们必须停下来解释一下符号。式(15-28)中的债券价格方程是利率 r、时间 t 和到期日 T 的函数，这个注释在应用伊藤引理时是有必要的。然而，它隐藏了一个事实，零息债券的价值仅仅取决于到期期限 $\tau = T - t$。这很明显地出现在式(15-30)和式(15-29)的 $A(t; T)$ 和 $B(t; T)$ 项中。事实上，注意

$$B(t;T) = B(0;T-t) \tag{15-32}$$

$$A(t;T) = A(0;T-t) \tag{15-33}$$

注意当我们想要强调一只债券的到期期限时，我们使用符号 $\tau = T - t$ 来表示，下面的符号同理

$$Z(r_t,t) = Z(r_t,t;T) \tag{15-34}$$

$$A(\tau) = A(0;T-t) \tag{15-35}$$

$$B(\tau) = B(0;T-t) \tag{15-36}$$

这只是表达形式改变，实质没有任何不同。

15.2.3.2 Vasicek 模型中的利率期限结构

我们可以把利率期限结构表示为现行利率 r_t 和到期期限 τ 的函数，也就是

$$r_t(\tau) = -\frac{\ln(Z(r_t,\tau))}{\tau} = -\frac{A(\tau)}{\tau} + \frac{B(\tau)}{\tau}r_t \tag{15-37}$$

就是说，期限结构上的每一点都是短期利率 r_t 的线性函数。随着 r_t 根据 Vasicek 模型随时间移动，整个利率期限结构也是如此。图 15-1 为估计的参数画出的 3 条曲线。从图中可以看到，如果现行短期利率 r_t 很低，那么 Vasicek 模型暗示了一个上升的利率期限结构。注意：随着利率的上下浮动，期限结构也在变动。具体来看，其变化的程度、倾斜曲率等也会随时间变化。然而该模型有一个重要的缺陷，那就是所有的这些运动都高度相关。基于 Vasicek 模型推导出的多因子模型，会解决这个问题(参见 22 章)。

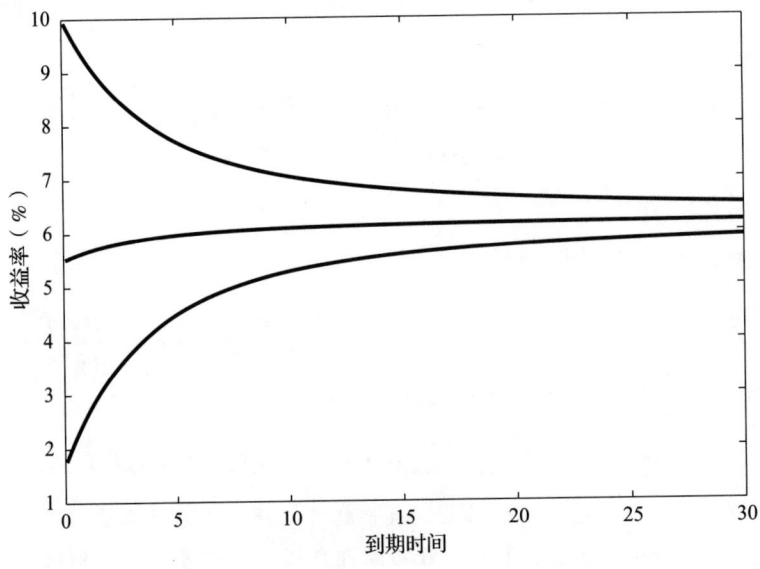

图 15-1　Vasicek 模型包含的 3 条即期曲线

15.2.3.3 Vasicek 模型中长期收益的变动

到期时间为 τ，长期收益随时间的变动，可以运用伊藤引理到式(15-37)中的 $r_t(\tau)$ 进行分析。注意我们在这里设定了 τ 固定不变：

$$dr_t(\tau) = \frac{B(\tau)}{\tau}\gamma(\bar{r} - r_t))dt + \frac{B(\tau)}{\tau}\sigma dX_t \tag{15-38}$$

因为 $\frac{B(\tau)}{\tau} < 1$，也就知道短期利率的冲击。例如货币政策的改变，对长期债券的影响是比较温和的。而且，$\frac{B(\tau)}{\tau}$ 随着到期期限的延长而下降，即长期利率比短期利率的变动更慢。这种区别在图 15-1 中很明显：随着到期期限的延长，3 条线之间的垂直距离变小，意味着长期利率的变化是低于短期利率的变动的。

长期债券变动速度的决定因素是 γ^*，因为它是唯一影响函数 $B(\tau)$ 的参数(参考式(15-29))。给定到期期限为 τ，$B(\tau)$ 会随着 γ^* 的增加而减少，同样也意味着 γ^* 越低时，长期利率的变动就越大。

15.2.3.4 Vasicek 模型中的即期利率久期

在上一节，我们讨论了长期收益随短期利率 r_t 的改变而变化。主要的结论是，长期利率的变动小于短期利率。但这并不意味着长期债券价格变动小于短期债券价格变动。当我们想起第 3 章所讨论的久期的基本概念时，可以通过债券的久期将收益率的变化转化为债券价格的变化。这时，我们会发现长期债券价格的变动更大，因为它们的久期更高。

根据在第 10 章中介绍过的即期利率久期的概念，$D_Z = -\frac{1}{Z} \times \frac{\partial Z}{\partial r}$，而不是使用传统的久期的概念，因为那是基于利率期限结构轻微平行移动的。平移概念并不适用于 Vasicek 模型，因为基于 Vasicek 模型的利率期限结构不是平行变动的，这在图 15-1 中就可以清晰地看到。整个利率期限结构依赖于短期利率 r_t(参见式(15-37))，因此采用即期利率久期来衡量风险更合适。

○ **事实 15-4**

在 Vasicek 模型中，到期期限为 τ 的零息债券的**即期利率久期**(spot rate duration)是

$$D_Z(\tau) = -\frac{1}{Z} \times \frac{\partial Z}{\partial r} = B(\tau) = \frac{1}{\gamma^*}(1 - e^{-\gamma^* \times \tau}) \tag{15-39}$$

那么附息债券的即期利率久期可由下式给定

$$D_P = \sum_{i=1}^{n} w_i D_Z(\tau_i) \tag{15-40}$$

其中，$w_i = 100 \times \frac{c}{2} \times \frac{Z(r, \tau_i)}{P(r, \tau)}$，$i = 1, \cdots, n-1$ 以及 $w_n = 100 \times \left(1 + \frac{c}{2}\right) \times \frac{Z(r, \tau_n)}{P(r, \tau)}$。

参数 γ^* 控制着长期债券价格对短期利率变动的敏感程度。对于给定的到期日 T，γ^* 的值越低，即期利率久期越高。我们接下来将讨论如何估计 γ^*。

15.2.4 参数估计

为了使 Vasicek 模型可以应用于利率证券定价以及风险管理中，就需要估计它的参数。

式(15-9)中 r_t 的 Vasicek 模型中有 3 个参数：$\gamma, \bar{r}, \sigma$，债券定价公式(式(15-28))里还有两个参数 $\gamma^*, \bar{r}^*$。我们一共有 5 个参数。一个重要的事实是，$\gamma, \bar{r}$ 这两个参数没有出现在债券定价公式(式(15-28))中，反之亦然，带星的参数 $\gamma^*, \bar{r}^*$ 也没有进入最初的利率模型(式(15-9))。[⊖] 只有波动率参数 σ 同时出现在了利率过程的初始公式和债券定价公式中。这意味着如果我们仅仅是想获得精确的定价参数，并不需要知道 $\gamma, \bar{r}$，只需要知道 σ 即可。下面举例说明。

例 15-1

假定在 2002 年 1 月 8 日[⊖]，表 15-1 公布了 STRIPS 的当日价格，到期期限从 2002 年 5 月 15 日至 2011 年 2 月 15 日。第 3 栏表示到期期限 T，最后一栏给出了连续复合收益率。

表 15-1 2002 年 1 月 8 日的剥离国债价格

到期日	价格 $Z(0, T)$	到期期限 T	收益率 $r(0, T)$
2002/05/15	99.437 5	0.347 9	1.621 2
2002/08/15	98.937 5	0.600 0	1.780 3
2003/02/15	97.625 0	1.104 1	2.177
2003/08/15	95.781 3	1.600 0	2.694
2003/10/15	94.781 3	1.852 1	2.894
2004/02/15	93.625 0	2.103 8	3.131 1
2004/05/15	92.375 0	2.349 7	3.375 4
2004/08/15	91.250 0	2.601 1	3.520 3
2004/11/15	89.812 5	2.852 5	3.766 8
2005/02/15	88.812 5	3.104 1	3.822 1
2005/05/15	87.500 0	3.347 9	3.988 5
2005/08/15	86.375 0	3.600 0	4.068 7
2005/11/15	85.093 8	3.852 1	4.190 4
2006/02/15	84.093 8	4.104 1	4.221 1
2006/05/15	82.781 3	4.347 9	4.346 2
2006/07/15	82.125 0	4.515 1	4.361 6
2007/02/15	79.281 3	5.104 1	4.548 7
2007/05/15	78.093 8	5.347 9	4.623 5
2007/08/15	77.000 0	5.600 0	4.667 2
2008/02/15	74.843 8	6.103 8	4.747 3
2008/05/15	73.593 8	6.349 7	4.828 7
2008/11/15	71.531 3	6.852 5	4.889 3
2009/05/15	69.343 8	7.347 9	4.982 3
2009/08/15	68.218 8	7.600 0	5.032 2
2009/11/15	67.562 5	7.852 1	4.993 8
2010/02/15	66.187 5	8.104 1	5.092 2
2010/08/15	64.468 8	8.600 0	5.104 5
2011/02/15	62.906 3	9.104 1	5.091 4

资料来源：《华尔街日报》。

⊖ 我们可以回想一下，原因是 $\frac{\partial \Pi}{\partial r} = 0$ 的套期保值条件消除了套利理论中预期的利率变化。

⊖ 在这个和后面的章节中，我们使用这个日期来进行这个练习，因为产量曲线特别陡峭，这反过来突出了使用 Vasicek 模型时出现的一些问题。

我们将按以下步骤来应用上述模型。首先，我们从式(15-28)中知道债券定价公式取决于 3 个参数 γ^*，$\bar{r}^*$，σ。根据 Vasicek 利率模型(式(15-9))，波动率 σ 能直接从利率 r_t 的时间序列里估计出来。原则上，我们应使用隔夜国债来估计相关参数，在这里我们 1 个月期国债的利率来估计 σ，也就是求利率的一阶差分值的标准差。然而，从利率的时间序列里找不到另外两个参数 γ^*，$\bar{r}^*$，但可以得到 γ，$\bar{r}$。我们可以将计算出的 $\bar{r}$ 作为一个样本区间内的短期平均利率。例如，用 1952～2001 年的数据，我们得到 $\bar{r} = 5.09\%$，同时，也可以获得 γ（作为一个估计值），通过回归利率 $(r_{t+\delta} - r_t)$ 关于 $r_t \times \delta$ 的变化，其中 δ 是观察样本的时间，在例子中 $\delta = \dfrac{1}{12}$。通过回归，可以得到 $\gamma = 0.3261$。然而 γ 与 $\bar{r}$ 是不相关的，为了让模型在给衍生品定价时具有操作性，仍然需要估计 γ^* 与 $\bar{r}^*$。

那么该如何估计 γ^*，$\bar{r}^*$ 呢？可以按以下步骤：首先，注意这两个参数的所有选项，根据式(15-28)中每一期的 Vasicek 公式 $Z^{\text{Vasicek}}(0, r_0; T)$ 来计算零息债券的价格。⊖ 然后将 Vasicek 零息债券的价格，与表 15-1 中不同到期期限的剥离国债价格进行比较，就可以找出 Vasicek 价格与实际剥离国债价格尽量接近时，模型中的相关参数了，也就是寻找 γ^*，$\bar{r}^*$ 并使得以下式中的 J 值最小。

$$J(\gamma^*, \bar{r}^*) = \sum_{i=1}^{n}(Z^{\text{Vasicek}}(r_0, 0; T_i) - Z^{\text{Data}}(0, T_i))^2 \tag{15-41}$$

圆括号里的项为每个到期日 T_i 时的模型定价误差，即模型价格与实际市场数据间的差距。如果模型运行良好，那么价格误差应该很小，从而定价误差的平方和也应该很小。

式(15-41)中的最小化方法被称为**非线性最小二乘法**(nonlinear least squares)，两个参数的收益估计使用了债券在零时刻的切面数据信息。具体来讲，在本例中，最小化过程得到了 $\bar{r}^* = 0.0634$ 和 $\gamma^* = 0.4653$。图 15-2 绘出了表 15-1 中的剥离国债和利用 Vasicek 模型计算的零息债券收益率之间的差异。

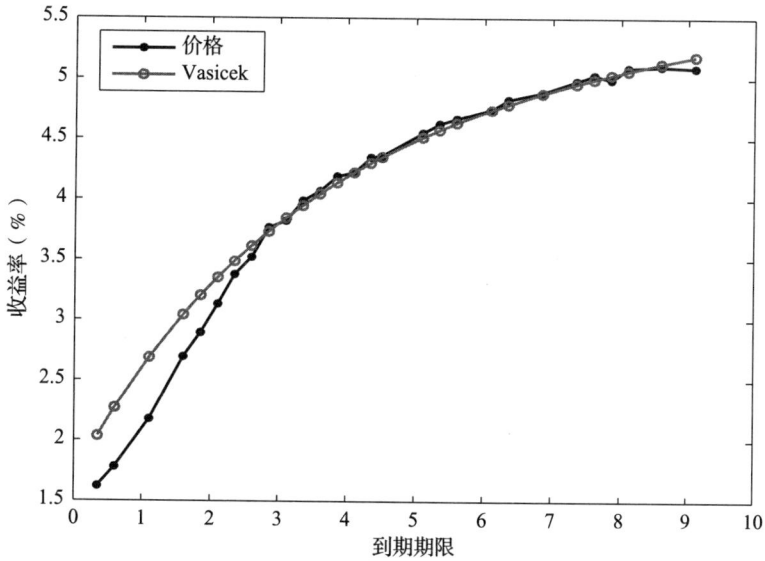

图 15-2　根据 2002 年 1 月 8 日剥离国债价格拟合的零息债券收益率曲线

资料来源：《华尔街日报》。

⊖ 我们在零息债券公式 $Z^{\text{Vasicek}}(0, r_0, T)$ 中使用名称"Vasicek"作为上标，重申它是从 Vasicek 模型获得的价格，并且更好地与数据价格 $Z^{\text{Data}}(0, T_i)$ 区分开来。

正如我们所看到的，Vasicek 模型不能精确地匹配 2002 年 1 月 8 日的利率期限结构，特别是短期收益率曲线。Vasicek 模型的这一缺陷部分是由于其过于简单所致，其中只有 3 个参数和 1 个驱动因子。然而，这不能不提及另一个重要原因，那就是 2002 年 1 月 8 日的期限结构本来就非常陡峭，因为当时美联储降低了联邦基金利率以促进经济繁荣。即使是一些很复杂的模型，也很难在那天很好地拟合出当时的利率期限结构。在下一章，我们将讨论 Vasicek 模型在这方面的缺陷，以说明基于收益率曲线的相对价值策略概念，这一概念在当前的自营交易和对冲基金交易策略应用广泛。

15.3 衍生证券定价

在 Vasicek 模型的假设条件下，事实 15-2 说明，任何利率衍生证券的价格都必须满足基本定价公式(式(15-24))，并受到证券最后支付决定的边界条件的制约。在 Vasicek 模型的例子中，可以获得许多衍生证券的分析公式，最重要的一个就是零息债券期权的定价公式。⊖

15.3.1 零息债券期权

假定一只到期时间 T_O 的期权，其收益为

$$\text{在 } T_O \text{ 时刻的收益} = \max(Z(T_O; T_B) - K, 0) \tag{15-42}$$

其中 K 为执行价格，$Z(T_O; T_B)$ 是到期日为 T_B 但处于 T_O 时间的零息债券的价值(因此到期时间为 $T_B - T_O$)。在 Vasicek 模型下，式(15-28)表明在 T_O 时刻的零息债券将取决于利率 r_{T_O}，根据

$$Z(T_O, r_{T_O}; T_B) = e^{A(T_O; T_B) - B(T_O; T_B) r_{T_O}}$$

其中 $A(T_O; T_B)$ 与 $B(T_O; T_B)$ 分别为式(15-30)和式(15-29)，这也就表明式(15-42)的收支将取决于利率 r_{T_O}。因此，式(15-42)中期权的价值也可视为利率证券进行处理，且决定于现行利率 r_t 和时间 t。如果用 $V(r_t, t)$ 表示证券价格，和所有利率证券一样，零息证券期权在最终条件下也必须满足基础定价公式(式(15-24))：

$$V(r_{T_O}, T_O) = \max(Z(T_O; T_B) - K, 0) \tag{15-43}$$

在 Vasicek 模型的假设条件下，期权定价公式 $V(r_t, t)$ 是可以得到解析解的。

⊙ **事实 15-5**

在 Vasicek 模型下，执行价格为 K，到期日为 T_O，标的为零息债券且 $T_B > T_O$ 时的**欧式看涨期权**(European call option)，其价值的下式给定

$$V(r_0, 0) = Z(0, r_0; T_B) \mathcal{N}(d_1) - K Z(0, r_0; T_O) \mathcal{N}(d_2) \tag{15-44}$$

其中 $\mathcal{N}(x)$ 是累计标准正态分布，以及

$$d_1 = \frac{1}{\mathcal{S}_Z(T_O)} \log\left(\frac{Z(0, r_0; T_B)}{K Z(0, r_0; T_O)}\right) + \frac{\mathcal{S}_Z(T_O)}{2} \tag{15-45}$$

$$d_2 = d_1 - \mathcal{S}_Z(T_O) \tag{15-46}$$

$$\mathcal{S}_Z(T_O) = B(T_O; T_B) \times \sqrt{\frac{\sigma^2}{2\gamma^*}(1 - e^{-2\gamma^* T_O})} \tag{15-47}$$

⊖ 第 19 章展示了如何将这个格式应用于定价标准衍生工具，如上限、下限和互换，这是最常见的利率衍生产品的场外交易。

同理，**欧式看跌期权**(European put option)由下式给定：
$$V(r_0,0) = KZ(0,r_0;T_O)\mathcal{N}(-d_2) - Z(0,r_0;T_B)\mathcal{N}(-d_1) \qquad (15\text{-}48)$$

注意$\mathcal{S}_Z(T_O)^2$是标的零息债券在 0 到 T_O 之间的对数收益率的方差。实际上，因为 $\log(Z(t_O,r_{T_O};T_B)) = A(T_O;T_B) - B(T_O;T_B) \times r_{T_O}$，我们还可以得到：

$$\left[\log\left(\frac{Z(t_O,r_{T_O};T_B)}{Z(r_0,0;T_B)}\right)\right]\text{的方差} = [\log(Z(r_{T_O},T_O;T_B))]\text{的方差}$$
$$= [A(T_O;T_B) - B(T_O;T_B) \times r_{T_O}]\text{的方差}$$
$$= B(T_O;T_B)^2 \times [r_{T_O}]\text{的方差}$$

一旦我们将第 14 章式(14-36)中的$[r_{T_O}]$的方差的结果代入，也同样可以得到式(15-47)。⊖ 实际上，式(15-44)这个应用于零息债券期权定价的公式，与著名的最初为了股票期权定价而发展起来的 B-S 期权定价模型，在实质上是一样的。⊖

🖙 例 15-2

假定 2002 年 1 月 8 日，有一位顾客询问一只 1 年期、执行价 $K = 80$ 美元、标的零息债券的面值为 100 美元的看涨期权的报价。令 $T_O = 1$ 作为期权的到期时间。因为期权标的零息债券距离期权行权还有 4 年时间到期，那么标的此时的到期期限 $T_B = 5$。期权的收益将由下式给定：

$$\text{在 1 时刻的收益} = \max(Z(T_O;T_B) \times 100 - 80, 0) \qquad (15\text{-}49)$$

我们如何给期权定价呢？为了使用式(15-44)，我们需要先估计模型的参数。我们已经在例 15-1 中展示了估计过程。假定参数已经估计出来，我们将其代入(15-44)，就会获得 2002 年 1 月 8 日看涨期权的价值，就是

$$Z(r_0,0;T_O) = 0.974\ 3$$
$$Z(r_0,0;T_B) = 0.799\ 1$$
$$\mathcal{S}_Z(T_O) = 3.23\%$$
$$d_1 = 0.789\ 1$$
$$\text{看涨期权}(\times 100) = V(r_0,0) = 2.292\ 1(\text{美元})$$

注意这个价值是面值为 100 美元的零息债券的价值，而不是在式(15-44)中假设的 1 单位零息债券，标的债券名义面值上升会增加期权的价格。

⊖ 一个重要的区别是，我们使用"风险中性"利率过程 $dr_t = \gamma^*(\bar{r}^* - r_t) + \sigma dX_t$ 进行计算。我们将在第 17 章讨论这些概念。

⊖ 为了更好地看到与 Black-Scholes 公式的相似性，注意除了没有摩擦和无套利假设之外，Black-Scholes 公式的主要假设是股票价格 S_T 是对数正态分布的。接下来可以看到，期权价格是 $C = S_0\mathcal{N}(d_1) - Ke^{-rT}\mathcal{N}(d_2)$ 其中 T 是到期日 K 是行使价格，S_T 是当前股票价格，$\sigma\sqrt{T}$ 是 S_T 波动率，r 是当前（不变）利率。同时，$d_1 = \dfrac{\ln\left(\dfrac{S_0}{Ke^{-rT}}\right)}{\sqrt{\sigma^2 \times T}} + \dfrac{\sigma\sqrt{T}}{2}$ 以及 $d_2 = d_1 - \sigma\sqrt{T}$。这个公式确实与式(15-44)相同，因为它可以通过匹配项来验证。原因在于，在 Vasicek 模型下，期权的标的证券 $Z(r_{T_O}, T_O; T_B)$ 确实是对数正态分布的，就像原来的 Black-Scholes 公式一样，因为 $Z(r_{T_O}, T_O; T_B)$ 是一个 r_{T_O} 的指数函数，因为 r_{T_O} 按照 Vasicek 模型是正态分布。唯一的困难在于，在 Vasick 模型中贴现率 r_t 是随时间变化的，而在 Black-Scholes 模型中是不变的。第 21 章解决了这个问题。

15.3.2 附息债券期权

事实 15-5 讨论了零息债券期权的公式,然而很多期权的标的债券是附息债券。幸运的是,Vasicek 模型也可以用来给附息债券定价。

○ **事实 15-6**

令 $P_c(r_t, t; T_B)$ 表示一份附息债券在 t 时的价格,其中票息为 c、到期日为 T_B。令 Δ 为付息的时间间隔,考虑一份到期期限为 T_O,执行价格为 K、标的债券为上述附息债券的看涨期权,也就是,期权的收益为

$$\text{在 } T_O \text{ 时刻的收益} = \max(P_c(r_{T_O}, T_O; T_B) - K, 0) \tag{15-50}$$

这份看涨期权在 0 时刻的价值计算如下:令 r_K^* 代表利率,$P_c(r_K^*, T_O; T_B) = K$,对于每个付息日期 T_i,令 $K_i = Z(r_K^*, T_O; T_i)$。那么看涨期权的价值是

$$\text{看涨期权的价值} = \sum_{i=1}^{n} c(i) \times (Z(r_0, 0; T_i) \mathcal{N}(d_1(i))$$
$$- K_i \times Z((r_0, 0; T_O) \mathcal{N}(d_2(i))) \tag{15-51}$$

其中,$c(i)$ 是付息日 T_i 支付的一系列利息,也就是,对于 $i = 1, \cdots, n-1$ 来说,$c(i) = \frac{c}{2}$,$c(n) = 1 + \frac{c}{2}$,以及

$$d_1(i) = \frac{1}{S_Z(T_O, T_i)} \log\left(\frac{Z(0, r_0; T_i)}{K_i Z(0, r_0; T_O)}\right) + \frac{S_Z(T_O; T_i)}{2} \tag{15-52}$$

$$d_2(i) = d_1(i) - S_Z(T_O; T_i) \tag{15-53}$$

其中 $S_Z(T_O; T_i)$ 和式(15-47)中的一样。

类似地,看跌期权的价值

$$\text{在 } T_O \text{ 时刻的收益} = \max(K - P_c(r_{T_O}, T_O; T_B), 0) \tag{15-54}$$

$$\text{看跌期权的价值} = \sum_{i=1}^{n} c(i) \times (K_i Z(r_0, 0; T_O) \times \mathcal{N}(-d_2(i))$$
$$- Z(r_0, 0; T_i) \times \mathcal{N}(-d_1(i))) \tag{15-55}$$

下面举例说明。

☞ **例 15-3**

假定 2002 年 1 月 8 日,有一位顾客询问一只 1 年期,执行价 $K = 100$ 美元、4 年到期、面值为 100 美元、票息为 5% 的标的证券的看涨期权的报价。第一步就是获得模型的参数:相应的估计在例 15-1 中已经进行过,具体来说,$\bar{r}^* = 0.0634$,$\gamma^* = 0.4653$ 和 $\sigma = 2.21\%$。

给定模型的参数,接下来我们计算在期权到期之后每个付息日 T_i 的 $A(T_O; T_i)$ 与 $B(T_O; T_i)$。将这些值分别代入式(15-30)和式(15-29)中计算。最终结果列在表 15-2 的第 2 和第 3 栏。给定这些数值,我们可以计算出 r_K^*,使其在 T_O 时的附息债券价格等于其执行价。我们从这个等式中求解:

$$\frac{c \times 100}{2} \times \sum_{i=1}^{n} Z(r, T_O; T_i) + 100 \times Z(r, T_O; T_n) = K$$

其中,r 是未知的。在这个例子中,我们发现解 $r_K^* = 3.42\%$。

表 15-2 附息债券期权定价

T_i	$A(T_O;T_i)$	$B(T_O;T_i)$	K_i	$Z(0;T_i)$	$S_Z(T_O;T_i)$	$d_1(i)$	$Call_i(\times 100)$
1.50	-0.0034	0.4461	0.9815	0.9564	0.0079	0.0178	0.3082
2.00	-0.0127	0.7996	0.9608	0.9363	0.0142	0.0241	0.5430
2.50	-0.0265	1.0797	0.9386	0.9148	0.0192	0.0291	0.7185
3.00	-0.0440	1.3017	0.9154	0.8923	0.0232	0.0330	0.8469
3.50	-0.0643	1.4775	0.8916	0.8692	0.0263	0.0362	0.9382
4.00	-0.0869	1.6169	0.8675	0.8458	0.0288	0.0387	1.0006
4.50	-0.1112	1.7274	0.8435	0.8224	0.0307	0.0406	1.0406
5.00	-0.1370	1.8149	0.8195	0.7991	0.0323	0.0422	1.0634

接下来，我们必须计算 $K_i = Z(r_K^*, T_0; T_i) \times 100$。结果展示在表 15-2 的第 4 栏。最后，给定贴现率以及其他参数，我们可以计算 $S_Z(T_O; T_i)$ 和每一付息日的 $d_1(i)$、$d_2(i)$。表 15-2 的最后一栏展示了每一个到期日不同的零息债券期权。附息债券期权的价值由下式计算

$$\text{看涨期权价格} = \frac{c}{2} \times \sum_{i=1}^{n} Call_i + Call_n$$

$$= 2.4536(\text{美元})$$

15.3.3 衍生品定价三步法

前两个例子强调金融机构通过无套利原理对金融衍生品进行定价，相应的步骤总结如下：
1. 选择一个利率模型，例如 Vasicek 模型。
2. 使用可用的数据，例如零息债券价格，估计模型参数。
3. 用模型给衍生品定价。

我们给这三步之后再加一步，具体的将会在第 16 章讨论。在卖给顾客期权之后，我们需要：
4. 持有标的证券头寸来对冲期权头寸的风险。

15.4 一般利率模型中的无套利定价

在 15.2 节，我们思考了一个例子，在式 (15-9) 中 Vasicek 模型利率是随时间变动的。在这一节，我们将思考一个更广泛使用的例子，短期利率 r_t 按一般模型但随时间变动。

$$dr_t = m(r_t, t)dt + s(r_t, t)dX_t \tag{15-56}$$

其中 $m(r_t, t)$ 和 $s(r_t, t)$ 是利率与时间的函数。㊀例如，在 Vasicek 模型中，我们得到 $m(r_t, t) = \gamma(\bar{r} - r_t)$，$s(r_t, t) = \sigma$。一般而言，时间会影响利率的动态过程或它的波动过程。举例而言，第 11 章和第 14 章讨论的 Ho-Lee 模型中，有一个漂移率等于 $m(r, t) = \theta_t$，而它仅取决于时间。

正如 15.2 节中讨论过的，我们希望通过式 (15-56) 来计算利率证券的价格。恰好同样的步骤能得到一个等式，而这个等式的解就是我们寻找的定价公式。与 15.2.1 的衍生品对比，唯一的区别就是我们用了更普遍的 $m(r_t, t)$ 代替了 $\gamma(\bar{r} - r_t)$，用 $s(r_t, t)$ 代替 σ。例如，若 $Z(r, t; T)$ 代表利率证券的价值。伊藤引理意味着 Z 的资本增值过程是：

$$dZ_t = \left(\frac{\partial Z}{\partial t} + \frac{\partial Z}{\partial r}m(r, t) + \frac{1}{2}\frac{\partial^2 Z}{\partial r^2}s(r, t)^2\right)dt + \frac{\partial Z}{\partial r}s(r, t)dX_t \tag{15-57}$$

其他步骤是一样的，也就是：

㊀ 并非所有的函数都是可行的，并且可能需要更多的限制对式 (15-56) 中的过程进行明确定义。

1. 利用两只利率证券建立组合

$$\Pi(r,t) = Z_1(r,t) - \Delta Z_2(r,t) \tag{15-58}$$

2. 对冲掉利率风险

$$\frac{\partial \Pi(r,t)}{\partial r} = 0 \Rightarrow \Delta = \frac{\dfrac{\partial Z_1}{\partial r}}{\dfrac{\partial Z_2}{\partial r}} \tag{15-59}$$

3. 发现 $\Pi(r,t)$ 的动态过程

$$d\Pi_t = \left\{ \left(\frac{\partial \Pi}{\partial t}\right) + \frac{1}{2}\left(\frac{\partial^2 \Pi}{\partial r^2}\right) s(r,t)^2 \right\} dt \tag{15-60}$$

4. 运用无套利。因为 $d\Pi_t$ 在 t 和 $t+dt$ 时间段内是完全规避风险的,它必须获得无风险收益率

$$d\Pi_t = r_t \Pi dt \tag{15-61}$$

5. 将 $d\Pi_t$ 与 Π_t 的公式替换进式(15-61)中,重新改写等式,获得无套利条件

$$\frac{\dfrac{\partial Z_1}{\partial t} + \dfrac{1}{2}\dfrac{\partial^2 Z_1}{\partial r^2} s(r,t)^2 - rZ_1}{\dfrac{\partial Z_1}{\partial r}} = \frac{\dfrac{\partial Z_2}{\partial t} + \dfrac{1}{2}\dfrac{\partial^2 Z_2}{\partial r^2} s(r,t)^2 - rZ_2}{\dfrac{\partial Z_2}{\partial r}} \tag{15-62}$$

6. 用 $-m^*(r,t)$ 来定义式(15-62)中的证券比率:

$$\frac{\left(\dfrac{\partial Z}{\partial t} + \dfrac{1}{2}\dfrac{\partial^2 Z_1}{\partial r^2} s(r,t)^2\right) - rZ}{\dfrac{\partial Z}{\partial r}} = -m^*(r,t) \tag{15-63}$$

7. 再次调整就可以获得基本定价公式

$$\frac{\partial Z}{\partial t} + \frac{\partial Z}{\partial r} m^*(r,t) + \frac{1}{2}\frac{\partial^2 Z}{\partial r^2} s(r,t)^2 = rZ \tag{15-64}$$

那么我们可以归纳得到如下发现:

○ **事实 15-7**

在这个假设下,根据式(15-56)给出的利率模型,任何在 T 时期获得支付的利率证券的无套利价值都可由函数 $g(r_T,T)$ 表示,这就是基本定价公式(式(15-64))在边界条件下的解

$$Z(r_T,T;T) = g(r_T,T) \tag{15-65}$$

然后关键问题是如何求解在特殊假设(利率波动 $s(r,t)$、数量 $m(r,t)$、最后支付条件 $g(r_T,T)$)下的基本定价方程式(15-64)。有时我们能找到许多利率证券价格的解析解,例如 Vasicek 模型下的债券和期权。其他时候,我们则需要求助于数值方法来求解,这将会在第17章中进一步学习。

15.4.1 Cox, Ingersoll 和 Ross 模型

Vasicek 模型最主要的缺点是它会出现负利率。Cox, Ingersoll 和 Ross(1985)提出了一个与 Vasicek 模型类似的 CIR 短期利率模型,其避免了利率为负的情况。具体来说,CIR 模型由下式给出

$$dr_t = \gamma(\bar{r} - r_t)dt + \sqrt{\alpha r_t} dX_t \tag{15-66}$$

这个模型，也是利率的平方根模型，比 Vasicek 模型处理起来要稍难一些，因为有些证券很难得到解析解。然而，因为在这个模型中利率总是正的，这被认为是期限结构模型中一个重要的进步。这个模型中利率总是正值的原因，源于式(15-66)里的扩散项 $\sqrt{\alpha r_t}$。当利率 r_t 向零移动时，扩散项 $\sqrt{\alpha r_t}$ 将会减小，当利率 r_t 减小到零时，扩散项 $\sqrt{\alpha r_t}$ 也减小到零。当 $r_t = 0$ 时，式(15-66)的唯一一项是 $dr_t = \gamma \bar{r} > 0$。因此，下一步 r_t 一定会增加（因为变动 $dr > 0$）。一个重要的前提是，要确保利率过程总是正的，我们必须满足如下技术条件

$$\gamma \times \bar{r} > \frac{1}{2}\alpha$$

也就是说，当 r_t 到零时要"拉起"利率，$\gamma \bar{r}$ 必须足够大；否则，甚至在连续时间条件下，在 r_t 到零之前，仍存在布朗运动 dX_t 足够大到让利率为负的可能。

给定当前利率 r_0，那么在未来日期 t 时，利率分布的性质如何？r_t 的分布是非中心卡方 (noncentral chi-square) 分布，其一阶矩和二阶矩由下式给定

$$E[r_t | r_0] = \bar{r} + (r_0 - \bar{r})e^{-\gamma t} \tag{15-67}$$

$$\text{Var}[r_t | r_0] = r_0 \frac{\alpha}{\gamma}(e^{-\gamma t} - e^{-2\gamma t}) + \frac{\bar{r}\alpha}{2\gamma}(1 - e^{-\gamma t})^2 \tag{15-68}$$

根据第 14 章图 14-7 中的 Vasicek 模型的静态分布数据，图 15-3 绘出了 CIR 模型的静态分布。⊖ 如图 15-3 所示，当 Vasicek 模型有正概率出现负利率时，CIR 模型砍掉了分布的负值部分。非中心卡方分布是正偏态分布的，正如 20 世纪 70 年代和 20 世纪 80 年代早期的情况，高利率的可能性为正。

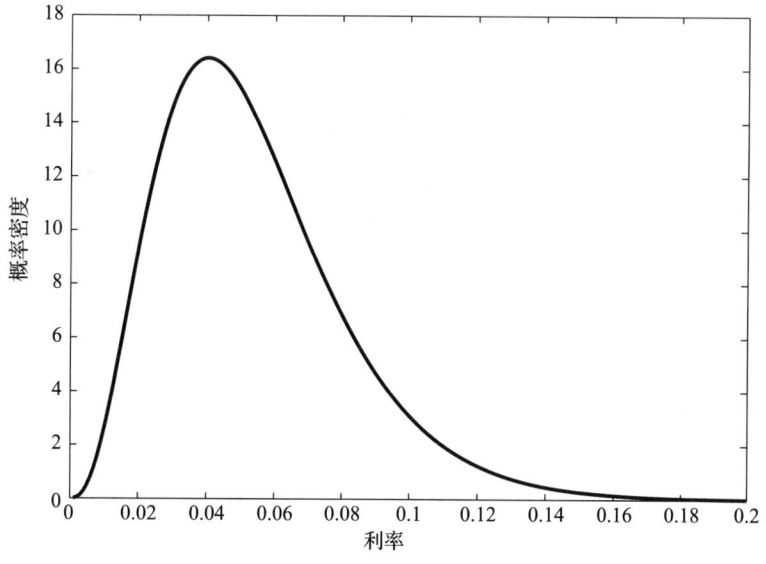

图 15-3 CIR 模型估计的静态分布

15.4.2 Cox, Ingersoll 和 Ross 模型下的债券价格

对于零息债券 CIR 模型也有相近的方程。Vasicek 模型的推导中，我们已经知道任何利率

⊖ 回想一下，长期分配与利率的分配相对应。例如，以 $t \to \infty$ 为例，式(15-67)和式(15-68)意味着平稳分布的均值和方差分别为 $E[r] = \bar{r}$ 和 $\text{Var}[r] = \dfrac{\bar{r}\alpha}{2\gamma}$。启发式地，我们可以考虑根据 CIR 模型很长时间模拟利率，然后绘制直方图。

证券必须满足如下基本定价方程

$$\frac{\partial Z}{\partial t} + \frac{\partial Z}{\partial r}m^*(r,t) + \frac{1}{2}\frac{\partial^2 Z}{\partial r^2}r\alpha = rZ \tag{15-69}$$

也就是，利率证券的价格必须满足边界条件 $Z(T, r) = 1$ 下的偏微分方程。

○ **事实 15-8**

令

$$m^*(r,t) = \gamma^*(\bar{r}^* - r)$$

其中 $\gamma^* \times \bar{r}^* > \frac{1}{2}\alpha$，那么式(15-69)的解可由下式给定

$$Z(r,t;T) = e^{A(t;T) - B(t;T) \times r} \tag{15-70}$$

其中

$$B(t;T) = \frac{2(e^{\psi_1(T-t)} - 1)}{(\gamma^* + \psi_1)(e^{\psi_1(T-t)} - 1) + 2\psi_1} \tag{15-71}$$

$$A(t;T) = 2\frac{\bar{r}^* \gamma^*}{\alpha}\log\left(\frac{2\psi_1 e^{(\psi_1+\gamma^*)\frac{(T-t)}{2}}}{(\gamma^* + \psi_1)(e^{\psi_1(T-t)} - 1) + 2\psi_1}\right) \tag{15-72}$$

以及

$$\psi_1 = \sqrt{(\gamma^*)^2 + 2\alpha}$$

图 15-4 展示了在 CIR 模型下可能的收益率曲线类型。⊖正如和 Vasicek 模型一样（参考图 15-1），如果短期即期利率 r_0 较低，那么模型意味着上升的利率期限结构。相反，如果 r_0 较高，那么模型意味着下降的利率期限结构。正如和 Vasicek 模型一样，整个利率期限结构和短期利率高度相关。

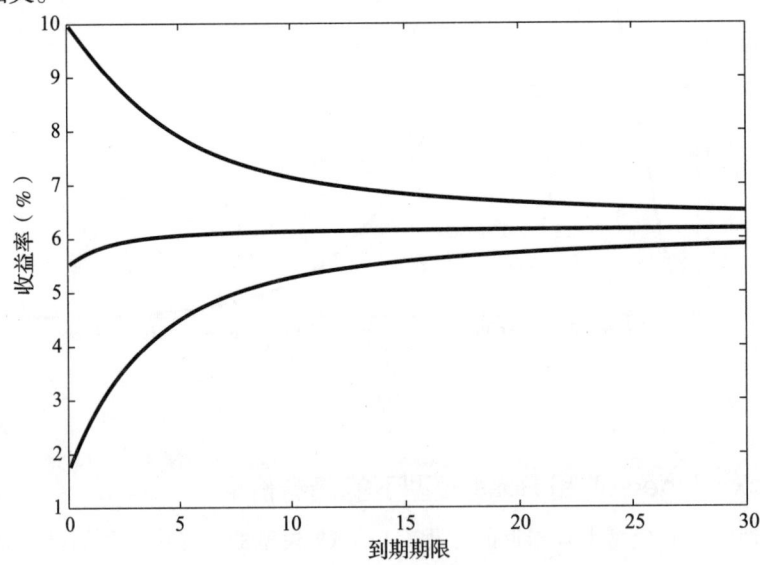

图 15-4 通过 CIR 模型计算的 3 种即期利率曲线

⊖ 参数估计是通过将 CIR 模型拟合到 2002 年 1 月 8 日的利率结构中，正如在例 15-1 中。参数是 $\gamma^* = 0.3807$，$\bar{r}^* = 7.2\%$，$\alpha = 0.0548$。在 2002 年 1 月 8 日的 CIR 模型的拟合与 Vasicek 模型的拟合得到与图 15-2 相同的数字。

本章小结

在本章中，我们讨论了以下话题：

1. 无套利：在时间间隔 $[t, t+dt]$ 中，一个对随机冲击免疫的证券的组合一定有一个无风险回报率。否则，就有套利策略可用。

2. 基本定价公式：在一个较短的时间段内，由合适比例的长、短期债券组成的组合可以不受短期利率变化的影响。根据无套利思想，这个组合必有一个无风险收益率。这一限制条件下的偏微分方程，适用于所有利率证券。

3. Vasicek 债券定价方程：在 Vasicek 模型下基本定价方程的解是封闭的解析解形式，是指数式的；未来的零息债券价格符合对数正态分布。

4. Vasicek 模型中的即期利率久期：模型提供了一个测量利率风险的方法。即期利率久期类似于久期的定义，只是这里是针对短期利率的。长期债券比短期债券有着更高的即期利率久期。利用 Vasicek 模型的估计参数，可以计算出即期利率久期。

5. 非线性最小二乘：Vasicek 模型中的参数可以从利率期限结构中估计出来。方法是通过计算模型预测的价格和实际市场数据之间的差，并通过将这些"差的平方和"最小化，来找出相关的参数。这一过程通常只能用数值法进行。

6. Vasicek 期权定价公式：Vasicek 模型为基于零息债券的看涨和看跌期权提供了封闭形式的解，其形式与布 Black-Scholes 股票期权定价模型是一致的。

7. 无套利一般利率模型：多头/空头组合和无套利参数，可以基于任何利率模型来推导。基本的定价方程在形式上是相同的，与用的利率模型无关。

8. 债券价格的 Cox, Ingersoll 和 Ross 模型：利率的 CIR 模型对 Vasicek 模型做了改进，避免了负利率的出现。其债券定价公式与 Vasicek 模型有相同的指数形式，但是参数不同。

练习

1. 假设你已经计算出 Vasicek 模型的参数，计算结果列示在表 15-3 中，其中相关概念与我们在本章使用的一致。即期隔夜利率为 2%。
   (1) 计算一张 10 年期的零息债券(本金为 1 美元)。你需要用到哪些参数？
   (2) 计算一张 10 年期的零息债券的每一年的即期利率并画出来。
   (3) 计算每个零息债券的即期利率期限。

表 15-3 Vasicek 模型的参数

γ	$\bar{r}$	σ	γ^*	$\bar{r}^*$
0.326 2	5.09%	2.21%	0.465 3	6.34%

2. 基于 Vasicek 模型的零息债券定价公式取决于 3 个参数：γ^*, $\bar{r}^*$, σ。即期短期利率为 r_0，根据这些参数，如何计算出即期利率 $r(\tau) = -\dfrac{\ln(Z(r,\tau))}{\tau}$？假设即期短期利率 $r_0 = 2\%$。
   使用表 15-3 中的参数值作为基准情况：
   (1) 保持其他参数不变，画出 γ^* 分别取 3 个值的利率期限结构图。
   (2) 取 3 个不同的 γ^*，重复(1)中的动作。
   (3) 取 3 个不同的 γ^*，重复(1)中的动作。

3. 重做之前的练习，但是使用 the Cox, Ingersoll and Ross 模型，它的债券定价公司如式(15-7)所示。使用如下的参数作为一个基准情况：$\gamma^* = 0.3807$, $\bar{r}^* = 7.2\%$, $\alpha = 0.0548$。对于每个情节，选择不同的 γ^*, $\bar{r}^*$, α。

4. 考虑表 15-3 中 Vasicek 模型的估计参数。在每组参数下模拟 1 000 个利率路径，例如 $(\gamma, \bar{r}, \sigma)$, $(\gamma^*, \bar{r}^*, \sigma)$，绘制每组参数的 $T = 10$ 的分布直方图，并评论差异。

5. 考虑零息债券的即期利率期限，参见式(15-39)。取 $\gamma^* > 0$ 不同的的值，随着到期时间 τ 达到 $\tau = 10$，画出对应的即期利率久期。
   (1) 即期利率久期是如何受到期时间 τ 影响的？

(2) 即期利率久期是如何取决于 γ^*？
(3) 如果 $\gamma^* < 0$ 即期利率久期会如何变化？

6. 式(15-38)反映了到期期限 τ 与收益率的动态变化。其波动率由 $\sigma(\tau) = \frac{B(\tau)}{\tau}\sigma$ 给定，其中 $B(\tau) = \frac{(1-e^{-\gamma^*\tau})}{(\gamma^*)}$。画出到期期限 τ 与波动率的关系，哪一只债券拥有更高的波动收益率？是长期债券还是短期债券？收益率波动率和回报率之间的关系是？它们是否相等？

7. 式(15-28)反映了使用Vasicek模型确定的零息债券(面值为1美元)的定价公式。检查一下公式是否满足基本的定价公式(式(15-24))。也就是说，对式(15-24)的左边部分取偏导数，替换，并且检验左边的结果是否等于右边。

8. 考虑表15-3中的估计值。考虑今日的短期利率为 $r_0 = 2\%$。式(15-28)反映了使用Vasicek模型确定的零息债券(面值为1美元)的定价公式。
   (1) 使用用伊藤引理来计算1年和10年到期零息债券的预期收益率 $E\left[\frac{dZ}{Z}\right]$。哪一个有最高的预期回报？
   (2) 使用伊藤引理来计算收益波动率，哪一只债券拥有更高的波动率？
   (3) 考虑每只债券的风险溢价，也就是 $E\left[\frac{dZ}{Z}\right] - r_0 dt$。波动率有什么关系？也就是，对每只债券，计算 $\frac{风险溢价}{波动率}$ 的比率。这两个债券有什么不同？这是如何取决于短期利率的水平 r_0 的？
   (4) 重做上一题但是 $\gamma^* = 0.3262 = \gamma$。结果有什么不同？

9. 奥兰治县破产。在第2章(2.8节)和3节(3.7节)，我们使用一批不同久期零息债券分析了奥兰治县的风险与收益。在本练习题里，我们使用Vasicek模型来分析同样的案例。特殊的，假定今天是1993年12月31日，那么：

(1) 参数估计：
① 使用第2章表2-6中的数据，如式(15-41)所示，通过非线性最小二乘估计Vasicek模型的参数 γ^* 和 $\bar{r}^*$。
② 从美联储网站下载1个月期国库券到1993年12月31日的每日数据，使用这些数据来计算Vasicek模型中的 $\gamma, \bar{r}$ 和 σ (http://wwwjederalreserve.gov/releases! hl5/data..htm)。这个估计可以通过线性回归完成(见第14章练习)。从字面上 $dt = 1/252 = 1$ 天，并把这个过程分解成

$$(r_{t+dt} - r_t) = \gamma(\bar{r} - r_t)dt + \varepsilon_{t+dt}$$

其中 $\varepsilon_{t+dt} \sim \mathcal{N}(0, \sigma^2 dt)$，这看起来与回归相似

$$r_{t+dt} - r_t = \alpha + \beta r_t + \varepsilon_{t+dt}$$

根据原始参数 γ 和 $\bar{r}$，α 和 β 是什么？如何估计 σ？[提示：随着年度化(你的数据是每天的，但我们需要年度化)。另外请记住，Vasicek模型中的 r_t 是一个连续复合率。]
③ 比较 $(\gamma, \bar{r})$ 和 $(\gamma^*, \bar{r}^*)$。解释分歧并讨论。

(2) 现在考虑一个组合，其中1年期短期债券部分 $x = 0.1366$，剩余 $(1-X)$ 是3年逆向浮动利率债券部分(见第3章3.7.5节)。我们把这个组合作为给定的。r 是1994年1月3日连续复利的利率。
① 如果 $P^{IF}(r, t; T)$ 表示第2章2.8节讨论的反向浮动债券价格，则计算其对利息变化的敏感度计算它对利率变化的敏感性 $\frac{\partial P^{IF}}{\partial r}$。(你可以保留 $r < 15\%$ 的假设。)
② 计算逆浮动债券的美元凸性，即二阶导数 $\frac{\partial P^{IF}}{\partial r^2}$。
③ 如果 $\Pi(r, t; T)$ 表示整个时间的价值，计算它对利率变化的敏感性 r，$\frac{\partial \Pi(r, t; T)}{\partial r}$ 以及美元凸性 $\frac{\partial^2 \Pi(r, t; T)}{\partial r^2}$。

(3) 与任何其他证券一样，证券投资组合

$\Pi(r, t; T)$ 必须满足基本定价公式（式(15-24)）：

① 写下 $\Pi(r, t; T)$ 必须满足的方程。

② 鉴于上述答案，你是否可以计算由于时间流逝而导致的投资组合价值的变化？也就是，$\dfrac{d\Pi}{dt}$？

③ 对于每一天来说，是不是只有时间的推移才能算出什么是资本收益或损失呢？它背后的直觉是什么？这与 Gamma 的水平有什么关系？

(4) 在风险价值：我们可以使用模拟和 Vasicek 模型来计算 1 年的在险价值，也就是说，由于利率的变动，投资组合可能带来的最大损失为 $\alpha\%$。继续如下：

① 给定模型的参数估计，在一年的时间范围内模拟 M 个利率路径(M 大)。

② 对于每个模拟的时间 $t=1$ 时的利率 r_t，应用 Vasicek 公式并计算奥兰治县投资组合的分布。绘制在 $t=1$ 的投资组合分布的直方图。

③ 计算投资组合分布最坏情况下的 1% 和 5%，从而获得 1% 在险价值和 5% 的在险价值。奥兰治县的投资组合所遭受的事后损失是否完全出乎意料？

10. 式(15-44)报告了零息债券看涨期权的价值。使用表 15-3 中的参数，让短期利率为 $r_0=2\%$。

(1) 一年到期期限($T_0=1$)，执行价格 $K=90$，标的资产为 5 年期的零息债券($T_8 - T_0 = 5$)的看涨期权的价值是多少？

(2) 期权的价值如何取决于当前的利率 r_0？计算 $r_0=5.09\%$ 和 $r_0=10\%$ 时的值。

(3) 期权的价值如何取决于到期期限？计算 $T_0=0.5$ 和 $T_0=2$ 时的值。

(4) 期权的价值如何取决于基础的到期期限？计算 $T_n - T_0 = 1$ 和 $T_8 - T_0 = 10$ 时的值。

11. 重做以前的练习，但考虑的是看跌期权。此外考虑一个看涨期权和一个看跌期权，其执行价格相同，$K=90$，同样的到期日 $T_0=1$，同样的债券与 $T_n - T_0 = 5$ 写在一起。这个投资组合的两个期权的价值是多少？它是如何与交付价格 K 交付标的债券的远期合约联系的？（有关前瞻性合同的讨论，请参阅第 5 章。）

12. 式(15-51)报告了附息债券的看涨期权的价值。使用表 15-3 中的参数，让短期利率为 $r_0=2\%$。

期权还有一年到期($T_0=1$)，执行价格 $K=100$，标的债券为 5 年到期债券($T_n - T_0 = 5$)和票息 3%，那么这只看涨期权的价值是多少？

13. 房地美可赎回债券。今天是 2008 年 9 月 25 日。作为 PiVe 资产管理公司的交易员，你正在考虑几年前由房地美公司发行的可赎回票据的合理估值。特别是，这是一个 5.5% 的附息债券，到期日为 2016 年 3 月 28 日，并且执行日期为 2011 年 3 月 28 日。这是欧式期权。⊖ 截至今天，11 个剥离国债见表 15-4。

表 15-4　2008 年 9 月 25 日的剥离国债

年份	月	日	买入价	卖出价	变化	卖出收益率	到期期限
2008	11	15	99.898	99.918	0.001	0.6	0.139
2009	2	15	99.478	99.498	-0.068	1.31	0.389
2009	5	15	98.979	98.999	-0.056	1.59	0.639
2009	8	15	98.473	98.493	-0.146	1.72	0.889
2009	11	15	97.982	98.002	-0.194	1.78	1.139
2010	2	15	97.487	97.507	-0.236	1.83	1.389

⊖ 请参阅 2006 年 4 月 21 日的日期补充说明书。此安全 ID 为 CUSJP：3128X4W72。

(续)

年份	月	日	买入价	卖出价	变化	卖出收益率	到期期限
2010	5	15	96.879	96.899	-0.277	1.93	1.639
2010	8	15	96.294	96.314	-0.318	2	1.889
2010	11	15	95.722	95.742	-0.359	2.05	2.139
2011	2	15	94.83	94.85	-0.413	2.23	2.389
2011	5	15	94.304	94.324	-0.442	2.23	2.639
2011	8	15	93.274	93.294	-0.539	2.42	2.889
2011	11	15	92.957	92.977	-0.481	2.34	3.139
2012	2	15	91.072	91.092	-0.48	2.78	3.389
2012	5	15	90.705	90.725	-0.515	2.69	3.639
2012	8	15	89.274	89.294	-0.566	2.94	3.889
2012	11	15	88.498	88.518	-0.589	2.97	4.139
2013	2	15	87.478	87.498	-0.607	3.07	4.389
2013	5	15	86.684	86.704	-0.647	3.1	4.639
2013	8	15	85.988	86.008	-0.666	3.11	4.889
2013	11	15	85.014	85.034	-0.725	3.18	5.139
2014	2	15	83.999	84.019	-0.763	3.26	5.389
2014	5	15	83.172	83.192	-0.814	3.29	5.639
2014	8	15	82.185	82.205	-0.828	3.36	5.889
2014	11	15	81.257	81.277	-0.903	3.41	6.139
2015	2	15	79.706	79.726	-0.462	3.58	6.389
2015	5	15	78.898	78.918	-0.489	3.6	6.639
2015	8	15	77.972	77.992	-0.502	3.64	6.889
2015	11	15	76.772	76.792	-0.525	3.73	7.139
2016	2	15	75.885	75.905	-0.538	3.77	7.389
2016	5	15	74.437	74.457	-0.573	3.9	7.639
2016	8	15	73.593	73.613	-0.599	3.92	7.889
2016	11	15	72.086	72.106	-0.707	4.06	8.139

资料来源:《华尔街日报》。

(1) 截至 2008 年 9 月 25 日,使用表 15-4 中的数据估计 Vasicek 模型。使用式 (15-41) 所示的非线性最小二乘方的方法。为了计算短期利率的波动率 σ,你可以从美联储网站下载资料(http://www.federalreserve.govlreleases/hl5/data.htm),直到 2008 年 9 月 25 日。或者,你也可以使用式 (15-41) 中所示的非线性最小二乘法来计算波动率 σ (使用这两种方法并对结果进行比较是一个有用的练习)。

(2) 可赎回债券可被视为不可赎回债券和看涨期权的组合。使用上一步中的结果来计算的值不可赎回,票息为 5.5% 的附息债券,到期日 T_B = 2011 年 3 月 28 日。作为近似,假设今天是息日。

(3) 计算可赎回债券中嵌入的看涨期权。"这个债券可以在 2016 年 3 月 28 日被要求为面值。可赎回债券的价值是多少?

(4) 如果债券在 1 年内可以赎回,那么对(c)部分的回答如何呢?讨论一下。

附录15A 衍生品

15A.1 根据式(15-4)的定价公式的推导

现在我们在这里检查式(15-4)中的解是否满足式(15-6)。我们分两步进行。首先,计算式(15-6)左边的第一个假定。要做到这一点,请先注意:

$$\frac{\partial B(t;T)}{\partial t} = -e^{-\gamma(T-t)} \tag{15-73}$$

$$\begin{aligned}
\frac{\partial Z}{\partial t} &= \left(\frac{\partial A(t;T)}{\partial t} - \frac{\partial B(t;T)}{\partial t}r\right)Z \\
&= \left(\bar{r}\left(\frac{\partial B(t;T)}{\partial t} - \frac{\partial(T-t)}{\partial t}\right) - \frac{\partial B(t;T)}{\partial t}r\right)Z \\
&= (\bar{r}(-e^{-\gamma(T-t)}+1) + e^{-\gamma(T-t)}r)Z \\
&= (\bar{r}\gamma B(t;T) + (1-\gamma B)(t;T))r)Z \\
&= ((\bar{r}-r)\gamma B(t;T) + r)Z
\end{aligned}$$

我们使用了 $e^{-\gamma(T-t)} = 1 - \gamma B(t;T)$。同样

$$\frac{\partial Z}{\partial r} = -B(t;T)Z$$

因此,式(15-6)的左边是

$$\begin{aligned}
\text{式(15-6) 的左边} &= \frac{\partial Z}{\partial t} + \frac{\partial Z}{\partial r}\gamma(\bar{r}-r) \\
&= ((\bar{r}-r)\gamma B(t;T) + r)Z - B(t;T)Z\gamma(\bar{r}-r) \\
&= rZ = \text{式(15-6) 的右边}
\end{aligned}$$

15A.2 Vasicek定价公式的推导

从假设 $m^*(r,t) = \gamma^* \times (\bar{r}^* - r)$,式(15-24)可以写成

$$rZ = \frac{\partial Z}{\partial t} + \frac{\partial Z}{\partial r}\gamma^*(\bar{r}^* - r) + \frac{1}{2}\frac{\partial^2 Z}{\partial r^2}\sigma^2 \tag{15-74}$$

用于获得定价公式的方法如下。我们首先猜测解决方案采取的形式

$$Z(r;t;T) = e^{A(t;T) - B(t;T) \times r}$$

对于时间 $A(t;T)$ 和 $B(t;T)$ 的某些函数还有待发现。我们现在使用一般 $A(t;T)$ 和 $B(t;T)$ 的偏微分方程(PDE)。用 $A(t;T)$ 和 $B(t;T)$ 表示 $A(t;T)$ 和 $B(t;T)$ 相对于 t 的一阶导数。首先计算偏导数:

$$\frac{\partial Z}{\partial t} = (A'(t;T) - rB'(t;T))e^{(A(t;T)-rB(t;T))} = (A'(t;T) - rB'(t;T))Z(r,t;T)$$

$$\frac{\partial Z}{\partial r} = -B(t;T)e^{A(t;T)-rB(t;T)} = -B(t;T)Z(r,t;T)$$

$$\frac{\partial^2 Z}{\partial^2 r} = B(t;T)^2 e^{A(t;T)-rB(t;T)} = B(t;T)^2 Z(r,t;T)$$

将一切代入式(15-74)来查找

$$\begin{aligned}
rZ(r,t;T) &= (A'(t;T) - rB'(t;T))Z(r,t;T)) + \frac{1}{2}B(t;T)^2 Z(r,t;T)\sigma^2 \\
&\quad - B(t;T)Z(r,t;T)\gamma^* \times (\bar{r}^* - r)
\end{aligned}$$

从两边删除 $Z(r,t;T)$,并收集包含 r 的条件可以发现:

$$(1 + B'(t;T) - B(t;T)\gamma^*)r = A'(t;T) + \frac{1}{2}B(t;T)^2\sigma^2 - B(t;T)\bar{r}^*\gamma^* \quad (15\text{-}75)$$

左侧取决于 r，而右侧取决于 r。因此，式(15-75)中的公式只有在等于 0 的系数时才能成立。这个观察说明：

$$B'(t;T) = B(t;T)\gamma^* - 1 \quad (15\text{-}76)$$

$$A'(t;T) = B(t;T)\bar{r}^*\gamma^* - \frac{1}{2}B(t;T)^2\sigma^2 \quad (15\text{-}77)$$

这两个常微分方程(ODE)可以按顺序求解：首先求解式(15-76)，然后将结果代入式(15-77)，得到第二个函数。从边界条件：

$$Z(r,T;T) = e^{A(T;T)-rB(T;T)} = 1$$

我们找到最后的条件：

$$A(T;T) = 0; B(T;T) = 0 \quad (15\text{-}78)$$

式(15-76)中 $B(t;T)$ 的解在式(15-29)。⊖ 给出解代入式(15-77)，我们很容易找到第二个解是式(15-30)。

15A.3 CIR 模型

有条件为 $r(0) = r_0$

$$r(t)\,|_{r(0)=r_0} \sim \text{非中心卡方}$$

具体而言，密度由下式给出⊖

$$f(r\,|\,r_0) = c_t\chi^2(c_t r, v, \lambda_t)$$

其中 $\chi^2(c_t r, v, \lambda_t)$ 是 v 自由度的非中心卡方距离，非中心性参数 λ_t

$$c_t = \frac{4\gamma}{\alpha(1 - e^{-\gamma t})}$$

$$v = \frac{4\gamma}{\alpha} \times \bar{r}$$

$$\lambda_t = c_t r_0 e^{-\gamma t}$$

我们可以通过取极限 $t \to \infty$ 来获得平稳分布。

⊖ 事实上，我们有 $B(T) = 0$ 和 $B'(t;T) = -e^{-\gamma(T-t)} = \gamma B(t;T) - 1$

⊖ 参见 Brigo 和 Mercurio(2007 年)。

第 16 章 动态对冲和相对价值交易

我们在 15 章的 15.2.1 节讨论的无套利定价方法，同时也是动态对冲策略和相对价值交易的基础，接下来我们将考察连续时间动态复制的概念。回顾一下，在 10 章 10.2.2 节中，我们已经使用二叉树方法讨论过动态复制和无套利的概念。在本章，我们会将在更一般的连续时间框架下对这些概念进行扩展。

16.1 复制投资组合

再次考虑第 15 章式(15-11)的组合 $\Pi(r,t)$，给定买入了债券 $Z_1(r,t)$ 和卖出了 Δ 单位的债券 $Z_2(r,t)$

$$\Pi(r,t) = Z_1(r,t) - \Delta Z_2(r,t) \tag{16-1}$$

根据式(15-14)的对冲原则，我们选择 Δ 表示两个债券对利率敏感度的比率

$$\Delta = \frac{\frac{\partial Z_1}{\partial r}}{\frac{\partial Z_2}{\partial r}} \tag{16-2}$$

根据伊藤引理，Π_t 的计算过程是

$$d\Pi_t = dZ_{1,t} - \Delta dZ_{2,t} \tag{16-3}$$

上式可以改写成

$$dZ_{1,t} = d\Delta dZ_{2,t} + \Pi_t \tag{16-4}$$

注意到一个有趣的事实。如果我们知道①Δ 的价值；②在 t 与 $t+dt$ 时间段内债券 2 价格的变动"$dZ_{2,t}$"；③组合价值的变动"$d\Pi_t$"，那么我们就可以计算债券 1 价值的变化"$dZ_{1,t}$"。

可以发现如果根据式(15-14)中的套期保值原则选择 Δ，那么在式(15-17)中的无套利条件意味着

$$d\Pi_t = r_t \Pi_t dt \tag{16-5}$$

反过来说，实际上可以知道在 t 与 $t+dt$ 时间段内整个组合的价值变化：这与按无风险利率 r_t 进行投资获得的收益是一样的。实际上，如果我们以无风险利率 r_t 投资数量 C_t，在 t 与 $t+dt$ 的时期内这笔投资价值的变动可以表示为

$$dC_t = r_t C_t dt \tag{16-6}$$

如果在 t 时刻 $C_t = \Pi_t$，那么我们可以将式(16-4)中债券 1 在 t 与 $t+dt$ 时间段的收益计算过程改写成

$$dZ_{1,t} = \Delta dZ_{2,t} + dC_t \tag{16-7}$$

这个等式告诉我们在无套利的情况下,债券 1 的收益也可以是 Δ 单位的债券 2 头寸与无风险利率进行 C_t 单位的现金投资(如果 $C_t < 0$ 就是借入)来表示。也就是,可以通过构建债券 2 与现金头寸来复制债券 1 的收益过程,由上述发现我们可得到以下结论:

○ 事实 16-1

考虑两只利率债券 $Z_1(r, t)$ 与 $Z_2(r, t)$,式(16-2)中的 Δ 给定,现金头寸 C_t(收益率为 r_t)计算如下

$$C_t = Z_1(r,t) - \Delta Z_2(r,t) \tag{16-8}$$

由 Δ 单位的债券 Z_2 以及 C_t 单位的现金(如果 $C_t < 0$,这时的头寸意味着借入)组成的组合 P_t

$$P_t = \Delta Z_{2,t} + C_t \tag{16-9}$$

复制债券 Z_1 在 t 与 $t + dt$ 时间段的收益

$$dP_t = dZ_{1,t} \tag{16-10}$$

🔷 定义 16-1

在式(16-9)中描述的组合 P_t 也被叫作**复制组合**(replicating portfolio)。

例 16-1 描述了动态复制方法。

👉 例 16-1

在 15 章 15.2.4 节中,我们为 Vasicek 模型估计了如下参数: $\bar{r} = 5.09\%$,$\gamma = 0.326\,1$,$\sigma = 2.21\%$,$\gamma^* = 0.465\,3$,$\bar{r}^* = 6.34\%$。令现行短期利率 $r_0 = 1.68\%$。两只零息债券到期期限分别为 $T_1 = 1.104\,1$ 和 $T_2 = 3.347\,9$。利用式(15-28)中的定价公式,表 16-1

表 16-1 Vasicek 模型所暗示的两个零息债券价格

	$T = 1.104\,1$	$T = 3.347\,9$
$B(0, T)$	0.863 4	1.696 4
$A(0, T)$	-0.015 2	-0.103 7
$Z(r_0, 0; T)(\times 100)$	97.075 6	87.623 3
$y(r_0, 0; T)$	2.688 2	3.946 4

表明我们得到 $Z(r_0, 0; T_1) = 97.975\,6$ 和 $Z(r_0, 0; T_2) = 87.623\,3$(面值均为 100 美元)。另外,由于 $\frac{\partial Z}{\partial r} = -B(0, T)Z(r, 0; T)$,我们发现其套期保值比率是

$$\Delta = \frac{B(0,T_1)Z(r_0,0,T_1)}{B(0,T_2)Z(r_0,0,T_2)} = \frac{0.863\,4 \times 97.075\,6}{1.696\,4 \times 87.623\,3} = 0.563\,8 \tag{16-11}$$

也就是,复制组合必须有 0.563 8 份到期日为 T_2 的债券的多头,最初的现金头寸 C_0 由等式(16-8)给定:

$$C_0 = Z(r_0, 0; T_1) - \Delta_0 Z(r_0, 0; T_2) = 97.075\,6 - 0.563\,8 \times 87.623\,3 = 47.669\,6 \tag{16-12}$$

由式(16-9)也可以得到复制组合:

$$P_0 = \Delta_0 Z(r_0, 0; T_2) + C_0 = 0.563\,8 \times 87.623\,3 + 47.669\,6 = 97.075\,6 = Z(r_0, 0; T_1)$$

通过构建在最初时刻 0 复制组合的价值与我们想要被复制的债券,也就是与到期时间为 T_1 的债券的价值相等。那么这个组合能够复制其在 0 与 dt 时间段的价格吗?为了回答这个问题,我们先计算在 dt 时刻 T_1 债券与组合 P 在不同利率下的价值。表 16-2 中分别列出了以两个不同的再调节周期 dt 每天($dt = 1/252$)每周($dt = 1/52$)进行组合再平衡的结果。如果即期利率 $r_0 = 1.68\%$,如我们所看到的,无论利率如何变动,复制组合 P_t 的价值与 T_1 债券的价格 $Z(r_{dt}, dt; T_1)$ 始终是非常接近的。每天进行头寸调节和平衡时,这种效果尤其明显。

表 16-2 在 [0, dt] 之间复制投资组合的表现

r_{dt} (%)	dt=1/252=0.004		dt=1/52=0.0192	
	$Z(r_{dt}, dt; T_1)$	P_{dt}	$Z(r_{dt}, dt; T_1)$	P_{dt}
0.50	98.0814	98.0928	98.1427	98.1415
1.00	97.6603	97.6673	97.7279	97.7164
1.50	97.2411	97.2454	97.3149	97.2949
1.68	97.0924	97.0962	97.1684	97.1459
2.00	96.8236	96.8270	96.9036	96.877
2.50	96.4079	96.4122	96.4941	96.4626
3.00	95.9940	96.0009	96.0863	96.0517

16.2 再平衡

事实 16-1 中运用的策略要求在 t 时刻持有债券 $Z_{2,t}$ 的头寸数量为 $\Delta = \dfrac{\dfrac{\partial Z_1}{\partial r}}{\dfrac{\partial Z_2}{\partial r}}$,现金头寸数量为 C_t,在 t 与 $t+dt$ 时期内这个组合产生的收益与债券 1 的收益相等。通过构建组合,在 t 时刻我们选择 C_t,最后可以得到 $P_t = Z_{1,t}$,如果在 t 与 $t+dt$ 时期组合的收益与债券的收益是一样的,那么在 t 与 $t+dt$ 时期我们也就可以得到 $P_{t+dt} = Z_{1,t+dt}$。

然而,为了实现在下一时期的交易,随着市场价格的变化,我们需要对组合进行再平衡。实际上,在 $t+dt$ 这个时点,对冲比率 Δ 必须改变,因为即期利率 r_t 已经改变为 r_{t+dt},债券价格 $Z_{1,t+dt}$ 也变成了 $Z_{2,t+dt}$。再平衡这个组合也就是要让组合中债券 2 的头寸与在 $t+dt$ 时的 Δ 相等。对于新的价格与到期日,后者由式(16-2)给出。例如,如果随着 Δ_t 增加,Δ_{t+dt} 也增加,我们就需要增加 $Z_{2,t+dt}$ 的头寸。更多的头寸我们可以通过减少现金的数量 C_{t+dt} 来得到(或者如果 $C_t < 0$,则借入更多)。具体来讲,我们计算

$$\text{再平衡需要的现金数} = (\Delta_{t+dt} - \Delta_t) Z_{2,t+dt} \tag{16-13}$$

因此现金头寸是

$$C_{t+dt} = C_t + C_t r_t dt - \text{再平衡需要的现金数} \tag{16-14}$$

也就是,在 $t+dt$ 时刻的现金头寸的数量等于在 t 时刻的数量加上利息再加上为了再平衡而需要的变动。在再平衡之后,组合的价值 $P_{t+dt} = \Delta_{t+dt} Z_{2,t+dt} + C_{t+dt}$。根据事实 16-1,组合可以复制利率的运动。

例 16-2

再次思考例 16-1,在第一阶段之后,在表 16-2 多种利率的情况下,根据式(16-14)投资组合必须再平衡来保证在 dt 时刻,复制组合拥有的 T_2 债券头寸等于 Δ。更具体地说,表 16-3 列出了在多种利率情景下,在 dt=1/252 时,再平衡的计算过程。例如,假定在 dt 时,利率从 $r_0 = 1.68\%$ 增加到 $r_{dt} = 2.50\%$。在这个例子中,第 2 列表示 T_2 债券的头寸必须由 $\Delta_0 = 0.5638$ 增加到 $\Delta_{dt} = 0.5662$(参照式(16-11))。在 T_2 债券的当前价格下,债券头寸由 Δ_0 增加到 Δ_{dt},也就是第 3 栏的 $Z(r_{dt}, dt, T_2) = 86.4411$,需要的现金头寸等于 0.2005 美元。这个数量可以通过清算一些最初的现

金头寸 $C_0 = 47.6696$（参考式（16-12））得到。具体来讲，在考虑每天收到的利息 0.0032 美元（在表 16-3 的第 5 栏中）时，再调整之后的现金头寸是

$$C_d t = C_0 + C_0 r_0 dt - \text{所需现金} = 47.6696 + 0.0032 - 0.2005 = 47.4723 \text{（美元）}$$

这个过程在到期日 T_1 之前的每天都可以重复（理论上讲，每一时刻 dt 都可以）。此刻，复制组合 $P_t = \Delta_t Z(r_t, t; T_2) + C_t$ 应该等于 $P_{T_1} = 100$ 美元 $= Z(r_{T_1}, T_1; T_1)$，而与接下来利率的变动就无关了。

表 16-3 投资组合在 dt 重新平衡

r_{dt}(%)	Δ_{dt}	$Z(r_{dt}, dt; T_2)$	现金需求	利率	C_{dt}
0.50	0.5568	89.4218	-0.6306	0.0032	48.3034
1.00	0.5591	88.6671	-0.4189	0.0032	48.0916
1.50	0.5615	87.9188	-0.2098	0.0032	47.8825
1.68	0.5623	87.6543	-0.1361	0.0032	47.8088
2.00	0.5638	87.1769	-0.0033	0.0032	47.6761
2.50	0.5662	86.4411	0.2005	0.0032	47.4723
3.00	0.5685	85.7116	0.4017	0.0032	47.2710

真的有用吗？

针对两种再平衡频率：每天 $\left(dt = \dfrac{1}{252}\right)$ 和每周 $\left(dt = \dfrac{1}{52}\right)$，图 16-1 与 16-2 展示了基于模拟利率路径的复制策略的表现。在两幅图中，第一组描绘的是模拟利率路径。⊖ 中间组描绘的是 T_2 债券的头寸，Δ_t（百分比），以及现金余额数 C_t。我们可以看到，复制策略要求 T_2 债券逐步减少，现金余额增加，并越来越靠近 T_1 时的 100 美元。底部组描绘了复制组合（实线表示）和 T_1 零息债券（虚线表示）。图 16-1 说明了一切：一条线始终在另外一条线上方，因此也无法看到复制组合和被复制债券之间的任何区别。在图 16-2 中每周再平衡有作用，但效果没那么好。在这种情况下，零息债券和复制的投资组合之间偶尔还会存在一些差异。

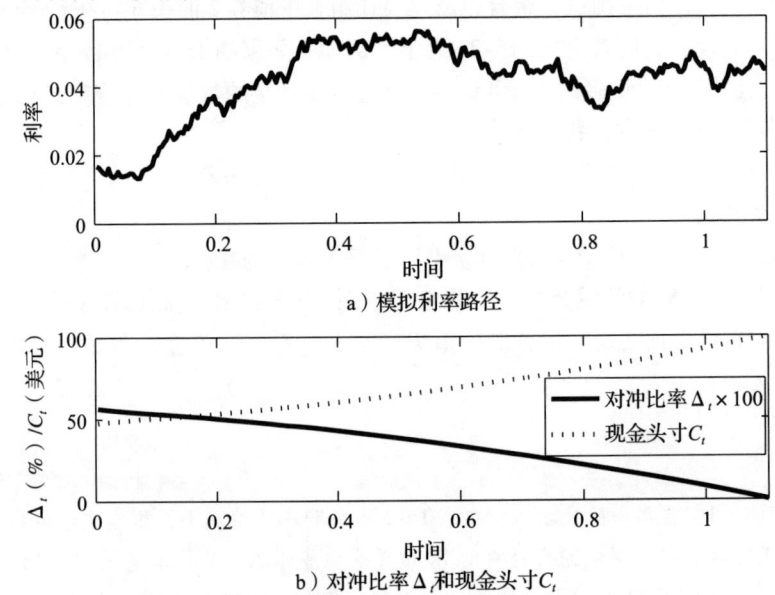

图 16-1 复制一份 $T_1 = 1.1$ 年的基于模拟利率路径的零息债券（每日再平衡）

⊖ 使用参数 $\bar{r} = 5.09\%$，$\gamma = 0.3261$ 和 $\alpha = 2.21\%$ 的 Vasicek 模型进行模拟。

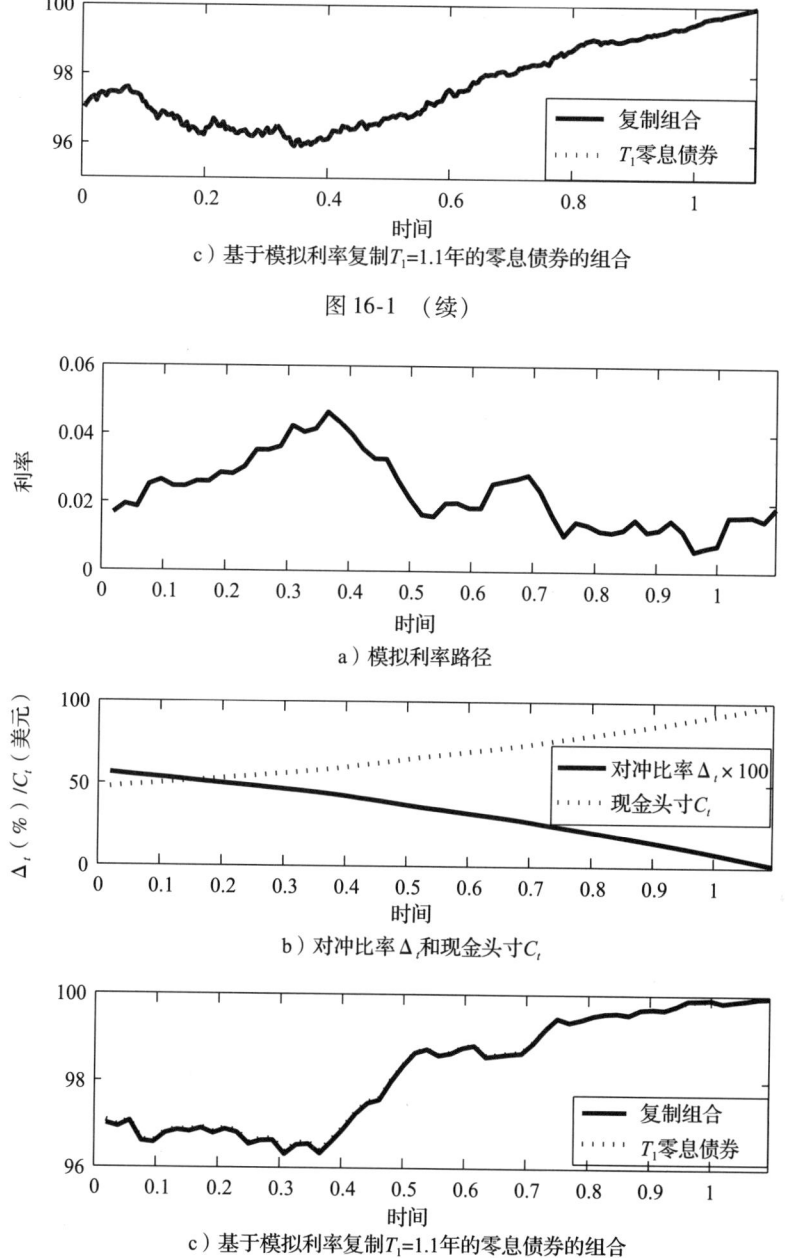

c)基于模拟利率复制$T_1=1.1$年的零息债券的组合

图 16-1 （续）

a）模拟利率路径

b）对冲比率Δ_t和现金头寸C_t

c）基于模拟利率复制$T_1=1.1$年的零息债券的组合

图 16-2 复制一份 $T_1 = 1.1$ 年的基于模拟利率路径的零息债券（每周再平衡）

在这个例子最底部的线展示了在 Vasicek 模型中的原理。事实上，任何单因素模型——任何债券的价格和收益可以被其他债券的头寸复制，任何利率债券都可以被其他的利率债券复制。这个事实是相对价值交易的基础，接下来的几部分将具体阐述。

16.3 应用 1：基于收益率曲线的相对价值交易

在这一部分我们研究一个套利交易 Vasicek 模型的应用。这个应用程序仅仅是说明性的，使用的是一个简单的模型，更通用的做法是利用期限结构模型进行套利交易。让我们再来看看第15章的例15-1。假定今天是2002年1月8日。第15章中表15-1列出了2002年1月8日的剥离国债（STRIPS）的价格。套利者会问的问题很简单：STRIPSR价格与Vasicek模型计算出的价格一致吗？如果不一致，能否寻找到一种交易策略并从价差中获利？这个问题的答案基于相对价值交易，在这个案例中这里我们将使用一个模型——Vasicek模型，来判断一只债券的价值相对于另一只债券是否是正确的。按以下步骤进行：

1. **参数估计**：通过对表15-1中的价格进行最优匹配，估计出Vasicek模型的参数。
2. **发现相对定价错误**：我们利用参数和Vasicek模型计算理论价格，并且检查其与市场价格是否一致。
3. **建立一个交易策略**：如果模型价格与实际价格不一致，根据模型，这时存在套利机会。通过建立相应的交易策略，就可能从差异中获利。

在15章例15-1中，我们早已完成了第一步的参数估计。最匹配2002年1月8日价格数据的参数 γ^*，$\bar{r}^*$，分别是 $\bar{r}^* = 0.0634$，$\gamma^* = 0.4653$。⊖图16-3展示了在同一天从STRIPS数据中得到的收益率曲线以及从Versick模型得到的模型收益率。

16.3.1 相对定价错误的发现

正如从图16-3中看到的，相对于长期债券而言，该模型对短期证券的定价偏差更大。不过，这已经是该模型能做到的最好的拟合结果了，再也没有任何其他参数能取得更好的结果。那么根据模型，确实存在套利机会。具体而言，模型揭示了相对于长期债券，短期债券价格更高（利率太低）。因此，在相对价值交易中（低买高卖），在这种情况下就应该做多中长期债券，做空短期债券。

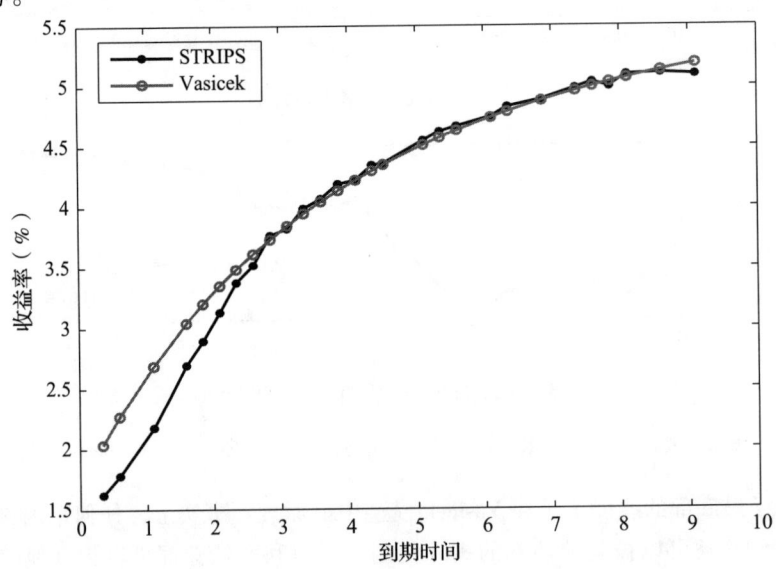

图16-3　根据2002年1月8日零息债券价格匹配的收益率曲线

资料来源：《华尔街日报》。

⊖ 正如模型所暗示的那样，我们将参数 σ 固定为短期国债利率变化的标准差。拟合 σ 以及最佳匹配利率期限结构并不会改变模型的拟合。

16.3.2 建立套利交易

更具体的做法，一个套利者应当：

1. 卖出短期到期期限 $T_1 = 1.1$ 年的 STRIP（零息国债），$\hat{Z}(T_1) = 97.625$ 美元。
2. 买入到期期限 $T_2 = 3.34$ 年的 ΔSTRIP（根据模型，应该是公允定价）。
3. 根据理论选择 Δ，达到用 T_2-STRIP 来复制 T_1-STRIP 的效果。
4. 应用动态复制策略来复制空头头寸。

这个例子与我们在例 16-1 与例 16-2 中阐述使用长期债券复制短期债券的策略是一样的。总而言之，从这个例子中我们已经知道，T_2 债券的头寸必须是 $\Delta_0 = 0.5638$，现金头寸必须是 $C_0 = 47.6696$ 美元。在 0 时刻，组合的价值与 T_1 债券的 Vasicek 价格 $P_0 = 97.0756$ 美元相等。这个价格低于交易债券的价格 $Z^{data}(r_0, 0; T_1) = 97.625$ 美元。总的来说，按 97.6250 美元卖空一份 $T_1 - STRIPS$，用 49.3365 美元买入 0.5638 份 $T_2 - STRIPS$，实现 48.2885 美元的现金流入。为了开始动态对冲策略，我们需要按收益率 $r_0 = 1.68\%$ 投资 47.6696 美元到隔夜存款中，如果复制策略起作用，对于卖出的每一份 T_1 债券，都可以带来 0.6189 美元的利润。图 16-1 与图 16-2 显示，根据 Vasicek 模型，这里的套利策略应当是有效的。

16.4 应用2：对冲衍生品敞口

在这部分中，我们将说明，如 Vasicek 模型一样的利率模型，也能告诉交易者对持有的衍生品头寸可采用的最优对冲策略。第一小部分讲述的是，如何使用动态对冲策略覆盖看涨期权多头头寸风险，同时，第二部分的阐述基于衍生品的相对价值交易，这点类似于 16.3 节的内容。

16.4.1 对冲和动态复制

再次思考第 15 章的例 15-2。假设今天是 2002 年 1 月 8 日，一位顾客询问 1 年到期的、以 4 年期零息债券为标的债券、行权价为 $K = 80$ 美元的欧式看涨期权的价格。给定以当时 Vasicek 模型的参数计算，通过式(15-44)可以得到看涨期权价格等于 2.2921 美元。

假设我们将一份看涨期权卖给顾客。我们又不想让我们在头寸上出现净卖空，因此需要一份有效的风险管理策略来对冲这一头寸隐含的风险。直观地讲，通过持有标的证券的多头，在这个例子中 $Z(t, r; T_B)$，我们可以有效地对冲看涨期权的空头。关键的问题是：我们应该持有怎样的头寸呢？我们在之前部分采用的方法同样适用于这里。

考虑一个组合

$$IT(r,t) = -V(r,t) + \Delta \times 100 \times Z(t,r;T_B) \tag{16-15}$$

这里 Δ 是要购买的零息债券的数量（如果是正的），和例 15-2 一样，我们继续保持面值等于 100 美元的假定。如果想使组合 Π 对任何利率的非预期变动都不敏感，那么，我们选择 Δ 使：

$$\frac{\partial \Pi}{\partial r} = 0$$

这个等式意味着

$$\Delta = \frac{\dfrac{\partial V}{\partial r}}{100\dfrac{\partial Z}{\partial r}}$$

从15章的式(15-28)的债券公式中我们可以得到在 $t=0$ 时

$$\frac{\partial Z}{\partial r} = -B(0;T_B)Z(0,r_0;T_B) = -1.5496$$

计算 $\dfrac{\partial V}{\partial r}$ 的公式很复杂,我将其放在式(16-31)中。我们可以得到

$$\frac{\partial V}{\partial r} = -73.3186$$

零息债券 $Z(0,r;T_B)$ 的头寸是

$$\Delta_0 = \frac{1}{100} \times \frac{\dfrac{\partial V}{\partial r}}{\dfrac{\partial Z}{\partial r}} = 0.4731 \tag{16-16}$$

也就是说,如果我们卖出一份以零息债券为标的的期权,我们需要建立的对冲头寸等于 $\Delta_0 \times 100 \times Z(0, r_0; T_B) = 0.4731 \times 100 \times 0.7991 = 37.8091$。

组合的价值为

$$\Pi_0 = -V(r_0,0) + \Delta_0 \times 100 \times Z(0,r_0;T_B) = 35.5170$$

因为值是正数,也就是在0时刻我们必须借入相同数量的资金来建立复制组合。和以前一样,在0时刻借入 $C_0 = -35.5170$ 的金额。那么在 $t=0$ 时的复制组合就是长期债券的多头与等于 C_0 的现金头寸所组成的,也就是

$$P_0 = \Delta_0 \times 100 \times Z(0,r_0;T_B) + C_0$$

计算可得

$$P_0 = V(r_0, T_0) = 2.2921$$

在 $t=0$ 之后,我们必须动态调整长期债券的头寸来使 Δ 满足给定的式(16-16)的要求:如果 Δ 上升,我们需要借更多,如果下降,我们必须减少借入。

正如我们在例16-2中所做的,我们可以模拟样本利率路径,检验复制策略是否有效。图16-4展示了基于模拟的利率路径复制组合的表现,也就是图16-4a。图16-4b展示的是标的债券 $Z(r_t, t; T_B)$ 的头寸百分比,也会展示借入的现金数量 $|C_t|$(我们用绝对值来显示在接近 Δ_t 时的动态调整)。

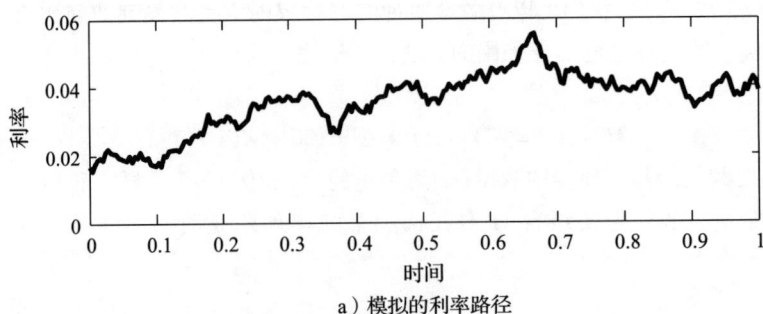

a)模拟的利率路径

图16-4 用零息国债复制看涨期权

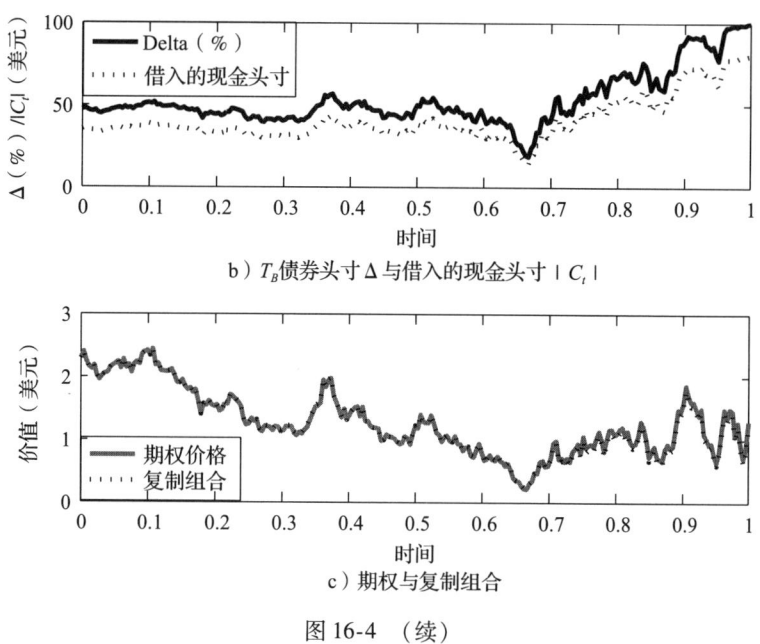

图 16-4 （续）

从图 16-4 中我们可以知道如果利率下降，头寸 Δ 就会上升。原因是利率下降意味着标的债券价格上升，因此需要更多的标的债券来对冲其风险。当 Δ 上升的时候，对借入资金也有类似的影响。图 16-4c 展示了根据 15 章的式(15-44)计算的期权的价值与复制组合 $P_t = \Delta_t Z(r_t, t; T_B) + C_t$。正如我们所看到的，在模拟中，复制组合的价值轨迹非常接近期权价值。所以说，期权的卖方有可能完全对冲掉风险。

16.4.2 基于错误定价的交易与相对价值交易

利率期限结构也为寻找错误定价的证券提供了方向。例如，在前一个例子中，假定我们发现一份看涨期权价格是 3.00 美元，然而 Vasicek 模型告诉我们它的价值应该是 $V(0, , r_0) = 2.2921$ 美元。如果我们选择相信模型，我们就可以建立一个套利策略并从错误定价中获利（与模型相比而言）。具体来讲，我们要：

1. 按交易价格 3.00 美元卖出交易的期权。
2. 以无风险利率 r_0 借入资金 39.4519 美元。
3. 花 $\Delta_0 100 Z(0, r_0; T_B) = 0.4731 \times 100 \times 0.7991 = 37.8091$ 美元购买零息债券。
4. 在 $t = 0$ 之后，根据我们在之前部分正如图 16-4 中讲的规则的再平衡组合。

如果模型是正确的，在到期日 T_0 复制组提供的资金，正好是今天卖出期权的支付。也就是说，在到期日 T_0 时，我们正确地对冲掉了全部的风险。然而，交易策略允许我们在今天就获利，获利金额等于我们卖出期权的价格与我们建立复制组合成本之差。根据模型，建立复制组合的成本等于我们基于 Vasicek 模型计算出的价值，即通过构建组合，$P_0 = V(0, , r_0) = 2.2921$ 美元，因此，交易策略可以让我们获得 0.7079 美元 = 3 美元 − 2.2921 美元的利润。

16.5 θ-Gamma 关系

在本章最后一部分，我们讨论一个重要的概念——θ-Gamma 关系。为了介绍这个概念，最好回到第 14 章对伊藤引理的讨论中。具体来讲，在图 14-8 中，我们展示了为什么在布朗运动中 X_t 是不可预测的，而布朗运动的非线性函数 $F(X)$ 是可预测的，因为它包含了一个漂移部分（参照式(14-37)中的伊藤引理）。在那幅图中，我们知道如果 $F(X)$ 有最小值，那么即使我们不知道 $X_{t+\delta}$ 会大于或者小于 X_t，我们也可以知道 $X_{t+\delta} = X_t$ 的概率为零。也就是说，随机过程的本质就是变量 X_t 在下一段时间 δ 后的变动是随机的。因为 $F(X_t)$ 是最小值，函数 $F(X)$ 在下一秒只能增加，所以我们可以确切地知道 $F(X_{t+\delta}) > F(X_t)$。例如，如果 X 表示的是利率，$P_t = F(X_t)$ 代表的是一只证券，如一只跨式证券（straddle），它是由执行价格都是 X_t 的看涨期权和看跌期权多头组成的，那么这是否意味着，只要提高头寸的凸性，交易者就可以获取较高的利润呢？这一点很难得到保证，因为虽然无套利暗示着较高的凸性（Gamma），常常被组合对时间的敏感性 θ 带来的反作用所抵消。也就是说，如果一只 Delta-对冲债券有很高的凸性，随着时间的流逝，其价格必然逐步下降。否则，就会出现套利机会。

让我们用一个例子来讲解。例如，我们假设卖出了一份以零息债券为标的的看涨期权，正如我们在之前的部分讲解的，需要持有标的零息债券 Δ 的头寸来对冲风险，组合 Π 是无风险的，可以获得无风险利率，也就是

$$d\Pi = r\Pi dt$$

卖出看涨期权，持有标的零息债券的多头，这个组合正如其他证券一样必须满足基本定价等式（参考 15 章中的式(15-24)）。也就是：

$$\frac{\partial \Pi}{\partial t} + \frac{\partial \Pi}{\partial r}m^*(r,t) + \frac{1}{2} \times \frac{\partial^2 \Pi}{\partial r^2} \times \sigma^2 = r\Pi \quad (16\text{-}17)$$

然而，既然这个组合是 Delta-对冲的，等式就可以变形为

$$\left(\frac{1}{\Pi} \times \frac{\partial \Pi}{\partial t}\right) + \frac{1}{2} \times \frac{1}{\Pi} \times \frac{\partial^2 \Pi}{\partial r^2}\sigma^2 = r \quad (16\text{-}18)$$

其中，我们对两边同时除以了 Π（假设不为零）式(16-18)有深层的意义，也就是

$$高\ \theta\left(\frac{1}{\Pi} \times \frac{\partial \Pi}{\partial t}\right) \Leftrightarrow 低（甚至是负的）凸性\ \mathrm{Gamma}\left(\frac{1}{\Pi} \times \frac{\partial^2 \Pi}{\partial r^2}\right)$$

这个直觉来自简单的无套利观点：有高 θ 的价值为正的组合随着时间的流逝可以获取收益。如果获取比无风险利率更多的收益，就可以变成一个纯套利策略，因为交易者可以按无风险利率借入资金，建立组合，需要做的事情只是等待。负凸性可以对纯套利状况进行平衡，利率的变动（如波动率）往往会降低投资组合的价值。

例 16-3

再次思考 16.4.1 节中的例子。组合 Π 是由看涨期权空头与持有标的债券 Δ 的头寸构成的。图 16-5 描绘了作为时间 t 与利率 r 的函数的对冲组合价值的曲面图。正如我们所看到的，从利率轴来看整个图形都是负凸性的。同时，随着时间的推移，组合的价格会增加。换句话说，如果组合没有负的凸性，就可以实现纯套利，因为组合价值增长速度高于无风险利率。一个套利者可以按无风险利率借入资金建立组合，然后获利。在完全竞争市场，这个情况是不可能长久的，负凸性说明了建立组合的风险。从经济角度来讲，期权是有很强正凸性的金融工具。因此，因为组合卖出了期权，也就是期权的空头，仅仅因为利率是随机的（甚至不知道利率会向哪一方变动）这种不确定性，组合就有遭受损失的可能。正的 θ 是对由利率变动带来的风险的补偿。

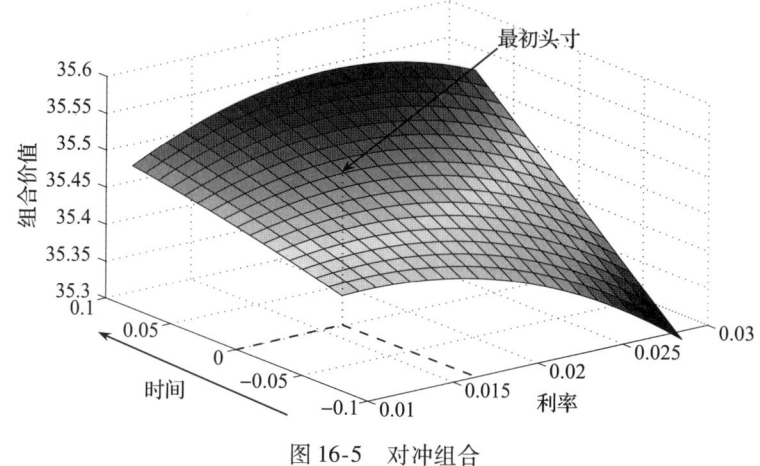

图 16-5 对冲组合

本章小结

本章我们讨论了以下主要内容。

1. 复制组合：一个组合，包括一份利率证券与一定的现金，以模仿另外一只利率债券价格的变动。理论上，根据合适的对冲比率，这个组合的动态再平衡允许复制想要复制的利率证券的全部现金流。
2. 对冲比率：这是复制组合的关键变量：两只利率债券的敏感性的比率，一只用来复制（分子），另外一只被复制（分母）。对冲比率会随着到期时间、利率水平的改变而改变。因此，复制组合必须随着时间动态进行调整。
3. 相对价值交易：有时，利率债券的收益率曲线，或者给定证券的收益率曲线，比如期权，

与利率模型如 Vasicek 模型的预测并不一致，根据模型就存在错误定价的情况。相对价值交易，就是利用这种情况构建头寸从错误定价中获利的交易，复制组合的分析有助于确定在相对价格交易中买入或者卖出债券的准确数量，再平衡策略则在创建交易之后会有帮助。

4. θ-Gamma 关系：在任何对冲组合中，比如说我们采取了相对价值策略的组合，都存在 θ（对时间的敏感性）-Gamma（凸性）之间的相互影响。一只债券有很高的 Theta，意味着仅仅经过一段时间就可以获取利润。为了消除套利机会，这样的利润必然以低的或者是负的凸性来平衡，以避免组合仅仅因为利率的变动而遭受损失。

练习

1. 今天是 2008 年 9 月 25 日。第 15 章表 15-4 包含今天的 STRIPS 数据（见第 15 章练习 12）。根据 Vasicek 模型，是否有交易机会？将 Vasicek 模型拟合到数据中，找到定价错误和讨论可用的交易机会。明确如何利用这些交易机会，即多头/空头头寸。
2. 参考练习 1 并设置交易策略，如例 16-1 所示。根据模型，通过复制表 16-2 来验证一步复制策略是否有效。
3. 使用仿真来检查复制策略的表现，如图 16-1 和图 16-2 所示。复制组合是否"复制"？

4. 2008 年 9 月 25 日，客户询问到期日为 2010 年 11 月 15 日的看涨期权的价格。在 2015 年 11 月 15 日到期的 STRIP 上，执行价格为 82。
   (1) 这个期权的价格是多少？
   (2) 你卖了这个期权，但是你不想有风险敞口。所以你想使用在 2015 年 11 月 15 日到期的 STRIPS 进行套期保值。使用 Vasicek 模型确定适当的套期保值比率。（提示：计算一个看涨期权对利率的敏感性可能很困难。你可以使用式(16-31)或者通过将第 15 章式(15-44)中的看涨期权定

价公式应用于两个利率 $r_0 - \delta$ 且 $r_0 + \delta$。并且计算 $\dfrac{\partial V}{\partial r} \approx \dfrac{[V(r_0+\delta) - V(r_0-\delta)]}{2 \times \delta}$）

(3) 设置副本组合。使用模拟来检查复制组合是否复制（参见第 16.4.1 节）。获得一个类似于 16.4 的数字。

5. 考虑前面的练习，但是对于相同的执行价格的看跌期权。首先按照本章末尾附录中的相同步骤导出套期保值比率；然后，重做练习。

6. 考虑第 15 章练习 13 中的房地美公司的可赎回债券。
   (1) 这些可赎回债券对利率的敏感度是多少？也就是用 $P^c(r, t; T)$ 表示可赎回债券，$\dfrac{\partial P^c}{\partial r}$ 是什么？（提示：可赎回债券是证券组合，即不可赎回债券减去要求的选择权。后者被编为零息债券期权组合。可赎回债券的敏感性可以通过组合证券的敏感性来计算。）
   (2) 你将保持多少可赎回债券中的多头头寸进行套期保值，以抵御利率变动？
   (3) 假设债券在 1 年内而不是 3 年内可赎回。你对上一个问题的回答将如何改变？讨论一下。

7. 考虑第 16.8 节中讨论的相对价值策略。与第 15 章第 15.4.1 节介绍的 Cox, Ingersoll 和 Ross 模型不同，使用 Vasicek 模型来建立仲裁策略。长/短战略有何不同？使用感兴趣的模拟路径来检查模型的性能。

案例研究：相对价值的交易对产量曲线的影响

在这个案例研究中，我们用相对价值交易和收益率曲线上的动态复制的概念，用实际的附息债券，随着时间的相对价值交易表现出来。假设今天是 2004 年 2 月 17 日。表 16-4 的前 5 列包含了最近发行的中长期国债的票息、到期日和报价，在 2~8 月票券周期中，到期时间不到 20 年。我们使用用 Vasicek 模型来实现相对价值交易。⊖

建立相对价值交易的第一步是获得最适合利率期限结构的 Vasicek 模型的参数 $\gamma^*, \bar{r}^*, \sigma$。因为实际上交易的多头/空头策略将涉及回购协议，所以利率作为短期利率应该是隔夜回购利率。图 16-6 显示了回购利率的时间序列。

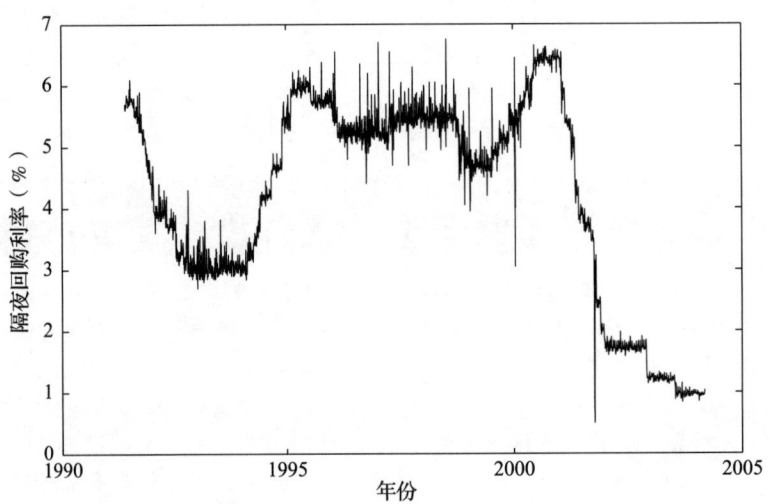

图 16-6　隔夜回购利率：1991 年 5 月 21 日至 2004 年 2 月 17 日

正如第 15 章 15.2.4 节所讨论的那样，参数表由短期利率的波动性给出。隔夜回购利率波动幅度

⊖ 本章练习题 7 要求使用 Cox, Ingersoll 和 Ross 模型进行计算。

较大,实际上我们得到 $\sigma = 3.17\%$。相反,γ^* 和 $\bar{r}^*$ 是通过使用非线性最小二乘法估计的。与16.3节不同的是,我们没有可用的零息债券曲线 $Z(0, T)$,而只有表16-4中的中长期国债。也就是说,对于每个给定的参数 $(\gamma^*, \bar{r}^*)$ 可以利用 Vasicek 模型 $Z(0; T) = e^{A(0;T) - E(0;T) \times r_0}$ 来计算贴现函数。利用这个贴现函数,我们可以计算出模型所蕴含的下债券价格,特别的是 c_i 是债券 i 的票息,n_i 即剩余票息日期的数量。$T_{i,j}, j = 1 \cdots$ 是债券 i 的息票日期,那么根据 Vasicek 模型债券价值就是

$$P_i^{Vasicek} = \frac{c_i \times 100}{2} \times \sum_{j=1}^{n_i} Z(0, T_{i,j}) + 100 \times Z(0, T_{i,n_i}) \tag{16-19}$$

表16-4的第4列和第5列包含了2004年2月17日的买入价和卖出价。为了进行估算,我们应该首先将报价转换为发行价格,如第2章所讨论的,因为式(16-19)中的 Vasicek 债券定价公式是按发行价格计算而不是报价。㊀ 幸运的是,在这种情况下,我们不需要做任何计算,因为2004年2月17日是所有我们用于估计的中长期国债的付息日,因此应计利息为零。然后第6列显示发行价格中值,在这种情况下,也就是平均买卖价格。我们在下面称这些发行价格为 P_i^{Data}。

表16-4 2004年2月17日的债券发行价格

票息(%)	到期日	到期期限	买入价	卖出价	发行价格中值	拟合的Vasicek	Vasicek贴现
6.000	2004/08/15	0.5	102.4297	102.4609	102.4453	102.3353	99.3547
7.500	2005/02/15	1.0	106.2422	106.2734	106.2578	105.8935	98.4749
6.500	2005/08/15	1.5	107.5313	107.5625	107.5469	106.9791	97.3847
5.625	2006/02/15	2.0	107.7344	107.7656	107.7500	107.1136	96.1077
2.375	2006/08/15	2.5	101.1094	101.1406	101.1250	100.4379	94.6668
2.250	2007/02/15	3.0	100.1719	100.1875	100.1797	99.5983	93.0837
3.250	2007/08/15	3.5	102.8125	102.8438	102.8281	102.2741	91.3793
3.000	2008/02/15	4.0	101.4531	101.4844	101.4688	100.9732	89.5729
3.250	2008/08/15	4.5	101.7734	101.8047	101.7891	101.4577	87.6825
3.000	2009/02/15	5.0	99.9844	100.0000	99.9922	99.7263	85.7248
6.000	2009/08/15	5.5	114.4844	114.5156	114.5000	114.2296	83.7152
6.500	2010/02/15	6.0	117.5469	117.5781	117.5625	117.3790	81.6675
5.750	2010/08/15	6.5	113.5938	113.6250	113.6094	113.4736	79.5943
5.000	2011/02/15	7.0	109.0000	109.0313	109.0156	108.9047	77.5068
5.000	2011/08/15	7.5	108.7188	108.7500	108.7344	108.6984	75.4151
4.875	2012/02/15	8.0	107.6563	107.6875	107.6719	107.5666	73.3281
4.375	2012/08/15	8.5	103.8594	103.8906	103.8750	103.5391	71.2535
3.875	2013/02/15	9.0	99.7500	99.7813	99.7656	99.1346	69.1981
4.250	2013/08/15	9.5	102.0156	102.0469	102.0313	101.4287	67.1678
4.000	2014/02/15	10.0	99.6563	99.6875	99.6719	98.7164	65.1675
—	2014/08/15	10.5	—	—	—	—	63.2015
11.250	2015/02/15	11.0	162.4375	162.5000	162.4688	161.1129	61.2733
10.625	2015/08/15	11.5	158.0938	158.1563	158.1250	157.0004	59.3858
9.250	2016/02/15	12.0	146.0156	146.0781	146.0469	145.4712	57.5412
—	2016/08/15	12.5					55.7414

㊀ 为了看清楚这个逻辑,考虑一下在财政部支付票息前一天发生的国债出售。债券的买方将在第二天收到息票付款。然而,由于这个确实属于卖方,买方必须赔偿卖方的票息。事实上,$P_i^{Vasicek}$ 反映了这笔付款给卖方,因为在这种情况下,第一张票息 $Z(0, T_1) \approx 1$ 的折扣,而 Vasicek 价格基本上等于下一个票息支付加上所有未来的息票的现值。

（续）

票息 （%）	到期日	到期期限	买入价	卖出价	发行价格中值	拟合的 Vasicek	Vasicek 贴现
—	2017/02/15	13.0	—	—	—	—	53.9877
8.875	2017/08/15	13.5	144.3281	144.3906	144.3594	142.6901	52.2811
—	2018/02/15	14.0	—	—	—	—	50.6221
—	2018/08/15	14.5	—	—	—	—	49.0110
8.875	2019/02/15	15.0	145.9531	146.0156	145.9844	143.3638	47.4479
8.125	2019/08/15	15.5	138.0313	138.0938	138.0625	136.3987	45.9325
8.500	2020/02/15	16.0	142.6719	142.7344	142.7031	140.7175	44.4645
8.750	2020/08/15	16.5	146.0625	146.1250	146.0938	143.8743	43.0433
7.875	2021/02/15	17.0	136.0625	136.1250	136.0938	134.8678	41.6682
8.125	2021/08/15	17.5	139.3906	139.4531	139.4219	137.9579	40.3383
—	2022/02/15	18.0	—	—	—	—	39.0527
7.250	2022/08/15	18.5	129.1563	129.2188	129.1875	128.3604	37.8105
7.125	2023/02/15	19.0	127.7969	127.8594	127.8281	127.0553	36.6105
6.250	2023/08/15	19.5	116.8125	116.8750	116.8438	116.8364	35.4518

一旦我们建立了数据集，我们可以搜索 $(\gamma^*, \bar{r}^*)$，使得平方定价误差的总和最小化，也就是说

$$J(\gamma^*, \bar{r}^*) = \sum_{i=1}^{n} (P_i^{Data} - P_i^{Vasicek})^2 \tag{16-20}$$

最小化过程产生 $\gamma^* = 18.99\%$ 和 $\gamma^* = 0.05833$。图 16-7 绘制了拟合模型：图 16-7a 比较了交易价格 P_i^{Data} 与拟合的 Vasicek 价格 $P_i^{Vasicek}$，而图 16-7b 显示了 Vasicek 模型的即期收益率曲线。

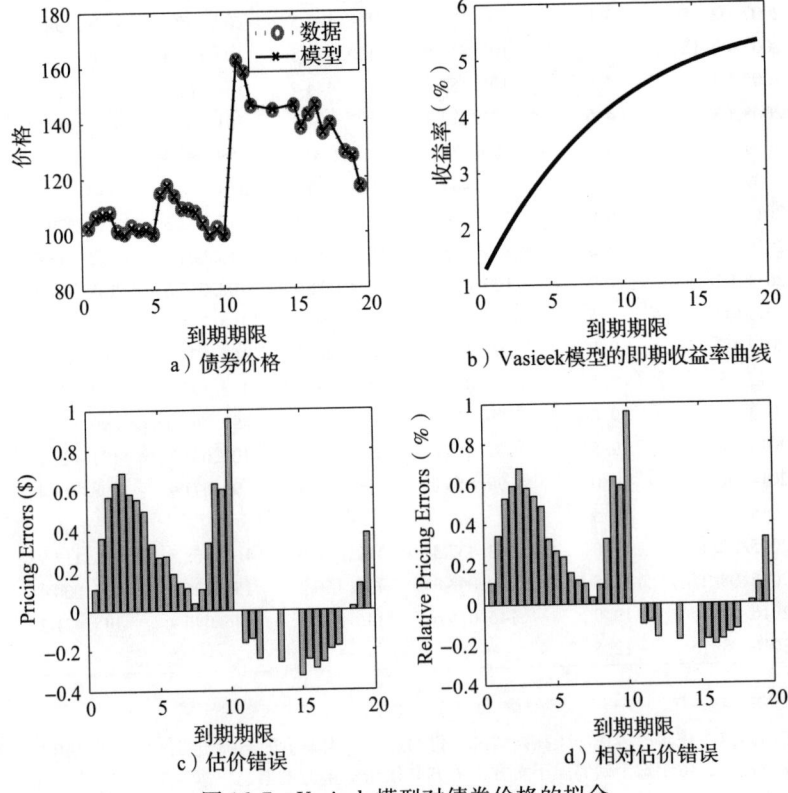

图 16-7 Vasieek 模型对债券价格的拟合

找到相对价值交易

图 16-7a 似乎表明，Vasicek 模型在拟合交易的中长期国债价格方面实际上表现得相当好，因为"数据"和"模型"两条线似乎相互重叠。这种印象是具有欺骗性的，主要是由于图中所用的规模从最低 80 美元到了最高 180 美元，图 16-7c 报告了定价错误，即数据中的价格与模型之间的差异：

$$\text{国债 } i \text{ 的定价误差} = P_i^{Data} - P_i^{Vasicek}$$

可以看出，大多数证券的定价不正确，其中一些显示出较大的差异。例如，10 年期的中期国债数据显然被市场高估，因为其交易价格比 Vasicek 模型的预测高出近 1 美元。事实上，图 16-7d 显示了交易价格 P_i^{Data} 的定价误差，10 年期中期国债的价格比模型的预测高出近 1%。

虽然 10 年期国债将是建立套利交易策略的好选择，但我们在这里考虑的是另外一种交易，它使用短期的"短期债券"。原因是我们可以跟踪交易策略的表现，直到中期国债到期为止，并衡量交易的性能。此外，涉及长期国债的交易策略需要使用第 22 章讨论的多因素模型来设计，因为它们的价格往往受短期利率以外因素的影响。

图 16-7c 和图 16-7d 显示，短期债券也被错误定价。对于我们的练习，我们关注的是在 $T = 1.5$ 时成熟的中期债券，与模型相比，被高估了大约 57 个基点，我们也可以从表 16-4 的第 7 列和第 8 列中看到。我们的相对价值交易则需要以下策略：

$$\text{卖高／买低} \Rightarrow \text{卖 1.5 年的中期债券／买 Vasicek 1.5 年期的债券} \tag{16-21}$$

也就是说，我们想要出售高估的 1.5 年期的债券，并购买 Vasicek 模型暗示的 1.5 年期的债券。虽然进行交易的第一部分很简单，但我们如何购买"Vasicek 模型"暗示的 1.5 年期的债券？当然，这个公允价值只是一个数学公式，所以我们不能自己购买。交易的关键是回想一下，不是我们可以购买，而是根据 Vasicek 模型复制组合复制 1.5 年期的债券。所以，正确的策略是

$$\text{出售 1.5 年期的债券／购买复制 Vasicek 1.5 年期债券组合} \tag{16-22}$$

无套利和相对价值交易的关键在于洞察这样的（复制性）投资组合恰恰花费了 1.5 年期的债券的 Vasicek 价值。因为这个价值低于交易价格，所以通过卖出 1.5 年期的国债和购买复制品组合，我们今天将会获利。在 Vasicek 模型下，复制投资组合复制了 1.5 年期的债券的收益，因此将提供所有需要覆盖空头头寸的利息。

我们现在说明方法。首先，为了建立复制投资组合，我们需要根据模型找到一个价格合理的证券，因此我们使用 7.5 年期的中期国债，其定价误差只有 3 个基点。其次，回想一下，当我们得出无套利条件时，我们考虑了下面的投资组合，现在专门使用手头可用的债券：

$$\Pi(r_t, t) = -P_{1.5-yr}^{Vasicek}(r_t, t) + \Delta_t \times P_{7.5-yr}^{Vasicek}(r_t, t) \tag{16-23}$$

其中 $P_{1.5-yr}^{Vasicek}(r_t, t)$ 和 $P_{7.5-yr}^{Vasicek}(r_t, t)$ 分别表示 t 年的 1.5 年期和 7.5 年期息票。正如在 16.4.1 节中的推导一样，套期保值策略要求选择 Δ_t 以使投资组合对利率的变化不敏感。那就是：

$$\frac{\partial \Pi}{\partial r} = 0 \Rightarrow \Delta_t = \frac{\dfrac{\partial P_{1.5-yr}^{Vasicek}(r_t, t)}{\partial r}}{\dfrac{\partial P_{7.5-yr}^{Vasicek}(r_t, t)}{\partial r}} \tag{16-24}$$

根据该模型，没有套利意味着：

$$d\Pi_t = r_t \Pi_t dt \tag{16-25}$$

也就是说，Π_t 的行为就像安全投资的回报。为了弄清楚复制的投资组合，我们必须推导式（16-23），并重写：

$$P_{1.5-yr}^{Vasicek}(r_t, t) = \Delta_t \times P_{7.5-yr}^{Vasicek}(r_t, t) - \Pi(r_t, t) \tag{16-26}$$

根据这一模型,我们可以使用 7.5 年期的债券头寸来复制 Vasicek 1.5 年期的债券,具体做法是,以无风险利率 r_t 借款 Π_t。由于 Π_t 是借来的现金,所以我们用 C_t 来表示,并将其代入式(16-26)的右边。如果不存在套利机会,则复制的组合可表示如下:

$$P^{Vasicek}_{1.5年期}(r_t,t) = \Delta_t \times P^{Vasicek}_{7.5年期}(r_t,t) - C_t \tag{16-27}$$

回想一下,C_t 是复制策略借用的金额。如果 $C_t < 0$,我们就是净贷款人。由此可见,一旦我们知道了 C_t 和 Δ_t,就可以遵循一个重新平衡的策略,即我们持有 Δ_t 份 7.5 年期的中期国债,并以 r_t 的速率借入或借出现金 C_t,这样 $dC_t = r_t C_t dt$。如果 Vasicek 模型是正确的,那么这个投资组合将复制 1.5 年期中期国债收益,包括它随时间支付的所有票息。⊖ 初始借入的 C_0 必须由时间 0 时的理论投资组合值给出:

$$C_0 = -P^{Vasicek}_{1.5年期}(r_0,0) + \Delta_0 \times P^{Vasicek}_{7.5年期}(r_0,0) \tag{16-28}$$

我们现在转向实际的计算。

建立交易

Vasicek 模型提供了公式来计算确定式(16-24)中的 Δ_t 的一阶导数。事实上,回想一下,附息债券是零息债券的投资组合,对于 n 个剩余票面日期 $T_1, \cdots, T_n$ 票息为 c 的通用附息债券,我们有:

$$\frac{\partial P_c(r,0)}{\partial r} = \frac{c \times 100}{2} \sum_{i=1}^{n} \frac{\partial Z(r,0;T_i)}{\partial r} + 100 \times \frac{\partial Z(r,0;T_n)}{\partial r}$$

$$= \frac{c \times 100}{2} \sum_{i=1}^{n} B(0;T_i) Z(r,0;T_i) - 100 \times B(0;T_n) Z(r,0;T_n)$$

其中我们使用 $B(0;T_i) = (1 - e^{-\gamma^* \times T_i})/\gamma^*$。因为我们已知 γ^*,因为它被估计符合期限结构,所以我们也能够计算每个到期日的 $B(0;T_i)$。此外,由于我们符合利率期限结构,所以我们也可以获得折现率 $Z(r,0;T_i)$,我们在表 16-4 的最后一列中报告。也就是说,我们可以获得计算 7.5 年期债券初始头寸所需的所有信息,即式(16-24)中的 Δ_t。特别是,我们获得

$$\Delta_0 = \frac{\partial P_{1.5年期}(r,0)/\partial r}{\partial P_{7.5年期}(r,0)/\partial r} = \frac{1.4912}{5.6854} = 0.2623 \tag{16-29}$$

因此,每售出 1.5 年期债券,我们必须购买 0.2623 份的 7.5 年期债券。给定 Δ_0,我们可以计算 C_0 的值:

$$C_0 = -105.9791 + 0.2623 \times 108.7344 = -78.4581$$

这是复制投资组合中现金的初始价值。请注意,因为投资组合⊖将由现金 C_0 和 7.5 年期正交易的票据组成,所以我们需要在复制组合中使用交易价值 $P^{Data}_{7.5-y^r}(0) = 108.7344$。那么复制组合就是:

$$P_0 = \Delta_0 \times P^{Data}_{7.5年期}(0) - C_0 = 0.2623 \times 108.7344 + 78.4581$$
$$= 106.9791 = P^{Vasicek}_{1.5年期}(r_0,0) \tag{16-30}$$

通过卖出 $P^{Data}_{7.5年期} = 107.5469$ 并购买复制组合,其成本为 106.9791,初始锁定利润为

初始利润 = 107.5469 − 106.9791 = 0.5678(美元)

⊖ 事实上,我们在第 15 章式(15-24)中得到的偏微分方程(PDE)确实适用于不支付任何中期债券的证券。然而,附息债券是一个个人零息债券组合,每个债券确实满足相同的 PDE。因此,PDE 确实适用于附息证券,附加的限制是证券的价值必须等于任何支付日的息票加上除息债券的价值。

⊖ 为简单起见,我们假定所有交易均以中期债券价格执行。本部分的主要内容是讨论动态复制策略与真实数据的性能。出价和要求考虑会增加交易成本,但不要改变讨论的要点。

值得一提的是，这种交易所隐含的空头/多投头寸是通过回购市场进行的。特别是，为了做空 1.5 年期债券，我们借回购商的债券在市场上出售，并向回购交易商发放现金抵押品，从而获得存款的回购利率。同样，为了购买 7.5 年期债券中的 0.263，我们可能从不同的回购交易商处借到现金，并用它来购买中期国债，然后将中期国债贴在回购商的抵押品上。在这种情况下，我们必须向经销商支付回购利率。有效交易的净头寸等于 $-C_0+$ 初始利润 $=79.025\,9$。动态复制策略只需要对 C_t 进行利率计算。然而，初始利润也会随着时间的推移而获得利息，我们也会在计算最终利润时考虑这一点。

为了总结本小节，在 Vasicek 模型的假设下，复制投资组合方程(16-30)将准确地提供息票和最终本金来弥补空头头寸。因此，今天，交易者为卖出的 1.5 年期债券中每 100 美元卖出 0.567 8 美元。因为交易者通过回购市场执行策略，所以资本的有效回报不是 $\frac{0.567\,8}{100}=57$ 个基点，而是利润 0.567 8 美元除以我们投入交易的有效权益资本，即多头头寸的收益(第 1 章)。例如，在正常情况下，美国国债的收益约为国债价值的 2%，因此我们只对每笔卖出的短期债券投入约 0.570 4 美元 = $2\%\times0.262\,3\times108.734\,4$ 美元，这意味着资本回报率约为 100% $\left(=\frac{0.567\,8}{0.570\,4}\right)$。⊖

它的工作原理？模拟

动态复制在模拟中起到的作用是值得的。我们首先模拟利率过程的一部分：
$$\mathrm{d}r_t = \gamma(\bar{r} - r_t)\mathrm{d}t + \sigma\mathrm{d}X_t$$
请注意，我们必须模拟真实的利率过程，其中有 γ 和 $\bar{r}$，这也不是风险中性的过程，其中包含 γ^* 和 $\bar{r}^*$。复制战略必须在原来的利率动态下在现实世界中运行。在这种情况下，r_t 代表回购利率。使用与图 16-6 相同的数据，我们得到 $\gamma = 1.762\,7$ 和 $\bar{r} = 4.207\,3\%$，而 $\sigma = 3.165\,5\%$，这与 Vasicek 模型中使用的值相同。

回想一下，动态再平衡的工作如下：
(1) 对于每个新的 r_t，使用式(16-24)重新计算最优套期保值比 Δ_t。
(2) 计算新的现金需求 $= (\Delta_t - \Delta_{t-\mathrm{d}t})P^{Data}_{7.5年期}(t)$。
(3) 调整现金借入量 $C_i = C_{t-\mathrm{d}t} + C_{t-\mathrm{d}t} \times r_{r-\mathrm{d}t} \times \mathrm{d}t +$ 所需现金。⊜
(4) 在每个付息时间 T_i 内，借入更多的钱来支付利息。因为处于空头头寸，并使用收到的利息减少借入的金额。

(1) ~ (3) 与 16.1 节讨论的相同。(4)反映了证券支付利息的事实，因此我们必须调整现金持有量以考虑到这些现金流量。总的来说，我们获得的现金余额由下式给出：
$$C_{T_i} = C_{T_i-\mathrm{d}t} + C_{T_i-\mathrm{d}t} \times r_{T_{i-\mathrm{d}t}} \times \mathrm{d}t + \text{Cash needed} + \left(100 \times \frac{c^{1.5年}}{2}\right)$$
$$- \Delta_{T_i-\mathrm{d}t}\left(\frac{100 \times c^{7.5年}}{2}\right)$$

图 16-8a)显示了利率模拟路径上复制策略的表现。图 16-8b 显示了两条线：虚线表示 2 年期债券的 Vasicek 价格 $P^{Vasicek}_{7.5年期}(r_t,t)$，而实线表示复制投资组合的价值
$$P_t = \Delta_t \times P^{Vasicek}_{7.5年期}(r_t,t) - C_t$$
很明显，这两条线完全重合，反映了模型在理论上起作用的事实。以半年频率显示的价格跳跃表示息票支付，如图所示的债券价格：在利息数据中，价格完全按付利息的数额下降。复制投资组合也是一样的。

⊖ 我们忽略了这个事实，即我们也会因逆回购协议而受到削减，因为在这种情况下，我们将成为贷方。
⊜ 在这个特定的应用程序中，$C_t < 0$，这意味着我们是净贷方。但通常不是这种情况。这有助于保持直觉的借款条件，而不是切换所有的迹象。

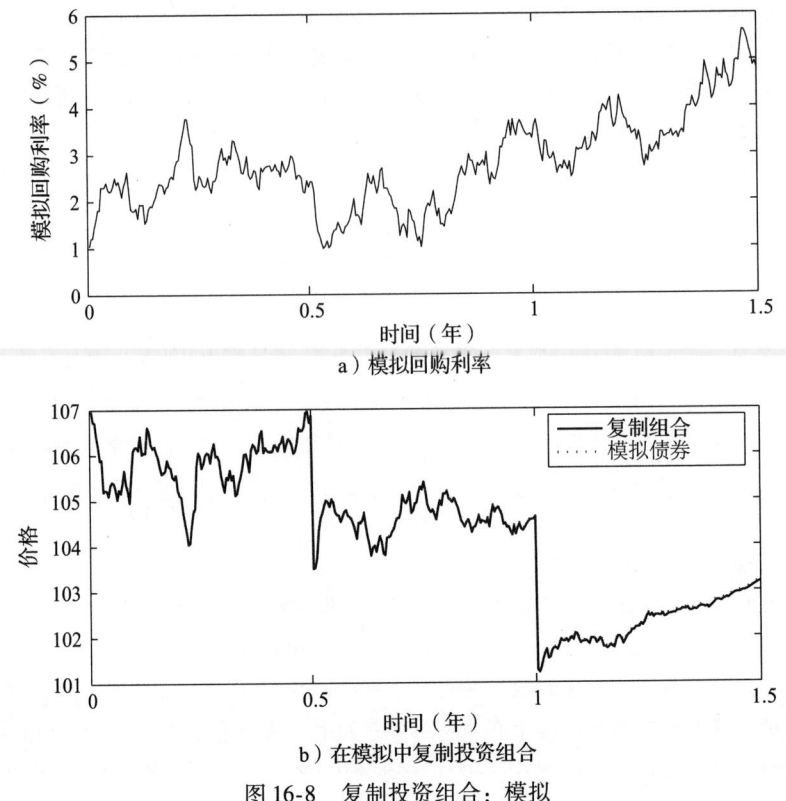

图 16-8 复制投资组合：模拟

是否有效？数据

当我们必须与真实债券进行交易时，这个模型如何表现？图 16-9 提供了这个特定交易的答案。具体来说，图 16-9a 显示了 2004 年 2 月 17 日至 2005 年 8 月 15 日的 1.5 年内实现的隔夜回购利率，大部分样本显示大幅上涨。短期利率的突然上涨是由于美国的这一时期的货币政策。图 16-9b 显示了两条线：虚线描绘随时间观察到的 1.5 年期债券；实线显示相同安全性的 Vasicek 价格的值。⊖ 我们观察到两个事实：一是模型价格相对接近观察到的价格，两者都收敛到 $100 + \frac{6.50}{2} = 103.25$ 的最终支出。其次，Vasicek 价格的波动性并不像实际交易价格那么大，特别是在初始阶段，隔夜回购利率并没有太大的波动（见图 16-9a）。这确实是 Vasicek 模型的缺点之一，因为它不会产生足够的长期债券价格波动，这是我们通过在后面的章节中转向更一般的模型而解决的缺陷。

图 16-9c 组报告数据中的 7.5 年期债券（虚线）和 Vasicek 模型（实线）所暗示的价格。与 1.5 年期债券情况不同，真实价格和模型价格不同步。回想一下，根据 Vasicek 模型，所有到期日的所有债券都是完全相互关联的，而实际上长期债券可能受到其他冲击的影响（见第 4 章）。相当有损复制投资组合的良好表现，因为后者必须使用交易的 7.5 年期债券来执行。

图 16-9d 显示，令人惊讶的是，在这些时候复制策略实际上运行得相对较好，尤其是与图 16-9c 中的 Vasicek 模型的表现相比较。事实上，图 16-9d 中的虚线代表了交易的 1.5 年期债券，而实线表示复制资产组合的价值，只使用交易资产和实际回购利率。两条线之间的初始差异代表了交易者试

⊖ 在这个练习中，我们将参数 γ^* 和 $\bar{r}^*$ 固定到它们早先估计的值。交易者通常需要每天重新估算这些参数，因此通过解释，模型价格将更接近实际交易价格。

图从交易中获得的套利机会：交易者本质上是虚线是短的，实线是长的。从图中可以清楚地看出，这两条线趋向于随时间收敛，尽管它们与到期日 $T=1.5$ 不完全匹配，而对于图 16-8 中的模拟，情况正好相反。但在这种情况下，复制错误对我们有利，因为复制投资组合的价值高于我们正在做空的 1.5 年期债券的价值。因此，在 $T=1.5$ 时，我们可以在复制投资组合中平仓我们的头寸，对于 $P_T=103.4695$ 美元，支付最终的空头头寸和本金，$P_{1.5-yr}^{Data}=103.25$ 美元。那么复制错误是

$$最终的复制错误 = P_T - P_{1.5-yr}^{Data} = 103.4695 - 103.25 = 0.2195（美元）$$

这个交易的总利润就是开始的利润 0.567 8 加上 1.5 年的利润加上复制错误的总和：

$$最终利润 = \frac{0.5678}{Z(0,1.5)} + 0.2195 = 0.5790 + 0.2195 = 0.7985（美元）$$

其中 $Z(0,1.5)=0.9792$ 是 2004 年 2 月 17 日的 1.5 年贴现系数，从表 16-4 中的债券价格推导过程中获得。

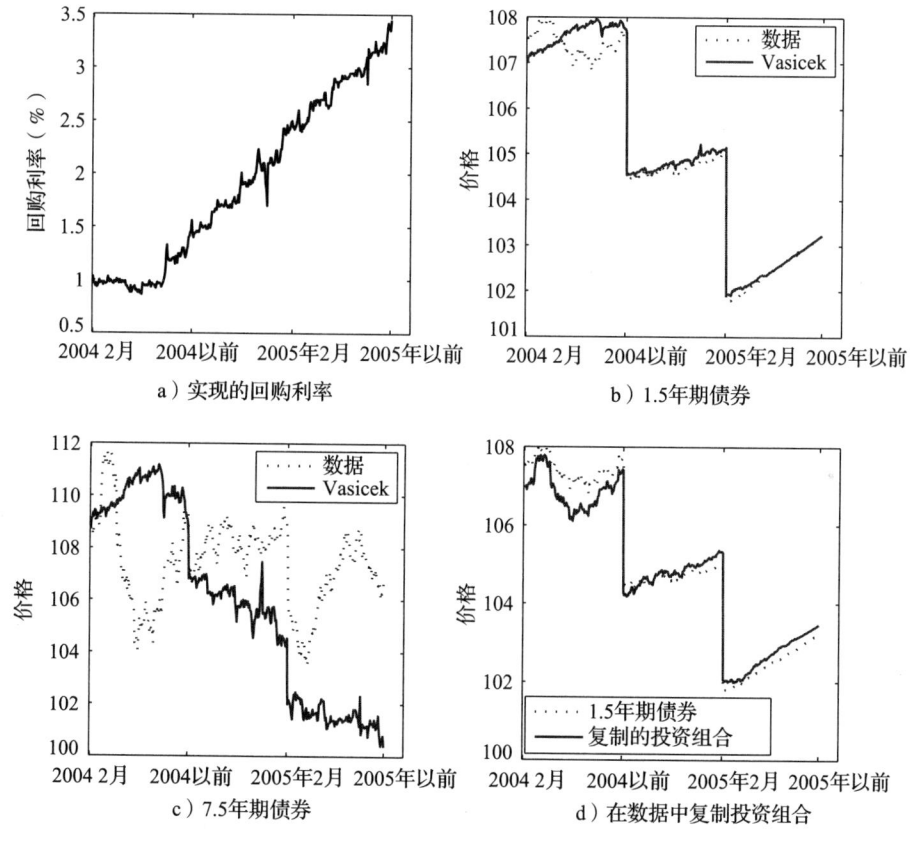

图 16-9　复制投资组合：数据

结论

相对价值交易是华尔街的标准交易，而期限结构模型构成了这些交易的基础。关键是，根据理论，可以通过使用另一种债券来复制一个给定的债券或衍生证券。有时候，一些债券的交易价格高于模型所暗示的价格，因为债券的供求不平衡。例如，即期债券，即新发行的债券，通常以较高的价格进行交易，因为它被认为是较容易流动的。相对价值交易将要求出售这种债券，并通过使用另一种债券来复制其现金流量。但是，重要的警告是模型总是不完善的，因此复制策略可能无法按预期工作。例如，图 16-9c 显示，Vasicek 模型未能正确定价 7.5 年期债券。这种差异可能会导致大的复制错误。因此，只有当明显的套利机会足以弥补复制策略中的潜在损失时，交易者才会采取相对价值套利策略。

附录 16A 看涨期权的 delta 值的衍生

我们可以写出这个期权的公式：

$$V = 100 \times Z(t,r;T_B)\mathcal{N}(d_1) - KZ(t,r;T_O)\mathcal{N}(d_1 - S_Z)$$

其中 $\mathcal{N}(x)$ 是累积正态分布

$$S_Z = \frac{\sigma}{\gamma}(1 - e^{-\gamma(T_B - T_O)})\sqrt{\frac{1 - e^{-2\gamma(T_B - t)}}{2\gamma}}$$

$$d_1 = \frac{1}{S_Z}\log\left(\frac{100 Z(t,r;T_B)}{KZ(t,r;T_O)} + \frac{S_Z}{2}\right)$$

我们可以计算：

$$\frac{\partial V}{\partial r} = 100\frac{\partial Z(t,r;T_S)}{\partial r}\mathcal{N}(d_1) + 100 Z(t,r;T_B)\frac{\partial \mathcal{N}(d_1)}{\partial r} - K\frac{\partial Z(t,r;T_O)}{\partial r}\mathcal{N}(d_1 - S_Z)$$

$$- KZ(t,r;T_O)\frac{\partial \mathcal{N}(d_1 - S_Z)}{\partial r}$$

首先注意：

$$\frac{\partial Z(t,r;T_B)}{\partial r} = -B(t;T_B)Z(t,r;T_B)$$

其次：

$$\mathcal{N}(d_1) = \int_{-\infty}^{d_1} \frac{1}{\sqrt{2\pi}} e^{-\frac{x^2}{2}} dx$$

积分表示

$$\frac{\partial \mathcal{N}(d_1)}{\partial r} = \frac{\partial \mathcal{N}}{\partial d_1}\frac{\partial d_1}{\partial r} = \phi(d_1)\frac{\partial d_1}{\partial r}$$

其中 $\phi(d_1)$ 是正常密度。因为我们可以写出：

$$d_1 = \frac{1}{S_Z}\log\left(\frac{100}{K}\right) + \frac{1}{S_Z}(A(t;T_B) - A(t;T_O)) - \frac{1}{S_Z}(B(t;T_B) - B(t;T_O))r - \frac{S_Z}{2}$$

我们可得：

$$\frac{\partial d_1}{\partial r} = \frac{\partial (d_1 - S_Z)}{\partial r} = -\frac{B(t;T_B) - B(t;T_O)}{S_Z}$$

将所有内容整合到一起，我们可以得到：

$$\begin{aligned}\frac{\partial V}{\partial r} = &-100 B(t;T_B)Z(t,r;T_B)\mathcal{N}(d_1) + KB(t;T_O)Z(t,r;T_O)\mathcal{N}(d_1 - S_Z) \\ &- 100 Z(t,r;T_B)\phi(d_1)\frac{B(t;T_B) - B(t;T_O)}{S_Z} \\ &+ KZ(t,r;T_O)\phi(d_1 - S_Z)\frac{B(t;T_B) - B(t;T_O)}{S_Z}\end{aligned} \quad (16\text{-}31)$$

第 17 章 风险中性定价与蒙特卡罗模拟

风险中性定价是目前最常使用的衍生证券的定价方法。在本章,我们将学习它的基础理论——无套利原理和费曼—卡茨定理(Feynman-Kac theorem),以及通过对其运用来计算相对复杂的利率证券的价格和套期保值比率。风险中性定价的一个重要应用是,为蒙特卡罗模型作为定价工具提供理论基础。

17.1 风险中性定价

考虑下面这个一般化的过程

$$\mathrm{d}r_t = m(r_t,t)\mathrm{d}t + s(r_t,t)\mathrm{d}X_t \tag{17-1}$$

其中 $m(r_t, t)$ 和 $s(r_t, t)$ 为 r 和时间 t 的函数。例如,在 Vasicek 模型中,我们有 $m(r_t, t) = \gamma(\bar{r}-r)$ 和 $s(r_t, t) = \sigma$。在第 15 章中,我们基于以下步骤获得了基本定价方程:

1. 考虑一个包含两种利率证券的投资组合。
2. 在投资组合中选择各证券的单位数量使投资组合风险最小化。
3. 使用伊藤引理计量投资组合资产收益的变动。
4. 应用无套利原理,则投资组合的收益必然等于无风险利率。
5. 获得一个能够满足所有证券的偏微分方程。

结果如下:令有价证券的价值 $V(r, t)$ 取决于利率 r、T 为证券的到期日、$g(r_T, T)$ 为该证券在到期日 T 的支付,那么,$V(r, t)$ 必须满足基本定价方程:

$$rV = \frac{\partial V}{\partial t} + \frac{\partial V}{\partial r}m^*(r,t) + \frac{1}{2} \times \frac{\partial^2 V}{\partial r^2}s(r,t)^2 \tag{17-2}$$

且受到以下边界条件的约束

$$V(r_T, T) = g(r_T, T) \tag{17-3}$$

其中 $m^*(r, t)$ 是 r 和 t 的另一个函数,其函数形式取决于模型。比如,在 Vasicek 模型中,我们有 $m^*(r, t) = \gamma^*(\bar{r}^* - r)$。

我们如何解出这个复杂的方程式呢? 在一些 $m^*(r, t)$ 和 $s(r, t)$ 的假设条件下,对于某些特定的证券,我们可以用一个解析式求出式(17-2)。比如,在第 15 章中,我们就解出了基于 Vasicek 模型和 CIR 模型的零息债券价格解析式。同理,我们还获得了零息债券期权价格的解析式。然而,也存在另外一些情况,我们不能得出式(17-2)的解析解。在这种情况下,我们必须采用数值法来计算证券的价格。在接下来的部分中,我们将介绍求解式(17-2)的基本工具。

17.2 费曼—卡茨定理

费曼—卡茨定理提供了偏微分方程式(17-2)的一个通解。实际上，它提供了一种比上一章在式(17-2)中用到的更为简便的求解方法，我们将在后面用到。接下来，我们先给出这个通解：

○ **事实 17-1**

令 $V(r, t)$ 为证券的价格，最终的支付 $V(r_T, T) = g(r_T, T)$

满足偏微分方程

$$R(r)V = \frac{\partial V}{\partial t} + \frac{\partial V}{\partial r} m^*(r, t) + \frac{1}{2} \times \frac{\partial^2 V}{\partial r^2} s(r_t, t)^2 \tag{17-4}$$

其中 $R(r)$ 是 r 的函数，$V(r, t)$ 由下式给出

$$V(r_t, t) = E^* \left[e^{-\int_t^T R(r_u) du} g(r_T, T) \mid r_t \right] \tag{17-5}$$

其中期望 $E^*[\cdot]$ 是式(17-6)的概率分布

$$dr_t = m^*(r_t, t) dt + s(r_t, t) dX_t \tag{17-6}$$

这个结果对于无套利定价的利率证券十分重要。确实，在基础定价方程(式(17-4))中有 $R(r) = r$，因此解为

$$V(r_t, t) = E^* \left[e^{-\int_t^T r_u du} g(r_T, T) \mid r_t \right] \tag{17-7}$$

这个方程式看似简单，即利率证券的价格等于支付 $g(r_T, T)$ 的贴现值的期望，贴现值用无风险利率 $\int_t^T r_u du$ 求出。然而，它的关键是期望值 $E^*[\cdot]$ 是方程式(17-6)中的利率期望，而不是原始方程式(17-1)的利率期望。

定义 17-1

风险中性(risk neutral)或者**风险调整**(risk adjusted)利率方程，是在原始的利率过程方程(17-1)中通过代入漂移率 $m(r_t, t)$ 的系数乘以基本定价方程(方程(17-2))中的"$\frac{\partial V}{\partial r}$"项得到的，即

$$\text{风险中性漂移} = m^*(r_t, t) \tag{17-8}$$

原始的利率过程(式(17-1))经常被称作为**自然风险**(risk natural)，或者**自然**(physical)，或者简单地说，利率**本质过程**(true process)。

为什么在式(17-6)的利率过程称为风险中性过程呢？接下来我们用事实来解释它。

○ **事实 17-2**

如果利率过程就是式(17-6)，那么任何利率证券的预期收益将是无风险利率。这就是说，V_t 表示一个利率证券在 t 时刻的价值，然后

$$E^* \left[\frac{dV_t}{V_t} \right] = r_t dt \tag{17-9}$$

其中，期望 $E^*[\cdot]$ 假定为式(17-6)中的利率过程的期望。

为了更好地理解式(17-9)，我们需要回到伊藤引理，运用它的前提假设是式(17-6)是实际利率过程。令$V(r_t, t)$为任一利率证券在t时刻的价值。然后，伊藤引理告诉我们

$$dV_t = \left\{ \frac{\partial V}{\partial t} + \frac{\partial V}{\partial r} m^*(r_t, t) + \frac{1}{2} \times \frac{\partial^2 V}{\partial r^2} s(r_t, t)^2 \right\} dt + \frac{\partial V}{\partial r} s(r_t, t) dX_t \quad (17\text{-}10)$$

由此可得，在t和$t + dt$之间的预期收益是

$$E^*[dV_t] = \left\{ \frac{\partial V}{\partial t} + \frac{\partial V}{\partial r} m^*(r_t, t) + \frac{1}{2} \times \frac{\partial^2 V}{\partial r^2} s(r_t, t)^2 \right\} dt \quad (17\text{-}11)$$

现在我们可以发现这个表达式的右边和基础定价公式(17-2)的右边是一样的。这样，我们就可以得到式(17-9)。

需要注意的是，风险中性定价理论并没有要求市场参与者的风险态度必须中性。事实上，他们可能是风险厌恶者。也因此，需要一个较大的风险溢价来补偿价格下降的风险。风险溢价已经包含在风险中性过程的漂移率$m^*(r, t)$当中。术语有点混淆，但是：漂移率从$m(r, t)$变成$m^*(r, t)$，是为了解释为什么市场参与者持有风险证券时，需要一个风险溢价，这时的利率中性过程就是利率过程。出于这样的原因，定义17-1也可以使用等价的术语"风险调整过程"，为了反映风险溢价，风险调整过程强调了对于利率风险过程的变化。在第18章中，我们将会回顾这个差别，这也可以在第9、10章上下文讨论的二叉树中看到。

接下来的几个例子将介绍一些风险中性理论的实际应用。

👉 例 17-1

假设一只证券在t时刻的收益$V(r_0, 0)$刚好等于$g(r_T, T) = 1$。然后，根据式(17-7)，我们可以得到

$$V(r_0, 0) = E^* \left[e^{-\int_t^T r_u du} g(r_T, T) \mid r_0 \right]$$

$$= E^* \left[e^{-\int_t^T r_u du} 1 \mid r_0 \right]$$

$$= Z(r_0, 0; T)$$

这正是零息债券本身的定价结果。如果不是这种情况的话，将会违背一价定律，套利者可以获得无限的利润。

👉 例 17-2

假设一个证券在t时刻的收益$V(r_0, 0)$刚好等于零息债券在到期日T^*的收益。也就是$g(r_T, T) = Z(r_T, T; T^*)$。这样的证券的价值是多少呢？根据式(17-7)，我们可以得到

$$V(r_0, 0) = E^* \left[e^{-\int_t^T r_u du} g(r_T, T) \mid r_0 \right]$$

$$= E^* \left[e^{-\int_t^T r_u du} Z(r_T, T) \mid r_0 \right] \quad (17\text{-}12)$$

我们知道，在无套利条件下，无论利率是多少，t时刻的期望取决于r_T，而$Z(r_T, T; T^*)$本身必须满足式(17-7)。即$Z(r_T, T; T^*) = E^* \left[e^{-\int_t^T r_u du} 1 \mid r_T \right]$。替换，可以发现

$$V(r_0, 0) = E^* \left[e^{-\int_t^T r_u du} \times E^* \left[e^{-\int_t^T r_u du} 1 \mid r_T \right] \mid r_0 \right] \quad (17\text{-}13)$$

$$= E^* \left[e^{-\int_0^T r_u du} \times e^{-\int_T^{T^*} r_u du} 1 \mid r_0 \right]$$

$$= E^* \left[e^{-\int_0^{T^*} r_u du} 1 \mid r_0 \right]$$

$$= Z(r_0, 0; T^*) \tag{17-14}$$

其中第二个等式来源于期望迭代法则,它基本说明了,即使我们现在知道在将来会获取更多关于一个随机变量 $g_T = e^{-\int_0^T r_u du}$ 的信息(在 T 时刻,我们将会知道 r_T),也不能改变现在的期望值(它仅仅取决于 r_0)。㊀ 也就是说,一只证券在 T 时刻的收益取决于另一只期限更长的零息债券在到期日 T^* 的收益时,则该证券的价格就会等于当前零息债券在到期时间为 T^* 时的价格。否则会违背一价定律并出现套利机会。

接下来两个例子将说明风险中性定价方法很容易推导我们在第 5 章中得到的结果。

例 17-3

假设一份 T 时刻到期且以到期日为 T^* 的零息债券为标的的远期合约。设 K 为交易双方在 0 时刻同意的交货价格。则远期合约的收益为

$$\text{远期合约的收益} = Z(r_T T; T^*) - K$$

使用风险中性定价方法(式(17-7)),则 0 时刻的收益为

$$V(r_0, 0) = E^* \left[e^{-\int_0^T r_u du} \times [Z(r_T T; T^*) - K] \right]$$

由于 K 不是一个随机变量(我们知道其为 0 时刻的交割价格),我们重新写方程式有

$$V(r_0, 0) = E^* \left[e^{-\int_0^T r_u du} \times Z(r_T T; T^*) \right] - K \times E^* \left[e^{-\int_0^T r_u du} \right]$$

$$= Z(r_0, 0; T^*) - K Z(r_0, 0; T)$$

最后,初始合约的交割价格 K 将使得远期合约的初始价值为零。因此,如果合约初始的价值为零,那么我们可以根据下式求出 K

$$K = \frac{Z(r_0 0; T^*)}{Z(r_0 0; T)}$$

它就等于远期贴现因子 $F(0, T, T^*)$,这在第 5 章中的 5.3 节中已经讨论过了。

例 17-4

考虑一份远期互换合约,交易双方同意在 0 时刻签订一份 T 时刻开始,到期日为 T^* 的互换交易,其中到期时间 $T^* > T$,当前约定互换利率为 c。那么远期互换合约在 0 时刻的价值是多少呢?

首先,固定利率获得者的互换合约在 T 时刻的收益是多少?给定互换利率 c,从第 5 章的 5.4.1 中我们可以得出,互换合约在 T 时刻的价值是

$$T \text{ 时刻的互换价值} = N \times \left[\Delta \times c \left(\sum_{j=1}^n Z(r_T, T; T_i) \right) + Z(r_T, T; T^*) - 1 \right]$$

其中 T_i 是重置日期,并且 $T_n = T$,根据式(17-7),风险中性定价原理暗示了

$$0 \text{ 时刻的互换价值} = E^* \left[e^{-\int_0^T r_u du} [T \text{ 时刻的互换价值}] \right]$$

㊀ 通常,给定一个随机变量 x 和条件 A,我们有 $E[E[x \mid A]] = E[x]$。

$$= NE^* \left\{ e^{-\int_0^T r_u du} \left[\Delta c \left(\sum_{j=1}^n Z(r_T, T; T_i) + Z(r_T, T; T^*) - 1 \right) \right] \right\}$$

$$= N \left[\Delta c \left(\sum_{j=1}^n Z(r_0, 0; T_i) \right) + Z(r_0, 0; T^*) - Z(r_0, 0; T) \right] \tag{17-15}$$

在这里，我们使用了式(17-13)和式(17-14)的结果。

远期互换利率 $f_n^\delta(0, T; T^*)$ 就是互换利率 c 使得在式(17-15)中远期互换合约的初始价值等于零时的利率：

$$f_n^\delta(0, T; T^*) = \frac{Z(r_0, 0; T) - Z(r_0, 0; T^*)}{\Delta \sum_{j=1}^n Z(r_0, 0; T_j)} \tag{17-16}$$

除以 $Z(r_0, 0; T)$，根据远期贴现因子（见第15章），我们可以重写远期互换利率 $f_n^\delta(0, T; T^*)$

$$f_n^\delta(0, T; T^*) = \frac{1 - F(0, T; T^*)}{\Delta \sum_{j=1}^n F(0, T; T_j)} \tag{17-17}$$

它与第5章的式(5-51)是相同的。

17.3 风险中性定价的应用：蒙特卡罗模拟

风险中性定价最重要的应用是它提供了对任一利率证券定价的通用方法。的确，由于基础定价公式(式(17-2))的解是由式(17-7)给出的，因此，如果我们可以计算出式(17-7)的期望值，就可以得到证券的价格。正如我们在13章所做的那样，使用蒙特卡罗模拟可以快速地计算出该期望值。但和第13章唯一的区别在于，我们并不局限于模拟利率过程树状图本身。相反，我们可以通过式(17-16)中的风险中性过程来模拟利率。此外，我们还将在第22章看到，风险中性方法很容易扩展到多个因素上。同样，在第11章中讨论的风险中性二叉树，被认为是一个求解式(17-16)风险中性定价公式的数字方法。

在本节中，我们将阐述基于Vasicek模型的蒙特卡罗模拟。我们将做两个练习：第一个是使用蒙特卡罗模拟给简单的附息债券进行定价。这个练习说明了该方法的工作原理，通过Vasicek方程和蒙特卡罗模拟，我们将获得（几乎）相同的值。第二个就是对更加复杂的证券定价，比如区间浮动利率债券(range notes)。

17.3.1 扩散过程模拟

根据费曼—卡茨定理，为了对一个收益为 $g(r_T, T)$ 的证券定价，我们必须根据式(17-6)，计算出式(17-7)的期望值。首先，我们必须知道如何模拟式(17-6)的利率过程。该方法类似于第13章中解释的一个方法，接下来再回顾一下。

我们必须模拟式(17-6)的利率过程，即

$$dr_t = m^*(r_t, t) dt + s(r_t, t) dX_t$$

首先将时间 $[0, T]$ 离散为 N 段，$N = T/\delta$，间隔大小为 δ。令初始时的即期利率为 r_0。我们可近似得到

$$dr_t \approx r_{t+\delta} - r_t$$

$$dt \approx \delta$$

$$dX_t \approx \sqrt{\delta} \times \varepsilon_{t+\delta}$$

其中 $\varepsilon_{t+\delta} \sim \mathcal{N}(0, 1)$

下面的公式被称为"欧拉离散体系"：

$$r_{t+\delta} = r_t + m^*(r_t,t)\delta + s(r_t,t)\sqrt{\delta}\varepsilon_{t+\delta}$$

例如，考虑 Vasicek 模型 $m^*(r_t, t) = \gamma^*(\bar{r}^* - r_t)$ 和 $s(r_t, t) = \sigma$。将符号做一些细微的变化，令 r_i 表示 i 时刻的利率（$i \times \mathrm{d}t$）。从 r_0 开始，我们有

$$r_1 = r_0 + \gamma^*(\bar{r}^* - r_0)\delta + \sigma\sqrt{\delta}\varepsilon_1$$
$$r_2 = r_1 + \gamma^*(\bar{r}^* - r_1)\delta + \sigma\sqrt{\delta}\varepsilon_2$$
$$\vdots \quad \vdots$$
$$r_i = r_{i-1} + \gamma^*(\bar{r}^* - r_{i-1})\delta + \sigma\sqrt{\delta}\varepsilon_i$$
$$\vdots \quad \vdots$$
$$r_N = r_{N-1} + \gamma^*(\bar{r}^* - r_{N-1})\delta + \sigma\sqrt{\delta}\varepsilon_N$$

17.3.2 模拟收益

考虑一只到期日为 T 收益为 $g(r_T)$ 的证券。我们需要计算出其收益期望值的贴现值，其中期望值可以从风险中性过程中求得，贴现值可以使用无风险利率来计算。具体来讲，我们希望计算出

$$V(r,t) = E^*\left[e^{-\int_t^T r_u \mathrm{d}u} \times g(r_T)\right]$$
$$\approx E^*\left[e^{-\sum_{i=0}^{N-1} r_i \delta} \times g(r_N)\right]$$

再次说明，利率下标符号的变化是从 t 到 i。蒙特卡罗方法表明，我们可以通过下述方法得到近似的期望值：

(1) 重复模拟利率 J 次，比方说 $J=1\,000$，由此可以得到利率 J 路径 $r_0^j, r_1^j, \cdots, r_{N-1}^j, r_N^j$，其中 $j=1, 2, \cdots, J$。

(2) 使用每个利率路径 j，$j=1, 2, \cdots, J$，可以计算出收益的现值，由此可以获得证券在 T 时刻现值的 J 个值，即

$$V^1(r_0,0) = e^{-\sum_{i=0}^{N-1} r_i^1 \delta} g(r_N^1)$$
$$V^2(r_0,0) = e^{-\sum_{i=0}^{N-1} r_i^2 \delta} g(r_N^2)$$
$$\vdots \quad \vdots$$
$$V^j(r_0,0) = e^{-\sum_{i=0}^{N-1} r_i^j \delta} g(r_N^j) \quad (17\text{-}18)$$
$$\vdots \quad \vdots$$
$$V^J(r_0,0) = e^{-\sum_{i=0}^{N-1} r_i^J \delta} g(r_N^J)$$

(3) 求出现值 $V^1(r_0, 0), V^2(r_0, 0), \cdots, V^N(r_0, 0)$ 的平均值

$$\hat{V}(r_0,0) \approx \frac{1}{J}\sum_{j=1}^{J} V^j(r_0,0) \quad (17\text{-}19)$$

其中"^"是指这个值为蒙特卡罗模拟得出的资产价格的近似值。

例 17-5

使用 Vasicek 模型的附息债券

用 Vasicek 模型模拟零息债券的价格,其中,$m^*(r_t,t) = \gamma^*(\bar{r}^* - r_t)$,$s(r,t) = \sigma$,收益 $g(r_T) = 1$。模拟得到的零息债券的价值就是

$$\hat{Z}(r_0,0;T) = \frac{1}{J}\sum_{j=1}^{J}(e^{-\sum_{i=0}^{N-1}r_i\delta})$$

给定每个到期日的零息债券的价格,我们可以计算出附息债券价格的价值。令 T_k 为票面日期。我们可以得到

$$\hat{P}_c(r_0,T) = \sum_{k=1}^{K}\frac{c\times 100}{2}\hat{Z}((r_0,0;T_k) + 100\,\hat{Z}((r_0,0;T_K))$$

图 17-1 绘制了 2002 年 1 月 8 日附息债券的价值。该证券由第 15 章式(15-28)中的 Vasicek 等式和蒙特卡罗模拟而来。其中,时间间隔是 $\delta = \frac{1}{252}$,参数估计是 $\gamma^* = 0.070\,2$,$\bar{r}^* = 0.232\,2$ 和 $\sigma = 0.046\,4$。㊀ 图 17-1 显示了几个模拟的结果。

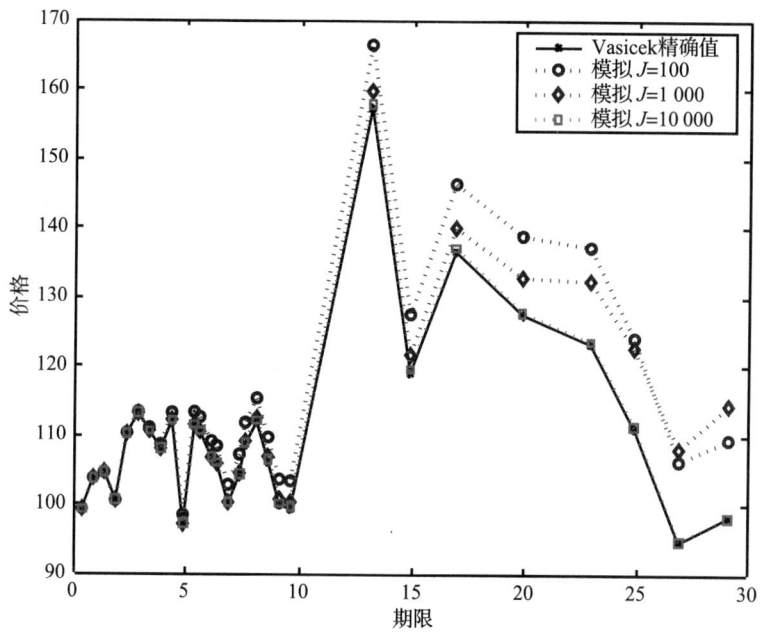

图 17-1 Vasicek 债券价格:精确公式和模拟

首先,比较少的模拟数量,比如 $J = 100$ 或者 $J = 1\,000$,由于数量太少而不能给债券定价。实际上,模拟价格是比较偏离目标价的。这是由于利率的波动相对较大,$\sigma = 0.046\,4$。虽然大概 100 000 次的模拟对于长期债券而言也许能达到更好的效果,但是 $J = 10\,000$ 时是很接近真实价值的。

图 17-1 和关键点在于,无论我们是使用复杂的解析式来计算债券的价值还是模拟利率路径,并采取贴现值的平均值,我们都能得到(大约)相同的结果。我们需要意识到发生这种情况的原因是,解析式和蒙特卡罗模拟这两种方式对同一偏微分方程(式(17-2))提供了一种解。在这个意义上,费

㊀ 与 15 章 15.2.4 节的练习不同,在 15 章中我们仅仅估计了本息分离债券的 γ 与 $\bar{r}^*$,但是把从短息利率变化所获得的 σ 限定为 $\sigma = 0.221$,在这个案例中我们依然使用附息债券价格来估计 σ 值,这样使得其更为拟合期限结构。尽管从理论上而言,σ 应该限定为与时间价值相等,但是许多业内人士更倾向于使用债券来估算它以便于更契合期限结构。

曼—卡茨定理是风险中性定价的关键一步：它定义了一个通用的方法来解答基本定价式(17-2)，从而获得利率证券的价格。在这个例子中，对于债券的价格可以使用 Vasicek 公式本身。然而，对于一些更复杂的证券，就没有公式可用，蒙特卡罗模拟可能是唯一计算求解基本定价公式(17-2)的方法了。在 17.4 节和本章的案例研究中，将进一步提供两个具体的案例。

17.3.3 标准误差

我们该怎样决定模拟的合理数量呢？就图 17-1 而言，我们对比了实际值(使用 Vasicek 模型)和模拟值，我们可以看看模拟数量 J 是否足够。然而，关键在于，我们并没有实际值，这也正是为什么我们使用蒙特卡罗模拟来获得证券价格的原因。一种方法是计算估计的标准误差。即根据给出的模拟值 $V^j(r_0, 0)$，$j=1, \cdots, J$，通过式(17-18)，我们可以计算出 $V^1(r_0, 0)$，$\cdots$，$V^j(r_0, 0)$ 的标准偏差，从而得到估计值 $\hat{V}(r_0, 0)$ 的标准误差。

定义 17-2

估计值 $\hat{V}(r_0, 0) \approx \frac{1}{J}\sum_{j=1}^{J} V^j(r_0, 0)$ 的**标准误差**(standard error)由下式给出

$$\text{标准误差} = \frac{\text{标准差}}{\sqrt{J}} \tag{17-20}$$

其中标准偏差为

$$\text{标准差} = \sqrt{\frac{1}{J}\sum_{j=1}^{J}(V^j(r_0,0) - \hat{V}(r_0,0))^2} \tag{17-21}$$

大致而言，标准误差的值提供了模拟证券价格准确性的标准。如果标准误差很高，意味着计算出来的值不是很好，需要做更多的模拟。大致上，我们可以说有 95% 的概率，证券的实际值在两个模拟值的标准误差之间。这就是说，有 95% 的机会，基本定价等式(式(15-24))的解包含在置信区间内

$$\text{置信区间} = [\hat{V}(r_0,0) - 2 \times \hat{V}(r_0,0)\text{的标准误差} + 2 \times \text{标准误差}] \tag{17-22}$$

例 17-6

表 17-1 列出了标准误差。具体而言，第 1 列是 3 个不同的到期日 $T=5.35$，$T=14.86$，$T=26.87$，第 2 列反映了 3 只债券在 3 个不同到期日的价格。接下来 3 列是由蒙特卡罗模拟在 3 种不同的次数 $J=100$，$J=1000$ 和 $J=10\,000$ 模拟下所获得的价格。最后 3 列是标准误差。比如，第一只债券，它的实际价格是 $P(5.35)=111.49$ 美元。蒙特卡罗模拟在 $J=100$ 时的价格为 $\hat{V}(r_0, 0)=114.50$ 美元，和实际值有很大的差别。然而，假设我们并不知道实际值(如果我们知道，就没有必要使用蒙特卡罗模拟)，并且我们必须决定价格 $\hat{V}(r_0, 0)=114.50$ 美元是否正确。其标准误差提供了答案。在这种情况下，标准误差 $=3.28$。这意味着，置信区间是 $[107.9400, 121.0600]$，即我们有 95% 的概率，实际值在 107.94 美元和 121.06 美元之间。很显然其与真实值的差很大，它不是一个能让交易商有信心的报价。

表 17-1 蒙特卡罗模拟的 Vasicek 债券价格和标准误差

到期日	实际价格	蒙特卡罗价格			标准误差		
		$J=100$	$J=1\,000$	$J=10\,000$	$J=100$	$J=1\,000$	$J=10\,000$
5.35 年	111.49	114.50	110.74	111.32	3.28	0.85	0.27
14.86 年	119.03	130.76	120.71	119.96	9.91	3.63	0.93
26.87 年	94.66	94.04	95.33	93.85	9.51	5.43	1.57

资料来源：《华尔街日报》。

通过增加模拟的数量,我们可以得到一个更窄的区间。比如,当 $J=10\,000$ 时,我们得到一个蒙特卡罗价格 $\hat{V}(r_0,0)=111.32$ 美元,该值确实更加接近实际值。同样地,如果我们不知道实际值,我们该怎样对这个模拟值有信心呢?在这种情况下,标准误差是很小的,标准误差 $=0.27$。这暗示了置信区间是 $[110.780\,0, 111.86]$,这是比较小的。交易商在这个区间上将有足够的信心报价,因为和实际值没有很大的差别。

长期债券又是怎样的呢?现在考虑到期日 $T=26.87$ 年的债券。这种情况下,真实的价格为 $P(26.87)=94.66$。使用蒙特卡罗在 $J=10\,000$ 时得到的价格是 $\hat{V}(r_0,0)=93.85$。我们如何获得对这个价格的准确性的信心呢?标准误差相对较大,标准误差 $=1.57$,它导致有一个相对较宽的置信区间等于 $[90.710\,0, 96.990\,0]$,即甚至 10 000 次的模拟也不能获得长期债券的准确价格。对于长期债券,我们需要大量增加模拟的次数,从而获得更准确的价格。精准定价所需的确切模拟数量取决于对利率过程的参数估计。

17.4 实例:对区间浮动利率债券进行定价

到目前为止,我们通过蒙特卡罗模拟,得到了有解析解的债券的价格。而在下面的例子中,本身就没有解析解,比如,区间浮动利率债券(range floater)就是这样。区间浮动利率债券是附息的浮动利率债券,它支付的息票:①高于标准的浮动利率债券;②但只有当参考的浮动利率在某个给定的范围内时,才会支付息票,否则就什么也没有。

区间浮动利率债券在市场上出现于 1993 年,一个短期利率低且收益率曲线陡峭的背景下。研究者发现它们具有吸引力的原因是其较高的息票,这些息票被称为市场浮动利率息票。此外,这些息票允许投资者基于这样一个观点进行投机:利率将保持在一定范围,直至债券到期。同样,从发行者角度来讲,也可避免利率上升时过高的利息支付。

我们怎样才能对区间浮动利率债券定价呢?鉴于其非标准结构,蒙特卡罗模拟似乎是一种可行的方法。在风险中性动态下,通过模拟未来利率,我们得到利率的波动范围,从而能决定是否需要给投资者支付息票利息。即我们可以同时模拟利率和息票(取决于利率的高低)。根据各个模拟的利率路径以及这些路径下隐含的现金流序列,就可以计算出未来现金流的贴现值。最后,通过平均各利率路径得到的结果,就能计算出区间浮动利率债券的价值。下面,我们具体来看如何操作。

例 17-7

由以下术语来描述区间浮动利率债券:
- **今天**:2004 年 11 月 1 日
- **到期日**:2007 年 11 月 1 日
- **复利频率**:季
- **面值**:100
- **息票**:浮动利率 $=[3\text{ 个月的 }LIBOR+利差]\times\dfrac{(t-1,t)\text{ 期间的累积因子}}{\text{天数}}$。即

$$CF(t) = \text{面值} \times (LIBOR_{t-1} + 利差) \times \frac{(t-1,t)\text{ 期间的累积因子}}{\text{天数}} \qquad (17\text{-}23)$$

- **利差波动**:1%
- **日期计算办法**:360

- **累积因子**:3 个月期同业拆借利率的范围在 [1.18%, 4.18%] 之间的天数
- **当前 3 个月期 LIBOR**:2.18%

我们进行如下操作。首先,我们从当前 LIBOR 和互换数据中提取 LIBOR 收益率曲线,并同时用 Vasicek 模型进行拟合。根据 2004 年 11 月 1 日的互换利率和当前 LIBOR,可以运用曾在第 5 章 5.4.3 节说明的方法,得到对每一到期日 T(见式(5-45)) LIBOR 的贴现因子 $Z(0, T)$。

对于每一个 T,给定 $Z(0, T)$(正如第 15 章 15.2.4 节所讲的那样),采用非线性最小二乘法,可以估计出十分符合贴现率曲线的 Vasicek 模型参数 $\bar{r}^*$、γ^* 和 σ。事实上,根据 Vasicek 模型,波动率 σ 应该通过利率时间序列的变化来估计,我们将在这里介绍。⊖ 其他两个参数可以通过方差最小化来获得

$$J(\bar{r}^*, \gamma^*) = \sum_T (Z(0, T) - Z^{Vasicek}(r_0, 0; T))^2$$

这里 $Z^{Vasicek}(r_0, 0; T) = e^{A(T)-B(T)r_0}$ 表示 Vasicek 模型价格。这个公式里应该插入的 r_0 是多少呢?我们将使用 $r_0 = 2.17\%$,即 3 个月期利率的连续复利,对应 3 个月期 LIBOR,在 2004 年 11 月 1 日为 2.18%。⊜

我们估计 Vasicek 模型的参数为 $\bar{r}^* = 6.41\%$,$\gamma^* = 0.21\%$,波动率 $\sigma = 0.82\%$。图 17-2 展示了拟合债券的价格和估计的收益率曲线。

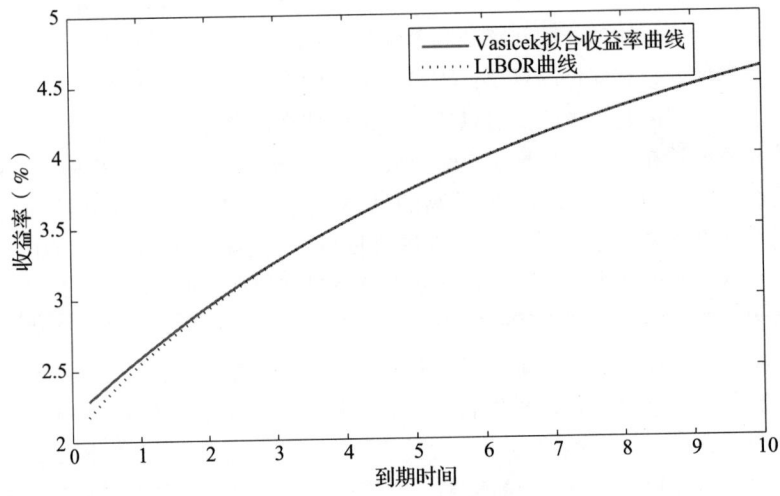

图 17-2 2004 年 11 月 1 日的 Vasicek 拟合收益率以及 LIBOR 曲线

资料来源:美联储和彭博。

接下来,给定估计参数 $\bar{r}^* = 6.41\%$,$\gamma^* = 0.21\%$,波动率 $\sigma = 0.82\%$ 后,就可以运用利率的蒙特卡罗模拟来计算浮动利率债券的价格。我们需要模拟利率 r_t 和现金流,后者也取决于利率路径,根据式(17-23)。更具体地说,可按以下步骤来操作:

1. 模拟利率 r_i^j 从 0 时刻至到期日的一条路径。如果我们使用常用的步骤,为方便起见,假设一年有 360 天,然后我们令时间段为 $\delta = \frac{1}{360}$。然后,如前所述,我们模拟 J 条利率路径。即每一路径 j 从 $r_0 = 2.17\%$ 开始(对应同业拆借利率的连续复利),然后根据下式模拟

$$r_{i+1}^j = r_i^j + \gamma^*(\bar{r}^* - r_i^j)\delta + \sigma \times \sqrt{\delta}\varepsilon_{i+1}^j$$

⊖ 然而,业内认识通常也通过债券价格或者期权价格来估算 σ。

⊜ 即 $2.17\% = \frac{1}{0.25} \times \log\left(1 + \frac{90}{360} \times 2.18\%\right)$。

这里 i 意味着步骤。为简单起见,我们把模拟利率 r_i^j 解释为 3 个月期连续复利。[脚注]

2. 对于每个路径 j,运用式(17-23),我们可以计算出季度现金流的序列。因为现金流取决于 LIBOR,而我们模拟一个连续复利(短期)利率,我们需要把它转化成 LIBOR,根据公式

$$LIBOR_i^j = \frac{360}{90} \times (e^{r_i^j \times 0.25} - 1)$$

3. 给定 $LIBOR_i^j$ 日常序列,我们可以计算出模拟 $LIBOR_i^j$ 在规定范围内的天数是,然后使用式(17-23)来计算现金流。令 i^* 是模拟时的一个付息日,假设一年有 360 天,那么每 90 天为一次付息日。尽管付息日每 90 天出现一次,但是为简单起见,付息日的次序为 $i^* = 1, 2, 3, \cdots, 12$。然后,我们有

$$CF_{i^*}^j = 名义金额 \times (LIBOR_{i^*-1}^j + 利差) \times I_{i^*}^j$$

其中 $I_{i^*}^j$ 是天数,是 $LIBOR_i^j$ 的模拟 j 路径中,处于给定范围内的天数的占比。

$$I_{i^*}^j = \frac{在付息日(i^* - 1) 与 i^* 之间 LIBOR_i^j 天数}{360}$$

4. 对于每个模拟的路径 j,计算其现金流序列的现值

$$V_0^j = \sum_{i^* = 1}^{12} \frac{CF_{i^*}}{\left(1 + \frac{LIBOR_0^j}{4}\right) \times \left(1 + \frac{LIBOR_1^j}{4}\right) \times \cdots \times \left(1 + \frac{LIBOR_{i^*-1}^j}{4}\right)}$$

5. 对模拟所得现值取平均值

$$\hat{V} = \frac{1}{J} \sum_{j=1}^{J} V_0^j$$

表 17-2 的第 1 列表示当执行次数 $J = 5000$ 时,蒙特卡罗模拟下的定价结果。浮动利率债券按面值定价,它的价格是 99.838 5 美元,标准误差 = 0.050 5。回顾一下,浮动利率债券相比标准的区间浮动利率债券有 1% 的利差,区间浮动利率债券的价格是 100 美元。换句话说,投资者可以选择支付 100 美元获得常规的浮动利率债券,或支付(几乎)相同的价格,并获得较高的息票利息,但只有基准浮动利率在 [1.18%,4.18%] 范围内才有息票利息的区间浮动利率债券。

该如何选择呢?区间浮动利率债券是风险很高的投资工具。事实上,相比固定利率债券,当利率上升时,区间浮动利率债券的价值可能会急剧降低。其原因是,不仅其贴现的利率在升高,而且当利率增加时(超过规定的边界时),其现金流也可能迅速降低(至零),因此,债券的价格会急剧下降。为了说明这个事实,图 17-3 绘制了 3 种初始 LIBOR 值下的区间浮动利率债券的价值变化情况。从图 17-3 中,我们可以很清晰地看到,利率上升会导致区间浮动利率债券价格的急剧下降,从 $LIBOR_0 = 2.18\%$ 的 99.83 美元到 $LIBOR_0 = 3.18\%$ 的 96.5 美元,再到边界 $LIBOR_0 = 4.185$ 的 90.4 美元。为了方便比较,考虑一只 3 年期,半年利付息一次的固定附息债券,票息 $c = 3.27\%$。根据之前得到相同的贴现因子,当 $LIBOR_0 = 2.18\%$ 时,债券按面值出售。如果,$LIBOR_0$ 增加到 3.18% 或者 4.18%,3 年期固定

表 17-2 3 种初始价值 5 000 次模拟范围下的浮动利率债券价值

$LIBOR_0$	2.18%	2.08%	2.28%
价值 $\hat{V}$	99.838 5	100.065 1	99.596 6
标准差	0.050 5	0.048 5	0.052 6

㊀ 根据蒙特卡罗模型,3 个月期利率 $r_t(0.25)$ 的值可由即期利率通过公式 $r_t(0.25) = -\frac{A(0.25)}{0.25} + \frac{B(0.25)}{0.25} \times r_t$ 获得,由此可见,在微调 $\bar{r}^*$ 与 σ 的情况下,$r_t(0.25)$ 遵循相同的均值回归过程。然而,因为 σ 是由 3 个月期 LIBOR 估算所得,且风险中性参数 γ^* 与 $\bar{r}^*$ 是通过在蒙特卡罗公式中使用 3 个月 LIBOR 作为短期利率获得,所以近似误差很小。

附息债券的价格将分别为97.88美元和95.80美元。即在同样的条件下,其账面损失比区间浮动利率债券要小得多。○

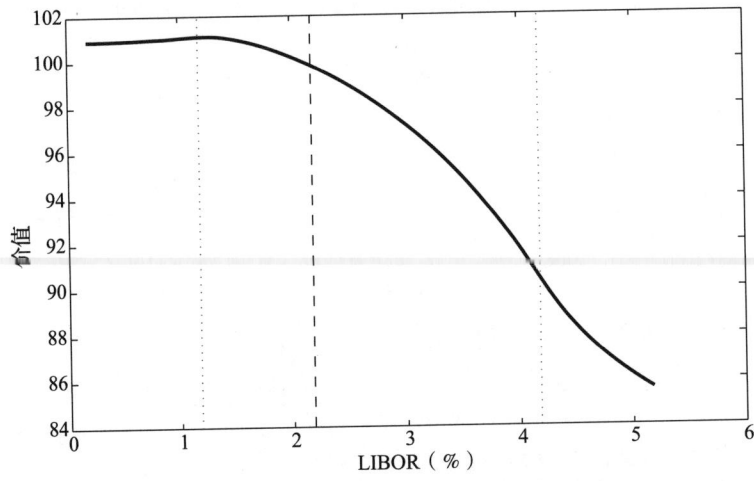

图17-3 区间浮动利率债券的价值与利率对比

17.5 蒙特卡罗模拟的套期保值

正如前几章强调的那样,对衍生证券或者结构性债券进行定价,仅仅是一方面。只要我们卖出证券,就需要实现一种有效的对冲策略,以确保我们有现金来进行支付(见16章)。例如,就17.4节的区间浮动利率债券为例,如果我们卖出这样的一种证券,只要在利率在设定范围之内,我们就必须在每个季度拿出比LIBOR高1%的利息来支付给投资人。我们怎样才能保证其结果是可控的呢?正如第16章讨论的那样,我们必须运用组合复制参数(portfolio replication argument)。在动态复制策略中,关键变量是证券价格对利率变化的敏感度$\frac{\partial V}{\partial r}$。在第16章的两个例子中,我们用解析的方法做了计算。然而,要用蒙特卡罗模拟来获得一只证券的价格,就必须以数值的方法计算出这些参数来。好在,这种方法是很直观明了的。

具体来讲,我们使用近似值

$$\frac{\partial V}{\partial r} \approx \frac{\hat{V}(r_0 + \delta) - \hat{V}(r_0 - \delta)}{2\delta} \qquad (17\text{-}24)$$

这里的δ是一个很小的数,比如一个基点。V值相对于利率的一阶偏导近似被称作中心趋近(central approximation),它比更常见的一阶导数近似更精确,因为通常的一阶导数是向前趋近(forward approximation)的,图17-4说明了原因。

$$\frac{\partial V}{\partial r} \approx \frac{\hat{V}(r_0 + \delta) - \hat{V}(r_0)}{\delta} \qquad (17\text{-}25)$$

一个函数在给定点r_0的一阶偏导数,是价格曲线在r_0点处的切线的斜率。现在考虑一个较小的区间δ。○图17-4绘制了向前趋近和中心趋近一阶偏导的情况。可以看到,即使是一个相对大的δ,中心趋近的效果也是更好的。

○ 从第2章可知,在债券除息日,如果我们提高LIBOR,纯粹的浮动利率的价格不会变化。
○ 图中展示了当δ较大时,我们能够较为直观地理解到中心趋近和向前趋近的差异。

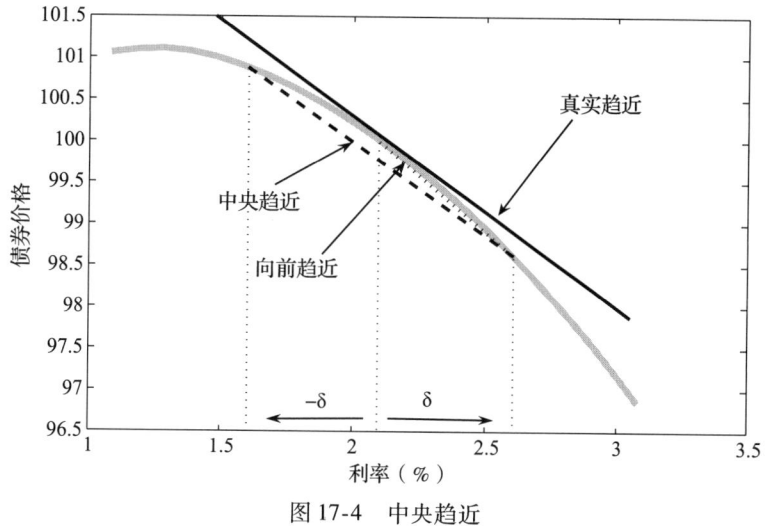

图 17-4 中央趋近

通过蒙特卡罗模拟得到的证券价格对利率的敏感度仅仅涉及 $V(r_0+\delta)$ 和 $V(r_0-\delta)$ 的计算，在这个计算过程中，我们也可同时计算债券的价格。⊖确实，在进行利率敏感度时，我们只要调整利率的初始值(上下移动 δ)并计算价格即可，而不需要做任何其他调整。

例 17-8

再次考虑例 17-7。在表 17-2 的第 3、4 列中，显示了区间浮动利率债券的价值，同时，$LIBOR_0$ 从它的原始值 2.18% 升降了 10 个基点。有了这两个利率下的债券价格，我们就可以计算出：

$$\frac{\partial V}{\partial r} \approx \frac{99.5966 - 100.0651}{2 \times 0.001} = -234.25(\text{美元})$$

图 17-5 绘制了多个不同起始利率 $LIBOR_0$ 条件下的一阶偏导情况。图 17-5 显示，和图 17-3 一样，V 对利率的敏感性变化迅速且显然为负的。

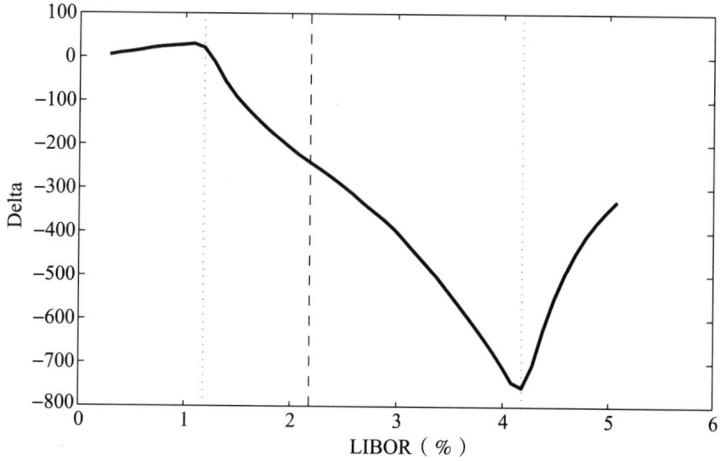

图 17-5 区间浮动利率债券对利率的敏感性

⊖ 的确，为了避免干扰随机模拟误差的一阶导的值 $\frac{\partial V}{\partial r}$，在使用不同初始值计算 V 的过程中使用同一集合中的随机冲量 ε_i^j 是十分重要的。否则，敏感度的计算会受随机噪声的影响，这样一来，即使选择较小的 δ 值，敏感度的计算值也会通过式(17-24)得到放大。

17.6 蒙特卡罗模拟的凸性

利率证券的凸性是衡量投资证券预期回报的一个关键变量。因为利率是随机的，在其他条件相同的情况下，如果利率证券的凸性为正，就能获得正的资本利得回报；如果凸性为负，资本利得回报也就为负。然而，正如我们在第15章提到的，在不同的证券当中，"一切都是不同的"。根据16.5节讨论的，每当Gamma很低的时候，无套利原则就会推高证券的θ，使其能保证无利可套。

如何运用蒙特卡罗模拟来计算函数$\frac{\partial^2 V}{\partial r^2}$呢？这可以近似使用二阶偏导，如下所示

$$\frac{\partial^2 V}{\partial r^2} \approx \frac{\hat{V}(r_0 + \delta) + \hat{V}(r_0 - \delta) - 2\hat{V}(r_0)}{\delta^2} \tag{17-26}$$

可以看到，如式(17-24)所示，计算Gamma所要求的各个变量，在计算证券的利率敏感度时，就已经全部齐了。

例 17-9

再次考虑例17-7和例17-8所述的区间浮动利率债券。给定表17-2的价值，我们可以计算出函数值，如下所示

$$\frac{\partial^2 V}{\partial r^2} \approx \frac{99.5966 + 100.0651 - 2 \times 99.8385}{0.001^2} = -15.300$$

正如我们看到图17-3预计的那样，其为负值。

图17-6绘制了区间浮动利率债券在很多起始利率$LIBOR_0$下的凸性。图17-6表明了区间浮动利率债券的凸性对当前利率很敏感，在图17-3也可以看到。特别是，我们能够观察到凸性是如何围绕范围边界急剧变化的：当$LIBOR$在该范围上边界的上方时，其在未来将不可能获得任何利息，同时浮动利率债券本质上就是零息债券，即具有正凸性。

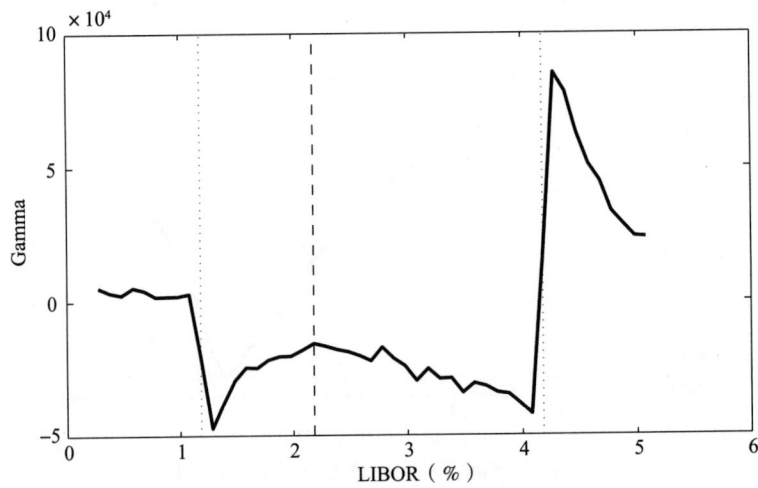

图17-6 区间浮动利率债券的凸性

最后，我们应该记住，无套利原理意味着证券凸性和其价格随时间的变化（到期日效应）之间具有很强的关联性。在一般情况下，基本定价方程有

$$rV = \frac{\partial V}{\partial t} + \frac{\partial V}{\partial r} m^*(r_t, t) + \frac{1}{2} \times \frac{\partial^2 V}{\partial r^2} s^2(r, t) \tag{17-27}$$

如果我们要计算 Theta，比如 $\frac{\partial V}{\partial t}$，我们有两种不同的方法：

1. 使用蒙特卡罗模拟计算 $\hat{V}(r_0, t)$ 和 $\hat{V}(r_0, t+\delta)$，近似得到

$$\frac{\partial V}{\partial t} = \frac{\hat{V}(r_0, t+\delta) - \hat{V}(r_0, t)}{\delta} \tag{17-28}$$

2. 使用基本定价方程，得到

$$\frac{\partial V}{\partial t} = rV - \frac{\partial V}{\partial r} m^*(r_t, t) - \frac{1}{2} \times \frac{\partial^2 V}{\partial r^2} s^2(r, t) \tag{17-29}$$

一旦我们计算出证券的价值 V，及其对利率的敏感度 $\frac{\partial V}{\partial r}$ 和凸性 $\frac{\partial^2 V}{\partial r^2}$，根据式(17-29)可以很容易计算出 Theta。

例 17-10

在例 17-7 中的区间浮动利率债券的 Theta，可用上面的参数通过式(17-29)计算得出。因为 $m^*(r_t, t) = \gamma^*(\bar{r}^* - r_0) = 0.0089$ 同时 $s(r, t) = \sigma = 0.0082$，我们可以得到

$$\frac{\partial V}{\partial t} = r_0 V - \frac{\partial V}{\partial r} \times \gamma^*(\bar{r}^*, r_0) - \frac{1}{2} \times \frac{\partial^2 V}{\partial r^2} \times \sigma^2$$

$$= 0.0217 \times 99.8385 - (-234.25) \times 0.0089 - \frac{1}{2} \times (-15.300) \times (0.0082)^2$$

$$= 3.7403$$

结果为正值，和证券在 r_0 时很大的负凸性值是相匹配的。图 17-7 绘制了区间浮动利率债券在多个起始利率下 $LIBOR_0$ 的 Theta 值。我们可以看到，即使凸性围绕边界增加(到正)时，Theta 虽然整体上是下降的，但总是为正。这表明并不是凸性为负时 Theta 就一定是正的，反之亦然。事实是，它们也可能同时都是正的。rV 和 $\frac{\partial V}{\partial r}$ 的值的变化，使其出现了这种差异。

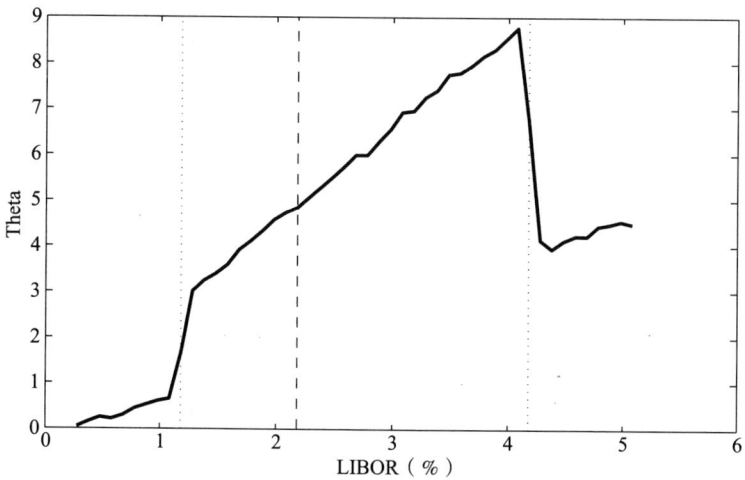

图 17-7 区间浮动利率债券的 Theta

本章小结

在本章中，我们讨论了以下主题：

1. 风险中性定价的概念：基本定价方程的解是未来期望现金流以无风险利率贴现的现值。计算期望值是基于对利率调整来进行的，其调整的幅度等于基本定价方程中的系数 $\frac{\partial V}{\partial r}$。

   因为基本定价方程是基于无套利理论推导的，风险中性定价是无套利的结果，并不是真的认为市场参与者是风险中性的。

2. 费曼—卡茨定理：它提供了一个基于期望、对基本定价方程求解的通用方法。

3. 蒙特卡罗模拟：既然我们知道，基本定价方程的解是一个期望值，就可以按以下步骤求近似解：①对基础利率做出多条路径的模拟；②计算现金流；③使用模拟的利率路径对其贴现；④求平均值。蒙特卡罗模拟可以用来为相对复杂的证券定价、计算对冲比率和凸性。

4. 标准误差：当我们使用蒙特卡罗模拟近似求解证券的价格时，有个问题也随之出现，那就是计算出来的模拟值与真实值（比如，基本定价方程的真实解）之间，究竟差距有多大？既然我们根据模拟值样本有效地估计了证券的价值，那么我们也就可以计算出估计值的标准误差和置信区间，从而判断估计值与真实值之间的接近程度。

练习

1. 使用蒙特卡罗模拟来复制图17-1。运用本章所获得的参数，当你改变参数 γ 和 σ 时，数据会如何变化？为各种参数选择提供一些数据支撑，就你的发现发表看法。特别是，解释为什么蒙特卡罗模拟方法应该得到的价格与分析公式得到的价格近似相同。

2. 参考前面的练习。使用蒙特卡罗模拟计算 δ，$\frac{\partial V}{\partial r}$ 和 γ，$\frac{\partial^2 V}{\partial r^2}$。比较模拟得到的价值和Vasicek模型得到的实际价值。模拟价值接近实际值吗？近似的程度是如何取决于模拟数量的？

3. 在本章中，我们仅仅考虑了Vasicek模型。使用在第15章15.4.1节中讨论过Cox, Ingersoll和Ross模型的利率，使用第15章的参数来复制图17-1。当你改变参数 γ 和 σ 时，数据会如何变化？为各种参数选择提供一些数据支撑。

4. 嵌入反向浮动利率债券的期权。在第2章2.8节中，我们考虑了逆向浮动利率债券和杠杆逆向浮动利率债券的价格。回顾这些债券，其息票和利率是反向变动的。根据公式 $c(t) = \bar{c} - k \times r_n(t-\Delta)$，其中 $\Delta = \frac{1}{n}$ 是支付的间隔期，n 是每年支付的次数，$r_n(t)$ 是 n 次复合率。在第2章中，为了简单起见，我们假设 $c(t)$ 总是正的。然而，$r_n(t)$ 增加，甚至能使得 $c(t)$ 为负，这是有可能发生的。因此，真实的息票值是 $c(t) = \max(\bar{c} - k \times r_n(t-\Delta), 0)$。下面的限制条件会如何影响逆向浮动利率债券和杠杆逆向浮动利率债券的价值呢？

   (1) 今天是2008年6月30日。表17-4包含了短期国债和中期国债的价格。这些债券的价格符合Vasicek模型。

   (2) 在表17-3中，考虑了一个逆向浮动利率债券条款。使用一个简单的零息债券组合（见第2章）来获得一个价格。

   表17-3　杠杆逆向浮动利率债券条款说明书

日期	2008年6月30日
到期日	2013年6月30日（5年）
支付频率	半年
支付利率	基准利率 $-2 \times$ 参考利率
基准利率	10%
参考利率	6个月的短期国债利率

   (3) 使用蒙特卡罗模拟计算逆向浮动利率债券的价值，忽略限制因素 $c(t) > 0$。蒙特卡罗模拟得到的价格接近先前得到的价

(4) 现在,加上限制条件 $c(t) > 0$。逆向浮动利率债券的价格是多少呢?

(5) 假设你把逆向浮动利率债券卖给客户,你会如何对冲暴露在外的利率变化风险。计算出对冲比例并进行解释。

表 17-4 2008 年 6 月 30 日的国库券和商业票据

CRSPID	代码	买入价	卖出价	发行利率	到期日	息票	到期期限
20080731.4	912795F7	99.855 8	99.856 6	0.000 0	2008/07/31	0.000	0.084 9
20080828.4	912795G3	99.718 9	99.720 6	0.000 0	2008/08/28	0.000	0.161 6
20081002.4	912795G8	99.518 3	99.520 9	0.000 0	2008/10/02	0.000	0.257 5
20081030.4	912795H4	99.371 4	99.374 8	0.000 0	2008/10/30	0.000	0.334 3
20081128.4	912795H8	99.138 0	99.142 2	0.000 0	2008/11/28	0.000	0.413 7
20090102.4	912795J5	98.904 7	98.915 0	0.000 0	2009/01/02	0.000	0.509 6
20090228.2	912828GJ	101.640 6	101.671 9	1.574 7	2009/02/28	4.750	0.665 8
20090430.2	912828GP	101.757 8	101.789 1	0.745 9	2009/04/30	4.500	0.832 9
20090531.2	912828GT	102.226 6	102.257 8	0.399 6	2009/05/31	4.875	0.917 8
20090630.2	912828GV	102.437 5	102.468 8	0.000 0	2009/06/30	4.875	1.000 0
20090731.2	912828GY	102.367 2	102.398 4	1.918 6	2009/07/31	4.625	1.084 9
20090831.2	912828HB	101.867 2	101.898 4	1.326 1	2009/08/31	4.000	1.169 9
20090930.2	912828HD	102.031 3	102.062 5	0.994 5	2009/09/30	4.000	1.252 1
20091031.2	912828HF	101.687 5	101.718 8	0.600 9	2009/10/31	3.625	1.337 0
20091130.2	912828HJ	101.031 3	101.062 5	0.256 2	2009/11/30	3.125	1.419 2
20091231.2	912828HL	101.234 4	101.265 6	0.000 0	2009/12/31	3.250	1.504 1
20100131.2	912828HP	99.500 0	99.531 3	0.881 5	2010/01/31	2.125	1.589 0
20100228.2	912828HS	99.281 3	99.312 5	0.663 0	2010/02/28	2.000	1.665 8
20100331.2	912828HU	98.726 6	98.757 8	0.435 1	2010/03/31	1.750	1.750 7
20100430.2	912828HX	99.273 4	99.304 7	0.352 2	2010/04/30	2.125	1.832 9
20100531.2	912828JA	100.078 1	100.109 4	0.200 8	2010/05/31	2.625	1.917 8
20100630.2	912828JC	100.492 2	100.507 8	0.000 0	2010/06/30	2.875	2.000 0
20100715.2	912828DZ	102.523 4	102.554 7	1.777 8	2010/07/15	3.875	2.041 1
20100815.2	912828ED	103.046 9	103.078 1	1.541 2	2010/08/15	4.125	2.126 0
20100915.2	912828EG	102.593 8	102.625 0	1.126 7	2010/09/15	3.875	2.211 0
20101015.2	912828EJ	103.554 7	103.585 9	0.882 5	2010/10/15	4.250	2.293 2
20101115.2	912828EM	104.117 2	104.148 4	0.562 1	2010/11/15	4.500	2.378 1
20101215.2	912828EQ	103.898 4	103.929 7	0.179 3	2010/12/15	4.375	2.460 3
20110115.2	912828ES	103.789 1	103.820 3	1.949 9	2011/01/15	4.250	2.545 2
20110215.2	9128276T	105.625 0	105.656 3	1.868 1	2011/02/15	5.000	2.630 1
20110228.2	912828EX	104.273 4	104.304 7	1.491 9	2011/02/28	4.500	2.665 8
20110331.2	912828FA	104.953 1	104.984 4	1.181 0	2011/03/31	4.750	2.750 7
20110430.2	912828FD	105.445 3	105.476 6	0.808 1	2011/04/30	4.875	2.832 9
20110531.2	912828FH	105.562 5	105.593 8	0.399 6	2011/05/31	4.875	2.917 8
20110630.2	912828FK	106.312 5	106.343 8	0.000 0	2011/06/30	5.125	3.000 0
20110731.2	912828FN	105.703 1	105.734 4	2.022 3	2011/07/31	4.875	3.084 7
20110831.2	912828FS	104.890 6	104.921 9	1.533 3	2011/08/31	4.625	3.169 4

(续)

CRSPID	代码	买入价	卖出价	发行利率	到期日	息票	到期期限
20110930.2	912828FU	104.5547	104.5859	1.1189	2011/09/30	4.500	3.2514
20111031.2	912828FW	105.0156	105.0469	0.7666	2011/10/31	4.625	3.3361
20111130.2	912828GA	104.6719	104.7031	0.3689	2011/11/30	4.500	3.4180
20111231.2	912828GC	105.1016	105.1328	0.0000	2011/12/31	4.625	3.5027
20120131.2	912828GF	105.5938	105.6250	1.9705	2012/01/31	4.750	3.5874
20120229.2	912828GK	105.2344	105.2656	1.5333	2012/02/29	4.625	3.6667
20120331.2	912828GM	104.7969	104.8281	1.1189	2012/03/31	4.500	3.7514
20120430.2	912828GQ	104.8828	104.9141	0.7459	2012/04/30	4.500	3.8333
20120531.2	912828GU	105.7891	105.8203	0.3893	2012/05/31	4.750	3.9180
20120630.2	912828GW	106.3047	106.3359	0.0000	2012/06/30	4.875	4.0000
20120731.2	912828GZ	105.4609	105.4922	1.9186	2012/07/31	4.625	4.0849
20120831.2	912828HC	103.5234	103.5547	1.3675	2012/08/31	4.125	4.1699
20120930.2	912828HE	104.1328	104.1641	1.0567	2012/09/30	4.250	4.2521
20121031.2	912828HG	102.5781	102.6094	0.6423	2012/10/31	3.875	4.3370
20121130.2	912828HK	100.5000	100.5313	0.2766	2012/11/30	3.375	4.4192
20121231.2	912828HM	101.5547	101.5859	0.0000	2012/12/31	3.625	4.5041
20130131.2	912828HQ	98.3125	98.3438	1.1927	2013/01/31	2.875	4.5890
20130228.2	912828HT	97.6719	97.7031	0.9117	2013/02/28	2.750	4.6658
20130331.2	912828HV	96.5313	96.5625	0.6216	2013/03/31	2.500	4.7507
20130430.2	912828HY	99.2031	99.2344	0.5180	2013/04/30	3.125	4.8329
20130531.2	912828JB	100.7734	100.8047	0.2678	2013/05/31	3.500	4.9178
20130630.2	912828JD	100.2031	100.2188	0.0000	2013/06/30	3.375	5.0000
20130815.2	912828BH	104.3750	104.4063	1.5879	2013/08/15	4.250	5.1260
20131115.2	912828BR	104.4375	104.4688	0.5313	2013/11/15	4.250	5.3781
20140215.2	912828CA	103.2188	103.2500	1.4945	2014/02/15	4.000	5.6301
20140515.2	912828CJ	107.2656	107.2969	0.5938	2014/05/15	4.750	5.8740

资料来源：数据摘自 CRSP（每日国债）ⓒ2009 证券价格研究中心（CRSP），芝加哥大学布斯商学院。

注：CRSPID 指定了债券的类型。特别之处在于，其形式为 YYYYMMDD.T，这里的 YYYY = 到期的年份，MM = 到期月，DD = 到期日，T = 债券的类型：
1- 不可赎回债券，2- 不可赎回票据，4- 短期国债

5. **可回售的杠杆逆向浮动利率债券。** 在前面的练习中，投资者购买杠杆逆向浮动利率债券担心价格过度下降，并因此而决定购买在某一确定日期 T_P，以票面价值的 97% 卖回给发行者的期权。这种期权是欧式的，即它仅仅在 T_P 执行。令 $T_P = 1$ 年，使用蒙特卡罗模拟计算这种期权的价值。

   (1) 期权在到期日 T_P 的收益是多少？

   (2) 一般而言，收益可以写成在 T_P 时刻利率的函数，即，$g(r_{T_P})$ [形式 $g(\cdot)$ 是前面 (1) 的结果]。那么，你将如何使用蒙特卡罗模拟来为期权进行定价？描述你的方法，并计算期权的价格。

   ① 作为第一个近似值，计算没有限制因素 $c(t) > 0$ 时期权的价值。

   ② （可选）加入限制因素 $c(t) > 0$。期权价值的变化是多少？为什么？（这部分计算更具挑战性。）

   (3) 可回售杠杆逆向浮动利率债券的价值会是多少？

6. **走廊式商业票据。** 2004 年 10 月 26 日，PiVe 国际银行，一个评级为 AAA 级的公司，发行了一个 10 年期的走廊式商业票据。这种票据有几个特征使得它很难定价：首先，只要参考利率在某一界限内，它就会产生一个息票。然而，边界本身是根据已给出的时间表随时间变化的。

此外，在将来某个点，息票会从固定值变为浮动值。表17-5是术语表。10月26日，3个月期 LIBOR 是 2.11%，6 个月期 LIBOR 是 2.24%。表17-6 记录了到期日长达10年期的互换利率。

表17-5 10年期，9%走廊式商业票据，条款说明书①

交易日	2004年10月26日
开始日	2004年11月9日
到期日	2014年11月9日
赎回价格	100.00%
息票	1～5年：$9.00\% \times \frac{b}{B} \times$ 天数计算分数 6～10年：$(3 个月期 LIBOR + 2.50\%) \times \frac{b}{B} \times$ 天数计算分数 这里： "b"是相应利率期限的日历天数，在此期间观测到的参考利率是确定的或者在同一利率期限的走廊式利率范围内 "B"是相对于上述"b"利率周期内的总日历天数 利息期间：两个付息日的间隔期
参考利率	6个月期 LIBOR
相应利率期间的走廊式利率范围	1年：0% to 4% 2年：0% to 4.5% 3～5年：0% to 5% 6～7年：0% to 6% 8～10年：0% to 6.5%
天数计算分数	90/360
利息支付日期	每季度一次

①这是一个10年期可赎回的走廊式商业票据实际术语表的精简版。

表17-6 2004年10月26日的互换利率

到期日(年)	1	2	3	4	5	7	10
利率	2.46	2.85	3.16	3.42	3.64	4.01	4.39

资料来源：联邦储备网站。

(1) 计算到期日为2004年10月26日的相关证券的贴现率曲线 $Z(T)$。准确地将你的结果绘制在图表上，并对此给出你的评论。

(2) 在(1)部分所计算的贴现曲线要符合 Vasicek 模型或者 Cox, Ingersoll 和 Ross 模型。

(3) 使用蒙特卡罗模拟方法计算证券价格。
- 请注意，这里有两个 LIBOR 来模拟，3个月期和6个月期利率。为了确保无套利的存在，3个月期和6个月期 LIBOR 必须同时模拟。一种方法是模拟短期利率 r_i，然后使用 Vasicek 或者 Cox, Ingersoll, Ross 定价公式来计算3个月期和6个月期 LIBOR 利率。

(4) 相比其他可得到的证券，投资者投资这些商业票据有哪些好处？你认为为什么走廊式商业票据是受欢迎的？

(5) 使用蒙特卡罗模拟来计算商业票据对利率变化(比如它的 δ)的敏感度和它的凸性(比如，它的 γ)。绘制处各种初始短期利率值的走廊式商业票据的价值。结合(4)部分的结果评论你的结果。

7. 用蒙特卡罗模拟对住房抵押贷款支持证券(MBS)进行定价。使用提前偿付模型来定价 MBS 和各种结构的证券已经变得相对常见。这个练习是基于第8章中已有的概念，你必须使用蒙特卡罗模拟和一个简易的提前偿付模型来计算 MBS[9]⊖ 的价格。特别地，假设当使用条件提前偿付率(CPR)和5年期互换利率数据时，你会得到 CPR 和互换利率 $c^{swap(t)}$ 两者之间的关系

⊖ 此题数据来源于彭博。

$$CPR(t+1) = \frac{e^{\beta_0+\beta_1 c^{swap}(t)+\beta_2 c^{swap}(t)^2}}{1+e^{\beta_0+\beta_1 c^{swap}(t)+\beta_2 c^{swap}(t)^2}} \quad (17\text{-}30)$$

其中，表 17-7 包含了参数估计 β_0，β_1 和 β_2。

$$CPR(x) = \frac{e^x}{(1+e^x)}$$

叫作分对数变换，以确保对于任一可能的 x 值，CPR 都在 0 到 1 之间。当我们需要计算概率的时候，这是一个简便的转换。图 17-8a 包含了适合的模型：星点代表实际的数据点（事后 CPR 水平和互换利率），而实线是回归拟合值。图 17-8b 显示了准确捕测的实际再融资：实线为拟合值，而虚线出示了再融资指数，在第 8 章中早已讨论过。

表 17-7 估计有条件的提前偿付率和 5 年期互换利率的关系

	β_0	β_1	β_2	R^2
多项式系数	6.93	−246.36	1 468.2	82%
t-统计量	4.99	−4.28	2.59	

注：标准误差采用 24 滞后的自相关和异方差的 Newey West 来校正。

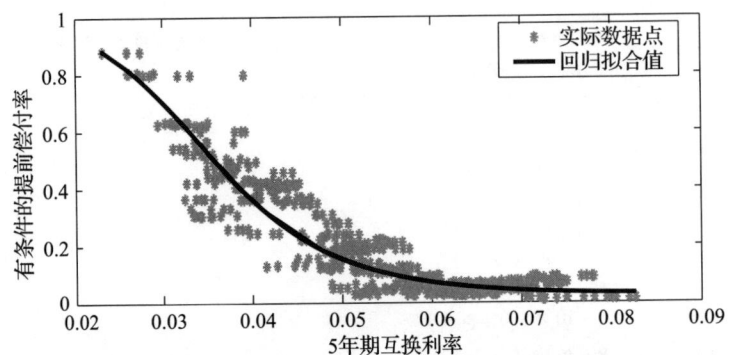

a）5 年期互换利率和政府抵押协会的有条件的提前偿付率散点图

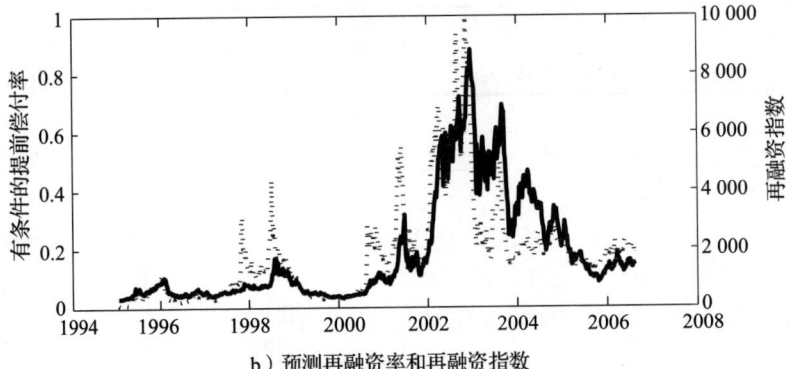

b）预测再融资率和再融资指数

图 17-8 预测互换利率的再融资率

资料来源：彭博资讯。

(1) 今天是 2007 年 6 月 8 日，表 17-8 计算了这个日期的 LIBOR 和互换利率。这些数据符合 Vasicek 或者 CIR 模型。

(2) 使用利率模型的参数以及式(17-30)中的关系，来模拟 6% GNMA 的转手证券的现金流。2007 年 6 月 8 日，在 GNMA 6 资产池中 $WAC = 6.5\%$ 和 $WAM = 320$。TBA 市场报价为[买价卖价] = [99.406 3 99.437 5]。

① 通过蒙特卡罗模拟计算出的价格接近交易价格吗？

② 如果不，能解释一下为什么吗？尤其是，在风险中性定价下，式(17-30)可以使用吗？或者应该做些调整，考虑一个事实：即 CPR 和 r_t 之间仅仅是统计关系，"市场价格风险"应该考虑在内吗？讨论一下。

(3) 计算 GNMA 6 的久期和凸性。发表看法。

表 17-8 2007 年 6 月 8 日的 LIBOR 和互换利率

1 个月期 的 LIBOR	3 个月期 的 LIBOR	6 个月期 的 LIBOR	1 年期 的 LIBOR				
5.32	5.36	5.40	5.48				
1 年期 互换利率	2 年期 互换利率	3 年期 互换利率	4 年期 互换利率	5 年期 互换利率	7 年期 互换利率	10 年期 互换利率	30 年期 互换利率
5.4800	5.4700	5.5100	5.5600	5.6100	5.6800	5.7600	5.9300

资料来源：彭博资讯。

案例研究：宝洁/信孚银行杠杆利率互换

1994 年宝洁公司(P&G)因一个复杂的利率互换给自身造成损失而诉讼信孚银行，这已经成为标准的案例研究。案例描述了进入复杂交易而获得高于市场回报的风险，以及投资银行和客户存在的信托关系。下一页的报告摘自 1994 年《纽约时报》的一篇报道此次案件的文章。特别地，1994 年宝洁公司有一个固定浮动利率互换即将到期。在旧的利率互换条款下，宝洁公司支付低于市场浮动利率，并且试图用新的利率互换来替代即将到期的利率互换，新的利率互换可以复制旧的条款。问题是当前利率比以往任何时候都低，所以达到如此低的浮动利率是很困难的。正如文章所描述的，在 1994 年 11 月 2 日，宝洁公司同意订立复杂的固定浮动利率互换，在这种条件下，如果利率上升，浮动利率的价差可用于宝洁公司支付的浮动利率。根据复杂的公式，在启动合同后，价差将要设置 6 个月。

更具体地说，利率互换合约的条款如下[一]：

- 本金：2 亿美元
- 合同日期：1993 年 11 月 4 日
- 到期日：1998 年 11 月 4 日
- 信孚银行支付：5.30%
- 宝洁公司支付：商业票据利率 −0.75% + "价差"，"价差"的决定如下：

价差 = 0 到 1994 年 11 月 4 日

$$\text{价差} = \left(\frac{5\text{ 年期中期国债的收益率} \times 98.5}{5.78}\right) - 6.25\% \text{ 的 30 年期长期债券价格} \quad (17\text{-}31)$$

- 价差不能为负。

公式确定价差时理解这种证券的关键。特别地，根据数据显示，在一开始价差的值为零。也就是说，如果利率没有变动，宝洁公司的确能够锁定次级市场的浮动利率($CP-75$ 个基点)。

宝洁公司起诉信孚银行利率互换交易

由 SAUL HANSELL 报道

昨日，宝洁公司因一个复杂的金融交易起诉信孚银行，因为该交易导致宝洁公司，在 4 月份亏损 1.02 亿美元。

提交到辛辛那提的美国地区法院的诉讼中，宝洁公司声称信孚银行错误地提供保证，即如果想要停止交易，那么宝洁公司的损失是有限的，最后宝洁公司的确那样做了。公司的核心论点是，信

[一] 参见附录 5A 的案例研究"宝洁与信孚银行：买者自负"。由罗伯特·莫法特和芭芭拉·蒂纳特整理，案例编号 A06-05-000I，雷鸟。

孚银行没有合理地解释停止交易的潜在成本。

作为回应，信孚银行称其与宝洁公司的交易是"合法的，适当的，合适的"，并否认了该行曾经的承诺，即可以限制宝洁公司的亏损。

信孚银行的发言人 Douglas Kidd 说："我们没有，也不能事先描述提前结束交易的成本。"他还说："当有这样的要求时必须基于市场。"

该诉讼要求 1.3 亿美元的赔偿金和未指明的惩罚性赔偿金。

衍生品是一种合约，其条款来源于基础资产或者指数。利率互换经常涉及一个公司和衍生品经销商之间的现金支付，通常是银行。它们随利率的变动而变化，公司最常用的利率互换就是用固定利率借浮动利率，反之亦然。

去年 10 月，宝洁公司打算进行一个互换交易替换涉及 2 亿美元的债券，并且计划到期后以低于市场利率支付。随着利率在 20 年来处于最低水平，宝洁公司要面临接受低吸引力条款来延长这项交易的前景。诉讼上说，信孚银行提出了一个复杂的选择，然后，宝洁公司在 11 月 2 日同意了。

但是，这笔交易是有风险的。6 个月后，宝洁公司要支付的利率由于"利差"将会上升，利差来源于一个复杂的公式，该公式是基于一个 5 年期国债的收益率和 30 年期债券的价格。

该公司承认，它是出售了债券的期权，实际上，收到的预付款，即保险金，作为交换，宝洁公司承诺以一个固定的价格买回债券。如果利率上升，债券价格下降，这可能意味着一个巨大的损失。

宝洁公司表示，愿意冒这种风险，是因为信孚银行提供了保证，即它可以保护宝洁公司在交易的任何时刻免于受到任何进一步的损失。正如金融产品的所有经销商一样，他们并不准备在市场上交易，信孚银行通常将会从客户那里买回它们自己的衍生品，无论当时的市场价格是多少。

在宝洁公司反复要求信孚银行描述，如果利率变得更加不稳定，结束交易将会发生什么成本之后，宝洁公司投诉的症结就在于，宝洁断言信孚银行坚持认为任何变化"将不会对宝洁公司的利益造成显著影响"。

当美联储在 2 月开始提高利率时，宝洁公司发现锁定利率的成本飙升，要求其支付一个惊人的利率 14.12%，这高于所有已成立公司正常的借款成本或者商业票据利率。宝洁公司说，在接下来的四年半里，他们还将花费额外的 1.3 亿美元。

宝洁公司在和信孚银行另一个互换交易中也亏损了，还牵涉到 Geman Marks，但其并没有参与诉讼。

然而，是什么使得利差增加？这个公式有两个数量是关键：5 年期中期国债的收益率和给定的 30 年期长期债券的价格。特别地，如果 5 年期中期国债收益增加或者 30 年期长期债券的价格下降，那么价差就会增加。注意，如果 5 年期中期国债收益增加，那么 30 年期长期债券的收益也将增加，这是有可能的，即收益同向变动，正如第 4 章讨论的那样。一般来说，如果利率增加，价差也会增加。

参数估计

第一个任务就是估计 Vasicek 模型的参数。我们分两个步骤进行：第一，通过使用短期利率 r_t 的历史数据，我们可以计算出波动率 σ 的价值。第二，我们可以使用 1993 年 11 月初债券价格的横截面来估计风险中性参数 r^* 和 $\bar{r}^*$。

我们应该使用什么样本量来估计利率的波动呢？采样周期短的优势在于能够捕获利率最近的行为，然而，不能估计过去的事件。另一方面，越是最近发生的事件也可能包含重要的信息，这些信息有助于预测未来的利率。这里，我们考虑两个样本大小，以此来说明问题，即 3 年期样本和 10 年期样本。图 17-9b)包含了 3 年期样本(图 17-9a)和 10 年期样本(图 17-9b)的估计，3 个月期短期国债利率接近于即期利率 r_t。特别地，短期样本的波动率仅仅为 $\sigma = 0.0063$，然而长期样本的波动率接近短期的两倍，即 $\sigma = 0.010\,776$。

给定波动率水平，我们可以通过非线性最小二乘法来估计剩下的两个风险中性参数 r^* 和 $\bar{r}^*$，正如第 15 章 15.2.4 节讨论的那样，并且在本章早已运用到例 17-7 中。简而言之，我们减小 r^* 和 $\bar{r}^*$ 的值：

$$J(r^*, \bar{\gamma}^*) = \sum_{i=1}^{N} (P_{c^i}^{Vasicek}(0; T^i) - P_{c^i}^{Data}(0; T^i))^2 \tag{17-32}$$

这里

$$P_{c^i}^{Vasicek}(0; T^i) = \sum_{j=1}^{n^i} \frac{c^i}{2} Z(0; T^i) + Z(0; T^i)$$

图 17-9a 给出了短期样本的估计。特别是，$\bar{r}^* = 7.32\%$ 和 $r^* = 0.290\,4$。图 17-9 指出了 Vasicek 模型于 1993 年 11 月 29 日估计的利率期限结构。㊀ 图 17-9a 显示出 Vasicek 模型是符合 1993 年 11 月 29 日数据的。尽管不能精确定价到期日为 15~20 年的债券，但是该模型在短期和长期运用良好。图 17-9b 绘制了同一天的隐含利率期限结构。如果我们使用 10 年期样本来估计利率的波动率，就会出现一个类似的图形。相应的风险中性参数的估计就是表 17-9 中 B 部分所报告的。正如我们所看到的那样，风险中性长期利率 $\bar{r}^*$ 和均值回归参数 r^* 与之前的值是非常相似的。根据以下两个图可知，波动率估计差异不是太大。然而，在利率互换定价以及风险分析中，波动率估计差异的影响是很明显的。

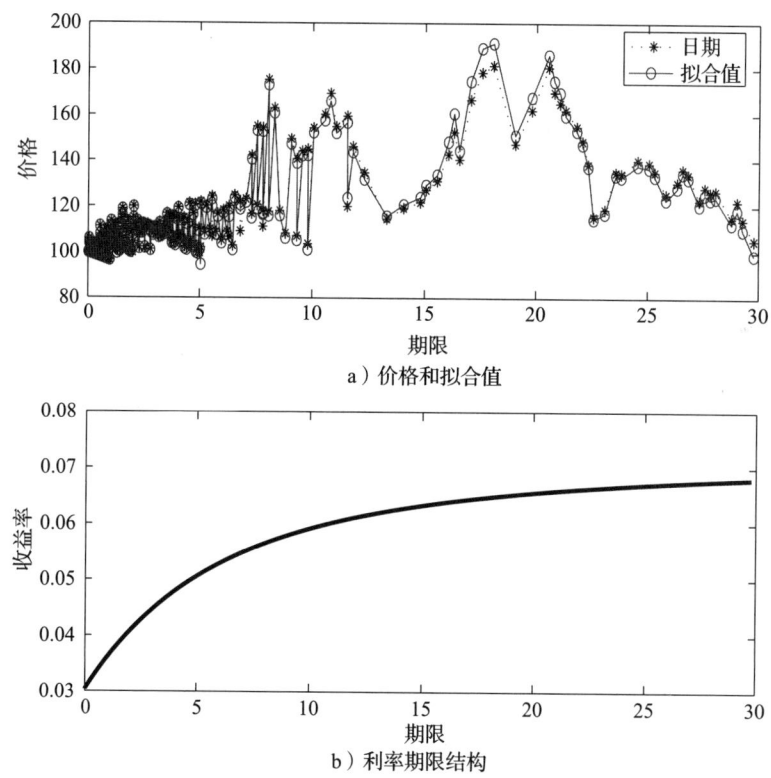

图 17-9　1993 年 10 月 29 日的利率期限结构

资料来源：证券价格研究中心。

蒙特卡罗模拟定价

我们现在来对互换交易进行估价。当评估互换交易时，一个难题就会立即出现，即浮动利率被

㊀ 数据估计来源于芝加哥大学的证券价格研究中心。

定为商业票据利率而不是短期国债利率或者 LIBOR。图 17-10 表明,随着时间的推移,两种利率的利差波动很明显,在 0~2.2% 之间波动。但是,这两个利率水平之间的相关性是 98%,为了得到一个满意的互换交易价格,我们应该考虑一个多因素模型(见 22 章)。然而,鉴于本节旨在说明蒙特卡罗模拟方法定价的目的,因此我们要简化假设,即商业票据和国债利率之间的利差是恒定的并且等于估计日期的值,即

$$价差_{cp} = 0.2488\text{bp} \tag{17-33}$$

此外,我们将忽略违约风险,并且使用前面已得到的国债收益率曲线对未来现金流进行贴现。虽然这也是近似值,但是它简化了分析。

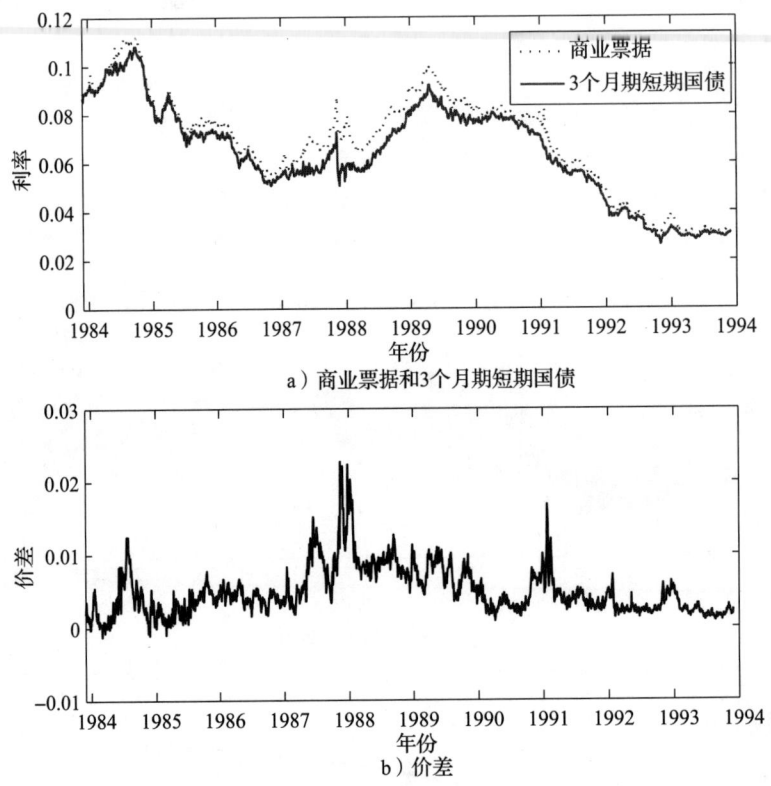

图 17-10 商业票据利率和 3 个月期短期国债利率

资料来源:美联储。

我们现在通过蒙特卡罗模拟来对互换交易进行估价,从而解决上面的问题。蒙特卡罗模拟方法要求同时模拟现金流和贴现。我们的步骤如下:

1. 根据到期日的风险中性参数条件模拟瞬时利率

$$r_i^j = r_{i-1}^j + \gamma^*(\bar{r}^* - r_{i-1}^j)\delta + \sigma\sqrt{\delta}\varepsilon_i^j \tag{17-34}$$

这里下标 i 表示时间间隔,上标 j 表示模拟数量。

2. 计算每半年一次的复合利率,由 $y_i^j(0.5)$ 来表示,这将用来计算浮动的部分现金流和折现。通过 Vasicek 公式本身可以获得这些每半年一次的复合利率。实际上,根据式(17-34)模拟出来的瞬时利率 r_i^j,我们可以计算出 Vasicek 模拟的零息债券曲线 $Z(r_i^j, t_i; T) = e^{A(t_i;T) - B(t_i;T) \times r_i^j}$,这里 $t_i = \dfrac{i}{dt}$ 是相对于日历的时间间隔 i。考虑到零息债券曲线,每半年付息一次的复合利率为

$$y_i^j(0.5) = 2 \times (Z(r_i^j, t_i; t_i + 0.5)^{-\frac{1}{2}} - 1)$$

3. 在 $t^* = 6$ 个月时，根据式(17-31)来计算利差。特别地，我们需要计算出 30 年期附息债券的模拟价格和 5 年期附息债券的到期收益率。这些模拟量可以再次通过 Vasicek 公式来计算。实际上，令 i^* 表示时间间隔对应于 6 个月，$i^* = \frac{0.5}{dt}$。根据 Vasicek 公式 $Z(r_{t^*}^j, t^*; T) = e^{A(t^*;T) - B(t^*;T) \times r_{t^*}^j}$ 我们可以计算出 30 年期、利率 6.25% 的长期国债的价格和 5 年期中期国债的到期收益率。根据数据，我们发现 5 年期中期国债的票面利率为 9.1%。对于每一模拟路径 j，30 年期的附息国债的价值和 5 年期附息债券的价值分别为

$$P^{30}(t^*,30)^j = \sum_{k=1}^{60} \frac{6.25\%}{2} Z(r_{t^*}^j, t^*; T_k) + Z(r_{t^*}^j, t^*; T_{60}) \tag{17-35}$$

$$P^{5}(t^*,5)^j = \sum_{k=1}^{10} \frac{9.1\%}{2} Z(r_{t^*}^j, t^*; T_k) + Z(r_{t^*}^j, t^*; T_{10}) \tag{17-36}$$

T_k，$k = 1, \cdots, 60$ 代表债券的息票日期在每半年的增量。5 年期零息债券的到期收益率可以根据持续的收益率 Y^j（见第 2 章 2.4.3 节）来获得：

$$P^5(t^*,5)^j = \sum_{k=1}^{1} 0 \frac{\frac{9.1\%}{2}}{\left(1 + \frac{Y^j}{2}\right)^k} + \frac{1}{\left(1 + \frac{Y^j}{2}\right)^{10}}$$

因此，对每一模拟数量 j，我们可以计算价差

$$\text{价差}^j = \max\left(\left(\frac{Y^j \times 98.5}{5.78}\right) - P^{30}(t^*,30)^j, 0\right) \tag{17-37}$$

4. 计算现金流的顺序。特别的，给定模拟数量 j，付款时间 $t + 0.5$，净现金流为

$$CF_{t+0.5}^j = \frac{1}{2}\left(5.3\% - \left(y_t^j(0.5) + \text{价差}_{cp} - \frac{0.75}{100} + \text{价差}^j\right)\right)$$

这里的 t 是从模拟利率中选出的每半年的频率。

5. 最后，根据模拟每半年现金流的顺序，对模拟数量 j，我们可以直接使用每半年利率对其贴现

$$V^j = \sum_{t=0.5}^{5} e^{-\sum_{i=1}^{\frac{t}{\delta}} r_i^j \delta} CF_{t+0.5}^j \tag{17-38}$$

6. 对所有模拟数量 J 求贴现值的平均值

$$\text{互换合约的价值} = \hat{V} = \frac{1}{J}\sum_{j=1}^{J} V^j \tag{17-39}$$

7. 计算标准差来评估定价方法的可行性

$$\text{互换合约价值的标准误差} = \sqrt{\frac{1}{J}\sum_{j=1}^{J}(V^j - \hat{V})^2} \tag{17-40}$$

表 17-9 的 A 部分是基于宝洁公司视角的杠杆互换交易的价值，在这个案例中，根据 3 年的数据来计算即期利率的波动率。为了加快计算，我们选择 $\delta = \frac{1}{52}$，对应于每周利率模拟，并且模拟数量 $J = 5000$。在这种情况下，我们可以看到，根据上面步骤计算的互换交易的价值是 157 万美元，标准差是 19.3 万美元。因为标准误差为正数，这意味着宝洁公司可以从互换交易中获利。也就是说，他们没有支付（在互换交易初期没有交换本金），就可以通过模型获得 157 万美元。表 17-9 的 B 部分与 A 部分相同，然而，却是得到互换交易的价值，在计算互换交易价值时，假设我们使用 10 年期数据来计算波动率。在这种情况下，短期利率的波动率要大得多，$\sigma = 1.0776\%$。然后互换交易的价值是 -952 万美元。也就是说，因为这个数字为负，当它们在没有支付的情况下得到了一个负价值时，宝洁公司在此次交易中会失去平均价值。换句话说，在高波动率情形下，宝洁公司应该支付低于 CP

-0.57% 的浮动利率，才能使互换交易的价值为零。

表17-9 杠杆互换合约价值

A：3年期样本				
$\bar{r}^*$	γ^*	$\sigma(\times 100)$	价值	标准误差
7.32	0.290 4	0.635 2	1.571 6	0.193
B：10年期样本				
$\bar{r}^*$	γ^*	$\sigma(\times 100)$	价值	标准误差
7.37	0.288 3	1.077 6	-9.520 8	0.456 3

表17-9 的结果说明了结果对假设是极其敏感的。这种情形的原因在于宝洁公司有效地出售了一个期权给信孚银行，并且当波动率增加时，期权的价值就会增加。因为宝洁公司出售期权，高波动率意味着证券更低的价值。这一点也可以从短期利率在时刻 $t=0$ 时证券的价值的分布看出。图17-11 绘制了各种初始短期利率 r_0 的杠杆互换交易的价值，其中 $\sigma = 0.635\,2\%$，在表17-9 的 A 部分中可以看到。回顾一下初始利率 $r_0=3\%$，它是对应了一个正的互换交易价值。图中可以清晰地看到，利率越高，意味着互换交易价值下降得越快，从 $r_0=3\%$ 时的 157 万美元到 $r_0=4.5\%$ 时互换交易价值少于 -1 亿美元。此外，利率增加价值下降的幅度与利率减小价值增加的幅度并不对称。换句话说，杠杆互换交易有一个很强的负凸性：平均来说，利率随机变化倾向于获得一个负的资本利得。在这种情况下，互换交易负的凸性被低于市场的浮动利率所抵消，那么宝洁公司将不得不进行支付。

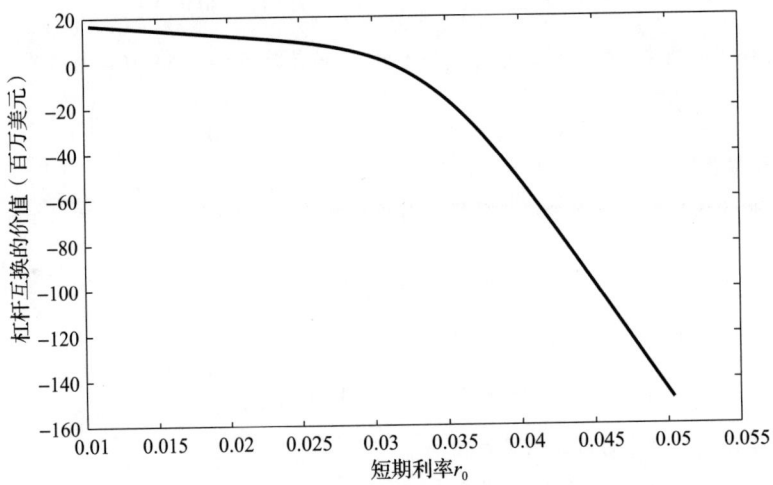

图17-11 各种初始互换交易利率的价值

第 18 章 利率证券的风险与回报

投资于长期债券能获得的预期收益是什么？相对于持有短期债券，持有长期债券能获得的溢价有哪些？在第 15 章中推导所得的模型还提供了一种方法，可用来衡量相比于持有短期债券或现金，持有高波动率的长期债券所要求的风险溢价。在本章中，我们将介绍市场价格风险的概念，首先会介绍 Vasicek 模型及其基本设定，然后展示如何运用蒙特卡罗模拟来研究嵌入在利率证券中的风险。最后，我们将通过一个简单的宏观经济模型，就风险的大小、风险溢价及名义债券的市场价格风险等，探索它们是如何受到诸如通胀风险、商业周期和市场参与者的风险厌恶情绪等关键经济变量影响的。

18.1 预期收益和市场价格风险

回顾我们在第 15 章所推导出的利率的 Vasicek 模型，利率可由如下过程来描述

$$dr_t = \gamma(\bar{r} - r_t)dt + \sigma dX_t \tag{18-1}$$

在 15 章我们说明了，无套利原理意味着任何利率证券必须满足以下基本的定价方程

$$\frac{\partial Z}{\partial t} + \frac{\partial Z}{\partial r}m^*(r,t) + \frac{1}{2} \times \frac{\partial^2 Z}{\partial r^2}\sigma^2 = rZ \tag{18-2}$$

在 Vasicek 的假定下

$$m^*(r,t) = \gamma^*(\bar{r}^* - r) \tag{18-3}$$

现在考虑一个价格为 $Z(r, t)$ 的零息债券（事实上也可以是任意的利率证券），式(18-1)伊藤引理中的利率的 Vasicek 模型下表明

$$dZ = \left\{\frac{\partial Z}{\partial t} + \frac{\partial Z}{\partial r}\gamma(\bar{r} - r) + \frac{1}{2} \times \frac{\partial^2 Z}{\partial r^2}\sigma^2\right\}dt + \frac{\partial Z}{\partial r}\sigma dX_t \tag{18-4}$$

因此，时期 t 至时期 $t + dt$ 期间的预期的资本收益回报可由下式得到

$$E[dZ] = \left\{\frac{\partial Z}{\partial t} + \frac{\partial Z}{\partial r}\gamma(\bar{r} - r) + \frac{1}{2} \times \frac{\partial^2 Z}{\partial r^2}\sigma^2\right\}dt \tag{18-5}$$

当 $E[dXt] = 0$ 时，重新整理式(18-2)，我们得到

$$\frac{\partial Z}{\partial t} + \frac{1}{2} \times \frac{\partial^2 Z}{\partial r^2}\sigma^2 = rZ - \frac{\partial Z}{\partial r}m^*(r,t)$$

然后，根据 Vasicek 债券定价公式为 $Z(r, t; T) = e^{A(t;T) - B(t;T)r}$，我们有 $\frac{\partial Z}{\partial r} = -B(r, T)Z$，用其替换式(18-5)的右边前两项，可得如下结果

$$E[dZ] = rZdt - B(r;T)Z(\gamma(\bar{r} - r) - \gamma^*(\bar{r}^* - r))dt \tag{18-6}$$

重新整理，我们可以得到如下结论：

○ **事实 18-1**

在 Vasicek 利率模型中，（年化）风险溢价为

$$\text{风险溢价} = \frac{E\left[\frac{dZ}{Z}\right]}{dt} - r = -B(r;T)Z(\gamma(\bar{r}-r) - \gamma^*(\bar{r}^*-r)) \tag{18-7}$$

风险溢价与股票价格 $B(t;T) = \dfrac{1}{\gamma^*(1-e^{-\gamma^*(T-t)})}$ 大小成正比（见第 15 章的式(15-29)），并且随利率 r 呈线性变化。也就是说，式(18-7)右边括号中的期限是由式(18-1)中利率过程的漂移率与式(18-3)中定义的 $m^*(r,t)$ 的差决定的。$m^*(r,t)$ 的大小，是由期限与基本价格方程式(式(15-24))中 $\dfrac{\partial Z}{\partial r}$ 系数相乘得到的，这被称为利率过程的风险中性漂移（见第 17 章）。利率进程的漂移率与其风险中性对应部分 $m^*(r,t)$，也就是利率波动部分之差，称作利率风险的市场价格。

◆ **定义 18-1**

在 Vasicek 模型中，利率风险的市场价格为

$$\lambda(r,t) = \frac{1}{\sigma}(\gamma(\bar{r}-r) - \gamma^*(\bar{r}^*-r)) \tag{18-8}$$

定义两个常量 $\lambda_0 = \dfrac{1}{\sigma}(\gamma\bar{r} - \gamma^*\bar{r}^*)$ 和 $\lambda_1 = \dfrac{1}{\sigma}(\gamma^* - \gamma)$，我们可得到

$$\lambda(r,t) = \lambda_0 + \lambda_1 r \tag{18-9}$$

风险的市场价格这一说法，可做如下理解，其中，将式(18-4)改写为

$$\frac{dZ}{Z} = \mu_Z dt + \sigma_Z dX \tag{18-10}$$

其中：

$$\mu_Z = \frac{1}{Z}\left\{\frac{\partial Z}{\partial t} + \frac{\partial Z}{\partial r}\gamma(\bar{r}-r) + \frac{1}{2} \times \frac{\partial^2 Z}{\partial r^2}\sigma^2\right\} \tag{18-11}$$

$$\sigma_Z = \frac{1}{Z} \times \frac{\partial Z}{\partial r}\sigma = -B(t,T)\sigma \tag{18-12}$$

因此，我们可以把式(18-7)中的风险溢价表示为

$$\text{风险溢价} = \frac{E\left[\frac{dZ}{Z}\right]}{dt} - r = \sigma_Z \times \lambda(r,t) \tag{18-13}$$

即风险溢价等于风险的市场价格 $\lambda(r,t)$ 乘以风险 σ_Z。

对于理解式(18-13)，一个重要的忠告是：因为 $\sigma_Z = -B(t,T)\sigma < 0$，所以风险溢价只有当 $\lambda(r,t) < 0$ 时才为正。这是讨论利率风险时一个约定俗成的标准，因为债券的价格风险源于利率的上升。事实上，如果 r 上升，债券价格下降就会导致投资者将遭受资本损失。事实上，捕捉到的风险中 σ_Z 为负和 $\lambda(r,t) < 0$，意味着投资者持有长期债券必然会要求更高的风险溢价。在接下来的 18.3 节还会讨论期限结构的宏观经济模型，其中包括风险的市场价格 λ 与宏观经济风险的关系。例如，在经济不景气期间的高通胀风险，以及经济主体的风险厌恶等。而下一个例子，则是利用从第 16 章 16.3 节得到的参数估计值计算了风险的市场价格。

例 18-1

在第 16 章的 16.3 节我们估计了 Vasicek 模型的以下参数：$\bar{r}=5.09\%$，$\gamma=0.3261$，$\sigma=2.21\%$，$\gamma^*=0.4653$，$\bar{r}^*=6.34\%$。随后我们也估计了 $\lambda_0=0.5892$ 和 $\lambda_1=-6.35$，负的 λ 值暗示了一个较高的利率 r 与一个更大的负的 $\lambda(r,t)$，以及因此会得到一个更高的风险溢价，当 $\sigma_Z=-B(t,T)\sigma<0$ (见式(18-13))。利用上述参数值，可计算出式(18-13)中不同到期日零息债券的风险溢价，图 18-1 描绘了在 3 种当前利率 r_0 下、不同到期日(到期日从 0 到 29)债券的预期年化超额收益。这里有两个值得注意的情况：

1. 持有长期债券所获得的真实溢价高于短期债券，虽然只是到期日大于 $T=10$ 时才是成立的。
2. 到期日一定的情况下，较低的即期利率 r_0 意味着较高的风险溢价。

将第 2 点中的短期利率的预期收益与在第 7 章的 7.3 节(见表 7-4)所讨论的实证结果相联系是十分有用的。在 7.3 节，我们阐述了在实证中，较高的远期利差(即远期利率与短期利率的差)预测出了长期债券期货更高的超额收益。当期限结构的斜率为正时，期货的回报相对短期债券会有一个溢价。因为在 Vasicek 模型中，较低的即期利率意味着一个较高的远期溢价，上面的第二点已经提到。

3. 给定到期日，更高的风险溢价意味着更高的期限溢价。

这是说，如果期限结构是向上倾斜的，持有长期债券将会面临更高的风险，但是将以更便宜的价格交易，这解释了为什么我们常看到，相对于短期债券，长期债券能够获得更高的实际回报率。

当然，第 2 点还说明了当前的短期利率能预测将来的收益，不过，其影响在数值上应该比期限溢价更小。

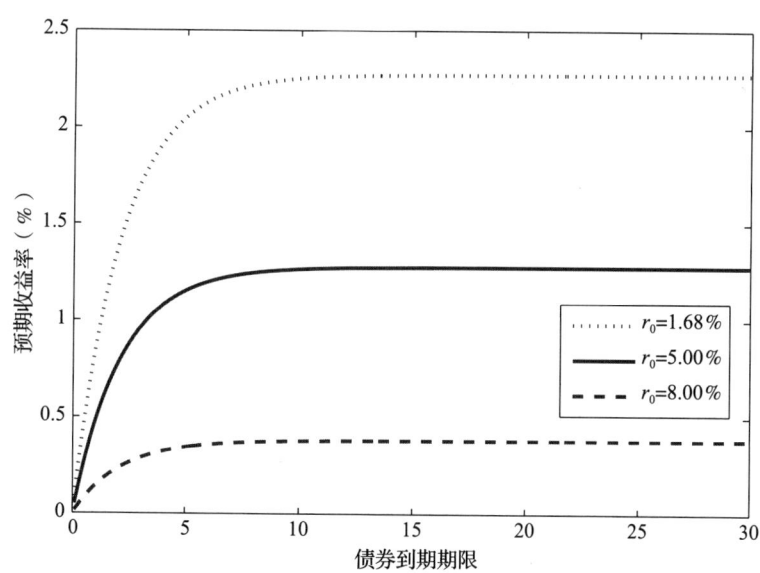

图 18-1 Vasicek 模型中的预期超额收益

一般利率模型中风险的市场价格

我们可以将上述的例子扩展到更为一般或通用的模型。如果基本利率模型为

$$dr_t = m(r_t,t)dt + s(r_t,t)dX_t \tag{18-14}$$

漂移率 $m(r_t, t)$ 是"真实"的漂移利率，在第 15 章中我们说明了基本价格方程（式（15-64））取决于乘数 $\frac{\partial V}{\partial r}$ 对应的系数而不是 $m^*(r, t)$。也就是

$$rZ = \frac{\partial Z}{\partial t} + \frac{\partial Z}{\partial r} m^*(r,t) + \frac{1}{2} \times \frac{\partial^2 Z}{\partial t^2} s(r,t)^2 \tag{18-15}$$

在 Vasicek 模型中下，运用同样的逻辑，我们得到

○ **事实 18-2**

持有长期债券所获得的风险溢价为

$$风险溢价 = \frac{E\left[\dfrac{dZ}{Z}\right]}{dt} - r = \sigma_z \lambda(r,t) \tag{18-16}$$

其中

$$\sigma_z = \frac{1}{Z} \times \frac{\partial Z}{\partial r} s(r,t) \tag{18-17}$$

$$\lambda(r,t) = \frac{1}{s(r,t)} (m(r,t) - m^*(r,t)) \tag{18-18}$$

$\lambda(r, t)$ 就是"风险的市场价格"。

18.2 风险分析："自然"蒙特卡罗模拟的风险

我们可以采用利率模型和蒙特卡罗模拟对利率证券隐含的风险进行有效分析，在现实中是非常重要的，然而，当我们模拟利率对证券进行风险分析时，必须是在利率风险的自然动态（risk natural dynamics）中而不是风险中性动态（risk neutral dynamics）中进行，回顾前面介绍的：

$$风险的自然动态：dr_t = m(r_t, t) dt + s(r_t, t) dX_t \tag{18-19}$$

$$风险的中性动态：dr_t = m^*(r_t, t) dt + s(r_t, t) dX_t \tag{18-20}$$

其中，$m(r_t, t)$ 假设的是利率的漂移率。式（18-14）中，$m^*(r_t, t)$ 是来自基础价格方程（式（18-15））中 $\frac{\partial V}{\partial r}$ 的系数。回想一下，是什么让我们可以使用蒙特卡罗模拟来分析证券的价格？这只不过是费曼—卡茨定理和统计学等数学方法的综合运用罢了。在第 17 章中，费曼—卡茨定理说明了在给定期望（式（17-7））条件下的基本定价方程（式（17-2））。统计（大数定律）告诉我们式（17-7）的期望可以由模拟的平均回报近似得到。这两种原理是风险中性定价方法的基础，因此能让我们根据式（18-20）的风险中性过程来模拟利率。

相反，当我们进行风险分析时，如分析一只证券的在险价值（VaR）或预期损失（expected shortfall）时（见第 3 章的 3.2.8 节和 3.2.9 节），就必须考虑真实的利率变动，即考虑式（18-19）中风险的自然动态过程。因为我们想要模拟一些可能的利率情景，并得到这些情境下证券的价值。在下一个例子中将对在第 17 章 17.4 节中讨论过的区间浮动利率债券的风险进行分析。在本章的案例研究中，将对第 17 章中案例研究讨论过的杠杆互换进行风险分析。

例 18-2

让我们再来看第 17 章 17.4 节中讨论过的区间浮动利率债券。如果我们想知道债券前一季度的损益分布,该怎么做呢?我们需要模拟一个季度的利率 r_t,并针对模拟出的利率计算出区间浮动利率债券的价值。我们发现这里有两个蒙特卡罗模拟相互嵌套:第一个蒙特卡罗模拟针对的是从现在开始一个季度的利率;第二个蒙特卡罗模拟则是针对的是每个利率情境下区间浮动利率债券的价值。前一个蒙特卡洛模拟必须在风险的自然动态下进行,即按式(18-19)来模拟;第二个则必须在风险的中性动态下进行,即按式(18-20)来完成。

回想一下,在这个特定的案例中,当前利率是 $r_0 = 2.17\%$,风险中性的估计参数 $\bar{r}^* = 6.41\%$,$\gamma^* = 0.21$,以及 $\sigma = 0.82$;通过将利率 $r_{t+\delta}$ 相对其更早时期的利率 r_t 进行回归,就能够得到风险的自然参数(risk natural parameters)。由于底层模型是 Vasicek 模型,事实上,我们可直接得到真正的利率模型:

$$dr_t = \gamma(\bar{r} - r_t)dt + \sigma dX_t$$

并可以通过下式加以近似

$$r_{t+\delta} = \alpha + \beta r_t + \varepsilon_{t+\delta} \tag{18-21}$$

其中 $\varepsilon_{t+\delta} \sim N(0, \sigma^2 \delta)$。使用 3 个月期的 LIBOR 日数据,我们可估计出其回归系数 $\beta = 0.9999$,这意味着 $\gamma = \frac{(1-\beta)}{dt} = 0.0212$。此外,我们设 $\bar{r} = 5.2\%$,这是样本的平均利率。最后,$\sigma = 0.82\%$,这与在风险中性情况下使用的值相同。给定这些参数,就可以按以下步骤进行分析了:

1. 使用风险的自然参数 $\bar{r} = 5.2\%$,$\gamma = 0.0212$ 和 $\sigma = 0.88$ 模拟一个利率情景,用 $r_{0.25}^j$ 表示在第 j 次模拟中得到的利率。

2. 以每一次模拟的 $r_{0.25}^j$ 为初始利率,再使用风险中性参数 $\bar{r}^* = 6.41\%$,$\gamma^* = 0.21$ 以及 $\sigma = 0.82$,以蒙特卡罗模拟得到区间浮动利率债券的价格 $V^{Range\ Note}(r_{0.25}^j)$。注意区间浮动利率债券目前只有一个到期日,即 $T = 2.75$。

由于这两个模拟相互嵌套,这种方法就会相对比较费时。一种更快的方法是,由给定的时间间隔内出现概率较高的、某个区间内的多个利率 $r_{0.25}$ 来计算区间浮动利率债券的价值,然后使用插值法来计算其他模拟利率条件下区间浮动利率债券的价值。

图 18-2 描绘了在一个季度内的区间浮动利率债券的损益分布。正如我们所看到的,损益的分布是严重负向扭曲的,这意味着巨额亏损的概率高于相对应获得巨大收益的概率。由于收益的提高,区间浮动利率债券的平均回报高于相同情况下的浮动利率债券平均回报。然而,因为区间浮动利率债券隐含着发行者的卖出期权,即如果利率上升,发行者可以选择不支付利息,所以这时潜藏着巨额亏损的可能,这在图 18-2 中也体现得很明显。可计算出 1% 和 5% 置信水平下的在险价值,即有 99% 或 95% 的可能性(见第 3 章)出现最坏的结果情况。这很容易通过蒙特卡罗模拟得到:先将模拟的在险价值(P/L)进行简单的排列,然后选择最糟糕的 1% 或 5% 的结果。从模拟我们得到

$$99\% \text{ 在险价值} = 262.24 \text{ 万美元} \tag{18-22}$$
$$95\% \text{ 在险价值} = 154.64 \text{ 万美元} \tag{18-23}$$

正如在第 3 章 3.2.8 节所讨论的,用在险价值衡量金融风险有几个缺点:一是并没有考虑肥尾或极端事件,即 1% 或者 5% 的临界值并不能提供任何关于肥尾事件发生时损失大小的信息。例如,图 18-2 显示了区间浮动利率债券的损益分布是严重负向扭曲的,这意味着区间浮动利率债券可能在小概率下遭受巨大损失。在这种情况下,在第 3 章 3.2.9 节中讨论的对风险预期损失的衡量为投资区间浮动利率债券提供了更好的风险衡量办法。回想一下,预期损失本身就是预期其损失会高于在险价值时的预期。在一些罕见的事件中预期投资的损失将会是多少?蒙特卡罗模拟允许我们直接计

算出预期损失；而不是仅仅只关注在险价值所计算的最坏1%或5%的结果，我们必须把1%或5%的临界值下所有的损益进行平均，才能更好地计量相应的风险，得到

$$99\% \text{ 的预期损失} = 327.16 \text{ 万美元} \tag{18-24}$$

$$95\% \text{ 的预期损失} = 221.71 \text{ 万美元} \tag{18-25}$$

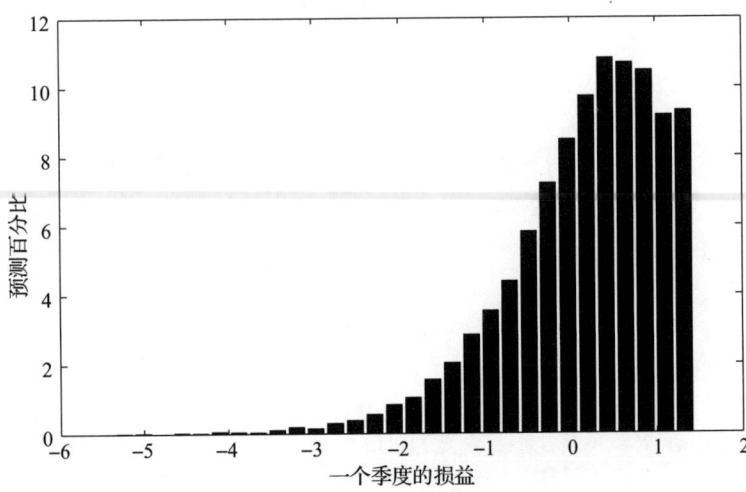

图 18-2 区间债券的损益平均分布

Delta 近似的误差

通常使用一阶线性近似估算证券的风险。也就是说，利率证券在利率水平 $r_{t+\delta}$ 下的价值 $V(r_{t+\delta})$ 可以通过线性泰勒展开式近似得到：

$$V(r_{t+\delta}) \approx V(r_t) + \frac{\partial V}{\partial r}(r_{t+\delta} - r_t) \tag{18-26}$$

这个方程的便利之处在于能够很简单地计算出 $\frac{\partial V}{\partial r}$ 的值，并通过利率的变化 $(r_{t+\delta} - r_t)$ 得到证券价格的近似变化值 $V(r_{t+\delta}) \approx V(r_t)$。事实上，从上述的方程可以看到

$$(V(r_{t+\delta}) - V(r_t)) \text{ 的标准差} = \frac{\partial V}{\partial r} \times (r_{t+\delta} - r_t) \text{ 的标准差}$$

但是如果证券的凸性特别大，这个近似值也可能出现很大的差异。下例将说明在例 18-2 中讨论的区间浮动利率债券的在险价值变化情况。

例 18-3

在 17 章的例 17-8 中，我们计算了区间浮动利率债券对利率变化的敏感度是

$$\frac{\partial V}{\partial r} = -234 \tag{18-27}$$

和例 18-2 一样，我们依然考虑一个季度的时间，即 $\delta = \frac{1}{4}$，毫无疑问，这是运用式(18-26)所获得的很粗略的近似值。但它能让我们将其与例 18-2 得到的值进行比较。⊖ 根据 Vasicek 模型

⊖ 因为 δ 较大，因此我们需要根据 t 的变化来改变 V 值，即 $\frac{\partial V}{\partial t}$。

$$r_\delta - r_0 \sim N(\mu(r_0,\delta),\sigma^2(\delta)) \tag{18-28}$$

其中

$$\mu(r_0,\delta) = (r_0 - \bar{r}) \times (e^{-\gamma\delta} - 1); \sigma(\delta) = \sqrt{\frac{\sigma^2}{2\gamma}(1 - e^{-2\gamma\delta})} \tag{18-29}$$

给定名义利率后，根据上式，就可以得到1%和5%的最坏情况，是与平均值[$\mu(r_0,\delta)$]以上2.326和1.645倍标准差[$\sigma(\delta)$]的距离范围内。当$\sigma(\delta) = 0.41\%$和$\mu(r_0,\delta) = 0.0160\%$时，根据式(18-29)可以近似地得到

$$1\% \text{ 的在险价值} = 225.84 \text{ 万美元}$$
$$5\% \text{ 的在险价值} = 160.81 \text{ 万美元}$$

一阶近似方法计算的1% VaR 小于由蒙特卡洛模拟计算出的值。1%的在险价值对应于较高利率的情况。在这种情况下，线性近似忽略了一个事实：当利率较高时，区间浮动利率债券利率的负凸性会引发额外的负的回报。凸性造成的结果如图18-3所示。实线为区间浮动利率债券利率在不同的初始LIBOR下的价值，正如第17章的图17-3所示。与浮动利率债券相切的虚线代表了线性近似值。图18-3中显示，线性近似低估了真实的风险，因为它没有考虑凸性的影响。在更极端的利率情况时误差也会更大，如在1%的最高利率下所做的第二条垂直的小段线所示。⊖

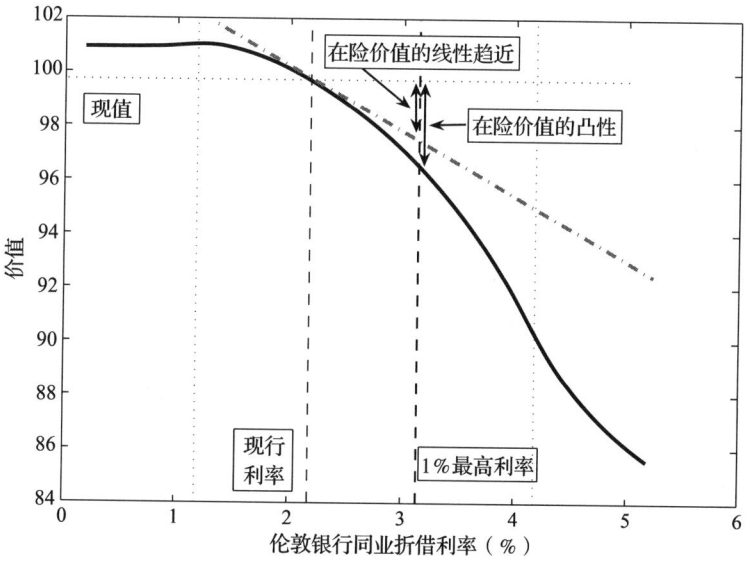

图18-3 区间浮动利率债券的在险价值

18.3 期限结构的宏观经济模型

为了说明风险的市场价格以及长期债券相对短期债券的风险溢价，在利率期限结构中纳入宏观因素的思考，并得到简单的模型是很有必要的。这个模型能够让我们更好地理解期限结构的形状及其背后的含义。下面将讨论一个被宏观经济学家广泛用来解释债券收益率变化的模型，我们这里要讨论的是经简化后的模型。

⊖ 蒙特卡罗模拟法的另一个优点是包含了在险价值中由于时间的推移而引起的证券价值的变化，这在图中并没有表现出来。

宏观经济模型有两个基本要素：
(1) 关于 GDP 增长、通货膨胀以及预期通货膨胀的模型。
(2) 市场参与者自身利益的最大化。

具体来看，假设真实的 GDP 的对数值 $\log GDPy_t = \log(Y_t)$，符合随机增长模型

$$\mathrm{d}y_t = g\mathrm{d}t + \sigma_y \mathrm{d}X_{y,t}$$

其中漂移率 g 固定不变。假设 GDP 的漂移率不变显然是不现实的，但它能够让我们只关注于作为利率期限结构主要驱动因素的预期通货膨胀率。允许 GDP 增长率的周期性变化将使模型变成双因素期限结构模型，这样当然更加现实，但是，这不是本章我们要讨论的。

继续讨论通货膨胀率，设 $\log CPI$，$q_t = \log Q_t$，根据随机增长模型有：

$$\mathrm{d}q_t = i_t \mathrm{d}t + \sigma_q \mathrm{d}X_{q,t}$$

CPI 增长的漂移率，即预期通胀率 $i_t = \dfrac{E[\mathrm{d}q_t]}{\mathrm{d}t}$ 随时间的变化率，我们假设它遵循如下过程

$$\mathrm{d}i_t = \gamma(\bar{i} - i_t)\mathrm{d}t + \sigma_i \mathrm{d}X_{i,t}$$

也就是说，预期通货膨胀率 i_t 是均值回归的，均值回归的速度为 γ，长期的平均通胀率为 $\bar{i}$。

为了说明通胀率与预期通胀率之间的关系，图 18-4a 绘出了两者的时间序列。如我们在图 18-4b 看到的，预期的通胀率与短期利率相关，尽管在下半段的示例中关系变得较弱。最后，图 18-4c 说明了预期通货膨胀率与 GDP 增长率之间的关系。两者的图像几乎是彼此的镜像，因为较高的预期通货膨胀率与较低的 GDP 增长率相关。

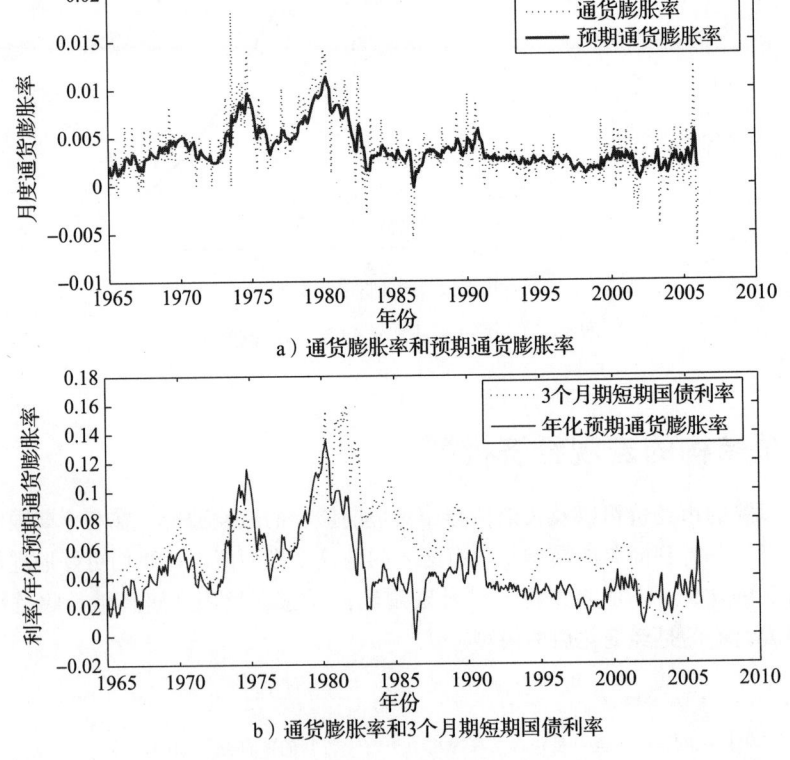

图 18-4　通货膨胀率和预期通货膨胀率

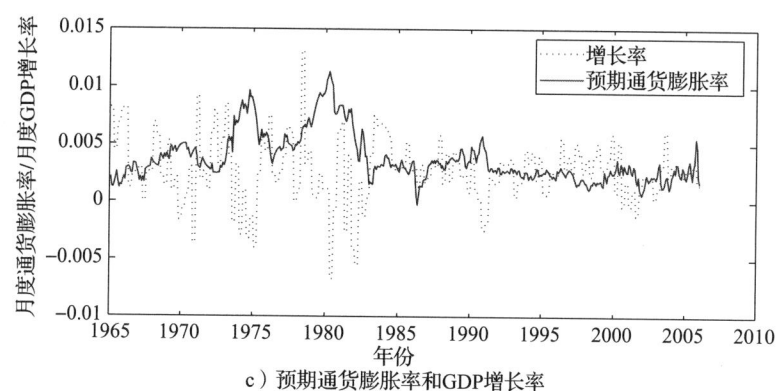

c) 预期通货膨胀率和GDP增长率

图18-4 （续）

资料来源：美国劳工统计局，美国经济分析局和美联储。

18.3.1 市场参与者

经济学家假定市场参与者的行为（如消费和储蓄），是基于最大化他们当期和未来福利的。如果今天你获得10 000美元的现金红利，你必须决定是否立即全部花掉还是将一部分存起来以供将来开支，尤其是为缓冲可能不利的经济条件而准备。经济学家通过"效用函数"来分析消费者在当期和未来消费间的跨期消费决策，这个函数能够根据消费者消费的物品数量来衡量市场参与者最终获得的福利。为了保持分析的简便性，假设市场参与者消费的是CPI指数所包含的一篮子消费品。我们用C_t表示市场参与者在时间t消费的物品数量，记为

$$U(C_t, t) = e^{-\rho t} \frac{C_t^{1-h}}{1-h} \tag{18-30}$$

这是消费者在时间t时的效用函数。在时间t时消费的物品越多，市场参与者就越快乐。出现在式(18-30)的参数ρ说明，无论市场参与者倾向于当前消费还是以后消费，获得的效用是相同的。

与之形成对比的是，关键参数h描述了市场参与者的风险厌恶水平。这个参数是正的并且事实上相当大：$h>1$；h越高，表明市场参与者承担风险的意愿越低，即他们更愿意投资更安全的而不是风险更大的证券。当$h=0$时，我们认为市场参与者是风险中性的，在这个意义上风险对他们并不重要，重要的是投资的期望回报率。在下例中，我们将了解到利率债券风险的市场价格主要取决于风险厌恶水平h和经济的整体风险。

现在考虑一个市场参与者（或者机构）将决定如何花费他或她增加的1美元财富。这个参与者在下面选择中做出一个选择：

1. 在当期(t)花费1美元购买$\frac{1}{Q_t}$数量的消费品。

2. 当期储存1美元购买$\frac{1}{Z(t,T)}$数量的、到期日为T的零息债券，在T时，能够购买$\frac{1}{Z(t,T)} \times \frac{1}{Q_t}$数量的消费品。

假设消费者选择当前消费C_t，因此他当前的效用为$U(C_t, t)$。增加的1美元在当前用于消费会增加他或她的快乐程度。约为

$$\frac{\partial U(C_t, t)}{\partial C} \times \frac{1}{Q_t}$$

第二个选择并不是保持当前的效用不变,而是使参与者在未来感到快乐。具体来讲,就是如果 C_T 是在时间 T 时的消费水平,消费者在未来获得的额外效用等于

$$\frac{1}{Z(t,T)} \times \frac{1}{Q_T} \times \frac{\partial U(C_T,T)}{\partial C_T}$$

对市场参与者而言,第一项和第二项选择应该是无差异的。比如,他们会消费更多或存更多的钱,直到他们获得的效用无差异。但是,上述的策略有一个问题,即市场参与者在时间 t 时刻并不知道他们在未来 T 时刻能消费的物品数据是多少,因为这取决于经济的健康程度、通货膨胀水平等。显然,市场参与者只能在当前消费和未来的预期消费(而不是实际消费)中进行比较。也就是说,消费者需要储存足够的现金以确保在未来某个时间 T 能满足以下条件:

$$\frac{\partial U(C_t,t)}{\partial C} \times \frac{1}{Q_t} = E_t \left[\frac{1}{Z(t,T)} \times \frac{1}{Q_T} \times \frac{\partial U(C_T,T)}{\partial C_T} \right] \tag{18-31}$$

如果所有市场参与者做出的消费储蓄决策能满足式(18-31),那么这些决策必将同时反映在当前债券价格 $Z(t,T)$ 上,而式(18-31)正是二者均衡的决策条件。事实上,如果金融市场不满足式(18-31),那么一些市场参与者就会把当前消费转向未来消费或者相反,从而改变证券的总需求量以及证券的价格。当没有市场参与者有动机地改变他们的消费和储蓄分配时,即当且仅当满足式(18-31)时,市场才能处于均衡状态。下一节,我们将利用这一思路来分析证券的均衡价格。

18.3.2 债券的名义均衡价格

要得到债券的均衡价格,可从式(18-3)的均衡条件出发,同时,还需要两个简单的假设:第一,我们假定所有的经济主体都是相同的,即在式(18-30)中经济主体的效用代表了整个经济中经济主体的平均效用。第二,每年总的 GDP 中用于消费的比例保持为 k 不变,即总的消费为 $C_t = kY_t$。实际生活中,k 大约是国内生产总值的 70%。

现在就可以计算债券的名义价格了。做法是,先重新排列式(18-31),发现零息债券的价值(名义)可由下式给出

$$Z(t,T) = E_t \left[\frac{Q_t}{Q_T} \times \frac{\dfrac{\partial U(C_T,T)}{\partial C_T}}{\dfrac{\partial U(C_t,t)}{\partial C_t}} \right]$$

再根据式(18-30),我们有

$$\frac{\partial U(C_t,t)}{\partial C_t} = C_t^{-h} e^{-\rho t} \quad \text{和} \quad \frac{\partial U(C_T,T)}{\partial C_T} = C_T^{-h} e^{-\rho T}$$

因为 $C_t = kY_t$,我们可以得到

$$Z(t,T) = E_t \left[e^{-\rho(T-t)} \frac{Q_t Y_t^h}{Q_T Y_T^h} \right] \tag{18-32}$$

$$= E_t \left[e^{-\rho(T-t) - (q_T - q_t) - h(y_T - y_t)} \right] \tag{18-33}$$

上式的期望值能够很容易计算出来,这样可得到如下结论:

○ **事实 18-3**

式(18-32)中定价公式的解为

$$Z(i,t,T) = e^{A(t;T) - B(t;T)(i+c)} \tag{18-34}$$

其中 $A(t;T)$ 和 $B(t;T)$ 分别为

$$B(t;T) = \frac{1}{\gamma}(1 - e^{-\gamma(T-t)}) \tag{18-35}$$

$$A(t;T) = (B(t;T) - (T-t))\left(\bar{r}^* - \frac{\sigma^2}{2\gamma^2}\right) - \frac{\sigma^2 B(t;T)^2}{4\gamma} \tag{18-36}$$

和

$$c = \left(\rho + hg - \frac{1}{2}h^2\sigma_y^2\right) - h\sigma_y\sigma_q\rho_{qy} - \frac{1}{2}\sigma_q^2 \tag{18-37}$$

$$\bar{r}^* = \bar{r} - \frac{1}{\gamma}(h\sigma_i\sigma_y\rho_{yi} + \sigma_i\sigma_y\rho_{iq}) \tag{18-38}$$

$$\bar{r} = \bar{i} + c \tag{18-39}$$

另外，即期名义利率为

$$r_t = i_t + c \tag{18-40}$$

其动态变化如下

$$风险的自然(真实)动态：dr_t = \gamma(\bar{r} - r_t)dt + \sigma_i dX_i \tag{18-41}$$

$$风险的中性动态：dr_t = \gamma(\bar{r}^* - r_t)dt + \sigma_i dX_i \tag{18-42}$$

很容易发现，当 $\gamma = \gamma^*$ 时，$A(t,T)$ 和 $B(t,T)$ 与在利率的 Vasicek 模型(15 章的式(15-30)和式(15-29))下得到的值是相同的。现在，我们可以根据宏观经济模型的参数来解释 Vasicek 定价公式中的参数了。

首先，根据式(18-40)可知：名义即期汇率是由预期的通货膨胀 $i_t = E[dp]$ 加上一个常数 c 得到的。名义利率和通胀预期之间的差异 c 由式(18-37)给出，其中包含 3 个部分(见第 7 章式(7-33))，即

1. 真实利率，由式(18-37)的第一个括号给出。第一项 ρ 衡量主体在消费时的耐心程度：较低的耐心程度表明了他们希望更多地借钱消费，这会导致均衡利率的上升。第二项 hg 依赖于经济的增长率。如果 g 较高，那么未来的 GDP 和消费预期都会较高，消费者也想要在当前更多地借钱消费，这些都会推高利率。最后，在括号里的最后一项为预防性的储蓄：GDP 增长率的波动率越高，未来消费的风险就越大、储蓄率也就越高，这反过来降低借款利率。

2. 通胀风险溢价，由式(18-37)括号后面的第一项给出。如果 GDP 增长率 dy 与通胀 dp 的协方差为负，那么对于投资者而言，以名义利率 r_t 的短期投资现在也具有风险。的确，平均而言，当 dp 为正时 dy 为负，即当出现对 GDP 增长不利的冲击时，大多数投资者在名义利率 r_t 下的投资所获得的现金都会贬值(因为 dp 为正)。因此，名义利率自然会增加。

3. 凸性，由式(18-37)最后一项给定。

其次，现在我们来解释利率的风险中性过程(式(18-42))。其中，式(18-38)已经给出了风险中性过程的中心化趋势(central tendency) $\bar{r}^*$，它包括两项：第一项为长期的无条件限制的平均名义汇率 $\bar{r}$：长期的平均通胀率越高，风险中性过程的中心化趋势也就越显著。第二项由风险的调整项"$-\frac{h\sigma_i\sigma_y\rho_{iy}}{\gamma}$"加上另一凸性项构成。风险的调整项取决于风险厌恶程度 h，预期的通货膨胀率与 GDP 增长率之间的协方差 $\text{Cov}(dy, di) = \sigma_i\sigma_y\rho_{iy}$，以及向均值的回归速度 γ。首先注意在图 18-4 中，预期通货膨胀率与 GDP 增长率的相关性通常为负，即 $\rho_{iy} < 0$，意味着风险的调整项为正，即 $-\frac{h\sigma_i\sigma_y\rho_{iy}}{\gamma} > 0$。因此，中心化趋势 $\bar{r}^*$ 的增加与风险厌恶程度 h、较大的

负的协方差 $\text{Cov}(dr, di)$ 或者更慢的均值回归的速度 γ 相关。

其背后的经济学含义是什么呢？中心化趋势 $\bar{r}^*$ 的大小与债券的价格负呈相关，而与长期债券的即期利率呈正相关，由下式给出[⊖]：

$$r_t(\tau) = -\frac{A(\tau)}{\tau} + \frac{B(\tau)}{\tau}(i_t + c)$$

其中 $\tau = T - t$ 为距到期日的时间，我们记 $A(\tau) = A(0; \tau)$，$B(\tau) = B(0; \tau)$。

风险厌恶程度 h 越高，协方差 $\text{Cov}(dy, di)$ 就越低，均值回归的速度越慢，意味着长期收益就越高，即利率期限结构的倾斜程度增大。直观地说，无论何时，当预期通货膨胀率和 GDP 增长率之间的协方差的变化为负，那么持有长期债券就是有风险的。之所以会这样，是因为在式(18-34)中预期通货膨胀率 i_t 的上升会导致债券价格 $Z(i, t, T)$ 下降。因为协方差 $\text{Cov}(dy, di) < 0$，因此当 GDP 增长率降低（在糟糕的时期）时，债券价格也会降低。这对投资者来说十分不利，因为在经济糟糕的时期，他们需要变卖他们的储蓄来对抗暂时的经济困难。因为在经济形势不好时这些债券价格很低，而投资人会对债券要求更较高的收益，这就是为什么 $r(t, \tau)$ 越大，$\text{Cov}(dy, di)$ 越小。其影响是放大市场参与者对风险的厌恶程度并且降低均值回归系数。事实上，均值回归系数越低，预期通胀 i 对债券价格的影响也越大，因为 γ 降低后，$B(t; T) = \dfrac{(1 - e^{-\gamma(T-t)})}{\gamma}$ 值会更大。

最后，在这种情况下，式(18-8)中风险的市场价格为

$$\lambda = \frac{\gamma}{\sigma_i}(\bar{r} - \bar{r}^*) = h\sigma_y \rho_{yi} + \sigma_y \rho_{iq} \tag{18-43}$$

首先，注意在模型中 $\gamma = \gamma^*$，即风险的市场价格为常数。其次，注意预期通胀率与 GDP 增长的相关系数为负，即 $\rho_{yi} < 0$，因此我们预期风险的市场价格为负（$\lambda < 0$）。正如我们在 18.1 节所讨论的，当 $\lambda < 0$ 时，长期债券的预期超额收益为正。

$$E\left[\frac{dZ}{Z}\right] - r = \lambda\sigma_Z > 0$$

其中 $\sigma_Z = -B(t; T)\sigma_i < 0$。这一节给出的经济模型说明了风险的市场价格（并由此引起的风险溢价）取决于风险厌恶水平 h、GDP 增长率的波动性 σ_y 以及 GDP 增长率和预期通胀率的相关系数 ρ_{yi}。

事实上，使用通胀、GDP 的增长率和消费的相关数据，我们得到了表 18-1 的参数。假设效用函数的参数 $\rho = 0.1$、$h = 104$，我们可得到真实利率 $c = 0.02$。图 18-5a 绘出了 3 条收益率曲线，假设当前的期望通胀率分别为 $i_0 = 0.01$、$0.042\,0$ 和 $0.072\,0$。则对应的名义即期利率分别为 $r_0 = 0.022\,9$、$0.061\,9$ 和 $0.091\,9$。而图 18-5b 则基于 3 种风险厌恶程度 $h = 70$，104 和 140，绘出了期限价差 $sp(\tau) = r_t(\tau) - r_t$，假定平均预期通胀率 $i_t = \bar{i}$。可以看到，更高的风险厌恶程度意味着更高的风险期限价差，并因此压低了债券的价格。

表 18-1 GDP 增长率和通货膨胀率

$\bar{i}$	γ	g	σ_y	σ_q	σ_i	ρ_{yq}	ρ_{yi}	ρ_{iq}
4.20%	0.380 5	0.02①	0.02①	0.010 6	0.007 3	-0.140 9	-0.289 4	0.836 0

资料来源：美国劳工统计局，美国经济分析局，美联储。

①GDP 增长率的估计值为 $g = 0.032\,1$ 和 $\sigma_y = 0.009\,8$，这使得生成合理的收益率函数变得困难。参数的假定要接近于消费增长率。

⊖ 参见第 15 章的式(15-37)。

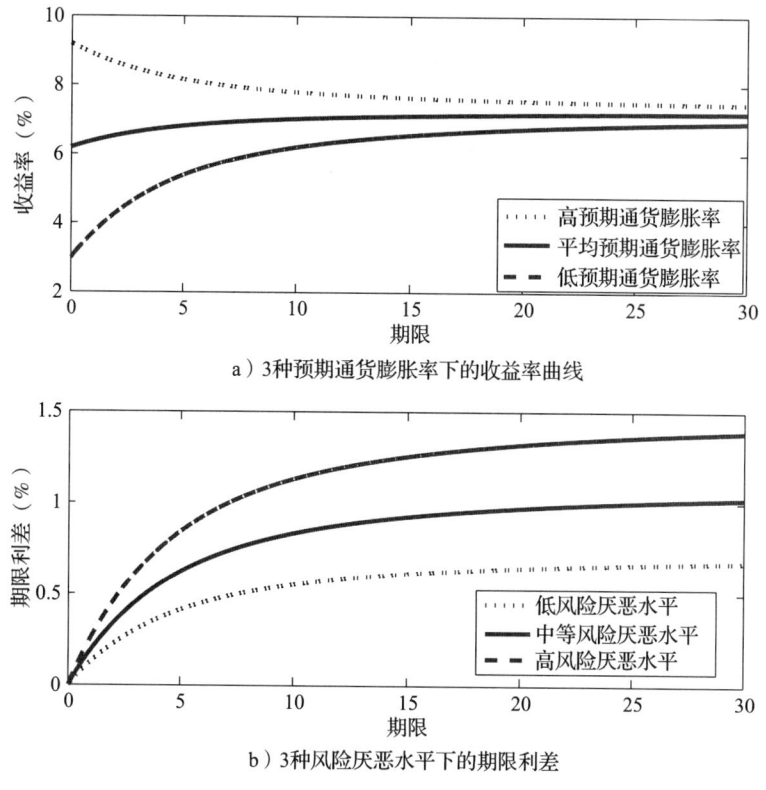

a）3种预期通货膨胀率下的收益率曲线

b）3种风险厌恶水平下的期限利差

图 18-5 宏观经济模型中的收益率曲线

18.3.3 总结

本节给出的模型很简单，但它确实能对我们在前面章节所看到的期限结构模型提供一些经济学上的解释，并有助于我们学习后面的章节。这个模型有很多缺点，包括对实际收益率曲线的拟合效果并不十分理想等。例如，图 18-5b 说明了不同风险厌恶水平下的期限利差，这些利差看似合理，然而与此相对应的收益率曲线并不合理：当 $h=70$ 时我们得到的利率过低（事实上为负），而当 $h=140$ 时我们得到的利率又过高。更小的 h 变化虽然能产生更合理的收益率曲线，但期限利差的变化又太小，因此风险的市场价格变化也不显著。

这个模型的问题在于它过于简单，事实上，这个模型可以以多种方式进行拓展，以便能提供更为合理的收益率曲线，对债券价格和风险的市场价格的动态变化做出更有意思的描述。例如，我们假定预期的 GDP 增长率 g 为常数，在实际数据中并非如此。类似地，如果风险厌恶水平 h 也假设为随时间变化，这就能引起额外的利率动态变化。例如，我们知道较高的 h 暗示了较高的期限利差和较高的风险市场价格。这说明时变的 h 会使期限结构更为陡峭，同时也意味着更高的预期回报率，这和第 7 章 7.3 节的结论是一致的。

但该模型对于解释收益率曲线是十分有用的。例如，根据模型，如果我们观察收益率曲线相对陡峭，这可能是由以下 3 个方面引起的：

1. 市场参与者预期未来通货膨胀率较高，因此未来的即期利率也较高。
2. 市场参与者风险厌恶程度较高，因此债券的期限越长，要求的收益率也就越高。
3. 总体风险很高，所以债券的期限越长，要求的收益率也就越高。

其中，只有第 1 个原因能说明正倾斜的期限结构意味着未来即期利率会提高，而第 2 和第 3 个原因，则不一定和期限结构曲线间有上述关系。

18.4 案例分析：宝洁公司互换杠杆的风险

在 17 章案例研究中我们研究了一个复杂的利率互换估值，其现金流取决于合同开始后根据一个复杂公式所界定的 6 个月的 LIBOR 利差。本节中，我们将讨论如何使用蒙特卡罗模拟来衡量这类投资的风险。

为了更好地进行风险分析，首先我们需要估计 Vasicek 利率模型的自然风险参数，这些参数可以通过历史利率进行估计。在第 17 章的案例研究中，我们用 3 个月连续复利的短期国债利率⊖来估计短期利率 r_t，并考虑了 3 年期和 10 年期两个例子。参数 γ 可通过对每日数据进行离散回归来估计

$$(r_{t+\delta} - r_t) = \alpha + \beta r_t + \varepsilon$$

其中 $\alpha = \gamma \bar{r}$, $\beta = \gamma \times \delta$。从回归系数以及 $\delta = \frac{1}{252}$ 可得短期国债的 $\gamma = 0.9098$ 和长期国债的 $\gamma = 0.0654$，平均利率 $\bar{r}$ 可由样例的利率平均得到，在两个样例中平均利率分别为 $\bar{r} = 4.18\%$ 和 $\bar{r} = 6.13\%$；同时，我们还能分别得到两个样例残差标准差的年度波动率。给定 α 和 β，我们能计算出：

$$\varepsilon = (r_{t+\delta} - r_t) - (\alpha + \beta r_t)$$

同时我们得到 $\sigma = \frac{1}{\sqrt{\delta}} \times \varepsilon$ 的标准差，表 18-2 的 A 和 B 中给出了估计的参数。注意每个样本中风险中性和自然风险参数之间的差异是十分重要的。可以看到，风险中性平均利率 $\bar{r}^*$ 总是高于实际平均利率 $\bar{r}$。根据模型，差异的原因可能是市场参与者预期在未来的利率更高，或者说预期了更为倾斜的利率期限结构，或者 $\bar{r}^*$ 越高。准确地说，$\bar{r}^*$ 还包含了风险的市场价格：债券的价格很低（因此收益率很高），仅仅因为它比持有现金风险更高。用 18.1 节中相同的参数，可以发现风险的市场价格为

$$\lambda(r) = \lambda_0 + \lambda_1 r$$

参数 $\lambda_0 = 2.6349$ 和 $\lambda_1 = -97.5073$，根据前文所述，负的 λ_1 表明更高的利率 r_t，意味着市场价格风险带来的负面影响越大（越为负），所以，长期债券的风险溢价也会越高（越为正）。

$$E\left[\frac{dZ}{Z}\right] = \lambda(r)\sigma_Z$$

其中 $\sigma_Z = -B(\tau)\sigma < 0$，$\tau$ 为债券的到期期限。

然后，我们如何对杠杆化互换进行风险分析呢？由于关键问题在于在时间 $t^* = 0.5$ 时的价差 t 是多少，由下式给出

$$价差 t^* = \left(\frac{5\text{ 年期中期国债收益率} \times 98.5}{5.78}\right) - 6.25\% \text{ 的 30 年期长期国债的价格}$$

⊖ 注意根据 Vasicek 模型，3 个月期连续复利利率 $r_t(0.25)$ 与即期利率 r_t 的关系为 $r_t(0.25) = -\frac{A(0.25)}{0.25} + \frac{B(0.25)}{0.25} \times r_t$，在此之前，回归系数 γ 依旧使用 3 个月期利率而不是即期利率进行正确的估计。相反，平均利率 $\bar{r}$ 以及波动率 σ 需要调整为 $\frac{B(0.25)}{0.25}$，虽然在实际用途中差异很小。

关注当时互换的价值是很方便的，因此，根据风险的自然动态变化我们模拟了 5 000 条 Vasicek 利率路径 r_t^j。

$$dr_t = \gamma(\bar{r} - r_t)dt + \sigma dX$$

我们做了与第 17 章式（17-34）完全一样的模拟，唯一不同的是，我们用 γ 和 $\bar{r}$ 代替了风险中性条件下对应的 γ^* 和 $\bar{r}^*$。通过第 17 章的式（17-37），我们能计算出每一条路径 j 下利差的模拟价值。其中，30 年期债券的模拟价格 $P^{30}(t^*, 30)^j$ 以及 5 年期债券的模拟价格 $P^5(t^*, 5)^j$ 仍分别由式（17-35）和式（17-36）给出。要注意的是，依然需要分别使用风险中性参数 γ^* 和 $\bar{r}^*$ 来计算零息债券曲线 $Z(r_t, t^*, T)^j$，计算零息债券价值时，需要使用的是自然风险模型模拟的利率 $r_{t^*}^j$。但是，和原来一样，计算利率证券价格时必须使用风险中性参数模拟的利率。

有了时间 $t^* = 0.5$ 时的价差，就可以计算宝洁公司互换的价值了。事实上，一旦设定了价差，通常，互换价值能通过固定利率债券的多头和浮动利率债券空头得到。为了方便起见，我们将所有固定利率债券的固定支付集中在一起，这样在互换中浮动利率债券支付浮动利率，因此其价值等于其名义价格。也就是说，根据每一次模拟 j 产生的短期利率 $r_{t^*}^j$ 以及价差 $d_{t^*}^j$，就能够计算

$$V_{t^*}^{swap\,j} = 2\text{ 亿美元} \times \left(\sum_{k=1}^{14} \frac{C^j}{2} Z(r_{t^*}^j, t^*, T_k) + Z(r_{t^*}^j, t^*, T_{14}) \right) - 2\text{ 亿美元} \quad (18\text{-}44)$$

其中

$C^j = 5.30\% - $ 价差$_{cp} + \dfrac{0.75}{100} + $ 价差$_t^j$ 是信孚银行向宝洁公司支付的净固定支付总额。也就是说，式（18-4）右侧首项是在互换中，由固定利率支付方所支付的、固定利率债券的固定利息的价值，第二部分是面值 2 亿美元的浮动利率债券在重置日的价值。

图 18-6 绘出了在时间 $t^* = 0.5$ 时互换模拟价格的直方图。图 18-6a 使用了表 18-2 中 A 部分（短期样本）所获得的参数，图 18-6b 使用的是表 18-2 的 B 部分（长期样本）所获得的估计参数。从图 18-6a 和图 18-6b 中可以看到，在 $t^* = 0.5$ 时互换的价值分布呈现强烈的负向偏斜：互换的价值很有可能为正；但依然有出现负值的小概率情况。注意表 18-2 中的 B 部分所使用的参数，其特征是利率的波动性较高，模拟的左尾分布为负，尽管可能性很低，但低至负的 2 亿美元的概率仍然大于零。

我们可以计算 99% 和 95% 的在险价值，模拟出仅有 1% 和 5% 可能性的最坏结果。这些在表 18-2 中已经列出。其中，在 A 部分可以看到 95% 及 99% 的在险价值分别为 729.47 万美元和 3 049.42 万美元。在这些假定条件下，我们认为宝洁公司的损失几乎不可能超过 1 亿美元。然而，如果我们考虑一个更长期的、能诱发更高的利率波动率的样本时，就会发现在险价值会变得更高。正如表 18-2 中的 B 部分所示，这两个值分别为 3 955.92 万美元和 9 141.43 万美元。

正如我们在第 3 章 3.2.9 节讨论的，在险价值度量方法不能反映肥尾事件的风险。在有肥尾分布的情况下，预期损失是一个评估投资风险的好方法。表 18-2 中同时给出了 95% 及 99% 置信条件下的杠杆互换预期损失，结果表明，预期损失确实大大高于在险价值，表明杠杆互换的损益分布的左尾很长。例如，A 部分表明在低利率条件下，99% 的预期损失依然高达 4 200 万美元，比在险价值高出 1 000 万美元。当我们考虑一个更高的利率波动率时，可得到其预期损失会高达 1.16 亿美元，高于宝洁公司实际遭受的事后损失。

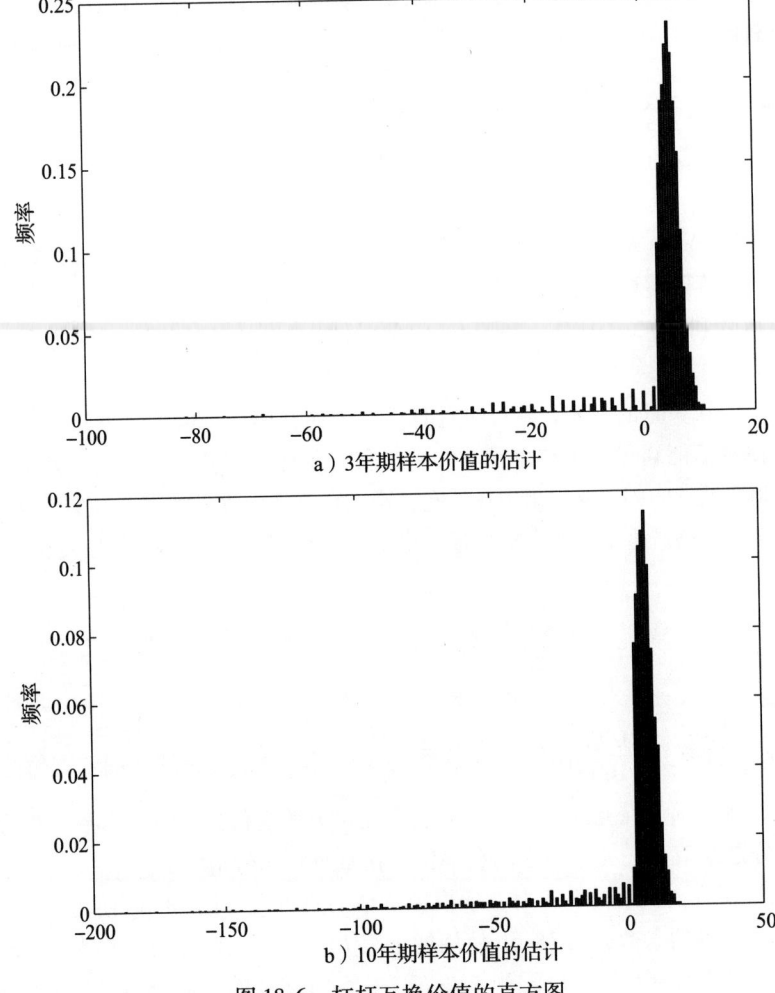

a）3年期样本价值的估计

b）10年期样本价值的估计

图 18-6　杠杆互换价值的直方图

表 18-2　杠杆互换的风险

A：3 年期样本						
估值：风险中性蒙特卡罗模拟						
$\bar{r}^*$	γ^*	$\sigma(\times 100)$	价值	标准误差		
7.32	0.290 4	0.635 2	1.571 6	0.193		
风险分析：风险中性蒙特卡罗模拟						
$\bar{r}$	γ	$\sigma(\times 100)$	95% VaR	99% VaR	95% ES	99% ES
4.18	0.909 8	0.635 2	7.294 7	30.494 2	21.815 1	42.339 6
B：10 年期样本						
估值：风险中性蒙特卡罗模拟						
$\bar{r}^*$	γ^*	$\sigma(\times 100)$	价值	标准误差		
7.37	0.288 3	1.077 6	-9.520 8	0.456 3		
风险分析：风险中性蒙特卡罗模拟						
$\bar{r}$	γ	$\sigma(\times 100)$	95% VaR	99% VaR	95% ES	99% ES
6.43	0.065 4	1.077 6	39.559 2	91.414 3	71.369 6	116.665 0

本章小结

在这一章里，我们讨论了以下主题：

1. 利率证券预期超额收益：与债券价格的波动率和风险的市场价格之积成正比。
2. 风险的市场价格：确定债券预期收益的关键变量，可通过比较利率的风险中性动态和风险自然动态（真实）的漂移率，除以利率的波动率计算。
3. 自然风险的蒙特卡罗模拟风险分析：模拟在实际概率下的利率路径，用于计算损失分布和在险价值。
4. 市场参与者的风险厌恶程度：市场参与者持有风险债券（如长期债券和短期债券）会要求溢价回报。风险厌恶程度决定回报溢价的大小：风险厌恶程度越高，长期债券的价格越低，收益率越高。风险厌恶水平决定了长期债券的期限利差。

练习

1. 思考17章习题4中讨论的反转浮动债券。使用蒙特卡罗模拟对1个月期，3个月期和6个月期利率水平进行风险分析。简化起见，假设此题中利率 $c(t) = \bar{c} - 2 \times r_n(t - \Delta)$ 并且可以为负值。讨论这个方法，确保能绘出在3个利率水平下的损益表直方图。

2. 同上题，但加入反向浮动利率债券不能有负利率的条件，即 $c(t) = \max(\bar{c} - 2 \times r_n(t - \Delta), 0)$。如何来进行风险分析？讨论一下。

3. 考虑第17章练习6中所讨论的走廊式商业票据。运用蒙特卡罗模拟对6个月利率水平进行风险分析。讨论在计算该证券的在险价值时会遇到的问题。绘制损益表直方图并计算在险价值和预期差额。

4. 你已经估计了 Vasicek 模型的参数，并且结果如表18-3所示，符号与本章所使用的一致。目前隔夜利率为2%。

   表18-3 Vasicek 模型的参数值

γ	$\bar{r}$	σ	γ^*	$\bar{r}^*$
0.326 2	5.09%	2.21%	0.465 3	6.34%

   (1) 计算风险的市场价值。是正还是负？解释一下。
   (2) 风险的市场价格是如何取决于利率的？
   (3) 计算到期日为 $T=1$，3，5和10年期的零息债券的预期超额收益率，它是如何取决于利率的？
   (4) 讨论零息债券的即期利率和预期超额收益率之间的关系。
   (5) 现在考虑一个利率期权，在 $T=5$ 时的回报由 $N \times \max(r - r_K, 0)$ 来确定。不经过任何计算，你可以说出这个期权的市场价格吗？讨论一下。

5. 讨论在18.3节的经济模型。图18-5绘制的利率期限结构中假设代理人的风险厌恶水平是 $H=104$，时间贴现 $\rho = 0.1$。
   (1) 考虑不同的风险厌恶水平 h 和时间贴现 ρ，计算即期利率、期限利差和风险的市场价值并讨论。
   (2) 利率期限结构和风险的市场价格是如何随着 GDP 的增长率和预期通货膨胀率以及 GDP 增长率的波动率而变化的？讨论一下。

附录18A 宏观经济学模型中定价公式的证明

我们现在推导方程式(18-34)。

定义 $m_t = \rho t + \log(Q_t Y_t^h) = \rho t + \log(Q_t) + h\log(Y_t) = \rho t + qt + hyt$。我们用下面的式子来表示名义零息债券的价值

$$Z(t,T) = E_t[e^{m_t - m_T}]$$

伊藤引理认为

$$dm_t = \rho dt + dq_t + hdy_t$$
$$= (\rho + i_t + hg)dt + h\sigma_y dX_{1,t} + \sigma_q dX_{3,t}$$

费曼—卡茨定理指出下式的期望值

$$V(i, m, t; T) = E_t[e^{-m_T} \mid i, m]$$

必须满足偏微分方程(PDE)①。

$$0 = \frac{\partial V}{\partial t} + \frac{\partial V}{\partial i}E[di] + \frac{\partial V}{\partial m}E[dm_t] + \frac{1}{2}\frac{\partial^2 V}{\partial i^2}E[di^2] + \frac{1}{2}\frac{\partial^2 V}{\partial m^2}E[dm^2] + \frac{\partial^2 V}{\partial i \partial m}E[didm]$$

以及边界条件

$$V(i, m, T; T) = e^{-m} \tag{18-45}$$

我们首先猜测一下解的形式,然后验证其是否满足上面的偏微分方程。考虑下面的解:

$$V(i_t, m, t; T) = e^{-m_t + A(t;T) - B(t;T)(i_t + c)}$$

这里的 c 是一个常数,并且边界条件是 $A(T; T) = 0$ 和 $B(T; T) = 0$。然后

$$\frac{\partial V}{\partial t} = \left(\frac{\partial A(t;T)}{\partial t} - \frac{\partial B(t;T)}{\partial t}(i_t + c)\right)V$$

$$\frac{\partial V}{\partial i} = -B(t;T)V; \frac{\partial V}{\partial m} = -V;$$

$$\frac{\partial^2 V}{\partial i^2} = B(t;T)^2 V; \frac{\partial^2 V}{\partial m^2} = V; \frac{\partial^2 V}{\partial i \partial m} = B(t;T)V$$

代入偏微分方程中得出

$$0 = \left(\frac{\partial A(t;T)}{\partial t} - \frac{\partial B(t;T)}{\partial t}(i_t + c)\right) - B(t;T)\gamma(\bar{i} - i) - (\rho + i + hg)$$
$$+ \frac{1}{2}B(t;T)^2\sigma_i^2 + \frac{1}{2}(h^2\sigma_y^2 + \sigma_q^2 + 2h\sigma_y\sigma_q\rho_{qy}) + B(t;T)(h\sigma_i\sigma_y\rho_{yi} + \sigma_i\sigma_y\rho_{iq})$$

定义以下数量

$$c = \rho + hg - \frac{1}{2}(h^2\sigma_y^2 + \sigma_q^2 + 2h\sigma_y\sigma_q\rho_{qy})$$
$$r = i + c$$
$$\bar{r} = \bar{i} + c$$
$$\bar{r}^* = \bar{r} - \frac{1}{\gamma}(h\sigma_i\sigma_y\rho_{yi} + \sigma_i\sigma_y\rho_{iq})$$

将数量代入上面的式子中,重新整理得到:

$$0 = \left(\frac{\partial A(t;T)}{\partial t} - \frac{\partial B(t;T)}{\partial t}r\right) - B(t;T)[\gamma(\bar{r}^* - r)] - r + \frac{1}{2}B(t;T)^2\sigma_i^2$$

这个等式和 Vasicek 利率模型得到的等式是一样的(见第 15 章式(15-75))。由于边界条件也是一样的,因此我们可以通过 Vasicek 公式得到 $A(T; T)$ 和 $B(T; T)$,即第 15 章式(15-30)和式(15-29)。
零息债券的定价公式可以从 $V(i, m, t; T)$ 得到,即

$$Z(i, t; T) = E[e^{m_t - m_T}] = e^{m_t}E[e^{-m_T}] = e^{m_t}V(i, m, t; T) = e^{A(t;T) - B(t;T)(i_t + c)}$$

---

① 我们将在第 22 章中讨论多因素费曼—卡茨公式。

第 19 章 无套利模型和标准衍生品

如果一个模型(比如第 16 章 16.3 节中介绍的 Vasicek 模型)不能很好地反映利率期限结构时,那么存在两种可能:①利率期限结构中存在可利用的套利机会。②模型本身有缺陷。实际上,扩展的 Vasicek 模型、CIR 多因素模型最初提出的目标,就是为了及时发现收益率偏差,即套利机会或近似套利机会而提出的。在本章,我们将运用这些模型来选择策略的类型,同时计算对冲比率、制定交易策略。在第 16 章 16.3 节中,已经讨论过这样的案例。

对于市场上的许多金融产品,运用利率期限结构模型可以简化许多衍生证券市场价格的计算,如期权、远期合约、含有价格上限或下限的证券等。对于这些金融衍生品,找到合适的利率期限结构很重要,比如我们在第 11 章用到的利率二叉树模型。在本章中,我们将回顾在前面介绍利率期限结构时用过的著名模型,并用它们对一些金融衍生品定价,这些衍生品,常被一般投资者或金融机构用于对冲利率风险。

19.1 无套利模型

为什么符合当前的利率期限结构如此重要呢?接下我们通过一个案例来理解。

例 19-1

如在第 15 章例 15-2,假设我们在 2002 年 1 月 8 日想出售一份 1 年期看涨期权,标的资产为 4 年期零息债券,执行价格为本金的 80%。第 15 章的例 15-5 基于 Vasicek 模型,计算出了这个看涨期权的价值为

$$V(r_0,0) = Z(0,r_0;T_B)N(d_1) - KZ(0,r_0;T_O)N(d_2) \tag{19-1}$$

其中 $N(x)$ 为累积标准正态分布,同时

$$d_1 = \frac{1}{S_Z(T_O)}\log\left(\frac{Z(0,r_0;T_B)}{KZ(0,r_0;T_O)}\right) + \frac{S_Z(T_O)}{2} \tag{19-2}$$

$$d_2 = d_1 - S_Z(T_O) \tag{19-3}$$

$$S_Z(T_O)^2 = B(T_O;T_B)^2 \frac{\sigma^2}{2\gamma}(1 - e^{-2\gamma T_O}) \tag{19-4}$$

其中,T_O 是期权的到期日,T_B 是标的零息债券的期限。

然而,根据第 15 章的图 15-2 显示 Vasicek 模型与利率期限结构吻合得并不好。于是,我们在第 16 章 16.3 节利用这一点,基于利率期限结构设计了一个套利策略。我们的目标是一致的,就是为期权定价。特别需要注意的是,Vasicek 模型在 1 年期使用效果并不理想,特别是在与出售的期权期限

一样的时候。实际上，Vasicek 模型下，$T_O = 1$ 和 $T_B = 5$ 时的贴现因子分别为 $Z^{Vasicek}(0, T_O) = 0.9742$ 和 $Z^{Vasicek}(0, T_B) = 0.7965$。同一天美国财政部发行的剥离债券的 $Z(0, T_O) = 0.9790$、$Z(0, T_B) = 0.7978$。

这种情况下出现了一个难题：在使用式(19-1)为期权定价时，我们到底应该使用哪一个 $Z(0, r_0; T)$ 呢？根据 Vasicek 模型计算出来的价格，与真正的价格之间是存在一定的差异的，并且这种差异是实质性的。给定参数估计：$r^* = 0.4653$，$r^* = 6.34\%$ 和 $\sigma = 0.0221$，通过计算可得 $S_Z(T_O) = 0.0323$，因此

$$\text{以 Versick 模型贴现的期权价格 } Z(0, T) = 2.2921 \text{ 美元} \tag{19-5}$$

$$\text{以市场贴现率计算的期权价格 } Z(0, T) = 1.9159 \text{ 美元} \tag{19-6}$$

数据说明有近20%的、实质性的价格差异。直觉上我们认为应该利用市场价格的公式，但其与我们所使用的模型不一致。特别是在动态交易策略中，可能会提供错误的对冲比率。当然，交易员们也知道所有金融模型都只能粗略地近似现实，因为现实世界是非常复杂的。但是，如果存在一个能够精确匹配利率期限结构的模型，将会对具体的套期保值策略提供更好的指导。例如，假设我们卖给客户一份期权，现在我们希望通过做多期限为 T_B 的零息债券来对冲空头头寸。对于做多的零息债券我们究竟需要持有多少头寸？Vasicek 模型再次生成一个难题，因为选用的 $Z(0, T)$ 不同，所确定的零息债券的持有头寸也不同，例如，在上面的例子中：

$$\text{Versick 模型贴现因子下的 Delta}: Z(T) = 0.4561$$

$$\text{实际的贴现因子下的 Delta}: Z(T) = 0.4366$$

在这个例子中，区别并不大，但是如果执行价格不同，百分比差异可能会变得很大。

从第11章的讨论中，我们知道有的模型符合利率期限结构，如 Ho-Lee 模型和 BDT 模型。在本章中，我们将在连续时间框架下重新审视这些模型，并在此基础上讨论些其他模型。

19.2 Ho-Lee 模型回顾

回顾我们在第11章中引入的 Ho-Lee 模型，以及在第14章的例14-5 对其连续时间限制的讨论。现在，采用第17章中的术语，在风险中性的假设下 Ho-Lee 模型的表达式为

$$dr_t = \theta_t dt + \sigma dX_t \tag{19-7}$$

其中，选定 θ_t 来匹配利率期限结构。第11章中采用递归方式一次匹配一只债券的方法较为费时。事实证明，我们在 Ho-Lee 模型中可以直接由远期利率曲线得到 θ_t 的估值。为了理解这一发现，我们首先说明对这些证券定价的一些重要结果。

○ **事实 19-1**

0 时间点上零息债券的报价如下式所示

$$Z(r, 0; T) = e^{A(0;T) - T \times r} \tag{19-8}$$

其中 $A(0; T)$ 如下式所示

$$A(0; T) = -\int_0^T (T - t)\theta_t dt + \frac{T^3}{6}\sigma^2 \tag{19-9}$$

与 Vasicek 模型不同，此处的债券定价公式并不完全是解析式，因为我们需要解出等式(19-9)中的积分。但是，事实证明我们要使用 Ho-Lee 模型，通常不需要真的解出这个等式。由于我们选择 θ_t 来进行债券报价 $Z(r, 0; T)$ 与实际数据的匹配，根据模型构造可知，我们并

不需要计算出债券报价本身的数值。

那应该如何选择用来匹配利率期限结构的 θ_t 呢？远期利率曲线（几乎）包含了我们算出 θ_t 数值所需要的全部信息。事实上，在 t 和 $t+\delta$ 两个时间点之间进行投资，在 0 时间点上的连续远期复利率如下式所示（见第 5 章式(5-2)和式(5-4)）

$$f(0,t,t+\delta) = -\frac{\ln(Z(0,t+\delta)) - \ln(Z(0,t))}{\delta} \tag{19-10}$$

随着 δ 的减小，我们可通过下式得到瞬时远期连续复利利率（instantaneous forward rate）

$$f(0,t) = -\frac{\partial \ln(Z(0,t))}{\partial t} \tag{19-11}$$

将 $r(0,t)$ 定义为在 0 到 t 之间的连续复利收益率，此时 $Z(0,t) = e^{-r(0,t) \times t}$，我们得到了瞬时远期利率的等效表达式

$$f(0,t) = r(0,t) + t \times \frac{\partial r(0,t)}{\partial t} \tag{19-12}$$

即瞬时远期利率等于当前即期利率，加上一项由即期利率曲线斜率所决定的部分。如果即期收益率曲线呈现上升趋势，则远期利率高于即期利率，反之亦然（详细内容见第 5 章）。附录 19A 显示 θ_t 与瞬时远期利率曲线的斜率有关（见 19A.2）：

○ **事实 19-2**

时间点 0 上与当前利率期限结构匹配的漂移率 θ_t，可由下式计算

$$\theta_t = \frac{\partial f(0,t)}{\partial t} + \sigma^2 \times t \tag{19-13}$$

例 19-2

再次采用例 19-1 中 2002 年 1 月 8 日的案例。Vasicek 模型无法得到零息债券的正确报价，这也是问题的根源所在。现在，我们来看如何运用 Ho-Lee 模型解决这一问题。我们会直接利用在第 15 章图 15-2 中的资产剥离证券利率来计算。根据图 15-2，我们可以马上发现一个问题：资产剥离证券的收益率曲线并不平滑。这个问题说明存在非常不稳定的远期利率曲线，因此我们就无法利用式(19-13)来计算 θ_t。那么第一步，插入即期利率曲线，得到一个两阶可微分曲线。结果如图 19-1 所示。⊖

第二步就是解出瞬时远期利率曲线。由于我们插入即期利率曲线时采用的是较细致的坐标网，我们可以计算出瞬时远期利率曲线的数值，即 $f(0,t) \approx r(0,t) + t \times \frac{r(0,t+\delta) - r(0,t)}{\delta}$，其中 δ 较小。图 19-1a 中还绘出了代入即期利率曲线后，每个 t 时间点上的瞬时远期利率曲线。同我们在第 5 章中发现的一样，远期利率形状比即期利率曲线更为不稳定，因为它受即期利率曲线斜率的影响。最后，我们计算出函数 θ_t 约为

$$\theta_t \approx \frac{f(0,t+\delta) - f(0,t)}{\delta} + \sigma^2 \times t$$

因为参数 σ 只是利率模型在利率风险中性动态下的反映，我们可以通过已有短期利率变化或期权变化估算出这一数值。在本例中，我们按短期利率变化的历史标准差计算 σ，计算结果为 $\sigma = 0.0221$。

⊖ 这一插入过程是通过将收益代入 t 时间点上的 10 次多项式实现的。

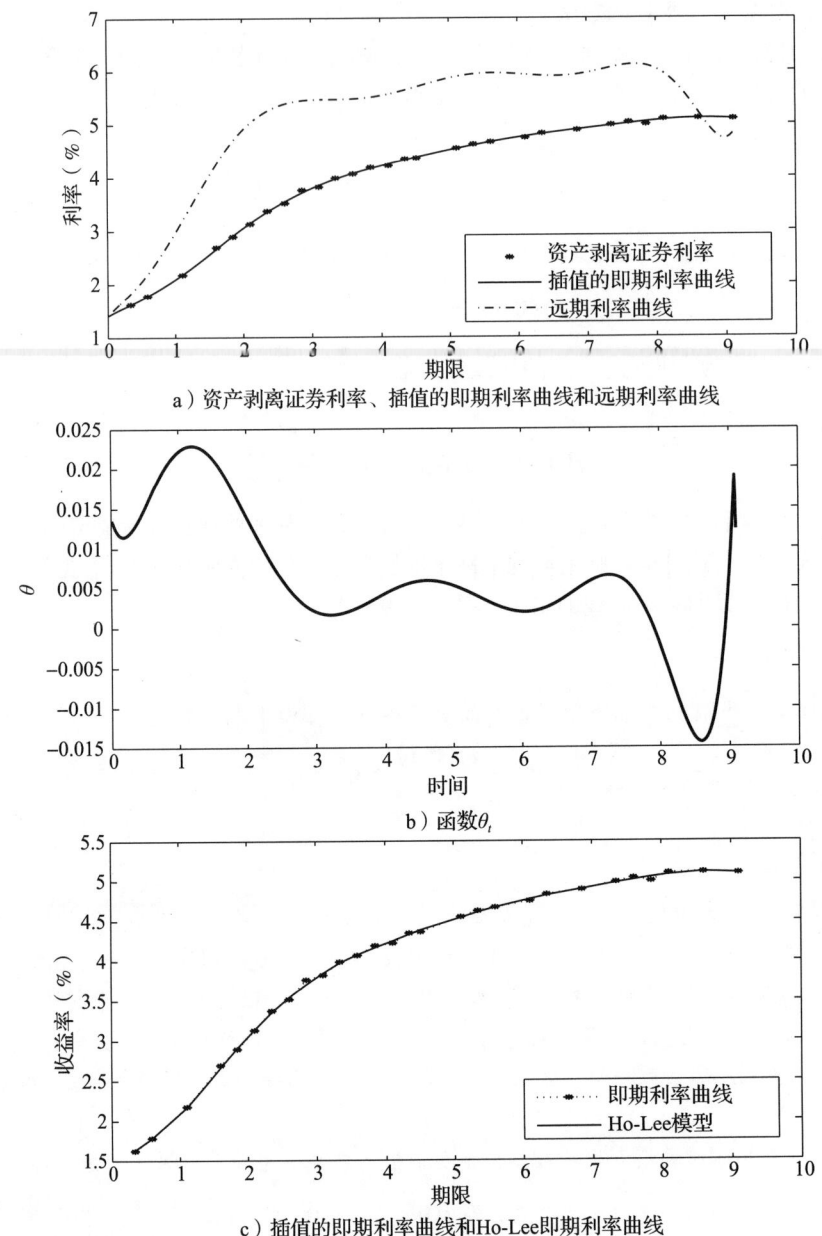

a）资产剥离证券利率、插值的即期利率曲线和远期利率曲线

b）函数 θ_t

c）插值的即期利率曲线和Ho-Lee即期利率曲线

图 19-1　Ho-Lee 模型：2002 年 1 月 8 日

资料来源：《华尔街日报》。

图 19-1b 显示的是 θ_t 的估计值。应注意，由于 σ^2 数值非常小，而 θ_t 实际上就是远期利率曲线的斜率。由于后者形状较为平直，我们预期 θ_t 在较长时间 t 后会越来越接近零。

解出 θ_t 后，我们现在可以开始利用这个模型来计算其他衍生品报价，如期权。但是在开始计算之前，我们要检查这个方法是否有效。为了检验有效性，可以利用估计值 θ_t，通过将这一估计值代入式(19-8)中的零息债券定价公式进行检验，得到了与估算过程中所采用的输入值一致的模型结果。为了进行检验，我们必须计算式(19-9)中的函数 $A(0; T)$。通过计算蒙特卡罗模拟所采用的类似的近似值之和来计算公式中的积分。即积分可以近似为

$$\int_O^T \theta_t(T-t)\,dt \approx \sum_{j=1}^n \theta_{j\times\delta} \times (T-j\delta) \times \delta$$

图 19-1c 所绘的是通过下式得到的即期利率曲线和 Ho-Lee 曲线

$$r_0^{\text{Ho-Lee}}(T) = -\frac{\log(Z(r,0,T))}{T}$$

显然，Ho-Lee 模型与即期利率曲线完全匹配，也就验证了这一方法的有效性。

19.2.1 一致衍生品定价

建立该模型的目的在于与当前利率期限结构的完全匹配。因此，由于债券价格是这个模型的输入值，我们不能利用这个模型来计算债券的价格。那么，建立这样一个无法用于债券定价的期限结构模型，有什么意义呢？简单地说，就是我们只要通过当前利率期限结构估算出 θ_t，就可以开始计算其他受利率影响的债券的价格，如债券期权、利率上限和利率下限、互换合约、互换期权、按揭证券，实际上还包括我们能够想到的所有结构性衍生品，例如第 17 章案例研究中论述的宝洁公司/信孚银行的杠杆化互换交易。如果这个模型能正常捕获期限结构的当前特性，就可以用它得到其他与当前利率期限结构一致的证券产品的价格。

和 Vasicek 模型一样，Ho-Lee 模型也有形式接近的看涨期权定价公式。其计算方法如下

○ 事实 19-3

一个具有单位本金，在 $T_n > T_O$ 到期，采用零息债券形式、期限为 T_O 的**看涨期权**(call option)，其到期时的收益情况为

$$T_O \text{ 时的收益} = \max(Z(T_O; T_B) - K, 0) \tag{19-14}$$

其中 K 是执行价格。在 Ho-Lee 模型中，该看涨期权在 0 时间点上的价值如下式所示

$$V(r_0, 0) = Z(0, r_0; T_B) N(d_1) - KZ(0, r_0; T_O) N(d_2) \tag{19-15}$$

其中 $N(x)$ 是累积正态分布，且

$$d_1 = \frac{1}{S_Z(T_O; T_B)} \log\left(\frac{Z(0, r_0; T_B)}{KZ(0, r_0; T_O)}\right) + \frac{S_Z(T_O; T_B)}{2} \tag{19-16}$$

$$d_2 = d_1 - S_Z(T_O; T_B) \tag{19-17}$$

$$S_Z(T_O; T_B)^2 = \sigma^2 T_O (T_B - T_O)^2 \tag{19-18}$$

同理，一个具有单位本金，在 $T_B > T_O$ 到期、采用零息债券形式、期限为 T_O 的**看跌期权**(put option)，其到期时的收益情况为

$$T_O \text{ 时的收益} = \max(K - Z(T_O; T_B), 0) \tag{19-19}$$

在 Ho-Lee 模型中，通过下式得到该看跌期权在 0 时间点上的价值

$$V(r_0, 0) = KZ(0, r_0; T_O) N(-d_2) - Z(0, r_0; T_B) N(-d_1) \tag{19-20}$$

Ho-Lee 模型(式(19-15))中的看涨期权公式与其在 Vasicek 模型(式(15-44))中的对应部分非常相似。诚然，两种模型中都采用了让利率 r_{T_O} 呈正态分布的假设，因此债券价格也是正态分布的。这种情况下把哪一个债券价格、市场报价或模型报价，代入期权定价公式(式(19-15))结果都是一样的。由于这个模型与利率期限结构完全匹配，毫无疑问，模型报价就等于市场报价。

例 19-3

回到例 19-1，我们采用 Ho-Lee 公式。需要注意的是，由于我们知道 Ho-Lee 模型可以精确计算出零息债券 $Z(0, T)$ 的价格，因此不需要为了应用式 (19-15) 中的期权报价公式而真的提取函数 θ_t。就如公式显示的，θ_t 本身只会被纳入零息债券报价 $Z(r_0, 0; T)$。关键的简化作用在于，可以利用数据报价 $Z(T, 0)$ 代替模型报价 $Z(r_0, 0; T)$，因为二者在模型构造上是相同的。那么，接下来我们需要的参数就只有 σ 了。还是利用 1 个月短期国债利率的历史标准差，我们得到 $\sigma = 0.0221$。已知 $T_O = 1$ 且 $T_B = 5$，我们得到 $S_Z(T_O; T_B) = 0.0886$。代入 d_1 后再代入式 (19-15)，我们发现

$$\text{Ho-Lee 模型计算的价格} = 3.5758 \text{ 美元} \tag{19-21}$$

这一数值远大于采用 Vasicek 模型在式 (19-5) 和式 (19-6) 中得到的两个数值。尤其考虑到贴现率 $Z(0, T)$ 与式 (19-6) 中的贴现率完全相同，这一结果就更有点莫名其妙了。其实，这一差异是因为 Vasicek 模型和 Ho-Lee 模型在长期债券波动率上的差异造成的。之前在 Vasicek 模型中计算得出 $S_Z(T_O; T_B) = 0.0335$，而在 Ho-Lee 模型中得到的结果为 $S_Z(T_O; T_B) = 0.0886$。

由于这里在两种模型中采用的是相同的利率波动率 $\sigma = 0.0221$，所以有必要弄清楚差异的根源。在 Vasicek 模型中，利率模型呈均值回归状态。如果我们假设有相对较高的均值回归风险中性速度，其估计值 $\gamma^* = 0.4475$，从中可以发现并不是所有长期债券都不稳定。诚然，在 $T = 4$ 时债券的波动率取决债券的即期利率久期 $D_Z = -\frac{1}{Z} \times \frac{\partial Z}{\partial r} = B(0, T) = \frac{(1 - e^{-\gamma^* \times T})}{\gamma^*} = 1.8615$。在 Ho-Lee 模型中，即期利率久期则是 $D_Z = -\frac{1}{Z} \times \frac{\partial Z}{\partial r} = T = 4$，其值要大得多。如果考虑到 Ho-Lee 模型中的利率随机游走，且 T_O 时间点上利率的波动率中，包含了随 $\sigma^2 T_O$ 增长的变量这一事实，我们代入同样期权定价模型中的波动率 $S_Z(T_O; T_B)$，显然要大得多。

从实用角度来说，交易员们往往采用期权隐含的波动率，该波动率不论在采用 Ho-Lee 还是 Vasicek 模型时都会有相同的 $S_Z(T_O; T_B)$ 值。

Ho-Lee 模型简单，这也是它的优点。但是，它也有一些交易员和市场参与者们在应用较困难的缺点，包括：

1. 不稳定性：整个过程本质上是随机游走的，因此在 T 时间点上，较大的利率数值可能变成正无穷大或负无穷大。
2. 波动率期限结构的扁平化。

19.2.2 Ho-Lee 模型中波动率的期限结构

已经讨论过，波动率的期限结构取决于债券收益率和期限间的关系，为进一步了解 Ho-Lee 模型所预期的长期债券收益率波动率，首先设定期限为 τ 的零息债券，其收益率 $r_t(\tau)$ 为

$$r_t(\tau) = -\frac{\log(Z(r, t; t + \tau))}{\tau} \tag{19-22}$$

已知 Ho-Lee 模型(式(19-8))中的零息债券公式，可将上式改写为下式

$$r_t(\tau) = -\frac{A(t; t + \tau)}{\tau} + r_t \tag{19-23}$$

由于右边的第一项是一个非随机项(在确定性情况下，仅受时间 t 的影响)，我们得到了下述实例：

○ 事实 19-4

长期利率 $dr_t(\tau)$ 的波动率的变动等于短期利率 dr_t 的波动率的变动。即，τ 取任意值时

$$dr_t(\tau) \text{ 的方差} = (dr_t) \text{ 的方差} = \sigma^2 dt \tag{19-24}$$

这一结论显然与数据完全不同。诚然，图 19-2 即期利率波动率的平均期限结构所绘是期限在 1 个月到 5 年之间的零息债券月度收益率变化的平均标准差。如图 19-2 所示，零息债券在短期内的收益波动远高于长期收益的波动。而 Ho-Lee 模型恰恰相反，认为这些收益的波动率应是相同的，即 Ho-Lee 模型包含的波动率可以用一条直线来表示。

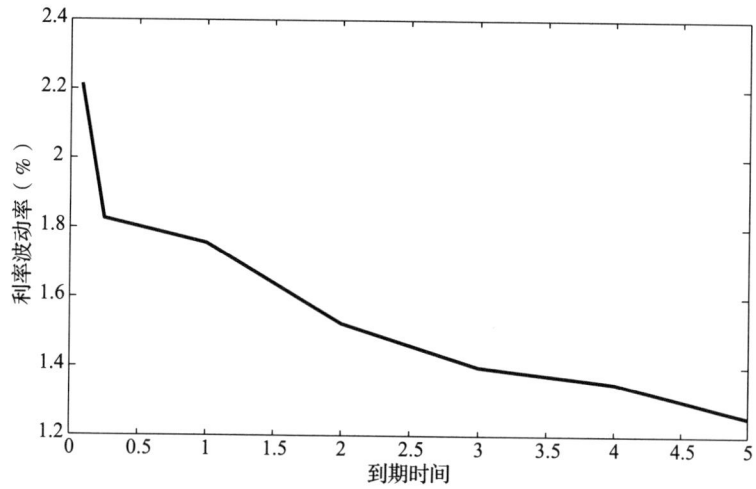

图 19-2　即期利率波动率的平均期限结构

资料来源：美国联邦储备委员会和证券价格研究中心。

19.3　Hull-White 模型

Hull-White 模型与 Ho-Lee 模型类似，但有一种中心化趋势（central tendency）

$$dr_t = (\theta_t - \gamma^* r_t)dt + \sigma dX_t$$

通过定义 $\bar{r}_t^* = \frac{1}{r^*} \times \theta_t$，我们发现这一点与 Vasicek 模型类似：尽管变量是确定的，Hull-White 模型中的中心化趋势具有时间依存性。而在 Ho-Lee 模型以及 Hull-White 模型中，时间 θ_t 的函数是通过与利率期限结构的完全匹配来确定的。与 Vasicek 模型不同，如果已经知道解决利率期限结构匹配问题需要的 θ_t，就不再需要用来匹配的参数 σ 和 γ^*，也不再需要选定潜在即期利率波动率的期限结构。

更具体地说，即以下内容是成立的。

○ 事实 19-5

Hull-White 中的债券定价公式如下式所示

$$Z(r,0;T) = e^{A(0;T) - B(0;T) \times r} \tag{19-25}$$

其中

$$B(0;T) = \frac{1}{\gamma^*}(1 - e^{-\gamma^* T}) \tag{19-26}$$

且

$$A(0;T) = -\int_0^T B(t;T)\theta_t dt + \frac{\sigma^2}{2(\gamma^*)^2}\left(T + \frac{1-e^{-2\gamma^* T}}{2\gamma^*} - 2B(0;T)\right) \quad (19\text{-}27)$$

按照与 Ho-Lee 模型相同的步骤,设今日为 $t=0$,我们对于 θ_t 有了如下发现:

○ **事实 19-6**

在 0 时间点上,与利率期限结构完全匹配的时间 θ_t 函数如下式所示

$$\theta_t = \frac{\partial f(0,t)}{\partial t} + \gamma^* f(0,t) + \frac{\sigma^2}{2\gamma^*} \times (1-e^{-2\gamma^* t}) \quad (19\text{-}28)$$

这时,波动率的期限结构表现得更好:通过采用与 Ho-Lee 模型相同的步骤,发现确实期限为 τ 的零息债券,其收益为

$$r_t(\tau) = -\frac{A(t;t+\tau)}{\tau} + \left(\frac{1}{\gamma^*}\right)\left(\frac{1-e^{-\gamma^* t}}{\tau}\right)r_t$$

因此,我们有了如下发现:

○ **事实 19-7**

可由下式得到长期利率 $dr_t(\tau)$ 的(年化)波动率,可表示为 $\sigma_t^2(\tau) = \text{Var}dr_t(\tau)/dt$,如下式所示

$$\sigma_t(\tau) = \frac{B(\tau)}{\tau}\sigma \quad (19\text{-}29)$$

其中,如上文所述,$B(\tau) = B(0;\tau)$。

图 19-3a 描绘的是 Hull-White 模型的利率波动率期限结构,其中参数 σ 和 γ^* 则是以与实际数据的波动率,和式(19-29)的波动率之间差值最小为条件进行估计的,结果是 $\sigma = 0.019\ 6$,$\gamma^* = 0.19$。

已知 γ^* 和 σ,就能同样采用远期利率曲线计算出式(19-28)中的函数 θ_t。图 19-2b 描绘的是利率期限结构的结果。显然,Hull-White 模型在拟合利率期限结构方面的效果和 Ho-Lee 模型处于伯仲之间。

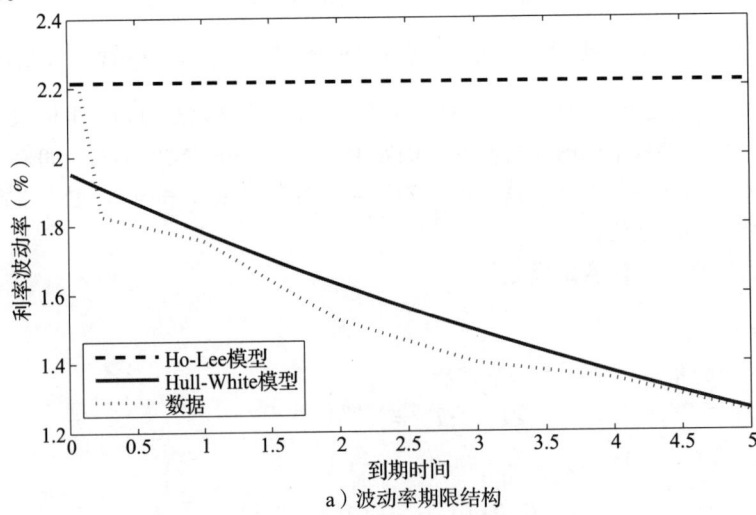

a)波动率期限结构

图 19-3 Hull-White 模型:2002 年 1 月 8 日

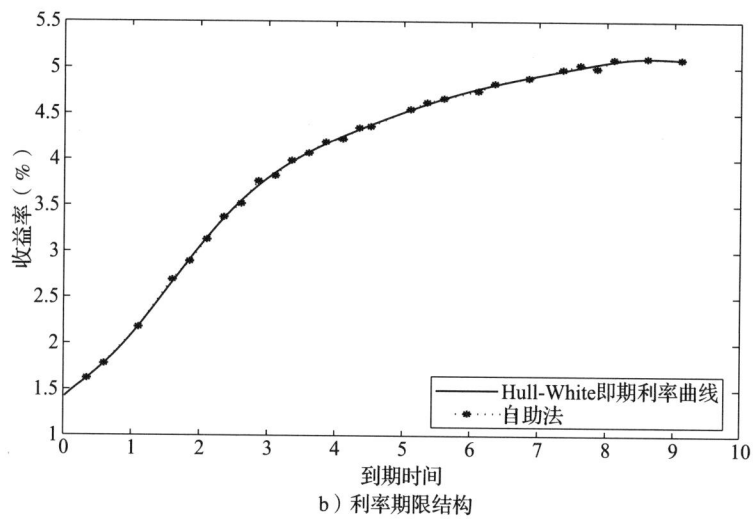

b）利率期限结构

图 19-3 （续）

资料来源：美国联邦储备委员会，证券价格研究中心，《华尔街日报》。

期权价格

Hull-White 模型如何对期权定价呢？由于 θ_t 只是时间的函数，用 Hull-White 给期权定价，也就和 Vasicek 模型一样了。即，我们得到：

○ **事实 19-8**

在 Hull-White 模型中，标的为 1 单位面值的零息债券，在 $T_B > T_O$ 到期、执行价格为 K 的，当前时间为 T_O 的看涨期权，其价格可由下式得到：

$$V(r_0, 0) = Z(0, r_0; T_B) N(d_1) - K Z(0, r_0; T_O) N(d_2) \tag{19-30}$$

其中 $N(x)$ 是累积标准正态分布，且

$$d_1 = \frac{1}{S_Z(T_O; T_B)} \log\left(\frac{Z(0, r_0; T_B)}{K Z(0, r_0; T_O)} \right) + \frac{S_Z(T_O; T_B)}{2} \tag{19-31}$$

$$d_2 = d_1 - S_Z(T_O; T_B) \tag{19-32}$$

$$S_Z(T_O; T_B)^2 = B(T_O; T_B)^2 \frac{\sigma^2}{2\gamma^*}(1 - e^{-2\gamma^* T_O}) \tag{19-33}$$

同理，可由下式得到标的资产为 1 单位本金的零息债券、在 $T_B > T_O$ 到期、执行价格为 K 的看跌期权，在当前时间 T_O 时的价值：

$$V(r_0, 0) = K Z(0, r_0; T_O) N(-d_2) - Z(0, r_0; T_B) N(-d_1) \tag{19-34}$$

看涨期权的定价公式与我们在 Vasicek 模型中得到的公式相同（见第 15 章例 15-5）。但是此处与 Vasicek 模型有两个重要区别：

1. 模型价格与市场价格之间没有差别。即解决了 19.1 节开头中讨论的问题。

2. 参数 γ^* 和 σ 采用了与波动率期限结构最匹配的估算值，因此期权价格可能会更精确。与此相反，Vasicek 模型中采用的是与利率期限结构匹配的估算值。

例 19-4

再回到例 19-1，采用之前用过的数据，但用图 19-3 中的波动率期限结构（参数估算值 $\sigma = 0.019\,6$ 和 $\gamma^* = 0.19$），我们得到了 Hull-White 模型中的看涨期权价值 $Call = 2.404\,0$ 美元。这一数值实质上小于 Ho-Lee 模型中得到的值，后者价格为 $3.575\,8$ 美元。原因有以下两点：首先，如图 19-3 所示，1 年期收益率的波动率估计值在 Hull-White 模型中远小于 Ho-Lee 模型中的估计值。Ho-Lee 模型下波动率为 $\sigma_t(1) = 0.022\,1$，而 Hull-White 模型下波动率为 $\sigma_t(1) = 0.018$。其次，与 Ho-Lee 模型相比，利率在 Hull-White 模型中的均值回归说明 4 年期债券对于利率的敏感度较低。即期利率久期在 Ho-Lee 模型中为 $D_Z = -\frac{1}{Z} \times \frac{\partial Z}{\partial r} = (T_B - T_O) = 4$，而在 Hull-White 模型中为 $D_Z = -\frac{1}{Z} \times \frac{\partial Z}{\partial r} = B(T_O; T_B) = 2.801\,8$。

Hull-White 模型中较低的利率离散水平和较低的即期利率久期，说明代入同一个期权定价公式的波动率 $S_Z(T_O; T_B)$，会远小于 Ho-Lee 模型中的值。即：

$$S_Z(T_O; T_B)^{\text{Ho-Lee}} = 8.86\%$$

$$S_Z(T_O; T_B)^{\text{Hull-White}} = 5.00\%$$

即使我们采用市场数据 $Z(0; T_O)$ 和 $Z(0; T_B)$，从 Hull-White 模型中得到的值也远高于 Vasicek 模型中得到的值。如前文所述，期权价值为 $Call^{\text{Vasicek}} = 1.948\,2$ 美元。波动率估值再一次造成了价值评估中的差异。在 Vasicek 模型中，γ^* 采用与利率期限结构匹配的估计值，因此得到了远高于 Hull-White 模型中参数与波动率期限结构匹配时的数值，$\gamma^* = 0.447\,5$。高速（风险中性）均值回归 γ^* 同时降低了 $B(T_O, T_B)$、长期债券收益率的波动率和 T_O 时间点上的利率离散水平。在 Vasicek 模型下，我们在例 19-1 中得到了下式

$$S_Z(T_O; T_B)^{\text{Vasicek}} = 3.35\% \tag{19-35}$$

确实小于在 Hull-White 模型中得到的数值。

19.4 "正态"模型中的标准衍生品

上一节的论述中已经清楚地揭示了 Vasicek 模型、Ho-Lee 模型和 Hull-White 模型的 3 个重要共同特性：

1. 零息债券价格有共同的形式：$Z(r, 0; T) = e^{A(0;T) - B(0;T)r_0}$。
2. 未来的利率呈正态分布。
3. 期权定价公式是一致的，唯一的差别源于期权波动率 $S_Z(T_O; T_B)$ 有所不同。

利率 r_T 的正态特性是这些模型的共同特征，因此也成为它们共同的名字，被统称为利率的"正态"模型，从而能与下文中论述的对数正态模型相区别。已知期权的定价公式在所有情况下通用，且债券在 Hull-White 模型和 Ho-Lee 模型中的模型定价与市场定价是一致的，所以，可以利用这一通用公式对一些标准利率衍生品定价，如附息债券期权、利率上限、利率下限和互换期权等。

19.4.1 附息债券期权

上文中建立的期权定价公式仅针对零息债券。国债期权则通常采用附息债券形式。幸运的是，如第 15 章所述，"正态"模型中的期权定价公式，完全可以拓展到对债券期权定价，尤其是在我们得到下面的公式后：

○ **事实 19-9**

令 $P_c(r_t, t; T_B)$ 为 t 时间点上的附息债券的价格，票息为 c，到期日为 T_B。令 Δ 为息票之间的时间间隔。假设一份期限为 T_O、执行价格为 K、标的为零息债券的看涨期权合约，即其收益情况为

$$T_O \text{ 时期权合约的收益} = \max(P_c(r_{T_O}, T_O; T_B) - K, 0) \tag{19-36}$$

在"正态"模型中，该看涨期权在 0 时间点上的价值可按如下方法计算。令 r^* 为利率，则 $P_c(r_{T_O}, T_O; T_B) = K$，规定所有息票日期 T_i 为 $K_i = Z(r^*, T_O; T_i)$，就可以发现看涨期权的价值为

$$\text{看涨期权的价值} = \sum_{i=1}^{n} c(i)(Z(r_0, 0; T_i) N(d_1(i)) - K_i Z(r_0, 0; T_O) N(d_2(i))) \tag{19-37}$$

其中 c_i 是 T_i 时间点通过息票形式支付的现金流，即 $i = 1, \cdots, n-1$ 时 $c_i = \dfrac{c}{2}$、$c(n) = \dfrac{1+c}{2}$，且

$$d_1(i) = \frac{1}{S_Z(T_O; T_i)} \log\left(\frac{Z(0, r_0; T_i)}{K_i Z(0, r_0; T_O)}\right) + \frac{S_Z(T_O; T_i)}{2} \tag{19-38}$$

$$d_2(i) = d_1(i) - S_Z(T_O; T_i) \tag{19-39}$$

其中 $S_Z(T_O; T_i)$ 为式 (19-18) 中 Ho-Lee 模型定义的期权波动率，同时也是式 (19-33) Hull-White 模型定义的期权波动率。

为了说明这一过程，让我们来看看 Hull-White 模型的情况。为了应用上文所述的期权定价公式，我们首先采用多个利率值 r_{T_O} 来计算 T_O 时间点上零息债券的价值，直到发现了 $P_c(r^*, T_O; T_B) = K$ 的利率水平 r^*。零息债券的定价公式在任意 $t > 0$ 时间点上的公式与式 (19-25) 相同，即

$$Z(r_t, t; T) = e^{A(t; T) - B(t; T) r_t}$$

其中 $A(t; T)$ 和 $B(t; T)$ 可分别为式 (19-27) 和式 (19-26)。其中 $A(t; T)$ 公式包含一个积分

$$A(t; T) = -\int_t^T B(u; T) \theta_u du + \frac{\sigma^2}{2(\gamma^*)^2}\left((T-u) - \frac{1 - e^{-2\gamma^*(T-u)}}{2\gamma^*} - 2B(t; T)\right) \tag{19-40}$$

忽略时间间隔 $[t; T]$，我们就可以通过一个相对简单的方式来计算出这个积分数值。但是，根据计算结果说明还有一个更简单的公式，当它只受当日 (0 时间点) 零息债券和瞬时远期利率 $f(0, t)$ 的影响：

○ **事实 19-10**

在 Hull-White 模型中，$A(t; T)$ 如下式所示

$$A(t; T) = \log\left(\frac{Z(r_0, 0; T)}{Z(r_0, 0; t)}\right) + B(t; T) f(0, t) - \frac{\sigma^2}{4\gamma^*} B(t; T)^2 (1 - e^{-2\gamma^* t}) \tag{19-41}$$

同理，在 Ho-Lee 模型中，$A(t; T)$ 如下式所示

$$A(t; T) = \log\left(\frac{Z(r_0, 0; T)}{Z(r_0, 0; t)}\right) + (T - t) f(0, t) - \frac{\sigma^2}{2}(T - t)^2 t \tag{19-42}$$

这一发现大大简化了附息债券定价的计算过程。接下来介绍的就是具体方法。

例 19-5

考虑之前举出的示例，在 Hull-White 模型下与波动率期限结构匹配的参数估计值为 $\sigma = 0.0196$ 及 $r^* = 0.19$。图 19-3b 显示的是 2002 年 1 月 8 日当天的利率期限结构。另设一个经过式（19-4）验证、零息债券形式的看涨期权，而我们希望得到的是以附息债券为标的的看涨期权报价。令附息债券的票息为 $c = 5\%$、期限为 $T_B = 5$、期权期限为 $T_O = 1$、执行价格 $K = 1$ 美元（1 美元为假设）。同样，为了方便，令今天为除息日。那么，第一步就是计算期权到期后各息票日期 T_i 当日的 $A(T_O; T_i)$ 和 $B(T_O; T_i)$。$B(T_O; T_i) = \left(1 - \dfrac{e^{-\gamma^*(T_i - T_O)}}{\gamma^*}\right)$ 的计算相对较为简单。要计算 $A(T_O; T_i)$，我们可以利用式（19-40）或者式（19-41）。计算结果列在表 19-1 的第 2 列和第 3 列中。得出这些数值后，我们可以确定能使附息债券价格在 T_O 时间点上等于执行价格的具体参数 γ^*。即我们解出了这个等式

$$\frac{c}{2} \times \sum_{i=1}^{n} Z(r, T_O; T_i) + Z(r, T_O; T_n) = K$$

表 19-1 附息债券期权定价

T_i	$A(T_O; T_i)$	$B(T_O; T_i)$	K_i	$Z(0; T_i)$	$S_Z(T_O; T_i)$	$d_1(i)$	$Call_i(\times 100)$
1.5	−0.0035	0.4770	0.9837	0.9623	0.0085	−0.1314	0.2742
2.0	−0.0133	0.9107	0.9627	0.9408	0.0162	−0.1237	0.5148
2.5	−0.0275	1.3052	0.9390	0.9169	0.0233	−0.1166	0.7226
3.0	−0.0441	1.6639	0.9146	0.8923	0.0297	−0.1102	0.9007
3.5	−0.0620	1.9901	0.8905	0.8683	0.0355	−0.1044	1.0526
4.0	−0.0809	2.2867	0.8668	0.8447	0.0408	−0.0991	1.1811
4.5	−0.1012	2.5565	0.8432	0.8214	0.0456	−0.0943	1.2882
5.0	−0.1230	2.8018	0.8195	0.7979	0.0500	−0.0899	1.3758

其中 "r" 未知。这种情况下，我们可以按 $r^* = 2.715\%$ 求解。

下一步，我们必须计算出 $K_i = Z(r^*, T_O; T_i)$。相关结果列在表 19-1 的第 2 列中。最后，得出这些值后，我们可以计算 $S_Z(T_O; T_i)$，从而得出各期限对应的 $d_1(i)$ 和 $d_2(i)$。表 19-1 最后一列中列出的是不同期限上的各独立零息债券期权的价格，而该类附息债券形式的期权价值如下式所示

$$\text{看涨期价格}(\times 100) = \frac{c}{2} \sum_{i=1}^{n} Call_i + Call_n = 1.5586 \text{ 美元}$$

19.4.2 利率上限和利率下限

考虑前文第 11 章第 11.2.2 节中，那只期限为 T、执行利率为 r_k、一年付款次数为 n 的证券，其支付节点时间分别为 $T_1, T_2, \cdots, T_m = T$ 时间点支付现金流的担保，其中 $T_{i+1} = T_i + \Delta$ 且 $\Delta = \dfrac{1}{n}$，T_i 时点的现金流为

$$T_i \text{ 时的现金流} = CF(T_i) = \Delta \times N \times \max(r_n(T_{i-1}; T_i) - r_K, 0) \tag{19-43}$$

其中 $r_n(T_{i-1}; T_i)$ 是 T_{i-1} 到 T_i 之间第 n 次参考浮动复利利率。典型的参考利率就是 LIBOR。本合约的一项重要制度事实就是 T_i 时间点上的现金流取决于浮动率 $r_n(T_{i-1}; T_i)$，即利率在上一期 $T_{i-1} = T_i - \Delta$ 时就已经确定了。式（19-43）中每一期的现金流被称为利率上限现金流（caplet）。

如何利用期权定价公式得到利率上限定价呢？可以把式（19-43）中的现金流转换成零息债券形式的看涨期权现金流。由于我们每次只需要计算现金流，为了简便，可以去掉支付时间 T_i

中的下标 i。

首先，由于在 T 时间点支付的金额受利率 $r_n(T-\Delta; T)$ 的影响，要注意的是该金额在 $T-\Delta$ 时间点上是已知量。因此，我们可以计算出 $T-\Delta$ 时间点上，式(19-43)中现金流的当前值

$$PV_{T-\Delta}(CF(T)) = Z(T-\Delta;T) \times \Delta \times N \times \max(r_n(T-\Delta;T) - r_k, 0)$$
$$= Z(T-\Delta;T) \times N \times \max((1 + r_n(T-\Delta;T)\Delta) - (1 + r_k\Delta), 0)$$

根据贴价因子的定义，可得到 $Z(T-\Delta; T) = \dfrac{1}{(1+r_n(T-\Delta; T)\Delta)}$，这样，就可以将 $Z(T-\Delta; T)$ 与各期限内的最大值相乘，由此得到：

$$PV_{T-\Delta}(CF(T)) = N \times \max(1 - (1 + r_k\Delta)Z(T-\Delta,T), 0)$$
$$= N(1 + r_k\Delta) \times \max\left(\dfrac{1}{(1+r_k\Delta)} - Z(T-\Delta,T), 0\right)$$

此时，可以看到 $PV_{T-\Delta}(CF(T))$ 与看涨期权的支付价格相等，该看涨期权采用零息债券 $Z(T-\Delta, T)$ 形式、执行利率为 $\dfrac{1}{(1+r_k\Delta)}$、记为 $N(1 + r_k\Delta)$。

○ 事实 19-11

在"正态"模型中，期限为 T、名义值为 N、执行利率为 r_k、与标的付款频率为 n 的利率上限期权的价值 $V(r_0, 0)$，可通过标的证券期限为 $T-\Delta$、执行利率为 $K = \dfrac{1}{(1+r_k\Delta)}$、期限为 Δ、本金金额为 $M = N(1+r_k\Delta)$ 的零息债券来求得

$$V(r_0, 0) = M(KZ_0(0, r_0; T-\Delta)N(-d_2) - Z(0, r_0; T)N(-d_1)) \quad (19\text{-}44)$$

其中 $N(x)$ 为累积标准正态分布

$$d_1 = \dfrac{1}{S_Z(T-\Delta;T)} \log\left(\dfrac{Z(0, r_0; T)}{K_Z(0, r_0; T-\Delta)}\right) + \dfrac{S_Z(T-\Delta;T)}{2} \quad (19\text{-}45)$$

$$d_2 = d_1 - S_Z(T-\Delta;T) \quad (19\text{-}46)$$

其中 $S_Z(T-\Delta; T)$ 为等式 Ho-Lee 模型的式(19-18)和 Hull-White 模型的式(19-33)所定义的期权波动率。

下文中的参考内容为对利率上限期权定价的总结：

○ 事实 19-12

考虑一只期限为 T、每年付款次数为 n、名义本金为 N、执行利率为 r_k 的利率上限期权。设 T_j 为每次付款的时间点，且 $T_j = T_{j-1} + \Delta$，则 T_j 时间点上的现金流如下式所示

$$CF(T_j) = \Delta \times N \times \max(r_n(T_{j-1}, T_j) - r_k, 0) \quad (19\text{-}47)$$

其中 $r_n(T_{j-1}, T_j)$ 为 T_{j-1} 时间点上的第 n 次时的复利利率，则 0 时间点上的利率上限价值如下式所示

$$\text{利率上限价值} = \sum_{j=2}^{n} M \times (KZ(0, r_0; T_{j-1})N(-d_2(j)) - Z(0, r_0; T_j)N(-d_1(j)))$$

$$(19\text{-}48)$$

其中

$$d_1(j) = \dfrac{1}{S_Z(T_{j-1}; T_j)} \log\left(\dfrac{Z(0, r_0; T_j)}{KZ(0, r_0; T_{j-1})}\right) + \dfrac{S_Z(T_{j-1}; T_j)}{2} \quad (19\text{-}49)$$

$$d_2(j) = d_1(j) - S_z(T_{j-1}; T_j) \qquad (19\text{-}50)$$

其中，$S_z(T_{j-1}; T_j)$ 既可由 Ho-Lee 模型的式(19-18)得到，也可由 Hull-White 模型的等式得到。

与此类似，可以对利率下限期权定价。

例 19-6

令今天为 2002 年 1 月 8 日，考虑一执行利率为 $r_k = 5\%$、期限为 $T = 5$ 的季度利率上限，其标的浮动利率为 3 个月短期国债利率。⊖国债贴现率如图 19-1 所示（也如 Hull-White 模型的图 19-3 所示）。采用 Ho-Lee 模型，按照式(19-18)中的公式和估算值 $\sigma = 0.0221$，就可以计算出利率上限报价，也可以采用 Hull-White 模型，按照式(19-33)中的公式以及参数估算值 $\sigma = 0.0196$ 和 $\gamma^* = 0.19$ 计算利率上限报价。

此时，我们得到利率上限期权的报价如下。首先，令 $K = \dfrac{1}{(1 + r_k \times \Delta)} = 0.9877$ 且 $M = \dfrac{1}{(1 + r_k \times \Delta)} = 1.0125$，其中 $\Delta = 0.25$。则令 $T_1 = \Delta$，并规定 $j = 2, \cdots, n$ 时 $T_j = T_{j-1} + \Delta$，其中 $n = \dfrac{T}{\Delta} = 20$ 为相应期数。我们可以利用 Ho-Lee 模型(式(19-18))或 Hull-White 公式(式(19-33))来计算 $S_z(T_{j-1}; T_j)$。无论采用哪种方法，下一步可根据式(19-49)计算出所有各期 T_j 的 d_1。再根据式(19-49)，计算出各期利率上限期权的价值，其中 T_j，$j = 2, \cdots, m$。

表 19-2 列出了计算结果。第 1 列显示的是各利率上限期权的期限 T_j。第 2~4 列为 Ho-Lee 模型得出的结果。其中，第 2 列列出的是 $S_z(T_{j-1}; T_j)$，第 3 列是 $d_1(j)$，第 4 列是利率上限期权的价值（为了便于计算，全部乘以 100）。第 5~7 列出的是用 Hull-White 模型采用相同条件计算得到的结果。通过将所有利率上限买权的价值相加，得到该利率上限期权的价值。因此，我们得到

Ho-Lee 模型下利率上限期权的价值($\times 100$) = 5.8319(美元)

Hull-White 模型下利率上限期权的价值($\times 100$) = 3.9752(美元)

表 19-2 利率上限报价：Ho-Lee 模型与 Hull-White 模型对比

	Ho-Lee 模型			Hull-White 模型		
(1) T_i	(2) $S_z(T_{j-1}; T_j)$	(3) $d_1(j)$	(4) $Caplet_i(\times 100)$	(5) $S_z(T_{j-1}; T_j)$	(6) $d_1(j)$	(7) $Caplet_i(\times 100)$
0.50	0.0039	1.9858	0.0035	0.0032	2.4121	0.0008
0.75	0.0048	1.4293	0.0165	0.0039	1.7757	0.0058
1.00	0.0055	1.0266	0.0436	0.0044	1.3038	0.0195
1.25	0.0062	0.7019	0.0870	0.0048	0.9107	0.0462
1.50	0.0068	0.4385	0.1442	0.0051	0.5805	0.0868
1.75	0.0073	0.2328	0.2079	0.0054	0.3136	0.1365
2.00	0.0078	0.0820	0.2692	0.0057	0.1110	0.1868
2.25	0.0083	-0.0197	0.3210	0.0059	-0.0307	0.2298
2.50	0.0088	-0.0805	0.3599	0.0061	-0.1194	0.2608
2.75	0.0092	-0.1106	0.3863	0.0062	-0.1664	0.2797

⊖ 标准普通利率上限采用 LIBOR 作为参考浮动率。然而，这个范例中采用 3 个月短期国债利率让我们能够代入前文中已经得到的结果。采用 LIBOR 的范例见 19.4.3 节。

(续)

(1)	Ho-Lee 模型			Hull-White 模型		
	(2)	(3)	(4)	(5)	(6)	(7)
T_i	$S_z(T_{j-1};T_j)$	$d_1(j)$	$Caplet_i(\times 100)$	$S_z(T_{j-1};T_j)$	$d_1(j)$	$Caplet_i(\times 100)$
3.00	0.009 6	-0.120 5	0.402 8	0.006 4	-0.184 8	0.288 7
3.25	0.010 0	-0.119 6	0.413 3	0.006 5	-0.187 4	0.291 7
3.50	0.010 4	-0.115 8	0.421 2	0.006 6	-0.185 3	0.292 3
3.75	0.010 7	-0.114 1	0.429 3	0.006 7	-0.186 4	0.293 4
4.00	0.011 1	-0.117 5	0.439 2	0.006 8	-0.195 5	0.296 6
4.25	0.011 4	-0.126 3	0.451 2	0.006 9	-0.213 8	0.302 5
4.50	0.011 7	-0.139 2	0.464 9	0.007 0	-0.239 5	0.310 5
4.75	0.012 1	-0.153 7	0.479 0	0.007 1	-0.268 7	0.319 3
5.00	0.012 4	-0.167 0	0.492 0	0.007 1	-0.296 5	0.327 4

如前文所述，由于长期收益率的波动率与实际数值接近，采用这种方法在 Hull-White 模型中得到的数值比较小（见图 19-3）；尤其是考虑到在 Ho-Lee 模型下，长期收益率的波动率与短期收益率的波动率（$\sigma=0.022\ 1$，高于实际数值）是相等的。通过对比表 19-2 的第 2 列和第 5 列可以发现，较高的长期收益率的波动率，再加上 Ho-Lee 模型中不是均值回归的原因，所得到的 $S_z(T_{j-1};T_j)$ 会明显大于 Hull-White 模型下的这一值。

19.4.3 利率上限和利率下限的隐含波动率

交易员很少采用利率的实际波动率来计算标准衍生品的价格，因为这些历史波动率可能产生与实际不符的交易价格。对这一差值原因的研究是学术研究的热点，总体可归因于以下事实：①利率证券（以及利率本身）的波动率不是固定不变的，而是随着时间随机变化的，这给固定收益投资者带来了风险，同时也带来了套期保值的动机。②利率有时会出现非连续的离散变化，或者由于变化过快而无法有效实现套期保值，这也让投资者不得不面对一些额外的风险，而反映在期权价格中。前文中提到的简化模型并没有考虑这些影响，因此出现了显著的偏差。交易员们知道，相较于复杂的多因子模型而言，采用简单的单因子模型出现的差异，其实是比较"容易"进行修正的，那就是采用期权中隐含的波动率 σ 来计算其他利率证券的价格。

再次考虑 Ho-Lee 模型。此时，如式（19-18）所示，代入期权定价公式的波动率 $S_z(T_{j-1};T_j)$ 只受 σ 这一个参数的影响。因此，我们可以寻找这个最适合利率上限价格的参数 σ 值。图 19-4a 所示，采用"星号"表示的是 2004 年 11 月 1 日当日利率上限报价。图 19-4a 显示了采用 σ，$\sigma=0.006$（随机选择）、$\sigma=0.008\ 4$（与 3 个月 LIBOR 对应的数值）和 $\sigma=0.010\ 7$（期权内含）3 个不同的数值时，式（19-48）的定价函数按多个期限计算得出的利率上限定价。其中，采用的隐含波动率，是能使下式的值最小时的波动率

$$J(\sigma) = \sum_{j=1}^{n}(Cap_j^{Data} - Cap_j^{Ho-Lee})^2$$

根据上式，可以计算出隐含波动率 $\sigma=0.010\ 7$，以其为基础计算出的利率上限价格和实际数据是一致的（星号在图中方块的上方），不过，上述计算只适合期限超过 $T=4$ 的情况。图 19-4b 显示的是相对定价错误，即

$$\text{对利率上限} j \text{的相对定价误差} = \frac{(Cap_j^{Data} - Cap_j^{Ho\text{-}Lee})}{Cap_j^{Data}} \tag{19-51}$$

图 19-4 显示，长期来说，这个模型确实效果很好，但是在短期限利率上限定价中误差显著。而且，似乎对于不同类型的利率上限，需要不同的波动率 σ。例如，从图 19-4 中，我们发现 $\sigma = 0.006$ 可以计算出期限在 $T = 1.25$ 左右的利率上限的价格，而 $\sigma = 0.0084$ 可以计算出期限在 $T = 2.25$ 左右的利率上限的价格。当然，第 11 章中已经论述过，针对不同利率上限采用不同的波动率 σ 可能隐含套利机会。

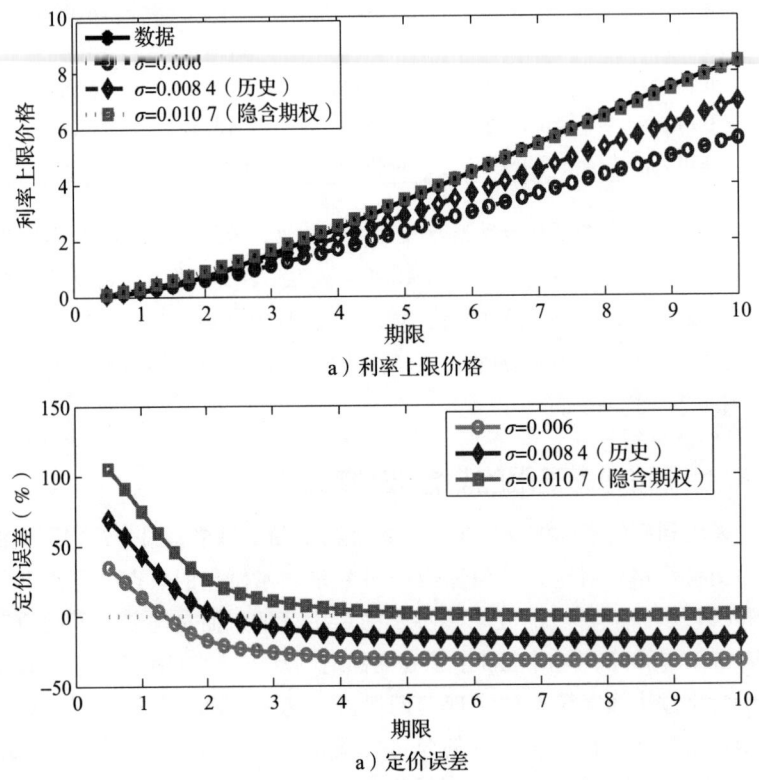

图 19-4 Ho-Lee 模型产生的 2004 年 11 月 1 日当日利率上限价格

资料来源：彭博资讯。

Hull-White 模型中有两个参数，γ^* 和 σ，如果能用来与利率上限波动率的期限结构进行更好的匹配，也许还能得到更好的定价结果。利率上限公式与之前采用的公式相同，唯一的变化是 $S_Z(T_{j-1}; T_j)$ 的数值此时取决于这两个参数。这样，就可以找到让定价误差最小化的 γ^* 值和 σ 值。

$$J(\gamma^*, \sigma) = \sum_{j=1}^{n} (Cap_j^{Data} - Cap_j^{Hull\text{-}White})^2$$

图 19-5 是 2004 年 11 月 1 日当日定价误差显示的是最小化计算的结果，以及 Hull-White 模型和更简单的 Ho-Lee 模型定价误差的比较（见式 (19-51)）。

可以看到，即便 Hull-White 模型在与短期限利率上限定价上仍然存在问题，Hull-White 模型的效果还是更好，尽管差别不算显著。

这里有一个小麻烦，那就是用于匹配利率上限价格的参数问题。参数的估计值为

$$\sigma = 0.0099; \quad \gamma^* = -0.0313$$

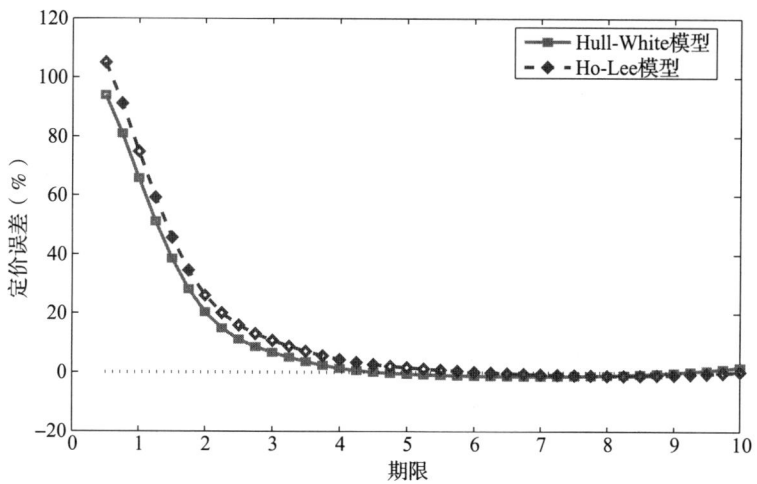

图 19-5　2004 年 11 月 1 日当日定价误差

尤其是，γ^* 是负值，表明风险中性利率模型可能造成了利率的"发散"(exploding)现象。确实，联系到 Hull-White 模型

$$dr_t = (\theta_t - \gamma^* r_t)dt + \sigma dX_t$$

如果其中 γ^* 为负，表明当利率 r_t 较高时，预期利率还会正向变化，总体上仍然会进一步推高利率，反之亦然。还应注意，$\gamma^* = -0.0313$ 与取 0 值的差别并不大，而 0 值对应的则是 Ho-Lee 模型。为了理解两个模型之间的区别，我们在图 19-6 中绘出了两个模型所包含的 $S_Z(T_{j-1}; T_j)$ 波动率，图中点状线对应 Hull-White 模型，虚线对应 Ho-Lee 模型。图 19-6 清楚地显示出两个模型在这个具体日期(2004 年 11 月 1 日)匹配的波动率几乎是相同的。

完成下列步骤同样有所裨益。对于利率上限，我们可以在利率上限公式(式(19-48))中计算出让数据中的波动率数值与公式相等的波动率 $S_Z(T_{j-1}; T_j)$。即，对所有 j 值

$$\text{选择能让 } Cap_j^{Data} = Cap_j^{Model} \text{ 的 } S_Z(T_{j-1}; T_j)$$

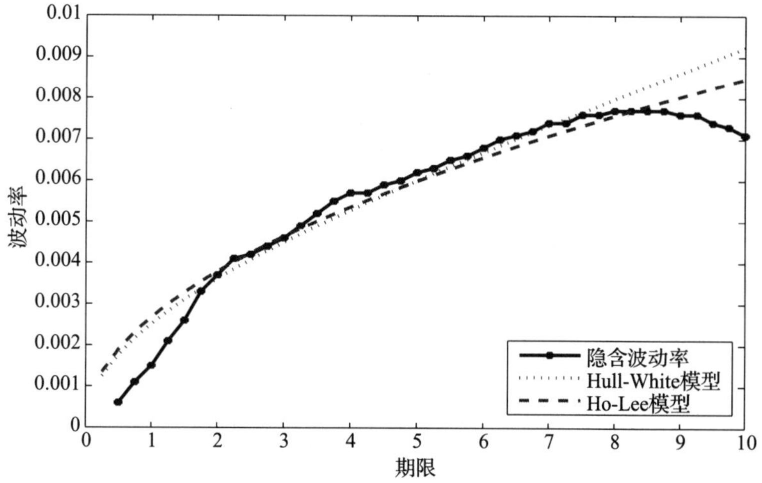

图 19-6　2004 年 11 月 1 日当日的隐含波动率 $S_Z(T_{j-1}; T_j)$

资料来源：彭博资讯。

隐含波动率如图19-6中的星形虚线所示。如图19-6所示，经过与Ho-Lee模型和Hull-White模型的对比，数据建议对短期限工具采用较低的波动率$S_z(T_{j-1};T_j)$，而较长期限的金融工具，则采用较高的波动率。

实际上，实现匹配更好的办法是放开对Ho-Lee模型和Hull-White模型中其他参数的限制。例如，两个模型中的θ_t全部采用令模型债券报价与数据一致的取值，可以对波动率采取类似方法。当然，也可以采用第11章中论述的Black-Derman-Toy(BDT)模型。但是应注意，我们必须得到与图19-6所绘的利率上限隐含波动率一致的单个利率上限期权的隐含波动率。即我们必须确保同一个利率上限期权在不同利率上限工具中的报价是相同的。例如，考虑期限分别为$T-1$和$T-1.25$、执行利率相同的两个利率上限工具，其前三个利率上限期权的价格应是相同的，所以，其报价也应该是相同的。尽管我们使用Hull-White模或Ho-Lee模型时确定可以得到这一结果，但如果我们采用与图19-6不相同的隐含波动率就无法保证这一限制条件的有效性。原因在于图19-6中得到的两个隐含波动率数值说明，相同的利率上限期权可能存在不同报价，而这种差异会造成套利行为。

19.4.4 欧式互换期权

如第11章中所论述的，互换期权是以缔结互换协议为标的内容的期权。实际上，收方互换期权的含义，就是固定收到互换期权执行利率r_k所决定的利息的期权权利。同理，付方互换期权，则是固定按互换期权执行利率r_k付出利息并获得某种浮动利率所决定的利息的期权权利。因为只能在某个精确时间点，即互换期权的期限T时，才有权行使该项期权权利的期权，被称为欧式互换期权。

我们在第11章中说明了在二叉树上欧式(以及美式)互换期权定价的方法。现在，我们将讨论如何利用式(19-15)和式(19-30)中的期权定价公式为欧式互换期权进行定价。事实上，考虑一份收方互换期权，执行利率为r_k，期限为T_O，其标的为期限在$T_S > T_O$期间进行的互换交易合约。那么，该期权的标的就是一笔互换交易利率为r_k、期限为T_S的互换合约。根据基本的互换交易知识(见第5章)，可确定该互换交易在任意时间点t上的价值均取决于相同期限的固定利率债券和浮动利率债券之间的价差。即

$$V_t^{swap} = P_c(r_t,t;T_S) - P_{FR}(r_t,t;T_S) \tag{19-52}$$

其中$P_{FR}(r_t,t;T_S)$是期限为T_S的浮动利率债券在t时间点上的价值。联系到第2章中，得到各时间点T上的贴现因子$Z(t,T)$后，就可以计算出两种债券的价值了。

现在来考虑互换期权到期的时间，T_O。假设T_O与互换期权的标的互换协议的重置日(互换协议开始生效的日期)是重合一致的，这种情况下，通过第2章的知识，我们知道$P_{FR}(T_O;T_S)=100$。因此，如果我们选择对互换期权行权，就意味着我们进行了一项组合投资：一份固定利率债券的多头、一份浮动利率债券的空头；如果不行权，那我们就什么都得不到。这样，就得到在T_O时的收益情况，如下式所示：

$$收方互换期权的收益 = \max(P_c(r_{T_O},T_O;T_S) - P_{FR}(T_O;T_S),0) \tag{19-53}$$

$$= \max(P_c(r_{T_O},T_O;T_S) - 1\,000) \tag{19-54}$$

将这个支付金额与式(19-36)进行对比，我们发现欧式收方互换期权的支付金额与附息债券的看涨期权支付金额是相同的，后者的息票为互换期权的执行利率r_k，且其执行价格等于$K=100$。如19.4.1节所示，在正态模型下，关于这个期权的价值有一个封闭解。

例 19-7

假设今天为 2004 年 11 月 1 日，考虑 19.4.3 节中采用 Hull-White 模型得到的波动率估计值（Ho-Lee 模型中的计算过程相同），即 $\sigma = 0.0099$ 和 $\gamma^* = -0.0313$，再利用这些估计值来计算互换期权的价值。事实上，考虑一份 1 年期付方互换期权，其标的为按季度重置、5 年期的互换合约。⊖令该互换期权为平价期权（at-the-money），即执行利率 r_k 等于同类型互换交易当前的互换利率，即 5 年期互换交易的利率。⊖运用事实 19-9 和例 19-5 中阐明方法：

1. $P_c(r^*, T_O; T_S) = 100$ 时，计算 r^* 的数值。此时，我们得到 $r^* = 2.478\%$。
2. 计算 $i = 1, \cdots, n$ 时的对应的执行利率 $K_i = Z(r^*, T_O; T_i)$，其中 T_i 为标的互换交易的付款日期。表 19-3 的第 1 列和第 2 列中分别是 T_i 和 K_i 的值。
3. 利用式 (19-37) 计算互换期权的价值，其中 $i = 1, \cdots, n-1$ 时 $c(i) = r_X \times \Delta$，且 $c(n) = 1 + r_X \times \Delta$。表 19-3 的第 3 ~ 6 列是最后一个步骤的详细内容，其中各 $Call_i$ 均对应式 (19-37) 中包含的看涨期权。则互换期权的最终价值为

$$互换期权价值(\times 100) = \sum_{i=1}^{n} rk \times \Delta \times Call_i + Call_n = 0.9866 (美元)$$

表 19-3 5 年期季度互换交易标的的 1 年期互换期权

(1) T_i	(2) K_t	(3) $Z(0; T_i)$	(4) $S_Z(T_O; T)$	(5) $d_1(i)$	(6) $Call_i(\times 100)$
1.25	0.9936	0.9674	0.0025	-0.4950	0.0484
1.50	0.9868	0.9596	0.0051	-0.4924	0.0967
1.75	0.9797	0.9515	0.0076	-0.4899	0.1448
2.00	0.9723	0.9431	0.0102	-0.4873	0.1926
2.25	0.9645	0.9344	0.0128	-0.4847	0.2402
2.50	0.9565	0.9254	0.0154	-0.4821	0.2873
2.75	0.9483	0.9163	0.0180	-0.4794	0.3341
3.00	0.9398	0.9069	0.0207	-0.4768	0.3805
3.25	0.9311	0.8974	0.0234	-0.4741	0.4264
3.50	0.9223	0.8878	0.0261	-0.4714	0.4718
3.75	0.9133	0.8780	0.0288	-0.4687	0.5167
4.00	0.9042	0.8682	0.0315	-0.4659	0.5611
4.25	0.8950	0.8582	0.0343	-0.4632	0.6050
4.50	0.8857	0.8482	0.0371	-0.4604	0.6483
4.75	0.8763	0.8381	0.0399	-0.4576	0.6910
5.00	0.8668	0.8280	0.0427	-0.4548	0.7331
5.25	0.8572	0.8178	0.0456	-0.4519	0.7746
5.50	0.8476	0.8076	0.0484	-0.4490	0.8155
5.75	0.8380	0.7974	0.0513	-0.4461	0.8558
6.00	0.8283	0.7872	0.0542	-0.4432	0.8955

⊖ 在普通互换交易中，浮息部分通常按季度支付，而定期部分通常按半年度支付。为了简便，我们考虑两种部分执行相同支付频率。

⊖ 执行利率等于互换交易利率时，词语"平值期权"也包含"远期平值期权"的含义，此概念将在第 21 章中论述。

19.4.5 互换期权的隐含波动率

与利率上限的情况相同,我们可以通过取模型报价与交易价格的最小差值,利用交易的互换期权实际价格来计算 Ho-Lee 模型的参数(σ)和 Hull-White 模型的参数(σ and γ^*)。例如,在 Hull-White 模型中,我们可以寻找使下式的值最小时的参数值

$$J(\gamma^*,\sigma) = \sum_{j=1}^{n}(互换期权_j^{Data} - 互换期权_j^{Hull\text{-}White})^2$$

在本例中,计算的参数结果如下

$$\sigma = 0.010\,2;\quad r^* = -0.015\,1$$

我们发现 γ^* 又是负值,即利率过程为背离均值的过程或发散过程。图 19-7 中绘出的是定价误差百分比值。图 19-7a 是 3 个月期期权的定价误差,图 19-7b 是 6 个月期期权的定价误差,图 19-7c 是 1 年期期权的定价误差。所有情况中,我们考虑了互换期权的期限在 1~7 年的情况。每一组中有两条线:实心线表示由互换期权隐含波动率得出的市场定价误差百分比;虚线表示的是以 Hull-White 模型匹配利率上限报价后计算得出的价格误差。有两点值得注意:第一,通过匹配互换期权得到的报价,与匹配利率上限得到的报价是非常接近的,即两种衍生品的价格变化是一致的。第二,与利率上限的情况一样,从价差百分比来看,模型虽然在长期限时挺准确,但在短期限时的效果并不好。

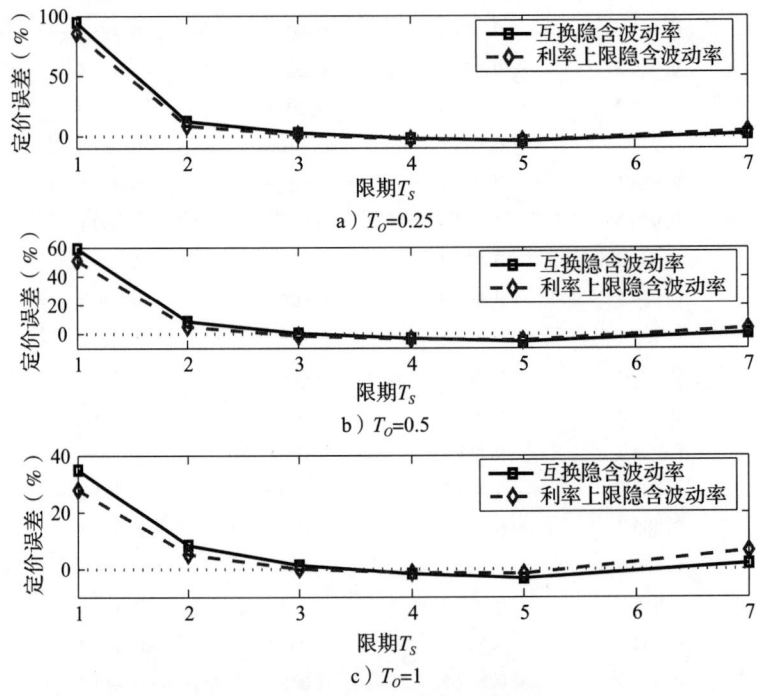

图 19-7 2004 年 11 月 1 日当日的互换期权定价误差

资料来源:彭博资讯。

19.5 "对数正态"模型

Ho-Lee 模型和 Hull-White 模型都有一个缺点,即利率可能出现负值。因为这是一个名义利

率，负利率即意味着囤积现金就有套利机会。负利率的含义，就像我们明知政府在债券到期时只会偿付 95 美元的情况下，却按 100 美元的价格购买入债券。而把这 100 美元放在家里，却能产生更高的收益。⊖

如第 11 章所示，确保名义利率始终为正值的方法之一，就是以 $\log(r_t)$ 而不是 r_t 来构造均值回归模型，其中的波动率和漂移率均为决定性的。此时，由于 $\log(r_t)$ 呈正态分布，利率 r_t 就呈对数正态分布。这类模型称为"对数正态"模型。

19.5.1 Black-Derman-Toy 模型

第 11 章介绍了 Black-Derman-Toy 模型，简称为 BDT 模型。本节中，我们将探究它的连续时间形式。令 $y_t = \log(r_t)$，则第 11 章中所描述的 BDT 模型的连续时间表达式为

$$\mathrm{d}y_t = \left(\theta_t + \frac{\frac{\partial \sigma_t}{\partial t}}{\sigma_t} y_t\right) \mathrm{d}t + \sigma_t \mathrm{d}X_t \tag{19-55}$$

其中 θ_t 和 σ_t 为时间的确定性函数。作为一种特殊情况，如果 $\sigma_t = \sigma$ 是一个不变的固定值，则 $\frac{\partial \sigma_t}{\partial t} = 0$ 且模型简化为

$$\mathrm{d}y_t = \theta_t \mathrm{d}t + \sigma \mathrm{d}X_t \tag{19-56}$$

即，它与 Ho-Lee 模型是相同的，但是采用了对数形式。

这个模型的最大缺点是不能获得债券价格的封闭解。通过 BDT 模型计算债券定价的主要方法实际上就是利用二叉树。因此，第 11 章中描述的方法是标准方法。但是在选择 σ_t 来匹配标准衍生品的价格参数时，如利率上限和利率下限、互换期权等标准衍生品，结果显示 BDT 模型能够将下一章（第 21 章）中论述的市场模型与已经在第 11 章中论述过的二叉树联系起来。

19.5.2 Black-Karasinski 模型

Black-Karasinski 模型是 BDT 模型的广义形式，其中 $y_t = \log(r_t)$ 遵循下式

$$\mathrm{d}y_t = (\theta_t - \gamma_t y_t) \mathrm{d}t + \sigma_t \mathrm{d}X_t \tag{19-57}$$

这里，我们又多了一个可以选择的参数，即 γ_t。若 $\gamma_t = \frac{\frac{\partial \sigma_t}{\partial t}}{\sigma_t}$，这个模型就会简化为 BDT 模型。不幸的是，这个模型同样会产生债券价格的封闭解⊖，因此我们需要采用数值法来求解利率证券的价格。

19.6 广义仿射期限结构模型

可以选择的利率模型数量庞大。我们之前论述的那些模型在实务界应用广泛，因为相对而言，它们是最简单、最容易实践的。不过，还有很多其他模型也可供选择。其中一大部分属于

⊖ 本论述仅在没有他人闯入家中盗走 100 美元的情况下成立。事实上，出于安全考虑将现金存入银行就有出现负利率的可能。例如，在美国，银行通常不会为支票账户支付利息，但客户却要为保持账户的激活状态而支付固定费用。如果账户上的平均余额较低时，与银行的协议中就隐藏着较高的负名义利率。

⊖ 原文如此，疑为"仍然无法获得封闭解"。

广义仿射模型，通式为

$$dr_t = (\theta_t - \gamma_t r_t)dt + \sqrt{\sigma_t^2 + \alpha_t r_t}dX_t \tag{19-58}$$

其中，θ_t、γ_t、σ_t 和 α_t 都是时间 t 的确定性函数。[⊖]例如，这种模型在 $\gamma_t = 0$、$\alpha_t = 0$ 且 $\sigma_t = \sigma$ 时，与前文的 Ho-Lee 模型是一致的；如果再加上 $\gamma_t = \gamma$ 恒定，则它与 Hull-White 模型是一致的。而如果 $\sigma_t = 0$ 且 $\alpha_t = \alpha$，我们就得到了在第 15 章 15.4.1 节中论述过的广义 Cox、Ingersoll 和 Ross 模型。对式(19-58)中的模型而言，一个有趣的结果是，该式可以得到债券价格的封闭解(解析解)。

○ **事实 19-13**

在式(19-58)的利率模型中，零息债券 $Z(r_0, 0; T)$ 的价值如下

$$Z(r_t, t; T) = e^{A(t;T) - B(t;T)r_t} \tag{19-59}$$

其中 $A(t; T)$ 和 $B(t; T)$ 分别满足下列两个微分等式

$$\frac{\partial B(t;T)}{\partial t} = B(t;T)\gamma_t + \frac{1}{2}B(t;T)^2\alpha_t - 1 \tag{19-60}$$

$$\frac{\partial A(t;T)}{\partial t} = B(t;T)\theta_t + \frac{1}{2}B(t;T)^2\sigma_t^2 \tag{19-61}$$

边界条件为 $A(t; T) = 0$ 且 $B(t; T) = 0$。

可以采用数值法，以一个相对比较直接的方式得出式(19-60)和式(19-61)的解。事实上，尽管式(19-59)中的债券定价公式中仍然有数值法求解的部分，通常仍将其看作债券价格的解析解处理，因为 $A(t; T)$ 和 $B(t; T)$ 这两项很容易计算。实际上，在得到了 θ_t、γ_t、σ_t 和 α_t 后，已知 $A(T; T) = 0$ 且 $B(T; T) = 0$ 的情况下，就可以从末端 $t = T$ 向前倒推计算出 $A(t; T)$ 和 $B(t; T)$ 的值。取 $t < T$，就可以通过离散微分等式得到 $A(t; T)$ 和 $B(t; T)$

$$B(t - \delta; T) = B(t;T) + \left(B(t;T)\gamma_t + \frac{1}{2}B(t;T)^2\alpha_t - 1\right)\delta \tag{19-62}$$

$$A(t - \delta; T) = A(t;T) + \left(B(t;T)\theta_t + \frac{1}{2}B(t;T)^2\sigma_t^2\right)\delta \tag{19-63}$$

其中 δ 是很小的值。

本章小结

本章，我们讨论了下列主题。

1. **无套利模型**：这类模型设计用于对利率期限结构以及可能情况下波动率的期限结构进行精确匹配。方法是利用非随机变量让模型超参数化，从而与债券的市场价格、一些情况下的期权价格相匹配。
2. **Ho-Lee 模型**：这个模型以利率按决定性漂移率随机游走为假设前提。未来利率呈正态分布，其波动率随期限而增长，实际上会无限扩散。尽管这个模型也能与利率期限结构完全匹配，但这种情况下却隐含了不同期限下具有相同波动率这一与前面假设相矛盾的情况。简单是它的优点，因为这个模型对零息债券期权和其他普通衍生品定价时，能得到

⊖ 为确保这个模型的定义完整，需要设定一个限制条件，即期限 $(\sigma_t^2 + \alpha_t r_t)$ 不会出现负值。这一条件会让模型不再像初看起来那样多变。

封闭的解析解。此外，它很能生成重合的树图结构(已在第 11 章讨论)。

3. Hull-White 模型：Vasicek 模型与 Ho-Lee 模型相结合的产物。与 Ho-Lee 模型一样，Hull-White 模型支持对利率期限结构的精确匹配。但是，与 Vasicek 模型一样，这个模型包含有一均值回归项，这一项变量的存在使未来利率的统计分布被限制在了一定范围之内。Hull-White 模型下，长期债券价格的波动率低于短期债券，这与实际情况是一致的。同 Vasicek 模型和 Ho-Lee 模型一样，在 Hull-White 模型下，对基于零息债券和附息债券的期权定价时，也能得到封闭的解析解。

4. 正态模型和标准衍生品定价：正态模型(例如 Vasicek 模型、Ho-Lee 模型和 Hull-White 模型)，能获得对基于零息债券和附息债券的看涨/看跌期权定价的解析式。标准衍生品，如利率上限、利率下限和互换期权，其支付情况可被视为零息债券(利率上限和利率下限期权)或附息债券(互换期权)的看涨/看跌期权处理。因此，由这类模型可以得到普通标准衍生品价格的解析解。

5. Black-Derman-Toy 模型：这个模型在第 11 章中讨论过。与 Ho-Lee 模型和 Hull-White 模型不同，这个模型的假设条件为利率呈对数正态分布，即利率始终为正。此外，这个模型具备同时匹配利率期限结构和波动率期限结构的充足自由度。这个模型的主要缺点是不能获得债券价格封闭的解析解。这时，债券定价的标准方法为蒙特卡罗模拟和树算法(如二叉树)。

练习

1. 设今天为 2008 年 11 月 3 日，3 个月期 LIBOR 及(插值)远期利率如表 19-4 所示。
   (1) 由远期互换利率计算出 LIBOR 收益曲线。㊀
   (2) 令 σ 为 3 个月期 LIBOR 的历史波动率(历史数据见英国银行家协会网站：www.BBA.org.uk)。将 Ho-Lee 模型与 LIBOR 收益曲线进行匹配。
   (3) 绘出得到 θ_t，并讨论其与远期利率曲线的关系。
   (4) σ 的值如何影响 Ho-Lee 模型与 LIBOR 收益曲线的匹配？假设 σ 是步骤(2)中估计值的 10 倍。θ_t 会如何变化？

2. 设今天为 2008 年 11 月 3 日，3 个月期 LIBOR、互换利率和利率上限报价如表 19-4 所示。

表 19-4 2008 年 11 月 3 日互换利率和利率上限报价

LIBOR(%)		2.858 8
期限	远期利率(%)	利率上限报价(×100)
0.50	2.648 6	0.052 8
0.75	2.492 9	0.131 3
1.00	2.432 0	0.240 1
1.25	2.449 1	0.382 6
1.50	2.493 8	0.540 5
1.75	2.556 1	0.710 6
2.00	2.626 0	0.893 2
2.25	2.725 2	1.109 5
2.50	2.863 0	1.372 9
2.75	3.010 8	1.663 6
3.00	3.140 0	1.950 2
3.25	3.247 1	2.223 5
3.50	3.347 4	2.497 3
3.75	3.440 8	2.771 1
4.00	3.527 0	3.045 1
4.25	3.607 6	3.320 8
4.50	3.683 5	3.596 8
4.75	3.753 1	3.870 0
5.00	3.815 0	4.137 0

资料来源：彭博资讯。
注：表中数据系根据远期利率和平滑波动率插值，并以 Black 模型计算得出。

   (1) 以 Ho-Lee 模型对当前 LIBOR 收益率曲线进行匹配(见上一个练习题)。

㊀ 出于简便考虑，假设互换交易的浮息部分和定息部分均按季度支付。

(2) 计算 $T=0.5$ 时的利率上限报价。Ho-Lee 模型中与这个报价数值匹配的波动率 σ 是多少?

(3) 计算 $T=0.75$ 时的利率上限报价。Ho-Lee 模型中与这个报价数值匹配的波动率 σ 是多少?与步骤(b)中 $T=0.5$ 时的报价相同吗?请说明原因。

(4) 分别按 $T=0.5$ 和 $T=0.75$ 两个期限计算与利率上限价格相匹配的波动率 σ,同时绘出利率上限期限 T 的波动率,对波动率曲线图进行对比和讨论。

(5) 搜寻与利率上限价格最匹配的 σ 值。根据这个 σ 值,绘出不同期限下的定价误差,即 Ho-Lee 模型得出的利率上限报价与实际交易报价之间的差值,并做出评论。

3. 再次进行上述过程,但这次使用 Hull-Whiter 模型。找到与利率上限报价最匹配的 σ 和 γ 值。在图中绘出定价误差,并进行讨论。

4. 今天是 2008 年 11 月 3 日,你只掌握了表 19-4 中的利率上限数据。考虑一份以 3 年互换交易为标的、1 年期欧式平价互换期权。
   (1) 利用 Ho-Lee 模型计算互换期权的报价。
   (2) 利用 Hull-White 模型计算互换期权的报价。计算结果是否与你利用 Ho-Lee 模型计算得出的结果一致?

5. 今天为 2008 年 11 月 3 日,你只掌握了表 19-4 中的利率上限数据。考虑一份以 3 年期互换为交易标的的 1 年期美式平价互换期权。选择一个模型,计算美式期权的报价(提示:参考第 12 章)。

附录19A 证明

19A.1 Ho-Lee 模型定价公式证明

基本定价方程为

$$rZ = \frac{\partial Z}{\partial t} + \frac{\partial Z}{\partial r}\theta_t + \frac{1}{2} \times \frac{\partial^2 Z}{\partial r^2}\sigma^2$$

边界条件为 $Z(r,T;T)=1$。现在,我们将证明式(19-8)确实满足基本定价方程和边界条件。首先,计算出偏导数

$$\frac{\partial Z}{\partial t} = \left(\frac{\partial A(t;T)}{\partial t} + r\right)Z; \quad \frac{\partial Z}{\partial r} = -(T-t)Z; \quad \frac{\partial^2 Z}{\partial r^2} = (T-t)^2 Z$$

将其代入偏差分方程,并除以 Z,得到

$$r = \left(\frac{\partial A(t;T)}{\partial t} + r\right) - (T-t)\theta_t + \frac{1}{2}(T-t)^2 \sigma^2$$

简化得到

$$-\frac{\partial A(t;T)}{\partial t} = -(T-t)\theta_t + \frac{1}{2}(T-t)^2 \sigma^2$$

对等式两边作积分,令 $A(T,T)=0$

$$A(0;T) = \int_0^T (T-t)\theta_t \mathrm{d}t + \frac{1}{2}\int_0^T (T-t)^2 \sigma^2 \mathrm{d}t \tag{19-64}$$

与式(19-9)相同。

19A.2 等式 19.13 中表达式的证明

由式(19-64),发现

$$\frac{\partial A(0;T)}{\partial T} = -\int_0^T \theta_t \mathrm{d}t + \int_0^T (T-t)^2 \sigma^2 \mathrm{d}t \tag{19-65}$$

$$\frac{\partial^2 A(0;T)}{\partial T^2} = -\theta_T + \sigma^2 T \tag{19-66}$$

在 T 至 $T+\delta$ 期间,在 0 时间点上所进行的投资的远期利率如下式

$$f(0,T,T+\delta) = -\frac{\log(Z(r_0,0,T+\delta)) - \log(Z(r_0,0,T))}{\delta}$$

取限值 $\delta \to 0$，我们得到瞬时远期利率为

$$f(0,T) = -\frac{\partial \log(Z(r_0,0;T))}{\partial T}$$

在 Ho-Lee 模型下，我们得到 $\log(Z(r_0, 0; T)) = A(0; T) - T \times r_0$，说明

$$f(0,T) = -\frac{\partial A(0,T)}{\partial T} + r_0$$

然后得到

$$\frac{\partial f(0,T)}{\partial T} = -\frac{\partial^2 A(0,T)}{\partial T^2}$$

代入式(19-66)，得到

$$\frac{\partial f(0,T)}{\partial T} = \theta_T - \sigma^2 T$$

重新整理后得到结果。

19A.3　Hull-White 定价公式的证明

基本定价方程为

$$rZ = \frac{\partial Z}{\partial t} + \frac{\partial Z}{\partial r}(\theta_t - \gamma^* r) + \frac{1}{2} \times \frac{\partial^2 Z}{\partial r^2}\sigma^2 \text{ 边界条件为 } Z(r,T;T) = 1$$

我们需要证明 $Z(r, T; T) = e^{A(t;T) - B(t;T)r}$ 满足偏微分方程。取偏导数代入，我们得到

$$0 = \frac{\partial A(t;T)}{\partial t} - B(t;T)\theta_t + \frac{1}{2} \times B(t;T)^2 \sigma^2 + \left(-\frac{\partial B(t;T)}{\partial t} - 1 + B(t;T)\gamma^*\right)r$$

注意 $B(t; T) = \frac{(1 - e^{-\gamma^*(T-t)})}{\gamma^*}$ 说明括号里最后一项为 0。因此，我们得到 $A(t; T)$ 必须满足

$$-\frac{\partial A(t;T)}{\partial t} = -B(t;T)\theta_t + \frac{1}{2} \times B(t;T)^2 \sigma^2$$

按从 0 到 T，对两边做积分，且 $A(T; T) = 0$，得到

$$A(0;T) = -\int_0^T B(t;T)\theta_t dt + \frac{\sigma^2}{2}\int_0^T B(t;T)^2 dt$$

可得结果。

19A.4　等式 19.28 的证明

与 19A.2 中的步骤类似，但是更为复杂。具体来说，令

$$\frac{\partial A(0;T)}{\partial T} = -\int_0^T e^{-\gamma^*(T-t)} \theta_t + \sigma^2 \int_0^T B(t;T) e^{-\gamma^*(T-t)} dt$$

$$\frac{\partial^2 A(0;T)}{\partial T^2} = -\theta_T + \gamma^* \frac{\partial A(0;T)}{\partial T} + \frac{\sigma^2}{2\gamma^*}(1 - e^{-2\gamma^* T})$$

此外，可以将瞬时远期利率写作

$$f(0,T) = -\frac{\partial A(0;T)}{\partial T} + e^{-\gamma^* T} r_0 \tag{19-67}$$

对 T 取一阶导数，经冗长的代入后，得到

$$\frac{\partial f(0;T)}{\partial T} = \theta_T + \gamma^* \frac{\partial A(0;T)}{\partial T} - \frac{\sigma^2}{2\gamma^*}(1 - e^{-2\gamma^* T}) - \gamma^* e^{-\gamma^* T} r$$

$$= \theta_T + \gamma^*(e^{-\gamma^* T} r_0 - f(0,T)) - \frac{\sigma^2}{2\gamma^*}(1 - e^{-2\gamma^* T}) - \gamma^* e^{-\gamma^* T} r$$

$$= \theta_T - \gamma^* f(0;T) - \frac{\sigma^2}{2\gamma^*}(1 - e^{-2\gamma^* T})$$

其中第二个等式是代入式(19-67)中的 $\frac{\partial A(0;T)}{\partial T}$ 得到的，最后一个是约去通项后得到的。解出 θ_T，即可得到式(19-28)。

19A.5　式(19-41)和式(19-42)的证明

得到这些表达式的方法有好多种。这里，我们根据 $A(0,T)$ 的定义来推导。事实上，由积分性质，就可得到

$$A(t;T) = -\int_t^T B(\tau;T)\theta_\tau d\tau + \frac{\sigma^2}{2}\int_t^T B(\tau;T)^2 d\tau$$

$$= A(0;T) = -\left[-\int_t^T B(\tau;T)\theta_\tau d\tau + \frac{\sigma^2}{2}\int_t^T B(\tau;T)^2 d\tau\right]$$

因为 $B(\tau;T) = B(\tau;t) + B(t;T)e^{-\gamma^*(t-\tau)}$，代入并对右边做积分后得到

$$A(t;T) = A(0;T) - A(0;t) + B(t;T)\int_0^t e^{-\gamma^*(t-\tau)}\theta_\tau d\tau$$

$$-\frac{\sigma^2}{2}\left(B(t;T)^2\int_0^t e^{-2\gamma^*(t-\tau)}d\tau + 2B(t;T)\int_0^t B(\tau;t)e^{-\gamma^*(t-\tau)}d\tau\right)$$

最后，由于

$$f(0,t) = -\frac{\partial A(0;t)}{\partial t} + e^{-\gamma^* t}r_0 = \int_0^t e^{-\gamma^*(t-\tau)}\theta_\tau d\tau - \sigma^2\int_0^t B(\tau;t)e^{-\gamma^*(t-\tau)}d\tau + e^{-\gamma^* t}r_0$$

将 $\int_0^T e^{-\gamma^*(t-\tau)}\theta_\tau d\tau$ 代入上式，（进行一些代数运算后）得到

$$A(t;T) = (A(0;T) + B(t;T)r_0) - (A(0;t) + B(0;t)r_0)$$
$$+ B(t;T)f(0,t) - \frac{\sigma^2}{4\gamma^*}B(t;T)^2(1 - e^{-2\gamma^* t})$$

最后两个量确实等于 $\log\left(\frac{Z(0;T)}{Z(0;t)}\right)$，也就证明了式(19-41)的成立。

最后，Ho-Lee 模型是按 $\gamma^* \to 0$ 得到的。很容易发现，此时 $B(t;T) = \frac{(1-e^{-\gamma^*(T-t)})}{\gamma^*} \to (T-t)$，同理按 $\frac{(1-e^{-2\gamma^* t})}{(2\gamma^*)} \to t$，就可得到式(19-42)。

第 20 章 标准衍生品和期权波动率变化的市场模型

在前面的章节中,我们讨论了一些在场外交易衍生品市场中占比非常大的标准衍生品,分别是利率上限、利率下限和互换期权。本章,我们将讨论交易商在交易时所采用的报价惯例。这些报价惯例依赖于一种特定的期权报价公式——Black 公式,由费希尔·布莱克(Fischer Black)提出、用于计算商品期货期权价格的公式。虽然历史上交易商们开始采用这个公式是看中它的简便性,因为他们认为这个公式可以作为计算利率上限、利率下限和互换期权的简便方法,而最近人们认识到,这个公式遵循的是以随机变量为前提的无套利原则。

这个公式的推导(还有许多其他问题)我们留到 21 章再讨论。本章,我们站在一个更为实际的角度,来讨论利率上限、利率下限和互换期权市场报价的惯例。例如,表 20-1 列出了彭博资讯提供的 2004 年 11 月 1 日的互换期权、利率上限和利率下限的报价。除了第 2 列中的互换利率,表格中的所有报价全部采用了单位波动率来报价。例如,2004 年 11 月 1 日交易的 1 年期利率上限波动率为 23.5%,而 2 年期利率上限波动率则高达 29.89%。类似的还有一笔还有 3 个月就满 1 年的欧式互换期权,其波动率为 27.115%。

这些报价意味着什么?要怎样把这些单位波动率转换成美元报价?从用波动率报价到价格的转换就是通过接下来讨论的 Black 模型。此外,下一节中还会验证平滑波动率(flat volatility)与远期波动率之间的重要区别。

表 20-1 2004 年 11 月 1 日的互换期权、利率上限和利率下限的报价

期限	互换利率	互换期货波动率			波动率	
		3 个月	6 个月	1 年	利率上限	利率下限
1 年期	2.555	27.115	30.234	31.750	23.50	23.50
2 年期	2.932	32.210	32.327	31.258	29.89	29.89
3 年期	3.254	31.011	30.937	29.801	30.55	30.55
4 年期	3.520	29.901	29.622	28.491	29.86	29.86
5 年期	3.751	28.719	28.513	27.404	28.62	28.62
7 年期	4.118	25.337	25.332	24.711	26.48	26.48
10 年期	4.505	21.889	21.833	21.570	23.68	23.68

资料来源:彭博资讯。

20.1 利率上限和利率下限定价的 Black 公式

假设存在一只传统的利率上限证券,其期限为 T、执行利率为 r_k、一年付款频率为 n 次,

在 $T_1, T_2, \cdots, T_m = T$ 时间点支付现金流，其中 $T_{i+1} = T_i + \Delta$ 且 $\Delta = \frac{1}{n}$：

$$CF(T_{i+1}) = N \times \Delta \times \max(r_n(T_i; T_{i+1}) - r_k, 0) \tag{20-1}$$

其中 $r_n(T_i; T_{i+1})$ 是 n 次的参考浮动复利利率，如 LIBOR。这里需要注意的是：两次利息变化之间的时间间隔 T_i 和现金流的时点不一样，现金流要晚一期（$T_{i+1} = T_i + \Delta$）。式(20-1)中的每一笔现金流都称为一笔上限现金流(caplet)。

同理，有利率下限的证券在 T_{i+1} 时刻的现金流，可以由下式给出：

$$CF(T_{i+1}) = N \times \Delta \times \max(r_k - r_n(T_i; T_{i+1}), 0) \tag{20-2}$$

每笔现金流称为一笔下限现金流(floorlet)。

在前面的章节中，我们展示了如何计算衍生证券的价值，上限现金流也可以利用下面的风险中性方法、运用无套利原则计算得出，具体公式如下：

$$Caplet(0; T_{i+1}) = E^*[e^{\int_0^{T_{i+1}} r_s ds} CF(T_{i+1})]$$

在 Ho-Lee 模型和 Hull-White 模型中，事实 19-11 中包含了给上限现金流定价的公式。但是，如上文所述，行业惯例是用 Black 公式计算期权价格，并以此作为基础报价。

○ **事实 20-1**

运用 Black 公式为期限是 T_{i+1} 和执行利率是 r_k 的上限现金流估值的公式如下：

$$Caplet(0; T_{i+1}) = N \times \Delta \times Z(0, T_{i+1}) \times [f_n(0, T_i, T_{i+1}) N(d_1) - r_k N(d_2)] \tag{20-3}$$

其中 $f_n(0, T_i, T_{i+1})$ 是在 T_i 时点投资、T_{i+1} 时点到期，在 0 时点时的 n-次远期复利利率，且

$$d_1 = \frac{1}{\sigma_f \sqrt{T_i}} \log\left(\frac{f_n(0, T_i, T_{i+1})}{r_K}\right) + \frac{1}{2} \sigma_f \sqrt{T_i} \tag{20-4}$$

$$d_2 = d_1 - \sigma_f \sqrt{T_i} \tag{20-5}$$

在式(20-4)和式(20-5)中，σ_f 是与远期利率波动率相关的波动率参数，我们会在第 21 章中对这一参数做进一步讨论。

同理，运用 Black 公式为期限是 T_{i+1} 和执行利率是 r_k 的下限现金流估值的公式如下：

$$Floorlet(0; T_{i+1}) = N \times \Delta \times Z(0, T_{i+1}) \times [r_K N(-d_2) - f_n(0, T_i, T_{i+1}) N(-d_1)] \tag{20-6}$$

式(20-3)是上限现金流的定价公式，即该利率上限的多笔现金流中一笔的现值。而利率上限本身的价值则按其所有上限现金流现值之和来计算。即令 $T_1, T_2, \cdots, T_n = T$ 为拥有利率上限现金流的时间点，且 $T_{i+1} = T_i + \Delta$，则

$$Cap(0; T) = \sum_{i=1}^{n} Caplets(0; T_i) \tag{20-7}$$

下面的例子展示的是将表 20-1 所示的那些用利率上限波动率报价转换成的美元报价。

👉 **例 20-1**

假设今天为 2004 年 11 月 1 日。设定一只执行利率 $r_k = 2.555\%$ 的 1 年期季度利率上限，令其波动率为 $\sigma_f = 23.5\%$（见表 20-1）。要计算利率上限的价格，我们需要计算出组成这只利率上限的 3 笔上限现金流的现值，即在 $T_2 = 0.5$、$T_3 = 0.75$ 和 $T_4 = 1$ 时到期的上限现金流的现值。注意，由于 $T_1 = 0.25$ 的现金流由当前利率 $r_n(0)$ 决定，且相应的金额款项可以从利率上限费用中扣除，所以，我们不需要计算第一笔上限现金流（$T_1 = 0.25$ 到期）的价值。换句话说，相应支付款项（如有）会在 $T_2 = $

0.5 时开始支付。为了将 3 个期限代入式(20-3)，我们需要知道 $i=1,\cdots,4$ 时的远期利率 $f_n(0, T_{i-1}, T_i)$。我们可以从 LIBOR 的贴现因子中找到远期利率。取表 20-2 第 2 列数值作为 LIBOR 的贴现因子，通过下述计算方法可得到远期利率。

将远期贴现因子定义为

$$F(0, T_{i-1}, T_i) = \frac{Z(0, T_i)}{Z(0, T_{i-1})}$$

然后计算可得⊖

$$f_4(0, T_{i-1}, T_i) = 4 \times \left(\frac{1}{F(0, T_{i-1}, T_i)} - 1\right)$$

表 20-2 第 3 列中所列的是远期利率。现在已经得到了所有利用式(20-3)进行利率上限估值所需要的输入变量。尤其是第 4 列所列的 $\sigma_f \sqrt{T_{i-1}}$，如前文所述 $\sigma_f = 23.5\%$。尤其需要注意的是，我们对期限为 T_i 的上限现金流定价时，需要计算在 $T_{i-1} = T_i - \Delta$ 时间点的波动率。显然，式(20-3)~式(20-5)中的各项公式都说明，T_{i+1} 到期的上限现金流取决于波动率 $\sigma_f \sqrt{T_i}$。后两列显示的是式(20-4)和式(20-5)中的 d_1 和 d_2。最后一列显示的是式(20-3)中各上限现金流的价值，则利率上限的价值为

$$Cap(1Y) = 0.0184 + 0.0617 + 0.1057 = 0.1859(美元)$$

表 20-2 2004 年 11 月 1 日 1 年期利率上限

T_i	$Z(0;T_i)$ (×100)	$f(0, T_{i-1}; T_i)$	$\sigma_f \times \sqrt{T_{i-1}}$	d_1	d_2	$Caplet(T_i)$ (×100)
0.25	99.4580	—				
0.50	98.8510	2.4562	0.1175	-0.2770	-0.3945	0.0184
0.75	98.1899	2.6932	0.1662	0.4000	0.2338	0.0617
1.00	97.4834	2.8987	0.2035	0.7218	0.5183	0.1057

资料来源：彭博资讯。

20.1.1 平滑波动率与远期波动率

在例 20-1 中，我们假设已知波动率 $\sigma_f = 23.5\%$，且与组成该利率上限的所有上限现金流一致。这确实是计算利率上限和利率下限报价的惯用方法。例如，表 20-1 中包含平价工具在 2004 年 11 月 1 日的报价，这意味着各利率上限的执行利率等于相应的互换利率。根据各个波动率报价，交易员就能像我们在例 20-1 所做的那样，将波动率转化成价格。这个计算报价的波动率称为平滑波动率，我们可以将其定义为：

定义 20-1

期限为 T 的利率上限，其**平滑波动率**(flat volatility)即为计算报价的波动率 $\sigma_f(T)$。进行利率上限内各笔上限现金流估值时，都必须将这一波动率代入 Black 公式以获得利率上限的美元报价。

⊖ 即为第 5 章中的式(5-3)，$f_n(0, T_{i-1}, T_i) = n\left(\frac{1}{(F(0, T_{i-1}, T_i))^{n \times (T_i - T_{i-1})}} - 1\right)$。由于 $T_i - T_{i-1} = \Delta = \frac{1}{n}$，我们得到了 $f_n(0, T_{i-1}, T_i)$ 的公式。

要注意，一个利率上限下的所有上限现金流即使期限不同，也只能用同一个波动率。

如果利用平滑波动率对利率上限进行定价，唯一缺失信息就是合适的贴现因子，但我们可以通过 LIBOR 来反推出这一信息。例如，我们在例 20-1 中可以得到 3 个月期 LIBOR 为 $r_4(0) = 2.18\%$，并由此得出第一个贴现因子（$Z(0, 0.25) = \dfrac{1}{(1 + r_4(0) \times \Delta)} = 0.994\,580$）。

表 20-2 中的其他贴现因子则是通过代入互换利率和 LIBOR 得到的，在第 5 章中则是使用了剥离法（bootstrapping）进行讨论。⊖

表 20-3 按照季度间隔的期限将表 20-1 中的报价转化为了美元报价。如上文所述，代入互换利率，然后通过剥离法得到贴现因子。对于少于 1 年期限的情况，其波动率是由邻近点的连续波动率延伸推导得到的。图 20-1 中虚线绘出的是表 20-1 中的数据和表 20-3 中代入的波动率数值。值得注意的是平滑波动率呈现驼峰形状：1 年期或 2 年期利率的波动率较高，而短期和长期利率上限的波动率较低。

表 20-3 2004 年 11 月 1 日的利率上限报价

期限	互换利率（%）	连续复利收益率（%）	贴现（×100）	代入的利率上限波动率（%）	利率上限报价（×100）	远期波动率（%）
0.25	2.180	2.174	99.458 0	—	—	
0.50	2.318	2.311	98.851 0	21.156	0.046	21.156
0.75	2.442	2.436	98.189 9	22.066	0.106	22.810
1.00	2.555	2.549	97.483 4	23.500	0.186	25.540
1.25	2.659	2.653	96.738 5	25.229	0.289	28.560
1.50	2.755	2.749	95.959 8	27.023	0.416	31.360
1.75	2.845	2.841	95.150 3	28.653	0.566	33.420
2.00	2.932	2.929	94.310 9	29.890	0.736	34.040
2.25	3.017	3.015	93.441 7	30.571	0.920	32.910
2.50	3.099	3.099	92.545 6	30.796	1.113	31.210
2.75	3.178	3.180	91.626 8	30.734	1.313	29.660
3.00	3.254	3.258	90.689 9	30.550	1.519	28.760
3.25	3.325	3.331	89.739 7	30.380	1.735	28.690
3.50	3.393	3.401	88.777 8	30.227	1.960	28.670
3.75	3.458	3.468	87.805 0	30.063	2.192	28.390
4.00	3.520	3.533	86.821 2	29.860	2.429	27.770
4.25	3.581	3.596	85.826 3	29.597	2.669	26.820
4.50	3.639	3.658	84.821 8	29.288	2.912	25.890
4.75	3.696	3.718	83.810 2	28.955	3.156	25.120
5.00	3.751	3.776	82.793 8	28.620	3.403	24.570
5.25	3.804	3.832	81.774 7	28.301	3.652	24.270
5.50	3.854	3.887	80.754 5	28.000	3.904	24.030
5.75	3.903	3.939	79.734 3	27.716	4.159	23.800
6.00	3.949	3.989	78.715 3	27.447	4.414	23.570
6.25	3.994	4.037	77.698 5	27.190	4.671	23.330
6.50	4.037	4.084	76.684 6	26.945	4.929	23.100

⊖ 交易员所掌握的信息不止 3 个月的 LIBOR 和表 20-1 中的互换利率。尤其贴现率曲线往往可以通过以下 3 个信息源了解到：LIBOR、欧洲美元期货（期限长达 3 年）和互换利率。交易员更倾向于欧洲美元期货，因为与互换合约相比更为灵活，也就能够更好地代表市场的贴现率。详细讨论内容参见第 6 章 6.5 节。

（续）

期限	互换利率（%）	连续复利收益率（%）	贴现（×100）	代入的利率上限波动率（%）	利率上限报价（×100）	远期波动率（%）
6.75	4.078	4.129	75.6744	26.709	5.188	22.850
7.00	4.118	4.173	74.6687	26.480	5.446	22.580
7.25	4.156	4.215	73.6679	26.257	5.704	22.290
7.50	4.193	4.256	72.6725	26.039	5.961	21.980
7.75	4.229	4.296	71.6829	25.822	6.216	21.630
8.00	4.263	4.334	70.6994	25.606	6.469	21.250
8.25	4.296	4.372	69.7222	25.389	6.720	20.820
8.50	4.329	4.408	68.7513	25.168	6.968	20.340
8.75	4.360	4.443	67.7869	24.943	7.213	19.810
9.00	4.390	4.478	66.8288	24.711	7.453	19.200
9.25	4.420	4.512	65.8769	24.470	7.688	18.530
9.50	4.449	4.546	64.9311	24.219	7.917	17.780
9.75	4.477	4.579	63.9911	23.957	8.140	16.940
10.00	4.505	4.611	63.0566	23.680	8.356	16.000

资料来源：彭博资讯。

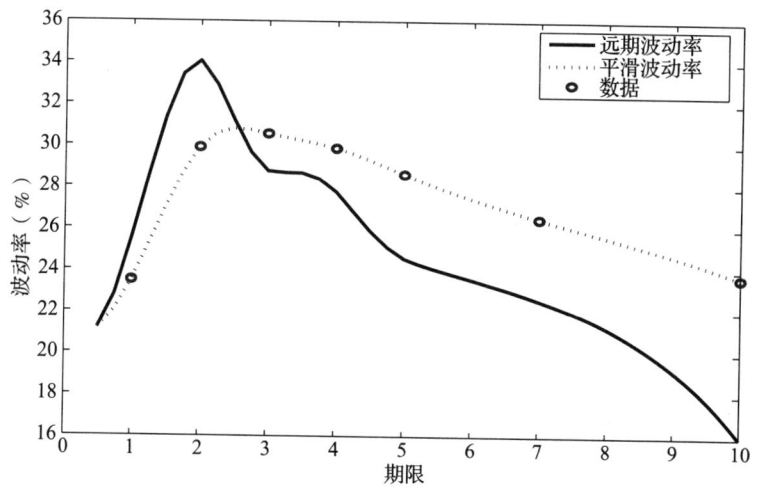

图20-1　2004年11月1日的平滑波动率和远期波动率

资料来源：彭博资讯。

目前的讨论重点在于波动率报价，或叫作平滑波动率。但是，现在出现了一个问题：按照表20-3，对比在$T=0.5$和$T=0.75$时到期的利率上限。第一个利率上限仅有一笔上限现金流，因此波动率$\sigma_f(0.5)=21.1564\%$必然适用于同一个期限。作为对比，$T=0.75$到期的利率上限包含两笔上限现金流，一笔也在$T=0.5$到期，而另一笔在$T=0.75$到期。应注意，后面的两笔上限现金流，在应用Black公式时使用的波动率均为$\sigma_f(0.75)=22.0662\%$。这意味着（几乎）相同的上限现金流⊖，$T=0.5$时，在6个月期利率上限中的波动率为21.1564%，而在9个

⊖ 我们由上往下查看各列中的信息时，6个月期单一利率上限买权会由于两个原因发生改变，所采用的波动率和执行利率。但是其方向不变，我们会在下文中讨论。

月期利率上限中的波动率却更高(22.066 2%)。同样地,在表20-3第5列中,相同的6个月期上限现金流在1年期利率上限中的波动率还要高(23.5%),在1.25年期利率上限中的波动率则高达25.228 6%,依次类推。9个月期上限现金流、1年期上限现金流和其他更长期限中也存在类似的情况。

同一个上限现金流因其所属利率上限不同出现不同波动率这一现象,首先可以发现交易员对利率上限的报价存在显著的差异性,但事实上是不对的。关键就是要认识到波动率有两个含义:一个是报价波动率,即市场上交易员们用来转换利率上限和利率下限的惯例;另一个含义就是要求同一个上限现金流无论在哪一个利率上限中都应采用相同波动率的无套利波动率。后者称为**远期波动率**(forward volatility),我们可以将其定义为:

定义 20-2

期限为 T、执行利率为 r_k 的上限现金流的远期波动率 $\sigma_f^{Fwd}(T)$,为该笔利率上限现金流的实际波动率,与该笔利率上限现金流源于什么利率上限合约无关。

远期波动率的定义和平滑波动率的定义二者的对比显示,远期波动率适用于特定的上限现金流,而平滑波动率适用于特定利率上限合约中的所有上限现金流。表20-4中绘出其间的差异。表格的每一行都对应一个0.5~10年范围内期限逐渐增长的利率上限合约,且都采用相同的执行利率 r_k。如例20-1,同一行中的所有上限现金流均采用相同(平滑)波动率时,平滑波动率 $\sigma_f(T)$ 适用整行的所有上限现金流;而远期波动率适用于各列:那些有相同的期限和相同的执行利率的上限现金流。换句话说,根据无套利原则,同一纵列中的所有上限现金流,在计算时必须使用相同的远期波动率。

其逻辑过程如下:已知各期限的远期波动率 $\sigma_f^{Fwd}(T)$,我们可以计算出表20-4中每个上限现金流的数值,并由此计算出每个期限的相应利率上限合约的价值。但是,出于计算报价目的,交易员喜欢采用有特定含义的单个波动率来计算美元数值。为了达到这一目标,他们发现可以计算出一个能同时应用于整行中所有上限现金流的恒定波动率 $\sigma_f(T)$,并利用这一恒定波动率来进行利率上限的报价和交易。平滑波动率,就是由此从这种报价惯例中衍生而来的,既不反映无套利原则,也不代表低效率。也就是说,期限为 T 的利率上限合约,其平滑波动率为期限 T 内所有各笔上限现金流远期波动率的平均值。

下面我们选择更为熟悉的证券来说明这个问题,即利率上限市场上的平滑波动率,就相当于债券市场上的到期收益率(参见第2章2.4.3节)。如第2章所述,利用贴现率曲线 $Z(0, T) = \left(\dfrac{1}{1+\dfrac{r_2(0, T)}{2}}\right)^{2 \times T}$,我们可以计算附息债券的美元报价 $P_c(0, T^*)$。凭借这个价格,对债券的美元报价在我们采用贴现因子 $\left(\dfrac{1}{1+\dfrac{Y}{2}}\right)^{2 \times T}$ 进行贴现,并使周贴现的现金流值之和等于债券的当前价格,由此我们可以计算出(贯穿债券整个期限的)到期收益率 Y。仅针对债券而言,到期收益率可以认定为 $T<T^*$ 范围期限内特定债券收益率 $r_2(0, T)$ 的平均值。虽然是一一对应的关系,但交易员倾向于按照到期收益而不是美元报价的方式来交易附息债券。由于所有债券的单位(百分比收益)相同,即使债券的期限可能有差异,这种方式也能让他们更好地分辨出不同债券之间的差异。

表20-4 利率上限的平滑和远期波动率

平滑波动率		远期波动率				
		$\sigma_f^{Fwd}(0.50)$ ⇓	$\sigma_f^{Fwd}(0.75)$ ⇓	$\sigma_f^{Fwd}(1.00)$ ⇓	...	$\sigma_f^{Fwd}(10.0)$ ⇓
$\sigma_f(0.50)$ ⇒	利率上限(0.50) =	上限现金流(0.50)	—		...	—
$\sigma_f(0.75)$ ⇒	利率上限(0.75) =	上限现金流(0.50) +	上限现金流(0.75)	—	...	—
$\sigma_f(1.00)$ ⇒	利率上限(1.00) =	上限现金流(0.50) +	上限现金流(0.75) +	上限现金流(1.00)	...	—
⋮	⋮	⋮	⋮	⋮	⋱	—
$\sigma_f(10.0)$ ⇒	利率上限(10.0) =	上限现金流(0.50) +	上限现金流(0.75) +	上限现金流(1.00) +	...	上限现金流(10.0)

同样，交易员在利率上限市场也更倾向于按照利率上限的(平滑)波动率而不是美元报价来进行交易，因为无论有多少上限现金流，波动率的单位是相同的(年标准差)。例如，表20-1中的1年期利率上限和10年期利率上限。注意它们的波动率报价非常相近，反映出当前短期预期波动率与更长期内的平均波动率相近的事实。这种波动率的相近并不意味着两份利率上限合约具有相同的报价，而是因为其中一份所支付的现金流远超过另一份。事实上，10年期利率上限的报价是$cap(10Y) = 16.95$美元，而1年期利率上限的报价仅为$cap(1Y) = 0.1879$美元。但是如果波动率或预期波动率突然出现变化，由于预期波动率是期权定价的最优先考虑因素，相对于调整价格而言，同时调整短期和长期波动率是个更为简便的方法。

事实上，利息的波动率可能会随着时间出现大幅波动。图20-2显示的是1997年2月至2008年7月间，1年期、3年期和10年期利率上限的(平滑)波动率报价。以1年期利率上限的波动率报价为例：这个波动率在1999年和2007年低至6%，在2002年和2008年高达60%以上。对于交易员们来说，通过波动率而不是实际美元价格来快速计算期限、执行利率各不相同的利率上限的相对价格要简单得多，因为实际美元价格还隐含了期限、执行利率等其他期权信息。

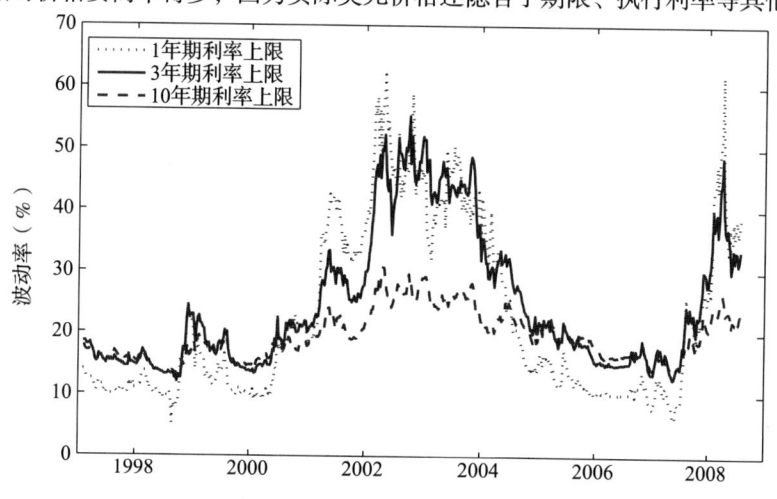

图20-2 利率上限波动率随时间的变化图

资料来源：彭博资讯。

20.1.2 从平滑波动率中提取远期波动率

由于交易员们采用平滑波动率进行交易,内含的远期波动率并不是直接可用的信息。正如无法直接得到附息债券或互换合约贴现的贴现因子 $Z(0,T)$,而需要我们从债券报价或互换利率报价(见第 2 章和第 5 章)中推导出来一样。对于利率上限和利率下限,我们需要从(计算报价的)平滑波动率中提取出相应的远期波动率信息。远期波动率将作为无套利参数,是其他更复杂的证券报价的基础。

我们如何从平滑波动率中提取出远期波动率呢?

就像处理贴现因子 $Z(0,T)$ 那样,我们可以采取剥离法来计算远期波动率。在 T_i, $i = 1, \cdots, n$(其中 $T_1 = 0.5$)时,可以利用下列公式计算

$$Cap(T_i) = \sum_{j=1}^{i} Caplet(T_j, r_{K,i}, \sigma_f(T_i)) \text{(采用平滑波动率)} \quad (20\text{-}8)$$

$$= \sum_{j=1}^{i} Caplet(T_j, r_{K,i}, \sigma_f^{Fwd}(T_j)) \text{(采用远期波动率)} \quad (20\text{-}9)$$

此处我们强调的是上限现金流里的输入值,例如期限 T_j、执行利率 $r_{k,i}$ 以及波动率。而对于报价,我们同样采用在所有上限现金流均相同的平滑波动率 $\sigma_f(T_i)$,而出于无套利考虑,我们在所有上限现金流中采用不同的远期波动率 $\sigma_f^{Fwd}(T_j)$。下面我们将详细解释这种方法:

步骤 1:按表 20-3,利用平滑波动率报价来得到式(20-8)中所有期限的利率上限报价

步骤 2:最短($T_i = 0.5$)利率上限由仅一笔上限现金流组成,这意味着

$$\sigma_f^{Fwd}(0.5) = \sigma_f(0.5) \quad (20\text{-}10)$$

步骤 3:对于每一个 $i = 2, \cdots, n$ 的取值,可以采用下面的三步法:

(1)利用之前根据 $j = 1, 2, \cdots, i-1$ 得到的各远期波动率数值 $\sigma_f^{Fwd}(T_j)$ 来计算 T_j 以内的上限现金流 $Caplet(T_j, r_{k,i}, \sigma_f^{Fwd}(T_j))$ 的价格。

(2)算出期限为 T_i 的剩余上限现金流 T_i 的美元价值,作为(步骤 1 中得到的)期限为 T_i 的利率上限报价与 T_{i-1} 以内上限现金流总和之间的差值:

$$\text{期限为 } T_i \text{ 的单笔上限现金流的价值} = Cap(T_i) - \sum_{j=1}^{i-1} Caplet(T_j, r_{k,i}, \sigma_f^{Fwd}(T_j))$$

(3)寻找(远期)波动率 $\sigma_f^{Fwd}(T_i)$,例如

$$\text{期限为 } T_i \text{ 的单笔上限现金流的价值} = caplet(T_i, r_{K,i}, \sigma_f^{Fwd}(T_i))$$

通常情况下,可以通过下式可计算出式(20-9)中期限为 T_i 的利率上限最后一笔上限现金流 T_i 的值

$$Caplet(T_i, r_{K,i}, \sigma_f^{Fwd}(T_i)) = Cap(T_i) - \sum_{j=1}^{i-1} Caplet(T_j, r_{K,i}, \sigma_f^{Fwd}(T_j)) \quad (20\text{-}11)$$

步骤(3)中求出来的远期波动率就是代入 Black 公式的远期波动率 $\sigma_f^{Fwd}(T_i)$。

接下来我们将进一步通过举例来详细解释这一过程。

👉 例 20-2

考虑表 20-3 中的数据。这些数据来自将季度 LIBOR 收益率曲线和波动率报价代入之后得到的 2004 年 11 月 1 日的报价(原始报价如表 20-1 所示,3 个月期 LIBOR 为 $r_4(0; 0.25) = 2.1800\%$)。如

上文所述，期限短于 1 年的波动率是通过反推得到的。由于这些报价是平价期权工具的报价，各利率上限所采用的执行利率是由第 2 列中的互换利率决定的。现在我们开始计算远期波动率。

1. 第一个利率上限（$T_1 = 0.5$）仅包含一笔上限现金流，所以

$$\sigma_f^{Fwd}(T_1) = \sigma_f(T_1) = 21.1564\%$$

2. 如表 20-3 最后一列所示，第二个利率上限（$T_2 = 0.75$）有美元报价 $Cap(T_2) = 0.1059$ 美元。现在，我们利用上文中提到的第 3 步中的三步法：

（1）利用刚计算出的远期波动率 $\sigma_f^{Fwd}(T_1) = \sigma_f(T_1) = 21.1564\%$ 来计算 T_1 上限现金流的价值。注意，由于执行利率从 $r_{K,1} = 2.3177\%$ 变为现在的 $r_{K,2} = 2.4420\%$，这个上限现金流的价值与上一步中计算出的上限现金流的价值并不相等。利用 Black 公式，我们得到

$$Caplet(T_1, r_{K,2}, \sigma_f^{Fwd}(T_1)) = 0.0273 (美元)$$

（2）然后可得期限为 T_2 的上限现金流的美元价值为

$$期限为 T_2 的单笔利率上限现金流的价值 = Cap(T_2) - Caplet(T_1, r_{K,2}, \sigma_f^{Fwd}(T_1))$$
$$= 0.1059 - 0.0273 = 0.0786 (美元)$$

（3）再次利用 Black 公式来确定（远期）波动率 $\sigma_f^{Fwd}(T_2)$

$$Caplet(T_2, r_{K,2}, \sigma_f^{Fwd}(T_2)) = \$0.0786 \Rightarrow \sigma_f^{Fwd}(T_2) = 22.81\%$$

3. 依此类推。例如，期限为 T_3 的远期波动率的计算步骤如下

（1）利用刚计算得到的远期波动率 $\sigma_f^{Fwd}(T_1) = 21.1564\%$ 和 $\sigma_f^{Fwd}(T_2) = 22.81\%$ 来计算期限为 T_1 和 T_2 上限现金流的价值。采用新的执行利率 $r_{K,3} = 2.4420\%$，我们利用 Black 公式得到

$$Caplet(T_1, r_{K,3}, \sigma_f^{Fwd}(T_1)) = 0.0157 \text{ 美元}$$

$$Caplet(T_2, r_{K,3}, \sigma_f^{Fwd}(T_2)) = 0.0605 \text{ 美元}$$

（2）则期限为 T_3 的上限现金流的美元价值为

$$期限为 T_3 的单笔利率上限现金流的价值 = Cap(T_3) - Caplet(T_j, r_{K,3}, \sigma_f^{Fwd}(T_j))$$
$$= 0.1859 - (0.0157 + 0.0605) = 0.1096 (美元)$$

（3）再次利用 Black 公式来确定（远期）波动率 $\sigma_f^{Fwd}(T_3)$

$$Caplet(T_3, r_{K,2}, \sigma_f^{Fwd}(T_3)) = 0.1096 \text{ 美元} \Rightarrow \sigma_f^{Fwd}(T_3) = 25.54\%$$

图 20-1 中实线标出的是通过上述方法得出的 2004 年 11 月 1 日的远期波动率。这些数值列在表 20-3 的最后一列。我们可以看到，在平滑波动率（虚线）增长的同时，远期波动率的增长较平滑波动率更为剧烈，下降得也更为剧烈。由于可以将平滑波动率看作远期波动率的（非线性）平均数，所以，出现这种情况并不意外。

20.1.3 隐含远期波动率的特点

在图 20-1 中远期波动率呈现的驼峰形态相对较为常见。图 20-3 绘出了 1997～2008 年间的平均远期波动率。但是，远期波动率曲线的形状尤其是在作为利率变化的期限结构时，确实随着时间而变化。图 20-4 中所绘的则是远期利率曲线在过去出现过的其他形状。我们在图 20-4a）可以发现，例如在 2003 年 10 月 22 日，远期波动率曲线总体呈现下降趋势，只在 $T = 2$ 位置显现了一个小型凸起。与之形成鲜明对比的是，2006 年 2 月 2 日的远期波动率曲线直至一整年后的 2007 年 2 月 2 日都显现总体增长的趋势。最终，远期波动率曲线在 2008 年 1 月 25 日大幅下降。

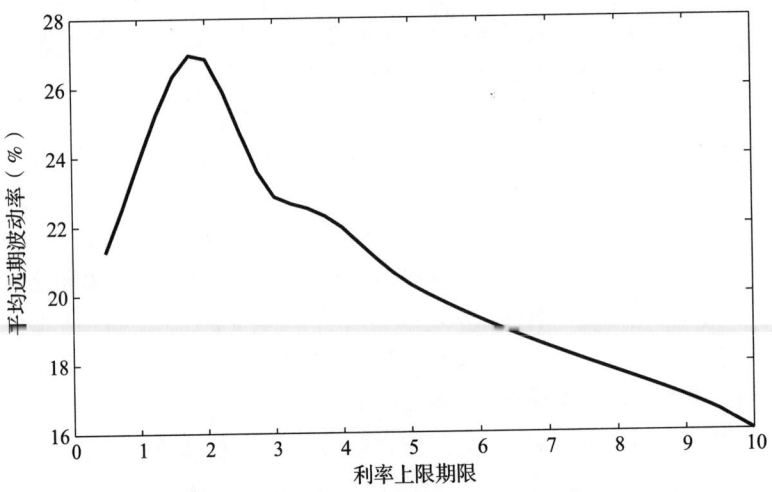

图 20-3　1997~2008 年间的平均远期波动率

资料来源：彭博资讯。

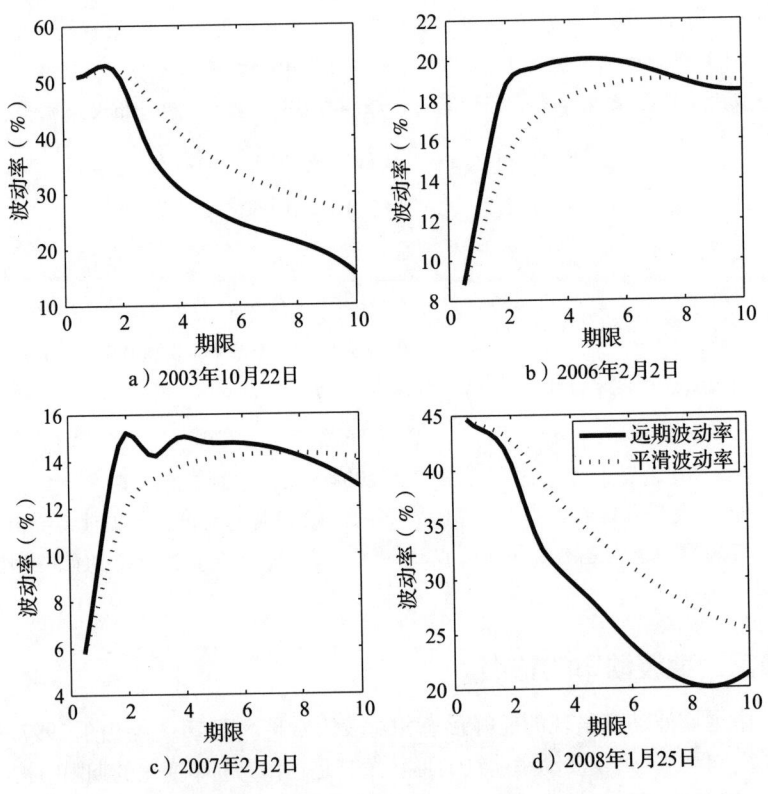

图 20-4　部分远期波动率和平滑波动率形状

资料来源：彭博资讯。

波动率曲线会随着时间发生剧烈变化：例如在图 20-4a)（2004 年 10 月 22 日）和图 20-4d)（2008 年 1 月 25 日）的远期波动率都非常高，短侧都超过 40%。而在图 20-4b)（2006 年 2 月 2 日）和图 20-4c)（2007 年 2 月 2 日）中，波动率则要低得多，短侧不到 10%，且从未超过 20%。

图 20-5a)所绘的是 1997 ~2008 年期间所有期限内的远期波动率平均值。平均远期波动率的变化实际上还是比较剧烈的，在 10% ~35%之间。

图 20-5b)显示的是远期波动率曲线的变化速度，此处可以简单定义为 10 年期和 1 年期远期波动率之间的差值。如图 20-5 所示，我们通过总结图 20-3 中的平均远期波动率曲线可以发现，长期和短期远期曲线之间的差值并不是始终为负值。相反，它往往是一个正值，虽然这种情况并不多。最后，图 20-5c 所绘为远期波动率曲线的曲率，可定义为

$$\text{曲率} = 2 \times \sigma_f^{Fwd}(2) - \sigma_f^{Fwd}(1) - \sigma_f^{Fwd}(10)$$

当 2 年期利率上限现金流的波动率短侧和长侧都要更高时，我们就说远期波动率曲线的曲率较大。如图 20-5c)所示，曲率能够很好地表现出变化情况，同时这一数值往往较小。决定远期波动率变化和远期波动率曲线形状的是什么？联系前面利率上限中的远期波动率反映着风险溢价，即一个投资人愿意为利息上涨带来的损失支付的保险金额。远期利率的不确定性越大，这种保险的价值就越高：就保险而言，如果美联储在下一次联邦公开市场委员会中采取的举措有较大的不确定性，我们就会预期短期期权的远期波动率会高于其他时间点。波动率期限结构中间部分的凸起可能是由经济周期变化或通货膨胀的不确定性导致中期利息的不确定性造成的。长侧的利率不会太高也不会太低，这是由利率的均值回归特性决定的：利率在一个跨度较大的时间段内不可能过高或过低，因此 10 年期利息平均值的不确定性相对于两年期利息平均值的不确定性，反而会低一些。

a）远期波动率的水平

b）远期波动率的斜率

c）远期波动率的曲率

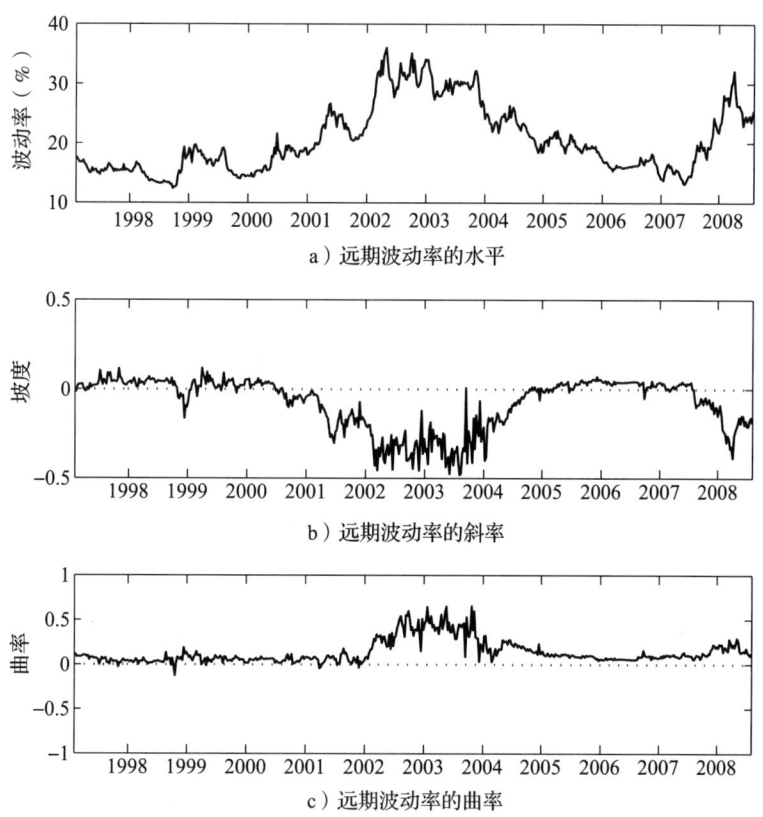

图 20-5 远期波动率的水平、斜率和曲率

资料来源：彭博资讯。

20.1.4 远期波动率和 Black-Derman-Toy 模型

通过 Black 模型得到的远期波动率与通过 Black-Derman-Toy(BDT)模型得到的远期波动率之间有关联。尤其是在第 11 章提到的，BDT 模型确实意味着即期期货利率呈(近似)对数正态分布。它说明我们可以直接将 20.1.2 节中剥离法得到的波动率用作 BDT 模型的参数值。例如，通过比较表 20-3 按照季度间隔的期限将表 20-1 中的报价转化为美元报价。如上文所述，代入互换利率，然后通过剥离法得到贴现因子。对于期限少于 1 年情况，其波动率可通过推导得出。图 20-1 中的远期波动率和第 11 章图 11-2 中的 BDT 树计算得到的内含远期波动率进行比较，可以更清楚得到说明。曲线之间的相似性非常明显，而且它们事实上应该是完全相同的。而我们却看到在水平上有一定的差异，这是由于我们在第 11 章中对利率上限报价采用的是相对较为粗糙的时间网格(relatively coarse time grid)造成的(其时间步长为 1/4 年，即 $dt = 0.25$)。如果我们降低 BDT 树内时间步长 dt，BDT 树中和 Black 模型中的内含远期波动率就会靠近。诚然，得到 BDT 树的标准方法是利用 Black 公式来计算各期限的 $\sigma_f^{Fwd}(T)$，然后我们可以根据各期限的远期波动率确定与当前利息期限结构相符合的 BDT 树。第二种方法比第 11 章所描述的方法便捷得多，尤其是在 BDT 树的时间步长 dt 较小的时候。

20.2 互换期权报价计算的 Black 公式

互换期权是按照固定利息支付方与固定利息收款方约定订立互换合约的期权。我们已经在第 11 章和第 19 章关于 Ho-Lee 模型和 Hull-White 模型等特殊利率模型的相关内容中讨论了此类期权的部分特性。本节中，我们将会使用 Black 公式根据波动率计算互换期权的价格(见表 20-1 中的报价)。第 21 章中是遵循无套利法则得到的 Black 公式。

为了将 Black 模型引入互换期权定价，首先考虑收方互换期权收到的利息：如第 19 章 19.4.4 节所讨论的，执行利率为 r_k 的收方互换期权可以表达为基于附息债券的看涨期权(票息为 r_k)。即

$$\text{收方互换期权的收益} = \max(P_c(T_O; T_S) - N, 0) \qquad (20\text{-}12)$$

N 没有实际含义时，T_O 是互换期权的期限，T_S 是潜在互换的期限。在式(20-12)中，我们所得到的 $P_c(T_O; T_S)$ 是附息债券的价值，该债券的票息为 r_K

$$P_c(T_O; T_S) = N \times r_K \times \Delta \times \sum_{i=1}^{n} Z(T_O; T_i) + N \times Z(T_O; T_n) \qquad (20\text{-}13)$$

其中 T_i 是互换定价日期，且 $T_n = T_S$。按照 T_O 时间点上(互换期权期限)的互换利率来理解上述的支付情况更为便利。我们用 $c(T_O; T_S)$ 来表示届时的互换利率，其中 T_S 是期权标的互换合约的到期期限。依照定义，一个期限为 T_S 的互换在 T_O 时间点上的互换利率即为使当前互换合约价值等于零时的利率。即 $c(T_O; T_S)$ 满足

$$N = N \times c(T_O; T_S) \times \Delta \times \sum_{i=1}^{n} Z(T_O; T_i) + N \times Z(T_O; T_n) \qquad (20\text{-}14)$$

将式(20-13)中的 $P_c(T_O; T_S)$ 和式(20-14)中的 N 替换为互换的支付额(式(20-12))并整理，即可得收方支付价值等价的另一种表达式

$$\text{收方互换期权的收益} = N \times \Delta \times \left[\sum_{i=1}^{n} Z(T_O; T_i)\right] \times \max(r_K - c(T_O; T_S), 0) \qquad (20\text{-}15)$$

这个结果可解释如下：设到期时的互换利率 $c(T_O; T_S)$ 在低于 r_k。则收方互换期权持有人

可以要求对方履行该期权并按较高的(执行)利率，而不是市场互换利率 $c(T_O; T_S)$ 收款。每到互换期权的付款日，期权持有人(T_O 时间点执行期权的人)可获得固定的差价收益 $r_k - c(T_O; T_S)$。因此，互换期权的总收款金额，是由不同期限 T_i 时收到的差价的现值总额决定的。下面举例说明这一过程。

👉 例 20-3

今天是 2004 年 11 月 1 日，一家大型公司的财务预测该公司需要在未来 1 年内按季度订立 2 年期的固定 – 浮动利率互换合约，并由此得到固定利息、支付浮动利息。财务担心 2 年互换利率会比当前的 2.93%(见表 20-1)更低。为了防止 2 年期互换利率下降的损失，她考虑按 2 年期互换，以 r_k = 2.931% 的执行利率和 $T_O = 1$ 的期限购买一份收方互换期权。

这份互换期权的收益情况是怎样的呢？如果 2 年期互换利率在 $T_O = 1$ 时高于执行利率 r_k = 2.931%，例如当 $T_S = T_O + 2 = 3$ 时的 $c(T_O; T_S) = 4\%$，则该公司最好按当前市场利率 $c(T_O; T_S) = 4\%$ 订立 2 年期互换。此时，公司不会行权，而会按每年 4% 的固定利率收款，而不是 3 个月期 LIBOR 来收款。若 2 年期互换利率在 $T_O = 1$ 时低于执行利率 $r_k = 2.931\%$，则可以要求行权，并让该公司在接下来的两年里按每季度 $r_k = 2.931\%$ 的执行利率来收款，而不是 3 个月期 LIBOK 来收款。⊖那么，该公司可以在 $T_O + 0.25$ 到 $T_S = T_O + 2$ 期间，每季度获得执行利率 r_k 和当前市场利率 $c(T_O; T_S)$ 之间的差额收益。

图 20-6 所绘为该互换期权在 2 年期互换利率 $c(t, t+\tau)$ 下的付款金额，其中 $\tau = 2$ 为标的期权的付款期限。图 20-6 中，互换期权期限 $T_O = 1$ 时的 2 年期市场互换利率为 $c(T_O; T_S) = 1.58\%$。则财务可以通过行使收方互换期权，即在互换期限前按照 $r_k = 3\%$，而不是市场互换利率 $c(T_O; T_S) = 1.58\%$ 来收款。因此，其每期收益为

$$N \times \Delta \times (r_k - c(T_O; T_S)) = 100 \times 0.25 \times 0.0142 = 0.35, \quad N = 100$$

按类似方式，我们可以得到付方互换期权的价值：

$$\text{付方互换期权收支} = N \times \Delta \times \left[\sum_{i=1}^{n} Z(T_O; T_i)\right] \times \max(c(T_O; T_S) - r_k, 0) \tag{20-16}$$

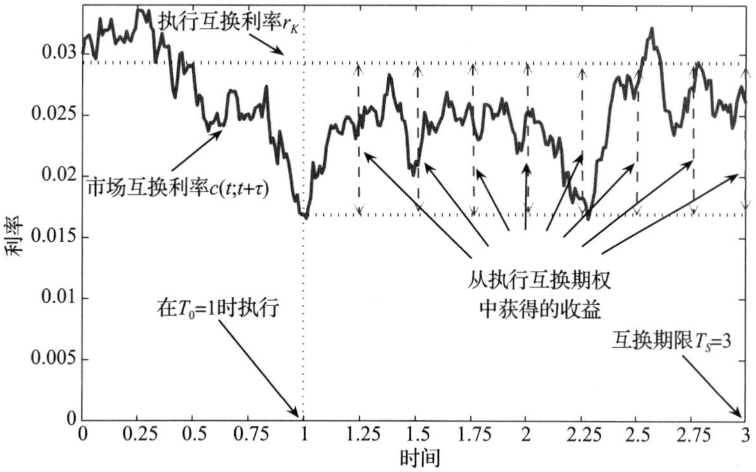

图 20-6　接受互换期权支付情况

⊖ 如第 5 章 5.4.6 节中论述的，在普通互换交易中，浮动利息的支付方会按季度付息；而固定利率的支付方则是每半年付息一次。为了简便起见，此处我们假设双方都按季度付息。

○ **事实 20-2**

根据 Black 公式，以一份期限为 T_s，执行利率 r_k 的互换合约为标的的**欧式收方互换期权**（European receiver swaption）在 T_O 时点的价值为

$$V(0, T_O; T_s) = N \times \Delta \times \left[\sum_{i=1}^{n} Z(0; T_i) \right] \times [r_K N(-d_2) - f_n^s(0, T_O, T_s) N(-d_1)] \quad (20\text{-}17)$$

其中 $f_n^s(0, T_O, T_s)$ 为在 T_O 时间点按 T_s 期限订立互换合约时的第 n 次远期复利利率（见第 5 章 5.4.5 节）

$$d_1 = \frac{1}{\sigma_f^s \sqrt{T_O}} \ln\left(\frac{f_n^s(0, T_O; T_s)}{r_k} \right) + \frac{1}{2} \sigma_f^s \sqrt{T_O}; \quad d_2 = d_1 - \sigma_f^s \sqrt{T_O} \quad (20\text{-}18)$$

式 (20-18) 中，σ_f^s 是远期利率波动率相关的波动率参数，会在第 21 章进一步讨论。

同理，根据 Black 公式，以一个期限为 T_s，执行利率 r_k 的互换合约为标的资产的**欧式支付互换期权**（European payer swaption）在 T_O 时点的价值计算如下

$$V(0, T_O; T_s) = N \times \Delta \times \left[\sum_{i=1}^{n} Z(0; T_i) \right] \times [f_n^s(0, T_O, T_s) N(d_1) - r_K N(d_2)] \quad (20\text{-}19)$$

下面我们具体运用 Black 公式为互换期权定价。

👉 **例 20-4**

假设今天为 2004 年 11 月 1 日。按季度代入的 LIBOR 零息债券曲线已在表 20-3 中列出。假设一份 1 年期收方互换期权，互换期限为 5 年，则 $T_O = 1$ 且 $T_s = 6$。令执行利率为 $r_k = 3.751\%$、波动率为 $\sigma_f^s = 27.404\%$。如行权，则互换期权的标的互换会从 $T_1 = 1.25$ 时点开始每季度产生一次现金流。相应时间点的贴现情况见表 20-5 第 2 列，遵循 $\Delta \times \left[\sum_{i=1}^{n} Z(0; T_i) \right] = 4.4046$。

为了将 Black 公式代入式 (20-17) 计算收方互换期权的价值，需要计算远期利率 $f_4^s(0, T_O, T_s)$。首先，期限为 T_i、相应的远期贴现因子可由公式 $F(0, T_O, T_i) = \frac{Z(0, T_i)}{Z(0, T_O)}$ 得到，并列在表 20-5 第 5 列中。而远期互换利率则可由第 5 章的式 (5-51) 得到，结果为 $f_4^s(0, T_O, T_s) = 4.26\%$。将此代入式 (20-18) 中的 d_1 和 d_2，我们得到 $d_1 = 0.6023$，$d_2 = 0.3282$，取 $N = 100$，再由式 (20-17) 中的 Black 公式可得

$$V(0, 1; 6) = 1.0026 \text{ 美元}$$

至于利率上限和利率下限，互换期权交易员会按照隐含波动率交易互换期权，即使通过 Black 公式得到的互换期权价值，与实际价格相等时的波动率 σ_f^s，例如在表 20-1 中列出的 2004 年 11 月 1 日报价，这些数据也显示在图 20-7 中。至于利率上限和利率下限，我

表 20-5 2004 年 11 月 1 日 LIBOR 贴现率和远期贴现率

期限	LIBOR 贴现率 (×100)	远期贴现率 (×100)
1.2500	96.7402	99.2367
1.5000	95.9608	98.4372
1.7500	95.1491	97.6045
2.0000	94.3075	96.7412
2.2500	93.4385	95.8498
2.5000	92.5449	94.9331
2.7500	91.6294	93.9940
3.0000	90.6949	93.0354
3.2500	89.7441	92.0600
3.5000	88.7793	91.0703
3.7500	87.8027	90.0686
4.0000	86.8162	89.0566
4.2500	85.8211	88.0358
4.5000	84.8186	87.0075
4.7500	83.8100	85.9728
5.0000	82.7963	84.9329
5.2500	81.7786	83.8890
5.5000	80.7584	82.8424
5.7500	79.7370	81.7947
6.0000	78.7161	80.7474

资料来源：彭博资讯。

们注意到某些期限的互换期权,其隐含波动率曲线有驼峰状凸起。短期互换期权的隐含波动率较低,随着期限延长而增长,当期限进一步延长时又下降。这和利率上限的远期波动率的情况相似。

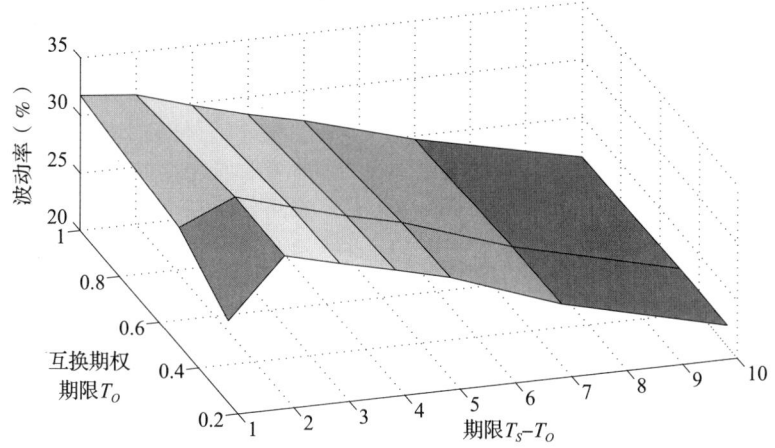

图20-7 2004年11月1日互换期权的波动率报价

本章小结

本章我们涉及了以下话题:

1. 用于给利率上限、利率下限和互换期权估值的 Black 公式:Black 公式是从业者们用来计算利率上限、利率下限、互换期权等普通衍生品交易报价的期权定价公式。报价采用波动率形式,这是使用 Black 公式计算利率上限、利率下限和互换期权价格所需要的关键变量。

2. 平滑波动率:利率上限或利率下限的报价波动率。在计算同一利率上限的各笔上限现金流报价时,需要将这同一数字代入 Black 公式。由于平滑波动率这一概念是根据报价惯例得来,并不遵循无套利原则,因为同一个上限现金流如果分属于两个不同的利率上限合约的话,可能会使用不同的波动率,这与无套利条件是相违背的。

3. 远期波动率:用于对同一时点不同期限的利率上限中的上限现金流定价时,使用的无套利波动率。可通过剥离法从利率上限、利率下限的价格中推导出来。这一波动率与远期利率的波动率相关,可以作为 BDT 模型的输入变量。

4. 远期波动率的期限结构:远期波动率的期限结构是远期波动率和期限之间的关系。同利率期限结构一样,远期波动率的期限结构也可能出现增长、下降或凸起等形态。波动率会随着时间不断变化,往往能反映出利率政策、未来通胀和未来经济增长的不确定性。同利率的期限结构一样,我们也可以用波动率的水平、斜率和曲率等方式对其进行描述。

练习

1. 表 20-6 包含了互换、利率上限、利率下限、欧式互换期权在 2008 年 12 月 3 日的报价。其中,3 个月期 LIBOR $r_4(0, 0.25) = 2.8588\%$,6 个月期的 LIBOR $r_2(0, 0.5) = 3.0856\%$。

(1) 按季度对互换曲线插值,并求出 LIBOR 收益率曲线。

(2) 运用 Black 公式计算期限为 1 年期和 2 年期利率上限的价值(此处执行利率等于互换利率)。

表 20-6 互换期权、利率上限、利率下限在 2008 年 12 月 3 日的报价

期限	互换利率	互换期权合约数量			波动率	
		3 个月	6 个月	1 年	利率上限	利率下限
1 年期	2.412/452	67.8	60.6	49.3	60.59/61.59	60.59/61.59
2 年期	2.619/633	59.7	52.8	41.6	52.26/53.26	52.26/53.26
3 年期	3.120/160	52.8	46.5	37.7	42.32/43.32	42.32/43.32
4 年期	3.507/547	48.7	42.5	35.3	35.99/36.99	35.99/36.99
5 年期	3.808/822	46.6	40.3	34.1	32.24/33.24	32.24/33.24
7 年期	4.171/197	41.3	36.3	31.4	27.82/28.82	27.82/28.82
10 年期	4.422/462	36.8	33.1	29.0	24.21/25.21	24.21/25.21

资料来源：彭博资讯。

2. 假设今天是 2008 年 12 月 3 日，表 20-6 包含互换、利率上限、利率下限、欧式互换期权在 2008 年 12 月 3 日的报价。3 个月期的 LIBOR $r_4(0, 0.25) = 2.8588\%$，6 个月期的 LIBOR $r_2(0, 0.5) = 3.0856\%$。

   (1) 按季度对互换曲线插值，并求出 LIBOR 收益率曲线。(参考上题)。
   (2) 运用 Black 公式计算为 10 年期利率上限的价值(执行利率等于互换利率)。
   (3) 直接使用第(2)问的结果，运用 20.1.2 提到的剥离法计算远期波动率 $\sigma_f^{Fwd}(T)$。绘图展示远期波动率和平滑波动率与利率上限期限的关系。
   (4) 试讨论远期波动率曲线的形状。它的形态常见吗？你能将它与第 7 章 7.7 节中绘出的 2008 年金融危机时期的远期波动率曲线联系起来吗？

3. 根据表 20-6 中的数据，运用 Black 公式计算标的资产为 5 年互换合约的 1 年期欧式互换期权的美元价值，此处假设执行利率等于 5 年期互换利率。

4. 将表 20-7 中运用无套利模型计算出来的美元报价，转化成用平滑波动率的报价。

   表 20-7 互换利率与利率上限的美元价格

期限	互换利率	利率上限美元价格(×100)
3 个月期(LIBOR)	4.3000	—
1 年期	4.8000	0.1905
2 年期	4.9040	0.5734
3 年期	4.9580	1.122

   (续)

期限	互换利率	利率上限美元价格(×100)
4 年期	4.9890	1.7414
5 年期	5.0325	2.4307
7 年期	5.0895	3.8679
10 年期	5.1720	6.0648

5. 在第 11 章，我们详细介绍了 BDT 模型。在 11.3.2 节中我们介绍了隐含在利率上限和利率下限中的隐含波动率这个概念。当我们在创建 BDT 树时，在每个阶段，比如第 i 个阶段，我们需要匹配一只期限为 $i+1$ 的零息债券和期限为 $i+1$ 的利率上限，以此来求出第 i 期的利率 $r_{i,1}$ 和波动率 σ_i。还有一种更为常用的方法，就是运用 Black 公式计算远期波动率。

   运用这种方法，建立 BDT 树将更加简单，因为在每一期中只需要寻找 $r_{i,1}$ 这一个变量，而这个变量又是与利率的期限结构相匹配的。

   (1) 根据表 20-6 的数据分别用上述两种方法进行计算并加以比较。
   (2) 你认为将 Black 公式计算出 σ_i 代入 BDT 树对利率上限定价这种方法是否存在问题？试讨论。

6. 利率上限的波动率报价与互换期权波动率的报价一致吗？运用第 5 题中创建的 BDT 树为平价发行的、标的资产为 5 年互换、期限为 1 年期的互换期权定价。你计算出来的这个价值与直接运用欧式互换期权波动率报价转化得来的美元价值一样吗？

第 21 章 远期风险中性定价和 LIBOR 市场模型

第 20 章介绍了对利率上限、利率下限和利率互换期权定价的 Black 公式。在这一章中，我们将学习一种最近提出的、能为 Black 公式奠定无套利基础的定价方法，而且这种方法对分析其他固定收益证券也特别方便。这就是风险中性定价模型，或称 BGM 模型，是由 Brace、Gatarek 和 Musiela(1997)在一篇文章中提出的。在这一章中，我们还将学习 Health、Jarrow 和 Morton 提出的 HJM 模型，这是在他们 1990 年所做出的具有开创性的工作，该模型奠定了当代固定收益证券定价方法的基础。

21.1 风险中性定价遇到的一个难题

为了理清这种方法背后的逻辑，回顾一下在第 17 章中讨论的风险中性定价模型。参考以下利率模型：

$$dr_t = m(r_t, t)dt + s(r_t, t)dX_t$$

在无套利的情况下，在 T 期的支付 $g_T = g(r_T, T)$ 的固定收益证券，其价格 $V(r, t; T)$ 必须满足以下的基本定价公式

$$rV = \frac{\partial V}{\partial t} + \frac{\partial V}{\partial r}m^*(r, t) + \frac{1}{2} \times \frac{\partial^2 V}{\partial r^2}s(r, t)^2 \tag{21-1}$$

受边界条件 $V(r, T) = g_T = g(r_T, T)$ 的限制，费曼—卡茨(Feynman-Kac)定理认为，这种证券价格如下

$$V(r, t; T) = E^*\left[e^{-\int_t^T r_u du} g_T\right] \tag{21-2}$$

其中期望 $E^*[\cdot]$ 是对于隐含在风险中性过程中的概率分布的取值。

$$dr_t = m^*(r_t, t)dt + s(r_t, t)dX_t \tag{21-3}$$

计算式(21-2)中期望值的主要困难源于利率 r_t 在公式中要运用两次：第一次是在计算贴现期限 $e^{-\int_t^T r_u du}$ 时，第二次是在计算最终支付 $g_T = G(r_T T)$ 时。例如，如果我们对一份到期日是 $T_B(T_B > T_O)$ 的零息债券为标的资产，在 T_O 到期、执行价格为 K 的看跌期权定价，那么 $g_{TO} = \max(K - Z(r_{TO}, T_O; T_B), 0)$。我们需要考虑贴现率和回报之间存在的自相关性，因此计算式(21-2)的期望值很困难。实际上，协方差计算公式 $\text{Cov}(Z, Y) = E[ZY] - E[Z]E[Y]$ 中，Z 和 Y 是任意两个随机变量，于是我们可以得到

$$V(r, t; T) = E^*\left[e^{-\int_t^T r_u du} g_T\right] = E^*\left[e^{-\int_t^T r_u du}\right] \times E^*[g_T] + \text{Cov}\left(e^{-\int_t^T r_u du}, g_T\right)$$

如果我们能够消除上述表达式中的协方差项，只计算独立项 $E^*\left[e^{-\int_t^T r_u du}\right]$ 和 $E^*[g_T]$ 的期望值，会更简单一点。事实上，我们已经知道了第一项，因为它相当于一份零息债券，$Z(0,T) = E^*\left(e^{-\int_t^T r_u du}\right)$。因此，我们接下来的难点是估计第二项的值。"计价单位变换"（change of numeraire）技术恰巧满足了上式两项单独计算的需要。这种方法引出了"远期风险中性动态"（forward risk neutral dynamics）的概念。

21.2 计价单位变换与远期风险中性动态

计价单位是用于计量商品和金融证券价值的货币单位。例如，在美国计价单位是美元，在欧洲是欧元。然而我们也可以共同商定将记账单位换成其他的，如美国国债。举个例子，如果一只金融债券价值112.5美元，而1年期国债的市场价格为90美元，因为 $\frac{112.5}{90} = 1.25$，我们就可以将该金融债券的价值等价地表示为1.25单位国债。这样的计价单位变换每天都在外汇市场上发生，比如用不同的货币表示同一商品的价值时。

由此我们知道选用一个特殊的计价单位，可以使衍生品的定价公式得到简化。令 $V(r, t; T)$ 为衍生证券的美元价格。价值公式可以改写为

$$\widetilde{V}(r,t;T) = \frac{V(r,t;T)}{Z(r,t;T)} \tag{21-4}$$

其中 $Z(r, t; T)$ 是 T 期的零息债券。就像衍生证券一样，$\widetilde{V}(r, t; T)$ 是同一到期日的附息债券相对于零息债券的倍数。也就是说，我们用零息债券替代了美元作为计价单位，来表示附息债券和价格。

附录21A表明了 $\widetilde{V}(r, t; T)$ 满足与基本定价公式相似的偏微分方程，即

$$0 = \frac{\partial \widetilde{V}}{\partial t} + \frac{\partial \widetilde{V}}{\partial r}(m^*(r,t) + \sigma_Z(r,t)s(r,t)) + \frac{1}{2} \times \frac{\partial^2 \widetilde{V}}{\partial r^2}s(r,t)^2 \tag{21-5}$$

在该方程中

$$\sigma_Z(r,t) = \frac{1}{2} \times \frac{\partial Z}{\partial r}s(r,t) \tag{21-6}$$

表示该债券定价过程的扩散项⊖

$$\frac{dZ}{Z} = \mu_Z(r,t)dt + \sigma_Z(r,t)dX_t \tag{21-7}$$

式(21-5)与基本定价方程式(21-1)的区别主要在两方面：
1. 式(21-1)中的"rV"项从偏微分方程的左侧消失。
2. $\frac{\partial \widetilde{V}}{\partial r}$ 的系数多了一项 $\sigma_Z(r, t)s(r, t)$。

这样费曼—卡茨定理就可以应用于变形后的公式了。特别是基于17章17.2节的结果，通过对比式(21-5)和式(17-4)，我们发现此处 $R(r) = 0$。那么，应用第17章17.5节提出的费曼—卡茨定理可得：

⊖ 我们不需要知道式(21-7)里的 μ_Z 是什么，因为我们定价时根本用不到。

○ 事实 21-1

在 $\widetilde{V}(r, t) = g_T$ 的条件下，微分方程(式(21-5))的解为

$$\widetilde{V}(r,t;T) = E_f^*[g_T] \tag{21-8}$$

其中 $E_f^*[\cdot]$ 是通过以下过程求解出的期望算子

$$dr_t = (m^*(r,t) + \sigma_Z(r,t)s(r,t))dt + s(r,t)dX_t \tag{21-9}$$

式(21-9)的过程(process)叫作**远期风险中性**(forward risk neutral)。为了强调利用债券对 T 期的衍生工具价值的正态化处理，该过程也常被称为 T 远期风险中性。

那衍生债券价格该是多少呢？根据式(21-4)中 $\widetilde{V}(r, t)$ 的定义可知：

○ 事实 21-2

附息证券的价格为

$$\widetilde{V}(r,t;T) = Z(r,t;T)E_f^*[g_T] \tag{21-10}$$

对比式(21-10)和式(21-2)可以发现，我们将贴现率 $E^*\left[e^{-\int_t^T r_u du}\right]$ 从费曼—卡茨公式的期望算子中提取出来了。在远期风险中性动态下，对衍生证券定价会更容易一些。

21.2.1 两大结论

远期风险中性方法有两项重要结论。第一个重要结论是关于远期价格表现的。例如，t 时期有一份远期合约，其标的资产是交割日为 T、到期偿付为 g_T 的给定收益率证券(实际上任何证券都适用)。远期价格是一开始就在 t 时期的远期合约中确定的交割价格，这一价格确保了合约订立之初的价值为零。设 $F(t, T)$ 为在 t 时期交割日为 T 的远期价格，那么到期的收益为

$$T \text{ 期收益} = N \times (F(t,T) - g_T)$$

根据之前式(21-10)的结论，该证券在 t 期的价格为

$$V_t = Z(t,T)E_f^*[N \times (F(t,T) - g_T)]$$

在 t 期签订的远期价格($F(t, T)$)，应该使 V_t 为 0。也就是说，必须满足等式

$$E_f^*[F(t,T) - g_T] = 0$$

给定远期价格具有收敛性，即 $F(T, T) = g_T$，由此我们可得以下重要结论。

○ 事实 21-3

在 T 期风险中性动态条件下，在 T 期交割的远期价格是一个鞅：

$$F(t,T) = E_f^*[F(T,T)] = E_f^*[g_T]$$

这是个一般性的结论，表明在远期风险中性动态下，远期价格是非漂移性的(driftless)。

$$dF(t,T) = \sigma_{F,t} F(t,T) dX_t$$

其中 $\sigma_{F,t}$ 是远期价格的扩散项，在此处我们并不需要短期的确切值，虽然可以通过先前章节讨论的利率模型等计算出来。

第二个重要结论是关于期权的，表述如下(证明详见本章附录21A)。

○ 事实 21-4

假设 g_T 在远期风险中性动态下服从对数正态分布，即 $\log(g_T) \sim N(\mu_T, \sigma_T^2)$，那么

$$E_f^*[\max(g_T - K, 0)] = F(0,T)N(d_1) - KN(d_2) \tag{21-11}$$

其中 $\mathcal{N}(\cdot)$ 表示标准累积正态分布，且

$$d_1 = \frac{1}{\sigma_T}\log\left(\frac{F(0,T)}{K}\right) + \frac{1}{2}\sigma_T \tag{21-12}$$

$$d_2 = d_1 - \sigma_T \tag{21-13}$$

到期支付为 g_T，执行价格为 K 的看涨期权的价值等于

$$\text{看涨期权} = Z(0,T) \times [F(0,T)\mathcal{N}(d_1) - K\mathcal{N}(d_2)] \tag{21-14}$$

类似地，基于价格为 V_T 的证券，执行价格为 K 的看跌期权的价值为

$$\text{看跌期权} = Z(0,T) \times [K\mathcal{N}(d_2) - F(0,T)\mathcal{N}(d_1)] \tag{21-15}$$

21.2.2 扩展

本节末尾，我们将对前面所得结论进行推广和扩展。具体做法是，作为新计价单位的证券，不再需要和我们正在定价的衍生证券有相同的期限，对它的唯一要求是应具有可交易性。这样，可得如下的结论：

○ **事实 21-5**

令 $V(r, t; T)$ 为一只在 T 期支付 g_T 的证券在 t 时期的价格。$P(r, t)$ 是另一只附息证券在 t 时期的价格。在无套利情况下，两只证券都应该满足式(21-1)。考虑下面一般化后证券

$$\widetilde{V}(r,t;T) = \frac{V(r,t;T)}{P(r,t)}$$

那么

1. $\widetilde{V}(r, t; T)$ 应该满足

$$0 = \frac{\partial \widetilde{V}}{\partial t} + \frac{\partial \widetilde{V}}{\partial r}(m^*(r,t) + \sigma_P(r,t)s(r,t)) + \frac{1}{2} \times \frac{\partial^2 \widetilde{V}}{\partial r^2}s(r,t)^2 \tag{21-16}$$

其中 $\sigma_P(r, t) = \frac{1}{P} \times \frac{\partial P}{\partial r}s(r, t)$，且要遵循最终的条件

$$\widetilde{V}(r,T;T) = \frac{g_T}{P(r,T)} \tag{21-17}$$

2. 根据费曼—卡茨(Feynman-Kac)定理，$\widetilde{V}(r, t; T)$ 的值等于

$$\widetilde{V}(r,t;T) = E_f^*\left[\frac{g_T}{P(r,T)}\right] \tag{21-18}$$

此处的期望是基于如下的利率过程

$$dr_t = (m^*(r,t) + \sigma_P(r,t)s(r,t))dt + s(r,t)dX \tag{21-19}$$

3. 对以美元计价的证券，在任意 $t < T$ 的时刻都有

$$V(r,t;T) = P(r,t)E_f^*\left[\frac{g_T}{P(r,T)}\right] \tag{21-20}$$

4. 在 $P(r, t)$ 的远期风险中性动态下，$V(r, t; T)$ 的变化可描述为

$$dV = (r + \sigma_P\sigma_V)Vdt + \sigma_V VdX_t \tag{21-21}$$

其中，$\sigma_V = \frac{1}{V} \times \frac{\partial V}{\partial r}s(r, t)$ 是 $\frac{dV}{V}$ 的波动率。

此处我们主要讨论了影响衍生证券价值的基础变量是一个利率过程 r_t 的情况。事实 21-5 说明在计价单位 $P(r,t)$ 诱发的动态过程下，r 的变化过程（process）服从式(21-19)，并且可交易证券 V 的动态过程服从式(21-21)。只要最后两项结论满足无套利条件，就会有更广泛的适用性，且可得

○ **事实 21-6**

如果有两只可交易证券 P 和 V，且他们的风险中性过程如下

$$dP = rPdt + \sigma_{P,t}PdX_t$$

$$dV = rVdt + \sigma_{V,t}VdX_t$$

其中 $\sigma_{P,t}$ 和 $\sigma_{V,t}$ 是两个波动率函数（volatility functions）。选择证券 P 作为计价单位，那么证券 V 在远期风险中性动态下的过程可以用 P 表示为

$$dV = (r + \sigma_{P,t}\sigma_{V,t})dt + \sigma_V VdX_t \tag{21-22}$$

同样地，令证券 Y 具有风险中性动态

$$dY = m^*(Y,t)dt + s(Y,t)dX$$

那么证券 Y 在证券在远期风险中性动态下、用 P 来描述时，可以表示为

$$dY_t = (m^*(Y,t) + \sigma_{P,t}s(Y,t))dt + s(Y,t)dX_t \tag{21-23}$$

21.3 "正态"模型中的期权定价公式

这里我们讨论下这一方法的重要应用。假设我们需要对一个基于零息债券的期权定价（详见第 19 章），并设利率的变化符合某个"正态"的模型，如 Vasicek 模型、Ho-Lee 模型或者 Hull-White 模型。根据风险中性定价方法，我们必须计算

$$V(r_0,0) = E^*\left[e^{-\int_0^{T_O}r_t dt}\max(Z(r_{T_0},T_0;T_B) - K, 0)\right] \tag{21-24}$$

其中，T_O 是期权的到期日，K 是行权价格，T_B 是标的债券的到期日。在第 19 章中，我们基于"正态"利率模型讨论了期权的定价问题，但没详细讨论其背后的逻辑和原理，更不用说为什么相关结果看起来像股票的 Black-Scholes 公式（详见式(19-15)的 Ho-Lee 模型，或式(19-30)的 Hull-White模型）。其实，结果是显而易见的，因为在"正态"利率模型下，零息债券 $Z(r_{T_0}, T_O; T_B) = e^{A(T_O;T_B)-B(T_O;T_B)r_{T_O}}$ 也同样服从对数正态分布，这一点和 Black-Scholes 模型的假设是相同的。然而，一个备受争议的问题是，式(21-24)的贴现率"$\left(e^{-\int_0^{T_O}r_t dt}\right)$"与债券价格"$Z(r_{T_0},T_O;T_B)$"密切相关，而 Black-Scholes 模型中却假定了利率固定不变，这与零息债券价格的变化是矛盾的。远期风险中性概念的引入，可以解决这一难题。具体的做法是：

1. 选择一个 T_O 时刻到期的零息债券作为新的计价单位，T_O 为我们想要定价的期权的到期日。

2. 计算利率的远期风险中性动态。例如，假设我们使用的是 Ho-Lee 模型。⊖那么我们可以得到 $Z(r_t, t; T_O) = e^{A(t;T_O)-(T_O-t)r_t}$，这意味着债券价格的波动为

$$\sigma_Z(r,t) = \frac{1}{Z} \times \frac{\partial Z}{\partial r}\sigma = -(T_O - t)\sigma$$

⊖ 采用 Vasicek 或 Hull-White 模型，也可进行类似的计算。

因此，根据式(21-9)，可得利率的 T_O 远期风险动态为

$$dr_t = (\theta_t - (T_O - t)\sigma^2)dt + \sigma dX_t$$

如果我们定义 $\theta_t^* = \theta_t - (T_O - t)\sigma^2$，那么 T_O 远期风险动态下的利率过程，将和最初的 Ho-Lee 模型具有相同的模式

$$dr_t = \theta_t^* dt + \sigma dX_t$$

这样，可知 r_{T_O} 也服从正态分布，$r_{T_O} \sim N(\mu(r_0, T_O), \sigma^2 \times T_O)$，其中

$$\mu(r_0, T_O) = \int_0^{T_O} \theta_t^* dt$$

3. 由此可见，T_O 到期的标的债券，其价格 $Z(r_{T_O}, T_O, T_B) = e^{A(T_O;T_B) - B(T_O;T_B)r_{T_O}}$，在 T_O 远期风险动态下也符合对数正态分布，且平均值等于该证券的远期价格[1]

$$E_f^*[Z(r_{T_O}, T_O; T_B)] = F(0, T_O; T_B) = \frac{Z(0, T_B)}{Z(0, T_O)}$$

方差等于

$$S_z(T_O; T_B)^2 = (T_B - T_O)^2 \times T_O \times \sigma^2$$

4. 接下来，应用式(21-11)，可求出

$$\widetilde{V}(r_0, 0) = E_f^*[\max(Z(r_{T_O}, T_O; T_B) - K, 0)] = F(0, T_O; T_B)\mathcal{N}(d_1) - K\mathcal{N}(d_2)$$

其中

$$d_1 = \frac{1}{S_z(T_O, T_B)}\log\left(\frac{F(0, T_O; T_B)}{K}\right) + \frac{1}{2}S_z(T_O, T_B) \tag{21-25}$$

$$d_2 = d_1 - S_z(T_O; T_B) \tag{21-26}$$

5. 根据定义 $\widetilde{v} = \frac{Call}{Z(0; T_O)}$，则期权价格为

$$Call = Z(0, T_O)\widetilde{V}(r_0, 0) = Z(0, T_B)\mathcal{N}(d_1) - Z(0, T_O)K\mathcal{N}(d_2)$$

这也正是我们在第 19 章中讨论过的定价公式。

21.4 LIBOR 市场模型

在这一节中我们将运用远期风险中性理论，进一步详细的探讨 LIBOR 市场模型，或称 BGM 模型(源于 Brace、Gatarek 和 Musiela 在 1997 的研究)。[2]首先我们将说明在第 20 章中介绍的对利率上限、利率下限期价的 Black 公式，可以被看成从远期风险中性定价模型推导出来的一种应用。然后，我们可以利用第 20 章得出的结论，来说明如何通过只输入利率上限现金流的远期波动率，来对其他固定收益衍生证券定价。

LIBOR 市场模型的核心，是确定基于 LIBOR 的远期利率在特定动态下的具体描述参数。让我们再次回顾事实 21-3 的结论，并将其应用在基于 LIBOR 的远期合约上。比如，给定一份 T 期的远期合约

---

[1] 此处的远期价格 $F(0, T_O; T_B)$ 可以根据第 1 基本原理计算，详见第 5 章式(5-2)。

[2] 我们把这个模型称为 LIBOR 市场模型。有时，市场参与者也把这个模型称作 BGM 模型，或 HJM 模型，后者的术语源于 Heath, Jarrow, Morton(1992)的一篇具有开创性研究的文章，该文为 LIBOR 市场模型奠定了坚实的基础，其理论框架将在本书 21.6 节进行详述。Jamshidian(1997) 和 Miltersen、Sandmann 和 Sonderman(1997)的研究也为 LIBOR 市场模型做出了重要贡献。

$$T\text{ 期的远期合约的到期收益} = N\Delta(r_n(\tau,T) - K)$$

其中 K 是交割利率，$\tau = T - \Delta$ 是决定支付金额的最近一次重置日期。同时再次重申，$r_n(\tau, T)$ 表示的是到期日为 T，在 τ 时刻 n 次复合的复利 LIBOR 利率，此处 $n = \frac{1}{\Delta}$。

根据式(21-20)的远期风险中性定价公式，在 $P(r, t) = Z(t, T)$ 的条件下，可以得到该远期合约在 $t = 0$ 时的价格

$$V^{Fwd}(0;T) = Z(0,T)N\Delta E_f^*[r_n(\tau,T) - K] \tag{21-27}$$

此处的期望取值，是以新的计价单位 $Z(0, T)$ 的动态变化为基础的，也称为 **T 远期风险中性动态**(T-forward risk neutral dynamics)。⊖

当前的远期利率 $f_n(0, \tau, T)$，是能使该合约当前(0 时刻)价值为零的交割利率 K。换句话说，也就是 $E_f^*[r_n(\tau, T) - f_n(0, \tau, T)] = 0$。这就意味着

$$f_n(0,\tau,T) = E_f^*[r_n(\tau,T)]$$

此外，由于在到期日远期利率必然收敛于那时的即期利率，我们可以得到 $f_n(\tau, \tau, T) = r_n(\tau, T)$，远期利率是 T 远期风险中性动态下的鞅。

LIBOR 市场模型假设远期利率 $f_n(t, \tau, T)$ 在 T 远期风险中性动态下遵循对数正态扩散过程。又因为远期利率 $f_n(t, \tau, T)$ 是一个鞅，可被描述为一个无漂移的扩散过程

$$\frac{df_n(t,\tau,T)}{f_n(t,\tau,T)} = \sigma_f(t)dX_t \tag{21-28}$$

其中，波动项(扩散项) $\sigma_f(t)$ 是时间的一个确定性函数。

根据远期利率的收敛性质，我们知道在 τ 时刻 $r_n(\tau, T) = f_n(\tau, \tau, T)$，由此可见，在 T-远期风险中性的动态下，LIBOR 的即期利率 $r_n(\tau, T)$ 服从一个均值为 $f_n(0, \tau, T)$、方差为 $\int_0^\tau \sigma_f(t)^2 dt$ 的对数正态分布

$$r_n(\tau,T) \sim \text{Log}N(f_n(0,\tau,T), \int_0^\tau \sigma_f(t)^2 dt) \tag{21-29}$$

例如，如果 $\sigma_f(t)$ 等于常数 σ_f，那么 $r_n(\tau, T)$ 的方差就是 $\sigma_f^2 \times \tau$。

至此，我们说明了 LIBOR 市场模型的关键假设，即式(21-28)，是如何转化为在第 20 章事实 20-1 中阐述的 Black 简化公式，并用于给利率上限和利率下限定价的。

21.4.1 用于给利率上限和利率下限定价的 Black 公式

本书第 20 章的事实 20-1 介绍了给利率上限和下限定价的 Black 公式，现在我们也看到了，如何利用 LIBOR 市场模型和远期风险中性动态理论，根据无套利原理推导出该公式的过程。还记得，在前面我们讨论过，利率上限可以被看成能在 $T_i(i = 1, \cdots, n)$ 各期获得现金流支付的固定收益证券，其中 $T_{i+1} = T_i + \Delta$

$$CF(T_{i+1}) = N\Delta\max(r_n(T_i, T_{i+1}) - r_K, 0) \tag{21-30}$$

其中，$r_n(T_i, T_{i+1})$ 为从 T_i 到 T_{i+1} 期之间的 n 次复合基准浮动利率(如 LIBOR)，每笔支付额称为上限现金流(caplet)。

根据式(21-20)给出的远期风险中性定价公式和 $P(r, t) = Z(t, T_{i+1})$，可以得到 T_{i+1} 期利

⊖ 此处的论点比看起来要微妙，因为 T 期的收益取决于 τ 时刻的利率，因此式(21-8)的费曼—卡茨公式在此处并不完全适用。然而不管怎样，如附录 21A 中显示的，结果是一样的。

率上限现金流的价格为

$$Caplet(0;T_{i+1}) = Z(0,T_{i+1})N\Delta E_f^*[\max(r_n(T_i,T_{i+1}) - r_K, 0)] \quad (21\text{-}31)$$

此处的期望取值，是基于 T_{i+1} 远期风险中性动态，即以新的计价单位 $Z(t,T_{i+1})$ 的随机波动为基础计算的。⊖

在前面的章节中，我们假设了式(21-28)中的扩散波动率为常数，可证明在上述波动假设下，LIBOR 利率 $r_n(T_i,T_{i+1}) = f_n(T_i,T_i,T_{i+1})$，且服从均值为 $f_n(0,T_i,T_{i+1})$、方差为 $\sigma_f^2 T_i$ 的对数正态分布。那么根据事实 21-4，可以得出利率上限现金流的价格为

$$Caplet(0;T_{i+1}) = N\Delta Z(0,T_{i+1})[f_n(0,T_i,T_{i+1})\mathcal{N}(d_1) - r_K\mathcal{N}(d_2)] \quad (21\text{-}32)$$

其中

$$d_1 = \frac{1}{\sigma_f \sqrt{T_i}} \log\left(\frac{f_n(0,T_i,T_{i+1})}{r_K}\right) + \frac{1}{2}\sigma_f\sqrt{T_i} \quad (21\text{-}33)$$

$$d_2 = d_1 - \sigma_f\sqrt{T_i} \quad (21\text{-}34)$$

这与第 20 章中事实 20-1 是一致的。

21.4.2 基于单一 LIBOR 利率的固定收益证券定价

为什么必须在无套利原理的框架下，来讨论 Black 公式呢？原因是：只有这样，我们才能使用流动性相对较强的利率上限和利率下限报价来校准远期利率的模型，从而对其他证券定价，这正是 LIBOR 市场模型的关键所在。

例如，在第 20 章例 20-2 中，我们得到了单笔上限现金流的远期波动率，即隐含在利率上限报价中，能准确衡量各笔上限现金流价值的波动率 $\sigma_f^{Fwd}(T_i)$ 的值。比如，我们发现 1 年期这笔利率上限现金流的远期波动率 $\sigma_f^{Fwd}(T) = 25.54\%$。那么我们怎么结合这些信息和目前的利率期限结构，来为其他证券定价呢？

我们给定一只固定收益证券，其 $T = 1$ 时刻的支付取决于 $\tau = T - \Delta = 0.75$ 时的 LIBOR，并基于下面这个特定的函数 $G(\cdot)$

$$g_T = G(r_n(\tau,T))$$

远期风险中性定价方法和单笔利率上限现金流的波动率，给我们提供了一个与函数 $G(\cdot)$ 的形式无关、能直观地给出该笔支付价格的方法。

首先，在 $P(r,t) = Z(t,T)$ 的条件下，根据式(21-20)我们可以得到该证券的价格为

$$V = Z(0,T)E_f^*[G(r_n(\tau,T))]$$

其中期望的取值考虑了 T 远期风险中性动态。

其次，根据式(21-28)，LIBOR 市场模型假设了远期利率 $f_n(t,\tau,T)$ 在 T 远期风险中性动态下服从对数正态分布。在这个过程中，我们应该使用哪一个远期波动率 σ_f 呢？我们知道，如果用 $\sigma_f = \sigma_f^{Fwd}(T) = 25.54\%$，计算出的只是 T 期这一笔上限现金流的价格。因此，源于利率上限现金流的远期波动率，使我们获得了能够准确描述 $f_n(t,\tau,T)$ 的波动率。因为在到期日，远期利率必然收敛于 LIBOR，$f_n(t,\tau,T) = r_n(\tau,T)$，LIBOR 市场模型提供了在 T 远期风险中性动态下，LIBOR 在到期日的概率密度。事实上，正如前面所讨论的，我们得到了 $r_n(\tau,T)$ 服从均值为 $f_n(0,\tau,T)$、方差为 $\sigma_f^2 \times \tau$ 的对数正态分布

⊖ 和脚注上页脚注⊖所说的一样，此处的结果比较微妙。详见附录 21A。

$$\log(r_n(\tau,T)) \sim N\left(\log(f_n(0,\tau,T)) - \frac{1}{2}\sigma_f^2\tau, \sigma_f^2\tau\right)$$

由于我们可以根据对数正态分布直接模拟出最终的利率 $r_n(\tau, T)$,因此即使函数 $G(r_n(\tau, T))$ 的结构很复杂,我们也能够很快地利用简单的蒙特卡罗模拟或数值积分计算出价格。

下面用两个例子来具体说明这种方法。

例 21-1

假设今天为 2004 年 11 月 1 日,一个投机者想要购买一个利率为 3 个月期 LIBOR 的"平方"(square)的看涨期权,其收益为

$$g_T = N\max(r_n(\tau,T)^2 - K, 0)$$

其中,$\tau = 0.75$ 年,$T = 1$ 年,$K = (0.0256)^2$,$N = 1$ 亿美元。

这种期权被称为**指数期权**(power option)。根据远期风险中性动态理论,我们可以利用 Black 公式对这种证券进行定价。假定当前的远期利率为 $f_n(0, 0.75, 1) = 2.8987\%$,当前的利率上限现金流的远期波动率为 $\sigma_f^{Fwd}(1) = 25.54\%$。

能对指数期权进行简便处理,源于对数正态分布的基本特征。比如,当一个变量 x 服从均值为 $\bar{x} = E[x]$、方差为 $\text{Var}[\log(x)] = \sigma_x^2$ 的对数正态分布时,那么对于任意的常数 α,都满足 x^α 服从一个均值为 $E[x^\alpha] = \bar{x}^\alpha e^{\frac{(\alpha-1)\alpha}{2}\sigma_x^2}$、方差为 $\text{Var}[\log(x^\alpha)] = \alpha^2\sigma_x^2$ 的对数正态分布。㊀因此,我们可以根据事实 21-4 得到一个能满足任意 α 次指数期权的解析公式。具体来说,(对 T 远期风险中性的)3 个月期的期望 LIBOR 的 α 次方利率和其方差分别为

$$g(0,\tau,T) = E_f^*[r_n(\tau,T)^\alpha] = f_n(0,\tau,T)^\alpha e^{\frac{(\alpha-1)\alpha}{2}\sigma_f^{Fwd}(T)^2\tau}$$
$$\sigma_T^2 = V[r_n(\tau,T)^\alpha] = \alpha^2 \sigma_f^{Fwd}(T)^2 \tau$$

根据事实 21-4 可得

$$\text{指数看涨期权} = NZ(0,T)[g(0,\tau,T)\mathcal{N}(d_1) - K\mathcal{N}(d_2)]$$
$$d_1 = \frac{1}{\sigma_T}\log\left(\frac{g(0,\tau,T)}{K}\right) + \frac{1}{2}\sigma_T$$
$$d_2 = d_1 - \sigma_T$$

在给定 $f_n(0, 0.751) = 2.8987\%$,$\sigma_f^{Fwd}(1) = 25.54\%$,$Z(0, 1) = 0.9748$,$\alpha = 2$ 的情况下,我们可以算出这个基于 LIBOR 的指数期权的价格为

$$\text{指数看涨期权}(\alpha = 2) = 2.71 \text{ 万美元}$$

如果投资者希望指数期权的 α 等于 $\frac{1}{2}$,我们也能马上算出

$$\text{指数看涨期权}\left(\alpha = \frac{1}{2}\right) = 125.58 \text{ 万美元}$$

因为指数期权的计算公式中包含了当前利率上限现金流的远期波动率,因此这些指数期权的价格和当前的利率上限现金流的远期波动率是一致的。

如果收益支付只取决于 $r_n(\tau, T)$,那么即使在无法得到任何解析公式的情况下,我们也可

㊀ 证明:因为 $\log(x) \sim N\left(\log(\bar{x}) - \frac{1}{2}\sigma_x^2, \sigma_x^2\right)$,所以,$\log(x^\alpha) = \alpha\log(x) \sim N\left(\alpha\log(\bar{x}) - \frac{1}{2}\sigma_x^2, \alpha^2\sigma_x^2\right)$,可得 $E[x^\alpha] = E[e^{\alpha\log(x)}] = e^{\alpha\left(\log(\bar{x}) - \frac{1}{2}\sigma_x^2\right) + \frac{1}{2}\alpha^2\sigma_x^2}$,证毕。

以通过蒙特卡罗模拟计算出其价值。

例 21-2

在 2004 年 11 月 1 日，一个投机者想要购买一只基于 LIBOR 的证券，并在 T 期获得以下收益

$$g_T = N \exp(-\lambda | r_n(\tau, T) - K |)$$

其中 || 代表绝对值，K 是执行价格，λ 是一个参数。

图 21-1 绘制了 $\lambda = 300$，$K = 0.0256$，$N = 100$ 万美元时的投资回报情况。该证券的可允许投机者就 3 个月期 LIBOR 稳定在一定范围进行投机。⊖我们已经知道了 T-远期风险中性动态下的 3 个月期的 LIBOR $r_n(\tau, T)$ 服从均值为 $f_n(0, \tau, T)$、方差为 $\sigma_f^{Fwd}(T)^2 \times \tau$ 的对数正态分布，因此我们可以进行如下操作

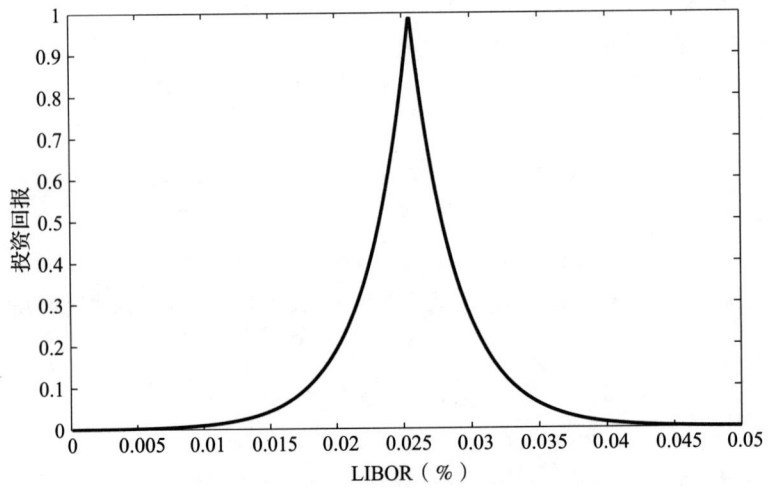

图 21-1 平滑的蝶形利差

1. 根据对数正态分布的性质，经 S 次利率 $r_n(\tau, T)$ 模拟的值

$$r_n^s = e^{\log(f_n(0,\tau,T)) - \frac{1}{2}\sigma_f^{Fwd}(T)^2 \times \tau + \sigma_f^{Fwd}(T) \times \sqrt{\tau} \times \varepsilon^s}$$

其中 $\varepsilon^s \sim N(0, 1)$。

2. 计算出最终收益的贴现值

$$V = Z(0, T) N \exp(-\lambda | r_n^s - K |)$$

3. 计算出该平均值作为该证券的价值

$$\hat{V} = \frac{1}{S} \sum_{S=1}^{S} V^s$$

在以上的期权例子中，经 100 000 次模拟可得

$$\hat{V} = 33.54 \text{ 万美元}$$

注意，这里和 17 章使用讨论的方法不同，不再需要模拟远期利率在 0 和 T 之间的整个条路径，而是直接模拟 τ 时刻的 LIBOR 利率，这样可以大大减少计算量。

⊖ 该证券工具的收益结构类似于收益为 $\max(r_n(\tau, T) - K_1, 0) - 2 * \max(r_n(\tau, T) - K_2, 0) + \max(r_n(\tau, T) - K_2, 0)$ 的 3 个月期 LIBOR 蝶形利差，其中 $K_{i+1} = K_i + h$。蝶形利差的值根据 Black 公式可以很容易地估算。这里举了一个不能使用 Black 公式的实例。

21.4.3 复杂证券的 LIBOR 市场模型

即使是在远期利率只取决于单一因素,且这些远期利率完全相关的情况下,要对基于多种远期利率的证券定价,也需要巨大的工作量。⊖例如,给定一个相对简单的证券,其在 $\overline{T}$ 时刻的回报取决于 3 年期零息债券(单位本金)

$$g_{\overline{T}} = G(Z(\overline{T},\overline{T}+3))$$

其中 $G(\cdot)$ 是一个函数。对该证券定价的难点在于 LIBOR 市场模型是基于远期利率动态建模,而不是基于零息债券。好在,我们可以像前面章节所介绍的那样,以同样的逻辑对只基于单个 LIBOR 利率的证券定价。首先第一步要明确在 $\overline{T}$ 远期风险中性动态下,该证券的价值为

$$V = Z(0,\overline{T})E_f^*[G(Z(\overline{T},\overline{T}+3))] \tag{21-35}$$

第二步是使用 $Z(\overline{T},\overline{T}+3)$ 在 $\overline{T}$ 远期风险中性动态下的统计分布计算出它的期望值。那么,$Z(\overline{T},\overline{T}+3)$ 的统计分布是什么呢?似乎这并不明显。

根据基本原理,我们可以将债券价格对应到远期利率上(反之亦然)。假设 n 是复利频率,$\Delta = \frac{1}{n}$,定义 $\bar{i}$ 为对应 $\overline{T}$ 的步进指数(step index),即 $\overline{T} = T_{\bar{i}}$,定义 $\overline{T}+3 = T_{\bar{i}+m}$。在该假设下,下面的式子总是成立的⊜

$$Z(T_{\bar{i}}, T_{\bar{i}+m}) = \frac{1}{1 + r_n(T_{\bar{i}}, T_{\bar{i}+1})\Delta} \times \frac{1}{1 + f_n(T_{\bar{i}}, T_{\bar{i}+1}, T_{\bar{i}+2})\Delta} \times \cdots$$
$$\cdots \times \frac{1}{1 + f_n(T_{\bar{i}}, T_{\bar{i}+m-1}, T_{\bar{i}+m})\Delta}$$

这样,在 $\overline{T}$ 远期风险中性动态下,我们就可以根据远期利率 $f_n(T_{\bar{i}+j}, T_{\bar{i}+j+1})$,$j=1,\cdots,m-1$ 的联合概率分布找到 $Z(\overline{T},\overline{T}+3)$ 的分布。

然而关键是,LIBOR 市场模型假设,在由正态分布的 $Z(t, T_{i+1})$ 为单位时,在 T_{i+1} 远期风险中性动态下,每期利率 $f_n(t, T_i, T_{i+1})$ 也服从对数正态分布。也就是说,对任何远期利率都应满足以下式

$$\frac{\mathrm{d}f_n(t,T_i,T_{i+1})}{f_n(t,T_i,T_{i+1})} = \sigma_f^{i+1}(t)\mathrm{d}X_t \tag{21-36}$$

不过,不同的远期在利率是以不同的计价单位为来计量的,比如,对 T_{i+1} 期的远期利率,就是 $Z(t, T_{i+1})$ 为计价单位的。值得一提的是,在前面已经讨论过,对 LIBOR 市场模型来讲,该假设是利用 Black 公式对市场上的利率上限现金流做出准确报价的必要条件,也是我们还要考虑针对不同的远期利率,需要不同的 $\sigma_f^{i+1}(t)$ 的原因。问题是,在计算式(21-35)时要使用的共同的 $\overline{T}$ 远期动态下,各个远期利率的动态都不是对数正态的。事实上:

○ **事实 21-7**

当 $\overline{T} < T_{i+1}$ 时,在 $\overline{T}$ 远期风险中性动态下,各远期利率动态 $f_n(t, T_i, T_{i+1})$ 都满足

$$\frac{\mathrm{d}f_n(t,T_i,T_{i+1})}{f_n(t,T_i,T_{i+1})} = \left(\sum_{j=\bar{i}}^{i} \frac{\Delta f_n(t,T_j,T_{j+1})\sigma_f^{i+1}(t)\sigma_f^{j+1}(t)}{1 + \Delta f_n(t,T_j,T_{j+1})}\right)\mathrm{d}t + \sigma_f^{i+1}(t)\mathrm{d}X_t \tag{21-37}$$

⊖ 详见第 22 章多因素情况下 BGM 模型的推广。
⊜ 此处与第 5 章的式(5-19)相似。

此处的 $\bar{i}$ 和前面一样，是使得 $\bar{T} = T_i$ 的步进指数。

但当 $\bar{T} > T_{i+1}$ 时

$$\frac{\mathrm{d}f_n(t, T_i, T_{i+1})}{f_n(t, T_i, T_{i+1})} = -\left(\sum_{j=\bar{i}}^{i-1} \frac{\Delta f_n(t, T_j, T_{j+1})\sigma_f^{i+1}(t)\sigma_f^{j+1}(t)}{1 + \Delta f_n(t, T_j, T_{j+1})}\right)\mathrm{d}t + \sigma_f^{i+1}(t)\mathrm{d}X_t \quad (21\text{-}38)$$

显然，式(21-37)和式(21-38)的过程要比式(21-36)的复杂得多。不过，这两个表达式证明了，要对衍生证券定价，波动项 $\sigma_f^{i+1}(t)$ 是唯一必须输入的参数。下一节将说明如何从利率上限的报价中提取出这些波动率参数。

21.4.4 从上限现金流的远期波动率中提取远期利率波动率

波动率 $\sigma_f^{i+1}(t)$ 是计算远期动态式(21-37)和式(21-38)必要的输入变量。例如，在 21.4.2 节，我们考虑了各期远期利率的波动率 σ_f^{i+1} 不变的情况，但这个假设很受限。该假设意味着，如果在 0 时刻 3 年期的远期利率波动率为 30%，那么在一年后 2 年期的远期利率的波动率也是 30%，在两年后 1 年期的远期利率波动率仍然为 30%，实际数据和统计结果却与这样的假设明显不符。回顾一下我们在第 20 章 20.1.1 节所讨论的，通常利率上限合约的波动在还有两年到期时会出现一个波峰。这种情况普遍存在，而且波动率的变化是很显著的。

关于波动率 $\sigma_f^{i+1}(t)$，相对比较标准的替代性假设如下：

1. 远期利率的波动率仅和到期时间有关，存在函数 $S(\cdot)$ 使得 $\sigma_f^{i+1}(t) = S(T_{i+1} - t)$。

2. 在利率上限各期的时间段，如 (t, T_1)，(T_1, T_2)，…，(T_{i-1}, T_i) 内，函数 $S(\cdot)$ 的形式保持不变。

例如一份到期日为 T 的利率上限合约，令 T_i，$i = 1, \cdots, M$ 为各笔利率上限现金流的到期日（支付日），且 $T_M = T$。在这样的条件下，我们需要计算出这 M 个远期利率。表 21-1 给出了基于假设 1 和假设 2 的各远期利率的波动率结构。[○]

表 21-1 远期利率的波动率

	波动率						
	$t < T_1$	$T_1 \leq t < T_2$	$T_2 \leq t < T_3$	$\cdots$	$T_{i-1} \leq t < T_i$	$\cdots$	$T_{M-2} \leq t < T_{M-1}$
$f_n(t, T_1, T_2)$	S_1						
$f_n(t, T_2, T_3)$	S_2	S_1					
$f_n(t, T_3, T_4)$	S_3	S_2	S_1				
$\vdots$	$\vdots$	$\vdots$	$\vdots$				
$f_n(t, T_i, T_{i+1})$	S_i	S_{i-1}	S_{i-2}	$\cdots$	S_1		
$\vdots$	$\vdots$	$\vdots$	$\vdots$		$\vdots$		
$f_n(t, T_{M-1}, T_M)$	S_{M-1}	S_{M-2}	S_{M-3}	$\cdots$	$\cdots$	$\cdots$	S_1

这些假设意味着 T_i 时的浮动（LIBOR）利率 $r_n(T_i, T_{i+1}) = f_n(T_i, T_i, T_{i+1})$，在 T 远期风险中性动态下服从对数正态分布，且 $r_n(T_i, T_{i+1})$ 的方差为

$$r_n(T_i, T_{i+1}) \text{ 的方差} = S_i^2 \times (T_1 - t) + S_{i-1}^2 \times \Delta + \cdots + S_1^2 \times \Delta$$

○ 详见 Brigo 和 Mercurio(2006) 对几种波动率结构的探讨。

其中 $\Delta = \dfrac{1}{n} = T_{i+1} - T_i$。

假如根据 Black 公式计算出的利率上限现金流的远期波动率为 $\sigma_f^{Fwd}(T_i)$，我们就可以通过期限匹配，精确地得出远期利率的波动率结构。也就是说，对每笔 T_i 时的利率上限现金流，都有：

$\{\text{Black 公式计算出的 } r_n(T_i, T_{i+1}) \text{ 的方差}\} = \{\text{隐含在} f_n(t, T_i, T_{i+1}) \text{ 中的 } r_n(T_i, T_{i+1}) \text{ 的方差}\}$

那么，可得下式

$$\sigma_f^{Fwd}(T_{i+1})^2 \times (T_i - t) = S_i^2 \times (T_1 - t) + S_{i-1}^2 \times \Delta + \cdots + S_1^2 \times \Delta \tag{21-39}$$

根据第 20 章的论述，此处的 $\sigma_f^{Fwd}(T_{i+1})$ 表示的是 T_{i+1} 时刻到期的利率现金流的隐含波动率。此处必须注意，由于获得收益时刻(T_{i+1})和决定收益的时刻(T_i)存在滞后，所以和利率上限现金流的隐含波动率相乘的应该是($T_i - t$)，而不是($T_{i+1} - t$)。例如，现在为 $t = 0$ 时刻，第一期的利率上限现金流在 $T_2 = 0.5$ 年时刻到期。该利率上限现金流的收益取决于 0.25 年之后的 LIBOR 利率，即 $T_1 = 0.25$，那么隐含的利率上限现金流的波动率就应该乘以 0.25。该利率上限现金流的波动实际上与远期利率的波动 $f_n(0, T_1, T_2)$ 相对应，即可以通过计算 $S_1^2 \times T_1$ 得到 $r_n(T_1, T_2)$ 的方差。实际上这是计算式(21-39)中第一项的特例

$$\sigma_f^{Fwd}(0.5)^2 \times 0.25 = S_1^2 \times 0.25$$

该等式说明，远期利率方差结构的第一个要素 $S_1 = \sigma_f^{Fwd}(0.5)$。下面的例子将说明如何利用剥离法计算出远期利率的其他波动率 $S_1, S_2, \cdots, S_{M-1}$。

例 21-3

假设今天是 2004 年 11 月 1 日，表 21-2 的第 3 列是根据 Black 公式计算出的利率上限现金流的远期波动率。这些远期波动率是我们在第 20 章的例 20-2 中计算过的，并且绘制在了图 20-1 中。注意，第 2 列中的时刻 T_i 对应的是利率上限现金流的决定时刻，而不是利率上限现金流的到期日(收到时间比决定时间点晚一期)。

从初始条件 $S_1 = \sigma_f^{Fwd}(0.25)$ 入手，根据递归公式可以得到远期利率波动的其他部分

$$S_i = \sqrt{\dfrac{1}{\Delta} \times \left(\sigma_f^{Fwd}(T_{i+1}) \times T_i - \sum_{j=1}^{i-1} S_j^2 \times \Delta\right)}$$

此处我们假设现在是 $t = 0$ 时刻，表 21-2 给出了近 3 年的波动率 S_i 的计算结果。

通过仔细分析式(21-39)发现，远期利率的波动率只取决于到期日的假设带来了另一个问题，那就是我们不能匹配所有远期波动率的期限结构。例如，如果远期波动率不仅像 20 章中讨论的普遍现象那样只是呈下降趋势，而是随着到期日的临近，下降得非常迅速。简便起见，假设现在是 $t = 0$ 时刻，且

表 21-2 利率上限现金流的远期波动率和远期利率的波动率

i	T_i	$\sigma^{Fwd}(T_{i+1})$(%)	S_i(%)
1	0.25	21.16	21.16
2	0.50	22.81	24.35
3	0.75	25.54	30.27
4	1.00	28.56	36.14
5	1.25	31.36	40.68
6	1.50	33.42	42.24
7	1.75	34.04	37.55
8	2.00	32.91	23.53
9	2.25	31.21	10.10
10	2.50	29.66	5.53
11	2.75	28.76	17.36
12	3.00	28.69	27.91

注：计算是基于来自彭博数据库的利率上限和互换合约报价数据。

$$\sigma_f^{Fwd}(T_{i+1})^2 \times T_i < \sigma_f^{Fwd}(T_i)^2 \times T_{i-1} \tag{21-40}$$

在这样的条件下，我们用式(21-39)代入上面不等式的两边(其中 $T_1 = \Delta$)

$$(S_i^2 + S_{i-1}^2 + \cdots + S_1^2) \times \Delta < (S_{i-1}^2 + \cdots + S_1^2) \times \Delta \tag{21-41}$$

经过简化后得到

$$S_i^2 < 0$$

然而 S_i^2 是方差项，小于零是绝对不可能的。事实上，例 21-3 和表 21-2 已经为这个问题埋下了伏笔。如果我们仔细观察表 21-2 中最后一列给出的与 $T_i = 2.5$ 时刻对应的波动率 S_i，我们可以发现 $S_{10} = 5.53\%$，远远小于其前后两项的波动率 $S_9 = 10.10\%$ 和 $S_{11} = 17.36\%$。导致这种现象的原因是，表 21-2 第 3 列的远期波动率从 $T_9 = 2.25$ 时刻的 31.21% 急剧下降到了 $T_{10} = 2.5$ 时刻的 29.66%。为了适应远期波动率的大幅下降，远期利率的波动率 S_{10} 就必须非常小。下面的例子将说明这个问题的重要性。

例 21-4

接着讨论例 21-3。我们计算出更长时期的远期利率的波动率 S_i，结果如图 21-2 所示。图中有 3 条线，点虚线表示的是利率上限的(平滑的)报价波动率，短线表示的是利率上限现金流的远期波动率。这两条线在第 20 章的图 20-1 中也出现过。实线代表的是刚刚提到的根据利率上限现金流的远期波动率计算出来的 S_i 的步进函数(step function)。可以看出，该步进函数不仅非常不稳定，甚至在远期波动率急剧下跌的区间降为零。在这些阶梯函数等于零的区间内，我们的确发现如前面讨论的一样，$\sigma_f^{Fwd}(T_{i+1})^2 \times T_i$ 是呈下降趋势的。

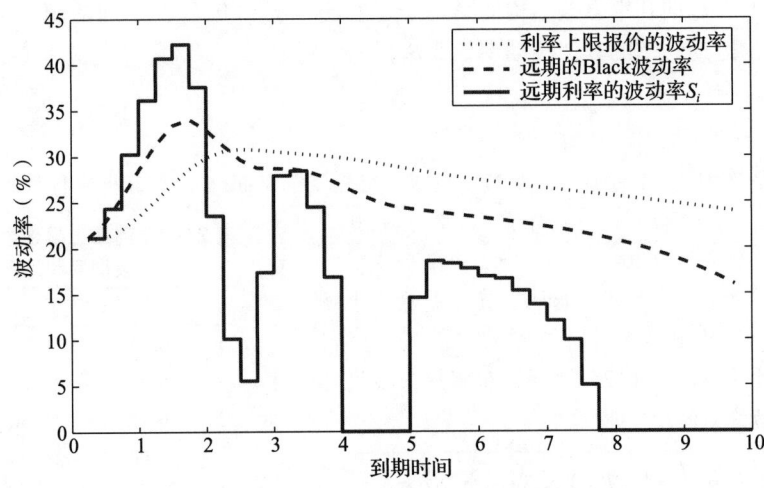

图 21-2 远期波动率与远期利率的波动率

资料来源：彭博数据库。

21.4.5 用蒙特卡罗模拟法给固定收益证券定价

参照前面章节的讨论，如果波动率为 $\sigma^{i+1}(t)$，就可以根据式(21-37)的远期动态对在 $\overline{T} = T_i$ 时刻到期的证券定价，其中最后一个步骤可使用蒙特卡罗模拟法。具体来说，就是像第 17 章那样，利用时间间隔 δ 使过程离散化，模拟出随机正态冲击 $\varepsilon_t^s \sim N(0, 1)$，并乘以 $\sqrt{\delta}$，然后用其代替布朗运动中的 dX_t。我们也能很容易地模拟出 $f_n(t, T_i, T_i + 1)$ 的对数

$$f_n^s(t + \delta, T_i, T_{i+1}) = f_n^s(t, T_i, T_{i+1}) e^{m_{i+1}^s(t)\delta + S(T_{i+1}-t)\sqrt{\delta}\varepsilon_t^s} \tag{21-42}$$

其中，$s = 1, \cdots, \mathcal{S}$ 是模拟的次数。

$$m_{i+1}^s(t) = \sum_{j=i}^{i} \frac{\Delta f_n^s(t,T_j,T_{j+1})S(T_{i+1}-t)S(T_{j+1}-t)}{1+\Delta f_n^s(t,T_j,T_{j+1})} - \frac{1}{2}S(T_{i+1}-t)^2$$

$S(T_{i+1}-t)$是从期权中提取出来的远期利率波动率,这个已经在前面的章节做了讨论(详见图 21-2)。注意,我们必须同时算出所有的远期利率,因为在模拟 $f_n(t, T_i, T_i+1)$ 的时候,会用到 $f_n^s(t, T_j, T_{j+1})$,反之亦然。强调一下,此处的模拟冲击 $\varepsilon_{t+\delta}^s$ 对所有的远期利率都有影响。

例 21-5

今天是 2004 年 11 月 1 日,投机者想买入一份基于 3 年期 LIBOR 贴现因子 $Z(T_o, T_M)$,执行价格为 $K=0.9$ 的 1 年期看涨期权,其中 $T_o=1$,$T_M=T_o+3=4$。那么该期权的收益为

$$收益 = \max(Z(T_o,T_M)-K,0)$$

在 T_o 远期风险中性动态下,我们可以计算出该期权的价值

$$V = Z(0,T_o)E_f^*[\max(Z(T_o,T_M)-K,0)]$$

该期权的价格将主要取决于贴现因子 $Z(T_o, T_M)$ 的波动。我们可以根据利率上限的价格来推断 $Z(T_o, T_M)$ 的市场预期波动率。如前所述,如果用 $\bar{i}$ 表示季度指数,使得 $T_o=T_{\bar{i}}$,且 $\bar{i}+m$ 满足 $T_M=T_{\bar{i}+m}$,于是有

$$Z(T_o,T_M) = \frac{1}{1+r_n(T_{\bar{i}},T_{\bar{i}+1})\Delta} \times \frac{1}{1+f_n(T_{\bar{i}},T_{\bar{i}+1},T_{\bar{i}+2})\Delta} \times \cdots$$
$$\cdots \times \frac{1}{1+f_n(T_{\bar{i}},T_{\bar{i}+m-1},T_{\bar{i}+m})\Delta} \tag{21-43}$$

然后我们按照以下步骤操作:

1. 用利率上限合约的即时价格对波动率 $\sigma_f^{i+1}(t)$ 进行校准。例 21-3 已经完成这个步骤,我们当时假设 $\sigma_f^{i+1}(t) = S(T_{i+1}-t)$,即利率上限现金流的波动率只取决于其距离到期日的时间。
2. 利用式(21-37),以 T_o 动态为基础将远期利率动态表达出来。
3. 用式(21-42)的算法,模拟出远期利率。

为了阐明该方法,图 21-3 给出了一个按照以上步骤模拟远期利率的过程。图 21-3a 显示了模拟 T_o 时刻 3 年期债券价值时,所必须模拟的 12 条远期利率路径。图 21-3b 显示的是期权模拟的到期日 $T_o=1$ 的远期利率曲线,以及按半年复利的即期利率曲线。我们可以很容易地计算出后者,因为有了远期利率,根据式(21-43)就可以算出任何 T_M 时到期证券的贴现因子曲线 $Z(T_o, T_M)$。注意,模拟的短期远期曲线对应的是 3 个月期的 LIBOR 利率,在这里隐含了这样的假设。

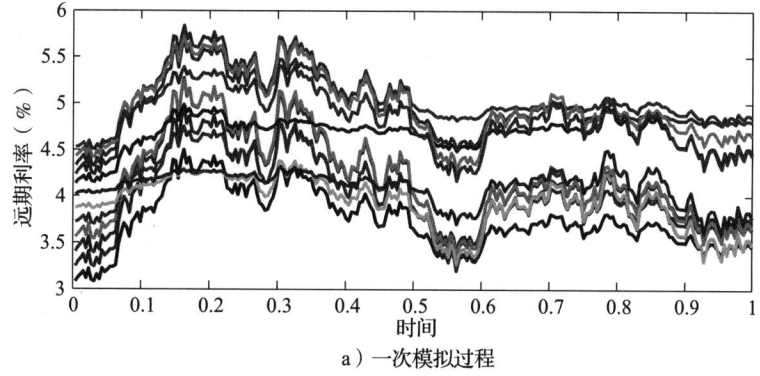

a)一次模拟过程

图 21-3 对远期利率的一次模拟

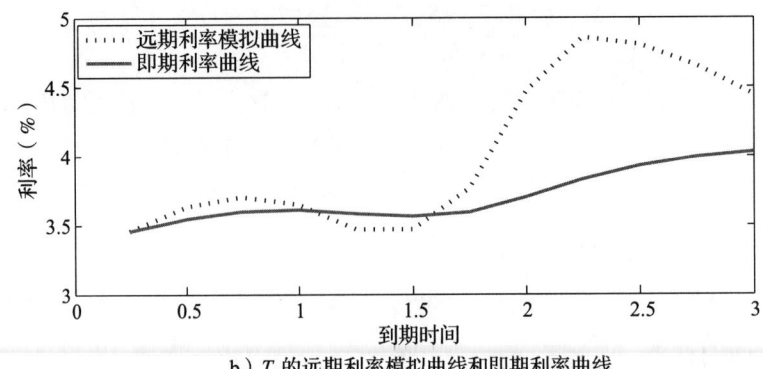

b) T_o 的远期利率模拟曲线和即期利率曲线

图 21-3 （续）

重复模拟 10 000 遍，并且当前的 1 年期贴现率为 $Z(0, 1) = 0.9748$，那么

$$\hat{V} \approx Z(0,1) \frac{1}{10\,000} \sum_{s=1}^{10\,000} \max(Z^s(T_o, T_M) - K, 0) = 0.5889 \text{ 美元（每 100 美元本金）}$$

显然，一旦掌握了这个模型，我们就能够运用该模拟方法对更多其他类型的证券定价。

例 21-6

一个欧式收方互换期权，在 $T_o = 1$ 期以收到互换利率 $r_K = 0.35$ 的价格缔约一份 3 年期的互换协议。根据每次对 LIBOR 的模拟 S 及模拟出的贴现率为 $Z^s(T_o, T)$，就可以计算出互换利率为 r_K 的收方互换期权价值了[⊖]

$$V^{Swap,s}(T_o; T_M) = 100 \left(\sum_{i=1}^{n} \Delta r_K Z^s(T_o, T_i) + Z^s(T_o, T_n) - 1 \right)$$

然后可以据此得出在 T_o 远期风险中性动态下，T_o 时刻互换期权收益的期望值

$$E_f^*[\max(V^{Swap,s}(T_o; T_M), 0)] \approx \frac{1}{10\,000} \sum_{s=1}^{10\,000} \max(V^{Swap,s}(T_o; T_M), 0)$$

互换期权的模拟价值为

$$\hat{V} \approx Z(0,1) \frac{1}{10\,000} \sum_{s=1}^{10\,000} \max(V^{Swap,s}(T_O; T_M), 0) = 0.6107 \text{ 美元}$$

下面的例子将详细讨论路径依赖型证券的定价问题。

例 21-7

一份基于 3 年期互换利率的欧洲亚式期权，一年到期，那么该证券的收益为

$$g_T = N\max(Ave(c(t, t+3)) - r_K, 0)$$

其中，$Ave(c(t, t+3))$ 为 0 到 $T_o = 1$ 期间的 3 年期互换利率的平均值。

该平均值可以从远期利率的模拟中得到。首先，根据到期前(t)的每次模拟(s)，都就可以计算出 LIBOR 的贴现率曲线 $Z^s(t, T)$。然后根据以下公式就可以计算出 3 年期的互换利率：

⊖ 简便起见，此处仍然假设固定利率和浮动利率的频率为季度。

$$c^s(t, t+3) = \frac{1 - Z^s(t, t+3)}{\Delta \sum_{j=1}^{12} Z^s(t, t+\Delta j)}$$

最后在 $r_K = 3.25\%$，$N = 100$ 的条件下，可以得出

$$V = Z(0, T_o) N E_f^* [\max(Ave(c(t, t+3))^s - r_K, 0)] \tag{21-44}$$

$$\approx Z(0, T_o) 100 \frac{1}{10\,000} \sum_{s=1}^{10\,000} [\max(Ave(c(t, t+3))^s - r_K, 0)] \tag{21-45}$$

$$= 3.805 \text{ 美元} \tag{21-46}$$

总之，LIBOR 市场模型是一个强有力的定价工具，只要知道远期利率的波动率结构和当前的利率期限结构，就能利用该模型给衍生证券定价。并且，该模型对利率上限和利率下限期权定价方式的一致性，使得对波动率结构的预测变得十分简便。在本节，我们看到了 LIBOR 市场模型，还可用于给欧式互换期权定价，这可是一类数量多、流动性强、可用于校正其他固定收益衍生证券定价模型的重要领域。

21.5 远期风险中性定价和互换期权的 Black 公式

第 20 章的事实 20-2 已经讨论过互换期权的 Black 定价公式，本节将基于远期风险中性定价方法来推导 Black 公式。而下面将要探讨的模型，有时被称为对数正态互换市场模型。⊖根据前面章节的结论，收方互换期权的收益可以表示为（详见式(20-15)）

$$\text{看跌互换期权收益} = N\Delta \sum_{i=1}^{n} Z(T_o; T_i) \max(r_K - c(T_o; T_s), 0) \tag{21-47}$$

然后按照以下步骤：

第一步，选择一个适当的计价单位。给定了计算互换期权收益的方程(式(21-47))，自然选择 $P(t) = \sum_{i=1}^{n} Z(t; T_i)$ 作为计价单位最方便。由此可以得到 T_o 时的正常收益

$$\text{互换期权在 } T_o \text{ 时的正常收益} = \frac{N\Delta \sum_{i=1}^{n} Z(T_o, T_i) \max(r_K - c(T_o, T_s), 0)}{P(T_o)}$$

$$= N\Delta \max(r_K - c(T_o, T_s), 0)$$

第二步，计算出远期利率。给定一份基于 T_s 到期、执行利率为 K 的互换的远期互换期权，期权的到期日为 T_o。按照(式(21-47))相同的思路，可以得出该合约的到期收益为

$$N\Delta \sum_{i=1}^{n} Z(T_o, T_i)(K - c(T_o, T_s)) \tag{21-48}$$

t 时刻的远期互换利率 $f_n^s(t; T_o; T_s)$，是那个能使互换合约在 t 时刻的价值等于零的交割利率 K。下标 n 表示该利率是 n 次复合利率。使用与 21.4 节 LIBOR 市场模型相同的参数，可以得到

$$f_n^s(t; T_o; T_s) = E_f^*[c(T_o, T_s)]$$

此处的期望值考虑了计价单位 $P(t) = \sum_{i=1}^{n} Z(t; T_i)$ 的动态过程。远期利率 $f_n^s(t; T_o; T_s)$ 被

⊖ 详见第 6 章的 Brigo 和 Mercurio(2006)。

称为远期互换利率(forward swap rate)(详见第 5 章的 5.4.5 节)。

根据公式的收敛性,即到期日的利率 $f_n^s(T_O, T_O, T_S) = c(T_O, T_S)$,因此远期互换利率是一个鞅。

第三步,假设远期互换利率在 $P(t)$ 远期风险动态下服从对数正态动态分布,那么

$$\frac{\mathrm{d}f_n^s(t, T_O, T_S)}{f_n^s(t, T_O, T_S)} = \sigma_f^s \mathrm{d}X_t \tag{21-49}$$

其中,扩散项 σ_f^s 为常数。

第四步,利用事实 21.4,可得到期权定价的公式。根据式(21-49)可知,远期互换利率 $c(T_O, T_S) = f_n^s(T_O, T_O, T_S)$ 服从均值为 $f_n^s(0, T_O, T_S)$、方差为 $(\sigma_f^s)^2 \times T_O$ 的对数正态分布,因此收方互换期权的正态价值(normalized value)为

$$\widetilde{V}(0; T_O; T_S) = N\Delta E_f^* [\max(r_K - c(T_O, T_S), 0)]$$
$$= N\Delta [r_K \mathcal{N}(-d_2) - f_n^s(0, T_O; T_S)(-d_1)]$$

其中

$$d_1 = \frac{1}{\sigma_f^s \sqrt{T_O}} \ln\left(\frac{f_n^s(0, T_O; T_S)}{r_K}\right) + \frac{1}{2}\sigma_f^s \sqrt{T_O}; \quad d_2 = d_1 - \sigma_f^s \sqrt{T_O} \tag{21-50}$$

然后根据 $V(0, T_O; T_S) = P(0)V(0, \widetilde{T}_O; T_S)$,可知欧式收方互换期权定价的 Black 公式为

$$V(0, T_O; T_S) = N\Delta \left(\sum_{i=1}^n Z(0; T_i)\right)[r_K \mathcal{N}(-d_2) - f_n^s(0, T_O; T_S)(-d_1)] \tag{21-51}$$

付方互换期权的计算与上述步骤类似。结果详见第 20 章的事实 20-2。

讨论:远期风险中性定价和无套利原理

远期风险中性定价理论是强有力的证券定价工具,尤其是与特定的远期利率假设相结合时(在适当的远期风险中性动态下),我们能利用期权定价的一些标准结果,比如 Black 期权定价公式,快速算出普通期权的价值。

在第 14 章已经讨论过对任何证券都适用的远期风险中性定价策略,同样是基于无套利原则的,这样的理论框架可以最大限度地推广到多种因素和多个证券的情况。但实际上,我们在用风险中性方法计算证券价值的时候,预设了一个无套利的理论。而无套利原理的关键点是,必须有足够数量的可交易证券来构建一个无风险投资组合。这反过来印证了式(21-1)给出的偏微分方程类型,以及在此基础上如何应用费曼—卡茨定理的问题。

该理论的一个含义是,任何可交易附息证券的收益,都能够通过其他可交易证券的投资组合来动态复制。例如,可以通过配置零息债券和/或利率上限合约的某种组合,来对冲一份互换期权的损益。这意味着,虽然前面的假设里没有提到,但利率上限期权和互换期权的定价应该在某种程度上存在一致性。特别注意,利率上限期权的假设是,以 $Z(t; T_{i+1})$ 为计价基础或计价单位的 T_{i+1} 远期风险中性动态下,远期利率遵循对数正态分布;而互换期权是以 $P(t) = \sum_{i=1}^n Z(t; T_i)$ 为计价基础或计价单位的动态下,远期互换利率遵循对数正态分布。那么关键问题就成了这两个假设是否具有内在一致性?是否存在某个模型,在适当调整后,使得远期利率和远期互换利率在各自的动态下都服从对数正态分布。遗憾的是,没有。也就是说,没有一个统一的模型同时符合这两个假设。详见 Brigo 和 Mercurio(2006)。

21.6 HJM 模型

LIBOR 市场模型的要点，在一定程度上也是其成功的原因是，有了这个模型，我们对任何衍生证券定价时，都只需要知道当前的利率期限结构以及远期利率的波动情况即可。在相同远期动态假设下，式(21-37)和式(21-38)给出了远期利率的动态过程。由此我们可以看出，LIBOR 市场模型的主要特点和成功的部分原因在于，只要知道目前的利率期限结构和远期利率波动率，就能对任何衍生证券定价。这个重要发现也是早期 Heath，Jarrow 和 Morton(1992)的一篇具有开创性的论文做出的贡献，该文带动了 LIBOR 市场模型的蓬勃发展。㊀下面回顾一下 Heath，Jarrow 和 Morton(HJM)模型的框架，并与前面章节的结论联系起来。

给定一只到期日为 T 的零息债券，其风险中性过程如下

$$\frac{dZ(t,T)}{Z(t,T)} = r_t dt + \sigma_Z(t,T) dX_t$$

其中 r_t 为当前的瞬时利率，$\sigma_Z(t, T)$ 是某种形式的波动函数。需要强调的是，时刻 T 是固定的，t 逐渐趋于 T。那么到期日的波动率必须为零，因为此时的债券价格已经无风险。换句话说，HJM 模型唯一的限制是

$$\text{随着 } t \to T, \sigma_Z(t,T) \to 0$$

回顾前面，我们将从 T 到 $T+\tau$ 期间的投资在 t 时刻的连续复合远期利率定义为 $f(t, T, T+\tau)$，那么

$$e^{r(t,T)(T-t)} e^{f(t,T,T+\tau)\tau} = e^{r(t,T+\tau)(T+\tau-t)}$$

也就是说

$$f(t,T,T+\tau) = \frac{\ln(Z(t,T)) - \ln(Z(t,T+\tau))}{\tau}$$

根据伊藤引理，可以得出

$$df(t,T,T+\tau) = \frac{\sigma_Z(t,T+\tau)^2 - \sigma_Z(t,T)^2}{2\tau} dt + \frac{\sigma_Z(t,T) - \sigma_Z(t,T+\tau)}{\tau} dX_t \quad (21\text{-}52)$$

由此可见，HJM 模型有个显著的特点，整个模型只需要一个变量：波动率。换句话说，只要给定了波动率函数 $\sigma_Z(t, T)$，我们就能确定所有远期利率的风险中性过程。这个结论非常重要，因为评估证券价值只需要确定出风险中性过程，而风险中性过程的确定又只需要债券或远期利率的波动率，就可以对证券定价了。我们在 20 章讨论过，不论是根据远期利率的历史数据还是期权的隐含波动率，都能很容易地估算出远期利率的波动率。

接下来进一步考虑 $\tau \to 0$ 的情况。很明显，瞬时远期利率 $f(t, T) = f(t, T, T)$（为了简便起见，此函数省略了第二个"T"）。该函数满足

$$df(t,T) = \left(\sigma_Z(t,T) \frac{\partial \sigma_Z(t,T)}{\partial T}\right) dt - \frac{\partial \sigma_Z(t,T)}{\partial T} dX_t \quad (21\text{-}53)$$

式(21-53)表明漂移率和风险中性过程下瞬时远期利率的波动率之间存在紧密联系。事实上，通过对导数反相积分，可以得到：

○ **事实 21-8**

设瞬时远期利率 $f(t, T)$ 的风险中性过程为

㊀ 部分业内人士也将 LIBOR 市场模型称为 HJM 模型。

$$df(t,T) = m(t,T)dt - \sigma_f(t,T)dX_t \tag{21-54}$$

那么风险中性漂移率 $m(t, T)$ 就等于

$$m(t,T) = \sigma_f(t,T)\int_t^T \sigma_f(t,\tau)d\tau \tag{21-55}$$

HJM 模型只要求不存在任何套利机会即可适用，因此，其结论可以广泛应用于其他模型。如无套利的 Ho-Lee 模型、Hull-White 模型等，都可视为 HJM 框架下的特殊情况，其特殊之处在于对波动率 $\sigma_Z(t, T)$ 的假定。例如：

1. 在 Ho-Lee 模型中，债券的价格为 $Z(t, T) = e^{A(t,T) - (T-t)r_t}$，而其波动率为

$$\sigma_Z(t,T) = -(T-t)\sigma$$

因此瞬时远期利率的波动率为

$$\sigma_f(t,T) = \sigma$$

而远期利率的风险中性漂移率为

$$m(t,T) = (T-t)\sigma^2$$

2. 在 Hull-White 模型中，债券的价格为 $Z(t, T) = e^{A(t,T) - B(t,T)r_t}$，而其波动率为

$$\sigma_Z(t;T) = -B(t,T)\sigma = \frac{1 - e^{-\gamma^*(T-t)}}{\gamma^*}\sigma$$

瞬时远期利率的波动率为

$$\sigma_f(t,T) = \sigma e^{-\gamma^*(T-t)}$$

且瞬时远期利率的风险中性漂移率为

$$m(t,T) = \frac{1 - e^{-\gamma^*(T-t)}}{\gamma^*}\sigma^2 e^{-\gamma^*(T-t)}$$

以上推论都说明了 Ho-Lee 模型和 Hull-White 模型都可被视为 HJM 模型的特殊情况，HJM 模型可以容纳更多形式的波动情况。当脱离相对简单的特殊情况时，大多数的期权价格都没有解析解了，而必须像 21.4.5 节讨论的 LIBOR 市场模型那样，借助蒙特卡罗模拟等数值方法求解了。但问题又来了，由于 HJM 模型是基于连续远期复合利率的，特别是扩展为 LIBOR 市场模型后，其烦琐复杂的计算往往让业内人士望而生畏。

期货和远期

我们知道，HJM 模型的核心在于找到连续复合远期利率。事实上，在许多市场上，如欧洲美元期货市场，已经有了现成的期货合约。由于期货的流动性更强，因此可以用来校正远期合约或互换期权的利率模型。而 HJM 模型正好提供了期货和远期利率之间现成的映射关系(连续复利)。

首先给定一份基于浮动利率 $r(\tau, T)$ 到期日为 T 的期货合约，并且其 t 时刻的期货利率为 $f^{fut}(t, \tau, T)$。假设该期货符合以下的扩散过程

$$df^{fut}(t,\tau,T) = \mu_{fut}(t,T)dt + \sigma_{fut}(t,T)dX_t$$

期货合约的风险中性过程是什么？期货合约的瞬时收益或损失为 $N \times df^{fut}(t, \tau, T)$，其中 N 代表该合约的规模。由于建立期货头寸不需要任何成本，因此风险中性过程肯定是没有漂移的(driftless)。也就是说

$$E^*[df^{fut}(t,\tau,T)] = 0 \tag{21-56}$$

实际上，如果 $E^*[df^{fut}(t, \tau, T)] > 0$，那么在风险中性条件下投资者将大规模地做多期货。相反，如果 $E^*[df^{fut}(t, \tau, T)] < 0$，那么风险中性的投资者将持有空头头寸。于是，根据式(21-56)可知，期货价格在风险中性动态下是一个鞅

$$f^{fut}(0,\tau,T) = E^*[f^{fut}(t,\tau,T)]$$

最后，由于期货到期的价格收敛于基础利率 $r(\tau, T)$，那么可以得到

$$f^{fut}(0,\tau,T) = E^*[r(\tau,T)] \tag{21-57}$$

接下来探讨一下式(21-52)的 HJM 模型里连续复合远期利率 $f(t, \tau, T)$ 的风险中性过程。和 Ho-Lee 模型、Hull-White 模型一样，令 $\sigma_Z(t, T)$ 为时间的确定函数。那么期货的连续复合利率 $r(\tau, T)$ 的风险中性期望是多少呢？由于远期利率收敛于期货的连续复合利率，那么 $r(\tau, T) = f(\tau, \tau, T)$。而根据式(21-52)的风险中性过程，就能计算出后者。也就是说

$$f(\tau,\tau,T) - f(0,\tau,T) = \int_0^\tau \mathrm{d}f(t,\tau,T)\mathrm{d}t$$

$$= \int_0^\tau \frac{\sigma_Z(t,T+\tau)^2 - \sigma_Z(t,T)^2}{2\tau}\mathrm{d}t + \int_0^\tau \frac{\sigma_Z(t,T) - \sigma_Z(t,T+\tau)}{\tau}\mathrm{d}X_t$$

由于 $E^*[\mathrm{d}X_t] = 0$，那么等式两边同取风险中性的期望，可得期货即期汇率 $r(\tau, T)$ 的风险中性期望为

$$E^*[r(\tau,T)] = f(0,\tau,T) + \int_0^\tau \frac{\sigma_Z(t,T+\tau)^2 - \sigma_Z(t,T)^2}{2\tau}\mathrm{d}t \tag{21-58}$$

将该结论与式(21-57)相结合，可以发现：

○ **事实 21-9**

连续复合远期利率与期货利率相互关联

$$f(0,\tau,T) = f^{fut}(0,\tau,T) - \int_0^\tau \frac{\sigma_Z(t,T+\tau)^2 - \sigma_Z(t,T)^2}{2\tau}\mathrm{d}t \tag{21-59}$$

例如，在 Ho-Lee 模型中，$\sigma_Z(t, T+\tau)^2 = (T-t)^2\sigma^2$，然后计算积分可得

$$f(0,\tau,T) = f^{fut}(0,\tau,T) - \frac{1}{2}\sigma^2\tau T \tag{21-60}$$

第 6 章的 6.5 节就是以上结果的应用，其中我们讨论了，至少对长达几年到期日的证券而言，市场交易者会利用期货利率而不是互换利率来校准 LIBOR 曲线，而 LIBOR 曲线是大多数期限结构模型的关键输入变量。

21.7 非自然滞后与凸性调整

以远期利率 $f_n(t, \tau, T)$ 动态"自然"的计价单位 $Z(t, T)$ 为基础，LIBOR 市场模型的假设相对更为直观。例如，依然假设 T 期的证券回报为

$$g_T = G(r_n(\tau,T))$$

其中 $\tau = T - \Delta$，且 n 是复利频率等于 $\frac{1}{\Delta}$。在利率上限、利率下限和互换合约中，收益的支付时刻 T 与确定时刻 τ 之间存在时间滞后。而正是由于这种滞后，使得我们能够通过隐含在 LIBOR 市场模型中的远期风险中性动态得到想要的公式，如指数期权的定价公式。其中最核心的思想是，$f_n(t, \tau, T)$ 在 T 远期风险中性动态下服从均值为 $f_n(0, \tau, T)$、方差为 $\sigma_f(T) \times \tau$ 的对数正态分布，因此其无套利价格为

$$V = Z(0,T)E_f^*[G(r_n(\tau,T))]$$

如果证券在 τ 期支付而不是 T 期，会怎么样呢？事实上，许多证券都普遍存在这种现象，

这些证券被称为拖延证券（in arrears securities）。比如，一个拖延的互换其实和普通的互换类似，只是其 T_i 时刻的现金流为

$$CF_{T_i} = N\Delta(r_n(T_i, T_{i+1}) - c)$$

其中 c 是互换利率。注意，此处 T_i 时刻的现金流取决于 T_i 时刻的 LIBOR 利率，而不是 T_{i-1} 时刻的。同样，拖延利率上限和普通利率上限类似，只是收益为

$$CF_{T_i} = N\Delta \max(r_n(T_i, T_{i+1}) - r_K, 0)$$

其中 r_K 是执行利率。

下面给定一只证券，其 τ 期支付为

$$g_\tau = G(r_n(\tau, T))$$

在 LIBOR 市场模型中，LIBOR 利率 $r_n(\tau, T)$ 在其自然计价单位 $Z(t, T)$ 下具有良好的性质，即 LIBOR 利率服从对数正态分布，均值为 $E_f^*[r_n(\tau, T)] = f(0, \tau, T)$、方差为 $\sigma_f^2 \times \tau$。因此，将计价单位 $Z(t, T)$ 代入式（21-18），就可以得到证券的无套利定价

$$V = Z(0, T) E_f^* \left[\frac{G(r_n(\tau, T))}{Z(\tau, T)} \right]$$

此处期望值的计算基于 T 远期风险中性动态。然而下面的例子将说明存在的困难。

例 21-8

先假定简单的情况，某证券的收益与 3 个月期 LIBOR 呈线性关系

$$G(r_n(\tau, T)) = N\Delta(r_n(\tau, T) - r_K) \tag{21-61}$$

令 N 等于 1 亿美元，$r_K = 1.5\%$，$\tau = 0.75$，$T = 1$。截至 2004 年 11 月 01 日，远期利率为 $f(0, 0.75, 1) = 2.8987\%$，其隐含（利率上限现金流）波动率为 $\sigma_f^{Fwd}(T) = 25.54\%$，贴现率 $Z(0, 0.75) = 0.9819$，$Z(0, 1) = 0.9748$。

假设式（21-61）中的收益在 $T = 1$ 期支付，那么根据远期风险中性定价理论，其价值为

$$V = Z(0, T) E_f^* [G(r_n(\tau, T))] = Z(0, T) E_f^* [N\Delta(r_n(\tau, T) - r_K)]$$
$$= Z(0, T) N\Delta(f_n(0, \tau, T) - r_K) = 68.17 \text{ 万美元}$$

其中，等式的最后一步变换是依据在 T 远期风险中性动态下，$E_f^*[r_n(\tau, T)] = f_n(0, \tau, T)$。

接下来假设式（21-61）的收益在 τ 期支付，那么

$$V = Z(0, T) E_f^* \left[\frac{G(r_n(\tau, T))}{Z(\tau, T)} \right]$$
$$= Z(0, T) N\Delta E_f^* [(r_n(\tau, T) - r_K)(1 + r_n(\tau, T)\Delta)]$$
$$= Z(0, T) N\Delta \{ f_n(0, \tau, T) - r_K - f_n(0, \tau, T) r_K \Delta + E_f^* [(r_n(\tau, T))^2] \Delta \}$$

其中，第二行等式变换源于之前定义的 $Z(\tau, T) = \dfrac{1}{(1 + r_n(\tau, T)\Delta)}$，最后一行的等式同样是依据 $E_f^*[(r_n(\tau, T)] = f_n(0, \tau, T)$，并将方括号里的式子相乘展开而得。

虽然最后一行等式看起来比之前的复杂，但根据 LIBOR 模型，$E_f^*[(r_n(\tau, T))^2]$ 在 T 远期风险中性动态下是能得到封闭解的。回顾例 21-1 可以发现，在计算指数期权的价值时我们已经得到了 $(r_n(\tau, T))^2$ 的分布。利用这个结果，可以得到

$$E_f^*[(r_n(\tau, T))^2] = f_n(0, \tau, T)^2 e^{\sigma_f(T)^2 \times \tau} = 8.8235E-004$$

因此，得到最终价值为

$$V = 69.26 \text{ 万美元}$$

可以看出，该价值比 T 期支付的要高，同时，要特别注意公式所使用的利率波动率。

21.7.1 非自然滞后和凸性

前面例子中的结果给我们留下了一个疑问：为什么当收益是线性的时候，基础 LIBOR 的波动率会包含在定价公式中？这种现象只出现在 LIBOR 市场模型中，还是普遍存在？为了理清这个问题，必须追溯到这个简单证券的定价方法，并弄清楚现金流量的形成时间和付款时间之间的滞后扮演了什么角色。[⊖] 简便起见，令 $N=1$。在 T 期支付现金流的情况下，可以得到

$$G(r_n(\tau,T)) = \Delta(r_n(\tau,T) - r_K) = (1 + r_n(\tau,T)\Delta) - (1 + r_K\Delta)$$

上述式子的第二项是固定支付，其现值就是 $Z(0,T)(1+r_K\Delta)$，所以不存在不确定性。第一项似乎算起来要难一些，因为必须预测 $r_n(\tau,T)$。事实上，虽然证券的支付是在时刻 T，但在 τ 时刻它的利率 $r_n(\tau,T)$ 就已经确定了。因此，τ 时刻的现金流恰好就可以作为到期时的现值。也就是

$$(1 + (r_n(\tau,T)\Delta) \text{ 在 } \tau \text{ 时刻的现值} = \frac{(1 + (r_n(\tau,T)\Delta)}{(1 + (r_n(\tau,T)\Delta)} = 1$$

由此可见，第一项在今日的价值就是贴现因子 $Z(0,\tau)$，也不存在不确定性。因此，证券当前的价值就等于

$$V = Z(0,\tau) - (1+r_K\Delta)Z(0,T)$$

该估值与模型无关：它并不基于我们是否使用了 LIBOR 市场模型或其他模型。最后，通过将 $Z(0,T)$ 分解开，并利用前面的估值公式，可以得到

$$V = Z(0,T)\left[\frac{Z(0,\tau)}{Z(0,T)} - (1+r_K\Delta)\right] = Z(0,T)[f_n(0,\tau,T) - r_K]\Delta$$

值得注意的是，现金流的形成 (τ) 和支付 $(T=\tau+\Delta)$ 之间的自然滞后，是消除 $r_n(\tau,T)$ 未来价值不确定性的关键所在。当存在自然时滞时，不需要将任何 $r_n(\tau,T)$ 的波动率代入公式。如果不存在自然时滞，我们也仍然要消除 $r_n(\tau,T)$ 的不确定性：直观地看，预计 $r_n(\tau,T)$ 的未来价值等于其期望值，即 $E_f^*[r_n(\tau,T)]=f_n(0,\tau,T)$。然而为什么波动率还是包含在了公式中？尤其是，它为什么增加了证券的价值？

要理解最后一点，需要比较在 T 期支付证券和在 τ 期支付证券的浮动滞后（floating lag）。在两种情况下，现金流都是 $r_n(\tau,T)\Delta$。由于 τ 期证券的支付比 T 期证券早，所以前者的现金流比后者更有价值。那么价值高多少呢？通过将 τ 到 T 期的收益 $r_n(\tau,T)$ 资本化，可以算出价值高 $r_n(\tau,T) \times (1+r_n(\tau,T)\Delta)$。这就是 $r_n(\tau,T)$ 的凸性效应（convexity effect）：高利率不仅产生高现金流，而且能通过对 τ 到 T 期的现金流的复合效应（利息）产生更大的回报。同样地，低利率产生较低的现金流，并且降低到 T 期的复合现金流（利息）。由于存在这种凸性效应，所以较高的利率波动会提高 τ 期证券的价值，使其比 T 期证券的价值更高。

21.7.2 凸性调整

回顾例 21-8，该案例利用了 T 远期风险中性动态理论对 τ 期的收益定价。为什么不是用 τ 远期的风险中性动态呢？这引出了一个常用的凸性调整问题，业内人士经常用它来对非自然时滞的证券定价。

⊖ 其逻辑和第 2 章 2.5 节讨论的一样。

要理解这种调整,首先我们回顾一下证券的收益
$$g_\tau = \Delta(r_n(\tau, T) - r_K)$$
然后试着在 τ 远期风险中性动态下,即相应的付款时间为 τ 的收益定价。在本例中,计价单位为 $Z(t, \tau)$,那么根据远期风险中性理论,该证券的价值为
$$V = Z(0, \tau) \Delta E_f^{*\tau}[r_n(\tau, T) - r_K] \tag{21-62}$$
此处引入了上标 "τ" 来表明该期望值是关于 τ-远期动态的取值。关键问题来了:$E_f^{*\tau}[r_n(\tau, T)]$ 到底是多少呢?显然它并不是 $f_n(0, \tau, T)$,因为 $E_f^*[r_n(\tau, T)] = f_n(0, \tau, T)$ 只在 T 远期动态下成立。

我们只能按照以下步骤得到 $E_f^{*\tau}[r_n(\tau, T)]$ 较为准确的近似值。[①] 首先,要计算出基于零息债券的期货合约的价值。给定该期货合约的执行价格为 K,τ 期收益为 $(Z(\tau, T) - K)$,计价单位为 $Z(t, \tau)$,那么这种证券的价值为
$$V = Z(0, \tau) E_f^{*\tau}[Z(\tau, T) - K]$$
其中,远期价格应该等于交割价格 K,才能使得 $V = 0$。也就是说,$F(0, \tau, T) = E_f^{*\tau}[Z(\tau, T)]$。令函数 $G(x) = \dfrac{1}{(1 + x\Delta)}$,根据即期利率和远期利率的定义,可以得到
$$Z(\tau, T) = G(r_n(\tau, T))$$
$$F(0, \tau, T) = G(f_n(0, \tau, T))$$
然后将 $G(r_n(\tau, T))$ 围绕 $f_n(0, \tau, T)$ 进行泰勒展开
$$G(r_n(\tau, T)) \approx G(f_n(0, \tau, T)) + G'(f_n(0, \tau, T))(r_n(\tau, T) - f_n(0, \tau, T))$$
$$+ \frac{1}{2} G''(f_n(0, \tau, T))(r_n(\tau, T) - f_n(0, \tau, T))^2$$
等式两边同时取期望 $E_f^{*\tau}[\cdot]$,可得
$$E_f^{*\tau}[G(r_n(\tau, T))] \approx G(f_n(0, \tau, T)) + G'(f_n(0, \tau, T))(E_f^{*\tau}[r_n(\tau, T)] - f_n(0, \tau, T))$$
$$+ \frac{1}{2} G''(f_n(0, \tau, T)) E_f^{*\tau}[(r_n(\tau, T) - f_n(0, \tau, T))^2]$$
最后,根据已知条件 $G(f_n(0, \tau, T)) = F(0, \tau, T) = E_f^{*\tau}[Z(\tau, T)] = E_f^{*\tau}[G(r_n(\tau, T))]$ 可得
$$E_f^{*\tau}[r_n(\tau, T)] \approx f_n(0, \tau, T) - \frac{1}{2} \frac{G''(f_n(0, \tau, T))}{G'(f_n(0, \tau, T))} E_f^{*\tau}[(r_n(\tau, T) - f_n(0, \tau, T))^2]$$
$$\approx f_n(0, \tau, T) + \frac{f_n(0, \tau, T)^2 \Delta}{1 + f_n(0, \tau, T)\Delta} \sigma_f^2 \tau \tag{21-63}$$
其中,最后一步变换计算出了 $G'(x)$ 和 $G''(x)$,并且利用了
$$E_f^{*\tau}\left[\left(\frac{r_n(\tau, T) - f_n(0, \tau, T)}{f_n(0, \tau, T)}\right)^2\right] \approx \sigma_f^2 \tau$$

式(21-63)表明在 τ 远期风险中性动态下,即期利率 $r_n(\tau, T)$ 的期望等于远期利率 $f_n(0, \tau, T)$ 加上一个基于利率波动的凸性调整项。该调整项源于债券价格和利率之间的凸性关系,其中债券价格是远期风险中性定价时的关键变量。

㊀ 参见 e.g. John Hull, 2009, Options, Futures, and Other Derivatives, Seventh Edition, Prentice Hall。

例 21-9

引用例 21-8 的例子，τ 远期风险中性动态下的预期收益为

$$E_f^{*\tau}[g_\tau] = N\Delta E_f^{*\tau}[(r_n(\tau,T) - r_K)]$$

同样，$f_n(0, 0.75, 1) = 2.8987\%$，$\sigma_f = 25.54\%$，那么根据式(21-63)就可以算出近似值

$$E_f^{*\tau}[r_n(\tau,T)] \approx f_n(0,\tau,T) + \frac{f_n(0,\tau,T)^2 \Delta}{1 + f_n(0,\tau,T)\Delta}\sigma_f^2 \tau$$

$$\approx 2.8987\% + \frac{2.8987\%^2 \Delta}{1 + 2.8987\%\Delta} \times (25.54\%)^2 \times 0.75 \approx 2.9007\%$$

利用该计算结果就可以得到证券价值的近似值

$$V \approx 68.77 \text{ 万美元}$$

该近似值比 LIBOR 市场模型得到的价值(69.26 万美元)低，但比自然滞后，即 T 期才有收益的价值(68.17 万美元)高。

凸性调整法适用于许多证券，其与蒙特卡罗模拟法相比，能明显提升计算速度。

本章小结

本章主要包含了以下几个主题。

1. 计价单位变换：这是一种用某种证券的价格来计量其他证券价格的方法，和用不同的货币(如美元或欧元)来表达同一种商品价格的思路是一样的。重新定义表达证券价值的计价单位，有助于简化基本定价公式。

2. 远期风险中性定价：以某种证券(选择方便的)的价格来表达其他证券价格的方法，即远期风险中性定价，由此形成了风险中性定价理论。称为"远期"是由于作为计价单位的证券，属于远期证券，其价格遵循鞅过程。

3. LIBOR 市场模型(或 BGM 模型)。该模型适用于基于 LIBOR 远期利率，而 T 期的远期利率在 T 期零息债券为计价单位动态下服从对数正态扩散过程。该模型有以下几个性质：
   (1) 根据该模型，可能推导出给利率上限和利率下限定价的 Black 公式。
   (2) 该模型提供了一个给衍生证券定价的理论框架，且只需要输入利率上限现金流的隐含波动率和当前利率期限结构作为参数。其本质决定了，该模型能够很准确地拟合利率上限和利率下限的波动率。
   (3) 对于复杂的证券，该模型还提供了使用蒙特卡罗模拟定价的方法。

4. 互换市场模型：互换市场模型适用于以 LIBOR 为参考利率的利率互换产品，根据该模型的理论，远期互换利率应服从对数正态分布。这一模型，可被视为 Black 公式的无套利推导结果，而 Black 公式是业内人士对欧式互换期权报价时普遍使用的模型。可惜的是，该结论必要的前提假设和 LIBOR 市场模型的基本假设并不相容。

5. Heath，Jarrow 和 Morton(HJM)模型：该模型研究了连续复合远期利率的特征，结果显示，远期利率的波动率能完全刻画出远期利率风险中性动态的特点。只要给定了远期利率的波动率结构和利率的初始期限结构，利用无套利原理就能够对衍生证券定价了。HJM 模型提供了一个通用的框架，其中一些即期利率模型，比如 Ho-Lee 模型和 Hull-White 模型，可被视为特定波动率结构假设条件下的特例。

6. 凸性调整：远期风险中性方法意味着，作为计价单位的债券，其当前的远期价格期望等于未来的价格。如果衍生证券的收益取决于基础债券的收益，而不是债券的价格，那么远期风险中性下的期望远期收益

就近似地等于远期利率加上凸性调整。后者考虑了债券的价值和收益率之间存在的凸性。当现金流形成日期和付款日期存在自然滞后时，凸性调整为零。

练习

1. 今天是 2004 年 11 月 1 日，当前的 LIBOR 贴现率曲线和利率上限现金流远期波动率如第 20 章中的表 20-3。给定例 21-1 中讨论的指数期权，令到期日 $T=2$，执行利率 $r_K = 0.03^\alpha$，此处的 α 为指数期权的参数。
   (1) 请画出不同 α 水平下，指数期权的收益。什么时候收益最大？
   (2) 请至少计算出两个 α 水平下的指数期权价格。
   (3) 请使用蒙特卡罗模拟法计算指数期权的价格。计算出的价格和第(2)题一样吗？

2. 表 21-2 给出了远期利率的波动率的估计函数 $S(T_i - t)$（其解释详见表 21-2）。当前的 LIBOR 零息曲线如 20 章中的表 20-3 所示。
   (1) 使用 LIBOR 市场模型计算出拖延的 3 年期互换期权价值，其现金流如下
   $$CF_{T_i} = N\Delta(r_n(T_i, T_{i+1}) - c(0,3))$$
   其中互换利率 $c(0, 3) = 3.254\%$。
   (2) 利用互换期权的自然时滞计算出它的价值，并与第(1)题中的价值进行比较。解释两者之间的差异。

3. 表 21-2 给出了远期利率的波动率的估计函数 $S(T_i - t)$（其解释详见表 21-2）。当前的 LIBOR 零息曲线如 20 章中的表 20-3 所示。
   (1) 使用 LIBOR 市场模型计算出拖延的 3 年期利率上限期权的价值，其现金流如下
   $$CF_{T_i} = N\Delta \max(r_n(T_i, T_{i+1}) - r_K, 0)$$
   其中该期权的上限利率（cap rate）$r_K = 3.254\%$。
   (2) 考虑利率上限期权的自然滞后计算出它的价值，并与第(1)题中的价值进行比较。解释两者之间的差异。

4. 今天是 2004 年 11 月 1 日，当前的 LIBOR 贴现率曲线和利率上限现金流的远期波动率如第 20 章中的表 20-3 所示。根据该信息估计出远期利率的波动率 $\sigma_f^{i+1}(t)$。请重比较远期利率的波动率只取决于时刻 t（在 t 时刻，所有的远期利率波动率都相同，与它们的到期时间无关）和本章讨论的只取决于到期时间的情况。

5. 利用上题计算出的远期利率的波动率 $\sigma_f^{i+1}(t)$ 和蒙特卡罗模拟法，计算出第 20 章中表 20-1 的欧式互换期权的价值（还有些波动率 $\sigma_f^{i+1}(t) = S(T_i - t)$ 的估值也在本章的表 21-2 中）。比较采用利率上限波动率和市场互换期权报价这两种方法计算出的互换期权价值。两者接近吗？

6. **固定期限互换**（constant maturity swap，CMS）是一种现金流如下的互换
   $$CF_{T_i} = N\Delta(c(T_i, T_{i+m}) - K)$$
   其中 $c(T_i, T_{i+m})$ 是期限为 $T_{i+m} - T_i$ 的互换利率，K 是 CMS 互换利率。令固定期限 $T_{i+m} - T_i = 3$ 年，$K = 3\%$。运用前面练习题得出的远期利率的波动率估值，计算固定期限互换的价值。
   (1) 假定所有收益的 T_i 都是独立的。每次收益都请匹配相应的远期风险中性动态，并且使用蒙特卡罗法模拟出几个 LIBOR 曲线 $Z^S(T_i, T)$。计算出每次 S 模拟运行的互换利率 $c^S(T_i, T_{i+m})$，然后给 CMS 互换定价。
   (2) 对每个支付期 T_i 都重复以上步骤。用于计算 T_i 期收益的远期风险中性动态和用于计算 T_j 期收益的远期风险中性动态相同吗？请解释。

7. 今天是 2008 年 11 月 3 日。第 20 章的习题 2 给出了当天利率上限和互换的报价，请计算出利率上限现金流的远期波动率。
   (1) 使用利率上限现金流的远期波动率，计算出远期利率的波动率 $\sigma_f^{i+1}(t)$。对于波动率只取决于到期时间，$\sigma_f^{i+1}(t) = S(T_{i+1} - 1)$ 的特殊情况，该方法好用吗？请阐述你的见解。
   (2) 使用远期利率波动率的估值，计算出基于 3 年期互换的 1 年期收方互换期权的价值。请比较此处根据利率上限期权波动率计算出的价值和根据第 20 章表 20-6

8. 第 21.6.1 节，详解了利用 Ho-Lee 模型将欧洲美元期货利率转换成远期利率时所需的凸性调整。请按照相同的步骤，计算出基于 Hull-White 模型的凸性调整。

9. 第 6 章的表 6-14 给出了欧洲美元期货的报价。请利用 Ho-Lee 模型和 Hull-White 模型，从期货中提取出远期利率。对两个模型的不同参数重复该步骤，阐述其中的差异。直观地说明为什么期货和远期利率是不同的？

附录21A 推导

21A.1 远期风险中性动态下偏微分方程推导

给定

$$\widetilde{V} = \frac{V}{Z}$$

其中 Z 是 T 期的零息债券。显然，Z 的价值也取决于利率 r，那么

$$\frac{\partial V}{\partial t} = \frac{\partial \widetilde{V}}{\partial t}Z + \frac{\partial Z}{\partial t}\widetilde{V}; \quad \frac{\partial V}{\partial r} = \frac{\partial \widetilde{V}}{\partial r}Z + \frac{\partial Z}{\partial r}\widetilde{V}$$

$$\frac{\partial^2 V}{\partial r^2} = \frac{\partial^2 \widetilde{V}}{\partial r^2}Z + 2\frac{\partial \widetilde{V}}{\partial r} \times \frac{\partial Z}{\partial r} + \frac{\partial^2 Z}{\partial r^2}\widetilde{V}$$

替换

$$r\widetilde{V}Z = \frac{\partial \widetilde{V}}{\partial t}Z + \frac{\partial Z}{\partial t}\widetilde{V} + \frac{\partial \widetilde{V}}{\partial r}Zm^*(r,t) + \frac{\partial Z}{\partial r}\widetilde{V}m^*(r,t) + \frac{1}{2} \times \frac{\partial^2 \widetilde{V}}{\partial r^2}Zs(r,t)^2$$

$$+ \frac{\partial \widetilde{V}}{\partial r} \times \frac{\partial Z}{\partial r}s(r,t)^2 + \frac{1}{2} \times \frac{\partial^2 Z}{\partial r^2}\widetilde{V}s(r,t)^2$$

将含 $\widetilde{V}$ 的项整合到一起

$$0 = \frac{\partial \widetilde{V}}{\partial t}Z + \left(\frac{\partial Z}{\partial t} + \frac{\partial Z}{\partial r}m^*(r,t) + \frac{1}{2} \times \frac{\partial^2 Z}{\partial r^2}s(r,t)^2 - rZ\right)\widetilde{V} + \frac{\partial \widetilde{V}}{\partial r}Zm^*(r,t)$$

$$+ \frac{1}{2} \times \frac{\partial^2 \widetilde{V}}{\partial r^2}Zs(r,t)^2 + \frac{\partial \widetilde{V}}{\partial r} \times \frac{\partial Z}{\partial r}s(r,t)^2$$

因为基本定价公式给出

$$\frac{\partial Z}{\partial t} + \frac{\partial Z}{\partial r}m^*(r,t) + \frac{1}{2} \times \frac{\partial^2 Z}{\partial r^2}s(r,t)^2 = rZ$$

所以等式变换为

$$0 = \frac{\partial \widetilde{V}}{\partial t}Z + \frac{\partial \widetilde{V}}{\partial r}Zm^*(r,t) + \frac{1}{2} \times \frac{\partial^2 \widetilde{V}}{\partial r^2}Zs(r,t)^2 + \frac{\partial \widetilde{V}}{\partial r} \times \frac{\partial Z}{\partial r}s(r,t)^2$$

或写成

$$0 = \frac{\partial \widetilde{V}}{\partial t}Z + \frac{\partial \widetilde{V}}{\partial r}(Zm^*(r,t) + \frac{\partial Z}{\partial r}s(r,t)^2) + \frac{1}{2} \times \frac{\partial^2 \widetilde{V}}{\partial r^2}Zs(r,t)^2$$

两边同时除以 Z，可以得到

$$0 = \frac{\partial \widetilde{V}}{\partial t} + \frac{\partial \widetilde{V}}{\partial r}(m^*(r,t) + \frac{\partial Z}{\partial r} \times \frac{1}{Z}s(r,t)^2) + \frac{1}{2} \times \frac{\partial^2 \widetilde{V}}{\partial r^2}s(r,t)^2$$

再定义

$$\sigma_Z(r,t) = \frac{\partial Z}{\partial r}\frac{1}{Z}s(r,t)$$

因此偏微分方程就变成了

$$0 = \frac{\partial \widetilde{V}}{\partial t} + \frac{\partial \widetilde{V}}{\partial r}(m^*(r,t) + \sigma_Z(r,t)s(r,t)) + \frac{1}{2} \times \frac{\partial^2 \widetilde{V}}{\partial r^2}s(r,t)^2$$

21A.2 看涨期权定价公式(式 21-11)的推导

T 远期风险中性动态下的假设为

$$V_T = \log N(F_0(T), \sigma_T^2)$$

先计算出

$$E_f^* \max(V_T - K, 0) = \int_K^\infty V_T p_f^*(V_T)\mathrm{d}V_T - K\int_K^\infty p_f^*(V_T)\mathrm{d}V_T$$

$$= \int_{\log(K)}^\infty \mathrm{e}^{v_T} p_f^*(v_T)\mathrm{d}v_T - K\int_{\log(K)}^\infty p_f^*(v_T)\mathrm{d}v_T$$

其中 $p_f^*(v_T)$ 为正态密度函数

$$v_T = \log(V_T) \sim N\left(\log(F_0(T)) - \frac{1}{2}\sigma_T^2, \sigma_T^2\right)$$

也就是说

$$p_f^*(v_T) = \frac{1}{\sqrt{2\pi}\sigma_V^2}\mathrm{e}^{-\frac{1}{2\sigma_V^2}(\log(F_0(T)) - \frac{1}{2}\sigma_T^2 - v_T)^2}$$

等式变换将用到以下两条积分规则

$$\int_a^\infty \frac{1}{\sqrt{2\pi}s}\mathrm{e}^{-\frac{(x-b)^2}{2s^2}}\mathrm{d}x = \int_{\frac{a-b}{s}}^\infty \frac{1}{\sqrt{2\pi}}\mathrm{e}^{-x^2}\mathrm{d}x = N\left(\frac{b-a}{s}\right)$$

$$\int_a^\infty \frac{1}{\sqrt{2\pi}s}\mathrm{e}^{-\frac{(x-b)^2}{2s^2}}\mathrm{e}^x\mathrm{d}x = \mathrm{e}^{\frac{1}{2}s^2+b}\int_{\frac{a-b}{s}-s}^\infty \frac{1}{\sqrt{2\pi}}\mathrm{e}^{-x^2}\mathrm{d}x = \mathrm{e}^{\frac{1}{2}s^2+b}N\left(\frac{b-a}{s} + s\right)$$

由此得到

$$K\int_{\log(K)}^\infty p_f^*(v_T)\mathrm{d}v_T = K\int\left(\frac{\log(K) - (\log(F_0(T)) - \frac{1}{2}\sigma_T^2)}{\sigma_T}\right)\frac{\mathrm{e}^{-\frac{1}{2}v_T^2}}{\sqrt{2\pi}}\mathrm{d}v_T$$

$$= KN\left(\frac{1}{\sigma_T}\log\left(\frac{F_0(T)}{K}\right) - \frac{1}{2}\sigma_T\right) = KN(d_2)$$

和

$$\int_{\log(K)}^\infty \mathrm{e}^{v_T}p_f^*(v_T)\mathrm{d}v_T = \mathrm{e}^{\frac{1}{2}\sigma_T^2 + (\log(F_0(T)) - \frac{1}{2}\sigma_T^2)}\int_{\frac{\log(K) - (\log(F_0(T)) - \frac{1}{2}\sigma_T^2)}{\sigma_T} - \sigma_T}^\infty \frac{\mathrm{e}^{-\frac{1}{2}v_T^2}}{\sqrt{2\pi}}\mathrm{d}v_T$$

$$= F_0(T)N\left(\frac{1}{\sigma_T}\log\left(\frac{F_0(T)}{K}\right) + \frac{1}{2}\sigma_T\right) = F_0 N(d_1)$$

其中，式(21-12)和式(21-13)已经分别给出了 d_1 和 d_2。

21A.3 式(21-27)和式(21-31)的推导

前面式(21-27)和式(21-31)的推导过程都不是很严谨，而本节将提出更严谨的推导。前面推导中的一个缺陷是，两式中 T 时刻的收益 gT，实际上都取决于较早时刻 τ 的利率值，而不是 T 时刻的利率。然而，本书中的费曼—卡茨公式要求 T 时刻的收益必须取决于 T 时刻的利率。事实上，根据以下讨论可以得到式(21-12)。

由于远期合约的收益在 τ 时刻就能知道，因此能很容易地计算出其 τ 时刻的现值，然后等价地将收益表达为

$$T \text{期的远期在} \tau \text{时刻获得的收益} = Z(\tau, T)N\Delta(r_n(\tau, T) - K)$$

假定以 T 期的债券 $Z(t, T)$ 作为新的计价单位，那么用债券 $Z(t, T)$ 表达的 τ 期的收益就等于

$$\tau \text{ 期正态化的远期收益} = \frac{Z(\tau,T)N\Delta(r_n(\tau,T) - K)}{Z(\tau,T)}$$
$$= N\Delta(r_n(\tau,T) - K)$$

结合式(21-20)的结论与条件 $P(r, t) = Z(t, T)$,可以得到
$$V^{Fwd}(0;T) = Z(0,T)N\Delta E_f^*[(r_n(\tau,T) - K)]$$

即式(21-27)。

式(21-31)的证明也是一样的。

21A.4 式 21.21 的证明

动态原理是根据伊藤引理的应用得出的。如果利率的动态如式(21-19)式给出的情况那样,那么根据伊藤引理就可以得到

$$dV = \left[\left(\frac{\partial V}{\partial t}\right) + \left(\frac{\partial V}{\partial r}\right)(m^*(r,t) + \sigma_P s(r,t)) + \frac{1}{2} \times \frac{\partial^2 V}{\partial r^2}s(r,t)^2\right]dt + \frac{\partial V}{\partial r}s(r,t)dX_t$$

$$= \left[\left(\frac{\partial V}{\partial t}\right) + \left(\frac{\partial V}{\partial r}\right)m^*(r,t) + \frac{1}{2} \times \frac{\partial^2 V}{\partial r^2}s(r,t)^2 + \left(\frac{\partial V}{\partial r}\right)\sigma_P s(r,t)\right]dt + \frac{\partial V}{\partial r}s(r,t)dX$$

根据基本定价公式式(21-1),就可以将等式的前三项简单地替换成 rV,得到

$$dV = \left[rV + \left(\frac{\partial V}{\partial r}\right)\sigma_P s(r,t)\right]dt + \frac{\partial V}{\partial r}s(r,t)dX$$

最后定义 $\sigma_V = \frac{1}{V}\left(\frac{\partial V}{\partial r}\right)s(r, t)$,就得到了式(21-21)的结果。

21A.5 式(21-37)的证明

事实21-6 阐明了在以两种不同的证券 $Z(0, T_{i+1})$、$Z(0, T_i)$ 为计价单位的远期风险中性动态下,任何 Y 的过程都满足

$$dY_t = (m^*(Y,t) + \sigma_{Z,T_{i+1}}(t)s(Y,t))dt + s(Y,t)dX_t \quad (21-64)$$

$$dY_t = (m^*(Y,t) + \sigma_{Z,T_i}(t)s(Y,t))dt + s(Y,t)dX_t \quad (21-65)$$

其中 $\sigma_{Z,T}$ 是 $Z(t, T)$ 的扩散项,其风险中性过程为

$$\frac{dZ(t,T)}{Z(t,T)} = rdt + \sigma_{Z,T}(t)dX_t$$

式(21-64)和式(21-65)显示,当计价单位从证券 $Z(0, T_{i+1})$ 变为证券 $Z(0, T_i)$ 时,必须增加 dY_t 过程的漂移率:

$$dY_t \text{ 的漂移率变化} = (\sigma_{Z,T_i} - \sigma_{Z,T_{i+1}})s(Y,t) \quad (21-66)$$

在本例中,令变量 Y_t 为远期利率 $f_n(t, T_i, T_{i+1})$。由于计价单位 $Z(t, T_{i+1})$ 引导的该变量的动态为

$$df_n(t,T_i,T_{i+1}) = \sigma_f^{i+1}(t)f_n(t, T_i, T_{i+1})dX_t$$

因此,式(21-66)的最后一项 $s(Y, t) = \sigma_f^{i+1}(t)f_n(t, T_i, T_{i+1})$。下面,必须推导出因子 $(\sigma_{Z,T_i} - \sigma_{Z,T_{i+1}})$。请注意,我们有

$$\frac{Z(t,T_{i+1})}{Z(t,T_i)} = \frac{1}{1 + \Delta f_n(t,T_i,T_{i+1})} \times \frac{1}{1 + \Delta f_n(t,T_{i+1},T_{i+2})} \times \cdots \times \frac{1}{1 + \Delta f_n(t,T_i,T_{i+1})}$$

这意味着

$$\log\left(\frac{Z(t,T_{i+1})}{Z(t,T_i)}\right) = -\sum_{j=i}^{i} \log(1 + \Delta f(t,T_j,T_{j+1}))$$

如果定义 $J_t = \log\left(\frac{Z(t, T_{i+1})}{Z(t, T_i)}\right)$,根据伊藤引理有

$$dJ_t = (Drift)dt - (\sigma_{Z,T_i} - \sigma_{Z,T_{i+1}})dX_t$$

此处我们并不需要确定它的漂移率，因为我们只关心扩散项。类似的，如果定义 $\widetilde{J}_t = -\sum_{j=i}^{i} \log(1 + \Delta f(t, T_j, T_{j+1}))$，根据伊藤引理有

$$d\widetilde{J}_t = (Drift)dt - \sum_{j=i}^{i} \frac{1}{1 + \Delta f(t, T_j, T_{j+1})} \Delta \sigma^{j+1}(t) f(t, T_j, T_{j+1}) dX_t$$

根据定义，可以知道 $J_t = \widetilde{J}$，因此它们的扩散项应该相等，于是有

$$(\sigma_{Z,T_i} - \sigma_{Z,T_{i+1}}) = \sum_{j=i}^{i} \frac{1}{1 + \Delta f(t, T_j, T_{j+1})} \Delta \sigma^{j+1}(t) f(t, T_j, T_{j+1})$$

综上所述，当 $f_n(t, T_i, T_{i+1})$ 的动态从 $Z(t, T_{i+1})$ 移动到 $Z(t, T_i)$ 时，和式(21-37)的结论一样，

$$dY_t \text{ 的漂移率变化} = (\sigma_{Z,T_i} - \sigma_{Z,T_{i+1}})s(Y, t)$$

$$= \left(\sum_{j=i}^{i} \frac{1}{1 + \Delta f(t, T_j, T_{j+1})} \Delta \sigma^{j+1}(t) f(t, T_j, T_{j+1}) \right) \sigma_f^{i+1}(t) f_n(t, T_i, T_{i+1})$$

式(21-38)的证明过程与上述类似，唯一的不同在于，如果 $\overline{T} = T_i > T_{i+1}$，那么

$$\log\left(\frac{Z(t, T_{i+1})}{Z(t, T_i)}\right) = -\sum_{j=i}^{i-1} \log(1 + \Delta f(t, T_j, T_{j+1}))$$

其余的推导都是相同的。

第22章 多因素模型

在这一章中,我们将介绍多因素模型。这是对前面讨论过的无套利模型的重要拓展,就像第4章所讲述的那样,我们至少需要3个因素来解释收益的差异。换句话说,收益率曲线不仅会上下移动,其斜率和凸性也会发生变化。但是,目前为止所建立的模型并不允许这些量的独立变动。比如,在Vasicek模型中,收益率曲线的截距、斜率和凸性都取决于短期利率 r_t,所以,这些变量之间紧密相关。

令人高兴的是,前面章节广泛涉及的方法,包括风险中性定价方法,已经可以扩展至多因素的情形。这也意味着,(几乎)所有前面章节学过的定价方法都可以扩展到多因素的情形。下面我们将说明需要对这些方法做哪些改变。

22.1 带独立变量的多因素伊藤引理

和第14章中讨论单因素模型时一样,多因素情形下,扩展的伊藤引理也是重要的工具。我们从最简单的情况入手,假定只有两种独立因素能够影响利率的期限结构。一般的多因素模型处理如下。

在只有两个独立变量时,一般用 $\phi_{1,t}$ 和 $\phi_{2,t}$ 表示,并且假设它们遵循如下过程

$$\mathrm{d}\phi_{1,t} = m_1(\phi_{1,t}, t)\mathrm{d}t + s_1(\phi_{1,t}, t)\mathrm{d}X_{1,t} \tag{22-1}$$

$$\mathrm{d}\phi_{2,t} = m_2(\phi_{2,t}, t)\mathrm{d}t + s_2(\phi_{2,t}, t)\mathrm{d}X_{2,t} \tag{22-2}$$

其中,$X_{1,t}$ 和 $X_{2,t}$ 表示两个独立的布朗运动。

现在我们来讨论带有多个独立因素的伊藤引理。在保证不致混淆的前提下,为了将公式简化,我们在用多因素模型论证时,将省略 $m_i(\phi_{i,t}, t)$ 和 $s_i(\phi_{i,t}, t)$(其中 $i=1,2$)中的相关变量说明,只要在不至于混淆或出现歧义的情况下,都会加以简化,即 $m_{i,t} = m_i(\phi_i, t)$,$s_{i,t} = s_i(\phi_i, t)$。

○ 事实22-1

带独立变量的多因素伊藤引理。 令 $\phi_{1,t}$ 和 $\phi_{2,t}$ 遵循式(22-1)和式(22-2)所表示的随机的过程,证券价格 $P_t = F(t, \phi_{1,t}, \phi_{2,t})$,那么,资本回报的过程可表示为

$$\mathrm{d}P_t = \left\{ \left(\frac{\partial F}{\partial t}\right) + \left(\frac{\partial F}{\partial \phi_1}\right)m_{1,t} + \left(\frac{\partial F}{\partial \phi_2}\right)m_{2,t} + \frac{1}{2}\left(\frac{\partial^2 F}{\partial \phi_1^2}\right)s_{1,t}^2 + \frac{1}{2}\left(\frac{\partial^2 F}{\partial \phi_2^2}\right)s_{2,t}^2 \right\}\mathrm{d}t$$

$$+ \left(\frac{\partial F}{\partial \phi_1}\right)s_{1,t}\mathrm{d}X_{1,t} + \left(\frac{\partial F}{\partial \phi_2}\right)s_{2,t}\mathrm{d}X_{2,t} \tag{22-3}$$

将式(22-3)与第14章中相似式(14-41)做个比较,就能明显地看出,除了第一项 $\frac{\partial F}{\partial t}$ 以外,带独立变量的多因素伊藤引理的其他项都是单因素伊藤引理各项的同类重复。更具体地说,式(22-3)包含了几个熟悉的项:

1. $\left(\frac{\partial F}{\partial t}\right)$ 是指来源于时间流逝(记作 Theta,Θ)的可预期的资本利得。比如,我们知道即使其他因素不变,零息债券的价值会也随着时间流逝而增加,因为债券离到期日越来越近了。

2. $\left(\frac{\partial F}{\partial \phi_i}\right) m_{i,t}$,其中 $i=1,2$。表示证券对于因素 ϕ_i 变动的敏感性乘以因素 $m_{i,t}$ 期望变动,所导致的期望资本收益。比如,假定 ϕ_1 代表截距因素,那么如果预计平均利率水平上涨,我们就会预期债券会出现亏损。

3. $\frac{1}{2}\left(\frac{\partial^2 F}{\partial \phi_i^2}\right) s_{i,t}^2$,其中 $i=1,2$。表示来源于(伊藤)凸性项的可预期证券预期收益。回顾第14章中的14.4节,可知后项的影响来源于因素 i 的随机性。因素 i 和 $s_{i,t}^2$ 的方差越大,凸性的影响越大。

4. $\left(\frac{\partial F}{\partial \phi_i}\right) s_i dX_{i,t}$,$i=1,2$,是指来源于因素 i 冲击的投资组合美元收益的随机成分,即布朗运动 $dX_{i,t}$。

22.2 带独立变量的无套利模型

下面我们将重温无套利原理,来讨论多因素定价模型之间的关系。首先,必须阐明短期利率 r_t 与其他因素之间的关系。一种可能性是 r_t 事实上是两个因素中的一种,这将是一种特殊情况。一般来说,我们假定短期瞬时利率 r_t 依赖于两个因素,即 $r_t = R(\phi_{1,t}, \phi_{2,t})$,其中 $R = (\cdot,\cdot)$ 是某种给定的函数。

就像第15章那样,现在假定一个投资组合中含有一份 T_1 期的零息债券,用 $Z_1(\phi_{1,t}, \phi_{2,t}, t)$ 表示,和 Δ_2、Δ_3 单位的到期日为 T_2 和 T_3 的零息债券,分别用 $Z_2(\phi_{1,t}, \phi_{2,t}, t)$ 和 $Z_3(\phi_{1,t}, \phi_{2,t}, t)$ 表示。可以看出零息债券取决于因素 $\phi_{1,t}$ 和 $\phi_{2,t}$。那么 t 时刻投资组合的价值可以表示为

$$\Pi(\phi_{1,t}, \phi_{2,t}, t) = Z_1(\phi_{1,t}, \phi_{2,t}, t) + \Delta_2 \times Z_2(\phi_{1,t}, \phi_{2,t}, t) + \Delta_3 \times Z_3(\phi_{1,t}, \phi_{2,t}, t) \quad (22\text{-}4)$$

下面按照第15章中15.2.1节的步骤进行。首先,我们选择 Δ_2 和 Δ_3 来消除由因素 $\phi_{1,t}$ 和 $\phi_{2,t}$ 所带来的风险,即

$$\frac{\partial \Pi}{\partial \phi_1} = 0; \quad \frac{\partial \Pi}{\partial \phi_2} = 0 \quad (22\text{-}5)$$

代入投资组合的表达式,可以得到确定 Δ_2 和 Δ_3 的两个方程

$$\frac{\partial Z_1}{\partial \phi_1} + \Delta_2 \times \frac{\partial Z_2}{\partial \phi_1} + \Delta_3 \times \frac{\partial Z_3}{\partial \phi_1} = 0 \quad (22\text{-}6)$$

$$\frac{\partial Z_1}{\partial \phi_2} + \Delta_2 \times \frac{\partial Z_2}{\partial \phi_2} + \Delta_3 \times \frac{\partial Z_3}{\partial \phi_2} = 0 \quad (22\text{-}7)$$

两个方程两个未知数(Δ_2 和 Δ_3),就可以求解出最佳的对冲比率。

第二步要考虑投资组合 $\Pi_t = \Pi_t(\phi_{1,t}, \phi_{2,t}, t)$ 在时间上的动态。我们可以利用式(22-3)的伊藤引理来计算投资组合随时间的方差,要知道,给定式(22-5)后,伊藤引理中的许多项就

消去了，那么将式(22-3)应用后可以得到

$$\mathrm{d}\Pi_t = \left\{ \left(\frac{\partial F}{\partial t} \right) + \frac{1}{2} \left(\frac{\partial^2 \Pi}{\partial \phi_1^2} \right) s_{1,t}^2 + \frac{1}{2} \left(\frac{\partial^2 \Pi}{\partial \phi_2^2} \right) s_{2,t}^2 \right\} \mathrm{d}t \tag{22-8}$$

资本收益 $\mathrm{d}\Pi_t$ 在 t 至 $t+\mathrm{d}t$ 的时间段内是无风险的，因为所有的风险都被对冲掉了。因此，投资组合会产生无风险收益率 $r_t = R(\phi_{1,t}, \phi_{2,t})$。也就是说

$$\text{无套利} \Rightarrow \mathrm{d}\Pi_t = r_t \Pi_t \mathrm{d}t \tag{22-9}$$

此处无套利的限制条件与 15 章中所讨论的一样（详见式(15-17)）。

然后，用式(22-4)中的 Π_t 替换式(22-9)右边的 Π_t，用式(22-8)中的 $\mathrm{d}\Pi_t$ 替换式(22-9)的左边的 $\mathrm{d}\Pi_t$。由于结果表达式十分冗长，为了简便起见，我们令

$$G_i(\phi_1, \phi_2, t) = R(\phi_1, \phi_2) \times Z_i(\phi_1, \phi_2, t)$$

$$- \left\{ \left(\frac{\partial Z_i}{\partial t} \right) + \frac{1}{2} \left(\frac{\partial^2 Z_i}{\partial \phi_1^2} \right) s_{1,t}^2 + \frac{1}{2} \left(\frac{\partial^2 Z_i}{\partial \phi_2^2} \right) s_{2,t}^2 \right\} \mathrm{d}t \tag{22-10}$$

根据式(22-9)，可以得到

$$G_1(\phi_1, \phi_2, t) + \Delta_2 \times G_2(\phi_1, \phi_2, t) + \Delta_3 \times G_3(\phi_1, \phi_2, t) = 0 \tag{22-11}$$

注意，Δ_2 和 Δ_3 可以从式(22-6)和式(22-7)中解得。因此，若要 Δ_2 和 Δ_3 也满足式(22-11)，唯一的可能就是式(22-11)是式(22-6)和式(22-7)的线性组合，即一定存在两个参数 $m_{1,t}^*$ 和 $m_{2,t}^*$，使得

$$\text{式}(22\text{-}11) = m_{1,t}^* \times [\text{式}(22\text{-}6)] + m_{2,t}^* \times [\text{式}(22\text{-}7)]$$

由于式(22-6)和式(22-7)的等号右端为零，因此在这种情况下，式(22-11)的等号右端也为零。这可推导出以下条件：对于每个 $i = 1, 2, 3$，一定有

$$G_i(\phi_1, \phi_2, t) = m_{1,t}^* \times \left(\frac{\partial Z_i}{\partial \phi_1} \right) + m_{2,t}^* \times \left(\frac{\partial Z_i}{\partial \phi_2} \right) \tag{22-12}$$

将式(22-10)中 G_i 的表达式代入式(22-12)，可以得到一个所有债券 $Z_i(\phi_{1,t}, \phi_{2,t}, t)$ 都必须满足的偏微分方程。其实，就像第 15 章中所述，由于上述偏差并不取决于附息证券 Z_i 的个别特征，即 Z_i 可以是期权也可以是其他附息债券，因此，可将其用于对一般证券价格 $V(\phi_1, \phi_2, t)$ 的表述。

○ 事实 22-2

令 $V(\phi_1, \phi_2, t)$ 表示某一证券的价格，该价格依赖于时间 t 和两个因素 ϕ_1, ϕ_2，这两个因素的动态过程满足式(22-1)和式(22-2)，且证券最终收益为 g_T。那么该证券的价值可以根据基本定价方程解出

$$R(\phi_1, \phi_2) V = \frac{\partial V}{\partial t} + \frac{\partial V}{\partial \phi_1} m_{1,t}^* + \frac{\partial V}{\partial \phi_2} m_{2,t}^* + \frac{1}{2} \times \frac{\partial^2 V}{\partial \phi_1^2} s_{1,t}^2 + \frac{1}{2} \times \frac{\partial^2 V}{\partial \phi_2^2} s_{2,t}^2 \tag{22-13}$$

且需要满足最终条件

$$V(\phi_1, \phi_2, T) = g_T$$

就像在前面章节中所说的，我们将漂移率为 $m_{1,t}^*$ 而非最初 $m_{1,t}$ 的过程称为风险中性过程，即风险中性过程可由下式定义

$$\mathrm{d}\phi_{1,t} = m_1^*(\phi_{1,t}, t) \mathrm{d}t + s_1(\phi_{1,t}, t) \mathrm{d}X_{1,t} \tag{22-14}$$

$$\mathrm{d}\phi_{2,t} = m_2^*(\phi_{2,t}, t) \mathrm{d}t + s_2(\phi_{2,t}, t) \mathrm{d}X_{2,t} \tag{22-15}$$

22.2.1 双因素 Vasicek 模型

接下来将举例说明多因素基本定价公式式(22-13)的含义。假设短期利率由下式给出

$$r_t = \phi_{1,t} + \phi_{2,t} \tag{22-16}$$

并假设 $m_{i,t}^*$ 和 $s_{i,t}$，其中 $i=1,2$，分别为

$$m_i^*(\phi_{i,t},t) = \gamma_i^*(\bar{\phi}_i^* - \phi_{i,t}); \quad s_i(\phi_{i,t},t) = \sigma_i$$

也就是说，在风险中性动态下，每个过程都遵循 Vasicek 模型：

$$d\phi_{1,t} = \gamma_1^*(\bar{\phi}_1^* - \phi_{1,t})dt + \sigma_1 dX_{1,t} \tag{22-17}$$

$$d\phi_{2,t} = \gamma_2^*(\bar{\phi}_2^* - \phi_{2,t})dt + \sigma_2 dX_{2,t} \tag{22-18}$$

按照第 15 章中的步骤计算可以得到：

○ **事实 22-3**

令风险中性因素的动态遵循式(22-17)和式(22-18)的 Vasicek 模型，且利率因素如式(22-16)所描述是线性的。那么，零息债券价格就可表示为

$$Z(\phi_{1,t},\phi_{2,t},t;T) = e^{A(t;T)-B_1(t;T)\phi_{1,t}-B_2(t;T)\phi_{2,t}} \tag{22-19}$$

其中，$i=1,2$。

$$B_i(t;T) = \frac{1}{\gamma_i^*}(1 - e^{-\gamma_i^*(T-t)}); \tag{22-20}$$

$$A(t;T) = (B_1(t;T) - (T-t))\left(\bar{\phi}_1^* - \frac{\sigma_1^2}{2(\gamma_1^*)^2}\right) - \frac{\sigma_1^2}{4\gamma_1^*}B_1(t;T)^2$$

$$+ (B_2(t;T) - (T-t))\left(\bar{\phi}_2^* - \frac{\sigma_2^2}{2(\gamma_2^*)^2}\right) - \frac{\sigma_2^2}{4\gamma_2^*}B_2(t;T)^2 \tag{22-21}$$

要理解这个公式，就要知道，对于任意的时刻 t，参数 $\phi_{2,t}=0$，只有在 $\phi_{2,0}=0$，$\bar{\phi}_2^*=0$ 且 $\sigma_2=0$ 时才可能出现，此时第一个因素 $\phi_{1,t}$ 就等于短期利率，即 $r_t=\phi_{1,t}$，该公式也回到第 15 章中的标准 Vasicek 模型(详见式(15-28))。

那如果第二个因素 $\phi_{2,t}$ 不为零，且随时间变化，又会怎么样呢？

为了了解第二个因素的影响，不妨将 $r_t=\phi_{1,t}+\phi_{2,t}$ 作为式(22-17)和式(22-18)新的短期利率过程。将伊藤引理应用于 $r_t=\phi_{1,t}+\phi_{2,t}$，可以得到 $dr_t = d\phi_{1,t}+d\phi_{2,t}$。分别用式(22-17)和式(22-18)替代 $d\phi_{1,t}$ 和 $d\phi_{2,t}$，重新整理，可以将短期利率 r_t 的过程表述为

$$dr_t = [\gamma_1^*(\bar{\phi}_1^* - r_t) + \gamma_2^*\bar{\phi}_2 + (\gamma_1^* - \gamma_2^*)\phi_{2,t}]dt + \sigma_1 dX_1 + \sigma_2 dX_2 \tag{22-22}$$

$$d\phi_{2,t} = \gamma_2^*(\bar{\phi}_2^* - \phi_{2,t})dt + \sigma_2 dX_{2,t} \tag{22-23}$$

也就是说，如同标准 Vasicek 模型那样，短期利率遵循均值回归过程，只是现在它的风险中性漂移率取决于第二个因素 $\phi_{2,t}$。举个例子，假设 $\gamma_1^* - \gamma_2^* > 0$，对于给定的当前利率 r_t，当第二项因素 $\phi_{2,t}$ 增加了，未来短期利率的风险中性期望就会增加，这反过来又意味着一个陡峭的利率期限结构。换句话说，因素 $\phi_{2,t}$ 不仅会使利率 r_t 移动，还影响了利率期限结构的斜率。

而如果是长期收益率，到期时间为 $\tau = T-t$，根据定义可得

$$r_t(\tau) = -\frac{\log(Z(\phi_{1,t},\phi_{2,t},t;T))}{\tau} = -\frac{A(\tau)}{\tau} + \frac{B_1(\tau)}{\tau}\phi_{1,t} + \frac{B_2(\tau)}{\tau}\phi_{2,t} \tag{22-24}$$

此处我们使用了第 15 章中的表达符号，即 $A(\tau)=A(0;\tau)$，$B_i(\tau)=B_i(0;\tau)$。根据

式(22-16)对 r_t 的定义，可以重写为 $\phi_{1,t} = r_t - \phi_{2,t}$。将该式子代入上式，就可以得到长期收益率等于短期收益率加上因素 $\phi_{2,t}$ 的函数

$$r_t(\tau) = -\frac{A(\tau)}{\tau} + \frac{B_1(\tau)}{\tau}\phi_{1,t} + \frac{C(\tau)}{\tau}\phi_{2,t} \tag{22-25}$$

其中 $C(\tau) = B_2(\tau) - B_1(\tau)$。现在回顾一下 Vasicek 模型的一个重要隐含假设，即假定了所有的收益率都互相完全关联。而我们这里介绍的双因素模型，却在一定程度上区分了长期收益率 $r_t(\tau)$ 和短期利率 r_t。事实上，对于给定的 r_t 我们可以得到不同的基于 $\phi_{2,t}$ 的长期收益率。

22.2.2 短期收益率和长期收益率的动态模型

事实上，我们可以更进一步地将所有收益率用短期利率 r_t 和长期收益率 $r_t(\tau_\ell)$ 表示，其中 τ_ℓ 表示给定到期日为 τ_ℓ，如 $\tau_\ell = 10$。方便起见，将该特殊长期零息债券的即期利率表示为

$$r_{\ell,t} = r_t(\tau_\ell) \tag{22-26}$$

根据式(22-25)可得：

$$\phi_{2,t} = \frac{\tau_\ell}{C(\tau_\ell)}\left(r_{\ell,t} + \frac{A(\tau_\ell)}{\tau_\ell} - \frac{B_1(\tau_\ell)}{\tau_\ell}r_t\right)$$

最后将因素 $\phi_{2,t}$ 代回到式(22-25)中，那么对于任何其他收益率，都有如下结论。

○ **事实 22-4**

任何 T 期零息债券，在 t 期的价格都可以被表示为

$$Z(r_t, r_{\ell,t}, t; T) = e^{A_{\tau_\ell}(\tau) - B_{\tau_\ell,1}(\tau)r_t - C_{\tau_\ell}(\tau)r_{\ell,t}} \tag{22-27}$$

其中 $\tau = T - t$，并且

$$A_{\tau_\ell}(\tau) = A(\tau) - C(\tau) \times \frac{A(\tau_\ell)}{C(\tau_\ell)} \tag{22-28}$$

$$B_{\tau_\ell,1}(\tau) = B_1(\tau) - C(\tau) \times \frac{B_1(\tau_\ell)}{C(\tau_\ell)} \tag{22-29}$$

$$C_{\tau_\ell}(\tau) = C(\tau) \times \frac{\tau_\ell}{C(\tau_\ell)} \tag{22-30}$$

τ 期的零息债券即期利率可以表示为

$$r_t(\tau) = \frac{A_{\tau_\ell}(\tau)}{\tau} + \frac{B_{\tau_\ell,1}(\tau)}{\tau}r_t + \frac{C_{\tau_\ell}(\tau)}{\tau}r_{\ell,t} \tag{22-31}$$

注意，当 $\tau = \tau_\ell$ 时，$r_t(\tau) = r_{\ell,t}$，同样地，$A_{\tau_\ell}(\tau_\ell) = B_{\tau_\ell,1}(\tau_\ell) = 0$ 时，$C_{\tau_\ell}(\tau_\ell) = \tau_\ell$。也就是说，该模型用同义反复的方式，重新正确表述了一遍。

那么 r_t 和 $r_{\ell,t}$ 的风险中性过程是怎样的呢？我们可以从 $\phi_{1,t}$ 和 $\phi_{2,t}$ 的特征中将其推导出来，即可以得到

$$dr_t = (A_r + B_r r_t + C_r r_{\ell,t})dt + \sigma_1 dX_1 + \sigma_2 dX_2 \tag{22-32}$$

$$dr_{\ell,t} = (A_{r,\ell} + B_{r,\ell} r_t + C_{r,\ell} r_{\ell,t})dt + \sigma_{\ell,1} dX_1 + \sigma_{\ell,2} dX_2 \tag{22-33}$$

其中，系数 A_r，B_r，C_r，$A_{r,\ell}$，$B_{r,\ell}$，$C_{r,\ell}$ 将由本章末尾附录 22A 里的式(22-112) ~ 式(22-117) 给出，$\sigma_{\ell,1}$ 和 $\sigma_{\ell,2}$ 由下面的式(22-34)给出。

式(22-16) ~ 式(22-18)的双因素模型，可以看作是收益率曲线 $r_{\ell,t}$ 的短端(r_t)与长端的联合过程，所有其他的收益率都能够根据式(22-31)从这两个极端中得到。短期利率和长期利率

的联合动态(式(22-32)和式(22-33)),阐明了长期收益率的确定需要考虑短期收益率,反过来,短期利率也受到长期利率的影响。

需要强调的是,如果替代程序像一般程序那样,直接从短期和长期收益率的动态模型开始,那么形成的模型不一定能符合无套利原则。事实上必须注意,模型对系数 A_r,B_r,C_r,$A_{r,\ell}$,$B_{r,\ell}$,$C_{r,\ell}$ 都有限制。例如,长期收益率和短期收益率的波动性之间存在严格的相关关系,具体如下

$$\sigma_{\ell,1} = \sigma_1 \frac{1-e^{-\gamma_1^* \tau_\ell}}{\tau_\ell}; \quad \sigma_{\ell,2} = \sigma_2 \frac{1-e^{-\gamma_2^* \tau_\ell}}{\tau_\ell} \tag{22-34}$$

因此,我们不能简单地假设任何数字作为输入式(22-32)和式(22-33)的量,因为很可能会导致模型与无套利原理相悖。而如果从因素模型入手,利用无套利基本定价公式(式(22-13))的解推导出收益率,就能够保证获得的收益率能满足所有的无套利限制。

例 22-1

本例取于第 16 章的 16.3 节。假定今天是 2002 年 1 月 8 日。现在用双因素模型来拟合今日交易的附息债券,并使用第 16 章中提到的非线性最小二乘法进行参数估计。如上所述,除了当前的短期无风险利率 r_0 以外,还需要确定合适的长期收益率,代入式(22-27)的定价公式。这里选择 5 年期零息债券收益率作为长期收益率,即 $\tau_\ell = 5$,并选用 1 个月期的国债收益率作为短期收益率。当前的问题是,1 个月期的国债收益率可以通过日常观察得到,但 5 年期零息债券收益率却不能,它必须通过拟合债券价格的贴现率曲线 $Z(0, T)$ 来进行估计。[⊖]

简便起见,不妨用 $\tau_\ell = 5$ 年的本息可剥离式债券(STRIPS)代替 5 年期的零息债券收益率。由此可以得出短期收益率 $r_0 = 1.68\%$,且 5 年期收益率 $r_{\ell,5} = r(0, 5) = 4.52\%$。

同时,如 16.3 节阐述的那样,我们也将 1 个月期利率和 5 年期收益率的波动率修正到了其经验值。虽然暂时还不清楚怎么利用波动率的信息,但此处可以得到具体波动水平分别为 $\sigma_{r,1m} = 0.0221$ 和 $\sigma_{r,5y} = 0.0125$。然后根据式(22-32)和式(22-33),可以得到以下限制条件

$$\text{短期利率 } dr_t \text{ 的波动率} = 0.0221 = \sqrt{\sigma_1^2 + \sigma_2^2} \tag{22-35}$$

$$\text{长期利率 } dr_{\ell,t} \text{ 的波动率} = 0.0125 = \sqrt{\sigma_{\ell,1}^2 + \sigma_{\ell,2}^2} \tag{22-36}$$

另一个问题是 $\overline{\phi}_1^*$ 和 $\overline{\phi}_2^*$ 两个参数的估计。不妙的是,由于 $\overline{\phi}_1^*$ 和 $\overline{\phi}_2^*$ 只能影响利率 r_t 的平均水平,即 $\overline{\phi}_1^* + \overline{\phi}_2^*$,因此债券的横截面数据所包含的信息,是不够用来独立估计出两个参数的。为了解决这个问题,不妨将其中一个参数设为零,假设 $\overline{\phi}_2^* = 0$。

我们可以利用常用的非线性最小二乘方法进行估计,即找出满足式(22-35)和式(22-36)的参数 γ_1^*,$\overline{\phi}_1^*$,σ_1,γ_2^*,σ_2,并最大限度地降低定价误差,即

$$J(\gamma_1^*, \overline{\phi}_1^*, \sigma_1, \gamma_2^*, \sigma_2) = \sum_{j=1}^{n} (P_i^{model} - P_i^{data})^2 \tag{22-37}$$

得出最小化的参数估计为[⊖]

$$\gamma_1^* = 0.6615; \quad \overline{\phi}_1^* = 0.0068; \quad \sigma_1 = 0.0197$$
$$\gamma_2^* = -0.0450; \quad \overline{\phi}_2^* = 0; \quad \sigma_2 = 0.0099$$

在评价这些估计之前,我们先回顾一下图 22-1a,它绘制了拟合债券价格模型的表现。为了做对

⊖ 如果是对 LIBOR 曲线做这个拟合,就没有问题。因为可以直接观察互换利率得到长期收益率。

⊖ 给定了这些估计值和零息债券的曲线,就可以计算出因素 $\phi_{2,0}$ 的值等于 0.0436。但由于我们使用了式(22-27)的表达式来对零息债券定价,这一步就没必要了。

比,该图中也给出了 Vasicek 模型的拟合值。可以看出,在匹配债券的期限结构方面,双因素模型的性能远远优于单因素模型。

从图 22-1b 可以看出,双因素模型的优良性源于它增加收益率曲线的凸性变化。单因素 Vasicek 模型表现出的凸性很小,难以形成驼峰状,而双因素模型却有充足的额外参数来满足它的灵活性。具体来讲,双因素的均值回归频率不同,实际上第二个因素存在均值背离(mean aversion),由此形成了双因素模型的凸性。估计出来的参数表明了,第二个因素有负的 γ_2,也就是说,为了拟合利率的期限结构,第二个因素的风险中性过程需要均值背离(mean-averting)或激增。

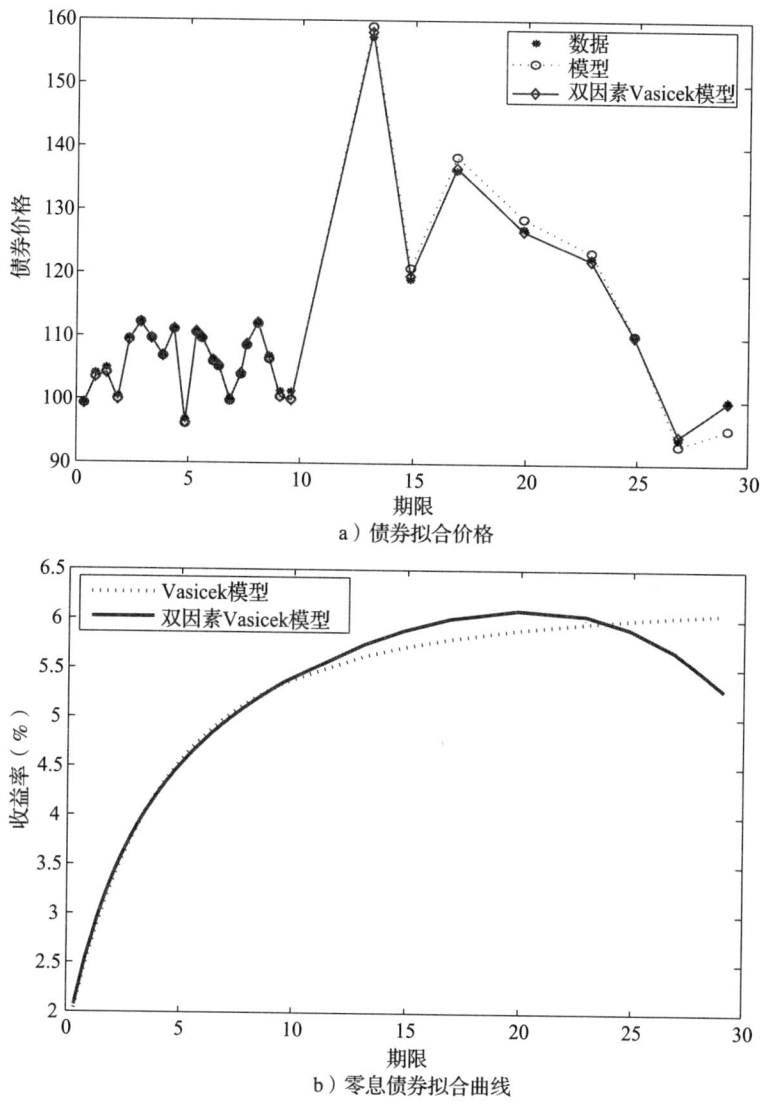

a) 债券拟合价格

b) 零息债券拟合曲线

图 22-1 2002 年 1 月 8 日的拟合债券价格

资料来源:华尔街日报。

在 16 章中的 16.3 节中,也阐述了如何利用 Vasicek 模型寻找基于收益率曲线的套利策略。此处的双因素模型也可以达到同样的目的。然而很有趣的是,从图 22-2 可知,两条收益率曲线都在彼此的顶部,因此在短端,双因素模型对 STRIPS(本息可剥离式债券)的拟合表现看起来并不优于单因素模型。正如前面讨论过的，2002年1月8日的收益率曲线太陡且太"弯曲"，至少在双因素模型的假设下，难以和无套利原理保持一致，此处的情况也是如此。因此沿着16.3节的思路，就可以建立一个多空策略(long-short strategy)从错误定价中获得收益(详见16.8节)。

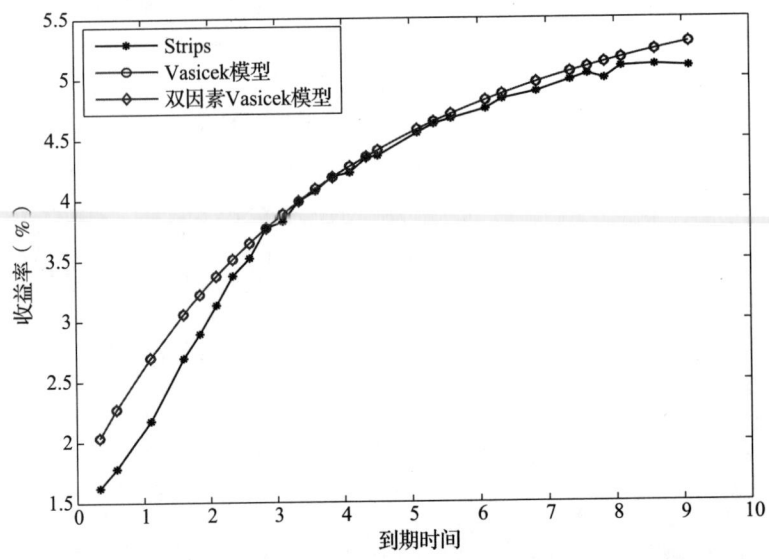

图 22-2　本息可剥离式的零息债券拟合曲线(2002年1月8日)

资料来源：《华尔街日报》。

22.2.3　长期即期利率的波动率

双因素模型也为匹配许多领域的即期利率波动率提供了更多的灵活性。例如，回顾第19章可知，Vasicek模型指出 τ 期的即期利率波动率为

$$\mathrm{d}r_t(\tau) \text{ 的 Vasicek 波动率} = \sigma_t(\tau) = \frac{\sigma}{\gamma^*} \times \frac{1-e^{-\gamma^*\tau}}{\tau} \tag{22-38}$$

其中 γ^* 是 Vasicek 模型中的风险中性均值回归系数。该公式意味着，波动只能随着到期日减少：长期即期利率相对短期即期利率有较低的波动率。同时该描述符合已实现的历史收益率波动率，正如第19章中显示的，期权的隐含波动率通常呈现出一个驼峰状。但该驼峰使得 Vasicek 模型很难拟合期权的隐含波动率。从这个方面看来，双因素模型也有所助益。

我们可以根据式(22-24)的长期即期利率 $r_t(\tau)$ 公式和伊藤引理得出

$$\mathrm{d}r_t(\tau) \text{ 的波动率} = \sqrt{\sigma_1^2 \left(\frac{B_1(\tau)}{\tau}\right)^2 + \sigma_2^2 \left(\frac{B_2(\tau)}{\tau}\right)^2} \tag{22-39}$$

下面的例子将说明双因素模型相对单因素模型在灵活性上的提升。

👉 例 22-2

在例22-1拟合的双因素 Vasicek 模型中，使用了1个月期波动率和5年期波动率作为估计值的输入。这意味着该模型在这两个数据点上会自动完全拟合。所有其他的波动取决于根据式(22-39)计算出来的参数。图22-3绘制了以收益率历史变化的标准偏差计算出的收益波动率，$\sigma^{data}(\tau) = $ st. dev. $(r_{t+dt}(\tau) - r_t(\tau)) \times \frac{1}{\mathrm{d}t}$，其中 $\mathrm{d}t = \frac{1}{12} = 1$ 个月，代表估计中的数据频率；那么 $\frac{1}{\mathrm{d}t}$ 则代表年折旧系数。该图中还绘制了根据 Vasicek 模型得到的波动率，即式(22-38)计算的波动率。图 22-3 显示，双因素模型确实能拟合波动率的两个极端情况，而单因素模型只能匹配最短的波动水平。事实上，单因素模型中只使用了一个参数(σ)拟合波动，和另外两个参数(γ^*和$\bar{r}^*$)拟合期限结构。相比之下，双因素模型有效地使用了两个参数来充分匹配波动率的两个极端的波动率期限结构，并用余下的 4 个参数拟合了利率的期限结构。

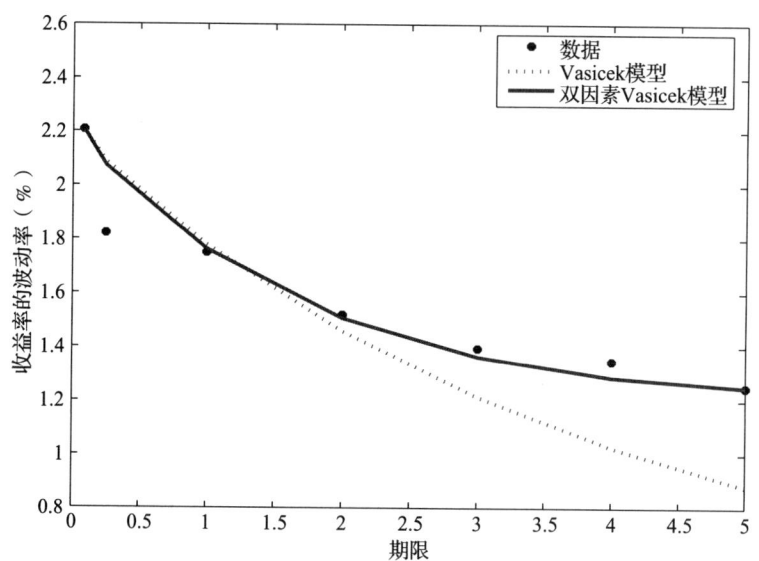

图 22-3　长期收益率的波动率(2002 年 1 月 8 日)

资料来源：美联储和 CRSP 数据库。

22.2.4　零息债券期权

Vasicek 模型的一个优点和本书 19 章讨论的"正态"模型一样，在于这两个模型对零息债券期权定价时都能得到封闭解。于是其结论就可以拓展，然后得到利率上限和下限的解析公式。双因素 Vasicek 模型之所以有这样良好的属性，原因如下。

假定存在一个基于 T_B 期零息债券的期权，其到期日为 T_O。每单位本金零息债券的未来价值等于贴现因子，即

$$Z(\phi_{1,T_O}, \phi_{2,T_O}, T_O; T_B) = e^{A(T_O; T_B) - B_1(T_O; T_B)\phi_{1,T_O} - B_2(T_O; T_B)\phi_{2,T_O}}$$

由于两个因素都服从 Vasicek 模型，因此 ϕ_{1,T_O} 和 ϕ_{2,T_O} 是联合正态分布⊖，复合变量 $B_1(T_O; T_B)$ $\phi_{1,T_O} + B_2(T_O; T_B)\phi_{2,T_O}$ 也一样。也就是说，$Z(\phi_{1,T_O}, \phi_{2,T_O}, T_O; T_B)$ 服从对数正态分布。显然，第 15 章的讨论在这里也一样适用，对期权定价公式的讨论也是一样。关键切入点在于 $\log(Z(\phi_{1,T_O}, \phi_{2,T_O}, T_O; T_B))$ 的波动率，即

$$S(T_O)^2 = B_1^2(T_O; T_B)\frac{\sigma_1^2}{2\gamma_1^*}(1 - e^{-2\gamma_1^* T_O}) + B_2^2(T_O; T_B)\frac{\sigma_2^2}{2\gamma_2^*}(1 - e^{-2\gamma_2^* T_O}) \quad (22\text{-}40)$$

⊖ 具体是，$\phi_{i,T_O} \sim \mathcal{N}(\mu_i(\phi_{i,0}, T_O), \sigma_i^2(T_O))$，其中 $\mu_i(\phi_{i,0}, T_O) = \overline{\phi_i^*} + (\phi_{i,0} - \overline{\phi_i^*})e^{-\gamma_i^* T_O}$，且 $\sigma_i^2(T_O) = \dfrac{\sigma_i^2}{(2\gamma_i^*(1 - e^{-2\gamma_i^* T_O}))}$。

然后可以得出：

○ **事实 22-5**

执行价格为 K 的 T_O 期看涨期权价格，用 T_B 期零息债券表达为

$$V(\phi_{1,0},\phi_{2,0},0) = Z(\phi_{1,0},\phi_{2,0},0;T_B)\mathcal{N}(d_1) - KZ(\phi_{1,0},\phi_{2,0},0;T_O)\mathcal{N}(d_2) \quad (22\text{-}41)$$

其中 $\mathcal{N}(x)$ 是累积标准正态分布，$S_Z(T_O)$ 已经由式(22-40)给出，那么可以算出

$$d_1 = \frac{1}{S_Z(T_O)}\log\left(\frac{Z(\phi_{1,0},\phi_{2,0},0;T_B)}{KZ(\phi_{1,0},\phi_{2,0},0;T_O)}\right) + \frac{S_Z(T_O)}{2} \quad (22\text{-}42)$$

$$d_2 - d_1 = S_Z(T_O) \quad (22\text{-}43)$$

看跌期权的价格为

$$V(\phi_{1,0},\phi_{2,0},0) = -Z(\phi_{1,0},\phi_{2,0},0;T_B)\mathcal{N}(-d_1) + KZ(\phi_{1,0},\phi_{2,0},0;T_O)\mathcal{N}(-d_2) \quad (22\text{-}44)$$

22.3 因素相关时的情形

本节将阐释在 $\phi_{1,0}$ 和 $\phi_{2,0}$ 两个因素相关情况下的伊藤引理和基本定价公式。也就是说，我们假设 $\mathrm{d}X_1$ 和 $\mathrm{d}X_2$ 这两个布朗运动的关系如下

$$E[\mathrm{d}X_{1,t}\mathrm{d}X_{2,t}] = \rho\,\mathrm{d}t \quad (22\text{-}45)$$

从本质上来说，布朗运动之间的相关性，确定了它们同时上下移动的程度。为了便于理解，重申一下在很小的时间间隔 $\mathrm{d}t$ 内，每个布朗运动增量 $\mathrm{d}X_{1,t}$、$\mathrm{d}X_{2,t}$，都服从均值为零和方差为 $\mathrm{d}t$ 的正态分布。也就是说，$\mathrm{d}X_{1,t} \sim \mathcal{N}(0, \mathrm{d}t)$，$\mathrm{d}X_{2,t} \sim \mathcal{N}(0, \mathrm{d}t)$。相关系数 ρ 描述了两者的联合运动(joint movement)。图 22-4 说明了这一点：令 $X_{1,t} = X_{2,t} = 0$。那么 $(X_{1,t+\mathrm{d}t}, X_{2,t+\mathrm{d}t})$ 的联合分布是什么呢？图 22-4a 给出了 $\rho = 0$，即两个布朗运动不相关时的联合分布。○ 当联合运动向上、向下或上下波动的概率分配基本相当时，显然联合分布在这种情况下是完全对称的。应该将这种情况的联合密度与图 22-4b 和图 22-4c 的联合密度做对比。图 22-4b 的假设是 $\rho = -0.9$，即当 X_1 向上运动，那么 X_2 很可能向下运动，反之亦然。事实上，现在 $(X_1; X_2)$ 区域的联合密度主要集中在负的对角线上。比如，当 $X_1 = -2$ 时，相比之下 X_2 接近 2 的可能性比接近 -2 大。同样地，当 $X_1 = +2$ 时，相比之下 X_2 接近 -2 的可能性也比接近 2 大。变量 X_1 和 X_2 呈相反运动趋势。类似地，图 22-4c) 绘制了 $\rho = 0.9$ 的情况，这表示两个布朗运动很可能协同上下波动。在这种情况下，联合分布很大概率在正的对角线上。举个例子，如果 $X_1 = 2$，那么 X_2 接近 2 的可能性比接近 -2 大。

接下来考虑一个基于 $\phi_{1,t}$ 和 $\phi_{2,t}$ 的证券，假设两个因素遵循以下的过程变动

$$\mathrm{d}\phi_{1,t} = m_1(\phi_{1,t},\phi_{2,t},t)\mathrm{d}t + s_1(\phi_{1,t},\phi_{2,t},t)\mathrm{d}X_{1,t} \quad (22\text{-}46)$$

$$\mathrm{d}\phi_{2,t} = m_2(\phi_{1,t},\phi_{2,t},t)\mathrm{d}t + s_2(\phi_{1,t},\phi_{2,t},t)\mathrm{d}X_{2,t} \quad (22\text{-}47)$$

此处的漂移率 $m_1(\cdot)$、$m_2(\cdot)$，和波动率 $s_1(\cdot)$、$s_2(\cdot)$ 都同时和两个因素相关。这时的伊藤引理如下：

○ **事实 22-6**

多元伊藤引理(Multivariate Ito's Lemma)。令 $\phi_{1,t}$ 和 $\phi_{2,t}$ 遵循式(22-1)和式(22-2)的过

○ 该图绘制了 $\mathrm{d}t$ 个单位，即单位方差下，$(X_1; X_2)$ 形成的区域。

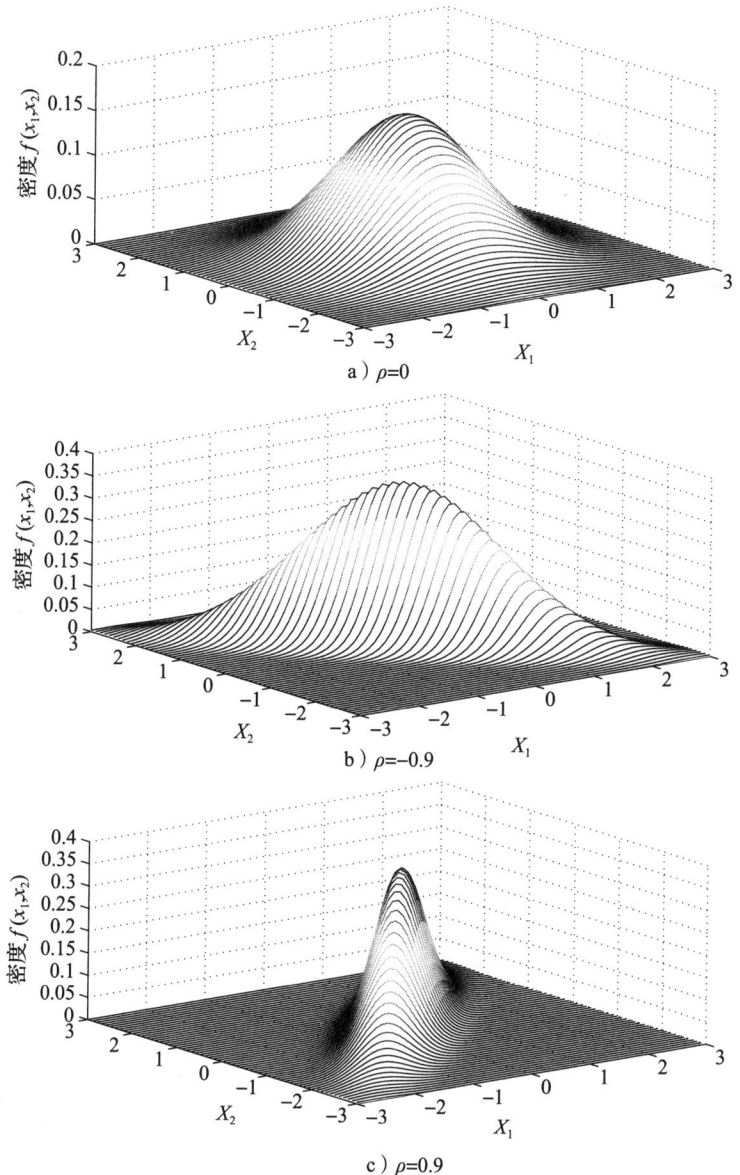

图 22-4 双变量正态分布

程,且证券价格为 $P_t = F(t, \phi_{1,t}, \phi_{2,t})$。那么资本收益过程(capital gain process)为

$$dP_t = \left\{ \left(\frac{\partial F}{\partial t}\right) + \left(\frac{\partial F}{\partial \phi_1}\right)m_{1,t} + \left(\frac{\partial F}{\partial \phi_2}\right)m_{2,t} + \frac{1}{2}\left(\frac{\partial^2 F}{\partial \phi_1^2}\right)s_{1,t}^2 + \frac{1}{2}\left(\frac{\partial^2 F}{\partial \phi_2^2}\right)s_{2,t}^2 \right.$$
$$\left. + \left(\frac{\partial^2 F}{\partial \phi_1 \partial \phi_2}\right)s_{1,t}s_{2,t}\rho \right\}dt + \left(\frac{\partial F}{\partial \phi_1}\right)s_{1,t}dX_{1,t}$$
$$+ \left(\frac{\partial F}{\partial \phi_2}\right)s_{2,t}dX_{2,t} \tag{22-48}$$

此处的 $m_{i,t} = m_i(\phi_{1,t}, \phi_{2,t}, t)$,$s_{i,t} = s_i(\phi_{1,t}, \phi_{2,t}, t)$,$i = 1, 2$。

对比此处的 dP_t 表达式和式(22-3)的因子独立表达式,就能发现两者唯一的区别在于式(22-48)中漂移率有个新增项,即

$$\left(\frac{\partial^2 F}{\partial \phi_1 \partial \phi_2}\right) s_{1,t} s_{2,t} \rho$$

该项反映了 t 到 $t+\mathrm{d}t$ 之间,由两因素联合运动引起的预期资本增益 $E[\mathrm{d}P_t]$。实际上,第二个衍生项 $\left(\frac{\partial^2 F}{\partial \phi_1 \partial \phi_2}\right)$ 解释了沿着 (X_1, X_2) 区域对角线的附息债券的凸性。该凸性乘以两个因素之间的协方差,就是由联合二阶导数衡量的该方向上的联合运动。

那么基本定价公式是什么?按照第 22.2 节中的相同步骤进行,可得:

○ **事实 22-7**

令 $V(\phi_1, \phi_2, t)$ 表示基于时间 t 和式(22-6)和式(22-7)给出的因素 ϕ_1、ϕ_2 的证券价格,且其最终回报为 g_T。那么,该证券的价值就等于**基本定价公式**(fundamental pricing equation)的解。

$$R(\phi_1, \phi_2)V = \frac{\partial V}{\partial t} + \frac{\partial V}{\partial \phi_1} m_{1,t}^* + \frac{\partial V}{\partial \phi_2} m_{2,t}^* + \frac{1}{2} \times \frac{\partial^2 V}{\partial \phi_1^2} s_{1,t}^2$$
$$+ \frac{1}{2} \times \frac{\partial^2 V}{\partial \phi_2^2} s_{2,t}^2 + \frac{\partial^2 V}{\partial \phi_1 \partial \phi_2} s_{1,t} s_{2,t} \rho \tag{22-49}$$

且遵循条件:最终价值 $V(\phi_1, \phi_2, T) = g_T$。

式(22-49)的基本定价公式与利用独立因素得到的式(22-13)相比,唯一的区别是出现了一个附加项(公式最后一项),描述的是因素间的相关性。如果这种相关性 $\rho=0$ 就和式(22-13)一样了。接下来将讨论如何应用这一基本定价方程。

22.3.1 因素相关的双因素 Vasicek 模型

再次援引 22.2.1 节式(22-17)和式(22-18)的双因素模型,但区别在于此处的两个布朗运动 $\mathrm{d}X_{1,t}$、$\mathrm{d}X_{2,t}$ 具有相关性,且相关系数为 ρ。在不完全考虑所有细节的情况下,可以得到如下结论:

○ **事实 22-8**

令两个因素分别服从式(22-17)和式(22-18)的中性动态过程,但两者的布朗运动相关系数 $E[\mathrm{d}X_{1,t}\mathrm{d}X_{2,t}] = \rho \mathrm{d}t$,并且 $r_t = \phi_{1,t} + \phi_{2,t}$。那么在 t 时刻,单位本金的零息债券在到期时间 T 的价值为

$$Z(\phi_{1,t}, \phi_{2,t}, t; T) = e^{A(t;T) - B_1(t;T)\phi_{1,t} - B_2(t;T)\phi_{2,t}} \tag{22-50}$$

其中 $B_i(t;T) = \frac{1}{\gamma_i^*}(1 - e^{-\gamma_i^*(T-t)})$,且

$$A(t;T) = [B_1(t;T) - (T-t)]\left(\overline{\phi}_1^* - \frac{\sigma_1^2}{2(\gamma_1^*)^2} - \frac{\sigma_1 \sigma_2 \rho}{\gamma_1^* \gamma_2^*}\right) - \frac{\sigma_1^2}{4\gamma_1^*} B_1(t;T)^2$$
$$+ [B_2(t;T) - (T-t)]\left(\overline{\phi}_2^* - \frac{\sigma_2^2}{2(\gamma_2^*)^2} - \frac{\sigma_1 \sigma_2 \rho}{\gamma_1^* \gamma_2^*}\right) - \frac{\sigma_2^2}{4\gamma_2^*} B_2(t;T)^2$$
$$+ [B_3(t;T) - (T-t)]\frac{\sigma_1 \sigma_2 \rho}{\gamma_1^* \gamma_2^*}$$

其中

$$B_3(t;T) = \frac{1 - e^{-(\gamma_1^* + \gamma_2^*)(T-t)}}{\gamma_1^* + \gamma_2^*}$$

式(22-50)的零息债券公式和式(22-19)的独立因素公式之间，唯一的区别在于$A(t;T)$这一项。事实上，相关系数ρ也只在$A(t;T)$这一项中出现。直觉告诉我们，不同的相关程度ρ，会影响利率r_t的动态，如它的波动率和自相关性。例如，由于零附息债券价格和利率之间的凸性是正的，因此利率过程的波动率会对零息债券的价格产生正的影响。

虽然债券定价公式和先前的公式类似，但收益率的波动率和收益之间的相关性，却导致此处的情况和因素之间独立的情况相比出现一些差异。事实上，现在的短期利率和长期利率的波动率变成了

$$\mathrm{d}r_t \text{ 的波动率} = \sigma_r = \sqrt{\sigma_1^2 + \sigma_2^2 + 2\sigma_1\sigma_2\rho} \tag{22-51}$$

$$\mathrm{d}r_t(\tau) \text{ 的波动率} = \sigma(\tau) = \sqrt{\sigma_1^2\left(\frac{B_1(\tau)}{\tau}\right)^2 + \sigma_2^2\left(\frac{B_2(\tau)}{\tau}\right)^2 + 2\left(\frac{B_1(\tau)}{\tau}\right)\left(\frac{B_2(\tau)}{\tau}\right)\sigma_1\sigma_2\rho} \tag{22-52}$$

此外，短期利率和任何到期日为τ的长期利率与之间的相关性是

$$(\mathrm{d}r_t, \mathrm{d}r_t(\tau)) \text{ 的相关性} = \rho(0,\tau) = \frac{\sigma_1^2\left(\frac{B_1(\tau)}{\tau}\right) + \sigma_2^2\left(\frac{B_2(\tau)}{\tau}\right) + \left(\frac{B_1(\tau)}{\tau} + \frac{B_2(\tau)}{\tau}\right)\sigma_1\sigma_2\rho}{\sigma_r \sigma(\tau)} \tag{22-53}$$

令相关系数$\rho = 0$，公式就重新恢复为因素之间独立的情况了。

例 22-3

承接例 22-2。图 22-3 显示，独立因素的双因素模型很好地匹配了收益波动率的期限结构。如前所述，要引入多因素，主要在于消除 Vasicek 模型等单因素模型隐含的收益率之间的完全相关性。其关键在于例 22-2 拟合出的模型是否能达到这个目的。图 22-5 显示，情况并不理想。该图描绘了根据数据和不同的模型，得出的每个τ期收益率与短期收益率的相关性（在 X 轴上）。例如，虚线对应的 Vasicek 模型，在这种情况下，τ期收益率变化与短期利率之间的相关性等于 100%。实线描绘的是根据独立因素模型计算出的相关性。值得一提的是，独立因素的相关性也可以根据式(22-53)，令其$\rho = 0$计算得出。可以看出，虽然独立因素的模型得出的长期收益率和短期利率之间的相关性有所下降，但该结果与数据之间仍然存在可观的差异。例如，数据显示 5 年期收益率相关性只有 50%，但独立因素模型得出的结果却超过 80%。

因素相关的双因素模型得出的结果与实际情况稍微接近一些。尤其是，双因素模型能够保证足够的自由度，既得出因素之间的相关性，也能找出风险中性参数γ_1^*、$\overline{\phi}_1^*$、γ_2^*和$\overline{\phi}_2^*$。例如，根据数据得到 5 年期收益率与短期利率之间的相关性仅为 47.13%。那么我们可以设置 3 个限制条件⊖

$$\text{短期利率波动率 } \mathrm{d}r_t = 0.0221 = \sigma_r \tag{22-54}$$

$$\text{长期利率波动率 } \mathrm{d}r_{\ell,t} = 0.0125 = \sigma(\tau_\ell) \tag{22-55}$$

$$(\mathrm{d}r_t, \mathrm{d}r_{\ell,t}) \text{ 的相关性} = 0.4713 = \rho(0,\tau_\ell) \tag{22-56}$$

由于不能确定$\overline{\phi}_2^*$，那么此处仍然令$\overline{\phi}_2^* = 0$，然后找出满足上述 3 个方程的参数γ_1^*、$\overline{\phi}_1^*$、σ_1、γ_2^*、σ_2和ρ，同时像式(22-37)那样最小化定价误差的平方。如此就可以得出

⊖ 实际过程中，由于相关性通常很难估计，因此通常计算$\mathrm{d}r_t$和$\mathrm{d}r_{\ell,t}$之间的方差，而不是相关性。方差为式(22-53)中的分子。

$$\gamma_1^* = 0.826\,9;\quad \overline{\phi}_1^* = -0.041\,3;\quad \sigma_1 = 0.025\,0$$
$$\gamma_2^* = -0.028\,8;\quad \overline{\phi}_2^* = 0;\quad \sigma_2 = 0.013\,2$$
$$\rho = -0.475\,5$$

$\overline{\phi}_1^*$ 的风险中性数值为负,而因素2是均值背离的(mean averting)。图22-5a的虚线显示,事实上该模型确实能够匹配5年期收益率的低相关性。然而,在匹配像1个月期国债这种短期利率的相关性时,这种通用模型的表现与Vasicek模型和因素独立的双因素Vasicek模型的表现一样差。有趣的是我们注意到,1个月期利率和3个月期利率之间的相关性实际上也非常低。仅有两个因素是不够刻画其中差异的。

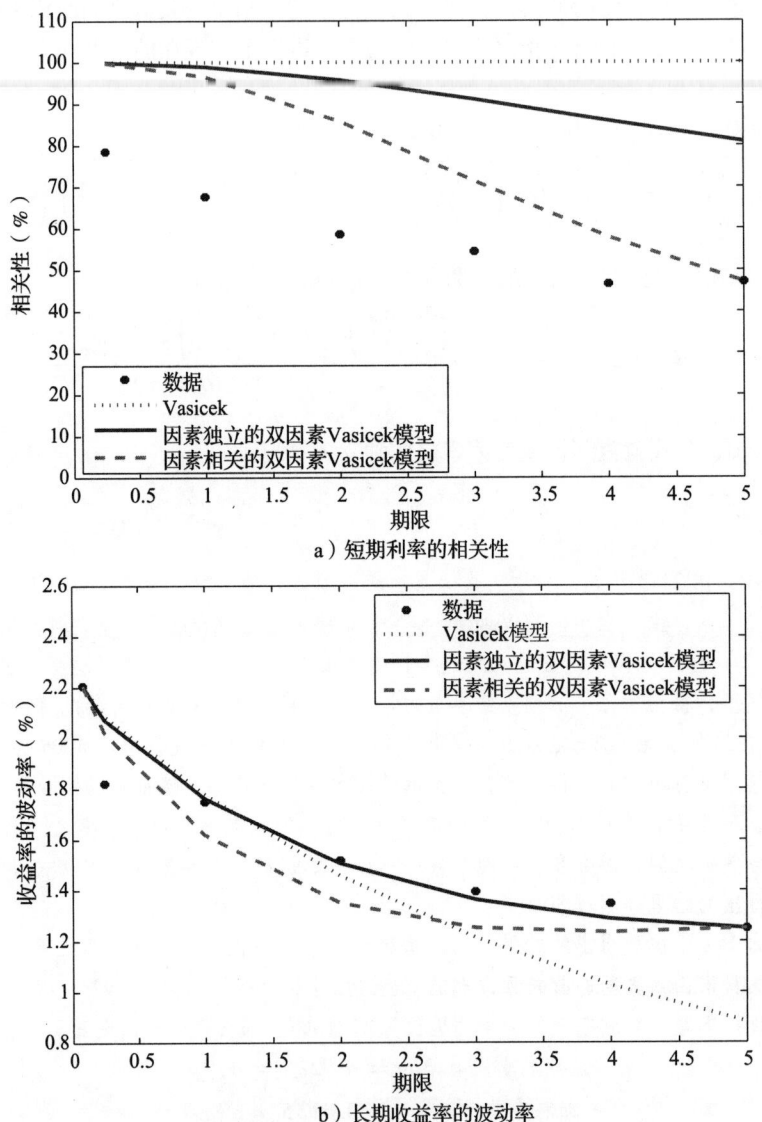

图22-5 相关性与长期收益率的波动率(2002年1月8日)

资料来源:美联储和CRSP数据库。

可能问题在于,以匹配5年期收益率和债券价格的波动性方式来拟合5年期收益率的过程中,可能失去了什么重要的东西?虽然差异不大,但该模型用于债券价格的拟合结果还是差强人意(图22-5看起来和图22-1很相似,此处为了简洁省略了)。而图22-5b显示出了波动率。虽然构建的模型能够完全匹配短期和长期的波动率,但它对中间期限的波动率却匹配得不怎么好。

22.3.2 零息债券期权

相互关联的因素是如何影响看涨期权的价格的？再次强调，此处零息债券的定价公式仍然和独立因素定价公式相同，因此 22.2.4 节的论证在这里也是适用的。也就是说，看涨期权和看跌期权的价值依然如事实 22-5 所示，但 $\log(Z(\phi_{1,T_O}, \phi_{2,T_O}, T_O; T_B))$ 的波动率略有不同，现在为

$$S_Z(T_O)^2 = B_1^2(T_O;T_B)\frac{\sigma_1^2}{2\gamma_1^*}(1-\mathrm{e}^{-2\gamma_1^*T_O}) + B_2^2(T_O;T_B)\frac{\sigma_i^2}{2\gamma_2^*}(1-\mathrm{e}^{-2\gamma_2^*T_O})$$
$$+ B_1(T_O;T_B)B_2(T_O;T_B)\sigma_1\sigma_2\rho\frac{(1-\mathrm{e}^{-(\gamma_1^*+\gamma_2^*)T_O})}{\gamma_1^*+\gamma_2^*} \tag{22-57}$$

22.3.3 双因素 Hull-White 模型

双因素 Vasicek 模型是单因素模型的简单延伸，目的在于描述收益率的不同步变动现象。然而和 Vasicek 模型一样，双因素 Vasicek 模型仍然不能完全拟合利率的期限结构。在不同步变动的条件下，虽然在收益率曲线上建立无套利建议组合是可行的，但若想对复杂的衍生证券定价，这一特点反而成了障碍。这时就需要建立第 19 章中讨论过的无套利模型。事实上，第 19 章详述了 Hull-White 模型，它是单因素 Vasicek 模型的一般化形式，目的在于匹配利率的期限结构。双因素 Hull-White 模型仍然是建立在双因素 Vasicek 模型上，去匹配利率期限结构的，并且能更好地拟合波动率的期限结构和波动率之间的相关性。

再次思考式(22-22)和式(22-23)阐述的双因素 Vasicek 模型，然后像 Hull-White 模型那样，假设 $\theta_t = \gamma_1^* \overline{\phi}^*$ 是时间 t 的函数。另外，假定 $\overline{\phi}_2^* = 0$，那么就有

$$\mathrm{d}r_t = [\theta_t - \gamma_1^* r_t + (\gamma_1^* - \gamma_2^*)\phi_{2,t}]\mathrm{d}t + \sigma_1\mathrm{d}X_1 + \sigma_2\mathrm{d}X_2 \tag{22-58}$$
$$\mathrm{d}\phi_{2,t} = -\gamma_2^*\phi_{2,t}\mathrm{d}t + \sigma_2\mathrm{d}X_{2,t} \tag{22-59}$$

该模型对双因素 Vasicek 模型的扩展，只在于时间的确定性函数 θ_t 上，只有明确了 θ_t 才能匹配零息债券的期限结构。⊖从另一方面来说，该模型和双因素 Vasicek 模型在波动率和相关性方面是没有区别的，这意味着式(22-51)、式(22-52)和式(22-53)，在 Hull-White 模型中仍然成立。

相比之下，零息债券的定价公式稍有变化，具体如下。

○ **事实 22-9**

双因素 Hull-White 模型给出的零息债券价值为

$$Z(r_t, \phi_{2,t}, t; T) = \mathrm{e}^{A(t;T)-B_1(t;T)r_t-C(t;T)\phi_{2,t}} \tag{22-60}$$

其中 $B_i(t;T)$ 如式(22-20)所示，$C(t;T) = B_2(t;T) - B_1(t;T)$，$A(t;T)$ 在本章最后的附录 22A 中。

引入让模型可以准确匹配利率期限结构的确定性函数 θ_t 的好处在于，可以选择债券的波动率结构以便更好地与数据特征相匹配。

⊖ 式(22-58)中的第 2 项，漂移率可以再按 White-Hull 模型的做法进行正态化(renormalized)处理。设 $u_t = (\gamma_1^* - \gamma_2^*)\phi_{2,t}$，则 $\mathrm{d}u_t = -\gamma_2^* \mathrm{d}u_t \mathrm{d}t + \sigma_u \mathrm{d}X_{1,t}$ 这正是 White-Hull 模型的假设条件。这里沿用了前面的记法，以便能更好地应用前面推导出的公式。

例 22-4

承接例 22-3。Hull-White 模型相对于双因素 Vasicek 模型的优点在于具有 θ_t 函数,可以匹配利率期限结构。因此,可以自由选取其他的模型参数,即 γ_1^*、γ_2^*、σ_1、σ_2 和 ρ,来匹配收益率的波动结构和相关性结构。由于 Hull-White 模型中的式(22-51)、式(22-52)式(22-53)也已经给出了波动率和相关性,就可以找出最小化下列函数的波动率参数

$$J(\gamma_1^*,\gamma_2^*,\sigma_1,\sigma_2,\rho) = \sum_{i=1}^{n}(\sigma_t(\tau_i) - \sigma(\tau_i)^{data})^2 + (\rho(0,\tau_i) - \rho(0,\tau_i)^{data})^2$$

图 22-6 显示了上述例题的结果。图 22-6a 描绘了 Hull-White 模型的拟合波动率,以及 Vasicek 模型和数据的波动率。可以看出,双因素 Hull-White 模型成功地匹配了收益率的波动结构,得出的结果非常接近。图 22-6b 显示了不同期限的收益率之间的相关性结构(在 x 轴上)和短期即期利率。由此可见,该模型表现良好。此外,虽然没有绘制 θ_t 的图,但通过计算附录中的式(22-122),就能保证精确匹配利率的期限结构。

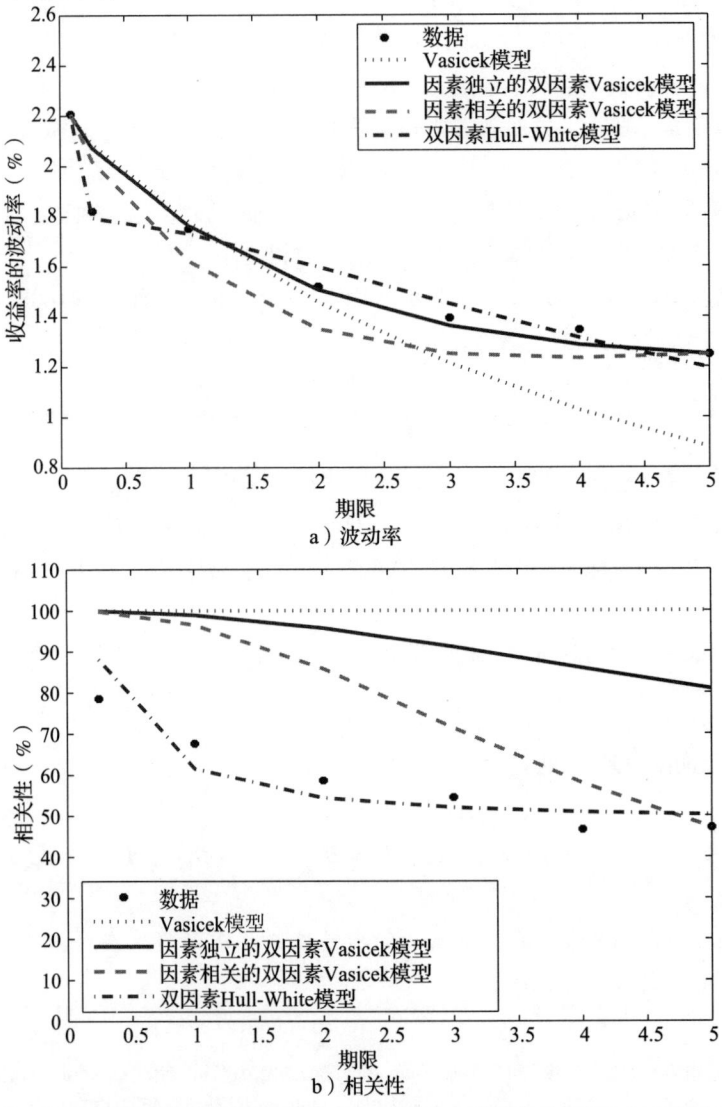

图 22-6 收益波动率和双因素 Hull-White 模型中的相关性(2002 年 1 月 8 日)

资料来源:美联储和 CRSP 数据库。

例22-5

本例使用了与19章中的19.4.3节相同的数据,当时我们对比了Hull-White模型和Ho-Lee模型,并且测试了它们在匹配2004年11月1日的利率上限价格上的效果。接下来要求出式(22-57)的波动率函数$S_z(T)$中出现的5个参数(γ_1^*, σ_1, γ_2^*, σ_2, ρ),使匹配的价格尽可能地接近利率上限的价格。图22-7a显示了双因素Hull-White模型在2004年11月1日的表现。很可惜的是,可以看出在这种情况下,式(22-57)中波动率函数增加的灵活性对于匹配利率上限价格的波动率结构并没有帮助。事实上,图22-7b对比了双因素Hull-White模型、单因素Hull-White模型、Ho-Lee模型在这种情况下的拟合波动率,以及利率上限本身隐含的波动率。利率上限隐含波动率的极值凸性是很难拟合的。

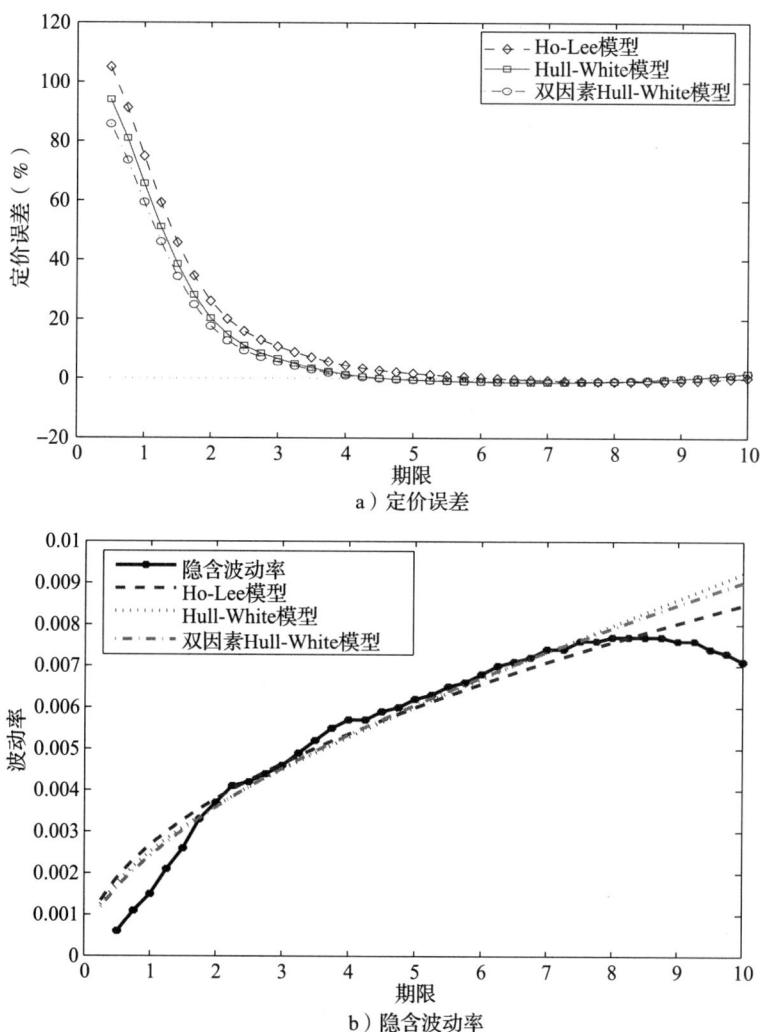

图22-7 2004年11月1日的利率上限期权定价误差和隐含波动率

资料来源:彭博数据库。

22.4 费曼—卡茨原理

第17章介绍的费曼—卡茨公式也能应用到多因素的情况中。实际上,可以得出以下结论:

○ 事实 22-10

令 $V(\phi_{1,t}, \phi_{2,t}, t)$ 表示到期支付 $V(\phi_{1,T}, \phi_{2,T}, T) = g_T$ 的债券价格,并满足 22.49 式的偏微分方程。那么 $V(\phi_{1,t}, \phi_{2,t}, t)$ 就等于

$$V(\phi_{1,t}, \phi_{2,t}, t) = E^*\left[e^{-\int_t^T R(\phi_{1,u}, \phi_{2,u})du} g_T \mid \phi_{1,t}, \phi_{2,t}\right] \quad (22\text{-}61)$$

其中 $E^*[\cdot]$ 是关于以下风险中性过程的概率分布期望值

$$d\phi_{1,t} = m^*_{1,t}dt + s_{1,t}dX_{1,t} \quad (22\text{-}62)$$

$$d\phi_{2,t} = m^*_{2,t}dt + s_{2,t}dX_{2,t} \quad (22\text{-}63)$$

式(22-61)可以求出基本定价公式(式(22-49))的解,那么我们想要定价的利率证券的价值,即未来收益的期望,就可以用无风险利率贴现了。由此可见,当该模型太过复杂时,我们总可以利用第 17 章中讨论的蒙特卡罗模拟法解决问题。然而要注意,虽然在一些特殊情况下能够得到期权和其他证券的封闭解,但在一般的多因素固定收益模型中是得不到解析解的,只能使用蒙特卡罗模拟法来替代求解。

22.4.1 应用:收益率曲线斜率证券

对基于不同收益率曲线的证券定价,或投资于曲线上不同点的时候,多因素模型特别好用。举个例子,假如收益率曲线斜率证券是指那些证券现金流取决于利率期限结构上不同点的相对价值的证券。表 22-1 摘录自 2006 年 3 月摩根士丹利公布的招股说明书,描述了一只收益率曲线斜率证券的详细情况。

表 22-1 摩根士丹利招股说明书摘录

2008 年 3 月 3 日到期的收益率曲线坡度证券保本票据 基于 10 年期固定期限国债和 3 个月 LIBOR 之间的差异	
发行日期	2006 年 3 月 3 日
到期日期	2008 年 3 月 3 日
发行价格	每份 1000 美元
到期赎回金额	1 000 美元 + 补充赎回金额
补充赎回金额	1 000 美元乘以利差乘以杠杆率,只要补充赎回金额不小于零
利差	10 年期固定利率减到期日前第 5 个营业日的 3 个月期 LIBOR
杠杆系数	15

资料来源:美国证券交易委员会备案,摩根士丹利 2006 年 2 月 28 日定价表。

该收益率曲线斜率证券只在 $T = 2008$ 年 3 月 3 日时有收益,并等于

$$CF_T = 1\,000 + 1\,000 \times 15 \times \max(r_{cmt}(T;10) - r_{LIBOR}(T;0.25), 0) \quad (22\text{-}64)$$

注意,这些票据不支付任何利息,因此通常情况下,他们和其他零息债券一样,将被定价为面值的贴现。然而,这些票据是以票面价值销售。原因是式(22-64)中期权成分的价值弥补了折扣。

值得注意的是,表 22-1 中的斜率证券包含 LIBOR 曲线和国债收益率曲线这两种不同的曲线。正如第 5 章所讨论的,由于 LIBOR 是伦敦银行间同业拆借市场的(拆借)利率,因此 LIBOR 和国债利率本质上的区别在于银行贷款中隐含的信用风险。本节的目标是说明多元蒙特卡罗模拟法,下面将给出两个在计算方法上的简化假设:第一,短期利率指的是 3 个月期国债利率;第二,长期利率指的是同期的零息债券收益率。也就是说,假定 T 时刻的现金流为

$$CF_T = g(\phi_{1,T}, \phi_{2,T}) = 1\,000 + 1\,000 \times 15 \times \max(r(T;10) - r(T;0.25), 0) \quad (22\text{-}65)$$

然后按如下步骤进行：

1. 预测双因素 Vasicek 模型。首先，运用在 22.3.1 节详述的同样的方法来估计双因素 Vasicek 模型。使用所有 2006 年 3 月 3 日交易的短期国债、中期国债和长期国债，可以得到以下参数估计值

$$\gamma_1^* = 1.722\,7; \quad \overline{\phi_1^*} = 0.299\,3; \quad \sigma_1 = 0.022\,2$$

$$\gamma_2^* = 0.043\,4; \quad \overline{\phi_2^*} = 0; \quad \sigma_2 = 0.014\,7$$

$$\rho = -0.396\,9$$

此处也使用了当前的短期利率 $r_0 = 4.37\%$ 和 5 年期零息债券收益率 $r_0(5) = 4.54\%$，同时还匹配了短期利率的波动率 $\sigma(dr_t(0.25)) = 0.021\,3$、5 年期收益波动率 $\sigma(dr_t(5)) = 0.012\,4$，以及两者的相关性 $Corr(dr_t(0.25), dr_t(5)) = 0.455\,4$。

2. 模拟因素过程。如第 17 章所述，我们可以离散化 $\phi_{1,t}$ 和 $\phi_{2,t}$ 的过程。具体化就是，设置 $\delta = \frac{1}{252}$（一天），从估计部分得到的 $\phi_{1,0}$ 和 $\phi_{2,0}$ 入手，然后模拟

$$\phi_{1,i+1}^j = \phi_{1,i}^j + \gamma_1^*(\overline{\phi_1^*} - \phi_{1,i}^j)\delta + \sigma_1\sqrt{\delta}\,\varepsilon_{1,i+1}^j \quad (22\text{-}66)$$

$$\phi_{2,i+1}^j = \phi_{2,i}^j + \gamma_2^*(\overline{\phi_2^*} - \phi_{2,i}^j)\delta + \sigma_2\sqrt{\delta}\,\varepsilon_{2,i+1}^j \quad (22\text{-}67)$$

其中 i 是时间步，j 是模拟次数。此外，模拟的随机变量 $\varepsilon_{1,i+1}^j$ 和 $\varepsilon_{2,i+1}^j$ 是根据下列相互关联的标准正态分布得到的

$$\begin{bmatrix} \varepsilon_{1,i+1}^j \\ \varepsilon_{2,i+1}^j \end{bmatrix} \sim N\left(\begin{bmatrix} 0 \\ 0 \end{bmatrix}, \begin{bmatrix} 1 & \rho \\ \rho & 1 \end{bmatrix}\right) \quad (22\text{-}68)$$

3. 计算贴现收益。对于每次模拟 j，都可以按如下步骤计算出贴现收益：第一，给定两个模拟因素最后的值 $\phi_{1,n}^j$ 和 $\phi_{2,n}^j$，其中 n 是时间步数，就可以用双因素 Vasicek 公式计算出收益率。也就是说，可以得到

$$g_T^j = 1\,000 + 1\,000 \times 15 \times \max(r_n^j(10) - r_n^j(0.25), 0)$$

此处的 $r_n^j(\tau)$ 是模型隐含的到期日 τ 的连续复合收益率，$r_n^j(\tau) = -\frac{A_0(\tau)}{\tau} + \frac{B_1(\tau)}{\tau}\phi_{1,n}^j + \frac{B_2(\tau)}{\tau}\phi_{2,n}^j$。

第二，根据短期利率为 $r_i^j = \phi_{1,i}^j + \phi_{2,i}^j$，利用模拟的因素可以计算出相应的贴现因子

$$Z^j(0,T) = e^{-\sum_{i=0}^{n-1} r_i^j \times \delta}$$

那么 j 次模拟贴现后的收益就等于

$$V^j = Z^j(0,T) \times g_T^j$$

4. 计算斜率证券的价值和标准误差。最后，该证券的价值等于

$$\hat{V} = \frac{1}{J}\sum_{j=1}^{J} V^j = 995.137\,9$$

其标准误差等于

$$标准误差 = \sqrt{\frac{\frac{1}{J}\sum_{j=1}^{J}(V^j - \hat{V})^2}{J}} = 1.055\,2$$

其中 $J = 10\,000$，是模拟次数。虽然计算出的证券价值比较接近表 22-1 中的要价，但要记住此处的证券和表 22-1 中的证券并不完全一样（此处更简单）。

22.4.2 模拟相关的布朗运动

最后一个实用的点是：如何模拟两个相关的正态分布变量？如果像第17章中所述，计算机软件只能模拟独立的随机变量，那么可能需要某种转换才能模拟出相关系数 ρ。具体来说就是令 ε_1 和 ε_2 为不相关的标准正态

$$\begin{bmatrix} \varepsilon_1 \\ \varepsilon_2 \end{bmatrix} \sim N\left(\begin{bmatrix} 0 \\ 0 \end{bmatrix}, \begin{bmatrix} 1 & 0 \\ 0 & 1 \end{bmatrix} \right) \tag{22-69}$$

然后定义

$$\varepsilon_2 = \rho \times \varepsilon_1 + \sqrt{1-\rho^2} \times \varepsilon_2$$

就可以得出 $(\varepsilon_1, \varepsilon_2)$ 服从联合标准正态分布，且两者相关系数为 ρ。要理解这一点，ε_2 作为两个正态分布的和，因此 ε_2 也是正态分布。并且

$$E[\varepsilon_2] = \rho \times E[\varepsilon_1] + \sqrt{1-\rho^2} \times E[\varepsilon_2] = 0 \tag{22-70}$$

$$\text{Var}[\varepsilon_2] = \rho^2 \times \text{Var}[\varepsilon_1] + (1-\rho^2) \times \text{Var}[\varepsilon_2] = 1 \tag{22-71}$$

$$\text{Cov}(\varepsilon_1, \varepsilon_2) = \rho \times \text{Cov}(\varepsilon_1, \varepsilon_1) + \sqrt{1-\rho^2} \times \text{Cov}(\varepsilon_1, \varepsilon_2) = \rho \tag{22-72}$$

由于 $\text{Cov}(\varepsilon_1, \varepsilon_1) = \text{Var}[\varepsilon_1] = 1$ 且 $\text{Cov}(\varepsilon_1, \varepsilon_2) = 0$，那么也就是说，就算只能模拟不相关的随机变量 $(\varepsilon^j_{1,i+1}, \varepsilon^j_{2,i+1})$，仍然可以按下述过程模拟相关的因素

$$\phi^j_{1,i+1} = \phi^j_{1,i} + \gamma_1^* (\overline{\phi}_1^* - \phi^j_{1,i})\delta + \sigma_1\sqrt{\delta}\,\varepsilon^j_{1,i+1}$$

$$\phi^j_{2,i+1} = \phi^j_{2,i} + \gamma_2^* (\overline{\phi}_2^* - \phi^j_{2,i})\delta + \sigma_2\sqrt{\delta}\left(\rho \times \varepsilon^j_{1,i+1} + \sqrt{1-\rho^2} \times \varepsilon^j_{2,i+1}\right)$$

22.5 远期风险中性定价

本书在21章讨论到，费曼—卡茨定理已为远期风险中性定价方法奠定了基础。在下文中，我们只考虑简单、两个因素不相关的情况。因素相关的情况，可以按照类似的思路进行分析。

举个例子，给定一只正态化的证券（normalized security）

$$\widetilde{V}(\phi_1, \phi_2, t; T) = \frac{V(\phi_1, \phi_2, t; T)}{Z(\phi_1, \phi_2, t; T_B)}$$

在因素不相关的情况下，该正态化证券的价格必须满足

$$0 = \frac{\partial \widetilde{V}}{\partial t} + \frac{\partial \widetilde{V}}{\partial \phi_1}(m^*_{1,t} + \sigma_{Z,1} s_{1,t}) + \frac{\partial \widetilde{V}}{\partial \phi_2}(m^*_{2,t} + \sigma_{Z,2} s_{2,t}) + \frac{1}{2} \times \frac{\partial^2 \widetilde{V}}{\partial \phi_1^2} s_{1,t}^2 + \frac{1}{2} \times \frac{\partial^2 \widetilde{V}}{\partial \phi_2^2} s_{2,t}^2$$

$$\tag{22-73}$$

且最终条件为

$$\widetilde{V}(\phi_1, \phi_2, t; T) = \widetilde{g}\,T = \frac{g_T}{Z(\phi_{1,T}, \phi_{2,T}, T; T_B)}$$

以上，对于 $i = 1, 2$ 都有

$$\sigma_{Z,i} = \frac{1}{Z} \times \frac{\partial Z}{\partial \phi_i} s_{i,t}$$

应用费曼—卡茨公式可以得出以下结论：

○ **事实 22-11**

正态化证券的价值为

$$\widetilde{V}(\phi_1,\phi_2,t;T) = E_f^*\left[\frac{g_T}{Z(\phi_{1,T},\phi_{2,T},T;T_B)}\right]$$

那么利率证券的价值为

$$V(\phi_1,\phi_2,t;T) = Z(\phi_1,\phi_2,t;T_B)E_f^*\left[\frac{g_T}{Z(\phi_{1,T},\phi_{2,T},T;T_B)}\right]$$

其中的期望是以下远期风险中性过程为基础的

$$\mathrm{d}\phi_{i,t} = (m_{i,t}^* + \sigma_{Z,i}s_{i,t})\mathrm{d}t + s_{i,t}\mathrm{d}X_{i,t} \tag{22-74}$$

其中 $i = 1, 2$。此外，基于 $Z(\phi_1, \phi_2, t; T_B)$ 的远期风险中性动态下的 $V(\phi_1, \phi_2, t; T)$ 满足：

$$\mathrm{d}V = V(r + \sigma_{Z,1}\sigma_{V,1} + \sigma_{Z,2}\sigma_{V,2})\mathrm{d}t + \sigma_{V,1}V\mathrm{d}X_{1,t} + \sigma_{V,2}V\mathrm{d}X_{2,t} \tag{22-75}$$

其中 $\sigma_{V,i} = \frac{1}{V}\times\frac{\partial V}{\partial \phi_i}s_{i,t}$ 是 $\mathrm{d}V/V$ 对因子 $\mathrm{d}X_{i,t}$ 的加载项（loading）。

和第 21 章一样，此结果可以推广如下：

○ **事实 22-12**

给定两个可交易证券 P 和 V，令他们的风险中性过程为

$$\frac{\mathrm{d}P_t}{P_t} = r_t\mathrm{d}t + \sigma_{P,1,t}\mathrm{d}X_{1,t} + \sigma_{P,2,t}\mathrm{d}X_{2,t}$$

$$\frac{\mathrm{d}V_t}{V_t} = r_t\mathrm{d}t + \sigma_{V,1,t}\mathrm{d}X_{1,t} + \sigma_{V,2,t}\mathrm{d}X_{2,t}$$

其中 $\sigma_{P,1,t}$、$\sigma_{V,1,t}$，$i = 1, 2$，是扰动项 $\mathrm{d}X_{1,t}$ 和 $\mathrm{d}X_{2,t}$ 的加载项。选择证券 P 作为计价单位。那么在 P 的远期风险中性动态下，V 的过程为

$$\frac{\mathrm{d}V_t}{V_t} = (r_t + \sigma_{P,1,t}\sigma_{V,1,t} + \sigma_{P,2,t}\sigma_{V,2,t})\mathrm{d}t + \sigma_{V,1,t}\mathrm{d}X_{1,t} + \sigma_{V,2,t}\mathrm{d}X_{2,t} \tag{22-76}$$

同样地，令 Y 为风险中性动态如下的一个过程

$$\mathrm{d}Y_t = m_t^*\mathrm{d}t + s_{1,t}\mathrm{d}X_{1,t} + s_{2,t}\mathrm{d}X_{2,t}$$

那么在 P 引发的远期风险中性动态下，Y 的过程为：

$$\mathrm{d}Y_t = (m_t^* + \sigma_{P,1,t}s_{1,t} + \sigma_{P,2,t}s_{2,t})\mathrm{d}t + s_{1,t}\mathrm{d}X_{1,t} + s_{2,t}\mathrm{d}X_{2,t} \tag{22-77}$$

最后的结果表明，当改变计价单位，可交易证券（如式（22-76）的 V）和随机变量（如式（22-77）的 Y）的过程只改变其漂移率。具体来讲，新的漂移率等于旧的漂移率加上作为新计价单位的可交易证券和当前变量的协方差项。即

$$\text{协方差}\frac{\left(\frac{\mathrm{d}P}{P},\frac{\mathrm{d}V}{V}\right)}{\mathrm{d}t} = \sigma_{P,1,t}\sigma_{V,1,t} + \sigma_{P,2,t}\sigma_{V,2,t} \tag{22-78}$$

$$\text{协方差}\frac{\left(\frac{\mathrm{d}P}{P},\mathrm{d}Y\right)}{\mathrm{d}t} = \sigma_{P,1,t}s_{1,t} + \sigma_{P,2,t}s_{2,t} \tag{22-79}$$

应用：附息债券期权

在前面的章节中，我们已经阐释了在多元正态模型下，仍然可以算出零息债券期权的价值（详见事实22-5）。和第19章中讨论的单因素情况不一样，多因素情况下附息债券的定价公式不遵循零息债券的定价公式。也就是说，第19章19.4.1节阐述的方法在多因素情况下不再适用。这一看法其实是很有疑问的，因为也使用附息债券期权公式对欧式互换期权定价是完全可行的。

下面我们将说明如何使用远期风险中性动态和费曼—卡茨公式，基于双因素Vasicek模型推导出半解析形式(semi-analytical format)的附息债券价格。简便起见，下面考虑两个因素$\phi_{1,t}$和$\phi_{2,t}$独立的情况，虽然可以在更一般的情况下做出类似的推导。根据双因素Vasicek模型可知

$$\sigma_{Z,i} = \frac{1}{Z}\frac{\partial Z}{\partial \phi_i}\sigma_i = -B_i(t;T)\sigma_i$$

其中 $B_i(t;T) = \dfrac{(1-e^{-\gamma_i^*(T-t)})}{\gamma_i^*}$，$\phi_{i,t}(i=1,2)$ 的远期风险中性动态如下：

$$d\phi_{i,t} = (\gamma_i^*(\overline{\phi}_i^* - \phi_{i,t}) - B_i(t;T)\sigma_i^2)dt + \sigma_i dX_{i,t} \tag{22-80}$$

令T_O为期权的到期日。然后思考关于T_O期零息债券$Z(0,T_O)$的远期风险中性动态。在这种情况下，因素ϕ_{i,T_O}仍然符合联合正态分布。实际上，在因素独立的条件下，T_O时刻满足

$$\phi_{i,T_O} \sim N\left(\mu_i, \sum_i^2\right) \tag{22-81}$$

其中

$$\mu_i = \overline{\phi}_i + e^{-\gamma_i T_O}(\phi_{i,0} - \overline{\phi}_i) - B(0;T_O)^2\frac{\sigma_i^2}{2} \tag{22-82}$$

$$\sum_i^2 = \frac{\sigma_i^2}{2\gamma_i^*}(1 - e^{-2\gamma_i^* T_O}) \tag{22-83}$$

接着思考T_O期零息债券期权的收益

$$T_O \text{期的收益} = g(\phi_{1,T_O}, \phi_{2,T_O}) = \max(P(\phi_{1,T_O}, \phi_{2,T_O}, T_O; T_B) - K, 0)$$

此处的$P(\phi_{1,T_O},\phi_{2,T_O},T_O;T_B)$表示$T_O$时刻票息为$c$，到期日为$T_B$的附息债券的价格，即

$$P(\phi_{1,T_O}, \phi_{2,T_O}, T_O; T_B) = \frac{c}{2}\sum_{i=1}^n Z(\phi_{1,T_O},\phi_{2,T_O},T_O;T_i) + Z(\phi_{1,T_O},\phi_{2,T_O},T_O;T_i)$$

根据远期风险中性动态可得今天的附息债券期权价格为

$$V = Z(0,T)E_f^*[g(\phi_{1,T_O},\phi_{2,T_O})]$$

强调一下，期望值是对$(\phi_{1,T_O},\phi_{2,T_O})$所有可能值乘以相应概率密度的积分。根据式(22-81)和因素独立性，可以得出其联合密度为

$$f(\phi_{1,T_O}, \phi_{2,T_O}) = f_1(\phi_{1,T_O}) \times f_2(\phi_{2,T_O})$$

此处的$f_i(\phi_{i,T_O})$是正态分布密度，其均值和方差如式(22-81)和式(22-82)所示，即

$$f_i(\phi_{i,T_O}) = \frac{1}{\sqrt{2\pi\sum_i^2}}e^{-\frac{(\phi_{i,T_O}-\mu_i)^2}{2\sum_i^2}}$$

因此，求出远期风险中性期望值的（双重）积分，就可以得到附息债券期权的公式

$$V = Z(0, T_O) \int_{-\infty}^{\infty} \int_{-\infty}^{\infty} g(\phi_{1,T_O}, \phi_{2,T_O}) f(\phi_{1,T_O}, \phi_{2,T_O}) \mathrm{d}\phi_{1,T_O} \mathrm{d}\phi_{2,T_O} \tag{22-84}$$

运用数值研究法可以准确有效地计算出积分。其实分解开来看，无非就是两重求和，很容易就能算出来

$$V \approx Z(0, T_O) \sum_{i=1}^{n_1} \sum_{j=1}^{n_2} g(\phi_{1,i}, \phi_{2,j}) f(\phi_{1,i}, \phi_{2,j}) \mathrm{d}\phi_{1,i} \mathrm{d}\phi_{2,j} \tag{22-85}$$

此处总和是在 ϕ_1 和 ϕ_2 的范围内计算的，在该范围内 $f(\phi_{1,i}, \phi_{2,j}) > \varepsilon$，其中 ε 是一个很小的数。

例 22-6

承例 22-1，假设在 2002 年 1 月 8 日我们想评估一份到期日 T_O 为 2003 年 2 月 15 日，执行价格 $K = 100$ 的期权合约，附息债券上将注明到期日离 T_O 有 5 年的时间。那么该附息债券的到期日 T_B 为 2007 年 2 月 15 日。该债券的利率为 5.5%，且目前的交易价格 $P(0, T_B) = 106.4008$ 美元。使用例 22-1 中的参数，利用式 (22-20) 和式 (22-21) 可以计算出期权到期日 T_O 之后，每个付息日 T_i 的 $A(T_O; T_i)$、$B_1(T_O; T_i)$ 和 $B_2(T_O; T_i)$。

有了这些参数，就能够计算出更大 (ϕ_1, ϕ_2) 可能值范围下的收益 $g_T = \max(P(T_O; T_B) - K, 0)$ 的值。图 22-8a 给出了收益的值。可以看出，当 ϕ_1、ϕ_2 值很大时，收益为零。此外，债券价值对 ϕ_2 敏感度高于 ϕ_1。这是由于为了拟合期限结构，我们得到的 $\gamma_2^* = -0.0450$，即 ϕ_2 会造成剧烈波动。因此，该因素很小的变化，都会对固定收益证券的价格造成很大的影响。

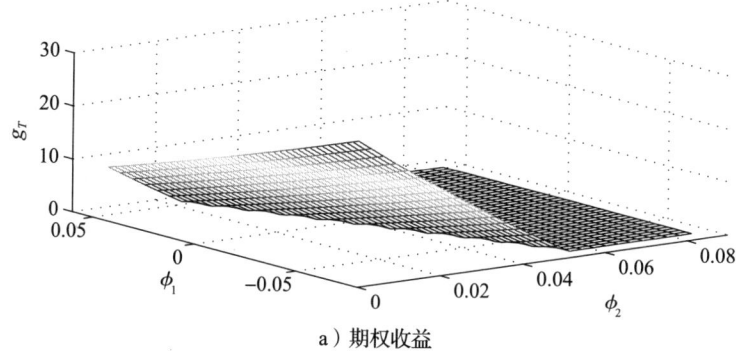

a）期权收益

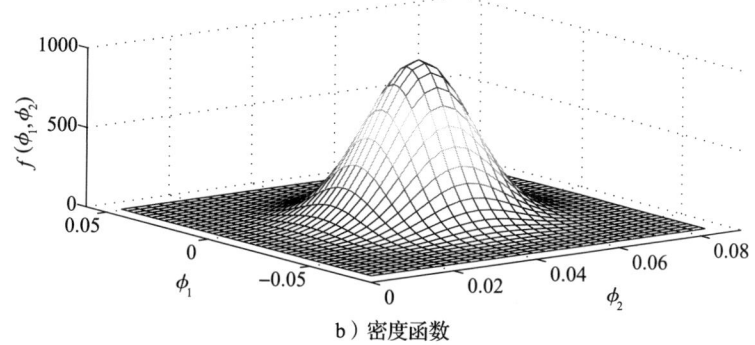

b）密度函数

图 22-8　附息债券期权的收益和密度函数

已知例 22-1 计算出的参数值，接下来利用式(22-82)和式(22-83)可以算出 ϕ_{1,T_0} 和 ϕ_{2,T_0} 的远期风险中性分布。即 $\mu_1 = -0.0095, \mu_2 = 0.0458, \sum_1 = 0.0150, \sum_2 = 0.0107$。图 22-8b 绘制出了该分布的联合(正态)密度。⊖该概率密度显示高收益实现的概率为零。最后，可以使用式(22-85)近似计算出期权价格为

$$期权价格 = 2.8032 \text{ 美元}$$

如何确保这个步骤是正确的呢？如果我们不相信公式，或是担心在期权的数值计算中出现错误，最好的解决办法就是计算另一个有封闭式解的证券价格。例如，我们也可以计算零息债券期权的价值，以检查近似值的准确性。在这种情况下，用式(22-85)近似计算出式(22-84)的解，就应该和事实 22-5 中式(22-41)阐释的零息债券期权公式得到的解相同。这样的话，假设前面的例子中的执行价格 $K=80$，到期日同样为 T_B，可以得到

$$式(22\text{-}85) \text{ 得到的期权价值} = 0.8248955 \text{ 美元}$$
$$式(22\text{-}41) \text{ 得到的期权价值} = 0.8249188 \text{ 美元}$$

两种方法得到的价值几乎是相同的，小数点后第五位的差异是式(22-84)的近似误差引起的。

22.6 多因素 LIBOR 市场模型

第 21 章讨论的 LIBOR 市场模型假设所有的远期利率都由单个布朗运动驱动。出于这个原因，所有的远期利率都完全相关，因此它是一个单因素模型。然而对于大量证券来说，准确地模拟出远期利率之间的相关性非常重要。通过假设远期利率由多个布朗运动驱动，就能满足这一点。简单起见，我们这里同样只考虑双因素模型，但该模型可以继续推广到更多因素。双因素 LIBOR 市场模型假设在 T_{i+1} 远期风险中性动态下，远期利率 $f_n(t, T_i, T_{i+1})$ 服从对数正态模型

$$\frac{df_n(t, T_i, T_{i+1})}{f_n(t, T_i, T_{i+1})} = \sigma_{f,1}^{i+1}(t) dX_{1,t} + \sigma_{f,2}^{i+1}(t) dX_{2,t} \tag{22-86}$$

其中 $X_{1,t}$ 和 $X_{2,t}$ 是两个独立的布朗运动。

如果我们想对只基于一个 LIBOR 利率 $r_n(T_i, T_{i+1})$ 的证券定价，那么多因素模型和单因素模型一样好用，因为我们可以如下定义一个新的布朗运动 $\widetilde{X}_t$

$$\sigma_{f,1}^{i+1}(t) d\widetilde{X}_t = \sigma_{f,1}^{i+1}(t) dX_{1,t} + \sigma_{f,2}^{i+1}(t) dX_{2,t}$$

从而又回到了单因素 LIBOR 市场模型的主要假设。具体来讲，$r_n(T_i, T_{i+1})$ 服从均值为 $f_n(0, T_i, T_{i+1})$、方差为 $\int_0^{T_i} (\sigma_f^{i+1}(t))^2 dt$ 的对数正态分布，并且符合第 21 章的所有结论。

如 21.4.3 节所述，根据多因素模型计算出的收益，源于远期收益依赖不同远期利率的证券。例如，收益与基于 LIBOR 利率的债券 $Z(T_0, T_M)$ 的价值紧密相关的债券，或取决于 T_0 期远期利率整体结构的互换利率 $c(T_0, T_M)$。这意味着，不管到期日远期利率的联合分布是否高度相关，都会对证券价格造成影响。但在这些情况下，远期利率之间的相关性是有差异的。具体地，我们用 $\rho_{i+1,j+1}(t)$ 表示远期利率之间的协方差。那么

⊖ 根据例 22-1 的估计值，此处两个因素的水平在分布的中心，为 $\phi_{2,0} = 0.0436$、$\phi_{1,0} = r_0 - 0.0268$，且 $\mu_1 = -0.0095, \mu_2 = 0.0458$。

$$\rho_{i+1,j+1}(t) = \mathrm{Cov}\left(\frac{df(t,T_i,T_{i+1})}{f(t,T_i,T_{i+1})}, \frac{df(t,T_j,T_{j+1})}{f(t,T_j,T_{j+1})}\right)\bigg/dt \qquad (22\text{-}87)$$

$$= \sigma_{f,1}^{i+1}(t)\sigma_{f,1}^{j+1}(t) + \sigma_{f,2}^{i+1}(t)\sigma_{f,2}^{j+1}(t) \qquad (22\text{-}88)$$

于是有：

○ **事实 22-13**

当 $\overline{T} < T_{i+1}$ 时，在 $\overline{T}$-远期风险中性动态下，远期利率 $f_n(t, T_i, T_{i+1})$ 的动态为

$$\frac{df_n(t,T_i,T_{i+1})}{f_n(t,T_i,T_{i+1})} = \left(\sum_{j=\overline{i}}^{i} \frac{\Delta f_n(t,T_j,T_{j+1})\rho_{i+1,j+1}(t)}{1+\Delta f_n(t,T_j,T_{j+1})}\right)dt + \sigma_{f,1}^{i+1}(t)dX_{1,t} + \sigma_{f,2}^{i+1}(t)dX_{2,t} \qquad (22\text{-}89)$$

其中 $\overline{i}$ 是使 $T_{\overline{i}} = \overline{T}$ 的指数。

相反，如果 $\overline{T} > T_{i+1}$，那么

$$\frac{df_n(t,T_i,T_{i+1})}{f_n(t,T_i,T_{i+1})} = -\left(\sum_{j=i}^{\overline{i}-1} \frac{\Delta f_n(t,T_j,T_{j+1})\rho_{i+1,j+1}(t)}{1+\Delta f_n(t,T_j,T_{j+1})}\right)dt + \sigma_{f,1}^{i+1}(t)dX_{1,t} + \sigma_{f,2}^{i+1}(t)dX_{2,t} \qquad (22\text{-}90)$$

一旦给定了远期利率之间的协方差结构 $\rho_{i+1,j+1}(t)$，或给出了与其等价的波动率函数 $\sigma_{f,k}^{i+1}(t)$，定价方法就和第 21 章 21.4.3 节讨论的定价方法相同。但如何校准波动率函数 $\sigma_{f,k}^{i+1}(t)$ 却仍不明晰。比如，由于 $\sigma_{f,1}^{i+1}(t)$ 和 $\sigma_{f,2}^{i+1}(t)$ 的值只取决于它们的平方和 $(\sigma_{f,1}^{i+1}(t))^2 + (\sigma_{f,2}^{i+1}(t))^2$，因此利率上限合约的远期波动率包含的信息不足以校准 $\sigma_{f,1}^{i+1}(t)$ 和 $\sigma_{f,2}^{i+1}(t)$。其中一种可行的方法是利用欧式互换期权的报价：因为在 T_0 时刻，互换期权的收益取决于整个期限结构 $Z(T_0, T)$，其报价已经隐含了远期利率之间的相关信息。不过，这需要根据 LIBOR 市场模型快速计算欧式互换期权。回顾 LIBOR 市场模型可知，在该模型的假设条件下，虽然欧式互换期权可以通过蒙特罗模拟法计算，但它并不存在解析公式。遗憾的是，蒙特卡罗模拟法计算速度很慢，因此很难有效地运用欧式互换期权达到校准的目的。然而，现有文献提出了许多近似解析公式。为了举例说明，我们将在下文中详细讨论一种实用的经验做法。

水平、斜率和凸性对远期利率的影响

一种可行的办法，是从远期利率时间序列中提取相应的因子载荷。第 4 章 4.6 节的主成分分析法，可作为计算远期利率因子载荷的方法。更具体地说，假设远期利率对数遵循以下过程

$$d\log(f_n(t,T_i,T_{i+1})) = \mu_f^{i+1}dt + S_1(T_{i+1}-t)dX_{1,t} + S_2(T_{i+1}-t)dX_{2,t} + S_3(T_{i+1}-t)dX_{3,t} \qquad (22\text{-}91)$$

此处我们假设了有 3 个影响因子。使用 1997 年 1 月到 2008 年 4 月的互换交易数据，利用主成分分析法算出了函数 $S_k(T-t)$ 的时间序列估计值，具体如图 22-9 所示。第一个因子载荷 $S_1(T_{i+1}-t)$ 和第 20 章中讨论的利率上限报价的隐含波动率一样，出现了驼峰形状。该成分的波动始终是正向的，这意味着当第一因子 $dX_{1,t}$ 增加，所有远期利率都会增加，虽然短期利率增加得更多（按百分比）。第二个因素在短端是负的，在长端是正的，这意味着在第二个因素的增加会降低到期时间短的远期利率，并增加到期时间长的远期利率。为此，该因素也被称为"斜率"(slope)因素。回顾因素的提取过程可知，斜率因素的变化和第一个因素的变化是独立的（详见第 4 章）。第三个因素在期限结构的短端和长端都是正向的，但在中间期限却是负的。因此，该因素可以被称为"凸性"(curvature)因子。

关键是，我们可以利用这些波动率的估计值，通过无套利原理对衍生证券定价。因为利用无套利原理对衍生证券定价，唯一需要输入的就是式(22-89)和式(22-90)中的 $\sigma_{f,k}^{i+1}(t)$，然后根据图 22-9 给出的 $S_k(T-t)$ 估计值算出协方差，就能得出结论了。

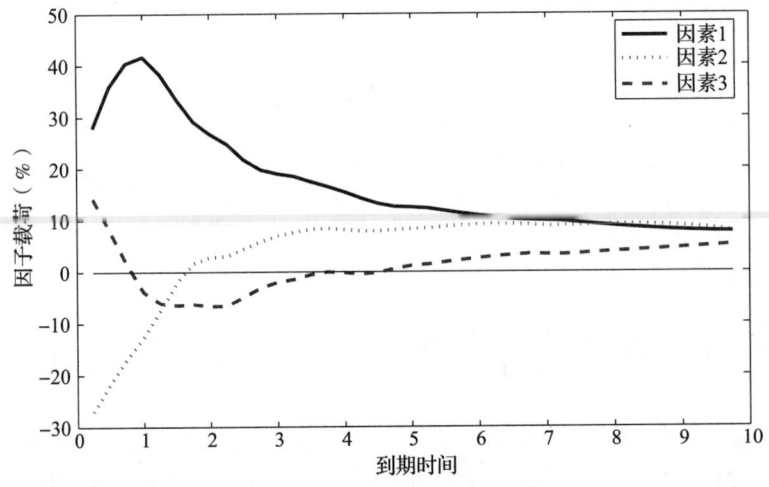

图 22-9 主成分分析法得到的远期因子载荷

例 22-7

今天是 2008 年 4 月 1 日。表 22-2 中的第 2 列给出了当前基于 LIBOR 的贴现因子 $Z(0,T)$。第 3 列是远期利率的总体波动率，是用远期利率对数变动的标准偏差来粗略估算的。第 4～6 列是对远期利率对数的变动进行主成分分析得到的结果，该结果也绘制在图 22.9 中。$^{\ominus}$ 基于这些数据，可以计算出 1 年之后能够进入 5 年期互换期权的欧式看跌互换合约的价值。在两种情况下会这样做：第一种情况是只考虑第 3 列的远期利率(对数)的总波动率；第二种情况是，仍然考虑 3 个因素，以及远期利率之间的实证计算得到的相关性。此处的定价方法和第 21 章例 21-6 讨论的方法如出一辙。具体来说，就是用下列对数正态递归式将式(22-89)中的远期利率过程离散化

$$f_n^s(t+\delta,T_i,T_{i+1}) = f_n^s(t,T_i,T_{i+1})e^{m_{i+1}^s(t)\delta + \sum_{k=1}^{3} S_k(T_{i+1}-t)\sqrt{\delta}\varepsilon_{k,t}^s} \tag{22-92}$$

表 22-2 远期利率波动率的主要成分

到期日 T_i	贴现率 $Z(0,T_i)$	远期利率 波动率(%) $S(T_i)$	因素1 波动率(%) $S_1(T_i)$	因素2 波动率(%) $S_2(T_i)$	因素3 波动率(%) $S_3(T_i)$
0.25	99.333 5	41.729	27.915	−27.035	14.192
0.50	98.730 6	42.793	35.810	−21.802	8.038
0.75	98.165 0	44.158	40.363	−16.928	1.738
1.00	97.592 8	44.205	41.638	−12.766	−3.830
1.25	96.981 7	40.384	38.296	−7.409	−6.078
1.50	96.333 2	34.341	33.337	−1.992	−6.473
1.75	95.647 7	30.275	29.143	1.657	−6.240
2.00	94.935 1	28.316	26.747	2.830	−6.681

$\ominus$ 为了让这些载荷变成单位方差的独立因素上的载荷，此处根据得到的因素波动率对这些载荷做了调整。

(续)

到期日 T_i	贴现率 $Z(0, T_i)$	远期利率波动率(%) $S(T_i)$	因素1波动率(%) $S_1(T_i)$	因素2波动率(%) $S_2(T_i)$	因素3波动率(%) $S_3(T_i)$
2.25	94.175 6	26.115	24.807	3.036	-6.613
2.50	93.346 0	22.869	21.772	4.467	-4.839
2.75	92.466 8	21.001	19.755	5.826	-3.082
3.00	91.570 0	20.513	18.950	6.923	-2.008
3.25	90.664 7	20.287	18.459	7.644	-1.474
3.50	89.736 5	19.642	17.450	8.216	-0.564
3.75	88.791 5	18.801	16.479	8.369	-0.040
4.00	87.836 6	17.645	15.402	8.103	-0.196
4.25	86.873 5	16.519	14.183	7.860	-0.440
4.50	85.901 7	15.788	13.163	7.842	-0.149
4.75	84.925 7	15.369	12.579	8.078	0.576
5.00	83.950 5	15.182	12.462	8.280	1.162
5.25	82.973 1	15.042	12.260	8.414	1.421
5.50	81.988 8	14.859	11.741	8.713	1.848
5.75	81.000 3	14.707	11.274	8.941	2.245
6.00	80.010 6	14.557	10.858	9.092	2.604
6.25	79.022 6	14.381	10.493	9.159	2.920
6.50	78.039 6	14.162	10.179	9.137	3.183
6.75	77.065 0	13.897	9.919	9.018	3.387
7.00	76.102 4	13.690	9.856	8.828	3.343

资料来源:彭博数据库的 LIBOR 和互换利率。

此处的 s 是模拟次数,$s = 1, \cdots, \mathcal{S}$

$$m_{i+1}^s(t) = \sum_{j=i}^{i} \frac{\Delta f_n^s(t, T_j, T_{j+1}) \left(\sum_{k=1}^{3} S_k(T_{i+1} - t) S_k(T_{j+1} - t) \right)}{1 + \Delta f_n^s(t, T_j, T_{j+1})} - \frac{1}{2} \left(\sum_{k=1}^{3} S_k(T_{i+1} - t)^2 \right)$$

上述的 $\varepsilon_{k,t}^s$ 是独立的正态分布冲击。将 $r_k = 3.5\%$ 作为欧式互换期权的执行利率,可得

$$1 \text{个因素}: \hat{V} = 0.60 \tag{22-93}$$
$$3 \text{个因素}: \hat{V} = 0.52 \tag{22-94}$$

多因素模型得出的欧式互换期权价值更低。直观地理解,先回顾一下 T_M 期的零息债券在 T_O 时刻的价格为

$$Z(T_O, T_M) = \frac{1}{1 + r_n(T_i, T_{i+1})\Delta} \times \frac{1}{1 + f_n(T_i, T_{i+1}, T_{i+2})\Delta} \times \cdots \times \frac{1}{1 + f_n(T_i, T_{i+m-1}, T_{i+m})\Delta} \tag{22-95}$$

因此,虽然在上述两种情况下远期利率的波动率是相同的,但是当远期利率之间完全相关时,式(22-95)的所有项会同时上下波动。这意味着,和跨期的远期利率之间不完全相关的情况相比,该情况下的债券价格 $Z(T_O, T_M)$ 波动率更高。因此,如果不同期限的远期利率之间相关性减小,会降低期权构成变量的总波动率,从而降低期权本身的价格。

22.7 仿射和二次期限结构模型

本章最后一节将简要概述宏观经济学家常用来研究利率期限结构特征的两类模型:仿射期限结构模型和二次期限结构模型。这两类模型概括了前面章节讨论过的 Vasicek 模型以及 CIR

模型，综合考虑了影响利率的时间波动的众多因素。下述内容对两个模型做了粗略描述，目的在于为研究利率动态模型提供一些线索。

22.7.1 仿射模型

期限结构的一般仿射模型具有以下元素：

1. 一系列因素 $\phi_t = [\phi_{1,t}, \phi_{2,t}, \cdots, \phi_{n,t}]$。它们会遵循风险中性模型，随着时间的推移不断变化

$$d\phi_t = \boldsymbol{\Gamma}^*(\overline{\boldsymbol{\phi}}^* - \boldsymbol{\phi}_t)dt + \boldsymbol{\Sigma}\sqrt{S_t}dX_t \tag{22-96}$$

此处的 $\boldsymbol{\Gamma}^*$ 是一个 $(n \times n)$ 的矩阵，$\overline{\boldsymbol{\phi}}^*$ 是一个 $(n \times 1)$ 的向量，$\boldsymbol{\Sigma}$ 也是一个 $(n \times n)$ 的矩阵，而 S_t 是一个 ii 的对角矩阵，具体如下

$$S_{ii,t} = \alpha_i + \boldsymbol{\beta}'_i \boldsymbol{\phi}_t$$

2. 无风险利率为

$$r_t = \delta_0 + \boldsymbol{\delta}'_1 \boldsymbol{\phi}_t \tag{22-97}$$

其中 $\boldsymbol{\delta}_1$ 是一个 $(n \times 1)$ 的常数向量。

应该强调的是，并不是所有的参数组合都对这个模型有用。比如，我们需要确保在可能的时刻 t，$S_{ii,t}$ 是大于 0 的，否则过程不存在。此外，许多参数组合是等价的，因为这些因素都会导致同样的过程。任何价格取决于因素 ϕ_t 的附息证券，其基本定价公式都为

$$rV = \frac{\partial V}{\partial t} + \frac{\partial V}{\partial \phi}\boldsymbol{\Gamma}^*(\overline{\boldsymbol{\phi}}^* - \boldsymbol{\phi}_t) + \frac{1}{2}trace\left(\frac{\partial^2 V}{\partial \phi \partial \phi'}\boldsymbol{\Sigma} S_t \boldsymbol{\Sigma}\right) \tag{22-98}$$

其中所有的偏导数都是向量导数。⊖ 这证明了零息债券存在解析解。

○ **事实 22-14**

令 $Z(\phi, t; T)$ 表示到期日为 T 的零息债券价格，该证券的到期收益 $Z(\phi, T; T) = 1$。那么，该债券到期前的价值为

$$Z(\phi, t; T) = e^{A(t;T) + B(t;T)'\phi_t} \tag{22-99}$$

其中 $A(t; T)$ 和 $B(t; T)$ 满足以下常微分方程

$$0 = \frac{\partial \boldsymbol{B}(t;T)'}{\partial t} + \boldsymbol{\delta}'_1 - \boldsymbol{B}(t;T)'\boldsymbol{\Gamma}^* - \frac{1}{2}\sum_{i=1}^n [\boldsymbol{\Sigma}'\boldsymbol{B}(t;T)]_{ii}\boldsymbol{\beta}'_i \tag{22-100}$$

$$0 = \frac{\partial A(t;T)}{\partial t} - \delta_0 - \boldsymbol{B}(t;T)'\boldsymbol{\Gamma}^*\overline{\boldsymbol{\phi}}^* + \frac{1}{2}\sum_{i=1}^n [\boldsymbol{\Sigma}'\boldsymbol{B}(t;T)]_{ii}\alpha_i \tag{22-101}$$

且 $A(T; T) = 0$，$\boldsymbol{B}(T; T) = 0$

值得强调的是，数值求解方程组式(22-100)和式(22-101)中的常微分方程，比求解式(22-98)中的偏微分方程要容易得多。原因是，由于有了最终条件，就可以从最后时刻 T 入手，反向求解出 $A(t; T)$ 和 $B(t; T)$ 的值。事实上，用近似值 $\frac{\partial \boldsymbol{B}(t;T)}{\partial t} \approx \frac{(\boldsymbol{B}(t;T) - \boldsymbol{B}(t-\delta;T))}{\delta}$ 和 $\frac{\partial A(t;T)}{\partial t} \approx \frac{(A(t;T) - A(t-\delta;T))}{\delta}$，其中 δ 是一个很小的正数，替代方程组式(22-100)和式(22-101)的值，重新整理之后可以得到递归公式：

⊖ 矩阵 H 的迹是其对角线上元素的和。

$$\boldsymbol{B}(t-\delta;T)' = \boldsymbol{B}(t;T)' + \left\{\delta'_1 - \boldsymbol{B}(t;T)'\boldsymbol{\Gamma}^* - \frac{1}{2}\sum_{i=1}^{n}[\boldsymbol{\Sigma}'\boldsymbol{B}(t;T)]_{ii}\boldsymbol{\beta}'_i\right\}\delta \quad (22\text{-}102)$$

$$A(t-\delta;T) = \partial A(t;T) + \left\{-\delta_0 - \boldsymbol{B}(t;T)'\boldsymbol{\Gamma}^*\overline{\boldsymbol{\phi}}^* + \frac{1}{2}\sum_{i=1}^{n}[\boldsymbol{\Sigma}'\boldsymbol{B}(t;T)]_{ii}\alpha_i\right\}\delta \quad (22\text{-}103)$$

根据最终条件 $A(T;T)=0$ 和 $\boldsymbol{B}(T;T)=0$，然后就可以按照递推步骤，得到每一个 t 和 T 时刻的 $A(t;T)$ 和 $\boldsymbol{B}(t;T)$。仿射期限结构模型的类型繁多，它包括几个直观的取决于因素形式的期限结构模型。例如：

1. **随机波动模型**。Fong 和 Vasicek 把简单的 Vasicek 模型推广到了的随机波动的情况，得到了以下形式的结果

$$dr_t = \gamma_r^*(\overline{r}^* - r_t)dt + \sqrt{v_t}dX_{1,t} \quad (22\text{-}104)$$

$$dv_t = \gamma_v^*(\overline{v}^* - v_t)dt + \sigma_v\sqrt{v_t}dX_{2,t} \quad (22\text{-}105)$$

显然零息债券的价值仍然可以按照式(22-99)计算，那么

$$Z(r,v,t;T) = e^{A(t;T) - B_1(t;T)r_t + B_2(t;T)v_t}$$

利率波动率的变化会影响长期债券的价格。

2. **标准 $A_2(3)$ 模型**。这是一个被广泛应用的三因素模型，其中两个因素会影响波动率

$$dr_t = \gamma_r^*(\phi_{2,t} - r_t)dt + \sqrt{v_t}dX_{1,t} \quad (22\text{-}106)$$

$$dv_t = \gamma_v^*(\overline{v}^* - v_t)dt + \sigma_v\sqrt{v_t}dX_{2,t} \quad (22\text{-}107)$$

$$d\phi_{2,t} = \gamma_\phi^*(\overline{\phi}_2^* - \phi_{2,t})dt + \sigma_2\sqrt{\phi_{2,t}}dX_{3,t} \quad (22\text{-}108)$$

该模型也将双因素 Vasicek 模型推广到了随机波动的情况。

有大量研究致力于探索这些模型在匹配债券价格和期权的时间序列及横截面数据上的表现。其中关键步骤在于如何令因素从风险中性动态回归到它们真实的(自然)动态中，即与研究债券收益率的时间序列特征真正相关的动态。正如第 18 章中讨论的，市场价格风险的形式决定了风险中性动态和风险自然(真实)动态之间的联系。常见的形式有以下两种。

1. **仿射**：风险的市场价格定义如下：

$$\boldsymbol{\lambda}_t = \sqrt{S_t}\boldsymbol{\lambda}_1$$

其中 $\boldsymbol{\lambda}_1$ 是一个 $(n\times 1)$ 的向量，这意味着因素的风险自然(真实)漂移率也是仿射的

$$\frac{E[d\boldsymbol{\phi}_t]}{dt} = \boldsymbol{\Gamma}^*(\overline{\boldsymbol{\phi}}^* - \boldsymbol{\phi}_t) + (\boldsymbol{\Sigma}\sqrt{S_t})(\sqrt{S_t}\boldsymbol{\lambda}_1) = \boldsymbol{\Gamma}(\overline{\boldsymbol{\phi}} - \boldsymbol{\phi}_t)$$

此处的 $\boldsymbol{\Gamma}$ 和 $\overline{\boldsymbol{\phi}}$ 就由方程本身定义。

2. **实质仿射**(essentially affine)。风险的市场价格定义如下：

$$\boldsymbol{\lambda}_t = \sqrt{S_t}\boldsymbol{\lambda}_1 + \hat{S}_t^{-\frac{1}{2}}\boldsymbol{\lambda}_2\boldsymbol{\phi}_t$$

其中 $\boldsymbol{\lambda}_2$ 是 $(n\times n)$ 的矩阵，$\hat{S}_t$ 是对角矩阵，具体如下：

$$[\hat{S}_t]_{ii} = \begin{cases} \alpha_i + \beta_i\phi_t & \min(\alpha_i + \beta_i\phi_t) > 0 \\ 0 & \min(\alpha_i + \beta_i\phi_t) = 0 \end{cases}$$

在这种情况下，因素的真实漂移率同样也是仿射的：

$$\frac{E[d\boldsymbol{\phi}_t]}{dt} = \boldsymbol{\Gamma}^*(\overline{\boldsymbol{\phi}}^* - \boldsymbol{\phi}_t) + \boldsymbol{\Sigma}S_t^{\frac{1}{2}}(S_t^{\frac{1}{2}}\boldsymbol{\lambda}_1 + \hat{S}_t^{-\frac{1}{2}}\boldsymbol{\lambda}_2\boldsymbol{\phi}_t)$$

$$= \boldsymbol{\Gamma}(\overline{\boldsymbol{\phi}} - \boldsymbol{\phi}_t)$$

此处的 $\boldsymbol{\Gamma}$ 和 $\bar{\boldsymbol{\phi}}$ 也由方程本身定义。

风险的仿射市场价格定义(形式1)产生了一些矛盾的收益率时间序列数据。特别是经观察发现，这类模型很难得到第7章中讨论的预测性结果。主要的问题在于，在这样的模型中，未来期望超额收益的主要预测指标应该是利率的波动率，然而，波动率在模型中的影响力却并不是太大。达菲(2002)研究的实质仿射形式(形式2)，反而更能捕获债券收益率横截面和时间序列特性。辛格尔顿(2006)对这些模型的特点进行了详细讨论。

22.7.2 二次模型

期限结构模型中的一个相对较新的发展是二次期限结构类模型。这些模型得名于因素结构中短期利率的二次型格式。具体来讲，一个二次期限结构模型具有以下元素。

1. 一系列因素 $\boldsymbol{\phi}_t = [\phi_{1,t}, \phi_{2,t}, \cdots, \phi_{n,t}]'$。它们遵循线性风险中性模型，随着时间的推移不断变化

$$d\boldsymbol{\phi}_t = \boldsymbol{\Gamma}^*(\bar{\boldsymbol{\phi}}^* - \boldsymbol{\phi}_t)dt + \boldsymbol{\Sigma}d\boldsymbol{X}_t \tag{22-109}$$

其中 $\boldsymbol{\Gamma}^*$ 是一个 $(n \times n)$ 的矩阵，$\bar{\boldsymbol{\phi}}^*$ 是一个 $(n \times 1)$ 的向量，$\boldsymbol{\Sigma}$ 也是一个 $(n \times n)$ 的矩阵

2. 因素中的无风险利率是二次型：

$$r_t = \delta_0 + \boldsymbol{\delta}'_1 \boldsymbol{\phi}_t + \boldsymbol{\phi}'_t \boldsymbol{\delta}_2 \boldsymbol{\phi}_t \tag{22-110}$$

其中 $\boldsymbol{\delta}_2$ 是一个 $(n \times n)$ 的矩阵。

3. 风险的市场价格为

$$\boldsymbol{\lambda}_t = \boldsymbol{\lambda}_0 + \boldsymbol{\lambda}_1 \boldsymbol{\phi}_t$$

这类似于18章中讨论的Vasicek模型。

和仿射模型不同的是，此处的 ϕ_t 并不显示任何随机波动率本身。这种性质使它特别适用于这类模型，因为不需要刻意选择参数，来确保某些积极约束。然而，式(22-110)中利率的二次模型形式意味着利率本身的过程也是随机波动的。例如，如果只有一个因素，式(22-110)就变成了

$$r_t = \delta_0 + \delta_1 \phi_t + \delta_2 \phi_t^2$$

从而依据伊藤引理可得，r_t 的扩散过程为

$$dr_t = [(\delta_1 + 2\delta_2 \phi_t)\gamma^*(\bar{\phi}^* - \phi_t) + \delta_2 \sigma^2]dt + (\delta_1 + 2\delta_2 \phi_t)\sigma d X_t$$

其中 ϕ_t 和利率的波动率都会随着时间变化。注意，如果此处的 $\delta_2 = 0$，那么该模型就和简单的Vasicek模型相同。

基本定价模型和先前的相同

$$rV = \frac{\partial V}{\partial t} + \frac{\partial V}{\partial \boldsymbol{\phi}} \boldsymbol{\Gamma}^*(\bar{\boldsymbol{\phi}}^* - \boldsymbol{\phi}_t) + \frac{1}{2} trace\left(\frac{\partial^2 V}{\partial \boldsymbol{\phi} \partial \boldsymbol{\phi}} \boldsymbol{\Sigma}\boldsymbol{\Sigma}\right) \tag{22-111}$$

同样地，这类模型也使债券价格存在解析解，具体总结如下。

○ 事实22-15

令 $Z(\boldsymbol{\phi}, t; T)$ 表示到期日为 T 的零息债券价格，该债券的到期收益 $Z(\boldsymbol{\phi}, T; T) = 1$。那么，该债券到期前的价值为

$$Z(\boldsymbol{X}_t, t; T) = e^{A(t;T) + B(t;T)'\boldsymbol{\phi}_t + \boldsymbol{\phi}'_t C(t;T)\boldsymbol{\phi}_t}$$

其中 $A(t; T)$、$B(t; T)$ 和 $C(t; T)$ 满足以下常微分方程

$$0 = \frac{\partial C(t;T)}{\partial t} - \boldsymbol{\delta}_2 + 2C(t;T)\boldsymbol{\Sigma}\boldsymbol{\Sigma}'C(t;T)' - 2C(t;T)\boldsymbol{\Gamma}^*$$

$$0 = \frac{\partial \boldsymbol{B}(t;T)}{\partial t} - \delta_1 - (\boldsymbol{\Gamma}^*)'\boldsymbol{B}(t;T) + 2\boldsymbol{C}(t;T)\boldsymbol{\Gamma}^*\overline{\boldsymbol{\phi}}^* + 2\boldsymbol{C}(t;T)\boldsymbol{\Sigma}\boldsymbol{\Sigma}'\boldsymbol{B}(t;T)$$

$$0 = \frac{\partial A(t;T)}{\partial t} - \delta_0 + \boldsymbol{B}(t;T)'\boldsymbol{\Gamma}^*\overline{\boldsymbol{\phi}}^* + \frac{1}{2}trace(\boldsymbol{B}(t;T)\boldsymbol{B}(t;T)'\boldsymbol{\Sigma}\boldsymbol{\Sigma}' + 2\boldsymbol{C}(t;T)\boldsymbol{\Sigma}\boldsymbol{\Sigma}')$$

近期的研究似乎表明，二次类模型的动态特征更匹配本书第 7 章讨论的债券收益率的实证特征，从这个意义上讲，该类模型要优于仿射类模型。辛格尔顿（2006）详细讨论了这类模型的实证结果。

本章小结

本章主要讨论了以下几个方面的内容。

1. 多因素伊藤引理：这是针对证券价格或随机变量取决于多种因素情形时，对伊藤引理的扩展。多因素伊藤引理的形式和单因素的类似，只是为了反映各因素相关性，从而多了一项随机变化过程漂移率的凸性项。
2. 双因素 Vasicek 模型：这是一个模型中两个因素都遵循均值回归过程的利率模型。其中，债券定价公式和期权定价公式的格式相仿。此外，该模型既适用于短期利率也适用于长期收益率。该模型对拟合波动率的期限结构很有效，对拟合具有相关性的收益率之间的期限结构也一定作用。
3. 双因素 White-Hull 模型：该模型和 Vasicek 模型相似，只是其漂移率是特定的，用于准确拟合利率的期限结构。附加的灵活性增加了该模型匹配具有相关性的收益率的能力。
4. 收益率曲线斜率证券：这是一种最终收益与期限结构的斜率有关的债券。多因素模型对这类债券的定价特别有用。因为单因素模型假定了利率水平与斜率完全相关。但债券价格只取决于利率曲线的斜率，而不是利率水平。所以，单因素模型可能会高估或低估证券的真实价值。
5. 多因素 LIBOR 市场模型：该模型是单因素 LIBOR 市场模型相对简单的扩展。该多因素模型只对那些价格取决于多个远期利率的证券有用。放松利率之间的完全相关性，可以降低依赖于远期利率期限结构的证券的波动性。使用这一模型后，基于这类固定收益工具的期权，其价格可能会偏低。
6. 多因素仿射期限结构模型和二次期限结构模型：这是那些既考虑很多因素又能确保债券价格具有封闭解的一系列的模型。在许多情形下，利率动态都与数据一致，表现出随机波动性。

练习

1. 今天是 2008 年 11 月 3 日。表 22-3 给出了今日的利率上限和互换利率的报价。请使用双因素 Vasicek 模型拟合这些数据，并分析该模型在拟合利率期限结构和利率上限价格中的表现。

表 22-3　2008 年 11 月 3 日的互换期权、利率上限和利率下限报价

期期	互换利率	互换期权波动率			波动率	
		3 个月	6 个月	1 年	利率上限	利率下限
1 年期	2.412/452	67.8	60.6	49.3	60.59/61.59	60.59/61.59
2 年期	2.619/633	59.7	52.8	41.6	52.26/53.26	52.26/53.26
3 年期	3.120/160	52.8	46.5	37.7	42.32/43.32	42.32/43.32
4 年期	3.507/547	48.7	42.5	35.3	35.99/36.99	35.99/36.99

(续)

期限	互换利率	互换期权波动率			波动率	
		3个月	6个月	1年	利率上限	利率下限
5年期	3.808/822	46.6	40.3	34.1	32.24/33.24	32.24/33.24
7年期	4.171/197	41.3	36.3	31.4	27.82/28.82	27.82/28.82
10年期	4.422/462	36.8	33.1	29.0	24.21/25.21	24.21/25.21

资料来源：彭博数据库。

2. 今天是2008年11月3日。表22-3给出了今日的利率上限和互换利率的报价。
   (1) 请使用双因素 Hull-White 模型拟合利率上限价格，并和（第19章讨论的）单因素 Hull-White 模型相比，双因素模型的效果有所提升吗？
   (2) 给定波动率的估计值，请利用该模型拟合 LIBOR 曲线。
   (3) 利用该模型对欧式互换期权定价，该期权报价如第20章的表20-6所示。模型效果如何？

3. 使用前面练习中得出的 Hull-White 模型，对拖延的1年期利率上限合约定价。也就是，该合约在 T_i 时刻的现金流为
$$CF(T_i) = N\Delta\max(r_n(T_i, T_{i+1}) - r_K, 0)$$
此处的 $r_K = 2\%$。请给出该衍生证券价格的计算过程，并计算出价格。

4. 今天是2008年11月3日。表22-3给出了今天的欧式互换期权和互换利率的报价。
   (1) 请用双因素 Hull-White 模型拟合欧式互换期权。
   (2) 该模型相对单因素 Hull-White 模型效果有所提升吗？

5. 表22-2给出了 LIBOR 贴现因子 $Z(0, T)$，远期利率波动率的估计函数值 $S(T_i - t)$ 及其分解出的3个因子载荷 $S_K(T_i - t)$。

6. (1) 利用多因素 LIBOR 市场模型计算出拖延的3年期互换的价值，其现金流如下
$$CF(T_i) = N\Delta\max(r_n(T_i, T_{i+1}) - c(0, 3))$$
其中互换利率 $c(0, 3) = 3\%$。
   (2) 此处的多因素 LIBOR 市场模型和第21章介绍的单因素 LIBOR 市场模型有什么区别吗？请讨论。

6. 固定期限互换（CMS）是一种在 T_i 时刻现金流如下的互换
$$CF(T_i) = N\Delta(c(T_i, T_{i+m}) - K)$$
其中 $c(T_i, T_{i+m})$ 是固定到期时间为 $T_{i+m} - T_i$ 的互换利率，K 是固定期限互换的互换利率。令固定到期时间为 $T_{i+m} - T_i = 3$ 年，执行利率 $K = 3\%$（详见21章的练习6）。根据表22-2中的 LIBOR 贴现因子和波动率估计值，同时利用单因素和双因素 LIBOR 市场模型衡量固定期限互换的价值。即
   (1) 假定每次 T_i 收益相互独立。给每笔收益都匹配相应的风险中性动态，并使用蒙特卡罗模拟法模拟出几条 LIBOR 曲线 $Z^s(T_i, T)$。计算出每次模拟运行 s 相应的互换利率 $c(T_i, T_{i+m})$，然后对收益定价。
   (2) 单因素 LIBOR 市场模型和多因素 LIBOR 市场模型计算出的 CMS 的价值相同吗？请详细说明。

附录22A

22A.1 短期利率与长期利率的联合过程系数

$$A_r = \left(\gamma_1^* \overline{\phi}_1^* + \gamma_2^* \overline{\phi}_2^* + \frac{(\gamma_1^* - \gamma_2^*)}{B_2(\tau_\ell) - B_1(\tau_\ell)} A(\tau_\ell)\right) \tag{22-112}$$

$$B_r = \left(\frac{\gamma_1^* B_2(\tau_\ell) - \gamma_2^* B_1(\tau_\ell)}{B_2(\tau_\ell) - B_1(\tau_\ell)}\right) \tag{22-113}$$

$$C_r = \tau_\ell \left(\frac{\gamma_1^* - \gamma_2^*}{B_2(\tau_\ell) - B_1(\tau_\ell)} \right) \tag{22-114}$$

$$A_{r,\ell} = \frac{1}{\tau_\ell} \left(B_1(\tau_\ell)\gamma_1^* \overline{\phi}_1^* + B_2(\tau_\ell)\gamma_2^* \overline{\phi}_2^* + \frac{(B_1(\tau_\ell)\gamma_1^* - B_2(\tau_\ell)\gamma_2^*)}{B_2(\tau_\ell) - B_1(\tau_\ell)} A(\tau_\ell) \right) \tag{22-115}$$

$$B_{r,\ell} = -\frac{1}{\tau_\ell} \left(\frac{B_1(\tau_\ell) B_2(\tau_\ell)(\gamma_1^* - \gamma_2^*)}{B_2(\tau_\ell) - B_1(\tau_\ell)} \right) \tag{22-116}$$

$$C_{r,\ell} = \frac{(B_1(\tau_\ell)\gamma_1^* - B_2(\tau_\ell)\gamma_2^*)}{B_2(\tau_\ell) - B_1(\tau_\ell)} \tag{22-117}$$

22A.2 双因素 Hull-White 模型

$A(t; T)$ 的函数形式如下

$$A(0;T) = -\int_0^T B_1(t;T)\theta_t \mathrm{d}t \tag{22-118}$$

$$+ [B_1(0;T) - T] \left(-\frac{\sigma_1^2}{2(\gamma_1^*)^2} - \frac{\sigma_1\sigma_2\rho}{\gamma_1^*\gamma_2^*} \right) - \frac{\sigma_1^2}{4\gamma_1^*} B_1(0;T)^2 \tag{22-119}$$

$$+ [B_2(0;T) - T] \left(-\frac{\sigma_2^2}{2(\gamma_2^*)^2} - \frac{\sigma_1\sigma_2\rho}{\gamma_1^*\gamma_2^*} \right) - \frac{\sigma_2^2}{4\gamma_2^*} B_2(0;T)^2 \tag{22-120}$$

$$+ [B_3(0;T) - T] \frac{\sigma_1\sigma_2\rho}{\gamma_1^*\gamma_2^*} \tag{22-121}$$

其中对于 $i = 1, 2$, $B_i(t; T) = \dfrac{(1 - \mathrm{e}^{-\gamma_i^*(T-t)})}{\gamma_i^*}$, 而 $B_3(t; T) = \dfrac{(1 - \mathrm{e}^{-(\gamma_1^* + \gamma_2^*)(T-t)})}{(\gamma_1^* + \gamma_2^*)}$。

(和 Hull-White 模型的假设一样) 当 $\phi_{2,0} = 0$ 时, θ_t 函数完全匹配利率的期限结构, 其具体形式如下

$$\theta_t = \frac{\partial f(0,t)}{\partial t} + \gamma_1^* f(0,t) + \gamma_1^* \Phi(0;t) + \frac{\Phi(0;t)}{\partial t} \tag{22-122}$$

其中

$$\Phi(0;t) = \frac{\sigma_1^2}{2} B_1(0;t)^2 + \frac{\sigma_2^2}{2} B_2(0;t)^2 + \sigma_1\sigma_2\rho B_1(0;t) B_2(0;t)$$

那么

$$\frac{\partial \Phi(0;t)}{\partial t} = \sigma_1^2 B_1(0;t)\mathrm{e}^{-\gamma_1^* t} + \sigma_2^2 B_2(0;t)\mathrm{e}^{-\gamma_2^* t} + \sigma_1\sigma_2\rho(B_1(0;t)\mathrm{e}^{-\gamma_2^* t} + B_2(0;t)\mathrm{e}^{-\gamma_1^* t})$$

参考文献

第 1 章的扩展阅读

1. Buraschi, Andrea and Davide Menini. 2001. "Liquidity Risk and Specialness: How Well Do Forward Repo Spreads Price Future Specialness?" *Journal of Financial Economics*.

2. Duffie, Darrell. 1996. "Special Repo Rates," *The Journal of Finance*, 60, 2, 493 - 526.

3. Fabozzi, Frank. 2001. *Fixed Income Securities*. Second Edition, John Wiley & Sons.

4. Grinblatt, Mark, and Francis A. Longstaff. 2000. "Financial Innovation and the Role of Derivative Securities: An Empirical Analysis of the U.S. TreasuryŠs STRIPS Program." *The Journal of Finance*, 55, 141536.

5. Fleming, Michael J., and Kenneth D. Garbade. 2004. "When the Back Office Moved to the Front Burner: Settlement Fails in the Treasury Market after 9/11," Federal Reserve Bank of New York Economic Policy Review.

6. Jordan, Bradford, and Susan Jordan. 1997. "Special Repo Rates: An Empirical Analysis." *The Journal of Finance*, 52, 205172.

7. Longstaff, Francis. 2004. "The Flight to Liquidity Premium in U.S. Treasury Bond Prices," *The Journal of Business* 77, 511-526.

8. Martellini, Lionell, Philippe Priaulet and Stephanie Priaulet. 2003. *Fixed-Income Securities: Valuation, Risk Management and Portfolio Strategies*. John Wiley & Sons.

9. Sundaresan, Suresh. 2009. *Fixed Income Markets and Their Derivatives*. Third Edition, Elsevier.

10. Tuckman, Bruce. 2002. *Fixed Income Securities*. Second Edition, John Wiley & Sons.

第 2 章的扩展阅读

11. Anderson, Nicola. 1996. *Estimating and Interpreting the Yield Curve*. John Wiley & Sons

12. Bliss, Robert. 1997. "Testing Term Structure Estimation Methods," *Advances in Futures and Options Research* 9, 197-231.

13. Bliss, Robert. 1999, "Fitting Term Structures to Bond Prices." Working paper, Chicago Fed.

14. Campbell, John Y.. 1995. "Some Lessons from the Yield Curve," *Journal of Economic Perspectives* 9, 3, 129152.

15. Carleton, Willard, and Ian Cooper. 1976. "Estimation and uses of the term structure of interest rates." *The Journal of Finance*, 31, 1067 - 1083.

16. Nelson, Charles R., and Andrew F. Siegel. 1987. "Parsimonious Modeling of Yield Curves," *Journal of Business*, 60, 4, 473 - 489.

17. Schaefer, Stephen. 1977. "The problem with Redemption Yields," *Financial Analyst Journal*, 33, 3 -11.

18. Svensson, Lars. 1994. "Estimating and Interpreting Forward Rates, Sweden 1992 - 94," CEPR Discussion Paper 1051.

第3章和第4章的扩展阅读

19. Barber, Joel R., and Mark L. Copper. 1996. "Immunization Using Principal Component Analysis," *The Journal of Portfolio Management*, 23, 1.

20. Barber, Joel R., and Mark L. Copper. 1997. "Is Bond Convexity a Free Lunch?," *The Journal of Portfolio Management*, 24, 1, 113-119.

21. Chambers, Donald R., Willard T. Carleton, Richard W. McEnally. 1988. "Immunizing Default-Free Bond Portfolios with a Duration Vector," *The Journal of Financial and Quantitative Analysis*, 23, 1, pp. 89-104.

22. Christensen, Peter Ove, and Bjarne G. Strensen. 1994. "Duration, Convexity, and Time Value," *The Journal of Portfolio Management*, 20, 2.

23. Fabozzi, Frank J.. 1999. *Duration, Convexity, and Other Bond Risk Measures*. John Wiley & Sons.

24. Hodges, Stewart, and Naru Parekh. 2006. "Term Structure Slope Risk Convexity Revisited," *The Journal of Fixed Income*, 16, 3.

25. Ilmanen, Antti. 1996. "Does Duration Extension Enhance Long-Term Expected Return?" *Journal of Fixed Income*, 6, 2, 23-36.

26. Ingersoll, Johnathan E., Jeffrey Skelton, and Roman K. Weil. 1978. "Duration Forty Years After," *Journal of Financial and Quantitative Analysis*, 34, 627 - 648.

27. Jorion, Philippe. 2006. *Value at Risk: The New Benchmark for Managing Financial Risk*, 3rd edition, McGraw-Hill.

28. Jorion, Philippe. 1995. *Big Bets Gone Bad: Derivatives and Bankruptcy in Orange County*, Academic Press.

29. Jorion, Philippe. 1997. "Lessons from the Orange County Bankruptcy," *Journal of Derivatives*.

30. Litterman, Robert, and Jose Scheinkman. 1991. "Common Factors Affecting Bond Returns," *The Journal of Fixed Income*, 1, 5461.

31. Nawalkha, Sanjay K., and Donald R. Chambers. 1996. "An Improved Immunization Strategy: M-Absolute," *Financial Analysts Journal*, 52, 5, 69-76.

32. Schaefer, Stephen. 1984. "Immunisation and Duration: A Review of Theory, Performance and Applications," *Midland Corporate Finance Journal*, 41-58.

33. Stulz, Rene M. 2003. *Risk Management & Derivatives* South-Western, Ohio.

34. Willner, Ram. 1996. "A New Tool for Portfolio Managers: Level, Slope, and Curvature Durations," *The Journal of Fixed Income*, 6, 1, 48-59.

第5章和第6章的扩展阅读

35. Bicksler, James, and Andrew H. Chen. 1985. "An Economic Analysis of Interest Rate Swaps," *The Journal of Finance*, 41, 3, 645-655.

36. Cecchetti, Stephen G., Robert E. Cumby and Stephen Figlewski. 1988. "Estimation of the Optimal Futures Hedge," *The Review of Economics and Statistics*, 70, 4, 623-630.

37. Duffie, Darrell, and Ming Huang. 1996. "Swap Rates and Credit Quality." *The Journal of Finance*, 51, 921-49.

38. Duffie, Darrell and Kenneth Singleton. 1997. "An Econometric Model of the Term Structure of Interest Rate Swap Yields," *The Journal of Finance*, 52, 1287-1323.

39. Gorton, Gary, and Richard Rosen. 1995. "Banks and Derivatives," *NBER Macroeconomics Annual*, 10, 299-339.

40. Grinblatt, Mark, and Narasimhan Jegadeesh. 1996. "Relative Pricing of Eurodollar Futures and Forward Contracts," *The Journal of Finance*, 51, 4, 1499-1522.

41. Feldhütter, Peter, and David Lando. 2008. "Decomposing swap spreads," *Journal of Financial Economics,* 88, 2, 375-405.

42. Litzenberger, Robert H., 1992, "Swaps: Plain and Fanciful," *The Journal of Finance,* 47, 3, 831-850.

43. Rendleman, Richard J.. 1999, "Duration Based Hedging with Treasury Bond Futures," *The Journal of Fixed Income,* 9, 1, 84 - 91.

44. Titman, Sheridan. 1992. "Interest Rate Swaps and Corporate Financing Choices," *The Journal of Finance,* 47, 4, 1503-1516 .

45. , Turnbull, Stuart. 1987. "Swaps: A Zero Sum Game?" *Financial Analyst Journal,* 16, 1, 15-21.

第 7 章的扩展阅读

46. Ang, Andrew, Sen Dong, and Monika Piazzesi. 2004. "No-Arbitrage Taylor Rules." Working Paper, University of Chicago.

47. Bekaert, Geert and Robert Hodrick. 2001. "Expectations Hypothesis Tests," *The Journal of Finance,* 56, 115-38.

48. Bekaert, Geert, Robert Hodrick, and David Marshall. 1997. "On Biases in Tests of the Expectations Hypothesis of the Term Structure of Interest Rates." *Journal of Financial Economics,* 44, 309-48.

49. Brown, Roger H., and Stephen M. Schaefer. 1994. "The Term Structure of Real Interest Rates and the Cox, Ingersoll, and Ross Model," *Journal of Financial Economics,* 35, 342.

50. Campbell, John Y. 1995. "Some Lessons from the Yield Curve," *Journal of Economic Perspectives,* 9, 3, 129152.

51. Campbell, John Y., Andrew W. Lo, and A. Craig MacKinlay. 1997. *The Econometrics of Financial Markets,* Princeton University Press.

52. Campbell, John Y., and Robert Shiller. 1991. "Yield Spreads and Interest Rates: A Bird's Eye View." *Review of Economic Studies,* 58, 495-514.

53. Cochrane, John. 2001. *Asset Pricing,* Princeton University Press.

54. Cochrane, John, and Monika Piazzesi. 2002. "The Fed and Interest Rates a High Frequency Identification," *American Economic Review,* 92, 90-95.

55. Cochrane, John, and Monika Piazzesi, 2005, "Bond Risk Premia," *American Economic Review,* 95, 1, 138-160.

56. Cochrane, John, and Monika Piazzesi, 2008, "Decomposing the Yield Curve," Working Paper, NBER.

57. Diebold, Francis X., and Calin Li. 2006. "Forecasting the Term Structure of Government Bond Yields," *Journal of Econometrics.*

58. Fama, Eugene F.. 1990. "Term-Structure Forecasts of Interest Rates, Inflation, and Real Returns," *Journal of Monetary Economics,* 25, 59-76.

59. Fama, Eugene F., and Robert R. Bliss. 1987. "The Information in Long-Maturity Forward Rates," *American Economic Review,* 77, 680-92.

60. Longstaff, Francis. 1990. "Time Varying Term Premia and Traditional Hypotheses about the Term Structure," *The Journal of Finance,* 45, 1307-1314.

61. Longstaff, Francis. 2000. "The Term Structure of Very Short Term Rates: New Evidence for the Expectations Hypothesis," *Journal of Financial Economics,* 58, 397-415.

62. Piazzesi, Monika, and Eric Swanson. 2008. "Futures Prices as Risk-Adjusted Forecasts of Monetary Policy," *Journal of Monetary Economics,* 55, 677-691.

63. Singleton, Kenneth J. 2006. *Empirical Dynamic Asset Pricing,* Princeton University Press.

64. Stambaugh, Robert F. 1988. "The Information in Forward Rates," *Journal of Financial Economics,* 21, 4170.

第 8 章的扩展阅读

65. Boudoukh, Jacob, Matthew Richardson, Richard Stanton, and Robert Whitelaw, 1995, "A New Strategy for Dynamically Hedging Mortgage-Backed Securities," *Journal of Derivatives,* 2, 60-77.

66. Boudoukh, Jacob, Matthew Richardson, Richard Stanton, and Robert Whitelaw, 1997, "Pricing Mortgage-Backed Securities in a Multifactor Interest Rate Environment: A Multivariate Density Estimation Approach," *Review of Financial Studies,* 10, 405-446.

67. Duarte, Jefferson. 2009. "The Causal Effect of Mortgage Refinancing on Interest-Rate Volatility: Empirical Evidence and Theoretical Implications," *Review of Financial Studies,* 21, 1689-1731.

68. Duarte, Jefferson, Francis Longstaff, and Fan Yu. 2007. "Risk and Return in Fixed Income Arbitrage: Nickels in Front of a Steamroller?" *Review of Financial Studies,* 20, 3, 769-811.

69. Fabozzi, Frank. 2000. *The Handbook of Fixed Income Securities,* Sixth Edition, McGraw-Hill.

70. Stanton, Richard, 1995, "Rational Prepayment and the Valuation of Mortgage-Backed Securities," *Review of Financial Studies,* 8, 677-708.

第 9 章至第 12 章的扩展阅读

71. Black, Fischer, Emmanuel Derman, and William Toy. 1990. "A One-Factor Model of Interest Rates and Its Application to Treasury Bond Options" *Financial Analysts Journal,* 33-39.

72. Ho, Thomas S.Y., and Sang-Bin Lee. 1986. "Term Structure Movements and the Pricing of Interest Rate Contingent Claims," *The Journal of Finance,* 41, 1011-1029.

73. Hull, John. 2009. *Options, Futures, and Other Derivatives,* Seventh Edition, Pearson - Prentice Hall.

74. Hull, John, and Alan White. 1994. "Numerical Procedures for Implementing Term Structure Models I," *Journal of Derivatives,* Fall 1994, 7-16.

75. Hull, John, and Alan White. 1994. "Numerical Procedures for Implementing Term Structure Models II," *Journal of Derivatives,* Winter 1994, 37-48.

76. Hull, John, and Alan White. 1996. "Using Hull-White Interest Rate Trees," *Journal of Derivatives,* 3, 3, 2636 .

77. Li, A., P. Ritchken, and L. Sankarasubramanian. 1995. "Lattice Models for Pricing American Interest Rate Claims," *The Journal of Finance,* 50, 2, 719-737.

78. Longstaff, Francis. 1992. "Are Negative Option Prices Possible? The Callable U.S. Treasury-Bond Puzzle," *Journal of Business,* 65, 571-592.

79. McDonald, Robert L. 2006. *Derivatives Markets,* Second Edition, Pearson - Addison Wesley.

第 13 章的扩展阅读

80. Boyle, Phelim P. 1977. "Options: A Monte Carlo Approach." *Journal of Financial Economics,* 4, 323-338.

81. Boyle, Phelim P., Mark Broadie, and Paul Glasserman. 1997. "Monte Carlo Methods for Security Pricing," *Journal of Economic Dynamics and Control,* 21, 8-9, 1267 - 1321.

82. Duffie, Darrell. and Peter Glynn. 1995. "Efficient Monte Carlo Simulations for Security Prices," *The Annals of Applied Probability,* 5, 4, 897-965.

83. Esty, Ben, Peter Tufano, and Jonathan Headley. 1994. "Banc One Corporation: Asset Liability Management." *Journal of Applied Corporate Finance*, 7, 3, 33 - 52.

84. Glasserman, Paul. 2003. *Monte Carlo Methods in Financial Engineering.* Springer-Verlag.

第14章的扩展阅读

85. Baxter, Martin, and Andrew Rennie. 1996. *Financial Calculus.* Cambridge University Press.

86. Birkhoff G., and G. C. Rota. 1989. *Ordinary Differential Equations.* Fourth edition, John Wiley & Sons Inc.

87. Cvitanic, Jaksa, and Fernando Zapatero, 2004, *Introduction to the Economics and Mathematics of Financial Markets,* MIT Press.

88. Harrison, J. Michael. 1985. *Brownian Motion and Stochastic Flow Systems.* John Wiley & Sons.

89. Vasicek, Oldrich A.. 1977. "An Equilibrium Characterization of the Term Structure," *Journal of Financial Economics*, 5, 2, 177-188.

第15章至第17章的扩展阅读

90. Chan, K.C., G. Andrew Karolyi, Francis A. Longstaff, and Anthony B. Sanders. 1992. "An Empirical Comparison of Alternative Models of the Short-Term Interest Rate," *The Journal of Finance*, 47, 1209-1227.

91. Cox, John C., Jonathan E. Ingersoll, and Stephen A. Ross. 1985. "A Theory of the Term Structure of Interest Rates," *Econometrica*, 53, 385–407.

92. Gibbons, Michael R., and Krishna Ramaswamy. 1993. "A Test of the Cox, Ingersoll, and Ross Model of the Term Structure," *Review of Financial Studies*, 6, 619–658.

93. Jamshidian, Farshid. 1989. "An Exact Bond Option Formula," *The Journal of Finance,* 44, 205-209.

94. Longstaff, Francis. 1993. "The Valuation of Options on Coupon Bonds," *Journal of Banking & Finance,* 17, 27-42.

95. Longstaff, Francis. 1990. "The Valuation of Options on Yields," *Journal of Financial Economics*, 26, 97-121.

96. Pearson, Neil, and T.-S. Sun. 1994. "An Empirical Examination of the Cox, Ingersoll, and Ross Model of the Term Structure of Interest Rates using the Method of Maximum Likelihood," *Journal of Finance*, 54, 929-959.

97. Vasicek, Oldrich A. 1977. "An Equilibrium Characterization of the Term Structure," *Journal of Financial Economics*, 5, 2, 177-188.

第18章的扩展阅读

98. Ang, Andrew, and Monika Piazzesi. 2003. "A No-Arbitrage Vector Autoregression of Term Structure Dynamics with Macroeconomic and Latent Variables," *Journal of Monetary Economics,* 50, 4, 745-787.

99. Ang, Andrew, Monika Piazzesi, and Min Wei, 2006. "What does the Yield Curve Tell us about GDP Growth?" *Journal of Econometrics*, 131, 359-403.

100. Diebold, Francis X., Monika Piazzesi, and Glenn Rudebush. 2005. "Modeling Bond Yields in Finance and Macroeconomics," *American Economic Review P&P,* 415-420.

101. Goldstein, Robert, and Fernando Zapatero. 1996. "General Equilibrium with Constant Relative

Risk Aversion and Vasicek Interest Rates," *Mathematical Finance*, 6, 331-340.

102. Piazzesi, Monika. 2005. "Bond Yields and the Federal Reserve." *Journal of Political Economy,* 113, 311-344.

103. Rudebusch, Glenn, and Tau Wu. 2005. "A Macro-Finance Model of the Term Strucutre, Monetary Policy, and the Economy," *Economic Journal*, 118, July 2008, 906-926.

第 19 章的扩展阅读

104. Black, Fisher, and Piotr Karasinksi. 1991. "Bond and Option Pricing when Short Rates are Lognormal" *Financial Analyst Journal,* 52-59.

105. Carverhill, A.. 1988. "The Ho and Lee Term Structure Theory: A Continuous Time Version," Technical report, Financial Options Research Centre, University of Warwick.

106. Hull, John C., and Alan White. 1990. "Pricing Interest-Rate-Derivative Securities," *Review of Financial Studies*, 3, 573–592.

107. Hull, John C., and Alan White. 1993. "One-Factor Interest Rate Models and the Valuation of Interest Rate Derivative Securities," *Journal of Financial and Quantitative Analysis*, 28, 235–254.

108. Jamshidian, Farshid. 1991. "Bond and Option Evaluation in the Gaussian Interest Rate Model," in A. Chen, eds., *Research in Finance,* Volume 9, 131-170, JAI Press.

第 20 章和第 21 章的扩展阅读

109. Amin, K. and A. Morton. 1994. "Implied Volatility Functions in Arbitrage-Free Term Structure Models," *Journal of Financial Economics,* 35, 141–180.

110. Black, Fischer. 1976. "The Pricing of Commodity Contracts," *Journal of Financial Economics*, 3, 167–179.

111. Black, Fisher, and Myron Scholes. 1973. "The Pricing of Options and Corporate Liabilities," *Journal of Political Economy,* 81, 637–654.

112. Buhler, W., M. Ulrig-Homberg, U. Walter, and T. Weber. 1999. "An Empirical Comparison of Forward ans Spot-Rate Models for Valuing Interest Rate Options," *Journal of Finance,* 54, 1, 269 – 305.

113. Brace, Alan, Darius Gatarek, and Marek Musiela. 1997. "The Market Model of Interest Rate Dynamics," *Mathematical Finance*, 7, 127–155.

114. Brigo, Damiano and Fabio Mercurio. 2007. *Interest Rate Models - Theory and Practice,* Second Edition, Springer-Verlag.

115. Duffie, Darrell. 2001. *Dynamic Asset Pricing Theory,* Third Edition, Princeton University Press.

116. Heath, David, Robert Jarrow, and Andrew Morton. 1992. "Bond Pricing and the Term Structure of Interest Rates," *Econometrica*, 60, 77–106.

117. Hull, John. 2009. *Options, Futures, and Other Derivatives,* Seventh Edition, Pearson - Prentice Hall.

118. Hull, John and Alan White. 2000. "Forward Rate Volatilities, Swap Rate Volatilities, and the Implementation of the LIBOR Market Model" *Journal of Fixed Income,* 10, 2, 46-62.

119. Jamshidian, Farshid. 1997. "Libor and Swap Market Models and Measures," *Finance and Stochastics*, 1, 290–330.

120. Jarrow, Robert A.. 2002. *Modeling Fixed Income Securities and Interest Rate Options,* Second Edition, Stanford University Press.

121. Jeffrey, A.. 1995. "Single Factor Heath-Jarrow-Morton Term Structure Models based on Markov Spot Interest Rate Dynamics," *Journal of Financial and Quantitative Analysis*, 30, 619–642.

122. Miltersen, K., K. Sandman, and D. Sondermann. 1997. "Closed Form Solutions for Term Structure Derivatives with Lognormal Interest Rate," *The Journal of Finance,* 52, 1, 409 – 430.

123. Rebonato, Riccardo. 2002. *Modern Pricing of Interest Rate Derivatives,* Princeton University Press.

第22章的扩展阅读

124. Ahn, Dong-Hyun, Robert F. Dittmar, and A. Ronald Gallant. 2002. "Quadratic Term Structure Models: Theory and Evidence," *Review of Financial Studies,* 15, 243-288.

125. Backus, David, Saverio Foresi, and Chris Telmer, 2001, "Affine Term Structure Models and the Forward Premium Anomaly," *The Journal of Finance,* 56, 279-304.

126. Balduzzi, Pierluigi, S. R. Das, S. Foresi, and R. Sundaram. 1996. "A Simple Approach to Three Factor Affine Term Structure Models," *Journal of Fixed Income,* 6, December, 43-53.

127. Brace, Alan, Darius Gatarek, and Marek Musiela. 1997. "The Market Model of Interest Rate Dynamics," *Mathematical Finance,* 7, 127–155.

128. Chen R. and L. Scott. 1995. "Interest Rate Options in Multifactor Cox-Ingersoll-Ross Models of the Term Structure," *Journal of Derivatives,* 3, 53-72.

129. Collin-Dufresne, Pierre, and Robert Goldstein. 2001. "Efficient Pricing of Swaptions in the Affine Framework," *The Journal of Derivatives.*

130. Constantinides, George. 1992. "A Theory of the Nominal Term Structure of Interest Rates," *Review of Financial Studies,* 5, 531-52.

131. Dai, Qiang, and Kenneth J. Singleton. 2000. "Specification Analysis of Affine Term Structure Models," *The Journal of Finance,* 55, 1943–1978.

132. Dai, Qiang and Kenneth Singleton. 2002. "Expectation Puzzles, Time-Varying Risk Premia, and Affine Models of the Term Structure," *Journal of Financial Economics,* 63, 415-441.

133. Dai, Qiang and Kenneth Singleton. 2003. "Term Structure Modeling in Theory and Reality," *Review of Financial Studies.*

134. Duarte, Jefferson. 2004. "Evaluating an Alternative Risk Preference in Affine Term Structure Models" *Review of Financial Studies.*

135. Duffee, Gregory. 2002. "Term Premia and Interest Rate Forecasts in Affine Models," *The Journal of Finance.* 57, 405-443.

136. Duffie, Darrell and Rui Kan. 1996. "A Yield-Factor Model of Interest Rates." *Mathematical Finance,* 6, 379-406.

137. Duffie, Darrell, and Kenneth Singleton. 1997. "An Econometric Model of the Term Structure of Interest Rate Swap Yields," *The Journal of Finance,* 52, 1287-1323.

138. Longstaff, Francis A. and Eduardo S. Schwartz. 1992. "Interest Rate Volatility and the Term Structure: A Two-Factor General Equilibrium Model," *The Journal of Finance,* 47, 1259–1282.

139. Longstaff, Francis A. and Eduardo S. Schwartz. 1992. "A Two-Factor Interest-Rate Model and Contingent Claims Valuation," *The Journal of Fixed Income,* 2, 16-23.

140. Longstaff, Francis A. and Eduardo S. Schwartz. 1993. "Implementation of the Longstaff-Schwartz Interest Rate Model," *The Journal of Fixed Income,* 3, 7-14.

141. Longstaff, Francis, Pedro Santa-Clara, and Eduardo Schwartz. 2001. "The Relative Valuation of Caps and Swaptions: Theory and Empirical Evidence," *The Journal of Finance,* 56, 2067-2109.

142. Singleton, Kenneth J. 2006. *Empirical Dynamic Asset Pricing,* Princeton University Press.